KB193882

불교대전

불교대전

초판 발행 | 1980년 1월 25일
개정판 1쇄 발행 | 1997년 4월 30일
개정판 11쇄 발행 | 2016년 4월 10일

편찬 | 한용운
역주 | 이원섭
펴낸이 | 조미현

펴낸곳 | (주)현암사
등록일 | 1951년 12월 24일 · 10-126
주소 | 04029 서울시 마포구 동교로12안길 35
전화 | 365-5051 · 팩스 | 313-2729
전자우편 | editor@hyeonamsa.com
홈페이지 | www.hyeonamsa.com

ISBN 978-89-323-0902-6 03220

대장경의 진수

불교대전

만해 한용운 편찬·이원섭 역주

현암사

개정판에 얹는 글

불교처럼 이상스러운 종교도 다시 없을 것이다. 『바이블』이나 『코란』 한 권으로 족한 다른 종교와는 달리, 『팔만대장경』이라 일컬어지는 무수한 경전이 있다는 사실이 먼저 우리를 당황하게 한다. 그리고 큰 것으로는 600권에 이르는 『대반야바라밀다경』 같은 것이 있는가 하면 작게는 겨우 262자(字)에 불과한 『반야바라밀다심경』도 있어서 가지각색이지만, 하나같이 내용은 지극히 난해한 것이 상례(常例)다.

그런가 하면 『능가경』에는 "나는 일생 동안 한 마디도 설한 바 없다."는 부처님의 말씀이 나와 있기도 하다.

실컷 설법해 놓고 나서 이를 부정하시다니, 우리를 가지고 놀 작정이시냐고 항의함직도 한 일이긴 하다. 그러나 부처님으로선 조금도 모순을 범하고 계신 것은 되지 않는다. 언어·분별을 넘어선 것이 절대적 진실이지만, 이 경지로 이끌기 위하여는 언어·분별의 차원에 내려와 설하실 수밖에 없는 부득이한 사정이 계셨기 때문이다. 그러므로 경전들에 설해진 것이 아무리 오묘하다 해도, 참으로 오묘한 것은 말씀에 있지 않고 그 말씀의 배후에 깔린 침묵, 부처님으로서도 표현하려야 표현하실 수 없는 절대적 진실 바로 그것이라 해야 한다.

"달을 가리키는 손가락"이라는 말씀이 그래서 있어 왔으려니와, 그렇다 하여 경전이 무가치하다는 말은 결코 되지 않는다. 왜냐하면, 교리가 아닌 진리의 체득을 목표로 좌선 같은 것에 정진한다 해도 바른 길을 가리키는 '경전'이라는 이름의 손가락질에서 일탈하는 한, 사도(邪道)에 떨어질 것임이 명백한 까닭이다. 그러므로 문자(文字)에 매이지도 않고, 문자를 떠나지도 않음이 정도(正道)이리니, 선사이셨던 만해 선생이 이 책을 엮으신 의도도 여기에 있었으리라.

말이 개정판이지 가로쓰기로 바꾸는 데 그친 것이 나로서는 미안하고, 그동안 편집·교정에 애써 주신 현암사 여러분에게 감사드린다.

1997년 3월 이원섭

초판 머리말

내가 만해(萬海) 선생의 <불교대전(佛敎大典)>을 번역한 것은, 방대한 불경을 주제별로 정리한 이 책이야말로 동서고금에 드물게 보는 명저(名著)임을 확신했기 때문이다.

불교를 배우려는 사람을 망연자실(茫然自失)케 하는 것은 그 엄청난 경전의 수효다. 해인사(海印寺)에 보관된 <고려대장경(高麗大藏經)>만 해도 1,524부 6,557권에 이르며, <대정대장경(大正大藏經)>에는 실로 3,053부 11,970권이 수록되어 있다. 거기에다가 산스크리트어 · 파리어의 대장경과 티베트어의 그것을 합친다면, 동경이역(同經異譯)을 가려 정리한다 해도 헤아릴 수 없는 숫자가 될 것은 자명한 일이다.

계시(啓示)에 의존하는 다른 종교와는 달라서 역점을 마음의 분석 · 해명에 두고 있기 때문에 교리 자체가 어려운데다가 경전의 수효가 이렇게나 많고 보면, 어디서 손을 대야 할지 몰라 망연자실해질 것은 당연하다 하겠다.

그러므로 옛사람들은 교상판석(敎相判釋)을 행해 이 난관을 뚫고 나가려 했던 것이나, 그것으로 얻는 것이 있는 반면에는 잃는 것 또한 적지 않았을 것은 당연한 귀결이었으며, 근대에 와서 문헌비판(文獻批判)을 통해 원시불교(原始佛敎)의 중요성이 강조되는 경향이 있으나, 그렇다고 대승(大乘) 속에 깃든 그 많은 진실을 버려야 한다는 결론은 나오지 않는다. 따라서 대승 · 소승에 구애받지 않는 불교 교리의 재정비(再整備)가 요청되는 것이며, 바로 이런 점에 착안해 시도된 것이 만해 선생의 이 쾌저(快著)였으니, <불교대전>이야말로 대장경의 축소판이요 진수(眞髓)라 해도 결코 과언은 아닐 것으로 믿어진다.

선생의 공적은 대장경을 주제별로 재구성한 점에 있다. 목차를 보면 아실 것이매 굳이 군말은 붙이지 않겠으나, 불교의 기본적 교리와 수도 방법과 처신(處身)의 문제를 체계 있게 분류하여, 위로는 깨달음의 내용으로부터 아래로는 국가·가정의 문제에까지 이르도록 망라하지 않음이 없었고, 거기에 해당하는 말씀들을 경(經)·율(律)·논(論)에서 초록(抄錄)하였으니, 인용 경전은 한역대장경과 남전대장경(南傳大藏經)을 합해서 444부에 이른다. 1914년 범어사(梵魚寺) 발행으로 공개되었는바, <불교유신론(佛敎維新論)>의 탈고(脫稿)가 1910년이요 그 간행(刊行)이 1913년인 점으로 미루어, 1910년에서 1913년 사이에 이루어진 것으로 보이며, 통도사(通度寺)에서 대장경을 열람하며 집필하셨다고 전한다.

물론 불교 경전의 내용이 하도 호한(浩瀚)한 터이므로 엮는 이에 따라서 이런 책의 내용은 사뭇 달라질 수 있고, 주제별로 보아서도 여기에 뽑아진 글보다 더 적절한 말씀이 제시될 가능성도 배제될 수는 없다. 그러나 바다 속에 있는 것 같아 방향조차 잡기 어려운 대장경을 이같이 재정리해 놓음으로써 불교를 일목요연하게 만든 것은, 깨달음의 눈이 투철한 선생이 아니신들 어찌 꿈꾸기나 할 수 있는 일이었겠는가? 그 증거로는 이 책이 나온 지 65년이 되는 오늘에 이르기까지 이런 유의 책이 나왔다는 말을 들어 보지 못했다.

다만 유감인 것은, 선생의 명저가 그대로는 현대인에게 읽힐 수 없다는 점이다. 그 첫째 이유는 풀어 놓으셨다고는 해도 '衆生이 惡道苦의 最極難忍을 聞하고 厭怖心을 生ᄒᆞᄂᆞ니' 하는 식의 국한혼용(國漢混用)의 문체요, 경우에 따라서는 '過去心을 不可得이며 現在心을 不可得이며'와 같이 한문에 토만 달아 놓은 것도 있기 때문이다. 그리고 둘째로는 난해한 불교 용어가 그대로 나와 있는 것을 들 수 있다. 내가 이 책에 손을 댄 것도 바로 이 두 가지 난점을 제거함으로써 누구나 선생의 명저를 손쉽게 읽도록 하기 위함이었다.

현암사의 종용으로 번역을 시작할 당시에는 몇 달이면 끝낼 수 있으리라 여겼던 것이나, 결과적으로 몇 년이 소비되었다. 번역을 진행하면서 불교 용어는 철저히 검토하고 넘어가야 함을 뼈저리게 느끼지 않을 수 없었고, 그러자니 내 딴에는 알고 있다고 여겨 오던 낱말들까지도 다 문헌을 뒤져 확인하지 않을 수 없었기 때문이다. 그것은 아주 힘드는 일이긴 했으나 많은 즐거움도 맛보게 해주었는바, 덕분에 주(註)는 어지간히 충실한 것이 되었다는 자부심을 갖고 있으며, 오천이 넘는 찾아보기도 그런 노력이 가져다 준 성과의 하나다.

나는 불교야말로 인류가 도달한 최고의 지혜임을 의심치 않으며, 그런 불교의 정수(精髓)가 우리 선인(先人)의 손에 의해 이같이 집약되었음에 자랑을 느끼고 있다. 이 책이 현대 교양인의 필독서로서, 다소나마 불성개발(佛性開發)과 불교 중흥에 공헌하는 바가 있다면, 그 공로는 오로지 만해 선생에게 돌아가야 할 것임은 물론이다.

1979년 가을 이원섭

원전 범례(原典凡例)

▪本典은 衆生의 智德을 啓發하기 爲하여 絶世聖人 釋迦世尊의 所說 經·律과 各菩薩의 所造論文을 抄錄類聚하여 編成함.

▪本典의 引用한 原本은 朝鮮 現存의 各種 譯本의 藏經(經·律·論) 一千餘部를 參照하여 摘錄함.

▪巴利文及 梵文의 引用은 現行別傳에서 轉抄함.

▪同經異譯의 原本은 其各本을 對照하여 其文勢와 義旨의 最佳者를 抄錄함.

▪一般人의 易解·普及을 爲하여 鮮漢文으로 間譯함.

▪本典에 用하는 鮮文은 易解를 主義로 하여 現世 慣習上 通用의 字音을 用함.

▪引用의 原文은 印度의 本, 支那의 譯인 故로, 譯家의 潤文을 隨하여 或具·略·倒·疊이 有한 境遇에는 解讀上 平易하기 爲하여 惑 數字의 加減·改正을 加하나, 原本의 聖意는 一毫도 無傷함.

▪本典은 引用이 浩瀚하여 但 文義로만 解釋지 못할 處(梵音·法數 其他名辭等)가 多한지라, 此에 一一이 註解를 加하여 後尾에 附錄코자 하나, 時間의 不許와 他事의 掣肘를 因하여 初意를 未遂하니, 此는 後日로 期함.

▪本典은 浩瀚한 藏經과 別傳을 廣引하여 編成함인데, 其 飜譯·筆記·校正의 事를 獨自 執辦하였은즉 誤落의 失이 不無할지라. 此는 重刊을 隨하여 改訂增補코자 함.

역주 범례(譯註凡例)

▪ 편의상 항목(項目) 순서에 따라 일련번호를 붙였다.

▪ 배열(排列)은 각 항목별로 (1) 본문(번역문), (2) 주, (3) 풀이 순으로 했다.

▪ 본문은 될수록 현대의 일상용어와 가깝게 번역하느라 힘썼다.

▪ 본문은 거의 모두가 대화체이지만 대화임이 명시(明示)되었거나 상대를 부르는 말이 나왔을 경우에만 " " 기호를 사용했다.

▪ 인용경전 이름은 본문 끝으로 돌렸다.

▪ 불교 용어와 특수한 말에 대하여는 주를 달았고, 특히 필요하다고 인정되는 항목에는 풀이를 붙였다.

▪ 주의 원어 표시에서 (1)파리어는 Ⓟ, (2)티베트어는 Ⓣ로 나타냈고, (3) 아무 기호 표시도 없는 것은 산스크리트어다.

▪ 로마자 표기에서 (1)합성어(合成語)의 표시는 '—', (2)한 낱말이 행(行) 때문에 중단되는 경우는 '='로 표시했다.

[예] (1) 합성어 buddha-bhūmi.

(2) 중단된 말 budd=ha.

▪ 반복해 나오는 용어에 대하여는 번잡을 피해 먼저 주한 항목 번호만 표시했다. 또 앞에 나왔던 풀이를 표시한 것도 있다.

▪ 부록으로 '인용경전 목록'과 주에서 다룬 용어의 '찾아보기'를 끝머리에 붙였다. '찾아보기'는 '불교사전(佛教辭典)'의 구실까지도 하리라 믿는다.

차례

4. 신앙품(信仰品) … 199

1
서품
序品

경(經)을 설(說)하는 이유

1

부처님[1]께서 말씀하셨다. "선남자(善男子)[2]야, 비유컨대 가난한 집에 귀한 보배가 있는 것 같으니라. 내가 여기 있다고 보배가 말할 수도 없는 일이므로 주인은 보배 있음을 알지 못하고, 거기에다가 일러 주는 사람도 없고 보면, 그 사람은 제가 지닌 보장(寶藏)[3]을 열어 활용해[4] 내지 못한다. 온갖 중생[5]도 이 같아서, 여래(如來)[6]의 큰 가르침의 보장(寶藏)이 그 몸 안에 있건만, 그것에 대해 들은 바 없기에 알지 못해서 오욕(五欲)[7]에 빠져든 나머지 생사(生死)에 윤전(輪轉)하여[8] 무한한 고통을 당하는 것이다. 그러므로 부처님들께서 세상에 나타나사 중생의 몸 속에 여래장(如來藏)[9]이 있음을 관찰하시고, 여러 보살(菩薩)[10]을 위해 이 법(法)[11]을 설(說)하셨느니라."[12]

— 〈如來藏經〉

〔주〕 1)부처님 : 진리를 깨달은 사람. 깨달음이 궁극에 달한 각자(覺者). buddha. 이것이 불타(佛陀)라 음사(音寫)되고, 다시 우리 나라에 건너와 '부텨-부쳐'로 변음된 것. 삼보(三寶)의 하나. 2)선남자 : 재가신자(在家信者)의 청년. 존경할 만한 청년. 바른 신앙을 가진 사람. kula-putra. 3)보장 : 보배의 창고. 보고(寶庫). 불성(佛性)의 뜻으로도 쓰인다. 4)열어 활용함 : 원문은 '開發'. 5)중생 : 원칙적으로는 목숨을 지닌 온갖 생물을 의미하나, 일반적으로는 사람을 가리킨다. sattva. 6)여래 : tathāgata의 한역(漢譯). tathā(이같이)와 gata(가는)의 합성어지만, 한역에서는 tathā(이같이) āgata(오는)의 뜻으로 해석해 '如來'라고 번역했다. 부처님의 다른 이름. 진여(眞如)에서 오신 분. 7)오욕 : 눈·귀·코·혀·피부(身)의 오관(五官)이 그 대상인 빛깔·소리·냄새·맛·닿는 것(所觸)에 대해 일으키는 욕망(kamā). 또 재욕(財欲)·색욕·음식욕·명예욕·수면욕(睡眠欲)을 이르는 수도 있다. 8)생사에 윤전함 : 한역 원문은

'輪轉生死'. 윤전이나 윤전생사나 다 윤회(輪廻)의 뜻. saṃsāra-saṃsṛti, samsarati. 9)여래장 : 여래(如來)의 태(胎)의 뜻. 온갖 중생이 다 여래가 될 가능성을 지니고 있다는 사상. 부처가 될 씨. tathāgata-garbha. 10)보살 : 대승(大乘)의 수도자. 깨달음을 구해 수행하는 동시에, 중생 제도에 힘쓰는 사람. bodhisattva. 11)법 : 가르침. 부처님의 가르침. dharma. 12)설하다 : 가르침을 말해 주는 것. 강설(講說)함. 설명함. 이것은 한역 경전의 독특한 말이므로 딴 말로 바꾸지 않는다. desayati.

〔**풀이**〕 경을 설하는 까닭이 여래장을 드러내는 데 있다는 것이다. 대승에서는 만물에 보편하는 본체(本體)를 진여(眞如 : tathatā)라 한다. 이것은 요즘의 절대(絶對)라는 개념으로 바꾸어 놓아도 무방하려니와, 이 진여가 무명(無明)의 연(緣)을 만나면 만물이 생성된다고 여겨지고 있다. 따라서 이 진여의 절대성은 만물이 됨으로써, 바꾸어 말하면 상대자(相對者)가 됨으로써 은폐되게 마련이다. 이것이 여래장의 본래의 뜻이다. 그러나 중생측에서 볼 때에는, 자기 속에 은폐된 것으로서나마 진여(절대)를 소유하고 있다는 것이 된다. 우리에게 있어서는 이것이 진여에 접근을 가능케 하는 근거가 되는 것이어서, 전자에 있어서 숨겨진다는 뜻을 지닌 여래장의 장(藏)이, 중생 쪽에서 볼 때는 진여라는 보물의 곳집(倉庫)이 되는 것도 그런 까닭이다. '일체중생(一切衆生) 실유불성(悉有佛性)'이라는 것도 바로 이 사상을 가리킨다.

2

중생들이 악도(惡道)[1]에서 받는 고통이 자못 견디기 어려움을 들으면, 자연 이를 꺼리고 두려워하는 생각을 일으키게 될 것인바, 이런 사람들을 위해 악도에 떨어지지 않는 인연(因緣)[2]을 드러내고자 해서 이를 설하는 것이다.

— 〈四諦論〉

〔**주**〕 1)악도 : 나쁜 짓을 한 까닭에 태어나는 고통스러운 세계. 지옥·아귀·

축생 따위. durgati. 2)인연 : 직접적 원인과 간접적 원인. 원인과 조건. hetu-pratyayāḥ.

3

범부들은 여러 가지 별개의 진리[1]에 각자 집착(執着)[2]해서, 자기 것은 옳고 다른 사람 것은 그르다 비난한다. 그리하여 이런 고집 때문에 서로 싸우기 일쑤인데, 타고난 소경이 코끼리를 보는 것에나 비길 어리석은 짓이다. 그래서 가장 뛰어난,[3] 죽음도 싸움도 대립이 일어나는[4] 일도 전도(顚倒)[5]함도 없는 성제(聖諦)[6]의 지혜를 나타내고자 하여, 이를 설한다.

— 〈四諦論〉

〔주〕 1)별개의 진리 : 원문은 '異諦'. 2)집착 : 마음이 얽매여 있는 것. 잊지 않고 언제나 깊이 생각하는 것. abhiniveśa. 3)가장 뛰어난 : 원문은 '最勝'. parama. 4)대립이 일어남 : 원문은 '更起'. '更互起'라고도 한다. 대립하는 주장이 생기는 것. anyonya-vṛtti. 5)전도 : 바른 도리에 어긋남. 그릇된 견해. viparyāsa. 6)성제 : 성스러운 진리. 사성제(四聖諦)의 하나하나를 가리킨다. ārya-satya.

〔풀이〕 지금까지 철학자·종교가들은 진리를 탐구하는 데 정열을 쏟아 왔다. 그러나 종교사나 철학사를 들추어 보면 명백한 일이지만, 그들의 '진리'란 항상 시비를 불러일으키고, 수정되거나 부정되어 왔다. 지금도 이런 사정은 조금도 달라지지 않았다. 수많은 천재들이 수천 년에 걸쳐 이 일에 참가했음에도 불구하고, 늘 제자리 걸음을 하고 있는 것은 무슨 까닭인가?

그것은 그들이 사색에 의해 진리를 포착하려 하였고, 사색이란 이것과 저것을 분별하는 일이어서 처음부터 상대성(相對性)을 띠고 있는 까닭이었다. 그러므로 상대적인 것 중에서 A를 골라잡을 때, 그와 대립하는 B·C·D……가 생길 것은 자명한 이치다. 그러므로 대승불교에서는 사고·분별의 포기를 요구하며, 그런 사고·분별, 바꾸어 말하면 상대적인 것이 생겨나기 이전의 상태, 즉 진여(眞如)를 체득하려 든다. 여기에 불교의 중대한 특징이 있다.

경법(經法)의 이익

4

살아 있는 자는 다 죽음에 돌아간다. 젊었던 용모는 누구나 늙어 쭈그러지고, 강하던 힘은 병으로 약해지게 마련이어서, 능히 이를 면하는 자가 없다. 설사 묘고산(妙高山)[1]이 높다 해도 존속 기간이 다하면[2] 부수어져 없어지며, 대해(大海)가 깊다 해도 역시 말라서 바닥이 드러나며, 대지(大地)·일월(日月)도 때가 되면 모두 없어지리니, 일찍이 어느 한 사물도 무상(無常)[3]에 의해 삼켜지지 않은 것은 없었던 터이다. 그러므로 위로는 비상천(非想天)[4]의 천인(天人),[5] 아래로는 전륜성왕(轉輪聖王)[6]에 이르기까지, 칠보(七寶)[7]가 몸에 따르고 천 명의 아들이 둘레를 에워싼다 해도, 그 목숨이 다하면 잠시도 머무르지 못하고 죽음의 바다 속으로 돌아가 떠돌게 되어 있다. 그러고는 조건(緣)을 따라 여러 괴로움을 받되, 삼계(三界)[8] 안을 휘돌아 우물의 도르래(汲井輪)와 같으며, 누에가 고치를 만들매 실을 토해 스스로 저를 얽어맴과 같다. 더없이 존귀한 여러 세존(世尊)[9]과 독각(獨覺)[10]·성문(聲聞)[11]들도 무상한 육신을 버릴 날이 있었거니, 항차 범부일까보냐. 부모·처자·형제·친척이 생사를 달리한 것을 목도하고, 범부들이 비탄에 잠기는 것은 당연하다. 그러기에 여러 사람들에게 권하노니, 진실한 가르침을 잘 들어서 다 함께 무상한 곳을 버리고 마땅히 불사(不死)의 문[12]으로 들어가야 할 것이다. 불법(佛法)[13]은 감로(甘露)[14]와 같아서 열을 제하고 청량(淸凉)함을 얻게 하느니, 마음을 오로지하여 잘 들으면, 여러 번뇌(煩惱)[15]를 제거할 수 있으리라.

— 〈無常經〉

〔주〕 1)묘고산 : Sumeru의 음사(音寫)인 수미산(須彌山)을 이른다. 세계의 중심에 솟은 거대한 산. 대해 속, 금륜(金輪) 위에 있고, 그 높이는 수면에서 8만 유순(由旬)·구산(九山)·팔해(八海)가 그 주위를 에워싸고 있다. 그 둘레를 일월이 돌고, 육도(六道)·제천(諸天)은 다 그 측면이나 위에 있다. 그 정상에 제석천(帝釋天)의 궁전이 있다는 것. 2)존속 기간이 다함 : 원문은 '劫盡'. 세계의 존속 기간(住劫)이 다하는 것. kalpa-anta. 3)무상 : 온갖 존재가 변하여 멈추지 않는 것. 영원성이 없는 것. anitya. 4)비상천 : 비상비비상천(非想非非想天)의 약칭이며 유정천(有頂天)이라고도 한다. 비상비비상처(非想非非想處)와 같다. 표상(表象)이 있지도 않고 없지도 않은 삼매(三昧)의 경지. 무색계(無色界)의 제사천(第四天)으로 삼계(三界)의 최정상. 욕계(欲界)·색계(色界) 같은 큰 번뇌는 없으므로 비상(非想)이라 하고, 미세한 번뇌까지 없는 것은 아니기에 비비상(非非想)이라 한다. naiva-saṃjñā-nāsaṃjñā-āyatana. 5)천인 : 천계(天界)에 사는 사람. sura. 6)전륜성왕 : 인도의 신화에 나오는 이상적 제왕상(帝王像). 무력 대신 정의만을 가지고 전세계를 지배한다고 함. 윤보(輪寶)가 앞장서서 온갖 장애를 분쇄한다는 것. 전륜왕. cakravarti-rāja. 7)칠보 : 일곱 가지 보배. 금·은·유리·파려·차거·적주·마노. 기타 여러 설이 있다. 8)삼계 : 중생이 윤회하는 미혹(迷惑)의 세계를 셋으로 나눈 것. 욕계(欲界)·색계(色界)·무색계(無色界). ①욕계는 가장 밑에 있고, 음욕·탐욕을 지닌 중생이 사는 곳이다. 여기에는 육도(六道)가 포함되고, 이곳에 사는 천(天)을 육욕천(六欲天)이라 한다. 천(天)은 신(神)을 이름이다. ②색계는 욕계 위에 있고, 음욕·탐욕을 떠난 중생이 산다. 절묘한 물질(色)로 구성되었기에 색계라 한다. ③무색계. 가장 위에 있고 물질을 초월한 세계다. 고도의 정신적 세계. tri-dhātu. 9)세존 : 부처님의 십호(十號)의 하나. 온갖 중생의 존경을 받을 만한 분이라는 뜻. ⓟBhagavat. 10)독각 : 가르침을 받지 않고, 혼자의 힘으로 깨달은

사람. 이타성(利他性)이 결여되었다 하여, 대승에서는 소승(小乘)의 성자로 친다. 벽지불(辟支佛)·연각(緣覺)이라고도 한다. pratyeka-buddha. 11)성문 : 부처님의 가르침을 듣고 수행하는 사람. 불제자(佛弟子). 자기의 깨달음만을 구하는 수행승(修行僧), 또는 성자. śravaka. 12)불사의 문 : 한역 원문은 '不死門'. 열반(涅槃)에 이르는 길. 13)불법 : 부처님의 가르침. 부처님이 깨달으신 진리. buddha-dharma. 14)감로 : 도리천(忉利天)에 있는 달콤한 영액(靈液). 이것에는 죽지 않게 하는 것을 비롯한 여러 신비한 효능이 있다는 것. amṛta. 15)번뇌 : 우리의 몸과 마음을 어지럽게 하고 괴롭히는 나쁜 정신 작용의 총칭. 망념(妄念). 혹(惑)이라고도 한다. kleśa.

5

이 경전을 잘 들으면, 보리(菩提)[1]를 얻어서 무량수찰(無量壽刹)[2]을 보게 되리라.

— 〈觀察諸法行經〉

〔주〕 1)보리 : 깨달음. bodhi의 음사. 각(覺)·지(智)·도(道)라고 한역. 2)무량수찰 : 무량수불, 즉 아미타불의 국토. 극락정토.

6

부처님께서 아난(阿難)[1]에게 이르셨다. "마음씨 착한 사람이 있어서 부처님의 밝은 가르침을 듣고 마음을 오로지하여[2] 받아들이는 경우, 단 하루면 하루도 좋고, 하루가 안 되면 반나절도 좋고, 반나절이 안 되면 한 시간이라도 좋고, 한 시간이 안 되면 반 시간도 좋고, 반 시간이 안 되면 수유(須臾)[3]도 좋으니, 그것만으로도 그 복은 헤아리지 못하고 말로 나타내지 못할 만큼 크리라."

— 〈堅意經〉

〔주〕 1)아난 : Ānanda의 음사. 십대제자(十大弟子)의 하나. 다문(多聞) 제1. 부처님의 사촌 동생으로 시자(侍者) 노릇을 했다. 2)마음을 오로지함. 원문은 '一心'. eka-agra. 3)수유 : 시간의 단위. 30 lava(臘縛)를 이른다. 전용되어, 극히 짧은 시간. 순간. 잠시.

7

이 경을 듣는 사람이면, 어리석음에서 눈뜨고 무명(無明)[1]을 깨뜨려, 부처님들의 경지[2]에 이르게 될 것이다. — 〈無所有菩薩經〉

〔주〕 1)무명 : 우리들의 존재의 밑바닥에 깔려 있는 근본적 무지(無知). 십이인연(十二因緣)의 첫 항목으로 생(生)·노(老)·병(病)·사(死)를 가져오는 원인. 과거세로부터 무한히 계속되고 있는 무지. avidyā. 2)부처님들의 경지 : 원문은 '諸佛地'. 불지란, 깨달음의 단계. 모든 장애로부터 해방된 경지. 또 보살이 도달할 수 있는 궁극의 경지. buddhatva.

8

만약 회의하는 바 있는 사람이면 모두 가르침을 들어야 한다. 듣고 나서 이해하면 깨닫게 될 것이다. 깨닫고 나면 신심(信心)[1]이 곧 생기며, 신심이 생기고 나면 기쁨이 곧 생기며, 기쁨이 생기고 나면 차례를 따라 문(聞)[2]·사(思)[3]·수(修)[4]가 생겨나 일체종지(一切種智)[5]를 얻게 될 것이다. — 〈入大乘論〉

〔주〕 1)신심 : 부처님의 가르침을 믿고 의심하지 않는 마음. adhyāśaya. 2)문 : 부처님의 가르침을 듣고 이해하는 것. śruta. 3)사 : 들은 불법에 대해 스스로 사유(思惟)하는 것. cintā. 4)수 : 불도(佛道)를 실천 수행함. bhāvanā. 문·사·수를 삼혜(三慧)라 한다. 5)일체종지 : ①온갖 것을 그 특수한 구체적 모

습에서 이해하는 지혜. sarva-ākāra-jña-tā. ②온갖 것을 남김 없이 아는 부처님의 지혜. 이 경우는 '一切智智'로 하는 것이 정확한 번역. sarvajñā-jñāna.

9

만일 불법(佛法)[1]의 한 구절의 게송(偈頌)[2]이라도 듣고 아주 기뻐한다면,[3] 삼천대천세계(三千大千世界)[4]에 그득 차는 엄청난 수효의 보배[5]를 얻은 것보다도 낫다. 한 구절의 가르침이 능히 정등각(正等覺)[6]을 이끌어 내며, 보살행(菩薩行)[7]을 정화시키기 때문이요, 아주 기뻐함은 그것이 온갖 존귀한 지위를 얻음보다 낫기 때문이다. 설혹 어떤 사람이 이르되 "선남자[8]여, 내가 부처님이 설하신 한 구절의 가르침을 지니고 있는바, 능히 정등각을 이끌어 내고 보살행을 정화시킬 수 있으니, 그대가 듣고 싶은가? 그대가 이제 몸을 큰 불구덩이[9] 속에 던져 그 고통을 받는다면, 마땅히 그대를 위해 가르침을 설해 주리라." 한다고 할 때, 보살은 이를 듣고 아주 기뻐하여 대답할 것이다.

"내가 만일 당신이 앞서 말한 바와 같은 한 구절의 가르침의 내용[10]을 들을 수 있다고 하면, 바로 불구덩이의 크기가 삼천대천세계와 같고 타오르는 불길이 그 안에 가득하대도 나는 오히려 뛰어들리니, 항차 조그만 불구덩이겠는가? 불법을 구하기 위해서라면 대나락가(大那落迦)[11]에 오래 있으면서 크나큰 그 고통이라도 감수할 것이니, 항차 그 밖의 사소한 고통이야 왜 사양하겠는가"라고. — 〈瑜珈論〉

〔주〕 1)불법 : 4의 주. 2)게송 : 원문은 '偈'. gāthā의 음사(音寫). 또 '加陀'라고도 음사하며, 송(頌)이라고 한역한다. 부처님의 사상을 시(詩)로 나타낸 것. 3)아주 기뻐함 : 원문은 '歡喜踊躍'. 마음에서 기뻐하는 것이 환희, 그것이 행동으로 나타나는 것이 용약. abhinandy-ānumodya. 4)삼천대천세계 : 줄여서

삼천세계라고도 한다. 고대 인도인의 세계관에 의한 전 우주. 수미산을 중심으로 하여, 그 주위에 사대주(四大洲)가 있고, 또 그 둘레에 구산(九山)·팔해(八海)가 있는바, 이것이 우리가 사는 세계여서 하나의 소세계(小世界)다. 위로는 색계(色界)의 초선천(初禪天)으로부터, 밑으로는 대지 아래의 풍륜(風輪)까지 이르는 범위이다. 이 속에 해·달·수미산·사천하(四天下)·사천왕(四天王)·삼삼천·야마천·도솔천·낙변화천(樂變化天)·타화자재천(他化自在天)·범세천(梵世天)을 포함한다. 이 소세계를 천 개 모은 것이 소천세계(小千世界), 소천세계 천이 모인 것이 중천세계(中千世界), 중천세계 천이 모인 것이 대천세계(大千世界)다. 따라서 천의 삼승(三乘)의 세계의 뜻이다. 하나의 삼천대천세계가 한 부처님의 교화하는 범위여서, 일불국(一佛國)이라고 친다. tri-sāhasra-mahā-sāhasāhasra. 5)엄청난 수효의 보배 : 원문은 '大珍寶聚'. '보취'만으로도 엄청난 수의 진보(珍寶)를 뜻함. 6)정등각 : 부처님의 지혜. 각(覺)이란 지혜다. 그 지혜에 그릇됨이 없는 것을 정(正), 편벽함이 없는 것을 등(等)이라 한다. 또 깨달은 사람을 가리키기도 한다. samyak-saṃbodhi. 7)보살행 : 보살의 수행. 보살이 수행해야 할 일. 깨달음을 탐구하는 동시에 널리 중생을 제도하는 일. bodhi : sattva-saṃcārikā. 8)선남자 : 1의 주. 9)불구덩이 : 원문은 '火坑'. 악도(惡道)의 두려움을 비유하는 말. agni-knadā. 10)가르침의 내용 : 원문은 '法義'. dharma-artha. 11)대나락가 : 대지옥. 나락가는 naraka의 음사인바, 지옥을 말한다.

10

만약 법(法)[1] 듣기를 좋아하여 싫증을 내지 않으면, 불가사의(不可思議)[2]한 법[3]을 깨닫게 되리라. — 〈華嚴經〉

〔주〕 1)법 : 1의 주. 2)불가사의 : 마음으로 생각하고 언어로 표현하는 범위를 훨씬 초월해 있는 것. 매우 놀라운 것. 부사의(不思議)라고도 한다. acintya. 3)법 : 진리. dharmatā.

11

가르침(法)을 듣는 사람은 설법(說法)하는 사람을 대할 때, 의왕(醫王)[1]을 대하는 것으로 생각하며, 자기를 고통에서 건져[2] 줄 것으로 생각해야 하며, 가르침에 대하여는 그것이 감로(甘露)[3]인 듯 제호(醍醐)[4]인 듯 생각해야 한다. 또 설법하는 사람은 청중을 대함에 있어서, 승해(勝解)[5]를 키워 주고[6] 병을 고쳐 주려는 생각을 지녀야 한다. 만약 설하는 사람과 듣는 사람이 이같이 마음을 쓴다면 모두가 불법[7]을 계승해 일으켜서 늘 부처님 앞에 태어나게 될 것이다.

— 〈大集經〉

〔주〕 1)의왕 : 뛰어난 의사. 또 중생의 마음의 병을 고친다는 뜻에서 부처님이나 보살의 비유. 2)고통에서 건짐 : 원문은 '拔苦'. 3)감로 : 4의 주. 4)제호 : 우유를 정제(精製)해서 만든 음료. 최고의 맛으로 친다. 불법의 비유로 쓰인다. maṇḍa. 5)승해 : 대상을 똑똑히 이해하여, 그것이 어떤 것인지를 단정하는 작용. 강한 의식의 분별. adhimokṣa. 뛰어난 이해. buddhi-vardhana. 6)키워 줌 : 원문은 '增長'. niṣicyate. 자동사가 되어 '늘어난다' 할 때의 원어는 vrddhi. 7)불법 : 4의 주.

12

가르침(法)을 들은 공덕(功德)[1]은 생사(生死)[2]에서 벗어나는 데 있어 으뜸가는 힘이 된다.

— 〈正法念處經〉

〔주〕 1)공덕 : ①선행의 결과로서 얻어지는 과보(果報). ②복의 원인이 되는 선근(善根). saṃbhāra. 2)생사 : 여기서는 윤회(輪廻)를 가리킨다. saṃsāra.

13

배는 강물을 건네 주고, 지혜는 생사[1]를 건네 준다. 그러므로 가르침

을 늘 들어서, 마땅히 부처님께서 말씀으로 나타내신 가르침[2]을 따르도록 해야 한다. —〈佛本行經〉

〔주〕 1)생사 : 12의 주. 2)부처님께서 말씀으로 나타내신 가르침 : 원문은 '言敎'. vijñapti.

14

만약 보리(菩提)[1]를 구하여 중생을 이롭게 하는 경우, 그들은 중생 중에서 으뜸가는 사람임이 틀림없다. 이에 비길 바가 없으리니, 항차 그 위가 있겠는가? 그러므로 이 여러 가지 가르침을 듣고 늘 요법(樂法)[2]의 마음을 일으킨다면, 끝없는 복의 무더기[3]를 얻으며, 최고의 도(道)[4]를 조속히 깨닫게 되리라. —〈出生菩提心經〉

〔주〕 1)보리 : 5의 주. 2)요법 : 불법을 바라고 구하는 것. dharma-arthin. 3)복의 무더기 : 원문은 '福聚'. puṇya-skandha. 4)도 : 깨달음. bodhi.

15

부처님께서 아난(阿難)[1]과 위제희(韋提希)[2]에게 이르셨다. "어떤 중생이 있어서 여러 악행을 저지르고 부끄러워함이 없다 해도, 임종 때 선지식(善知識)[3]이 그를 위해 대승십이부경(大乘十二部經)[4]의 제목(題目)[5]을 찬탄하면, 이런 여러 경의 이름을 들은 것이 원인이 되어, 천겁(千劫)[6]에 지은 무거운 악행도 제거되느니라." —〈觀無量壽經〉

〔주〕 1)아난 : 6의 주. 2)위제희 : Vaidehi의 음사. 인도 마갈타국 빈바사라왕의 왕비. 3)선지식 : 불도(佛道) 수행을 도와 주고 지도해 주는 사람. 선우(善

友)라고도 번역한다. kalyāṇa-mitra. 4)대승십이부경 : 대승 경전의 서술 형식. ①계경(契經)·②응송(應頌)·③풍송(諷頌)·④인연·⑤본사(本事)·⑥본생(本生)·⑦미증유(未曾有)·⑧비유·⑨논의·⑩자설(自說)·⑪방광(方廣)·⑫수기(授記). 여기서는 그런 형식으로 된 대승 경전들. 5)제목 : 원문은 '首題名字'. 경의 이름. 6)천겁 : 겁(劫)은 kalpa, Ⓟkappa의 음사니, 겁파(劫波)라고도 한다. 천문학적인 시간의 단위. 세계가 성립하여 없어질 때까지의 시간. 여러 비유로 그 길이를 설명하나 생략한다.

16

이 가르침을 듣고 나서 믿고 기뻐하여 의심치 않는 사람은 최고의 깨달음[1]을 속히 성취하여 여래(如來)[2]들과 같아질 것이다. ―〈華嚴經〉

〔주〕 1)최고의 깨달음 : 원문은 '無上道'. agra-bodhi. 2)여래 : 1의 주.

17

부처님께서 사천왕(四天王)[1]에게 이르셨다. "좋다, 좋다![2] 너희들 네 명의 천왕(天王)이 이 같은 경전을 옹호하라. 내가 과거 백천구지(百千俱胝)[3] 나유타(那由他)[4] 겁(劫)에 걸쳐 온갖 고행(苦行)[5]을 닦아, 아뇩다라삼먁삼보리(阿耨多羅三藐三菩提)[6]를 얻고 일체지(一切智)[7]를 실현하여 이제 이 가르침을 설하니, 만약 인왕(人王)[8]이 있어서 이 가르침을 소중히 간직하여 공경하고 공양(供養)[9]한다면, 그 쇠환(衰患)[10]이 소멸해 안락한 삶을 누리게 될 것이며, 성읍(城邑)·취락(聚落)을 잘 지킬 수 있어서 원적(怨賊)[11]을 모두 물러가게 할 수 있을 것이다. 또 섬부주(贍部洲)[12] 안의 모든 임금[13]들에게 쇠뇌(衰惱)[14]·투쟁의 일이 길이 없어져, 각기 그 나라에서 여러 가지 쾌락을 향유하여 다 자재(自在)[15]함을 얻을 것이며,

가진 재물을 풍족히 쓸 수 있어서 약탈[16]을 일삼지 않을 것이며, 악한 생각을 일으키지 않기에 타국을 탐내지 않을 것이며, 그 나라 백성들도 애요(愛樂)[17]하는 마음을 저절로 일으키기에 이르러 상하가 화목해서 기뻐 노닐며, 자비롭고 겸양하여 선근(善根)[18]을 키워 갈 것이다. 이런 인연으로 하여 이 섬부주가 안온하고 풍락(豊樂)해져 백성이 많아지며, 대지가 비옥해지고 추위와 더위가 적절하여 사시가 조화를 잃지 않으며, 일월성수(日月星宿)가 법도를 벗어남이 없으며, 비바람이 시기에 맞아 여러 재앙이 떠나며, 마음에 인색함이 없어서 보시(布施)[19]를 늘 행하며, 십선업(十善業)[20]을 구비할 것이고, 사람들이 죽으면 천상(天上)에 흔히 태어나 천중(天衆)[21]과 대왕(大王)[22]을 증익(增益)[23]하리라." ―〈金光明最勝王經〉

〔주〕 1)사천왕 : 사천대왕(四天大王)·사천신왕(四天神王)이라고도 한다. 수미산 중턱에 있는 사왕천(四王天)의 임금. 불법의 수호신. 동방의 지국천(持國天), 서방의 광목천(廣目天), 남방의 증장천(增長天), 북방의 다문천(多聞天). 2)좋다, 좋다! : 원문은 '善哉. 善哉'. 지당하다. 좋다. 훌륭하다. 스승이 제자에게 찬성과 칭찬의 뜻을 표하는 말. '선재'의 원어는 śadhu. 3)구지 : koṭi의 음사. 수의 단위니 10의 7승(乘). 십만·천만. 또는 억(億)·만억·경(京)이라는 설도 있다. 4)나유타 : nayuta의 음사. 천만, 또는 천억이라고도 한다. 5)고행 : 깨달음을 얻기 위해 괴로운 수행을 하는 것. tapas. 6)아뇩다라삼먁삼보리 : anuttarā samyak-saṃbodhiḥ의 음사. 부처님의 깨달음의 지혜를 이름이니, 더없이 훌륭하고, 바르고 평등 원만하다는 뜻. 부처님의 최상이며 절대로 완전한 지혜. 무상정등각(無上正等覺)·무상정진도(無上正眞道)·무상정변지(無上正遍知)·무상정변지(無上正徧智)라고 한역한다. 7)일체지 : ①온갖 것을 아는 사람. 부처님. sarva-jña. ②부처님의 지혜. 온갖 것을 아는 지혜. sarvajña-jñāna. 여기서는 후자. 8)인왕 : 인간의 왕. 9)공양 : 여기서는, 존경·숭배의 뜻. pūjā. 번역에서는 이 앞의 '공경'과 떼었으나 '공경 공양'은 이 pūjā의 한

역인 듯하다. 10)쇠환 : 사람을 쇠하게 하는 갖가지 불행. 11)원적 : 사람을 해치고 재물을 뺏는 자(灌頂經). 12)섬부주 : 염부제(閻浮提)와 같음. 수미산 남방의 대륙으로 사대주(四大洲)의 하나. jambū-dvipa의 음사. 수미산을 중심으로 하여 남쪽에 위치하고, 원래는 인도를 가리켰으나 인간세계 전체를 말하게 되었다. 13)모든 임금 : 원문은 '所有諸王'. 이 '소유'는 온갖 것, 모두의 뜻. sarva. 14)쇠뇌 : 고뇌. 불행. upadrava-upāyāsa. 15)자재 : 뜻대로 되는 것. vaśitva. 16)약탈 : 원문은 '侵奪'. ahārya. 17)애요 : 여기서는 자애(慈愛)의 뜻. 남을 불쌍히 여김. karuṇā-āśaya. 18)선근 : 좋은 과보(果報)를 받을 만한 선행. 선을 뿌리에 비유한 것. kuśala-mūla. 19)보시 : 주는 것. 희사(喜捨). 물질만이 아니라 행위까지도 포함해 말한다. dāna. '檀那'라 음사한다. 20)십선업 : 죽이지 않고, 훔치지 않고, 사음(邪婬)하지 않고, 거짓말을 하지 않고, 잡스러운 말을 하지 않고, 사나운 말을 하지 않고, 이간질하는 말을 하지 않고, 탐욕을 내지 않고, 성내지 않고, 사견(邪見)을 지니지 않는 일. daśa kuśala. 21)천중 : 천상계(天上界)의 신(神)들. 제천(諸天). divyāḥ kayāḥ. 22)대왕 : 사천왕(四天王)을 이른다. 23)증익 : 여기서는 행복하게 한다, 번영케 한다는 뜻. vṛddhi.

18

가섭보살(迦葉菩薩)이 부처님께 여쭈었다. "어떤 것들이 온갖 선법(善法)[1]입니까?" 부처님께서 말씀하셨다. "좋다, 좋다! 선남자야, 이같이 미묘한 <대열반경(大涅槃經)>[2]이 온갖 선법(善法)[3]의 보장(寶藏)[4]이니라. 비유하자면 큰 바다가 여러 보배의 곳집(庫)이 되는 것과 같아서 이 경은 온갖 자의(字義)[5]가 간직된 곳집이며, 수미산이 여러 약의 본고장인 것 같아서 이 경은 보살계(菩薩戒)[6]의 근본이 된다. 이 경은 온갖 선법(善法)의 머무는 곳이며, 이 경은 온갖 번뇌와 악법(惡法)[7]에 의해 얽매이지 않으며, 이 경은 외도(外道)[8]의 그릇된 사람이 깨뜨리지 못하며, 이 경은 병으로 고생하는 중생을 위해 가장 효험 있는 약이 되며, 이 경은 모든 악인을 위해 다리(橋)가 되어 주며, 이 경은 더없는 우박·서리가 되어 온갖 생사[9]의 과보(果報)를 깨뜨리며, 이 경은 계(戒)[10]를 비방하는 중생에게 밝은 거울이 되어 주며, 이 경은 곧 시방(十方)[11]의 과거·미래·현재의 부처님들의 부모가 된다. 그러므로 이 경이 온갖 선법을 포섭하느니라.

— 〈涅槃經〉

〔주〕 1)온갖 선법 : 원문은 '一切法'. 일체제법(一切諸法)·만법(萬法)이라고도 한다. 온갖 것, 온갖 물질적·정신적 현상을 망라한다. 원뜻은 '연기(緣起)한 모든 존재'. 즉 유루법(有漏法)을 가리키나 뒤에는 무위법(無爲法)까지도 포함케 되었다. 여기서는 온갖 선법. sarva-dharmāṇ. 2)<대열반경> : <대반열반경(大般涅槃經)>. 보통 <열반경>이라 하며, 대승·소승의 구별이 있다. 소승의 <열반경>이 석존(釋尊)의 죽음을 역사적으로 서술한 데 대해, 대승의 그것은 부처님의 죽음을 문제삼아 영원불멸의 법신론(法身論)을 전개했다. Mahāparinirvāṇa-sūtra. 3)선법 : 좋은 일. 바른 일. 도리를 따라서 자타를 이롭게 하는 일. 세간(世間)의 선법으로 오계(五戒)·십선(十善), 출세간(出世間)의 그것으로 삼학(三學)·육도(六度) 등이 있다. kuśalā dharmāḥ. 4)보장 : 1의 주. 5)자의 : ①명사(名詞)를 형성하는 음절. vyañjana. ②범어의 14 모음(母音). ③글자에 세속적 의미와 다른 뜻을 붙이는 것. 아(阿)에는 불생(不生)의 뜻이 있다는 따위. 이 중 ①이나 ②의 뜻으로 쓰인 것 같다. 음절이나 모음은 말(의미)을 형성하는 근원이므로, 온갖 뜻의 근원이라는 것이리라. 6)보살계 : 대승의 보살이 받아서 지키는 계. 이 계는 지악(止惡)·수선(修善)·이타(利他)의 세 가지를 갖추고 있다. 대승계·불성계(佛性戒)라고도 한다. bodhi=sattva-saṃvara. 7)악법 : ①악한 가르침. Ⓟasaddhamma. ②그릇된 생활. 선법의 반대. 여기서는 전자. 8)외도 : 불교 이외의 종교가·사상가. 또는 그 가르침. para-pravādin. 9)생사 : 12의 주. 10)계 : 불교를 믿는 자가 지켜야 할 도덕적 규칙. śila. 시라(尸羅)라고 음사. 11)시방 : 동·서·남·북·동남·서

남 · 서북 · 동북 · 상(上) · 하(下). 열 가지 방향. '十方'은 '시방'이라 읽는다. daśa-diś.

19

비유컨대 온갖 나무와 약초는 땅을 의지하기에 자랄 수 있는 것이니, 선법(善法)[1]도 이 같아서 다 이 경(經)으로 말미암아 커 가느니라.

— 〈無上依經〉

〔주〕 1)선법 : 18의 주.

20

삼보(三寶)[1]에[2] 항상 신심(信心)[3]을 일으켜서, 대승(大乘)[4]의 오묘한 경전의 모든 선한 공덕(功德)[5]을 닦아[6] 퇴전(退轉)[7]하는 마음을 품지 않는다면, 이런 사람은 아주 빨리 깨달음을 성취(成就)하게 될 것이다.

— 〈蘇悉地羯囉經〉

〔주〕 1)삼보 : 불교에 있어서의 세 가지 보배. 가장 귀중한 것 세 가지. 깨달은 사람인 부처님(buddha)과 그 설법하신 내용인 가르침(dharma)과, 그것을 계승한 수행자(修行者)의 단체(saṃgha). 즉 불(佛) · 법(法) · 승(僧)이니, 불교의 교조 · 교리 · 교단을 이른다. 이것은 불교의 기본적 구성 요소다. ratna=traya. 2)…에 : 원문은 '處'. 어격(於格)을 나타낸다. 가령 '음욕에 탐락(耽樂)한다'를 '耽樂婬欲處'로 표현하는 따위가 그것이다. 3)신심 : 8의 주. 4)대승 : 큰 마차의 뜻. 1~2세기경, 종래의 불교가 교단 중심, 승려 위주로 나가는 것에 반발하여 이것을 소승(小乘)이라 비난하고, 중생 제도의 이타행(利他行)을 표방하고 나선 불교의 유파. mahāyāna. 5)공덕 : 위대한 힘. māhātmya. 6)닦아 : 원문은 '修習'. 몸에 닦는 것. 체득될 때까지 수행함. paricaryā. 7)퇴전 : 수행에 의해 얻은 경지에서, 원래의 아래 경지로 전락(轉落)함. 얻은 경지에

서 물러서는 것. parihāni.

21

이런 경전을 배우면, 이는 좋은 복전(福田)[1]이라 응당 인천(人天)[2]의 공양[3]을 받으며, 열반(涅槃)[4]에 들어 잘 조복(調伏)[5]하리라.

—〈諸法勇王經〉

〔주〕 1)복전 : 행복의 원인. 삼보(三寶)를 숭배하고 공양하는 것이 복을 가져오는 원인이 되므로 밭에 비유한 것. Ⓟpuññakkhetta. 2)인천 : 사람들과 신(神)들. 또는 천상계(天上界)와 인간계(人間界). 3)공양 : 17의 주. 4)열반 : 미혹(迷惑)의 불이 꺼진 상태. 온갖 미혹에서 벗어난 불생불멸의 경지. 이것은 불교의 이상이다. nirvāṇa. '涅槃'은 그 속어 nibbān의 음사. 5)조복 : 마음과 몸을 제어(制御)하는 것. 마음을 바른 상태에 두어, 악을 억제하고 제거하는 것. Ⓟdamma. 징계하고 항복시키는 뜻으로 쓰이는 수도 있다.

22

사람 중에서 존귀한 것은 왕이다. 여러 물의 근본은 바다다. 별 중에서 밝은 것은 달이다. 천상계(天上界)와 인간계(人間界)에서 가장 존귀한 것은 불도(佛道)[1]다.

—〈寂志果經〉

〔주〕 1)불도 : 부처님의 가르침. 부처님의 깨달음. 깨달음에 이르는 길. agra-bodhi(최고의 깨달음) · budbha-jñāna(부처님의 지혜) · bodhi(깨달음) 등이다 '佛道'로 한역되었다.

23

어둔 방 속에 여러 가지 물건이 있다 해도, 등불이 없어서 어둠에 의

해 가리우는 바가 되면, 눈이 있어도 볼 수 없는 것과 같으니, 비록 지혜가 있다 해도 남을 좇아 가르침을 듣지 않으면, 이런 사람은 능히 선악의 뜻을 분별치 못하느니라. — 〈大毗婆娑論〉

24

부처님께서 가르침[1]을 베푸사 사람들[2]에게 보이시어 복전[3]을 만드시니, 믿는 자는 얻을[4] 것이라 후생(後生)[5]을 어찌 근심하랴!

— 〈阿難分別經〉

〔주〕 1)가르침 : 원문은 '法敎'. 불법(佛法)의 가르침. dharma-śāsana. 2)사람들 : 원문은 '人民'. manuṣyāṇ. 3)복전 : 21의 주. 4)얻음 : 원문은 '得値'. ①얻음. 도달함. ②기쁘게 함. 만족게 함. 여기서는 ①의 뜻. 5)후생 : 내세(來世). 죽어서 다시 태어나는 것을 이른다. punar-bhava.

25

"제자들아, 말법(末法)[1]의 시대가 되면 부처님의 가르침을 듣기 어렵고 만나기 어려우니라. 이제 너희들은 친히 보고 들으니, 일찍이 다겁(多劫)에 걸쳐 배우고 수행한 사람들임을 알겠다. 한 번 들은[2] 다음에는 다시 퇴전(退轉)[3]함이 없거라." — 〈大敎王經〉

〔주〕 1)말법 : 부처님이 돌아가신 후, 천년(혹은 5백년)을 정법(正法), 다음의 천년을 상법(像法), 다음의 만년을 말법(末法)이라 한다. 정법이란 교(敎)·행(行)·증(證-깨달음)이 갖추어져 있는 시기. 상법이란 증(證)을 얻는 자는 없으나 교(敎)와 행(行)이 존재해서 정법과 비슷한 시기. 말법은 교(敎)만이 남고 행·증이 없는 시기. 정법시(正法時)·상법시·말법시라고도 한다. 2)한

번 들음 : 원문은 '一授'. 부처님의 처지에서 가르침을 '한 번 준다'는 뜻이나, 제자의 입장에서 역했기에 '한 번 들은' 것으로 했다. 3)퇴전 : 20의 주.

수도(修道)의 이익

26

만약 수행자(修行者)[1]의 처지에서 중생이 겪는 온갖 불행을 바라본다면, 무엇이 비칠 것인가? 중생들은 지옥(地獄)[2]의 독(毒)[3]과 축생(畜生)[4]의 고뇌와, 아귀(餓鬼)[5]의 고통과, 인간계(人間界)[6]의 근심과, 천상(天上)의 무상(無常)을 견디지 못하여 계속[7] 헤매기를[8] 수레바퀴처럼 하고 있고, 생(生)·노(老)·병(病)·사(死)·기갈(飢渴)·한서(寒暑)·은애별(恩愛別)[9] 같은 것에 원망이 집중되어 슬퍼하는 모양은 이루 다 말할 것이 못된다. 누겁(累劫)[10] 이래 부모를 여의고, 형제와 헤어지고, 처자와 서로 길이 어긋나서, 울부짖어 흘리는 눈물이 사방의 바닷물보다도 월등할 지경이다. 아버지는 아들을 곡하고, 아들은 아버지를 곡하며, 형은 아우, 아우는 형, 남편은 아내, 아내는 남편을 곡하여 엎치락뒤치락하는 모양은 갈피를 잡을 수 없다. 이들은 근고(勤苦)[11]의 뿌리와 어리석음의 씨를 심으며 살고 있는 것이매, 진정한 수행자의 눈에는 다 타기할 것으로 비칠 것이다. 그러므로 오직 생사[12]의 병을 모면코자 할진대, 주야로 정진(精進)[13]하여 도의(道義)를 버리지 않고 무위(無爲)[14]를 구해야 하느니라.

— 〈修行道地經〉

〔주〕 1)수행자 : 불도(佛道)를 닦는 사람. yogin. 2)지옥 : 악행을 한 사람이 죽어서 그 과보(果報)를 받는 곳. 괴로움이 충만한 세계. 여러 종류가 있으나 생략. naraka. 3)독 : 건강·생명을 손상시키는 요소. visa 4)축생 : 소·말 같

은 포유동물. 또 새・물고기를 포함시키기도 한다. 동물. 악행의 과보로서 이런 것으로 태어난다. tiryag-yoni. 5)아귀 : 아귀도에 떨어져 늘 기갈로 인해 고통을 받는 중생. preta. 6)인간계 : 원문은 '人中'. 7)계속 : 원문은 '展轉'. 차례차례. 연속해서. paramparayā. 8)헤맴 : 원문은 '周旋'. 9)은애별 : 애별리(愛別離)와 같다. 사랑하는 자와 헤어지는 것. priya-viyoga. 10)누겁 : 많은 겁(劫). 아주 오랜 시일. 11)근고 : 고뇌. 괴로움. Ⓟdukkha. 12)생사 : 12의 주. 13)정진 : 힘써 수행하는 것. virya. 14)무위 : 연기(緣起)되지 않은 것. 영원불변의 초시간적인 진실. 열반(涅槃). 대승에서는 진여(眞如), 유식(唯識)에서는 공(空)과 동일시한다. asaṃskṛta.

27

출가(出家)[1]해 불도(佛道)를 배우면 도과(道果)[2]를 얻게 되는바, 이것은 계(戒)[3]・정(定)[4]・혜(慧)[5]의 힘이다. — 〈善見律〉

〔주〕 1)출가 : 가정생활을 떠나 수행자가 되는 것. 계(戒)를 받아 중이 되는 것. pravrajita. 2)도과 : 불도 수행의 결과. 깨달음. 열반. 3)계 : 18의 주. 4)정 : 선정(禪定). 선(禪)은 dhyāna, Ⓟjhāna의 음사고, 정은 그 의역이다. 마음을 한 곳으로 집중하는 종교적 명상. 5)혜 : 지혜. 예지. 진실한 도리에 도달하는 작용. prajñā. 계・정・혜를 삼학(三學)이라 하여 기본적 수행으로 친다. triṇi śikṣaṇi.

28

지식이 많아 널리 통달했다 해도 도적(道跡)[1]을 얻지 못한 사람은, 마치 소경이 등불을 들어 남을 비치되 저는 비치지 못하는 것과 같다. 자리(自利)[2]를 구하고자 한다면, 반드시 도적(道跡)을 보아야 한다.

— 〈大莊嚴經〉

〔주〕 1)도적 : 사제(四諦) 중의 도제(道諦)를 말한다. <雜阿含經> 15 '苦滅道跡聖諦' Ⓟdukkha-nirodha-gāmini paṭipada. 2)자리 : 자기의 이익. 깨달음을 얻는 일을 이른다. ātma-hita.

29

부(富)와 양친과 친척과 육신의 쾌락보다 큰 쾌락은 진리다. 그러므로 이런 것들을 포기하고 진리를 따라야 한다. — 〈巴利文雜阿含經〉

30

도에 가까우면 이름이 드러나서 높은 산의 눈과 같고, 도에서 멀면 지혜에 어두워서 밤에 화살을 쏘는 것과 같다. — 〈法句經〉

〔풀이〕 이것은 한역(漢譯)에서의 인용이거니와 파리어 원전을 직역한 것에는 다음같이 되어 있다.

"좋은 사람들은, 히말라야처럼, 멀리로부터도 빛난다. 그러나, 나쁜 사람들은 곁에 있어도 보이지 않는다. 밤에 쏘아진 모든 화살같이."(304)

이 '좋은 사람' · '나쁜 사람'은 바른 가르침을 따르는 여부를 기준으로 말씀하신 것이매, 한역에서 '道에 近하면' · '道에서 遠하면'이라 한 것은 명역이려니와, 네팔 태생인 부처님께서 만년설로 뒤덮인 히말라야의 눈으로 '좋은 사람'을 비유하신 것은 매우 인상적이다.

31

무상(無常)은 가장 큰 괴로움이니, 마땅히 진리를 구해야 하느니라. — 〈須摩提長者經〉

32

보살에게는 네 가지 선행(善行)[1)]이 있다. 첫째는 가르침을 아무리 들어도 싫증내지 않음이요, 둘째는 바르게 관찰하고 사유(思惟)함이요, 셋째는 가르침을 따라 능히 실천함이요, 넷째는 보리(菩提)[2)]에 회향(廻向)[3)] 함이니, 이런 네 가지니라. ―〈轉女身經〉

〔주〕 1)선행 : 원문은 '法'. 이 말에는 바른 일, 착한 행위의 뜻이 있다. -<出曜經> 無放逸品. 원어는 역시 dharma. 2)보리 : 5의 주. 3)회향 : 깨달음을 향해 나아가는 것.

불법(佛法)을 불수(不修)하는 고과(苦果)

33

밝게 깨달으면 금강산(金剛山)[1)]을 어떤 모진 바람도 흔들지 못하는 것 같고, 깨닫지 못하면 갈꽃이 모진 바람에 불려 휘돌고 떠돌아 공중에서 머뭇대는 것과 같다. ―〈五事毗婆娑論〉

〔주〕 1)금강산 : 철위산(鐵圍山)이라고도 한다. Cakra-vāḍa. 수미산의 세계에서 세계의 외곽에 치솟은 고산. 바다가 괴어 있는 것은 이 산 때문이므로 철위산, 아주 견고하다 해서 금강산이라 함. Vajramaya-parvata.

34

만약 불법(佛法)에 있어서 여러 각도로 관해(觀解)[1)]하지 못하고 상량(商量)[2)]치 못한다면, 물 위에 뜬 매지 않은 배 같아서 까불어대다가 파괴되기 쉽다. ―〈阿毗曇毗婆娑論〉

〔주〕 1)관해 : 진리를 마음속에서 조용히 관찰하고 사유하여 이해함. 2)상량 : 원문은 '籌量'. 헤아리고 생각하는 것.

35

백 년을 산다 해도 생멸(生滅)[1]의 원인[2]을 알지 못한다면, 하루를 사는 중에 그것을 깨달음만 못하다. — 〈出曜經〉

〔주〕 1)생멸 : 생과 사. 생기는 것과 소멸하는 것. udaya-vyaya. 2)원인 : 원문은 '事'. 근본 조건 · 원인의 뜻. vastuka.(<俱舍論> 1권)

36

만약 사람이 부처님을 믿지 않으며, 가르침을 실천하지 않고, 비법(非法)[1]을 행한다면, 이를 일러 죽음이라 한다. — 〈須摩提長者經〉

〔주〕 1)비법 : 과오. 도(道)에 어긋나는 일. 종교의 규정에 위배되는 일. adharma.

37

대승(大乘)[1]의 가르침을 비방하면, 결정적으로 악도(惡道)[2]에 떨어진다. — 〈入大乘論〉

〔주〕 1)대승 : 20의 주. 2)악도 : 2의 주.

2
교리강령품
教理綱領品

제1장 총설(總說)

교리(敎理)의 보편(普遍)

38

온갖 현상[1]이 다 불법(佛法)[2]이다. — 〈般若經〉

〔주〕 1)온갖 현상 : 원문은 '一切法'. 18의 주. 2)불법 : 4의 주.

〔풀이〕 좀 당황케 하는 단안이다. 일체법(一切法)이란 삼라만상과 정신적 온갖 현상을 가리킨다. 이런 현상들은 불완전하고 영구성이 없으므로, 부처님의 가르침(佛法)인 영구 불멸의 진리와는 정반대라는 것이 상식이다. 그리고 이것은 불교가 출발점에서 세웠던 가치평가이기도 하다. 그러나 절대적 세계를 이 상대적 세계의 피안(彼岸)에 설정한다면, 그 절대는 도리어 상대(相對)가 되고 만다. '상대를 초월한 곳'이라 하여, 상대의 상대가 되고 말기 때문이다. 또 '절대'라는 것이 어디에 있다고 하는 것도 부당하다. 어디에(상대계를 초월한 곳) 있다고 하는 이상, 이미 한정을 받고 있어서 절대성은 깨진다고 보아야 하기 때문이다. 그렇다고 절대와 상대의 질서를 무너뜨려 둘을 같은 것으로 보는 것이 부당함은 말할 것도 없다. 그러므로 절대란 상대를 넘어선 것인 동시에, 상대를 떠난 것도 아니라는 결론이 나온다. 절대는 상대와 상즉(相卽)하는 관계에 있다. 상즉이란 반대의 것이 하나로 연결함을 보이는 변증법적(辨證法的) 관계를 이르는 개념이다. 절대는 상대를 뒷받침하는 무(無)이며, 그렇다고 그런 것이 어디에 따로 존재하는 것이 아니라, 상

대에 상즉하는 것으로서의 무다. 일즉다(一卽多)·다즉일(多卽一), 색즉시공(色卽是空)·공즉시색(空卽是色), 번뇌즉보리(煩惱卽菩提)·보리즉번뇌(菩提卽煩惱) 등은 다 같은 논리를 나타낸 말들이다. 이런 견지에서 보면 모든 존재·현상이 그대로 불법이 된다. 물 소리는 그대로 부처님의 설법(溪聲便是廣長舌), 산빛은 바로 부처님의 법신(山色豈非淸淨身)이 되는 것이다.

39

불법은 세간법(世間法)[1]과 다르지 않고, 세간법은 불법과 다르지 않다. 그러기에 불법과 세간법은 서로 혼란을 빚는 일이 없으며, 또한 차별이 있지 아니하니, 법계(法界)[2]의 체성(體性)[3]은 평등하여 삼세(三世)[4]를 두루 일관하고[5] 있다.

— 〈華嚴經〉

〔주〕 1)세간법 : 미계(迷界)의 온갖 사물. 인연으로 생겨났고 유루(有漏)·무상(無常)한 것들. 사제(四諦) 중의 고(苦)·집(集)에 해당한다. saṃvyavahārā laukikāḥ. 2)법계 : ①사물의 근원. 이 전 우주를 법(진리)의 표현으로 보아, 진리 자체를 뜻한다. 그리고 진리 자체인 부처님, 즉 법신(法身). ②화엄 계통에서는 '현실 그대로의 세계'와 '그것을 그렇게 있게 하는 존재'와를 상즉적(相卽的)으로 나타내는 말로 쓴다. 법(法)은 성(性)의 뜻. 법성(法性)·진여. 계(界)는 분(分)의 뜻. 세계. 이리하여 법계는 우주·세계인 동시에 법성·진여의 뜻. 원어는 어느 경우나 dharma-dhātu. 3)체성 : 체는 실체(實體)·본체(本體), 성은 불변성·본성(本性)의 뜻. svabhāva. 4)삼세 : 과거·현재·미래. 과현미(過現未)·이금당(已今當)이라고도 함. try-adhvan. 5)두루 일관함 : 원문은 '普入'. 두루 흘러들어가고 있다는 뜻일 것이나 의역했다.

40

수비범천(修悲梵天)[1]이 해의보살(海意菩薩)[2]에게 물었다. "불법(佛法)

은 어째서 이름이 불법입니까?" 해의보살이 말했다. "불법(佛法)이란 온갖 현상을 이름이요, 온갖 현상이란 불법을 이름입니다. 불법의 본성(本性)[3]이 곧 온갖 현상의 본성이요, 온갖 현상의 본성이 곧 불법의 본성이니, 불법의 본성과 온갖 현상의 본성에는 차별이 없습니다."

— 〈大集經〉

〔주〕 1)수비범천 : 범천의 이름. 범천이란 인도의 재래사상이던 범(梵), 곧 만유(萬有)의 근원인 brahman을 신격화한 것으로, 불교에서는 색계(色界)의 초선천(初禪天)을 말한다. 이에 범중천(梵衆天)·범보천(梵輔天)·대범천(大梵天)이 있어서 그 총칭으로 쓰이며, 보통은 대범천을 가리킨다. 불교의 수호신. 그러나 범천이 무수히 존재한다는 사상이 <화엄경> 등에도 보이는바, 수비범천도 그런 것 중의 하나로 여겨진다. 범천의 원어는 Brahmā다. 2)해의보살 : 보장엄토세계(寶莊嚴土世界)의 보살 이름. 3)본성 : 원문은 '性'. 본질·본체·자성(自性)·본성. 이 말이 '성질'의 뜻으로 쓰이는 일은 없다. prakṛti.

41

부처님께서 사리자(舍利子)[1]에게 이르셨다. "명의(名醫)[2] 기바(耆婆)[3]가 대지를 두루 관찰하면 온갖 초목 치고 약 아닌 것이 없다. 반야바라밀다(般若波羅蜜多)[4]를 수행(修行)[5]하는 보살도 그러해서, 온갖 사물을 바라보매 보리[6] 아님이 없느니라."

— 〈海意菩薩所問經〉

〔주〕 1)사리자 : 사리불(舍利弗)이라고도 하며, Sāriputra의 음사. 십대제자(十大弟子)의 하나. 지혜 제1. 2)명의 : 원문은 '醫王'. 11의 주. 3)기바 : Jivaka의 음사. 고대 인도의 명의. 4)반야바라밀다 : ①지혜의 완성의 뜻. 완전한 지혜의 실현. 사람이 진실한 생명에 눈떴을 때에 나타나는 근원적 예지. 6바라밀다의 하나. ②반야에 의해 사람들을 바로 가르쳐 해탈시키는 것. 10바라밀

다의 하나. prajñā-pāramitā. 5)수행 : ①실천함. 행함. pratipatti. ②노력함. prayoga. 6)보리 : 5의 주.

42

범천(梵天)[1]이 물었다. "불법(佛法)[2]이란 삼계(三界)의 현상(現象)[3]에 지나지 않는 것입니까?" 해의보살(海意菩薩)이 말했다. "삼계와 불법의 본성은 차별이 없습니다. 삼계도 평등하고 불법도 평등하여 두 개의 특질(特質)[4]이 있는 것이 아닙니다." — 〈大集經〉

〔주〕 1)범천 : 40의 '수비범천'의 주. 2)불법 : 4의 주. 3)삼계의 현상 : 원문은 '三界法'. 삼계의 온갖 현상・존재. '삼계'는 4의 주. 4)두 개의 특질 : 원문은 '二相'. dvi-lakṣaṇa. 대립적 관념을 말하는 때도 있다.

43

대해(大海)는 널리 온갖 물을 받아들이되 차는 일이 없고 넘치는 일이 없으니, 얼마든지 받아들일 능력이 있기 때문이다. 부처님의 세계[1]도 그러해서 선근(善根)[2]을 거두어들이되 차지 아니하며 늘지도 않으니, 불가사의(不可思議)[3]하기 때문이다. — 〈大乘莊嚴經論〉

〔주〕 1)부처님의 세계 : 원문은 '佛界'. ①불국토(佛國土). ②자기도 깨닫고, 남도 깨닫게 하고 있는 자의 생존의 경지. 2)선근 : 17의 주. 3)불가사의 : 원문은 '希有'. 드문. 좀체로 없는. 놀라운. adbhuta.

불법의 이상(離相)

44

불법(佛法)은 미묘하여 헤아리기 어려우니, 온갖 언설(言說)의 미칠 바가 못 된다. 이는 화합(和合)[1]도 아니요 화합 아님도 아니니, 체성(體性)[2]이 고요하여[3] 갖은 모습[4]을 떠났느니라. — 〈華嚴經〉

〔주〕 1)화합 : 여러 요소가 모여 하나의 것을 구성함. saṃyoga. 2)체성 : 39의 주. 3)고요함 : 원문은 '寂滅'. 번뇌의 불이 꺼진 마음의 궁극적인 정적. 깨달음의 경지. 열반(涅槃)을 가리킴. vyupaśama nirvṛta. 4)모습 : 원문은 '相'. 모습. 모양. 양상. 양태. 겉으로 나타난 모습. lakṣaṇa.

〔풀이〕 38의 풀이 참조.

불법의 행위

45

온갖 악(惡) 짓지 말고
모든 선(善) 실천하며
제 마음 맑게 함이
부처님네 가르치심. — 〈涅槃經〉

〔풀이〕 이것은 <법구경(法句經)>에도 보이는 칠불통계게(七佛通誡偈)라는 것으로, 불교의 성격을 간명히 나타낸 운문이다. 불교의 교리는 끝없이 오묘·난해하지만, 요는 이 평범한 일을 가리킨다고 할 수 있다.

46

안온(安穩)한 도리[1]를 불법(佛法)이라 하고, 재앙[2]이 없는 도리를 불법이라 하고, 자타(自他) 어느 것에도 집착하지 않는 도리를 불법이라 하고, 비방이 없는 도리를 불법이라 하고, 완전히 청정하여[3] 더러움 없는 도리를 불법이라 하고, 바른 데를 향해 바로 나아가는 것을 불법이라 하고, 온갖 망상이 없어져 잘 조복(調伏)[4]하는 도리를 불법이라 하고, 잘 가르치고 잘 인도하여 마땅한 것을 따르게 하는 도리를 불법이라 하고, 생사[5]의 흐름을 끊는 도리를 불법이라 한다. — 〈寶篋經〉

〔주〕 1)도리 : 원문은 '法'. 규범·법칙. dharmata. 2)재앙 : 원문은 '過惡'. adinava. '無過惡'의 원어는 niravadyatva. 3)완전히 청정함 : 원문은 '自淨'. Ⓟsaṃsuddhi. 스스로 청정하다는 뜻은 아니다. 4)조복 : 21의 주. 5)생사 : 12의 주.

47

원한 없는 가르침을 부처님의 가르침이라 한다. 다툼 없는 가르침을 부처님의 가르침이라 한다. 비방 없는 가르침을 부처님의 가르침이라 한다. — 〈寶藏經〉

제2장 마음

제1절 마음의 체성(體性)

심체(心體)의 무상(無相)

48

과거의 마음을 포착할 수 없고, 현재의 마음을 포착할 수 없고, 미래의 마음을 포착할 수 없다. —〈般若經〉

〔**풀이**〕 우리가 사물을 인식하는 것은 마음의 작용이거니와 마음 자체는 인식에서 제외된다. 마음을 인식하려는 것도 마음의 작용이기 때문이다. "마음이란 무엇이냐?" 하고 물을 때 물음의 대상이 되고 있는 마음은 마음의 그림자 내지 개념화된 그것이며, 마음 자체는 그 대상에서 몸을 돌려 도리어 묻는 자가 되어 있다. 그러므로 마음은 어떤 모양으로도 포착되지 않는 것이라 해야 하고, 구태여 말하자면 무(無)라고밖에는 표현할 길이 없을 것이다. 마음을 어떤 형태로든 유(有)라고 가상한다면, 그것은 인식의 대상이 될 수 있고 포착이 가능해진다. 그러나 그 같은 마음은 일체의 것을 인식할 수는 없을 것이니, 형태 있는 그릇이 사물을 수용하는 데 있어서 제한받는 것과 같다. 유(有)인 이상 제한이 따르며 무한일 수 없는 까닭이다. 따라서 마음이란 무라 해야 하고 작용은 있으나 주체가 없는 것, 주어(主語)는 되지만 술어(述語)는 되지 않는 것이라고 해야 한다. 이같이 마음을 무(無) 내지 공(空)이라고 인식하여 '제 마음'이라는 집착에서 떠나야 한다는 것이 불교의 가르침

이다. 그리고 이 <반야경>이란 <금강경>을 이름이다.

49

마음은 안에도 있지 않으며, 밖에도 있지 않으며, 중간에도 있지 않다.

— 〈維摩經〉

50

마음의 모습[1]은 공(空)[2]한 것이어서 환술(幻術)로 만들어 낸 현상[3] 같으니, 보리심(菩提心)[4]도 없고 성문심(聲聞心)[5]도 없다. — 〈維摩經〉

〔주〕 1)마음의 모습 : 원문은 '心相'. Ⓣsems kyi mtshan ñid. 2)공 : 온갖 사물은 인연에 의해 구성되었을 뿐 실체(實體)가 없다는 견해. 무실체성(無實體性). 무고정성(無固定性). śūnya. 3)환술로 만든 현상 : 원문은 '幻化'. 실체 없는 것의 비유로 쓰인다. 4)보리심 : 깨달음을 얻고자 하는 마음. 아뇩다라삼먁삼보리심의 약칭. bodhicitta. 대승에서는 깨달음을 구해 타인을 구제하려는 마음의 뜻으로 쓴다. 여기서는 후자. 5)성문심 : 자기의 깨달음만을 구하는 성문의 이기적 마음.

51

마음의 자성(自性)[1]은 본래 공적(空寂)[2]하여 대립도 없고[3] 소멸하는 일도 없는[4] 것이어서 제취(諸趣)[5]에서 벗어나 열반(涅槃)[6]의 평등한 경지에 머무르고 있다. 그것은 처음인 것도 아니고 가운데나 뒤인 것도 아니며, 삼세(三世)[7]를 초과(超過)[8]하여 그 모습이 허공과 같다.

— 〈華嚴經〉

〔주〕 1)자성 : 그 자체의 본질. 사물을 사물이게 하는 소이(所以)의 것. 본체. 본성. 자기존재성(自己存在性). 2)공적 : 공(空)과 같음. 50의 주. 3)대립이 없음 : 원문은 '無二'. advage. 4)소멸이 없음 : 원문은 '無盡'. 다함이 없는 것. 멸함이 없는 것. akaṣya. 5) 제취 : 미혹의 세계. 육취(六趣)를 이른다. 6)열반 : 21의 주. 7)삼세 : 39의 주. 8)초과 : 원문은 '出過'. 초월.

52

더럽혀짐이 없는[1] 진여(眞如)[2]의 본성은 차별이 없어서 적정(寂靜)[3]과 같다.

— 〈大乘二十頌論〉

〔주〕 1)더럽혀짐이 없음 : 원문은 '無染'. 번뇌에 의해 더럽혀지지 않는 것. akliṣṭa. 2)진여 : 만유(萬有)의 근원. 온갖 존재의 진실한 모습. 상대적인 것을 초월한 절대(絶對)·절대계. tathātā. 3)적정 : ①고요함. 마음의 평정(平靜). 깨달음의 세계. śama. ②열반(涅槃)의 딴 이름. 온갖 고뇌·욕망·번뇌가 끊어진 절대적으로 고요한 세계가 열반이기 때문이다. nirvāṇa. 여기서는 후자의 뜻.

53

"선남자야, 보리(菩提)[1]는 모습이 없으며 관찰(觀察)[2]할 수 없느니라. 어째서 모습이 없으며 관찰할 수 없는가? 안식(眼識)[3]이 불가능[4]하므로 모습이 없는 것이며, 안식이 그 색(色)[5]에 대해 분별(分別)[6]하지 못하므로 관찰할 수 없는 것이다. 이식(耳識)[7]이 불가능하므로 모습이 없는 것이며, 이식이 그 소리(聲)에 대해 분별하지 못하므로 관찰할 수 없는 것이다. 비식(鼻識)[8]·설식(舌識)[9]·신식(身識)[10]·의식(意識)[11]이 불가능하므로 모습이 없는 것이며, 비식·설식·신식·의식이 그 향(香)[12]·미(味)·촉(觸)[13]·법(法)[14]에 대해 분별하지 못하므로 관찰할 수 없는 것이다. 이렇게 모습이 없고 관찰할 수 없는 것이 성자(聖者)[15]의 경지인바, 그것이 삼계(三界)[16]를 초월한 까닭에 범부로서는 능히 이해치 못하느니라."

— 〈守護國界主經〉

〔주〕 1)보리 : 5의 주. 2)관찰 : 사물을 마음속에서 잘 살피고 생각하는 것. 고찰함. vimṛśate. 3)안식 : 눈의 감각. 시각을 통한 인식. 눈으로 색(色)을 분별하는 작용. cakṣur-vijñāna. 4)불가능 : 원문은 '不可得'. 있을 수 없음. 가능치 않음. upapadyate. 5)색 : 빛깔과 형태. 눈의 대상이므로 단순한 빛깔이 아니라 형태를 포함한다. rūpa. 6)분별 : 구별하는 것. 가리는 것. vibhāgaṃ lakṣayati. 7)이식 : 귀의 감각. 귀에 의해 음성을 식별하는 작용. śrotra-vijñāna. 8)비식 : 코의 감각. 코에 의해 냄새를 식별하는 작용. ghrāṇa-vijñāna. 9)설식 : 혀의 감각. 혀에 의해 맛을 식별하는 작용. jihvā-vijñāna. 10)신식 : 촉각의 인식. 촉각에 의해 대상을 지각하는 작용. kayā-vijñāna. 11)의식 : 알고 사고하는 작용. 요즘의 '의식'과 다른 것은, 그것이 과거·미래의 대상을 향해서도 작용하는 점이다. 제육식(第六識). mano-vijñāna. 12)향 : 냄새. 후각의 대상. gandha. 13)촉 : 가촉성(可觸性). 닿아지는 사물. 촉각의 대상. spraṣṭavya. 14)법 : 사고의 대상. 마음의 대상. 마음이 대상으로서 포착하는 것. dharma. 15)성자 : ①종교적으로 높은 경지에 이른 사람. ārya. ②십지(十地)의 보살. 16)삼계 : 4의 주.

54

마음[1]이란 본래 있는 것이 아니어서 번뇌[2]에 더럽혀질 여지가 없거니, 어찌 마음이 탐(貪)[3]·진(瞋)[4]·치(痴)[5]에 의해 더럽혀지며, 삼세(三世)[6]에 속하는 온갖 것에서 무엇을 마음이라 하랴. 과거의 마음은 없어졌고, 미래의 마음은 오지 않았고, 현재의 마음은 머무르지 않아서, 온갖 사물의 내재하는 본성(本性)[7]이 인식되지 않으며, 온갖 사물의 외면적 양상[8]이 인식되지 않으며, 온갖 사물의 안도 겉도 아닌 중간의 모습도 인식되지 않는다. 마음이 본래 형상(形相)[9]이 없고 머무는 곳이 없기에, 온갖 여래들께서도 이를 보지 못하셨거든, 항차 그 밖의 사람들이 마음을 볼 수 있을까보냐. — 〈心地觀經〉

〔주〕 1)마음 : 원문은 '心法'. 심왕(心王)이라고도 한다. 마음의 본체. 기능에 따라 심(心)·의(意)·식(識)이라 불린다. vijñāna. 2)번뇌 : 원문은 '塵穢'. 3)탐 : 미혹의 근원인 탐욕. rāga. 4)진 : 성내는 것. 화내는 것. 미워하고 성내는 것. 원망. kupita. 5)치 : 어리석음. 도리를 모르는 것. moha. 6)삼세 : 39의 주. 7)내재하는 본성 : 원문은 '內性'. 8)외면적 양상 : 원문은 '外相'. 9)형상 : 모습. 형태. ākāra.

55

지장보살(地藏菩薩)[1]이 견정신보살(堅淨信菩薩)에게 말했다. "선남자여, 만약 중생이 있어서 대승[2]에 나아가고자 한다면, 응당 처음에 수행해야 할[3] 근본업(根本業)[4]이 무엇인지 먼저 알아야 한다. 그 처음에 수행해야 할 근본업(根本業)이란 소위 일실경계(一實境界)[5]에 의지(依止)[6]하여 신해(信解)[7]를 닦는 일이니, 신해의 힘이 자라나는 것으로 인해 조속히 보살종성(菩薩種性)[8]의 경지에 들어가게 된다. 여기서 말하는 일실경계는 중생의 마음의 체성(體性)[9]을 이름인바, 본래부터 생기지도 않고 없어지지도 않으며, 자성(自性)[10]이 청정하여 장애가 없으며, 분별을 떠난 까닭에 평등해 아니 미치는 곳이 없으며, 시방(十方)에 원만하여 구경일상(究竟一相)[11]이라 대립도 차별도 없으며, 변하지도 달라지지도 않으며, 늘고 주는 일이 없다. 온갖 중생, 온갖 성문(聲聞)[12]·벽지불(辟支佛)[13]의 마음과, 온갖 보살의 마음, 그리고 온갖 부처님의 마음이 다 같아서, 생기지도 멸하지도 않으며, 번뇌에 더럽혀짐이 없어 오직 고요할 뿐이다. 왜 그런가? 온갖 망념(妄念)[14]이 분별을 일으키는 것은 환화(幻化)[15]와 같아 사실성이 없는 까닭이다. 소위 식(識)[16]·수(受)[17]·상(想)[18]·행(行)[19]·억념(憶念)[20]·연려(緣慮)[21]·각지(覺知)[22] 등의 갖가지 심수(心數)[23]는 청(靑)·황(黃)·적(赤)·백(白)도 아니고 잡색(雜色)인 것도 아니며, 그것에는 방(方)·원(圓)·장(長)·단(短)·대(大)·소(小)도 없으니, 나아가 시방(十方)의 허공과 온갖 세계를 다하여 마음의 형상(形像)[24]을 찾으나 한 조각[25]도 얻을 것이 없을 것이다."

— 〈占察善惡業報經〉

〔주〕 1)지장보살 : 석존(釋尊)께서 돌아가신 후부터 미륵보살이 성불할 때까지의 무불시대(無佛時代)의 중생제도를 위촉받은 보살. Kṣitigarbha. 2)대승 : 20의 주. 3)수행해야 할 : 원문은 '所行'. 실행해야 할 일. 수행되는 법. 4)근본업 : 근본이 되는 행위. 5)일실경계 : 평등·진실한 깨달음의 경지. 6)의지 : 의존하여 그것에 머무는 것. 의지함. āśraya. 7)신해 : 11의 '勝解'와 같음. 8)보살종성 : 보살종(菩薩種)이라고도 하고, '性'을 '姓'으로 쓰기도 한다. 결정보살(決定菩薩)이라는 말도 쓴다. 보살의 수행을 쌓아 반드시 깨달음에 도달할 수 있는 사람. 9)중생의 마음의 체성 : 원문은 '衆生心體'. 10)자성 : 51의 주. 11)구경일상 : 궁극에 있어서 절대적으로 평등한 일. 12)성문 : 4의 주. 13)벽지불 : 4의 '독각'과 같다. 14)망념 : 원문은 '有心'. 무엇엔가 얽매이는 범부의 마음. 무심(無心)의 대(對). 15)환화 : 50의 주. 16)식 : 인식 작용. 식별 작용. 안(眼)·이(耳)·비(鼻)·설(舌)·신(身)·의(意)의 인식 작용이, 색(色)·성(聲)·향(香)·미(味)·촉(觸)·법(法)을 대상으로 하여 인식하는 활동. vijñāna. 17)수 : 의식 속에 외부의 인상을 받아들이는 작용. 감각. 지각. 감수(感受). 18)상 : 표상작용(表象作用). saṃjñā. 19)행 : 의지(意志). 의지적 형성력(形成力). saṃskāra. 20)억념 : 기억함. 마음에 염(念)하여 잊지 않음. anusmaraṇa. 21)연려 : 마음에서 생각하는 것. 유식설(唯識說)에 의하면, 제육식(第六識)이 대

상을 생각하는 것. 22)각지 : 완전히 아는 것. anubudhyana. 깨닫는다는 뜻으로도 쓰인다. pratisaṃvedayati. 23)심수 : 심소(心所)의 구역(舊譯). 대상을 인식하는 경우에 일어나는 마음의 작용. caitasiki…. 24)형상 : 54의 '형상'과 같다. 25)한 조각 : 원문은 '一區分'. 일부분.

56

마음과, 마음의 작용[1]은 그 본성(本性)이 공적(空寂)[2]한 것이어서 보고 듣는 것이 아울러 불가능하다. 마음은 허깨비[3]와 같아 실체(實體) 없는 것이건만, 중생이 이리저리 헤아리는[4] 까닭에 상(想)[5]을 일으켜 고락(苦樂)을 받게 된다. 또 마음의 작용은 흐르는 물과 같아서 시시각각[6]으로 생멸(生滅)을 거듭해 잠시도 머무는 일이 없으며, 큰 바람과도 같아서 한 찰나(刹那)[7] 사이에 장소를 바꾸며, 등불 같아서 여러 조건이 갖추어질 때에 일어나며, 번개 같아서 수유(須臾)[8]도 머무르지 아니한다. 원숭이 같아서 오욕(五欲)[9]의 나무에서 노닐며, 화가 같아서 갖가지 형상을 그린다. 하인 같아서 여러 번뇌에 혹사당하며, 도둑 같아서 공덕(功德)[10]을 훔친다. 돼지떼와 같아서 더러움을 즐기며, 꿀벌 같아서 단맛이 있는 곳에 모여든다. 그렇다고는 해도 그 본성은 가는 일도 오는 일도 없으며,[11] 달라지거나 작용하는 일이 없으며,[12] 크고 작음이 없으며, 고락(苦樂)이 없으며, 상주불변(常住不變)[13]하여 가장 뛰어났느니라. —〈心地觀經〉

〔주〕 1)마음의 작용 : 원문은 '心所'. 55의 '심수'와 같음. 2)공적 : 51의 주. 3)허깨비 : 원문은 '幻'. 실체(實體) 없는 것의 비유. māyādivat. 4)이리저리 헤아림 : 원문은 '徧計'. 주관적으로 구상함. parikalpanā. 5)상 : 55의 주. 6)시시각각 : 원문은 '念念'. 염(念)이란 외계의 자극을 받아 기억을 유지하는 마음의 작용이다. 그러므로 아주 짧은 시간을 뜻하게 된 것. kṣaṇa. 7)찰나 :

kṣaṇa의 음사로 염(念)이라 한역. <대비바사론>에 의해 계산하면, 1초(秒)의 75분의 1. 8)수유 : 6의 주. 9)오욕 : 1의 주. 10)공덕 : 이익. ⓟānisaṃsa. 11)가는 일 오는 일이 없음 : 원문은 '無去無來'. 상주(常住)함을 나타내는 말. 12)달라지고 작용하는 일이 없음 : 원문은 '無異無爲'. 13)상주불변 : 영구히 존재하는 것. '상주'라고 해도 같은 뜻. nitya.

심체의 평등

57

진여(眞如)[1]의 자체상(自體相)[2]은 모든 범부·성문[3]·연각[4]·보살·부처님들에 있어서 더하고 덜함이 없으며, 과거[5]에 생긴 것도 아니며 미래[6]에 없어지는 것도 아니어서 절대로[7] 영구하다. —〈起信論〉

〔주〕 1)진여 : 52의 주. 2)자체상 : 그것 자체의 특질. 자상(自相)과 같다. svabhāva-lakṣaṇa. 3)성문 : 4의 주. 4)연각 : 4의 '독각'. 5)과거 : 원문은 '前際'. pūrva-anta. 6)미래 : 원문은 '後際'. 후변(後邊)·후방(後方)이라고도 한다. aparānta. 7)절대로 : 원문은 '畢竟'. atyanta.

〔풀이〕 절대(絶對) 그것인 진여가 발동하여 만물이 이루어질 때, 절대성은 깨어지지만 절대와 합치될 가능성은 어떤 존재에도 깃든다. 이것이 1의 풀이에서 언급한 여래장(如來藏)의 사상이다. 따라서 그 가능성을 개발하는 정도에 따라 부처·보살…… 등의 차별이 생기게 되며, 사람에 따라 소유한 진여에 차이가 나게 마련이다. 그러나 진여 자체는 누구에게나 공평히 작용하고 있다는 것이, 이 대목의 취지다.

58

온갖 중생은 같은 불성(佛性)[1]을 지니고 있어서 차별이 없다.

— 〈涅槃經〉

〔주〕 1)불성 : 부처님으로서의 본성(本性). 부처님이 될 수 있는 가능성. buddhatā. 여래장(如來藏)·각성(覺性)이라고도 한역.

59

"수보리(須菩提)[1]야, 진여(眞如)[2]는 본래 낳는 작용을 하는 것이 아니니라.[3] 왜 그런가? 여래(如來)의 진여가 곧 모든 사물(존재)의 진여요, 모든 사물의 진여가 곧 여래의 진여이며, 모든 사물의 진여가 곧 수보리 너의 진여니, 이 여러 진여가 생겨진 것[4]이 아니기 때문이다."

— 〈佛母出生經〉

〔주〕 1)수보리 : Subūti의 음사. 십대제자(十大弟子)의 하나. 해공(解空) 제1. 2)진여 : 52의 주. 3)낳지 않음 : 원문은 '不生'. ajāta. 4)생겨진 것 : 원문은 '所生'. janya.

심체의 본정(本淨)

60

마음의 본성(本性)[1]은 청정하여 더러움에 물드는 일이 없다. 마치 하늘에 연기나 먼지·구름·안개 따위가 뒤덮여 밝고 깨끗하지 못한 경우에도, 허공의 본성이 더렵혀지는 일이 없는 것과 같다. 온갖 중생도 바르지 않은 생각 탓으로 여러 번뇌를 일으키고는 있으나, 그 마음의 자성(自

性)[2]은 청정하여 더럽혀지는 일이 없다. 이같이 더럽혀지는 일이 없으므로 그 마음의 자성은 청정하여서 해탈(解脫)을 얻게 되는 것이다.

— 〈勝思惟梵天所問經〉

〔주〕 1)마음의 본성 : 원문은 '心性'. 우주의 절대적 이법(理法)을 사람의 근원으로서 파악할 때의 말. 그러므로 이 '마음'은 우리의 일상적인 마음과는 차원이 다르다. citta-dharmatā. 2)자성 : 51의 주.

61

마치 항사겁(恒沙劫)[1]에 걸쳐 불이 탄다 해도 허공은 태우지 못하는 것과 같다. 하나하나의 중생이 항사겁에 걸쳐 역죄(逆罪)[2]에 해당하는 악한 행위[3]를 한다 해도, 그 심성(心性)[4]은 더럽혀지지 않는다.

— 〈寶篋經〉

〔주〕 1)항사겁 : 항하사겁(恒河沙劫)의 준말. 항하(갠지스 강)의 모래의 수효처럼 많은 겁(劫). 영원에 아주 가까운 시간. 2)역죄 : 극악의 죄. 보통 오역죄(五逆罪)를 이른다. 아버지 · 어머니 · 아라한을 죽이는 세 가지와, 부처님의 몸을 상하는 일과, 승단(僧團)의 화합을 깨는 일. 3)행위 : 원문은 '業'. 의지에 의한 심신의 활동. karman. 4)심성 : 60의 주.

62

온갖 중생의 심성(心性)[1]은 본래 청정해서 번뇌의 여러 결(結)[2]이 더럽히지 못한다. 허공을 더럽히지 못하는 것과 같다. — 〈大集經〉

〔주〕 1)심성 : 60의 주. 2)여러 결 : 원문은 '諸結'. '결'이란 얽매는 뜻이어서 번

뇌의 이명(異名). saṃyojana. 여러 결이란 십결(十結)을 이름이다. 탐욕·진에(瞋恚)·만(慢)·견(見)·의(疑)·계금취(戒禁取)·유탐(有貪)·질(嫉)·간(慳)·무명(無明).

63

심성(心性)[1]의 청정함은 물 속의 달과도 같다. —〈大寶積經〉

〔주〕 1)심성 : 60의 주.

제2절 마음의 연기(緣起)

심식연기(心識緣起)의 원인

64

마치 달 속에 여러 가지 물체의 모습[1]을 보는 것과 같아서, 세상[2]이 무실(無實)[3]하건만 분별(分別)[4]함을 따라 그것이 일어난다. 분별하는 까닭에 분별하는 마음이 생기는 것이다. —〈大乘破有論〉

〔주〕 1)물체의 모습 : 원문은 '影像'. 모습·그림자의 뜻으로, 온갖 사물에 자성(自性)이 없는 비유. bimba. 2)세상 : 원문은 '世間'. ①변천해 마지않는 현상계(現象界). 세계. loka-dhātu. ②이 세상. loka. 3)무실 : 실체(實體)가 없는 것. abhūta. 4)분별 : 망령되게 차별하여 생각하는 것. vikalpa.

65

중생이 경계(境界)[1]를 망령되이 인정[2]하므로, 마음에 차별[3]이 생긴다.

— 〈起信論〉

〔**주**〕 1)경계 : 대상(對象). 인식·지각의 대상. viṣaya. 2)망령된 인정 : 원문은 '妄見'. 보통은 허망한 견해(見解)의 뜻. andha-dṛṣṭi. 3)차별 : 원문은 '分齊'.

〔**풀이**〕 우리는 객관(客觀)의 세계가 존재하는 것을 당연한 일로 생각한다. 세계가 먼저 있고, 그 속에서 사람들이 났다가 죽는 것으로 안다. 그리하여 우리의 생존 여부와는 관계 없이 세계는 생성되고 존속한다고 믿고 있다. 그러므로 만일 객관의 존재를 부정하여, 이 세계·우주는 없는 것이라는 따위의 말을 한다면, 사람들은 미쳤다고 할 것이다. 그러나 우주의 존재를 인정하고, 그 자연과학적 법칙을 승인하는 것은, 우리의 마음이다. 객관 없는 주관이 없는 것처럼, 주관을 떠난 객관의 존재도 인정되지 않는다. 그렇다면 우리 마음이 실체(實體) 없는 허망한 것이라고 할 때, 그 상대인 객관 또한 부정될 수밖에 없지 않은가. 뒤에 나오려니와, 그것들이 연기(緣起)한 것임을 부정할 수 없는 바에는 재론의 여지가 없다.

우리는 마음이 진여(眞如)에서 나왔음을 보아 왔다(48, 52). 이렇게 절대계에서 마음이 생겨날 때, 마음과 함께 객관계가 생겼을 것은 너무나 당연하다. 객관 없는 주관(마음)이란 무의미한 까닭이다. 그러므로 우리가 사는 세계 또한 마음과 마찬가지로 공(空)일 수밖에 없다. 따라서 마음이 없어지면 세계도 없어지고, 세계가 부정되면 마음도 존재성을 잃는다. 이 대목이 말하듯, 실체 없는 객관을 실체인 듯 인정하는 곳에 분별이 생기는 것도 사실이거니와, 마음에서 분별하는 까닭에 객관을 실체로서 인정하는 것도 사실이겠다.

그렇다고 상식적인 선에서 객관이 존재하지 않는다는 것은 아니다. 다만 공(空)한 것으로서, 실체 없는 가상(假象)으로서 존재할 뿐이라는 것이다. 그러므로 절대계(진여)로 못 돌아간 중생에게 있어서는, 그 마음이 있는 것처럼 객관계도 존속해 갈 것이다. 이 '마음'에 대하여는 119에서 더 깊은 해석이 내려질 것이다.

66

연(緣)[1]이 있으면 업(業)[2]이 있고, 연이 있으면 생각[3]이 생긴다.

— 〈佛母出生經〉

〔주〕 1)연 : 원인. 조건. pratyaya. 2)업 : 61의 주. 3)생각 : 원문은 '思'. 마음을 움직이는 작용. 행위의 동기를 짓는 작용. 지향(志向). cetanā.

〔풀이〕 우리의 의지나 행위에도 실체가 없다는 것. 이것은 자아(自我)와 객관계의 실체를 부정하는 처지에서는 당연한 입론(立論)이다.

67

청정한 진여(眞如)는 무시(無始)[1] 이래 오직 평등할 뿐이어서 그 자성(自性)[2]이 청정하며, 생기고 없어지지도 않으며, 가는 일 오는 일도 없으며, 또한 머무는 장소조차 없다. 그러나 진여의 이성(理性)[3]이 자성을 지키지 못하는 까닭에 조건(緣)을 따라 변화해 가게 되는 것이니, 그러기에 염정진여(染淨眞如)[4]라 부르는 것이다.

— 〈釋摩訶衍論〉

〔주〕 1)무시 : 그 처음도 모르는 먼 옛날. anādi. 2)자성 : 51의 주. 3)이성 : ① 일심(一心). 본성(本性). 이(理)와 성(性)은 같은 말이어서, 다 불변의 뜻. ②도(道)의 근본. 4)염정진여 : 번뇌에 의해 더렵혀진 진여와 청정한 진여. 즉 진여 자체와 중생이나 온갖 사물이 지닌 진여.

〔**풀이**〕 진여가 왜 자기의 본성을 지키지 못하고 미혹의 세계로 전락(轉落)하는가? 이것은 아주 어려운 문제다.

그러나 자기만을 고수하는 진여라는 것이 있을 수 있을 것인가? 창조하지 않는 절대라는 것이 있다면, 필경 그것이 무엇일 것인가? 이미 절대인 이상 상대적 세계를 낳지 않을 수 없는 운명을 걸머지고 있다고 해야 한다. 더욱 상대적 세계와 유리된 어딘가에 절대계가 있는 것이 아니고, 절대는 상대에 상즉(相卽)하는 것임을 보아 왔다. 진여에는 '머무는 장소'가 없는 것이다. 그러므로 진여가 먼저 있고, 그것이 '지켜지지 않아서', 혹은 무명을 만나서 만물이 나타나는 것이 아니라, 시간적으로 보면 동시에 진여와 만물이 존재하는 것이다. 절대 즉(卽) 상대, 상대 즉 절대다. 진여는 절대여서 무명 따위의 접근을 허용할 여지가 없지만, 그러기에 도리어 무명이 전개되는 것이다. 진여에서 무명이 나오는 것이 아니라, 진여에 의지해 무명이 일어나게 된다. 그리고 무명이란 만물이 생성(生成)·전개된다는 뜻이며, 생성이라는 제한을 받고 있기에 무명인 것이라고도 할 수 있다. 따라서 중생의 것인 '더러움을 수반한 진여(smalā̃ tathatā̃)'와 여래의 것인 '더러움이 없는 진여(nirmalā̃ tathata)'가 생기게 되는 것이다. 그러나 진여 자체에 그런 차별이 있는 것이 아닐 것은 재론의 여지가 없다.

68

마음에 의해 온갖 존재(현상)[1]를 만들고, 마음에 의해 과(果)를 초래하는[2] 것인바, 그 마음은 인연(因緣)[3]을 따라 생기(生起)[4]한다.

— 〈諸法集要經〉

〔**주**〕 1)온갖 존재 : 원문은 '諸法'. 일체법(一切法)과 같다. 18의 주. 2)과를 초래함 : 한역 원문은 '感果'. 어떤 원인에 의해 그것에 해당하는 결과를 초래하는 것. 3)인연 : 인(因)과 연(緣). 직접적 원인과 간접적 원인. 원인과 조건. Ⓟ hetu-paccaya. 4)생기 : 사물이 생겨나는 것. utpāda.

69

마음은 본래부터[1] 생긴 일도 일어난 일도 없어서 그 본성이 언제나 청정할 뿐이건만, 객진번뇌(客塵煩惱)[2]에 의해 더럽혀지는 까닭에 분별하는 마음이 있게 되는 것이다.

— 〈持世經〉

〔주〕 1)본래부터 : 원문은 '從本已來'. 본래부터 지금까지. 2)객진번뇌 : 객진(āgantuka)이란 '우연한'의 뜻. 번뇌는 고유의 것이 아니라 우연히 외부로부터 와서 우리의 청정한 마음을 더럽히므로 객진번뇌라 하는 것. āgantuka-kleśa.

70

마음은 경계(境界)[1]를 향해 연속되는[2] 것이어서, 쇠와 자석의 관계와 같다.

— 〈楞伽經〉

〔주〕 1)경계 : 65의 주. 2)연속함 : 원문은 '隨流'. 비슷한 것이 계속되는 것. 연속해 끊이지 않는 것. 연결. 연속. <俱舍論> 界品에 "흐름(pravāha)을 이름지어 수류(隨流)라 한다"고 했고, 그 한역은 "相似相續"이다. anubandha.

71

이 마음은 본래부터 자성(自性)[1]이 청정하건만, 무명(無明)[2]이 있어서 그것에 의해 더럽혀지는 까닭에 염심(染心)[3]이 있게 되는 것이다.

— 〈起信論〉

〔주〕 1)자성 : 51의 주. 2)무명 : 7의 주. 3)염심 : 번뇌의 마음. 더럽혀진 마음. kliṣṭa-citta.

72

대해의 물결이 사나운 바람으로 인해 일어나면, 큰 파도가 바다[1]에 물결쳐서 끊일 새가 없게 된다. 아리야식(阿梨耶識)[2]도 그러해서 경계(境界)[3]의 '바람'이 불어와 흔들면, 여러 가지 식(識)[4]의 '물결'이 치솟아 날뛰고 자꾸 생겨나게 마련이다.

— 〈入楞伽經〉

〔주〕 1)바다 : 원문은 '冥壑'. 2)아리야식 : 아리야는 ālaya의 음사요, 식이란 vijñāna의 번역이다. 아리야식·아려야식(阿黎耶識)은 현장(玄奘) 이전의 구역(舊譯)이며, 신역에서는 아뢰야식(阿賴耶識)으로 한다. 유식설(唯識說)에서 내세우는 가장 근원적인 식(識)이며, 마음의 종자를 깊이 간직하고 있으므로 장식(藏識), 다른 식(識)을 움직이는 기반이 되므로 근본식(根本識)이라고도 한다. 3)경계 : 65의 주. 4)식 : 55의 주.

〔풀이〕 안(眼)·이(耳)·비(鼻)·설(舌)·신(身)·의(意)에 의해서 이루어지는 인식 작용을 육식(六識)이라 한다. 이 중에서 앞의 다섯은 감각기관에 의한 인식이고, 의(意)는 사고에 의한 정신적 인식이다. 이것을 순서에 따라서 제1식(第一識)·제2식…… 으로도 부르는데, 그 밖에 말나식(末那識) 또는 마나식(manas vijñāna)이라고 부르는 제7식이 있다. 이것은 자아의식(自我意識)에 해당한다. 여기까지는 서구의 심리학과 같다고 할 수 있으나, 이 밖에 아뢰야식이라는 제8식을 세움에 있어 불교 특유의 심리학을 개척했다 할 수 있다.

아뢰야식이란 무엇인가? 이것은 학설이 구구할 뿐 아니라 문제가 너무 미묘·심원해서 아주 다루기 어려운 개념이다. ①그것은 의식의 대상이 될 수 없는 점에서 잠재의식이라고도 생각된다. ②그러나 잠재의식이 어디까지나 잠재한 의식으로서 자아(自我)의 내면에 깔려 있으면서 우리의 행동에 영향을 주는 데 대해, 아뢰야식은 자아의 근원이어서 자아니 마음이니 하는 것이 생겨나는 그 모체(母體)다. 우리의 자아니 식(識)이니 하는 것은 여기서 나온다. ③그것은 원래 진여(眞如)에 뿌리박고 있다. 진여의 체(體)·상(相)·용(用)을 말할 때, 그 상(相)이 나타난 것이 아뢰야식이다. 따라서 그것은 처음부터 우리 개체(個體)의 근거이면서 동시에 초개체적(超個體的)·우주적·절대적이기도 하다. ④그러나 진여의 상(相)인 까닭에 차별적·상대적 세계를 낳으며, 그런 점에서 모든 사물의 생사·유전(流轉)의 원인이 된다. ⑤그것은 자아를 외부에서 가두고 있는 통 같은 것이어서 우리의 행동을 무의식중에 규제하며, 무시(無始) 이래 우리의 행동(선이든 악이든)의 흔적이 그 속에 축적되어 잠재적 세력으로서 작용한다. ⑥그것이 진여의 나타남인 점에서도 알 수 있듯, 거기에는 진여로 돌아가려는 성향(性向)도 있다. 한 씨 속에 무명과 각(覺)의 요소가 들어 있는 것이다. 그리하여 아뢰야식이 자각적·무자각적으로 움직이는 데 따라 성자와 범부에의 길이 갈린다. ⑦우리는 아뢰야식을 좋은 방향으로 키워 가야 하려니와, 어떤 경우에도 그 개별성은 남는다. 그러므로 이 아뢰야식 자체를 깨뜨려 버리기 전에는 진여와 일체가 될 수 없다.

이 아뢰야식이 객관(對境)을 만날 때에 여러 식(識)이 생긴다는 것이 이 대목의 취지다.

73

쇠는 자석(磁石)을 따라 방향이 바뀐다. 장식(藏識)[1)]도 그렇다. 분별(分別)[2)]을 따라 일어나[3)] 온갖 세계[4)]에 아니 미치는 데가 없다.

—〈密嚴經〉

〔주〕 1)장식 : 아뢰야식(阿賴耶識)을 이른다. 72의 주·풀이. 2)분별 : 구상 작용. 아뢰야식이 전개하여 차별상(差別相)을 나타낼 때의 주관적 측면. vikalpa. 3)따라 일어나게 함 : 원문은 '隨轉'. ①부수(附隨)해 일어나는 사물. 부수해 존재하는 사물. anuvartaka. ②따라 일어남. 일치함. 수순(隨順)함. 따라 일어나게 함. 여기서는 ②의 뜻. anuvartanā. 4)세계 : 원문은 '世間'. 64의 주.

제3장 온갖 현상

제1절 온갖 현상의 체성(體性)

온갖 현상의 공성(空性)

74

존재의 진실 불변한 본성(本性)[1]은 원래 공적(空寂)하여 이런저런 양상이 없으니, 허공 같아 분별(分別)[2]이 불가능하다. 여러 집착하는 생각[3]을 초월하고 말할 길이 끊어진 상태여서, 진실・평등하고 언제나 청정하다.

— 〈華嚴經〉

〔주〕 1)존재의 진실 불변한 본성 : 원문은 '法性'. 존재를 존재이게 하는 그것. dharmatā. 2)분별 : 53의 주. 3)집착하는 생각 : 원문은 '取着'. ①밖으로 대상을 실유(實有)로 보고, 몸에서는 나라는 것이 있다 집착하고, 또 자기의 작용에 집착하는 일. ②집착하는 것.

75

모든 사물(현상・존재)은 이름도 없고 종성(種性)[1]도 없으며, 오는 일 가는 일도 없으며,[2] 다르지도 않고 다르지 않지도 않으며,[3] 여러 가지도 아니요 여러 가지 아님도 아니며,[4] 둘도 아니요 둘 아님도 아니다.[5]

— 〈華嚴經〉

〔주〕 1)종성 : 원래는 소를 보호하는 뜻이어서 울 안에 있는 우족(牛族)을 가리킨다. 사람에 적용되어 가족·성(姓)·혈통·가문을 뜻한다. 따라서 '種姓'으로 쓰는 것이 원칙이나, 동성(同姓)의 혈통에는 같은 관습이나 성질이 있으므로 '種性'이라고도 한역한다. gotra. 2)오는 일 가는 일이 없음 : 원문은 '無來無去'. '無去無來'와 같다. 상주불변(常住不變)의 뜻. 3)다르지도 않고 다르지 않지도 않다 : 한역 원문 '非異非不異'. 동(同)과 이(異)가 상즉(相卽)한다는 것. 4)여러 가지도 아니요 여러 가지 아님도 아니다 : 한역 원문 '非種種非不種種'. 다(多)도 아니요 일(一)도 아니어서, 다(多)와 일(一)이 상즉한다는 것. 5)둘도 아니요 둘 아님도 아니다 : 한역 원문 '非二非不二'. 차별과 평등이 상즉한다는 것.

〔풀이〕 이것은 <팔십화엄> 권(卷) 44 '십통품(十通品)'에서의 인용인바 온갖 존재가 절대(絶對)와 상즉 관계(相卽關係)에 있음을 말한 것이다. 상즉이란 'A 즉 B'라는 형식의 논리다. 그러면 이것은 무엇을 뜻하는가?

①그것은 'A도 아니요 B도 아니다'라는 양면부정(兩面否定)의 뜻을 내포하며, A와 B는 모순개념(矛盾概念)임을 전제한다. 즉 생즉사(生卽死)라 할 때, 생과 사는 모순개념이며, 그러면서 '생도 아니요 사도 아니다'라는 뜻이 내포된다. ②그것은 무한한 부정(否定)인바, 이 부정이 부정인 채(모순인 채) 긍정으로 전환하는 것이 A 즉 B의 형식이다. A와 B에 공통점이 있어서 연결되는 것이 아니라 양자는 절대적 모순으로서 그 관계는 완전히 단절되어 있다. 그러면서도 연결되는 것이다. 그것은 연속적 비연속(連續的非連續)·비연속적 연속이다. ③따라서 그것은 반드시 이중의 명제가 된다. A 즉 B는 동시에 B 즉 A가 된다. 색즉시공(色卽是空)은 공즉시색(空卽是色)이 되어야 한다. 그것이 변증법적(辨證法的) 논리임을 알 수 있다.

76

"여래께서 설하신 가르침은 다 인식할 수도 없고,[1] 입으로 설명할 수도 없는[2] 것들입니다. 그것은 진리[3]인 것도 아니요 진리가 아닌 것도 아닙니다."

— 〈華嚴經〉

〔주〕 1)인식할 수 없음 : 원문은 '不可取'. agrāhya. 2)입으로 설명할 수 없음 : 원문은 '不可說'. 말로 표현할 수 없는 것. anabhilāpya. 3)진리 : 원문은 '법'. 이법(理法). 10의 주.

77

온갖 법계(法界)[1]는 허깨비 같고, 부처님들은 그림자 같고, 보살은 꿈 같고, 부처님의 설법은 산울림[2] 같고, 온갖 세상[3]은 화작(化作)[4] 같으니라.

— 〈華嚴經〉

〔주〕 1)법계 : 39의 주. 2)산울림 : 원문은 '響'. pratiśrutkā. 3)세상 : 원문은 '世間'. 64의 주. 4)화작 : 원문은 '化'. 가짜의 모습을 나타낸 것. 변화해 나타난 것. nirmāṇa.

78

그 때 문수사리보살(文殊師利菩薩)[1]이 각수보살(覺首菩薩)에게 물었다.

"불자(佛子)[2]여, 마음의 본성(本性)이 다 같은데, 어찌하여 갖가지 차별이 있어서, 혹 좋은 곳[3]에 태어나기도 하고 혹 나쁜 곳[4]에 태어나기도 하는 것입니까? 어찌하여 육신[5]이 온전하기도 하고 온전치 못하기도 한 것입니까? 생(生)을 받음[6]에 차별이 있어서 혹은 단정하고 혹은 추하기도 하며, 고락(苦樂)이 같지 않은 것입니까? 그리하여 업(業)[7]이 마음을 모르고 마음이 업을 모르며, 수(受)[8]가 보(報)[9]를 모르고 보가 수를 모르며, 인(因)[10]이 연(緣)[11]을 모르고 연이 인을 모르며, 지(智)[12]가 경(境)[13]

을 모르고 경이 지를 모르는 것입니까?"

각수보살이 대답했다.

"대덕(大德)[14]께서 이제 이 뜻을 물으심은 대중의 몽매함을 깨우쳐 주시기 위함이매, 제가 그 뜻을 받들어 대답하겠으니, 대덕께서는 자세히 들으시기 바랍니다. 모든 존재(현상)는 본디 작용(作用)[15]도 없고 체성(體性)[16]도 없습니다. 그러기에 그 모든 것들이 서로 알지 못하는 것이어서, 마치 강물 속의 물이 급히 흘러가면서도 각기 서로 모르는 것 같습니다. 모든 존재도 이러합니다." —〈華嚴經〉

〔주〕 1)문수사리보살 : Mañjuśri의 음사. 문수보살이라 약칭. 지혜가 뛰어난 대보살. 2)불자 : 부처님의 아들의 뜻. 불제자(佛弟子). 불교 신자. buddha-putra. 3)좋은 곳 : 원문은 '善趣'. 선한 보(報)를 받아 태어나는 곳. 육도(六道) 중의 천상계·인간계. sugati. 4)나쁜 곳 : 원문은 '惡趣'. 악한 보(報)를 받아 태어나는 곳. 지옥·아귀·축생 등. durgati. 5)육신 : 원문은 '五根'. 다섯 감각 기관인 안(眼)·이(耳)·비(鼻)·설(舌)·신(身). 육체의 뜻으로 의역했다. 6)생을 받음 : 원문은 '受生'. 태어나는 것. upapatti. 7)업 : 61의 주. 8)수 : 선악의 업(業)의 과보(果報)를 각자가 받는 것. pratisaṃvedayate. 9)보 : ①행위(業)가 인(因)이 되어서 나타나는 결과. 과보(果報). Ⓟmahapphala. ②과(果)와 보(報)를 구별하는 때가 있다. 과는 인(因)에 대한 결과. 보는 연(緣)에 대한 결과. 10)인 : 2의 '인연'의 주. 11)연 : 2의 '인연'의 주. 12)지 : 근본지(根本智)와 분별지(分別智)를 통해 사람과 현상의 의의를 분별하는 능력 전부를 가리킨다. 결국 분별적인 미집(迷執)의 근본이 되는 것. 13)경 : 대상. 현상. 외계의 사물. 일반적으로는 육근(六根)의 대상. viṣaya. 14)대덕 : 원문은 '仁'. 당신. 나이가 비슷한 사이에 쓰나, 때로는 약간 윗사람에게도 쓴다. 15)작용 : 활동. vyāpāra. 16)체성 : 39의 주.

79

"진리(法)에는 중생이 없으니, 중생의 더러움을 떠났기 때문입니다. 진리에는 자아(自我)[1]가 없으니, 자아의 더러움을 떠났기 때문입니다. 진리에는 수명이 없으니, 생사를 떠났기 때문입니다. 진리에는 영혼[2]이 없으니, 시간적으로 전후의 끝[3]이 끊어졌기 때문입니다. 진리는 항상 고요하니,[4] 이런저런 모양을 떠났기 때문입니다. 진리는 모습을 떠났으니, 대상(對象)[5]이 없기 때문입니다. 진리는 이름이 없으니, 언어가 끊어졌기 때문입니다. 진리는 말할 수 없으니, 각관(覺觀)[6]을 떠났기 때문입니다. 진리에는 희론(戱論)[7]이 없으니, 절대로 공(空)하기 때문입니다. 진리에는 아소(我所)[8]가 없으니, 여러 식(識)[9]을 떠났기 때문입니다. 진리는 겨룰 것이 없으니, 상대가 없기 때문입니다. 진리는 법성(法性)[10]이 안 미치는 곳이 없으니,[11] 온갖 사물에 내재(內在)하기[12] 때문입니다. 진리는 호추(好醜)를 떠났으며, 진리는 늘고 주는 일이 없으며, 진리는 안(眼)·이(耳)·비(鼻)·설(舌)·신(身)·의(意)[13]를 떠났으며, 진리는 고하(高下)가 없으며, 진리는 영구하여 흔들리지 않으며, 진리는 온갖 관행(觀行)[14]을 떠났습니다."

— 〈維摩經〉

〔주〕 1)자아 : 원문은 '我'. 실체(實體)로서의 자기. 불변하는 주체로서의 자기. ātman. 2)영혼 : 원문은 '人'. 자기. 실체로서의 개인. 영혼. vedagū, pudgala. 3)끝 : 원문은 '際'. (사물의) 끝(端). koṭi. 4)항상 고요함 : 원문은 '常寂'. 진여(진리)의 본성이 영구히 생멸의 상(相)을 떠나고, 번뇌를 끊고 있는 것을 이른다. 5)대상 : 원문은 '所緣'. 인식의 대상. ālambana. 6)각관 : vitarka와 vicāra의 구역. 신역에서는 심사(尋伺). 각(覺)은 사물을 헤아리는 거친(면밀하지 못한) 마음의 작용. 관(觀)은 면밀한 작용. 말을 하게 하는 인(因)이 된다. 7)희론 : 무익한 논의. 소용 없는 사상·의론(議論). prapañca. 8)아소 : 아

지소유(我之所有)의 약칭. 아소사(我所事)라고도 함. 내 것. 내 것이라는 관념. 자아에 소속된다고 집착하는 그것. 나의 작용. ātmiya. 9)식 : 55의 주. 여러 식(識)이란, 제1식에서 제8식까지를 말한다. 72의 주와 풀이. 10)법성 : 74의 주. 11)안 미치는 곳이 없음 : 원문은 '同'. 보편(普遍)의 뜻. '同'이라는 역어는 <순자(荀子)> 정명편(正名篇)에 유래한다. śamānya. 12)내재함 : 원문은 '入'. 들어가는 것. avakramaṇa. 13)안 · 이 · 비 · 설 · 신 · 의 : 시각 · 청각 · 후각 · 미각 · 촉각과 인식하고 사고하는 마음. 이것을 육근(六根 ṣaḍ-indriya)이라 하고, 의(意)를 제외한 감각 기관만을 오근(五根) pañca-indriya이라 한다. 14)관행 : 관심(觀心)의 수행. 지관(止觀) 중의 관(觀)의 행(行). 관심이란 자기 마음의 본성을 관찰하는 일. yoga-mārga.

80

여러 세상의 진상(眞相)을 남김 없이 이해하고 보면, 그것이 가명(假名)[1]일 뿐 무실(無實)[2]한 것임을 알게 된다. 기실 중생과 세계는 꿈 같고 그림자[3] 같다.

— 〈華嚴經〉

〔주〕 1)가명 : 가짜의 이름. 공명(空名). 내용이 없고 이름뿐인 것. Ⓟsammuti. 2)무실 : 64의 주. 3)그림자 : 원문은 '光景'. 景은 影과 같은 자여서 '光影'일 것. 이 말은 흔히 현현(顯現)의 뜻으로 쓰이나, 여기서는 그림자의 뜻인 것 같다.

81

모든 사물(현상 · 존재)이 다 진여(眞如)[1] 자체이니, 부처님들의 경계(境界)[2]도 또한 그러하며, 어느 한 사물이라 할지라도 진여 속에 있어서 생멸(生滅)하는 것이라곤 없다. 그렇건만 중생들이 망령되이 분별하는 탓으로 이 부처님도 계시고, 이 세계도 있게 되는 것이어서, 법성(法性)[3]을 샅샅이 이해하고[4] 보면 부처님도 안 계시고 세계도 없음을 알게 될 것이다.

— 〈華嚴經〉

〔주〕 1)진여 : 52의 주. 2)경계 : 경지(境地). gocara. 3)법성 : 74의 주. 4)샅샅이 이해함 : 원문은 '了達'. 깨닫는 것. 이해가 철저한 것. adhigama.

82

모든 사물의 법성(法性)[1]은 항상 공적(空寂)[2]하여, 그 중의 어느 하나라도 만들어진 것[3]이라고는 없다.

— 〈華嚴經〉

〔주〕 1)법성 : 74의 주. 2)공적 : 51의 주. 3)만들어진 것 : 원문은 '造作'. ①만들어 내는 것. abhisaṃskāra. ②만들어진 것인 것. kṛtakata. 여기서는 후자의 뜻.

83

세존께서 대중(大衆)[1]에게 널리 이르셨다.

"나는 아주 깊은 반야(般若)[2]로 온갖 육도(六道)[3]의 산과 바다에 사는 중생[4]을 두루 관찰했는바, 이런 삼계(三界)[5]는 근본성(根本性)[6]을 떠난 까닭에 절대로 공적(空寂)[7]할 뿐이어서 허공의 모양과 다를 바가 없었다. 이름도 식(識)[8]도 없어서 제유(諸有)[9]와 길이 관계가 끊어져 있었으며, 본래 평등하여 고하상(高下想)[10]이 없었으며, 견문각지(見聞覺知)[11] 따위는 없었다. 얽매일 아무것도 없고 해탈한 아무것도 없었으며, 중생도 없었고 수명도 없었으며, 생기지도 일어나지도 않았고, 다하지도 멸하지도 않았으며, 세간(世間)[12]도 아니요 세간 아닌 것도 아니었으며, 열반과 생사도 찾을[13] 수 없었으며, 온갖 양상이 끊어져 하나도 존재함[14]이 없었

다. 대저 법성(法性)[15]은 이러했느니라." ―〈涅槃經〉

〔주〕 1)대중 : ①많은 사람의 집회. 집회에 모인 사람들. pariṣad. ②비구(比丘)의 집단. bhikṣu-sangha. 여기서는 후자의 뜻. 2)반야 : 프라그리트어의 paññā의 음사. 깨달음을 얻는 진실한 지혜. 깨달음의 지혜. prajñā. 3)육도 : 중생이 업(業)에 의해 생사를 반복하는 여섯 가지 세계. 미혹의 세계. 육취(六趣)라고도 하는바, 도(道)·취(趣)는 가는 장소·윤회의 세계의 뜻. gati. 지옥도(地獄道)·아귀도(餓鬼道)·축생도(畜生道)·수라도(修羅道)·인간도(人間道)·천상도(天上道)를 이른다. '도' 대신 '취'를 붙여도 된다. 육도의 원어도 gati. 4)중생 : 원문은 '含生'. 중생과 같음. 5)삼계 : 4의 주. 6)근본성 : 자성(自性)과 같다. 51의 주. 7)공적 : 51의 주. 8)식 : 55의 주. 9)제유 : 이십오유(二十五有)의 미혹의 경계를 이른다. 이십오유란 중생이 윤회하는 생사의 세계를 나눈 것. 지옥·아귀·축생·아수라·불바제(弗婆提)·구야니(瞿耶尼)·울단월(鬱單越)·염부제·4왕천·도리천·야마천·도솔천·화락천·타화자재천· 초선천(初禪天)·범왕천·2선천·3선천·4선천·무상천(無想天)·5나함천·공무변처천·식무변처천·무소유처천·비상비비상처천. 삼계(三界)·육도(六道)를 세분(細分)한 것이다. 10)고하상 : ①한 걸음씩 높은 경지에 도달하는 것. taratama-kraṃa. ②높고 낮다고 차별하는 관념. 여기서는 후자일 듯. 11)견문각지 : 보고 듣고 감수(感受)하고 아는 것. 곧 6식의 작용. 견(見)·문(聞)이 안식(眼識)·이식(耳識)인 데 대해 각(覺)은 비식(鼻識)·설식(舌識)·신식(身識)이요, 지(知)는 의식(意識)에 해당한다. dṛṣṭa-śruta-mata-jñāta. 12)세간 : 64의 주. 13)찾음 : 원문은 '可得'. 지각됨. 인식됨. upalabhyante. 14)존재함 : 원문은 '所有'. 있는 것. bhāvatva. 15)법성 : 74의 주.

84

부처님께서 비구(比丘)[1]에게 이르셨다. "온갖 사물은 거짓[2]이니, 아지랑이와 같은 까닭이다. 온갖 사물은 궁극의 경지[3]이니, 물 속의 달이나 포말(泡沫) 같은 까닭이다. 온갖 사물은 적정(寂靜)[4] 그것이니, 생사병로(生死病老)와 여러 과환(過患)[5]을 떠난 까닭이다. 온갖 사물은 취(聚)[6]가 없으니, 허공과 같은 까닭이다. 온갖 사물은 실체(實體)가 없으니,[7] 각자의 자성(自性)[8]을 초월한 까닭이다. 온갖 사물은 소의(所依)[9]가 없으니, 경계(境界)[10]가 공(空)한 까닭이다. 온갖 사물은 보(報)[11]가 없으니, 그림자와 같은 까닭이다. 온갖 사물은 염애(染愛)[12]가 없으니, 소속이 없는 까닭이다. 온갖 사물은 해탈(解脫)[13]이니, 상속(相屬)[14]하지 않는 까닭이다. 온갖 사물은 평등하니, 적취(積聚)[15]가 없는 까닭이다. 온갖 사물은 아픔을 주는 것[16]이 없으니, 여러 번뇌[17]를 떠난 까닭이다. 온갖 사물은 피안(彼岸)[18]이 없으니, 차안(此岸)[19]이 없는 까닭이다. 비구야, 마땅히 알라. 온갖 사물은 이 같아서 설명해 전할[20] 수 없느니라." ―〈離業障經〉

〔주〕 1)비구 : Ⓟbhikkhu의 음사. 남자인 승려. 출가(出家)하여 구족계(具足戒)를 받은 남자. 2)거짓 : 원문은 '虛誑'. mṛṣā. 3)궁극의 경지 : 원문은 '究竟'. niṣṭhā. 4)적정 : 52의 주. 5)과환 : ①잘못과 근심. ②과실. ③큰 불행. 과도한 괴로움. 6)취 : ①모인 것. 떼(群). rāśi. ②모여 있는 것. samasta. ③개체(個體). 원자(原子)가 안 보이는 것과는 달리, 볼 수 있는 크기의 개체. piṇḍa. 7)실체가 없음 : 원문은 '無性'. 또, 실재하지 않음. 존재치 않음. asad-bhāva. 8)각자의 자성 : 원문은 '諸性'. 9)소의 : 근거. vastu. 10)경계 : 65의 주. 또 '상태'의 뜻도 있는바, 이것으로도 통한다. 11)보 : 78의 주. 12)염애 : 정욕이 대상에 물들어 애착을 일으키는 것. 또 욕망의 뜻. 13)해탈 : ①피하는 것. 해방됨. mukta. ②괴로움·미혹 같은 것에서 해방되는 것. 깨달음. mokṣa. 14)상속 : 서로 무엇에 속하는 것. 15)적취 : 여러 요소가 모여 한 사물을 형성하고 있는 것. samūha. 16)아픔을 주는 것 : 원문은 '刺棘'. 번뇌의 고통의 비유. 17)여러 번뇌 : 원문은 '諸纏'. '전'은 번뇌의 딴 이름. paryavasthāna. 18)피안 : 이상의 경지. 깨달음. 열반. paryavasāna. 19)차안 : 미혹(迷惑)의 세계. 생사의

세계. 20)설명해 전함 : 원문은 '宣說'. vakrṭ.

85

생사 · 열반이 다 실체(實體)가 없으며,[1] 더럽혀지고 파괴되는 일이 없다. 본래부터 청정하고 늘 공적(空寂)하다.[2] — 〈大乘二十頌論〉

〔주〕 1)실체가 없음 : 원문은 '無我'. anātman. 2)늘 공적함 : 원문은 '常寂'. 79의 주.

〔풀이〕 무아(無我)의 원어는 Ⓟanattan이다. 이 말에는 자아(自我) 아닌 것이라는 뜻과, 자아를 가지고 있지 않은 것이라는 뜻이 있다. 초기의 불교에서는 자아의 존재를 부정한 적은 없고, 아집(我執)을 떠나는 것, 자아 아닌 것을 자아로 인정하는 것은 잘못이라는 뜻으로 이 말을 썼다. 이것은 특히 몸을 자아라고 생각하는 태도를 배제하는 사상이었다.

설일체유부(說一切有部)에 오자 인무아(人無我)를 주장해 자아를 부정했으나, 제법(諸法)은 실재하는 것으로 보았다. 그러나 차츰 자아는 존재하지 않는다는 사상이 생겨 대승 불교에도 계승되었다. 대승에서는 공관(空觀)에 서서 자아뿐 아니라 일체의 존재에는 고정적 실체가 없다고 주장하여 인무아(人無我) · 법무아(法無我)의 이무아(二無我)가 역설되기에 이르렀으니, 아(我)가 자아의 뜻에서 벗어나 본체(本體) · 자성(自性)의 의미로 확대된 것이라 할 수 있다.

86

사물(法)은 자체(自體)[1]가 없는 까닭에 능취(能取)[2]와 소취(所取)[3]가 공(空)[4]하며, 일체종(一切種)[5]이 공하다. — 〈大乘中觀釋論〉

〔주〕 1)자체 : 그것 자신. 본성(本性). 본체(本體). ātman. 2)능취 : 주관(主觀). 대상을 인식하는 자(者). grāhaka. 3)소취 : 인식의 대상. 객관. grāhya. 4)공 : 50의 주. 5)일체종 : 온갖 씨를 가지고 있는 것. 온갖 것의 원인인 아뢰야식(阿賴耶識)을 말한다. sarva-bijaka.

〔풀이〕 유가파(瑜伽派)에서 아뢰야식(阿賴耶識)의 실유(實有)를 주장한 것을 의식에 두고 한 말 같다. 모든 것에는 자성(自性)이 없는데, 그런 것이 어떻게 실체(實體)일 수 있느냐는 견해다.

87

오온(五蘊)[1]의 자성(自性)[2]은 다 공(空)[3]해서, 색(色)은 곧 공이요, 공은 곧 색이라, 색이 공과 다름없고, 공이 색과 다름없으며, 수(受)·상(想)·행(行)·식(識)이 또한 이러하다. 모든 사물(존재)이 이러해서 생기는 것[4]도 없고 멸해지는 것[5]도 없으며, 더러움도 없고 청정함도 없으며, 늘어나는 것도 없고 줄어드는 것도 없다. — 〈聖佛母般若經〉

〔주〕 1)오온 : 다섯 개의 결합. 온(蘊)이란 모임을 이른다. 온갖 존재, 특히 중생의 신심(身心)을 다섯 요소로 분석한 것. 색(色)·수(受)·상(想)·행(行)·식(識)을 이른다. 색(色)이란 신체를 포함한 물질성(物質性)이다. rūpa. 수·상·행·식에 대하여는 55의 주. pañca-skandha. 2)자성 : 51의 주. 3)공 : 50의 주. 4)생기는 것 : 원문은 '所生'. janya. 5)멸해지는 것 : 원문은 '所滅'.

〔풀이〕 <반야심경(般若心經)> 전반과 거의 같다. 이를테면 색(色)이 공이라는 것은, 여러 요소가 모여 그런 현상을 이루고 있을 뿐이라는 의미다. 따라서 현상을 부정한 것은 아니며, 현상은 현상으로서 존재하지만, 알고 보면 실체가 없는 것이므로 그것에 집착할 것이 못 된다는 이론이다. 그러므로 바

꾸어 생각하면, 공이 색을 살리고 있다는 뜻도 된다. 색이 색으로서 존재함은 공으로서 존재하는 것이며, 공도 색을 떠나서 어딘가에 있는 것이 아니라 색의 본성으로서 색에 상즉(相卽)하여 존재하는 것이다. 이같이 오온과 공의 상즉 관계를 역설한 것이 반야경군(般若經群)의 근본적 성격을 이루고 있다.

88

지(地)의 요소[1]가 곧 법계(法界)[2]건만, 법계는 거친 특질[3]이 없다. 수(水)의 요소가 곧 법계건만, 법계는 유연(柔軟)한 특질이 없다. 화(火)의 요소가 곧 법계건만, 법계는 뜨거운 특질이 없다. 풍(風)의 요소가 곧 법계건만, 법계는 옮기고 바뀌는 특질이 없다. 안식(眼識)[4]의 요소가 곧 법계건만, 법계는 보는 특질이 없다. 이식(耳識)[5]의 요소가 곧 법계건만, 법계는 듣는 특질이 없다. 비식(鼻識)[6]의 요소가 곧 법계건만, 법계는 냄새를 맡는 특질이 없다. 설식(舌識)[7]의 요소가 곧 법계건만, 법계는 맛을 보는 특질이 없다. 신식(身識)[8]의 요소가 곧 법계건만, 법계는 촉각의 특질이 없다. 의식(意識)[9]의 요소가 곧 법계건만, 법계는 관찰하는 특질이 없다. 이렇게 사물 자체(自體)의 특질[10]과 법계의 특질이 다르지 않으며, 욕계(欲界)[11]·색계(色界)[12]·무색계(無色界)[13]가 다르지 않으며, 윤회계(輪廻界)와 열반계(涅槃界)가 다르지 않으며, 공계(空界)[14]와 법계가 다르지 아니하니, 그 본성(本性)이 공(空)한 때문이요, 분별을 떠난 때문이다.

— 〈菩薩藏正法經〉

〔주〕 1)요소 : 원문은 '界'. ①사람과 세계의 구성 요소. dhātu. 십팔계(十八界) 따위. ②영역. 욕계·색계 따위. ③사물 고유의 본성. 법계 따위. 2)법계 : 39의 주. 3)특질 : 원문은 '相'. 특징. lakṣaṇa. 4)~9)안식·이식·비식·설식·신식·의식 : 53의 주. 10)자체의 특질 : 원문은 '自體相'. 57의 주. 11) ~13)욕

계·색계·무색계 : 4의 '삼계'의 주. 14)공계 : 공간. 허공의 요소. 만물의 장소가 되는 공간을, 만물의 구성 요소로서 생각한 것. ākāśa-dhātu.

89

사물(현상·존재)은 욕계(欲界)[1]에도 머무르지 않고, 색계(色界)[2]에도 머무르지 않고, 무색계(無色界)[3]에도 머무르지 않는다.[4] 사물은 삼계(三界)[5]에 머무는 곳[6]이 없으며, 부처님들도 부모[7]가 안 계시다. 그러므로 온갖 사물은 자성(自性)[8]이 없다. —〈秘密大敎王經〉

〔주〕 1)~3)욕계·색계·무색계 : 4의 '삼계'의 주. 4)머무르지 않음 : 원문은 '不住'. apratiṣṭhāna. 5)삼계 : 4의 주. 6)머무는 곳 : 원문은 '所住'. avasthā. 7)부모 : 원문은 '所生'. 양친. paribhāvitatva. 8)자성 : 51의 주.

90

온갖 사물은 연(緣)[1]을 따라 생길 뿐이다. 그러므로 이같이 연으로 생긴 사물 중에는, 그 어느 소수의 사물이라 할지라도 정말로 결합되어 있는 것[2]이라곤 있을 수 없다. 왜 그런가? 그 온갖 사물이 다 실재(實在)하지 않는[3] 까닭이다. 항차 이 중에 어떻게 사물이 생겨나는 따위의 일이 있겠는가? 사물이 만약 연으로 생겨날 뿐이라면, 곧 이는 생기는 일이 없음[4]을 의미한다. 그러므로 온갖 사물은 다 생겨남이 없다고 해야 한다. —〈無量印法門經〉

〔주〕 1)연 : 66의 주. 2)결합된 것 : 원문은 '積聚'. 84의 주. 3)실재하지 않음 : 원문은 '不實'. abhūta. 4)생기는 일이 없음 : 원문은 '無生'. 사물의 본질이 공(空)이므로, 즉 사물은 인연으로 이루어졌으므로 실체가 없고, 따라서 생멸·

변화도 없다는 뜻. 공(空)과 같음. anutpanna.

91

몸은 거울의 형상 같고, 설하는 가르침[1]은 산울림[2] 같고, 마음은 허깨비 같다.
— 〈勝思惟梵天所問經〉

〔주〕 1)설하는 가르침 : 원문은 '說'. 2)산울림 : 원문은 '響聲'. pratiśrutka.

92

온갖 사물은 있는 것이 아니어서, 있다면 이름[1]만이 있다.
— 〈入法界體性經〉

〔주〕 1)이름 : 원문은 '名字言說'. 명자(名字)나 언설(言說)이나 다 nirukti의 역어이어서 이름의 뜻.

〔풀이〕 온갖 사물은 원인과 조건이 잠시 그런 현상을 나타낸 것뿐이어서, 아무 실재성(實在性)이 없다. 그렇건만 범부들은 망령되이 분별하여 그것이 존재한다고 고집하여 이름을 붙이고 있는 터이므로 존재한다면 그 사물이 아닌 명칭만이 존재하는 것이 된다는 취지다.

93

본성(本性)을 보는 것[1]과 못 보는 것이 기실 같고,[2] 집착(執着)과 집착하지 않는 것도 마찬가지니, 이런 평등의 견지에서 본다면 따로 부처가 있는 것도 아니요 진리가 있는 것도 아닌 것이 된다. 이를 아는 것을 대지(大智)[3]라 한다. 만약 꿈 속에서 깨달음을 얻어 중생을 제도했다면, 사실은 깨달음도 없고 중생도 없는 것이 되거니와, 불법(佛法)의 본성[4]도 이러하여 도량(道場)[5]에서 얻으신 아무것도 없느니라. — 〈諸法無行經〉

〔주〕 1)본성을 봄 : 원문은 '見'. 지견(知見)의 약칭. 바른 인식. paśyati. 2)같음 : 원문은 '一相'. 절대적 평등. 한 모습. 무차별. 3)대지 : 큰 지혜. 불지(佛智)와 같음. prajñā-jñāna-locana-mahan. 4)불법의 본성 : 원문은 '佛法性'. 5)도량 : ①석존(釋尊)께서 깨달으신 장소. 부다가야(Buddhagayā)의 보리수 밑의 금강좌(金剛座). Ⓟbodhi-rukkha-mūla. ②부처님이 깨달으신 장소(어디라도 무방하다). bodhi maṇḍa. ③수행하는 장소. 절. 여기서는 ①이나 ②의 뜻이다.

94

부처님께서 문수사리동자(文殊師利童子)[1]에게 이르셨다. "보살은 여섯 가지 공(空)의 특성(特性)[2]을 파악하고 있다. 여섯이란 무엇인가? 첫째는 제행(諸行)[3]의 공의 특성이니 불가사의[4]하며, 둘째는 유위(有爲)[5]의 공의 특성이니 불가사의하며, 셋째는 무위(無爲)[6]의 공의 특성이니 불가사의하며, 넷째는 유주(有住)[7]의 공의 특성이니 불가사의하며, 다섯째는 무주(無住)[8]의 공의 특성이니 불가사의하며, 여섯째는 온갖 것이 공함[9]이니 불가사의하다. 이 여섯이니라." — 〈月燈三昧經〉

〔주〕 1)문수사리동자 : 78의 '문수사리보살'과 같다. 보살 중에서도 문수보살과 미륵보살은 성불할 것이 확정된 보살이므로 법왕자(法王子)라 하고, 동자(童子)라 하는 것. 2)공의 특성 : 원문은 '空相'. 온갖 존재에 실체(實體)가 없다는 특질. śūnyatā-lakṣaṇa. 3)제행 : 가변적(可變的) 일반 현상. 온갖 존재. 개인의 존재 전체. 유위(有爲)와 같음. saṃskārāḥ. 4)불가사의 : 10의 주. 5)유위 : 인(因)과 연(緣)에 의해 만들어진 온갖 현상. 인연에 의해 구성되고 생

멸·변화하는 현상들. 무위(無爲)의 대(對). saṃskṛta. 6)무위 : 26의 주. 7)유주 : 존속하는 것. sthita. 8)무주 : 존속하지 않는 것. vinā sthityā. 9)온갖 것이 공함 : 원문은 '皆空'.

95

온갖 만유(萬有)[1]는 본래 스스로 공(空)해서, 생기는 일도 없고 모양도 없다.[2]

— 〈大乘大敎王經〉

〔주〕 1)만유 : 만법(萬法)과 같음. 온갖 사물. 일체의 존재. 2)모양이 없음 : 원문은 '無相'. 형태나 모양이 없는 것. 사물에는 고정적·실체적(實體的)인 양상은 없다는 뜻. nirnimitta.

96

부처님께서 말씀하셨다.

"온갖 사물의 자성(自性)[1]은 본래 번뇌를 떠나고[2] 있어서 자성열반(自性涅槃)[3]이다. 그것이 곧 열반인 까닭에 자성은 인식되지 않으며, 따라서 자성은 존재치 않는다고 설한 것이니라. 온갖 사물은 중생이 현상세계(現象世界)[4]에 집착하므로 있는 듯 보이거니와, 기실 이름뿐이요 실체(實體)가 없다.[5] 그리고 다른 면에서 논한다면, 온갖 사물은 인연(因緣)[6]에 의해 이루어진 것들에 불과하므로 이름뿐이요 실체가 있을 수 없다. 그리고 온갖 사물의 본성(本性)[7]은 볼 수도 들을 수도 없고, 생기는 것도 없어지는 것도 아니니라."

— 〈解深密經〉

〔주〕 1)자성 : 51의 주. 2)번뇌를 떠남 : 원문은 '寂靜'. 52의 주. 3)자성열반 : 사종열반(四種涅槃)의 하나. 본래자성청정열반(本來自性淸淨涅槃)의 약칭. 만

물의 근원인 진여(眞如)를 가리킨다. 4)현상세계 : 원문은 '有相'. 5)이름뿐이요 실체가 없음 : 원문은 '假名無實'. '가명'은 80의 주. '무실'은 64의 주. 6)인연 : 2의 주. 7)본성 : 본래부터 지니고 있는 고유성. 본래의 모습. 본체(本體). prakṛti.

97

그 때에 문수사리보살이 재수보살(財首菩薩)에게 물었다.

"불자(佛子)[1]여, 온갖 중생은 중생이 아니거늘, 여래께서는 어찌해 중생의 시기(時期)를 따르시며, 수명을 따르시며, 몸을 따르시며, 행위를 따르시며, 욕요(欲樂)[2]를 따르시며, 원을 따르시며, 마음을 따르시며, 방편(方便)[3]을 따르시며, 사유(思惟)[4]를 따르시며, 주량(籌量)[5]을 따르시며, 중생의 견해를 따르사 교화하시는 것입니까?"

그 때에 재수보살이 게(偈)[6]를 설해 대답했다.

"명지(明智)[7]의 마음 경계(境界)[8]
적멸(寂滅)[9] 항상 즐기시니,
그대로[10] 설(說)하는 말
그대 잘 들으시라.
분별(分別)[11]로 몸 속[12] 보면
이 몸 어디 있다 하랴?
이같이 관찰하면
나의 유무(有無) 깨달으리.
이 몸의 온갖 부분[13]
소의(所依)[14] · 지주(止住)[15] 다 없거니,
이런 이치 깨달으매
몸에 집착 없을레라.

사실대로 몸을 알면
온갖 사물 환하리니,
그 허망함 알고 보면
마음 소염(所染)[16] 없으리라.
몸과 수명 서로 따라[17]
잇달아[18] 이어지니[19]
선화륜(旋火輪)[20] 같은 그것
전후조차 모를레라.
지자(智者) 있어 온갖 것의
무상(無常)함과 무아(無我)[21]함을
능히 살펴 안다며는
온갖 상(相)[22]을 떠나리라."

— 〈華嚴經〉

〔주〕 1)불자 : 78의 주. 2)욕요 : 바라는 것. 원하는 것. 욕구. arthitva. 3)방편 : 방법. 수단. 뛰어난 교화 방법. 중생 제도의 수단. upāya, upāya-kauśalya. 4)사유 : ①생각함. 대상을 헤아리고 분별함. upanidhyāna. ②이론적으로 생각함. Ⓟa-takka-avacara. 5)주량 : 34의 주. 6)게 : Ⓟgāthā. 9의 주. 7)명지 : 지혜 있는 사람. budha, Ⓟpaṇḍita. 여기서는 부처님을 가리킨 듯. 8)경계 : 81의 주. 9)적멸 : 44의 주. 10)그대로 : 원문은 '如實'. 진실의 도리에 부합되는 것. 있는 그대로. yathā-bhūtam. 11)분별 : 사물을 분석하여 구별하는 일. Ⓣrtog pa. 12)몸 속 : 원문은 '內身'. 몸의 내부. ajjhattaṃ. 13)부분 : 원문은 '分'. 작은 한 부분. kalā. 14)소의 : 84의 주. 15)지주 : 머물러 안주(安住)함. upasthita. 16)소염 : 번뇌에 더럽혀지는 것. 17)따름 : 원문은 '隨順'. anusārin. 18)잇달아 : 원문은 '展轉'. 차례로. 서로. anyonyam. 19)이어지니 : 원문은 '相因'. 앞의 찰나에 멸하고, 다음 찰나에 잇달아 생겨나는 것. 전후 간단(間斷)이 없는 선악의 업상(業相)을 이른다. 육종인(六種因)의 하나. 20)선화륜 :

횃불 같은 것을 손에 들고 빙빙 돌릴 때에 생기는 불의 원(圓). 회전하는 불의 바퀴. alāta-cakra. 21)무아 : 85의 주. 22)상 : 44의 주.

〔풀이〕 이 부분은 <육십화엄(六十華嚴)> 명난품(明難品) 제6에서의 인용인바, 탈락(脫落)·착간(錯簡)이 심하므로 한역 원문을 이에 적어 둔다.

爾時, 文殊師利菩薩問財首菩薩言. "佛子, 一切衆生非衆生, 如來云何隨衆生時, 隨命, 隨身, 隨行, 隨欲樂, 隨願, 隨意, 隨方便, 隨思惟, 隨籌量, 隨衆生見, 而敎化之?" 爾時, 財首菩薩以偈答曰, "明智心境界 常樂寂滅行. 我今如實說 仁者善諦聽. 分別觀內身 我身何所有? 若能如是觀 彼達我有無. 觀身一切分 無所依止住. 諦了是身者 於身無所著. 能解身如實 明達一切法. 知法悉虛妄 其心無所染. 身命相隨順 展轉更相因. 猶如旋火輪 前後不可知. 智者能觀察 一切有無常. 諸法空無我 則離一切相."

98

존재(현상·사물)에 관한 여덟 가지 금강(金剛) 같은 언구(言句)[1]가 있다. 무엇이 여덟인가? '온갖 존재의 자성(自性)[2]이 본래 청정하다'는 언구는 온갖 존재가 번뇌[3]를 떠났기 때문에 하는 말이다. '온갖 존재가 무루(無漏)[4]하다'는 언구는, 여러 가지 더러움[5]이 다했기에 하는 말이다. '온갖 존재가 집착[6]을 떠났다'는 언구는, 집착을 넘어섰기에 하는 말이다. '온갖 존재가 곧 진여(眞如)[7]다'라는 언구는, 차별이 없기에[8] 하는 말이다. '온갖 존재가 널리 미치고 있다'[9]는 언구는, 해탈문(解脫門)[10]을 보이고 있기에 하는 말이다. '온갖 존재가 가는 일이 없다'[11]는 언구는, 갈 곳이 없기에 하는 말이다. '온갖 존재가 오는 일이 없다'[12]는 언구는, 올 곳이 없기에 하는 말이다. '온갖 존재가 삼세(三世)[13]에 걸쳐 있다'는 언구는 과거·미래·현재의 차별[14]이 없기에 하는 말이다. 이것을 여덟 언구라 한다.

— 〈集一切福德三昧經〉

〔주〕 1)금강 같은 언구 : 원문은 '金剛句'. 금강은 다이아몬드. 금강같이 견고한 진리의 말씀. 이것으로 도착(倒錯)이 없는 지혜를 얻을 수 있다는 것. vajra-āsana. 2)자성 : 51의 주. 3)번뇌 : 원문은 '結使'. 번뇌의 딴 이름. 사람을 괴로움에 묶어 놓고, 또 좌지우지(左之右之)하므로 이렇게 이른다. 4)무루 : 유루(有漏)의 대(對). 새어나오는 부정한 것이 없는 것. 더러움이 없는 것. 번뇌가 없는 것. anāsrava. 5)더러움 : 원문은 '漏'. 새어나오는 부정한 것. 번뇌의 딴 이름. āsrava. 6)집착 : 원문은 '窠窟'. 얽매임. 깨달음에나 미혹에나 수반하는 집착. 7)진여 : 원문은 '無門'. 심성(心性)・진여를 이른다. 부처님의 딴 이름. 8)차별이 없음 : 원문은 '無二'. 51의 주. 9)널리 미침 : 원문은 '普遍'. '보변'으로 읽는다. vyāpin. 10)해탈문 : ①해탈로 가는 길. ②공(空)・무상(無相)・무원(無願)의 세 선정(禪定)은 열반으로 드는 문이라 하여 이렇게 부른다. 여기서는 전자의 뜻인 듯. 11)가는 일이 없음 : 원문은 '無去'. 56의 주. 12)오는 일이 없음 : 원문은 '無來'. 56의 주. 13)삼세 : 39의 주. 14)차별 : 원문은 '二相'. 42의 주.

법성(法性)의 평등

99

이 진리는 평등하여서, 거기에는 어떤 차별[1]도 존재하지 않는다. 그렇기에 아뇩다라삼먁삼보리[2]라 하는 것이다. —〈般若經〉

〔주〕 1)차별 : 원문은 '高下'. 높고 낮은 것. nimna-unnata. 2)아뇩다라삼먁삼보리 : 17의 주.

100

온갖 불찰(佛刹)[1]이 평등・청정하며, 온갖 중생이 평등・청정하며, 온갖 신체가 평등·청정하며, 온갖 감각기관[2]이 평등·청정하며, 온갖 업과(業果)[3] 따위가 평등·청정하다. —〈華嚴經〉

〔주〕 1)불찰 : buddha-kṣetra의 음사. 불국토(佛國土). 정토(淨土). 2)감각기관 : 원문은 '根'. indriya. 3)업과 : 선악의 업(행위)에 의해 초래한 결과(果報). vipāka.

101

국토(國土)[1]의 평등이 중생의 평등과 어긋나지 않으며, 중생의 평등이 국토의 평등과 어긋나지 않는다. 온갖 중생의 평등이 온갖 사물(존재)의 평등과 어긋나지 않으며, 온갖 사물의 평등이 온갖 중생의 평등과 어긋나지 않는다. —〈華嚴經〉

〔주〕 1)국토 : 원문은 '刹'. kṣetra의 음사. 국토. 세계. 나라. 또는 불국토(佛國土).

102

온갖 사물은 특질이 없는[1] 까닭에 평등하다. 실체(實體)가 없는[2] 까닭에 평등하다. 생기는 일이 없는 까닭에 평등하다. 이루어지는 일이 없는 까닭에 평등하다. 본래 청정한 까닭에 평등하다. 희론(戲論)[3]이 없는 까닭에 평등하다. 취사(取捨)가 없는 까닭에 평등하다. 적정(寂靜)[4]인 까닭에 평등하다. 허깨비 같고, 꿈 같고, 그림자 같고, 음향 같고, 물 속의 달 같고, 거울 속의 영상, 불꽃·환화(幻化)[5] 같은 까닭에 평등하다. 유(有)와 무(無)[6]가 불이(不二)[7]인 까닭에 평등하다. —〈華嚴經〉

〔주〕 1)특질이 없음 : 원문은 '無相'. alakṣaṇa. 2)실체가 없음 : 원문은 '無體'. 자체가 존재하지 않음. 실재(實在)하지 않는 것. 무(無)와 같음. abhāva. 3)희론 : 79의 주. 4)적정 : 52의 주. 5)환화 : 50의 주. 6)유와 무 : 원문은 '有無'. 존재와 비존재(非存在). 사물이 있다 하고 없다 하는 두 극단적인 견해. sad-asat, asti-nāsti. 7)불이 : 둘 사이에 대립이 없는 것. 평등. advayā.

〔풀이〕 평등이란 고르고 한결같음을 나타내는 말이거니와, 이 말은 차별을 전제하는 개념이다. 아주 같다면, 평등이라고조차 말할 수 없을 것이기 때문이다. 이 세상에는 A・B・C・D…… 등등, 무수한 현상이 존재한다. 그리고 A는 B・C・D……가 아니요, B는 A나 C・D…… 등이 아니어서, 그들의 관계는 차별적이다. 그런데 이것들을 비교해서 평등하다고 할 때, 그것은 A・B・C・D…… 사이에 어떤 공통점이 있다는 것일 뿐, A・B・C・D……의 특수성을 부정한 것은 안 된다. 만일 그 특수성(차별)을 부정한다면, 평등하다는 말조차 할 수가 없게 된다. 특수성이 없다면 처음부터 비교마저 할 수 없는 까닭이다. 그러나 '평등'이라는 말은 그 보편성・공통성을 나타내고는 있으나 자칫 그 특수성이 무시되는 경향이 있다. 그래서 나타난 것이 '불이(不二)'라는 특이한 표현이다. '二'란 二・三・四……로 전개되는 현상, 즉 A・B・C・D……의 특수성(차별)을 나타낸 것이며, '불(不)'이라는 말로 이것을 부정함으로써 그것이 공통성을 지녔음을 보인 것이 이 '불이'라는 특이한 개념이다. 따라서 이 말에는 평등이 갖는 보편성과 특수성이 다 나타나고 있는 셈이어서, 진정한 평등이 무엇인가를 말해 주고 있다. 진여(眞如)와 현상(現象)이 평등하다고 할 때, 진여와 현상이 꼭 같다는 것은 아니다. 진여와 현상은 다르다. 다르기에 하나는 진여요, 하나는 현상이다. 그러나 둘이 아주 다르기만 한 것도 아니다. 전혀 다르다면 비교 자체가 성립하지 못한다. 그들은 각기 자체의 특수성을 지니면서 어느 면에서 일치하고 있는 것이다. 평등으로 해서 특수성이 무시되지도 않고, 특수성으로 해서 평등이 저해되지도 않는 평등이야말로 진정한 평등이다. 이런 평등의 진상을 나타낸 것으로서 '불이'라는 말에는 깊은 함축이 있는 것이 사실이다.

103

온갖 사물은 본래부터 언어[1]의 성질[2]을 떠나고 이름의 성질을 떠나고 심연(心緣)[3]의 성질을 떠난 것이어서, 절대로 평등해 변화[4]가 없고 파괴할 수 없다. 오직 일심(一心)[5]뿐이니, 그러므로 진여(眞如)[6]라 하는 것이다.

— 〈起信論〉

〔주〕 1)언어 : 원문은 '言說'. vāc. 2)성질 : 원문은 '相'. 3)심연 : 마음으로 외부의 대상을 인식하는 것. 4)변화 : 원문은 '變異'. vikāra. 5)일심 : 만유(萬有)의 근저(根底)로서의 마음. 우주 삼라만상의 근원이며, 우리의 생존의 근원인 마음. 그러므로 그것은 주관으로서 작용하는 마음이 아니라, 사람을 포함한 만유의 근원인 절대적 진실을 뜻한다. 진여(眞如)를 가리킨다. svacitta-matra. 6)진여 : 52의 주.

104

그 때에 문수사리보살이 덕수보살(德首菩薩)에게 물었다. "불자(佛子)[1]여, 여래의 깨달음의 내용[2]이 오직 하나[3]거늘, 어찌해 무량한 가르침을 설하시며, 내지는 무변한 가지가지의 경계(境界)[4]를 나타내시는[5] 것입니까?"

덕수보살이 대답했다. "비유하자면 바다가 하나인 것 같습니다. 파도가 천 가지 만 가지로 다른 모습을 나타낸다 해도, 물에 가지가지의 차별이 있는 것은 아닙니다. 또 바람의 본성이 하나인 것 같습니다. 그것이 온갖 물건에 불어 댄다 해도, 바람은 동일하다느니 다르다느니[6] 하는 생각이 없습니다. 부처님의 가르침도 이와 같습니다."

— 〈華嚴經〉

〔주〕 1)불자 : 78의 주. 2)깨달음의 내용 : 원문은 '所悟'. 3)하나 : 원문은 '一

法'. 한 일. 한 사물. 만법(萬法)의 대(對). 법(法)은 법칙이 아니라 존재·사물의 뜻. 여기서 법에는 큰 뜻이 없으므로 '하나'로 역했다. 4)경계 : 81의 주. 5)나타냄 : 원문은 '示現'. 불·보살이 중생 제도를 위해 가지가지의 모습을 나타내는 것. nidarśaka. 6)동일하고 다름 : 원문은 '一異'. 동일한 것과 다른 것. tattva-anyatva.

105

비유컨대 갖가지 질그릇이 미진(微塵)[1]의 성상(性相)[2]인 점에서는 다 동일한 것과 같다. 이 모양으로 무루(無漏)[3]와 무명(無明)[4]이 빚는 갖가지 업환(業幻)[5]도, 그것이 진여(眞如)[6]의 성상인 점에서는 다 동일하다.

— 〈起信論〉

〔주〕 1)미진 : 눈에 보이는 최소(最小)의 것. 매우 작은 물질. 원자. <金剛經>에서는 rajas의 역어로 사용되었고, 한역에는 이 예가 많다. 그러나 같은 경의 티베트 역에서는 rdul phra rab라고 나와 있어서 극미(極微)를 뜻하는 paramāṇu와 같은 것으로 보고 있다. 2)성상 : 성(性)과 상(相). 본체(本體)와 현상(現象). bhāva-lakṣaṇa. 3)무루 : 98의 주. 4)무명 : 7의 주. 5)업환 : 허깨비같이 실체(實體)가 없는 행위(業). 허망한 활동. 6)진여 : 52의 주.

〔풀이〕 각(覺)과 불각(不覺)이 본질에 있어서 같음을 논증한 대목이다. 여러 가지 질그릇은 모두 진흙으로 이루어졌고, 따라서 그 성(性)·상(相)은 동일하다. 마찬가지로 무명·번뇌에서 나오는 행위들도 진여의 그것과 다름이 없다는 취지다. 그것은 무명이나 번뇌가 곧 그대로 진여라거나 진여에서 나왔다거나 하다는 것은 아니지만, 진여에 대한 미혹(迷惑)인 점에서 진여에 의지해 일어난 것이기 때문이다. 그러므로 무명·번뇌에는 자성(自性)이 없고, 굳이 그것을 추구해 가면 진여에 도달하고 마는 것이다. 따라서 보리(菩提)와 번뇌의 관계는 어디까지나 상즉(相卽)하는 것으로 보아야 하겠다.('相

卽'에 대해서는 75의 풀이 참조.)

106

덕행(德行)[1)]이 가(邊)가 없으나 다 본질에 있어서는 같다.[2)]

— 〈圓覺經〉

〔주〕 1)덕행 : ①공덕과 행법(行法). guṇa ②공덕을 갖추고 있는 행법. 삼학(三學)·육도(六度)를 이른다. 2)본질이 같음 : 원문은 '同一性'. 동일한 본질(性). 일성(一性)이라고도 한다. ekatā.

107

"선남자야, 온갖 장애(障礙)[1)]가 바로 구경각(究竟覺)[2)]이며, 득념(得念)[3)]·실념(失念)[4)]이 해탈 아닌 것이 없으며, 성법(成法)[5)]·파법(破法)[6)]이 다 열반이며, 지혜[7)]·우치(愚痴)[8)]가 통틀어 반야(般若)[9)]며, 보살·외도(外道)[10)]의 이룬 진리가 다 보리(菩提)[11)]며, 무명·진여가 다른 경계(境界)[12)]인 것이 아니며, 계(戒)[13)]·정(定)[14)]·혜(慧)[15)]와 음(婬)[16)]·노(怒)·치(痴)[17)]가 다 같은 범행(梵行)[18)]이며, 중생·국토가 동일한 법성(法性)[19)]이며, 지옥·천궁(天宮)[20)]이 다 정토(淨土)[21)]며, 유성(有性)[22)]·무성(無性)[23)]이 불도(佛道)를 같이 이루며, 온갖 번뇌가 절대적 해탈이니라." — 〈圓覺經〉

〔주〕 1)장애 : 깨달음에 방해가 되는 것들. ①불법의 비방. ②자기에 대한 집착. ③괴로움에 대한 공포. ④중생을 이롭게 하는 것에 대한 무관심. 2)구경각 : 깨달음의 극치. 무명이 사라지고 마음의 본원(本源)에 도달한 경지. 여래지(如來地)를 가리킨다. niṣṭhā-bodhi. 3)득념 : 마음을 오로지하여 대상을 똑똑히 기억하는 마음의 작용. 4)실념 : 마음을 산란시켜 대상을 확실히 기억하지 못하게 하는 마음의 작용. 손상된 기억. muṣitā smṛtiḥ. 5)성법 : 불법(佛

法)을 바로 이루는 것. 6)파법 : 불법을 손상함. dharma-vyasana. 7)지혜 : 사물의 실상(實相)을 바로 파악하고, 진리를 깨닫는 예지. prajñā. 8)우치 : 진리에 대한 무지. 마음이 어두워 지혜가 결여된 상태. ajñāna. 9)반야 : 83의 주. 10)외도 : 18의 주. 11)보리 : 5의 주. 12)경계 : 81의 주. 13)계 : 18의 주. 14)정 : 27의 주. 15)혜 : 27의 주. 16)음 : 욕정에 관한 그릇된 행위. 사음(邪婬)과 같음. Ⓟkāmesu micchā-cāra. 17)치 : 8)의 '우치'와 같음. 18)범행 : 청정한 수행. 비구가 계율을 지켜 수행하는 것. 청정행(淸淨行). brahmacarya. 19)법성 : 74의 주. 20)천궁 : ①천인(天人)의 궁전. deva-pura. ②제석천의 궁전. Kṣubdha-vimāna-śobha. 21)정토 : 부처님이 계신 세계. 불국(佛國). 22)유성 : 해탈할 수 있는 가능성을 지니고 있는 것. 성문승(聲聞乘)·연각승(緣覺乘)·보살승(菩薩乘)의 본성을 가리킨다. 23)무성 : 불성(佛性)이 없는 것. 아무리 노력해도 성불이 불가능한 사람. nāstitā.

108

"온갖 중생도 다 진여(眞如)[1]를 지니고 있으며, 온갖 사물도 진여를 지니고 있으며, 여러 성자(聖者)[2]들도 진여를 지니고 있으며, 미륵(彌勒)[3]에 이르러도 진여를 지니고 있습니다." — 〈維摩經〉

〔주〕 1)진여 : 52의 주. 2)성자 : 원문은 '賢聖'. 굳이 나누자면 선을 행하고 악을 떠났으나 진리를 깨닫지 못한 사람을 현(賢), 진리를 깨달은 이를 성(聖)이라 한다. ārya-pudgala. 3)미륵 : Maitreya의 음사. 미륵보살. 다음에 성불할 것이 석존에 의해 예언된 보살.

〔풀이〕 이것은 유마(維摩)가 미륵의 수기(授記)를 문제삼아, 알고 보면 성불의 예언을 부처님에게서 받은 미륵보살이나 그렇지 않은 다른 사람이나 다를 것이 없음을 논한 대목이다.

109

온갖 사물(존재)이 영원불변[1]하다는 말은,[2] 청정한 이법(理法)[3] 속이라 해서 그 영원성(永遠性)이 더 나타나 있는 것을 발견할 수도 없고, 번뇌·망상 속이라 해서 그것이 덜 나타나 있는 것을 발견할 수도 없다는 뜻이다. 인연이 모여서 생긴 것인 까닭에, 저 청정한 이법 속이라 해서 하나[4]도 더 많음이 없고, 저 번뇌·망상 속이라 해서 하나도 덜함이 없는 것이다.

— 〈十地論〉

〔주〕 1)영원불변 : 원문은 '不生不滅'. 생기지도 않고 없어지지도 않음. 상주(常住). 영원. anirodham anutpādam···. 2)말은 : 원문은 '者'. 그 앞의 명사를 한정하는 정관사(定冠詞). '···라는 말은'의 뜻. 3)청정한 이법 : 원문은 '淸淨法'. dharma-viraja. 4)하나 : 원문은 '一法'. 104의 주.

110

부처님의 경계(境界)[1]의 자성(自性)[2]이 곧 여러 번뇌의 자성이다.

— 〈文殊佛境界經〉

〔주〕 1)경계 : 마음의 상태. 깨달은 이의 마음의 양상. 2)자성 : 51의 주.

111

정거천자(淨居天子)[1]가 문수사리에게 물었다. "무엇이 보살의 바른 수행(修行)[2]입니까?"

문수사리가 대답했다. "천자여, 진여(眞如)[3]도 평등하며, 법계(法界)[4]도 평등하며, 오역(五逆)[5]도 평등하며, 여러 그릇된 견해[6]도 평등하며, 범부(凡夫)[7]의 이법(理法)도 평등하며, 성문(聲聞)[8]의 이법도 평등하며,

연각(緣覺)[9]의 이법도 평등하며, 보살의 이법도 평등하며, 부처님의 이법도 평등하며, 생사의 이법도 평등하며, 열반(涅槃)의 이법도 평등하며, 번뇌도 평등하며, 쟁송(諍訟)[10]도 또한 평등합니다."

천자가 물었다. "어째서 쟁송도 평등하며, 번뇌도 평등하다 하십니까?"

문수사리가 대답했다. "공(空)인 까닭에 평등하며, 무상(無相)[11]인 까닭에 평등하며, 무원(無願)[12]인 까닭에 평등합니다. 어째서 그러냐 하면, 공(空)은 차별이 없기 때문입니다. 보배그릇도 비어 있고 질그릇도 비어 있는 경우, 그 속의 공간[13]은 평등해서 여러 차이가 있을 수 없습니다. 차별이 없는[14] 까닭에, 이렇게 번뇌도 공(空)하고 쟁송도 공해서 틀림[15]이 없는 것입니다."

— 〈淸淨毗尼方廣經〉

〔주〕 1)정거천자 : 색계(色界) 제사선(第四禪)에 불환과(不還果)를 얻은 성자만이 태어나는 곳 다섯 개가 있다. 무번천(無煩天) · 무열천(無熱天) · 선현천(善現天) · 선견천(善見天) · 색구경천(色究竟天)이니, 이를 5정거천 · 정거천이라 하며, 여기에 사는 성자, 즉 신들도 정거천이라 한다. śuddha-āvāsạ. 천자(天子)란 ①낮은 지위의 신들, devatā. ②신들의 아들, deva-putra. ③국왕, ④욕계 제6천의 임금 등을 뜻하는바, 여기서는 ①이나 ②의 뜻. 2)바른 수행 : 원문은 '正修行'. 진리를 깨닫고 나서 수행함. 3)진여 : 원문은 '如如'. 4)법계 : 39의 주. 5)오역 : 61의 '역죄' 참조. 6)여러 그릇된 견해 : 원문은 '諸見'. 외도의 여러 그릇된 인생관 · 세계관. 그 종류가 62나 된다 하여 육십이견(六十二見)이라 한다. 7)범부 : 어리석은 사람. 아직 불교에 들어오지 않은 사람. 성자(聖者)에 대해서 이른다. bāla. 8)성문 : 4의 주. 9)연각 : 4의 '독각'의 주. 10)쟁송 : 다투는 일. kalaha. 11)무상 : 특질이 없음. alakṣaṇa. 12)무원 : 특별한 욕구나 목적이 없는 것. 욕망을 이탈한 상태. apraṇidhāna. 13)공간 : 원문은 '空界'. 88의 주. 14)차별이 없음 : 원문은 '無二'. 51의 주. 15)틀림 : 원문은

'別異'. viparyaya.

112

생사(生死)[1]와 열반(涅槃)[2]이 아울러 분별의 작용이어서 동일한 진여(眞如)[3]다. 만약 무분별지(無分別智)[4]를 얻는다면, 이로 말미암아 그 평등함을 알게 될 것이다. ―〈攝大乘論〉

〔주〕 1)생사 : 12의 주. 2)열반 : 21의 주. 3)진여 : 52의 주. 4)무분별지 : 주관·객관의 상(相)을 떠나 평등히 작용하는 진실한 지혜. 분별 이전의 지혜. niṣkalpanā-jñāna.

〔풀이〕 사유(思惟)에 의해 진리에 도달하려는 것이 상식적 입장이요, 동서고금의 종교가와 학자는 그런 태도를 지녀 왔다. 그러나 불교에는 사유 자체를 배격하는 경향이 있다. 물론 원시불교의 팔정도(八正道) 같은 데는 정사유(正思惟)가 들어 있어서 사태는 반드시 그렇지도 않은 듯 보일지도 모르나, 이 바른 사유는 역시 팔정도의 하나인 정정(正定), 즉 바른 선정(禪定)과 결부되어 있으며, 진정한 반야지(般若智)와 연결되어 있는 점에서 세속적인 사유는 여전히 배격되고 있음이 사실이다.

이런 경향은 대승불교에 오자 아주 강조되어, 그들은 말끝마다 분별의 초월을 내세웠다. 사유란 이것과 저것을 가리는 일이며 개념적 이해이므로 어떤 경우에도 상대성을 탈피하지 못하며, 따라서 그것으로는 절대적 세계를 인식할 수 없다고 보았기 때문이다. 그들은 사유를 버리고, 한걸음 더 나아가 그 근원인 아뢰야식(阿賴耶識)까지 깨뜨려 버리는 것에 의해서만 절대계의 파악이 가능하다고 믿은 것이었다.

113

생사를 떠난 별개(別個)의 열반이 있는 것이 아니니, 보살이 생사를 지각(知覺)하지 못한다면[1] 열반도 지각하지 못할 것이다. 이것이 무득(無得)[2]의 뜻이다. — 〈攝大乘論〉

〔주〕 1)지각하지 못함 : 원문은 '不得'. anupalabdhi. 2)무득 : 주관·객관의 구별이 없는 것. 대상을 인식하지 못하는 것. anupalambha.

114

중생의 세계[1]가 곧 법신(法身)[2]이요, 법신이 곧 중생의 세계니, 이 둘은 이름만 다를 뿐 그 내용에 차별이 있는 것은 아니다. 마치 밝은 태양이 구름에 가리워진 것과 같다. 번뇌의 구름만 제거하면 법신의 '태양'이 밝게 나타날 것이다. — 〈法界無差別論〉

〔주〕 1)중생의 세계 : 원문은 '衆生界'. ①중생이 사는 세계. sattva-dhātu. ②십계(十界) 중, 불계(佛界) 이외의 구계(九界)의 총칭. 사람들의 세계. 2)법신 : 진리 자체를 몸으로 삼고 있다는 뜻. 진리 자체. 궁극·절대의 존재. 형상을 초월한 진실 자체. 부처님은 진리와 일체가 된 분이므로, 그 본질의 면에서 부처님을 법신이라 한다. 삼신(三身)의 하나. dharma-śarira.

제2절 온갖 현상의 연기(緣起)

온갖 현상은 마음으로 생성

115

온갖 현상(現象)의 발생[1]은 오직 마음[2]의 나타남[3]일 뿐이니, 온갖 인과(因果)[4]와 세계의 미진(微塵)[5]이 다 마음으로 말미암아 체(體)[6]를 이룬다.

— 〈楞嚴經〉

〔**주**〕 1)발생 : 원문은 '所生'. 59의 주. 2)오직 마음뿐 : 원문은 '唯心'. 모든 것은 마음의 나타남이어서, 마음을 떠나면 어떤 것도 존재할 수 없다는 뜻. citta-mātra. 3)나타남 : 원문은 '所現'. 정확히는, 나타나진 것. 4)인과 : ①원인과 결과. 어떤 사물을 성립케 만든 것을 인(因), 성립된 사물을 과(果)라 한다. hetu-phala. ②원인이 있으면 결과가 있고, 결과가 있으면 원인이 있다는 법칙. ③선악에는 반드시 보(報)가 있다는 도리. 여기서는 ①의 뜻으로 쓰고, 인과에 의해 나타난 현상들을 가리킨다. 5)미진 : 105의 주. 6)체 : 본체(本體)의 뜻이 아니라, 여기서는 '몸'을 이른다. gātra.

〔**풀이**〕 119의 풀이 참조.

116

세상의 온갖 경계(境界)[1]가 다 중생의 무명(無明)[2]에서 나오는 망령된 마음[3]에 의해 존속한다.[4] 그러므로 온갖 현상은 거울 속의 영상(映像)의, 실체(實體)[5]라고는 인식할[6] 수 없는 것 같아, 오직 분별하는 마음으로부터 나온 것뿐이매 기실 허망하다. 망령된 마음이 생기면 차별적 현상[7]이 생기고, 그런 마음이 없어지면 차별적 현상도 없어지는 까닭이다.

— 〈起信論〉

〔주〕 1)경계 : 65의 주. 2)무명 : 7의 주. 3)망령된 마음 : 원문은 '妄心'. 미혹의 마음. 그릇되게 분별하는 마음. 4)존속함 : 원문은 '住持'. 유지하여 잃지 않는 것. tiṣṭhati. 5)실체 : 원문은 '體'. 체성(體性)의 약칭. svabhāva. 6)인식함 : 원문은 '可得'. 83의 주. 7)차별적 현상 : 원문은 '種種法'. 가지가지의 사물.

〔풀이〕 본문에서의 탈락과 독법(讀法)이 온당치 못한 점이 있으므로 전문을 인용해 둔다. "世間一切境界, 皆依衆生無明妄心, 而得住持. 是故一切法, 如鏡中像無體可得, 唯心虛妄. 以心生則種種法生, 心滅則種種法滅故."

117

마음은 화가가 여러 세상의 모습을 그려 내는 것과 같아서, 오온(五蘊)[1]이 모두 이(마음)로부터 생긴다. 그리하여 사물을 만들지 않음이 없다.

— 〈華嚴經〉

〔주〕 1)오온 : 87의 주.

118

삼계(三界)[1]가 마음에 의지해 있음을 깨달아야 한다. 십이인연(十二因緣)[2]도 그러해서, 생사(生死)가 다 마음에 의해 만들어진다. 그러므로 마음이 없어지면 생사도 없어질 것이다.

— 〈華嚴經〉

〔주〕 1)삼계 : 4의 주. 2)십이인연 : 사람의 고뇌가 어떻게 성립하는가를 추

구하여, 12항목으로 나눈 것. 존재의 12개의 기본적 구조. 연기(緣起)의 도리를 12로 나누어 설한 것. ①무명(無明). 무지(無知). ②행(行). 잠재적 형성력. ③식(識). 식별작용(識別作用). ④명색(名色). 명칭과 형태. 정신과 물질. 몸과 마음. ⑤육처(六處). 마음의 작용이 성립하는 장소인 안(眼)·이(耳)·비(鼻)·설(舌)·신(身)·의(意). ⑥촉(觸). 감각 기관과 대상의 접촉. ⑦수(受). 감수작용. ⑧애(愛). 맹목적 충동. ⑨취(取). 집착. ⑩유(有). 생존. ⑪생(生). 태어나는 것. ⑫노사(老死). 무상(無常)한 모습. 차례대로 앞의 것이 뒤의 것을 성립시키는 조건이 되어 있다. dvādaśa-anga.

119

삼계(三界)[1]의 온갖 것(현상)[2]은, 오직 일심(一心)[3]의 나타남이다.

— 〈華嚴經〉

〔**주**〕 1)삼계 : 4의 주. 2)온갖 것 : 원문은 '所有'. 온갖. 모든. 모든 것. sarva. 3)일심 : 궁극의 근저(根底)로서의 마음. 일(一)이란 절대의 뜻이요, 심(心)이란 견실성을 나타낸다. 우리의 근저가 되고, 온갖 현상의 근원이 되는 마음. 우주 삼라만상의 기본인 절대적 진실. svacitta-mātra.

〔**풀이**〕 이것은 <팔십화엄> 대지품(大地品)에 나오는 글인바, 그 산스크리트어 원문은 "cittamātram idaṃ yad idaṃ traidhātukam(이 삼계에 속하는 것은, 모두가 오직 마음이다)"라고 되어 있다. 한역과 원문 사이에는 약간의 차이가 있으나, 뜻하는 바는 같다.

그러면 이 마음, 또는 일심(一心)이란 무엇인가? 그것이 우리의 주관이나 정신, 또는 의식 같은 것을 말한 것이 아님은 말할 것도 없는 일이요, 일심(一心)의 주(註)를 읽은 분이라면 누구나 절대(絶對)를 의미하는 진여(眞如)를 가리킨 것임을 쉽게 간파할 수 있었을 것이다. 삼계(우주)가 마음으로 이루어졌다고 하면 매우 당돌하고 허황하게 느껴져 극단적인 관념론(觀念論)을 펴는 듯이도 여겨질지 모르나, 그 진의는 모두가 절대계에서 흘러나온 것이라는 것, 상대계(相對界)인 이 세상의 온갖 것은 절대계의 투영(投影)에 지나지 않아서 어떤 실재성(實在性)도 지니고 있지 못하다는 의미이다. 이 절대를 굳이 일심이니 마음이니 하는 것은, 절대가 우리의 존재의 근저(根底)요, 우리의 마음의 진실한 근원인 까닭이다. 바꾸어 말하면 절대계를 '나'라는 존재를 끝없이 추구한 끝에 파악한 것이 일심으로서의 마음이라 할 수 있다.

120

일심(一心)[1]에[2] 문[3]이 있으니, 첫째는 심진여문(心眞如門)[4]이요, 둘째는 심생멸문(心生滅門)[5]이다. 이 두 가지 문이 각기 온갖 사물[6]을 온통 포섭한다.[7]

— 〈起信論〉

〔주〕 1)일심 : 한역 원문은 '一心法'. 원문에서는 '法'이 탈락되어 있다. 일심은 119의 주 참조. 그러나 <기신론>에서는 일심을 여래장(如來藏)의 뜻으로 본다. 그리고 법(法)은 심법(心法)의 경우처럼 마음을 가리키는 말이어서 다른 뜻이 없다. 2)…에 : 원문은 '依'. 한역 원문 '依一心法'의 依다. 이 말은 의지하는 뜻이 아니라, 위격(位格)을 나타낸다. '…에', '…에 있어서'의 뜻. upādāya. 3)문 : 방면. 부문. 4)심진여문 : 마음(一心)을 있는 그대로인 진실한 모습에서 파악하는 입장. 일심(一心)의 진여(眞如)인 면(面). 5)심생멸문 : 마음(一心)의 활동하는 면(面). 일심(一心)을, 그것이 가지가지로 전개하고 있는 세계에서 파악하는 입장. 6)온갖 사물 : 원문은 '一切法'. 18의 주에서도 언급했듯 물질적 현상만이 아니라, 정신적 현상과 세간(世間)·출세간의 모든 것, 유루(有漏)·무루(無漏)의 온갖 것을 다 가리킨다. 7)온통 포섭함 : 원문은 '總攝'. sarva-saṃgraha.

〔풀이〕 <기신론>에서는 일심(一心)을 여래장(如來藏)의 뜻으로 보거니와, 이 여래장이란 중생측에서 본 진여(眞如)를 말하는 것이므로 결국은 진여의 딴

이름에 지나지 않는다. 그런데 일심(진여·여래장)은 절대(絶對) 그것을 이르는 말인바, 절대란 어떤 한정(限定)도 받아들이지 않는 무(無), 무(無)라는 말조차 통용할 수 없는 절대적무(絶對的無), 불교적 용어를 빌리자면 공(空)조차도 부정하는 공공(空空)·필경공(畢竟空)이라 해야 한다. 이것이 '심진여문'이니, 절대(일심)의 본체(本體)다.

그러나 그런 절대적무로서의 절대가 어딘가에 존재하는 것은 아니다. 어딘가에 존재한다고 하면, 이미 시간적·공간적인 제한을 받으므로 절대가 될 수 없기 때문이다. 그것은 온갖 현상(有漏·無漏를 포함한)과 상즉(相卽)함으로써 존재하는 것뿐이다.(相卽에 대해서는 75의 풀이 참조.) 더 정확히 말하면, 온갖 현상에 상즉하여 인정되는 것뿐이다. 온갖 현상이 전개된다는 것, 사람이 살고 죽는다는 것, 이런 것을 떠나 진여가 있는 것은 아니다. 그러므로 이 상대적 세계는 절대의 또 다른 일면인 '심생멸문'이 되는 것이다.

그리하여 온갖 현상을 현상 그대로 바라보면 일심(一心)의 생멸하는 면(심생멸문)이 되고, 그 본체(本體)를 추구해 들어가면 일심의 진여인 면(심진여문)이 되는 것이니, 이 두 가지 문은 각기 만유(萬有)를 포섭한다고 할 수 있다. '심진여문'과 '심생멸문'은 진여의 체(體)와 상(相)을 말한 것이며, 이 체와 상은 불리(不離)의 관계에 있어, 기실 한 진실의 양면에 불과하기 때문이다.

121

온갖 것은 오직 마음의 나타남이다. 그러나 이 뜻이 매우 심원하여 어리석은 사람들로서는 능히 깨닫지 못하는 까닭에 진실[1]을 보지 못한다.

— 〈菩提心離相論〉

〔주〕 1)진실 : 있는 그대로의 모습. tathātva.

122

일법계(一法界)의 마음[1]은 온갖 생멸문(生滅門)[2]의 일(法)[3]을 온통 포섭한다. 그래서 섭세간법(攝世間法)[4]이라 이른다. 또 온갖 진여문(眞如門)[5]의 일도 온통 포섭한다. 그래서 섭출세간법(攝出世間法)[6]이라 이른다. 이것들이 다 법계(法界)[7]를 이루는 터이므로 법(法)이라 하는 것이다.

— 〈釋摩訶衍論〉

〔주〕 1)일법계의 마음 : 원문은 '一法界心'. 일법계란 유일 절대의 세계, 즉 절대계(絶對界)의 뜻. '一法界心'이란 결국 일심(一心)과 같다. 119·120의 주. 2)생멸문 : 생멸·변화하는 현상적(現象的)인 면(面). 3)일 : 원문은 '法'. 사물. 존재. 유위(有爲)·무위(無爲)의 여러 사상(事象). dharma. 4)섭세간법 : 세간법을 포섭함. '세간법'은 39의 주. 5)진여문 : 진여로 이르는 면. 깨달음에 이르는 좋은 일들. 6)섭출세간법 : 출세간법을 포섭함. '출세간법'이란 깨달음의 세계의 일들. 생사에서 해탈하기 위해 닦는 사제(四諦)·육도(六道) 등의 도리를 가리킨다. loka-uttara-dharma. 7)법계 : 39의 주.

〔풀이〕 120과 거의 같은 내용이다. 그 풀이 참조.

123

부처님께서 무구칭(無垢稱)[1]을 위해 설하셨다.

"청정[2]한 마음으로 착한 행위[3]를 하게 되고, 악한 마음으로 악한 행위를 하게 된다. 마음이 청정한 까닭에 세계가 청정하며, 마음이 더러운[4] 까닭에 세계가 더러워지게 마련이다. 그러기에 우리 불법(佛法)에서는 마음으로 주(主)를 삼는 것이니, 온갖 것(一切諸法)이 마음에 말미암지 않음이 없느니라."

— 〈心地觀經〉

〔주〕 1)무구칭 : Vimalakirti. 음사해서 유마힐(維摩詰) · 유마라 하며, 뜻을 취해 정명(淨名) · 무구칭이라고도 한다. 부처님의 재속(在俗) 제자라 하며, <유마경>의 주인공이다. 2)청정 : 깨끗한. 순수한. 번뇌를 떠난 상태. 악을 떠난 상태. pariśuddha. 3)행위 : 원문은 '業'. 61의 주. 4)더러움 : 원문은 '雜穢'.

124

온갖 존재는 실체(實體)가 없고[1] 평등할 뿐이다. 만약 온갖 존재에서 안팎[2]을 구분한다면, 이는 마음에 개장(蓋障)[3]이 있기 때문이다. 마음을 떠나 별개의 실체[4]가 있는 것은 아니다. — 〈秘密相經〉

〔주〕 1)실체가 없음 : 원문은 '無我'. 85의 주. 2)안팎 : 원문은 '內外'. adhyātma-bāhya. 본질과 겉모양. 3)개장 : 장애. 번뇌장(煩惱障)과 소지장(所知障). 번뇌장은 번뇌라는 해탈의장애물. kleśa-āvaraṇa. 소지장은 알아야 할 것에 대한 장애. 지(智)의 작용을 방해하는 불염오(不染汚)의 무지(無知). jñeya-āvaraṇa. 4)별개의 실체 : 원문은 '別法'. 별물(別物)과 같다.(<俱舍論> 4권)

125

선 · 악의 연업(緣業)[1]이 다 마음에 의해 만들어진다.

— 〈諸法集要經〉

〔주〕 1)연업 : 이 말을 <출삼장기집(出三藏記集)>에서는 불법(佛法)의 뜻으로 쓰고 있으나, 여기서는 인연에 의해 이루어진 행위(業)를 가리키는 것 같다.

126

안(眼) · 이(耳) · 비(鼻) · 설(舌) · 신(身) · 의(意)[1]의 여러 인식 기관[2]

이 모두 공(空)해 본성(本性)이 없건만, 망령된 마음으로 존재[3]를 분별한다.

— 〈華嚴經〉

〔주〕 1)안·이·비·설·신·의 : 79의 주. 2)인식 기관 : 원문은 '情根'. indriya. 3)존재 : 원문은 '有'. bhāva. 또는, 12인연의 하나인 생존.

〔풀이〕 이것은 <육십화엄(六十華嚴)> 권5의 사제품(四諦品) 게(偈)에서 인용한 것 같으나, 말미(末尾)가 다르다. <팔십화엄(八十華嚴)>까지를 뒤지다가 바다에서 바늘을 찾는 격임을 느끼고, 그대로 번역해 두었다.

127

온갖 사물(존재)은 마음으로부터 나타난다. 마음과 서로 작용함[1]으로써 개인존재(個人存在)를 구성하여[2] 함께 생기고 함께 없어져 머무는 바가 없다. 온갖 경계(境界)[3]도 마음의 대상(對象)[4]을 따라 염념(念念)[5] 상속하는 까닭에 유지되어서[6] 잠시 존재하는 것에 지나지 않는다.

— 〈占察善惡業報經〉

〔주〕 1)서로 작용함 : 원문은 '相作'. 2)개인존재를 구성함 : 원문은 '和合而有'. 화합은 여러 요소가 모여 한 물체를 구성하는 것. saṃyoga. 유(有)는 존재. '화합유(和合有)'라고도 하며, 정확히는 '구성된 존재'의 뜻이어서 개인존재를 가리킨다. 오온(五蘊)의 집성(集成)이라는 뜻. 3)경계 : 대상으로서의 세계. 객관계(客觀界). 4)대상 : 원문은 '所緣'. 79의 주. 5)염념 : 56의 주. 6)유지됨 : 원문은 '住持'. 116의 주.

〔풀이〕 여기서 마음이라 한 것은 <유식론(唯識論)>에서 말하는 식(識 : vijñāna)이다. 식이란 표상(表象)이니, 있는 것은 이 표상뿐이요 외계(外界)는 실재하

지 않는다는 것이 이 계통의 사상이다. 따라서 생기는 순간에 없어지는 식(識)이 차례차례로 이어질 때, 외계가 실재하는 듯 보인다는 것이다.

128

옹기장이는 한 종류의 진흙으로 갖가지 그릇을 만들고, 같은 불로 유기(油器)·소기(蘇器)[1]·밀기(蜜器)·부정기(不淨器)[2] 등을 구워 낸다. 그렇다고 이 진흙의 본성(本性)에 차별이 있는 것은 아니고 불도 마찬가지여서 아무런 차이도 없다. 이같이 같은 법성(法性)[3]도 그 업행(業行)[4]을 따라 차별이 생기는 것이니, 소기·유기가 성문(聲聞)[5]·연각(緣覺)[6]의 비유라면, 밀기는 보살들, 부정기는 범부[7]의 비유가 될 것이다.

— 〈寶篋經〉

〔주〕 1)소기 : '蘇'는 '酥'와 통용되는바, 맑은 우락(牛酪)이다. ghṛta. 그것을 넣는 그릇. 2)부정기 : 변기(便器). 3)법성 : 74의 주. 4)업행 : 행위. 5)성문 : 4의 주. 6)연각 : 4의 '독각'의 주. 7)범부 : 원문은 '小凡夫'. 범부는 외도(外道)의 성자와 견도(見道) 이전의 행자(行者)도 지칭하므로, 그것과 구별하여 우매한 사람을 가리키는 말인 것 같다.

129

온갖 사물(존재)은 허깨비 같으니, 표상작용(表象作用)[1]을 따라 막 생겨난다.

— 〈如幻三昧經〉

〔주〕 1)표상작용 : 원문은 '想'. 55의 주.

130

마음에 남은 습기(習氣)[1]를 주축으로 하여[2] 온갖 것이 생겨난다.

— 〈顯揚聖敎經〉

〔주〕 1)습기 : 행위가 마음에 남긴 잠재적 여력(餘力). 무슨 행위든 완전히 사라지는 것이 아니라, 마음의 심층에 흔적을 남기고, 그것이 다시 새로운 행동에 제약을 가한다는 것. 습관성. vāsanā. 2)주축으로 하여 : 한역 원문은 '由(習氣)增上力故'. 증상력이란 ①조장(助長)하는 힘, ②주(主)가 되는 것의 뜻. adhipati, adhipatitā. 여기서는 ②의 의미. '增上力故' adhipatiṃ kṛtvā라 하면 '주(主)가 되는 것으로 하여'의 뜻. '由…增上力'·'爲增上力故'·'以…增上力'의 경우도 같은 의미다. 3)온갖 것 : 원문은 '諸行'. 94의 주.

131

부처님께서 말씀하셨다.

"사람은 늘 눈에 속고, 귀에 속고, 코에 속고, 입에 속고, 촉각(觸覺)에 속고 있다. 눈은 보기는 하되 듣지 못한다. 귀는 듣기는 하되 보지 못한다. 코는 냄새는 맡되 소리를 듣지 못한다. 입은 맛을 알되 냄새를 식별하지 못한다. 촉각은 춥고 더움을 식별하되 맛을 구분하지 못한다. 그런데 이 다섯 감각기관은 다 마음에 속해 있는 터이니까, 근본이 되는 것은 마음이다."

— 〈阿含正行經〉

132

부처님께서 말씀하셨다. "마음이 지옥을 취(取)하고, 마음이 아귀(餓鬼)[1]를 취하고, 마음이 축생(畜生)[2]을 취하고, 마음이 천인(天人)[3]을 취한다. 그리하여 거기에 맞는 형태[4]가 되는 것은 다 마음의 짓이다. 그러기에 능히 마음을 조정하여[5] 깨달음을 이루는[6] 사람은 그 힘이 가장 클 수밖에 없으니, 내가 마음과 싸워 무수한 겁(劫)[7]을 거친 끝에, 이제 부처가 되어 삼계(三界)[8]에 독보(獨步)하는 것도 따지고 보면 다 마음의 짓이니라."

— 〈五苦章句經〉

〔주〕 1)아귀 : 26의 주. 2)축생 : 26의 주. 3)천인 : 4의 주. 4)형태 : 원문은 '形貌'. 모습. 5)마음을 조정함 : 원문은 '伏心'. 6)깨달음을 이룸 : 원문은 '爲道'. 7)겁 : 15의 '천겁'의 주. 8)삼계 : 4의 주.

133

마음을 떠나면 온갖 현상(존재)이 없어진다. — 〈唯識論〉

〔풀이〕 외계(外界)의 실재(實在)를 부정하고, 그것을 우리 주관에 비친 표상(表象)일 뿐이라고 보는 것이 <유식론>의 입장이다. 그리고 마음이란, 인식작용(識, 前七識)·사유작용(意, 第七識)을 배후에서 낳게 하는 아뢰야식(阿賴耶識, 第八識)을 가리킨다. 그러나 이것을 통틀어 마음이라고도 하며, 다시 마음을 주종(主從) 관계로 나누어, 마음 자체를 심왕(心王), 그 작용을 심소(心所)라고 이른다.

134

마음은 현상(존재)의 자성(自性)[1]이다. — 〈密嚴經〉

〔주〕 1)자성 : 51의 주.

〔풀이〕 온갖 현상은 연기(緣起)한 것이기에 실체(實體)가 없고, 자성(自性)이 없다는 것이 불교의 기본적 입장이다. 그런데도 불구하고 마음이 그 자성이

라는 것은 무슨 뜻인가? 이 '마음'을 상식적인 의미의 마음으로 알아서는 안 된다. 그런 경우, 사고의 혼란만이 빚어질 것이기 때문이다. 여기서 말하는 마음이란, 우리의 존재만이 아니라 만유(萬有)의 근원으로서의 마음이니, 곧 일심(一心)을 이름이다.(119의 주) 즉 그것은 우주의 본체(本體)인 진여(眞如)를 가리키는바, 현상의 자성이 이 절대(絶對)라는 것은 자성이 없다는 주장과 모순을 일으키지 않는다. 누차 강조했듯 절대란 절대적무(絶對的無)를 뜻하는 까닭이다.

135

갖가지 형상(形相)[1]은 정신적 현상과 물질적 현상[2]이 같지 않지만, 모두가 마음에서 생긴다.

— 〈密嚴經〉

〔주〕 1)형상 : 54의 주. 2)정신적 현상과 물질적 현상 : 원문은 '內外'.

136

삼계(三界)[1]는 거짓이고 실재(實在)가 아니어서, 오직 마음이 만들어 낸 것에 지나지 않는다. 따라서 마음을 떠나면 육진(六塵)[2]의 경계(境界)[3]도 없어진다. 왜 그런가? 모든 존재가 다 마음에서 일어나고 망념(妄念)[4]에서 생기기 때문이다.

— 〈起信論〉

〔주〕 1)삼계 : 4의 주. 2)육진 : 육식(六識)의 여섯 대상(對象). 빛깔과 모양(色)·소리(聲)·냄새(香)·맛(味)·닿아지는 대상(觸)·사고의 대상(法). 그것들이 본래 청정한 마음을 더럽히므로 진(塵)이라 한 것. 육경(六境)과 같다. ṣaḍ viṣayāḥ. 3)경계 : 대상(對象). 육진의 진(塵)과 같다. 그러므로 '六塵境界'라 할 때, '경계'는 중복하고 있는 것이 된다. viṣaya. 4)망념 : ①미집(迷執)의 마음. 육경(六境)에 대해 집착하는 마음. ②미혹의 생존을 일으키는 근본적인

작용. 여기서는 후자의 뜻.

〔**풀이**〕 연기(緣起)를 설명한 제2절을 읽으며 받는 인상을 종합하면, 만유(萬有)가 진여(마음·一心)에서 나왔다는 설(說)과, 망념(妄念) 또는 망심(妄心)에서 나왔다는 두 가지 설이 뒤엉키고 있는 듯하다는 것이다. 그리고 '마음'이란 말은 경우에 따라 일심(一心) 혹은 망심(妄心)의 뜻으로 쓰이고 있는바, 그것은 차치하고라도 이런 엇갈린 주장은 왜 일어나는 것일까?

우리는 진여의 체(體)와 상(相)이 불이(不二)·불리(不離)의 관계에 있음을 보아 왔거니와(120의 풀이), 우리 중생측에서 마음의 정체를 추구해 간 끝에 도달한 그 본원(本源)이 진여기에 이것을 일심(一心)이라 불렀듯이, 절대적무(絶對的無)인 진여의 활동면이 우리측에서 보면 분별심·망심이 되는 것이다. 왜냐하면, 진여(절대)란 우리와 떨어진 어딘가에 있는 것이 아니라 우리와 상즉(相卽)해 있기에(38·75의 풀이), 진여의 생멸문(生滅門)은 곧 우리의 망심이 되는 것이다. 그리고 진여의 체(體)·상(相)은 하나의 양면이므로, 만유가 일심(一心)에서 나왔다는 주장과 망념에서 생겼다는 의견은 기실 같은 것이다. 또 진여가 무명(無明)을 만나 만물이 생성(生成)된다는 이론도 쉽사리 이해할 수 있다. 이 무명이란 바로 망념·망심을 가리킨 것이어서, 절대적무가 움직일 때(만물이 되어 전개할 때), 절대적무는 깨져서 상대적유(相對的有)가 되지 않을 수 없는데, 아까도 언급했듯 진여는 우리와 상즉해 있으므로 우리측에서 보면 진여의 활동면(心生滅門)은 무명이 되고 말아, 무명이 근본이 되어 우리의 생존이 있다는 십이인연설(十二因緣說)이 생기는 것이다.

137

마음이 생기면 가지가지 존재(현상)가 생겨나고, 마음이 없어지면 가지가지의 존재가 없어진다. — 〈起信論〉

138

설산(雪山)[1]에 한 마리 악한 짐승이 살고 있다. 그는 소를 만나면 소의 모습이 되어 소를 죽이고, 말을 만나면 말의 모습이 되어 말을 죽인다. 외도(外道)[2]가 아리야식(阿梨耶識)[3]에서 일으키는 아견(我見)[4]도 이 같아서, 집착하는 사람에 따라 각기 차별을 일으키게 마련이다. 외도는 유식(唯識)[5]의 도리를 모르고 아견을 일으켜, 짐짓 유(有)와 무(無),[6] 일(一)과 다(多)[7]를 분별(分別)하고 있다. —〈密嚴經〉

〔주〕 1)설산 : 히말라야산. Himavat. 2)외도 : 18의 주. 3)아리야식 : 72의 주와 풀이. 4)아견 : 자아(自我)에 대한 그릇된 견해. 우리의 심신(心身)이 인연으로 구성된 것임을 모르고, 실체(實體)로서의 자아가 있는 듯 생각하는 견해. ātma-dṛṣṭi. 5)유식 : 외계의 사물은 실재(實在)하는 것이 아니고, 오직 의식에 비쳐진 내용, 즉 표상(表象)일 뿐이라는 것. vijñapti-mātratā. 6)유와 무 : 원문은 '有無'. 존재와 비존재(非存在). 불교에서는 이 두 극단적 견해를 배격한다. bhāva-abhāva. 7)일과 다 : 원문은 '一多'. 하나와 다수.

현상은 분별에서 생김

139

"선남자(善男子)[1]야, 온갖 중생이 무시(無始)[2] 이래 갖가지로 미혹(迷惑)함[3]이, 길 잃은 사람이 사방을 뒤바꾸는 것[4]과 같다. 그리하여 사대(四大)[5]에 망령되이 집착하여 제 신상(身相)[6]인 줄 알고, 육진(六塵)[7]의 그림자[8]를 제 심상(心相)[9]인 줄 착각하고 있다. 비유컨대 병든 눈으로 공중의 꽃[10]과 또 하나의 달[11]을 보는 것과 같다. 선남자야, 공중에 원래 꽃이 없건만 병자가 망령되이 집착하는 것이니, 망령된 집착 때문에 이 허공의 자성(自性)[12]만 오인하는 것이 아니라, 저 실제의 꽃이 피는 곳까지 오해하는 것이니라." — 〈圓覺經〉

〔주〕 1)선남자 : 1의 주. 2)무시 : 67의 주. 3)미혹함 : 원문은 '顚倒'. viparyāsa. 4)뒤바꿈 : 원문은 '易處'. 방향을 잘못 아는 것. 5)사대 : 지(地)·수(水)·화(火)·풍(風). 대(大)란 mahā-bhūta의 한역이니 원소(元素)의 뜻. 만물을 구성하는 네 가지 원소. ①견실을 본질로 하여 유지시키는 구실을 하는 지대(地大). pṛthivi-dhātu. ②습성(濕性)을 모아들이는 작용을 하는 수대(水大). ab-dhātu. ③온성(溫性)을 본질로 하여 성숙시키는 구실을 하는 화대(火大). tejo-dhātu. ④동물을 성장시키는 작용을 하는 풍대(風大). vāyu-dhātu. 6)제 신상 : 원문은 '自身相'. 신상은 몸의 모습·형상. 7)육진 : 136의 주. 8)그림자 : 원문은 '緣影'. 유식(唯識) 계통의 술어. 유식에서 세우는 사분(四分) 중 견분(見分, 주관적 측면)이, 외계의 대상을 인식하는 것에 의해 생긴 외계의 영상(影像). 상분(相分, 객관적 측면)에 해당한다. 9)제 심상 : 원문은 '自心相'. 심상은 마음의 모습·모양. Ⓣsems kyi mtshan ñid. 10)공중의 꽃 : 원문은 '空中華'. 눈병으로 인해, 아무것도 없는 공중에 꽃을 보는 것. 11)또 하나의 달 : 원문은 '第二月'. 진짜인 달 이외에, 또 하나의 달이 있는 듯 아는 착각. 진실 아닌 것을 진실인 듯 착각하는 비유. 12)자성 : 51의 주.

140

온갖 존재가 다 망견(妄見)[1]일 뿐이어서, 꿈 같고, 불꽃 같고, 물 속의 달, 거울에 비친 그림자 같아, 망상(妄想)[2]에서 생겨난다. — 〈維摩經〉

〔주〕 1)망견 : 산란하고 미혹한 마음. 없는 것을 있다고 생각하는 견해. Ⓣḥkhrul. 2)망상 : 그릇된 생각. 진실 아닌 것을 진실인 양 생각하는 것. 분별. kalpa.

141

물 속에 본래 달의 그림자가 있는 것은 아니건만 맑은 물로 말미암아 원 달을 보게 된다. 온갖 사물(존재)도 연(緣)[1]에서 생기는 것이어서 허구(虛構)[2]에 불과하건만, 어리석은 사람[3]은 망령되이 분별하여[4] 실체(實體)[5]인 듯 착각한다.

— 〈心地觀經〉

〔주〕 1)연 : 인연(因緣)과 같다. 68의 주. 2)허구 : 원문은 '虛假'. 실체가 없는 허구의 것. 3)어리석은 사람 : 원문은 '凡愚'. bāla. 4)망령되이 분별함 : 원문은 '妄計'. kalpā. 5)실체 : 원문은 '我'. 본성(本性). 자아. svabhāva.

142

부처님께서 문수사리(文殊師利)에게 물으셨다. "문수사리야, 지옥은 제 분별(分別)에서 생기느냐, 아니면 저절로 생기느냐?"

문수가 대답했다. "지옥은 범부(凡夫)[1]의 허망한 분별[2]에 의해 생기는 것이옵고, 축생[3] 아귀[4]에 이르러서도 역시 같습니다. 그러나 제 눈에는 지옥도 안 보이고, 거기서 받는 고통도 안 보이오니, 마치 어떤 사람이 꿈에서 지옥에 떨어져, 몸이 기름 끓는 큰 가마[5] 속에 들어 있을 때, 문득 크게 슬퍼하여 괴롭다고 외쳐 대도 가족은 외치는 사람이 말하는 고통을 모르는 것과 같사옵니다."

— 〈大法炬陀羅尼經〉

〔주〕 1)범부 : 111의 주. 그러나 여기서는 단순히 '어리석은 사람'의 뜻. 2)허망한 분별 : 원문은 '虛妄分別'. 잘못 분별하는 것. 진상(眞相)을 그르쳐 분별하는 것. abhūta-parikalpa. 3)축생 : 26의 주. 4)아귀 : 26의 주. 5)기름 끓는 큰 가마 : 원문은 '大沸鑊'. 팔열지옥(八熱地獄)의 하나인 규환(叫喚) Raurava에 이것이 있어서, 투도(偸盜)·사음(邪婬)·음주의 죄를 지은 자가 그 속에

빠진다.

143

주관(主觀)[1]과 객관(客觀)[2]의 힘으로 갖가지 사물(현상·존재)이 생겨나지만, 금시에 없어져 잠깐도 멈추지 않는다. 순간순간[3]이 다 이러하다.

— 〈華嚴經〉

〔주〕 1)주관 : 원문은 '能緣'. 객관을 인식하는 주관을 이른다. 2)객관 : 원문은 '所緣'. 인식의 대상. 3)순간순간 : 원문은 '念念'. 56의 주.

현상은 인연으로 생김

144

현상(사물·존재)은 유(有)도 아니요 무(無)도 아니다. 인연(因緣)[1] 탓으로 온갖 현상이 생기는 것뿐이다.

— 〈維摩經〉

〔주〕 1)인연 : 2의 주.

〔풀이〕 일체를 원인과 조건에 의해 구성된 것으로 보는 것이 불교의 존재론(存在論)이다. 그러므로 존재를 유(有)라고 규정하는 것은, 그것이 실재(實在)하는 듯 착각한 점에서 진실에 어긋난다. 그렇다 하여 무(無)라고 한다면, 눈앞에 있는 존재의 현상면(現象面)을 무시한 것이 된다. 그러기에 유도 무도 아니라고 둘을 다 부정한 것이어서, 긍정적인 명제(命題)로 고친다면 '유이무(有而無)·무이유(無而有)' 혹은 '유즉무(有卽無)·무즉유(無卽有)'라는 변증법적 논리를 쓸 수밖에 없을 것이다.

145

보살이 정념(正念)[1]으로 세상[2]을 관찰한다면, 온갖 것이 다 업연(業緣)[3]으로부터 나왔음을 알 것이며, 온갖 사물을 관찰한다면 모두가 인연(因緣)[4]으로부터 생겼음을 알 것이다. —〈華嚴經〉

〔주〕 1)정념 : 바른 사념(思念). 염(念)은 항상 마음에 두어 잊지 않는 일. 사념(邪念)을 떠나 항상 불도(佛道)를 마음에 두어 잊지 않는 것. 팔정도(八正道)의 하나. Ⓟsammā-sati. 2)세상 : 원문은 '世間'. 64의 주. 3)업연 : ①행위의 간접적인 조건. 업(業)이 연(緣)이 되어 작용하는 것. ②업인(業因)과 같음. 이 세상의 양상의 원인이 되고 있는 업. 고락(苦樂)의 보(報)를 받을 원인이 되는 선악의 행위. 여기서는 후자의 뜻. 4)인연 : 2의 주.

146

온갖 번뇌에서 나온 행위[1]가 잡념(雜念)[2] 따위의 것[3]을 낳지만, 이것들은 처음도 없고 머무는 일도 없으며, 실체(實體)가 없기에, 비록 생겨지기는 했다 해도 몽환(夢幻)과 같다. 몽환과 같은 까닭에 분별(分別)[4]을 따라 생기는 것이니, 마땅히 알라, 온갖 현상이 연(緣)[5]을 따라 생겨남을!

—〈最上義論〉

〔주〕 1)번뇌에서 나온 행위 : 원문은 '煩惱業'. 탐(貪)·진(瞋)·치(癡)에서 나온 행위. 2)잡념 : 바르지 않은 생각. 3)것 : 원문은 '雜念等法'의 '法'. '법'은 정신적 현상이나 깨달음의 세계의 사실까지도 다 가리키는 말인바, 온갖 현상을 망라한 것에 <구사론(俱舍論)>의 오위칠십오법(五位七十五法), 유식(唯識) 계통의 오위백법(五位百法) 등이 있다. 여기서는 전자 중의 소번뇌지법(小煩惱地法)·부정지법(不定地法), 후자 중의 번뇌·수번뇌(隨煩惱)에 분류된 것 같은 좋지 않은 생각 등을 이른다. 4)분별 : 64의 주. 5)연 : 141의 주.

147

부처님께서 말씀하셨다.

“어떤 것이 연기(緣起)[1]의 시초인가? 이것이 있기에 저것이 있고, 이것이 생기기에 저것이 생기는 일이다. 소위 무명(無明)은 행(行)의 조건이 되고, 행은 식(識)의 조건이 되고, 식은 명색(名色)의 조건이 되고, 명색은 육처(六處)의 조건이 되고, 육처는 촉(觸)의 조건이 되고, 촉은 수(受)의 조건이 되고, 수는 애(愛)의 조건이 되고, 애는 취(取)의 조건이 되고, 취는 유(有)의 조건이 되고, 유는 생(生)의 조건이 되고, 생은 노사(老死) · 수고(愁苦) · 우뇌(憂惱)를 일으킨다. 이것을 ‘오로지 괴롭기만 한 것의 집결체’[2]라 부르고, 이것을 ‘연기의 첫뜻’이라고 하느니라.”

— 〈緣起經〉

〔**주**〕 1)연기 : 온갖 현상은 무수한 원인과 조건이 모여 성립한 것이어서 독립자존(獨立自存)의 것은 없고, 조건과 원인이 없어지면 그 현상도 사라진다는 것. 이론적으로는 이 세상에 항구적인 실체(實體)가 하나도 없음을 밝히고, 실천적으로는 우리의 괴로움이 실체 없는 것을 있는 듯 집착하는 데서 옴을 알아서, 그 원인과 조건을 제거하는 것에 의해 현상의 세계(괴로움의 세계)에서 해탈하여야 한다는 것. 불교의 기본이 되는 교리. pratitya-samutpāda. 2)오로지 괴롭기만 한 것의 집결체 : 원문은 ‘純大苦蘊集’. 순대고취(純大苦聚)라고도 한다. ⓅKevalo dukkhakkhandho.

〔**풀이**〕 십이인연의 각 항목에 대하여는 118의 주 참조.

148

“선남자(善男子)야, 온갖 현상은 다 자업(自業)[1]의 인연의 힘으로 하여[2]

생겨나느니라. 이 인연이 시시각각 머무르지 아니하여 번갯빛과 같거니와, 인연 탓으로[3] 온갖 사물이 생기고 인연 탓으로 온갖 사물이 없어지는 것이어서, 인연을 떠난다면 업보(業報)[4]도 없으리라." ─〈無字法門經〉

〔주〕 1)자업 : 자기가 지은 선악의 행위. 어떤 과보(果報)를 가져올 원인. 2)…으로 하여 : 한역 원문은 '從(自業因緣力)故'. …故는 …이 원인이 되어. …때문에. 3)탓으로 : 한역 원문은 '以(因緣)故'. …때문에. …의 이유로. 4)업보 : 과거의 행위에서 오는 결과. karma-vipāka.

3
불타품
佛陀品

제1장 총설

부처라는 말의 뜻

149

깨달음[1]을 부처[2]라 한다. — 〈大日經〉

〔**주**〕 1)깨달음 : 원문은 '覺悟'. buddhi. 2)부처 : 원문은 '佛'. 1의 주.

〔**풀이**〕 부처님이 '깨달은 사람'을 뜻한다는 사실은 매우 중요하다. ①그것은 우리에게 온 우주와, 그 우주마저 초월하는 대진실에 들어갈 수 있는 문을 열어 준 것이 된다. 진리를 깨달아 부처가 되는 것이라면, 누구에게나 그 가능성이 있는 까닭이다. ②그것은 모든 종교가 설정해 온 신(神, 하나님)으로부터 사람을 해방시킨 것이 된다. 따라서 나에 관한 책임은 나 자신에게 있을 뿐이어서, 나를 창조하고 심판하는 초월자(超越者)는 존재하지 않는다. 나는 자유인 것이다. ③그러므로 나를 구원해 줄 권능을 지닌 이는 존재하지 않는다. 부처님은 모범이요 교사(敎師)일 따름이며, 자기를 구원하는 것이 있다면 자기의 수행(修行)뿐이다. 대승불교에 와서 이런 구원관(救援觀)이 적잖게 왜곡되었으나, 불교의 근본적 입장에서는 어디까지나 이렇게 보아야 한다. ④대승불교에 와서 법신불(法身佛)의 사상이 나타났으나, 이것은 절대적 진리를 가리킨 것이므로 신격화(神格化)된 것이라고는 볼 수 없다. 또 진여(眞如)라는 것도 절대(絶對)를 의미하는 것뿐이어서, 한 번도 인격(人格)으로서 생각된 점은 없었다. 이런 점들은 모두 부처님을 '깨달으신 분'으로 규정

했기 때문인 것으로 생각된다.

150

여래(如來)는 어디로부터 왔다고 말할 곳이 없으며, 어디로 갈 것이라고 이를 데가 없다. 그래서 여래라고 한다. —〈般若經〉

〔풀이〕 1의 주에서 설명한 바와 같이 여래의 원어인 tathāgata는 tathā(이 같다)와 gata(간)의 합성어여서 '이같이 가신 분'의 뜻이다. 그러나 한역자는 tathā · āgata(온)로 해석하였기에 '如去'라 할 것을 '如來'로 번역했다. 그리고 대승불교에 오자 tathatā가 진여(眞如)의 뜻을 지니게 되었으므로, 여래를 '진여에서 오신 분'이라 풀이하고, 나아가 '진여로 가시고 진여에서 오시는 분(如去如來)'이라는 해석까지 생기게 되었다. 부처님의 정의(定義)로서 이것은 타당성이 있거니와, 진여란 절대적무(絶對的無)기에 여기서는 오는 곳 · 가는 곳이 없다고 한 것이니, 결국 같은 말임을 알 수 있다.

151

부처님은 인욕(忍辱)[1]으로 투구를 삼고, 정진(精進)[2]으로 견고한 갑옷을 삼고, 지계(持戒)[3]로 대마(大馬)를 삼고, 선정(禪定)[4]으로 양궁(良弓)을 삼고, 지혜[5]로 좋은 화살을 삼으시어, 밖으로 마왕(魔王)[6]의 군사를 깨고 안으로 번뇌의 도둑을 멸하신다. 그래서 아라하(阿羅呵)[7]라 한다.

—〈大智度論〉

〔주〕 1)인욕 : 원문은 '忍'. 온갖 고난을 견디는 일. 인욕과 같다. 육바라밀(六波羅蜜)의 하나. kṣānti. 2)정진 : 26의 주. 3)지계 : 부처님이 제정하신 계율을 지켜 어기지 않는 것. śila-samādāna. 4)선정 : 27의 '정(定)'의 주. 5)지혜 : 27의 주. 6)마왕 : 마(魔)의 왕. 욕계(欲界) 제육천(第六天)인 타화자재천(他化自在

天)의 주인인 Pāpiyas(波旬)를 이른다. māraḥ Pāpiyān. 7)아라하 : arhat, Ⓟarahā, Ⓟarahat의 음사. 아라하(阿羅訶)라고도 음사하고, arhat의 주격(主格) arhan을 음사해 아라한(阿羅漢)이라고도 한다. 또 의역해 응공(應供), 응(應)이라 하기도 한다. ①존경받을 만한 사람. 공양받기에 어울리는 사람. 수행을 완성한 사람. 부처님의 십호(十號)의 하나. ②후세에서는 소승(小乘)의 성자(聖者)를 가리키며, 주로 '아라한'이라는 말을 사용했다.

152

온갖 사물의 기멸(起滅)[1]의 도리를 똑똑히 아시어서, 닦을 것을 다 닦으시고 끊을 것을 다 끊으셨으므로 부처님이라고 한다. 부처님이 세상에 계심은 연꽃이 진흙 속에서 나되 진흙에 물들지 않음과 같으니, 온갖 번뇌를 깨고 마지막 깨달음에 도달하사[2] 생사(生死)의 한계[3]를 떠나셨으므로 부처님이라 한다. — 〈雜阿含經〉

〔주〕 1)기멸 : 생멸(生滅)과 같다. 2)마지막 깨달음에 도달함 : 원문은 '究竟'. 동사로서의 용법. 깨달음을 다하는 것. 마지막 경지까지 이르는 것. niṣṭhā-gamana. 3)한계 : 원문은 '際'. 79의 주.

부처님의 소증(所證)

153

부처님들에게는 비길 바 없는 불가사의한 경계(境界)[1]가 있다. 소위 온갖 부처님들께서는 한 곳에 부좌(趺坐)[2]하신 채 시방(十方)의 무량한 세계에 가득 차실[3] 수 있다. 온갖 부처님들께서는 한 마디[4]를 설하신 것뿐으로 온갖 불법(佛法)을 다 나타내실[5] 수 있다. 온갖 부처님들께서는 한 광명을 놓으사(發하사) 온갖 세계를 두루 비치실[6] 수 있다. 온갖 부처님들께서는 한 몸 중에 온갖 몸을 다 나타내실 수 있다. 온갖 부처님들께서는 한 처소 속에 온갖 세계를 다 나타내실 수 있다. 온갖 부처님들께서는 한 지혜로 온갖 사물을 틀림없이 이해하실[7] 수 있다. 온갖 부처님들께서는 한 순간에 시방세계(十方世界)를 다 가실 수 있다. 온갖 부처님들께서는 한순간에 여래의 무량한 위덕(威德)[8]을 다 나타내실 수 있다. 온갖 부처님들께서는 한순간에 널리 삼세(三世)의 부처님네와 중생들을 알아보시되[9] 마음에 어지러움이 없으실 수 있다. 온갖 부처님께서는 한 순간에 과거・미래・현재[10]의 온갖 부처님네와 일체가 되시어 차별이 없으실 수 있다.

— 〈華嚴經〉

〔주〕 1)경계 : 81의 주. 2)부좌 : 결가부좌(結跏趺坐)의 약칭. 두 발을 양쪽 넓적다리 위에 얹고 앉는 좌법(座法). Ⓟnisidati pallaṇkaṃ ābhujitvā. 3)가득 참 : 원문은 '遍滿'. vyāpana. 4)한 마디 : 원문은 '一義句'. '일의'는 하나의 것. eka-artha. 5)나타냄 : 원문은 '開示'. 가르침을 설해 나타냄. 이해시킴. saṃjñapayati. 6)두루 비침 : 원문은 '遍照'. prabhācakra-spharaṇa(光明輪遍照). 7)틀림없이 이해함 : 원문은 '決了'. 8)위덕 : 위엄. 위엄스러운 덕. anubhāva. 9)알아봄 : 원문은 '緣'. 소연(所緣), 즉 대상으로 삼는 것. 마음이 외계의 대상으로 향하는 것. 감각함. 인식함. ālambana. 10)과거・미래・현재 : 원문은 '去來今'. atita-anāgata-pratyutpanna.

154

"사리불(舍利弗)[1]아, 여래께서는 지견(知見)[2]이 광대・심원하시니, 무량(無量)[3]・무애(無礙)[4]・역(力)[5]・무소외(無所畏)[6]・선정(禪定)[7]・삼매(三昧)[8]가 있으셔서 깊이 끝없는 지혜[9]에 들어가사, 온갖 미증유(未

曾有)[10]의 가르침을 성취하시느니라." — 〈法華經〉

〔주〕 1)사리불 : 41의 주. 2)지견 : 지혜에 의거해 보는 것. 또는 지식에 근거한 견해. jñana-darśana. 3)무량 : 무량심(無量心)의 약칭이며, 4무량심을 가리킨다. 네 가지 광대한 마음. 헤아릴 수 없는 네 가지 이타(利他)의 마음. 우애의 마음(慈), 남의 괴로움에 대한 동정(悲), 남을 행복하게 하는 기쁨(喜), 온갖 집착을 버리는 일(捨)의 네 가지를 무량히 일으켜, 사람들을 깨달음으로 인도하는 일. 전통적 해석은 이렇다. ①자무량(慈無量). 중생에게 즐거움을 주는 것이 무량함. ②비무량. 중생의 괴로움을 없애 줌이 무량함. ③희무량. 중생에게 즐거움이 있는 것을 시기하지 않음이 무량함. ④사무량. 차별을 버리고 평등히 이익을 줌이 무량함. catvāry apramāṇāni. 4)무애 : 사무애변(四無礙辯)을 가리킨다. 네 가지 자유자재한 이해·표현의 능력. ①법(法)무애. 가르침에 있어서 막힘이 없는 것. ②의(義)무애. 가르침의 내용을 막힘없이 아는 것. ③사(辭)무애. 여러 언어에 통달해 막힘이 없는 것. ④요설(樂說)무애. 이상의 셋을 가지고 자유로이 설하는 것. 5)역 : 십력(十力)을 이른다. 부처님 특유의 열 가지 지력(智力). 도리와 도리 아닌 것을 아는 처비처지력(處非處智力), 업과 과보를 아는 업이숙지력(業異熟智力), 선정을 샅샅이 아는 정려해탈등지등지지력(靜慮解脫等持等至智力), 중생의 근기(根機)를 아는 근상하지력(根上下智力), 중생의 소원의 차별을 아는 종종승해지력(種種勝解智力), 중생의 종성(種姓)의 차별을 아는 종종계지력(種種界智力), 중생이 여러 곳(지옥이나 열반)에 가게 되는 것을 아는 변취행지력(遍趣行智力), 과거 일을 생각해 내는 숙주수념지력(宿住隨念智力), 미래에 나고 죽을 곳을 아는 사생지력(死生智力), 번뇌를 끊은 경지(열반)와, 거기에 도달하는 방법을 아는 누진지력(漏盡智力). 6)무소외 : 겁 없이 설법하는 능력이니, 사무소외(四無所畏)를 이른다. ①정등각무외(正等覺無畏). 일체를 깨달아 모르는 것이 없으므로, 남의 비난을 받아도 두려워 안 하는 것. ②누영진무외(漏永盡無畏). 번뇌를 길이 끊었노라 하여 외난을 두려워 안 하는 것. ③설장법무외(說障法無畏).

번뇌·업 등은 장애가 된다고 설하여 두려워하지 않는 것. ④설출도무외(說出道無畏). 도를 닦으면 꼭 괴로움에서 벗어날 수 있다고 설하여 두려워하지 않는 것. 7)선정 : 27의 '정'의 주. 8)삼매 : samādhi의 음사. 정(定)·정수(正受)·등지(等持)라고 한역. 선정(禪定)과 같은 말. 9)끝없는 지혜 : 원문은 '無際'. 끝이 없음. 그러나 여기서는 무제지(無際智)를 이르는 것 같다. 10)미증유 : 지금까지 없었던 일. 매우 신기한 일. adbhuta.

155

삼세(三世)에 걸쳐 행하신 여러 공덕(功德)[1]의 큰 '바다'가 모두 청정하시다. — 〈華嚴經〉

〔주〕 1)공덕 : 원문은 '福'. 선. 가치 있는 행위. puṇya.

156

몸과 마음이 다 평등하시며 안팎[1]을 모두 해탈하셨기에, 영겁을 정념(正念)[2]에 머무르셔서, 집착이 없으시며 매이는 데 없으시다. — 〈華嚴經〉

〔주〕 1)안팎 : 원문은 '內外'. 마음과 몸. 2)정념 : 145의 주.

157

한 순간 순간에 온갖 사물을 널리 관찰하시며, 진여(眞如)의 경지에 안주(安住)[1]하사, 여러 존재의 '바다'를 속속들이 이해하신다.[2]

— 〈華嚴經〉

〔주〕 1)안주 : 몸과 마음을 편히 지니는 것. pratiṣṭhāna. 2)속속들이 이해함 : 원문은 '了達'. 81의 주.

158

비유컨대 보름밤에 달의 이지러짐이 없는 것 같다. 여래의 백법(白法)[1)]은 온통 원만하시다. — 〈華嚴經〉

〔주〕 1)백법 : 법(法)을 빛깔에 비유한 것이니, 선법(善法)을 의미한다. 18의 '선법'의 주. śukla-dharma.

159

마치 공중을 태양이 운행하여 잠시도 그치는 일이 없는 것 같다. 여래의 신변(神變)[1)]은 항상 계속된다. — 〈華嚴經〉

〔주〕 1)신변 : 불・보살이 중생 교화를 위해 초인적인 능력에 의해 갖가지 모습과 행동을 나타내는 일. prātihārya. 신통(神通)과 같다.

160

해는 낮을 비추고, 달은 밤을 비추고, 갑주(甲冑)[1)]는 군인을 비추고, 선정(禪定)[2)]은 도인(道人)[3)]을 비춘다. 그런데 부처님은 세상에 나타나사 온갖 어둠[4)]을 비추신다. — 〈法句經〉

〔주〕 1)갑주 : 원문은 '甲兵'. 2)선정 : 원문은 '禪'. 27의 '정'의 주. 3)도인 : 불도를 배우는 사람. 승려를 이른다. Ⓟyoga-avacara. 4)어둠 : 원문은 '冥'. 무지(無知)와 같은 말. Ⓟtama.

161

부처님은 온갖 신(神)[1)]보다 뛰어나셨다.[2)] — 〈法句經〉

〔주〕 1)온갖 신 : 원문은 '諸天'. 2)뛰어남 : 원문은 '過'. atikrāntatara.

162

위대하신[1] 시방(十方)의 부처님들께서는, 끝없는 대자비(大慈悲)[2]로 여러 큰 서원(誓願)[3]을 일으켜 세우시어 온갖 중생을 제도(濟度)[4]하신다.

— 〈六菩薩誦持經〉

〔주〕 1)위대한 : 원문은 '巍巍'. 원래는 산이 높은 모양이나, 부처님의 복덕(福德)이 높음을 형용. 매우 우수한. 장한. 2)대자비 : 부처님의 광대한 자비. 대자대비(大慈大悲). mahā-kāruṇika. 3)큰 서원(誓願) : 원문은 '大誓'. 서원이란 원을 일으켜서 성취하려고 맹세하는 일. 일반적인 것으로는 사홍서원(四弘誓願). 불·보살의 것으로는 아미타불의 사십팔원(四十八願) 따위가 있다. praṇidhāna. 4)제도 : 중생을 구제하여 깨달음의 경계로 들어가게 하는 것.

163

부처님들의 경계(境界)[1]는 불가사의(不可思議)[2]하시다. 온갖 중생이 그것을 생각하려[3] 든다면, 마음은 광란(狂亂)[4]에 빠질 것이다.

— 〈般若經〉

〔주〕 1)경계 : 81의 주. 2)불가사의 : 10의 주. 3)생각함 : 원문은 '思量'. 잘 생각함. 사고(思考)함. mimāṃsā. 4)광란 : 미치는 것. Ⓟsaṃmoha.

제2장 부처님의 본원(本願)

본원의 홍심(弘深)

164

온갖 부처님네와 보살들은, 다 모든 중생을 도탈(度脫)[1]코자 원하신다.

—〈起信論〉

〔주〕 1)도탈 : 중생을 미혹에서 구출해 해탈시킴. 구제함.

165

“만약 내가 중생의 여러 악한 마음을 깨뜨려 줄 수만 있다면, 내가 아비지옥(阿鼻地獄)[1]에 늘 있으면서 무량겁(無量劫)에 걸쳐, 중생 때문에 큰 고뇌(苦惱)[2]를 받게 된다 해도 고통으로 알지는 않으리라.”

—〈涅槃經〉

〔주〕 1)아비지옥 : ‘아비’는 avici의 음사. 의역하여 무간지옥(無間地獄)이라 함. 8대 지옥의 하나. 염부제 밑 2만 유순(由旬) 되는 곳에 있으며, 오역(五逆)의 죄인이 떨어진다. 고통이 끊일 사이 없으므로 무간(無間)이라 한다. 2)고뇌 : ①괴로움. Ⓟdukkha. ②괴로움과 근심. Ⓟdukkha-domanassa.

166

"만약 내가 부처가 될 수 있다 해도, 내 국토에 지옥·아귀·축생이 있다면, 나는 깨달음을 취(取)하지 않으리. 만약 내가 부처가 될 수 있다 해도, 내 국토 속의 인천(人天)[1]이 죽은 후에 삼악도(三惡道)[2]에 다시 태어나는 자가 있다면, 나는 깨달음을 취하지 않으리. 만약 내가 부처가 될 수 있다 해도, 내 국토 속의 인천이 순금(純金) 빛깔[3]의 피부를 빠짐없이 얻지 못한다면, 나는 깨달음을 취하지 않으리. 만약 내가 부처가 될 수 있다 해도, 내 국토 속의 인천이 숙명통(宿命通)[4]을 알지 못한 탓으로 무량겁(無量劫) 과거사를 모른다면, 나는 깨달음을 취하지 않으리. 만약 내가 부처가 될 수 있다 해도, 내 국토 속의 인천이 천안(天眼)[5]을 얻지 못한 탓으로 무량한 부처님들의 국토를 보지 못한다면, 나는 깨달음을 취하지 않으리. 만약 내가 부처가 될 수 있다 해도, 내 국토 속의 인천이 천이(天耳)[6]를 얻지 못한 탓으로 무량한 부처님네의 설하시는 가르침을 들을 수 없다면, 나는 깨달음을 취하지 않으리. 만약 내가 부처가 될 수 있다 해도, 내 국토 속의 인천이 남의 마음을 보는 능력이 없는 탓으로 무량한 불국(佛國)에 사는 중생들의 생각[7]을 알아보지 못한다면, 나는 깨달음을 취하지 않으리. 만약 내가 부처가 될 수 있다 해도, 내 국토 속의 인천이 신족(神足)[8]을 얻지 못한 탓으로 일념(一念)[9] 중에 무량한 불국을 지나갈[10] 수 없다면, 나는 깨달음을 취하지 않으리. 만약 내가 부처가 될 수 있다 해도, 내 국토 속의 인천이 착하지 않다는 이름을 듣는 자가 있다면, 나는 깨달음을 취하지 않으리."

— 〈無量壽經〉

〔주〕 1)인천 : 21의 주. 2)삼악도 : 지옥·아귀·축생. 3)순금 빛깔 : 원문은 '眞金色'. '진금'의 원어는 jātarūpa니 순금을 이른다. 피부가 순금 빛을 띠는 것은 고귀한 표여서 삼십이상(三十二相)에도 들어 있다. 4)숙명통 : 원문은

'宿命'. 숙명은 전생의 일. 여기서는 '숙명통'의 뜻. 전생의 일을 아는 지혜. pūrve-nivās-ajñāna. 5)천안 : 온갖 것을 투시하는 초인적인 능력. divya-cakṣus. 6)천이 : 세상의 온갖 소리를 듣는 초인적인 귀. divyaṃ śrotram. 7)생각 : 원문은 '心念'. 심식(心識)의 사념(思念). 마음의 생각. citta-carita. 8)신족 : 신족통(神足通)의 약칭. 어디나 날아갈 수 있는 능력. ṛddhi-pāda. 9)일념 : 극히 짧은 시간. 60찰나, 혹은 90찰나를 1념이라 한다는 설이 있다. 10)지나감 : 원문은 '超過'. atikramaṇatā.

〔**풀이**〕 아미타불은 법장(法藏)이라는 이름으로 불리던 때, 소위 사십팔원(四十八願)을 세웠는데, 이 인용은 그 중에서 1·2·3·5·6·7·8·9·16의 아홉 서원만을 초록(抄錄)한 것이다.

167

"나는 초세원(超世願)[1]을 세워 반드시 궁극의 깨달음[2]에 이르겠다. 그러나 이 원이 충족되지 않으면, 등각(等覺)[3]을 이루지 않으리라. 나는 무량겁에 걸쳐 큰 시주(施主)[4]가 되어, 여러 가난한 자[5]를 널리 구제치 못하면 등각을 이루지 않으리라."

— 〈無量壽經〉

〔**주**〕 1)초세원 : 온갖 세계를 초월하는 큰 서원. 아미타불의 사십팔원을 이른다. 초세홍원(超世弘願)·초세본원(超世本願)·초세비원(超世悲願)이라고도 한다. 2)궁극의 깨달음 : 원문은 '無上道'. 16의 주. 3)등각 : 깨달음. 부처님의 깨달음. 정각(正覺). 4)시주 : 보시(布施)를 하는 사람. dānapati. 5)가난한 자 : 원문은 '貧苦'. 지혜와 능력이 적은 사람. 조금도 좋은 점이 없는 자. 가난하여 괴로워하는 사람들.

168

부처님네는 오직 이 일이 있으실 뿐이시니, 모든 중생[1]을 이롭게(구제) 하시며, 중생의 눈(마음)을 맑게 하시며, 온갖 정도(正道)에서 벗어난 일[2]을 끊게 하시고자 나타나시느니라.[3] — 〈大法炬陀羅尼經〉

〔주〕 1)중생 : 원문은 '世間'. loka. 2)정도에서 벗어난 일 : 원문은 '非道'. 사람이 걸어야 할 길에서 어긋나는 일. 3)나타남 : 원문은 '出現'. utpāda.

169

여래는 지극한[1] 대비(大悲)[2]로 삼계(三界)[3]의 중생을 가엾이 여기신다. 세상에 나타나신 까닭은 불도(佛道)[4]를 밝게 펴시어서[5] 진실한 이익을 주고자 하심이시다. — 〈無量壽經〉

〔주〕 1)지극한 : 원문은 '無蓋'. 광대하여 덮는 것이 없는 것. 최상(最上)인 것. 2)대비 : 크게 연민하는 마음. 여러 사람을 괴로움에서 구하고자 하는 불·보살의 자비심. mahā-karuṇā. 3)삼계 : 4의 주. 4)불도 : 원문은 '道敎'. 불도의 가르침. 온갖 법문(法門). 5)밝게 폄 : 원문은 '光闡'. 진리를 밝히고, 펴서 서술하는 것.

170

"원컨대 중생으로 하여금 늘 편안하고 즐거워 갖가지 병고(病苦)[1]가 없게 되기를. 악한 짓[2]을 행하고자 하면 그 모두가 이루어지지 않고, 닦는 바 선업(善業)[3]은 다 속히 이루어지게 되기를. 모든 악취(惡趣)[4]의 문을 닫아 걸고 인천(人天)[5]이 열반(涅槃)[6]으로 이를 바른 길을 가르쳐 주게 되기를. 만약 중생들이 여러 악업(惡業)[7]을 쌓은[8] 탓으로 온갖 극중

(極重)한 고통을 당할 때에는, 내가 다 대신 받아 줌으로써, 그들이 해탈을 모두 얻어 지상(至上)의 깨달음[9]을 완전히[10] 성취하게 되기를."

— 〈華嚴經〉

〔주〕 1)병고 : 병에 의해 생기는 괴로움. 사고(四苦)·팔고(八苦)·십고(十苦)의 하나. vyadhi-duhkha. 2)악한 짓 : 원문은 '惡法'. 18의 주. 3)선업 : 좋은 행위. 미래에 좋은 과보를 받을 행위. 5계·십선 등을 지키는 일. śubhaṃ karma. 4)악취 : 78의 주. 5)인천 : 21의 주. 6)열반 : 21의 주. 7)악업 : 나쁜 행위. 신(身)·구(口)·의(意)에 걸친, 악한 일 하는 것을 망라한다. saṃdoṣa, pāpa-karma. 8)쌓음 : 원문은 '積集'. upacaya. 9)지상의 깨달음 : 원문은 '無上菩提'. 17의 '아뇩다라삼먁삼보리'와 같음. 10)완전히 : 원문은 '究竟'.

보살의 본원

171

보살은 이 같은 증상심(增上心)[1]을 일으킨다. '만약 내가 온갖 중생을 지극한 해탈도(解脫道)[2]에 머무르게 하지 못한 채 아뇩다라삼먁삼보리[3]를 먼저 이룬다면, 이는 내 본원(本願)[4]에 어긋남이니 도리가 아니다.[5] 그러므로 온갖 중생에게 무상보리(無上菩提)[6]와 무여열반(無餘涅槃)[7]을 얻게 한 다음에야 성불(成佛)[8]하겠다.'

— 〈華嚴經〉

〔주〕 1)증상심 : 강성(强盛)한 마음. 2)해탈도 : 해탈인 깨달음. vimokṣa-mārga. 3)아뇩다라삼먁삼보리 : 17의 주. 4)본원 : 원래부터의 서원. 불·보살이 과거세에서 수행하고 있을 때에 일으켰던 본래의 서원. praṇidhāna. 5)도리가 아님 : 원문은 '不應'. 옳지 않음. 이치에 맞지 않음. yujyate. 6)무상보리 : 170의 주. 7)무여열반 : 제약이 없는 완전한 열반. 온갖 번뇌를 끊어 미래의 생

사의 인(因)을 없이 한 사람이, 아직 몸이 남아 있는 것을 유여열반(有餘涅槃)이라 하는 데 대해, 그 육체까지도 무(無)로 돌아간 상태를 이른다. 영원한 진리와 완전히 일체가 된 경지. nirupadhiśeṣaṃ nirvāṇaṃ. 8)성불 : 궁극의 진리를 깨달아 부처님이 되는 것. abhisaṃbuddha.

〔**풀이**〕 대승의 정신이 약여하다. 자기 수도에만 치중하는 태도를 배격하고, 불교의 사회성, 즉 중생 제도를 외치고 나선 것이 대승불교의 흐름이었다.

172

보살은 이런 생각을 한다. '나는 널리 온갖 중생을 위해 갖은 고통을 모두 받으면서, 그 헤아릴 길 없는 생사·고통의 바다로부터 그들을 벗어나게 하겠다. 나는 널리 온갖 중생을 위해, 모든 세계, 모든 악취(惡趣)[1]에서 미래의 무수한 시간이 다하도록 온갖 고통을 받는대도, 항상 중생을 위해 선근(善根)[2]을 부지런히 닦겠다. 왜냐하면, 내가 차라리 이런 온갖 고통을 홀로 받을망정 중생들이 지옥에 떨어지는 일이 있어서는 안 되겠기 때문이다. 나는 마땅히 저 지옥·축생·염라왕(閻羅王)[3]의 거처 따위 험난한 곳에 몸으로 볼모가 되어, 온갖 악도(惡道)[4]의 중생을 구속(救贖)하여 해탈을 얻게 하리라.' ― 〈華嚴經〉

〔**주**〕 1)악취 : 78의 주 참조. 2)선근 : 17의 주. 3)염라왕 : 염마라왕(閻魔羅王)의 약칭. 염마왕. 사후의 세계의 지배자. 여기서는 그 거처. yama-ālaya. 4)악도 : 2의 주.

173

대지통보살(大智通菩薩)이 비로자나여래(毘盧遮那如來)[1]를 향해 큰 서원(誓願)를 일으켰다. "원컨대 제 마음이 허공같이 되며 금강(金剛)[2]같이 굳어져, 보리(菩提)를 구하는 과정에서 퇴전(退轉)[3]함이 없고, 사십이위(四十二位)[4]를 차례로 닦으오리다. 한편 중생을 널리 구하되, 만약 허공이 다하는 때가 온다면 중생 제도를 그만두려니와, 허공이 다하는 일이 없다면 그 일을 쉬지 아니 하오리다."

— 〈大乘大敎王經〉

〔주〕 1)비로자나여래 : '비로자'는 Vairocana의 음사. 우주의 실재 자체를 상징하는 법신불(法身佛). 2)금강 : 98의 '금강구'의 주. 3)퇴전 : 20의 주. 4)사십이위 : 보살이 수행하여 깨달음에 이르는 과정을 십주(十住)·십행(十行)·십회향(十廻向)·십지(十地)·등각(等覺)·묘각(妙覺)의 42단계로 구분한 것.

174

"나는 보살행(菩薩行)[1]을 닦아 숙명지(宿命智)[2]를 성취하겠다. 온갖 장애를 제거하여, 영구히 없애서 남음이 없게 하겠다. 생사와 여러 마(魔)[3]의 번뇌의 행위로부터 멀리 떠나겠다. 그리하여 해가 허공에 있고 연꽃이 물의 더러움에 물들지 않는 것과 같아서, 시방(十方)을 두루 돌며 중생들을 교화하고 악도(惡道)[4]의 고통을 없애 주어 보살행을 갖추겠다."

— 〈文殊師利發願經〉

〔주〕 1)보살행 : 9의 주. 2)숙명지 : 전생의 일을 아는 능력. pūrve-nivāsa-jñāna. 3)마 : 욕계를 지배하는 제육천(第六天)의 마왕. 번뇌의 상징. māra의 음사. 4)악도 : 2의 주.

제3장 부처님의 지혜

불지(佛智)의 무비(無比)

175

부처님께서 사리불(舍利弗)[1]에게 이르셨다. "부처님네의 지혜는 심히 깊어 헤아리지 못한다. 그 지혜의 문(門)[2]은 이해하기 어렵고 들어가기 어려우니, 모든 성문(聲聞)[3]·벽지불(辟支佛)[4]의 능히 알 바가 아니니라."

— 〈法華經〉

〔주〕 1)사리불 : 41의 주. 2)지혜의 문 : 원문은 '智慧門'. 지혜를 문에 비유한 것. 방편의 지혜를 문으로 삼아 부처님의 지혜에 들어간다는 설과, 부처님의 지혜를 문으로 해서 부처님의 지혜에 들어간다고 보는 해석이 있다. 3)성문 : 4의 주. 4)벽지불 : 4의 '독각' 참조.

176

여래는 온갖 것(존재)이 돌아갈 곳[1]을 관찰해 아신다.[2] 또한 온갖 중생의 깊은 마음속의 움직임[3]을 아시되 통달하셔서 막힘이 없으시다. 또 온갖 것에 있어서 철저히 그 실체를 밝히사[4] 중생들에게 일체지(一切智)[5]를 나타내 보이신다.

— 〈法華經〉

〔주〕 1)돌아갈 곳 : 원문은 '歸趣'. mārga. 2)관찰해 안다 : 원문은 '觀知'. 관

(觀)하여 밝히 아는 것. prajānāti. 관한다 함은, 고요한 심경에서 사물의 모양을 바르게 바라보는 일. 3)깊은 마음속의 움직임 : 원문은 '深心所行'. 심심이란, 깊은 진리를 관지(觀知)하는 마음. āśaya. 소행은 모양, 마음의 양상이니 선악을 이른다. 4)철저히 그 실체를 밝힘 : 원문은 '究盡明了'. 사물의 모습을 남김없이 고찰하여 이를 밝히는 것. 5)일체지 : 17의 주.

177

저 부처님들의 지혜는 증감(增減)·생멸·진퇴·원근·지사(持捨)[1]가 없으시다.

— 〈華嚴經〉

〔주〕 1)지사 : '지'는 착실히 배워 지니는 것. dhārayati. '사'는 나쁜 견해를 버리는 것. Ⓟpaṭinissagga. 또는 번뇌 같은 것을 버리는 것. hāni.

178

도저히 설명할 길이 없는[1] 불찰(佛刹)[2] 미진수(微塵數)[3] 세계 중에 있는 중생의 마음을 다 분별해 아신다.

— 〈華嚴經〉

〔주〕 1)도저히 설명할 길이 없음 : 원문은 '不可說不可說'. '불가설'만으로도 위의 뜻. anabhilāpya. 2)불찰 : 100의 주. 3)미진수 : 무한한 수효.

179

여래의 심의식(心意識)[1]은 헤아리기 어려우니, 마치 허공 같아서 온갖 것이 의지하는[2] 바가 되신다. 또 여래의 지혜는 세간지(世間智)[3]·출세간지(出世間智)[4]가 의지하는 바가 되신다. 마치 청정한 법계(法界)[5] 같아서 온갖 성문·연각·보살의 해탈의 의지하는 바가 되신다. 비유컨대 대해의 물이 온 천하 땅에 스며 흐르는 것과 같아서 여래의 지혜는 청정명료(淸淨明了)하고 평등무이(平等無二)하여 분별함이 없건만, 중생의 심행(心行)[6]의 차이를 따라 그들의 얻는 지혜가 각기 다르게 되는 것이다.

— 〈華嚴經〉

〔주〕 1)심의식 : citta(마음) · manas(思慮) · vijñāna(識)의 총칭. <섭대승론>에서는 이 '마음'을 아리야식으로 본다. 2)의지함 : 원문은 '依'. 근거. āśraya. 3)세간지 : 세속 일반의 지혜. 또는, 범부 · 외도의 지혜. 4)출세간지 : 세속을 초월한 진실한 지혜. 5)청정한 법계 : 원문은 '淨法界'. 진여(眞如). 6)심행 : 마음의 작용. caryā.

180

여래의 성정각(成正覺)[1]은 일체의(一切義)[2]에 관찰하는 바가 없으시며, 법(사물 · 존재)의 평등에 의혹하는 바가 없으시며, 형태가 없고 모양이 없으시며, 가는 바 없고 멈추는 바 없으시며, 끝없고 가(際)가 없으시다. 대립[3]을 떠나 중도(中道)[4]에 안주(安住)하시며, 온갖 문자(文字) · 언설(言說)을 초월하신다. 온갖 중생의 심념(心念)[5]이 행하는 바 근본성(根本性)[6]의 요욕(樂欲)[7]과 번뇌의 염습(染習)[8]을 아시며, 일념(一念)[9] 중에 삼세(三世) 일체(一切)의 사물을 남김 없이 아시니, 마치 대해(大海)가 온 천하 중생의 몸의 형상을 비쳐서 나타내는 것과 같다.

— 〈華嚴經〉

〔주〕 1)성정각 : 깨달아 부처님이 되고도 세상에 머물러 열반에 집착하지 않고, 생사에 집착하지 않는 경지. 화엄종 특유의 개념. 2)일체의 : 온갖 사물. sarva-artha. 3)대립 : 원문은 이변(二邊). dvaya-anta. 대립하는 극단적인 두 입장. 생과 사, 득과 실 따위. 4)중도 : 상견(常見) · 단견(斷見) 따위 대립을

떠난 중정(中正)한 진실. madhyamā pratipad. 5)심념 : 166의 주. 6)근본성 : 본성(本性). 타고난. prakṛti(俱舍論). 7)요욕 : 소원. 탐욕. 8)염습 : 악에 물들어 훈습(薰習)함. 훈습은 영향받는 것. 9)일념 : 166의 주.

181

해가 염부제(閻浮提)[1]에서 나오면, 수미산[2] 따위 아주 큰 산을 먼저 비추고, 다음에 흑산(黑山)[3]을 비추고, 다음에 고원(高原)을 비추고, 그 다음에야 온갖 대지를 비추게 된다. 그러나 해에, 여기를 먼저 비추고 저기는 나중 비추겠다는 차별의 생각이 있는 것은 아니다. 다만 땅에 고하가 있으므로 비추는 데 선후가 생기는 것이다. 여래의 설법도 이와 같아서, 가(邊) 없는 법계(法界)[4]의 지륜(智輪)[5]을 성취하여 늘 막힘 없는 지혜의 광명을 놓으시매, 아주 큰 산에 해당하는 보살을 먼저 비추고, 다음에 연각[6]을 비추고, 다음에 성문[7]을 비추고, 다음에는 결정선근(決定善根)[8]의 중생을 비추어, 그 마음의 그릇을 따라 광대한 지혜를 나타내신다. 그런 다음에야 온갖 중생과 사정(邪定)[9]의 무리를 비추어, 누구에게나 두루 지혜의 광명을 비추신다. 그러나 저 여래의 큰 지혜의 광명에 차별하는 생각이 있는 것은 아니다. 다만 광명을 놓으사 평등히 두루 비추어 막힘이 없으시건만, 중생의 지혜에 고하가 있으므로 비추는 데 선후의 구별이 있게 되는 것이다. —〈華嚴經〉

〔주〕 1)염부제 : 17의 주. 2)수미산 : '수미'는 Sumeru의 음사. 의역은 묘고산(妙高山). 세계 중심에 솟은 거대한 산. 높이는 8만 유순(由旬), 구산팔해(九山八海)가 에워싸고, 그 주위를 일월이 돈다는 곳. 3)흑산 : 대철위산(大鐵圍山)과 소철위산의 중간에 있는 암흑처(<俱舍論>). 4)법계 : 진여. 39의 주. 5)지륜 : 지혜의 수레바퀴. 지혜를 수레바퀴에 비유한 것. 6)연각 : 4의 '독각' 참

조. 7)성문 : 4의 주. 8)결정선근 : 확정적인 선행. 선행에서 벗어날 여지가 없는 것. 9)사정 : 깨달을 수 없는 중생. 구체적으로는 오무간업(五無間業)을 하는 중생. 이것은 최악의 행위다. mithyātva-niyata-rāśi.

182

마치 해가 솟아 비치는 경우, 소경[1]은 눈이 없기에 보지 못하지만 햇빛의 혜택을 받는 것과 같다. 여래의 지혜의 광명도 항상 비치고 있건만, 믿음이 없고 이해가 없어서, 계율을 깨뜨려 그릇된 방법으로 살아가는[2] '소경'인 중생은, 믿음의 '눈'이 없기에 부처님들의 지혜의 '태양'을 뵙지 못하나, 그들도 부처님의 지혜의 '태양'의 혜택을 받는다. 왜냐하면, 여래의 위력(威力)[3]으로 저 중생의 온갖[4] 신고(身苦)[5]와 여러 번뇌 그리고 미래[6]의 고인(苦因)[7] 따위를 다 없애고, 선근(善根)[8]을 얻게 하는 까닭이다.

— 〈華嚴經〉

〔주〕 1)소경 : 원문은 '生盲'. 타고난 소경. 2)그릇된 방법으로 살아감 : 원문은 '邪命自活'. Ⓟmicchājivena jivikaṃ kappenti. 3)위력 : 불가사의한 힘. 위신력(威身力)과 같다. anubhāva. 4)온갖 : 원문은 '所有'. 119의 주. 5)신고 : 육체에 받는 노병(老病)·기갈·한서(寒署) 따위의 괴로움. 이것은 범부·성자에 공통이다. śāriraṃ duḥkham. 6)미래 : 장래. 내세. anāgata. 7)고인 : 고(苦)의 보(報)를 받을 원인. 즉 진리에 어두운 것. 8)선근 : 17의 주.

183

지혜가 삼세(三世)의 도리를 깨달아[1] 온통 평등하시다. — 〈華嚴經〉

〔주〕 1)깨달음 : 원문은 '入'. 진리를 깨닫는 것.

184

일체종지(一切種智)[1)]가 열반을 속속들이 비추시느니, 유제(有諦)[2)]의 시종(始終)을 오직 부처님께서 다 이해하시며, 중생의 뿌리[3)]의 시작이 있고 끝이 있음을 부처님께서 샅샅이 아시며, 내지 온갖 번뇌와 온갖 중생의 과보(果報)[4)]를 부처님께서 순간의 정신작용으로 헤아리사 근원까지 다하시며, 온갖 부처님의 국토와 온갖 부처님의 정인(定因)[5)]·정과(定果)[6)] 및 온갖 보살의 신변(神變)[7)]을 또한 순간에 단박 이해하시어, 지혜가 불가사의한 경지에 머무르시고 이제(二諦)[8)]의 권외에 홀로 계셔 비길 자 없으시니라.

— 〈菩薩瓔珞本業經〉

〔주〕 1)일체종지 : 8의 주. 2)유제 : 풀이 참조. 3)뿌리 : 원문은 '根本'. mūla라는 이 말은, 인간 존재의 기초가 되어, 윤회의 과정에서도 변치 않는 것을 뜻한다(十八空論). 4)과보 : 78의 '보' 참조. 5)정인 : 선정(禪定)을 성립시키는 원인(<俱舍論>). 6)정과 : 선정의 결과. 7)신변 : 159의 주. 8)이제 : 진제(眞諦)·속제(俗諦). 진정한 진리와 세속적인 진리. dve satye.

〔풀이〕 유제(有諦)와 관련해서 천태(天台) 계통에서 말하는 삼제(三諦)에 대해 언급해 두겠다. 삼제란 공제(空諦)·가제(假諦)·중제(中諦)를 이름이며, 유제란 바로 이 중의 가제를 가리킨다. 모든 존재는 인연으로 이루어져 실체(實體)가 없으므로 공(空)이라고 해야 한다. 이것이 공제(空이라는 진리)다. 그러나 공이라는 원리가 있는 듯이 생각하고, 그것을 실체로 보면 안 된다. 그것은 마지못해 붙인 편의적 명칭(假名)에 불과하다. 이것이 가제(유제)다. 그러므로 공은 다시 부정되어야 한다(空亦復空). 거기에 나타나는 것이 중도(中道)다. 사물(諸法)을 공으로 돌리기에 비유(非有), 그 공을 다시 공으로 돌리기에 비공(非空), 이리하여 비유비공(非有非空)의 중도가 나타나는 것이다. 색즉시공(色卽是空)·공즉시색(空卽是色)이다. 이것이 중제(중도라는 이름의

진리)다.

185

원만한 사지(四智), 이것이 바로 진불(眞佛)[1)]의 수용(受用)[2)]하시는 바 법락(法樂)[3)]이다. 첫째는 대원경지(大圓鏡智). 이숙식(異熟識)[4)]을 전환시켜 얻은 지혜다. 크고 둥근 거울에 여러 육신의 모양이 나타나는 것과 같이, 여래의 지혜의 '거울'에는 중생의 여러 선업(善業)[5)]·악업(惡業)[6)]이 비친다. 그래서 대원경지라고 부른다. 대비(大悲)[7)]에 의거하는 까닭에 항상 중생을 향해 움직이며, 대지(大智)에 의거하는 까닭에 항상 법성(法性)[8)]과 같아 진속(眞俗)[9)]을 아울러 관찰하여 끊임이 없으며, 무루근(無漏根)[10)]의 몸을 항상 작용시켜 온갖 공덕의 의거가 된다. 둘째는 평등성지(平等性智). 아견식(我見識)[11)]을 전환시켜 얻은 지혜다. 이것으로 자타(自他) 평등의 이무아성(二無我性)[12)]을 깨닫는 까닭에 평등성지라고 부른다. 셋째는 묘관찰지(妙觀察智). 분별식(分別識)[13)]을 전환시켜 얻은 지혜다. 온갖 사물(존재)의 자상(自相)[14)]과 공상(共相)[15)]을 관찰하여, 여러 사람이 모인 앞에서 그 진리를 설함으로써 중생으로 하여금 불퇴전(不退轉)[16)]을 얻게 한다. 그래서 묘관찰지라 부른다. 넷째는 성소작지(成所作智). 오종식(五種識)[17)]을 전환시켜 얻은 지혜다. 모든 갖가지의 화신(化身)[18)]을 나타내, 중생으로 하여금 선업을 성숙(成熟)게 한다. 그래서 성소작지라 부른다. 이 같은 사지(四智)가 머리를 이루어 8만 4천의 지문(智門)[19)]을 갖추게 되는 것이다.

— 〈心地觀經〉

〔주〕 1)진불 : 여기서는 보신불(報身佛)을 이른다(251의 풀이 참조). 2)수용 : 받아서 씀. 활용함. 3)법락 : 진리를 즐기는 것. dharma-rati. 4)이숙식 : 아뢰야식(阿賴耶識). 5)선업 : 170의 주. 6)악업 : 170의 주. 7)대비 : 169의 주. 8)법

성 : 74의 주. 9)진속 : 출가자(出家者)와 재가자(在家者). 10)무루근 : 번뇌가 남아 있지 않은 지혜의 능력(<俱舍論>). 11)아견식 : 제7 말나식(末那識). 12)이무아성 : 인무아(人無我)·법무아(法無我)의 도리. 나도 실체(實體)가 없고, 나 아닌 온갖 것에도 실체가 없다는 이치. 13)분별식 : 제6 의식(意識). 14)자상 : 사물 그 자체여서 다른 것과 공통함이 없는 것. 이것은 사유와 언어가 미치지 않는 직각의 대상이다. 15)공상 : 여러 사물에 공통하는 것. 이것은 의식의 대상이 된다. 16)불퇴전 : 수행해 얻은 공덕을 잃는 일이 없는 경지. anivattant. 17)오종식 : 안(眼)·이(耳)·비(鼻)·설(舌)·신(身)의 다섯 감각 작용. 18)화신 : 중생을 구제키 위해 부처님이 중생과 같은 모습으로 몸을 나타내는 것. 19) 8만 4천의 지문 : 8만 4천은 다수를 표현하는 말. 지문은 비문(悲門)에 대립하는 말로, 부처님의 양면의 하나인 지혜의 면(面).

186

온갖 물 중에서 으뜸인 것은 바다다. 여래의 지혜도 이와 같아서, 여러(범부·외도·성문·연각·독각·보살) 지혜 중 가장 깊고 크시다.

— 〈大寶積經〉

187

여래의 몸 안에 지닌 더러움이 다한 지혜에는 네 가지 작용이 있다. 통(通)·명(明)·역(力)·시현(示現)이 그것이다. 통이란 더러움(번뇌)이 다한 것을 아는 작용이다. 명이란 더러움이 다한 것을 체득하는 작용이다. 역이란 더러움을 끊는 작용이다. 시현이란 설법해 나타내는 작용이다.

— 〈阿毗曇毗婆娑論〉

188

사람이 산마루에 서서 마을을 두루 바라보면, 사람들의 가고, 앉고, 드나들고, 오가고, 울고, 노래하며 춤추고, 기뻐하여 웃는 모습을 다 볼 수 있다. 부처님께서도 이러하시다. 지혜의 산마루에 서서 오취(五趣)[1] 중생의 간사한 자, 어리석은 자, 제도키 어려운 자, 제도키 쉬운 자를 다 분별하사, 가시어서 교화하신다. — 〈出曜經〉

〔주〕 1)오취 : 지옥 · 아귀 · 축생 · 인간 · 천상. pañca gatayaḥ.

189

부처님의 맑고 청정한 '해'는 사람의 어리석음의 '어둠'을 없애신다.

— 〈淨土論〉

190

온갖 중생의 모두 허깨비 같음을 아시며, 온갖 부처님의 모두 그림자 같으심을 아시며, 온갖 제취(諸趣)[1] 수생(受生)[2]이 모두 꿈 같음을 아시며, 온갖 업보(業報)[3]의 거울 속 형상 같음을 아시며, 온갖 제유(諸有)[4]의 생겨남이 아지랑이[5] 같음을 아시며, 온갖 세계의 변화(變化)[6] 같음을 아신다. — 〈華嚴經〉

〔주〕 1)제취 : 51의 주. 2)수생 : 태어남. 3)업보 : 148의 주. 4)제유 : 83의 주. 5)아지랑이 : 원문은 '熱時焰'. 6)변화 : 신통력에 의해 만들어진 허깨비. nirmāṇa.

191

무명(無明)[1]이 바로 없어지면, 그것을 일체종지(一切種智)[2]라 한다.

— 〈起信論〉

〔주〕 1)무명 : 7의 주. 2)일체종지 : 8의 주.

보살의 지혜

192

보살들은 본성(本性)[1]이 진실하고 지혜가 막힘이 없어서, 온갖 세계와 중생계를 능히 분별한다. 큰 지혜를 얻어 일체지(一切智)[2]의 영역[3]에 들어가 무량·무변한 법계(法界)[4]의 일[5]을 능히 분별한다. 온갖 국토에 다 집착이 없어서 모든 불국토(佛國土)[6]를 능히 실현한다. 마음이 허공 같아 매임[7]이 없으므로 능히 온갖 법계를 분별하며, 불가사의한 심심삼매(甚深三昧)[8]에 출입한다. ―〈華嚴經〉

〔주〕 1)본성 : 원문은 '體性'. 39의 주. 2)일체지 : 17의 주. 3)영역 : 원문은 '所行境'. 정확히는, 활동이 미치는 범위·대상의 뜻. gocara. 4)법계 : 39의 주 참조. 5)일 : 원문은 '句義'. pada-artha. 명칭·명사의 뜻도 있고, 카테고리의 의미로도 쓰인다. pada. 6)불국토 : 부처님의 이상에 따르는 나라. 7)매임 : 원문은 '所依'. adhiṣṭhita. 8)심심삼매 : 매우 깊은 삼매. 삼매는 154의 주.

193

환술사(幻術師)[1]가 여러 가지의 것[2]을 만든대도, 기실 나타난 갖가지 형상에는 실체(實體)가 없다. 보살의 환지(幻智)[3]도 같다. 온갖 것을 만들어 내기는 하되 유(有)·무(無)의 대립을 떠난다. ―〈華嚴經〉

〔주〕 1)환술사 : 원문은 '幻師'. māyā-kāra. 2)것 : 원문은 '衆事'의 '事'. 사물. 현상. 나타나는 현상. vastu. 3)환지 : 신통력으로 여러 가지 환상·환신(幻

身)을 만드는 능력. 물론 중생 교화를 위함이다.

194

보살은 법무애지(法無礙智)[1)]를 가지고 있어서 온갖 사물의 자상(自相)[2)]을 안다. 의무애지(義無礙智)[3)]를 가지고 있어서 온갖 사물의 별상(別相)[4)]을 안다. 사무애지(辭無礙智)[5)]를 가지고 있어서 잘못 말하는[6)] 일이 없다. 요설무애지(樂說無礙智)[7)]를 가지고 있어서 말이 끊어지거나 다하는[8)] 일이 없다.

— 〈華嚴經〉

〔주〕 1) 3) 5) 7)법무애지·의무애지·사무애지·요설무애지 : 이것들을 4무애지라고 하고, 4무애변과 같다. 154의 '무애'의 주. 2)자상 : 본질. 특질. 자체의 본성. svarūpa. 4)별상 : 사물의 특수한 모양. 6)잘못 말함 : 원문은 '錯謬說'. '착료'는 잘못·거짓의 뜻. saṃpramoṣa. 여러 언어를 잘 몰라서 틀리게 말하는 것. 8)끊어지고 다함 : 원문은 '斷盡說'. 자유자재하게 말하지 못함.

195

보살은 지계(地界)[1)]·수계(水界)[2)]·화계(火界)[3)]·풍계(風界)[4)]의 여러 모양과 미진(微塵)[5)]의 여러 모양을 안다. 중생의 몸, 축생의 몸, 지옥에 있는 자의 몸, 아귀가 된 자의 몸 따위가 얼마의 미진으로 이루어졌는지를 안다. 욕계[6)]·색계[7)]·무색계[8)]의 여러 형상의 이루어지고 파괴되는 모양을 안다. 그리고 백천만억 무량·무변한 삼천대천세계[9)]의 중생들 자신의 차별을 따라, 현전광명지(現前光明智)[10)]를 일으킨다. 보살은 이런 지혜를 성취한다.

— 〈華嚴經〉

〔주〕 1)~4)지계·수계·화계·풍계 : 지대(地大)·수대(水大)·화대(火大)·

풍대(風大)와 같다. 139의 '사대'의 주. 5)미진 : 105의 주. 6)~8)욕계 · 색계 · 무색계 : 4의 '삼계'의 주. 9)삼천대천세계 : 9의 주. 10)현전광명지 : 중생의 모습을 있는 대로 나타내는 지혜. 광명은 부처님이나 보살의 지혜의 상징.

196

보살의 지혜의 바다는 온갖 사물[1]의 돌아가 의지할 곳[2]이어서, 평등무차별[3]하다.

— 〈未曾有正法經〉

〔주〕 1)온갖 사물 : 원문은 '萬法'. 18의 '일체법'과 같음. 2)돌아가 의지할 곳 : 원문은 '所歸'. śaraṇa. 3)무차별 : 원문은 '一味'. eka-rasa.

197

반딧불은 무량 천만억 개가 있다 해도 해의 광명은 가리지 못한다. 보살도 이와 같다. 비록 번뇌가 무량 · 무수하게 있다 해도 보살의 지혜의 광명은 가리지 못한다.

— 〈大集經〉

198

큰 산의 여러 약초는 그 산마루에 나되 주인이 없고, 환자를 따라 여러 병을 다 고친다. 보살도 이 같아서, 지혜의 '약'을 가지고 시방(十方) 천하 사람의 생(生) · 사(死) · 노(老) · 병(病)을 고쳐 준다.

— 〈遺日摩尼寶經〉

제4장 부처님의 자비

불(佛)의 자비의 심절(深切)

199

부처님은 무수한 과거세(過去世)에 걸쳐, 중생을 위해 대비(大悲)의 '바다'를 수습(修習)[1]하사, 여러 중생을 따라 생사에 들어가 모여든 사람들[2]을 널리 구제해 청정케 하셨다 — 〈華嚴經〉

〔주〕 1)수습 : 20의 주. 2)모여든 사람들 : 원문은 '衆會'. 주위를 둘러싸고 모여 있는 사람들. pariṣad, 또는 gaṇa.

200

부처님께서는 대비(大悲)의 마음을 가지고, 중생들이 삼유(三有)[1] 중에 윤회하여 온갖 고통받음을 관찰하신다. — 〈華嚴經〉

〔주〕 1)삼유 : 3계(색계 · 욕계 · 무색계)를 말한다. trailokya.

201

대비(大悲)로 널리 건지심이 비길 바 없으시며, 자애의 넓으심이 허공 같으셔서 중생을 가리지 않으신다. 이러하게 청정하사 세상에 노니신다.[1]

— 〈華嚴經〉

〔주〕 1)노니신다 : 원문은 '遊'. 있다. 잠시 마음을 풀고 머무른다.

〔풀이〕 불교의 윤리적 이상은 자비다. 자비의 원어는 흔히 maitra-cittatā로 표현되는바 자애를 뜻하며, 다시 세분하면 중생에게 즐거움을 주는 자(慈 : maitri)와, 중생의 괴로움을 제거하는 비(悲 : karuna)를 가리킨다. 전자는 '벗'이란 뜻인 mitra에서 전성(轉成)된 추상명사여서 우정을 극대화시킨 것이라 할 수 있으니, 특정한 사람 아닌 모든 사람에게 우정을 표시하는 일이다. 또 비(悲 : karuna)의 원뜻은 탄식이어서, 남의 괴로움을 보고 탄식하는 일이며, 나아가 가엾이 알고 동정하는 뜻이다.

이 자비가 다른 종교의 이상인 사랑과 다른 점은, 어떤 경우에도 중생을 버리는 일이 없고, 따라서 증오가 수반되지 않는다는 점이다. 기독교의 사랑은 그것이 아무리 큰 것이라 해도, 이를 끝내 거역·배반했을 때는 '영원한 죽음'이라는 벌이 따른다. 그것은 심판이라는 조건이 붙은 사랑이다. 이는 조물주를 전제하는 이상 불가피한 일일 것이다. 그러나 불교의 자비는 무한정 계속되는 것이어서, 그것이 대자(大慈 : mahā-maitri)·대비(大悲 : mahā-karuna)라고 불리는 까닭이 여기에 있다. 한편 자(慈) 혹은 비(悲) 하나만으로 '자비'의 뜻을 나타내는 수도 있고, '대자' 또는 '대비'가 '대자비'를 의미하는 경우도 있다.

202

일체(一切)가 공(空)하여 실체(實體) 없음을 밝히 아시고, 중생을 자애롭게 여겨 언제나 버림이 없으시다. 그리하여 대비(大悲)의 미묘한[1] 음성[2]으로 세상에 널리 들어가 가르침을 설하신다.[3] —〈華嚴經〉

〔주〕 1)미묘한 : 지극히 깊고 훌륭한. nipuṇa. 2)음성 : 설법하는 말씀. ghoṣa. 3)가르침을 설함 : 원문은 '演說'. deśaṇa.

203

"선남자야, 나는 그릇된 지혜를 지닌 중생에게 대비(大悲)를 일으키며, 악한 행동을 하는 중생에게 대비를 일으키느니라." — 〈華嚴經〉

〔풀이〕 악을 악이라 하여 배격하고, 벌하든가 외면하는 것이 아니라, 물이 바위에 부딪쳐도 돌아서지 않고 떠나지 않아 마침내는 그 속으로 침투해 들어가듯, 부처님의 자비는 끝없이 작용한다. 그것은 악도 실체(實體)가 없어서 선(善)의 결여(缺如)에 지나지 않음을 아시는 때문이며, 나아가 어떤 악인도 진여에서 나온 여래장(如來藏)을 지니고 있어서 부처님과 평등함을 아시기 때문이다. 우리는 자비의 넓이와 깊이가, 불교의 시발점인 연기관(緣起觀)에 유래함을 발견하게 된다.

204

"아, 중생들이 밑 없는 생사의 큰 구덩이에 빠져 있거니, 나는 장차[1] 어떻게 이들을 속히 건져 내 일체지(一切智)[2]의 경지에 살 수 있도록 하랴! 아, 중생들이 온갖 번뇌의 핍박을 받고 있거니, 나는 장차 어떻게 이들에게 구호를 베풀어 온갖 선법(善法)[3]에 안주(安住)케 하랴! 아, 중생들이 생(生)·노(老)·병(病)·사(死)를 두려워하고 있거니, 나는 장차 어떻게 이들의 귀의처(歸依處)[4]가 되어 주어 그 신심(身心)의 편안을 길이 얻게 하랴! 아, 중생들이 세상의 온갖 공포의 핍박을 받고 있거니, 나는 장차 어떻게 이들을 도와 일체지(一切智)의 도(道)에 머무를 수 있게 하랴! 아, 중생들이 지혜의 눈이 없어서 항상 자신을 실제로 있는 듯 믿어 근심[5]에 뒤덮여 있거니, 나는 장차 어떻게 방편을 써서 의견(疑見)[6]에 가리운 막(膜)을 도려 내게 하랴! 아, 중생들이 항상 어리석음의 어둠 속에서 갈팡대고 있거니, 나는 장차 어떻게 밝은 횃불을 만들어 일체지의 성을 비쳐 이들로 하여금 보게 하라! 아, 중생들이 항상 인색·질투·아첨·기만에 의해 더럽혀지고 있거니, 나는 장차 어떻게 그들의 지식을 완전케 하여[7] 청정한 법신(法身)[8]을 증득(證得)게 하랴!" —〈華嚴經〉

〔주〕 1)장차 : 원문은 '當'. '當猶將也'. (<經傳釋詞> 권6). 2)일체지 : 17의 주 참조. 3)선법 : 18의 주. 4)귀의처 : 돌아가 의지하는 곳. 5)근심 : 원문은 '疑惑'. tantra 또는 tantraviddhi. 6)의견 : 불교의 여러 가르침에 대해 의심을 품는 견해. 십종견(十種見)의 하나. 7)지식을 완전케 함 : 원문은 '開曉'. vyutpatti. 8)법신 : 114의 주.

205

중생을 가엾이 여기되 갓난애와 같이 하라. —〈涅槃經〉

206

어떤 사람이 아들 일곱을 두었는데 그 중의 하나가 병들었다 하자. 부모의 사랑이 평등치 않음은 아니건만 병든 자식에게 마음이 기울 것이다. 여래의 자비도 온갖 중생에게 평등치 않으심은 아니건만 죄인에게 마음이 기우신다. —〈涅槃經〉

207

부처님께서는 중생계(衆生界)의 평등함을 관찰하시어서, 청정한 무연(無緣)의 자비[1]를 항상 일으키신다. 그러므로 여러 세간(世間)[2]을 가엾이 아사, 끝내 중생상(衆生相)[3]을 보는 일이 없으시다. —〈父子合集經〉

〔주〕 1)무연의 자비 : 풀이 참조. 2)세간 : 이 말에는 중생 loka, 미혹한 윤회

의 양상 saṃsāra 따위의 뜻이 있다. 3)중생상 : 오온(五蘊)이 모여 중생의 몸을 구성한다고 오해하는 것. 중생이라는 관념. sattva-saṃjñā.

〔풀이〕 '무연의 자비'의 원문은 '無緣慈'. 이 무연의 '연'은 연기(緣起)나 소연(所緣)의 '연'이 아니라, 상대를 분별하는 것, 즉 연관(緣觀)을 이름이다. 산스크리트어의 ālambana, 또는 dhātārammana에 해당한다. 그러므로 '무연의 자비'란 상대를 가리지 않고 작용하는 무조건의 자비를 뜻한다. 그리고 '무연의 자비'라는 종류의 자비가 있는 것이 아니라, 자비는 본래 무연일 것이 요청되는 것이어서, 이야말로 자비의 성격을 그대로 드러낸 것이라 할 수 있다.

208

"선남자야, 온갖 여래의 대비(大悲)는 생기는 일도 없고 없어지는 일도 없느니라. 왜 그런가? 여래의 대비는 항상 끊어짐이 없고 작용하지 않는 때가 없어, 이미 무량한 아승기겁(阿僧祇劫)[1] 전에 온갖 공덕(功德)[2]을 쌓고 성취하신 까닭이며, 언제나 존재하여,[3] 항상 온갖 중생을 버리지 않고 호념(護念)[4]하시는 까닭이다. 무량・무변하여 다함이 없으시며, 심심(深甚)하고 심심하여 헤아릴 바 없으시며, 견고하고 날카로워 이해키 어렵고 들어가기 어려우니, 말로 능히 설하지 못할 바니라."

— 〈守護國界主經〉

〔주〕 1)아승기겁 : 무수한 겁(劫). kalpa-asaṃkhyeya. 2)공덕 : 뛰어난 덕성(德性). 선을 쌓아 얻어지는 것, 즉 덕(德)을 이른다. guṇa. 복덕. 위대한 힘. 3)언제나 존재하여 : 원문은 '無去無來'. 56의 주. 4)호념 : 마음에 두어 지키는 것. parigraha.

보살의 자비

209

"불자(佛子)야, 보살은 열 가지로 중생을 관찰하여 대비(大悲)를 일으킨다. 열 가지란 무엇인가? 중생이 의지할 바 없고 믿을 곳 없음을 관찰하여 대비를 일으킨다. 중생이 불성(佛性)[1]을 잘 따르지[2] 않음을 관찰하여 대비를 일으킨다. 중생이 가난하고[3] 선근(善根)[4]이 없음을 관찰하여 대비를 일으킨다. 중생이 긴 밤[5]에 잠잠[6]을 관찰하여 대비를 일으킨다. 중생이 착하지 않다고 규정된 일[7]을 행하는 것을 관찰하여 대비를 일으킨다. 중생이 오욕(五欲)에 의해 결박됨[8]을 관찰하여 대비를 일으킨다. 중생이 생사의 바다에 빠짐을 관찰하여 대비를 일으킨다. 중생이 질병에 길이 매였음을 관찰하여 대비를 일으킨다. 중생이 착한 일을 하고자 하는 마음이 없음을 관찰하여 대비를 일으킨다. 중생이 부처님의 여러 가르침을 상실하는 것을 관찰하여 대비를 일으킨다. 보살은 항상 이런 마음으로 중생을 관찰하느니라." — 〈華嚴經〉

〔주〕 1)불성 : 원문은 '性'. 이 경우의 원어는 dhātu여서 여래장의 뜻도 되며, 본체·자성을 가리키는 prakṛti, svabhāva와 구별된다. 2)잘 따름 : 원문은 '調順'. 순순히 따르는 뜻. <四分律> 1에 '슈調順' niggha이라는 용례가 보인다. 3)가난함 : 원문은 '貧'. 물질적인 것도 포함되나 정신적 지혜·능력이 없는 것. dāridrya. 4)선근 : 17의 주. 5)긴 밤 : 원문은 '長夜'. 범부가 윤회하여 무명의 잠을 깨지 못하는 긴 기간을 비유. dirgha-rātra. 6)잠잠 : 원문은 '睡眠'. 마음을 어둡게 하는 작용. '수'는 의식이 흐려져서 자극에 반응을 일으키지 못하는 것. '면'은 오근(五根)이 작용하지 않는 것. 오개(五蓋)·십전(十纏)의 하나. middhaḥ. 7)착하지 않다고 규정된 일 : '不義法'의 번역. akuśalā dharmāḥ. 8)오욕에 의해 결박됨 : 원문은 '欲縛의 所縛됨'. 욕박은 오욕(五欲)의 결박(<十誦律> 52).

210

보살은 대비(大悲)로 몸을 삼으며, 대비로 문을 삼으며, 대비로 머리를 삼으며, 대비의 도리로 방편을 삼아 허공에 충만하다. —〈華嚴經〉

211

"선남자야, 보살은 대비(大悲)의 방편을 가지고 여러 세계에 들어가 깨닫지 못한 자를 개발(開發)[1)]하며, 갖가지 모습과 역순(逆順)[2)]의 경계(境界)[3)]를 나타내 그들과 같은 일을 해 가면서[4)] 교화해 성불시키노니, 다 무시(無始)의 옛날에 세운 청정원력(淸淨願力)[5)]에 의존함이니라."

—〈圓覺經〉

〔주〕 1)개발 : 남을 깨닫게 함. saṃcodaka. 2)역순 : 역경과 순경. 3)경계 : 경지. visaya. 4)같은 일을 함 : 원문은 '同事'. 중생과 같은 일에 종사하며 구제하는 것. eka-kāryatva. 5)청정원력 : 오로지 중생을 구하고자 하는 본원(本願)의 힘.

212

"온갖 중생이 병들어 있으므로, 나에게도 병이 있는 것입니다. 만약 온갖 중생이 병을 떠난다면, 내 병도 나을 것입니다. 왜냐하면, 보살은 중생을 위하기에 윤회(輪廻)[1)]에 드는 것이며, 윤회가 있는 한 병이 따르게 마련이기 때문입니다. 만약 중생에게 병이 없어진다면, 그 때에야말로 보살에게도 병이 없어질 것입니다. 마치 부호의 외아들이 병이 걸리면 부모도 병들고, 그 아들의 병이 나으면 부모의 병도 낫는 것과 같습니다. 보살도 이러해서, 중생을 아들같이 사랑하므로, 중생이 병들면 보살도 병들고, 중생의 병이 나으면 보살도 병이 낫는 것입니다. 보살의 병은 대비(大悲) 때문에 일어남을 알아야 합니다." — 〈維摩經〉

〔주〕 1)윤회 : 원문은 '生死'. 12의 주.

〔풀이〕 <유마경> 중에서도 유명한 대목이다. 왜 병이 들었고, 언제 낫겠느냐는 문수(文殊)의 질문에 대해 유마가 대답한 말이다. 오직 중생 구제를 위해 헌신하는 것이 보살이므로, 중생이 병들면 보살도 병들고, 그들의 병이 나을 때에 가서야 보살의 병도 낫는다는 요지다. 여기서 말하는 병이, 우리의 용어례(用語例)를 떠나 다분히 상징적으로 쓰이고 있음은 말할 것도 없다.

213

부처님께서 문수사리(文殊師利)에게 이르셨다. "마치 양의(良醫)가 여러 가지 병을 치료함에 있어, 국왕·대신·부호·거사·빈민을 구별함이 없이, 어떻게 해서 이 사람들의 병을 고쳐 줄까 하고 늘 생각하는 것과 같다. 보살도 항상 중생을 향해, 대비(大悲)의 마음을 일으키며 평등한 생각을 갖는 것이어서, 온갖 중생이 부처님의 가르침을 받들어 행하여 끊어짐이 없도록 하느니라." — 〈離業障經〉

214

"사리자(舍利子)야, 보살들의 대비(大悲)는 다함이 없느니라. 왜냐하면, 온갖 가르침[1]의 선도(先導)가 되기 때문이다. 마치 사람[2]의 온갖[3] 생명[4]은 호흡이 선도가 되는 것과 같으니, 대승법문(大乘法門)[5]의 광대한 수집

(修集)[6]도 마찬가지여서 보살의 대비가 선도 구실을 하느니라."

— 〈無盡意菩薩經〉

〔주〕 1)온갖 가르침 : 원문은 '一切法'. 이 말은 무루법(無漏法)까지도 포함하며, 여기서는 불법(佛法) 전부를 가리킨다. 18의 주. 2)사람 : 원문은 '士夫'. 협의(俠義)로는 남자. puruṣa. 3)온갖 : 원문은 '所有'. 119의 주. 4)생명 : 원문은 '命根'. jivita. 5)대승법문 : 대승의 가르침. 6)수집 : 원문은 '普集'. 넓은 수집(修集). 널리 닦아서 공덕이 몸에 모이도록 하는 것.

215

보살들은 비심(悲心)[1]이 견고하여, 온갖 중생을 구할 때 괴롭다는 생각이 조금도 없으며, 일단 구하고 나서도 구했다는 생각이 또한 없다. 온갖 중생을 버리는 일이 없이 어려운 일을 애써 행한다.

— 〈信力法門經〉

〔주〕 1)비심 : 연민하는 마음. 고통을 없애 주려는 마음. kāruṇya-citta.

216

보살은 비심(悲心)으로 보시(布施)[1]에 전념하여, 재물이 없을 경우라도 남이 구걸하는 것을 보면, 차마 말하지 못하고 눈물을 떨군다. 괴로워하는 사람을 보고도 눈물을 흘리지 않고서야, 어찌 수행하는 사람이라 할 수 있겠는가? 비심(悲心)이 많은 사람은 남이 괴로워하고 있다는 말만 듣는대도 가만히 있지 못할 것인바, 더욱 남의 괴로움을 목격하고도 구제치 않는다는 것은 있을 수 없는 일이 아닐 수 없다. 비심이 있는 사람이라면, 가난에 쪼들리는 자를 보고도 줄 재물이 없을 때는, 슬퍼하고 괴로워하여 탄식할 것이며, 고통받는 사람을 보고는 울어 눈물을 떨굴 것이니, 그 눈물로 하여 그 마음의 부드러움을 알 것이다. 보살의 비심은 눈더미와 같다. 눈더미가 햇볕을 만나면 이내 녹듯이, 보살의 비심의 '눈더미'는 괴로워하는 사람들을 보면 눈물이 되어 흐르는 것이다. 보살의 눈물에는 세 경우가 있다. 첫째는 공덕(功德)[2]을 닦는 사람을 보면 사랑하고 존경하는 까닭에 눈물을 흘린다. 둘째는 괴로움 받는 중생의 공덕 없는 자를 보면 가엾이 여기는 까닭에 눈물을 흘린다. 셋째는 큰 보시(布施)를 행할 때에 비희용약(悲喜踊躍)하여 또한 눈물을 흘린다. 보살이 떨구는 눈물을 헤아릴 양이면 사방의 바닷물보다도 많을 것이다. 세상의 중생이 친척에게 재물을 주고 슬퍼하여 울면서 눈물을 흘린대도, 보살이 가난에 쪼들리는 중생을 보고 재물이 없어 보시할 수 없을 때에, 슬퍼하여 눈물을 흘리는 것만은 못하다.

— 〈大丈夫論〉

〔주〕 1)보시 : 17의 주. 2)공덕 : 208의 주.

자비의 종류

217

"불자(佛子)야, 보살은 열 가지 청정자(淸淨慈)[1]가 있나니, 무엇이 열 가지인가? 등심(等心)[2]의 청정자는 중생을 널리 거두어 가림이 없는 까닭이다. 요익(饒益)[3]의 청정자는 능력[4]을 따라 다 기쁘게 해주는 까닭이다. 중생[5]을 거두어 자기와 같게 하는 청정자는 결국에 생사로부터 벗어나게 하는 까닭이다. 중생[6]을 버리지 않는 청정자는 항상 선근(善根)을[7] 모으는 까닭이다. 능히 해탈에 이르게 하는 청정자는 널리 중생으로 하여 온갖 번뇌를 없애게 하는 까닭이다. 보리[8]를 낳게 하는 청정자는 널리 중생으로 하여 일체지(一切智)[9]를 구하는 마음을 일으키게 하는 까닭이다. 세상에 막힘 없는 청정자는 큰 광명을 놓아 평등히 두루 비치는 까닭이다. 허공에 충만한 청정자는 중생을 구호하여 이르지 않는 곳이 없는 까닭이다. 법연(法緣)[10]의 청정자는 여여(如如)[11]한 진실법(眞實法)[12]을 증득한 까닭이다. 무연[13]의 청정자는 보살이 무성(無性)[14]에 들어간 까닭이다. 만약 보살이 이런 도리에 안주(安住)한다면, 여래의 더없이 광대한 청정자를 얻느니라."

— 〈華嚴經〉

〔주〕 1)청정자 : 순수한 자비. 2)등심 : 평등한 마음. 3)요익 : 이롭게 함. anugrāhaka. 4)능력 : 원문은 '所作'. artha. 5)중생 : 원문은 '物'. jagat. 6)중생 : 이 경우의 원문은 '世間'. 168의 주. 7)선근 : 17의 주. 8)보리 : 5의 주. 9)일체지 : 17의 주. 10)법연 : 모든 것은 인연으로 이루어졌으므로 실체(實體)가 없다고 보는 것. 11)여여 : 진여와 같은 뜻으로 많이 쓰이나, 형용사가 되면 '있는 그대로인'. 12)진실법 : 진실한 도리. 13)무연 : 207의 '무연자' 풀이 참조. 14)무성 : 자성(自性)이 없음. niḥsvabhāvatva. 공(空).

218

이승(二乘)[1]의 비심(悲心)은 피부를 쪼개는 것 같고, 보살의 비심은 살을 쪼개는 것 같고, 여래의 대비(大悲)는 골수를 깊이 뚫는 것 같다.

불지(佛智)를 따름은 성문(聲聞)의 비심이요, 중생들을 권해 보리심(菩提心)[2]을 일으키게 함은 보살의 비심, 내세(來世)의 불기(佛記)[3]를 내림은 여래의 대비시다.

자심(慈心)으로 말미암아 일어나는 것은 성문의 비(悲)요, 중생으로 말미암아 교화하는 것은 보살의 비, 깨달음[4]으로 말미암아 중생을 성숙(成

熟)[5]게 하는 것은 부처님의 대비(大悲)시다.

생사(윤회) 끊기를 바라는 것은 성문의 비(悲)요, 중생을 건네 주어 피안(彼岸)[6]에 이르게 하는 것은 보살의 비, 온갖 생사, 온갖 번뇌를 두루 벗어나 피안에 이르게 하는 것은 부처님의 대비이시다.

그러므로 여래의 대비가 단연 으뜸이시니, 온갖 중생을 조복(調伏)[7]코자 하시는 까닭에 혹은 일겁(劫), 혹은 백겁 · 천겁 · 백천겁을 세상에 머무르시고 마지막 무여열반(無餘涅槃)[8]에 들지 않으신다.

—〈守護國界主經〉

〔주〕 1)이승 : 성문승(聲聞乘)과 연각승(緣覺乘). '승'은 그 사람들, 혹은 그 입장을 뜻한다. yāna-dvaya. 2)보리심 : 50의 주. 3)불기 : 부처님이 제자의 미래의 과보(果報)를 예언하는 것. 4)깨달음 : 원문은 '究竟'. 5)성숙 : 익게 함. 진리로 이끌어 완성시킴. paripāka. 6)피안 : 84의 주. 7)조복 : 21의 주. 8)무여열반 : 171의 주.

219

부처님께서 범천(梵天)[1]에게 이르셨다. "여래는 서른 두 가지의 대비(大悲)로 중생을 구호하시나니, 어떤 것이 서른 둘인가? 온갖 존재(一切法)는 실체(實體)가 없건만, 중생은 그것이 있는 듯 알므로 대비를 일으킨다. 온갖 존재는 발생[2]함이 없건만, 중생은 있다고 주장하므로 대비를 일으킨다. 온갖 존재는 수명이 없건만, 중생은 있다고 주장하므로 대비를 일으킨다. 온갖 존재는 자기[3]가 없건만, 중생은 있다고 주장하므로 대비를 일으킨다. 온갖 존재는 있는 바가 없건만, 중생은 있다는 견해를 지니므로 대비를 일으킨다. 온갖 존재는 존속함이 없건만, 중생은 존속한다고 생각하므로 대비를 일으킨다. 온갖 존재는 의지할[4] 곳이 없건만 중생은 의지할 곳을 즐기므로 대비를 일으킨다. 온갖 존재는 아소(我所)[5]가 아니건만, 중생은 아소에 집착하므로 대비를 일으킨다. 온갖 존재는 소속이 없건만 중생은 소속이 있다고 생각하므로 대비를 일으킨다. 온갖 존재는 취상(取相)[6]이 없건만, 중생은 취상이 있으므로 대비를 일으킨다. 온갖 존재는 생겨남이 없건만, 중생은 그것이 있다는 생각을 지니므로 대비를 일으킨다. 온갖 존재는 퇴생(退生)[7]이 없건만, 중생은 퇴생에 머무르므로 대비를 일으킨다. 온갖 존재는 때(垢)가 없건만, 중생은 때가 묻어 있으므로 대비를 일으킨다. 온갖 존재는 더러움을 떠났건만, 중생은 더러워져 있으므로 대비를 일으킨다. 온갖 존재는 노여움을 떠났건만, 중생은 노여움이 있으므로 대비를 일으킨다. 온갖 존재는 떠나 온 곳이 없건만, 중생은 그것에 집착하므로 대비를 일으킨다. 온갖 존재는 가는 일이 없건만, 중생은 가는 일이 있다는 생각에 매이므로 대비를 일으킨다. 온갖 존재는 일어나는 일이 없건만, 중생은 일어난다고 생각하므로 대비를 일으킨다. 온갖 존재는 희론(戱論)[8]이 없건만, 중생은 희론에 집착하므로 대비를 일으킨다. 온갖 존재는 공(空)한 것이건만, 중생은 유(有)에 떨어지므로 대비를 일으킨다. 온갖 존재는 모양이 없건만, 중생은 모양이 있다는 생각에 집착하므로 대비를 일으킨다. 온갖 존재는 만들어지는 일이 없건만, 중생은 만들어진다고 집착하므로 대비를 일으킨다. 중생은 항상 더불어 싸우므로 대비를 일으킨다. 중생은 사견(邪見)[9]으로 그르쳐져 사도(邪道)를 행하므로 대비를 일으킨다. 중생은 끝없이 재물을 탐내 서로 약탈하므로 대비를 일으킨다. 중생은 생업과 처자의 사랑에 집착하여, 그것이 견고한 것인 듯 착각하므로 대비를 일으킨다. 중생은 몸에 몹시 집착하므로 대비를 일으킨다. 중생은 속이기를 떡 먹듯 하여 그릇된 방법으로 살아가므로 대비를 일으킨다. 중생은 여러 괴로움에

요착(樂着)[10]하므로 대비를 일으킨다. 중생은 성스러운 해탈에 대해 게으르므로 대비를 일으킨다. 중생은 최상의 무애(無礙)한 지혜를 버려 두고, 성문·벽지불[11]의 도(道)를 구하므로 대비를 일으킨다. 이 같은 온갖 중생에게 서른 두 가지의 대비를 행하시는 것이어서 그러기에 여래를 대비를 행하시는 분이라 부른다. 만약 보살들이 항상 중생 속에서 이 대비심을 수집(修集)[12]한다면 큰 복전(福田)[13]이 될 것이다."

— 〈思益梵天所問經〉

〔주〕 1)범천 : 40의 주. 2)발생 : 원문은 '衆生'. 이 말에는 여럿과 함께 난다는 뜻이 있다. 3)자기 : 원문은 '人'. 79의 주. 4)의지함 : 원문은 '歸'. 5)아소 : 79의 주. 6)취상 : 형태로서 포착되는 모습(相). pakṣa. 7)퇴생 : 이 삶으로부터 물러나 없어지는 것. 출생(出生)의 대(對). 8)희론 : 79의 주. 9)사견 : 그릇된 생각. 10)요착 : 바라고 기뻐함. abhirata. 11)벽지불 : 55의 주. 12)수집 : 닦아서 공덕이 몸에 모이는 것. upagama. 13)복전 : 21의 주.

자비의 승과(勝果)

220

전륜성왕(轉輪聖王)[1]의 윤보(輪寶)[2]가 나아가는 곳 온갖 힘[3]이 바로 생기듯, 보살들도 이러하여 그들의 대비(大悲)를 실천하는 곳 온갖 불법(佛法)의 힘을 바로 성취한다.

— 〈聖法集經〉

〔주〕 1)전륜성왕 : 4의 주. 2)윤보 : 전륜성왕 앞에 서서 일체의 장애를 부술 수 있다는 보배. 수레바퀴 모양을 하고 있기에 윤보라 한다. 3)힘 : 원문은 '力聚'. 온갖 힘이 모인 것. 큰 힘.

221

대비(大悲)는 능히 온갖 보살의 승행(勝行)[1]을 일으킨다. 그러기에 보살은 온갖 중생을 사랑해 잊지 않되 자신을 돌보지 않고, 한결같이 남을 위해 공덕(功德)[2]을 길이 기른다. 그리하여 장구한 시일에 걸쳐 어려운 일을 해 내서 여러 선행[3]을 일으킨다. — 〈象頭經〉

〔주〕 1)승행 : 뛰어난 보살행. 2)공덕 : 원문은 '利益'. ānuśaṃsa. 3)여러 선행 : 원문은 '諸行'.

222

자애가 곧 여래요, 여래가 곧 자애이다. — 〈涅槃經〉

223

대자대비(大慈大悲)[1]를 불성(佛性)이라 한다. — 〈涅槃經〉

〔주〕 1)대자대비 : 162의 '대자비'와 같다.

제5장 부처님의 도화(度化)

도화의 개의(槪義)

224

부처님께서 말씀하셨다. "사리불(舍利弗)[1]아, 나는 성불 이래 가지가지의 인연과 가지가지의 비유로 가르침을 널리 부연하며[2] 무수한 방편으로 중생을 인도하여 여러 집착에서 떠나게 했느니라." —〈法華經〉

〔주〕 1)사리불 : 41의 주. 2)가르침을 널리 부연함 : 원문은 '廣演言敎'. '언교'는 여래가 말로 나타낸 가르침. '광연'은 그 개념을 자세히 설명하는 것.

225

가지가지의 온갖 중생이 시방(十方)에 유전(流轉)[1]하거늘, 여래가 가림이 없으사 무한한 종류의 사람들을 제도(濟度)하시니라. —〈華嚴經〉

〔주〕 1)유전 : 윤회와 같음. saṃsārita.

226

중생을 교화코자 여러 가르침을 설하사 불법(佛法)에 끝없는 환희와 정신(淨信)[1]을 일으키게 하시며, 온갖 중생을 구하사 마음에 싫증냄이 없으시다. 싫증냄이 없으신 까닭에, 온갖 세계 중에 중생을 성숙(成熟)[2]·

조복(調伏)[3]시키지 못한 곳이 있을 때는, 그곳에 이르사 방편을 가지고 구제하신다.
— 〈華嚴經〉

〔주〕 1)정신 : 깨끗한 믿음. prasāda. 2)성숙 : 218의 주. 3)조복 : 21의 주.

227

법왕(法王)[1]의 여러 힘[2]이 다 청정하시며 지혜가 하늘같이 끝없으시거늘, 이를 온통 나타내[3] 숨김 없으사, 널리 중생으로 하여 깨달음에 같이 들어가게 하시느니라.
— 〈華嚴經〉

〔주〕 1)법왕 : 법문(法門)의 왕이니, 부처님의 존칭. dharma-rāja. 2)여러 힘 : 원문은 '諸力'. 154의 '역'의 주. 3)나타냄 : 원문은 '開示'. 153의 주.

228

"불자(佛子)야, 삼천대천세계(三千大千世界)[1]가 이루어지매 끝없는 가지가지의 중생을 요익(饒益)[2]게 하나니, 물에 사는 중생은 물의 요익을 얻고, 육지의 중생은 땅의 요익을 얻고, 궁전(宮殿)의 중생은 궁전의 요익을 얻고, 허공의 중생은 허공의 요익을 얻느니라. 여래의 출현하심도 이 같으셔서 끝없는 중생을 가지가지로 요익게 하시는 것이니, 부처님을 뵙고 환희를 일으키는 자는 환희의 이익을 얻고, 청정한 심경에 머무는 자는 정계(淨戒)[3]의 이익을 얻고, 끝없는 선정(禪定)[4]에 머무는 자는 부처님의 출세대신통(出世大神通)[5]의 이익을 얻고, 법문광명(法門光明)[6]에 머무는 자는 인과(因果)가 깨어지지 않는 이익을 얻고, 무소유광명(無所有光明)[7]에 머무는 자는 일체법(一切法)[8]이 깨어지지 않는 이익을 얻는다. 그러므로 여래의 출현은 온갖 중생을 요익게 한다 함이니라."
— 〈華嚴經〉

〔주〕 1)삼천대천세계 : 9의 주. 2)요익 : 217의 주. 3)정계 : 청정한 계율. 4)선정 : 27의 주. 5)출세대신통 : '출세'는 '출세간(出世間)'의 약(略). 미계(迷界)를 초월하는 것. naiṣkarmya. '신통'은 불가사의한 능력. ṛddhi. 미계를 초월한 부처님의 초인적 능력. 6)법문광명 : 부처님의 가르침을 빛에 비유한 것. 7)무소유광명 : '무소유'는 아무것도 없는 것 · 공(空) · 아무것도 소유하지 않는 것 등의 뜻이 있다. 그런 것을 빛에 비유한 것. 8)일체법 : 보통 온갖 사물을 이르는 말이나, 진여 · 열반 같은 무루법(無漏法)을 말하는 때도 있다. 여기서는 후자의 뜻.

229

인욕(忍辱)[1]과 용맹[2]을 갖춘 대도사(大導師)[3]께서는 오탁(五濁)[4]의 말세에서도 악한 중생을 교화 성숙시키사, 그로 하여금 수행(修行)하여 부처님을 뵐 수 있게 하시며, 중생을 업고 큰 고통을 달게 받으사 영원한 즐거움이 있는 열반(涅槃)에 들게 하시느니라. — 〈彌勒成佛經〉

〔주〕 1)인욕 : 151의 '인'의 주. 2)용맹 : 열심히 노력함. 견고한 의지. utsāha. 3)대도사 : 위대한 지도자. 부처님을 가리킴. nāyaka. 4)오탁 : 말세(末世)의 좋지 않은 다섯 가지 특징. 겁탁(劫濁), kalpa-kaṣāya. 전쟁 · 질병 · 기근 등이 많은 것. 시대적인 환경 사회의 혼탁. 견탁(見濁), dṛṣṭi-kaṣāya. 사상의 혼란. 그릇된 사상이 판을 치는 것. 번뇌탁(煩惱濁), kleśa-kaṣāya. 번뇌가 치성해짐. 악덕이 만연하는 것. 중생탁(衆生濁), sattva-kaṣāya. 사람의 자질(資質)이 저하하는 것. 명탁(命濁), āyuṣ-kaṣāya. 수명이 짧아지는 것.

230

능히 중생으로 하여금 악취(惡趣)[1]에서 벗어나, 몸을 돌려 승묘(勝妙)[2]한 즐거움을 얻게 하신다. — 〈慈氏陀羅尼經〉

〔주〕 1)악취 : 78의 주. 2)승묘 : 완전한. paripuṇṇa. 뛰어난. pradhāna.

231

온갖 유위법(有爲法)[1]은 범부건 성인이건, 또는 견착(見着)[2]의 이치건 인과(因果)의 이치건 간에, 모두가 법계(法界)[3]에서 벗어나지 못한다. 오직 부처님 한 분만이 법계 밖에 계시다가 다시 법계 속에 들어오사 무명(無明)의 중생을 위해 모든 선악도(善惡道)[4]의 여러 과업(果業)[5]을 끝없이 나타내 보이신다.

— 〈菩薩瓔珞本業經〉

〔주〕 1)유위법 : 여러 조건이 모여 구성된 사물. 물론 사람도 포함된다. 그런데 여기서는 세상의 여러 견해 · 학설 · 도리까지 포함시켜 쓰고 있다. saṃskṛtā dharma. 2)견착 : 도리를 잘못 알아서 생기는 집착. 3)법계 : 십팔계(十八界)의 하나인 법경(法境). 즉, 의식의 대상. 생각할 수 있는 것. 이 세상. 물론 진여(眞如)의 뜻으로도 쓰이나, 여기서는 전자의 뜻. dharma-dhātu. 4)선악도 : 선도와 악도. 윤회하는 세상에서 천상 · 인간은 선도, 지옥 · 아귀 · 축생 같은 것은 악도. 5)여러 과업 : 원문은 '果業差別'. 차별은 '여러 가지'의 뜻. 가령 '여러 가지 공덕'이라 할 때, 원어는 guṇa-viśeṣa인바, 한역에서는 이것을 직역하여 '功德差別'이라 했다. 이것도 같은 역법(譯法). 과업이란, 선악의 결과(報)를 가져올 행위.

232

"선남자(善男子)야, 여름에 구름 · 우레 · 번개가 일어나면, 반드시 큰 비가 와서 온갖 곡식과 초목이 젖게 마련이다. 여래도 오늘 마찬가지여서, 대니원(大泥洹)[1]의 미묘 비밀한 법운(法雲)[2]을 일으키고 큰 법음(法音)[3]을 울리며, 감로(甘露)의 법우(法雨)[4]를 반드시 오게 하여 중생을 안락게 할 것이다."

— 〈大般泥洹經〉

〔주〕 1)대니원 : 큰 열반. 니원은 열반의 이역(異譯). 2)법운 : 부처님의 가르침을 구름에 비유한 것. 3)법음 : 설법하는 소리. 4)법우 : 부처님의 가르침을 비에 비긴 것.

233

부처님께서 말씀하셨다. "나는 너희들 제천(諸天)[1]과 사람을 가엾이 여김이 부모의 자식 생각하는 것보다 더하다. 그래서 지금 나는 이 세상에서 부처가 되어, 오악(五惡)[2]을 항복받아 고치게 하며, 오통(五痛)[3]을 제거하며, 오소(五燒)[4]를 없애며, 선을 가지고 악을 쳐서 생사의 고통을 뿌리 뽑고, 오덕(五德)[5]을 얻어 무위(無爲)[6]에 편히 오르게 하느니라."

— 〈無量壽經〉

〔주〕 1)제천 : 161의 주. 2)오악 : 오계(五戒)를 범하는 행위. 살생(殺生)·투도(偸盜)·사음(邪婬)·망어(妄語)·음주(飮酒). 3)오통 : 5악을 범한 죄로 이 세상에서 국왕에게 벌을 받는 것. 4)오소 : 5계를 범한 죄(5악)로 사후에 받는 고통. 악도에 떨어져 불에 타는 듯한 고통을 받기에 하는 말. 5)오덕 : 비구의 다섯 가지 덕. 포마(怖魔)·걸사(乞士)·정계(淨戒)·정명(淨命)·파악(破惡). 6)무위 : 26의 주.

234

부처님께서는 자신이 진리[1]로 미혹(迷惑)[2]을 떠나셨으므로 다른 사람도 미혹을 떠나게 하신다. 자신이 선정(禪定)[3]을 얻으셨으므로 다른 사람도 선정을 얻게 하신다. 자신이 피안(彼岸)[4]에 건너가셨으므로 다른 사람도 피안에 건너게 하신다. 자신이 해탈(解脫)[5]하셨으므로 다른 사람도 해탈케 하신다. 자신이 멸도(滅度)[6]를 얻으셨으므로 다른 사람도 멸

도를 얻게 하신다. — 〈長阿含經〉

〔주〕 1)진리 : 원문은 '法'. 10의 주. 2)미혹 : 529의 주. 3)선정 : 27의 '정'과 같다. 4)피안 : 84의 주. 5)해탈 : 84의 주. 6)멸도 : 열반. 깨달음의 경지. parinibbāna.

〔풀이〕 불교란 한 마디로 말해 부처님께서 고(苦)로부터 해탈하신 과정을 실천해 보라는 권유에 지나지 않는다. 원시 경전인 만큼 그런 소식이 생동한다. 그야말로 '도득귀래무별사(到得歸來無別事) 여산연우절강조(廬山烟雨浙江潮)'다.

도화의 방법

235

중생들의 병의 차이를 따라 모두 법약(法藥)[1]으로 고치시며,[2] 중생들의 마음의 소원을 따라 모두 방편으로 만족게 하신다. — 〈華嚴經〉

〔주〕 1)법약 : 가르침의 비유. 2)고치다 : 원문은 '對治'. 지혜로써 번뇌를 깨뜨림. 고치고 바로잡음. 퇴치(退治)와 같음. pakṣa.

236

부처님께서 제자에게 이르셨다. "연금사(鍊金師)가 한 종류의 금을 가지고 생각을 따라 가지가지의 영락(瓔珞)[1]을 만들면, 자물쇠 · 고리 · 비녀 · 사슬 · 천관(天冠)[2] 따위 여러 형태[3]가 생긴다. 그러나 어느 하나도 금을 떠난 것은 없다. 여래도 마찬가지여서, 하나의 불도(佛道)를 가지고 중생을 따라 가지가지로 분별하여 설하시는 것이니, 예를 들면 하나의 식(識)[4]을 분별해 6이라 설하고, 하나의 색(色)[5]을 분별해 6이라 설하는 따위다. 이는 중생을 위해 분별하신 것이니라." — 〈涅槃經〉

〔주〕 1)영락 : 불・보살의 장신구. 또는 법당 안에 주옥과 꽃 모양의 금속을 엮어서 드리운 것. muktā-hāra. 2)천관 : 아름다운 보관(寶冠). 3)여러 형태 : 원문은 '形差別'. 차별에 대해서는 231의 '과업차별'의 주. 4)식 : 55의 주. 5)색 : 여기서는 감각・지각의 대상의 뜻. 육경(六境)을 가리킨다. 136의 '육진'의 주.

237

"문수사리(文殊師利)야, 여래는 중생들을 가엾이 여기시는 까닭에 세상에 나타나시며, 중생들을 이롭게 하기 위해 세상에 나타나시며, 중생들을 안락게 하기 위해 세상에 나타나신다. 중생들의 종성(種性)[1]과 소원에 차별이 있어 각기 같지 않으므로, 여래께서 그 소망을 따라 갖가지 상호(相好)[2]의 몸을 나타내사 설법 교화하여, 불법 속에 들어가 도를 성취케 하시느니라." — 〈大乘百福將嚴經〉

〔주〕 1)종성 : 75의 주. 2)상호 : 불신(佛身)의 특징인 삼십이상(三十二相)과 팔십종호(八十種好). 상(相) lakṣaṇa은 큰 특징, 호(好) anuvyañjana는 작은 특징. 그러나 여기서는 중생을 위해, 상인의 몸도 되고 노인이 되어 나타나기도 하는 화신(化身)을 이른다.

238

부처님께서는 중생의 심성(心性)[1]이 각기 다름을 아사 거기에 맞추어[2]

제도하시는바 이렇게 설법하신다. 인색한 자에게는 보시(布施)[3]를 찬양하시며, 금계(禁戒)[4]를 깨뜨리는 자에게는 계(戒)를 찬양하시며, 노여움이 많은 자에게는 인욕(忍辱)[5]을 찬양하시며, 게으른 자에게는 정진(精進)[6]을 찬양하시며, 마음이 어지러운 자에게는 선정(禪定)[7]을 찬양하시며, 어리석은 자에게는 지혜를 찬양하시며, 불인(不仁)한 자에게는 인자함을 찬양하시며, 노하여 해치는 자에게는 대비(大悲)를 찬양하시며, 우울해 하는 자에게는 기쁜 마음으로 사는 것[8]을 찬양하시며, 마음이 비뚤어진 자에게는 집착 버리는 일[9]을 찬양하신다. 이러히 순서를 따라 차례로 닦아 여러 불법(佛法)을 갖추게 하신다.

— 〈華嚴經〉

〔주〕 1)심성 : 불변하는 마음의 본성(本性). 우주의 절대적 이법(理法)을 다시 사람의 근원으로서 파악한 개념. citta-dhrmatā. 2)거기에 맞추어 : 한역 원문은 '隨其所應'. 각각 적절하게의 뜻. Ⓟyathāraham. 3)보시 : 17의 주. 4)금계 : 원문은 '禁'. 해서는 안 된다고 규정된 일. 여기서는 부처님이 정하신 계(戒)를 이른다. 5)인욕 : 151의 '인'의 주. 6)정진 : 26의 주. 7)선정 : 27의 '정'의 주. 8)기쁜 마음으로 사는 것 : 원문은 '喜'. 4무량심의 하나. 154의 '무량'의 주. 9)집착 버리는 일 : 원문은 '捨'. 4무량심의 하나. 154의 '무량'의 주.

239

부처님께서는 때에 따라 성문(聲聞)[1] · 독각(獨覺)[2]의 도(道)를 나타내기도 하시고, 혹은 성불(成佛)한 온갖 장엄(莊嚴)[3]을 나타내기도 한다. 이러히 삼승(三乘)[4]의 가르침을 설하사 중생을 무량겁(無量劫)에 걸쳐 널리 제도하시나, 중생의 형상이 각기 다르며 행업(行業)[5]과 음성이 또한 각기 달라 한이 없는 까닭에, 이런 온갖 중생에게 맞추어 일일이 화신(化身)[6]을 나타내신다.

— 〈華嚴經〉

〔주〕 1)성문 : 4의 주. 2)독각 : 4의 주. 3)온갖 장엄 : 원문 '普莊嚴'. 장엄은 건립(建立)·배치·광휘(光輝) 등의 뜻이 있다. vyūha. 또 장식(裝飾)의 뜻으로 많이 쓰인다. 아름답게 장식함. 훌륭함. alaṃkṛta. 여기서 '보장엄'이라 함은, 광대한 덕으로 장식되어 있다는 뜻. 4)삼승 : 성문승(聲聞乘)·연각승(緣覺乘)·보살승(菩薩乘). 깨달음에 이르는 세 가지 실천법을 수레에 비유한 것. 중생의 소질·능력에 따라, 성문으로서, 또는 연각·보살로서 깨달음에 이르는 가르침이 있다는 것. 보살승이 대승, 다른 둘은 소승이라는 것이 전통적 견해다. 5)행업 : 행위. karma-abhisaṃskāra. 6)화신 : 185의 주.

240

온갖 세상의 작업(作業)[1]을 나타내사 중생을 교화하시되 싫증냄이 없으시며, 그 마음의 소원[2]을 따라 몸을 나타내신다. 온갖 행하는 일[3]이 모두 더러움이 없으셔서, 때에 따라 범부의 몸을 나타내시며, 혹은 성인이 행할 행위를 나타내시며, 혹은 생사를 나타내시며, 혹은 열반을 나타내시기도 한다. 온갖 행위[4]를 잘 관찰하사, 갖은 장엄사(莊嚴事)[5]를 나타내 보이시되 탐착(貪着)[6]지 않으시고 제취(諸趣)[7]에 두루 들어가사 중생을 제도하시니, 이는 방편바라밀(方便婆羅蜜)[8]을 청정히 하심이다.

— 〈華嚴經〉

〔주〕 1)작업 : 행위. 활동. 몸과 마음에 의한 행위. karman. 2)마음의 소원 : 한역 원문은 '心樂'. 의향(意向). citta : āśaya. 3)행하는 일 : 원문은 '所行'. 55의 주. 4)행위 : 원문은 '所作'. 신(身)·구(口)·의(意)의 삼업(三業)을 능작(能作)이라 하는 데 대해, 그것이 발동하는 것을 이른다. 행위. 활동. kriyā. 5)장엄사 : 훌륭한 일들. 6)탐착 : 탐내어 집착함. lolupa. 7)제취 : 83의 '육도'와 같다. 8)방편바라밀 : 수단의 완성. 교묘한 방편에 의해 깨달음의 피안(彼岸)으로 건너게 하는 일. 10바라밀의 하나. upāya-pāramita.

241

하나하나의 털끝에 온갖 세계를 넣으시되 장애가 없으시며, 한량 없는 신통력을 각기 나타내사 온갖 중생을 교화 조복(調伏)[1]하신다.

—〈華嚴經〉

〔주〕 1)조복 : 21의 주.

〔풀이〕 털끝에 전 우주를 넣는다는 것은 무슨 말인가? 이미 보아 온 바와 같이, 이 세상의 모든 것은 하나도 실체(實體) 있는 것이 없고, 다른 것과의 관계에서 이루어져 있다. 소위 연기(緣起)의 도리다. 그러므로 이것을 공간적으로 바라보면, 이런 관계는 무한히 뻗어 가서 전 우주가 한 실에 꿰인 구슬이 되고 만다. 국화가 피는 것이 지난날의 천둥과 관계되어 있을 뿐 아니라, 천만억 광년(光年) 저쪽에서 벌어지는 별의 생성 · 파괴와, 그 안에 있는 돌멩이 하나, 풀 한 포기까지도 나와 관계 있는 것이 된다. 이것을 중중무진(重重無盡)의 법계연기(法界緣起)라고 하는바, 이런 관점에 서면 다즉일(多卽一) · 일즉다(一卽多)가 되고 마는 것이니, 털끝에 전 우주가 들어간다는 말이 허황할 것도 아무것도 없는 진실임을 알 수 있다.

242

"불자(佛子)야, 보살은 설사 삼천대천세계(三千大千世界)에 있는 모든[1] 중생이 그 앞에 함께 나타나, 각기가 다 끝없이 긴 말로 질문하고, 그 하나하나의 질문이 각기 다른 경우라도 일념(一念) 사이에 다 이해하여, 이에 동일한 말로 설명하면서도 마음에 바라는 바를 따라 각기 기쁨을 얻게 한다. 심지어 이루 말할 수 없고 다시 이루 말할 수 없는 세계 속에 가득한 중생일지라도, 보살은 능히 그 소망[2]을 따르고 능력[3]을 따르고 이해력을 따라 법을 설하며, 부처님의 신력(神力)[4]을 받자와 불사(佛事)[5]

를 널리 일으킴으로써, 온갖 중생의 의지하는 바가 되시느니라."

— 〈華嚴經〉

〔주〕 1)모든 : 원문은 '所有'. 119의 주. 2)소망 : 원문은 '心樂'. 240의 주. 3)능력 : 원문은 '根'. Ⓟindriya. 4)신력 : 불·보살의 초인적 능력. 위신력(威神力). 신통력. ṛddhy-abhisaṃskāra. 5)불사 : 중생을 교화하는 부처님의 사업. 여기서는 그것을 돕는 보살의 사업. buddha-kārya.

243

"불자(佛子)야, 보살은 보시(布施)[1]로 중생을 완성[2]으로 이끈다. 색신(色身)[3]으로 중생을 완성으로 이끈다. 설법으로 중생을 완성으로 이끈다. 동행(同行)[4]으로 중생을 완성으로 이끈다. 염착(染着)[5] 없는 것으로 중생을 완성으로 이끈다. 보살행[6]을 가르치는 것으로 중생을 완성으로 이끈다. 불법의 큰 위덕(威德)[7]을 나타내는 것으로 중생을 완성으로 이끈다. 가지가지 신통(神通)[8]·변현(變現)[9]으로 중생을 완성으로 이끈다. 가지가지 미묘하고 비밀스러운 교묘한 방편으로 중생을 완성으로 이끈다. 보살이 이것들을 가지고 중생계(衆生界)[10]를 완성으로 이끄느니라."

— 〈華嚴經〉

〔주〕 1)보시 : 17의 주. 2)완성 : 원문은 '成就'. siddhi. 3)색신 : 육신. 겉으로 나타나 볼 수 있는 부처님의 육신. 여기서는 보살의 그것. rūpa-kāya. 4)동행 : 뜻을 같이하여, 함께 불도를 닦는 것 또는 그 사람. samapravṛtti. 5)염착 : 마음이 외부의 사물에 매여 떨어지지 않음. 집착. saṇga. 6)보살행 : 9의 주. 7)위덕 : 위엄. tejas. 8)신통 : 159의 '신변'의 주. 9)변현 : 모습을 바꾸어 나타내는 것. prātithārya. 10)중생계 : 십계(十界) 중, 불계(佛界) 이외의 구계(九界)의 총칭. 중생의 세계.

244

번화한 거리에 놀아 중생을 이롭게 했다. 바른 가르침을 다스려서 온갖 중생을 구호했다. 강론(講論)하는 데 들어가 대승(大乘)으로 인도했다. 여러 학교에 들어가 아이들을 좋은 길로 이끌었다. 여러 매음굴에 들어가 애욕의 과실을 보였다. 여러 술집에 들어가 그 뜻이 흔들리지 않음을 보였다. 부호들과 같이 있을 때는 부호들의 존경받는 자가 되어, 그들을 위해 수승(殊勝)한 가르침[1]을 설했다. 거사(居士)[2]들과 있을 때는 거사들의 존경받는 사람이 되어, 그들의 탐착(貪着)[3]을 끊었다. 찰리(刹利)[4]들과 같이 있을 때는 찰리들의 존경받는 사람이 되어, 그들에게 인욕(忍辱)[5]을 가르쳤다. 바라문(婆羅門)[6]과 같이 있을 때는 바라문들의 존경받는 사람이 되어, 그들의 아만(我慢)[7]을 끊었다. 대신들과 같이 있을 때는 대신들의 존경받는 사람이 되어, 그들에게 바른 도리를 가르쳤다. 왕자들과 같이 있을 때는 그들의 존경받는 사람이 되어, 그들에게 충효를 가르쳤다. 내관(內官)들과 같이 있을 때는 내관들에게 존경받는 사람이 되어, 궁녀들을 교화해 바로잡았다. 서민들과 같이 있을 때는 서민들에게 존경받는 사람이 되어, 그 복력(福力)[8]을 일으키게 했다. ……이런 무한한 방편으로 중생을 이롭게 했다.

— 〈維摩經〉

〔주〕 1)수승한 가르침 : 원문은 '勝法'. 2)거사 : 부상(富商). 부자. gahapati. 남자 신도의 뜻이 된 것은 중국에 와서다. 3)탐착 : 240의 주. 4)찰리 : kṣatriya의 음사인 '刹帝利'의 약(略). 사성(四姓), 즉 인도의 네 계급 중의 하나. 왕족·무사의 계급. 5)인욕 : 151의 '인'의 주. 6)바라문 : brāhmaṇa의 음사. 인도 사성(四姓) 중의 최고위. 힌두교의 승려 계급. 7)아만 : 자기 속에 자아(自我)가 있다고 생각하여 오만한 것. 교만. mānin. 8)복력 : 복덕의 힘. 과보(果報)가 좋아 권세가 있는 것. puṇya-kṛta.

〔풀이〕 유마(維摩)를 설명하는 지문(地文)이다. 구마라습(鳩摩羅什)의 한역본(漢譯本)의 이 대목은 지나치게 간결하여 빠뜨린 원문이 적지 않은데다가, 한용운 선생의 한역본 인용이 부정확하다. 첫머리에 '菩薩은'이라는 말을 삽입하여, 유마에 대한 설명문인 이 글을 보편화하여 보살 일반의 행위로 바꾸려는 뜻이 엿보인다. '若在長者, 長者中尊, 爲說勝法'을 '長者를 爲하사 勝法을 說하시며'로 바꾸는 따위의 탈문(脫文)과 왜곡이 끝까지 계속되었고, 내관(內官)의 대목은 일부러 생략하신 듯하다. 또 서민(庶民)에 관한 말 다음에 범천(梵天)·제석(帝釋)·호세(護世)에 관한 것이 생략되었다. 또 앞의 '入治正法'을 '正法을 入治하여'로 읽지 않고, '政治法에 入하여'로 읽은 것도 오독이다.

245

보살은 중생의 능력[1)]을 알며, 그들의 인연을 알며, 그들의 마음의 움직임[2)]을 알며, 그 바라는 바를 알아서 가르침을 설한다. 탐욕 많은 사람에게는 그것의 부정(不淨)함을 설한다. 성내기 잘하는 사람에게는 대비(大悲)를 설한다. 매우 어리석은 사람에게는 부지런히 온갖 사물을 관찰하도록 가르친다. 삼독(三毒)[3)]이 많은 사람에게는 승지(勝智)[4)]의 법문(法門)[5)]을 성취케 한다. 생사(윤회)를 즐기는 자에게는 삼고(三苦)[6)]를 설한다. 제유(諸有)[7)]에 집착하는 사람에게는 공(空)의 이치를 설한다. 게으른 사람에게는 크게 정진(精進)할 것을 설한다. 아만(我慢)[8)]을 지닌 사람에게는 평등의 이치를 설한다. 아첨 잘하는 사람에게는 보살심(菩薩心)[9)]을 설한다. 마음이 곧고 깨달음[10)]을 바라는 사람에게는 자세히 설하여[11)] 성취케 한다.

— 〈華嚴經〉

〔주〕 1)능력 : 원문은 '所作'. 217의 주. 2)마음의 움직임 : 원문은 '心行'. caryā. 3)삼독 : 선근(善根)을 해치는 세 가지 번뇌. 탐(貪)·진(瞋)·치(痴). tridoṣāpaha. 4)승지 : 방편에 교묘한 지식. kauśalya. 5)법문 : 진리에 이르는 문. 부처님의 가르침. dharma-mukha. 6)삼고 : 생존해 있는 사람의 세 가지 고통. ①고고(苦苦). 마음에 안 내키는 대상에서 받는 괴로움. ②행고(行苦). 세상의 변천을 보고 느끼는 괴로움. ③괴고(壞苦). 좋아하는 것이 파괴되는 것에서 느끼는 괴로움. tri-duḥkhatā. 7)제유 : 83의 주. 8)아만 : 244의 주. 9)보살심 : 널리 중생을 제도하려는 보살의 마음. 10)깨달음 : 원문은 '寂靜'. 52의 주. 11)자세히 설함 : 원문은 '廣'. vyāsavat(자세히 설해짐)을 <百五十讚>에서 '廣'으로 번역했다.

246

부처님의 신통(神通)[1]으로 인해 소경이 보며, 귀머거리가 들으며, 벙어리가 말한다. 내지 제근(諸根)[2]이 불구한 사람이 다 완전해지며, 미혹(迷惑)[3]·주정뱅이·미치광이가 깨달아 정정(正定)[4]에 들어 어지러움이 없으며, 중독된 사람에게서 독이 사라지며, 노여움과 원한을 서로 일으키던 사람이 자애로운 마음으로 상대하게 된다. — 〈得度因緣經〉

〔주〕 1)신통 : 159의 '신변'의 주. 2)제근 : 오근(五根). 79의 13)의 주. 3)미혹 : 도리에 어두운 것이 원뜻이나, 술 같은 것에 빠진다는 뜻도 있다. 여기서는 후자. 4)정정 : 바른 명상. 바른 정신 통일. 팔정도(八正道)의 하나. samyak-samādhi.

247

"선남자(善男子)야, 보살법사(菩薩法師)[1]의 행(行)에 관한 열 가지 비유가 있느니라. 무엇이 열인가? 일, 대지는 그 본성(本性)이 평등하여 온갖 중생을 업고 있건만, 중생의 보은(報恩)을 바라는 일이 없다. 보살법사도 저 대지와 같다. 그 마음이 평등하여 온갖 중생을 업고 있으면서도, 중생의 보은을 바라지 않는다. 이, 대수(大水)[2]는 그 본성이 널리 침투하여 온갖 것을 적셔 다 무성케 하건만, 그들의 보은을 바라지 않는다. 보살법사도 또한 이러하다. 자기의 공덕으로 중생을 이롭게 해서 다 편안케 하면서도, 중생의 보은을 바라지 않는다. 삼, 불의 성질은 온갖 과일을 성숙게 하건만, 그것들에게 바라는 바가 없다. 보살법사도 또한 이러하다. 자기의 공덕·지혜로 온갖 중생의 선근(善根)[3]의 과일을 성숙게 하면서도, 중생의 보은을 바라지 않는다. 사, 바람의 성질은 온갖 약초의 씨를 자라게 하건만, 그것에 분별함이 없고 바라는 바가 없다. 보살법사도 또한 이러하다. 온갖 중생의 법신(法身)[4]을 증장(增長)[5]케 하면서도 중생의 보은을 바라지 않는다. 오, 공간은 무량·무변하며 그 몸에 장애가 없어서 온갖 것을 받아들이건만, 그것들에 분별함이 없으며 탐착(貪着)[6]함이 없다. 보살법사도 또한 이러하다. 무량·무변한 여러 착한 공덕을 성취하여 온갖 중생을 이롭게 하면서도, 중생에게 분별함이 없고 탐착함이 없다. 육, 명월은 허공에 빛나고 있어서 청정·원만하여 보는 사람들이 다 즐거움을 느끼며, 빛이 세상의 온갖 형태를 비쳐 저 어둠에 의해 더럽혀지지 않게 한다. 보살법사도 또한 이러하다. 세상에 나타나매 공덕이 구족하여, 모든 곳에서 보는 사람 모두가 즐거움을 느끼며, 세간(世間)[7]을 구제하여 저 세법(世法)[8]에 의해 더럽혀지지 않게 한다. 칠, 해가 뜨면 빛이 두루 비쳐 온갖 어둠을 깨고 가림이 없어서, 모든 중생의 소작[9]사업(所作事業)을 다 이루게 한다. 보살법사도 또한 이러하다. 세상에 나타나 중생들의 무명(無明)의 어둠을 깨고 지혜의 빛으로 널리 비쳐서, 중생의 가지가지 선근(善根)을 다 증장(增長)시킨다. 팔, 배는 견후(堅厚)하고 잘 묶여져 깨어지지 않아서, 중생들을 싣고 대해를 건네 주건만 중생에게 값을 요구하지 않는다. 보살법사도 또한 이러하다. 지혜로 두터움을 이루고 여러 바라밀(波羅蜜)[10]로 견고함을 이루고 대자비로 잘 묶는 작용을 하여, 중생들을 싣고 생사[11]의 대해를 건네 주건만 중생에게 값을 요구하지 않는다. 구, 다리는 사나운 강물이 흘러 물살 세고 험난한 곳에 걸려 있어서, 중생들을 건너가게 하건만 건네 주는 일을 분별하는 생각이 없다. 보살법사도 또한 이러하다. 번뇌의 사나운 강물이 세차게 흐르고 건너기 어려워, 험난하여 두렵기 짝 없는 도중에 큰 다리가 되어 걸려 있어서, 중생을 평등히 건너게 하여 해탈의 즐거움을 주면서도, 구제한 것에 대해 분별하는 마음이 없다. 십, 큰 등불은 방안의 모든 어둠을 다 비치건만, 내가 비쳤다느니 비친 것은 내 작용(我所)이라느니 하는 생각이 없다. 보살법사도 또한 이러하다. 무명의 어두운 방에 지혜의 등불을 켜서 온갖 중생을 평등히 두루 비치면서도 내가 비친다느니 비치는 것은 나의 작용이라느니 하는 마음이 없다. 이것이 보살의 열 가지 비유니라."

— 〈法集經〉

〔주〕 1)보살법사 : 보살인 설법자·포교사. 법사는 설교자·포교사의 뜻. dharma-bhāṇaka. 2)대수 : 대지 밑에 있는 물. āpas. 우주의 처음에 있던 물. 3)선근 : 17의 주. 4)법신 : 여래장(如來藏)과 같음. 1의 주. 5)증장 : ①늘임. vaḍḍhati. ②끌어 냄. 완성함. adhinirhāra. 6)탐착 : 240의 주. 7)세간 : 중생. 168의 주. 8)세법 : 세간법(世間法). 39의 주. 9)소작 : 해야 할 일. kṛtya, karaṇiya. 10)바라밀 : '到彼岸'이라고 한역. 피안에의 길. 수행의 완성. 깨달음에 이르기 위한 보살행. 6바라밀·10바라밀이 있다. pāramitā. 11)생사 : 12의 주.

248

부처님께서 말씀하셨다. "내가 과거세(過去世)에 상인이었을 때의 일이다. 여러 상인과 함께 보배를 취하기 위해 바다에 갔다. 그리하여 많은 보배를 얻어 배를 타고 돌아오는데, 배가 바다 가운데서 갑자기 파괴되는 바람에 탔던 사람들은 표류하기도 하고 익사(溺死)하기도 했다. 그 때 나는 부낭(浮囊)에 의지해 있었으므로 무사히 바다를 건널 수 있는 처지였다. 그런데 물에 떠 있던 다섯 상인이 나를 향해 구원을 청해 왔다. 부낭은 하나인데 상인은 다섯. 도저히 함께 살아날 수는 없는 일이었다. 그래서 나는 그들에게 말했다.

'당신들은 걱정하지 마시오. 내가 무사히 바다를 건너게 해 드리겠으니, 모두 내 몸을 단단히 잡으십시오.'

그들은 내 등에 타기도 하고, 어깨를 안기도 하고, 더러는 다리를 붙잡았다. 이 때 나는 차고 있던 날카로운 칼을 뽑아 내 목숨을 끊었고, 그들은 내 시체에 매달려 육지에 닿을 수 있었다." — 〈大悲經〉

〔**풀이**〕 인과(因果)를 믿고 윤회(輪廻)를 인정한다면, 부처님은 무수한 전생에서 선행(善行)을 쌓았을 것으로 추측하게 되는 것은 당연하다. 이리하여 가뜩이나 상상력이 풍부한 인도 사람들에 의해 부처님 전생의 이야기, 이르는바 본생담(本生譚 : jātaka)이 만들어졌던 것이니, 이것도 그 중의 하나다.

249

부처님께서 코끼리 훈련사[1)]에게 물으셨다.

"코끼리를 제어(制御)하는[2)] 법이 몇 가지가 있느냐?"

코끼리 훈련사가 대답했다.

"세 가지가 있습니다. 첫째는 견고한 갈고리로 입을 걸어 고삐를 매는 일입니다. 둘째는 먹이를 줄여 늘 배고프게 하는 일입니다. 셋째는 매질을 해서 아픔을 주는 일입니다. 쇠갈고리로 입을 걸어 입의 억셈을 제어하고, 음식을 많이 주지 않는 것으로 몸의 사나움을 제어하고, 매질을 해서 그 마음을 항복받습니다."

부처님께서 코끼리 훈련사에게 이르셨다.

"나도 세 가지가 있어서 온갖 사람을 제어하며, 또한 스스로 제어하여 무위(無爲)[3]에 이를 수 있도록 한다. 첫째는 지성(至誠)으로써 입의 후환을 제어하고, 둘째는 자애로써 몸의 억셈을 조복(調伏)[4]하고, 셋째는 지혜로써 어리석음을 없앤다. 대개 이 세 가지를 가지면, 온갖 사람을 구제하여 삼악도(三惡道)[5]를 떠나게 할 수 있느니라." —〈法句譬喩經〉

〔주〕 1)코끼리 훈련사 : 원문은 '象師'. 2)제어함 : 원문은 '調'. dama. 3)무위 : 26의 주. 4)조복 : 21의 주. 5)삼악도 : 166의 주.

250

중생[1]은 방일(放逸)[2]하여 길이 오욕(五欲)[3] 속을 헤매고, 무실(無實)한 망상으로 고(苦)의 장애를 만들고 있다. 이 때에 부지런히 수행하여 방일함이 없이 불법[4]을 받들어 행하고, 큰 서원을 일으켜 저들을 구제함이 바로 부처님의 경계(境界)[5]다.

미혹(迷惑)하여 바른 길을 잃고 여러 그릇된 길을 가는 중생을 보건대, 모두 큰 어둠 속에 길이 잠겨 있다. 이들을 위해 지혜의 등불을 켜서 불법(佛法)을 보게 하는 것이 바로 부처님의 경계다. 삼유(三有)[6]의 바다가 깊고 넓어서 밑과 가가 없는데, 중생들이 그 속에 빠져 허덕이고 있다. 이에 방편으로 정법(正法)[7]의 배를 만들어 그들을 건너게 하는 것이 바로 부처님의 경계다. —〈華嚴經〉

〔주〕 1)중생 : 원문은 '世間'. 168의 주. 2)방일 : 게으름. 방자. 마음이 산만하여 선행에 전념하지 않는 것. pramāda. 3)오욕 : 1의 주. 4)불법 : 4의 주. 5)

경계 : 81의 주. 6)삼유 : 200의 주. 7)정법 : 바른 가르침. 부처님의 가르침. dharma.

제6장 불신(佛身)

불신의 본유(本由)

251

부처님의 몸은 곧 법신(法身)[1]이시니, 무량한 공덕과 지혜로부터 생기신다. 계(戒)[2]·정(定)[3]·혜(慧)·해탈·해탈지견(解脫知見)[4]으로부터 생기신다. 자(慈)[5]·비(悲)[6]·희(喜)[7]·사(捨)[8]로부터 생기신다. 보시(布施)[9]·지계(持戒)[10]·인욕(忍辱)[11]·유화(柔和)·근행(勤行)·정진(精進)·선정(禪定)·해탈(解脫)·삼매(三昧)[12]·지혜의 여러 바라밀(波羅蜜)[13]로부터 생기신다. 또 방편으로부터 생기시며, 육통(六通)[14]으로부터 생기시며, 삼명(三明)[15]으로부터 생기신다. 또 삼십칠도품(三十七道品)[16]으로부터 생기시며, 지관(止觀)[17]으로부터 생기신다. 또 십력(十力)[18]·사무소외(四無所畏)[19]·십팔불공법(十八不共法)[20]으로부터 생기신다. 온갖 불선법(不善法)[21]을 끊고 온갖 선법(善法)[22]을 모으는 일로부터 생기신다. 진실로부터 생기시며, 불방일(不放逸)[23]로부터 생기신다. 이런 끝없는 청정한 일로부터 여래의 몸이 생기신다. —〈維摩經〉

〔주〕 1)법신 : 풀이 참조. 2)계 : 18의 주. 3)정 : 27의 주. 4)해탈지견 : 해탈했다는 자각. 5)~8)자·비·희·사 : 154의 '무량'의 주. 9)보시 : 17의 주. 10)지계 : 151의 주. 11)인욕 : 151의 '인'의 주. 12)삼매 : 154의 주. 13)바라밀 : 247의 주. 14)육통 : 여섯 개의 초인적 능력. ṣad-abhijñā. ①신족통(神足通).

아무 데나 뜻대로 나타나는 능력. ②천안통(天眼通). 자타의 미래의 양상을 아는 능력. ③천이통(天耳通). 보통 사람이 듣지 못하는 소리를 듣는 능력. ④타심통(他心通). 남의 생각을 알 수 있는 능력. ⑤숙명통(宿命通). 자타의 과거세의 모양을 아는 능력. ⑥누진통(漏盡通). 번뇌를 없애는 능력. 15)삼명 : 특별한 수행자가 지니는 초인적 능력. ①숙명명(宿命明). 과거세의 인연을 아는 일. ②천안명(天眼明). 미래의 과보(果報)를 아는 일. ③누진명(漏盡明). 번뇌가 다함으로써 얻은 지혜. 16)삼십칠도품 : 도품은 bodhipākṣika의 한역. 보리분(菩提分)·각지(覺支)라고도 번역하며, 깨달음을 얻기 위한 실천 방법. 이것을 37로 정리한 것. 사념처(四念處)·사정근(四正勤)·사신족(四神足)·오근(五根)·오력(五力)·칠각지(七覺支)·팔정도(八正道)의 총칭. 17)지관 : 외부에 끌리지 않고 마음을 한 곳에 집중하는 것을 지(止) śamatha라 하고, 그것에 의해 바른 지혜를 얻어 대상을 바라보는 것을 관(觀) vipaśyanā라 한다. '지'는 정(定), '관'은 혜(慧)에 해당한다. 18)십력 : 154의 '역'의 주. 19)사무소외 : 154의 주. 20)십팔불공법 : 부처님 특유(不共)의 18가지 특질. 십력(十力)·사무외(四無畏)·삼념주(三念住)·대비(大悲)를 이른다. 그러나 대승불교에서는 다음을 가리킨다. ①~③신(身)·구(口)·의(意)의 삼업(三業)에 허물이 없는 것. ④중생에 대한 평등심. ⑤선정에 의한 마음의 안정. ⑥모두를 포용하여 버리지 않는 마음. ⑦~⑪중생 제도의 의욕과 정진(精進)·염력(念力)·선정·지혜에 있어서 감퇴함이 없는 것. ⑫해탈에서 뒷걸음치지 않는 것[때로는 ⑩의 선정을 빼고 ⑫에 해탈 지견(解脫知見)을 넣는다]. ⑬~⑮중생 제도를 위해 지혜의 힘으로 신(身)·구(口)·의(意)의 삼업(三業)을 나타내는 것. ⑯~⑱과거·현재·미래의 온갖 것을 알아 막힘이 없는 것. 21)불선법 : 바르지 않은 일들. 선법의 반대. 22)선법 : 18의 주. 23)불방일 : 게으름을 부리지 않는 것. apramāda.

〔**풀이**〕 역사적인 부처님은 석가 한 분이다. 석가는 진리(dharma)를 깨달아 부처님(buddha)이 되었지만, 그 육신은 생(生)·사(死)·병(病)·노(老)를 걸머진 점에서 예사 사람과 조금도 다른 점이 없었다. 부처님 자신은 자기를

의지하지 말고 법(法)을 의지하라고 가르치셨거니와, 부처님이 돌아가시자 이 법(진리·깨달음)과 역사적 인격으로서의 부처님을 동일시하는 경향이 생겼고, 대승불교에 와서 여러 불신설(佛身說)이 생겨나게 되었다. 그 대표적인 것이 법신(法身)·보신(報身)·응신(應身)의 3불신설이다.

법신(dharma-kāya)이란 진리 자체, 이법(理法) 자체를 부처님으로 보는 것이며, 요즘 말로 고치면 이름 지을 수 없고 한정할 수 없는 절대 자체이다. 따라서 몸이라고도 할 수 없는 몸이며, 바로 진여(眞如) 그것이다. 그러므로 이것을 우주 만물의 발생 원인으로 볼 때, 우주의 통합 원리로서 비로자나불이라는 부처님이 설정되기도 했고, 우리에게 내재(內在)하는 불성(佛性)이라는 점에서 보면 우리 속에도 법신은 있다고 생각되므로 여래장(如來藏)과 같은 뜻이 되기도 했다.

이에 비겨 응신(nirmāṇa-kāya)은 중생을 제도하기 위해 역사적 세계에 출현한 부처님이다. 절대 자체인 법신이 상대적인 사람의 몸으로 나타나 가르침을 드리우는 것이다. 따라서 그 육신은 어디까지나 가구적(假構的)이다.

그런데 법신은 영원 자체, 절대 자체이기는 하나 역사성·인격성이 없고(<화엄경>에서 비로자나불 자신은 한 마디도 입을 열지 않는다), 응신은 역사적·인격적이기는 하나 영원성·절대성이 없다. 이리하여 양자를 통합한 듯한 불신설이 생겼는바, 그것이 보신(saṃbhoga-kāya)이다. 이것은 무수겁(無數劫)에 걸친 서원과 수행의 과보(果報)로서 영원한 부처님이 된 것을 이름이다. 진리 자체인 법신과도 다르고 역사적·인격적인 응신과도 다르면서, 양자의 성격을 다 지니고 있는 셈이다. 아미타불 같은 부처님이시다.

252

부처님께서 가섭(迦葉)[1]에게 이르셨다. "여래의 몸은 영원의 몸이라 변치 않으며, 금강(金剛)[2]의 몸이라 능히 정법(正法)[3]을 지켜 보존하는 것이니, 인연[4]으로 이 몸을 성취하였다. 내가 옛날에 법을 지킨 인연에 의해, 이 금강의 영원불변한 몸을 성취하니라."

— 〈涅槃經〉

〔주〕 1)가섭 : 십대제자(十大弟子)의 하나. kāsypa. 2)금강 : 98의 주. 3)정법 : 바른 가르침. 바른 진리. sad-dharma. 4)인연 : 이유. 그럴 만한 이유.

253

그 때 세존(世尊)이 사자좌(獅子座)[1]에서 진금(眞金)[2]의 손으로 몸에 걸치신 승가리의(僧伽梨衣)[3]를 걷으시고, 자마황금(紫磨黃金)[4]의 가슴을 드러내시어 대중에게 널리 보이시며 말씀하셨다.

"온갖 인천(人天)[5] 대중아, 마땅히 심심(深心)[6]으로 내 자마황금색신(紫磨黃金色身)[7]을 보라."

그러자 사부대중(四部大衆)[8]은 다 같이 대각세존(大覺世尊)의 황금색신(黃金色身)을 우러러 뵈었다.

세존께서는 황금신(黃金身)을 대중에게 보이시고 나서, 곧 무량·무변한 백천만억의 대열반광(大涅槃光)[9]을 발하사 시방(十方)의 온갖 세계를 두루 비추셨는데, 그 광명에 압도되어 일월도 빛을 잃었다. 이 광명을 비추시고 나서, 다시 대중에게 말씀하셨다.

"마땅히 알라. 여래가 너희들을 위하는 까닭으로 누겁(累劫)에 걸쳐 애쓰고 고생하여, 손발을 잘리며 온갖 난행·고행을 다 닦았느니라. 그리고 대비(大悲)의 본원(本願)[10]으로 이 오탁악세(五濁惡世)[11]에서 아뇩다라삼먁삼보리(阿耨多羅三藐三菩提)[12]를 이루어, 이런 금강불괴(金剛不壞)의 자마색신을 얻었으니, 삼십이상(三十二相)[13]과 팔십종호(八十種好)[14]가 갖추어졌으며, 한없는 광명으로 온갖 것을 두루 비추매, 형상을 보고 빛을 만나면 해탈치 않는 자가 없느니라." — 〈涅槃經〉

〔주〕 1)사자좌 : 부처님의 좌석. 부처님을 사자에 비긴 것. siṃha-sāna. 2)진금 : 순금. 3)승가리의 : 승가람마(僧伽藍摩)와 같은 말로도 쓰이나, 여기서는

'승가리'라는 옷. 대의(大衣)·중의(重衣)라고도 한다. 설법·탁발을 하기 위해 외출할 때에 입는 옷. saṃghāṭi. 4)자마황금 : 자줏빛을 띤 황금. 5)인천 : 원문은 '天人'. 천상 사람이 원뜻이나 여기서는 '人天'과 같은 말. 사람과 천상인. 6)심심 : 깊은 부처님의 경지를 자기 마음속에 구하는 마음. 깊이 믿는 마음. adhyāśaya. 7)자마황금색신 : 자줏빛을 띤 황금 모양의 부처님의 육신. 8)사부대중 : 원문은 '四衆'. 네 부류의 신도. 비구(比丘) bhikṣu·비구니(比丘尼) bhikṣuni·우바색(優婆塞) upāsaka·우바이(優婆夷) upāsikā 즉 남녀 승려와 남녀 신자. 9)대열반광 : 대열반은 대반열반(大般涅槃)의 약(略). 뛰어나고 완전한 깨달음의 경지에서 나오는 광명. 10)본원 : 171의 주. 11)오탁악세 : 229의 주. 12)아뇩다라삼먁삼보리 : 17의 주. 13)삼십이상 : 부처님의 32가지 신체의 특징. 원래 전륜성왕에 따르는 전설을 전용한 것. 생략하겠다. dvātriṃśal-lakṣaṇa. 14)팔십종호 : 불신(佛身)의 80가지 부차적인 특징. Ⓟasiti-anubyañjana. 자세한 것 생략.

254

부처님께서 말씀하셨다.

"법장비구(法藏丘比)[1]가 보살행[2]을 실천할 때에, 용모가 단정·엄숙하여 32상[3]과 80종호[4]가 다 갖추어져 있었다. 그리고 입 안에서 전단향(旃檀香)[5]이 항상 나오고 몸의 털구멍마다에서는 우담발화(優曇鉢花)[6] 향기가 언제나 나와, 무량무변하고 생각도 할 수 없는 나유타(那由他)[7] 유순(由旬)[8]까지 널리 풍겼는데, 이 향기를 맡은 사람은 누구나 무상(無上)의 보리심(菩提心)[9]을 일으켰다. 또 손 안에서는 늘 온갖 의복·음식과, 온갖 당번(幢幡)[10]·보개(寶蓋)[11]와 온갖 음악 및 온갖 최상의 필요한 물건이 나와서, 모든 중생을 즐겁게 함으로써 불도(佛道)에 귀의케 했다. 이같이 공을 쌓고 덕을 포개서, 무량무수 백천만억 겁(劫)에 걸쳐 공덕이 원만하고 위력(威力)[12]이 치성(熾盛)하였으므로, 드디어 소원을 성취하사

불위(佛位)[13]에 드셨느니라." — 〈大阿彌陀經〉

〔주〕 1)법장비구 : 아미타불의 보살 때의 이름. Darmākara. 2)보살행 : 9의 주. 3)32상 : 253의 주. 4)80종호 : 253의 주. 5)전단향 : 전단이라는 나무의 향기. candana-gandha. 6)우담발화 : 우덤바라(udumbara)의 꽃. 7)나유타 : 17의 주. 8)유순 : yojana의 음사. 인도의 거리의 단위. 9)보리심 : 50의 주. 10)당번 : 장기(長旗). dhvaja. 11)보개 : 아름답게 꾸민 일산(日傘). ratnacchattra. 12)위력 : 182의 주. 13)불위 : 깨달음. bodhi. 부처님의 지위.

255

부처님은 두 가지 몸을 가지사 무수한 공덕[1]을 다 갖추셨다. 둘이란 소위 화신(化身)[2]과 법신(法身)[3]이시다. — 〈法身經〉

〔주〕 1)공덕 : 20·208의 주. 2)화신 : 응신(應身). 251의 풀이. 3)법신 : 251의 풀이.

256

여래의 몸은 곧 법계신(法界身)[1]·금강신(金剛身)[2]·불가괴신(不可壞身)[3]·견고신(堅固身)[4]이시며, 삼계(三界)[5]의 온갖 것보다 비길 바 없이 월등하신 몸이시다. — 〈菩薩藏正法經〉

〔주〕 1)법계신 : 궁극의 진리를 몸으로 삼고 있는 불신(佛身). 존재하는 일체로 몸을 삼고 있는 불신. 법신(法身). 2)~4)금강신·불가괴신·견고신 : 다 영원불변의 불신이라는 뜻. 5)삼계 : 4의 주.

"그리고 선남자(善男子)야, 보살은 열 가지 일을 성취하여 법성신(法性身)[1]을 얻느니라. 열 가지란 무엇인가? 첫째는 평등신(平等身)을 얻는 일이요, 둘째는 청정신(淸淨身)을 얻는 일이요, 셋째는 무진신(無盡身)[2]을 얻는 일이요, 넷째는 적집신(積集身)[3]을 얻는 일이요, 다섯째는 법신(法身)을 얻는 일이요, 여섯째는 심원하여 헤아릴 수 없는 몸을 얻는 일이요, 일곱째는 불가사의한 몸을 얻는 일이요, 여덟째는 적정신(寂靜身)[4]을 얻는 일이요, 아홉째는 허공 같은 몸을 얻는 일이요, 열째는 지신(智身)을 얻는 일이다."

지개보살(止蓋菩薩)이 여쭈었다.

"세존이시여! 보살들이 어느 위계(位階)[5]에서 여래의 법성신을 증득(證得)[6]하게 되나이까?"

부처님께서 말씀하셨다.

"선남자야, 초지(初地) 보살은 평등성을 얻는다. 왜냐하면 온갖 불평등을 길이 떠난 때문이요, 온갖 보살의 평등한 법성(法性)[7]을 깨달았기 때문이다. 이지(二地) 보살은 청정신을 얻는다. 시라(尸羅)[8]가 청정하기 때문이다. 삼지(三地) 보살은 무진신을 얻는다. 온갖 노여움을 떠났기 때문이다. 사지(四地) 보살은 적집신을 얻는다. 불법(佛法)을 모았기 때문이다. 오지(五地) 보살은 법신을 증득한다. 온갖 도리(법)에 통달했기 때문이다. 육지(六地) 보살은 심원하여 헤아릴 수 없는 몸을 얻는다. 헤아릴 수 없는 심원한 도리를 모아 가졌기 때문이다. 칠지(七地) 보살은 불가사의한 몸을 얻는다. 불가사의한 불법을 모았고, 능히 훌륭한 방편을 모아 지녔기 때문이다. 팔지(八地) 보살은 적정신을 얻는다. 온갖 희론(戱論)[9]과 번뇌를 멀리했기 때문이다. 구지(九地) 보살은 허공 같은 몸을 얻는다.

무변신(無邊身)[10)]이 충만하기 때문이다. 십지(十地) 보살은 지신을 증득한다. 일체지(一切智)[11)]를 증득했기 때문이다." — 〈寶雨經〉

〔주〕 1)법성신 : 법신(法身)의 뜻으로도 쓰이나, 여기서는 법성법신(法性法身)의 약칭. 일체의 차별적 현상을 넘어선 절대 평등한 본성은 인연으로 이루어진 것이 아니므로, 그 영원불변성을 몸에 비긴 것. 2)무진신 : 이 '무진'은 akṣaya니, 멸하지 않는 것. 3)적집신 : 이 '적집'은 upacaya의 역어니, 선근(善根)을 쌓는 것. 4)적정신 : 이 '적정'은 고요하고 편안한 것. śama. 5)위계 : 구체적으로는 십지(十地) daśa-bhūmayah를 이른다. 보살의 52 수행 단계 중에서 41에서 50까지를 십지라 한다. 차례대로 초지(初地)·2지(二地)…로 부르기도 하고, 다음 같은 이름으로 호칭하기도 한다. 환희지(歡喜地)·이구지(離垢地)·발광지(發光地)·염혜지(焰慧地)·난승지(難勝地)·현전지(現前地)·원행지(遠行地)·부동지(不動地)·선혜지(善慧地)·법운지(法雲地). 6)증득 : 얻음. 완성함. adhigama. 7)법성 : 79의 주. 8)시라 : 18의 주. 9)희론 : 79의 주. 10)무변신 : '무변'은 공간적으로 한정이 없는 것. ananta. 11)일체지 : 17의 주.

〔풀이〕 말할 것도 없이 여기서 얻는 여러 몸이란 육신을 말한 것이 아니라 진리 자체를 가리킨 것들이다. 따라서 '무변신'을 얻는다 할 때, 정말로 육신이 그렇게 된다는 것이 아니라, 공간적인 한정을 초월한 진리를 얻는다고 해석되어야 한다.

258

"여래의 절묘한 육신은 세상에 같은 것이 없어서, 무비(無比)·불가사의합니다. 그러므로 이제 경례하나이다." — 〈勝鬘經〉

불신의 보현(普現)

259

법계(法界)[1]의 온갖 국토(國土), 그 하나하나의 미진(微塵) 속에, 여래는 해탈력(解脫力)[2]으로 몸을 널리 나타내신다. 법신(法身)은 허공 같아 장애도 없고 차별도 없거니와, 그 색신(色身)[3]은 그림자 모양 가지가지의 모습을 나타내는 것이니, 그림자는 방소(方所)[4]가 없고 허공 같아 체상(體相)[5]이 없다. 큰 지혜를 가진 사람이면 그 평등함을 깨달을 것이다. 불신(佛身)은 포착할 수 없어서, 생기는 일도 없고 행동을 일으키는 일도 없건만, 상대를 따라[6] 널리 나타나 평등함이 허공과 같다. —〈華嚴經〉

〔주〕 1)법계 : 법계가 진여(眞如)의 뜻임은 이미 밝혔거니와, 이는 dharmadhātu의 dhātu(界)를 본성(本性)의 뜻으로 해석한 것이다. 한편 이 계(界)를 분(分)의 뜻으로 보면, 진여·법성의 표현, 즉 세계·우주의 뜻이 된다. 여기서는 후자. 2)해탈력 : 십력(十力)의 세번째인 선정해탈등지등지지력(禪定解脫等持等至智力)에서, 해탈지력만을 뽑아낸 것. 해탈시키는 힘. 3)색신 : 243의 주. 4)방소 : 공간의 일부를 차지하는 장소. sthāna. 5)체상 : 본체(本體). 특질. svabhāva-lakṣaṇa. 6)상대를 따라 : 원문은 '應物'. 물(物)에 대해서는 217의 주.

260

부처님들의 법신(法身)은 중생의 마음을 따라 몸을 나타내시는 것이니, 한 부처님의 몸이 국토에 의거해 무량한 부처님이 되어 나타나신다. —〈華嚴經〉

261

불신(佛身)은 법계(法界)[1]에 충만하여 온갖 중생 앞에 널리 나타나신다. 이같이 수연부감(隨緣赴感)[2]하여 두루 미치지 않는 곳이 없으시나, 항상 이 보리좌(菩提座)[3]에 거하고 계시다. — 〈華嚴經〉

〔주〕 1)법계 : 259의 주. 2)수연부감 : 연을 따라 거기에 응함. 부(赴)는 응함이니 부처님의 작용이요, 감은 중생의 신심·선근이 부처님에게 작용함이다. 3)보리좌 : 석존(釋尊)께서 성도하신 자리. 보리수 밑에 있었으므로 보리좌 bodhi-maṇḍa라 한다.

262

온갖 부처님들께서는 끝없는 몸이 있으신바, 모습이 청정하여 제취(諸趣)[1]에 두루 들어가시어도 더럽혀지는 일이 없으시다. 온갖 부처님들께서는 끝없고 막힘 없는 눈이 있으셔서, 온갖 사물을 온통 꿰뚫어 보신다. 온갖 부처님들께서는 끝없고 막힘 없는 귀가 있으셔서, 온갖 소리를 알아들으신다. 온갖 부처님들께서는 끝없고 막힘 없는 코가 있으셔서, 부처님들의 자유(自由)[2]의 피안(彼岸)에 이르신다. 온갖 부처님들께서는 큰 혀[3]가 있으셔서, 미묘한 음성을 내어 법계(法界)에 두루 미치게 하신다. 온갖 부처님들께서는 끝없는 몸이 있으셔서, 중생의 마음에 응해 뵈올 수 있게 하신다. 온갖 부처님들께서는 끝없는 생각이 있으셔서, 무애(無礙)·평등한 법신(法身)에 안주(安住)하신다. — 〈華嚴經〉

〔주〕 1)제취 : 240의 주. 2)자유 : 독립 자존(獨立自存)한 것. 무엇에 의지하지 않고, 그 자체로서 존재하는 것. avayaṃ svayaṃ-bhuvaḥ. 3)큰 혀 : 원문은 '廣長舌'. 바라문의 전설을 이어받아, 부처님의 혀는 가늘고 길다는 견해가

생겼다. 이것을 '廣長舌'로 한역한 것은 잘못. pahūta-jivha.

263

경수보살(敬首菩薩)이 부처님께 여쭈었다.

"세존이시여, 초지(初地)[1]로부터 후일지(後一地)[2]에 이르면, 그 과보(果報)인 신변(神變)[3]으로서 두 가지 법신(法身)을 얻습니다. 법성신(法性身)[4]과 응화법신(應化法身)[5]이 그것이온바, 어떤 겉모양(色相), 어떤 마음의 모양(心相)을 하고 있습니까?"

부처님께서 말씀하셨다.

"불자(佛子)야, 출세간(出世間)[6]의 과보로는 초지부터 불지(佛地)[7]에 이르도록 각기 그 두 가지의 법신이 있느니라. 제일의제(第一義諦)[8]의 흐름[9] 속에서, 그 실성(實性)[10]을 따라 지혜가 생기므로 실지(實智)[11]가 곧 법신이 된다. 법의 작용[12] 자체의 집장(集藏)[13]을 몸으로 삼고, 온갖 중생의 선근(善根)[14]이 이 실지(實智)의 법신을 감응(感應)[15]케 하는 까닭에, 법신이 무량한 법신을 나타내 응하는 것이니, 소위 온갖 세계·국토의 몸과 온갖 중생의 몸, 그리고 온갖 부처님의 몸, 온갖 보살의 몸이 그것이다. 이같이 불가사의한 몸을 다 나타내시느니라."

— 〈菩薩瓔珞本業經〉

〔주〕 1)초지 : 257의 '위계'의 주. 2)후일지 : 십지(十地), 즉 환희지(歡喜地). 후일(後一)이란 뒤에 남은 하나, 마지막 것이라는 뜻. 화엄(華嚴) 계통에서 오교(五敎) 중 마지막 원교(圓敎)를 후일일승(後一一乘), 오교의 3~5에 해당하는 종교(終敎)·돈교(頓敎)·원교를 후삼일승(後三一乘)이라고 하는 따위의 어법. 3)신변 : 159의 주. 4)법성신 : 257의 주. 5)응화법신 : 법신이 중생 구제를 위해 나타난 몸. 6)출세간 : 세속을 떠나는 것. 번뇌를 떠나 깨달음의 경

지에 드는 것. lokuttara. 7)불지 : 7의 주. 8)제일의제 : 최고 완전한 진리. paramārthata-satya. 원문에는 이 밑에 '法'이 붙어 있으나, 진리의 뜻이 겹치므로 번역에서는 제외했다. 9)흐름 : 원문은 '流水'. (마음의) 흐름을 뜻하는 srotas의 번역인 듯하다. 10)실성 : 본성(本性). 11)실지 : 근본지(根本智). 깨달음의 진실한 지혜. agra-dharma. 12)법의 작용 : '法名'의 번역. dharma-śabda의 역어일 때는 '법이라는 술어(術語)'의 뜻. 그러나 이것은 dharma-nāma에 해당한다. nāma(名)는 만물을 물질(色)과 마음(心)으로 나눌 때, 마음의 영역을 말한다. 정신적 작용의 뜻. 그러므로 '법명'을 '법의 작용'으로 해석했다. 13)집장 : 미상(未詳). 모아 지닌 것? 14)선근 : 17의 주. 15)감응 : 중생의 신심·선근이 불·보살에 통해, 그 힘이 나타남.

264

부처님들의 법신(法身)은 평등하여 온갖 곳에 편만(遍滿)해 있으나, 분별하는 생각이 없으므로 자연(自然)이라 설했다. 다만 중생의 마음에 의지해 몸을 나타내시는 것이다. —〈起信論〉

〔**풀이**〕 부처님에게 자연스런 작용이 있어서 모든 곳에 나타나신다고 하는데, 실제로 그렇지 않지 않으냐는 질문에 대한 대답이다. 부처님의 응현(應現)은 중생의 마음이 기연(機緣)이 될 때에만 이루어진다는 취지다. 마치 맑은 거울에만 사물이 비치는 것같이.

265

"불자야, 보살들은 때에 따라 무수한 화신(化身)[1]을 나타내며, 혹은 짝없는 홀몸을 나타낸다. 혹은 사문(沙門)[2]의 몸을 나타내며, 혹은 바라문(婆羅門)[3]의 몸을 나타낸다. 혹은 고행(苦行)하는 몸을 나타내며, 혹은 건강한 몸을 나타낸다. 혹은 의왕(醫王)[4]의 몸을 나타내며, 혹은 상주(商

主)[5]의 몸을 나타낸다. 혹은 청정히 생활하는[6] 몸을 나타내며, 혹은 욕망을 좇는[7] 몸을 나타낸다. 혹은 제천(諸天)[8]의 몸을 나타내며, 혹은 공교기술(工巧技術)[9]의 몸을 나타낸다. 그리하여 온갖 마을·도시·서울·부락의 사람들 있는 곳에 가서, 그 소망을 따라 갖가지 형상·갖가지 위의(威儀)·갖가지 음성·갖가지 이론·갖가지 주처(住處)[10]로, 온갖 중생을 상대하여 제망(帝網)[11]과도 같이 보살행을 실천하느니라."

— 〈華嚴經〉

〔주〕 1)화신 : 185의 주. 2)사문 : śramaṇa의 음사. 승려. 3)바라문 : 244의 주. 4)의왕 : 뛰어난 의사. 불·보살의 뜻으로 쓰이기도 한다. 5)상주 : 대상(隊商)의 우두머리. vaṇija. 6)청정히 생활함 : '淨命'의 번역. 7)욕망을 좇음 : '好樂'의 번역. '원하는 일'. 8)제천 : 161의 주. 9)공교기술 : 공교는 기예(技藝). śilpa. 기술도 기예. kalā. 이 말에는 기적을 나타내는 것, 주술(呪術) 등의 뜻도 있다. 10)주처 : 살고 있는 곳. sthṣna. 머무는 일. pratiṣṭhita. 11)제망 : 제석망(帝釋網)의 약칭. 인도 veda(吠陀) 신화에 나오는 신 Indra(因陀羅)의 궁전에 걸린 보망(寶網). Indra-jāla. 여기서는, 이 그물에 달린 구슬들이 무수히 겹쳐서 비치듯 또는 한 구슬이 무수한 구슬에 투영(投影)되듯, 보살이 온갖 곳에 몸을 나타낸다는 뜻.

266

부처님께서 말씀하셨다.

"나는 신통력(神通力)[1]을 얻은 까닭에, 허공에서 가고 머무르고 앉고 눕고 숨고 나타나기를 뜻대로 한다. 혹은 한 몸을 나타내고, 혹은 많은 몸을 나타낸다. 담장을 뚫고 다니기를 허공같이 하며, 허공에 결가부좌[2]하여 새 모양 자유로이 왕래한다. 땅에 들어가기를 물에서처럼 하고, 물을 밟기를 땅에서처럼 한다. 전신 상하에서 불꽃을 온통 내어뿜어 큰 불길같이 하며, 때로는 손을 들어 일월을 어루만진다. 혹 그 몸을 나타내 높이가 범궁(梵宮)[3]에 이르며, 혹은 소향운(燒香雲)[4]·광망운(光網雲)[5] 등을 나타낸다. 혹은 일념 중에 무량한 세계를 지나 온갖 부처님 앞에 나타나 그 설법을 들으며, 하나하나의 부처님 계신 곳에 무량한 차별신(差別身)[6]을 나타내 그 하나하나의 불신(佛身)에 무량한 공양우(供養雨)[7]를 오게 한다."

— 〈華嚴經〉

〔주〕 1)신통력 : 초인적 능력. vikurvā. 2)결가부좌 : 153의 '부좌'의 주. 3)범궁 : 범천(梵天)의 궁전. 4)소향운 : 피우는 향으로 이루어진 구름. 5)광망운 : 빛이 그물같이 얽힌 구름. 6)차별신 : 여러 가지의 몸. 7)공양우 : 공양하는 비. 공양은 무엇을 차려 바치는 것.

267

여래의 법신(法身)은 생기는 일, 없어지는 일이 없고, 가는 일, 오는 일이 없다. 거울 속 영상(影像) 같으니, 세상에서 부처님으로 보이는 것은, 모두 중생들의 가지가지 신력(信力)을 따라 여러 다른 몸을 나타내심이다.

— 〈佛境界經〉

268

불신(佛身)에는 늙음이 없고, 여러 공덕이 있으실 뿐이다. 그러면서도 늙음을 나타내시는 것은 세상의 관례를 따르심이다.

— 〈內藏百寶經〉

불신의 공능(功能)

269

"여래의 몸은 금강(金剛)같이 견고하십니다. 그리고 모든 악한 것이 다 끊어지고, 온갖 선한 것들만 널리 모여 있습니다." —〈維摩經〉

〔풀이〕 부처님께서 병드셨을 때 우유를 탁발하러 간 아난(阿難)에게, 유마가 부처님에게는 병환이 있을 수 없다고 말한 대목이다.

270

불신(佛身)은 온갖 보살행의 근본적인 의거(依據)시다. 그 몸에 의거하는 까닭에 광명과 신통이 생긴다. —〈十地論〉

271

질문. "만약 부처님들의 법신(法身)[1]이 색상(色相)[2]을 떠난 것이라면, 어찌해 응신(應身)[3]·보신(報身)[4] 등의 색상(色相)을 나타낼 수 있단 말인가?"

대답. "이 법신이 색(色)[5]의 본체이기 때문에 능히 색을 나타낼 수 있는 것이다." —〈起信論〉

〔주〕 1)3)4)색신·응신·보신 : 251의 풀이. 2)색상 : 겉으로 나타나 볼 수 있는 육신의 모습. 5)색 : 여기서는, 중생의 마음에 비친 불신(佛身)의 여러 가지 형상. rūpa.

〔풀이〕 이미 보아 온 바와 같이 법신(法身)이란 진여(眞如)를 이름이거니와,

이 진여는 현상(現象)을 떠나서 어딘가에 존재하는 것은 아니다. 그것은 어떤 존재도 아닌 존재로서 일체의 현상에 상즉(相卽)하여 존재할 뿐이다. 생멸하고 변화하는 현상의 자성(自性)·본성(本性)이 바로 진여인 것이다. 따라서 현상을 바로 진여라고 할 수 없듯이, 현상이 되어 나타나지 않는 진여도 있을 수 없다고 해야 한다.

272

오직 하나인 불보(佛寶)[1]에 세 가지 불신(佛身)이 갖추어져 있으니, 자성신(自性身)[2]·수용신(受用身)[3]·변화신(變化身)[4]이 그것이다. 첫째 불신인 자성신은 큰 단덕(斷德)[5]이 있어서 이공(二空)[6]이 나타남이니, 온갖 부처님들께서 모두 평등하시다. 둘째 불신인 수용신은 큰 지덕(智德)[7]이 있어서 진상무루(眞常無漏)[8]하니, 온갖 부처님들께서 모두 뜻을 같이하신다. 셋째의 불신인 변화신은 큰 은덕(恩德)[9]이 있어서 정통변현(定通變現)하니, 온갖 부처님들께서 모두 작용을 같이하신다. —〈心地觀經〉

〔주〕 1)불보 : 부처님은 더없이 귀중하므로 보배에 비긴 것. 삼보(三寶)의 하나. 2)자성신 : 법신. dharma-kāya. 3)수용신 : 깨달아 진리를 얻고, 그것을 남에게도 지니게 하려는 불신. 보신(報身)과 같다. sāṃbhogikaḥ-kāyaḥ. 4)변화신 : 화신(化身). nirmāṇa-kāya. 5)단덕 : 부처님의 삼덕(三德)의 하나. 온갖 번뇌를 끊어 버린 덕. 해탈덕. 6)이공 : 인공(人空)과 법공(法空). 인공(我空·生空)이란, 나라는 존재는 오온(五蘊)이 잠시 모인 것이어서 실체가 없다고 생각하는 것. 법공이란, 개체(個體)를 구성하는 여러 요소(諸法)도 실체가 없다고 보는 것. 7)지덕 : 3덕의 하나. 진실을 있는 그대로 아는 깨달음. 8)진상무루 : 깨달음의 경지에 들어 더러움이 없는 것. 진상은 진여상주(眞如常住)의 약칭. 깨달음의 세계, 열반의 경지를 이른다. 9)은덕 : 삼덕(三德)의 하나. 부처님이 큰 서원에 의해 중생을 구제하는 덕. 10)정통변현 : 신통력에 의해

자유로이 몸을 나타내는 것. 정통은 삼매(三昧)에서 나오는 신통. 혹은 결정적 신통인가?

273

부처님의 몸은 유(有)·무(無)를 넘어섰기에, 오온(五蘊)[1]의 나무를 불사르고 마왕(魔王)의 무리를 꺾으사, 밀엄국(密嚴國)[2]에 계시느니라.

— 〈大乘密嚴經〉

〔주〕 1)오온 : 87의 주. 2)밀엄국 : <대승밀엄경>에서 말하는, 대일여래(大日如來)가 계시는 정토(淨土).

274

부처님의 모습[1]은 금산(金山)[2] 같고, 해가 세상을 비치는 것 같아서, 능히 온갖 고뇌를 뽑아 버리신다. — 〈大方等陀羅尼經〉

〔주〕 1)모습 : 원문은 '身色'. 모습. 2)금산 : 제단(祭壇)의 황금 기둥. 불신(佛身)의 비유로 자주 쓰인다. suvarṇa-yūpa. 수미산을 에워싼 일곱 겹의 금산도 있으나, 이와 다르다.

불신의 공(空)

275

나(自我)의 자성(自性)[1]이 일찍이 있은 바 없고,[2] 내 것[3]이라고 생각되는 것도 기실 공적(空寂)[4]하거니, 어찌 부처님들이 그 몸을 지닐 수 있으랴.

— 〈華嚴經〉

〔주〕 1)나의 자성 : 원문은 '我性'. 2)일찍이 있은 바 없음 : 원문은 '未曾有'. 154의 주와는 달리, 없었다는 뜻. 3)내 것 : 원문은 '我所'. 79의 주. 4)공적 : 51의 주.

276

세존께서 게(偈)를 설해 이르셨다.

"형상으로 나를 보고
음성으로 구한다면
그릇된 길을 걸음이니
여래를 보지 못하리라."

— 〈般若經〉

〔풀이〕 원문에서는 '世尊이 言하사대'라 했지만, 이것은 <금강경> 끝에 나오는 게송(偈頌)이다. 약간 의역해 놓았다. 불신(佛身)이 부처님인 것이 아니라, 법(진리)이 부처님이라는 뜻이다. 나를 숭배하지 말고 법을 위하라는 것은, 원시경전에 나타난 부처님의 근본 사상이었다. 법신불(法身佛)을 세운 맹아(萌芽)는 여기에 있었던 것.

277

불신(佛身)은 무루(無漏)[1]라 번뇌[2]가 다했으며, 불신은 무위(無爲)[3]라 작위(作爲)[4]를 떠났다.

— 〈維摩經〉

〔주〕 1)무루 : 98의 주. 2)번뇌 : 원문은 '諸漏'. 3)무위 : 26의 주. 4)작위 : 원문은 '諸數'. '제수'란 유위(有爲)의 제법(諸法). 즉 여러 조건에 의해 구성된 온갖 사물(현상).

278

온갖 부처님의 법신(法身)[1]은 중생의 몸과 평등무이(平等無二)[2]하시다.

— 〈起信論〉

〔주〕 1)법신 : 114의 주. 251의 해설. 2)평등무이 : 평등하여 대립이 없음.

4
신앙품
信仰品

제1장 발심(發心)

발심의 이유

279

다만 중생의 괴로움을 길이 없애고, 세간(世間)[1]을 이롭게 하기 위해 발심(發心)[2]한다. —〈華嚴經〉

〔주〕 1)세간 : 168에서 본 바와 같이 중생의 뜻. 2)발심 : 깨닫고자 하는 마음을 일으킴. 발보리심(發菩提心). citta-utpāda.

280

바른 가르침을 수지(受持)[1]하고 여러 지혜를 닦아, 보리(菩提)[2]를 증득(證得)하기 위해 발심한다. 심심(深心)[3]으로 신해(信解)[4]하여 항상 청정한 태도로 온갖 부처님들을 공경·존중하며, 법(法)[5]과 승(僧)[6]에도 이같이 하여 지성으로 공양하기 위해 발심한다. —〈華嚴經〉

〔주〕 1)수지 : 가르침을 받아 기억하는 것. dhārayati. 2)보리 : 5의 주. 3)심심 : 253의 주. 4)신해 : 55의 주. 5) 6)법·승 : 삼보(三寶)의 그것. 20의 주.

281

모든 사물(諸法)이 이론[1]을 떠났으며, 본성(本性)이 공(空)하여 온갖 상(相)을 떠나[2] 작용[3]이 없으니, 이 참뜻을 통달코자 하여 발심한다.

— 〈華嚴經〉

〔주〕 1)이론 : 원문은 '言說'. 분별하는 말. abhilāpa. 2)본성이 공하여 온갖 상을 떠남 : 원문은 '性空寂滅'. 3)작용 : 원문은 '所作'. kriya.

282

보살은 온갖 여래(如來)의 종성(種姓)[1]을 끊어지지 않게 하기 위해 발심(發心)하며, 온갖 중생을 건지기 위해 발심한다. — 〈華嚴經〉

〔주〕 1)종성 : 75의 주.

283

"불자(佛子)야, 보살에게는 열 가지 보리심(菩提心)[1]을 일으키는 인연(理由)이 있느니라. 무엇이 열인가? 온갖 중생을 교화·조복(調伏)[2]하기 위해 보리심을 일으킨다. 온갖 중생의 고취(苦聚)[3]를 없애 주기 위해 보리심을 일으킨다. 온갖 중생으로 하여 안락(安樂)함을 갖추게 하기 위해 보리심을 일으킨다. 온갖 중생의 어리석음을 끊어 주기 위해 보리심을 일으킨다. 온갖 중생에게 부처님의 지혜를 주기 위해 보리심을 일으킨다. 온갖 부처님을 공경하고 공양(供養)하기 위해 보리심을 일으킨다. 여래의 가르침을 따름으로써(실천함으로써), 부처님을 기쁘게 해 드리기 위해 보리심을 일으킨다. 온갖 부처님의 색신(色身)[4]의 상호(相好)[5]를 뵙기 위해 보리심을 일으킨다. 온갖 부처님의 광대한 지혜에 들어가기 위해 보리심을 일으킨다. 여러 부처님의 역무소외(力無所畏)[6]를 나타내기 위해 보리심을 일으킨다. 이것이 열이니라." — 〈華嚴經〉

〔주〕 1)보리심 : 50의 주. 2)조복 : 21의 주. 3)고취 : 고(苦)의 집결체. 고온(苦蘊). 4)색신 : 243의 주. 5)상호 : 237의 주. 6)역무소외 : 십력(十力)과 사무소외(四無所畏). 154의 주.

284

자기 몸에 진여(眞如)의 존재[1]가 있음을 스스로 믿어, 발심 수행한다.

— 〈起信論〉

〔주〕 1)진여의 존재 : 원문은 '眞如法'.

285

보리심(菩提心)을 발한다 함은, 대비심(大悲心)을 일으켜 온갖 중생을 널리 구하기 때문이다. 대자심(大慈心)을 일으켜 온갖 세간(世間)[1]을 평등히 돕기 때문이다. 안락심(安樂心)을 일으켜 온갖 중생으로 하여 여러 괴로움을 없애게 하기 때문이다. 요익[2]심(饒益心)을 일으켜 온갖 중생으로 하여 악법(惡法)[3]을 떠나게 하기 때문이다. 애민심(哀愍心)을 일으켜 공포를 지닌 사람을 수호하기 때문이다. 무애심(無礙心)을 일으켜 온갖 장애를 떠나기 때문이다. 광대심(廣大心)을 일으켜 온갖 법계(法界)[4]에 두루 차기 때문이다. 무변심(無邊心)을 일으켜 허공계(虛空界)와 같아서 머무르지 않는 곳이 없기 때문이다. 관박심(寬博心)을 일으켜 온갖 여래를 모두 뵙기 때문이다. 청정심(淸淨心)을 일으켜 삼세(三世)의 온갖 것에 대해 지혜가 틀림이 없기 때문이다. 지혜심(智慧心)을 일으켜 일체지혜(一切智慧)[5]의 바다에 두루 들어가기 때문이다.

— 〈華嚴經〉

〔주〕 1)세간 : 여기서는 '중생'의 뜻. 2)요익 : 217의 주. 3)악법 : 18의 주. 4)

법계 : 여기서는 '세계'의 뜻. 5)일체지혜 : 일체지(一切智). 17의 주.

286

고관(高官)을 탐내는 사람은 고관이 되고자 하는 마음을 일으켜, 그것을 위한 행위를 닦아 가고, 재물을 탐내는 사람은 재물 구하는 마음을 일으켜, 그것을 모으는 행위를 하게 마련이다. 무릇 욕구의 선악을 막론하고, 그 마음에 먼저 목표를 세운 다음에야 그 뜻을 이루게 되는 것이니, 그러므로 보리(菩提)를 구하는 사람도 보리심(菩提心)[1]을 일으켜서 보리행(菩提行)[2]을 구하는 것이다. — 〈發菩提心論〉

〔주〕 1)보리심 : 50의 주. 2)보리행 : 깨달음에 이르기 위한 실천. bodhicaryā. 또 보살행과 같은 뜻으로도 쓰인다. bodhisattvacaryā.

287

허공은 두루 뒤덮지 아니함이 없나니, 보살의 발심(發心)[1]도 이러하여 온갖 중생을 뒤덮지 아니함이 없다. 중생의 세계가 무량·무변하여 다할 수 없는 것이라면, 보살의 발심도 무량·무변하여 다함이 있을 수 없다.

— 〈發菩提心經論〉

〔주〕 1)발심 : 279의 주.

〔풀이〕 이상에서 발심(發心)이 얼마나 중요시되고 있는가를 보아 왔다. 그것은 발심이야말로 목적의 설정이어서, 이것이 잘못되거나 불완전할 때에는 그 수행(修行)도 거기에 따른 제약을 받아서, 올바른 자리에 나아갈 수 없기 때문이다.

발심의 득과(得果)

288

발심(發心)[1]하는 까닭에 항상 삼세제불(三世諸佛)[2]의 억념(憶念)[3]하시는 바가 되며, 삼세제불의 무상보리(無上菩提)[4]를 얻게 되는 것이다.

— 〈華嚴經〉

〔주〕 1)발심 : 279의 주. 2)삼세제불 : 과거·현재·미래의 모든 부처님. 3)억념 : 55의 주. 4)무상보리 : 170의 주.

289

보살들은 발심(發心)[1]하여 열심히 노력하기에[2] 빨리 열반(涅槃)[3]을 얻는다.

— 〈起信論〉

〔주〕 1)발심 : 279의 주. 2)열심히 노력함 : 원문은 '勇猛'. 229의 주. 3)열반 : 21의 주.

290

사사(四事)[1]로써 삼천대천세계의 중생을 공양한다 해도, 발심하여 불과(佛果)[2]를 향해 나아감만 못하다.

— 〈涅槃經〉

〔주〕 1)사사 : 승려에게 필요한 네 가지 물품. 음식·의복·와구(臥具)·탕약. 또 설법의 사사가 있다. 법을 나타내 보임, 가르침, 이익을 줌, 찬탄해 기쁘게 함. 2)불과 : 수행의 결과로써 얻는 부처의 자리. 깨달음. bodhi.

291

보리심(菩提心)은 곧 큰 길이니, 일체지(一切智)[1]의 성(城)에 들어갈 수 있는 까닭이다. 보리심은 곧 정안(淨眼)[2]이니, 바르고 그렇지 않은 도(道)를 다 가려 볼 수 있는 까닭이다. 보리심은 곧 명월이니, 여러 백정법(白淨法)[3]을 다 성취하는[4] 까닭이다. 보리심은 곧 청정한 물이니, 온갖 번뇌의 때를 씻어 내는 까닭이다. 보리심은 곧 좋은 밭이니, 중생의 백정법을 자라게 하는 까닭이다. 보리심은 곧 온갖 부처님네의 씨니, 능히 모든 불법(佛法)을 생기게 하는 까닭이다. — 〈華嚴經〉

〔주〕 1)일체지 : 17의 주. 2)정안 : 사물을 투시하는 청정한 눈. viśuddha-darśana. 3)백정법 : 맑은 성질. 선법(善法)을 이른다. 백법(白法). śukla-dharma. 4)성취하는 : '圓滿'의 번역. saṃpad.

292

"보리심은 자부(慈父) 같으니, 보살들을 훈도(訓導)하고 수호하는 까닭이다. 보리심은 비사문(毗沙門)[1] 같으니, 온갖 가난[2]을 없애는 까닭이다. 보리심은 마니주(摩尼珠)[3] 같으니, 온갖 도리[4]를 이루는 까닭이다. 보리심은 현병(賢甁)[5] 같으니, 온갖 선(善)의 희구(希求)를 충족시키는 까닭이다. 보리심은 날카로운 칼 같으니, 온갖 번뇌의 나무를 잘라 버리는 까닭이다. 보리심은 날카로운 도끼 같으니, 온갖 괴로움의 나무를 찍어 버리는 까닭이다. 보리심은 무기 같으니, 온갖 고난을 방어하는 까닭이다. 보리심은 물건을 건지는 막대기 같으니, 윤회의 바다에서 중생을 구제하는 까닭이다. 보리심은 큰 풍륜(風輪)[6] 같으니, 온갖 장애의 구름을 걷어 내는 까닭이다. 보리심은 총림(叢林)[7] 같으니, 보살의 여러 행원(行願)[8]을 모아들이기 때문이다. 선남자야, 보리심을 문득 일으켜 이를 성취하면,

이런 무량한 공덕이 있느니라.” — 〈華嚴經〉

〔주〕 1)비사문 : Vaiśravaṇa의 음사. 다문천(多聞天). 세계의 북방을 수호하는 신. 또 재물을 준다 하여 시재천(施財天)이라고도 한다. 여기서는 후자의 뜻. 2)가난 : '貧窮苦'의 번역. 빈궁하면 고생하기에 '苦'를 붙였을 뿐, 이것에 딴 뜻은 없다. dāridrya. 3)마니주 : 마니는 maṇi의 음사. 주옥의 총칭. 보주(寶珠). 주옥은 악을 제거하고 흐린 물을 맑게 하며, 재난을 피하는 덕이 있다고 믿었었다. 또 진다마니(振多摩尼) cintā-mani의 약칭으로도 쓰인다. 여의주(如意珠). 4)도리 : 원문은 '義理'. artha. 5)현병 : 현(賢)은 선(善)의 뜻. 항상 재물이 들어 있어서, 남의 소망을 만족시켜 주는 병. 6)풍륜 : 대지 밑에 있는 공기의 층(層). 수미산세계의 맨 밑은 허공륜, 그 위가 풍륜, 그 위가 수륜(水輪), 그 위가 금륜(金輪)이라는것. vāyu-maṇḍala. 7)총림 : 승려가 모여 수행하는 장소. grāma. 8)행원 : 구제하려는 이타(利他)의 서원과, 그 실천. 신행(身行)과 심원(心願). 또는 실천하려는 서원. 여기서는 전자.

293

보살이 생존(生存)[1] 중 처음으로 발심할 때, 오로지 보리(菩提)를 구해 마음이 견고하여 흔들리지 않는다면, 그의 일념(一念)[2] 공덕이 깊고 넓어서 끝이 없을 것이니, 여래가 설하사 한 겁(劫)을 다 소비하신대도 능히 다하시지 못하리라. — 〈華嚴經〉

〔주〕 1)생존 : 원문은 '生死'. 이 말에 윤회의 뜻이 있음은 212의 주에서 밝혔거니와, 여기서는 bhava의 번역이어서 생존의 의미다. 2)일념 : 순간의 뜻도 있으나, 여기서는 한 번 염(念)하는 것. 한 번 발심하는 것. eka-citta-utpāda.

294

온갖 중생의 마음을 남김 없이 분별해 안다든가, 온갖 세계의 미진(微塵)의 수효[1]를 계산한다든가, 시방(十方) 허공계(虛空界)[2]의 한 터럭을 헤아리기는 해도, 보살의 초발심(初發心)[3]은 끝내 헤아리지 못한다.

— 〈華嚴經〉

〔주〕 1)미진의 수효 : 원문은 '微塵數'. 178의 주. 그러나 여기서는 '미진 같은 수효'가 아닌 '미진의 수효'로 보는 것이 좋을 듯하다. 2)허공계 : 진여(眞如)의 뜻도 있으나, 여기서는 허공의 영역. Ⓣnam mkhaḥi khams. 3)초발심 : 처음으로 보리심을 일으키는 것. prathama-citta-utpādā.

295

염부단금(閻浮檀金)[1]은 여의보(如意寶)[2]를 제외한 온갖 보배보다 우수하다. 보리심(菩提心)의 염부단금도 마찬가지여서, 일체지(一切智)[3]를 제외한 온갖 공덕보다 우수하다.

— 〈華嚴經〉

〔주〕 1)염부단금 : 염부수(閻浮樹) 숲을 흐르는 강 밑에서 나는 사금(砂金). 그 금은 적황색(赤黃色)이요 자색(紫色)을 띠고 있다. 가장 우수한 금으로 여겼다. Jambū-nada-suvarṇa-niṣka. 2)여의보 : 뜻대로 보배・의복・음식이 나오며, 또 악을 제거하고 병을 낫게 한다는 구슬. 여의주・여의보주라고도 한다. cintāmaṇi. 3)일체지 : 17의 주.

296

가릉비가(迦楞毗伽)[1]는 껍질 속에 있을 때도 큰 힘[2]이 있어서 다른 새가 미치지 못한다. 보리(菩提)도 이러하여, 생사[3]의 껍질 속에서 보리심

을 일으키면, 그 공덕의 힘이 성문(聲聞)·연각(緣覺)의 미칠 바가 아니다. — 〈華嚴經〉

〔주〕 1)가릉비가 : kalavinka의 음사니, 보통 많이 쓰이는 가릉빈가(迦陵頻伽)가 원음에 가깝다. 히말라야 산 속에 있고, 껍질 속에 있을 때에도 능히 아름다운 소리로 울 수 있다 한다. 또 극락정토에 있는 새라고도 한다. 2)힘 : '勢力'의 번역. thāma-bala. 3)생사 : 293의 주에서 지적한 대로 생(生)의 뜻.

297

파리질다수(波利質多樹)[1] 꽃이 하루만 옷에 풍기면, 담복화(膽匐華)[2]와 바사화(婆師華)[3]가 천 년을 풍겨 대도 그 향기를 따르지 못한다. 보리심의 꽃도 이러하여, 풍기는 공덕의 향기가 시방(十方) 불소(佛所)에 사무쳐서, 성문·연각의 청정한 지혜로 여러 공덕을 풍기어, 백천 겁(劫)을 지낸대도, 그 향기를 따르지 못한다. — 〈華嚴經〉

〔주〕 1)파리질다수 : 아마도 pārijāta의 속어형(俗語形)의 음사. 향목(香木)이라 한다. 2)담복화 : campaka의 음사. 우리 나라 관례상 담복화로 읽으나 첨복화로 하는 것이 옳다. 향기가 멀리까지 풍기며, 금시조(金翅鳥)가 와서 앉는다고 한다. 3)바사화 : 바사가화(婆師迦花)의 약칭. vārṣika 또는 Ⓟvassika의 음사. 여름에 흰 꽃이 피고 향기가 좋다.

298

선현약왕(善現藥王)[1]이 온갖 병을 없애는 것같이, 보리심(菩提心)도 온갖 중생의 여러 번뇌의 '병'을 없앤다. — 〈華嚴經〉

〔주〕 1)선현약왕 : 히말라야 산 속에 있는 영약(靈藥). 이것을 보든가, 듣고, 맡고, 맛보고, 닿기만 해도 병이 낫는다는 것.

299

소·말·양의 젖을 합해 한 그릇에 담고, 사자의 젖을 거기에 부으면 다른 젖들이 스러지는 것같이, 인중(人中)의 사자이신 여래의 보리심(菩提心)의 '젖'도, 이것을 무량겁(無量劫)에 걸쳐 쌓이고 쌓인 여러 번뇌의 '젖' 속에 넣으면, 번뇌의 '젖'들은 다 스러지고 만다. — 〈華嚴經〉

300

보살들은 온갖 선정(禪定)의 즐거움에 매이지 않는다. 자리(自利)를 구하지 않고 큰 보리심을 일으켜, 큰 보리의 싹을 움트게 하여 큰 보리의 과일을 구한다. — 〈菩提心離相論〉

301

세존(世尊)께서 바라문(婆羅門)[1]에게 이르셨다.

"내가 이제 큰 이익에 대해 설하리니, 그대는 마땅히 잘 들으라. 사람이 능히 보리심(菩提心)을 일으키면 이족존(二足尊)[2]이 될 수 있는바, 이것을 큰 이익이라고 부른다. 그보다는 못해도 전륜왕(轉輪王)[3]의 자리는 아주 존귀해서, 사대주(四大洲)[4]를 통치하여 자재(自在)[5]하다. 만약 이것이 되고자 하면, 마땅히 보리심을 일으켜야 한다. 또 제석천(帝釋天)[6]의 뛰어난 복보(福報)[7]로 말하면 삼십삼천(三十三天)[8] 중에 자재하다. 만약 이것이 되고자 하면, 마땅히 보리심을 일으켜야 한다. 또 세상에 있는 대의왕(大醫王)[9]은 온갖 병을 두루 고칠 수 있다. 만약 이것이 되고자 하면, 마땅히 보리심을 일으켜야 한다. 또 대광명(大光明)이 되어 세상에 나타나면, 온갖 어둠을 다 비칠 수 있다. 만약 이것이 되고자 하면, 마땅히 보리심을 일으켜야 한다. 번뇌 따위 여러 장애와 기타의 온갖 불선법(不善法)[10]을 제거하고자 하면, 마땅히 보리심을 일으켜야 한다. 무명(無明)을 조복(調伏)[11]하고 온갖 애망(愛網)[12]을 끊어 벗어나고자 하면, 마땅히 보리심을 일으켜야 한다. 부처님들께서 세상에 나타나사 대법륜(大法輪)[13]을 굴리셔서 널리 중생을 교화하시나니, 만약 중생이 있어서 청수(聽受)[14]하기를 원한다면, 마땅히 보리심을 일으켜야 한다."

— 〈發菩提心經〉

〔주〕 1)바라문 : 244의 주. 2)이족존 : 양족존(兩足尊)이라고도 한다. 이족(二足)이란 두 다리로 걷는 자의 뜻이어서 사람을 가리킨다. 사람 중에서 가장 존귀하신 분이라는 것이니, 부처님의 존호(尊號)다. 후세에 와서는 족(足)을 만족의 뜻으로 보아, 부처님은 지(智)와 비(悲)를 구족하고 있기 때문이라는 해석도 생겼다. dvi-pada-uttama. 3)전륜왕 : 4의 주. 4)사대주 : 수미산 사방의 바다에 있다는 남섬부주(南贍部洲) Jambu-dvipa · 북구로주(北瞿盧洲) Uttara-kuru · 동승신주(東勝身洲) Purva-videha · 서우화주(西牛貨洲) Apara-godānlya. 이 4대주가 전세계며, 남섬부주는 염부제(閻浮提)라고도 하여 우리가 사는 세상이다. 5)자재 : 17의 주. 6)제석천 : 인드라(Indra)라는 신(神). veda(吠陀) 신화의 신이었으나, 불교에 혼입되어 불법 수호신이 되었다. 도리천(忉利天)의 주인. 7)복보 : 좋은 과보(果報). 8)삼십삼천 : 수미산 정상에 있는 천신(天神). 중앙에 제석천이 있고, 그 사방에 각기 8명씩의 천신이 있으므로 33천이 된다. Trāyastriṃśāḥ. 9)대의왕 : 최고의 의사. 보통 부처님을 가리키나, 여기서는 그렇지 않다. 10)불선법 : 209의 주. 11)조복 : 21의 주. 12)애망 : 집착을 그물에 비유한 것. 그물 구실을 하는 집착. jālini-visattikā. 애(愛)에는 집착의 뜻이 있다. 13)대법륜 : 부처님의 위대한 가르침. 법륜은 부처님의 가르침을 윤보(輪寶)에 비긴 것. dharma-cakra. 14)청수 : 가르침을 듣고 믿

는 것. śraddhāsyanti.

302

성하나태자(星賀那太子)가 부처님께 여쭈었다. "세존이시여, 어떻게 중생들은 태어난 곳에서, 항상 애요(愛樂)[1]를 갖추어 온갖 사물[2]을 섭수(攝受)[3]해야 하겠습니까?"

부처님께서 말씀하셨다. "해탈코자 하는 중생들은 늘 겸손·공경하는 마음을 가져 보리심(菩提心)을 일으켜야 한다. 이것이 항상 애요를 갖추어 온갖 사물을 섭수하는 것이 되느니라." — 〈獅子王所問經〉

〔주〕 1)애요 : 원하고 구하는 것. Ⓟabhimandati. 자애(慈愛)를 이른다. karuṇā-āśaya. 여기서는 후자의 뜻. 2)온갖 사물 : '諸法'의 번역. 여기에는 사람도 포함된다. 3)섭수 : 받아들여 구하는 것. saṃgraha.

303

보리심(菩提心)의 수행(修行)[1]은 능히 윤회(輪廻)의 괴로움을 깨뜨린다. — 〈如來智印勝上經〉

〔주〕 1)수행 : '所行'의 번역. 이것은 능행(能行)에 대립하는 말로, 엄밀히는 수행되는 법(法), 실천되는 사항을 가리킨다.

304

보리심에서 생기는 복덕(福德)[1]은 허공계(虛空界)모양 광대하고 지극히 높아서 다함이 없다. 어떤 사람이 항하사(恒河沙) 수효[2] 같은 불국토(佛國土)에 가득 차는 진귀한 보배로 세존을 공양한다 해도, 보리심을 지성으로 한 번 일으키는 사람이 있으면, 이 복덕이 전자의 복덕보다 나아 헤아리지 못할 것이다.

— 〈無畏撫問經〉

〔주〕 1)복덕 : 선행에 의해 얻는 복. 공덕. puṇya. 2)항하사 수효 : 원문은 '恒河沙數'. 갠지스 강의 모래처럼 많은 수효. 무한에 가까운 수효. Gaṅgā-nadi-vālikā.

305

청정한 믿음을 가진 사람이 있다 하자. 이 사람이 부처님 계신 곳이나 성문(聲聞)[1] 있는 곳에 이르러, 예배하여 우러러 뵈어 수승(殊勝)한 가르침을 듣잡고, 큰 환희심을 느끼고 크게 좋은 마음을 지녀 보리심을 일으킨다면, 이는 무진장(無盡藏)[2]의 공덕이어서 큰 과보(果報)[3]가 있으리라.

— 〈尊那經〉

〔주〕 1)성문 : 4의 주. 2)무진장 : 덕이 광대하여 다함이 없는 곳집(庫). 3)과보 : 78의 '보'의 주.

306

보살이, 생사[1] 속을 휘돌되 구해 주는 자 없는 온갖 중생[2]을 보살이 가엾이 여겨 무상(無上)의 보리심을 일으킬 때, 이런 일이 일어난다. 온갖 천신(天神)・사람・아수라(阿修羅)[3] 등이 다 그를 공양할 것이다. 또 온갖 성문・독각의 극과(極果)[4]를 빼게(무색하게) 된다. 또 온갖 마군(魔軍)을 꺾어 항복받으므로 마왕(魔王)들이 모두 벌벌 떨게 된다.

— 〈稱讚大乘功德經〉

〔주〕 1)생사 : 윤회. 12의 주. 2)중생 : 원문은 '有情'. 현장(玄奘) 이후, sattva를 이같이 번역했다. 3)아수라 : asura의 음사. 페르시아의 ahura와 어원이 같고, 처음에는 선신(善神)을 뜻했다. 그러나 후대에 오자 인도에서는 a가 부정사(否定詞)이므로, sura(神)가 아닌 것이라는 어원 해석이 이루어져, 인드라신과 싸우는 악신(惡神)으로 되었다. 육도(六道)의 하나. 4)극과 : 최고의 깨달음. 대승에서는 부처님의 깨달음, 소승에서는 아라한의 깨달음을 가리킨다. 여기서는 후자.

307

보리심을 처음으로 일으키는 것은 씨를 뿌리는 것과 같다.

— 〈大集譬喩王經〉

308

중생의 괴로움을 지식(止息)[1]코자 하는 사람은, 보리심을 일으키는 데 있어서 주저함이 없어야 한다. 보리심을 일으키는 자체가 첫 지식이 되는 것이니, 이 첫 지식으로 말미암아 드디어는 최고의 지식까지도 얻게 된다. 재물을 얻는 이로움이 공덕을 얻는 이로움만 못하고, 공덕을 얻는 이로움이 지혜를 얻는 이로움만 못하고, 지혜를 얻는 이로움이 보리심을 얻는 이로움만 못하다. 방일(放逸)[2]하고 전념(專念)치 않아[3] 보리심을 생각 안 하는 사람은 금수와 다를 바 없다.

— 〈丈夫論〉

〔주〕 1)지식 : 괴로움이 없어지는 것. 2)방일 : 250의 주. 3)전념치 않음 : 원문은 '廢忘'. 원뜻은 잊는 것.

309

만약 사람들이 있어서 큰 광명이 되어 온 암흑을 없애고자 원한다면, 모름지기 보리심을 일으켜야 한다. — 〈出生菩提心經〉

310

보살은 이런 생각을 한다. '내가 옛날 큰 보리심을 일으키지 않았을 때는 여러 두려움이 있었다. 소위 불활외(不活畏)[1] · 악명외(惡名畏)[2] · 타악도외(墮惡道畏)[3] · 대중위덕외(大衆威德畏)[4]다. 그러나 발심(發心)한 뒤로는 그것들이 다 멀리 떨어져 나갔다. 그리하여 이제는 놀라지도 두려워도 안하고, 겁먹지도 무서워도 안하여, 온갖 마귀의 무리와 외도(外道)[5]들이 깨뜨릴 수 없는 경지에 이르렀다.' — 〈華嚴經〉

〔주〕 1)불활외 : 살 수 없을 것에 대한 두려움. 구도자가 금후에 생활해 갈 수 없을 것을 두려워하여, 제 재물을 다 보시(布施)하지 않는 것. ajivika-bhaya. 2)악명외 : 초학(初學)의 보살이 중생과 보조를 맞추면서 이를 구하려 하나, 술집 같은 데 들어가면, 제 명예가 손상될까 두려워하는 것. 3)타악도외 : 악도에 떨어질 것을 두려워함. 4)대중위덕외 : 대중의 위세를 두려워함. 5)외도 : 18의 주.

311

"선남자야, 보리심을 일으키고 나서 해야 할 다섯 가지 일이 있으니, 첫째는 좋은 벗[1]을 가까이함이요, 둘째는 성내는 마음을 끊음이요, 셋째는 스승의 가르침을 따름이요, 넷째는 연민의 정을 일으킴이요, 다섯째는 부지런히 정진(精進)하는 일이니라." — 〈優婆塞戒經〉

〔주〕 1)좋은 벗 : 원문은 '善友'. 선지식(善知識)과 같다. 15의 주.

312

보살은 마땅히 네 가지 더럽히는 작용이 없는 마음을 일으켜야 한다. 무엇이 넷인가? 첫째는 번뇌가 더럽히지 못하는 것, 둘째는 명리(名利)가 더럽히지 못하는 것, 셋째는 하승(下乘)[1]이 더럽히지 못하는 것, 넷째는 악한 중생들이 더럽히지 못하는 일이다. — 〈大乘四法經〉

〔주〕 1)하승 : 소승(小乘)의 딴 이름. hina-yāna.

제2장 신심(信心)

신심의 효력

313

믿음은 도(道)의 근본이요 공덕의 어머니다. 그러기에 믿음은 온갖 선법(善法)[1]을 길이 기르며, 의망(疑網)[2]을 끊고 애류(愛流)[3]에서 벗어나 열반(涅槃)의 무상도(無上道)를 드러낸다.[4] — 〈華嚴經〉

〔주〕 1)선법 : 18의 주. 2)의망 : 의심이 마음을 구속하는 것을 그물에 비유한 것. kāṅkṣā. 3)애류 : 번뇌를 물에 비유한 것. 이 경우 애(愛)의 원어는, 애정을 뜻하는 kāma가 아니라 tṛṣṇā다. 또 탐욕(gārdhā)의 흐름으로 볼 수도 있다. 4)드러낸다 : 원문은 '開示'. vivaraṇa. 숨겨진 것을 천명하는 것.

314

믿음은 보시(布施)[1]가 되어 나타나서 마음에 인색함이 없게 하며, 믿음은 능히 기쁨을 낳아 부처님의 가르침에 들어가게 하며, 믿음은 능히 지혜의 공덕을 증장(增長)[2]시키며, 믿음은 능히 여래지(如來地)[3]에 반드시 이르게 한다. — 〈華嚴經〉

〔주〕 1)보시 : 원문 '惠施'. 보시와 혜시는 다 dāna의 역어여서 같은 말이다. 17의 주. 2)증장 : 247의 주. 3)여래지 : 부처님의 경지. tathāgata-bhūmi.

315

"선남자야, 사람에게 두 가지가 있으니, 믿는 자와 믿지 않는 자니라. 보살은 마땅히 알라. 믿는 자는 곧 선(善)이요 믿지 않는 자는 선이라 할 수 없음을!"

— 〈涅槃經〉

316

착한 벗[1]을 가까이하면 신심(信心)[2]을 얻는다. 이 신심은 시(施)[3]와 그 과(果)[4]를 믿음이며, 선(善)과 그 과를 믿음이며, 악(惡)과 그 과를 믿음이며, 생사[5]의 괴로움이 무상(無常)하여 소멸(消滅)[6]하는 데서 옴을 믿음이다. 이것을 믿음이라 한다. 신심을 얻으므로 정계(淨戒)[7]를 닦으며, 보시(布施)[8]를 늘 즐기며, 지혜를 바르게 수행할 수 있게 된다.

— 〈涅槃經〉

〔주〕 1)착한 벗 : 원문은 '善友'. 311의 주. 2)신심 : 8의 주. 3)시 : 보시(布施). 17의 주. 4)과 : 과보(果報). 78의 '보'의 주. 5)생사 : 12의 주. 6)소멸 : 원문은 '敗壞'. vināśa. 7)정계 : 228의 주. 8)보시 : 원문은 '惠施'. 17의 주.

317

믿음은 제근(諸根)[1]을 청정히 한다. 믿음은 힘이 견고하여 파괴치 못한다. 믿음은 능히 번뇌의 뿌리를 송두리째 뽑아 버린다. 믿음은 능히 부처님의 공덕만을 지향하여 나아간다.

— 〈華嚴經〉

〔주〕 1)제근 : 246의 주.

318

사람은 손이 있기에 보산(寶山)[1] 중에 들어가 마음대로 보배를 취할 수 있다. 믿음이 있는 사람도 이러하다. 믿음으로 인해 불법(佛法) 중에 들어가 마음대로 더러움 없는 보배(진리)를 취하게 된다. — 〈華嚴經〉

〔주〕 1)보산 : 보배의 산. 또 수미산의 뜻으로도 쓰인다.

319

삼세(三世)의 의망(疑網)[1]을 다 없애고 여래 계신 곳[2]에 청정한 믿음을 일으켜서, 이 믿음으로 흔들리지 않는 마음[3]을 완성하면[4] 마음이 청정한 까닭에 진실[5]을 이해하게 된다. — 〈華嚴經〉

〔주〕 1)의망 : 313의 주. 2)여래 계신 곳 : 원문은 '如來所'. 3)흔들리지 않는 마음 : 원문은 '不動智'. avicala buddhiḥ. 4)완성함 : 원문은 '得成'. samāhita. 5)진실 : 진리. tattva.

320

믿음을 얻고 나서 마음이 퇴전(退轉)[1]치 아니하여, 어지러워지지 않고, 깨어지지 않고, 집착[2]지 않고, 근본[3]을 항상 지녀 성인(聖人)[4]을 따른다면, 이 사람은 여래의 집에서 살게 된다. — 〈華嚴經〉

〔주〕 1)퇴전 : 20의 주. 2)집착 : 원문은 '染着'. 243의 주. 3)근본 : 인간 존재의 기초가 되어, 윤회의 과정에서도 변치 않는 그것. 4)성인 : 부처님. 또 제자들을 포함시켜 말하기도 한다. ārya-jana.

321

믿음의 힘에 의지하는 까닭에 능히 수행하게 된다. — 〈起信論〉

322

큰 신심(信心)은 곧 불성(佛性)[1]이요, 불성은 곧 여래니라.

— 〈涅槃經〉

〔주〕 불성 : 58의 주.

323

온갖 것[1]은 믿음으로 으뜸을 삼으니, 이것이 모든 덕(德)의 근본이다.

— 〈梵網經〉

〔주〕 1)온갖 것 : 원문은 '一切行'. 만물 모두. 구성된 온갖 것. sarva-saṃ=skārāḥ.

324

믿음은 더러운 작용이 없기에 청정함을 가지고 교만을 없앤다. 따라서 믿음이야말로 공경의 근본이며, 법장(法藏)[1]의 제일 가는 재물이어서, 청정한 마음의 손이 되어 여러 덕행(德行)[2]을 받아들인다. — 〈華嚴經〉

〔주〕 1)법장 : 진리의 곳집(庫). 부처님의 가르침을 간직한 경전을 가리키는 말. dharma-kośa. 또 부처님의 공덕, 진리를 뜻한다. 2)덕행 : 원문은 '行'.

325

중생이 있어서 능히 청정한 믿음을 일으킨다면, 반드시 끝없는 선근(善根)[1]을 얻을 터이다.

— 〈華嚴經〉

〔주〕 1)선근 : 17의 주.

326

믿음에는 열 가지 뜻이 있다. 무엇이 열인가? 첫째는 정화(淨化)하는 뜻이니, 심성(心性)[1]을 청정・명백하게 하기 때문이다. 둘째는 결정(決定)[2]하는 뜻이니, 심성을 순수・견고하게 하는 까닭이다. 셋째는 환희의 뜻이니, 온갖 우뇌(憂惱)[3]를 제거하는 까닭이다. 넷째는 싫증이 없는 뜻이니, 해태심(懈怠心)을 없애는 까닭이다. 다섯째는 수희(隨喜)[4]의 뜻이니, 남의 보살행[5]에 동조하는 마음을 일으키는 까닭이다. 여섯째는 존중의 뜻이니, 온갖 덕 있는 사람을 가벼이 보지 않는 까닭이다. 일곱째는 수순(隨順)[6]의 뜻이니, 본 바, 배운 바를 따라서 위배함이 없는 까닭이다. 여덟째는 찬탄의 뜻이니, 남의 보살행을 따라 진심에서 찬탄하는 까닭이다. 아홉째는 불괴(不壞)의 뜻이니, 마음을 오로지 하여 잊지 않는 까닭이다. 열째는 애요(愛樂)[7]의 뜻이니, 자비심을 성취하는 까닭이다.

— 〈釋摩訶衍論〉

〔주〕 1)심성 : 60의 주. 2)결정 : 확정하는 것. niyāma. 3)우뇌 : 마음의 고뇌. 4)수희 : 남의 선행을 보고 기뻐하는 것. anumodanā. 5)보살행 : 원문은 '勝行'. 221의 주. 6)수순 : 97의 주. 7)애요 : 17의 주.

327

가르침을 확고히 믿는다면,[1] 설사 마왕(魔王) 파순(波旬)[2]이 부처님의 몸으로 변신하고 나타나 정답게 다른 가르침을 설한대도, 믿음의 힘으로 말미암아 이 바른 가르침을 티끌만큼도 깨뜨리지 못하게 할 것이다. 지혜를 가지고 잘 생각해서[3] 마왕이 설하는 내용을 다 끊어 버리기 때문이다.

— 〈菩薩藏正法經〉

〔주〕 1)확고히 믿음 : 원문은 '信解'. 2)파순 : pāpiyas의 주격(主格) pāpiyān의 음사. 마왕(魔王). 악마. 일반적으로 마파순(魔波旬)·마왕파순으로 연용(連用)된다. 3)잘 생각함 : 원문은 '伺察'. mimāṃsaka.

328

온갖 중생이 믿음을 그 중 소중히 알면, 최고의 깨달음이라는 성덕(聖德)[1]의 근본을 수행 완성하여[2] 외도(外道)[3]의 사견(邪見)[4]에서 나오는 생사심(生死心)[5]과 마귀들의 원한행(怨恨行)[6]을 일으키지 않게 된다.

— 〈大教王經〉

〔주〕 1)성덕 : 부처님의 청정한 덕. guṇa. 2)수행 완성함 : '修成'의 번역. niṣpanna. 3)외도 : 18의 주. 4)사견 : 219의 주. 5)생사심 : 윤회의 원인이 될 미혹(迷惑)의 마음. 6)원한행 : 원한을 풀려는 적대 행위.

329

만약 사람이 옳은 믿음에 안주(安住)[1]하면, 이 사람은 견고[2]한 마음을 얻고 도(道)의 뿌리를 키워서, 파괴되지 않는 청정한 믿음을 낳으리라.

— 〈二婆羅門緣起經〉

〔주〕 1)안주 : 157의 주. 2)견고 : 확고한 것. dhiti-saṃpanna. 물러나지 않는 것. anivṛt.

330

믿음은 능히 안인(安忍)[1]의 실천을 나타내 보인다. 믿음은 더럽혀지는 일이 없어서 마음이 청정하며, 아만(我慢)[2]의 뿌리를 제거한다. 믿음은 능히 온갖 것을 희사(喜捨)[3]하고 불법(佛法)[4]에 들어간다. 믿음은 지혜의 공덕[5]을 낳아, 부처님의 설법을 따라 진리에 온통 통달한다. 믿음은 청정·예리하여 번뇌의 뿌리를 길이 끊는다. 믿음은 능히 여러 악마의 경지를 뛰어넘어 최상의 해탈도(解脫道)[6]를 나타내 보인다. 믿음은 파괴됨이 없는 공덕의 씨가 되어 보리(菩提)[7]의 싹을 키운다.

— 〈大乘集菩薩學論〉

〔주〕 1)안인 : 참는 것. kṣamā. 인욕(忍辱). 2)아만 : 244의 주. 3)희사 : 보상을 바라지 않고, 기쁜 마음으로 재물을 베푸는 것. vyaavasarga-rata. 4)불법 : 4의 주. 5)공덕 : 208의 주. 6)해탈도 : 171의 주. 7)보리 : 5의 주.

331

신근(信根)[1]을 처음으로 일으키면, 공덕[2]이 광대무량하다.

— 〈大乘集菩薩學論〉

〔주〕 1)신근 : 믿음의 뿌리. 아비달마(阿毗達磨)에 의하면, 정도(正道)·조도(助道)를 믿어서 온갖 무루(無漏)한 선정·해탈을 일으키는 것. śraddhā-indriya. 2)공덕 : 복. 좋은 일. Ⓟpuñña.

332

믿음은 최상의 수레[1]라 정각(正覺)을 실어 온다. 그러기에 지혜로운 자는 믿음을 가까이하는 것이어서, 만약 사람에게 신근(信根)[2]이 없다면 여러 백법(白法)[3]이 생겨날 수가 없다. 마치 불에 그슬린 곡식의 씨로부터 싹이나 줄기가 나오지 않는 것과 같다. — 〈十法經〉

〔주〕 1)최상의 수레 : 원문은 '最勝乘'. 가장 뛰어난 가르침. varayāna. 2)신근 : 331의 주. 3)백법 : 158의 주.

333

믿음을 일으키고 의심을 품지 말라. 믿음은 곧 불체(佛體)[1]니, 해탈을 꼭 얻게 한다. — 〈大乘密嚴經〉

〔주〕 1)불체 : 부처님인 것. 부처님인 이. 깨달음을 얻은 상태(佛果). buddhatva, buddhatā. 물론 부처님의 몸이라는 뜻도 있다.

334

세존께서 아난(阿難)에게 이르셨다. "어부는 고기를 잡기 위해, 큰 못물 같은 곳에 낚싯밥을 던져 고기로 하여 먹게 한다. 고기가 이것을 삼키기만 하면, 제 아무리 물 속 깊이 있다 해도 얼마 있지 않아서 안 나올 수 없게 된다. 왜 그런가? 고기는 낚싯줄에 걸리고, 낚싯줄은 기슭의 나무에 매여 있으므로, 어부가 그곳에 나타나 고기가 걸린 것을 알고 낚싯줄을 잡아당겨 기슭으로 끌어올리기 때문이다. 온갖 중생이 부처님들 계신 곳에 나타나 경건한 믿음을 일으켜, 여러 선근(善根)[1]을 심고 보시(布施)[2]를 닦든가, 내지는 발심(發心)[3]하여 일념(一念)[4]의 믿음만이라도 얻는다면, 비록 악업(惡業)[5]의 방해하는 바 되어[6] 지옥·축생·아귀 등 여러 난처(難處)[7]에 떨어져 있을지라도, 여러 부처님께서 불안(佛眼)으로 이 중생의 신심(信心)·선근(善根)을 살피사, 지옥 등에서 빼내어 열반의 기슭에 올려 놓으신다." — 〈大悲經〉

〔주〕 1)선근 : 17의 주. 2)보시 : 17의 주. 3)발심 : 279의 주. 4)일념 : 293의 주. 5)악업 : 18의 주. 6)방해하는 바 됨 : 원문은 '覆障'. vyavadhāna. 7)난처 : 불도 수행에 장애가 많은 곳. akṣaṇa.

335

"다시 선남자(善男子)야, 보살은 열 가지 일[1]을 성취하여 청정한 믿음을 얻나니, 무엇이 열인가? 첫째는 숙식(宿植)[2] 선근(善根)[3]에 말미암아 인연을 갖춘 탓으로 복덕(福德)[4]을 낳는 일이다. 둘째는 외도(外道)의 가르침[5]을 따르지 않고 정견(正見)[6]을 얻는 일이다. 셋째는 속이거나 아첨하는 행위를 버리고 의요(意樂)[7]의 구족을 얻는 일이다. 넷째는 사곡(邪曲)[8]한 성질이 없어지고 질직(質直)[9]한 마음을 얻는 일이다. 다섯째는 이근(利根)[10]으로 말미암아 지혜의 구족(具足)을 얻는 일이다. 여섯째는 청정한 마음으로 유주상속(流注相續)[11]하는 까닭에 수면(睡眠)[12]의 장애를 버리게 되는 일이다. 일곱째는 악지식(惡知識)[13]을 떠나 선지식(善知識)[14]을 의지(依止)[15]하는 일이다. 여덟째는 선법(善法)[16]을 희구(希求)하여 아만(我慢)[17]을 일으키지 않는 일이다. 아홉째는 바른 가르침을 설하여 착오가 없는 일이다. 열째는 광대한 믿음으로 능히 여래의 광대한 위신(威神)[18]을 아는 일이다. 선남자야, 보살은 이 열 가지 일을 성취하여 청정한 마음을 얻느니라." — 〈寶雨經〉

〔주〕 1)일 : 원문은 '法'. 선(善). 좋은 행위. 덕(德). 2)숙식 : 과거세에 선근을 심은 것. 3)선근 : 17의 주. 4)복덕 : 304의 주. 5)외도의 가르침 : 원문은 '師敎'. 이 사(師)는, 불교 이외에서 사회의 모범이 되어, 제자를 가르치는 사람이다. upādhyāya. 6)정견 : 바른 견해. 팔정도(八正道)의 하나. samyag-dṛṣṭi. 7)의요 : 어떤 목적을 달하기 위한 의지·염원. āśaya. 아세야(阿世耶)라고 음사되는 수도 있다. 8)사곡 : 성질이 부정하여 비뚤어져 있는 것. jima. 9)질직 : 정직한 것. ārjava. 10)이근 : 명민(明敏)함. 소질·능력이 우수한 것. tikṣna-indriya. 11)유주상속 : 한 대상에 마음을 집중하는 상태가 계속되는 것. 12)수면 : 마음을 흐리게 하는 작용. 수(睡)는 멍청하여 자극에 반응이 일어나지 않는 것. 면(眠)은 감각기관(眼·耳·鼻·舌·身)이 작용하지 않는 일. 오개(五蓋)·십전(十纏)의 하나. middha. 13)악지식 : 악우. 나쁜 가르침을 설해 남을 사견(邪見)에 떨구는 지자(智者). pāpa-mitta. 14)선지식 : 15의 주. 15)의지 : 55의 주. 16)선법 : 18의 주. 17)아만 : 244의 주. 18)위신 : 거룩한 위력(威力). anubhāva. 불가사의한 힘.

336

믿음은 대하(大河), 복덕(福德)은 기슭에 비유할 만하다. 강물은 열(熱)·목마름·때(垢) 같은 것을 없애 주어 힘을 발휘하거니와, 선법(善法)[1] 중의 믿음도 그러하다. 능히 삼독(三毒)[2]의 열을 없애며, 악행의 때를 씻어내며, 삼유(三有)[3]의 목마름을 풀어 준다. — 〈十住毗婆娑論〉

〔주〕 1)선법 : 18의 주. 2)삼독 : 245의 주. 3)삼유 : 200의 주. 그러나 여기서는 삼계(三界)에서의 세 가지 생존 형태를 가리킨다. 욕계(欲界)의 생존·색계(色界)의 생존·무색계(無色界)의 생존. 유(有)는 bhava의 번역이니, 마음이 있는 온갖 생물의 생존을 뜻한다. trayo bhavāḥ.

337

바른 가르침을 믿으면,[1] 이것이 최고의 복[2]이다. — 〈法句經〉

〔주〕 1)믿다 : '信樂'의 번역. 믿고 원함. 믿고 기뻐함. 신해(信解). 2)복 : '吉祥'의 번역. 복된 일. 상서로움. 양호함. dhanya.

338

다섯 가지 인연[1]의 믿어야 할 것이 있으니, 첫째는 부처님을 믿음이요, 둘째는 그 가르침을 믿음이요, 셋째는 계(戒)를 믿음이요, 넷째는 경(經)을 믿음이요, 다섯째는 선지식(善知識)[2]을 믿음이다. 이 다섯 가지를 믿으면 도(道)[3]를 얻게 된다. — 〈三慧經〉

〔주〕 1)인연 : 도리. 인과(因果)의 법칙. pratyaya. 2)선지식 : 15의 주. 3)도 : 14의 주.

339

능히 중생에게 진리를 밝히셨으므로 먼저 부처님을 믿는다. 열반(涅槃)의 '성'에 이르게 하므로 다음에는 가르침(法)을 믿는다. 좋은 반려(伴侶)와 같으므로 다음에는 승(僧)[1]을 믿는다. 근본[2]과 같으므로 다음에는 계(戒)를 믿는다. — 〈阿毗曇毗婆娑論〉

〔주〕 1)승 : 승가(僧伽). 20의 '삼보'의 주. 2)근본 : 원문은 '資粮'. 준비·소재. 또 수행의 근본이 되는 선근·공덕을 이른다. saṃhāra.

340

지혜가 있어도 청정한 믿음이 결여되면, 믿음 없는 지혜는 첨곡(諂曲)[1]만을 키우게 된다. 이런 첨곡을 그치게 하는 까닭에 믿음이 으뜸이라 한 것이다. — 〈大毗婆娑論〉

〔주〕 1)첨곡 : 남에게 아첨하고, 자기 마음을 비뚤어지게 갖는 것. 그러나, 여기서는 사악(邪惡). vaṅka.

341

만약 내 제자가 믿음으로써 담[1]을 삼는다면, 능히 악한 외적의 침입을 막고 선법(善法)[2]을 수행할 수 있을 것이다. — 〈阿毗曇毗婆娑論〉

〔주〕 1)담 : 원문은 '障板'. 널판자(板)로 만든 담일 것이다. 2)선법 : 18의 주.

342

손가락을 퉁기는 정도의 짧은 시간[1]이라도 부처님을 독신(篤信)하여 마음이 바뀌지 아니하면, 그 복이 끝없어서 헤아릴[2] 수 없을 것이다.

— 〈出曜經〉

〔주〕 1)손가락을 퉁기는 시간 : 원문은 '彈指頃'. <구사론(俱舍論)>에 의하면, 20념(念)이 1순(瞬), 20순이 1탄지라 한다. 2)헤아림 : 원문은 '稱計'. 하나하나 이름을 불러 가며 헤아리는 것.

343

여러 재물 중, 믿음이 제일 가는 재물이다. — 〈別譯雜阿含經〉

344

부처님의 가르침에 신향(信向)[1)]이 있는 사람은 다 해탈하게 된다.

— 〈大莊嚴經〉

〔주〕 1)신향 : 삼보(三寶)를 믿어 의심치 않고, 이것에 귀의(歸依)하는 것. adhimukti.

345

임금은 국경 지대의 성에 요새(要塞)를 만들 때, 땅을 굳게 다져 무너뜨리지 못하게 함으로써, 안으로는 나라를 편안케 하고 밖으로는 적군을 막는다. 불자(佛子)가 여래를 굳게 믿어 신근(信根)[1)]이 확립되고 나면, 끝내 다른 사문(沙門)[2)] · 범지(梵志)[3)] · 악마 및 악세간(惡世間)[4)]을 따르지 않게 되는바, 이것을 믿음의 성의 망루라 하며, 악을 제거하고 온갖 선을 닦는 일이라고 한다.

— 〈中阿含經〉

〔주〕 1)신근 : 331의 주. 2)사문 : 265의 주. 3)범지 : 바라문(brāhmaṇa)의 번역. 바라문은 우주의 최고 원리인 brāhman을 지향하는 자이기에 범지(梵志)라 하며, 또 범사(梵士)라고도 번역된다. 4)악세간 : 나쁜 중생. 세간에는 중생의 뜻이 있다.

346

믿음은 바로 부처님의 아들[1)]이다. 그러므로 지혜로운 사람은 마땅히 믿음을 가까이해야 한다.

— 〈大寶積經〉

〔주〕 1)부처님의 아들 : 원문은 '佛子'. 보통 불제자(佛弟子)의 뜻으로 쓰이나,

여기서는 문자 그대로 부처님의 아들. 부처님의 씨. buddha-suta.

347

만약 중생이 있어서, 불지(佛智)나 승지(勝智)[1]를 확실히 믿음으로써 여러 공덕을 지어, 신심(信心)을 가지고 정토(淨土)에 태어날 인(因)을 닦는다면,[2] 이런 중생들은 칠보화(七寶華)[3] 속에 저절로 태어나[4] 잠깐 사이에 신상광명(身相光明)[5]과 지혜공덕(智慧功德)[6]을 보살들 모양 고루 성취할 것이다.

— 〈無量壽經〉

〔주〕 1)승지 : 245의 주. 2)정토에 태어날 인을 닦음 : 원문은 '廻向'. 회향은 32의 주에서 설명한 뜻으로 많이 쓰이나, 여기서는 염불한 공덕으로 극락정토에 태어나려 하는 것. 3)칠보화 : 극락에 있는 7보로 이루어진 꽃. 7보의 내용에는 여러 설이 있으나, <무량수경>에서는 금·은·유리·산호·호박·차거(硨磲)·마노(碼碯). 4)저절로 태어남 : 원문은 '自然化生'. 모태(母胎)를 빌리지 않고 저절로 태어남. 저절로 보토(報土)에 태어나는 것. aupapāduka. 5)신상광명 : 몸에 나타난 광명. 그것은 지혜의 구체적 표현이다. 6)지혜공덕 : 지혜에서 나오는 좋은 결과를 가져올 능력.

348

신심(信心)은 씨요, 고행(苦行)[1]은 단비(時雨)니라.

— 〈雜阿含經〉

〔주〕 1)고행 : 일반적으로는 깨달음을 얻기 위해 극도로 몸을 괴롭히는 수행 방법을 이른다. tapas. 그러나 이것은 석존께서 극구 배격한 것이어서, 여기서는 두타(頭陀)를 가리킨다. 의·식·주에 대한 탐욕을 버리고 번뇌에서 벗어나기 위한 수행. dhūta. 그 구체적인 규정으로 열두 가지가 있어서 십이두타행(十二頭陀行)이라 한다.

349

온갖 공덕은 믿음으로 사명(使命)[1]을 삼는다. 그러기에 보물 중에서 믿음이 으뜸이다. — 〈大莊嚴經〉

〔주〕 1)사명 : 사자(使者). 심부름을 하는 구실.

350

보살이 마음을 일으켜 보리(菩提)를 구하고자 하면, 인연[1]이 없지 않다. 불(佛) · 법(法) · 승(僧)[2]에 청정한 믿음을 일으키면, 이로 말미암아 광대(廣大)한 이타심(利他心)[3]이 생기게 마련이다. — 〈華嚴經〉

〔주〕 1)인연 : 기연(機緣). 방법. 2)불 · 법 · 승 : 20의 주 '삼보' 참조. 3)광대한 이타심 : 원문은 '廣大心'. 사무량심(四無量心) 따위를 이른다. 154의 '무량'의 주.

351

늘 부처님들을 받들어 믿으면 능히 큰 공양(供養)[1]을 일으키게 된다. 큰 공양을 일으키면, 그 사람은 부처님의 불가사의한 가르침[2]을 믿게 된다. 항상 부처님의 존귀한 가르침을 믿으면, 신심(信心)의 불퇴전(不退轉)[3]을 얻게 된다. 신심의 불퇴전을 얻으면, 그 사람의 믿음의 힘이 흔들리지 않게 된다. 믿음의 힘을 얻어 흔들리지 않으면, 제근(諸根)[4]이 정명(淨明)[5]해진다. 제근이 정명해지면, 선지식(善知識)[6]을 가까이할 수 있다. 선지식을 가까이하면, 능히 광대한 선(善)을 닦게 된다. 광대한 선을 닦으면, 그 사람은 큰 인력(因力)[7]을 성취하게 된다. 큰 인력을 성취하면, 수승(殊勝)[8]한 결정해(決定解)[9]를 얻게 된다. 수승한 결정해를 얻으면, 부처님들이 호념(護念)[10]하시는 바가 된다. 부처님들의 호념하시는 바가 되면, 능히 보리심(菩提心)[11]을 일으키게 된다. 보리심을 일으키면, 능히 부처님의 공덕을 부지런히 닦게 된다. 부처님의 공덕을 잘 닦으면, 능히 여래의 집에 태어나게 된다. 여래의 집에 태어나면, 선한 일을 하여 좋은 방편을 수행하게 된다. 선한 일을 하여 좋은 방편을 수행하면, 신요(信樂)[12]하는 마음이 청정해지게 된다. 신요하는 마음이 청정해지면, 가장 뛰어난 마음[13]을 얻게 된다. 가장 뛰어난 마음을 얻으면, 늘 바라밀(波羅蜜)[14]을 닦게 된다. 바라밀을 닦으면, 능히 대승(大乘)[15]을 갖추게 된다. 대승을 갖추면, 능히 가르침대로 부처님을 공양하게 된다. 가르침대로 부처님을 공양하면, 능히 염불(念佛)[16]의 마음이 동요하지 않게 된다. 염불의 마음이 동요하지 않으면, 항상 한량없는 부처님을 뵙게 된다. 한량없는 부처님을 뵈오면, 불신(佛身)의 영원함을 보게 된다. 불신의 영원함을 보면, 능히 진리의 영구불멸함을 알게 된다. 진리의 영구불멸함을 알면, 변재(辯才)[17]의 무애(無礙)함을 얻게 된다. 변재가 무애하면, 무변한 가르침을 설할[18] 수 있게 된다. 무변한 가르침을 설하면, 능히 중생을 제도하게 된다. 중생을 제도하면, 견고한 대비심(大悲心)[19]을 얻게 된다. 견고한 대비심을 얻으면, 심심(甚深)한 가르침을 희구(希求)하게[20] 된다. 심심한 가르침을 희구하면, 능히 유위(有爲)[21]의 허물을 버리게 된다. 유위의 허물을 버리면, 교만과 방일(放逸)[22]을 떠나게 된다. 교만과 방일을 떠나면, 능히 온갖 중생을 널리 이롭게 해주게 된다. 온갖 중생을 널리 이롭게 하면, 생사[23] 속에 있으면서도 싫증을 모르게 된다. — 〈華嚴經〉

〔주〕 1)공양 : 17의 주. 2)불가사의한 가르침 : 원문은 '不思議'. 우리들의 생각을 초월해 있는 뜻으로, 여기서는 부처님의 가르침을 형용한 것이다. acintya. 3)불퇴전 : 185의 주. 4)제근 : 246의 주. 이 밖에, 신(信)·진(進)·염

(念)・정(定)・혜(慧)의 오근(五根), 또는 기타의 온갖 선근(善根)을 가리키기도 한다. 5)정명 : 청정하고 밝아짐. 6)선지식 : 15의 주. 7)인력 : 무엇이 발생할 때 원인이 되는 힘. 8)수승 : 뛰어남. viśeṣa. 9)결정해 : 확정적인 이해. 10)호념 : 208의 주. 11)보리심 : 50의 풀이. 12)신요 : 337의 주. 13)뛰어난 마음 : 원문은 '增上最勝心'. 증상(ādhipatya)이나 최승(parama)이나 가장 뛰어났다는 뜻. 14)바라밀 : 247의 주. 15)대승 : 소위 대승불교란 뜻 외에 온갖 실천법을 의미하기도 한다. 16)염불 : 부처님을 마음속에서 생각하는 것. 부처님의 공덕이나 모습을 마음으로 염(念)하는 것. buddha-manasikāra. 흔히 '나무아미타불'을 부르는 뜻으로 쓰나, 이것은 후세에 와서 생긴 이름. 17)변재 : 말재주. 언어 표현의 능력. pratibhāna. 18)설함 : 원문은 '開演'. 비상한 노력을 가지고, 적절한 사람들에게 대승 경전의 글과 뜻을 설명하는 것. prakāśana. 19)대비심 : 169의 주. 20)희구함 : 원문은 '愛樂'. Ⓟabhinandati. 21)유위 : 인연으로 화합된 온갖 현상. saṃskṛta. 또 번뇌를 이른다. 여기서는 후자. 22)방일 : 250의 주. 23)생사 : 윤회의 뜻.

352

"불자(佛子)야, 만약 온갖 중생이 삼보(三寶)[1]의 '바다'에 처음으로 들어간다면, 누구나 믿음으로 근본을 삼느니라." — 〈菩薩瓔珞本業經〉

〔주〕 1)삼보 : 20의 주.

353

능히 불지(佛智)와 해탈에 청정한 믿음을 깊이 일으켜 길이 퇴전(退轉)[1]치 않으며, 믿음으로 지혜의 뿌리가 생겨나도록 하면, 이는 바르게 배우는 사람의 수행하는 길[2]이 된다. — 〈華嚴經〉

〔주〕 1)퇴전 : 20의 주. 2)수행하는 길 : 원문은 '所行道'.

불신(不信)의 반향(反響)

354

믿음 없는 중생은 부처님을 뵙지 못한다. —〈華嚴經〉

355

믿지 않으면 생겨나는 것이 없다. —〈無希望經〉

356

여래께서 설하신 것을 믿지 않는 것은 어리석은 사람이므로, 길이[1] 괴로움을 받을 수밖에 없다. —〈雜阿含經〉

〔주〕 1)길이 : 원문은 '長夜'. 209의 주.

357

삼보(三寶)[1]와 사제(四諦)[2]에 대해 의심을 품는 사람은, 비록 선정(禪定)[3]을 부지런히 닦는다 해도, 부처님들께서 칭찬치 않으신다.

—〈阿毗達磨法蘊足論〉

〔주〕 1)삼보 : 20의 주. 2)사제 : 풀이 참조. 3)선정 : 원문은 '靜慮'. 선・선정과 같은 말. dhyāna. 27의 '정'의 주.

〔풀이〕 사제(四諦)는 사성제(四聖諦)라고도 하며, 네 가지 진리, 또는 네 가지

성스러운 진리의 뜻이다. 이것은 부처님께서 처음 깨달으신 다음, 오비구(五比丘)를 상대한 첫 설법에서 제시하신 교리이며, 동시에 이후의 전 불교의 골격(骨格)을 이루는 것이라고 할 수 있다. 원어는 catuḥ-satya다.

첫째의 고제(苦諦 : duḥkha-satya)란, 인생은 고(苦)라고 하는 진실이다. "태어나는 것은 고다. 늙는 것은 고다. 병은 고다. 죽는 것은 고다. ……통틀어 말한다면, 이 인생의 양상은 고다." ―<雜阿含經> 15·17. 이런 생각은 우리에게 즐거움과 행복이 있는 것을 외면한 비관론이라고 이의를 제기하는 사람이 있을지도 모른다. 그러나 즐거움이니 행복이니 하는 것의 정체란 무엇인가? 그것들은 항구성이 없어서 순식간에 붕괴되어야 하고, 우리에게 또 다른 고통과 불행을 가져다 주는 모체가 아닌가? 깨달은 처지에서 보면 즐거움 또한 괴로움으로 비치는 것이다. 온갖 것은 괴로움이다 하는 것이, 부처님이 인생에 대해 내리신 총결론이시다.

그러면 이런 괴로움의 원인은 무엇인가? 거기에 답하는 것이 집제(集諦 : samudaya-satya)다. 이 괴로움은 번뇌·망집(妄執)이 모여서 일으킨 것이라는 진실이다. 연기(緣起)의 도리를 몰라서 없는 것을 있다고 착각하고, 무상한 것을 영구한 양 아는 집착이 그것이다.

이상의 두 가지가, 우리 현실과, 그 원인에 대한 규명이었다면, 다음의 두 항목은 거기서 벗어나기 위한 길이다.

셋째의 멸제(滅諦 : nirodha-satya)란, 괴로움의 원인인 온갖 미혹·집착을 없애야 한다는 진실이다. 그러면 어떻게 없앨 것인가? 거기에 대답하는 것이 도제(道諦 : mārga-satya)다. 그것은 바른 실천법을 따르는 일이며, 구체적으로는 팔정도(八正道)를 의미한다.

팔정도란 다음과 같은 것을 실천하는 일이다. ①정견(正見). 바르게 사제의 도리를 보는 일. ②정사유(正思惟). 바르게 사제의 도리를 사유하는 일. ③정어(正語). 바른 말을 하는 일. ④정업(正業). 바른 행동을 하는 일. ⑤정명(正命). 바른 생활을 하는 일. ⑥정정진(正精進). 수도에 힘쓰는 일. ⑦정념(正念). 정도를 마음에 두어 사념(邪念)이 없는 일. ⑧정정(正定). 바른 정진 통일(선정)에 들어가는 일.

이상의 '사제'·'팔정도'는 불교의 근간(根幹)을 이루는 것이어서, 그 교리가 어떤 방향으로 전개·발전하든 바뀔 수 없는 것이라고 해야 한다.

358

어리석은 사람은 부처님을 믿지 않고 경(經)을 믿지 않다가, 죽어서는 지옥에 떨어진다. ―〈菩薩逝經〉

359

사람에게 손이 없고 보면, 보산(寶山)[1]에 간대도 소득이 있을 수 없는 것 같다. 믿음이라는 '손'을 지니지 못한 사람은 설사 삼보(三寶)[2]를 만나 뵙는다 해도 얻는 것이 없다. ―〈心地觀經〉

〔주〕 1)보산 : 318의 주. 2)삼보 : 20의 주.

360

"선남자·선녀인[1]아, 내가 열반[2]에 든 뒤에, 중생이 있어서 법복(法服)[3]을 걸치고 이양(利養)[4]을 탐한다든가, 도심(道心)[5]을 거짓 일으켜 정법(正法)[6]을 손상하여 청정한 마음이 없다면, 이 사람은 삼보(三寶)[7]를 믿는다 할 수 없으니, 비록 내 대중 속에 있대도 나와의 관계는 아주 멀다고 해야 한다. 이와는 달리, 선남자·선녀인이 집착 없는 행위를 함으로써, 비록 보살의 자리에는 있지 않으면서도 마음이 견고해 도심(道心)을 버리지 않는 사람이 있다면, 백천만 유순(由旬)[8] 밖에 있다 해도 나와 아주 가까움이 확실하니라." ―〈菩薩瓔珞經〉

〔주〕 1)선녀인 : 재속(在俗)의 여성 신자를 부르는 말. 원래는 양가(良家)의

여인. kula-duhitṛ. 2)열반 : 미혹이 끊어진 상태가 원뜻이거니와, 부처님이나 고승의 죽음을 뜻하는 데도 쓰인다. 3)법복 : 가사. 승복. vastra. 4)이양 : 이득(利得). 남에게서 물건을 받는 따위의 실질적인 이득을 이른다. lābha. 5)도심 : 깨달음을 구하는 마음. 보리심. bodhi-citta. 6)정법 : 252의 주. 7)삼보 : 20의 주. 8)유순 : 254의 주.

361

의심 많은 사람은 온갖 세간(世間)[1] · 출세간(出世間)[2]의 일을 무엇이나 이루지 못한다. 가르침을 의심하면 배울 수 없으며, 스승을 의심하면 공경하여 따르지 못하며, 스스로 의심하면 배울 때가 없다. 이 세 가지 의심을 지니는 것은 장도(障道)[3]의 근본이므로, 결정심(決定心)[4]을 일으켜 배우는 사람은 이 세 가지(가르침 · 스승 · 자기)를 의심치 아니한다.

— 〈成實論〉

〔주〕 1) 2)세간 · 출세간 : 미혹(迷惑)의 세계인 이 현실이 세간, 그것을 초월한 도(道)의 세계가 출세간이다. 3)장도 : 불도 수행의 장애. antarāya. 4)결정심 : 가르침을 듣고 의심함이 없이, 마음을 다해 그것을 실천하는 마음. Ⓣgtan la phab paḥi sems.

362

호의(狐疑)[1]하는 행위는 음개(陰蓋)[2]의 문(門)이다.

— 〈文殊師利淨律經〉

〔주〕 1)호의 : 의심이 많아서 결정을 내리지 못함. Ⓟvicikicchā. 2)음개 : 지혜를 덮는 것. 번뇌의 딴 이름. nivaraṇa.

363

"선남자야, 염부제(閻浮提)[1] 안에 두 가지 중생이 있으니, 믿음 있는 사람과 믿음 없는 사람이 그것이다. 믿음 있는 사람은 대치(對治)[2]할 수 있다 하노니, 왜 그런가? 열반을 반드시 얻어 더러움[3]이 없을 것이므로, 염부제의 중생들을 다 대치한 것이나 다를 바 없다고 내가 설했느니라. 믿음 없는 사람을 일천제(一闡提)[4]라 하는바, 일천제란 대치할 수 없음을 이르는 말이다. 이것만을 제외한 모든 중생은 다 대치를 마친 것이나 다름없으므로, 열반을 더러움이 없는 경지라 하느니라." — 〈涅槃經〉

〔**주**〕 1)염부제 : 17의 주. 2)대치 : 235의 주. 3)더러움 : 원문은 '瘡疣'. 헌데와 혹. 무루(無漏)·무구(無垢)의 누(漏)·구(垢) 같은 것의 비유이리라. 4)일천제 : icchantika의 음사. 선근(善根)이 조금도 없어서 깨달을 가능성이 전혀 없는 자. 단선근(斷善根)·신불구족(信不具足)이라 한역한다.

〔**풀이**〕 일천제(一闡提)가 성불(成佛)할 수 있느냐 없느냐는 문제를 싸고, 그 불가능함을 주장하는 법상종(法相宗)과 이를 반대하는 천태(天台)·화엄(華嚴) 등의 대승불교 사이에 격렬한 논쟁이 빚어졌다. 아무리 불·보살의 자비가 무한하다 해도, 중생 쪽의 신심(信心)이 기연(機緣)을 만들지 않는 한, 구제는 불가능하다고 보아야 한다. 끝내 거부하는 자에게는 자비 또한 작용할 수 없기 때문이다. 그러므로 이것은 타당한 견해다.

그러나 불·보살의 자비를 절대적인 것으로 칠 때, 구제할 수 없는 중생이 있다는 것은 그 절대성을 제한하는 것이 된다. 그러므로 일체중생(一切衆生) 실유불성(悉有佛性)을 표방하는 대승에서 반대한 것 또한 당연한 일이었다고 해야 한다.

이것을 객관적으로 바라볼 때, 부정으로 기운 측은 중생의 현실적 양상에 착안한 것이고, 성불을 인정한 쪽은 그것마저도 버리지 않으려는 대비(大悲)

의 정신을 발휘한 것이라 하겠다.

신심의 종류

364

부처님과 그 가르침을 깊이 믿으며, 불자(佛子)로서 수행해야 할 도(道)[1]를 또한 믿으며, 무상(無上)의 큰 보리(菩提)[2]를 믿어야 한다.

— 〈華嚴經〉

〔주〕 1)수행해야 할 도 : 원문은 '所行道'. 2)보리 : 5의 주.

365

보살은 온갖 사물(존재)이 공(空)함을 믿으며, 그 무상(無相)[1]을 믿으며, 그 무원(無願)[2]을 믿으며, 그 의거할 바 없음을 믿으며, 그 헤아릴 수 없음을 믿으며, 그 유상(有上)[3]이 없음을 믿으며, 그 초월키 어려움을 믿으며, 그 무생(無生)[4]을 믿어야 한다.

— 〈華嚴經〉

〔주〕 1)무상 : 111의 주. 2)무원 : 111의 주. 3)유상 : 위가 있음. 현상(現象) 즉 절대여서, 현상 저쪽에 따로 실재(實在)나 절대계가 없음에도 불구하고, 그런 것이 있다고 믿는 생각. uttara? 4)무생 : 90의 주.

366

신심(信心)을 대략 설명하면 네 가지가 있으니, 무엇이 넷인가? 첫째는 근본[1]을 믿음이니, 진여법(眞如法)[2]을 요념(樂念)[3]하는 까닭이다. 둘째는 부처님에게 무량한 공덕이 있음을 믿음이니, 항상 마음에 새겨 생각하고, 가까이하여 공양 공경하며, 선근(善根)[4]을 일으켜 일체지(一切智)를 구하는 까닭이다. 셋째는 법(가르침)에 큰 이익이 있음을 믿음이니, 온갖 바라밀(波羅蜜)[5]을 항상 마음에 두어 수행하는 까닭이다. 넷째는 승(僧伽·教團)이 능히 바르게 자리(自利)[6]·이타(利他)[7]를 수행함을 믿음이니, 여러 보살들을 항상 자진해 가까이하여 여실(如實)[8]한 수행을 배우고자 하는 까닭이다. —〈起信論〉

〔주〕 1)근본 : 진여(眞如)를 가리킨다. 원효(元曉)의 <기신론소(起信論疏)>는 "진여의 법은 부처님들이 의지하시는 바요, 온갖 보살행(혹은 수행)의 근원이므로 근본이라 이른다."고 하였다. 2)진여법 : 마음 원래의 진실한 모습. 곧 진여의 양상. 3)요념 : 애요(愛樂)하여 억념(憶念)함. 희구(希求)하여 늘 생각함. 4)선근 : 17의 주. 5)바라밀 : 247의 주. 6)자리 : 28의 주. 7)이타 : 남을 이롭게 함. 중생을 구하는 것. para-hita. 8)여실 : 97의 주.

〔풀이〕 여기에 든 네 가지 믿음이란, 결국 진여와 삼보(三寶)에 대해 신심(信心)을 일으키는 일인바, 이 네 가지가 동등한 자격으로 병렬(並列)하는 듯이 여겨서는 안 된다. 불(佛)·법(法)·승(僧)은 서로 병렬하는 관계라 해도, 진여는 어떤 것과도 비교될 수 없는 절대 자체이기 때문이다. 그러므로 진여가 불·법·승을 통해 우리에게 작용한다고 보아야 하며, 진여를 믿는 일 속에 불·법·승에 대한 신심이 포함된다고 생각해야 한다.

367

상주(常住)[1]의 도리를 믿는 것, 그것이 신심(信心)이다. —〈楞嚴經〉

〔주〕 1)상주 : 영구히 존재함. 영원불변. nitya. 진리가 영원한 것. nitya-athita.

〔**풀이**〕 '상주의 도리'란 우주 만물을 일관하는 진리, 즉 진여(眞如)를 이름이며, 이를 아는 데는 '깨달은 사람'인 부처님의 가르침이 불가결하므로, 결국 '상주의 도리'를 믿는다는 것은 삼보(三寶)에 대한 믿음이 될 것이다. 전항(前項)과 똑같은 취지다.

368

믿음에 두 가지가 있으니, 첫째는 가르침을 들어서[1] 일으키는 믿음이요, 둘째는 스스로 이것을 생각해서[2] 일으키는 믿음이다. 그 사람의 신심(信心)이 가르침을 들어서 생겼을 뿐 스스로 생각함이 없는 경우 이것을 절뚝발이 믿음[3]이라고 한다. 또 믿음에 두 가지가 있으니, 첫째는 도(道)를 실천하는 사람[4]을 믿음이요, 둘째는 도를 얻은 사람[5]을 믿음이다. 이 사람의 신심이 오직 도를 실천하는 사람만 믿고 도를 얻은 사람을 믿지 않는 경우, 이것도 절뚝발이 믿음이라고 한다. — 〈涅槃經〉

〔**주**〕 1)가르침을 들음 : 원문은 '聞'. 8의 주. 2)스스로 이것을 생각함 : 원문은 '思'. 8의 주. 3)절뚝발이 믿음 : 원문은 '信不具足'. 믿음이 불완전한 것. 일천제(363의 주)의 역어(譯語)로도 쓰이나 여기서는 그 뜻이 아니다. 4)도를 실천하는 사람 : 원문은 '有道'. 이 말에는 바라문을 가리키는 뜻도 있으나, 여기서는 역문(譯文)의 뜻. 5)도를 얻은 사람 : 원문은 '得道人'. 깨달음을 얻은 사람. prāpta-phala. <나선경(那先經)>의 경우, 아라한의 뜻으로 '得道人'을 썼으나, 여기서는 <법화경>의 '得道者'에 해당한다.

369

중생들이 부처님의 지견(知見)[1]을 신향(信向)[2]하여 마음에 집착을 일으키지 않으면, 이것이 굳은 믿음이다. 부처님의 설하시는바 가르침의 성상(性相)[3]이, 다 공(空)함을 믿고 능히 이 가르침을 신해(信解)[4]하면,

이것이 굳은 믿음이다. 신요(信樂)[5]하는 뜻이 나서 오욕락(五欲樂)[6]을 탐내 구하지 아니하고 이 신요를 성취하면, 이것이 굳은 믿음이다. 여러 부처님들[7]께서 중생에게 법시(法施)[8]하심을 믿어 자기도 이를 따라 배우면, 이것이 굳은 믿음이다. 부처님들께서 의식 없이 보시(布施)[9]하심을 믿어, 설사 자기 몸을 버려 보시하는 경우라도 보시한다는 의식을 일으키지 않으면, 이것이 굳은 믿음이다. 부처님들을 신향(信向)하여 그 마음에 더러움이 없고, 무심(無心)[10]의 가르침을 또한 믿으면, 이것이 굳은 믿음이다. 능히 육정(六情)[11]을 지켜 욕구함[12]이 없어야 하는 것이니, 이 가르침을 신해(信解)하면, 이것이 굳은 믿음이다. 여러 믿지 않는 중생들을 믿음으로써 인도하여[13] 부처님의 가르침을 따르게 하면, 이것이 굳은 믿음이다. 제행(諸行)[14]의 무상(無常)·고(苦)·공(空)·무아(無我)[15]함을 믿어 이 믿음의 힘을 완성하면, 이것이 굳은 믿음이다. 무루[16]한 성계(聖戒)[17]가 공연한 말씀이 아님을 믿어 삼매(三昧)를 갖추는 사람은, 이것이 굳은 믿음이다.

— 〈廣博嚴淨經〉

〔주〕 1)지견 : 154의 주. 2)신향 : 344의 주. 3)성상 : 본체(本體)와 현상(現象). 또, 존재의 본성(本性). bhāvalakṣaṇa. 4)신해 : 55의 주. 5)신요 : 337의 주. 6)오욕락 : 오관(五官)의 욕망. 또는, 오관의 욕망의 대상. 여기서는 후자의 뜻. pānca kāma-guṇāḥ. 7)여러 부처님들 : 원문은 '諸牟尼尊'. 모니(牟尼)는 muni의 음사니 원래 성자(聖者)의 뜻이며, 부처님을 가리킨다. 존(尊)은 부처님의 존칭인 세존(世尊). 8)법시 : 가르침의 보시(布施). 불법(佛法)을 설해 주는 것. dharma-dāna. 9)보시 : 17의 주. 10)무심 : 온갖 그릇된 생각을 떠난 마음의 상태. 망념을 떠난 진심. 11)육정 : 안(眼)·이(耳)·비(鼻)·설(舌)·신(身)의 다섯 감각기관과 의(意)의 인식작용. 육근(六根). ṣaḍ-indriya. 12)욕구함 : 원문은 '願求'. 바라고 구하는 것. 13)인도함 : 원문은 '建立'. 세우는 뜻으로 많이 쓰이나, 사람들을 좋은 방향으로 이끄는 의미도 있다(四敎儀註). 14)제행 :

94의 주. 15)무아 : 85의 주. 16)무루 : 98의 주. 17)성계 : 계(戒)가 청정함. śila-śuddhi. 성스러운 계.

370

믿음의 모양에 열세 가지 차별이 있다. 첫째는 이미 생겨난 믿음이니, 과거·현재의 믿음을 이름이다. 둘째는 아직 생기지 않은 믿음이니, 미래의 믿음을 이름이다. 셋째는 정수(正受)[1]의 믿음이니, 내신(內信)[2]을 이름이다. 넷째는 사수(似受)[3]의 믿음이니, 외신(外信)[4]을 이름이다. 다섯째는 타력(他力)의 믿음이니, 선지식(善知識)[5]의 힘으로 말미암아 생겨난 조잡한 믿음을 이름이다. 여섯째는 자력(自力)의 믿음이니, 제 힘에서 생겨난 고운 믿음이다. 일곱째는 미혹(迷惑)의 믿음이니, 도리에 위배된 나쁜 믿음을 이름이다. 여덟째는 미혹함이 없는 믿음이니, 도리에 위배됨이 없는 좋은 믿음을 이름이다. 아홉째는 눈앞에 나타나는[6] 믿음이니, 장애가 없어 진리와 가까운 믿음을 이름이다. 열째는 눈앞에 나타나지 않는 믿음이니, 장애가 있어 진리와 먼 믿음을 이름이다. 열한째는 가르침을 듣는 믿음이니, 들은 바 가르침에서 생긴 믿음을 이름이다. 열두째는 도리를 구하는 믿음이니, 들은 바 가르침에 대해 사색함으로써 생긴 믿음을 이름이다. 열셋째는 관찰[7]의 믿음이니, 수행에서 생긴 믿음을 이름이다.

잊기 잘하는 일은 이미 생겨난 믿음에 지장을 준다. 게으름은 아직 생기지 않은 미래의 믿음에 지장을 준다. 행위의 미혹(迷惑)은 정수(正受)·사수(似受)의 믿음에 지장을 주는바, 소수(所受)[8]·능수(能受)[9]에 집착하는 까닭이다. 악우(惡友)는 타력(他力)의 믿음에 지장을 주는바, 그릇된 도리를 가르치는 까닭이다. 지치기 잘하는 것은 자력(自力)의 믿음에 지장을 준다. 그릇된 억념(憶念)은 미혹함이 없는 믿음에 지장을 준다. 방일(放逸)[10]은 눈앞에 나타나는 믿음에 지장을 준다. 적은 학문은 가르침을 듣고 일으키는 믿음에 지장을 주는바, 뜻을 제대로 이해하지 못하는 까닭이다. 가르침 받기만을 좋아하는 태도는 도리를 구하는 믿음에 지장을 주는바, 사유(思惟)함이 적은 까닭이다. 사유하기만 좋아하는 태도는 관찰의 믿음에 지장을 주는바, 수행이 적고 자세히 관찰치 못하는 까닭이다.

— 〈大乘莊嚴經論〉

〔주〕 1)정수 : 바른 감수(感受) 작용이니, 삼매(三昧)를 말한다. 선정(禪定)의 경지를 감수함. 2)내신 : 내심(內心)의 신앙. 3)사수 : 마음이 통일되지 않은 것. 선정에 들지 못한 상태. 4)외신 : 외부적인 믿음. 자기 밖의 어떤 권위를 믿는 것. 5)선지식 : 15의 주. 6)눈앞에 나타남 : 원문은 '現前'. 195의 '현전 광명지'의 주. 7)관찰 : 53의 주. 8)소수 : 감수(感受)의 대상. 9)능수 : 감수하는 작용. 10)방일 : 250의 주.

371

마땅히 일념(一念)[1]으로 여러 생각(想念)을 끊고, 흔들리지 않는 믿음을 확립하여 호의(狐疑)[2]함이 없거라.

— 〈般舟三昧經〉

〔주〕 1)일념 : 한 생각. 이 순간의 생각. 2)호의 : 362의 주.

제3장 염불(念佛)

염불의 가피(加被)

372

"그리고 선남자야, 교살라국(憍薩羅國)[1]에 5백이나 되는 도둑떼가 있어서, 무리를 지어 다니며 재물을 겁탈해 피해가 매우 심했으므로, 그 포학함을 걱정한 바사닉왕(波斯匿王)[2]이 군을 동원해 이들을 체포하고, 그 눈을 도린 후에 숲 속에 버렸다. 그런데 이 도둑들은 이미 과거의 부처님 밑에서 여러 선근(善根)[3]을 심은 사람들이었으므로, 실명(失明)하여 큰 고통을 받으면서도, 제각기 '나무불타(南無佛陀)![4] 나무불타! 지금 우리를 구해 주는 이가 없나이다.'라고 하면서 울부짖었다. 그 때 나는 기원정사(祇洹精舍)[5]에 있다가 그 소리를 듣고 가엾이 여기는 마음이 생겼다. 그래서 서늘한 바람이 향산(香山)[6] 속의 갖가지 약초의 향기를 불어와 그 눈자위 안에 가득 차게 해주었고, 그로 인해 도둑들은 눈이 다시 생겨 전과 다름없게 되었다. 도둑들은 눈을 떠 여래가 그 앞에 서서 설법하는 것을 보자, 가르침을 들어 아뇩다라삼먁삼보리[7]를 일으켰다."

— 〈涅槃經〉

〔주〕 1)교살라국 : Kośala의 음사. 인도의 옛 왕국 이름. 사위국(舍衛國). 2)바사닉왕 : 바사닉은 Prasenajit의 음사. 교살라국의 왕. 3)선근 : 원문은 '德本'. 깨달음의 과(果)를 가져올 선근. kuśala-mūla. 4)나무불타 : 부처님께 귀

의함. 나무는 namas의 음사니, 귀의(歸依)·귀명(歸命)·신종(信從) 등으로 번역한다. 진심으로 삼보(三寶)에 귀순하여 이를 믿는 일. 5)기원정사 : 사위국에 있던 정사. 수달(須達)이라는 부호가 부처님을 위해 기타(祇陀) 태자의 기수급고독원(祇樹給孤獨園)을 사서 세웠으므로, 기원정사라 한다. 기원은 보통 '祇園'으로 쓴다. 7층의 건물이었다. 6)향산 : 향취산(香醉山). 염부주 중심에 있는 산. gandha-mādana. 7)아뇩다라삼먁삼보리 : 17의 주.

373

"선남자야, 조달(調達)[1]이 탐심을 내어 족한 줄을 모르고, 우락(牛酪)[2]을 너무 많이 먹은 적이 있었다. 그래 머리가 아파 큰 고통을 당해서 어쩔 바를 모르다가, 문득 '나무아미타불,[3] 나무아미타불' 하고 외쳐 댔다. 우선니성(優禪尼城)[4]에 있던 나는, 그 소리를 듣고 자비심이 움직이게 되었다. 이 때 조달은 내가 그곳에 나타나, 손으로 머리와 배를 문지르면서 소금 넣은 뜨거운 물을 주어 먹게 했기 때문에 곧 병이 나았으나, 내가 정말 그곳에 가서 그의 머리와 배를 만지고 더운 물을 먹였던 것은 아니다. 선남자야, 마땅히 알라. 다 이는 자선근(慈善根)[5]의 힘이 그 자로 하여금 이런 일을 보게 한 것임을!" — 〈涅槃經〉

〔주〕 1)조달 : Tevadatta의 음사. 제바달다(提婆達多)라고도 한다. 부처님의 사촌 동생. 출가 후 부처님을 해치고 교단을 깨려 했던 악인. 2)우락 : 원문은 '穌'. 穌는 蘇와 같은 자며, 酥와 통용한다. 맑은 우락(牛酪). 응고한 우유. 요구르트 비슷하나 신 맛이 난다. ghṛta. 3)나무아미타불 : 나무는 372의 주. 아미타불은 서방정토(西方淨土)의 부처님. Amitābha. 4)우선니성 : Avanti(阿槃提)라는 나라의 서울. 5)자선근 : 온갖 선을 낳는 근본인 자비심.

374

제천(諸天)[1] · 제왕 · 인민[2]이 아미타불의 이름을 듣잡고, 억념수지(憶念受持)[3]하며 귀의공양(歸依供養)[4]하여 그 불토(佛土)에 태어나기를 구하면, 그 사람이 죽어 반드시 왕생(往生)[5]하게 된다. 만약 어느 중생이 있어서 그 이름을 듣잡고 신심(信心)을 일으키고 기뻐하여, 비록 잠깐 사이라도 지성으로 회향(廻向)[6]해서 그 불토에 태어나기를 원한다면, 반드시 왕생하게 된다. ― 〈大阿彌陀經〉

〔주〕 1)제천 : 161의 주. 2)인민 : 24의 주. 3)억념수지 : 억념은 55의 주. 수지는 280의 주. 4)귀의공양 : 귀의는 372의 '나무' 참조. 공양은 17의 주. 5)왕생 : 죽어서 다른 세계에 태어남. 정토(淨土)에 태어남. 6)회향 : 347의 주.

375

부처님께서 아난[1]과 위제(韋提)[2]에게 이르셨다.

"어떤 중생이 오역(五逆)[3] · 십악(十惡)[4]을 지어 온갖 악을 갖추었다 하면, 이런 어리석은 자는 악업(惡業)[5]으로 말미암아 응당 악도(惡道)[6]에 떨어져 다겁(多劫)에 걸쳐 무궁한 괴로움을 받아야 한다. 그런데 이 사람의 임종 때, 선지식(善知識)[7]이 가지가지로 위안하며 그를 위해 부처님의 가르침을 설하고 염불(念佛)하기를 권했으나, 그 사람은 너무나 고통이 심해 염불할 경황이 없었으므로, 선지식은 '염불할 수 없거든 귀의무량수불(歸依無量壽佛)[8]이라 부르라'고 일렀다 하자. 이리하여 그 사람이 진심으로 소리를 끊이지 않고 십념(十念)[9]을 갖추어 나무아미타불이라 부른다면, 부처님 이름을 부른 탓으로 염념(念念)[10] 중에 팔십억 겁의 생사죄(生死罪)[11]를 제거하는 결과가 되어 극락세계에 왕생(往生)[12]할 것이다." ― 〈觀無量壽經〉

〔**주**〕 1)아난 : 6의 주. 2)위제 : 위제희(韋提希)의 약칭. 15의 주. 3)오역 : 61의 주. 4)십악 : 17의 '십선업'의 주. 5)악업 : 170의 주. 6)악도 : 2의 주. 7)선지식 : 15의 주. 8)무량수불 : 아미타불을 이르는 말. 수명을 헤아릴 수 없는 부처님의 뜻. Amitāyus. 9)십념 : 여기서는 열 번 부처님을 염(念)하는 일. daśabhiś citta-utpāda-parivartaiḥ…. 10)염념 : 56의 주. 11)생사죄 : 생사를 거듭하게 될 죄. 12)왕생 : 374의 주.

〔**풀이**〕 여기서 알 수 있는 것은 칭명(稱名)과 염불(念佛)을 구별하고 있는 일이다. 351의 주에서 설명했듯, 염불이란 부처님을 염(念)하는 일, 마음에 생각하여 잊지 않는 일이며, 칭명은 부처님의 이름을 부르는 행위다. 그러나 후세에 오자 '나무아미타불'을 외우는 칭명을 염불이라 일컫게 되어 오늘에 이르렀다. 이 경문(經文)에서 보아 칭명은 염불보다 격이 낮은 것이 사실이나, 그런 선업(善業)만으로도 구제될 수 있다고 한 곳에, 후세의 정토종(淨土宗)의 신앙이 생겨날 소지(素地)가 있었다고 보아야 하겠다.

자기의 노력으로 깨달아야 한다는 것이 불교 본래의 입장이거니와, 대승불교에 와서 정토삼부경(淨土三部經)이 나타나자 아미타불의 절대적인 대비(大悲)에 매어달려 극락세계에 왕생하려는 신앙이 일어났다. 그러나 천국에 가는 것으로 끝나는 다른 종교와는 달리 그것으로 모든 것이 끝나는 것은 아니며, 이 사바세계에는 수도를 방해하는 조건이 너무 많으므로 정토에 태어남으로써 더 용이하게 수도하겠다는 것이 이들의 생각이었다. 그러므로 좋은 환경을 택하겠다는 소망이어서, 바른 깨달음을 이룰 때까지는 여전히 윤회하는 중생임을 면하지 못하는 것이다. 여하간 이런 신앙 태도는 본래의 그것에 비해 쉬운 길이라 해서 이행문(易行門), 부처님의 힘에 전적으로 매어달린다 해서 타력종(他力宗)이라 불러 왔다.

376

부처님께서 가섭보살(迦葉菩薩)에게 이르셨다. "만약 선남자·선녀인이 있어서 항상 지심(至心)으로 부처님을 한결같이 염(念)한다면, 산림(山林)에 있거나 마을에 있거나, 또는 낮이건 밤이건 앉았건 누웠건, 부처님들께서는 이 사람을 늘 눈앞에 있는 듯 보고 계시리라." — 〈涅槃經〉

377

부처님께서 아난[1]에게 이르셨다. "부처님을 염(念)하는 자는 사람 속의 분타리화(芬陀利華)[2]니, 관세음보살(觀世音菩薩)[3]과 대세지보살(大勢至菩薩)[4]이 그 훌륭한 벗이 되어, 도량(道場)[5]에 앉아 부처님들의 집에 태어나게 해주느니라." — 〈觀無量壽經〉

〔주〕 1)아난 : 6의 주. 2)분타리화 : puṇḍarika의 음사. 백련화(白蓮花). 3)관세음보살 : 관세음은 Avalokiteśvara의 번역이니 관음이라고도 하며, 관자재(觀自在)라고 하기도 한다. 관세음이란 세간(世間), 즉 중생의 구원을 청하는 소리를 들으면, 곧 구원한다는 뜻이다. 세지보살과 함께 아미타불의 협시(脇侍)다. 4)대세지보살 : 아미타불의 협시. 관음이 대비를 나타내는 데 대해 지혜를 상징하는 보살. Mahāsthāma-prāpta. 5)도량 : 93의 주.

378

부처님께서 아난에게 이르셨다. "내가 열반에 든 후에 제천(諸天)[1]과 세상 사람들이 내 이름과 나무제불(南無諸佛)[2]을 부른다면, 그 받는 바 복덕이 무량할 것이다. 항차 다시 계념(繫念)[3]하여 부처님들을 염(念)하는 사람이라면 어찌 여러 장애를 없애지 못하랴." — 〈觀佛三昧經〉

〔주〕 1)제천 : 161의 주. 2)나무제불 : 372의 '나무불타'의 주 참조. 3)계념 : 한 가지에만 생각을 쏟는 것. Ⓟsato.

379

항상 염불하는 사람에게는, 여러 사견(邪見)[1]이 파고들 편의가 없느니라.
— 〈無量門微密持經〉

〔주〕 1)사견 : 219의 주.

380

내가 중생들을 관찰컨대, 부처님을 염(念)치 않는 탓으로 악취(惡趣)[1]에 떨어져 생사의 윤회를 받고 있다. 만약 이를 깨달아 길이 부처님을 염하는 사람이 있다면, 불환과(不還果)[2]를 꼭 얻어 미혹의 세계[3]에 다시 태어나는 일이 없으리라.
— 〈本事經〉

〔주〕 1)악취 : 78의 주. 2)불환과 : 뒷걸음치는 일이 없는 자리. 소승불교에서 아라한(阿羅漢) 자리에 이르는 차례를 나타내는 사과(四果) 중의 세번째의 과(果). 욕계(欲界)의 온갖 번뇌를 끊어 버렸기에, 욕계에 다시 태어나지 않고 천상(天上)에 태어나는 자리. anāgāmi-phala. 3)미혹의 세계 : 원문은 '世間'. saṃsāra.

381

만약 지심(至心)으로 계념(繫念)[1]하고 단좌정수(端坐正受)[2]하여 부처님의 육신을 관상(觀想)[3]한다면, 이 사람의 마음은 불심(佛心)과 같아져 부처님과 다를 바 없게 된다. 그러므로 비록 번뇌 속에 있을지라도 여러 악의 가리우는 바가 되지 아니하며, 내세 어느 땐가는 큰 가르침의 비[4]를 오게 할 수 있을 것이다.
— 〈觀佛經〉

〔주〕 1)계념 : 378의 주. 2)단좌정수 : 단정히 앉아 삼매(三昧)에 드는 것. 정수는 370의 주. 3)관상 : 원문은 '觀'. 조용한 마음속에서 잘 살펴보는 것. 명상. upalakṣaṇa. 4)가르침의 비 : 원문은 '法雨'. 232의 주.

382

만약 부처님의 이름을 마음에 지녀 겁내는 마음을 일으키지 않고, 지혜가 있어서 첨곡(諂曲)[1]함이 없다면, 늘 부처님들 앞에 있게 되리라.

— 〈十二佛名經〉

〔주〕 1)첨곡 : 340의 주.

383

만약 사람이 있어서 날마다 여래의 이름과 공덕을 일컬어 말한다면, 이런 중생들은 능히 어둠을 떠나 점차로 온갖 번뇌를 불살라 버릴 수 있으리라.

— 〈寶積經〉

384

부처님을 삼가 잊지 않고 생각한다면, 반드시 생사에서 벗어나 열반에 이를 수 있을 것이다. 만약 선남자·선녀인이 한 번만이라도 '나모[1]불타대자비(南謨佛陀大慈悲)'를 부른다면, 이런 사람들은 생사의 세계를 마칠 때까지[2] 선근(善根)[3]이 다하는 일 없어, 천(天)[4]·인(人) 중에서 부(富)와 행복을 항상 누리고 마지막에는 반열반(般涅槃)[5]을 얻게 될 것이다.

— 〈般若經〉

〔주〕 1)나모 : namo의 음사. 나무(南無)와 같음. 372의 주. 2)생사의 세계를

마칠 때까지 : 원문은 '窮生死際'. ā-loka-gataṃ, 또는 yāval-lokagataṃ. 3)선근 : 17의 주. 4)천 : 천상의 신(神)들. 불교에서는 신까지도 중생으로 친다. 5)반열반 : parinirvāṇa의 음사. 뛰어나고 완전한 깨달음의 경지. 또 석존(釋尊)의 위대한 죽음. 여기서는 전자의 뜻.

385

정반왕(淨飯王)[1]이 부처님께 여쭈었다.

"염불(念佛)[2]의 공덕은 그 모양이 어떻습니까?"

부처님께서 부왕(父王)에게 말씀하셨다.

"40유순(由旬)[3] 평방이나 되는 이란(伊蘭)[4] 숲 속에 한 그루의 우두전단(牛頭栴檀)[5]이 있다 할 때, 그 싹이 흙에서 아직 나오지 않았으면 이란의 숲은 악취로 가득하여 향기라곤 없을 것이고, 그 꽃이나 열매를 먹는 자는 발광한 끝에 죽고 말 것입니다. 그러나 후일에 전단 싹이 점점 자라나 의젓한 나무를 이루면, 향기가 대단해서 마침내 이 숲을 일변시켜 온통 향기롭게 함으로써, 보는 사람은 누구나 놀라운 마음[6]을 금치 못하게 될 것입니다. 온갖 중생이 윤회[7] 속에 있으면서 염불하는 마음도 이와 같으오니, 오로지 계념(繫念)[8]하여 그치지 않는다면 필시 부처님 앞에 태어나고, 한 번 왕생(往生)[9]하고 나면 모든 악을 고쳐 대자비를 이룸이, 저 향목(香木)이 이란 숲을 고치는 것 같사오리다." —〈觀佛三昧經〉

〔주〕 1)정반왕 : 가비라국의 임금으로 석존(釋尊)의 부친. Suddhodana. 2)염불 : 351의 주. 3)유순 : 254의 주. 4)이란 : eraṇḍa의 음사. 대극과(大戟科)에 속하는 식물. 씨는 약간의 독소를 지니고 있고, 그것으로 기름을 짠다. 악취가 심한 독초라 하여 전단에 대립시켜 비유로 쓴다. 5)우두전단 : 적단(赤檀)이라고도 한다. 사향 비슷한 향기를 내는 향목. gośirṣa-candana. 6)놀라운

마음 : 원문은 '希有心'. vismāpanā. 7)윤회 : 원문은 '生死'. 8)계념 : 378의 주. 9)왕생 : 374의 주.

386

미란왕(彌蘭王)[1]이 나한(羅漢)[2] 나선[3]비구(那先比丘)에게 물었다.

"세상에 있으면서 백 년이나 악을 행한 사람이라도, 임종 때 염불하면, 죽은 후 천상(天上)에 태어난다 하셨습니다만, 나는 이 말씀을 믿지 않습니다. 또 한 번만 살생(殺生)[4]을 해도 죽어서 니리(泥犁)[5]에 떨어진다 하셨습니다만, 나는 이것도 믿지 않습니다."

나선비구가 왕에게 물었다.

"사람이 조약돌을 들어 물 위에 놓으면 뜨겠습니까, 가라앉겠습니까?"

"물론 가라앉습니다."

"그러면 백 개의 암석을 가져다가 배 위에 놓는 경우, 그 배가 가라앉겠습니까, 어떻겠습니까?"

"가라앉지 않습니다."

"배에 실린 백 개의 암석이 배로 말미암아 아니 가라앉는 것같이, 사람이 대악(大惡)을 지었대도 잠깐 염불하면, 그 공덕에 의해 니리에 떨어지지 않고 천상에 태어날 것이니, 어찌 믿을 일이 못 되겠습니까? 또 작은 돌도 가라앉는다 함은, 사람이 악을 범하고 불경(佛經)의 가르침을 모르면 죽어서 니리에 떨어지는 비유니, 이 또한 어찌 믿을 것이 못 된다 하시겠습니까?"

왕이 말했다.

"그렇군요, 그렇군요." — 〈那先比丘經〉

〔주〕 1)미란왕 : 기원전 2세기 후반, 인도에 침입하여 이를 통치한 희랍 계통의 왕. 미란은 Menandros의 음사인 '彌蘭陀'의 준말. 2)나한 : 아라한. arhat의 주격인 arhan의 음사. ①존경받을 만한 사람. 성자. ②부처님. 응공(應供)이라 한역하여 십호(十號)의 하나. ③대승불교에서는 소승의 성자를 가리킨다. 여기서는 ①의 뜻. 3)나선 : 기원전 2세기 무렵의 인도의 중. Nāgasena. 4)살생 : 생명 있는 것을 죽이는 일. 이것은 가장 무거운 죄라 하여, 불교에서는 승속(僧俗)을 불문하고 엄금했다. prāṇa-atipāta. 5)니리 : niraya의 음사니, 지옥을 이른다.

387

부처님의 가르침에는 무수한 문[1]이 있다. 마치 세상의 길에 험난한 길, 쉬운 길이 있어서, 육로(陸路)를 걷기는 어렵고 수로(水路)를 배로 가면 쉬운 것같이, 보살의 길에도 근행정진(勤行精進)[2]이 있는가 하면, 신방편(信方便)[3]의 이행도(易行道)[4]를 통해 불퇴위(不退位)[5]에 속히 이르는 방법도 있다. 만약 불퇴전지(不退轉地)[6]에 속히 이르고 싶거든, 마땅히 공경하는 마음으로 부처님의 이름을 불러 받들어야 한다.

— 〈十住毘婆娑論〉

〔주〕 1)문 : 방법. paryāya. 차별. 방면. 2)근행정진 : 근행과 정진은 다 ārabdha-virya의 역어이어서 같은 말. 26의 '정진'의 주. 3)신방편 : 신심(信心)의 방편. 4)이행도 : 이행문. 375의 풀이. 5)불퇴위 : 다시는 후퇴하지 않는 자리. 6)불퇴전지 : 5)와 같음.

388

"십불(十佛)[1]의 이름을 듣고 마음에 새겨 지니면 무상(無上)의 보리에서 퇴전(退轉)[2]치 않는 것과 같이, 불퇴전을 얻게 하는 다른 부처님의 이름이 있는가?"

"아미타불(阿彌陀佛)의 이름을 부르며 마음을 오로지하여 염(念)한다면, 역시 불퇴전을 얻을 수 있다. 이제 자세히 설명하자면, 무량수불(無量壽佛)·세자재왕불(世自在王佛)·사자의불(師子意佛)·보덕불(寶德佛)·상덕불(相德佛)·전단향불(栴檀香佛)·무외명불(無畏明佛)·향정불(香頂佛)·보현불(普賢佛)·보상불(寶相佛) 등 백여 세존께서는, 시방(十方)의 청정세계에서 모두 아미타불의 이름을 부르며 억념(憶念)[3]하고 계시다. 그 부처님의 본원(本願)[4]에 '만약 사람이 나를 염(念)하여 스스로 귀의(歸依)해 오면, 반드시 정(定)[5]에 들어 무상(無上)의 보리를 얻게 하리라' 하신 까닭에, 다 아미타불을 억념하시는 것이다. 그러므로 사람이 있어서 이 부처님의 무량한 힘의 공덕을 염한다면, 곧 정(定)에 반드시 들어가게 될 것이다."

— 〈十住毘婆娑論〉

〔주〕 1)십불 : <六十華嚴> 권(卷)7, 불승수미정품(佛昇須彌頂品)에 나오는 열 분의 부처님. 가섭여래·구나모니·구루불·수엽여래·시기여래·비바시불·불사명달·제사여래·파두마불·정광여래. 2)퇴전 : 20의 주. 3)억념 : 55의 주. 4)본원 : 171의 주. 5)정 : 27의 주.

〔풀이〕 여기에 인용된 본원은, 문장은 약간 다르지만 11의 필지멸도원(必至滅度願)을 가리킨다. 그리고 다른 부처님들이 아미타불을 억념한다는 것은 이상할지 모르나, 17에 제불칭양원(諸佛稱揚願)이 있음을 염두에 두어야 한다. 또 무량수불(Amitāyus)은 아미타불(Amitābha)의 이명(異名)이거니와 이것이 별개의 부처님으로 다루어지고 있는 것도 주목된다. 밀교(密敎)에서는 태장계(胎藏界)의 부처님으로서는 무량수불, 금강계(金剛界)의 부처님으로서는 아미타불을 세워 구분하고 있는데, <십주비바사론>이 나타날 당시의 인도에서도 별도로 보는 견해가 있은 것 같다.

389

저 부처님(아미타불)의 본원[1]의 힘을 관(觀)[2]하면, 기대에 어긋나는 자가 없어서 능히 공덕대보해(功德大寶海)[3]를 충족시키게 된다.

— 〈淨土論〉

〔주〕 1)본원 : 171의 주. 2)관 : 381의 주. 3)공덕대보해 : 공덕의 무량함을 바다에 비유한 것.

390

무량수불(無量壽佛)께서 말씀하셨다.

"어떤 때 어떤 방편에 의해서건 내 이름을 들은 사람은, 반드시 내 나라(정토)에 태어나게 할 것이니, 이는 내가 일찍이 발원(發願)[1]한 바이기 때문이다. 이제 이 수승(殊勝)한 원이 달성[2]되었거니, 다른 세계로부터 내 앞에 와서 태어나는 중생은 반드시 퇴전(退轉)[3]함이 없게 할 것이다. 만약 보살이 있어 내 나라에 태어나고자 원하거나, 그들의 나라를 내 나라같이 만들고자 원하거나, 또는 내 이름을 가지고 많은 중생을 해탈시키고자 한다면, 그를 빨리 극락세계(極樂世界)[4]로 불러 내 옆에 있게 함으로써 천만억불(千萬億佛)을 공양케 하리라." — 〈梵文無量壽經〉

〔주〕 1)발원 : 서원을 일으킴. 깨달음을 완성하거나 정토를 건설해 사람들을 구하고자 하는 마음을 일으키는 것. praṇdadhāti. 2)달성 : 이룸. 반드시 이룸. 3)퇴전 : 20의 주. 4)극락세계 : 서방정토(西方淨土). 이 세계에서 십만억 불국토를 지난 서쪽에 아미타불이 세웠다는 정토. sukhāvati[nāma] loka-dhātuḥ.

391

무량수불에게는 8만 4천[1]의 상(相)[2]이 있고, 그 하나하나의 상에는 각기 8만 4천의 수형호(隨形好)[3]가 있다. 그리고 하나하나의 호(好)에는 다시 8만 4천의 광명이 있어서, 그 하나하나의 광명이 시방세계(十方世界)를 두루 비치사, 염불(念佛)하는 중생을 섭취(攝取)[4]해서 버림이 없으시다.

— 〈觀無量壽經〉

〔주〕 1)8만 4천 : 185의 '팔만사천지문'의 주. 2)상 : 237의 '상호'의 주. 3)수형호 : 부처님의 상(相)에 따르는 이차적인 특징. 단순히 호(好)라고 많이 쓴다. 237의 '상호'의 주. 4)섭취 : 거두어들임. 부처님의 광명으로 중생을 거두어 주는 것. parigṛhṇiyaṃ….

392

중생이 있어서 무량수결정광명왕여래(無量壽決定光明王如來)[1]의 이름을 듣고 진심으로 백 여덟[2] 번을 칭념(稱念)[3]한다면, 단명한 사람의 목숨이 늘어나리라.

— 〈光明經〉

〔주〕 1)무량수결정광명왕여래 : 아미타불은 Amitābha의 amita를 음사(音寫)한 것이며, 번역하면 무량한(amita) 광명(ābhā)이라는 뜻이어서 무량광여래(無量光如來)·무량광불이 된다. 이 부처님의 또 하나의 호칭인 Amitāyus는 무량한(amita) 수명(āyus)의 뜻이다. 여기서는 이 두 가지를 합쳐서 이름을 삼은 것이며, 거기에 구원의 확정성을 보이는 '결정'과, 그 비길 바 없음을 나타내는 '왕'을 첨부한 것이다. 2)백 여덟 : 인도인이 애용하는 숫자. 번뇌·염송·염주·법문·종 등을 헤아리는 데 이것을 쓴다. 3)칭념 : 입으로 부처님의 이름을 부르면서, 마음으로 부처님을 염(念)하는 것. grahaṇa.

393

응당 계념(繫念)[1]하여 부처님의 형상을 염(念)하며 미륵(彌勒)[2]의 이름을 부른다면, 이런 사람들은 일념(一念) 사이에 팔계재(八戒齋)[3]를 지니게 되리라. — 〈彌勒上生經〉

〔**주**〕 1)계념 : 378의 주. 2)미륵 : 108의 주. 3)팔계재 : 하루 밤낮을 한정하여 재가 신자(在家信者)가 지킬 것이 요구된 계(戒). ①생물을 안 죽인다. ②훔치지 않는다. ③성교하지 않는다. ④거짓말하지 않는다. ⑤술을 안 마신다. ⑥몸치장을 안 하고, 노래나 춤을 듣고 보지 않는다. ⑦높고 푹신한 침대에서 안 잔다. ⑧낮 이후에는 먹지 않는다. 이것은 일반 신자에게도 하루 동안 승려 생활을 시키는 형태를 취한 것으로, 포살(布薩)이 있는 날, 즉 매월 8일·14일이나 15일·23일·29일이나 30일에 시행되었다. 포살(uposatha)이란 한데 모여 계(戒)를 어긴 일이 없는가 반성하는 행사다.

394

만약 관세음보살(觀世音菩薩)[1]의 이름을 간직하는 사람이 있으면, 설사 큰 불 속에 떨어진대도 불이 태우지 못하느니, 이 보살의 위신력(威神力)[3]에 말미암는 까닭이다. 또 큰 물결에 휩쓸려 떠내려가는 경우라도, 그 이름을 부르기만 하면 얕은 곳에 곧 닿을 것이다. — 〈法華經〉

〔**주**〕 1)관세음보살 : 377의 주. 2)위신력 : 182의 '위력'의 주.

〔**풀이**〕 이것은 <법화경> 관세음보살보문품(觀世音菩薩普門品) 첫머리에서 인용한 글이다. 이를 이어 경문(經文)은 관세음보살의 공덕을 열거하여, 우리의 어떤 소망이라도 다 이루어 줌을 누누이 설명했다. 그런데, 이것은 과연 사실일까? 불 속에서 관세음보살을 부르면, 정말 그 사람은 구원되는 것일

까? 설사 있다 해도 예외는 없을까? 이런 의문이 누구에게나 생길 것이다.

우리는 여기서 보살이란 무엇인가에 대해 생각할 필요가 있다. 앞에서도 본 바와 같이 보살이란 자기를 위해 깨달음을 구하는 한편 널리 중생들을 구제하는 사람이며, 이 자리(自利)·이타(利他) 중에서 중점은 오히려 이타(利他)에 놓여져 있었다. 이것은 대승불교도가 만들어 낸 이상적 인간상(人間像)이어서, 다른 종교의 신(神)이나 천사와는 엄히 구별되어야 할 개념이다.

그렇다면 보살이란 하늘 어딘가에 존재하는 권위가 아니라, 우리에게 그렇게 살 것이 요구되는 하나의 요청, 즉 당위(當爲 : sollen)임을 알 수 있다. 관세음보살이 모든 고난에서 사람을 구해 낸다는 것은, 우리 모두가 관세음보살이 되어 남을 돕고 살라는 뜻이 되는 것이다. 대승불교도는 이런 관세음보살을 설정하는 것에 의해, 관세음보살처럼 살 것을 스스로 발원(發願)한 것이라고 할 수 있다.

이런 의미에서 관세음보살은, 지금도 우리 주변에서 구제 사업을 계속하고 계신 것이 사실이다. 건널목에서 애를 구해 내고 자신은 기차에 치여 죽는 사람도 있고, 언더우드라는 선교사는 우리 남해에서 표류하던 중, 자기의 구명대를 옆에 있는 여학생에게 주고 제 목숨을 자진해 버렸다. 남을 돕는 이런 행위가 있으므로 이 세상은 그런대로 유지돼 가는 것이어서, 인류가 위기에 봉착해 있는 지금이야말로 관세음보살의 구원(우리를 통한)은 더욱 절실히 요청된다 하겠다.

395

삼천대천국토(三千大千國土)[1] 중에 가득한 야차(夜叉)[2]·나찰(羅刹)[3]이 달려와 사람을 괴롭히고자 한대도, 관세음보살의 이름 외는 것만 들으면 악한 눈으로도 바라보지 못할 것이니, 항차 해를 가할까 보냐?

—〈法華經〉

〔주〕 1)삼천대천국토 : 삼천대천세계와 같다. 9의 주. 2)야차 : yakṣa의 음사.

사람을 잡아먹는 악귀. 3)나찰 : 신통력으로 사람을 꼬이고, 또 잡아먹기도 한다는 귀신. rākṣasa.

396

시방(十方)의 관세음[1]과 온갖 보살들은 서원(誓願)[2]을 세워 중생을 구하시는 터이매, 그 이름을 부르면 누구나 고통에서 벗어날 것이다. 이름 외우기를 시시각각 끊이지 않는다면 불꽃이 그 몸을 상하지 못하며, 무기가 부러지며, 노여움을 기쁨으로 바꾸며, 죽은 자가 다시 살아나리라.

— 〈高王觀世音經〉

〔주〕 1)시방의 관세음 : 원문은 '十方觀世音'. 시방(十方) 온갖 중생의 원을 따라, 관세음보살이 두루 색신(色身)을 나타내는 것. 2)서원 : 원을 일으켜, 이것을 이루려고 맹세함. praṇidhāna.

397

아침에 관세음을 염(念)하고 저녁에 관세음을 염하여, 시시각각의 행위가 이런 마음에서 일어나고, 부처님을 염하여 그 마음에서 떠나지 않는다면, 사람이 고난(苦難)을 떠나고 고난이 몸을 떠나 온갖 재앙이 무(無)로 돌아간다.

— 〈夢授經〉

398

미래・현재의 온갖 세계 속 육도중생(六道衆生)[1]이 임종을 당하여, 지장보살(地藏菩薩)[2]의 이름을 얻어들어 비록 한 마디가 그 귀를 스치기만 한대도, 이런 중생들은 길이 삼악도(三惡道)[3]의 괴로움을 거치지 않게 되리라.

— 〈地藏經〉

〔주〕 1)육도중생 : '육도'는 83의 주. 그러나 여기서는 윤회하는 중생의 뜻. 윤회하지 않는 것(asaṃsārin)을 '不生六道'라 하듯, 육도에는 윤회의 뜻이 있다. 2)지장보살 : 55의 주. 3)삼악도 : 166의 주.

399

중생이 가지가지로 희구(希求)하는 것이 있거나 근심과 괴로움이 절실하거나 할 때, 충심으로 지장보살(地藏菩薩)[1]의 이름을 부르고 마음에 염(念)하며 귀의[2]해 공양하는 사람은, 희구하는 것을 다 얻고 온갖 근심과 괴로움을 떠나게 할 것이며, 각자에 응해서 알맞도록[3] 천상(天上)에 태어나게 하고 열반(涅槃)으로 가는 길[4]에 안치(安置)할 것이다.

— 〈地藏十輪經〉

〔주〕 1)지장보살 : 55의 주. 2)귀의 : 원문은 '歸敬'. 귀의해 공경함. 3)각자에 응해서 알맞도록 : 원문은 '隨其所應'. 소응은 법에 맞는 것, 원하는 바의 뜻도 있으나, 여기서는 해야 할 일. 그래서 <摩訶止觀>에서는 Ⓟ yathārahaṃ (각기 알맞게)를 '隨其所應'이라 번역했고, <雜阿含經>에서는 yathāyogaṃ (각기 알맞게)를 '各隨其所應'으로 한역한 것. 4)열반으로 가는 길 : 원문은 '涅槃道'. nirvāṇa-pura.

400

만약 중생이 있어서 제근(諸根)[1]이 성치 못해 지친 나머지 게으르며, 미치고 방일(放逸)[2]하여 본심(本心)을 잃었으며, 거기에다가 탐욕·노여움·어리석음·질투·인색·사벽(邪辟)[3]·교만·수면(睡眠)[4] 따위의 악이 온통 대단하다 해도, 지장보살의 이름을 불러 마음을 오로지해 귀의(歸依)[5]한다면, 이런 엄청난 괴로움을 다 벗어나서 열반에 안주(安住)하

여 제일락(第一樂)[6]을 얻게 된다. — 〈大方廣十輪經〉

〔주〕 1)제근 : 246의 주. 2)방일 : 250의 주. 3)사벽 : 바르지 못하고 편벽함. 4)수면 : 335의 주. 5)귀의 : 뛰어난 사람에게 귀순하여 의지함. 즉 절대적 믿음을 뜻한다. 귀명(歸命)이라고도 한다. śaraṇa. 6)제일락 : 더없는 즐거움. 구경락(究竟樂). 열반의 즐거움.

401

"선남자야, 만약 묘길상보살(妙吉祥菩薩)[1]의 이름을 들은 사람은 다 불퇴전(不退轉)[2]의 심경에 머무르게 되느니라." — 〈不思議神通境界經〉

〔주〕 1)묘길상보살 : 문수보살을 이른다. 78의 주. 2)불퇴전 : 185의 주.

염불의 종류

402

무엇이 염불인가? 부처님께서 얻으신 것처럼 나도 얻어지이다 하여, 이같이 염(念)함이다. 이 염불에 아홉 가지가 있으니, 첫째는 부처님의 가르침을 염함이요, 둘째는 부처님과 보살을 염함이요, 셋째는 부처님의 행위를 염함이요, 넷째는 부처님의 청정함을 염함이요, 다섯째는 부처님의 수승(殊勝)함을 염함이요, 여섯째는 부처님의 불퇴전(不退轉)을 염함이요, 일곱째는 부처님의 교화를 염함이요, 여덟째는 부처님이 끼치시는 이익을 염함이요, 아홉째는 부처님의 깨달음[1]을 염함이다.

— 〈十地論〉

〔주〕 1)부처님의 깨달음 : 원문은 '佛入'. 입(入)에는 여러 뜻이 있다. 이 중에서 오입(悟入)의 뜻으로 보아 둔다. praviśati.

제4장 귀의삼보(歸依三寶)

제1절 총설

삼보(三寶)에 귀의하는 이익

403

삼보(三寶)[1]를 공양 예배하며 찬탄 수희(隨喜)[2]하여 부처님들께 권청(勸請)[3]하면, 삼보를 사랑하고 존경하는 순후한 마음으로 말미암아 믿음이 성장해서 능히 무상(無上)의 깨달음을 구하게 된다. 또 불(佛)·법(法)·승(僧)의 가호(加護)를 받는 탓으로 업장(業障)[4]을 없애고 선근(善根)[5]이 퇴전(退轉)[6]치 않는다. 법성(法性)[7]을 따라 치장(痴障)[8]을 떠나기 때문이다.

— 〈起信論〉

〔주〕 1)삼보 : 20의 주. 2)수희 : 326의 주. 3)권청 : 가르침을 청하는 일. 부처님께 충심으로부터 설법을 청하고, 부처님이 언제까지나 머물러 계셔서 중생을 제도하시도록 원하는 일. adhyeṣaṇā. 4)업장 : 악행에 의해 생긴 장애. 정도(正道)의 장애가 되는 업(業). karma-āvaraṇa. 5)선근 : 17의 주. 6)퇴전 : 20의 주. 7)법성 : 온갖 것의 진실한 모습. 본질. 진여(眞如)와 같음. dharmatā. 8)치장 : 어리석음의 장애. 깨달음을 구하는 데 방해가 되는 어리석음.

404

온갖 유정(有情)[1]은 각기 이런 생각을 해야 한다. '누가 능히 내 귀의(歸依)하는 대상[2]이 되어 근심을 없애고 안락을 얻게 할 것인가? 이 삼계(三界)[3] · 오도(五道)[4] 중을 두루 찾아보건만 귀의할 상대가 없다. 왜냐하면, 저 제천(諸天)[5]들까지도 생사를 면치 못하고 번뇌에 얽매인 끝에, 삼계의 무량무변한 괴로움 속을 윤회하여 탐욕의 그물에 결박됨으로써 두려움을 안고 있기 때문이다. 항차 기타의 것들이야 말할 것이 있으랴! 아무리 둘러보아도 나를 구해 줄 이가 없음이 명백하니, 그러므로 응당 불 · 법 · 승에 귀의해야 하겠다'고. 실로 그러하다. 불 · 법 · 승을 제쳐 놓고는 능히 자기를 구해 줄 이가 다시 없으니, 온갖 유정 중 아뇩다라삼먁삼보리[6]를 구하는 사람은 마땅히 불 · 법 · 승 삼보(三寶)에 귀의하여야 한다.

— 〈六波羅蜜經〉

〔주〕 1)유정 : 306의 주. 2)귀의하는 대상 : 원문은 '歸依處'. 3)삼계 : 4의 주. 4)오도 : 188의 '오취'와 같음. 5)제천 : 161의 주. 6)아뇩다라삼먁삼보리 : 17의 주.

405

"선남자야, 마음을 돌려 무엇을 위함으로써 복을 닦고자 할진대 세 가지 길이 있으니, 불보(佛寶)[1] · 법보(法寶)[2] · 승보(僧寶)[3]가 그것이다. 승(僧)을 공양하면 그 복이 백 배로 늘어날 것이요, 법(法)을 공양하면 그 복이 천 배, 불(佛)을 공양하면 그 복이 만 배가 될 것이다. 이는 불 · 법 · 승 삼보(三寶)에 귀의하는 무한의 복이니라."

— 〈大敎王經〉

〔주〕 1)~3)불보 · 법보 · 승보 : 불 · 법 · 승은 더없이 소중한 것이므로 일컫

는 말. 20의 주 '삼보' 참조.

406

세존(世尊)께서 보살들에게 이르셨다.

"앞으로 세상이 혼탁해질 때[1]에 가서, 깨끗하고 좋은 복덕과 연명장원(延命長遠)[2]을 얻고자 하는 사람이, 온갖 삼보(三寶)를 경신(敬信)[3]하고 이에 귀의하여 부처님을 공양[4]하며 법을 공양하며 승(僧)을 공양하면, 태어날 때마다 인신(人身)[5]을 항상 얻어서, 왕·대신·통령(統領)[6]·재집(宰執)[7] 등의 자리를 잃지 않고, 연년장수(延年長壽)[8]할 수 있다. 그리고 죽어서는 하늘에 태어나 쾌락을 흠뻑 누린다. 또 부처님을 만나 가르침을 듣고 정견(正見)[9]·정신(正信)[10]을 얻어, 여래의 정지(正智)[11]를 점차 닦고 배워서 성행(聖行)[12]이 만족해짐으로써 보리(菩提)를 조속히 증득(證得)[13]하여 성스러운 해탈(解脫)을 이루게 될 것이다."

— 〈大敎王經〉

〔주〕 1)혼탁해질 때 : 말세(末世)가 되면 세상이 혼탁해진다는 생각이 있었다. 229의 '五濁'의 주. 2)연명장원 : 목숨을 연장시켜 오래 사는 것. 3)경신 : 공경하여 믿음. 원어의 용례(用例)로는 <법화경> 방편품의 '能敬信者'를 śraddhā-prasanna로 한 것 등이 있다. 4)공양 : 17의 주. 5)인신 : 사람의 몸. 사람으로서의 존재. mānuṣya-yoni. 6)통령 : 산스크리트 원어는 미상이나, <蜀志> 杜微傳에 '猥以空虛, 統領貴州'라 한 예로 보아, 요즘의 지사(知事)급의 고관을 이른 말인 듯하다. 7)재집 : 읍(邑)·이(里)의 장(長)을 읍재(邑宰)·이재(里宰)로 한 예로 보아, 고을의 우두머리를 말한 것 같다. 8)연년장수 : 앞의 2)와 같음. 9)정견 : 335의 주. 10)정신 : 바른 신앙. 불법을 믿는 마음. adhimukti. 11)정지 : 깨달음. 진리에 부합되는 진리. samyak-saṃbodhi. 12)성행 : 보살이 닦는 계(戒)·정(定)·혜(慧)의 행(行). 성(聖)은 정(正)의 뜻.

<열반경>에서 말하는 오행(五行)의 하나. 13)증득 : 257의 주.

407

5백 명의 장자(長者)가 부처님께 여쭈었다. "어떤 뜻으로 불(佛)·법(法)·승(僧)을 일컬어 세 보배(三寶)라 하나이까?"

부처님께서 이르셨다. "비유컨대 최고급의 진귀(珍貴)한 보배가 열 가지 뜻을 갖추고 있어서 국계(國界)[1]를 아리땁게 하고, 유정(有情)[2]을 이롭게 함과 같다. 불보(佛寶)·법보(法寶)·승보(僧寶)도 또한 그러하여 열 가지 뜻을 갖추었느니라. 첫째는 견고함이니, 마니보(摩尼寶)[3]를 아무도 깨뜨리지 못하는 것처럼, 불·법·승의 보배도 외도(外道)[4]·천마(天魔)[5]가 능히 깨뜨리지 못하는 까닭이다. 둘째는 무구(無垢)[6]함이니, 세상의 뛰어난 보배가 청정하고 빛나서 더러움과 섞이지 않는 것처럼, 불·법·승의 보배도 번뇌의 더러움을 온통 멀리 떠난 까닭이다. 셋째는 즐거움을 줌이니, 천덕병(天德甁)[7]이 즐거움을 주는 것처럼, 불·법·승의 보배도 중생에게 세간(世間)[8]·출세간(出世間)[9]의 즐거움을 주는 까닭이다. 넷째는 만나기 어려움이니, 길상보(吉祥寶)[10]가 아주 귀해서 얻기 어려운 것처럼, 불·법·승의 보배도 업장(業障)[11]이 있는 중생은 억겁이 지나도 만나기 어려운 까닭이다. 다섯째는 깨는 작용이니, 여의보(如意寶)가 가난을 깨는 것처럼, 불·법·승의 보배도 중생[12]의 가난[13]을 깨는 까닭이다. 여섯째는 위덕(威德)[14]이니, 전륜왕(轉輪王)[15]이 지닌 윤보(輪寶)[16]가 여러 적[17]을 굴복시키는 것처럼, 불·법·승의 보배도 신통을 갖추어 여러 악마를 항복받는 까닭이다. 일곱째는 원(願)을 만족시킴이니, 마니주(摩尼珠)[18]가 소원을 따라 온갖 보배를 내리는 것처럼 불·법·승의 보배도 중생이 실천할 좋은 원을 만족시켜 주는 까닭이다. 여덟째는 장엄(莊

嚴)[19]이니, 세상의 진귀한 보배가 왕궁을 장엄하는 것처럼, 불·법·승도 법왕(法王)[20]의 깨달음의 궁전을 장엄하는 까닭이다. 아홉째는 가장 뛰어남이니, 제천(諸天)[21]의 보배가 가장 훌륭한 것처럼, 불·법·승의 보배도 여러 중생의 가장 우수하다는 보배를 훨씬 능가하는 까닭이다. 열째는 불변함이니, 순금이 불에 넣어도 변하지 않는 것처럼, 불·법·승의 보배도 세상의 팔풍(八風)[22]이 흔들어 대지[23] 못하는 까닭이다. 이같이 불·법·승의 보배는 무량한 신통변화[24]를 갖추어, 중생을 이롭게 하여 잠시도 휴식함이 없노니, 이런 뜻으로 하여 온갖 불·법·승을 보배라 하느니라."

— 〈心地觀經〉

〔주〕 1)국계 : 국토. 나라. rāṣtra. 2)유정 : 306의 주. 3)마니보 : 292의 주. 4)외도 : 18의 주. 5)천마 : 천자마(天子魔)의 약칭. 타화자재천(他化自在天)의 마왕이니, 사람이 착한 일을 하려 하면 방해를 한다. deva-māra. 6)무구 : 더러움을 떠나 청정함. vigata-mala. 7)천덕병 : 천상에 있는 병이니, 원하는 것이 뜻대로 나온다고 한다. 8)세간 : 380의 주. 9)출세간 : 263의 주. 10)길상보 : 좋은 향·약·진주·금·은 등이 가득 들어 있는 보배. 11)업장 : 403의 주. 12)중생 : 원문은 '世間'. 168의 주. 13)가난 : 원문은 '貧苦'. 여기서는 292의 '빈궁고'와 같다. 14)위덕 : 여기서는, 부처님의 힘. prabhā. 15)전륜왕 : 4의 주. 16)윤보 : 220의 주. 17)여러 적 : 원문은 '諸怨'. 원(怨)은 적(敵)을 이른다. śatru, ripu. 18)마니주 : 292의 주. 19)장엄 : 미화(美化)함. 239의 주. 20)법왕 : 부처님의 딴 이름. 21)제천 : 161의 주. 22)팔풍 : 이(利)·쇠(衰)·훼(毁)·여(譽)·칭(稱)·기(譏)·고(苦)·락(樂). 이것들은 마음을 흔들어 놓는 작용을 하기에 팔풍이라 하며, 팔법(八法)이라고도 한다. 23)흔들어 댐 : 원문은 '傾動'. kampantā. 24)신통변화 : 신통력으로 불가사의한 일을 나타냄. ṛddhivikurvita.

408

"사리자(舍利子)[1]여! 보살은 응당 노여움을 일으키지 말고 항상 마음을 집중하여,[2] 불(佛)을 염(念)하고 법(法)을 염하고 승(僧)을 염해야 하느니라. 어째서 그런가? 이 귀명(歸命)[3]의 공덕의 힘으로 무량한 선근(善根)[4]을 성취하게 되며, 또 유정(有情)[5]으로 하여금 모두 불(佛)을 염하고 법을 염하고 승을 염하게 할 수 있을 것이기 때문이다. 누구건 이것을 염할 때에 깨달음을 얻게 되는 것일 뿐, 내가 어느 유정에게는 호의를 베풀어 도(道)로 끌어들이고, 어느 유정에게는 박하게 대해 이를 배척하는 일이 있겠는가? 불·법·승 삼보(三寶)를 염치 않는다면, 늘 분노(忿怒)[6]·진에(瞋恚)[7]의 악행에 얽매이게 될 것이다. 그러므로 보살이 온갖 진에의 업행(業行)[8]을 멀리 떠나 인욕바라밀(忍辱波羅蜜)[9]을 행하려 할 때에는, 불·법·승 삼보를 마땅히 먼저 염해야 되리니, 이 삼보의 힘은 온갖 유정으로 하여 이 행(인욕바라밀)을 같이 수행케[10] 하느니라."

— 〈菩薩藏正法經〉

〔주〕 1)사리자 : 41의 주. 2)마음을 집중함 : 원문은 '作意'. 마음을 긴장시켜 산란케 하지 않는 작용. 대상에 주의를 집중하는 것. manas-kāra. 3)귀명 : 400의 '귀의'의 주. 4)선근 : 17의 주. 5)유정 : 306의 주. 6) 7)분노·진에 : 다 노여움을 뜻한다. 구태여 구분하자면 분노 kodha-vagga가 단순한 노여움인데 대해, 진에 kodha는 노여워하고 미워하는 것, 증오·적대감에 가깝다. 8)업행 : 128의 주. 9)인욕바라밀 : 6바라밀의 하나. 인욕은 151의 '인'의 주. 바라밀은 247의 주. 10)같이 수행함 : 원문은 '同行'. 243의 주.

409

항상 삼보(三寶)[1]에 귀의(歸依)[2]하면, 먼저 천중(天中)[3]에 태어나는 즐거움을 받고, 뒤에 가 깨달음[4]의 과(果)[5]를 얻게 되리라.

— 〈諸法集要經〉

〔주〕 1)삼보 : 20의 주. 2)귀의 : 400의 주. 3)천중 : 신(神)들의 사이. 4)깨달음 : 원문은 '寂靜'. 52의 주. 5)과 : 원인에 의해 생기는 것. 결과. kārya.

410

삼계(三界)[1] 속에서 으뜸인 것은 삼보(三寶)[2]다. 그러므로 애써 이를 일으키고 드러내면, 그 공덕으로 장차 천주(天主)[3]가 되리라.

— 〈諸法集要經〉

〔주〕 1)삼계 : 4의 주. 2)삼보 : 20의 주. 3)천주 : 신(神)들의 임금. 제석천(帝釋天). devendra.

411

만약 청정한 신심(信心)을 지닌 사람이 있어서, 여래(如來) 계신 곳이나 성문(聲聞)[1] 있는 곳에서 이 가르침을 듣잡고 크게 착한 뜻[2]을 일으켜, 불(佛)·법(法)·승(僧)에 귀의해 여래(如來)의 청정한 계법(戒法)[3]을 받는다면, 이는 다함이 없는 공덕(功德)[4]이므로 큰 과보(果報)[5]가 있을 것이다.

— 〈尊那經〉

〔주〕 1)성문 : 4의 주. 2)크게 착한 뜻 : 원문은 '大善意'. 깨달음을 구하는 마음을 이르는 듯. 3)계법 : 부처님이 정하신 계율의 규정. 4)공덕 : 12의 주. 5)과보 : 78의 '보'의 주.

412

부처님께서 아난(阿難)[1]에게 이르셨다. "선남자·선녀인이 청정한 신심(信心)을 가지고, '이제 저는 사람 중에서 가장 존귀하신 부처님[2]께 귀의하나이다. 욕망을 떠난 것 중에서 가장 존귀한 부처님의 가르침(法)[3]에 귀의하나이다. 온갖 집단 중에서 가장 존귀한 승(僧)[4]에 귀의하나이다'라고 말한다면, 이 사람이 얻는 복이 헤아릴 수 없으리라."

—〈最無比經〉

〔**주**〕 1)아난 : 6의 주. 2)사람 중에서 가장 존귀하신 부처님 : 원문은 '佛兩足中尊'. '부처님, 사람 중에서 가장 존귀하신 분'의 뜻. '양족존'에 대하여는 301의 '이족존'의 주. 3)욕망을 떠난 것 중에서 가장 존귀한 부처님의 가르침 : 원문은 '法離欲中尊'. 직역하면 '법, 욕망을 떠난 것 중에서 가장 존귀한 것.' 4)온갖 집단 중에서 가장 존귀한 승 : '僧衆中尊'. 직역하면 '출가자의 집단, 온갖 집단 중에서 가장 존귀한 그것.'

〔**풀이**〕 이 세 가지를 삼귀의(三歸依)라 하며, 그것을 부르는 의식(儀式)에서는 보통 이런 문구를 외운다.

귀의불 양족존(歸依佛兩足尊).

귀의법 이욕존(歸依法離欲尊).

귀의승 중중존(歸依僧衆中尊).

413

죄보(罪報)[1]가 무궁하다 해도, 삼보(三寶)에 귀의하여 계(戒)를 깨뜨리지[2] 않는다면 더없는 깨달음[3]을 스스로 이루게 되리라.

—〈梵天神策經〉

〔주〕 1)죄보 : 죄의 보(報). 죄업(罪業)으로 인해 느끼는 괴로움. 2)깨뜨림 : 원문은 '毁犯'. 계(戒)를 범하는 것. 3)더없는 깨달음 : 원문은 '無上道'. 16의 주.

414

사람들이 바라는 것이 무릇 세 가지가 있으니, 건강・안온(安穩)・장수(長壽)가 그것이다. 또 세 가지 적(敵)[1]이 있는바, 늙음은 건강의 적이요, 질병은 안온의 적이요, 죽음은 장수의 적이다. 이런 피치 못할 괴로움을 구하는 방법에도 세 가지가 있으니, 부처님께 귀명(歸命)[2]하고, 법(法)에 귀명하고, 승(僧)에 귀명하는 일이다. ― 〈十二因緣經〉

〔주〕 1)적 : 원문은 '怨'. 원망의 뜻도 있으나, 여기서는 적(敵)의 의미. śatru. 2)귀명 : '귀의'와 같음. 400의 주.

415

부처님께 귀의(歸依)하는 사람은 아주 좋은 이익을 얻으리니, 밤낮으로 마음속[1]에서 염불(念佛)[2]을 떠나지 말아야 한다. 법에 귀의하면 아주 좋은 이익을 얻으리니, 밤낮으로 마음속에서 염법(念法)[3]을 떠나지 말아야 한다. 승(僧)에 귀의하는 사람은 아주 좋은 이익을 얻으리니, 밤낮으로 마음속에서 염승(念僧)[4]을 떠나지 말아야 한다. ― 〈因緣僧護經〉

〔주〕 1)마음속 : 원문은 '心中'. 정확히는 심장 속의 공간. 여기에 아트만 ātman이 들어 있다고, 우파니샤드의 철인(哲人)들은 생각했다. 2)염불 : 351의 주. 3)염법 : 불법(佛法)의 탁월함을 마음속에서 생각해 잊지 않는 것. dharma-manasikāra. 4)염승 : 교단(僧)의 공덕을 마음으로 생각해 잊지 않는 것. saṇgha-manasikāra.

416

사람[1]이 능히 삼보(三寶)에 스스로 귀의(歸依)하는 경우, 원(願)을 이루지 못함이 없으며, 천인(天人)[2]의 공양(供養)[3]하는 바가 되며, 스스로 깨달음을 얻어 영겁에 걸쳐 복을 받을 것이다. 사람이 의지하는 바가 없는 것은 나무에 뿌리가 없는 것과 같다. 만약 의지하는 삼보가 있기만 하다면, 무슨 일인들 이루지 못하랴. — 〈出曜經〉

〔주〕 1)사람 : 원문은 '衆生'. 1의 주. 2)천인 : 253의 주. 3)공양 : 17의 주.

417

사람이 일심(一心)[1] · 성심(誠心)으로 부처님께 귀의하면, 그 사람은 큰 쾌락(快樂)[2]을 반드시 얻게 된다. 부처님께서는 밤낮 없이 중생을 생각해 잊지 않으시기[3] 때문이다. 사람이 일심 · 성심으로 달마(達磨)[4]에 귀의하면, 그 사람은 큰 쾌락을 반드시 얻게 된다. 달마의 힘은 밤낮 없이 중생을 가지(加持)[5]하기 때문이다. 사람이 일심 · 성심으로 승가(僧伽)[6]에 귀의하면, 그 사람은 큰 안온(安穩)[7]을 반드시 얻게 된다. 승가의 힘[8]은 밤낮 없이 중생을 보호하기 때문이다. — 〈帝釋所問經〉

〔주〕 1)일심 : 6의 주. 2)쾌락 : 즐거움. 정신적 즐거움을 가리킨 것. rati. 3)생각해 잊지 않음 : 원문은 '憶'. 마음을 한 대상에 집중해 잊지 않는 것. 4)달마 : dharma의 음사(音寫). 1의 '법'의 주. 5)가지 : 불 · 보살이 불가사의한 힘을 가지고 중생을 지키는 것. 일반적으로 가호(加護)의 뜻으로 쓰인다. adhiṣṭhāna. 6)승가 : 20의 '삼보'의 주. 7)안온 : 안락하고 평온한 것. 아무 고뇌도 없는 깨달음의 경지. kṣema. 8)힘 : 원문은 '威'. 정력(精力). ojas.

418

비유하자면 부처님(佛)은 의사, 가르침(法)은 건강,[1] 교단(僧)은 간호인(看護人),[2] 계(戒)는 양약(良藥)이라 할 수 있다. — 〈阿毘曇毘婆娑論〉

〔주〕 1)건강 : 원문은 '無病'. nirjvara. 2)간호인 : 원문은 '瞻病人'.

삼보에 귀의하지 않는 악과(惡果)

419

만약 중생이 있어 삼보(三寶)를 비방하면, 무간지옥(無間地獄)[1]에 떨어진다. — 〈地藏經〉

〔주〕 1)무간지옥 : 165의 '아비지옥'과 같다.

420

"수보리(須菩提)[1]야, 내 가르침을 비방하는 자는 응당 출가(出家)[2]하지 말아야 하느니라. 왜 그런가? 그런 사람은 반야바라밀다(般若波羅蜜多)[3]를 위배・비방하는[4] 까닭에 온갖 불보(佛寶)[5]를 비방하며, 온갖 불보를 비방하는 까닭에 삼세제불(三世諸佛)의 일체지(一切智)[6]를 비방하며, 일체지를 비방하는 까닭에 온갖 법보(法寶)[7]를 비방하며, 법보를 비방하는 까닭에 온갖 승보(僧寶)[8]를 비방할 것이다. 이같이 온갖 때와 온갖 곳에서 삼보를 비방하여 헤아릴 수 없이 악행(惡行)[9]을 쌓으면, 지옥에 떨어져 큰 괴로움을 받게 되느니라." — 〈佛母出生經〉

〔주〕 1)수보리 : 59의 주. 2)출가 : 27의 주. 3)반야바라밀다 : 41의 주. 4)비방

함 : 원문은 '毁謗'. apavāda. 5)불보 : 272의 주. 6)일체지 : 17의 주. 7)법보 : 405의 주. 8)승보 : 405의 주. 9)악행 : 원문은 '不善業行'.

421

만약 국왕·대신·통령(統領)[1]·재집(宰執)[2]이 부처님의 가르침을 믿지 않고 사장(師長)[3]을 존경하지 않는다면, 국계(國界)[4]의 선신(善神)[5]이 기뻐하지 않고 용왕(龍王)[6]이 좋아하지 않아서, 오곡이 제대로 익지 않고 비바람이 시기를 맞추어 주지 않을 것이다. 부처님의 가르침을 존경하지 않는 사람이란 으레 조복(造福)[7]을 믿지 않아 도업(道業)[8]을 닦지 않으며, 수락(受樂)[9]을 탐하여 도리를 깨닫지도 알지도 못하게 마련이어서, 여러 악귀(惡鬼)가 그 마음을 어지럽히는 탓으로 탐욕이 대단하므로 재물을 축적해 만족할 줄 모르게 된다. 이런 사람들은 마땅히 스스로 반성하여 시급히 뉘우치고, 보리심(菩提心)[10]을 일으켜 착한 일을 널리 실천하여[11] 그 몸을 구해야 한다. 세상의 범부[12]가 삼보를 공경치 않고 부처님의 가르침을 믿지 않으면, 귀신이 그 마음을 어지럽게 하므로 서로 다투며 착한 이를 해치게 된다. 이런 악인[13]은 능히 이단(異端)이 되어 시비(是非)[14]를 그르쳐 집착하며,[15] 음모를 꾸며 잘못된 행위를 막 행할 것이다. 그러므로 사람들은 부디 깨달아서 신심(信心)을 일으켜 여러 공덕(功德)[20]을 지어야 한다. — 〈大敎王經〉

〔주〕 1)통령 : 406의 주. 2)재집 : 406의 주. 3)사장 : ①스승과 연장자. 선생과 선배. mahallaka. ②스승. ācārya. 4)국계 : 407의 주. 5)선신 : 불법(佛法)과 그것을 받드는 사람들을 수호하는 신. 그 수효는 16, 혹은 36이 있다고 한다. 6)용왕 : 용신(龍神)의 왕. 또는 뱀의 왕. nāga-rāja. 7)조복 : 선행이 복을 가져오는 원인이라는 도리. 8)도업 : 불도의 수행. 진리의 실천. 9)수락 : 즐거

움을 누리는 것. saṃbhoga. 또는 향락. 10)보리심 : 50의 주. 11)착한 일을 널리 실천함 : 한역 원문은 '廣造修福'. 수복은 여러 선행을 실천하는 일. 광조는 널리 행함. 12)범부 : 111의 주. 13)악인 : 원문은 '魔人'. 14)시비 : 바른 것과 그른 것의 구별. 15)그르쳐 집착함 : 원문은 '邪執'. 16)공덕 : 원문은 '福祐'. 행운의 원인이 될 선근(善根).

422

중생들이 불(佛)·법(法)·승(僧) 삼보(三寶)에 귀의[1]하지 않고 여러 악업(惡業)[2]을 짓는다면, 제취(諸趣)[3]에 윤회하여 끝없이 괴로움을 받을 것이다. 그러므로 응당 불·법·승 삼보에 귀의해 자타(自他)[4]의 이익과 안락을 구해야 한다. —〈大般若經〉

〔주〕 1)귀의 : 원문은 '歸信'. 2)악업 : 170의 주. 3)제취 : 51의 주. 4)자타 : 자기와 남. 자기만이 아니라 남을 구제하기 위해 도를 구하는 것이 대승의 특징이다. ātma-para.

삼보에 귀의하는 방법

423

여래(如來)를 뵙고 부처님을 정신차려 생각하면,[1] 이는 부처님께 스스로 귀의(歸依)하는[2] 것이 된다. 법(가르침)을 듣잡고 법을 정신차려 생각하면, 이는 법에 스스로 귀의하는 것이 된다. 여래의 교단(敎團)[3]을 보고 그 도의(道意)[4]를 정신차려 생각하면, 이는 승(僧, 교단)에 스스로 귀의하는 것이 된다. —〈法鏡經〉

〔주〕 1)정신차려 생각함 : 원문은 '思念'. manasi-kurute. 2)스스로 귀의함 : 원문은 '自歸'. 3)교단 : 원문은 '聖衆'. Ⓟsangha. 이 밖에 불제자(佛弟子)들, 비구(比丘)들의 뜻도 있다. 4)도의 : 깨달음을 구하는 마음. 보리심. bodhi-citta.

424

보살은 능히 삼보(三寶)의 씨를 끊어지지 않게 한다. 어째서 그런가? 중생들을 교화해서 보리심(菩提心)[1]을 일으키게 하는 것은 불보(佛寶)[2]의 씨를 길이 이어지게 함이요, 중생을 위해 법장(法藏)[3]을 열어서 설(說)하는[4] 것은 법보(法寶)[5]의 씨를 길이 이어지게 함이요, 가르침을 지키고 간직하여[6] 어기지 아니하는 것은 승보(僧寶)[7]의 씨를 길이 이어지게 함이기 때문이다. 또 온갖 대원(大願)[8]을 칭찬하는[9] 것은 불보의 씨를 길이 이어지게 함이요, 인연문(因緣門)[10]을 분별해 연설(演說)[11]하는 것은 법보의 씨를 길이 이어지게 함이요, 권하여 육화경법(六和敬法)[12]을 닦게 하는 것은 승보의 씨를 길이 이어지게 함이기 때문이다. 또 중생의 '밭'에 부처님의 종자를 심는 것은 불보의 씨를 길이 이어지게 함이요, 정법(正法)[13]을 지키고 간직하여 신명(身命)을 아끼지 않는 것은 법보의 씨를 길이 이어지게 함이요, 대중(大衆)[14]을 통제해 다스려[15] 싫증을 모르는 것은 승보의 씨를 길이 이어지게 함이기 때문이다. — 〈華嚴經〉

〔주〕 1)보리심 : 50의 주. 2)불보 : 272의 주. 3)법장 : 324의 주. 4)열어서 설함 : 원문은 '開闡'. 5)법보 : 405의 주. 6)지키고 간직함 : 원문은 '護持'. anupā=lanā. 7)승보 : 405의 주. 8)대원 : 큰 원. 서원(誓願). mahā-praṇidhāna. 9)칭찬함 : 원문은 '稱揚'. 남의 덕을 칭찬해 찬미하는 것. praśaṃsati. 10)인연문 : 인연의 도리. 11)연설 : 202의 주. 12)육화경법 : 수행자가 서로 행위・견해를 같이하여 화합(和合)과 경애(敬愛)를 유지하는 여섯 방법. ①신화경(身和敬).

예배 따위를 같이함. ②구화경(口和敬). 찬영(讚詠) 따위를 같이함. ③의화경(意和敬). 신심(信心) 따위를 같이함. ④계화경(戒和敬). 청정한 계(戒)를 같이함. ⑤견화경(見和敬). 공(空) 따위의 견해를 같이함. ⑥이화경(利和敬). 야식(夜食) 따위의 이익을 같이함. 이것을 육화(六和)·육화합(六和合)·육화경(六和敬)·육합념법(六合念法)이라고도 한다. 13)정법 : 252의 주. 14)대중 : 83의 주 1)의 ②. 15)통제해 다스림 : 원문은 '統理'.

425

네 가지 단혹(斷惑)[1]으로 대치(對治)[2]하여 삼보(三寶)를 끊어지지 않게 하는 취지(趣旨)[3]를 확립한다. 네 가지란 무엇인가? 첫째는 의혹(疑惑)[4]을 끊음이니, 머뭇대는 마음[5] 때문에 결단을 내리지[6] 못하면 삼보의 씨가 끊어지는 까닭이다. 둘째는 싫증나는 마음[7]을 끊음이니, 생존에 대한 망령된 집착[8] 때문에 가르침을 구하지[9] 못하면 삼보의 씨가 끊어지는 까닭이다. 셋째는 사견(邪見)[10]을 끊음이니, 그릇된 마음[11] 때문에 바로 보지[12] 못하면 삼보의 씨가 끊어지는 까닭이다. 넷째는 정집(定執)[13]을 끊음이니, 실재(實在)하는 듯 아는 생각[14] 때문에 집착[15]을 떠나지 못하면 삼보의 씨가 끊어지기 때문이다. 이것을 네 가지 단혹이라고 한다.

— 〈釋摩訶衍論〉

〔주〕 1)단혹 : 원문은 '斷'. 악을 끊는 것. prahāṇa. 2)대치 : 235의 주. 3)취지 : 원문은 '義'. 4)의혹 : 의심함. 부처님의 가르침을 의심하는 것. vicikitṣā. 5)머뭇대는 마음 : 원문은 '猶豫心'. 의심하는 마음. 결정을 못 내리고 머뭇대는 마음. 6)결단을 내림 : 원문은 '能決'. 7)싫증나는 마음 : 원문은 '厭捨'. 싫어서 버리는 것. 염리(厭離)와 같다. udvega. 8)생존에 대한 망령된 집착 : 원문은 '有愛'. bhava-priya. 9)구함 : 원문은 '樂'. 음은 '요'. 원함. 바람. adhimukta. 10)사견 : 219의 주. 11)그릇된 마음 : 원문은 '妄想心'. 미혹(迷惑)의 마음. 그릇

된 분별심(分別心). 망심·망념과 같다. 12)바로 봄 : 원문은 '正見'. 있는 대로 관찰함. yathā-bhūta-yoniṣo-manaṣkāra. 13)정집 : 실재(實在)하는 듯 아는 집착. 또는 뿌리가 강한 집착. 14)실재하는 듯 아는 생각 : 원문은 '實有心'. '실유'란 가유(假有)인 이 세상을 실재하는 듯 여기는 것. 15)집착 : 원문은 '着'. anupraveśa.

426

온갖 삼보(三寶)를 드러내 각기 설한다면[1] 다함 없는 승(僧)의 바다[2]와 다함 없는 법(法)의 바다와 다함 없는 불(佛)[3]의 바다가, 더욱 광대(廣大)함을 알리라. — 〈大宗地玄文本論〉

〔주〕 1)설함 : 원문은 '宣說'. 84의 주. 2)바다 : 원문은 '海'. 많은 것. 광대한 것의 비유. samudra. 3)불 : 원문은 '覺海'의 '覺'. 여기서는 '깨달음'의 뜻이 아니라 '부처님'을 가리킨다.

삼보에 귀의할 것에 대한 권유

427

온갖 무수한 중생의 어떠한[1] 몸[2]이건 이를 섭취(攝取)[3]해 삼보(三寶)를 의지케 해야[4] 한다. — 〈釋摩訶衍論〉

〔주〕 1)어떠한 …이건 : 원문은 '所有'. yad. 또는 yat kiñcid…. 2)몸 : 원문은 '身命'. ①육신과 수명. kāya-jivita. ②목숨. jivita. ③신체. 자기의 존재. ātma-bhava. 여기서는 ③의 뜻. 3)섭취 : 391의 주. 4)의지함 : 원문은 '歸'.

428

보살은 자기[1)]가 삼보(三寶)의 씨를 계승할[2)] 뿐 아니라, 다시 중생으로 하여금 불(佛)·법(法)·승(僧)을 계승하여 끊어짐이 없게 하느니라.

— 〈守護國界主經〉

〔주〕 1)자기 : 원문은 '自身'. '제 몸'이란 뜻은 아니다. adhyātma. 2)계승함 : 원문은 '紹'. 이어받음. anupacchedāya….

429

불(佛)·법(法)·승(僧)을 신중(信重)[1)]·공경(恭敬)해야 한다.

— 〈大阿彌陀經〉

〔주〕 1)신중 : 믿어서 존중하는 것. saṃbhāvanā.

430

중생이 삼보(三寶)에 귀의(歸依)하면 응당 이런 마음을 일으켜야 한다. '이제 이 몸이 인간계(人間界)[1)]에 태어나 팔난(八難)[2)]을 면하니, 이것은 얻기 어려운 것을 얻는 것임이 틀림없다. 그러므로 불(佛)·보살의 이끄심[3)]을 따라 온갖 뛰어난 가르침을 익혀야 되겠다. 만약 모처럼 사람으로 태어나고도 선법(善法)[4)]을 구하지 않는다면 스스로 저를 업신여기는[5)] 것이 될 뿐 아니라, 사람이 배를 타고 바다에 들어가 보물 있는 곳에 이르렀으면서도 빈 손으로 돌아오는 것과 같다. 그러기에 불·법·승에 귀의해야 하겠다'고.

— 〈六波羅蜜經〉

〔주〕 1)인간계 : 원문은 '人趣'. manuṣya-loka. 2)팔난 : 부처님을 만날 수 없

고, 그 가르침을 들을 수 없는 여덟 가지 경계(境界). ①지옥. ②아귀. ③축생. ④장수천(長壽天). ⑤변지(邊地). Uttarakuru. ⑥맹롱음아(盲聾瘖瘂). 소경 · 귀머거리 · 벙어리. ⑦세지변총(世智辯聰). 세속의 지혜에 뛰어난 것. ⑧불전불후(佛前佛後). ①~③은 고통이 너무 심해서, ④는 장수를 즐기느라고, ⑤는 즐거움이 너무 많아서, ⑥은 감각 기관에 결함이 있어서, ⑦은 세속 일에 너무 밝아서, ⑧은 부처님이 안 계셔서 불(佛) · 법(法)과 인연을 맺을 수 없다. aṣṭa akṣaṇāḥ. ⑤의 변지란 정토(淨土)의 변방이란 뜻이니, 아미타불의 본원(本願)에 의혹을 품는 자력염불(自力念佛)의 수도자가 태어나는 곳이며, 정토 중에 방편으로 만들어진 화토(化土)다. 3)불 · 보살의 이끄심 : 원문은 '善方便'. 뛰어난 수단. 불 · 보살이 중생의 능력 · 소질을 판단하여, 거기에 알맞은 방법 · 수단을 쓰는 것. 선교방편(善巧方便)과 같다. upāya-kauśalya. 4)선법 : 18의 주. 5)업신여김 : 원문은 '欺'. vambheti.

제2절 귀의불보(歸依佛寶)

불보(佛寶)의 가피(加被)

431

정변지(正遍知)[1]에 귀의하면 중생[2]들의 아버지[3]가 되어, 온갖 번뇌[4]를 끊고 깨달음의 길[5]에 오르느니라. — 〈諸法集要經〉

〔주〕 1)정변지 : 풀이 참조. 2)중생 : 원문은 '世間'. 168의 주. 3)아버지 : 원문은 '父'. 사부(師父). 스승. 4)온갖 번뇌 : 원문은 '諸有縛'. '제유'는 소유(所有)와 같으니, '온갖' · '모든'의 뜻. '박'은 결박의 뜻이니 번뇌의 딴 이름. badhyate. 5)깨달음의 길 : 원문은 '覺路'.

〔풀이〕 정변지(正遍知)가 나온 김에 부처님의 십호(十號)에 대해 말해 두겠다. 십호란 부처님에 관한 열 가지 칭호(稱號)다. ①여래(如來 tathāgata). 수행을 완성한 사람. 이상적인 인격. ②응공(應供 arhat). 존경할 만한 사람. ③정변지(正遍知 samyak-saṃbuddha). 바로 깨달은 사람. ④명행족(明行足 vidyā-caraṇa-saṃpanna). 명지(明知)와 행(行)을 완전히 갖춘 사람. ⑤선서(善逝 sugata). 잘 간 사람. 행복한 사람. ⑥세간해(世間解 lokavid). 세간(世間)을 안 사람. ⑦무상사(無上士 anutura). 그 위가 없는 사람. ⑧조어장부(調御丈夫 puruṣadamya-sārathi). 사람의 조어자(調御者). 채찍으로 말을 다루는 마부의 관념을 사람에게 적용한 것. ⑨천인사(天人師 śāsta devamanuṣyānam). 신(神)들과 사람의 스승. ⑩불세존(佛世尊 buddha bhagavat). 세존은 고대에서 스승을 부를 때에 쓰던 말. '선생님'에 해당한다. 불교에서는 '가장 존귀한 분'의 뜻으로 쓴다.

432

천 겁(千劫)의 긴 시일 속에서도 부처님의 출세(出世)[1]를 만나기란 아주 어렵다. 부처님들을 공경하여 최고의 깨달음[2]을 얻고자 하는 사람은, 부처님의 설하시는 바[3]와 부처님의 이름을 듣고, 응당 그분에게 귀명(歸命)[4]해야 할 것이다.

— 〈大方廣佛冠經〉

〔주〕 1)출세 : 부처님께서 세상에 나타나시는 것. Ⓟuppāda. 2)최고의 깨달음 : 원문은 '無上菩提'. anuttarā samyaksaṃbodhih. 곧 아뇩다라삼막삼보리(阿耨多羅三藐三菩提). 3)설하시는 바 : 원문은 '所說'. 또는, 설하신 것. 가르침(法)을 가리킨다. deśita. 4)귀명 : 414의 주.

433

"우리 부처님께서는 대비(大悲)[1]로 여러 중생을 조복(調伏)[2]하사 공덕

(功德)의 바다[3]를 이루셨습니다. 그러므로 제가 예찬(禮讚)[4]하나이다."

— 〈尊那成就儀軌經〉

〔주〕 1)대비 : 169의 주. 2)조복 : 21의 주. 3)공덕의 바다 : 원문은 '功德海'. 지닌 공덕이 바다같이 광대한 것. guṇa-arṇava. 4)예찬 : 삼보(三寶)에 예배하고, 그 가르침을 찬탄하는 것.

434

만약 선남자·선녀인이 있어서, 무량수불(無量壽佛)[1]의 명호(名號)[2]를 듣잡고 곧[3] 신심(信心)을 일으켜 귀의·예배[4]한다면, 이 사람은 소승(小乘)[5]이 아니라 내 가르침 중에서 가장 우수한 제자라고 해야 할 것이다.

— 〈無量壽莊嚴經〉

〔주〕 1)무량수불 : 375의 주. 2)명호 : 주로 불·보살의 이름. nāma-dheya. 3)곧 : 원문은 '一念'. 바로. 홀연히. kṣanena. 4)예배 : 원문은 '瞻禮'. 우러러보고 예배함. 5)소승 : 대승(大乘)에 비해 그 교(敎)·이(理)·행(行)·과(果)와, 그 사람이 열등하다 하여, 대승 쪽에서 경멸하여 부르는 이름. 작은 수레의 뜻. 성문승(聲聞乘)이라고도 한다. hina-yāna. 20의 '대승'의 주 참조.

435

"계수(稽首)[1]하여 정등각(正等覺)[2]에 귀의하옵나니, 가없는 큰 고해(苦海)[3]를 건너게 하사 항상 감로(甘露)[4]로 중생을 적셔서 열반(涅槃)[5]을 얻게 하시므로 제가 정례(頂禮)[6]하나이다."

— 〈解憂經〉

〔주〕 1)계수 : 인도의 최고의 경례. 무릎을 꿇어 이마를 땅에 대고, 두 손으

로 상대의 발을 잡아 이를 안면에 대는 예법. Ⓟabhivādeti. 2)정등각 : 9의 주. 3)고해 : 이 세상에 괴로움이 끝없이 깔린 것을 바다에 비유한 것. 괴로움이 한없는 이 세상. duḥkha-arṇava. 4)감로 : 4의 주. 5)열반 : 21의 주. 6)정례 : 오체투지(五體投地)라고도 한다. 상대 앞에 엎드려 머리를 땅에 대고, 상대의 발에 절함. vandaniya….

436

제사[1]에서는 불[2]이 으뜸이고, 임금은 인간계의 으뜸이고, 별 중에서는 달이 으뜸이고, 광명에서는 해가 으뜸이고, 상하(上下)·사방의 제생품물(諸生品物)[3]과 천상(天上)의 세계에서는 부처님이 으뜸이시다. 그러므로 복을 심고자[4] 하는 사람은 마땅히 부처님에게 구해야 한다.

—〈諸佛供養經〉

〔주〕 1)제사 : 원문은 '祠'. yajña. 2)불 : 원문은 '火'. 고대 인도인은 불을 신성시하여 가정마다 제화(祭火)가 있어서 거기에 제물을 바쳤다. agni. 3)제생품물 : 온갖 생물. 만물. 온갖 중생. 4)복을 심음 : 원문은 '種福'. 좋은 보(報)를 가져올 착한 일을 하는 것. 여기서는 불도를 수행하는 것.

437

"선남자야, 불보(佛寶)[1] 중에는 여섯 가지 미묘한 공덕(功德)[2]이 갖추어져 있느니라. 첫째는 무상(無上)[3]의 큰 공덕이다. 둘째는 무상의 큰 은덕(恩德)[4]이다. 셋째는 무족자(無足者)[5]·이족자(二足者)[6]·다족자(多足者)[7] 중에서 가장 존귀함이다. 넷째는 만나기가 극히 어려워 우담화(優曇華)[8]와 같음이다. 다섯째는 홀로 삼천대천세계(三千大千世界)[9]에 출현(出現)[10]하심이다. 여섯째는 세간(世間)[11]·출세간(出世間)[12]에 공덕을 성취하심이다. 이 여섯 가지 미묘한 공덕을 갖추심으로써 항상 온갖 중생에게 은혜를 베푸시는[13]바, 중생에게 은혜를 베푸시므로 불보에는 불가사의한 은덕(恩德)이 있는 것이다."

— 〈心地觀經〉

〔주〕 1)불보 : 272의 주. 2)공덕 : 208의 주. 3)무상 : 더 위가 없음. 최고. anuttara. 4)은덕 : 272의 주. 5)무족자 : 발 없는 동물. 뱀·물고기 따위. 6)이족자 : 사람. 다리가 둘이 있으므로 하는 말. 7)다족자 : 지네 모양 발이 많은 동물. 8)우담화 : 254의 '우담발화'와 같다. 9)삼천대천세계 : 9의 주. 10)출현 : 168의 주. 11)세간 : 380의 주. 12)출세간 : 263의 주. 13)은혜를 베푸심 : 원문은 '利益'. 남을 이롭게 함. anugraha.

438

바다가 온갖 수족(水族)의 의지(依止)[1]하는 집[2]이 되는 것과 같다. 부처님들도 또한 그러하여 온갖 중생[3]과 온갖 선법(善法)[4]이 의지하는 바가 되신다.

— 〈除蓋障所問經〉

〔주〕 1)의지 : 55의 주. 2)집 : 원문은 '窟宅'. 3)중생 : 원문은 '有情'. 306의 주. 4)선법 : 18의 주.

439

변정천자(遍淨天子)[1]가 말했다. "여래(如來)께서는 큰 지혜의 힘으로 온갖 마군(魔軍)[2]을 온통 깨뜨리신다. 그러므로 최상모니존(最上牟尼尊)[3]에 귀의하면, 중생을 인도하여 피안(彼岸)[4]에 오르게 하시리라."

— 〈父子合集經〉

〔주〕 1)변정천자 : 변정천의 저위(低位)의 신(神). 변정천은 색계(色界) 제3의 정려처(靜慮處)에 있는 신(神). śubha-kṛtsnāḥ. 천자에 대하여는 111의 '정거천자' 참조. 2)마군 : 악마의 군대. 온갖 악의 세력. jhaṣadhvaja-bala. 3)최상모니존 : 부처님. 더없이 존귀한 분이라는 뜻. 모니는 muni의 음사니 성자(聖者)를 가리킨다. 불교에서는 부처님을 지칭하는 데 써서, 석존을 석가모니(釋迦牟尼), 석가족에서 난 성자라고 일컫는다. '모니존'도 '모니'와 같다. 4)피안 : 84의 주.

440

차라리 무량겁(無量劫)에 걸쳐 여러 악도(惡道)[1]의 괴로움을 받을지언정, 여래(如來)를 버리고 윤회(輪廻)에서 벗어나려[2] 하지 말아야 한다. 차라리 여러 중생을 대신하여 온갖 괴로움을 골고루 받을지언정, 부처님을 버리고 편안할 것을 바라지 말아야 한다. 차라리 여러 악취(惡趣)[3]에 있으면서 항상 부처님의 이름을 들을지언정, 선도(善道)[4]에 태어나 잠시라도 부처님의 이름을 못 듣기를 바라지 말아야 한다. 차라리 여러 지옥에 태어나 하나하나 무수겁(無數劫)을 지낼지언정, 부처님을 멀리 떠나 악취에서 벗어날 생각을 하지 말아야 한다. 어째서 온갖 악취에 오래 머무르면서도 여래를 뵈어야 한다는 것인가? 만약 부처님을 뵙는다면, 온갖 괴로움을 제거하고 여래들의 대지(大智)[5]의 경계(境界)[6]에 들어가게 되며, 온갖 장애를 떠나 다함 없는 복을 길이 기르게 되며, 보리도(菩提道)[7]를 성취할 수 있는 까닭이다. — 〈華嚴經〉

〔주〕 1)악도 : 2의 주. 2)윤회에서 벗어남 : 원문은 '出離'. 생사를 반복하는 미혹의 세계를 떠나는 것. 해탈의 경지에 이르는 것. 원어에 대해 구분하면, ①niḥsaraṇa는 출가(出家). 욕망과 생사를 떠나는 뜻이며, 열반・해탈의 이명(異名). ②naiṣkramya는 출가・입도(入道). 욕망을 떠나는 것과 함께 선정(禪

定)의 획득을 의미한다. 3)악취 : '악도'와 같음. 4)선도 : 78의 '선취'와 같다. 5)대지 : 광대한 지혜. 불지(佛智)와 같다. prajñā-jñāna. 6)경계 : 경지. gocara. 7)보리도 : 깨달음. '보리'는 bodhi의 음사요, '도'는 그 역어(譯語)다.

불보에 귀의하지 않는 고과(苦果)

441

만약 사람이 불보(佛寶)를 외면하면 악귀(惡鬼)[1]가 마음에 들어온다. 그리하여 성욕(性欲)[2] · 탐욕(貪欲)[3] · 노여움 · 기쁨 따위가 많아진다. 또 마음이 항상 어두워서 남에 의해 혹란(惑亂)[4]되며, 왕위(王位)[5]를 잃는다. 그리고 죽으면 아비지옥(阿鼻地獄)[6]에 떨어져 사람이나 천인(天人)으로 태어나지 못하고 길이 고해(苦海)에 잠겨야 한다. — 〈大敎王經〉

〔주〕 1)악귀 : 원문은 '鬼神'. 신령(神靈). 선신(善神)과 악신(惡神)이 있으나, 특히 해를 끼치는 저급의 신들을 이른다. 2)성욕 : 원문은 '淫'. 淫은 婬과 통용. 탐욕. 특히 성욕을 이른다. Ⓟrāga. 3)탐욕 : 원문은 '欲'. 탐욕. 망집(妄執). Ⓟtaṇhā. 4)혹란 : 마음이 미혹(迷惑)되고 어지러워짐. 5)왕위 : 왕의 자리. 단, 왕에는 여러 뜻이 있다. ①부족(部族)의 추장. rājan. ②마을(村落共同體)의 지배자. ③파리어에서는 즉위관정(卽位灌頂, 즉위할 때 정수리에 향수를 붓는 일)을 받은 왕족. 즉, 후세의 왕이나 태자. 그러나 한역에서는 다른 계급(種姓)이라도 물로 관정을 받은 자는 왕으로 쳤다. 6)아비지옥 : 165의 주.

제3절 귀의법보(歸依法寶)

법보(法寶)의 가피(加被)

442

온갖 중생은 응당 절대적 진실[1]인 법보(法寶)[2]에 귀의해야 하노니, 온갖 존재 중에서 가장 존귀하고 가장 뛰어났기 때문이다. 어째서 그런가? 생사(生死)[3]의 고해(苦海)에서 배와 떼(筏)의 구실을 하며, 중생의 감로(甘露)[4] 같은 양약(良藥)이 되며, 부처님네와 보살들의 육도만행(六度萬行)[5]으로 깨달은 바 공덕이 원만한 까닭이다. 그러므로 절대적 진실인 법보에 귀의해야 한다. — 〈六波羅蜜經〉

〔주〕 1)절대적 진실 : 원문은 '無爲'. 생멸・변화를 초월해서 절대・진실하다는 것. 2)법보 : 405의 주. 3)생사 : 윤회. 12의 주. 4)감로 : 4의 주. 5)육도만행 : 6바라밀(波羅蜜)은 온갖 선행의 근본이므로, 펼치면 만행이 되고 합치면 6바라밀이 된다는 것. '육도'는 6바라밀. 만행은 온갖 선행(善行). 온갖 수행(修行).

443

"법보(法寶) 중에 네 종류가 있으니, 첫째는 가르침[1]이요, 둘째는 도리[2]요, 셋째는 수행 방법[3]이요, 넷째는 수행의 결과[4]다. 온갖 더러움 없는 진리[5]로 능히 무명(無明)・번뇌(煩惱)・업장(業障)[6]을 깨는 성명구문(聲名句文)[7]을 가르침이라 한다. 이미 없어졌거나 현재 있거나 하는 모든 현상(現象)[8]을 도리라 한다. 계(戒)[9]・정(定)[10]・혜(慧)[11]・행(行)[12]을 수행 방법이라 한다. 유위(有爲)[13]・무위(無爲)[14]의 과(果)[15]를 수행의 결과라

한다. 이런 네 가지를 법보라 부르는 것이니, 중생을 인도하여 생사의 바다에서 벗어나 피안(彼岸)[16]에 이르게 하느니라.

선남자야, 부처님네가 스승으로 삼으시는 것은 곧 이 법보이시다. 무슨 까닭인가? 삼세(三世)의 부처님께서는 법보에 의거해 수행하사, 온갖 장애를 끊고 보리(菩提)[17]를 완성하심으로써[18] 미래가 다하도록 중생에게 은혜를 베풀고 계시는 까닭이다. 이런 이유로 삼세의 여래들께서도 으레 여러 바라밀(波羅蜜)[19]과 불가사의한 법보를 존경하고 계시거늘, 항차 해탈을 얻지 못한 삼계의 온갖 중생으로서 어찌 불가사의한 법보를 공경치 않아도 되랴?

법보는 능히 생사의 노옥(牢獄)[20]을 깨노니, 금강저(金剛杵)[21]가 능히 만물을 깨뜨리는 것과 같다. 법보는 능히 가난한 중생을 구하노니, 마니주(摩尼珠)[22]가 온갖 보배를 쏟아 놓는 것과 같다. 법보는 능히 중생에게 즐거움[23]을 주노니, 천고(天鼓)[24]가 제천(諸天)[25]을 즐겁게 하는 것과 같다. 법보는 능히 제천의 보계(寶階)[26]가 되노니, 정법(正法)[27]을 들으면 천상(天上)에 태어날 수 있기 때문이다. 법보는 능히 견고한 큰 배가 되노니, 생사의 대해(大海)를 건너 피안(彼岸)[28]에 이르게 하기 때문이다. 법보는 전륜성왕(轉輪聖王)[29]과 같으니, 삼독(三毒)[30]의 번뇌적(煩惱賊)[31]을 제거하기 때문이다. 법보는 능히 아주 훌륭한 의복이 되노니 부끄러운 줄 모르는 중생들을 가려 주기 때문이다. 법보는 금강으로 지은 갑주(甲冑)와 같으니, 능히 여러 악마를 깨고 보리(菩提)를 얻게 하기 때문이다. 법보는 날카로운 칼과 같으니, 생사를 끊고 구속[32]에서 떠나게 하기 때문이다. 법보는 바로 삼승(三乘)[33]의 보거(寶車)[34]니, 중생을 실어 화택(火宅)[35]에서 나가게 하기 때문이다. 법보는 온갖 밝은 등불과 같으니, 능히 삼도(三塗)[36]의 어둔 곳을 비추기 때문이다. 법보는 화살이나 창과 같으니, 능히 국토를 진정시키고 원적(怨賊)[37]을 꺾기 때문이다. 법보는 험로(險路)의 인도자[38]와 같으니, 중생을 잘 유도하여 보배 있는 곳에 이르게 하기 때문이다. 선남자야, 삼세 여래의 설하신 묘법(妙法)[39]이 이런 불가사의한 작용[40]을 지닌 탓으로 법보라 이르느니라." — 〈心地觀經〉

〔주〕 1)가르침 : 원문은 '敎法'. 부처님이 설하신 가르침. śāsana. 2)도리 : 원문은 '理法'. yukti. 3)수행 방법 : 원문은 '行法'. 4)수행의 결과 : 원문은 '果法'. 5)더러움 없는 진리 : 원문은 '無漏'. 98의 주. 6)업장 : 403의 주. 7)성명구문 : 언어. 성(聲)은 소리. śabda. 명(名)은 사물의 이름이니, 단어(單語)다. nāman. 구(句)는 '제법실상(諸法實相)' 따위의 성구(成句)니, 문장을 이른다. pada. 문(文)은 명(名)·구(句)가 의거하는 음성의 굴곡이니, 문자, 즉 개개의 음절(音節). vyanjana. 이상의 넷이 모여 언어가 이루어진다고 본 것. 8)이미 없어졌거나 현재 있거나 하는 모든 현상 : 원문은 '有無諸法'. 9)계 : 18의 주. 10)정 : 27의 주. 11)혜 : 27의 주. 12)행 : 행위. karman. 13)유위 : 94의 주. 14)무위 : 26의 주. 15)과 : 409의 주. 16)피안 : 84의 주. 17)보리 : 5의 주. 18)완성함 : 원문은 '得成'. 319의 주. 19)여러 바라밀 : 원문은 '諸波羅蜜'. '바라밀'에 대하여는 247의 주. 여러 바라밀이란 6바라밀·10바라밀을 이른다. ①보시(布施). dāna. 남에게 주는 일. 이에는 재물을 주는 재시(財施), 진리를 가르쳐 주는 법시(法施), 공포를 제거하고 안심을 주는 무외시(無畏施)의 세 가지가 있다. ②지계(持戒). śila. 계율을 지키는 일. ③인욕(忍辱). kśānti. 고난을 참고 견디는 것. ④정진(精進). virya. 진실의 도(道)를 끊임없이 실천함. ⑤선정(禪定). dhyāna. 정신을 통일해 안정시키는 것. ⑥지혜(智慧). prajñā. 진실한 지혜를 얻는 것. 이상이 6바라밀. 여기에 다음 네 가지를 추가하면 10바라밀이 된다. ⑦방편. upāya. 여러 간접적 수단을 써서 지혜를 이끌어냄. ⑧원(願). praṇidhāna. 항상 서원(誓願)을 지녀, 그것을 실천함. ⑨역(力) bala. 선행을 실천하는 힘과, 진위(眞僞)를 가리는 힘을 기르는 것. ⑩지(智). jñāna. 있는 그대로 일체를 투시할 수 있는 지혜를 기르는 것. 20)노옥 : 감옥. 미혹

(迷惑)의 세계의 비유. 21)금강저 : 원문은 '金剛'. 가장 견고하다는 금강석을 뜻하는 것이 원의(原義)이나, 때로는 그대로 '금강저'를 가리킨다. 금강저는 고대 인도의 무기. 견고하여 온갖 것을 깰 수 있기에 '금강'이라는 말이 붙은 것. 금강석이나 금강저의 원어는 같은 vajra다. 22)마니주 : 292의 주. 23)즐거움 : 원문은 '喜樂'. 오식(五識)이 무분별(無分別)하게 기뻐하는 것이 '희', 의식(意識)이 분별하여 기뻐함을 '낙'이라 한다. 24)천고 : 도리천(忉利天)의 선법당(善法堂)에 있는 북. 치지 않아도, 저절로 아름다운 소리를 낸다. 25)제천 : 161의 주. 26)보계 : 칠보(七寶)로 만든 계단. 석존(釋尊)께서 도리천으로부터 내려오실 때, 이 계단을 밟으셨다는 것. 27)정법 : 252의 주. 28)피안 : 84의 주. 29)전륜성왕 : 4의 주. 30)삼독 : 245의 주. 31)번뇌적 : 번뇌를 도둑에 비긴 것. 삼독(三毒)은 대표적인 번뇌다. 32)구속 : 원문은 '繫縛'. 마음이 번뇌·망상에 매여 자유롭지 못한 것. 해탈의 대(對). Ⓟbandha. 33)삼승 : 239의 주. 34)보거 : ①많은 보배로 장식된 수레. ②큰 백우(白牛)가 끄는, 여러 보배로 장식된 수레. 일승법(一乘法)의 비유. 여기서는 ②의 뜻. 35)화택 : 법화칠유(法華七喩)의 하나. 사람들이 미혹의 세계에서 고생하면서, 괴로움 속에 있다는 것조차 자각 못하는 상태를, 불 붙은 집 속에서 무심히 놀고 있는 어린이에게 비유한 것. 미혹의 세계. 36)삼도 : 삼악도(三惡道)와 같다. 166의 주. '塗'는 '道'와 통용. 37)원적 : 17의 주. 38)인도자 : 원문은 '導師'. 지도자. 바른 길로 이끌어 주는 사람. 불·보살의 경칭으로도 쓴다. nara-nāyaka. 39)묘법 : 뛰어난 가르침. 부처님의 가르침. udāra-dharma. 40)작용 : 원문은 '事'. 활동. 현상면(現象面)의 작용. vrtti.

〔**풀이**〕 만해 선생의 인용에서 '…聲名句文이 名爲教法이요'의 다음에 와야 할 '有無諸法, 名爲理法'이 빠져 있으므로, 보충해 번역했다.

444

여래(如來)의 정법(正法)의 곳집(창고)[1]을 가까이하면,[2] 온갖 노사(老

死)[3]의 괴로움을 깨뜨릴 수 있다. 그러나 정법을 달갑지 않게 아는[4] 경우, 그 사람은 악취(惡趣)[5]에 떨어져 윤회(輪廻)의 바다[6]에 가라앉으리라.

— 〈菩薩藏正法經〉

〔주〕 1)정법의 곳집(창고) : 원문은 '正法藏'. 정법보장(正法寶藏)이라고도 한다. 부처님의 가르침을 보배가 무수히 들어 있는 창고에 비유한 것. saddharma-loka. 2)가까이함 : 원문은 '親近'. Ⓟsaṃseva. 3)노사 : 늙음과 죽음. 12인연의 제십이지(第十二支). jara-maraṇa. 4)달갑지 않게 여김 : 원문은 '不樂(불요)'. 불쾌(不快) Ⓟarati. 5)악취 : 78의 주. 6)윤회의 바다 : 원문은 '輪海'. 중생이 삼계(三界)에 나고 죽어 윤전(輪轉)함이 끝없는 것.

445

정법(正法)[1]을 호지(護持)[2]하는 경우, 이 사람은 세상에서 가장 뛰어나 비길 바[3] 없으리니, 차라리 목숨을 잃을지언정 정법을 배반치 말아야 한다. 만약 정법을 떠난다면 온갖 번뇌[4]를 따르게[5] 되리라.

— 〈諸法集要經〉

〔주〕 1)정법 : 부처님의 가르침. 묘법(妙法). dharma. 2)호지 : 424의 주. 3)비길 바 : 원문은 '倫匹'. 비교할 것. 비슷한 것. 동류(同類). 4)온갖 번뇌 : 원문은 '諸惡'. Ⓟkilesa. 5)따름 : 원문은 '隨轉'. 따르는 것. 따라 일어나는 것. anuvartanā.

446

청정한 지혜의 눈[1]에 귀의하면, 여러 의혹(疑惑)의 어둠[2]을 깨고 뭇 이론(異論)[3]을 잘 꺾어, 정견(正見)[4]에 머무를 수 있다. — 〈諸法集要經〉

〔주〕 1)청정한 지혜의 눈 : 원문은 '淨智眼'. 부처님의 청정한 지혜를 눈에 비긴 것. 2)의혹의 어둠 : 원문은 '疑暗'. 3)이론 : 다른 여러 종교의 논의(論議). para-pravādin. 4)정견 : 335의 주.

447

석존(釋尊)[1]께서 이토록 미묘한 가르침을 설하사 온갖 중생을 이롭게 하시니, 이 가르침은 매우 오묘하여 비길 바 없어[2] 재앙을 제거한다. 이 같은 법보(法寶)가 가장 수승(殊勝)[3]하고 진실한 까닭에 안락(安樂)을 얻게 하는 것이다. ─〈守護大千國土經〉

〔주〕 1)석존 : 원문은 '能仁'. Sākya-muni(釋迦牟尼)의 의역. 2)비길 바 없음 : 원문은 '無等'. 비길 데 없을 정도로 뛰어남. 3)수승 : 351의 주.

448

"진실한 부처님의 가르침[1]은 여러 악취(惡趣)[2]를 깨고 중생을 열반(涅槃)[3]에 머무르게 하십니다. 그러므로 내가 찬탄 예배[4]하나이다."

─〈尊那成就儀軌經〉

〔주〕 1)진실한 부처님의 가르침 : 원문은 '眞如妙法'. 여기서 '진여'는 '진실'을 갖춘 것이라는 뜻. sa-tattva. '묘법'은 443의 주. 2)악취 : 78의 주. 3)열반 : 원문은 '寂靜'. 52의 주. 4)찬탄 예배함 : 원문은 '讚禮'.

449

"머리 조아려[1] 정법장(正法藏)[2]에 귀의하면, 능히 가없는 고뇌의 인(因)[3]을 멈추게 하시며, 과실을 밝게 드러내 보여[4] 중생을 깨달음으로 이끄시어[5] 열반[6]을 얻게 하십니다. 그러므로 제가 정례(頂禮)[7]하나이다."

— 〈解憂經〉

〔주〕 1)머리 조아림 : 원문은 '稽首'. 435의 주. 2)정법장 : 444의 주. 3)고뇌의 인 : 고뇌의 원인인 번뇌·망집(妄執). 사성제(四聖諦)의 집제(集諦)에 해당. 4)밝게 드러내 보임 : 원문은 '顯示'. paridipita. 5)깨달음으로 이끄심 : 원문은 '利'. 선행에 의해 중생에게 이익을 주는 것. 이행(利行). 이타행(利他行). Ⓟ atthacariyā. 6)열반 : 원문은 '寂靜'. 52의 주. 7)정례 : 435의 주.

450

"너희들은 몸과 마음을 바로하고 결가부좌(結跏趺坐)[1]하여 딴생각 없이 가르침을 전념(專念)[2]하라. 정법(正法)[3]은 여러 욕애(欲愛)[4]를 제거하며, 진로(塵勞)[5]를 제거하며, 길이 탐욕[6]을 일으키지 않게 하며, 온갖 번뇌의 결박과 병을 떠나게 하나니, 가르침을 스스로 염(念)[7]하고 또 남에게도 염케 하여야 하느니라."

— 〈增一阿含經〉

〔주〕 1)결가부좌 : 153의 '부좌'의 주. 2)전념 : 한 일만 염(念)하여 곁눈을 팔지 않는 것. smṛta-ātman. 3)정법 : 445의 주. 4)욕애 : 애욕. Ⓟtaṇha. 5)진로 : 정신을 피로케 하는 마음의 티끌. 번뇌를 이른다. 6)탐욕 : 한역 원문은 '渴心'. 목마른 것 같은 탐심. 또는 망집(妄執). 갈애(渴愛)와 같다. 7)염 : 2)의 '전념'과 같다.

451

"선남자야, 물이 더러움을 씻어 우물·못·강물·시내·도랑·바다의 구별이 없는 것과 같으니 가르침의 물[1]도 능히 중생의 더러움[2]을 맑게

씻어 내느니라." — 〈無量壽經〉

〔주〕 1)가르침의 물 : 원문은 '法水'. 부처님의 가르침이 중생의 번뇌를 씻어 내는 것을 물에 비유한 말. guna-ambu. 2)더러움 : 원문은 '塵垢'. 마음을 더럽히는 먼지와 때. 번뇌를 이른다. upakleśa.

법보에 귀의하지 않는 악과(惡果)

452

아주 오묘한 부처님의 가르침[1]을 어기고 비방하는 사람은, 그 죄가 매우 무거워서 오무간(五無間)[2]의 온갖[3] 죄업(罪業)[4]보다 더하다.

— 〈佛母出生經〉

〔주〕 1)부처님의 가르침 : 원문은 '正法'. 445의 주. 2)오무간 : 팔대지옥(八大地獄)의 하나인 무간지옥에 다섯 종류가 있음을 이른다. ①취과무간(趣果無間). 이 세상에서 지옥의 고통을 느끼는 죄업(罪業)과, 그 결과를 받는 일 사이에 전혀 거리가 없는 것. ②수고무간(受苦無間). 고통을 경험함에 있어서 간격이 없는 것. ③시무간(時無間). 시간이 연속하여 중단됨이 없는 것. ④명무간(命無間). 수명이 항상 계속되어 끊어짐이 없는 것. ⑤형무간(形無間). 8만 유순(由旬)이나 되는 지옥의 넓이와 몸의 크기가 같아서 조금도 빈 곳이 없는 것. 3)온갖 : 원문은 '所有'. 119의 주. 4)죄업 : 죄. 죄의 행위. aśukla-karman. '오무간의 온갖 죄업'은 '五無間罪'와 같다. 곧 오역죄를 이르는 말이니, 61의 '역죄'의 주.

453

"선남자야, 만약 사람이 법보(法寶)를 망하게 하면, 악귀(惡鬼)[1]가 마음에 들어가 복이 줄어들고, 소경·귀머거리·벙어리·어리석음의 보(報)[2]를 받으며, 늘 축생(畜生)[3]에 떨어져 뱀·노새·돼지·개 따위가 되느니라."

— 〈大教王經〉

〔주〕 1)악귀 : 원문은 '鬼神'. 441의 주. 2)보 : 78의 주. 3)축생 : 26의 주.

454

어리석어 부처님의 가르침을 믿지 않고 방종해서 두려워하는 바가 없으면, 온갖 괴로움이 몸[1]에 얽혀서 재앙[2]을 만나게 된다.

— 〈梵天神策經〉

〔주〕 1)몸 : 원문은 '身形'. 2)재앙 : 원문은 '禍祟'. 부처님이나 신이 내리는 재앙. 신화(神禍).

제4절 귀의승보(歸依僧寶)

승보(僧寶)의 가피(加被)

455

자씨보살(慈氏菩薩)[1]이 여쭈었다. "무엇을 진실한 교단(僧)이라 하나이까?"

부처님께서 말씀하셨다. "승보(僧寶)[2]에 세 종류가 있으니, 첫째는 제일의승(第一義僧)[3]이다. 이르는바 부처님들의 신성한 교단[4]이 도리에 맞게[5] 존재함을 이른다. 이 교단은 볼 수 없고, 포착할 수 없고, 깰 수 없고, 태울 수 없고, 생각할[6] 수 없으며, 온갖 중생의 양우(良祐)[7]·복전(福田)[8]이 되시건만 보상을 받는 바 없으시며, 온갖 공덕법(功德法)[9]이 항상 변함이 없으시다. 이것을 제일의승이라 한다. 둘째는 성승(聖僧)[10]이다. 수다원과(須陀洹果)[11]·사다함과(斯陀含果)[12]·아나함과(阿那含果)[13]·아라한과(阿羅漢果)[14]·벽지불과(辟支佛果)[15]·팔대인각(八大人覺)[16]·삼현(三賢)[17]·십성(十聖)[18]을 성승이라 한다. 셋째는 복전승(福田僧)[19]이다. 이르는바 필추(苾芻)[20]·필추니(苾芻尼)[21] 등이 금계(禁戒)[22]를 수지(受持)[23]하여 박학(博學)하고[24] 지혜로움이다. 이런 교단은 천의수(天意樹)[25]가 온갖 중생을 덮어 주는 것과 같으며, 광야(曠野)나 사막에서 목이 말라 물을 찾던 차에 단비가 갑자기 크게 쏟아져 단박에[26] 목마름을 푸는 것과 같으며, 또 대해에서 온갖 보배가 모두 나오는 것과 같다. 복전승보도 또한 이러하여 중생에게 편안함과 즐거움을 준다. 또 이 승보는 더러움 없이 청정하여 중생의 탐(貪)·진(瞋)·치(癡)·암(暗)[27]을 없애 주는바, 마치 보름달을 온갖 사람들이 모두 쳐다보는 것 같고, 마니보주(摩尼寶珠)[28]가 온갖 중생의 모든 착한 소원을 충족시켜 주는 것과 같다. 이것이 세 번째 승보, 즉 복전승이다.

이 세 가지 승보에 온갖 중생이 어떻게 귀의(歸依)할 것인가? 마땅히 제일의제(第一義諦)[29]의 절대·진실한 승보에 귀의하여야 할 것이다. 어째서 그런가? 절대·진실하고[30] 영원한[31] 승(교단)인 까닭에, 이 승보는 무루(無漏)[32]·무위(無爲)[33]하며 불변(不變)·불이(不異)[34]한, 스스로 깨달은[35] 진리 그것이어서, 이런 절대·진실한 승보에 귀의하면 능히 중생[36]의 온갖 괴로움을 없앨 수 있기 때문이다. 이 진리를 얻고 나서 삼승법(三乘法)[37]을 설하여 중생을 제도하며,[38] 삼악도(三惡道)[39]의 괴로움을 두려워하지 않고 인천(人天)[40]에 태어나기를 원하지도 않으면서, 중생을 맹

세코 구제하여 생사의 고통으로부터 벗어나게 하는 것, 이것을 승보에 귀의함이라 이른다." — 〈六波羅蜜經〉

〔주〕 1)자씨보살 : 미륵보살을 이르는 말. '자'는 사무량심(四無量心)의 첫째인 자(慈)를 따서 붙인 것이니, 이 세상에 부처님이 끊어지지 않게 하는 분이기 때문이다. 108의 주. 2)승보 : 405의 주. 3)제일의승 : 최고 진실의 교단(敎團). '제일의'는 최고의 진리, 가장 뛰어난 진실의 도리, 진실한 모습의 뜻. parama-artha. 4)부처님들의 신성한 교단 : 원문은 '諸佛聖僧'. 온갖 부처님들로 구성된 교단. 물론 절대적 세계를 이른 것이며, 부처님들이 일체(一體)가 되어 있는 상태다. 5)도리에 맞음 : 원문은 '如法'. 법에 맞는 것. Ⓟyathādhammaṃ. 6)생각함 : 원문은 '思議'. 상대적으로 생각하는 것. āścarya. 7)양우 : 좋은 도움. 8)복전 : 21의 주. 9)공덕법 : 공덕으로서 나타나는 작용. 법은 마음의 작용. 10)성승 : 신성한 교단. saṇgha. 11)수다원과 : 예류과(豫流果)와 같다. 처음으로 성자(聖者)의 경지에 드는 것. 성문(聖聞)의 수행 단계인 사과(四果) 중의 초과(初果). srota āpatti-phala. 12)사다함과 : 다시 한 번만 이 세상에 태어나면 깨달을 수 있는 성과(成果). 또는 그 사람. sakṛdāgāmi-phala. 13)아나함과 : 결코 다시는 욕망의 세계에 태어나지 않는 성과(成果). 14)아라한과 : 소승불교에서 불제자(佛弟子)들이 도달할 수 있는 최고의 경지. 삼계(三界)의 온갖 번뇌를 끊어 버린 자리. arhattva. 15)벽지불과 : 자기 혼자 깨닫고, 그것을 남에게 설하려 하지 않는 소극적인 성자의 단계. 16)팔대인각 : 보살·성문·연각 등, 역량이 큰 이들이 일으키는 여덟 가지 일. ①소욕각(少欲覺). 얻지 못한 오욕(五欲)을 널리 구하려 안하는 것. ②지족각. 이미 얻은 것으로 만족함. ③원리각(遠離覺). 번뇌를 떠나 적정(寂靜)한 곳을 좋아함. ④정진각(精進覺). 선정의 수도에 정진하는 것. ⑤정념각(正念覺). 바른 도리만을 한결같이 염(念)하는 것. ⑥정정각(正定覺). 선정을 닦아 잡념을 떠나는 것. ⑦정혜각(正慧覺). 문(聞)·사(思)·수(修)를 닦아 참된 지혜가 생기는 것. ⑧불희론각(不戲論覺). 희론을 떠나 정어(正語)를 지니는 것. 17)삼현 : 보살의 위계(位階)에

서 십주(十住)·십행(十行)·십회향(十廻向)을 이른다. 18)십성 : 십지(十地)의 보살을 이른다. 19)복전승 : 사람들의 복전이 되는 교단. '복전'은 21의 주. 20)필추 : bhikṣu의 음사. 이것은 새로운 음사요, 이전에는 비구(比丘)라고 했다. 84의 주. 21)필추니 : bhikṣuṇi의 음사. 비구니(比丘尼)의 새로운 음사. 출가(出家)하여 구족계(具足戒)를 받은 여성. 여승(女僧). 22)금계 : 부처님이 정하신 계율. śila. 23)수지 : 280의 주. 24)박학함 : 원문은 '多聞'. 많이 배운 것. 많이 아는 것. sutavas. 25)천의수 : 천상(天上)의 여의수(如意樹). 천(天·神)의 뜻을 따라 구하는 것을 얻게 하는 나무. 26)단박에 : 원문은 '應時'. 바로. 곧. 27)암 : 어둠. 무명(無明). 28)마니보주 : 292의 '마니주'의 주. 29)제일의제 : 263의 주. 30)절대·진실함 : 원문은 '無爲'. 442의 주. 31)영원함 : 원문은 '常住'. 367의 주. 32)무루 : 98의 주. 33)무위 : 442의 주. 34)불이 : ①다르지 않음. ananya. ②다른 성질이 없음. ānānārtha. 35)스스로 깨달음 : 원문은 '自證'. 남의 도움 없이 스스로 깨닫는 것. 부처님의 깨달음. praty-ātma-edya. 36)중생 : 원문은 '有情'. 306의 주. 37)삼승법 : 삼승(三乘)의 가르침. 성문·연각·보살의 가르침이 따로 설해진 것. triṇi yānāni. 38)제도함 : 원문은 '度脫'. 164의 주. 39)삼악도 : 166의 주. 40)인천 : 21의 주.

〔**풀이**〕 앞에서 여러 번 나온 바와 같이 승(僧)의 원어인 saṃgha는 출가자(出家者)의 교단(敎團)을 이르는 말이다. 이것이 그 구성원으로서의 개인, 즉 '중'의 뜻으로 후세에 와서 바뀐 것은 '승'의 역어(譯語)인 대중(大衆)에서 '대(大)'가 탈락함으로써 전의(轉義)가 이루어진 것으로 여겨진다.

그런데 교단의 이상을 부처님들의 교단, 즉 진여(眞如)의 세계, 절대적 세계에 둔 것이 주목된다. 그것은 인위적(人爲的)인 우리의 교단이 무위(無爲)의 교단, 절대·진실한 교단을 목표로 부단히 향상해 가지 않으면 안 된다는 것을 보여 주고 있다.

456

"선남자야, 세간(世間)[1]·출세간(出世間)[2]에 세 종류의 교단(僧)이 있으니, 첫째는 보살의 교단이요, 둘째는 성문(聲聞)[3]의 교단이요, 셋째는 범부(凡夫)[4]의 교단이다. 문수사리(文殊師利)[5]·미륵(彌勒)[6] 등은 보살의 교단이다. 사리불(舍利弗)[7]·목건련(目犍連)[8]은 성문의 교단이다. 별해탈계(別解脫戒)[9]를 성취한 진선범부(眞善凡夫)[10]와, 내지 온갖 정견(正見)[11]을 갖추고 남을 위해 중성(衆聖)[12]의 도법(道法)[13]을 설하고 가르쳐서[14] 중생을 이롭게 하는[15] 출가자가 범부의 교단이다. 비록 더러움 없는[16] 계(戒)[17]·정(定)[18]·혜(慧)[19]의 해탈은 얻지 못했을망정, 이를 공양(供養)[20]하는 사람은 헤아릴 수 없는 복을 얻으리니, 이 세 가지 종류를 진정한 복전승(福田僧)[21]이라 하느니라."

— 〈心地觀經〉

〔주〕 1)세간 : 380의 주. 2)출세간 : 263의 주. 3)성문 : 4의 주. 4)범부 : 소승에서는 초과(初果), 대승에서는 초지(初地) 이상을 성자라 하는 데 대해 그 이하를 범부라 한다. 그러므로 요즘의 뜻과는 다르다. pṛthagjana. 5)문수사리 : 78의 주. 6)미륵 : 108의 주. 7)사리불 : 41의 '사리자'의 주. 8)목건련 : Maudgalyāyana의 음사. 십대제자(十大弟子)의 한 사람. 신통제일(神通第一). 9)별해탈계 : 줄여서 '별해탈'이라고도 한다. 원뜻은 제각기의 해탈. prātimokṣa의 의역이며, 음사하여 바라제목차(波羅提木叉)라 한다. 계율(戒律)을 이른다. 불살생계(不殺生戒)를 지켜 살생의 악을 해탈하고, 불투도계(不偸盜戒)를 지켜 투도의 잘못을 해탈하는 것처럼, 하나하나의 계(戒)가 각 악을 제각기 해탈시키므로 별해탈·별해탈계라 한다. 10)진선범부 : 4)의 주에서 말했듯, '범부'란 초지(初地) 이하의 총칭인바, 그 중에서 불도를 잘 닦아 어지간한 경지에 도달한 사람을 이른다. 11)정견 : 335의 주. 12)중성 : ①소승의 초과(初果) 이상, 대승에서는 초지(初地) 이상의 성자(聖者)를 이른다. ②많은 보살들. 13)도법: 깨달음의 길. Ⓟariya-dhamma. 깨달음. 14)설하고 가르침 : 원문은 '演說開

示'. '연설'은 202, '개시'는 153의 주. 15)이롭게 함 : 원문은 '利樂'. 중생을 이롭게 하고 즐겁게 함. 구하여 기쁨을 주는 것. hita. 16)더러움 없는 : 원문은 '無漏'. 98의 주. 17)계 : 18의 주. 18)정 : 27의 주. 19)혜 : 27의 주. 20)공양 : 17의 주. 21)복전승 : 455의 주.

457

좋은 복전(福田)[1]에 귀의하면, 온갖 선과(善果)[2]를 번성(繁盛)케 하고 삼독(三毒)[3]의 큰 괴로움[4]을 떠나 청정무구(清淨無垢)할 수 있다.

— 〈諸法集要經〉

〔주〕 1)좋은 복전 : 원문은 '良福田'. 21의 '복전'의 주. 여기서는 특히 승보(僧寶)를 가리킨 것. 2)선과 : 선인(善因)에 의해 얻어진 좋은 결과. 3)삼독 : 245의 주. 4)큰 괴로움 : 원문은 '過患'. 잘못, 또는 허물과 재앙의 뜻으로 보아도 통한다.

458

궁극의 깨달음[1]을 얻고자 하는 까닭에 그 마음이 견고히 정해져 싫증냄이 없으며,[2] 출가(出家)[3]하여 사문행(沙門行)[4]을 실천하고,[5] 여래(如來)의 뛰어난 가르침을 크게 밝혀[6] 중생으로 하여금 감로미(甘露味)[7]를 얻게 함으로써, 자타(自他)가 열반(涅槃)[8]의 길에 속히 오르게 된다. 그러므로 승보(僧寶)가 가장 진실하여 안락(安樂)을 얻게 하느니라.

— 〈守護大千國土經〉

〔주〕 1)궁극의 깨달음 : 원문은 '無上菩提'. 170의 주. 2)싫증냄이 없음 : 원문은 '不退'. '불퇴전'의 뜻으로도 쓰이나, 여기서는 지쳐서 싫증내는 일이 없는 뜻. akilāsitva. 3)출가 : 27의 주. 4)사문행 : 수행자(修行者)로서의 실천. 사문

도(沙門道). śrāmaṇya. 5)실천함 : 원문은 '奉持'. 수지(受持)의 뜻도 있으나, 여기서는 아니다. 6)크게 밝힘 : 원문은 '闡揚'. 7)감로미 : 절묘한 경지. amṛta. 8)열반 : 21의 주.

459

"교단은 견고히 계행(戒行)[1]을 지니고 해탈문(解脫門)[2]에 들어가,[3] 공덕(功德)의 국토[4]에 안주(安住)합니다. 그러므로 제가 찬례(讚禮)[5]하나이다."

— 〈尊那成就儀軌經〉

〔주〕 1)계행 : 계율을 지켜 수행함. śila-saṃvara. 2)해탈문 : 해탈의 경지에 들어가는 것을 문에 비유한 것. 3)들어감 : 원문은 '證入'. 진리를 깨달아 부처님의 경지에 들어가는 것. 깨닫는 것. 오입(悟入). praviṣṭa. 4)공덕의 국토 : 원문은 '功德剎'. 공덕을 국토에 비유한 것. 5)찬례 : 448의 주.

460

"머리 조아려[1] 대필추(大苾芻)[2]에게 귀의합니다. 능히 세상에서 복취(福聚)[3]가 되어 안락(安樂)의 인(因)을 발행근수(發行勤修)[4]하며 윤회(輪廻)[5]를 잘 끊으므로, 제가 정례(頂禮)[6]하나이다."

— 〈解憂經〉

〔주〕 1)머리 조아림 : 원문은 '稽首'. 435의 주. 2)대필추 : 대비구(大比丘)와 같음. 장로(長老)의 비구. 고덕(高德)의 비구. 3)복취 : 14의 주. 4)발행근수 : 행동을 일으켜 부지런히 수행하는 것. 5)윤회 : 중생이 미혹의 세계에서 생사를 반복하는 것. 또 미혹의 세계, 유(有)·생존(生存)의 뜻도 있다. saṃsāra. 6)정례 : 435의 주.

461

여러 선업(善業)[1]을 성취하고, 정직하고[2] 옳게 살아[3] 그릇된 생활[4]이 없어서 계법(戒法)[5]을 성취하며, 삼매(三昧)[6]를 성취하며, 지혜를 성취하며, 해탈을 성취하며, 지견(知見)[7]을 성취하면, 이것이 곧 교단[8]이다. 교단은 세상의 복전(福田)[9]이니, 공경하고 예순(禮順)[10]하여야 할 것이다.

— 〈增一阿含經〉

〔주〕 1)선업 : 170의 주. 2)정직함 : 원문은 '質直'. 335의 주. 3)옳게 삶 : 원문은 '順義'. 바른 일을 따르는 것. 가르침을 따르는 것. 4)그릇된 생활 : 원문은 '邪命'. 옳지 않은 수단으로 생활하는 것. 사활명(邪活命)이라고도 한다. 명(命)은 생활. mithyā-ājiva. 5)계법 : 411의 주. 6)삼매 : 154의 주. 7)지견 : 154의 주. 8)교단 : 원문은 '僧'. 20의 '삼보'의 주. 9)복전 : 21의 주. 10)예순 : 예배하고 따름. 공경하여 따름.

462

"선남자야, 만약 어떤 사람이 승보(僧寶)[1]를 손상시킨다면 악귀[2]가 마음에 들어가, 그 결과로 인신(人身)[3]을 잃고 길이 지옥에 떨어져 나올 시기가 없으리라."

— 〈大敎王經〉

〔주〕 1)승보 : 405의 주. 2)악귀 : 원문은 '鬼神'. 441의 주. 3)인신 : 406의 주.

5
업연품
業緣品

제1장 인신(人身)

인신의 무보(無寶)

463

돌이켜 부모가 낳아 준 이 몸을 살펴보건대, 저 시방(十方) 허공 속에 한 미진(微塵)을 불어 올리는 것과 같아 있는 둥 마는 둥[1]하며, 물이 넘실대는 대해(大海)에 한 물거품이 떠도는[2] 것 같아 생기고 없어짐을 종잡을 수 없다.[3]

— 〈楞嚴經〉

〔주〕 1)있는 둥 마는 둥 : 원문은 '若存若亡'. '亡'는 '무'라 읽는다. 2)떠돎 : 원문은 '流'. 유전(流轉)의 약(略). 3)종잡을 수 없음 : 한역 원문은 '無從'. 어디로부터 생기고 어디로부터 없어지는지 모르겠다는 뜻.

〔풀이〕 <능엄경> 권3 끝머리로부터의 인용인바, 오탈(誤脫)이 있기에 한역 원문을 적어 둔다.

"反觀父母所生之身, 猶彼十方虛空之中, 吹一微塵, 若存若亡. 如湛巨海, 流一浮漚, 起滅無從."

464

이 몸은 감각이 없으니[1] 초목·와력(瓦礫)과 같다. 이 몸은 작용함이 없으니[2] 바람에 의해 움직여질 뿐이다. 이 몸은 부정(不淨)하니, 더러움이 가득 차 있다. 이 몸은 공허하니,[3] 목욕·의식(衣食)의 힘을 빌린대도 반드시 닳아 없어질 것이다. 이 몸은 재앙 그것이니, 404의 병[4]에 침식당한다.

— 〈維摩經〉

〔**주**〕 1)감각이 없음 : 원문은 '無知'. 의식이 없는 것. acetana. 2)작용함이 없음 : 원문은 '無作'. akarmaka. 3)공허함 : 원문은 '虛僞'. 거짓. 비어 있음. dauṣṭhulya. 4)404의 병 : 원문은 '百一病惱'. 신체를 구성하는 사대(四大) 중, 그 어느 일대(一大)가 증가하거나 감소하면 101의 병이 생긴다는 말. 따라서 사대(四大)의 구성이 잘못되면 404의 병이 생기는 폭이 된다.

465

"사대(四大)[1]가 잠시 모여 있으므로 편의상 이름지어[2] 몸이라 하는바, 이 사대에는 주재자(主宰者)가 없는[3] 터이니까 몸에도 자아(自我)가 없다는[4] 결론이 나옵니다."

— 〈維摩經〉

〔**주**〕 1)사대 : 139의 주. 2)편의상 이름지음 : 원문은 '假名'. 80의 주. 3)주재자가 없음 : 원문은 '無主'. 4)자아가 없음 : 원문은 '無我'. 85의 주.

〔**풀이**〕 이것은 문병을 간 문수(文殊)에게, 병(病)에는 실체(實體)가 없음을 설명하는 유마의 말의 한 부분이다.

466

"선남자야, 구워 내지 않은 그릇[1]은 깨어지기 쉽다. 중생의 받은 몸[2]도 역시 그러해서, 일단 몸을 받고 나면 바로 온갖 괴로움의 그릇이 되고 말아서, 큰 나무의 무성한 꽃과 과일을 뭇새들이 쉽사리 깨는 것과 같고, 많은 마른 풀을 조그만 불이 능히 태우는 것 같아, 중생이 받은 몸도 괴로움에 의해 파괴되고 마느니라." — 〈涅槃經〉

〔주〕 1)구워 내지 않은 그릇 : 원문은 '坏器'. 2)받은 몸 : 원문은 '受身'. 다시 태어나 새로이 몸을 받는 것. pratisaṃdhi.

467

이 몸은 미혹(迷惑)[1]으로 해 생겨나고 인연[2]으로 해 없어지며, 움직임도 없고 작용도 없으며,[3] 자성(自性)[4]도 없고 집취(執取)[5]도 없다. 마치 산 속의 숲이나 약초가 인연에서 생겨나 자성도 없고 집취도 없는 것과 같다. 또 이 몸은 장벽(墻壁)·와력(瓦礫)·초목·영상(影像)과 같으니, 온처계(蘊處界)[6]는 집취가 없으며, 공(空)[7]이며, 무아(無我)[8]며, 아소(我所)[9]가 없으며, 무상(無常)[10]이며, 이내 썩어 없어지며, 진실하지[11] 않으며, 그릇된 것[12]이며, 염리(厭離)[13]해야 할 것이며, 견고치 못하다.

— 〈菩薩藏正法經〉

〔주〕 1)미혹 : 원문은 '顚倒'. 139의 주. 2)인연 : 2의 주. 3)작용이 없음 : 원문은 '無作'. 464의 주. 4)자성 : 51의 주. 5)집취 : 집착의 뜻도 있으나 여기서는 집수(執受)와 같다. 외계의 대상을 있다고 인정하여, 그것에 의해 감각 작용을 일으키는 것. 감각함. 취(取)함. 각수(覺受). upādi. 6)온처계 : 인간존재(人間存在)의 양상을 오온(五蘊)·십이처(12處)·십팔계(18界)로 나눈 것을 이른다. 온처계삼과(蘊處界三科)라고도 한다. skandha-āyatana-dhātu. 7)공 : 50의 주. 8)무아 : 85의 주. 9)아소 : 79의 주. 10)무상 : 4의 주. 11)진실함 : 원문은 '精實'. 진실하여 잡스러움이 없는 것. 12)그릇된 것 : 원문은 '顚倒法'. 그릇된 존재. 13)염리 : 싫어서 떠나는 것. 싫어서 버리는 것. udvega.

이 유루(有漏)의 몸[1)]은 갖가지 더러움[2)]으로 가득하니, 애착(愛着)할 것이 못 되며[3)] 또 항구성(恒久性)[4)]도 없다. 이 몸은 개미집[5)]과 같다. 개미들이 편안히 살고 있을 때에 흰 코끼리가 거기에 나타나 몸을 그 집에 대면, 개미집은 이르는바 이내 무너질 것이다. 이 개미집은 오온(五蘊)[6)]의 몸을, 흰 코끼리는 염마라사(琰魔羅使)[7)]를 비유함이니, 몸의 후세(後世)[8)]로 돌아감이 코끼리가 개미집을 무너뜨리는 것과 같다. 이 몸은 파초(芭蕉)와 같다. 머리끝에서 발에 이르도록 가죽·살·뼈·골수(骨髓)가 서로 결합[9)]해서 그 몸을 구성했을 뿐, 속에 실체(實體)가 없는[10)] 까닭이다. 이 몸은 강한 힘이 없다. 가죽과 살이 얇게 덮인 것은 칠을 한 담장[11)] 모양이요, 숱한 털이나 머리칼은 땅에 돋은 풀[12)]과 같다. 이 몸은 독사를 길러 그 해를 입는 것과 같다. 내가 이제 음식과 의복으로 이 몸을 키워[13)]도, 그 은혜를 몰라 도리어 악도(惡道)[14)]에 떨어지게 한다. 이 몸은 원수[15)]가 친구를 속여, 그 틈을 엿보아 독약을 가지고 그의 목숨을 끊는 것과 같다. 내 몸도 이러해서 본래 진실한 것이 못 되어, 끝내 무상(無常)을 가져온다. 이 몸은 물거품[16)]이 아리따운[17)] 유리주(瑠璃珠)[18)] 빛깔이 있기는 해도 찰나인연(刹那因緣)[19)]의 기멸(起滅)[20)]이 무상(無常)[21)]함과 같다. 조건에 의해 이루어진 현상[22)]은 시시각각 변화하여 오래 머무르지 않는 까닭이다. 이 몸은 그림자와 같다. 비록 존재한다 해도 참은 아니다. 이 몸은 외국의 강한 원적(怨賊)[23)]과 같다. 내 몸도 그러하여 번뇌가 원적이 되어 선근(善根)[24)]을 침범해 약탈한다. 이 몸은 기름을 섶나무에 바르고 불을 질러 태우매, 그 형세를 저지할 수 없는 것 같다. 이 몸도 또한 그러하여 오온(五蘊)의 섶나무에 탐애(貪愛)[25)]의 기름을 바르고 진에(瞋恚)[26)]의 불을 놓으매, 우치(愚癡)[27)]의 풍력(風力)이 그칠 사이 없는 것이다. —〈心地觀經〉

〔주〕 1)유루의 몸 : 원문은 '有漏身'. 번뇌를 지닌 육신. 유루의 '루'의 원어 āsrava는 흘러나오는 것, 새어나오는 것의 뜻이니, 육근(六根)에서 나오는 번뇌를 이른다. 번뇌가 있는. 더러움이 있는. 번뇌 있는 상태. 미혹이 있는 상태. 대체로 미혹의 세계를 가리킨다. sāsrava. 2)더러움 : 원문은 '不淨穢惡'. '부정'이나 '예오'나 다 더럽다는 뜻. 3)애착할 것이 못 됨 : 원문은 '不可愛'. '애'는 집착함, 애집(愛執)의 뜻. anurodha. 4)항구성 : 원문은 '堅牢'. 항구적인 본질이 있는 것. sāratva. 5)개미집 : 원문은 '蟻子臺'. 의봉(蟻封). 6)오온 : 87의 주. 7)염마라사 : '염마라'는 염마왕이니, 둘 다 yamarāja의 음사. 염라왕이라고도 한다. 그 사자(使者). 8)후세 : 내세. 사후의 세계. para-loka. 따라서 '후세에 돌아간다'는 것은 죽는다는 뜻. 9)결합 : 원문은 '和合'. 여러 인연이 합치는 것. 결합하는 것. pratisaṃdhāna. 10)실체가 없음 : 원문은 '無實'. 64의 주. 11)칠을 한 담장 : 원문은 '塗附墻'. 12)땅에 돋은 풀 : 원문은 '生地草'. 13)키움 : 원문은 '資長'. 도와서 크게 함. 14)악도 : 2의 주. 15)원수 : 원문은 '怨家'. 자기에게 대해 원한을 지닌 사람. amitra. 16)물거품 : 원문은 '水上泡'. 흔히 수포(水泡)로 표기. udaka-budbudaka. 17)아리따운 : 원문은 '妙好'. 뛰어남, 미묘함. 18)유리주 : 흔히 '유리'라 한다. vaiḍūrya의 음사인 폐류리(吠瑠璃)의 약칭. 푸른 빛의 보주(寶珠). 청옥(青玉). 바이칼호(湖) 남안(南岸) 지방에서 난다고 함. 19)찰나인연 : 찰나의 행동에도 십이인연(十二因緣)의 십이지(12支)를 갖추고 있는 것. 찰나연기(刹那緣起). kṣaṇikaḥ. pratitya-samutpādaḥ. 20)기멸 : 152의 주. 21)무상 : 원문은 '無恒'. 항구성이 없음. 22)조건에 의해 이루어진 현상 : 원문은 '有爲'. 94의 주. 23)원적 : 17의 주. 24)선근 : 17의 주. 25)탐애 : 탐(貪)의 딴 이름. 54의 주. 26)진에 : 408의 주. 27)우치 : 107의 주.

469

"이 몸 곧 재앙이라" 함은 우환(憂患)의 뜻을 나타낸 게(偈)[1]요, "물거품과 다름없네"라 한 것은 생멸(生滅)[2]을 가리키는 게다.

— 〈大般泥洹經〉

〔주〕 1)게 : 9의 주. 2)생멸 : 35의 주.

470

이 몸은 바다와 같아 오욕(五欲)[1]을 마다하지 않고 받아들인다. 이 몸은 모래성(沙城)과 같아 금시에 닳아 없어진다. 이 몸은 험한 길과 같아 선법(善法)[2]을 항상 잃는다. 이 몸은 깨진 그릇과 같아 항상 샌다.[3] 이 몸은 마늘과 같아 몸과 마음을 독으로 태운다. 이 몸은 시든 꽃과 같아 이내 늙는다. 이 몸은 집과 같아 사백사병(四百四病)[4]이 들끓는 보금자리다. 이 몸은 빈 주먹과 같아 어린애를 속인다. 이 몸은 폐궁(廢宮)과 같아 죽음이 사는 집이다. 그러므로 이것에 탐착(貪着)[5]지 말아야 한다.

— 〈修行道地經〉

〔주〕 1)오욕 : 1의 주. 2)선법 : 18의 주. 3)새다 : 원문은 '穿漏'. 번뇌가 흘러나오는 것. 누설(漏泄). anusraveyus. 원래는 결(缺)한 부분, 결점의 뜻을 지닌 말. 4)사백사병 : 사람의 병을 총괄해 이르는 말. 사람의 몸은 사대(四大)로 이루어졌거니와, 이 중의 어느 하나가 움직이면 각기 101의 병이 생긴다. 따라서 병의 총수는 모두 404가 된다. 이것을 다시 풍대(風大)·수대(水大)에서 나오는 202의 냉병(冷病)과 지대(地大)·화대(火大)에서 나오는 202의 열병으로 나눈다. 464의 주 '백일병뇌'와 같은 말. 5)탐착 : 240의 주.

471

비유컨대 사람이 배를 타고 가는 것 같다. 여러 사람을 싣고 물을 건너 기슭에 이르면 배는 버리게 되는바, 몸을 버림이 배를 버리는 것과 같다.

— 〈七女經〉

옛날 어느 장자(長者)[1)]의 아들이 새로 아내를 맞아들여 매우 사이가 좋았다. 하루는 남편이 아내에게 말했다. "당신이 주방에 가서 술을 좀 가져오시오. 같이 마십시다."

아내는 부엌에 가 술독을 열었다. 그리고 제 그림자가 독 속에 있는 것을 보고 여자가 또 있는 것으로 생각했다. 화가 잔뜩 난 그 여인은 방으로 돌아오자 남편에게 대들었다.

"당신이 아내를 독 속에 숨겨 두고 나를 다시 맞이한 것이 아니오?"

의아히 여긴 남편이 부엌에 들어가 독 속을 보았더니, 자기 그림자가 보였다. 그는 도리어 화가 나 돌아와 아내를 추궁했다.

"당신이야말로 사잇서방을 그 속에 숨겨 두지 않았는가?"

이리하여 서로 성을 내고 각기 자기 말이 사실이라 하여 싸웠다.

얼마 후, 도인[2)]이 나타나 싸우는 연유를 듣고 주방에 들어가 독을 들여다보았다. 그리고 그것이 그림자였음을 알자 크게 탄식했다.

"세상 사람이 어리석어 실체(實體) 없는 것을 실재(實在)하는 듯 아는구나![3)] 이제 당신들을 위해 독 속에 든 사람을 나오게 할 것이니, 잘 보시오."

그러고는 큰 돌을 들어 독을 깨어 버렸는데, 술이 없어지자 사람의 모습은 찾을 길 없었다. 이에 싸우던 두 사람은 그것이 그림자였음을 알고, 각기 부끄러워했다. 그리고 이 때에 비구(比丘)[4)]는 법요(法要)[5)]를 설해 도(道)를 얻게 했다.

이것은 삼계(三界)[6)]의 중생들이 사대(四大)[7)]의 고공(苦空)[8)]을 몰라 생사를 되풀이하는 일을, 부처님께서 비유하신 것이다. — 〈雜譬喩經〉

〔주〕 1)장자 : 부호. śreṣthin. 2)도인 : 160의 주. 3)실체 없는 것을 실재하는 듯 알다 : 원문은 '以空爲實'. 4)비구 : 84의 주. 5)법요 : 진리의 본질. 불교의 요지. 불법의 요점. 6)삼계 : 4의 주. 7)사대 : 139의 주. 8)고공 : 고성제(苦聖諦)의 네 가지 행상(行相) 중의 고(苦)와 공(空). 만유(萬有)는 핍박성(逼迫性)의 것인 까닭에 고(苦)요, 내 것이라고 할 수 있는 것이 없는 까닭에 공(空)이라고 관찰하는 것.

인신의 고(苦)

473

부처님께서 사위성(舍衛城)[1]의 정사(精舍)[2]에 계실 때의 일이다. 네 비구(比丘)[3]가 나무 밑에 앉아 서로 물었다.

"온갖 세상에서 무엇이 가장 괴로울까?" 한 사람은 "천하의 괴로움 중 음욕(婬欲)[4]보다 더한 것이 없다" 하고, 한 사람은 "세상의 괴로움 중 진에(瞋恚)[5]보다 더한 것이 없다" 하고, 한 사람은 "세상의 괴로움에서 기갈(飢渴)이 제일이다" 하고, 또 한 사람은 "세상의 괴로움에서 공포[6]가 으뜸이다" 하여, 고(苦)의 도리[7]를 놓고 서로 다투어 제각기 지지 않을세라 말이 그칠 줄을 몰랐다.

부처님께서는 그들의 언쟁하는 모양을 아시고, 그곳에 이르사 비구들에게 물으셨다.

"무엇을 그리 논의(論議)하고 있느냐?" 비구들이 곧 일어나 절하고 자기들이 논의한 내용을 자세히 여쭈었더니, 부처님께서 말씀하셨다.

"너희들의 논한 바를 보건대 고(苦)의 도리를 샅샅이 알았다고는 하지 못하겠다. 천하의 괴로움이 육신[8]보다 더함이 없느니라. 기갈·한열(寒熱)·진에·공포·색욕(色欲)[9]·원화(怨禍)[10]가 다 몸으로 하여 일어나는 것이니, 몸이란 여러 괴로움의 근본이요 재앙의 근원(根元)이다. 노심초사하여 갖가지 근심과 두려움을 느낀다든가, 삼계(三界)[11]에서 꿈틀거려[12] 서로 해치며 피차 속박[13]하여 생사[14]를 그치지 않는 것이 다 몸 때문이다. 세상의 괴로움에서 벗어나고자 원한다면 마땅히 적멸(寂滅)[15]을 구해야 하나니, 마음을 조심해[16] 바르게 지켜서, 고요하여 온갖 상념(想念)이[17] 없고 열반(涅槃)[18]을 얻을 수 있을 것이다. 이것이 가장 큰 즐거움이니라."

— 〈法句譬喩經〉

〔주〕 1)사위성 : 원문은 '舍衛國'. 인도의 교살라국(憍薩羅國)의 서울이던 Śrāvasti. 이것을 음사하여 사위・실라벌(室羅筏)・실라벌실저(室羅筏悉底)・시라바제(尸羅婆提)라고 표기한다. 따라서 사위국의 '국'은 성(城)의 뜻으로 보아야 한다. 이 근처에는 유명한 기수급고독원정사(祇樹給孤獨園精舍)를 비롯하여 몇 개의 정사가 있었다. 2)정사 : 수행에 정진하는 사람이 있는 집. 절. 사원(寺院). vihāra. 3)비구 : 84의 주. 4)음욕 : 애욕(愛欲). kāma. 5)진에 : 408의 주. 6)공포 : 원문은 '驚怖'. '경'도 두려워하는 뜻. cāpala. 7)고의 도리 : 원문은 '苦義'. 8)육신 : 원문은 '有身'. 육근(六根)의 신상(身相)을 지닌 것. 육체. sat-kāya. 9)색욕 : 오욕(五欲)의 하나. 빛깔이나 남녀의 모양에 대해 일으키는 애착. 또 남녀의 음욕. 10)원화 : 원한으로 화를 입는다는 뜻인 듯. 11)삼계 : 4의 주. 12)꿈틀거림 : 원문은 '蠕動'. 13)속박 : 원문은 '縛着'. 14)생사 : 12의 주. 15)적멸 : 44의 주. 16)마음을 조심함 : 원문은 '攝心'. saṃprajāna. 17)온갖 상념이 없음 : 원문은 '無想'. 마음이나 마음의 작용이 없어진 경지. 대상에 대한 상념이 완전히 없어진 상태. āsaṃjñika. 18)열반 : 21의 주.

474

이 몸은 재앙[1]이 된다.

— 〈內身觀章句經〉

〔**주**〕 1)재앙 : 원문은 '災禍'. vyasana.

475

이 몸은 고(苦)의 그릇[1]이다. —〈阿育王息壞目因緣經〉

〔**주**〕 1)고의 그릇 : 원문은 '苦器'. 괴로움을 담는 그릇. 미계(迷界)의 중생의 몸을 이른다.

476

인신(人身)[1]에는 다섯 도둑이 있어서, 사람을 악도(惡道)[2]로 끌어넣는다. 어떤 것이 다섯 도둑인가? 첫째는 색(色)[3]이요, 둘째는 통양(痛痒)[4]이요, 셋째는 사상(思想)[5]이요, 넷째는 생사(生死)요, 다섯째는 식(識)[6]이다. 이 다섯 가지는 사람이 조심해야[7] 할 일이다. —〈阿含正行經〉

〔**주**〕 1)인신 : 406의 주. 2)악도 : 2의 주. 3)색 : 53의 주. 4)통양 : 십이인연(十二因緣)의 수(受)와 거의 같다. 감수(感受). vedanā. 5)사상 : 상(想)의 이역(異譯)이니, 표상작용(表象作用). saṃjñā. 6)식 : 55의 주. 7)조심함 : 원문은 '愼念'. 삼가 마음에 두어 생각함.

〔**풀이**〕 이 글은 사람을 악으로 유도하는 것으로 색(色)·수(受)·상(想)·식(識)을 들고 있어서 오온(五蘊)을 가리키는 듯하나, 네번째의 생사(生死)만이 이질적인 인상을 준다. 오온의 네 번째 항목인 행(行)의 원어는 samskāra요, 생사(生死)의 그것은 samsāra이므로 오역한 것임이 거의 틀림없는 것 같다. '행'에 대하여는 87의 '오온' 참조.

477

이 몸이 괴로움의 근본이요, 나머지 괴로움은 지엽(枝葉)에 지나지 않는다.

— 〈心地觀經〉

478

미란왕(彌蘭王)[1]이 나선(那先)[2]에게 물었다. "사문(沙門)[3]도 그 몸을 사랑합니까?" 나선이 대답했다. "그 몸을 사랑하지 않습니다."

"사문이 그 몸을 사랑하지 않는다면, 어째서 자는 데는 편하고 따스하기를 바라고[4] 먹는 데는 좋고 맛있기를 바라서, 스스로 제 몸을 보호하고자 하는 것입니까?"

"대왕께서는 일찍이 싸움에 참가하신 일이 있으십니까?"

"있습니다. 일찍이 싸움에 참가했습니다."

"싸움에 참가하셨을 때, 칼이나 창·화살 따위에 상처를 입으시지는 않으셨는지요?"

"나는 여러 번 그런 상처를 입은 바 있었습니다."

"그 상처를 어떻게 하셨습니까?"

"나는 그 때마다 고약을 바르고 솜으로 싸맸습니다."

"상처를 사랑하기 때문에 싸매신 것입니까?"

"상처를 사랑하다니요? 나는 그런 생각이 없습니다."

"더욱 상처를 사랑하지 않으신다면, 어찌해 그것을 싸매어 보호하셨습니까?"

"나는 상처를 빨리 고치고자 한 것뿐입니다."

"사문도 마찬가지여서 그 몸을 사랑하는 것은 아닙니다. 의식(衣食)을 취하는 것은 제 몸을 아리땁게 만들고자 함이 아니라, 그것으로 최소한 그 몸을 지탱하는 힘을 얻음으로써 부처님의 가르침과 계율[5]을 받들어 실천하고자 원하는 것뿐입니다. 부처님께서 경(經)[6]에 설하시되, '사람의 몸에 아홉 구멍[7]이 있는 것은 아홉 개의 화살 상처와 같으니, 구멍마다 더러운 냄새가 나 더럽다'고 하셨습니다."

"옳은 말씀입니다. 이제 알겠습니다." — 〈那先比丘經〉

〔주〕 1)미란왕 : 386의 주. 2)나선 : 386의 주. 3)사문 : 265의 주. 4)바람 : 한역 원문은 '臥得安溫'의 '得'. <논어(論語)> 계씨편(季氏篇)의 '戒之在得'에 대해 주자(朱子)는 '得은 貪得'이라고 주(注)했다. 탐내는 것. 5)가르침과 계율 : 원문은 '經戒'. 경(經)에 서술된 가르침과 계율. 6)경 : 석존(釋尊)의 가르침을 서술한 책. 뒤에는 부처님의 뜻을 살린 현인의 저술도 경이라 하는 일이 있었다. <나선비구경> 같은 예가 그것이다. sūtra. 7)아홉 구멍 : 원문은 '九孔'. 육체의 아홉 개의 문. 두 눈, 두 귀, 두 콧구멍, 입, 대소변이 나오는 구멍을 이른다. nava-dvāra.

인신의 원질(原質)

479

이 몸은 맨 처음 어떤 원인에 의해 이루어지는가? 부모의 정혈(精血)[1]이 모여서 그 원인을 생기게 하는바, 음식을 받으매 먹고 난 뒤에 그것이 변하고 파괴되어, 휘돌아 모여들었다간[2] 이내 흩어져 점액질(粘液質)의 의거처(依據處)[3]로 돌아간다. 이렇게 점액[4]에 흘러들어 부정(不淨)한 것이 된 다음, 불의 요소[5]가 커져서 이를 데워 성숙(成熟)[6]게 하고, 뒤에 바람의 작용[7]으로 돌아가매, 바람의 작용이 찌꺼기와 흐르는 성분을 각기 가르게 된다. 이 찌꺼기는 대변·소변[8]이요 흐르는 것은 피인데, 피가 변화해 살을 이루고, 살은 지방을 이루고, 지방은 뼈를 이루고, 뼈는 골수(骨髓)를 이루고, 골수는 정액[9]을 이룬다. 이같이 정액 등이 모여 이 몸을 이루는 것이다. —〈無畏授所問經〉

〔주〕 1)정혈 : 아버지의 정액과 어머니의 피. 2)휘돌아 모여듦 : 원문은 '旋聚'. 3)점액질의 의거처 : 원문은 '淡癊藏'. 4)점액 : 원문은 '淡癊'. 淡은 痰과 같다. 점액은 몸의 세 가지 액질(液質)의 하나. 다른 두 가지는 풍(風)과 열(熱)이다. śleṣma. 5)불의 요소 : 원문은 '火大'. 139의 '사대'의 주. 6)성숙 : 218의 주. 7)바람의 작용 : 원문은 '風力'. 8)대변 · 소변 : 원문은 '大小便利'. 9)정액 : 원문은 '精'.

480

여섯 원인[1]이 모여 사람의 육체가 되는바, 지(地)의 원소[2], 수(水)의 원소,[3] 화(火)의 원소,[4] 풍(風)의 원소,[5] 공(空)의 원소,[6] 식(識)의 원소[7]가 그것이다. 어떤 것이 지(地)의 원소인가? 머리칼 · 털 · 손톱 · 이 · 가죽 · 살 · 힘줄 · 뼈 · 지라(脾) · 콩팥(腎) · 간 · 폐 · 밸 · 위 따위, 몸의 견고한 부분은 다 지(地)의 원소로 이루어진 것들이다. 어떤 것이 수(水)의 원소인가? 눈물 · 콧물[8] · 침 · 고름 · 피 · 땀 · 기름, 뼈 속의 기름(髓), 소변 따위, 몸의 연한 것은 다 수(水)의 원소로 이루어진 것들이다. 어떤 것이 화(火)의 원소인가? 몸에 있는 온기(溫氣)는 다 화의 원소로 이루어진 것들이다. 어떤 것이 풍(風)의 원소인가? 호흡(呼吸)[9] · 기침 따위는 다 풍(風)의 원소로 이루어진 것들이다. 어떤 것이 공(空)의 원소인가? 눈구멍 · 귓구멍 · 콧구멍 · 입구멍 · 목구멍 · 뱃속 따위는 다 공(空)의 원소로 이루어진 것들이다. 어떤 것이 식(識)의 원소인가? 지혜 · 사상(思想)[10] 따위는 다 식(識)의 원소로 이루어진 것들이다. —〈蓱沙王五願經〉

〔주〕 1)원인 : 원문은 '六事'의 '事'. 35의 주. 2)지의 원소 : 원문은 '地'. 지대(地大)와 같다. 139의 '사대'의 주. 3)수의 원소 : 원문은 '水'. 수대(水大). 139의 '사대'의 주. 4)화의 원소 : 원문은 '火'. 화대(火大). 139의 '사대'의 주. 5)풍의 원소 : 원문은 '風'. 풍대(風大)와 같다. 139의 '사대'의 주. 6)공의 원소 : 원문은 '空'. 공대(空大)와 같다. 허공이라는 원소. 오대(五大), 혹은 육대(六大)의 하나. 사물의 존재를 가능케 하는 구실을 하므로 구성 요소로 생각하는 것. 7)식의 원소 : 원문은 '心'. 이 심(心)은 식별하는 작용, 즉 식(識)을 가리킨다. 식대(識大)와 같다. 8)콧물 : 원문은 '涕'. 흔히 눈물의 뜻으로 쓰이나, '淚'와 구별할 때는 울 경우에 코에서 나오는 액체를 이른다. 따라서 보통의 콧물과도 다르다. 9)호흡 : 원문은 '上氣·下氣'. 기(氣)는 호흡의 숨을 뜻한다. vāta. 그러므로 '상기'는 내쉬는 숨, '하기'는 들이마시는 숨일 것이다. 10)사상 : 마음에 생각하는 것.

인신의 난득(難得)

481

"사람의 몸을 타고 나기 어렵기가 우담화(優曇花)[1]의 꽃핀 것을 만나는 것 같거늘, 나는 이제 얻었도다." — 〈涅槃經〉

〔주〕 1)우담화 : 254의 '우담발화'의 주.

482

부처님께서 여러 비구(比丘)[1]들에게 이르셨다. "땅이 온통 변하여 바다가 되었을 때에, 한 마리 눈먼 거북이 있어서 수명이 끝없는데, 백 년에 한 번씩 물에서 그 머리를 든다고 하자. 또 바다에 한 개의 구멍이 뚫린 부목(浮木)이 있어서 물결에 떠서 바람을 따라 이리저리 흐른다고 하

자. 이 눈먼 거북이 머리를 들 때에 나무 구멍을 만날 수 있겠느냐?"

아난(阿難)[2]이 대답했다. "세존(世尊)[3]이시여, 그가 도저히 그것을 만날 수 없사오리다. 왜냐하면, 눈먼 거북이 동해(東海)에 이르렀다 해도, 부목은 바람을 따라 혹은 서해나 남해・북해나 사유(四維)[4]를 휘돌 것이므로 꼭 만난다고 기약할 수 없기 때문이옵니다."

부처님께서 아난에게 이르셨다.

"이 눈먼 거북과 부목은 서로 다른 데를 돌아다니더라도 혹 만날 수 있을지도 모르는 일이다. 그러나 어리석은 범부에 이르러서는 오취(五趣)[5]를 휘돌면서 사람의 몸으로 다시 태어나기가 저 거북의 경우보다도 어려울 것이다. 그러므로 너희들은 부지런히 노력해서[6] 뛰어난 의욕[7]을 일으켜 가르침을 닦아야[8] 하느니라." — 〈雜阿含經〉

〔주〕 1)비구 : 84의 주. 2)아난 : 6의 주. 3)세존 : 4의 주. 4)사유 : 네 가지 중간 방향. 동남・동북・서남・서북. Ⓟanudisaṃ… 5)오취 : 188의 주. 6)노력함 : 원문은 '方便'. 정방편(正方便)의 경우같이, 이 말은 노력의 뜻으로도 쓰인다. Ⓟvāyāma. 7)뛰어난 의욕 : 한역 원문은 '增上欲'. 강성(强盛)한 마음. 증상심(增上心)과 비슷한 말. 8)닦음 : 원문은 '學'. 소위 학문을 말하는 것이 아니라 실천・수행을 가리킨다. 계(戒)・정(定)・혜(慧)의 삼학(三學)을 닦는 일. 수양. śaikṣa.

제2장 무상(無常)

유위법(有爲法)의 무상

483

인연으로 이루어진 온갖 것[1]은 다 무상[2]하다. — 〈涅槃經〉

〔주〕 1)인연으로 이루어진 것 : 원문은 '有爲'. 94의 주. 2)무상 : 4의 주.

484

인연으로 이루어진 온갖 현상[1]은
꿈이랴, 허깨비랴, 물거품 · 그림자들.
더더욱 이슬 같고 번개 같거니,
응당 이러히 보아야 하리. — 〈般若經〉

〔주〕 1)인연으로 이루어진 현상 : 원문은 '有爲法'. 231의 주.

〔풀이〕 이것은 <반야경> 끝머리에 나오는 게(偈)다. 원문을 적어 둔다. "一切有爲法 如夢幻泡影 如露亦如電 應作如是觀."

485

삼계(三界)의 온갖 사물[1]은 본디 무(無)였건만 지금 존재하는[2] 까닭에 무상(無常)이라 한다. 마치 병(甁) 따위가 본래 무(無)였으나 지금 존재하며, 이미 존재하다가도 무로 돌아가게[3] 되는 것 같다. 그러므로 무상이라 하는 것이다. — 〈涅槃經〉

〔주〕 1)삼계의 온갖 사물 : 원문은 '世間法'. 39의 주. 2)본디 무였건만 지금 존재함 : 원문은 '本無今有'. 이전에는 존재하지 않던 것이 현재 존재하고 있다는 뜻. 이 말은 본래 '현재유체(現在有體)·과미무체(過未無體)'를 주장한 경량부(經量部)의 주장에서 나온 것. 과거는 이미 사라졌고 미래는 오지 않았으므로, 온갖 사물은 현재에 존재할 뿐이라는 주장. '本無今有'의 원어는 apūrvo bhāvaḥ. 3)이미 존재하다가도 무로 돌아감 : 원문은 '已有還無'.

486

이 세상의 온갖 중생[1]은 실로 위태롭고 약할[2] 뿐이어서, 견고하고 강한[3] 자라곤 존재하지 않는다. — 〈遺敎經〉

〔주〕 1)이 세상의 온갖 중생 : 원문은 '世'. jana. 2)위태롭고 약함 : 원문은 '危脆'. 3)견고하고 강함 : 원문은 '牢强'.

487

"선남자(善男子)[1]야, 시각(視覺)의 대상인 물질적 존재[2]도 변화하며,[3] 내지는 의식(意識)의 대상인 생각[4]도 변화하나니, 그러므로 무상하다 하느니라." — 〈涅槃經〉

〔주〕 1)선남자 : 1의 주. 2)시각의 대상인 물질적 존재 : 한역 원문은 '色境界'. 즉, 빛깔과 형태를 지닌 물질적 존재. 3)변화함 : 원문은 '異'. 온갖 현상을 쇠(衰)하게 만드는 것. 다른 상태가 되는 것. 사유위상(四有爲相)의 하나.

설일체유부(說一切有部)의 주장. anyathā-bhāva. 4)의식의 대상인 생각 : 한역 원문은 '法境界'. 의식에 의한 사고의 대상. 주로 사상을 가리킨다.

〔**풀이**〕 내지(乃至)라는 말이 보여 주듯, 이것은 육근(六根)의 대상인 육경(六境)이 모두 무상하다는 의미의 말씀이다. '육경'에 대하여는 136의 '육진'의 주 참조.

488

"육근(六根)[1]이 무상하며, 육식(六識)[2]이 무상하며, 삼독(三毒)의 불[3]이 무상하며, 생로병사(生老病死)[4]와 우비(憂悲)[5] · 고뇌(苦惱)[6]가 다 무상하다. 너희들 필추(苾芻)[7]는 마땅히 알라, 온갖 존재[8]가 무상함을!"

— 〈初分說經〉

〔**주**〕 1)육근 : 79의 13)의 주. 2)육식 : 72의 '아리야식'의 풀이. 그리고 각 항목에 대하여는 53의 주. 3)삼독의 불 : 한역 원문은 '三毒火'. 삼독을 불에 비유한 것. 삼독에 대하여는 245의 주. 4)생로병사 : 나고, 늙고, 병들고, 죽는 네 가지 고통. 사고(四苦)라 한다. 5)우비 : 근심과 슬픔. Ⓟsoka-parideva. 6)고뇌 : 165의 주. 7)필추 : 455의 주. 8)온갖 존재 : 원문은 '諸法'. 68의 주.

489

눈앞에 있는[1] 미미(微微)한 즐거움은 잠시도 머무르지 않아서, 꿈[2] · 허깨비 같으며, 선화륜(旋火輪)[3] 같으며, 파초 같으며, 퉁기는 물방울 같아서 이내 흩어지느니라.[4]

— 〈正行所集經〉

〔**주**〕 1)눈앞에 있음 : 원문은 '現在'. pratyutpanna. 2)꿈 : 원문은 '夢境'. 꿈꾸고 있는 상태. 꿈 속의 세계. svapna. 3)선화륜 : 97의 주. 4)흩어진다 : 원

문은 '散壞'. 사방으로 흩어지는 것. bhaṅga-bheda.

490

세존(世尊)[1]께서 필추(苾芻)[2]들에게 이르셨다. "너희는 잘 들으라. 온갖 현상(現象)[3]은 무상하여 생겨서는 없어지는 성질의 것[4]이다. 견고하지 않고 실체(實體)가 없으니,[5] 이는 절대적 경지[6]인 것이 아니매 즐길 것이 못 된다. 너희들은 부지런히 정진(精進)[7]하여 해탈(解脫)[8]을 구해야 할 것이니라."

— 〈薩鉢多經〉

〔주〕 1)세존 : 4의 주. 2)필추 : 455의 주. 3)온갖 현상 : 원문은 '諸行'. 94의 주. 4)생겨서는 없어지는 성질의 것 : 원문은 '生滅法'. 이 '법'은 존재・사물의 뜻. 5)실체가 없음 : 원문은 '無實'. 64의 주. 6)절대적 경지 : 원문은 '究竟'. 84의 주. 7)정진 : 26의 주. 8)해탈 : 84의 주.

〔풀이〕 여기 나오는 '제행무상(諸行無常) 시생멸법(是生滅法)'에 '생멸멸이(生滅滅已) 적멸위락(寂滅爲樂)'을 넣으면, 제행무상게(諸行無常偈) 또는 설산게(雪山偈)라고 부르는 유명한 게송이 된다.

491

수미산(須彌山)[1]은 높고 넓기는 해도 끝내 무(無)로 돌아가고, 대해(大海)는 깊고 넓기는 해도 또한 말라붙을 때가 온다. 해와 달은 아무리 밝아도 오래잖아 서쪽으로 넘어가야 하고, 대지는 견고해서 온갖 것을 싣고 있을 수 있으나, 주겁(住劫)이 다하여[2] 겁화(劫火)[3]가 타오르면 그 역시 무상으로 돌아갈 운명에 있다. 사랑하는 사람끼리의 결합[4]은 반드시 이별을 겪어야 하고, 옛 여래(如來)[5]의 금강불괴신(金剛不壞身)[6]도 역시

무상하셨느니라. — 〈大般涅槃經〉

〔주〕 1)수미산 : 181의 주. 2)주겁(住劫)이 다함 : 원문은 '劫盡'. 4의 주. 3)겁화 : 겁진화(劫盡火)라고도 한다. 우주가 파괴되는 시기, 즉 괴겁(壞劫)에 일어나는 화재. 이 때문에 초선천(初禪天) 이하는 다 타 버린다고 한다. 세계 종말의 불. yuga-anta-agni. 4)사랑하는 사람끼리의 결합 : 원문은 '恩愛會同'. 5)옛 여래 : 원문은 '過去如來'. 6)금강불괴신 : 256의 '금강신'과 같다.

492

보살은 색(色)[1] 속에 세 가지 도리가 있음을 관찰하여, 온갖 것이 무상(無常)함을 마땅히 인식해야[2] 한다. 세 가지란 무엇인가? 첫째는 그것이 실재(實在)하지 않는다는[3] 도리요, 둘째는 그것이 파괴되고 만다는 도리요, 셋째는 그것이 더러움을 수반하는[4] 것이라는 도리다. 수(受)[5] · 상(想)[6] · 행(行)[7] · 식(識)[8]도 역시 마찬가지다. — 〈開覺自性般若經〉

〔주〕 1)색 : 87의 '오온'의 주. 2)인식함 : 원문은 '了知'. 똑똑히 아는 것. 확실히 깨닫는 것. 인식함. parijñāna. 3)실재하지 않음 : '不實'. abhūta. 4)더러움을 수반함 : 원문은 '有垢無淨'. 더러워 청정하지 못한 것. 5)~8)수 · 상 · 행 · 식 : 87의 '오온'의 주.

493

여기에 큰 나무 한 그루가 있다 할 때, 그 뿌리를 수분이 적셔 주면[1] 가지와 잎이 돋아나고, 가지와 잎이 무성하면 꽃이 벌고, 꽃이 벌면 얼마 뒤에 과일이 열리고, 과일이 익으면 빛깔과 향기가 아리따워 사람마다 이를 사랑하고 탐내게[2] 된다. 그러나 그 나무가 갑자기 불에 타고 말면 나무는 간 곳이 없고 불빛만이 남게 되며, 이 불빛도 오래잖아 큰 비가 와서 꺼지고 말면, 불덩이는 완전히 무(無)로 돌아가는 대신 비만이 연달아 퍼부을 것이나, 그 비도 얼마 후면 역시 그치고 말 것이다. 이 세상의 온갖 존재[3]도 마찬가지여서, 순식간에 없어져[4] 마침내 그 실체(實體)가 없다.[5]

— 〈勝軍王所問經〉

〔주〕 1)적셔 줌 : 원문은 '汝潤'. 물을 대어 적신다는 것이 원의(原義). 2)사랑하고 탐냄 : 원문은 '愛樂'. 302의 주. 3)이 세상의 온갖 존재 : 원문은 '諸世間法'. 39의 '세간법'과 같다. 4)없어짐 : 원문은 '壞滅'. 멸(滅)하는 것. vināśa. 5)마침내 그 실체가 없음 : 원문은 '竟無其實'.

494

부처님께서 바라문(婆羅門)[1]에게 이르셨다. "이 세상에는 네 가지 일이 있기에 오래 지속되지 못한다. 몸이 있으면 반드시 무상하고, 부귀는 반드시 빈천(貧賤)으로 바뀌고, 만나면 반드시 이별하게 되고, 건강은 반드시 노사(老死)를 초래함이 그것이다."

— 〈法句譬喩經〉

〔주〕 1)바라문 : 원문은 '梵志'. 345의 주.

495

온갖 사물[1]은 신속히 변화해 머무르지 않고 시시각각으로 바뀌어 가서,[2] 꽃잎에 맺힌 이슬과 같으며, 산골짜기의 물이 쏜살같이 흘러내려 잠시도 쉬지 않는 것과 같으며, 모래땅[3]이 견고치 못한 것과 같다. 어떻게 지혜 있는 사람이라면 집착[4]을 일으키겠는가?

— 〈寶雲經〉

〔주〕 1)온갖 사물 : 원문은 '有爲法'. 231의 주. 2)바뀌어 감 : 원문은 '流動'. 3)모래땅 : 원문은 '沙鹵'. 모래로 된 불모(不毛)의 땅. 4)집착 : 원문은 '樂着'. 219의 주.

496

온갖 소년(少年)[1]도 금방 수명이 다하며, 모든 부귀도 금방 깨어질 날이 온다. 천인(天人)[2]도 무상하고 부귀도 무상하여 잠시도 머무는 일이 없다.

— 〈妙法聖念處經〉

〔주〕 1)소년 : <구사론>에 의하면, 16세로부터 30세까지의 사이를 이른다. 그러므로 요즘의 '청년'에 가깝다. 2)천인 : 4의 주.

497

겁화(劫火)[1]가 일제히 타오르면,[2] 대천세계(大千世界)[3]가 다 같이 파괴된다. 수미(須彌)[4] · 대해(大海)도 남김 없이 무(無)로 돌아가며, 범석(梵釋)[5] · 천룡(天龍)[6]과 온갖 중생[7]도 다 없어지리니, 항차 이 몸의 생로병사(生老病死)나 우비(憂悲) · 고뇌(苦惱) 따위가 어떻게 남을 수 있겠는가? 원친(怨親)[8]이 핍박하여 소원과 어긋나는 일이 많으며, 번뇌[9]는 괴로움[10]을 스스로 만들고 있어서, 삼계(三界)가 편안함이 없거니[11] 이 국토에 무슨 즐거움이 있으랴? 온갖 사물은 실체(實體)가 없고[12] 인연(因緣)[13]에서 생기는 것뿐이므로, 성쇠(盛衰)가 번개같이 바뀌어[14] 잠시 있는 듯하다가도 이내 없어지게[15] 마련이다.

— 〈仁王護國般若經〉

〔주〕 1)겁화 : 491의 주. 2)일제히 타오름 : 원문은 '同然'. 然은 燃과 통용. 여기저기서 함께 타는 것. 3)대천세계 : 원문은 '大千'. 삼천대천세계(三千大千世

界)의 준말. 9의 주. 4)수미 : 수미산. 181의 주. 5)범석 : 범천(梵天)과 제석천(帝釋天). 6)천룡 : 신(神)과 용. deva를 '天'이라 한 것은, 다분히 중국적 사고가 가미된 번역이며, 천상에 사는 신도 있지만 지상의 신도 있다. 또 '龍'은 nāga의 역어니, 뱀 모양을 한 귀신이다. 7)중생 : 원문은 '有情'. 306의 주. 8)원친 : 저를 해치는 사람과 저를 사랑해 주는 사람. 9)번뇌 : 원문은 '愛欲結使'. 애욕도 결사도 번뇌와 같은 말. Ⓟkilesa. 10)괴로움 : 원문은 '瘡疣'. 헌데와 혹. 이를 괴로움에 비유한 것. 11)삼계가 편안함이 없음 : 원문은 '三界無安'. <법화경> 화택(火宅)의 비유에 나오는 유명한 말씀. 12)실체가 없음 : 원문은 '不實'. 90의 주. 13)인연 : 2의 주. 14)번개같이 바뀜 : 원문은 '電轉'. 15)잠시 있는 듯하다가도 이내 없어짐 : 원문은 '暫有卽無'.

498

사물이 생겨나매
다할 때 있고
흥(興)하면 으레
쇠(衰)하게 마련.
만물 모두 이러히
무상하니라.

— 〈力士移山經〉

〔풀이〕 한역 원문은 "法起必歸盡 興者當就衰 萬物皆無常"이다.

499

이 온갖 사물[1]은 다 없어질 것이어서, 공중의 번개 같고, 굽지 않은 질그릇,[2] 빌린 물건,[3] 썩은 풀로 엮은 울타리,[4] 모래로 된 기슭과 같다. 이것들은 인연에 의존[5]하고 있을 뿐, 견실성(堅實性)이 없다.

— 〈大莊嚴經〉

〔주〕 1)온갖 사물 : 원문은 '有爲'. 94의 주. 2)굽지 않은 질그릇 : 원문은 '坏器'. 466의 주. 3)빌린 물건 : 원문은 '假借物'. 빌린 물건은 잠시 제 것인 듯하지만 곧 돌려 주어야 한다. 사실은 제 것이 아니라는 뜻. 4)썩은 풀로 엮은 울타리 : 원문은 '腐草墻'. 5)의존 : 원문은 '依止'. 179의 주.

500

부처님께서 마갈국(摩竭國)[1] 병사왕(甁沙王)[2]에게 이르셨다.

"궁전을 지음이 몇 해나 되었습니까?"

왕이 부처님께 여쭈었다.

"7백여 년이옵니다."

"그 동안, 몇 임금이 바뀌었습니까?"

"20여 임금이 바뀌었습니다."

"그 여러 임금을 다 아십니까?"

"어떻게 알겠습니까? 제 부왕을 알고 있을 뿐입니다."

"현재의 위계(位階)[3]는 변치 않았으나[4] 인물 모두가 무상에 돌아가지 않았습니까? 천지도 이렇게 나타나 있기는 하지만 의당 언제까지나 지속되지는 않을 것이니, 삼계(三界)에서 믿을 것이라곤 아무것도 없으며[5] 의지할 것은 불도(佛道)밖에 없습니다.[6] 불도를 닦는다면 재앙을 싹트기 전에 끊고 복을 앞질러[7] 만날 수 있으리니, 오음(五陰)[8]으로 이루어진 육신의 여러 환난(患難)을 없앰은 횃불을 끄는 것 같고, 공덕(功德)을 쌓아 날로 키워 감은 초생달이 자라나는 듯할 것입니다." —〈普曜經〉

〔주〕 1)마갈국 : 마갈타국(摩竭陀國)의 준말이니 Magadha의 음사. 인도 중부에 있던 왕국. 부처님이 이 나라에서 성도하신 인연도 있고 해서, 길이 불교의 중심 구실을 했다. 2)병사왕 : Bimbisāra의 음사. 빈바사라왕(頻婆娑羅王)

이라고도 한다. 석존 당시의 마갈타국의 임금. 불교를 깊이 믿고, 죽림정사(竹林精舍)를 지어 석존께 바쳤다. 3)현재의 위계 : 원문은 '現地'. 여기서는 왕위(王位)를 가리킨다. 4)변치 않음 : 원문은 '有常'. 영구히 존속함. Ⓟsassata. 그러나 여기서는 왕위가 그 동안 지속되어 왔다는 정도의 말. 5)삼계에서 믿을 것이 없음 : 원문은 '三界無怙'. 온갖 것은 무상하기에 하는 소리. 6)의지할 것은 불도밖에 없음 : 원문은 '惟道可恃'. 도(道)는 깨달음에의 길, 불도. mārga. 7)앞질러 : 원문은 '未然'. 8)오음 : 오온(五蘊)과 같다. 87의 주.

501

자아(自我)가 있다고 생각하는[1] 까닭에 고(苦)・낙(樂) 따위의 상태[2]와, 선(善)・악(惡) 따위의 생각,[3] 탐(貪)・진(瞋) 따위의 번뇌(煩惱)가 생겨서 시간을 따라 달라지게[4] 마련이다. 그러므로 무상한 것이다.

— 〈顯揚聖敎論〉

〔주〕 1)자아가 있다고 생각함 : 원문은 '計我'. 상주(常住)하는 자아가 있다고 생각하는 것. 계유아(計有我). ātma-grāha. 2)상태 : 원문은 '位'. daśa. 3)생각 : 원문은 '思'. 지향(志向). 사고(思考). 의식의 작용. cetanā. 4)시간을 따라 달라짐 : 원문은 '時分差別'. 시분은 시간(時間). 인도에서는 보통 낮과 밤을 각기 세 시간으로 나누어, 하루를 여섯 시간으로 쳤다. 차별은 달라지는 것.

502

온갖 사물[1]은 항구적으로 존재하는[2] 것이 아닌 까닭에 무상이라 한다. 온갖 것은 무상하여 생멸(生滅)[3]이 반드시 있게 마련이므로, 생을 처음이라 부르고 멸을 뒤라 부른다. 이같이 처음이 있고 뒤가 있는 것, 이것이 무상의 뜻이다.

— 〈廣百釋論〉

〔주〕 1)온갖 사물 : 원문은 '行'. 인연에 의해 만들어지고 생멸·변화하는 것들. 곧 온갖 현상계(現象界)를 이른다. 만물. 온갖 존재. 육체적 존재. 유위(有爲). 제행(諸行)과 같다. saṃskāra. 2)항구적으로 존재함 : 원문은 '恒有'. vidyamānatā. 3)생멸 : 35의 주.

503

옛날에 다섯 임금이 살고 있었다. 국토[1]가 인접해 있어서 서로 오고 가며, 싸우는 일 없이 좋은 벗이 되어 사이좋게 지냈다. 그 중에서 가장 큰 나라의 임금은 보안왕(普安王)이었는데 보살행(菩薩行)[2]을 실천했고, 나머지 네 명의 소왕(小王)은 언제나 그릇된 행위[3]를 일삼고 있었다. 대왕은 그들을 가엾이 여겨 제도코자 생각해서, 이레 동안[4] 같이 모여 즐겼다. 그리고 예정한 날짜가 다 되어 각기 본국으로 돌아가게 되었을 때, 보안왕은 네 임금에게 물어 각기 소원[5]을 말해 보라고 했다.

한 임금이 말했다. "양춘(陽春) 3월 수목에 꽃이 피고 잎이 자라났을 때, 들에 나가 노니는 것이 내 소원입니다."

한 임금은 말했다. "항상 국왕이 되어, 안마(鞍馬)·복식(服飾)과 누각(樓閣)·전당(殿堂)을 갖추고, 벼슬아치와 백성들이 좌우를 옹위하여 찬란함을 다하며,[6] 풍악을 울려 출입하고, 오고 갈 때 길 가던 사람들의 시선을 한몸에 받음이 나의 소원[7]입니다."

한 임금은 말했다. "기가 막히게 어여쁜[8] 아내와 자식을 얻어 같이 즐겨서 마음껏 재미를 보는 것이 나의 소원입니다."

또 한 임금은 말했다. "부모가 항상 살아 계시고 형제와 처자가 즐비히 늘어선 중에, 좋은 옷, 아리따운 음식으로 그 몸을 먹이고 입히며, 소금청가(素琴淸歌)로 함께 즐김이 내 소원입니다."

각기 소원을 말한 그들은 대왕에게 반문했다. "왕의 소원은 무엇입니까?"

대왕이 대답했다. "먼저 여러분의 소원에 대해 설명드리고,[9] 그 다음에 내 소원을 말씀 올리겠습니다. 한 분이 말씀하신 양춘 3월의 수목의 잎과 꽃은 가을만 되면 시들어 떨어질 것이니, 이는 영구한 즐거움[10]이 못 됩니다. 또 한 분이 말씀하신 국왕의 즐거움에 대해 말씀드리겠습니다. 옛날의 여러 왕들도 크게 풍악을 울리며[11] 쾌락이 끝없다가도, 복덕이 일단 다하기만 하면 여러 나라가 침범하여 문득 망해야 했습니다. 이것이 영구한 즐거움이 못 됨은 의심할 여지가 없습니다. 또 한 분이 말씀하신 좋은 처자와 함께 즐기시겠다는 것도, 일조에 병들면 근심과 괴로움이 헤아릴 수 없을 것이니, 이 또한 영구한 즐거움이 못 됩니다. 또 한 분이 말씀하신 부모·처자와 좋은 의식(衣食)으로 거문고 뜯어 노래하겠다는 소원도, 일조에 일이 있어 관(官)에 잡히는 바 되어 옥에 갇힌다면 구해 낼 길이 없을 것이니, 이 또한 영구한 즐거움은 아닙니다. 나는 불생(不生)·불사(不死)·불고(不苦)·불뇌(不惱)·불기(不飢)·불갈(不渴)·불한(不寒)·불열(不熱)·존망자재(存亡自在)[12]하기를 원합니다."

네 명의 임금이 입을 모아 말했다. "이 원을 가르쳐 주는 명사(明師)[13]가 어디에 계십니까?"

대왕이 대답했다. "내 스승이 계시니, 이름을 부처님이라 하십니다. 요사이 기원정사(祇園精舍)[14]에 계십니다."

임금들이 기뻐하여 부처님 계신 곳에 이르러, 다 머리를 조아려[15] 예배하고 부처님께 여쭈었다. "저희들은 둔하고 지혜 없는 탓으로 다만 세속적 쾌락[16]에 깊이 집착할 뿐 죄복(罪福)[17]을 알지 못하나이다. 원하옵건대 부처님께서는 제자들을 위해 괴로움의 진리[18]를 설해 주시옵소서."

부처님께서 말씀하셨다. "사람이 태어나 이 세상을 살아가노라면, 항상 한량없는 괴로움이 있게 마련입니다. 그 중에서도 대표적인 괴로움 여덟 가지가 있으니, 태어나는 괴로움,[19] 늙는 괴로움,[20] 병드는 괴로움,[21] 죽는 괴로움,[22] 사랑하는 자와 헤어지는 괴로움,[23] 욕구하는 바를 얻지 못하는 괴로움,[24] 미운 사람과 만나는 괴로움,[25] 우비(憂悲) 따위 번뇌(煩惱)의 괴로움[26]입니다. 이것을 팔고(八苦)[27]라 합니다." — 〈五王經〉

〔주〕 1) 국토 : 원문은 '國界'. 407의 주. 2)보살행 : 9의 주. 3)그릇된 행위 : 원문은 '邪行'. Ⓟmicchā-paṭipatti. 4)이레 동안 : 원문은 '一七日'. 5)소원 : 원문은 '所樂'. 음은 '소요'. 6)찬란함을 다함 : 원문은 '晃晃昱昱'. 빛나는 형용. 7)소원 : 원문은 '願樂'. spṛhaṇiyatva. 8)어여쁨 : 원문은 '端正'. 자세가 바르다는 뜻 외에, 용모가 아름답다는 의미로도 쓰인다. Ⓟabhikkanta-vaṇṇā. 9)설명함 : 원문은 '解說'. 가르침을 설해 들려 주는 것. 10)영구한 즐거움 : 원문은 '久樂'. 11)크게 풍악을 울림 : 원문은 '隱隱闐闐'. '은은'은 큰 소리. <진서(晉書)> 혜제기(惠帝紀) '赤氣竟天, 隱隱有聲'. '전전'은 북 소리. <시경(詩經)> 소아(小雅) '振旅闐闐'. 12)존망자재 : 살고 죽음을 뜻대로 함. 13)명사 : 뛰어난 스승. 도리에 밝은 스승. 14)기원정사 : 372의 주. 15)머리를 조아림 : 원문은 '稽首'. 435의 주. 16)세속적 쾌락 : 원문은 '世樂'. 17)죄복 : 죄악과 복덕. 오역(五逆)·십악(十惡) 등은 나쁜 과보(果報)를 가져오고 중생을 해치기에 죄악으로 치고, 오계(五戒)·십선(十善) 등은 좋은 과보를 가져오고 중생을 부락(富樂)하게 하기에 복으로 친다. dharma-adharma. 18)괴로움의 진리 : 원문은 '苦諦'. 357의 풀이. 19)태어나는 괴로움 : 원문은 '生苦'. 잉태되어 출생할 때까지의 괴로움. 20)늙는 괴로움 : 원문은 '老苦'. 21)병드는 괴로움 : 원문은 '病苦'. 22)죽는 괴로움 : 원문은 '死苦'. 23)사랑하는 자와 헤어지는 괴로움 : 한역 원문은 '恩愛別苦'. 흔히 애별리고(愛別離苦)라고 한다. priya-viprayoga. 24)욕구하는 바를 얻지 못하는 괴로움 : 한역 원문은 '求不得苦'. yad api icchan paryeṣamāṇo na labhate. 25)미운 사람과 만나는 괴로움 : 한역 원문은 '怨憎會苦'. apriya-samprayoga. 26)우비 따위 번뇌의 괴로움 : 한역 원문

은 '憂悲煩惱苦'. 보통 오음성고(五陰盛苦)를 든다. 오음(五蘊과 같다)에 여러 괴로움을 담고(盛) 있다는 해석이 있으므로, 그 내용인 '우비 번뇌'를 내세운 것 같다. 27)팔고 : 19)에서 26)에 이르는 괴로움을 이른다.

504

물은 흘러 언제까지
차(滿) 있지 않고

타오르단 멀잖아
꺼지는 불꽃.

보게나, 해는 뜨되
금시에 지며

보름달은 어느덧
이지러짐을.

세도가 하늘 뻗는
사람에게도

무상의 바람은
한결같아라.

— 〈罪業報應經〉

〔**풀이**〕 한역 원문은 이렇다.
"水流不常滿 火盛不久燃 日出須臾沒 月滿已復缺 尊榮豪貴者 無常是復過."

505

옛날에 세 도인(道人)[1]이 있었다. 한 번은 무엇으로 말미암아 깨달음을 얻었느냐는[2] 것이 화제에 올랐다.

한 사람이 말했다. "나는 어느 지방[3]에서 주렁주렁 아리땁게 열린 포도를 보고 있은 적이 있었습니다. 저녁 때[4]가 되자 사람이 나타나 포도송이를 따 가지고 갔는데, 그러고 나니까 손상된[5] 포도 덩굴은 어지러울 뿐이어서, 조금 전까지의 아리따움은 찾을 길이 없었고, 보고 있던 나는 새삼 온갖 것의 무상함을 느꼈습니다.[6] 나는 이로 말미암아 깨달음을 얻었습니다."

한 사람이 말했다.

"나는 물가에서 어떤 부인이 손을 놀려 그릇을 씻고 있는 모습을 무심히 바라보고 있은 일이 있습니다. 그런데 팔고리가 서로 부딪치자, 그것이 원인이 되어[7] 쨍그렁 소리가 났습니다. 나는 이로 말미암아 깨달음을 얻었습니다."

또 한 사람이 말했다.

"나는 언젠가 연꽃이 만개한 물가에 앉아 그 아리따움을 보고 있었습니다. 그런데 저녁 때가 되자, 수십 채의 마차가 나타나 사람과 말이 다 물 속에 들어가 목욕을 했습니다. 그러고 나자 그 만개했던 연꽃들은 간 곳이 없었습니다. 나는 온갖 사물의 무상함을 느끼고, 이로 말미암아 깨달음을 얻었습니다." — 〈雜譬喩經〉

〔주〕 1)도인 : 160의 주. 2)깨달음을 얻음 : 원문은 '得道'. 3)지방 : 원문은 '王國'. 441의 '왕위'의 주에서 말한 바와 같이, '왕'이란 국가의 군주와 함께 부락의 우두머리도 일컫는다. 또 국(國)도 후세와 같은 국가를 가리키는 동시에 한 생활 공동체(生活共同體)를 가리킨다. 그러므로 '왕국'도 한 지방의 뜻으

로 보는 것이 좋다. 4)저녁 때 : 원문은 '晡時'. 해가 질 때. sāyāhna-samaya. 5)손상됨 : 원문은 '失敗'. 6)느끼다 : 원문은 '覺'. 직관(直觀). 직각(直覺). Ⓟ āloka. 7)원인이 되어 : 한역 원문은 '合因緣'. 정확히는, 원인과 조건이 합침.

506

이 세상 온갖 것[1]은
무상하거니

그 모두 생겨서는
없어지는 것.

생기고 없어짐을
아예 없애고

열반(涅槃)[2]으로 낙(樂) 삼으리,
언제까지나.

— 〈涅槃經〉

〔주〕 1)이 세상 온갖 것 : 원문은 '諸行'. 94의 주. 2)열반 : 원문은 '寂滅'. 44의 주.

〔풀이〕 이 글은 설산게(雪山偈) · 제행무상게(諸行無常偈)라 하여 많이 회자된 게송이다. 그 한역 원문은 "諸行無常 是生滅法 生滅滅已 寂滅爲樂"이며, 그 원문은 Ⓟaniccā vata saṃkhārā uppāda vaya-dhammino/uppajjitvā nirujjhanti, tesaṃ vūpasamo sukho다. "온갖 현상은 무상하다. 생겨서는 멸(滅)하는 성질의 것이며, 생겨서는 멸한다. 그것들이 가라앉는 것이 즐거움이다."

생명의 무상

507

인명(人命)의 멈추지 않음이 산골짜기의 시냇물보다 심해서, 오늘 살아 있다 해도 내일을 보장할 수 없다. 어떻게 마음을 단속지 못해[1] 악법(惡法)[2]에 머물러 있을 것인가? 젊은 육체[3]의 머무르지 않음이 오히려 달리는 말과도 같다. 어떻게 그것을 믿어 교만(憍慢)을 일으키겠는가?

— 〈涅槃經〉

〔주〕 1)마음을 단속지 못함 : 원문은 '縱心'. 마음 내키는 대로 행동함. 욕심대로 움직임. 2)악법 : 18의 주. 3)젊은 육체 : 원문은 '壯色'.

508

부처님께서 사문(沙門)[1]에게 물으셨다. "인명(人命)이 얼마 사이에 달렸느냐?" 사문이 대답했다. "며칠 사이에 달렸습니다." 부처님께서 말씀하셨다. "너는 도(道)[2]를 모르는구나."

다시 한 사문에게 물으셨다. "인명이 얼마 사이에 달렸느냐?" "한 끼의 밥을 먹는 동안[3]에 달려 있습니다." "네가 도를 모르는구나."

다시 한 사문에게 물으셨다. "인명이 얼마 사이에 달려 있느냐?" "호흡하는 동안에 달려 있습니다." "그렇다. 네가 도를 아는구나."

— 〈四十二章經〉

〔주〕 1)사문 : 265의 주. 2)도 : 진리. 도리. 3)한 끼의 밥을 먹는 동안 : 원문은 '飯食間'. 아주 짧은 시간. 일식지경(一食之頃)이라고도 한다. eka-purobhaktena.

509

다시 천억세(千億歲)에 걸쳐 오욕락(五欲樂)[1)]을 누린다손 치더라도 삼악도(三惡道)[2)]의 괴로움은 면하지 못할 것이며, 그 때에 가서는 처자와 재산이 아무 도움도 되지 않을 것이다. 이 세상은 무상하거니, 목숨을 오래 보존키 어려우니라. ―〈彌勒成佛經〉

〔주〕 1)오욕락 : 369의 주. 2)삼악도 : 166의 주.

510

온갖 세상에 태어난 사람은 누구나 죽게 되어 있으므로, 수명이 헤아릴 수 없이 길다 치더라도 반드시 다해 없어질[1)] 날이 있을 것이다. 또 홍성한 자는 반드시 쇠하고,[2)] 만나면 헤어질 때가 반드시 오며, 젊음[3)]은 오래 지속되지 않고, 건강하던 몸은 병이 들게 마련이다. 이리하여 여러 괴로움의 밑바닥[4)]에 유전(流轉)[5)]해 쉴 사이가 없게 된다. 이같이 삼계(三界)[6)]는 모두 무상하고, 온갖 미혹(迷惑)의 생존[7)]에는 즐거움이 없다.
―〈涅槃經〉

〔주〕 1)다해 없어짐 : 원문은 '滅盡'. 2)홍성한 자는 반드시 쇠함 : 원문은 '盛者必衰'. 3)젊음 : 원문은 '壯年'. 청년. yuvan. 4)밑바닥 : 한역 원문은 '輪際'. 금강윤제(金剛輪際)·금륜제(金輪際)라고도 한다. 땅 밑의 세 층(三輪) 중에서 가장 밑에 있는 것이 풍륜(風輪), 그 위에 있는 것이 수륜(水輪)이며, 수륜 위에 금륜(金輪)이 있는바, 그 금륜의 밑바닥을 이른다. 그 깊이는 160만 유순(由旬)이나 된다고 믿어졌다. 무한한 깊이를 비유한 말. 5)유전 : 225의 주. 6)삼계 : 4의 주. 7)온갖 미혹의 생존 : 원문은 '諸有'. 이십오유(二十五有)의 미혹의 경계(境界)를 이른다.

511

한 번 숨쉬고 한 번 눈을 깜짝이는 사이에, 중생의 수명은 4백 번이나 나고 죽는다.[1)]

— 〈涅槃經〉

〔주〕 1)4백 번이나 나고 죽음 : 원문은 '四百生滅'. 만물은 찰나 찰나에 생겨서는 없어지고, 없어져서는 다시 생겨나 연속되어 있다는 사상. 이를 찰나생멸(刹那生滅)이라 한다.

512

나의 이 목숨이 능히 얼마나 가랴? 이 하루가 지나면 목숨도 그만큼 줄어들어서, 마치 도수장(屠獸場)에 끌려가는 양이 점점 죽음에 접근하는 것 같으니, 아무도 도피할 수 없다. 일단 이 몸이 죽는다[1)]면 어디에 태어나며, 삼악도(三惡道)[2)]의 괴로움을 또 어떻게 면할 것인가? 이 몸을 유지해 가고자 원해도[3)] 시시각각으로 늙어 가서 잠시도 멈출 때가 없거니, 슬기로운 사람이라면 어찌 이 몸을 사랑하랴?

— 〈心地觀經〉

〔주〕 1)죽다 : 원문은 '身壞命終'. 2)삼악도 : 166의 주. 3)유지해 가고자 원함 : 원문은 '愛樂長養'. '애요'는 302의 주. '장양'은 심신(心身)을 성장시키고, 살려 가는 것. apacaya.

513

온갖 중생의 목숨이 물거품과 같아서 욕망의 물결[1)]에 의해 흔들리고[2)] 있거니, 젊은 몸[3)]이 어찌 오랠 수 있으랴?

— 〈諸法集要經〉

〔주〕 1)욕망의 물결 : 원문은 '欲浪'. 2)흔들림 : 원문은 '傾動'. 407의 주. 3)젊

은 몸 : 원문은 '壯色'. 507의 주.

514

강물은 빨리 흘러, 한 번 가면 돌아오는 일이 없다. 사람의 목숨도 이러해서 죽어 가면 돌아오지 않는다. —〈法句譬喩經〉

515

부처님께서 사위국(舍衛國)[1]에 계실 때, 성중에 여든에 가까운 바라문(婆羅門)[2] 한 사람이 살고 있었다. 아주 큰 부자였으나 위인이 진리에 어둡고[3] 인색하여[4] 교화하기 어려웠다. 사람이 행해야 할 도리[5]도 모르고, 무상함도 헤아리지 못했다. 그는 새로 좋은 주택을 짓고 있었는데, 앞채·뒤채·누대(樓臺)·난실(煖室)과 동서의 곁채가 수십 동(棟)에 이르는 굉장한 저택이었다. 일이 다 끝나고 뒤채 앞의 차양만이 남아 있었으므로, 때에 바라문은 언제나처럼 스스로 보살펴서 온갖 일을 지휘하고 있는 중이었다.

부처님께서는 도안(道眼)[6]을 들어 이 늙은이를 바라보셨다. 그리고 이 날이 끝나기도 전에 죽게 되어 있는 이 사나이가, 그런 일은 꿈에도 생각지 못하고 바쁘게 움직여 몸이 여위도록 안간힘을 쓰고 있는 모습이 매우 가엾게 여겨지셨다.

부처님께서는 아난(阿難)[7]을 데리고 그 집에 이르사 늙은이를 위문하셨다.

"피로하지 않은가? 지금 이 집을 짓고 있거니와, 다 무엇에 쓸 것인고?"

늙은이가 대답했다.

"앞채는 손님을 접대하고 뒤채는 제가 거처할 것이오며, 동서의 곁채는 자식들과 재물·하인을 둘 곳이옵니다. 여름에는 누대에 오르고 겨울이면 온실(溫室)에 들어가 지내려 하나이다."

부처님께서 늙은이에게 말씀하셨다.

"노인의 숙덕(宿德)을 오래 들어 이야기를 나누고 싶어했었는데, 마침 요긴한 게송(偈頌)이 있어서 생사에 유익하기에 그것을 설해 주려 하오. 잠시 일을 쉬고 같이 앉아 이야기를 나눔이 어떤가?"

늙은이가 대답했다.

"지금 몹시 바쁜 중이어서 앉아 이야기할 겨를이 없습니다. 후일에 다시 왕림하신다면 지성껏 접대하여 말씀하시는 요긴한 게송을 기꺼이 듣잡겠나이다."

그러나 세존께서는 그 말을 묵살하시고 곧 게송을 설하셨다.

"재물이라 자손이라
급급(汲汲)하여도
나 또한 나 아니니
그 어인 걱정이리?
여름·겨울 머무를 곳
각기 지어서
생각[8]은 많으나
앞일[9] 몰라라.
어리석고 지혜론 듯
스스로 알면
우(愚)로 지(智)를 꺾음이니
진정으로 미련한 일!"

바라문이 말했다.

"이 게송을 잘 설하기는 하셨으나 지금은 참으로 바쁘오니, 뒤에 왕림하사 다시 설해 주시옵소서."

세존께서는 슬퍼하여 탄식하시면서 그곳을 떠나셨다.

부처님께서 떠나가시자, 늙은이는 지붕의 서까래에 쓸 목재를 스스로 건네어 주다가, 서까래가 떨어져 머리를 치는 바람에 그 자리에서 숨졌고, 온 식솔이 곡하는 통에 이웃들이 깜짝 놀랐다. 부처님께서 얼마도 가시지 않은 사이에 이 변이 일어난 것이었다.

부처님께서 동구(洞口)에 이르셨을 때다. 수십 명의 바라문이 부처님을 뵙고 여쭈었다.

"어디로부터 오시나이까?"

부처님께서 말씀하셨다.

"저 지금 죽은 늙은이의 집에 가서 그를 위해 설법했건만, 내 말을 믿지 않아 무상의 도리를 모른 끝에, 이제 갑자기 죽고 말았도다."

그리고 바라문들을 위해 전의 그 게송을 다시 설하신바, 바라문들은 듣고 나자 크게 환희하여 곧 도적(道跡)[10]을 깨달았다. —〈法句譬喩經〉

〔주〕 1)사위국 : 473의 주. 2)바라문 : 244의 주. 3)진리에 어두움 : 원문은 '頑闇'. 무명(無明). 또는 완고하여 진리에 어두운 것. 4)인색함 : 원문은 '慳貪'. 남에게 재물을 주지 않고, 탐심이 많아 끝 모르는 마음. mātsarya-mala. 5)사람이 행해야 할 도리 : 원문은 '道德'. 6)도안 : ①수행에 의해 얻어진 뛰어난 눈. ②뛰어난 식견. 여기서는 ①의 뜻. 7)아난 : 6의 주. 8)생각 : 원문은 '豫慮'. 장래 일을 미리 생각하는 것. 9)앞일 : 원문은 '來變'. 장차 닥쳐올 재앙. 10)도적 : 28의 주.

516

부처님께서 사위국(舍衛國)[1)]의 기수정사(祇樹精舍)[2)]에 계시면서 천인(天人)[3)]·제왕·군중[4)] 등 여러 제자를 위해 가르침을 설하고 계셨을 때의 일이다. 그 때 먼 곳에 사는 장자(長者)[5)]인 바라문(婆羅門)[6)] 일곱 명이 부처님 계신 곳[7)]에 와서, 머리를 조아려[8)] 예배하고 합장한[9)] 다음 부처님께 아뢰었다.

"저희들은 먼 고장 사람이옵기에, 부처님의 교화에 대한 소문을 삼가 듣잡고 진작부터 귀의(歸依)[10)]코자 하면서도, 지장이 많은 탓으로 이제야 와서 성안(聖顔)을 우러러뵙니다. 원컨대 제자가 되어 온갖 괴로움을 없애고자 하나이다."

부처님께서는 곧 그 청을 받아들이사, 그들을 다 사문(沙門)[11)]으로 삼아 한방에 거처케 하셨다. 그런데 이 일곱 명은 세존(世尊)을 뵙고 깨달음을 얻기 위해 수행하려 마음은 먹었지만, 무상(無常)을 생각지 않고 방에 같이 앉아 세속 일만 생각하여 수군대고 웃음을 터뜨리곤 하며 날을 보냈다. 성패(成敗)[12)]를 헤아림이 없어서 죽을 날[13)]이 다가오되 히히덕대어 마음을 삼계(三界)[14)]에 미혹시키고 있을 뿐이었다.

부처님께서는 그들의 수명이 다하려는 것을 아시고, 가엾이 여기사 자리에서 일어나 그 방에 가셔서 말씀하셨다.

"너희들은 도(道)를 배우는[15)] 처지이매 해탈[16)]을 구해야 할 것인데, 어째서 크게 웃어 대고 있느냐? 온갖 중생이 스스로 다섯 가지를 믿고 있으니, 첫째는 젊음을 믿음이요, 둘째는 아리따움[17)]을 믿음이요, 셋째는 힘셈을 믿음이요, 넷째는 부유함을 믿음이요, 다섯째는 좋은 가문(家門)[18)]을 믿음이다. 너희 일곱 명은 수군대고 크게 웃고 있으니, 대체[19)] 무엇을 믿고 그러느냐?"

그리고 이어 게(偈)를 설하셨다.

"무엇을 기뻐하여 웃고 있음이리?
온갖 생각 언제나 치열도 하여
마음 깊이 가리어 어둡게 하니[20]
선정(禪定)을 닦음만 아예 못해라.
몸의 모양[21] 보고서 이에 의지해
자못 마음을 놓고 살아가다가
생각이 번거로워 병들고 보면
그 몸의 진실 아님[22] 그 어찌 알리?
늙으면 스스로 몸이 쇠(衰)하고
병들면 광택(光澤)도 자취 감추며
가죽은 늙어지고 살은 오므라들어
바짝 다가오는 죽음[23]의 그 날.
몸이 죽어 넋도 따라 떠나고 나면
어자(御者)[24]가 수레를 버림과 같아
살은 썩고 뼈 또한 흩어지나니
무상한 몸 그 어찌 믿을 것이랴?"

이 게를 설하고 나시자, 일곱 비구(比丘)[25]는 마음이 해탈하고[26] 망상이 그쳐서[27] 곧 부처님 앞에서 아라한(阿羅漢)의 깨달음[28]을 얻었다.

— 〈法句譬喩經〉

〔주〕 1)사위국 : 473의 주. 2)기수정사 : 372의 '기원정사'와 같다. 3)천인 : 4의 주. 4)군중 : 원문은 '臣民'. 시민(市民)의 떼. paurasamgha. 5)장자 : 472의 주. 이 말에는 '노인'의 뜻도 있는바, 그것으로도 통한다. 6)바라문 : 244의 주. 7)부처님 계신 곳 : 원문은 '佛所'. 8)머리를 조아림 : 원문은 '稽首'. 435의

주. 9)합장함 : 원문은 '叉手'. 공수(拱手)의 속어. 인도의 풍속으로는, 두 손바닥을 약간 불룩하게 모아 가슴께에 대었다. Ⓟpañjalika. 10)귀의 : 원문은 '歸命'. 414의 주. 11)사문 : 265의 주. 12)성패 : 서로 일어나는 세계의 생기(生起)와 괴멸(壞滅). 무상한 것. Ⓟanicca. 13)죽을 날 : '命日'. 14)삼계 : 미혹의 세계. 이 세상. 15)도를 배움 : 원문은 '爲道'. '爲'에는 '배우다'의 뜻이 있다. 16)해탈 : 원문은 '度世'. ①미혹의 세계를 건너간다는 것이니, 곧 해탈. ②세상 사람들을 구하는 것. 여기서는 ①의 뜻. 17)아리따움 : 원문은 '端正'. 503의 주. 18)좋은 가문 : 원문은 '貴姓'. 19)대체 : 원문은 '將'. <經傳釋詞> '將, 猶抑也'. 이야기를 바꾸는 말. 또한. 대체. 20)어둡게 함 : 원문은 '幽冥'. 어둠. 암흑. 미혹·무명의 비유. andhakāra. 21)모양 : 원문은 '形範'. 분식된 영상(影像). 22)진실이 아님 : 원문은 '不眞'. 온갖 사물은 인연에 의해 이루어진 것이므로, 공(空)이요 진실이 아니라는 뜻. 23)죽음 : 원문은 '死命'. 24)어자 : 마차를 모는 사람. 25)비구 : 84의 주. 26)마음이 해탈함 : 원문은 '意解'. 마음의 해탈. 27)망상이 그침 : 원문은 '妄止'. 28)아라한의 깨달음 : 원문은 '阿羅漢道'. 아라한과(阿羅漢果)라고도 한다. 소승의 제자들이 이를 수 있는 최고의 경지. 온갖 번뇌를 다 끊은 상태. arhattva.

〔**풀이**〕 게송은 <법구경> 147~149의 인용이다. "見身形範 倚以爲安 多想致病 豈知非眞 老則色衰 所病自壞 形散腐朽 命終自然 自死神徒 如御棄車 肉消骨散 身何可怙". 다만 '多想'이 '煩想', '非眞'이 '不眞', '所病自壞'가 '病無光澤', '形散腐朽'가 '皮緩肌縮', '命終自然'이 '死命近促', '自死神徒'가 '身死神徒'로 되어 있어서, 그 이역(異譯)임을 생각게 한다. 그리고 '如御棄車'는 '가을에 버려진 온갖 표주박같이'로 되어 있는 원문의 오역이다.

517

부처님께서 여러 필추(苾芻)[1]에게 이르셨다. "헤아릴 수 없는 과거[2]에 어느 큰 나라의 왕이 있었는데, 이름을 만도마(滿度摩)라 했다. 그에게는 비바시(毘婆尸)[3]라 부르는 태자가 있었다. 태자는 구중궁궐에 오래 박혀 있었으므로 갑갑한 나머지 외출해 바람을 쐴 생각을 했다. 그리하여 마부 유아(瑜誐)에게 분부하여 마차를 준비시키고, 이를 타고 성문을 나섰다가 한 병자와 마주쳤다.

태자가 물었다. "이 사람의 얼굴이 왜 이리 여위었느냐?"

유아가 대답했다. "사람의 몸은 사대(四大)[4]가 가합(假合)[5]한 것이어서, 헛된 것일 뿐 실체(實體)가 없습니다.[6] 그러므로 몸조리[7]를 조금만 잘못한대도 곧 괴로움[8]이 생기게 마련인바, 이를 병이라고 합니다."

"나는 그것을 면할 수 있겠느냐?"

"누구나 허깨비 같은 몸[9]이라, 사대(四大)로 이루어진 점에는 다름이 없사오니, 몸조리를 잘못하신다면 태자께서도 면하실 수 없을 것입니다."

이튿날, 비바시 태자는 유아가 모는 마차를 타고 성에서 나갔다가 한 늙은이를 만났다. 수염과 머리가 온통 흰 그 사람은 몸과 마음이 기진맥진해[10] 있어서, 지팡이에 매달려 걸음을 떼어 놓기는 하면서도 연방 신음 소리를 냈다.

태자가 말했다. "이것은 어떤 사람이냐?"

유아가 대답했다. "오온(五蘊)[11]으로 이루어진 허깨비 같은 몸에 사상(四相)[12]이 바뀌어[13] 가서, 갓난애 · 어린이로 시작하여 어느덧 장성(長盛)하고 늙어 버립니다. 그리하여 눈이 어둡고 귀가 어두워지며, 몸과 마음이 쇠약해지게 마련인바, 이것을 늙음이라 합니다."

"나는 이것을 면할 수 있겠느냐?"

"비록 귀천은 다를지언정 허깨비 같은 몸에는 구별이 없습니다. 세월이 가면 태자 또한 늙으실 것입니다."

이튿날, 비바시 태자는 다시 유아가 모는 마차를 타고 성에서 나갔는데, 이번에는 많은 사람들이 상여를 에워싸고 방성대곡하는 모양이 눈에 띄었다.

태자가 말했다.

"저 속에 든 것은 어떤 사람이냐?"

유아가 대답했다.

"이것이 죽은 사람의 모습[14]입니다."

"무엇을 죽음이라 하느냐?"

"사람이 일단 이 세상[15]에 태어나면 수명의 장단이 있는 법인데, 하루 아침에 몸의 평형(平衡)이 깨져서[16] 기운이 끊기고 정신이 떠나가면 사랑하는[17] 사람과 길이 헤어져 영영 거친 교외에 묻혀 있어야 됩니다. 그래서 가족들이 슬퍼하여 우는 것이오니, 이를 죽음이라 합니다."

"나는 이것을 면할 수 있겠느냐?"

"삼계(三界)[18]는 편안함이 없어서 생사로부터 도피할 길이 없사오니, 태자의 몸이시더라도 면하지 못하실 것입니다."

이를 들은 태자는 몸과 마음이 우울해져 마차를 돌려 환궁했다. 그러고는 마음을 모아 깊은 생각에 빠졌다.[19]

'무상한 것[20]은 사랑하고 즐길[21] 것이 못 되는구나. 나는 장차 어떻게 괴로움을 면해야 되랴?' — 〈毘婆尸佛經〉

〔주〕 1)필추 : 455의 주. 2)헤아릴 수 없는 과거 : 원문은 '過去劫'. 아주 먼 옛날. 3)비바시 : Vipaśyin의 음사. 석존(釋尊) 이전에 이 세상에 나타났다고 전해지는, 소위 과거칠불(過去七佛)의 첫째 부처님. 4)사대 : 139의 주. 5)가합 : 사실은 그렇지도 않으면서, 겉보기에 결합되어 있는 것. 6)헛된 것일 뿐 실체가 없음 : 원문은 '虛幻不實'. 7)몸조리 : 원문은 '保調'. 보호하여 잘 조리하

는 것. 8)괴로움 : 원문은 '苦惱'. 165의 주. 9)허깨비 같은 몸 : 원문은 '幻體'. 환신(幻身)과 같다. 10)기진맥진함 : 원문은 '昧劣'. 어둡고 열등한 것. 원래는 마음의 작용이 열등하다는 뜻. 11)오온 : 87의 주. 12)사상 : ①생(生)·주(住)·이(異)·멸(滅). 즉 온갖 사물의 변천하는 모습. 생겨서(生), 생긴 그 상태를 얼마 동안 지속하고(住), 그 상태가 변화하여(異), 없어지는 것(滅). 사유위상(四有爲相)이라고도 한다. ②생(生)·노(老)·병(病)·사(死)를 이른다. 이 두 가지 중, 어느 것으로도 뜻이 통한다. 13)바뀜 : 원문은 '遷變'. 사물이 옮아가고 변하는 것. 삼유위상(三有爲相)의 하나. 14)죽은 사람의 모습 : 원문은 '死相'. 죽은 것의 모양. 15)이 세상 : 원문은 '浮世'. 허망한 이 세상. 16)몸의 평형이 깨어짐 : 원문은 '乖離'. 괴위(乖違)와 같은 말인 듯. 신체를 구성하는 세 요소(風·熱·痰)의 평형이 깨어지는 것. vaiṣamya. 17)사랑하는 : 원문은 '恩愛'. 18)삼계 : 4의 주. 19)마음을 모아 깊은 생각에 빠짐 : 원문은 '入定思惟'. '입정'은 선정(禪定)에 드는 것. '사유'는 97의 주. 20)무상한 것 : 한역 원문은 '無常法'. 21)사랑하고 즐김 : 원문은 '愛樂'. Ⓟabhinandati.

518

삼계(三界)[1]의 사생(四生)[2] 치고 무상의 법칙이 적용되지 않은 자는 일찍이 없었다. 산이나 들판의 불이 초목을 태울 때, 꽃과 과일과 숲을 가리지 않고 함께 재를 만드는 것과 같다. — 〈解憂經〉

〔주〕 1)삼계 : 4의 주. 2)사생 : 미계(迷界)의 온갖 생물을 이르는 말. 생물을 그 태어나는 종류에 따라 구분한 것. ①태생(胎生). jārayu-ja. 모태(母胎)에서 태어나는 자. 사람이나 짐승. ②난생(卵生). aṇḍa-ja. 알에서 태어나는 것. 새 따위. ③습생(濕生). saṃsveda-ja. 습기에서 생기는 것. 벌레 따위. ④화생. upapādu-ja. 과거의 업력(業力)에 의해 이루어진 존재. 의거하는 데 없이 홀연히 생긴 것. 천인(天人)이나 지옥의 중생은 이에 속한다.

519

사람의 목숨은 아주 빨리 흘러가서, 오두마차(五頭馬車)[1]로도 따라가지 못한다. — 〈禪要經〉

〔주〕 1)오두마차 : 원문은 '五馬'. 중국의 태수(太守)의 마차는 다섯 말이 끌었다. 인도의 전고는 잘 모르겠다.

520

생(生)·노(老)·병(病)·사(死)는 중생을 꽁꽁 얽어맨다.[1] 마루가(摩婁迦)[2]가 니구수(尼拘樹)[3]를 에워싸는 것과 같아서, 그 힘[4]을 뺏고 여러 기능[5]을 손상시킨다.[6] 그리고 찬 서리가 여러 숲을 시들게 하는 것과 같아서, 젊음[7]의 아리따운 모습[8]이 그로 해 파괴된다.[9] — 〈大莊嚴經〉

〔주〕 1)얽어맴 : 원문은 '纏縛'. 2)마루가 : 덩굴이 벋는 풀 이름. 이 덩굴이 감기면, 그 나무는 죽는다고 한다. 3)니구수 : 니구타(尼拘陀)·니구타수(尼拘陀樹)·니구율(尼拘律)·니구율수(尼拘律樹)라고도 한다. 모두 nyagrodha의 음사. 용수(榕樹)라 한역한다. 바냔 나무. 인도의 무화과나무로, 아주 큰 교목. 가지와 잎이 울창해 그늘에서 뙤약볕을 피할 수 있다. 4)힘 : 원문은 '勢力'. 296의 주. 5)여러 기능 : 원문은 '諸根'. 246의 주. 6)손상함 : 원문은 '損壞'. 손상되는 것. bhangin. 7)젊음 : 원문은 '盛年'. 청춘. 청년 시대. Ⓟyobbana. 8)아리따운 모습 : 원문은 '妙色'. ①보아서 아름다운 것. surūpatva. ②팔지(八地) 이상의 보살이 지니는 절묘한 외형(外形). 9)파괴됨 : 원문은 '變壞'. 변화해 깨어지는 것. 해를 입는 뜻.

521

몸이 병들면 시들어서 꽃이 떨어지는 것 같고, 죽음이 이르면 물이 급

하게 흘러가는 것 같다. — 〈法句經〉

522

부처님께서 승광왕(勝光王)[1)]에게 이르셨다. "온갖 중생은 생사를 생각지 않고 큰 괴로움을 가져올 것[2)]에 탐닉(耽溺)하고[3)] 있습니다. 비유하자면 사람이 넓은 들판에 나가 노닐다가 사나운 코끼리에게 쫓긴 것 같습니다. 그 사람은 기겁을 해서 도망치다가, 빈 우물 옆에 나무 뿌리가 있는 것을 보고 그 밑에 몸을 숨겼습니다. 그런데 우물 속에는 흑백의 쥐 두 마리가 있어서 나무 뿌리를 갉아먹고 있었고, 우물 둘레에는 네 마리 독사가 있어서 그 사람을 깨물려 하고, 밑에는 독룡(毒龍)이 도사리고 있는 것이 보였습니다. 그 사람은 용과 뱀에게 잡아먹힐까, 나무 뿌리가 끊어질까, 애가 탔습니다. 그런데 나무 뿌리에는 다섯 방울의 꿀이 묻어 있어서 입에 떨어져 왔습니다. 그는 제 처지도 잊은 채 그것이 탐나서 나무 뿌리를 막 흔들었습니다. 그러자 벌이 흩어져 이 사람을 쏘았고, 들불이 다시 번져 와서 태웠기 때문에 이 사람은 끝없는 고통을 받았습니다. 넓은 들판은 무명장야(無明長夜)[4)]를 비유함이요, 여기에 나오는 사람은 범부(凡夫),[5)] 코끼리는 무상(無常), 우물은 생사의 험한 기슭, 나무 뿌리는 목숨, 흑백의 두 마리 쥐는 주야(晝夜), 나무 뿌리를 갉아먹음은 염념멸(念念滅),[6)] 네 마리 뱀은 사대(四大),[7)] 꿀은 오욕(五欲),[8)] 벌은 바르지 않은 사유(思惟),[9)] 불은 노병(老病),[10)] 독룡은 죽음에 각기 비유한 것입니다. 대왕이시여, 생(生)·노(老)·병(病)·사(死)는 아주 두려운 것들이니, 항상 이를 생각하여[11)] 오욕(五欲)에 의해 삼키우는 바가 되지 말도록 하셔야 합니다." — 〈譬喩經〉

〔주〕 1)승광왕 : 사위국(舍衛國)의 왕. Prasenajit의 음사인 바사닉(波斯匿)으로 많이 불리우며, 승광왕은 그 의역이다. 불교 수호에 힘썼다. 2)큰 괴로움을 가져올 것 : 원문은 '過患'. 84의 주 5)의 ③. 3)탐닉함 : 원문은 '味著'. āsvāda. 4)무명장야 : 중생이 무명 때문에 윤회하여 어두운 생활을 계속하는 것을, 긴 밤에 비유한 것. 5)범부 : 원문은 '異生'. 범부는 성자와 다른 부류이므로 이생이라 한다. 또 범부는 그 업(業)에 따라 육도(六道)에 태어나, 그 장소가 자꾸 바뀌므로 이생이라 한다. pṛthag-jana. 6)염념멸 : 찰나마다 멸하여 멈추지 않는 것. 7)사대 : 139의 주. 8)오욕 : 1의 주. 9)바르지 않은 사유 : 원문은 '邪思'. 10)노병 : 늙음과 병. 11)생각함 : 원문은 '思念'. 423의 주.

523

떼를 지어 자는 새들은 밤이면 모여들되 아침이 되면 각자 날아간다. 사람이 죽어서 친지와 헤어지는 것도 이와 같다. —〈無常經〉

524

사냥꾼은 짐승들을 에워싸고 쫓아간다. 무상의 도리도 이와 같아, 중생을 뒤쫓는다. —〈摩訶摩耶經〉

525

낮과 밤이 쉬지 않고
흘러가거니

그를 따라 줄어드는
우리의 수명!

차츰차츰 목숨의
스러져 감이

말라 가는 도랑물과
흡사도 해라.

— 〈雜阿含經〉

526

인명(人命)의 오래 머무르지 못함이 박수 소리와 같다.

— 〈正法念處經〉

527

네 형제가 있었다. 그들은 가업(家業)을 버리고 산골에 들어가 한가히 살면서 오신통(五神通)[1]을 얻어 선인(仙人)[2]이라 일컬었다. 그런데 자신들의 수명이 다해 가는 것을 안 그들은, 이를 피하려 하여 각기 궁리했다.

"우리들의 신족(神足)[3]은 마음대로 날아오를 수 있어서 어디를 가든 지장이 없다. 그럼에도 불구하고 이제 도리어 무상의 뜻대로 되어[4] 목숨을 잃게 되었으니, 마땅히 방편을 써서 이 재앙을 면해야 되겠다."

한 사람은 말했다.

"공중에 뛰어올라가 몸을 숨긴다면, 무상의 적(敵)이 어찌 나 있는 곳을 알겠는가?"

한 사람은 말했다.

"사람이 들끓는 시장에 들어가 목숨을 피하면, 무상의 적이 거기 가 딴 사람을 데려갈 것이다. 하필 나를 찾을 리가 있겠는가?"

한 사람은 말했다.

"큰 바다 속에 들어가면, 무상의 적이 어찌 알겠는가?"

또 한 사람도 말했다.

"아무도 없는 큰 산에 가서, 산을 쪼개고 그 속에 들어간 다음 그 위를 전같이 덮어 놓는다면, 무상의 적이 나 있는 곳을 어찌 알랴?"

그리하여 네 명은 각자 목숨을 피했으나 끝내 벗어날 수는 없었다. 공중에 올라가 있던 사람은 땅에 떨어졌는데, 익은 과일이 떨어지는 듯했다. 또 산을 쪼개고 들어가 있던 사람은 흙에 장사하는 결과가 되었고, 바다 속에 들어간 사람은 고기와 자라의 밥이 되었고, 시장 속에 들어갔던 사람은 여러 사람 속에서 목숨을 마쳤다.

세존(世尊)[5]께서 이를 보시고 말씀하셨다. "이 네 사람은 진리에 어두운[6] 탓으로 숙업(宿業)[7]은 버리려 하면서도, 삼독(三毒)[8]을 제거하지 못하고 궁극의 지혜[9]에 이르지 못하고 만 것이니, 예로부터 누가 이 근심으로부터 벗어날 수 있었더냐."

— 〈四不得經〉

〔주〕 1)오신통 : 특별한 수행자가 지니는 다섯 가지의 초인적 능력. ①천안통(天眼通). 예사 사람 눈에는 안 보이는 것을 보는 능력. ②천이통(天耳通). 예사 사람으로는 못 듣는 음성을 듣는 능력. ③타심통(他心通). 남의 마음을 아는 능력. ④숙명통(宿命通). 과거의 일을 아는 능력. ⑤여의통(如意通). 어디에라도 마음대로 왕래하는 능력. 신족통(神足通)이라고도 한다. 2)선인 : ①힌두교의 은사(隱士). ②성인. 현인. ṛṣi. 3)신족 : 신족통(神足通)의 약칭. 주 1)의 ⑤. 4)뜻대로 됨 : 원문은 '得便'. 5)세존 : 4의 주. 6)진리에 어두움 : 원문은 '闇昧不達'. 7)숙업 : 전세에 지은 업(행위). pūrva-karma. 8)삼독 : 245의 주. 9)궁극의 지혜 : 한역 원문은 '無極慧'.

528

사위성(舍衛城)[1)]에 한 부호[2)]가 있었다. 재물은 얼마든지 있었으나 아들이 없는 탓으로, 죽고 나면 그 재물이 관가(官家)의 차지가 될 것을 걱정하였다. 그래서 삼보(三寶)[3)]에 귀의해 불도(佛道)에 정진(精進)하면서 아들 얻기를 바랐는데, 마침 그 처가 잉태해 옥동자를 낳았다.

세월이 흘러 아들이 장성하자, 그는 일찍 장가를 들였는데, 이 아들 부부가 함께 숲 속을 가게 되었다. 그 때 마침 숲 속에는 무우화(無憂花)[4)]가 피어 있어서, 아주 흰 꽃잎에 붉은 빛 꽃술[5)]이 달려 있는 모양이 퍽 아름다워 보였다. 신부가 그 꽃을 가지고 싶다고 졸랐으므로, 남편은 꽃을 따러 나무에 올라갔다. 그런데 가지가 약해서 꺾어지는 바람에 남편은 땅에 떨어져 죽고 말았다. 뒤늦게 이를 안 부모는 허겁지겁 달려가 머리를 안아 쓰다듬고 문질러 댔으나[6)] 끝내 아들은 살아나지 않았다. 그 부모는 슬피 울어 애를 끊었고, 이를 본 남들도 모두 애통해 했다. 아난(阿難)[7)]과 함께 성 안으로 들어가시던 부처님께서는, 이 광경을 보시고 그 부호에게 이르셨다.

"사람에게는 생사가 있고, 사물에는 성패(成敗)[8)]가 있게 마련이다. 그러므로 때가 이르러 목숨이 다하는 것은 아무도 피할 수 없는 일이니, 우울한 생각을 버리고, 슬픔도 거두라. 이 아들은 천상으로부터 그대네 집에 왔다가 수명이 다하매 그대네 집을 떠난 것이니, 기실 신(神)[9)]의 아들도 아니요 그대의 아들도 아니니라. 그 아들 자신의 인연에 의해 나고 죽음이 나그네와 같으니, 죽음은 피할 길이 없는 터이다. 그러므로 가고 난 사람에 연연(戀戀)해서는 안 된다." —〈長者子懊惱三處經〉

〔주〕 1)사위성 : 473의 '사위국'의 주. 2)부호 : 원문은 '長者'. 472의 주. 3)삼보 : 20의 주. 4)무우화 : 아쇼카(aśoka) 나무의 꽃. 과거칠불(過去七佛)의 한

분인 비바시불(毘婆尸佛)은 이 나무 밑에서 성도(成道)하셨다고 한다. 5)붉은 빛 꽃술 : 원문은 '瓣毛緋色'. 원본의 '辨'은 '瓣'의 잘못. 무우화는 붉은 색이라 하므로 '꽃잎과 꽃술이 붉다'는 뜻으로 보는 것이 좋겠으나, 바로 앞에 그 꽃이 '鮮白'하다는 표현이 있으므로 '꽃술이 붉은 것'으로 해 두었다. 한역에 어떤 혼란이 있는지도 모른다. 6)쓰다듬고 문지름 : 원문은 '摩抄'. 원본의 '抄'는 '挱'의 오자다. 7)아난 : 6의 주. 8)성패 : 516의 주. 9)신 : 원문은 '天'. 384의 주.

529

옛날에 어떤 노모(老母)가, 하나밖에 없는 아들이 병들어 죽자 시체를 묘지(墓地) 안[1]에 멈추어 두고, 매우 슬퍼하여,

"그 애 하나를 믿고 노경(老境)을 보내려 했는데, 이제 나를 버리고 죽었으니 나도 같이 죽으리라."

하고, 4~5일 동안 물 한 모금 입에 대지 않았다.

이를 가엾이 여기신 부처님께서 묘지에 이르사 노모에게 말씀하셨다.

"왜 묘지에 와 있는가?"

노모가 여쭈었다.

"하나뿐인 자식이 저를 버리고 죽었습니다. 애정을 끊을 길 없기에 함께 죽고자 하나이다."

"아들을 다시 살리고 싶으냐?"

노모가 아주 기뻐하여 말했다.

"물론이옵니다. 그렇게만 된다면야……."

"한 번도 사람이 죽은 일이 없는 집에서 좋은 향화(香火)[2]를 구해 오면, 내가 아들을 살려 주리라."

좋아한 노모는 향을 구하러 나섰다.

그리하여 만나는 사람마다 붙들고 물었다.

"당신네 집에 죽은 사람이 있으십니까, 없으십니까?"

사람들은 한결같이 대답했다.

"조상들이 다 돌아가셨습니다."

이같이 수십 집을 찾아다녔으나 결과는 마찬가지여서, 향을 얻는 데 실패한 노모는 부처님 계신 곳에 돌아와 여쭈었다.

"널리 다니면서 향을 구했사오나, 사람이 안 죽은 집이 없는 까닭에 헛되이 돌아왔나이다."

부처님께서 말씀하셨다.

"천지가 개벽한 이래로 산 사람 치고 죽지 않은 예는 한 번도 없었으니, 어찌 미혹(迷惑)[3]하여 아들을 따라 죽으려 하느냐?"

이에 노모는 무상의 도리를 깨닫고 불도(佛道)에 들어갔다.[4]

— 〈雜譬喩經〉

〔주〕 1)묘지 안 : 원문은 '塚間'. 묘지 가운데. śmaśāna. 2)향화 : 소향(燒香)과 등화(燈火). 절에 바치는 그것. 3)미혹 : 도리를 제대로 알지 못하는 것. 도리를 그릇되게 아는 것. vimoha. 4)불도에 들어감 : 원문은 '入道'. 수행을 위해 출가하는 것.

530

가령 목숨이 백 살을 채우며 칠보(七寶)[1]가 갖추어져 온갖 쾌락을 누린다 해도, 염마(閻魔)의 사자[2]가 이르면 무상(無常)[3]을 면하지 못한다.

— 〈心地觀經〉

〔주〕 1)칠보 : 4의 주. 2)염마의 사자 : 한역 원문은 '閻魔使'. 464의 '염마라

사'의 주. '염마'에 대해서는 172의 '염라왕'의 주. 3)무상 : 여기서는 특히 죽음을 이른다.

531

이 하루가 지나면 수명도 줄어들어 말라 가는 물 속의 고기[1]와 같거니, 무슨 즐거움이 있으랴?

— 〈出曜經〉

〔주〕 1)말라 가는 물 속의 고기 : 원문은 '少水魚'. 원본의 '小'는 '少'의 잘못. 목숨이 얼마 남지 않은 것의 비유. 바닥난 물에서 물을 찾아 허덕인다고 보아, 격렬한 희구(希求)의 비유로도 사용된다.

532

옛날에 한 백정[1]이 있었다. 그는 천 마리의 소를 기르고 있어서, 하루에 한 마리씩 죽여 고기를 팔았다. 5백 마리는 이미 잡아 치웠는데, 나머지 5백 마리가 한창 날뛰고 시끄러이 장난쳐서 서로 받고 있는 중이었다.

때마침 세존(世尊)[2]께서는 그 지방[3]에 오셨다가 소의 이런 모양을 보시고, 가엾이 여기사 뒤를 돌아보시면서 여러 제자들에게 말씀하셨다. "이 소들이 어리석어 저희 짝이 없어져 가는데도 한창 장난을 치고 있구나. 사람도 이 같아서 하루가 지나면 인명(人命)도 그만큼 줄어들어 가나니, 세속을 떠난 깨달음[4]을 생각하고 구하지[5] 않을 수 없느니라."

— 〈阿育王譬喩經〉

〔주〕 1)백정 : 원문은 '屠兒'. 천민이 종사했다. domba. 2)세존 : 4의 주. 3)지방 : 원문은 '國'. 왕(王)이 제왕뿐 아니라 한 지역의 우두머리를 뜻하듯, '국'

도 반드시 '국가'의 뜻만은 아니요, 한 지역을 가리키는 수도 있었다. 4)세속을 떠난 깨달음 : 한역 원문은 '度世道'. 5)구함 : 원문은 '勳求'. eṣaka.

533

부처님께서 목건련(目犍連)[1]에게 이르셨다.

"여러 물이 합수(合水)한 장강(長江)[2]에 풀들이 떠간다고 할 때, 앞의 것은 뒷것을 돌보지 못하고, 뒤의 것은 앞것을 바라보지 못한 채 모두 바다에 모여드는 것과 같다. 세상 사람들도 이 모양이어서, 호귀(豪貴)[3]·부락(富樂)[4]이 뜻 같다 해도 모두 생(生)·노(老)·병(病)·사(死)를 면치 못하느니라."

— 〈目連所問經〉

〔주〕 1)목건련 : 456의 주. 2)여러 물이 합수한 장강 : 원문은 '萬川'. 만천장류(萬川長流)의 준말. 3)호귀 : 신분이 높고 세력이 있는 것. utkarṣa. 4)부락 : 부유하고 행복한 것.

색신(色身)의 무상

534

"여러분![1] 이 몸은 무상하며, 약하고 견고하지 못하며, 이내 스러질 성질의 것[2]이어서 믿을 것이 못 되며, 괴로움이요 고민거리며, 온갖 병의 집결체입니다. 여러분! 이런 몸을 현명한 사람[3]은 믿지 않습니다. 이 몸은 물거품이 엉긴 것[4] 같아 잡아 문지를[5] 수 없습니다. 이 몸은 물거품 같아 오래 지탱하지[6] 못합니다. 이 몸은 불꽃 같아 갈애(渴愛)[7]에서 생겨납니다. 이 몸은 파초(芭蕉)와 같아 속에 견고한 성질이 없습니다. 이 몸은 허깨비 같아 전도(顚倒)[8]로부터 생겨납니다. 이 몸은 꿈과 같아

사실인 듯 그릇 생각하게[9] 됩니다. 이 몸은 그림자 같아 업연(業緣)[10]을 따라 나타납니다. 이 몸은 산울림[11] 같아 여러 인연을 따릅니다. 이 몸은 뜬구름 같아 금시에 변화해 없어집니다. 이 몸은 번개 같아 시시각각 머물러 있지 않습니다."

— 〈維摩經〉

〔주〕 1)여러분 : 원문은 '諸仁者'. '인자'는 2인칭의 높임말. mārisa. '인(仁)'이라고도 한다. 2)이내 스러질 성질의 것 : 한역 원문은 '速朽法'. 3)현명한 사람 : 원문은 '明智者'. 97의 '명지'와 같은 말. 4)물거품이 엉긴 것 : 원문은 '聚沫'. 단순히 물거품의 뜻만일 때도 있다. phena-piṇḍa. 5)잡아서 문지름 : 원문은 '撮摩'. 6)오래 지탱함 : 원문은 '久立'. 원뜻은 오래 서 있는 것. 7)갈애 : 목이 타서 물을 찾는 것 같은 탐심. 목마름에 비유되는 망집(妄執). tṛṣṇā. 8)전도 : 3의 주. 9)사실인 듯 그릇 생각함 : 원문은 '虛妄見'. 10)업연 : 145의 주. 11)산울림 : 원문은 '響'. śrutkā.

535

이 세상 온갖 중생의 견고치 못한 몸은 이내 멸(滅)하여 바수어지고, 깨어져 흩어지게 되어 있다. 마치 솜씨 좋은 도공(陶工)이 병이나 그릇을 만들 때, 양의 대소를 따라 여러 가지를 빚어 내지만 모두가 깨어지고 말듯, 이 세상 중생들의 헛되이 이루어진[1] 견고치 못한 몸도 또한 그러하다. 마치 큰 나무는 가지와 잎이 크게 벋어나고[2] 꽃과 과일이 많이 달려 사랑스럽지만[3] 곧 떨어지고 말듯, 이 세상 중생들의 견고치 못한 몸도 익은 과일 모양 또한 그렇게 되고 만다. 마치 맑은 밤의 이슬이 풀잎에 맺혀도 햇빛이 비치면 이내 없어지고[4] 말듯, 이 세상 중생들의 견고치 못한 몸도 잠깐 동안 머물러 있는 모양이 또한 그러하다. 마치 이 세상의 바다와 강물이 끊임없이 흐르고 있기에 그 속의 물거품[5]은 생겼다간 이내 없어지듯, 세상의 중생의 몸도 물거품 같아 포착(捕捉)할[6] 수 없음이 또한 이러하다. —〈菩薩藏正法經〉

〔주〕 1)헛되이 이루어진 것 : 원문은 '虛幻所成'. 실체(實體)가 없다는 뜻. 2)크게 번어남 : 원문은 '扶疎'. 가지가 나뉘어 벋어 가는 모양. 3)사랑스러움 : 원문은 '愛樂'. 517의 주. 4)이내 없어짐 : 원문은 '旋有卽無'. 홀연히 생겼다간 이내 없어지고 마는 것. 5)물거품 : 원문은 '聚沫'. 534의 주. 6)포착함 : 원문은 '撮摩'. 534의 주.

536

이 몸은 오래지 않아서 끝내 소멸되고[1] 말 것이니, 무상(無常)·무정(無定)[2]하여 변화[3]의 모습 그것이다. —〈持世經〉

〔주〕 1)소멸함 : 원문은 '敗壞'. 316의 주. 2)무정 : 실재(實在)함이 없음. 3)변화 : 원문은 '變異'. 103의 주.

537

열다섯 가지의 변이(變異)[1]가 있다. 분위[2]변이(分位變異). 갓난애의 상태[3]로부터 늙음에 이르는 과정에서, 앞뒤가 서로 같지 않게 각기 다른 모양으로 변화함이다. 현변이(顯變異). 아리따우며 보기 좋게 살찌고 윤택 있던 몸이 변해서, 거칠고 뚱뚱해 보기 싫은 꼴이 되거나 형편없이 여윈 몸이 되는 일이다. 형변이(形變異). 여윈 자가 살찌거나, 살찐 자가 여위는 따위의 변화를 이른다. 흥쇠변이(興衰變異). 흥성하던 권속(眷屬)[4]이나 재산 따위가 점점 전 같지 못해 감이니, 쇠퇴변이(衰退變異)라고도 한다. 지절[5]변이(支節變異). 전에는 멀쩡한 수족(手足)을 지니고 있었으나,

뒤에 변하여 불구가 되는 일이다. 한열변이(寒熱變異). 추울 때는 몸을 움츠리어 떨고 더우면 몸을 펴 땀을 흘리는, 기후의 차고 더운 데 따르는 변화다. 손해변이(損害變異). 손발을 차고 때리며 벌레 따위가 닿아 몸이 변화함이다. 피권변이(疲倦變異). 달리고 뛰고 하여 몸이 지쳐 변화함이다. 위의변이(威儀變異). 사위의(四威儀)[6]에 있어서 앞뒤가 바뀌거나 빠지거나 하여 손익(損益)이 변하는 일이다. 촉대[7]변이(觸對變異). 고(苦)·낙(樂) 등의 접촉으로 말미암아 변하는 까닭에, 고·낙 등의 변화를 느낌이다. 염오변이(染汚變異). 마음의 작용[8]인 탐(貪)·진(瞋)의 크고 작은 두 가지 번뇌가 어지러워져서 변화함이다. 병등변이(病等變異). 전에는 병고(病苦)가 없었으나, 뒤에 가서 중병 때문에 고생하여 몸이 변화함이다. 사변이(死變異). 전에는 수명이 있었으나, 뒤에는 죽음으로 돌아가 의식마저 없어짐으로써 앞뒤가 변화함이다. 청어[9]등변이(青瘀等變異). 목숨이 끊어진 다음에 몸의 모습이 푸르게 어혈이 들고 부풀어서 썩어 가며[10] 마침내는 해골[11]까지도 변화함이다. 일체종불현진변이(一切種不現盡變異). 해골의 상태가 다시 파괴되고 흩어져 온갖 형태[12]가 전무(全無)해지는 변화다.

— 〈顯揚聖教論〉

〔주〕 1)변이 : 103의 주. 2)분위 : 상태. 변화·발전의 단계. avasthā. 3)상태 : 원문은 '位'. 501의 주. 4)권속 : 권고예속(眷顧隷屬)의 뜻. 수반자. 예속자. 일족(一族)인 자. 휘하에 있는 자. parivāra. 5)지절 : 신체의 부분. 수족(手足). aṅga. 6)사위의 : 사람의 행동을 넷으로 나눈 것. 곧 행(行)·주(住)·좌(坐)·와(臥). 또 승려에 있어서는, 이 네 가지를 계율에 맞게 하는 일. 7)촉대 : 촉(觸)과 같음. 53의 주. 8)마음의 작용 : 한역 원문은 '心所有'. 심소(心所)와 같다. 56의 주. 9)청어 : 푸르게 어혈이 드는 것. 상하거나 죽어서 피부가 검푸르게 변색하는 것. 10)부풀어서 썩음 : 원문은 '脹爛'. 11)해골 : 원문은 '骨鏁'.

12)온갖 형태 : 원문은 '一切種'. 아뢰야식의 뜻으로 많이 쓰이나 여기서는 다르다. sarva-ākāra.

538

늙으면 가을을 만난 나뭇잎과 같아진다. — 〈法句經〉

제3장 번뇌(煩惱)

번뇌의 원인

539

온갖 범부(凡夫)는 색(色)[1]에 집착하며,[2] 내지[3] 식(識)[4]에도 집착한다. 색에 집착하는 까닭에 탐심이 생기고(내지 식에 집착하는 까닭에 탐심이 생기고), 탐심이 생기는 까닭에 색에 얽매이게[5] 되며, 내지 식에 얽매이게 마련이다. 그런 것에 얽매이는 까닭에 생(生)·노(老)·병(病)·사(死)·우(憂)·비(悲) 등의 큰 괴로움과 온갖 번뇌[6]를 면하지 못하게 되는 것이다. 그러므로 집착을 일러 범부라 하느니라. — 〈涅槃經〉

〔주〕 1)색 : 87의 '오온' 참조. 2)집착함 : 원문은 '取着'. 74의 주. 3)내지 : 중간 부분을 생략하는 말. A에서 D까지. 여기서는 오온(五蘊) 중, 수(受)·상(想)·행(行)을 생략하고 있다. 4)식 : 87의 '오온' 참조. 5)얽매임 : 원문은 '繫縛'. 6)번뇌 : 4의 주.

540

업력(業力)[1]이 원인이 되고, 인식 작용[2]이 씨가 되고, 무명(無明)[3]이 어둡게 뒤덮고,[4] 애수(愛水)[5]가 적셔 주고, 아만(我慢)[6]이 물을 대어 주고, 갖가지 미혹(迷惑)된 견해(見解)[7]가 키워 주어서,[8] 십이인연(十二因緣)[9] 따위의 번뇌[10]가 생기느니라. — 〈華嚴經〉

〔주〕 1)업력 : 원문은 '業'. 행위가 남기는 잠재적 여력(餘力). 전생(前生)의 행위도 스러지지 않고, 잠재력으로 남아 우리 행위를 제약한다는 사상. 2)인식 작용 : 원문은 '識'. 55의 주. 3)무명 : 7의 주. 4)어둡게 뒤덮고 : 원문은 '暗覆'. '闇覆'으로도 쓴다. '어둠에 의해 뒤덮인다'는 피동으로 쓰이는 게 상례. tamo-vṛta. 5)애수 : 애욕(愛欲)의 정에 의해 흘러나오는 수액(水液)·타액(唾液)·눈물 따위. 6)아만 : 244의 주. 7)갖가지 미혹된 견해 : 원문은 '見網'. 갖가지 잘못된 견해를 그물에 비유한 것. 8)키워 줌 : 원문은 '增長'. 11의 주. 9)십이인연 : 118의 주. 10)번뇌 : 원문은 '熱惱'. paritāpa의 역어로 심작용(心作用)의 하나를 뜻하기도 하나, 여기서는 번뇌의 뜻으로 쓴 듯하다.

541

이런 온갖 번뇌가, 무명(無明)[1]을 의지해 일어나느니라. —〈起信論〉

〔주〕 1)무명 : 7의 주.

542

가섭보살(迦葉菩薩)이 부처님께 여쭈었다.

"세존(世尊)[1]이시여, 중생은 한 몸[2]밖에는 갖고 있지 못합니다만, 어찌하여 갖가지 번뇌(煩惱)[3]를 일으키게 되나이까?"

부처님께서 말씀하셨다.

"선남자(善男子)[4]야, 한 그릇 속에 갖가지 씨[5]가 있어서, 그것이 물이나 비를 만나면 각각 스스로 생겨나는 것과 같으니, 중생의 그릇(몸)이 하나이긴 해도, 애집(愛執)[6]의 인연으로 말미암아 갖가지 번뇌가 생겨나 자라게 되느니라." —〈涅槃經〉

〔주〕 1)세존 : 4의 주. 2)한 몸 : 원문은 '一身'. 동일한 몸을 뜻하는 수도 있

으나, 여기서는 몸을 하나밖에는 지니지 못했다는 뜻. 3)번뇌 : 4의 주. 4)선남자 : 1의 주. 5)갖가지 씨 : 원문은 '種種子'. 6)애집 : 원문은 '愛'. 집착하는 것. 애착하는 것. anurodha.

543

"불자(佛子)[1]야, 무명(無明)[2]을 불료일체법(不了一切法)[3]이라 부르나니, 세계[4]에 미혹(迷惑)하여 삼계(三界)[5]의 업과(業果)[6]를 일으킴이 다 이 작용이다. 그러므로 무명장(無明藏)[7]으로부터 열세 가지 번뇌(煩惱)[8]가 일어나게 되는바, 소위 사견(邪見)[9] · 아견(我見)[10] · 상견(常見)[11] · 단견(斷見)[12] · 계도견(戒盜見)[13] · 과도견(果盜見)[14] · 의견(疑見)[15]의 일곱 가지 견(見)은, 온갖 곳을 잘못 보는 까닭에 견(見)[16]이라 말하고, 이 견(見)으로부터 여섯 가지 집착하는 마음[17]이 다시 일어나, 탐(貪)[18] · 애(愛)[19] · 진(瞋)[20] · 치(痴)[21] · 욕(欲)[22] · 만(慢)[23]이 온 세계 속 온갖 때에 일어나게 마련이다. 온갖 번뇌가 이 열세 가지로 근본을 삼느니라."

— 〈菩薩瓔珞本業經〉

〔주〕 1)불자 : 78의 주. 2)무명 : 7의 주. 3)불료일체법 : 온갖 사물의 진상을 제대로 인식 못함. 그것에 어두움. 4)세계 : 원문은 '法界'. 전세계. 전 우주. 5)삼계 : 4의 주. 6)업과 : 100의 주. 7)무명장 : 무명으로부터 여러 번뇌가 생기므로 곳집에 비유한 것. 8)번뇌 : 4의 주. 9)사견 : 219의 주. 10)아견 : 38의 주. 11)상견 : 세계가 영구불멸함은 물론, 사람의 영혼도 영구불멸하다고 믿는 그릇된 견해. śāśvata-dṛṣṭi. 12)단견 : 세계도 끝장이 오고, 사람도 죽으면 그만이라는 그릇된 견해. 사후(死後)의 운명을 부정하고, 선악의 과보(果報)를 무시하는 견해. uccheda-dṛṣṭi. 13)계도견 : 외도(外道)의 계율 · 금제(禁制)를 옳은 것인 양 알아서 집착하는 그릇된 견해. 계금취견(戒禁取見)이라고도 하고, 약(略)해서 계취(戒取)라고도 부른다. śila-vrata-parāmarśa. 14)과도견 :

외도(外道)가 불선(不善)을 선인 듯 알아, 고행 끝에 조금이라도 얻은 것이 있으면, 그것을 최상의 과보(果報)인 것처럼 아는 잘못된 견해. 15)의견 : 204의 주. 16)견 : 그릇된 견해. Ⓟdiṭṭhi. 17)집착하는 마음 : 원문은 '着心'. 사리(事理)에 집착하는 마음. 18)탐 : 54의 주. 19)애 : 542의 주. 20)진 : 54의 주. 21)치 : 54의 주. 22)욕 : 441의 주. 23)만 : 잘난 체하는 마음. 만심(慢心). māna.

544

비유하자면, 오직 한 씨에서 무량무변(無量無邊)한 꽃과 과일과 가지와 잎 따위의 온갖 것이 나오는 것과 같다. 근본무명(根本無明)[1]도 또한 이 같아서, 오직 한 무명이 온갖 무량무변한 번뇌의 염법(染法)[2]을 낳는다. 온갖 번뇌가 무명으로부터 나옴을 어떻게 알 수 있느냐 하면, 그 여러 염법이 다 마음의 본성(本性)을 깨닫지 못한 모습[3]을 하고 있기 때문이다. — 〈釋摩訶衍論〉

〔주〕 1)근본무명 : 무명은 생사·유전(流轉)의 근본 원인이므로 하는 말. 이 무명은 무시(無始) 이래 존재해 왔으므로 무시무명(無始無明)이라고도 한다. 2)염법 : 더러움. 미혹(迷惑). 3)마음의 본성을 깨닫지 못한 모습 : 원문은 '不覺相'.

545

무슨 까닭으로 번뇌(煩惱)라 부르는가? 중생들이 나쁜 말[1]을 서로 하매, 독 묻은 화살에 맞은 것과 같이 되어, 감각기관(感覺器官)들[2]이 번거로워져 즐거움[3]을 잃게 되는 까닭이다. — 〈正行所集經〉

〔주〕 1)나쁜 말 : 원문은 '惡言'. 남을 괴롭히는 말. 거친 말. '惡口'와 같다. Ⓟpharusā vācā. 2)감각기관들 : 원문은 '諸根'. 246의 주. 3)즐거움 : 원문은

'樂想'. 즐겁다고 느끼는 생각. 즐겁지 않은 것을 즐겁다고 느끼는 것.

546

탐(貪)[1] · 진(瞋)[2] · 치(痴)[3] · 만(慢)[4] · 의(疑)[5]가 어지럽게 뒤덮어서 뇌(惱)[6] · 해(害)[7] · 광(誑)[8] · 망(妄)[9] · 간(慳)[10] · 질(嫉)[11]의 염심(染心)[12]을 일으키면, 이것들을 여러 번뇌라고 한다. — 〈婆羅門緣起經〉

〔주〕 1)탐 : 54의 주. 2)진 : 54의 주. 3)치 : 54의 주. 4)만 : 543의 주. 5)의 : 사제(四諦)의 도리에 대해 의심하는 것. vicikitsā. 6)뇌 : 구사(俱舍)에서는 남의 간언(諫言)을 안 받아들이는 완명(頑冥)함. pradāśa. 유식(唯識)에서는 폭언으로 남을 해치는 것. 7)해 : 생물을 해치는 것을 즐겁게 여기는 마음. vihiṃsā. 8)광 : 기만. 남을 속임. māyā. 구사(俱舍)에서는 덕이 없으면서 있는 체 꾸며 남을 속이는 마음의 작용. śāṭhya. 9)망 : 거짓말하는 것. 10)간 : 인색함. matsara. matsarin. 11)질 : 질투. irṣyā. 12)염심 : 71의 주.

〔풀이〕 구사종(俱舍宗)에서는 온갖 사상(事象)을 75종류로 분류하여 오위 칠십오법(五位七十五法)을 세우고, 유식설(唯識說)에서는 이에 대응하여 오위 백법(五位百法)을 내세웠는데, 번뇌(煩惱)에 대한 분석은 각기 아주 치밀하다. 유식설에서는 번뇌(기본적인 것)로서 탐(貪) · 진(瞋) · 치(痴) · 만(慢) · 의(疑) · 악견(惡見)의 여섯을 들고, 이 기본적 번뇌가 경우에 따라 가볍게 나타나는 수번뇌(隨煩惱)로서 분(忿) · 한(恨) · 복(覆) · 뇌(惱) · 질(嫉) · 간(慳) · 광(誑) · 첨(諂) · 해(害) · 교(憍) · 무참(無慚) · 무괴(無愧) · 도거(悼擧) · 혼침(惛沈) · 불신(不信) · 해태(懈怠) · 방일(放逸) · 실념(失念) · 산란(散亂) · 부정지(不正知)의 스무 가지를 들고 있다.

번뇌의 고해(苦害)

547

온갖 중생은 공(空)·무상(無相)[1]을 바르게 수행(修行)하지[2] 못하는 까닭에, 항상 번뇌의 세찬 강물에서 떠도는 바가 되는 것이다. 저 세상의 큰 강물은 사람의 몸을 빠져 죽게 할 뿐 온갖 선법(善法)[3]은 없애지 못하지만, 번뇌의 큰 강물은 온갖 신심(身心)의 선법을 파괴해 버린다. 그리고 저 크고 사나운 강물은 기껏 욕계(欲界)[4] 속의 사람을 빠져 죽게 할 뿐이지만, 번뇌의 큰 강물은 능히 삼계(三界)[5]의 인천세간(人天世間)[6]을 멸망하게 만든다.
— 〈涅槃經〉

〔주〕 1)공·무상 : 삼해탈문(三解脫門), 또는 삼삼매(三三昧)로 불리우는 것 중의 공과 무상을 말한 것. 공은 공삼매(空三昧)니, 아(我)와 아소(我所)가 공함을 관(觀)하는 것. 무상은 무상삼매(無相三昧)니, 공한 까닭에 차별상(差別相)이 없음을 관하는 일. 여기에 무원삼매(無願三昧)라는 것이 있어서, 상(相)이 없으므로 아무것도 원하고 구할 것이 없음을 관하는 것이 삼삼매다. 2)바르게 수행함 : 원문은 '善修'. 3)선법 : 18의 주. 4)욕계 : 4의 '삼계'의 주. 5)삼계 : 4의 주. 6)인천세간 : '인천'이 지상의 사람과 천상(天上)의 신(神)들을 말하는 것임은 말할 것 없거니와, 여기에 '세간'이 붙어도 뜻은 같아진다. '세간'은 변천해 마지 않는 현상계(現象界)의 뜻이어서, 세상·세계의 뜻으로도 쓰이지만 중생을 의미하기도 한다. 자연 환경으로서의 세계도 현상(現象)이지만 중생도 현상이기 때문이다. 천태종(天台宗)에서는 세간에 세 종류를 세우고 있다. 중생을 가리키는 중생세간(衆生世間), 중생의 거주처가 되는 자연환경을 이르는 기세간(器世間), 이 둘을 구성하는 오음(五陰)을 따로 떼어 낸 오음세간(五陰世間)이 그것이다. 혹은 앞의 두 세간이 부처님의 교화 대상이 됨을 가리키는 지정각세간(智正覺世間)을 세워, 오음세간 대신 넣기도 한다.

548

"선남자(善男子)[1)]야, 출가(出家)한 보살(菩薩)[2)]은 밤낮으로 세속[3)]의 제 집[4)]을 관찰[5)]한 끝에 모두가 다 번뇌를 낳는 곳[6)]임을 알았느니라. 가정에 따르는 여러 집착이 번뇌를 낳는 것이니, 번뇌 때문에 아(我)[7)]와 아소(我所)[8)]를 집착해 근본[9)]을 삼아서, 8만 4천[10)]의 여러 번뇌가 서로 다투어 일어나 집 속에 충만하게 되는 것이다. 왜 그런가? 가정생활을 하는 범부(凡夫)는 오욕(五欲)[11)]에 깊이 집착하여 처자와 권속(眷屬)[12)]·노비(奴婢)·복사(僕使)[13)]를 모두 갖추고 살게 되는바, 이런 인연[14)] 때문에 생(生)·노(老)·병(病)·사(死)·우비(憂悲)·고뇌(苦惱)·원증(怨憎)·합회(合會)[15)]·은애(恩愛)·별리(別離)·빈궁(貧窮)·제쇠(諸衰)[16)]·탐구(貪求)[17)] 등의 여러 괴로움이, 그림자가 형태를 따르는 것 같고, 산울림이 소리에 응하는 것 같아서, 세세(世世)[18)]로 이어져 항상 끊어질 날이 없게 된다. 이런 여러 괴로움은 대소(大小)의 번뇌[19)]가 근본이 되어 생기는 것이니라."

— 〈心地觀經〉

〔주〕 1)선남자 : 1의 주. 2)출가한 보살 : 보살에는 출가한 보살과 재가(在家)의 보살이 있다. 3)세속 : 원문은 '世間'. 출세간(出世間)에 대립하는 말. laukika. 4)제 집 : 원문은 '舍宅'. 오래 살아온 자기 집. 5)관찰 : 원문은 '恒觀'. 항상 관찰하는 뜻이나, 위에 '日夜'가 있으므로 의역했다. 6)낳는 곳 : 원문은 '生處'. 생겨난 당처(當處)의 뜻. 7)아 : 79의 주. 8)아소 : 79의 주. 9)근본 : 원문은 '根'. 근본 조건의 뜻. mūla. 10) 8만 4천 : 185의 '팔만사천지문'의 주. 11)오욕 : 1의 주. 12)권속 : 537의 주. 13)복사 : 심부름꾼. vaktavya. 14)인연 : 252의 주. 15)합회 : 결합. saṃyoga. 남녀의 성교(性交)의 뜻으로 쓰이기도 한다. 16)제쇠 : 몸이 여러 가지로 쇠해 감. 17)탐구 : 탐욕을 내어 구하는 것. 18)세세 : 세상마다. 태어나는 세상마다. 19)대소의 번뇌 : 번뇌에 근본적인 것과 부수적인 것이 있기에 하는 말. 546의 풀이.

549

번뇌는 독사(毒蛇)와 같아서, 극중(極重)한 과실(過失)[1]을 낳는다.

— 〈六十頌如理論〉

〔주〕 1)과실 : 고뇌(苦惱). 재앙. ādinava.

550

삼계(三界)[1]의 번뇌는 사나운 불꽃 같아서, 미혹(迷惑)[2]해 떠나지 않으면, 항상 그것에 의해 태워져야 한다. — 〈大莊嚴經〉

〔주〕 1)삼계 : 4의 주. 2)미혹 : 529의 주.

551

번뇌의 힘이 업(業)[1]을 일으키므로 악도(惡道)[2]에 떨어지며, 번뇌의 힘이 장애(障碍)가 되므로 부처님의 가르침[3]을 잘 행하지 못하며, 번뇌의 힘 때문에[4] 갖가지 사견(邪見)[5]에 떨어지게 된다. 이런 이유[6] 때문에 번뇌는 큰 도둑으로 보아야 한다. — 〈十住毘婆娑論〉

〔주〕 1)업 : 540의 주. 2)악도 : 78의 '악취'의 주. 3)부처님의 가르침 : 원문은 '大道'. 보리(菩提). 4)때문에 : 원문은 '以…故'. 148의 주. 5)사견 : 219의 주. 6)이유 : 원문은 '因緣'. 252의 주.

552

슬기로운 사람은 응당 이같이 관(觀)해야[1] 할 것이다. 온갖 번뇌는 바로 나의 원수[2]니, 왜냐하면 이 번뇌 때문에 나와 남을 파멸시키기 때문

이라고. — 〈優婆塞戒經〉

〔주〕 1)관함 : 원문은 '觀'. 381의 주. 2)원수 : 원문은 '怨'. 414의 주.

553

내세(來世)[1]의 온갖 중생은 번뇌의 도둑에 의해 해를 입게 될 것이다.

— 〈觀無量壽經〉

〔주〕 1)내세 : 원문은 '未來世'. 내세(來世)와 같다. anāgata.

〔풀이〕 이 인용문의 원문은 "如來今者, 爲未來世一切衆生, 爲煩惱賊之所害者, 說淸淨業"으로 되어 있어서, "여래(如來)는 지금, 내세의 온갖 중생의, 번뇌의 도둑에 의해 해치는 바 될 사람들을 위해, 청정한 업(행위)에 대해 설하리라"의 뜻이 된다. 그러므로 이 인용은 온당치 못하다고 해야 한다.

554

보살은 번뇌를 대해(大海)와 같이 관(觀)해야[1] 한다. 깊어서 밑을 헤아릴 수 없으므로 해(海)라 하고, 넓어서 가를 헤아릴 수 없으므로 대(大)라고 하는 것이다. — 〈涅槃經〉

〔주〕 1)관함 : 원문은 '觀'. 381의 주.

제4장 악업(惡業)

악업의 각종(各種)

555

세간(世間)[1]의 중생들은 보은(報恩)[2]할 줄을 모르고 다시 서로 원수같이 대하며, 사견(邪見)[3]에 집착하여 미혹(迷惑)[4]·전도(顚倒)[5]하며, 어리석고 슬기롭지 못해서 신심(信心)[6]이 없고 악우(惡友)를 따르며,[7] 여러 분별심(分別心)[8]을 일으켜 무명(無明)[9]을 탐하는[10] 까닭에 갖가지 번뇌가 다 찰 대로 차게[11] 되는 것이다. 온갖 중생은 모두 이같이 여러 번뇌에 의해 갖가지 악을 안 짓는 것 없이 짓고 있는 것이니, 그러기에 각기 서로 공경하지 않으며, 서로 존중하지 않으며, 서로 따르지[12] 않으며, 서로 겸손하지 않으며, 서로 이끌지[13] 않으며, 서로 아껴 주지[14] 않고, 다시 한 걸음 나아가 서로 살해(殺害)까지 하여 상호간에 원수가 되어 있다.

— 〈華嚴經〉

〔주〕 1)세간 : 380의 주. 2)보은 : 은혜를 갚는 것. kṛta-vedin. (은혜를 느껴서) 은혜를 베푸는 것. upakāra. 3)사견 : 219의 주. 4)미혹 : 529의 주. 5)전도 : 139의 주. 6)신심 : 부처님의 가르침을 믿어 의심하지 않는 마음. adhyāśaya. 7)따름 : 원문은 '隨逐'. 뒤를 따라다니는 것. ānuṣaṅgika. 8)여러 분별심 : 원문은 '諸慧'. 혜(慧)는 분별하고 판단하는 작용. mati. 9)무명 : 7의 주. 10)탐함 : 원문은 '貪愛'. 탐애는 탐(貪)의 이명(異名). 11)찰 대로 참 : 원문은 '充滿'. 자랄

대로 자랐다는 뜻. 가득 참. pūrṇa. 12)따름 : 원문은 '承順'. 상대의 의사에 순순히 따르는 것. 13)이끎 : 원문은 '啓導'. 지도해서 좋는 길로 이끄는 것. 14)아껴 줌 : 원문은 '護惜'. 수호애석(守護愛惜). 소중히 하는 것.

556

무명(無明)[1]이 마음을 가리기[2] 때문에, 교만(憍慢)의 높은 기(旗)[3]를 세우고 갈애(渴愛)[4]의 그물 속으로 들어가며, 기만(欺瞞)[5]의 무성한 숲[6]에 걸어가서 능히 제 힘으로는 벗어나지 못하며, 마음이 간탐(慳貪)[7]의 정과 달라붙어[8] 떨어지지 않아서, 항상 여러 악도(惡道)[9]에 태어날 원인을 짓고 있다.

— 〈華嚴經〉

〔주〕 1)무명 : 7의 주. 2)가림 : 원문은 '覆翳'. 뒤덮고 가리는 것. 3)기 : 원문은 '幢'. 장대 끝에 용이나 보주(寶珠)를 달아서 법당이나 법당 앞에 세운 것. 부처님·보살의 위신을 상징하는 장식. dhvaja. 4)갈애 : 534의 주. 5)기만 : 원문은 '諂誑'. 아첨으로 남을 속임. 6)무성한 숲 : 원문은 '稠林'. 중생의 그릇된 견해나 들끓는 번뇌를 비유하는 말. gahana. 7)간탐 : 515의 주. 8)달라붙음 : 원문은 '相應'. 마음과 마음의 작용이 결합되어 있는 것. saṃprayukta. 9)여러 악도 : 원문은 '諸趣'. 원래는 육도(六道)를 말하나, 여기서는 주로 악도를 가리킨다.

557

탐(貪)·에(恚)·우치(愚痴)[1]가 여러 업(業)[2]을 모아들여[3] 밤낮으로 이를 키우고,[4] 여기에 분한(忿恨)이 바람 구실을 해서 심식(心識)[5]의 불을 불어 활활 타올라 꺼지지 않게 하므로, 모든 행위[6]가 다 그릇된 생각[7]과 결부하게[8] 된다.

— 〈華嚴經〉

〔주〕 1)탐·에·우치 : 소위 삼독(三毒)인 탐(貪)·진(瞋)·치(痴)를 가리킨다. 에(恚)는 노여움이니 진(瞋)과 같다. 245의 '삼독'의 주. 2)업 : 540의 주. 3)모아들임 : 원문은 '積集'. ācinoti. 4)키움 : 원문은 '增長'. 11의 주. 5)심식 : 단순히 식(識)을 가리킨다. 55의 주. 6)행위 : 원문은 '作業'. 몸과 말에 의한 행위. 업(業)을 짓는 것. karman. 7)그릇된 생각 : 원문은 '顚倒'. 139의 주. 8)결부함 : 원문은 '相應'. 556의 주.

558

범부(凡夫)[1)]들은 신심(身心)의 고뇌(苦惱)[2)]를 만나면 가지가지의 악행(惡行)을 일으키게 마련이니, 신병(身病)에 걸리거나 심병(心病)[3)]에 걸리는 경우, 신(身)·구(口)·의(意)[4)]로 가지가지의 악을 짓게 된다. 이렇게 악을 짓는 까닭에, 진리를 구하는 데 있어서 큰 결함[5)]이 되는 것은 진에(瞋恚)[6)]다. 만약 보살들이 다른 보살을 향해 진에의 마음을 일으키면, 곧 백만의 장애(障碍)[7)]가 될 것이니, 소위 보리(菩提)[8)]를 보지 못하는 장애와, 바른 가르침[9)]을 듣지 못하는 장애와, 부정(不淨)한 세계[10)]에 태어나는 장애와, 여러 악도(惡道)[11)]에 태어나는 장애와, 몸에 여러 병이 많은 장애와, 중상(中傷)[12)]을 입는 장애와, 정념(正念)[13)]을 잃는 장애와, 지혜가 적어지는 장애와, 악지식(惡知識)[14)]을 만나는 장애와, 소승(小乘)[15)]을 좋아해 배우는[16)] 장애와, 악인과 작당(作黨)하는 장애와, 큰 위덕(威德)[17)]을 지닌 이를 믿지[18)] 않는 장애와, 정견(正見)[19)]을 지닌 사람과 함께 거처하기를 원치 않는[20)] 장애와, 모든 죄[21)]를 청정히 고치지 않는 장애 따위가 있게 된다. 한 번 진심(瞋心)[22)]을 발하면, 이런 백만 가지 장애가 이루어지는 것이다.

— 〈華嚴經〉

〔주〕 1)범부 : 초지(初地) 이전의 보살까지도 포함시킨 말. pṛthagjana. 2)고

뇌 : 165의 주. 3)심병 : 평등한 도리를 몰라서 차별에 얽매이고, 애증(愛憎)의 생각을 일으켜 고뇌하는 것. 4)신·구·의 : 몸으로 행하고, 입으로 말하고, 마음으로 생각하는 것. 신업(身業)·구업(口業)·의업(意業). 삼업(三業)이라고 한다. 5)결함 : 원문은 '過失'. 결점. doṣa. 6)진에 : 진(瞋)과 같다. 54의 주. 7)장애 : 원문은 '障門'. 장애를 문에 비유한 것. 8)보리 : 5의 주. 9)바른 가르침 : 원문은 '正法'. 바른 도리. sad-dharma. 10)부정한 세계 : 원문은 '不淨世界'. 청정치 못한 세계. 예토(穢土)와 같다. 삼계(三界)의 육도(六道)가 그것이다. 정토(淨土)에 대립하는 말. 11)여러 악도 : 원문은 '諸惡趣'. 166의 '삼악도'와 같다. 12)중상 : 원문은 '謗毁'. apavaktṛ. 13)정념 : 145의 주. 14)악지식 : 선지식(善知識)의 대(對). 그릇된 가르침을 설해 남을 사견(邪見)에 빠뜨리는 악덕의 지자(智者). pāpa-mitra. 15)소승 : 대승에 비해 그 가르침이 열등하다 하여 붙인 이름. 성문승(聲聞乘)이라고도 한다. 대승 쪽에서 붙인 이름. 20의 '대승' 참조. hina-yāna. 16)좋아해 배움 : 원문은 '樂習'. '요습'이라 읽는다. 17)큰 위덕 : 원문은 '大威德'. 악을 꺾는 위세가 있는 것을 대위(大威), 선을 지키는 능력이 있는 것을 대덕(大德)이라 한다. 18)믿음 : 원문은 '信樂'. 337의 주. 19)정견 : 335의 주. 20)원치 않음 : 원문은 '不樂'. 444의 주. 21)모든 죄 : 원문은 '諸業'. 모든 악업(惡業). 22)진심 : 54의 '진'과 같다.

559

마음은 경망하게 움직여서 붙잡거나 제어(制御)하기[1] 어려우며, 날뛰어 도망쳐서 크고 사나운 코끼리 같으며, 시시각각[2] 빨리 움직여서 저 번갯불과도 같으며, 까불어 가만히 있지 않아서 원숭이 같으니, 바로 온갖 악(惡)의 근본일시 분명하다.

— 〈涅槃經〉

〔주〕 1)제어함 : 원문은 '調'. 249의 주. 2)시시각각 : 원문은 '念念'. 56의 주.

560

안(眼) · 이(耳) · 비(鼻) · 설(舌) · 신(身)과 심(心)[1]의 여섯 가지는, 도둑의 매개체(媒介體)[2] 구실을 해서 자기 본래의 심성(心性)[3]을 해친다.

— 〈楞嚴經〉

〔주〕 1)안 · 이 · 비 · 설 · 신과 심 : 79의 '육근'과 55의 '식'의 주. 심(心)은 식(識)과 같다. 2)매개체 : 원문은 '媒'. 3)자기 본래의 심성 : 원문은 '自家寶'. '自家珍'이라고도 한다.

561

독(毒) 중의 독은 삼독(三毒)[1]보다 더한 것이 없다. — 〈涅槃經〉

〔주〕 1)삼독 : 245의 주.

562

물은 사물의 그림자를 잘 나타낸다. 그러나 이것을 솥에 넣고 불을 많이 때어 솥 속의 물이 들끓게 만든다든가, 다시 헝겊으로 그 위를 덮는다든가 한다면, 사람들[1]이 그 곁에 가 서서 비추어 보려 한다고 해도, 자기의 그림자를 비추어 볼 수 있는 사람은 아무도 없게 된다. 우리 마음속에도 삼독(三毒)[2]이 진작부터 있어서[3] 안으로부터 날뛰고 탐욕(貪欲)[4] · 진에(瞋恚)[5] · 수면(睡眠)[6] · 도거(悼擧)[7] · 의(疑)[8] 따위의 오개(五蓋)[9]가 밖을 덮기 때문에 진실[10]을 보지 못하는 것이다. — 〈四十二章經〉

〔주〕 1)사람들 : 원문은 '衆生'. 1의 주. 2)삼독 : 245의 주. 3)진작부터 있음 : 원문은 '本有'. 본래부터 갖추고 있는 것. 4)탐욕 : 54의 '탐'과 같음. 5)진에 :

54의 '진'의 주. 6)수면 : 마음을 흐리게 하는 작용. 수(睡)는 의식이 멍하여 자극에 대한 반응이 일지 않는 것. 면(眠)은 오근(五根)이 작용하지 않는 것. middha. 7)도거 : 마음이 들떠 안정이 없는 것. auddhatya. 8)의 : 546의 주. 9)오개 : 마음을 가리는 다섯 번뇌. 탐(貪)·진(瞋)·수면(睡眠)·도회(掉悔)·의(疑). 탐·진·수면·의는 4)5)6)8) 참조. 도회는 도거(掉擧)와 추회(追悔). 도거는 7)의 주. 여기서는 도회 대신 도거를 들고 있으나 별 차이가 없다. 10)진실 : 원문은 '道'. 508의 주.

563

온갖 번뇌[1]는 허망(虛妄)[2]이 근본을 이룬다. — 〈涅槃經〉

〔주〕 1)번뇌 : 원문은 '惡事'. 나쁜 행위. 불행 등의 뜻으로도 쓰이나, 번뇌의 뜻도 있다. 4의 주. 2)허망 : 거짓. 진실이 아닌 것. vitathā.

564

허망(虛妄)[1]을 떠나지 않기 때문에 의혹(疑惑)[2]이 있게 되고, 의혹 때문에[3] 욕구되는 것[4]이 있게 되고, 그 욕구되는 것 때문에 원친(怨親)[5]이 있게 되고, 저 원친 때문에 증애(憎愛)[6]가 있게 되고, 증애 때문에 칼을 서로 잡고 맞선다든가, 소송해 싸운다든가, 마음[7]에 첨곡(諂曲)[8]이 생긴다든가, 말이 진실치 못하다든가 하게 되어, 이런 가지가지의 악행(惡行)[9]을 저지르게 되는 것이다. — 〈帝釋所問經〉

〔주〕 1)허망 : 563의 주. 2)의혹 : 425의 주. 3)때문에 : 원문은 '由…故'. 130의 주. 다음에 나오는 '因…故'·'以…故'도 다 '…때문에'의 뜻이다. 4)욕구되는 것 : 원문은 '所欲'. adhimokṣa. 5)원친 : 497의 주. 6)증애 : 미움과 사랑. anurodha-virodhau. 7)마음 : 원문은 '情'. 8)첨곡 : 340의 주. 9)악행 : 원문은

'惡業'. 170의 주.

565

부처님께서 아일보살(阿逸菩薩) 등에게 세속의 오악(五惡)을 설하셨다. 그 첫째 악이란, 천신(天神)[1]과 사람들[2]과 금수와 벌레[3] 따위들이, 강자는 약자를 짓밟아 이를 해치며, 서로 살상(殺傷)하며, 서로 잡아먹어서, 선을 닦을 줄 모르고 사악한 짓만 하다가 나쁜 과보(果報)[4]를 받는 일이다.

그 둘째 악이란, 세상의 제왕·장관·백성과 부자·형제·가족[5]·부부들이 도리[6]를 거의 몰라서, 정령(政令)을 안 따르고 사치[7]와 교만에 흐르며, 각기 즐기고자 하여 제멋대로 굴며, 서로 속여 죽음을 두려워 안하며, 마음과 지껄이는 소리가 각기 다르고 말과 생각이 허망하며,[8] 마음이 비뚤어져[9] 충실(忠實)치 못하고, 비위를 맞추고자 달콤한 말을 일삼아 행실이 단정치 못하며, 다시 서로 시샘하고 서로 중상해서 사악(邪惡)[10]에 빠져들어가며, 신하는 그 임금을 속이고, 아들은 그 아비를 속이고, 아우는 그 형을 속이고, 지어미는 그 남편을 속이고, 가정의 안팎에서 아는 사람[11]들끼리 서로 악을 도와, 탐심(貪心)[12]을 각기 품어 존비상하(尊卑上下)와 남녀대소(男女大小)가 자기의 향락만을 추구하다가 파가망신(破家亡身)하며, 앞뒤를 돌보지 않고 재물을 놓고 다투다가 성낸 나머지 원수가 되고 말아서 더욱 결판을 내고자 싸우며, 인색한 부자가 재물 모으는 데만 노심초사하여, 남에게 베풀어[13] 주려 안하고, 악만 지키고 탐심만 불태워 마음과 몸을 애태우다가 재앙과 벌이 목숨을 재촉하는 일이다.

그 셋째 악이란, 세상 사람들이 기탁(寄託)해 살기를 끊임이 없어서,[14] 함께 천지 사이에 의지해 있는바, 그 수명은 얼마도 되지 않거니와, 사람

중에는 고귀한 이도 있고, 현명한 선인(善人)도 있고, 빈천(貧賤)하고 어리석은 자도 있게 마련이다. 그런데 그 중에 좋지 않은 사람이 있어서, 오직 악만을 생각하여 몸과 마음이 바르지 않으며, 음탕한 일만 항상 생각해 가슴속이 번거로움으로 가득하며, 애욕이 뒤엉켜서 좌기(坐起)가 불안하며, 탐심이 강하고 인색하여 모여서 나쁜 짓을 하며, 군사를 일으켜 침략자가 되어 성을 공격해 싸우며, 남을 죽여 몸을 동강내고, 사리에 안 맞게 강탈해 남의 재물을 취하며, 제멋대로 행동해 남의 부인과 간통하며, 지방관의 법령을 두려워하지 않아서 꺼리는 바가 없으니, 이런 악은 일월이 비쳐 보고 신명이 기록해 두는 까닭에, 악취(惡趣)[15] 중을 옮아 다녀서 누겁(累劫)[16]을 지나도 벗어날 때가 없게 된다. 이것이 셋째 악이다.

그 넷째 악이란, 악인들이 선을 행하지 않고 스스로 저를 망치며,[17] 서로 가르쳐서 갖가지 악을 함께 지으면서, 객쩍은 말[18]만 주로 하여 오직 중상하는 말,[19] 거친 말,[20] 욕하는 말,[21] 거짓말[22]로 서로 시샘하고 서로 다투어 착한 이를 미워하고 성자(聖者)[23]를 미워하며, 부모를 효도로[24] 봉양하지[25] 않고, 스승을 얕보고, 친구[26]에게 신의가 없어서 성실하기 어려우며, 스스로 말하기를 자기는 존귀하고 도가 있다 하여, 위엄을 부리며 횡행하고, 세력을 휘둘러 선인을 꺾으면서도 자기가 악한 짓 하는 줄 알지 못하여 부끄러움[27]이 없으며, 스스로 권세를 누림[28]이 자못 강성해서 사람들로 하여금 순순히 따라 경외(敬畏)하게 하고, 천지신명(天地神明)을 경외하지 아니하여 재앙[29]이 그를 끌어 가는 일이다.

그 다섯째 악이란, 세상 사람들이 공연히 수행(修行)에 게을러[30] 선근(善根)을 쌓으려[31] 않고, 살림[32]을 생각지 않아서 처자가 기한(飢寒)에 떨고 부모도 그렇게 만들며, 그 자식을 꾸짖어 가리키고자 하나, 그 아들이 악심을 품어 눈을 흘기고 성난 말로 대들어, 그 뜻을 어기고 반항하여서 원수[33]같이 되며, 멋대로 놀아나 법을 두려워 안하며, 음식에 절제가 없어서 술을 마시고 미미(美味)를 즐기며, 출입에 절도가 없고, 날치고 당돌하여 의(義)도 예(禮)도 없어서 갖가지 악을 짓는 일이다. 이것이 다섯 가지 대악(大惡)이다. — 〈無量淸淨平等覺經〉

〔주〕 1)천신 : 원문은 '諸天'. 161의 주. 2)사람들 : 원문은 '人民'. 24의 주. 3)벌레 : 원문은 '蜎飛蠕動'. 기고, 날고, 꿈틀거리고, 움직이는 생물. 벌레. 4)나쁜 과보 : 원문은 '殃罰'. 5)가족 : 원문은 '室家'. 가족. 가정. 6)도리 : 원문은 '義理'. 292의 주. 7)사치 : 원문은 '淫奢'. 과도한 사치. 8)허망함 : 원문은 '無實'. 64의 주. 9)비뚤어짐 : 원문은 '佞諂'. 마음이 비뚤어져 있는 것. 아첨하는 말을 하는 것. 10)사악 : 원문은 '惡枉'. 11)아는 사람 : 원문은 '知識'. 12)탐심 : 원문은 '貪婬'. Ⓟlobha. 13)베풂 : 원문은 '施與'. 물건을 베풀어 주는 것. upasaṃhāra. 14)끊임없음 : 원문은 '相因'. 앞의 찰나에서 멸한 것이, 다음 찰나에서 다시 생김. 전후 끊임이 없는 선악의 업상(業相)을 이른다. 육종인(六種因)의 하나. 15)악취 : 78의 주. 16)누겁 : 26의 주. 17)망침 : 원문은 '敗壞'. 316의 주. 18)객쩍은 말 : 원문은 '傳言'. 기어(綺語)·잡예어(雜穢語)라고도 한다. 무의미하고 무익한 꾸민 말. 나쁜 농담. 아무렇게나 지껄이는 말. 19)중상하는 말 : 원문은 '兩舌'. 이간하는 말. Ⓟpisuṇā vācā. 20)거친 말 : 원문은 '惡口'. Ⓟpharusā vācā. 21)욕하는 말 : 원문은 '罵詈'. 22)거짓말 : 원문은 '妄語'. Ⓟmusa-vāda. 23)성자 : 원문은 '賢士'. Ⓟariya. 24)효도함 : 원문은 '孝順'. 25)봉양함 : 원문은 '供養'. 봉사함. 존경을 가지고 섬기며 돌보는 것. 26)친구 : 원문은 '知識'. 27)부끄러움 : 원문은 '羞慚'. hri. 28)스스로 권세를 누림 : 원문은 '自用'. 자수용(自受用)의 약(略). 공덕·이익을 스스로 받아, 그 즐거움을 자기가 맛보는 것. 29)재앙 : 원문은 '殃咎'. 30)수행에 게으름 : 원문은 '懈惰'. 31)선근을 쌓음 : 원문은 '作善'. 32)살림 : 원문은 '治生'. 경제적 활동. Ⓟvaṇijjā. 33)원수 : 원문은 '怨家'. 468의 주.

566

"거사(居士)[1]의 아들[2]아, 여섯 가지 집착[3]이 있기 때문에 재물을 없애고 악도(惡道)[4]에 들어가나니, 여섯 가지란 무엇인가? 첫째는 술을 좋아하여 놀아나는 일이요, 둘째는 불시에 남의 여인의 방[5]에 드나드는 일이요, 셋째는 도박에 빠지는 일이요, 넷째는 음악[6]을 지나치게 좋아함이요, 다섯째는 나쁜 벗과 사귐이요, 여섯째는 게으름을 피우는 일이니라."

— 〈善生子經〉

〔주〕 1)거사 : 244의 주. 2)아들 : '居士子'의 '子'가 아들의 뜻인지, 아니면 거사에 대한 존칭으로 쓴 것인지 확실치 않다. 3)집착 : 원문은 '患'. 근심·괴로움의 뜻으로 쓰이는 말이나, 여기서는 '患執' 정도의 말인 듯하다. 병들어 집착함. 4)악도 : 78의 '악취'의 주. 5)남의 여인의 방 : 원문은 '他房'. 문장으로 보아 이런 뜻인 듯하다. 6)음악 : 원문은 '伎樂'. 악사가 연주하는 음악. vādya.

567

열 가지 악업(惡業)[1]이 있으니, 첫째는 살생(殺生)[2]하는 일이요, 둘째는 도둑질하는 일이요, 셋째는 사음(邪婬)하는 일이요, 넷째는 거짓말[3]을 하는 일이요, 다섯째는 이간하는 말[4]을 하는 일이요, 여섯째는 거친 말[5]을 하는 일이요, 일곱째는 객쩍은 말[6]을 하는 일이요, 여덟째는 탐욕을 품는 일이요, 아홉째는 성을 내는 일이요, 열째는 어리석은 일이니라.

— 〈受十善戒經〉

〔주〕 1)악업 : 170의 주. 2)살생 : 386의 주. 3)거짓말 : 원문은 '妄語'. 565의 주. 4)이간하는 말 : 원문은 '兩舌'. 565의 주. 5)거친 말 : 원문은 '惡口'. 565의

주. 6)객쩍은 말 : 원문은 '綺語'. 565의 '傳言'의 주.

〔풀이〕 사람의 행위를 신(身)·구(口)·의(意)로 나눌 때, 처음의 세 가지는 신악(身惡), 다음의 네 가지는 구악(口惡), 끝의 세 가지는 의악(意惡)이므로, 신삼구사의삼(身三口四意三)이라고 한다.

568

소경은 좋은 빛깔, 나쁜 빛깔과 평지(平地)·고지(高地)를 보지 못한다. 중생들도 또한 이러해서, 음(婬)·노(怒)·치(痴)[1]에 의해 뒤덮여 있는 까닭에 선악의 행위를 분간해 볼 줄을 모르며, 미추(美醜)[2]를 모르며, 백법(白法)[3]·흑법(黑法)[4]의 구분을 몰라서 마음이 저절로 미혹(迷惑)해 선처(善處)[5]를 구하려 하지 않는다. 그러므로 세상이 온통 깜깜할[6] 수밖에 없다. — 〈出曜經〉

〔주〕 1)음·노·치 : 음(婬)은 탐(貪), 노(怒)는 진(瞋)과 같다. 결국 삼독(三毒)을 말한 것. 245의 주. 2)미추 : 원문은 '好醜'. 3)백법 : 158의 주. 4)흑법 : 일의 성질을 빛깔로 비유한 것이어서, 악한 일들을 가리킨다. kṛṣṇa-dharma. 5)선처 : 78의 '선취'와 같다. 6)깜깜함 : 원문은 '盲冥'. 장님같이 깜깜한 것. andha.

569

마음은 악의 근원, 몸은 죄의 덤불이다. — 〈八大人覺經〉

570

사자는 사람이 때리거나 쏠 때면 사람을 좇아가지만, 어리석은 개는 사람이 때리는 경우, 기와 조각이나 돌멩이를 쫓아가서 근본을 찾을 줄 모른다. 사자는 지혜 있는 사람이 그 근본을 구해서 번뇌를 없애는 것을 비유함이요, 어리석은 개란 외도(外道)[1]가 오열(五熱)로 몸을 쪼이는[2] 고행(苦行)[3]을 하면서도, 정작 마음의 근본을 알지 못하는 것을 비유함이다. 무릇[4] 어리석은 사람들은 진실한 가르침[5]이 무엇인가를 착각해서, 신심(身心)의 무아(無我)[6]함을 관찰[7]할 줄 모르는데, 이는 오직 고행을 배우는 것으로 도를 닦는 사람들이 외도의 그릇된 가르침을 망령되이 행하여, 잘못에 집착하고 진실을 버려, 오직 악한 가르침[8]을 이루는 것과 같다. — 〈大莊嚴經論〉

〔주〕 1)외도 : 8의 주. 2)오열로 몸을 쪼임 : 원문은 '五熱炙身'. 사방에 불을 피워 놓고, 그 가운데서 태양의 뜨거운 열을 쪼이는 고행. 3)고행 : 348의 주. 4)무릇 : 원문은 '但'. 5)진실한 가르침 : 원문은 '眞道'. 진실한 불도(佛道). 6)무아 : 85의 주. 7)관찰 : 53의 주. 8)악한 가르침 : 원문은 '惡法'. 18의 주.

571

이 몸을 나[1]라 생각하므로 신업(身業)[2]을 일으키며, 이 말을 나라 생각하므로 구업(口業)[3]을 일으키며, 이 마음을 나라 생각하므로 의업(意業)[4]을 일으킨다. 그러고는 다시 간탐(慳貪)[5]을 일으키고, 계(戒)[6]를 범하고, 분에(忿恚)[7]를 일으키고, 해태(懈怠)[8]를 일으키고, 산란(散亂)[9]을 일으키고, 악혜(惡慧)[10]를 일으켜서, 육바라밀다(六波羅蜜多)를 파괴하는 것이다. 이런 사람은 보살이라 부를 수 없다. — 〈般若經〉

〔주〕 1)나 : 원문은 '我'. 79의 주. 2)3)4)신업 · 구업 · 의업 : 558의 '신 · 구 · 의'와 같다. 5)간탐 : 515의 주. 6)계 : 18의 주. 7)분에 : 성냄. akrodhana. 8)해

태 : 565의 '해타'와 같다. 9)산란 : 마음이 어지러워 안정이 없는 것. 도거(掉擧)와 같다. 10)악혜 : 바르지 않은 지혜. durmati. 443의 주.

악업의 고과(苦果)

572

중생들은 몸으로 악업(惡業)을 이루며,[1] 입으로 악업을 이루며,[2] 마음으로 악업을 이루며,[3] 성자(聖者)[4]들을 비방하여 사견(邪見)[5]과 사견업(邪見業)[6]의 인연(因緣)[7]을 이루는 까닭에, 목숨이 끝나면[8] 반드시 지옥에 떨어지게 되는 것이다. — 〈華嚴經〉

〔주〕 1)몸으로 짓는 악업 : 원문은 '身惡業'. 2)입으로 짓는 악업 : 원문은 '口惡業'. 3)마음으로 짓는 악업 : 원문은 '意惡業'. 4)성자 : 원문은 '賢聖'. 삼현십성(三賢十聖). 범부가 부처님이 되기까지에는 십신(十信)·십주(十住)·십행(十行)·십회향(十回向)·십지(十地)·묘각(妙覺)·등각(等覺)·무상정등각(無上正等覺)의 오십삼위(五十三位)의 단계가 있는바, 이 중에서 십주·십행·십회향의 경지를 삼현(三賢)이라 하고, 초지(初地)에서 십지(十地)까지를 십성(十聖)이라 한다. 5)사견 : 219의 주. 6)사견업 : 사견에서 나온 행위. 7)인연 : 원인. 8)목숨이 끝남 : 원문은 '身壞命終'. 몸이 망가지고 목숨이 끝남. 죽는 것.

573

그릇된 분별심(分別心)[1]이 무명(無明)[2]을 훈습(熏習)[3]하여 마음의 진실한 모습[4]을 이해하지 못하므로,[5] 불각(不覺)[6]의 망념(妄念)이 일어나 육식(六識)의 대상으로서의 객관계(客觀界)[7]를 나타내게 된다. 그리고 이 객관계의 '바람'이 현식(現識)[8]의 '바다'를 도리어 훈습해서 칠식(七識)[9]

의 '물결'을 일으키면, 이 식(識)이 객관계의 '티끌'[10]에 집착함으로써 여러 악업(惡業)[11]을 두루 지어 온갖 괴로운 과보(果報)[12]를 받게 된다. 그래서 삼유(三有)의 수레바퀴가 휘돌고[13] 사독(四毒)[14]의 사나운 물결이 일어나게 마련이다.

— 〈釋摩訶衍論〉

〔주〕 1)그릇된 분별심 : 원문은 '妄心'. 116의 주. 2)무명 : 7의 주. 3)훈습 : 어떤 것이 다른 것에 계속 작용을 미칠 때, 점점 그 영향을 받게 되는 작용. 옷은 본래 향기가 없지만, 계속 향을 쪼이면 그 옷에서 향내가 나게 됨과 같다. vāsanā. 4)마음의 진실한 모습 : 원문은 '眞如法'. 5)이해하지 못함 : 원문은 '不了'. anavadhārita. 6)불각 : 마음의 본성에 대한 미망(迷妄). 진여(眞如)의 법(法)은 본래 평등하건만, 그것을 깨닫지 못하는 미망. 7)육식의 대상으로서의 객관계 : 원문은 '妄境界'. 마음을 그릇 가졌기 때문에 생긴 대상(對象). 육식(六識)의 대상으로서의 육진(六塵). 8)현식 : 경계(境界)를 나타내는 식(識). 경계에 대한 의지작용(意志作用)이 있는 곳에는, 그것에 수반해서, 밝은 거울이 경면(鏡面)에 온갖 사물을 비칠 수 있는 것같이, 온갖 우리 마음의 경계가 비친다. 그 대상적 측면을 이른다. 9)칠식(七識) : 제칠식(第七識)인 말나식(末那識). 말나(末那)는 manas의 음사(音寫)로 의(意)라 번역되었으나, 제육식(第六識)인 의식(意識)의 의(意) mano와는 구별된다. 의식이 사고력의 뜻인 데 대해 이것은 자아(自我)의 관념과, 번뇌에 오염되는 근거가 되는 식(識)이다. manas-vijnāna. 10)객관계의 '티끌' : 원문은 '境界塵'. 식(識)의 대상인 육경(六境)은 마음을 오염시키므로 '티끌'이라 한 것이다. 11)악업 : 170의 주. 12)괴로운 과보 : 원문은 '苦果'. 신심(身心)을 괴롭히는 것. 악업(惡業)에서 오는 과보. duḥkhana. 13)삼유의 수레바퀴가 휘돌다 : 원문은 '三有의 輪이 循環함'. 삼계(三界)에 윤회하는 것. 삼유(三有)는 200과 336의 주. 14)사독 : 사혹(四惑)이니 제7식과 항상 결부되어 생겨나는 근본번뇌(根本煩惱)다. ①아치(我痴). 무아(無我)의 도리에 미혹하는 무명(無明). ②아견(我見). 비아(非我)를 아(我)로 여기는 아집(我執). ③아만. 자기를 믿고 뽐내는 것. ④아애(我愛). 아

(我)에 깊이 집착하는 것.

〔풀이〕 이것은 '망경계훈습(妄境界熏習)'에 대해 언급한 대목이다. 망심(妄心)이 무명(無明)에 훈습(熏習)해서 온갖 사물의 평등한 본성을 모르기 때문에, 미혹하는 마음이 나타나고 허망한 객관계가 나타난다. 그리고 이 객관계의 온갖 사물에 망심(妄心)이 달라붙어서 미혹을 일으키고, 차례로 업(業)과 고(苦)를 자초한다는 것이다. <기신론(起信論)>에 의하면, 불각(不覺)의 망념(妄念)과 망념에 의해 나타나는 망경계(妄境界)로서의 육진(六塵)이, 모든 미혹된 사물을 생기게 하는 외연(外緣)이 되어, 도리어 망심(妄心)에 훈습함으로써, 망심으로 하여금 더욱 망경계에 집착하게 만든다. 그리고, 그것은 정신적·신체적인 행위가 되어 나타나고, 그 행위에 의해 생기는 과보(果報)로 괴로움을 받게 된다고 한다.

574

범부들은 소견(所見)[1]이 잘못된[2] 까닭에 사견(邪見)[3]을 바로잡지 못하고, 오직 어리석은 짓만을 생각해 무익(無益)한 일을 구하며, 마음에 품은 생각이 번뇌[4]뿐이어서 은애(恩愛)[5]의 '그물'만을 구하고, 유첨(諛諂)[6]을 따라서 마음의 움직임[7]이 거짓되어 인색·시기·탐심·투기로 찼으며, 미혹(迷惑)의 생활[8]을 사모하여 이곳 저곳을 오고 가며 노닐고, 삼독(三毒)[9]을 품었기 때문에 음(婬)·노(怒)·치(痴)[10]의 번뇌가 윤회(輪廻)를 끝없이 반복게 하며,[11] 남을 원망하여 해치려는 마음[12]을 불꽃같이 일으키므로 그릇된 행위[13]로 죄[14]를 지으며, 온갖[15] 은애(恩愛)와 무명(無明)에서 나오는 여러 번뇌[16]를 늘 생각해 마음에 지녀, 그 의식(意識)[17]을 결박하고 있으므로 삼계(三界)[18]를 옮아 다니게 마련이니, 그 괴로운 액(厄)과 포악한 행위가 끝없이 오가게[19] 되는 것이다. —〈漸修一切智德經〉

〔주〕 1)소견 : 보여지는 것. dṛśya. 생각되는 것. ābhāsa. 2)잘못됨 : 원문은 '顚倒'. 3의 주. 3)사견 : 원문은 '邪'. 219의 '사견'의 주. 4)번뇌 : 원문은 '塵勞'. 450의 주. 5)은애 : 사랑. 부자·부부 따위 육친 사이의 애정. 6)유첨 : 아부. Ⓟsāṭheyya. 7)마음의 움직임 : 원문은 '心行'. 마음의 작용. caryā. 8)미혹의 생활 : 원문은 '生死'. saṃsāra. 9)삼독 : 245의 주. 10)음·노·치 : 탐(貪)·진(瞋)·치(痴)와 같다. 11)윤회를 끝없이 반복함 : 원문은 '輪轉無際'. '윤전'은 윤회. 12)남을 원망하여 해치는 마음 : 원문은 '恚害心'. himsra-ātmatā. 13)그릇된 행위 : 원문은 '顚倒業'. 14)죄 : 원문은 '罪患'. 죄를 지으면 환난(患難)이 따르기에 하는 말. 15)온갖 : 원문은 '所有'. 119의 주. 16)무명에서 나오는 여러 번뇌 : 원문은 '無明諸漏'. 누(漏)는 98의 주. 17)의식 : 의식의 영역. 의식계(意識界)와 같다. mano-vijnāña-dhātu. 18)삼계 : 4의 주. 19)끝없이 오감 : 원문은 '往返無休'. 인과(因果)의 악순환이 끝없이 계속됨.

575

다섯 가지 역죄(逆罪)[1]가 있으니, 이것이 가장 큰 악행(惡行)이다. 다섯 가지란 무엇인가? 고의(故意)로 아버지를 죽이는 일, 어머니를 죽이는 일, 아라한(阿羅漢)[2]을 죽이는 일, 교단(敎團)의 화합(和合)[3]을 깨어 분열시키는 일, 부처님의 몸을 상하여 피가 나게 하는 일이다. 이런 것을 오역(五逆)이라 하고, 이 죄를 지은 자는 무간지옥(無間地獄)[4]에 떨어지게 된다.

— 〈大方廣十輪經〉

〔주〕 1)역죄 : 61의 주. 2)아라한 : 151의 '아라하'의 주. 3)교단의 화합 : 원문은 '和合僧'. 성원(成員)이 화합해 있는 교단. 승은 승가(僧伽). Ⓟsamagga-saṅgha. 4)무간지옥 : 419의 주.

576

악(惡)은 마음에서 나와 도리어 제 몸[1]을 파괴한다. 쇠에서 녹[2]이 생겨나 도리어 그 몸(쇠 자체)을 좀먹는 것과 같다. —〈法句經〉

〔주〕 1)몸 : 원문은 '形'. 물질적 존재의 형태. 여기서는 몸을 말한 것. saṃ=sthāna. 2)녹 : 원문은 '垢'. 원뜻은 더러움. 여기서는 녹을 이른 것. mala.

577

추악한 말[1]은 날카로운 칼, 탐욕(貪欲)[2]은 독약, 진에(瞋恚)[3]는 사나운 불꽃, 무명(無明)[4]은 더없는 어둠이다. —〈天請問經〉

〔주〕 1)추악한 말 : 원문은 '麤言'. 거친 말. 악구(惡口). krūra. 2)탐욕 : 54의 '탐'의 주. 3)진에 : 54의 '진'의 주. 4)무명 : 7의 주.

578

세상의 온갖[1] 바르지 않은 일[2]들이 생기는 과정을 보건대, 여러 바르지 않은 종류[3]의 일과 여러 바르지 않은 부류[4]의 일이 다 마음이 앞장서 인도하는 탓으로 일어남을 알게 된다. 왜냐하면 나쁜 마음이 일어나면 악하고 바르지 않은 일들이 다 그 뒤를 따라 생기는 까닭이다.

—〈本事經〉

〔주〕 1)온갖 : 원문은 '所有'. 119의 주. 2)바르지 않은 일 : 원문은 '不善法'. 209의 주. 3)종류 : 원문은 '品'. <구사론(俱舍論)> 참조. 4)부류 : 원문은 '類'. <구사론> 참조.

579

진에(瞋恚)[1]는 여러 바른 일[2]들을 잃게 만드는 근본이요, 여러 악도(惡道)[3]에 떨어지게 만드는 원인이요, 법락(法樂)[4]의 적[5]이요, 선심(善心)[6]의 큰 도둑이다. —〈大智度論〉

〔주〕 1)진에 : 54의 '진'의 주. 2)바른 일 : 원문은 '善法'. 18의 주. 3)악도 : 78의 '악취'의 주. 4)법락 : 부처님의 가르침을 믿는 데서 오는 즐거움. dharma-rati. 5)적 : 원문은 '怨家'. 468의 주. 6)선심 : 착한 마음. 아비달마(阿毘達磨)의 이론을 따르면, 참(慚)·괴(愧)의 이법(二法)과, 무탐(無貪)·무진(無瞋)·무치(無痴)의 삼근(三根)과 상응(相應)해 일어나는 마음.

580

온갖 죄는 진리 아닌 것을 말하는 입과, 내세(來世)[1]를 배척[2]하는 마음에서 생긴다. —〈巴里文法句經〉

〔주〕 1)내세 : 원문은 '未來世'. 553의 주. 2)배척 : 원문은 '非拒'. 비난하고 거부함.

581

진심(瞋心)[1]은 사나운 불보다도 무서우니, 항상 잘 지켜서 들어오지 못하게 해야 한다. 공덕(功德)[2]을 물리치는 도둑으로 말하자면 진에(瞋恚)[3]보다 더한 것이 없다. —〈遺敎經〉

〔주〕 1)진심 : 54의 '진'의 주. 2)공덕 : 208의 주. 3)진에 : 54의 '진'의 주.

제5장 인과(因果)

인과의 정의

582

그 때에 문수보살(文殊菩薩)이 보수보살(寶首菩薩)에게 물었다.

"불자(佛子)[1]여, 사대(四大)[2]로 똑같이 이루어져 있어서[3] 다 같이 아(我)[4]와 아소(我所)[5]가 없는 터인데, 어찌해 어떤 사람은 괴로움을 받고 어떤 사람은 즐거움을 받으며, 어떤 사람은 단정하고, 어떤 사람은 추악하며, 어떤 사람은 현세(現世)에서 과보(果報)를 받고,[6] 어떤 사람은 후세(後世)에 가서야 과보를 받게 되는[7] 것입니까?"

보수보살이 대답했다.

"그 행위[8]를 따라 이런 과보[9]의 차이가 생기는 것입니다. 비유하자면 맑은 거울이 그 대하는 사물의 모양[10]을 따라 비추는 모습이 각기 다른 것과 같습니다. 업(業)의 본성(本性)[11]도 이러해서, 밭에 뿌려진 씨가 각기 자각하지 못하지만 저절로 싹을 트는 것과 같으며, 환술사(幻術師)[12]가 네거리에서 여러 몸[13]을 나타내는 것과 같습니다." — 〈華嚴經〉

〔주〕 1)불자 : 78의 주. 2)사대 : 139의 주. 3)똑같이 이루어져 있음 : 원문은 '等有'. 똑같이 가지고 있는 것. 4)아 : 79의 주. 5)아소 : 79의 주. 6)현세에서 과보를 받음 : 원문은 '現報'. 현세에서 지은 행위에 대해, 현세에서 보(報)를 받는 것. 순현보수(順現報受)·현재수업(現在受業)과 같다. 7)후세에 과보를

받음 : 원문은 '後報'. 현세에서 한 행위가 원인이 되어, 내생에서 그 보를 받는 것. 8)행위 : 원문은 '行業'. 239의 주. 9)과보 : 78의 '보'의 주. 10)모양 : 원문은 '質'. 11)업의 본성 : 원문은 '業性'. 고락의 과(果)를 초래하는 원인. 업체(業體)라고도 한다. 12)환술사 : 원문은 '幻師'. 193의 주. 13)몸 : 원문은 '色相'. 271의 주.

583

과거 무량세(無量世)[1]의 선업(善業)·악업(惡業)[2]을 멈추어 간직해서[3] 산실(散失)시키지 않는 까닭에, 그 업에서 오는 현재·미래의 고락(苦樂)의 과보(果報)[4]를 성숙(成熟)[5]시켜 어긋남이 없게 한다. — 〈起信論〉

〔주〕 1)무량세 : 헤아릴 수 없이 많은 세상. 끝없는 생(生). 2)선업·악업 : 원문은 '善惡業'. 선업·악업은 170의 주. 3)멈추어 간직함 : 원문은 '住持'. 116의 주. 4)과보 : 78의 '보'의 주. 5)성숙 : 218의 주.

〔풀이〕 상속식(相續識)에 대해 설명한 대목이다. 한 번 일으켜진 망념(妄念)은 차례로 새로운 망념을 일으켜 단절함이 없어서, 무한한 과거로부터의 선업·악업을 멈추어 파지(把持)하는 것에 의해, 현재와 미래에 걸쳐 고락의 과보를 받게 한다는 것이다.

584

온갖 중생은 제 번뇌(煩惱)[1]로 지어진 업(業)[2]에 의해, 그 몸[3]과 사는 세계[4]를 스스로 만들어 간다.[5] 하나하나 제 몸과 사는 세계와 수용(受用)해 지니는[6] 것을 스스로 이루는 것이, 업을 제쳐놓고 다른 무엇이 그렇게 하는 것은 아니다. — 〈華嚴經〉

〔주〕 1)번뇌 : 4의 주. 2)업 : 61과 540의 주. 3)몸 : 원문은 '形'. 576의 주. 4)세계 : 원문은 '境土'. 환경으로서의 세계. 5)만든다 : 원문은 '化'. 변화해서 생긴 것. 세계는 본래 없는 것이지만, 중생의 업이 그런 가상(假象)을 나타나게 했다는 것. nirmāṇa. 6)수용해 지님 : 원문은 '所有受用'. 수용은 185의 주.

585

업(業)[1]이 보(報)[2]를 어기지 않고, 보가 업을 어기지 않는다.

— 〈華嚴經〉

〔주〕 1)업 : 61의 주. 2)보 : 78의 주.

586

온갖 중생이 받는 고락(苦樂)의 과보(果報)[1]의 모두가, 다 현세(現世)[2]의 업(業)[3] 때문인 것은 아니며, 그 원인이 과거세(過去世)[4]에도 있었음을 알아야 한다. 그러므로 현재에 있어서 인(因)[5]을 짓지 않는다면, 미래에 받아야 할 과(果)[6]도 없을 것이다.

— 〈涅槃經〉

〔주〕 1)과보 : 78의 '보'의 주. 2)현세 : 원문은 '現在世'. 지금 세상. pratyutpanna. 3)업 : 61의 주. 4)과거세 : 원문은 '過去'. 과거는 '과거세'의 준말. 5)인 : 원인이 되는 것. 원인. hetu. 6)과 : 409의 주.

587

선악(善惡)의 보(報)[1]는 그림자가 형태를 따르는 것과 같다. 그리하여 삼세(三世)의 인과(因果)[2]가 휘돌아 없어지는 일이 없으니, 이 생(生)을 헛되이 보낸다면 후회해도 소용이 없으리라.

— 〈涅槃經〉

〔주〕 1)보 : 78의 주. 2)삼세의 인과 : 원문은 '三世因果'. 과거·현재·미래에 걸쳐 인과가 뒤엉키는 것. 삼세는 39, 인과는 115의 주.

588

소위 인과(因果)[1]란 무엇인가? 우리가 짓는 선악(善惡)을 인(因)이라 부르고, 그 때문에 받는 고락(苦樂)을 과(果)라 부르며, 과(果)의 근거[2]를 이루는 것을 인(因)이라 하고, 인(因)을 근거로 하여 생기(生起)되는 것[3]을 과(果)라 한다. 이같이 근거와 생기가 서로 의존해[4] 있는 것을, 한데 묶어 인과(因果)라 하는 것이다. — 〈菩薩瓔珞本業經〉

〔주〕 1)인과 : 115의 주. 2)근거 : 원문은 '所由'. 3)생기되는 것 : 원문은 '所起'. 4)근거와 생기가 서로 의존함 : 원문은 '由起相待'.

589

인연(因緣)[1]이 화합(和合)[2]하고, 선악의 업(業)[3]과 고락의 과(果)[4]가 소실(消失)되는 일이 없다. — 〈起信論〉

〔주〕 1)인연 : 2의 주. 2)화합 : 44의 주. 3)업 : 61의 주. 4)과 : 409의 주.

〔**풀이**〕 이 글의 원문은 "觀一切法, 因緣和合, 業果不失"로 되어 있는데, 저자는 이것을 "因緣이 和合하야 善惡業과 苦樂等報가 不失不壞니라"로 풀어 쓰고 있다. '業果不失'을 부연한 것은 의미의 손상은 없다 하겠으나, '觀一切法'을 떼어 버리고, '和合' 밑에 '하야'의 토를 단 것은 온당치 못한 줄 안다. "모든 존재가 인연(조건)으로 구성되어 있고, 업과가 엄연함을 관찰한다"가 원문의 뜻이다.

590

정의도니야자(淨意兜泥耶子)가 부처님께 여쭈었다.

"모든 사람들의 갖가지 모양[1]이 제각기 달라서,[2] 장수하는 사람이 있는가 하면 단명한 사람도 있고, 병 많은 사람이 있는가 하면 병이 적은 사람도 있고, 단정하게 생긴 사람이 있는가 하면 추하게 생긴 사람도 있고, 부귀를 누리는 사람이 있는가 하면 빈궁에 허덕이는 사람도 있고, 어리석은 사람이 있는가 하면 슬기로운 사람도 있습니다. 이런 종류의 갖가지 차이가 있으니, 어떤 인연(因緣)[3]으로 보응(報應)[4]이 이 같사옵니까?"

부처님께서 말씀하셨다.

"세상의 중생이 지은 인행(因行)[5]에 차이가 있으므로, 그 얻는 과(果)[6]도 각기 다르게 마련이니라." —〈優婆塞所問經〉

〔주〕 1)모양 : 원문은 '行相'. 모양. 모습. 형태. ākāra. 2)다름 : 원문은 '差別'. 501의 주. 3)인연 : 2의 주. 4)보응 : 78의 '보'와 같다. 5)인행 : 원인으로서의 행위. 수행(修行)의 뜻도 있으나, 밑의 '得果'와 대(對)를 이루므로 전기의 해석이 옳은 듯하다. 6)과 : 409의 주.

591

숙인금과(宿因今果)[1]가 터럭만큼도 어김이 없어서, 인(因)[2] 때문에 과(果)[3]를 받게[4] 되는 것이니, 과(果)는 그 인(因)과 같게 마련이다. 이에 똑똑히 마음에 새겨서,[5] 여러 의망(疑網)[6]을 제거해야[7] 한다. 선악의 업보(業報)[8]란 확실하여 거짓이 없으며,[9] 그 형세가 사나운 물살[10] 같아 멈추지[11] 못할 것이다. 저 업력(業力)[12] 때문에 그 보(報)를 각기 불러들이는 것이니, 복인(福因)[13]을 스스로 지으면 낙과(樂果)[14]를 받게 되리라.

백천겁(百千劫)[15]을 지낸대도 저 업(業)[16]은 파괴되는 일이 없어서, 인연(因緣)이 결합되는[17] 때가 되면 과보(果報)[18]를 반드시 받게[19] 되느니라.

— 〈正行所集經〉

〔주〕 1)숙인금과 : 과거세(過去世)에 지은 인(因) 때문에 금세(今世)에서 그 과(果)를 받음. 2)인 : 586의 주. 3)과 : 409의 주. 4)받음 : 원문은 '感'. 과보를 받는 것. bhāgya. 5)똑똑히 마음에 새김 : 원문은 '正知'. Ⓟsaṃpajāna. 6)의망 : 313의 주. 7)제거함 : 원문은 '離'. virati. 8)업보 : 148의 주. 9)확실하여 거짓이 없음 : 원문은 '決定不虛'. 10)사나운 물살 : 원문은 '瀑流'. '暴流'로도 쓴다. ogha. 11)멈춤 : 원문은 '制'. 누름. 12)업력 : 전세에 행한 행위가 과보를 일으키는 힘. 13)복인 : 복된 과보를 받을 인(因). 보시(布施) 등의 선근공덕(善根功德)의 총칭. 14)낙과 : 즐거운 과보(果報). 열반(涅槃)의 경지를 말하는 수도 있으나, 여기서는 아니다. 15)백천겁 : 무수한 시간. '겁'은 15의 '천겁'의 주. 16)업 : 540의 주. 17)인연이 결합됨 : 원문은 '因緣和合'. 18)과보 : 78의 '보'의 주. 19)반드시 받음 : 원문은 '決定受'.

592

선악의 업(業)[1] 때문에 윤회(輪廻)[2]해서 고락(苦樂)의 보(報)[3]를 부르느니라.

— 〈諸法集要經〉

〔주〕 1)업 : 61·540의 주. 2)윤회 : 원문은 '輪廻流轉'. 윤회와 유전은 같은 말. 3)보 : 78의 주.

593

온갖 중생이 지은 행위[1]는 백겁(百劫)[2]을 지나도 없어지지[3] 아니하여, 인연(因緣)이 결합되는[4] 때에 가서는 응당 과보(果報[5]를 스스로 받아야

하느니라. — 〈光明童子因緣經〉

〔주〕 1)지은 행위 : 원문은 '所作業'. 행한 행위. 2)백겁 : '겁'에 대하여는 15의 '천겁'의 주. 3)없어짐 : 원문은 '忘'. (<四敎儀註>). 4)인연이 결합됨 : 원문은 '因緣和合'. 591의 주. 5)과보 : 78의 '보'의 주.

594

온갖 중생[1]의 지은 행위[2]와 닦은 인(因)[3]에 선악이 같지 않으므로, 얻어지는 보응(報應)[4]에도 귀천(貴賤)의 상하(上下)와, 성씨(姓氏)[5]의 높고 낮은 구별[6]이 또한 다르게 되는 것이다. — 〈分別善惡報應經〉

〔주〕 1)중생 : 원문은 '有情'. 306의 주. 2)지은 행위 : 원문은 '作業'. 240의 주. 3)닦은 인 : 원문은 '修因'. 선악의 인(因)을 닦음. 4)보응 : 590의 주. 5)성씨 : 원문은 '種族'. gotra. 6)구별 : 원문은 '差別'. pravibhāga.

595

사람은 태어날 때 홀로 태어나고, 죽을 때도 홀로 죽는다. 그러므로 제가 선악의 업(業)[1]을 지으면 저 홀로 그 보(報)를 당하는 것이어서, 아무도 대신해 줄 자가 없다. — 〈賴吒和羅經〉

〔주〕 1)선악의 업 : 원문은 '善惡'. 선업과 악업. śubha-aśubha-[karma].

596

단명(短命)할 업(業)[1]을 지으면, 하고 나서 단명의 보(報)를 받고, 장수할 업[2]을 지으면, 하고 나서 장수의 보를 받는다. 병의 업[3]을 지으면 하고 나서 병이 많게 되고, 병에 안 걸릴 업[4]을 지으면 하고 나서 병이 없게 된다. 천하게 될 업[5]을 지으면 하고 나서 천한 보를 받고, 귀하게 될 업[6]을 지으면, 하고 나서 귀한 보를 받게 된다. 가난하게 될 업[7]을 지으면, 하고 나서 가난한 보를 받고, 부유해질 업[8]을 지으면, 하고 나서 부유한 보를 받는다. 바르지 않은 지혜를 얻을 업[9]을 지으면, 하고 나서 바르지 않은 지혜의 보를 받고, 진실한 지혜를 얻을 업[10]을 지으면, 하고 나서 진실한 지혜를 얻는다. — 〈鸚鵡經〉

〔주〕 1)단명할 업 : 원문은 '短命行'. 단명의 원인이 되는 행위. 행(行)은 신(身)·구(口)·의(意)의 행위니, 업(業)과 같다. 2)장수할 업 : 원문은 '長命行'. 3)병의 업 : 원문은 '病行'. 4)병에 안 걸릴 업 : 원문은 '非病行'. 5)천하게 될 업 : 원문은 '下賤行'. 6)귀하게 될 업 : 원문은 '豪貴行'. 7)가난하게 될 업 : 원문은 '少錢財行'. '전재'는 금전(金錢)과 재화(財貨). 8)부유해질 업 : 원문은 '多錢財行'. 9)바르지 않은 지혜를 얻을 업 : 원문은 '惡智行'. 10)진실한 지혜를 얻을 업 : 원문은 '智慧行'.

597

선악의 과보(果報)[1]는 함께 서로 좇아 와서, 소리가 산울림을 일으키는 것과 같고, 그림자가 형태를 따르는 것과 같아, 능히 면할 사람이 없으며, 쇠사슬[2]과 같아 끊을 수가 없다. 그러므로 경솔히 악업(惡業)[3]을 지어 큰 괴로움을 자초(自招)하지 말아야 한다. — 〈尼乾子經〉

〔주〕 1)과보 : 78의 '보'의 주. 2)쇠사슬 : 원문은 '連鏁'. 3)악업 : 원문은 '業'. 악업·혹업(惑業)의 뜻이니, 죄(罪)를 이른다.

598

인과(因果)의 추리(推理)[1]란, 인과 중의 하나를 근거로 해 다른 하나를 추론(推論)함[2]이다. 예컨대 사람이 가는 것을 보면, 이를 곳이 있음을 헤아려 알고,[3] 이른 곳이 있음을 보면, 먼저 온 것이 있음을 헤아려 알며, 어떤 사람이 바른 도리[4]로 임금 섬기는 것을 보면 큰 녹(祿)과 벼슬을 장차[5] 얻을 것임을 헤아려 알고, 큰 녹과 벼슬을 지닌 사람을 보면, 먼저 바른 도리로 임금을 섬겼을 것을 헤아려 알며, 어떤 사람이 선(善)을 갖추어 행동하는[6] 것을 보면, 큰 재물을 장차 얻을 것임을 헤아려 알고, 큰 재물을 가진 사람을 보면, 먼저 이미 선을 갖추어 행동했었음을 헤아려 아는 따위다. — 〈顯揚聖敎論〉

〔주〕 1)추리 : 원문은 '比量'. 추론. 단, 논증(論證)의 뜻이 포함돼 있다. 한 일에 의해 다른 일을 바르게 헤아려 아는 것. anumāna. 2)하나를 근거로 해 다른 하나를 추론함 : 원문은 '相比'. 상비량(相比量)의 준말. 어떤 사물의 특징을 보고, 다른 일을 추론하는 것. anumānam lingataḥ. 3)헤아려 알다 : 원문은 '比知'. 비량(比量)과 같다. 4)바른 도리 : 원문은 '如法'. 도리에 맞는 것. 법(法)에 맞는 것. Ⓟyathādhammaṃ. 5)장차 : 원문은 '當'. <經傳釋詞> '當은 將과 같다.' 6)행동함 : 원문은 '作業'. 240의 주.

599

남을 때리면 얻어맞고, 원한 살 짓을 하면 원한을 사게 되고, 남을 욕하면 욕을 먹고, 성을 내면 남도 내게 성을 내리라. — 〈法句經〉

600

인(因)[1]이 있고 과(果)[2]가 있으니, 업(業)[3]은 인(因)이 되고 보(報)[4]는

과(果)가 된다. — 〈善見律〉

〔주〕 1)인 : 586의 주. 2)과 : 409의 주. 3)업 : 61의 주. 4)보 : 78의 주.

601

악을 행하면 지옥(地獄)[1]에 떨어지는 보(報)를 받고,[2] 선을 지으면 천계(天界)에 태어나는 즐거움[3]을 받으며, 공정(空定)[4]을 닦으면 번뇌[5]가 없어지고 열반(涅槃)[6]을 얻게 된다. — 〈因緣增護經〉

〔주〕 1)지옥 : 26의 주. 2)받음 : 원문은 '感'. 591의 주. 3)천계에 태어나는 즐거움 : 원문은 '天樂'. 4)공정 : 명상해서 온갖 것이 공(空)함을 관찰하는 것. 공을 염(念)하는 선정(禪定). śūnyatā. 5)번뇌 : 원문은 '漏'. 98의 주. 6)열반 : 21의 주.

602

사람이 악을 행하는 경우, 그 재앙[1]을 자초(自招)하는 것뿐이어서 부모·형제·종족(宗族)[2]이 그 죄를 대신해 받아 주는 것은 아니요, 악을 행하지 않는 경우, 그 복을 스스로 받는 것뿐이어서 부모·형제가 그 기쁨[3]을 대신해 얻는 것도 아니다. 그러므로 청정(淸淨)[4]한 행위를 제가 하면, 그 보(報)[5]도 제가 받게 된다. — 〈出曜經〉

〔주〕 1)재앙 : 원문은 '禍患'. 2)종족 : 한 종족(種族). kula. 3)기쁨 : 원문은 '慶'. 4)청정 : 123의 주. 5)보 : 78의 주.

603

저 곡식의 씨로부터 싹이 나오고,[1] 싹으로부터 줄기와 잎 따위가 상속(相續)[2]하고, 이 상속으로부터 열매가 있어서 생겨나는 것 같으니, 씨를 떠나서는 상속해 열매가 생길 리 만무하다. 그러므로 곡식의 씨에서 상속이 이루어지고, 상속에서 열매가 이루어져, 먼저 씨가 있고 나서 뒤에 열매가 있는 터이므로, 끊어진 것도 아니요[3] 상주(常住)하는 것도 아니라고[4] 보아야 한다. 이 곡식 씨의 비유 모양으로 업과(業果)[5]도 또한 이 같아서, 초심(初心)[6]에 죄복(罪福)[7]을 일으키는 과정이 곡식 씨와 마찬가지다. 이 마음으로 말미암아 다른[8] 마음과 마음의 작용[9]이 상속해 생겨나, 이에 과보(果報)[10]에 이르게 되는 것이어서, 먼저 업(業)이 있고 뒤에 가서 과(果)가 있게 되는 점에서 볼 때, 이것 또한 끊어진 것도 아니요 상주하는 것도 아니라고 해야 한다. — 〈中論〉

〔**주**〕 1)나오다 : 원문은 '有'. bhavati를 나습(羅什)은 대개의 경우 '有'로 번역했다. '…이 된다'는 것이 원뜻이다. 2)상속 : 접속체(接續體). 개체(個體)의 연속. 항상 변화하는 연속적 개체. saṃtāna. 3)끊어진 것이 아님 : 원문은 '不斷'. 끊어지지 않음. anucchinna. 4)상주하는 것이 아님 : 원문은 '不常'. 상주하는 것이 없는 것. 영구히 지속하는 것이 없는 뜻. aśāśvata. 5)업과 : 100의 주. 6)초심 : 수행이 얕은 사람. 7)죄복 : 503의 주. 8)다른 : 원문은 '餘'. 9)마음과 마음의 작용 : 원문은 '心心數法'. 마음과, 마음에 속하는 정신작용. 심심소법(心心所法)·심심소(心心所)와 같다. citta-caitasika. 심수(心數)는 심소(心所)의 구역(舊譯). 10)과보 : 78의 '보'의 주.

〔**풀이**〕 <중론(中論)> 관업품(觀業品)에서의 이 인용에는 탈락이 있으므로, 한역 원문을 적어 둔다. 번역은 한역 원문을 따랐다.

"如從穀有芽, 從芽有莖葉等相續, 從是相續而有果生. 離種無相續生. 是故穀子有相續, 從相續有果. 先種有果故, 不斷亦不常. 如穀種喩, 業果亦如是. 初心起罪福, 猶如穀種. 因是心, 餘心心數法相續生, 乃至果報. 先業後果故, 不斷亦不常"

604

봄에 곡식의 씨를 심은 바에는, 가을에 가서 익지 않고자 한대도 도저히 될 일이 아니다. 나무에 과일이 열린 바에는, 떨어지지 않으려 한대도 될 일이 아니다. 사람이 술을 마신 바에는, 취하지 않고자 한대도 될 일이 아니다. 여러 근본(根本)[1]을 심은 바에는, 태어나지 않고자 한대도 될 일이 아니다. 사람이 독을 먹은 바에는, 죽지 않고자 한대도 될 일이 아니다. 사람이 헤어질 인(因)[2]을 지은 바에는, 헤어지지 않고자 한대도 될 일이 아니다. 사람이 변소[3]에 들어간 바에는, 악취를 안 맡고자 한대도 될 일이 아니다. 노(老)·병(病)·사(死)의 원인을 심은 바에는, 이 괴로움[4]을 면하고자 한대도 될 일이 아니다. — 〈四不可得經〉

〔주〕 1)근본 : 320의 주. 2)인 : 이것도 원문은 '根本'. 일어나는 뿌리. vastu. 3)변소 : 원문은 '溷'. 4)괴로움 : 원문은 '患'. 재앙. nirupadravatva.

605

요사스러운 사람[1]도 복을 만난다. 그 악(惡)이 익지[2] 않을 때까지는. 그러나 그 악이 익음에 미쳐서는, 스스로 죄[3]를 받아야 한다. 상서로운 사람[4]도 재앙을 만난다. 그 선(善)이 익을 때까지는. 그러나 그 선이 익음에 미쳐서는, 반드시 그 복을 받게 된다. — 〈法句經〉

〔주〕 1)요사스러운 사람 : 원문은 '妖孼'. 2)익음 : 원문은 '熟'. 업(業)의 보

(報)가 익는 것. 업의 보가 완전한 것이 되어 나타나는 것. pāka. 3)죄 : 악행에서 오는 과보(果報). 4)상서로운 사람 : 원문은 '禎祥'. 중국어로는 '상서로운 조짐'이 원뜻.

〔**풀이**〕 이것은 <법구경>의 119와 120의 인용인바, 한용운 선생의 역문(譯文)은 다음과 같다. "妖孼에 福을 見함은 其惡이 未熟함이라. 其惡이 熟함에 至하면 罪虐을 自受하고, 貞祥에 禍를 見함은 其善이 未熟함이라. 其善이 熟함에 至하면 其福을 必受하나니라."

이것의 한역 원문은 이렇다.

"妖孼見福, 其惡未熟, 至其惡熟, 自受罪虐. 禎祥見禍, 其善未熟. 至其善熟, 必受其福."

이를 다시 파리어 원문의 직역과 비교하면, 한용운 선생의 독법에 잘못이 있음을 알게 된다.

"악이 익지 않는 한, 악인이라도 즐거움을 경험한다. 그러나 악이 익고 보면, 악인은 여러 가지 악을 경험한다. 상서로움이 익지 않는 한, 선인도 악을 경험한다. 그러나 상서로움이 익고 보면, 선인은 여러 가지 즐거움을 경험한다."

즉 119와 120의 한역이 다 1구(句)·2구를 바꾸어 놓은 까닭에 독법에 차질이 빚어진 듯하다.

606

아비가 불선(不善)의 업(業)[1]을 짓는대도 자식이 대신해 그 보(報)를 받지[2] 못하고, 아들이 불선의 업을 짓는대도 아비가 대신해 그 보를 받지 못한다. 선이 있는 곳 스스로 복을 얻고, 악이 있는 곳 스스로 재앙을 얻는 것뿐이다.

— 〈泥洹經〉

〔**주**〕 1)불선의 업 : 원문은 '不善'. 악업(惡業)을 이른다. aśubhaṃ [karma].

2)대신해 그 보를 받음 : 원문은 '代受'. 수(受)는 보를 받는다는 말이다.

607

전세(前世)[1]에 지은 인(因)[2]을 알고자 하는가? 금세(今世)[3]에서 받고 있는 과(果)[4]가 이것(전세의 인)이다. 후세(後世)[5]에 받을 과(果)[6]를 알고자 하는가? 금생(今生)[7]에서 만드는 인(因)[8]이 이것(후세의 과)이다.

— 〈因果經〉

〔주〕 1)전세 : 그 전에 태어났던 세상. 2)인 : 586의 주. 3)금세 : 현재의 세상. 4)받고 있는 과 : 원문은 '所受'. 5)후세 : 468의 주. 6)과 : 409의 주. 7)금생 : 이 세상에서의 생애. 8)만드는 인 : 원문은 '所爲'. 하는 일. 행동.

608

미란왕(彌蘭王)[1]이 나선[2]비구(那先比丘)에게 물었다.

"존자(尊者)[3] 나선이시여! 다음 세상에서 무엇이 다시 태어나는 것입니까?"

"대왕이시여, 그야말로 명색(名色)[4]이 다음 세상에서 다시 태어나는 것입니다."

"지금의 이 명색(名色)이 다음 세상에 태어난단 말씀입니까?"

"대왕이시여, 지금의 이 명색이 다음 세상에 태어나는 것이 아닙니다. 대왕이시여, 지금의 이 명색에 의해 선업(善業)[5]이나 악업(惡業)[6]을 짓고, 그 업(業)에 의해 다른 명색이 다음 세상에서 생기는 것입니다."

"존자여, 만약 지금의 이 명색이 다음 세상에 다시 태어나는 것이 아니라면, 사람은 악업(惡業)으로부터 해방되는(악업의 과보에서 벗어나는) 것이 아니겠습니까?"

"만약 다음 세상에 다시 태어나는 일이 없다고 하면, 사람은 악업으로부터 해방될 것입니다. 대왕이시여, 그러나 역시 다음 세상에 다시 태어나는 터이므로, 악업에서 벗어나지는 못하는 것입니다. 비유하자면 어떤 사람이 등불을 들고 옥상에 올라가 식사를 했는데, 등불의 불이 지붕에 번져서 그 집을 태우고, 마침내는 마을을 모두 태워 버렸다고 합시다. 그래서 이 사람을 잡아 '네가 어째서 우리 마을을 불태웠느냐?' 했더니, 그 사람이 '나는 마을을 태운 바 없다. 나는 우리 지붕을 태웠을 뿐이니, 등불과 마을을 태운 불은 별개의 것이다'라고 대답했다면, 대왕께서는 옳다고 여기시겠습니까?"

"그렇지 않습니다. 마을을 태운 불은 바로 등불에서 나온 것임이 틀림없습니다."

"그렇습니다. 이와 마찬가지로 지금의 명색과 다음 생(生)의 명색은 다르지만, 다음 생의 명색은 현재에 지은 업의 결과이므로, 그 앞서 지은 업을 떠나서 존재한다고는 볼 수 없는 터입니다." — 〈那先比丘經〉

〔**주**〕 1)미란왕 : 386의 주. 2)나선 : 386의 주. 3)존자 : 덕이 있어서 존경할 만한 사람. 성자. sthavira. 뛰어난 수행승(修行僧). Ⓟāyasmat. 4)명색 : 개인존재(個人存在)의 정신적인 면과 물질적인 면. 개인존재의 주체. Ⓟnāma-rūpa. 5)선업 : 170의 주. 6)악업 : 170의 주.

〔**풀이**〕 이 부분의 한역(漢譯)에도 약간의 문제가 있는 듯하지만, 만해(萬海) 선생의 역문(譯文)에도 좀 혼란이 있는 듯해서, 파리어 원본의 직역한 것과 대조하여 가며 번역하기로 했다. 이것은 전생(轉生)에 대한 설명이어서 아주 시사하는 바 큰 글이다.

609

만약 온갖 악업(惡業)[1]을 멀리 떠나면[2] 선과(善果)[3]를 얻고, 선업(善業)[4]을 멀리 떠나면 악과(惡果)[5]를 얻을 것이다. — 〈涅槃經〉

〔주〕 1)악업 : 170의 주. 2)멀리 떠남 : 원문은 '遠離'. 멀리함. 제거함. viveka. 3)선과 : 457의 주. 4)선업 : 170의 주. 5)악과 : 악한 과보(果報).

610

"선남자(善男子)[1]야, 선인(善因)[2]에서 선과(善果)[3]가 나옴을 알며, 악인(惡因)[4]에서 악과(惡果)[5]가 나옴을 알아, 악인을 멀리 떠나라."

— 〈涅槃經〉

〔주〕 1)선남자 : 1의 주. 2)선인 : 17의 '선근'과 같다. 3)선과 : 457의 주. 4)악인 : 악한 인(因)이 되는 행위. 악한 과보의 원인. 5)악과 : 609의 주.

611

자비의 마음으로 그들을 가르쳐 깨우쳐서, 선(善)을 염(念)하도록 하고, 생사나 선악의 과보(果報)[1]가 반드시 온다는 사실을 알려 주려 해도, 그들은 이를 믿으려 안한다. 아무리 친절하게 그들을 위해 이야기해도, 아무 도움이 되지 않는다. 그들의 마음의 문은 닫힌 채, 열리는 일이 없다. 목숨이 끊어지려 할 무렵에는 후회하는 생각과 공포가 차례로 일어나게 마련이거니와, 진작 선을 행하지 않은 터이므로 최후에 가서는 후회하게 된다. 뒤에 가서 후회한대도 소용이 있을 턱 없다. 지옥계(地獄界)·아귀계(餓鬼界)·축생계(畜生界)·인간계(人間界)·천인계(天人界)의 다섯 세계[2]는 천지 사이에 명백하여, 광대하고 심원하며, 광대하고 광원(廣遠)

하니, 선악의 과보(果報)로 재앙이나 행복을 각기 받게 되어 있다. 본인이 스스로 이를 받는 것이며, 누구도 대신해 주는 이가 없다. 산술(算術) 같이 자연히, 한 일에 따라 보(報)가 오게 되어 있다. 죄는 그 사람의 목숨을 뒤쫓고, 벌을 면할 길이 없다. 선인은 선을 행해, 행복에서 행복으로, 광명에서 광명으로 옮아 간다. 악인은 악을 행해, 고통에서 고통으로, 암흑에서 암흑으로 옮아 간다. 누가 이 사실을 능히 알고 있을까? 깨달은 사람만이 알고 있을 뿐이다. (깨달은 사람이) 이것을 가르쳐 주어도, 믿는 자가 적다. 이리하여 생사의 반복은 그치지 않고, 악한 곳(惡道)은 없어질 때가 없다. 그리고 이런 사람은 세상에서 다하는 일이 없는 터이다. 이리하여 그들은 지옥계의 불에 태워지는 불의 길, 축생계의 서로 잡아먹는 피의 길, 아귀계의 칼에 베어지는 칼의 길이라는 세 길[3]에 있어서 무량한 고통을 맛본다. 그 속을 전전(轉輾)하여 세상을 거듭하고 겁(劫)[4]을 거듭해도, 거기로부터 도망쳐 나올 때가 없고 해방될 때가 없다. 그 고통은 말할 도리가 없다. — 〈大阿彌陀經〉

〔주〕 1)과보 : 78의 '보'의 주. 2)다섯 세계 : 한역 원문은 '五道'. 188의 '오취'의 주. 3)세 길 : 한역 원문은 '三途'. 삼악도(三惡道)와 같다. 166의 주. 4)겁 : 15의 '천겁'의 주.

〔풀이〕 <대아미타경>은 <대무량수경(大無量壽經)>의 지겸역(支謙譯)을 이름인데, 산스크리트 원본과 대조할 때, 일탈(逸脫)·착오·착간(錯簡)이 있어서, 산스크리트 원문에서의 직역을 싣기로 했다. 강승개(康僧鎧)가 번역한 <무량수경>의 이 대목은 원본과 대조할 때, 가히 명역임을 알 수 있다.

612

그 수행(修行)[1]이 날로 진보하여 심오한 곳에 차차 이르며, 큰 깨달음[2]에 뜻을 세움은, 보시(布施)[3]의 보(報)[4]다. 초인적인 힘[5]이 생겨, 마음이늘 고요하여 두려운 것이 없고, 잡염(雜染)[6]함이 없음은, 지계(持戒)[7]의 보다. 그 부드러운[8] 마음이 깊이 화평(和平)[9]한 곳에 이름은, 인욕(忍辱)[10]의 보다. 그 수행이 완전하여[11] 공포를 일으키지 않음은, 정진(精進)[12]의 보다. 좋은 꽃과 같이 부드럽고[13] 편안하며, 마음이 통일되어[14] 미혹하지 않음은, 선정(禪定)[15]의 보다. 그 몸가짐[16]에 비방을 안 들으며, 온갖 보살행(菩薩行)[17]을 길이 길러[18] 줄지 않게 함은 지혜[19]의 보다.

— 〈賢劫經〉

〔주〕 1)수행 : 원문은 '行'. carita. 2)큰 깨달음 : 원문은 '大道'. 551의 주. 3)보시 : 17의 주. 4)보 : 78의 주. 5)초인적인 힘 : 원문은 '威神德'. 6)잡염 : 원문은 '難'. 잡염과 같다. 일체유루법(一切有漏法)의 총칭. 선・악・무기(無記)의 세 성질을 겸하고 있다. saṃkleśa. 7)지계 : 151의 주. 8)부드러움 : 원문은 '柔潤'. 9)화평 : 원문은 '平和'. 마음이 화평한 것. 10)인욕 : 151의 '인'의 주. 11)완전함 : 원문은 '具足'. 모자람이 없는 것. avaikalya. 12)정진 : 26의 주. 13)부드럽다 : 원문은 '柔軟'. mṛdu. 14)통일됨 : 원문은 '精專'. 전일(專一)함. 15)선정 : 원문은 '一心'. 이 '일심'은 선정과 같다. 27의 '정'의 주. 16)몸가짐 : 원문은 '齋'. 행위를 삼가고 몸을 정(淨)히 갖는 것. 17)온갖 보살행 : 원문은 '一切行'. 만물의 뜻으로 흔히 쓰이나, 여기서는 아닌 듯하다. 18)길이 기름 : 원문은 '長益'. 19)지혜 : 107의 주.

악인(惡因)과 악과(惡果)

613

사람이 몸의 계행(戒行)[1]과 마음의 지혜[2]를 닦지 아니하고 작은 악업(惡業)[3]을 짓는다면, 이 업(業)의 인연(因緣)[4]으로 해서 몸을 나타내[5] 보(報)[6]를 받게 된다. 이 사람이 그 작은 악을 참회[7]하지 아니하며, 부끄러워하지[8] 아니하며, 두려워함이 없는 경우에는 이 업이 증장(增長)[9]해서 지옥(地獄)에 태어나는 보(報)[10]를 받기에까지 이른다. — 〈涅槃經〉

〔주〕 1)몸의 계행 : 원문은 '身戒'. 2)마음의 지혜 : 원문은 '心慧'. 3)악업 : 170의 주. 4)인연 : 2의 주. 5)몸을 나타냄 : 원문은 '應現'. 부처님이나 보살이 중생의 소질에 응해 몸을 나타내는 일. 여기서는 중생이 제 업(業)에 응해 태어나는 뜻으로 쓰이고 있다. 6)보 : 78의 주. 7)참회 : 죄를 고백하고 회개함. kaukṛtya. 8)부끄러워함 : 원문은 '慚愧'. 죄를 부끄러워하는 것. hri-vyapatrāpya. 9)증장 : 11의 주. 10)지옥에 태어나는 보 : 원문은 '地獄報'.

614

범부(凡夫)들은 세간법(世間法)[1]에 얽매여[2] 이것을 실재(實在)[3]하는 듯 생각해서, 눈에 띄는 대경(對境)[4]을 따르기 때문에 여러 불선(不善)을 저지르게 되는바, 이 불선 탓으로 고취(苦趣)[5]에 떨어지는 것이다.

— 〈華嚴經〉

〔주〕 1)세간법 : 원문은 '世法'. '세간법'의 줄인 말. 39의 주. 2)얽매임 : 원문은 '繫着'. 잠재적인 속박. anusaya. 3)실재 : 원문은 '實有'. 실제로 존재함. sat. 4)눈에 띄는 대경 : 원문은 '色塵'. 안식(眼識)의 대상인 색경(色境). 5)고

취 : 괴로움의 세계. 특히 삼악도(三惡道). 166의 '삼악도'의 주.

615

온갖 중생은 다 번뇌(煩惱)[1]를 따라 과보(果報)[2]를 얻는다. 번뇌란 소위 악(惡)을 이름인데, 번뇌의 더러움[3]을 따라 다시 생기는 번뇌 또한 악인 점에서는 같다. 이렇게 번뇌에는 두 가지가 있으니, 하나는 인(因)으로서의 번뇌요 하나는 과(果)로서의 번뇌인바, 인(因)이 악한 까닭에 과(果)가 악하고, 과(果)가 악한 까닭에 인(因)[4]이 악할 수밖에 없는 것이다. 임파수(絍婆樹)[5]의 씨[6]가 쓴 까닭에 꽃·과일·줄기·잎이 다 쓴 것과 같고, 독수(毒樹)의 씨에 독이 있는 까닭에 과일에도 독이 있는 것과 같다. 인(因)이 중생인 까닭에 과(果) 역시 중생인 것이며, 인(因)이 번뇌이므로 과(果) 역시 번뇌인 것이니, 번뇌의 인과(因果)가 바로 중생이요, 중생이 바로 번뇌의 인과이다. —〈涅槃經〉

〔주〕 1)번뇌 : 4의 주. 2)과보 : 78의 '보'의 주. 3)번뇌의 더러움 : 원문은 '惡煩惱'. 번뇌탁(煩惱濁). 4)인 : 원문은 '子'. '씨'가 원뜻이나, 여기서는 인(因)의 비유. 5)임파수 : 원문은 '絍婆果'이나 임파수를 가리킨다. '임파'는 nimba의 음사(音寫). 인도에 나는 교목으로, 껍질·꽃·잎이 매우 쓰다. 약으로 쓰인다. 6)씨 : 원문은 '子'.

616

중생이 옛날에 많은 죄[1]를 널리 짓고, 신(身)·구(口)·의(意)의 행위[2]에 있어서 나쁜 짓을 한 까닭에, 마지막에 목숨이 다하면[3] 지옥(地獄) 같은 악취(惡趣)[4]에 떨어지는 것이며, 지옥의 보(報)[5]가 끝나도 여업(餘業)[6]이 없어지지 않으므로 대해(大海) 속에 떨어져 축류(畜類)의 보(報)[7]를

받게 된다. — 〈施設論〉

〔주〕 1)죄 : 원문은 '罪不善業'. 죄업(罪業)과 불선업(不善業)을 합친 말. 뜻은 같다. 죄악의 행위. 2)신·구·의의 행위 : 원문은 '身口意業'. 몸과 입과 마음으로 하는 행위. 3)목숨이 다함 : 원문은 '身壞命終'. 572의 주. 4)지옥 같은 악취 : 원문은 '惡趣地獄'. 악취인 지옥. 악취는 78의 주. 5)보 : 78의 주. 6)여업 : 남은 업(業). 보(報)를 다 받지 못하고 남은 과거의 업. 7)축류의 보 : 원문은 '畜類報'. 축생(畜生)으로 태어나는 과보.

617

사람이 과수(果樹)를 심는 경우, 씨가 쓰면 과일 또한 쓰게 마련이니, 죄를 지으면 거기에 해당하는 과보(果報)[1]를 받아 끝없는[2] 고통을 거쳐야 한다. — 〈菩薩處胎經〉

〔주〕 1)과보 : 78의 '보'의 주. 2)끝없는 : 원문은 '劫數'. 겁으로 헤아릴 정도로 긴 시간.

618

그 때에 보현보살마하살(普賢菩薩摩訶薩)[1]이 지장보살(地藏菩薩)[2]에게 말씀했다.

"인자(仁者)[3]여, 원컨대 천룡팔부(天龍八部)[4]와 미래·현재의 온갖 중생을 위해, 사바세계(娑婆世界)[5] 및 염부제(閻浮提)[6]의 죄고[7]중생(罪苦衆生)이 보(報)를 받는 지옥의 이름과 악보(惡報)[8] 등에 대해 말씀하셔서, 미래의 말법(末法)[9] 중생으로 하여금 이 과보(果報)를 알게 하시기 바랍니다."

지장보살이 대답했다.

"인자여, 내가 이제 부처님의 위신(威神)[10]과 보살[11]님의 힘을 받아, 대략 지옥 이름과 죄보(罪報) 받는 일에 관해 말씀해 보겠습니다.

염부제 동쪽에 산이 있으니 철위산(鐵圍山)[12]이라 하는바, 그 산은 어둡고 깊어서 일월도 비치지 못하고, 거기에 대지옥(大地獄)이 있으니, 이름을 극무간(極無間)[13]이라 합니다. 또 지옥이 있으니 이름이 대아비(大阿鼻)[14]요, 또 지옥이 있으니 이름이 사각(四角)[15]이요, 또 지옥이 있으니 이름이 비도(飛刀)[16]요, 또 지옥이 있으니 이름이 화전(火箭)[17]이요, 또 지옥이 있으니 이름이 협산(夾山)[18]이요, 또 지옥이 있으니 이름이 통창(通槍)[19]이요, 또 지옥이 있으니 이름이 철거(鐵車)[20]요, 또 지옥이 있으니 이름이 철상(鐵床)[21]이요, 또 지옥이 있으니 이름이 철우(鐵牛)[22]요, 또 지옥이 있으니 이름이 철의(鐵衣)[23]요, 또 지옥이 있으니 이름이 천인(千仞)[24]이요, 또 지옥이 있으니 이름이 철려(鐵驢)[25]요, 또 지옥이 있으니 이름이 양동(洋銅)[26]이요, 또 지옥이 있으니 이름이 포주(抱柱)[27]요, 또 지옥이 있으니 이름이 유화(流火)[28]요, 또 지옥이 있으니 이름이 경설(耕舌)[29]이요, 또 지옥이 있으니 이름이 좌수(剉首)[30]요, 또 지옥이 있으니 이름이 소각(燒脚)[31]이요, 또 지옥이 있으니 이름이 담안(啗眼)[32]이요, 또 지옥이 있으니 이름이 철환(鐵丸)[33]이요, 또 지옥이 있으니 이름이 쟁론(諍論)[34]이요, 또 지옥이 있으니 이름이 철수(鐵銖)[35]요, 또 지옥이 있으니 이름이 다진(多瞋)[36]입니다."

지장보살이 또 말했다.

"인자(仁者)여, 철위산 안에는 이 같은 지옥이 있거니와, 그 수효는 한정이 없으니, 다시 규환지옥(叫喚地獄)[37]과 발설지옥(拔舌地獄)[38] · 분뇨지옥(糞尿地獄)[39] · 동쇄지옥(銅鏁地獄)[40] · 화상지옥(火象地獄)[41] · 화구지옥

(火狗地獄)[42] · 화마지옥(火馬地獄)[43] · 화우지옥(火牛地獄)[44] · 화산지옥(火山地獄)[45] · 화석지옥(火石地獄)[46] · 화상지옥(火床地獄)[47] · 화량지옥(火梁地獄)[48] · 화응지옥(火鷹地獄)[49] · 거아지옥(鉅牙地獄)[50] · 박피지옥(剝皮地獄)[51] · 음혈지옥(飮血地獄)[52] · 소수지옥(燒手地獄)[53] · 소각지옥(燒脚地獄)[54] · 도자지옥(倒刺地獄)[55] · 화옥지옥(火屋地獄)[56] · 철옥지옥(鐵屋地獄)[57] · 화랑지옥(火狼地獄)[58]이 있습니다. 이런 지옥들 중에는 각각 다시 여러 소지옥(小地獄)이 딸려 있어서, 혹은 하나나 둘의 소지옥이 딸리기도 하고, 혹은 셋이나 넷, 내지는 백 · 천인 경우도 있는바, 그 중의 소지옥 이름은 각각 다릅니다."

지장보살이 또 보현보살에게 말했다.

"인자여, 이런 일들은 다 남염부제(南閻浮提)[59]의 악을 행하는 중생들의 업감(業感)[60] 때문에 이같이 된 것입니다. 업력(業力)[61]이란 매우 큰 것이어서, 능히 수미산(須彌山)[62]을 대적하며, 능히 큰 바다보다도 깊으며, 능히 성도(聖道)[63]의 장애가 되는 터입니다. 그러므로 중생들은 작은 악이라 해서 가볍게 알아, 죄가 없는 듯 착각해서는 안 됩니다. 누구나 죽은 뒤에는 과보(果報)가 있어서 아무리 미소한 것이라도 모두 받게 마련이니, 피를 나눈 부자 사이라 할지라도 사후에 갈 길이 각기 다르며, 설사 만나는 일이 있다 할지라도 과보를 대신하여 받아 줄 수는 없는 터입니다. 내가 이제 부처님의 위신력(威神力)을 받자와, 대략 지옥에서 받는 죄보(罪報)의 상황에 대해 말씀드리겠으니, 원컨대 인자께서는 잠시 이 말을 들어 주시기 바랍니다."

보현보살이 대답했다.

"나도 오래 전부터 삼악도(三惡道)[64]에서 받는 죄보에 대해서는 아는 바가 없지 않거니와, 인자가 이에 대해 말씀해 주시도록 바라는 것은, 후세 말법(末法)의 온갖 악행하는 중생으로 하여금 인자의 말씀을 듣게 함으로써, 그들을 불법(佛法)에 귀향(歸向)[65]케 하고자 함입니다."

지장보살이 말씀을 사뢰었다.

"인자여, 지옥 죄보(罪報)의 모양은 이와 같습니다. 어떤 지옥은 죄인의 혀를 빼어 소로 하여금 갈게 하며, 어떤 지옥은 죄인의 심장[66]을 떼어 야차(夜叉)[67]로 하여금 먹게 하며, 어떤 지옥은 가마에 물을 펄펄 끓여 죄인의 몸을 삶으며, 어떤 지옥은 빨갛게 달군 구리 기둥을 죄인으로 하여금 안게 하며, 어떤 지옥은 사나운 불무더기[68]를 날려 죄인을 좇아 미치게 하며, 어떤 지옥은 한결같이 찬 얼음뿐이며, 어떤 지옥은 끝없이 똥과 오줌으로 차 있으며, 어떤 지옥은 철질려(鐵蒺藜)[69]를 날리며, 어떤 지옥은 많이 불창(火槍)으로 찌르며, 어떤 지옥은 가슴과 등을 두들기고 치며, 어떤 지옥은 손발을 함께 태우며, 어떤 지옥은 쇠뱀(鐵蛇)이 서리고 감기며, 어떤 지옥은 쇠개(鐵狗)를 몰아 뒤쫓게 하며, 어떤 지옥은 쇠나귀(鐵驢)와 함께 멍에를 메게 합니다. 인자여, 이런 여러 죄보 때문에 각 지옥 중에는 백· 천 가지 업도(業道)의 기구[70]가 갖추어져 있게 마련인바, 구리와 쇠, 돌과 불 아님이 없으니, 이 네 가지 물건은 다 여러 악업(惡業)이 초래한 과보[71]들입니다. 만약 지옥에서 받는 죄보(罪報)에 대해 자세히 말하려[72] 한다면, 하나하나의 지옥 속에 각기 백천 가지 고초가 있거니, 더구나 그 많은 지옥 중의 고초를 어찌 다 헤아릴 수 있겠습니까. 나는 이제 부처님의 위신력과 인자의 물음에 힘입어 대략 이 정도로 말씀드렸거니와, 정말 세세히 해설하려 한다면, 겁(劫)이 다하도록[73] 말한대도 끝이 나지 않을 것입니다."

— 〈地藏經〉

〔주〕 1)보현보살마하살 : 대표적인 대보살. 석가여래의 협사(脇士). 문수보살

이 지혜를 상징하는 데 대해 행(行)을 대표하는 보살. 2)지장보살 : 55의 주. 3)인자 : 534의 주. 4)천룡팔부 : 497의 '천룡'의 주. 5)사바세계 : sahā-loka-dhātu. '참는다'는 어원에서 나온 이름이니, 우리가 사는 이 세계. 이 세계의 중생들은 안에 번뇌가 치열하고, 밖으로는 여러 장애가 있으므로, 고통을 참을 수밖에 없다 하여 이 이름이 붙은 것. 6)염부제 : 17의 '섬부주'의 주. 7)죄고 : 죄의 과보로 받는 괴로움. 8)악보 : 나쁜 과보. 악행이 원인으로 받는 악한 과보. 9)말법 : 25의 주. 10)위신 : 182의 '위력'의 주. 11)보살 : 원문은 '大士'. 위대한 사람. 보살을 가리킴. mahā-sattva. 12)철위산 : 불교의 세계관에서는 수미산을 중심으로 구산(九山)·팔해(八海)가 이를 둘러싸고 있는데, 그 가장 바깥쪽의 쇠로 된 산이 철위산이며, 다시 그 외해(外海) 중에 우리가 사는 염부제주(閻浮提洲)가 있다고 함. Cakravāḍa-parvata. 13)극무간 : 팔열지옥(八熱地獄)의 제8. 괴로움이 끝없으므로 '극무간' 또는 '무간'이라 한다. 오역죄(五逆罪)와 대승(大乘)을 비방한 자가 떨어진다. 14)대아비 : '아비'는 avici의 음사. '無間'이라 한역. '대아비'란 앞의 '극무간'과 같다. 15)사각 : 미상(未詳). 16)비도 : 칼이 날아다니면서 죄인을 찌르는 지옥. 17)화전 : 불붙은 화살로 죄인을 쏘는 지옥. 18)협산 : 산 사이에 죄인을 끼게 하여 꼼짝도 못하게 하는 지옥? 19)통창 : 늘 창으로 죄인을 찔러서 꿰는 지옥? 20)철거 : 쇠수레로 죄인을 깔아 뭉개는 지옥? 21)철상 : 죄인이 있는 방의 밑바닥이 달군 쇠로 되어 있는 지옥? 22)철우 : 쇠로 된 소가 사람을 쫓아다니며 받는 지옥. 23)철의 : 쇠로 된 옷을 입혀, 그 무거움 때문에 옴쭉도 못하게 하는 지옥? 24)천인 : 무수한 칼날이 날아다니면서 죄인을 찌르는 지옥. 25)철려 : 무거운 짐을 실은 수레를 쇠나귀와 함께 끌게 하는 지옥. 26)양동 : 구리가 용해돼서 펄펄 끓는 가마에 죄인을 넣어 삶는 지옥. 27)포주 : 새빨갛게 달군 구리 기둥을 죄인으로 하여금 안게 하는 지옥. 28)유화 : 불꽃이 날아다니면서 사람을 뒤쫓는 지옥. 29)경설 : 죄인의 혀를 뽑아, 소로 하여금 갈게 하는 지옥. 30)좌수 : 머리를 무수히 토막내는 지옥. 31)소각 : 죄인의 발을 태우는 지옥. 32)담안 : 악귀가 죄인의 눈을 도려 내서 먹는 지옥. 33)철환 : 뜨거운 쇳덩이를 잡게 하여 그 때문에 죄인의 손발이 온통 화상을 입는 지옥. 34)쟁론 : 늘 죄인끼리 다투기만 하는 지옥. 35)철수 : 미상(未詳). 36)다진 : 성만 내서 죄인끼리 늘 싸우는 지옥. 37)규환지옥 : 팔열지옥(八熱地獄)의 제4. 살(殺)·도(盜)·사음(邪婬)을 행한 자가 떨어진다. 물이 끓는 가마 속에 넣어지고, 또는 뜨거운 불이 있는 철실(鐵室)에 넣어져, 고통을 못 견디어 늘 울부짖는다. 38)발설지옥 : 입으로 악을 지은 자가 떨어지는 지옥. 그 혀를 뽑는다. 39)분뇨지옥 : 똥·오줌으로 충만한 지옥. 40)동쇄지옥 : 구리 사슬로 죄인을 묶는 지옥. 41)화상지옥 : 불을 뿜는 코끼리가 죄인을 쫓아다니면서 괴롭히는 지옥. 42)화구지옥 : 불을 내뿜는 개가 죄인을 괴롭히는 지옥. 43)화마지옥 : 불을 내뿜는 말이 죄인을 괴롭히는 지옥. 44)화우지옥 : 불을 내뿜는 소가 죄인을 괴롭히는 지옥. 45)화산지옥 : 불을 뿜는 산에서 고행하는 지옥. 46)화석지옥 : 불에 달군 돌로 된 지옥. 47)화상지옥 : 밑바닥이 온통 불로 달구어진 지옥. 48)화량지옥 : 불붙은 대들보가 늘 죄인 위에 떨어져 오는 지옥? 49)화응지옥 : 불뿜는 매가 날아 다니면서 죄인을 쪼는 지옥. 50)거아지옥 : 미상(未詳). 51)박피지옥 : 죄인의 가죽을 벗기는 지옥. 52)음혈지옥 : 피바다에 잠겨 있어서 늘 피를 마셔야 하는 지옥. 53)소수지옥 : 죄인의 손을 태우는 지옥. 54)소각지옥 : 죄인의 발을 태우는 지옥. 55)도자지옥 : 거꾸로 매달고 무기로 찌르는 지옥. 56)화옥지옥 : 불로 달구어진 집에서 거처해야 하는 지옥. 57)철옥지옥 : 쇠로 된 집에 갇혀 있어야 하는 지옥. 58)화랑지옥 : 불을 뿜는 이리에 쫓기는 지옥. 59)남염부제 : 염부제·섬부주와 같다. 17의 '섬부주'의 주. 60)업감 : 선악의 행위가 원인이 되어 고락(苦樂)의 과보를 받는 일. 61)업력 : 591의 주. 62)수미산 : 181의 주. 63)성도 : 성자의 길. 깨달음. 또 팔정도(八正道)를 가리키기도 한다. 64)삼악도 : 166의 주. 65)귀향 : 오로지 마음을 기울이는 것. āvarjana. 66)심장 : 원문은 '心'. 67)야차 : 395의 주. 68)불무더기 : 원문은 '火聚'. 사나운 불꽃의 무더기. 69)철질려 : 질려는 가시가 있는 풀 이름. 질려 비슷한 무기. 70)업도의 기구 : 원문은 '業道之器'. 지옥에서 죄인을 괴롭히는 데 쓰는 기구. '업도'란 여기서는 악업도(惡業道), 그 중에서도 지옥을 가리킨다. 71)초래한 과보 : 원문은 '行感'. 60)의 '업감(業感)'과 같다. 72)자세히 말함 : 원문은 '廣說'. 73)겁이 다하도록 : 원문은 '窮劫'. 매우 장구한 시간을 이른다.

〔**풀이**〕 이 대목은 문단(文段)을 엇바꾼 데가 있을 뿐 아니라 탈락·오자 등이 많다. <지장경>과 대조해 바로잡았으나, 그 상세한 것은 번잡을 피해 생략한다.

선인(善因)과 선과(善果)

619

선업(善業)[1]이 있으면, 그 자체에 갖추어진 힘[2] 때문에 좋은 업보(業報)[3]를 받게 된다. 국왕의 편들어 주는 힘이라 할지라도 업력(業力)[4]에는 못 미친다.

— 〈大莊嚴經論〉

〔**주**〕 1)선업 : 170의 주. 2)자체에 갖추어진 힘 : 원문은 '自然力'. 3)업보 : 148의 주. 4)업력 : 591의 주.

620

"서쪽, 이로부터 백만 세계를 지난 곳에 세계가 있으니, 이름을 극락(極樂)[1]이라 하고, 그 부처님의 이름은 아미타불(阿彌陀佛)[2]이시니라."

부처님께서 말씀하셨다.

"아미타불의 국토(國土) 속은 온통 저절로 된 칠보(七寶)로 이루어져 있으니, 소위 황금·백은(白銀)·수정(水晶)·유리(琉璃)·산호(珊瑚)·호박(琥珀)·차거(硨磲)가 그것이다. 그 본성(本性)[3]이 부드러운 까닭에, 이 일곱 가지 보배가 뒤섞여서 땅을 이룬 곳도 있고, 혹은 그 중의 어느 한 보배만으로 땅이 된 곳도 있는데, 빛이 찬란하고 기묘 청정하여 시방(十

方)[4]의 온갖 세계보다 뛰어났다. 또 그 국토는 끝없이 넓고 커서 한계를 알 수 없다. 땅은 고르고 반듯하여 수미산(須彌山)[5]이니 금강위(金剛圍)[6]니, 기타 온갖 종류의 어떤 산도 존재하지 않으며, 대해(大海)·소해(小海)·구멍·골짜기 따위가 없다. 또 어두운 곳이 없으며, 지옥[7]·아귀(餓鬼)[8]·축생(畜生)[9]·새·벌레[10]가 없으며, 아수륜(阿須倫)[11]과 용신(龍神)이 없다. 비·이슬이 없건만 절로 샘물이 흐르며, 추위와 더위가 없이 항상 봄 기운이 기분 좋고 아리따워 표현키 어렵다. 또 만 가지 저절로 이루어진 물질이 있어서 백 가지 맛을 갖춘 음식과 똑같은데, 먹고 싶은 생각이 있을 때는 다 눈앞에 나타나고, 먹고 싶은 마음이 없어지면 저절로 없어져, 그 생각을 따라 충족되지 않는 것이 없다. 설사 이 사바세계(娑婆世界)[12]에 타화자재천(他化自在天)[13]이 있고, 그래서 그 중에 사는 신(神)과 사람[14]의 온갖 필요물이 저절로 나타난다 친대도, 이 불국토(佛國土)에 비길 때는, 뜻대로 되는 물질이 만억 배도 미치지 못한다고 할 것이다.

아미타불의 강당(講堂)[15]·정사(精舍)[16]는 다 저절로 된 칠보가 뒤섞여서 이루어져 있다. 그리고 다시 칠보로 다락과 난간을 만들었고, 다시 칠보로 영락(瓔珞)[17]을 만들어 그 곁에 걸었으며, 다시 백주(白珠)[18]·명월주(明月珠)[19]·마니주(摩尼珠)[20]로 교로(交露)[21]를 만들어 그 위를 두루 덮었으니, 그 빼어나게 아리땁고 맑게 빛나는 모양은 이루 다 말할 수가 없다. 그 밖의 보살·성문(聲聞)[22]이 사는 집[23]도 역시 이와 같다. 그리고 그 신(神)들과 사람들이 필요로 하는 의복·음식·꽃과 향·영락(瓔珞)·산개(傘蓋)[24]·당번(幢幡),[25] 아리따운 음악 따위가 마음 먹은 대로 나타난다. 또 사는 집과 다락이, 그 모양의 고하(高下)·대소(大小)에 어울리게, 한 가지 보배, 혹은 두 가지 보배, 내지 끝없는 여러 가지 보배로 모습을 나타내 이루어지는데, 집이 뜻대로 고대(高大)하여 허공 중에 높이 떠서 마치 구름처럼 보이는 것도 있고, 혹은 뜻대로 고대하지는 못하여 지상에 머물러 있어서 이 세상의 그것과 비슷한 것도 있다. 이렇게 차이가 지는 이유는 다른 데 있는 것이 아니다. 뜻대로 집이 고대한 것은 전세(前世)에서 도를 구할 때, 자비심을 지니고 정진(精進)[26]하여 여러 착한 일을 힘써 함으로써 덕이 두터운 까닭이요, 뜻대로 집이 고대치 못한 것은, 전세에게 도를 구할 때, 자비심을 지니고 정진치 않았으므로 선을 행함이 적어서 덕이 박한 까닭이다. 이같이 의복과 음식은 평등하면서도 집에 있어서 차별이 있는 것은, 정진에 부지런하고 게으른 차이가 있고, 덕에 크고 작은 차이가 있음을 구별하여 중생에게 보임이다. 이 강당과 집은 만든 자도 없고 온 곳도 없으니, 이는 오로지 아미타불의 서원(誓願)[27]이 크시고 덕이 무거우신 까닭에 저절로 이루어진 것이다.

아미타불의 국토 속에 있는 강당과 집은 이 세계[28] 중의 육욕천(六欲天)[29] 위에 있는 천제(天帝)[30]가 사는 궁궐에 비겨도 백천만 배가 낫다. 그 안팎에 저절로 이루어진 샘물이 흐르고 여러 못이 있는데, 다 천연(天然)의 칠보(七寶)로 이루어졌다. 오직 한 가지 보배로 이루어진 못이면서 한 가지 보배의 모래로 바닥을 이룬 것이 있으니, 황금으로 된 못은 백은(白銀)의 모래로 바닥을 이루며, 수정(水晶)으로 된 못은 유리의 모래로 바닥을 이루며, 산호로 된 못은 호박(琥珀)의 모래로 바닥을 이룬 경우 같은 것이 그것이다. 또 두 가지 보배로 한 못을 이루면서 또한 두 가지 보배의 모래로 바닥을 이룬 것이 있으니, 황금·백은으로 된 못은 바닥의 모래는 수정과 유리며, 수정과 유리로 된 못은 바닥의 모래는 산호와 호박이며, 산호와 호박으로 된 못은 바닥의 모래가 차거·마노로 이루어진 것이 그것이다. 만약 세 가지, 네 가지거나 내지는 일곱 가지 보배가 어울리어 한 못이 되었을 경우에는 그 바닥의 모래도 이와 같은 수효로 이루어져 있게 마련이다.

그리고 보배로 이루어진 이런 못들은 40리(里) 평방(平方)인 것도 있고, 50리 평방인 것도 있고, 60리 평방인 것도 있으며, 이런 식으로 점점 커져서 2만 480리까지 이르러 큰 바다 같은 넓이의 것도 있다. 이 못들은 다 보살·성문과 여러 훌륭한 선인(善人)[31]이 나서 자라는 곳이므로, 때로 거기서 목욕하게 되어 있다. 이에 대해 저 부처님의 못은 그 넓이가 이보다 곱이 되는데, 다 칠보(七寶)가 뒤섞여 이루어지고, 백주·명월주·마니주가 바닥의 모래를 이루었다. 이 여러 못들에는 다 팔공덕수(八功德水)[32]가 가득 차 있는바, 청정하고 향기가 맑아 맛이 감로(甘露)[33]와 같다. 그리고 수면에는 백 가지 기이한 꽃이 피어 있는데, 가지마다 천 개의 꽃잎을 달고 있어서, 색채가 아리땁기 짝이 없고, 향기 또한 기이하여 그 향그러움을 이루 말할 수가 없는 터이다.

보배로 이루어진 이런 못들의 기슭에는 무수한 전단향(栴檀香)[34] 나무와 길상과(吉祥果) 나무[35]가 있어서, 꽃과 과일이 언제나 향그럽고 향기가 풍겨난다. 또 하늘의 우발화(優鉢華)[36]·발담마화(鉢曇摩華)[37]·구모두화(拘牟頭華)[38]·분타리화(芬陀利華)[39]가 있어서 여러 빛깔[40]이 찬란히 빛나 물 위를 뒤덮었다.

또 일곱 가지 보수(寶樹)가 있다. 그 한 가지 보배로 된 나무는, 뿌리·줄기·가지·잎·꽃·과일이 다 한 가지 보배로 이루어졌으며, 두 가지 보배로 한 나무가 된 것은, 뿌리·줄기·가지·잎·꽃·과일이 두 가지 보배가 뒤섞여 이루어졌으며, 세 가지 보배로 한 나무가 된 것은, 뿌리·줄기·가지·잎·꽃·과일이 세 가지 보배가 뒤섞여 이루어졌으며, 네 가지 보배로 한 나무가 된 것은, 뿌리·줄기·가지·잎이 제각기 다른

한 가지씩의 보배로 이루어지고, 꽃과 과일은 각기 뿌리·줄기와 같으며, 다섯 가지 보배로 한 나무가 된 것은, 뿌리·줄기·가지·잎·꽃이 각기 한 가지씩의 보배로 이루어지고, 과일은 그 뿌리와 같으며, 여섯 가지 보배로 한 나무가 된 것은, 뿌리·줄기·가지·잎·꽃·과일이 각기 한 가지씩의 보배로 이루어졌으며, 일곱 가지 보배로 한 나무가 된 것도 이와 같지만, 뿌리·줄기 따위 여섯에 마디를 하나 첨가해서 한 가지 보배를 더 씀이다.

이런 보수(寶樹)들이 갖가지로 각자 줄을 달리하여 줄과 줄이 서로 만나며, 줄기와 줄기가 서로 마주보며, 가지와 가지가 서로 따르며, 잎과 잎이 서로 향하며, 꽃과 꽃이 서로 따르며, 과일과 과일이 서로 어울려 있다. 이런 나무의 줄이 수백천 겹으로 늘어선 속에 보배로 된 못들이 뒤섞이며, 다시 이런 광경이 확대되어 세계에 두루 미치니, 색채가 부드러운 빛으로 빛나서 눈을 황홀케 하고, 때로 맑은 바람이 일어나면 아리따운 음성이 스스로 이루어져 비길 것이 없다.

아미타불의 국토 중에서, 보살이나 성문이나 훌륭한 선인들이 칠보(七寶)의 못에 들어가 목욕할[41] 경우, 마음으로 발만 물에 잠그고자 하면 물이 곧 발을 묻고, 무릎까지 차기를 원하면 물이 곧 무릎에 이르고, 내지는 허리·겨드랑이·목에 이르고자 원하면 물이 또한 그렇게 된다. 그 몸에 물을 부어 몸을 씻고자 생각만 해도 완전히 그렇게 되며, 그 물을 처음같이 하고자 하면 곧 처음과 같아지며, 차고 더운 것을 조절하여 뜻에 맞지 않음이 없다. 이렇게 목욕한 사람은 마음이 밝아지고 몸이 유쾌해지며, 번뇌[42]까지도 씻어 내는 결과가 되는데, 그 물은 어떻게 맑고 깨끗한지 아무 형태도 없는 것 같다.

목욕에서 나오면 각기 한 송이 연꽃 위에 앉게 되는데, 이 때 산들바람이 서서히 일어나 여러 보수(寶樹)에 불면, 혹은 음악, 혹은 법음(法音)[43]이 되고, 산들바람이 여러 보화(寶華)에 불면, 꽃잎마다 기이한 향기를 발하여 여러 보살과 성문・대중에 흩날린다. 땅에 떨어진 꽃이 두텁게 쌓여 어디를 보나 아리땁기 짝이 없으며, 그 꽃다운 향기는 비길 데가 없다. 그러나 떨어진 꽃이 약간 시들 때가 되면, 저절로 세찬 바람이 일어나 꽃들을 다 쓸어가 버린다. 여러 보살과 성문과 대중 중 법음을 듣고 싶어하는 자가 있다든가, 음악을 듣고 싶어하는 자가 있다든가, 꽃향기를 맡고자 하는 자가 있다든가, 그 어느 것도 원치 않는 자가 있을 경우에는, 원하는 자는 다 그 뜻대로 되고, 원치 않는 자는 고요할 뿐이어서 아무것도 듣든가 맡든가 하는 것이 없게 된다. 이같이 각기 그 뜻대로 되고 어긋남이 없으니, 쾌락은 언제나 저절로 얻게 되는 것이다.

이 세상 제왕의 만 가지 음악은 전륜성왕(轉輪聖王)[44]이 지닌 음악 중의 어느 하나의 아리따움에 비긴대도 백천만 배나 못 미친다. 전륜성왕의 만 가지 음악은, 도리천왕(忉利天王)[45]이 지닌 음악 중의 어느 하나의 아리따움에 비긴대도 백천만 배나 못 미친다. 도리천왕의 만 가지 음악은, 제육천왕(第六天王)[46]이 지닌 음악 중의 어느 하나의 아리따움에 비긴대도 백천만 배나 못 미친다. 그러나 이 제육천왕의 만 가지 음악이라 할지라도, 아미타불의 국토의 여러 보수(寶樹)가 내는 음악의 어느 하나에 비길 경우에도, 그 아리따움에 있어서 백천만 배는 못 미친다고 해야 한다. 또 이 밖에도 거기에는 갖가지 아름다운 음악이 있는데, 그 모든 소리는 묘법(妙法)[47] 아님이 없으며, 맑고 밝으며, 미묘하고 화아(和雅)하여, 시방세계(十方世界)의 소리 중에서 단연 으뜸이 된다.

아미타불의 국토에 왕생(往生)[48]한 자는, 먹고 마실 때에는 칠보의 바리(鉢)가 그 뜻을 따라 나타나 앞에 놓이게 된다. 그리고 온갖 맛의 음식이 그 속에 가득하고, 시고 짜고 맵고 심심함이 각기 바라는 것 같아진다. 또 음식이 많다 해도 남는 법이 없고, 적은 경우에도 모자라는 바가 없으며, 식사를 마치면 저절로 사라져 찌꺼기가 남지 않는다. 경우에 따라서는, 음식을 보고 냄새를 맡아, 마음으로 먹는 생각을 하면, 그것만으로 절로 배가 불러지는 반면, 맛에 대한 집착[49]은 일지 않아서 몸과 마음이 상쾌해진다. 그곳은 이같이 청정 안온(安穩)하고 미묘 쾌락하거니와, 형상 있는 것으로서는 가장 이상적인 점에서 무위니원(無爲泥洹)[50]의 도(道)에 가깝다고 해야 한다.

아미타불의 국토에 있는 것은, 모두 보살이거나 성문이거나 훌륭한 선인(善人)들이다. 여인(女人)이 없고, 누구나 수명에 한계[51]가 없다. 또 누구나 천안(天眼)[52]·천이(天耳)[53]를 갖추어, 아무리 먼 곳의 광경이라도 볼 수 있고, 아무리 먼 곳의 소리라도 들을 수 있다. 다 선도(善道)를 성심껏 구한 사람들일 뿐, 이와 다른 종류의 사람이 없다. 얼굴이 누구나 단정하고 잘생겨 추한 자가 없다. 그 사람됨이 다 슬기롭고 용기 있어서 어리석은 자가 없기에, 상대의 말하고자 하는 바를 미리 안다. 마음에 생각하는 것이 바른 도(道) 아님이 없고, 말하는 것이 바른 일 아님이 없다. 다 서로 공경하고 사랑하여 조금도 미워하거나 시기함이 없다. 다 차례를 따라서[54] 조금도 어긋남[55]이 없으며, 하는 일이 모두 예의에 들어맞는다. 화목하기 형제와 같으며, 말이 성실해서 서로 가르치고 기꺼이 받아들여 어긋남이 없다. 다 청정(淸淨)하여 탐염(貪染)[56]·음일(淫泆)[57]·진노(瞋怒)[58]·우치(愚痴)[59]의 상태가 완전히 끊어지고, 사심(邪心)[60]·망념(妄念)[61]이 소멸되었으며, 신기(身氣)가 고요하고 체력(體力)이 날렵하며, 법(法)[62]을 즐겨 좇아 지혜를 계발한다. 그 숙명(宿命)[63]을 환히 알아서 만겁(萬劫)을 지난 일이라도 그 말미암아 나온 바를 모름이 없다. 또 시방세계(十方世界)와 과거・미래・현재의 일을 알며, 무한한 천상・천하의 사람들과 날고 기는 벌레의 마음에 먹은 생각과 입으로 말하고자 하는 바를 안다. 또 이 중생들이 어느 겁, 어느 해에 악보(惡報)에서 벗어나 사람이 되고, 다시 극락세계에 태어나서 보살이나 성문이 될지, 다 미리 안다. 그 중에서도 지혜가 뛰어나고 위력(威力)[64]이 자재(自在)한 사람은 손바닥에 온갖 세계를 올려놓아 들 수도 있다.

시방세계의 여러 천신(天神)이나 사람 중, 아미타불의 국토에 태어나기를 원하는 자에는 세 부류(三輩)가 있다. 그 윗부류(上輩)란, 집을 버리고 욕망을 버려 사문(沙門)[65]이 돼서, 마음에 탐욕이 없어 구족계(具足戒)[66]를 지키며, 육바라밀(六波羅密)[67]을 실천하여 보살행(菩薩行)[68]을 닦고, 아미타불을 오로지 염(念)하며,[69] 여러 공덕을 닦는 사람들이다. 이런 사람은 꿈 속에서 불・보살・성문을 뵙게 되고, 그 목숨이 끊어지려 할 때에는 부처님께서 여러 성자와 함께 오셔서 맞이하시며, 곧 칠보(七寶)로 이루어진 못의 연꽃 속에 화생(化生)[70]하게 된다. 이리하여 불퇴전지보살(不退轉地菩薩)[71]이 되고, 지혜・위력・신통이 자재(自在)하며, 사는 보궁(寶宮)도 공중에 있어서 부처님의 거처와 가장 가깝게 마련이다. 이것이 윗부류의 왕생(往生)이다.

가운데 부류(中輩)란, 비록 사문이 되어 크게 공덕을 닦지는 못하지만, 항상 부처님의 말씀을 믿어서 더없는 보리심(菩提心)[72]을 발하여, 마음을 오로지하여 이 부처님을 염하는 사람들이다. 힘에 따라 수희(隨喜)[73]하며, 재계(齋戒)[74]를 지키며, 탑이나 불상을 세운다든가, 사문을 공양한다든가, 천개(天蓋)를 설치하고[75] 등불을 단다[76]든가, 꽃을 뿌리고 향을 사른다거나 하여, 이 공덕을 회향(回向)[77]하여 이 국토에 태어나기를 원하는 것이다. 이런 사람들은 목숨이 끊어질 때, 부처님이 그 몸의 광명상호

(光明相好)[78]를 나타내사, 여러 성자와 함께 그 앞에 나타나신다. 이리하여 부처님의 인도를 따라 극락에 왕생(往生)하게 되는데, 그들 역시 불퇴전지(不退轉地)[79]에 들어가 공덕과 지혜가 윗부류(上輩)로 왕생한 사람에 버금한다.

아랫부류(下輩)란, 여러 공덕을 짓지 못하고, 더없는 보리심도 발하지 못하나, 마음을 오로지하여 매일 열 마디 부처님을 염하여 그 국토에 태어나기를 원하는 사람들이다. 이런 사람은 목숨이 끊어지려 할 때, 또한 이 부처님을 꿈에 뵈올 수 있고, 드디어 왕생하게 된다. 그러나 칠보(七寶)의 집이 땅에 있을 뿐이어서 부처님의 처소와 멀고, 공덕·지혜도 가운데 부류의 왕생한 자에 비겨 떨어지는 것이 사실이다."

— 〈大阿彌陀經〉

〔주〕 1)극락 : 390의 '극락세계'의 주. 2)아미타불 : Amitābha(無量光佛)·Amitāyus(無量壽佛)의 첫 3음절의 음사(音寫). 법장(法藏)이 사십팔대원(四十八大願)을 세우고 무수겁에 걸쳐 수행한 끝에, 서방 십만억토 밖에 극락정토를 건설하고, 그 부처가 되었다는 것. 정토종(淨土宗)에서 받드는 부처님. 3)본성 : 원문은 '體性'. 39의 주. 4)시방 : 18의 주. 5)수미산 : 181의 주. 6)금강위 : 33의 '금강산'과 같다. 7)지옥 : 26의 주. 8)아귀 : 26의 주. 9)축생 : 26의 주. 10)벌레 : 원문은 '蜎飛蠕動之類'. 11)아수륜 : 306의 '아수라'와 같다. 12)사바세계 : 618의 주. 13)타화자재천 : 타화천(他化天)·제육천(第六天)이라고도 한다. 여기에 태어난 자는, 남이 화작(化作)한 것을 마음대로 수용(受用)할 수 있으므로 이리 부른다. Para-nirmita-vaśa-vartino devāḥ. 14)신과 사람 : 원문은 '天人'. 4의 주. 15)강당 : 경을 강의하거나 설법하는 건물. 16)정사 : 473의 주. 17)영락 : 236의 주. 18)백주 : 흰 진주? 19)명월주 : 월장석(月長石). 달빛이 응결한 보석으로, 달빛을 받아서만 빛난다는 것. 마니주(摩尼珠)와 같음. maṇi-ratna. 20)마니주 : 292의 주. 21)교로 : 구슬만으로 만든 만막(幔幕). 구슬의 빛

이 이슬이 내린 것 같으므로 이리 이른다. 22)성문 : 50의 주. 23)집 : 원문은 '宮宇'. 원래는 '궁전'의 뜻. 24)산개 : 일산(日傘)의 덮개. 인도에서는 귀인의 뒤에서 시자(侍者)가 일산을 받쳐 주는 것이 예의다. 25)당번 : 254의 주. 26)정진 : 26의 주. 27)서원 : 396의 주. 28)세계 : 일월이 비치는 범위. 즉 수미산을 중심한 사주(四洲)를 이른다. 따라서 수미산을 중심한 천상(天上)까지도 포함된다. 29)육욕천 : 원문은 '第六天'. 제6천은 욕계의 타화자재천(他化自在天)을 이르는 말이므로, 여기서는 맞지 않는다. '천제'가 나오는 것으로 보아 '육욕천'일 것이다. 욕계에 속하는 여섯 겹의 하늘. 사천왕중천(四天王衆天)·삼십삼천(三十三天)·야마천(夜摩天)·도사다천(睹史多天)·낙변화천(樂變化天)·타화자재천. 이 중, 삼십삼천은 도리천(忉利天)이라고도 하며, 수미산의 정상에 해당하는바, 제석천(帝釋天)은 여기에 산다. 30)천제 : 301의 '제석천'과 같다. 31)훌륭한 선인 : 원문은 '上善人'. sat-puruṣa. 32)팔공덕수 : 여덟 가지 특질을 갖춘 물. 달고, 차고, 부드럽고, 가볍고, 맑고, 냄새가 없고, 목을 안 상하고, 마시고 나서 배탈이 안 나는 물. aṣṭāṅga-upeta-vāri. 33)감로 : 4의 주. 34)전단향 : 254의 주. 35)길상과 나무 : 원문은 '吉祥樹'. 보리수(菩提樹)와 같다. 석존은 이 나무 밑에서 성불하셨다. aśvattha. 36)우발화 : 우발라화(優鉢羅華)와 같다. 청련(青蓮). '우발라'는 utpala의 음사. 37)발담마화 : 발두마화(鉢頭摩華)라고도 한다. 홍련(紅蓮). padma의 음사. 38)구모두화 : 황련(黃蓮). kumuda의 음사. 39)분타리화 : 377의 주. 40)여러 빛깔 : 원문은 '雜色'. 41)목욕함 : 원문은 '澡雪'. 몸을 씻는 것. 42)번뇌 : 원문은 '情慮'. '정려'는 사량(思量)의 뜻. 그러나 <대무량수경>의 이 대목에는 '心垢'로 되어 있어 '번뇌'로 역했다. 43)법음 : 232의 주. 44)전륜성왕 : 4의 주. 45)도리천왕 : '忉利'는 Trāyastriṃśa의 음사. '도리천'은 삼십삼천(三十三天)이라 한역하며, 도리천왕이란 제석천(帝釋天)을 이름이다. 301의 주. 46)제육천왕(第六天王) : 욕계(欲界)의 제육천(第六天)을 타화자재천(他化自在天)이라 하는데, 이곳의 주신(主神)을 이른다. 47)묘법 : 443의 주. 48)왕생 : 374의 주. 49)맛에 대한 집착 : 원문은 '味着'. 50)무위니원 : '무위'는 열반(涅槃)의 의역. '니원'은 열반과 함께 nirvāṇa의 음사. 곧 의역과 음사를 결부시킨 말. 열반은 인연에 의해 이루어진 것이 아니고, 모든 작위(作爲)를 끊은 상태이므로 '무위'라 한 것. 51)한계 : 원문은 '央數'. 52)천안 : 원문은 '洞視'. '통시'는 초인적인 시력을 이름이니, 사십팔대원(四十八大願) 중의 천안통원(天眼通願)을 가리킨다. 53)천이 : 원문은 '撤聽'. 아미타불의 제7의 천이통원(天耳通願)을 이른다. 모든 소리를 다 듣는 능력. 54)차례를 따름 : 원문은 '順序'. 55)어긋남 : 원문은 '差池'. 56)탐염 : 오욕(五欲)의 대상에 탐심을 내는 것. 번뇌. 57)음일 : 473의 '음욕'과 같다. 58)진노 : 54의 '진'과 같음. 59)우치 : 107의 주. 60)사심 : 그릇된 견해. durdarśana. 61)망념 : 136의 주. 62)법 : 원문은 '經道'. 경전에 설해진 도(道). Ⓟarthe kathā-sallāpo. 63)숙명 : 전세의 생존 상태. 과거의 생애. pūrva- nivāsa. 64)위력 : 182의 주. 65)사문 : 265의 주. 66)구족계 : 원문은 '經戒'. 478의 주. 67)육바라밀 : 443의 '제바라밀'의 주. 68)보살행 : 원문은 '菩薩業'. 보살행과 같다. 9의 주. 69)오로지 염함 : 원문은 '一向專念'. 마음을 오로지하여 부처님(특히 아미타불)의 이름을 염하는 것. 70)화생 : 518의 '사생'의 주 참조. 71)불퇴전지 보살 : 불퇴전의 자리에 도달한 보살. 언젠가 성불할 것이 확정되어, 결코 물러설 일이 없는 보살. 불퇴보살(不退菩薩)이라고도 한다. 72)더없는 보리심 : 원문은 '無上菩提心'. 더없는 최고의 깨달음을 구하는 마음. 73)수희 : 남이 착한 일 하는 것을 보고, 자기 일처럼 기뻐하는 것. anumodanā. 74)재계 : 신(身)·구(口)·의(意)를 삼가서 몸을 깨끗하게 함. 75)천개를 설치함 : 원문은 '懸蓋'. 불상 위에 거는 일산(日傘). 여기서는 그것을 설치하는 뜻으로 쓰고 있다. 76)등불을 단다 : 원문은 '然燈'. 燃燈으로도 쓴다. pradipa. 77)회향 : 347의 주. 78)광명상호 : 광명을 발하는 상호. '상호'는 237의 주. 79)불퇴전지 : 이미 얻은 공덕에서 물러섬이 없는 지위.

제6장 윤회(輪廻)

윤회의 원인

621

온갖 중생이 무시(無始)[1] 이래 생사(生死)를 반복하고[2] 있는 것은, 다 제가 지닌 변화를 떠난 영원한 진심(眞心)[3]과 청정하고 밝은 본성(本性)[4]에 대해 알지 못하고, 여러 망상(妄想)에 팔리고 있는 까닭이다. 이런 망상이 진실하지 못하므로 윤회[5]하게 되는 것이다. —〈楞嚴經〉

〔주〕 1)무시 : 67의 주. 2)생사를 반복함 : 원문은 '生死相續'. 생사가 끝없이 이어짐. 3)변화를 떠난 영원한 진심 : 원문은 '常住眞心'. 4)청정하고 밝은 본성 : 원문은 '性淨明體'. '體'도 본성(本性)의 뜻. 5)윤회 : 원문은 '輪轉'. 1의 '윤전생사'의 주.

622

"선남자[1]야, 온갖 중생이 무시(無始)의 끝[2]으로부터 갖가지 번뇌(煩惱)[3]에 사로잡혀 있으므로 윤회가 있게 되느니라." —〈圓覺經〉

〔주〕 1)선남자 : 1의 주. 2)무시의 끝 : 원문은 '無時際'. 3)번뇌 : 원문은 '恩愛貪欲'. 이는 tṛṣṇā와 upādāna를 이른다. 두 말이 다 집착의 뜻.

623

이 몸과 마음이 갖가지 악을 지으므로, 이 인연으로 하여 생사를 유전(流轉)[1)]해 삼악도(三惡道)[2)]에 떨어져 여러 고통을 골고루 받게 되는 것이다. — 〈涅槃經〉

〔주〕 1)유전 : 225의 주. 2)삼악도 : 166의 주.

624

범부(凡夫)는 몸과 마음에 괴로움을 만나면 갖가지 악을 일으키게 마련이니, 몸에 병이 나거나 마음에 병[1)]이 날 경우, 신(身)·구(口)·의(意)[2)]로 갖가지 악을 짓는다. 그러므로 삼취(三趣)[3)]에 윤회하여 갖은 괴로움을 받아야 하는 것이다. — 〈涅槃經〉

〔주〕 1)마음의 병 : 원문은 '心病'. 558의 주. 2)신·구·의 : 558의 주. 3)삼취 : 삼악도(三惡道). 166의 주.

625

온갖 욕망 탓으로 삼악도(三惡道)[1)]에 떨어지고 육취(六趣)[2)] 속을 윤회하여, 고루 여러 고통을 받게 되는 것이다. — 〈法華經〉

〔주〕 1)삼악도 : 166의 주. 2)육취 : 83의 '육도'와 같다.

626

온갖 존재(현상)란 어느 하나도 진실함[1)]이 없건마는, 진실한 모습[2)]인 듯 그릇 생각하고[3)] 있는 것이어서, 범부들이 생사의 옥(獄)[4)]을 윤회하는

것은 이 때문이다. — 〈華嚴經〉

〔주〕 1)진실함 : 실체(實體)를 이른다. 2)진실한 모습 : 원문은 '眞實相'. 3)그릇 생각함 : 원문은 '妄取'. (좋지 않은 뜻에서의) 사량(思量)·분별(分別). 4)생사의 옥 : 원문은 '生死獄'. 생사가 반복되는 감옥이니, 육도(六道)를 가리킨 말.

627

중생이 스스로 번뇌(煩惱)[1]를 일으켜, 저 윤회의 원인을 짓고 있는 것이다. — 〈大乘十二頌論〉

〔주〕 1)번뇌 : 원문은 '染'. 번뇌. 탐심. rāga.

628

만일 바른 견해(見解)[1]가 없이 어리석어서, 온갖 욕망에 집착하여 생사를 떠나려 않는다면, 윤회에 매이는 바가 될 수밖에 없다.

— 〈諸法集要經〉

〔주〕 1)바른 견해 : 원문은 '正思惟'. 바르게 생각하는 것. 팔정도(八正道)의 하나. samyk-saṃkalpa.

629

어리석은 사람은, 항상 세간(世間)[1]의 변화해 마지않는 사물[2]에 의지해 있기 때문에 오취(五趣)[3] 속을 휘돌아 끊일 날이 없다.

그러므로 출세간(出世間)의 최고의 진실[4]에 대해서는 아는 바 없이 계속 윤회하게 되는 것이어서, 고치가 스스로 제 몸을 결박하는 것과 같고, 해와 달이 끝없이 옮아 다니는 것과 같다. — 〈尼乾子問無我義經〉

〔주〕 1)세간 : 380의 주. 2)변화해 마지않는 사물 : 원문은 '生滅法'. 변화하는 것들. 3)오취 : 188의 주. 4)출세간의 최고의 진실 : 원문은 '勝義'. paramārthika.

630

문수사리(文殊師利)[1]가 부처님께 여쭈었다.

"어떤 까닭으로 온갖 중생이 허망한 윤회를 떠나지 못하고, 그 잘못을 깨닫지 못하는 것입니까?"

부처님께서 이르셨다.

"아견(我見)[2]을 지닌 중생이 허망한 윤회를 받게 된다. 왜냐하면 무시(無始)[3]로부터 망령되이 헤아려 집착하는[4] 생각을 내어 저와 나를 분별하는 까닭이다. 또 어리석은[5] 중생이 허망한 윤회를 받게 된다. 왜냐하면 어리석은 중생은 최상의 적정법(寂靜法)[6]에 대해 들은 바도 아는 바도 없으므로, 삼업(三業)[7]을 경계함이 없이 몸과 입과 마음을 제멋대로 굴어서, 온갖 번뇌, 즉 탐(貪)·진(瞋)·치(痴)[8] 따위를 짓는 까닭이다."

— 〈文殊師利問法經〉

〔주〕 1)문수사리 : 78의 주. 2)아견 : 138의 주. 3)무시 : 67의 주. 4)헤아려 집착함 : 원문은 '計執'. 여러 가지로 생각하여 집착함. 5)어리석음 : 원문은 '偶痴'. 107의 주. 6)적정법 : 마음을 고요히 가라앉히는 도리. vivikta-dharma. 7)삼업 : 558의 '신·구·의' 참조. 8)탐·진·치 : 245의 주.

631

어리석은 자는 세속에서 세워 놓은[1] 명상(名相)[2]에 집착하고,[3] 마음의 흐름을 따라 움직여[4] 갖가지 형상을 보게[5] 된다. 그리하여 나(我)[6]니 내 것(我所)[7]이니 하는 그릇된 견해[8]에 떨어지므로, 무지(無知)[9]가 본성을 덮고 가려 집착[10]이 생기는 것이며, 그 결과로 탐심(貪心)이니 진에(瞋恚)[11]니 하는 번뇌에서 나온 행위[12]가 모여 망령되이 스스로 얽어맴이 누에가 고치를 치는 것 같고, 생사의 바다[13]와 악도(惡道)의 광야[14]에 떨어짐이 도르래(汲井輪)와 같아지는 것이다. — 〈楞伽阿跋多羅寶經〉

〔주〕 1)세속에서 세워 놓은 것 : 원문은 '俗數'. 진실에서는 멀지만, 세속에서 그러려니 인정하는 것. saṃketa. 2)명상 : 명칭과 형체(形體). 이름과 모양. nāma-saṃsthāna. 3)집착함 : 원문은 '計着'. 630의 '계집'과 같다. 4)마음의 흐름을 따라 움직임 : 원문은 '隨心流散'. <대승입능가경>에는 '隨心流動'으로 되어 있다. '散'은 '움직이는'의 뜻으로 보아 무방할 듯. 5)형상을 봄 : 원문은 '相像'. 마음에 비친 외물(外物)의 형상. 6)나 : 원문은 '我'. 79의 주. 7)내 것 : 원문은 '我所'. 79의 주. 8)그릇된 견해 : 원문은 '見'. 543의 주. 9)무지 : 464의 주. 10)집착 : 원문은 '染着'. 243의 주. 11)탐심과 진에 : 원문은 '貪恚'. 탐욕과 노여움. 12)나온 행위 : 원문은 '所生業'. 생겨진 행위. 13)생사의 바다 : 원문은 '生死海'. 생사의 끝없음을 바다에 비유한 말. 14)악도의 광야 : 원문은 '諸趣曠野'. '제취'는 육도(六道) 중의 삼악도(三惡道). '광야'는 그 의지할 곳 없음을 비유한 말.

〔풀이〕 이 경은 우리가 흔히 말하는 <능가경>, 즉 <대승입능가경(大乘入楞伽經)>의 이역(異譯)인바, 만해 선생의 역문에 불투명한 곳이 있어, 전기 경전의 이 대목을 대조하며 번역했다.

이런 역문의 혼잡은 620에서도 심했다. <대아미타경>은 <대무량수경>의 이역이므로, 역시 그것을 대조 · 참고했음을 아울러 부기해 둔다.

632

십악(十惡)[1)]을 행하는 인연 때문에 지옥 · 아귀 · 축생의 삼악도(三惡道)[2)]에 떨어지고, 십선(十善)[3)]을 행하는 인연 때문에 천계(天界)[4)]와 인계(人界)[5)]에 태어난다. ─〈彌勒菩薩所問經〉

〔주〕 1)십악 : 원문은 '十不善業道'. 십불선업(十不善業) · 십불선(十不善) · 십악(十惡) · 십악업(十惡業) · 십악업도(十惡業道)와 같은 말. 17의 '십선업' 참조. 2)삼악도 : 166의 주. 3)십선 : 원문은 '十善業道'. 십선 · 십선업도. 17의 '십선업'의 주. 4)천계 : 천상의 세계. 천인(天人)이 사는 세계. 뛰어난 즐거움을 누리지만 아직 괴로움을 완전히는 면치 못하는 경지. 5)인계 : 사람의 세계.

633

친교바라문(親交婆羅門)이 무아(無我)[1)]의 설을 듣고 의심이 나서 말했다.

"만약 나라는 것이 없다고 하면, 윤회에 있어서 누구가 후세(後世)에 태어난단 말씀입니까?"

교시가(憍尸迦)[2)]가 대답했다.

"과거세(過去世)[3)]에 번뇌로 말미암은 여러 업(業)[4)]을 지은 까닭에, 그 업에서 현재[5)]의 몸이 생겼거니와, 현재에 있어서도 다시 여러 업을 짓는다면, 내세[6)]에서 다시 거기에 해당하는 몸을 얻게 될 것이다. 모든 조건[7)]이 결합[8)]되어 씨에서 싹이 트는 것과 같다. 씨에서 싹이 트기 위하여는 그를 돕는 조건이 필요하고, 싹의 성장을 위하여는 씨가 없어지지 않으면 안 된다. 씨와 싹의 관계에 있어서, 씨가 없어지는 점에서 볼 때에는 지속함이 없다고 해야 하지만, 싹이 나는 점에서 볼 때에는 단절되었다고도 할 수 없다. 자아(自我)가 없으면서도 업보(業報)[9]의 어김없음이, 이 씨와 싹의 관계와 같다. — 〈大莊嚴經論〉

〔주〕 1)무아 : 85의 주. 2)교시가 : Kauśika의 음사. 제석천(帝釋天). 그가 사람이었을 때의 성(姓)이다. 3)과거세 : 원문은 '過去'. 586의 주. 4)업 : 540의 주. 5)현재 : 이 세상. 현세(現世). 6)내세 : 원문은 '未來'. 내세. 7)모든 조건 : 원문은 '衆緣'. 8)결합 : 원문은 '和合'. 468의 주. 9)업보 : 148의 주.

634

세존(世尊)[1]께서 비구(比丘)[2]에게 말씀하셨다. "중생이 다함 없고 윤회가 가없어서 개미처럼 휘돌아 끝날 줄 모르는도다." — 〈解憂經〉

〔주〕 1)세존 : 4의 주. 2)비구 : 원문은 '苾芻'. 455의 주.

〔풀이〕 신(神)의 창조에 온갖 존재의 원인을 돌리는 다른 종교라면, 세계에는 처음과 끝이 있고 우리 개체(個體) 역시 죽음으로써 끝나는 것이며, 기껏 영혼의 천상에서의 영생(永生)이나 생각할 수밖에 없을 것이다. 그러나 연기설(緣起說)에 입각하여 초월자(超越者)를 부정한 불교고 보면, 현존재(現存在)의 원인을 추구하여 과거로 소급하고, 또 현존재의 후속체(後續體)로서의 내세를 생각하는 것은 당연한 귀결이었을 것으로 안다. 오늘이 있으면 어제와 내일이 있고, 여기라는 개념은 저기라는 개념을 예상하는 것이므로, 미혹에서 벗어나지 못한 중생이라면 끝없이 삼계(三界)를 휘돌아야 할 것이다.

요즘 과학적 사고방식의 세뇌를 받은 탓으로 삼세(三世)의 인과(因果)를 안 믿으려는 사람이 많고, 불교도 중에까지 그것을 방편설(方便說)로 돌리는 사람이 있지만, 이것은 무서운 오류임을 알아야 할 것이다.

인과가 없고 윤회가 없다면, 사람마다 다른 건강과 성격과 재질과 도덕성을 무엇으로 설명하며, 또 우리가 현세에서 짓고 있는 행위(業)가 그대로 소멸된다는 불합리(不合理)에서 어떻게 벗어날 것인가? 이것이야말로 가장 비과학적인 생각이며, 부처님의 모처럼의 교화를 무(無)로 돌리는 마설(魔說)일시 분명하다.

6
자치품
自治品

제1장 학문(學問)

제1절 수학(修學)

반드시 배워야 한다

635

온갖 존재[1)]는 한량이 없으니, 학문을 쌓아야 비로소 진리를 깨달을 수 있을 것이다. 빗방울이 떨어져 시원스레 흐르는 물이 되는 것은 점점 모였기 때문이니, 무시윤회(無始輪迴)[2)]의 바다에서 보리심(菩提心)[3)]을 일으켜 금강도량(金剛道場)[4)]에 앉아 불과(佛果)[5)]를 성취하는 것도 이와 마찬가지다. — 〈諸法集要經〉

〔주〕 1)온갖 존재 : 원문은 '諸法'. 68의 주. 2)무시윤회 : 영원한 옛날로부터의 윤회. 3)보리심 : 50의 주. 4)금강도량 : 석존(釋尊)이 성도(成道)했을 때의 자리. 금강으로 이루어진 보좌(寶座). 인도 부다가야의 보리수 밑에 있다. vajra-āsana. 금강좌(金剛座). 5)불과 : 불도 수행의 결과로써 얻어진 부처의 지위. 부처라는 궁극의 결과. 깨달음. bodhi.

636

좋은 마음씨[1)]가 되고 싶거든, 게으름을 피우지[2)] 말고 부처님[3)]이 가르치신 착한 일들[4)]을 잘 배워야 한다. — 〈僧祇律〉

〔주〕 1)좋은 마음씨 : 원문은 '好心'. 2)게으름을 피움 : 원문은 '放逸'. 250의 주. 3)부처님 : 원문은 '聖人'. 320의 주. 4)착한 일들 : 원문은 '善法'. 18의 주.

637

마음에 게으름을 일으키지 말고, 마땅히 성스러운 도리[1]를 부지런히 배워야 할 것이다. — 〈四分律〉

〔주〕 1)성스러운 도리 : 원문은 '聖法'. 바른 진리. 부처님의 가르침. dharma.

638

저 어리석은 중생들은, 진리를 알지도 못하고 보지도 못해서 종내 깨달을[1] 날이 없다. 그러므로 보살마하살[2]은 부지런히 정진(精進)[3]해 배움을 닦아 자기의 학문을 성취시키는 한편, 중생들로 하여금 이 가르침 중에서 도리에 맞게[4] 학문을 닦아 실지실견(實知實見)[5]하여, 청정한 온갖 부처님의 가르침을 얻게 한다. — 〈佛母出生經〉

〔주〕 1)깨닫다 : 원문은 '學了'. 2)보살마하살 : 9의 '보살'의 주. 3)정진 : 26의 주. 4)도리에 맞음 : 원문은 '如理'. yukti. 5)실지실견 : 남김 없이 알고, 남김 없이 봄.

639

중생은 수습(修習)[1]을 즐겨해, 스승을 따라 배움을 닦아야 한다. 그리하여 훌륭한 스승의 본래의 가르침[2]을 수지(受持)[3]하여 삼매(三昧)[4]에 싫증냄이 있어서는 안 된다. 근책계(勤策戒)[5]를 항상 닦아서 다섯 번뇌[6]의 훈습(薰習)[7]을 떠나고, 여러 계(戒)[8]를 잘 실천하여 깨달음[9]을 힘껏

이루어 가야 할 것이다. — 〈成佛神變經〉

〔주〕 1)수습 : 20의 주. 2)본래의 가르침 : 원문은 '本敎'. 3)수지 : 원문은 '受'. 가르침을 받아 지니는 것. 4)삼매 : 154의 주. 5)근책계 : 원문은 '勤策'. 원래는 사미(沙彌)를 이르며, 넓게는 비구(比丘) 전체를 가리키는 말. śramaṇoddeśa. 그러나 여기서는 근책계를 이르는 것 같다. 6)다섯 번뇌 : 원문은 '諸蓋'. '개'는 번뇌. 오개(五蓋)를 이른다. 562의 '오개' 참조. 7)훈습 : 원문은 '薰醉'. 573의 '훈습'의 주. 8)계 : 원문은 '學處'. 비구·비구니가 차례로 배워야 할 사항. 계(戒)를 이른다. 계율 조항. 9)깨달음 : 원문은 '實地'. 실제이지(實際理地)의 준말. 진여(眞如). 절대의 경지.

반야(般若)를 배워라

640

보살이 보살행(菩薩行)[1]을 닦아 최고의 깨달음[2]을 실현하고자[3] 하면, 심심반야바라밀다(甚深般若波羅蜜多)[4]를 응당 부지런히 닦고 배워야 한다.

— 〈大般若經〉

〔주〕 1)보살행 : 9의 주. 2)최고의 깨달음 : 원문은 '無上正等菩提'. anutarā samyaksaṃbodhih. 3)실현함 : 원문은 '證'. 도달함. 증득(證得)함. 체득함. adhigacchati. 4)심심반야바라밀다 : 심원한 반야바라밀다. '반야바라밀다'에 대하여는 41의 주.

641

반야바라밀(般若波羅蜜)[1]은 광대한 진언(眞言),[2] 무상(無上)의 진언, 무등등(無等等)[3]의 진언이어서, 온갖 괴로움을 없애 준다. 이는 곧 진실하여 거짓이 없는 진리이니, 불도(佛道)를 닦고 배우는 사람은 응당 이렇게 배워야 할 것이다.

— 〈聖佛母般若經〉

〔주〕 1)반야바라밀 : 41의 주. 2)진언 : 원문은 '明'. 진언. 주문(呪文). 본래 vidyā-mantra(明呪)의 vidyā(明)의 역어(譯語)이어서, '명주'의 준말이다. 3)무등등 : 같은 것이 없을 만큼 뛰어남. asama-sama.

642

땅을 놓고 볼 때 염부단금(閻浮檀金)[1)]은 얼마 안 되지만 가시(荊棘)나 모래·조약돌·풀·나무 따위는 많다. 온갖 중생도 마찬가지다. 중생의 모임[2)]을 놓고 볼 때, 반야바라밀다(般若波羅蜜多)[3)]를 닦는 사람은 얼마 안 되지만 성문(聲聞)[4)]·연각(緣覺)[5)]의 법문(法門)[6)]을 닦는 사람은 많다.

— 〈佛母出生經〉

〔주〕 1)염부단금 : 295의 주. 2)모임 : 원문은 '聚'. 집합. 떼. kalāpa. 3)반야바라밀다 : 41의 주. 4)성문 : 50의 주. 5)연각 : 4의 '독각'의 주. 6)법문 : 245의 주.

643

"수보리(須菩提)[1)]야, 반야바라밀다[2)]를 닦는 보살에게는, 잡염심(雜染心)[3)]·의혹심(疑惑心)[4)]·증질심(憎嫉心)[5)]·간린심(慳悋心)[6)]·파계심(破戒心)[7)]·진뇌심(瞋惱心)[8)]·해태심(懈怠心)[9)]·산란심(散亂心)[10)]·우치심(愚痴心)[11)]이 생기지 않느니라."

— 〈佛母出生經〉

〔주〕 1)수보리 : 59의 주. 2)반야바라밀다 : 41의 주. 3)잡염심 : '잡염'은 온갖

유루법(有漏法)의 총칭이나, 특히 탐심(貪心) 따위를 가리킨다. 4)의혹심 : 425의 주. 5)증질심 : 미워하고 샘내는 작용. 6)간린심 : 인색한 마음. 7)파계심 : '파계'는 일단 계(戒)를 받은 자가 계를 깨는 것. duḥśila. 8)진뇌심 : 성내는 마음. 9)해태심 : 565의 '해타'와 같다. 10)산란심 : 마음이 흩어져 어지러운 것. 11)우치심 : 107의 '우치'의 주.

644

사람[1]이 있어 좋은 과일을 얻고 싶을 경우, 과수를 심어 깊이 그 뿌리를 땅에 묻고, 때에 맞추어[2] 물을 주어서 윤기(潤氣) 있게 하면, 싹이 트고 가지·잎·꽃·열매가 생겨나, 마침내는 과일을 먹게 된다. 보살이 아뇩다라삼먁삼보리(阿耨多羅三藐三菩提)[3]를 얻고 싶다면, 마땅히 여섯 바라밀(波羅蜜)[4]을 닦아야[5] 할 것이다. — 〈放光般若經〉

〔주〕 1)사람 : 원문은 '士夫'. 214의 주. 2)때에 맞추어 : 원문은 '隨時'. 적당한 때에. Ⓟsamayā samayaṃ. 3)아뇩다라삼먁삼보리 : 17의 주. 4)여섯 바라밀 : 원문은 '六波羅蜜'. 443의 '제바라밀'의 주. 5)닦음 : 원문은 '學'. 482의 주.

수학의 종류

645

세 가지 학(學)[1]이 있으니, 셋이란 무엇인가? 소위 계학(戒學)[2]·심학(心學)[3]·혜학(慧學)[4]이 그것이다. — 〈文殊佛境界經〉

〔주〕 1)학 : 482의 주. 2)계학 : 계(戒)에 관한 수행. 3)심학 : 정학(定學)과 같다. 선정(禪定)에 관한 수행. 4)혜학 : 지혜에 대한 수행.

〔**풀이**〕 계(戒)·정(定)·혜(慧)를 삼학(三學)이라 한다. 불교도라면 반드시 실천·수행해야 할 세 가지 사항이라는 뜻이다. 계(戒)란 말할 것도 없이 계율을 지킴으로써 몸가짐과 생활을 청정히 하는 일이며, 정(定)이란 선정(禪定)을 닦아 마음을 통일하여 맑게 하는 일이며, 혜(慧)란 분별을 떠난 반야지(般若智)를 가지고 깨달음을 얻는 일이다. 이 셋은 하나도 빠뜨릴 수 없는 기본 조건일 뿐 아니라, 셋이 서로 부즉불리(不卽不離)의 관계에 있음도 간과할 수 없다.

그러나 우리 불교계에서는 삼학이 파행적(跛行的)으로 실천되고 있어서, 계(戒)에 대한 불성실은 당연한 것으로 되고, 선(禪)을 닦는 이는 경(經)을 소홀히 하고, 경을 공부하는 이는 선정을 돌보지 않는 실정이다. 삼학을 겸수해야만 불도(佛道)가 완성된다는 것을 깊이 반성해야 할 것이다.

646

광정보살(光淨菩薩)이 세존(世尊)[1]께 물었다.

"무엇을 성문(聲聞)의 수행(修行)[2]이라 하고, 무엇을 보살의 수행[3]이라 하나이까?"

부처님께서 대답하셨다.

"한정(限定)이 있고 장애가 있는 것은 성문의 수행이요, 한정이 없고 장애가 없는 것이 보살의 수행이다. 성문의 수행은 그 한정성(限定性) 때문에 장애를 가져오며, 그렇기 때문에 설하는 바가 한정이 있어서 장애를 부른다. 이에 비해 보살들의 수행은 한정성이 없는 까닭에, 설하는 바도 한정이 없어서 장애가 없게 마련이다." — 〈文殊普超三昧經〉

〔**주**〕 1)세존 : 4의 주. 2)성문의 수행 : 원문은 '聲聞學'. 3)보살의 수행 : 원문은 '菩薩學'.

〔풀이〕 성문(聲聞)은 자기의 깨달음을 구하는 데 대해, 보살은 남까지도 깨닫게 하고자 희생하는 사람이다. 또 교리에 있어서도 성문이 주로 사제(四諦)의 도리를 관(觀)하는 데 대해, 보살은 공(空)의 이치를 체득하려 노력한다고 한다. 자타(自他)를 구별하고 진리에 매이는 사람과, 이것을 아울러 초월하는 자와의 차이가 있는 것이 된다. 여기서 말하는 한정성·장애성이란 이것을 이른다.

647

경(經)[1)]을 배우는 태도에 다섯 부류[2)]의 사람이 있다. 첫째는 경을 많이 배우려[3)] 생각하는 사람이다. 둘째는 공덕(功德)[4)]을 많이 행하려는 사람이다. 셋째는 경을 이해하고자 하는 사람이다. 넷째는 남을 위해 경을 설(說)하고자 하는 사람이다. 다섯째는 윤회(輪迴)[5)]를 끊고자 하는 사람이다.
— 〈罵意經〉

〔주〕 1)경 : 478의 주. 2)다섯 부류 : 원문은 '五輩'. 3)많이 배움 : 원문은 '多聞'. 455의 주. 4)공덕 : 원문은 '福'. 155의 주. 5)윤회 : 원문은 '生死'. 12의 주.

648

"부처님의 깨달음[1)]을 구하려 하는 사람이라면, 마땅히 네 가지 착한 일[2)]을 닦아야 할 것이다. 넷이란 무엇인가? 첫째는 대보리심(大菩提心)[3)]을 일으켜, 차라리 목숨을 잃을지언정 물러서지 않음[4)]이다. 둘째는 선지식(善知識)[5)]을 가까이해서, 차라리 목숨을 잃을지언정 떠나지[6)] 않음이다. 셋째는 인욕(忍辱)[7)]·유화(柔和)[8)]를 닦아, 차라리 목숨을 잃을지언정 성내지[9)] 않음이다. 넷째는 고요한 경지[10)]에 안주(安住)해서,[11)] 차라리 목숨을 잃을지언정 어지러운 생각[12)]을 일으키지 않음이다. 선남자[13)]들아, 이

같은 네 가지 착한 일을 보살마하살(菩薩摩訶薩)[14]이라면 응당 닦아야 하느니라."

— 〈菩薩修行四法經〉

〔주〕 1)부처님의 깨달음 : 원문은 '佛菩提'. 부처님의 본성(本性)의 뜻. 그러나 여기서는 <법화경> 방편품에서 buddha-bodhi의 역어로서 사용한 '불도(佛道)'의 이역(異譯)일 것이다. 2)네 가지 착한 일 : 원문은 '四法'. '법'에는 선행(善行)의 뜻이 있다. 32의 '법'의 주. 3)대보리심 : 부처님의 깨달음을 구하고자 하는 마음. 자리(自利)와 이타(利他)를 완성코자 하는 마음. bodhi-citta. 4)물러서지 않음 : 원문은 '不退轉'. 185의 주. 5)선지식 : 원문은 '善友'. 311의 주. 6)떠남 : 원문은 '遠離'. 609의 주. 7)인욕 : 151의 '인'의 주. 8)유화 : 부드럽고 얌전함. sauratya. 9)성냄 : 원문은 '瞋恚'. 408의 주. 10)고요한 경지 : 원문은 '寂靜處'. 번뇌를 모두 끊은 경지. 지식처(止息處)·적정행안주처(寂靜行安住處)라고도 한다. upaśama-adhiṣṭhāna. 11)안주함 : 원문은 '依'. 12)어지러운 생각 : 원문은 '憒鬧'. 사람들이 웅성대서 시끄러운 것. saṃsarga. 13)선남자 : 1의 주. 14)보살마하살 : 1의 '보살'의 주.

649

세 가지 미덕(美德)의 수행(修行)[1]이 있는 사람을 진실한 수행인(修行人)[2]이라 한다. 첫째는 계행(戒行)[3]을 고루 갖춤이요, 둘째는 경(經)의 도리[4]를 많이 앎이요, 셋째는 능히 사람을 제도함[5]이다. 이것이 세 가지 미덕의 진정한 수행인이다.

— 〈四品學法經〉

〔주〕 1)수행 : 원문은 '學'. 482의 주. 2)진실한 수행인 : 원문은 '眞學'. 3)계행 : 459의 주. 4)경의 도리 : 원문은 '經法'. 법(法). 경전에 설해진 가르침. dharma. 5)제도함 : 원문은 '化度'. 중생을 인도해 구하는 것.

650

보살은 삼세제불(三世諸佛)[1)]의 진실한 말씀[2)]을 배우고, 여래(如來)[3)]의 가르침을 따라 지혜를 배워 성취해야 한다. — 〈華嚴經〉

〔주〕 1)삼세제불 : 과거 · 현재 · 미래의 모든 부처님네. try-adhva-vyavasthitāḥ sarva-buddhāḥ. 2)진실한 말씀 : 원문은 '眞實語'. 3)여래 : 1의 주.

651

하잘것없는 도(道)[1)]를 배워, 그릇된 견해[2)]를 믿어서는 안 된다. 방탕(放蕩)[3)]을 익혀 갈애(渴愛)[4)]를 증장(增長)시켜서는 안 된다. 도리에 맞는 행위[5)]를 잘 익혀, 배우되[6)] 어겨서는 안 된다. — 〈法句經〉

〔주〕 1)하잘것없는 도 : 원문은 '小道'. 보잘것없는 실천법. 2)그릇된 견해 : 원문은 '邪見'. 219의 주. 3)방탕 : 수행자의 행위가 어지러운 것. 특히 사음(邪婬)을 가리킨다. 4)갈애 : 원문은 '欲意'. Ⓟtaṇhā. 5)도리에 맞는 행위 : 원문은 '法行'. dharma-caraṇa 여기서는 계(戒)를 가리키는 듯하다. 6)배움 : 원문은 '學誦'.

〔풀이〕 여기쯤에서 배움(學)의 성격에 관해 언급해 두어야 할 것 같다. 요즘 우리가 배움이니 학문이니 하는 것은, 어떤 지식 · 기술 따위를 획득하는 노력이다. 그러나 불교는 어떤 지식을 목표로 하는 것이 아니라, 깨달음을 얻기 위한 실천에 모든 것이 집중되어 있는 종교다. 그러므로 '배움'이란 말도 실천 · 수행의 뜻임을 명백히 알아야 한다. 물론 우리로서는 그 교리를 이해하는 데도 적잖은 지적 노력이 드는 것이 사실이고, 그런 뜻에서 소위 '배움'을 전면적으로 배제할 수는 없겠으나, 그럼에도 불구하고 그런 지적인 일면도 실천을 위해서만 허용되는 것이며, 그 교리라는 것도 궁극적으로는 진지

한 실천・수행을 통해서만 이해할 수 있게 되어 있는 것이 불교의 특색이다.

수학의 주의(注意)

652

사문(沙門)[1]이 밤에 가섭불(迦葉佛)[2]의 <유교경(遺敎經)>을 소리내어 읽는데, 그 소리가 애절해서, 이렇게 깨닫지 못할 바에는 출가나 하지 말 것을 하고 뉘우쳐 중노릇을 그만둘 생각이 있는 것 같았다. 부처님께서 물으셨다.

"예전 집에 있을 때, 너는 무슨 일을 하였느냐?"

사문이 대답했다.

"거문고 타기를 좋아했습니다."

"거문고 줄이 너무 느슨하면 어떻더냐?"

"그래 가지고는 소리가 안 나나이다."

"그렇다면, 줄이 너무 팽팽하면 어떻고?"

"소리가 끊어집니다."

"줄이 팽팽하지도 느슨하지도 않아 알맞을 때는?"

"소리들이 고르게 울립니다."

부처님께서 말씀하셨다.

"사문이 도(道)를 수행하는 경우도 마찬가지다. 마음씀이 적당하면[3] 도를 얻을 수 있으려니와, 도를 구함에 있어서 너무 다급할 때는 몸이 지칠 것이고, 그 몸이 지칠 때는 마음이 괴로울 것이고, 마음이 괴로울 때는 수행이 뒷걸음질칠[4] 것이고, 그 수행이 뒷걸음질치고 났을 때는 죄가 반드시 더해 갈 것이다. 오직 마음과 몸이 청정・안락해야만 도를 잃

지 않으리라." — 〈四十二章經〉

〔주〕 1)사문 : 265의 주. 2)가섭불 : 과거칠불(過去七佛)의 여섯째의 부처님. Kassapa buddha. 3)적당함 : 원문은 '調適'. 마침 적당함. 4)뒷걸음질침 : 원문은 '退'.

653

도(道)를 배우는 사람이, 여러 욕망[1]에 미혹되지 않고, 여러 사견(邪見)[2]에 어지럽힘을 당하지 않으면서 열반(涅槃)[3]에 정진(精進)[4]하면, 이런 사람은 도를 얻을 수 있으리라. — 〈華嚴經〉

〔주〕 1)여러 욕망 : 원문은 '情欲'. 정애(情愛)의 욕망. '정애'란, 분별·판단과 호(好)·불호(不好)에 대한 집착. 그러나 더 범위를 넓혀서, 여러 가지 욕망의 뜻으로도 쓰인다. 2)여러 사견 : 원문은 '衆邪'. 3)열반 : 21의 주. 4)정진 : 26의 주.

654

수보리(須菩提)[1]가 부처님께 여쭈었다.

"만약 보살마하살(菩薩摩訶薩)[2]이 아뇩다라삼먁삼보리(阿耨多羅三藐三菩提)[3]를 성취코자 한다 하면, 마땅히 어떻게 안주(安住)하며, 어떻게 수행(修行)[4]해야 하겠습니까?"

부처님께서 말씀하셨다.

"마땅히 일체중생(一切衆生)을 대함에 있어서 평등심(平等心)[5]·무독심(無毒心)[6]·자심(慈心)[7]·이익심(利益心)[8]·선지식심(善知識心)[9]·무장애심(無障碍心)[10]·겸하심(謙下心)[11]·무뇌심(無惱心)[12]·불해심(不害心)[13]

을 일으키도록 해야 한다. 또 항상[14] 널리 여러 선행(善行)[15]을 닦아야 한다. 곧 보시(布施)[16]에 있어서 능히 희사하며, 계(戒)[17]에 있어서 능히 지키며, 인욕(忍辱)[18]에 있어서 능히 지니며,[19] 정진(精進)[20]에 있어서 해태(懈怠)하지 않으며,[21] 선정(禪定)[22]에 있어서 고요한 경지[23]에 이르며, 지혜[24]에 있어서 뛰어나게 이해하는 것[25]이 그것이다. 이 같은 갖가지 바라밀행(波羅蜜行)[26]을 닦고, 연생(緣生)[27]의 도리를 따르고 온갖 존재[28]를 관찰하여, 온갖 존재를 대함에 있어서 단멸상(斷滅相)[29]을 취하지 말아야 한다. 이같이 온갖 존재의 진실한 모습을 익히 알게 되면 능히 보살지(菩薩地)[30]를 넘어, 온갖 불법(佛法)을 갖추어서 끝없는 중생을 성장・완성시켜,[31] 궁극의 완전한 깨달음의 영역[32]에 안주(安住)케 될 것이다. 보살이 이같이 수행하면 장애의 상태[33]가 없어져, 온갖 존재를 대함에 있어서 장애가 없게 된다."

— 〈佛母出生經〉

〔주〕 1)수보리 : 59의 주. 2)보살마하살 : 1의 '보살'의 주. 3)아뇩다라삼먁삼보리 : 17의 주. 4)수행 : 원문은 '修學'. 651의 풀이 참조. 5)평등심 : 여러 사물의 평등한 도리를 깨닫고, 차별함이 없이 자비를 일으키는 마음. 6)무독심 : 모든 중생의 죄를 없애 주려는 마음? 7)자심 : 생물에 대한 사랑하는 마음. Ⓟ mettā. 8)이익심 : 남을 이롭게 하고자 하는 마음. 혜택을 주고자 하는 마음. 9)선지식심 : 자기의 얻은 법을 남에게 설하여, 가르쳐 인도하려는 마음. 10)무장애심 : 언변이 막힘 없어 자유자재하기를 바라는 마음. 11)겸하심 : 겸손한 마음. 12)무뇌심 : 괴로움을 없애 주려는 마음. 13)불해심 : 생물을 살해하지 않겠다는 마음. 14)항상 : 원문은 '長時'. 끊임이 없는 뜻. akṣataḥ. 15)여러 선행 : 원문은 '諸行'. 221의 주. 16)보시 : 17의 주. 17)계 : 18의 주. 18)인욕 : 151의 '인'의 주. 19)지님 : 원문은 '受'. 639의 주. 20)정진 : 26의 주. 21)해태하지 않음 : 원문은 '無懈'. 게으름을 안 피우는 것. 22)선정 : 27의 '정'의 주. 23)고요한 경지 : 원문은 '寂靜'. 52의 주. 24)지혜 : 107의 주. 25)뛰어나게 이

해함 : 원문은 '勝解'. 26)바라밀행 : 원문은 '勝行'. 뛰어난 보살행. 여기서는 바라밀의 수행법(修行法). 27)연생 : 여러 인연에 의해 생긴 것. 이것은 결과에서 본 이름이어서, 인(因)에서 볼 때에는 연기(緣起)가 된다. 여기서는 그 도리를 이른다. 28)온갖 존재 : 원문은 '諸法'. 68의 주. 29)단멸상 : 한 번 죽으면 그뿐이라는 생각. 단견(斷見). 30)보살지 : 제십지(第十地)를 이른다. bodhisattva-bhūmi. 257의 '위계' 참조. 31)성장·완성함 : 원문은 '成熟'. 218의 주. 32)궁극의 완전한 깨달음의 영역 : 원문은 '大涅槃界'. 33)장애의 상태 : 원문은 '障礙相'.

655

"선남자(善男子)[1]야, 부처님의 깨달은 진리[2]는 일체의 상(相)을 떠난 모습[3]이요, 가장 수승(殊勝)한 이법(理法)[4]이매, 절대적으로 고요하여[5] 문자로 표현할 수 없고,[6] 뜻으로 헤아릴 수도 없고,[7] 말로 나타낼 수 있는 성질의 것도 아니다. 온갖[8] 말이란 다 무의미한[9] 것이니, 그러므로 너희들은 가르침의 뜻에 의지할지언정 명목(名目)·문자(文字)[10] 따위에 의지함이 없도록 해야 한다." — 〈勝思惟梵天所問經〉

〔주〕 1)선남자 : 1의 주. 2)부처님의 깨달은 진리 : 원문은 '佛法'. 4의 주. 3)일체의 상을 떠난 모습 : 원문은 '寂滅相'. 고요한 모습. 온갖 모양을 떠난 열반의 모습. śānta. 4)가장 수승한 이법 : 원문은 '第一義'. 263의 '제일의제'와 같다. 5)절대적으로 고요함 : 원문은 '畢竟寂靜'. 궁극에 있어서의 고요함. 일체의 번뇌가 없는 열반의 상태. 6)문자로 표현할 수 없음 : 원문은 '無字'. anakṣaratva. 7)뜻으로 헤아릴 수 없음 : 원문은 '無義'. 범부의 생각을 초월함. 8)온갖 : 원문은 '所有'. 119의 주. 9)무의미함 : 원문은 '無義'. 도움이 안 됨. 10)명목·문자 : 원문은 '名字'.

656

배움은 먼저 이해할 것이 요청되며, 그 다음에 시비를 관찰해 분별해야 한다.

— 〈法句經〉

〔**풀이**〕 이것은 <법구경> 158의 전반 부분인바, 그 한역(漢譯)은 다음과 같다.

"學當先求解 觀察別是非 受諦應誨彼 慧然不復惑"

그러나 파리어 원문의 뜻과는 상당히 빗나간 번역이며, 그것을 알았던들 만해 선생도 '수학' 대목에 이를 채택하지 않았을 것이다. 원문의 뜻은 다음과 같다.

"먼저 자기를 적절한 곳에 있게 하고, 그러고 나서 남을 가르쳐야 한다. (그렇게 하면) 현명한 이는 괴로워하는 일이 없을 것이다."

이 중, '먼저 자기를 적절한 곳에 있게 하고'가 이 인용구에 해당한다.

657

사람이 생존 중[1]에 아무리 많이 외우고 널리 배운다 하더라도, 도리[2]를 깨닫지 못하고, 문의(文義)[3] · 구의(句義)[4]를 또 이해하지 못한다면,[5] 사람이 초목을 많이 져 날라 백 · 천 짐에 이른다 해도, 애만 썼을 뿐 아무 소용도 없는 것과 같다.

— 〈出曜經〉

〔**주**〕 1)생존 중 : 원문은 '在世'. 2)도리 : 원문은 '義理'. 292의 주. 3)문의 : 표현과 내용. 글의 뜻. pada-akṣara. 4)구의 : 말의 의미. 말의 원리나 범주. pada-artha. 5)이해하지 못함 : 원문은 '不了'. 573의 주.

658

학인(學人)[1]이 수행(修行)해야 할 것[2]은, 본말(本末)[3]에 통달하고,[4] 백법(白法)[5]·흑법(黑法)[6]을 정확히 인식하여, 병의 일어나고 없어지는 원인을 알며, 전도(顚倒)[7]와 전도 아님을 다 능히 구별해 이해하고,[8] 그러고 나서 거기 맞추어 성약(聖藥)[9]을 쓰는 일이다. —〈出曜經〉

〔주〕 1)학인 : 불도를 수행하는 사람. śaikṣa. 2)수행해야 할 일 : 원문은 '所習'. 3)본말 : 근본에 있어서 변화하지 않는 것과, 주변에 있어서 변화하는 것. 4)통달함 : 원문은 '究暢'. 끝없이 통달함. sukha-pāramitā. 5)백법 : 158의 주. 6)흑법 : 568의 주. 7)전도 : 3의 주. 8)구별해 이해함 : 원문은 '別了'. 9)성약 : 부처님의 가르침의 비유.

659

비록 말은 잘 못해도 진실한 도리[1]를 알고 있다면, 저 부처님의 가르침을 마땅히 수지(受持)[2]할 수 있을 것이다. 비유하자면 금을 취하고 돌을 버리는 것과 같다. 위대한 도리[3]는 진금(眞金)과 같고, 잘하는 말은 와석(瓦石)과 같으니, 말[4]에 의존하고 도리[5]에 의존치 않는 경우, 그 사람은 무명(無明)[6]의 소경이 될 수밖에 없다. —〈究竟一乘寶性論〉

〔주〕 1)진실한 도리 : 원문은 '眞實義'. 진리. tattva. 2)수지 : 가르침을 받아, 이것을 기억해 지녀감. dhārayati. 3)위대한 도리 : 원문은 '妙義'. 위대한 뜻. mahā-artha. 4)말 : 원문은 '名'. 명칭. nāman. 5)도리 : 원문은 '義'. artha. 6)무명 : 7의 주.

660

차라리 조금 배워[1] 도리(뜻)를 이해할지언정, 많이 배우기만[2] 하고 도리는 이해 못함을 택해서는 안 된다. —〈涅槃經〉

〔주〕 1)조금 배움 : 원문은 '少聞'. 가르침을 들은 것이 적은 것. 학문이 적은 것. alpa-śrutatva. 2)많이 배움 : 원문은 '多聞'. 455의 주.

661

비유컨대 그물을 잡을 때, 먼저 그 벼리(綱)를 거두어야만 그물코가 다 바르게 되는 것이니, 벼리를 거둘 줄 모른 채 그물코만 먼저 바르게 하려 하다가는, 뒤죽박죽 서로 뒤엉켜 버려 풀 수 없게 되고 만다. 배움도 이와 마찬가지다. 그 긴요한 취지를 이해하지 못한다면, 경(經)의 설하는 바를 듣는다 해도 방편(方便)[1]을 알아보지 못하고 분별치 못해서 서로 비난을 일삼게 된다. 그러고는 마침내 자기 생각이 옳다고 고집하여 노여움을 일으켜, 근본을 잃고 도리를 잊은 채, 바른 것을 헐뜯고 그릇됨을 쫓는바, 여기에 그 제자[2]들까지 각기 뇌동(雷同)하여 산울림이 소리를 쫓듯 가세하기에 이르러서는, 다시 바로잡을 수 없는 사태가 되고 만다. 이리하여 진실을 아는 자는 적고, 타락한 자만 더욱 많아지는 결과가 되는 것이니, 이런 부류들은, 공연히 배운다는 이름을 지니고 있을 뿐이라고 해야 한다.

— 〈五苦章句經〉

〔주〕 1)방편 : 원문은 '權宜'. 중생을 이끌어 들이기 위해 일시적 방편으로 세운 가르침. 2)제자 : 원문은 '學者'. 불도를 수행하는 사람. 배우는 사람. 제자. śikṣā-kāma.

662

삼학(三學)[1]에 있어서 능히 잘 수행하지 않고, 오직 박학[2]하다는 이유[3]로 남을 경멸하는 경우, 이런 사람은 선법(善法)[4]을 장애(障碍)함이 된다.

— 〈佛藏經〉

〔주〕 1)삼학 : 27의 '혜'의 주. 2)박학 : 원문은 '多聞'. 455의 주. 3)이유 : 원문은 '因緣'. 252의 주. 4)선법 : 18의 주.

663

부처님께서 약왕(藥王)[1]에게 이르셨다.

"비유컨대 한 사나이가 물을 구하기 위해 고원(高原)을 파는데, 매일 일해도 보이는 것은 마른 흙뿐이어서, 상당한 시일이 지나 그 구멍이 어지간히 깊어졌는데도 물은 나지 않더니, 그래도 단념치 않고, 또 다른 날 흙을 더욱 파들어가자, 드디어 물이 솟구쳐 오른 것과 같다. 설사 보살이 있어서 이 경전 설함을 들었다 해도, 꾸준히 수지(受持)[2]하여 외우지[3] 않는다면, 이 행자(行者)[4]는 더없는 부처님의 깨달음[5]으로부터는 아주 멀리 놓이는 결과가 된다. 이와는 달리, 보살들이 이 경전을 듣고 난 뒤에도 외우고 열심히 닦아서[6] 늘 가르침을 마음에 두어 실천한다면,[7] 이 사람은 가장 뛰어난 깨달음[8]을 빨리 이루게 될 것이다." —〈正法華經〉

〔주〕 1)약왕 : 25보살의 하나. 약왕보살의 준말. 2)수지 : 659의 주. 3)외움 : 원문은 '諷誦'. 경전을 암송함. 가락을 붙여서 외움. 4)행자 : 원문은 '學者'. 661의 주. 5)더없는 부처님의 깨달음 : 원문은 '無上正眞道'. 무상정등각(無上正等覺)·아뇩다라삼먁삼보리와 같다. 17의 '아뇩다라삼먁삼보리'의 주. 6)열심히 닦음 : 원문은 '精修'. 7)실천함 : 원문은 '奉行'. 실행함. 부처님의 가르침을 받들어 수행함. upasaṃpadā. 8)가장 뛰어난 깨달음 : 원문은 '最正覺'. agra-bodhi.

664

보살들이 있어서, 비록 산야(山野)에 살더라도 마음이 시끄럽다면,[1]

참다운 원리행(遠離行)[2]은 수행(修行)치 못한다. 그러나 비록 마을이나 성중(城中)에 살더라도 마음이 고요하다면,[3] 능히 참다운 원리행을 수행할 수 있다. —〈大般若經〉

〔주〕 1)시끄러움 : 원문은 '喧雜'. 번뇌가 들끓고 있는 형용. 2)원리행 : 현세의 집착에서 벗어나는 수행. 3)고요함 : 원문은 '寂靜'. 52의 주.

665

사람이 불도를 닦되, 좋은 스승을 못 만나서 인도하는[1] 이가 없으면 좌절한다. 그러나 좋은 스승을 만났을 때는, 그 가르침을 따라 스스로 수행하고 책망할 수 있으므로 반드시 소원을 이루게 된다. —〈出曜經〉

〔주〕 1)인도함 : 원문은 '將導'. nayana.

666

출가[1]한 행자(行者)[2]에게는 두 가지 견고한 올가미[3]가 있다. 첫째는 사견(邪見)의 올가미[4]요, 둘째는 재물이나 명예를 탐하는 올가미다.

출가한 행자에게는 두 가지 법에 대한 장애[5]가 있다. 첫째는 속인(俗人)[6]과 가까이 지내는 일, 둘째는 사우(師友)를 미워하고 시샘하는 일이다.

출가한 행자에게는 두 가지 우박(雨雹)[7]이 있다. 첫째는 바른 가르침[8]을 비방하는 일, 둘째는 계(戒)[9]를 어기고 신시(信施)[10]를 먹는 일이다.

출가한 행자에게는 두 가지 부스럼[11]이 있다. 첫째는 남의 결점을 마음에 두는[12] 일, 둘째는 제 결점을 숨기는 일이다.

출가한 행자에게는 두 가지 병이 있다. 첫째는 교만하여 그 마음을 반성치 않는[13] 일, 둘째는 대승(大乘)[14]을 배우는 이를 헐뜯는[15] 일이다.

— 〈摩訶衍寶嚴經〉

〔주〕 1)출가 : 27의 주. 2)행자 : 원문은 '學者'. 661의 주. 3)올가미 : 원문은 '縛'. 번뇌. 마음을 결박하여 진실을 못 보게 하고, 생사를 윤회하게 만들므로 하는 말. Ⓟgantha. 4)사견의 올가미 : 원문은 '見縛'. 사상적인 미혹. 진리를 오인하는 데서 오는 번뇌. 5)법에 대한 장애 : 원문은 '法障'. 바른 가르침을 들을 수 없는 장애. 6)속인 : 원문은 '白衣'. 승려가 물들인 옷을 입는 데 대해, 속인들은 흰옷을 입는 것이 인도의 풍습이었다. 재가인(在家人). svadāta-vasana. 7)우박 : 원문은 '雹雨'. 죄·악행의 비유. 8)바른 가르침 : 원문은 '正法'. 252의 주. 9)계 : 18의 주. 10)신시 : 신자가 삼보(三寶)에 바치는 보시(布施). 11)부스럼 : 원문은 '瘡'. 과실의 비유. 12)마음에 둠 : 원문은 '觀'. <百五十讚>의 '고통을 마음에 두지 않고 견딘다(rujā-nirapekṣa)'가 '不觀其過惡'으로 한역되었다. 13)반성치 않음 : 원문은 '不觀'. '觀'에는 반성의 뜻이 있다(<四教儀註>). 14)대승 : 원문은 '摩訶衍'. mahā-yāna의 음사. 20의 '대승'과 같다. 15)헐뜯다 : 원문은 '毁呰'. Ⓟomasa-vāda.

667

어리석은 학인(學人)[1]은 망설(妄說)[2]을 좋아한다. — 〈法句經〉

〔주〕 1)어리석은 학인 : 원문은 '愚學'. 2)망설 : 분별에서 나온 그릇된 언설(言說). mithyā-vitarka.

〔풀이〕 이 부분은 <법구경>에 안 보이는데, 무엇인가 잘못인 듯하다.

668

무엇을 과문불학(寡聞不學)[1]이라 하느냐 하면, 밖으로 악을 막기는 하되, 안으로는 밝은 지혜[2]가 없는 주제에 물으려[3] 아니하는 일이다.

— 〈正法所集經〉

〔주〕 1)과문불학 : 아는 것이 적으면서, 게으름을 피우고 배우려 아니하는 것. 2)밝은 지혜 : 원문은 '明慧'. 뛰어난 지혜. 현명한 것. Ⓟpaṇḍita. 3)물음 : 원문은 '諮問'.

불학(不學)의 해(害)

669

비록 부처님의 가르침[1]을 들어도 수행(修行)할[2] 뜻이 없고 보면, 이는 마치 촌사람이 천자(天子)에 관한 이야기를 들은바, 잠시 그 귀에 유쾌하기는 해도 끝내 아무런 소용이 없는 것과 같다. — 〈法律三昧經〉

〔주〕 1)부처님의 가르침 : 원문은 '大道'. 551의 주. 2)수행함 : 원문은 '學'. 482의 주.

670

수행(修行)하는 사람[1]에게는 고생이 있되, 수행하지 않는 사람에게는 고생이 없다. 수행하는 사람에게 고생이 있는 것은, 비유하자면 곡식의 씨를 뿌림에 있어서, 먼저 밭 갈아 잡초를 제거해야만 많이 추수할 수 있는 것과 같다. 이는 깨달음이라는 큰 즐거움을 가져오기 위해 먼저 겪어야 하는 고생[2]이다. 수행하지 않는 사람에게 고생이 없는 것은, 비유하자면 처음부터 땅을 밭 갈지 않아서, 찔레니 명아주니 하는 잡초가 멋대로 나 있는 것과 같다. 이것은 수행을 하지 않기에 고생이 없는 상태다. — 〈三慧經〉

〔주〕 1)수행하는 사람 : 원문은 '學者'. 661의 주. 2)큰 즐거움을 가져오기 위해 먼저 겪는 고생 : 원문은 '先苦'.

671

배움[1]을 좋아하지 않으면, 마음이 오므라들어 협소해진다.

— 〈法句經〉

〔주〕 1)배움 : 원문은 '學問'. 경론(經論)을 읽고 문답하는 것.

〔풀이〕 이 구절도 <법구경>에는 안 보인다.

수학은 부지런히

672

너희 비구(比丘)[1]들은, 낮에는 애써[2] 선법(善法)[3]을 닦아 익혀 때를 놓치지 말며, 초야(初夜)[4] · 후야(後夜)[5]에도 수행을 내던지지 말며, 중야(中夜)[6]라 할지라도 경(經)을 독송(讀誦)함으로써 스스로 자기의 견해를 반성하여서,[7] 수면 때문에[8] 일생을 허송하여 아무 소득도 없이 마치는 일이 없도록 하라. 마땅히 무상(無常)[9]이라는 이름의 불꽃이 온갖 세상[10]을 태우고 있음을 항상 염두에 두어, 속히 스스로 제도하기[11]를 구하라. 잠자지 말라. — 〈遺敎經〉

〔**주**〕 1)비구 : 84의 주. 2)애씀 : 원문은 '勤心'. 3)선법 : 18의 주. 4)초야 : 인도에서는 밤을 초·중·후로 나눈다. 초저녁. 밤 6시에서 9시 무렵. 5)후야 : 밤의 마지막 부분. 새벽 1시에서 5시 무렵까지. 6)중야 : 밤의 중간. 밤 9시에서 새벽 1시까지. 7)스스로 자기의 견해를 반성함 : 원문은 '以自消息'. '소식'은 생활의 모양을 이르는 말이어서, 자기의 견해를 말하는 것을 '吐露消息'이라 한다. 그러므로 제 심경을 비추어 보는 뜻으로 쓴 것인 듯하다. 8)때문에 : 원문은 '因緣'. 252의 주. 9)무상 : 4의 주. 10)온갖 세상 : 원문은 '諸世間'. 11)스스로 제도함 : 원문은 '自度'. 자기만을 구하는 것. 이승(二乘)의 수행.

〔**풀이**〕 부처님은 극단적인 고행(苦行)을 배격하시고, 거문고줄(652 참조)의 비유에도 드러나듯 수도에 있어서 적절할 것을 주장하셨다. 그리하여 '잠자지 말라'는 이 교훈은 그런 태도와 모순을 일으키는 듯한 인상을 받는다. 그러나 적당하게 수행하라는 말씀은, 놀기도 하면서 쉬엄쉬엄하라는 뜻으로 오해되어서는 안 된다. 지나치게 마음과 몸을 괴롭힐 필요가 없을 뿐, 끊임없는 최대한의 수행이 요구되지 않으면 안 된다. 그런 점에서 '자지 말라'는 말씀은 최소한으로 자라는 뜻을 포함하면서, <성경>의 '늘 깨어 있으라'와 똑같은 우의(寓意)를 지닌 것으로 보아야 할 것이다.

673

바라내국(波羅奈國)[1]에 한 사람이 있어서 사문(沙門)[2]이 되었는데, '항상 경행(經行)[3]해 어정이되, 진실한 도(道)[4]를 얻지 못하는 한, 끝내 눕지[6] 아니하리라' 스스로 맹세하고, 밤낮없이 경행을 계속했으므로 드디어는 발이 상해서 피가 나고, 그것을 새들이 좇아다니며 쪼아 먹기에 이르렀다. 이같이 하기 3년이 지나자, 그는 마침내 깨달음을 얻었고, 천신(天神)들[6]도 칭송하여 우러러 받들지[7] 않는 이가 없었다.

한 사람이 나열기국(羅閱祇國)[8]에서 사문이 되었는데, 풀을 깔아 자리를 만들고, 그 위에 앉아 '깨달음을 얻지 못하면 일어나지 않겠다'고 스스로 맹세하고, 사람을 시켜 여덟 치(寸) 길이의 송곳을 만들게 한 다음, 졸음이 올 때마다 그것으로 두 넓적다리를 찔렀다. 이리하여 그 아픔으로 졸음을 쫓아 가며 정진했으므로, 그는 마침내 참다운 깨달음을 얻고야 말았는데, 천신들도 놀라운 일[9]이라 해서 감탄을 마지 않았다.

—〈雜譬喩經〉

〔주〕 1)바라내국 : Vārāṇasi라는 도시. 마갈타국의 서북쪽에 있었다. 부처님께서 성도하신 후, 첫 설법하신 곳이 이 도시의 교외에 있는 녹야원(鹿野苑)이었다. 불경에 나오는 '國'의 개념에는 국가의 뜻도 있지만, 요즘의 '도시'에 해당하는 경우도 있다. 2)사문 : 265의 주. 3)경행 : 좌선에서 오는 다리의 피로를 풀기 위해, 또는 졸음을 쫓기 위해 일정한 장소를 산보하는 것. 4)진실한 도 : 원문은 '眞道'. 570의 주. 5)누움 : 원문은 '臥息'. 누워서 쉼. 자는 일. 6)천신들 : 원문은 '諸天'. 161의 주. 7)우러러 받듦 : 원문은 '奉承'. 8)나열기국 : 마갈타국의 수도인 Rāja-gaha의 음사. 왕사성(王舍城)이라 의역. 이 '國'도 도시의 뜻. 9)놀라운 일 : 원문은 '未曾有'. 154의 주.

674

부처님께서 말씀하셨다.

"예전에 한 사미[1]가 그 사승(師僧)과 함께 길을 가다가, 땅에 금덩이가 떨어져 있는 것을 보자, 말없이 이를 주워 가졌다. 그리고 사승에게

'빨리 가사이다. 여기는 무인지경이라 퍽 무서운 생각이 듭니다.'

라 하니, 스승은

'네가 금덩이를 가졌기 때문에 무서운 생각이 드는 것이니, 그 금덩이를 버려라. 그러면 다시는 무서울 것이 없을 것이다.'

하였다. 이에 금덩이를 버리고 나서, 사미는 스승에게 절한 다음,

'제가 어리석어 아는 것이 없어서 잘못을 저질렀습니다. 이제 금덩이를 버렸더니, 무서운 생각이 안 납니다.'

하였다. 제자들아, 학인(學人)[2]이 도(道) 탐하길 이 사미의 금덩이 탐함과 같이 한다면, 어찌 도(道) 못 얻음을 걱정할까 보냐?" — 〈處處經〉

〔주〕 1)사미 : sāmaṇera의 음사. 정식 비구가 되기 이전의 도제승(徒弟僧). 십계(十戒)를 받은 7세에서 20세까지의 출가한 남자. 2)학인 : 658의 주.

675

마음에 항상 정신을 차리고[1] 밤낮으로 부지런히 수행한다면, 번뇌가 다하는[2] 곳 마음이 밝아져서, 원만적정(圓滿寂靜)한 깨달음[3]을 얻게 될 것이다. — 〈法集要頌經〉

〔주〕 1)정신을 차림 : 원문은 '學悟'. 잠에서 깨는 것. 눈이 떠 있는 것. jāgara. 2)번뇌가 다함 : 원문은 '漏盡'. 3)원만적정한 깨달음 : 원문은 '圓寂道'.

제2절 박학(博學)

박학해야 한다

676

성자[1]는 세상일[2]을 모두 알고[3] 있어서, 온갖 활동[4]에 미혹함이 없다. — 〈出曜經〉

〔주〕 1)성자 : 원문은 '賢者'. Ⓟariya. 이 경우, 성(聖)과 현(賢)을 구분하지 않는다. 2)세상일 : 원문은 '衆事'. 세상의 속사(俗事). 3)모두 앎 : 원문은 '包識'. 4)온갖 활동 : 원문은 '萬機'.

677

가르침을 많이 듣고 널리 배워, 법장(法藏)[1]을 수호해야 한다.

— 〈彌勒成佛經〉

〔주〕 1)법장 : 가르침의 곳집. 곧 부처님의 가르침, 또는 그 가르침을 간직하고 있는 경전을 가리킨다. dharma-kośa.

박학의 종류

678

보살은 온갖 중생[1]의 말[2]·글자·도리[3]를 널리 배워서,[4] 다 통달해 의혹(疑惑)함이 없고, 언제나 잊는[5] 일이 없다. — 〈大般若經〉

〔주〕 1)중생 : 원문은 '有情'. 306의 주. 2)말 : 원문은 '言音'. <구사론>에서는 svara-gupti의 역어(譯語)로서 쓰고 있어서, 음색(音色)·음조(音調)의 뜻. 그러나 여기서는 언어(vāc)의 뜻으로 쓰고 있다. 3)도리 : 원문은 '義理'. 292의 주. 4)널리 배움 : 원문은 '普聞'. 5)잊음 : 원문은 '忘失'.

679

보살은 늘 기예(技藝)·기술[1]·음악·광대[2]·역수(曆數)[3]·산수(算數)[4]·주술(呪術)[5]·선약(仙藥), 마차 달리기,[6] 코끼리와 말 다루기, 투구 만들기,[7]

창술과 궁술,[8] 전장에서의 진퇴(進退)를 부지런히 익혀, 큰 무공(武功)을 세워야 한다. 자신이 이 같은 여러 가지 뛰어난 기예를 지니고 있고 보면, 온갖 사람들이 그 뜻을 거역지 못할 것이다. — 〈大方便佛報恩經〉

〔주〕 1)기술 : 원문은 '諸工'. 온갖 기술. 2)광대 : 원문은 '倡伎'. laṅghaka. 3)역수 : 역법(曆法). 4)산수 : 원문은 '筭計'. '筭'은 '算'과 통용. 5)주술 : 주문을 외워 초인적인 능력을 발휘해, 사물에 어떤 변화를 가져오는 것. vidyā. 6)마차 달리기 : 원문은 '服乘'. '服'은 네 필이 끄는 마차에서, 가운데 있으면서 멍에를 메는 말. 따라서 마차 다루는 기술을 이르는 것 같다. 7)투구 만들기 : 원문은 '兜牟'. 텍스트에 牟를 矛로 쓴 것은 잘못. 牟는 鍪와 통용한다. 투구. 8)창술과 궁술 : 원문은 '矟箭'.

680

보살은 일월성수(日月星宿)의 운행하는 도수(度數)와, 주야(晝夜)·조석(朝夕)[1]의 시간이 길어지고 짧아지는[2] 것을 안다. 배의 철재(鐵材)·목재(木材)의 단단하고 여린 모양과, 기관의 유연하고 조잡한 여부와, 물의 대소와, 바람의 역순(逆順)과, 기타 온갖 안위(安危)의 모양을 똑똑히 알지 아니함이 없다. 그러므로 언제나 가야 하겠으면 가고, 멈추어야 하겠으면 멈출 수 있다. — 〈華嚴經〉

〔주〕 1)조석 : 원문은 '晨晷'. 2)길어지고 짧아짐 : 원문은 '延促'.

681

보살이 문자·언어[1]에 있어서 그 뜻을 자세히 아는[2] 경우, 이를 일러 도리를 안다고 한다. — 〈涅槃經〉

〔주〕 1)언어 : 원문은 '語言'. vāc. 2)자세히 앎 : 원문은 '廣知'.

682

보살은 중생을 이롭게 하고자[1] 하는 까닭에 세속[2]의 기예(技藝) 치고 두루 익히지 않는 것이 없다. 소위 문자·산수·인장(印章)[3]과, 지(地)·수(水)·화(火)·풍(風)[4]의 갖가지 논서(論書)[5]에 다 통달(通達)하는 것이다. 그리고 의약(醫藥)[6]에 정통해서 온갖 병을 고친다. — 〈華嚴經〉

〔주〕 1)이롭게 함 : 원문은 '利益'. 437의 주. 2)세속 : 원문은 '世間'. 548의 주. 3)인장 : 원문은 '印璽'. 도장. 여기서는 도장 파는 기술. 4)지·수·화·풍 : 139의 '사대' 참조. 5)갖가지 논서 : 원문은 '諸論'. 이 '論'은 upadeṣa의 역어(譯語)이어서, 그 음사(音寫)인 우바제사(優婆提舍)와 같다. 철학적으로 뜻을 논한 책. 6)의약 : 원문은 '方藥'. '方'에는 의술(醫術)의 뜻이 있다.

〔풀이〕 이 대목은 <팔십화엄경(八十華嚴經)> 십지품(十地品)에서의 인용인바, 약간 원문과 다른 점이 있으므로 바로잡아 놓았다.

683

옛날, 한 임금이 온 나라 안의 소경들을 불러, 궁중의 마구간으로 데리고 가 코끼리를 구경시켰다. 그런데 앞을 못 보는 그들은 손으로 더듬을 수밖에 없어서, 코끼리의 다리를 만진 자도 있고, 코를 만진 자도 있고, 귀나 꼬리를 만진 자도 있었다. 구경을 마친 뒤에[1] 그들은 코끼리의 생긴 모양을 놓고 의견을 교환했다. 그런데 그 다리를 만진 자는 코끼리가 큰 기둥처럼 생겼다 했고, 그 코를 만진 자는 동아줄과 같다 하고, 그 귀를 만진 자는 키(箕)와 같다 하고, 그 꼬리를 만진 자는 큰 지팡이 같다 하여 서로 다투었다. 이는 실물을 보지도 못한 소경들이, 각기 제 생각이 옳은 줄 자신한 데서 온 결과이다. 그 본 바가 적고 경험한 것이 확실치 못한 주제에, 나는 그 진리를 잘 알고 있다 자처하는 사람들도, 역시 이런 부류라 하겠다. —〈三慧經〉

〔주〕 1)뒤에 : 원문은 '去後'. '去'는 시간의 경과를 나타낸다. 그 후.

684

불법(佛法)을 배워서 많이 알고, 계(戒)[1]를 지켜 어기지 않는다면, 양세(兩世)[2]에 칭찬 들어 소원을 이룬다. 그러나 배우되 아는 것이 적고, 계를 지키는 데 있어서도 완전치 못할 때는, 양세에서 고통을 받을 뿐 아니라 그 본원(本願)[3]도 상실하는 결과가 된다. —〈法句經〉

〔주〕 1)계 : 18의 주. 2)양세 : 이 세상과 저 세상. 이 세상과 죽은 후의 세상. 3)본원 : 최초의 소원. 숙원(宿願).

685

소가 물을 마시면 젖이 되고, 뱀이 물을 마시면 독이 된다. 슬기로운 사람이 배우면 깨달음[1]을 이루고, 어리석은 자가 배우면 윤회(輪廻)[2]를 이룬다. 이같이 이해하지[3] 못하는 것은 적게 배운 탓이니, 모름지기 많이 배워 싫증냄이 없어야 한다. —〈華嚴經〉

〔주〕 1)깨달음 : 원문은 '菩提'. 5의 주. 2)윤회 : 원문은 '生死'. 12의 주. 3)이해함 : 원문은 '了知'. 492의 주.

〔풀이〕 깨달음을 성취키 위해서는 많은 것을 버려야 한다. 우선 가정의 포기(出家)에서 시작하여, 자기가 세속에서 얻은 모든 가치관이 버려져야 하고, 사람으로서 지녀 오던 온갖 욕망이 포기되어야 한다. 그리하여 드디어는 깨달음을 구하는 생각마저 없어져야 한다는 것이다.

그렇다면, 이 부분에서는 왜 세속의 여러 지식까지도 습득하기를 요구하고 있는 것일까? 그것은 보살이라는 새 인간형(人間型)을 이상으로 삼는 대승불교가 이르러야 할 필연적인 귀결이었다고 할 수 있다. 즉 자기를 위해 깨달음을 추구하는 동시에, 여러 사람들을 구제하려는 이타행(利他行)을 밀고 나갈 때, 일단 포기했던 세속을 다시 되찾지 않으면 안 되는 까닭이다. 세속의 구석구석까지 미치는 투철한 이해가 없고 보면, 우선 남(중생)과의 대화의 길이 끊어지지 않을 수 없다.

그러므로 대승불교인은 세속성의 포기와 그 회복을, 동시에 해내지 않으면 안 되는 운명에 있다. 이것은 해결할 수 없는 모순처럼도 보인다. 그러나 세속성의 포기(곧 上求菩提)가 철저하면 철저할수록, 그 포기에서 얻은 무심(無心)한 마음으로 다시 세속에의 귀환은 가능할 것이다.

이것은 깨달음의 추구를 등한히 한 채, 처음부터 현실에 주저앉고 마는 태도와는 구별되어야 한다. 같이 현실에 접근하면서도, 그것은 어디까지나 깨달음이나 믿음에 안주(安住)한 이의, 자비에서 나온 방편으로서의 성격을 띠고 있어야 하는 까닭이다. 그러므로 깨달음의 추구가 없을 때에는 불교라는 나무의 뿌리가 끊어질 것이며, 현실에의 참여가 없이 깨달음에만 주저앉는다면 불교라는 이름의 나무는 끝내 꽃을 피우지 못하고 말 것이라 해야 하겠다.

박학의 이익

686

보살의 박학[1]에는 열 가지 공덕(功德)[2]이 있다. 첫째는 번뇌(煩惱)[3]의 양상을 아는 일이요, 둘째는 번뇌를 떠난 경지[4]를 아는 일이요, 셋째는 의혹(疑惑)[5]을 떠나는[6] 일이요, 넷째는 바른 견해(見解)[7]를 지니게 되는 일이요, 다섯째는 비도(非道)[8]를 떠나는 일이요, 여섯째는 바른 도리[9]에 안주(安住)하는 일이요, 일곱째는 감로(甘露)의 문[10]을 여는 일이요, 여덟째는 부처님의 본성(本性)[11]에 접근하는 일이요, 아홉째는 온갖 중생의 광명이 되는 일이요, 열째는 악도(惡道)[12]를 두려워하지 않는 일이다. 이것이 박학에서 오는 열 가지 공덕이다. — 〈月燈三昧經〉

〔주〕 1)박학 : 원문은 '多聞'. 455의 주. 2)공덕 : 원문은 '利益'. 221의 주. 3)번뇌 : 4의 주. 4)번뇌를 떠난 경지 : 원문은 '淸淨'. 123의 주. 5)의혹 : 425의 주. 6)떠남 : 원문은 '遠離'. 609의 주. 7)바른 견해 : 원문은 '正直見'. '정견(正見)'의 구역(舊譯). 335의 '정견'의 주. 8)비도 : 168의 주. 9)바른 도리 : 원문은 '正路'. san-mārga. 10)감로의 문 : 원문은 '甘露門'. 열반(涅槃)에 이르는 길. 부처님의 가르침. 11)부처님의 본성 : '佛菩提'. 648의 주. 12)악도 : 2의 주.

687

세상의 온갖[1] 경전(經典)과 소(疏)[2] · 논(論)[3]을 다 통달하면, 이 때문에[4] 깨달을 때에 부처님의 지혜를 얻어 다시는 미혹(迷惑)하지 않게[5] 된다. 이런 지혜를 무애지(無碍智)[6]라 한다. — 〈大集經〉

〔주〕 1)온갖 : 원문은 '所有'. 119의 주. 2)소 : 경(經) · 논(論)의 주석서. 3)논 : 교리를 철학적으로 서술한 책. śāstra. 4)이 때문에 : 원문은 '以是因緣'. anena kāraṇena. 5)다시는 미혹하지 않음 : 원문은 '無增無減'. 없는 것을 있다고 여긴다든가, 있는 것을 없다고 생각지 않는 것. 진실한 견해. anāropa-anapavāda. 6)무애지 : 집착함이 없이 온갖 것을 이해하는 지혜. 부처님의 지혜.

688

온갖 부처님의 가르침[1]을 널리 배워 싫증냄이 없으면, 지혜가 끝없이 넓어질 것이다. — 〈普曜經〉

〔주〕 1)부처님의 가르침 : 원문은 '法寶'. 405의 주.

689

만약 사람이 많이 배우기[1]를 즐긴다면 진실의 도리[2]에 잘 안주(安住)하여[3] 물러섬이 없이[4] 수행(修行)함[5]으로써, 능히 윤회(輪廻)의 바다[6]를 넘어설 수 있다. 이런 점에서 볼 때, 가르침을 많이 배운 사람이야말로 온갖 부(富)를 갖추고 있다고 해야 한다. 이와는 달리 가르침에 대해 배운 것이 없는 경우, 그가 아무리 물질적으로 부유하다 할지라도 어리석은[7] 점으로 보아 가난뱅이나 다를 것이 없다. — 〈諸法集要經〉

〔주〕 1)많이 배움 : 원문은 '多聞'. 455의 주. 2)진실의 도리 : 원문은 '法性'. 403의 주. 3)잘 안주함 : 원문은 '善住'. '잘 안정(安定)한'의 뜻. śupratiṣṭhita. 4)물러섬이 없음 : 원문은 '堅固'. 329의 주. 5)수행함 : 원문은 '勤修'. 힘쓰는 것. 힘써 수행함. prayuiyate. 6)윤회의 바다 : 원문은 '三有海'. bhava-sāgara. '삼유'는 욕계(欲界)에서의 생존, 색계(色界)에서의 생존, 무색계(無色界)에서의 생존을 이른다. 삼계(三界)의 생존. 삼계의 생사. 7)어리석음 : 원문은 '愚懵'.

690

넓고 많이 배우면 큰 지혜[1]를 얻는다. — 〈華嚴經〉

〔주〕 1)큰 지혜 : 원문은 '大智慧'. 93의 '대지'와 같다.

691

박학은 견고히 유지하는[1] 힘이 있어서, 가르침을 받드는[2] 데 있어서 담장 구실을 한다. 박학은 뜻을 명백히 해주는데, 뜻이 명백해지면 지혜가 늘어난다. 박학은 근심을 제거하여 선정(禪定)을 즐기게[3] 해준다.

— 〈法句經〉

〔주〕 1)견고히 유지함 : 원문은 '持固'. 2)가르침을 받들다 : 원문은 '奉法'. 부처님의 가르침을 받들고 섬기는 것. 3)선정을 즐김 : 원문은 '樂定'.

〔풀이〕 <법구경> 229가 부분적으로 약간 유사할 뿐, 이런 글이 그 경에 보이지 않는다.

692

박학[1]하면 부처님의 가르침[2]을 알고, 박학하면 악을 떠나고, 박학하면 쓸데없는 것[3]을 버리고, 박학하면 열반(涅槃)[4]을 얻게 된다.

— 〈大毗婆娑論〉

〔주〕 1)박학 : 원문은 '多聞'. 455의 주. 2)부처님의 가르침 : 원문은 '法'. 1의 주. 3)쓸데없는 것 : 원문은 '無義'. 655의 주. 4)열반 : 21의 주.

693

박학[1]한 비구(比丘)[2]는 남들로부터 칭찬을 받는다. 참으로 훌륭한[3] 일이다! 사람으로서 배움이 있고 보면, 그 행하는 일[4]이 반드시 좋게 마련이다. 그러므로 잘 배워야 좋은 행실을 할 수 있다. — 〈出曜經〉

〔주〕 1)박학 : 원문은 '多聞'. 455의 주. 2)비구 : 원문은 '學士'. Ⓟbhikkhu의 번역인 듯. 중. 3)참으로 훌륭하다 : 원문은 '善哉善哉'. 17의 주. 4)행하는 일 : 원문은 '所行'. 능행(能行)의 대(對). 수행(修行)되는 법(法)을 이른다. 실천되는 일. 실행해야 할 일.

제3절 수혜(修慧)

지혜의 공능(功能)

694

부처님께서 분신왕(奮迅王)에게 이르셨다.

"의무애(義無礙)[1]와 법무애(法無礙)[2]와 사무애(辭無礙)[3]와 요설무애(樂說無礙)[4]의 모두가, 지혜를 기본조건[5]으로 하여 생긴다. 그러므로 지혜에 의지해 머무르며,[6] 지혜에 의지해 실천토록 해야 한다."

— 〈奮迅王問經〉

〔주〕 1)~4)의무애·법무애·사무애·요설무애 : 154의 '무애' 참조. 5)기본조건 : 원문은 '根'. 548의 주. 6)머무름 : 원문은 '住'. biharati.

695

"지혜가 있으면 탐착(貪着)[1]이 없어지리니, 늘 스스로 잘 살펴서[2] 소실되지 말도록 해야 한다. 그렇게 하면, 내 가르침 가운데서 해탈(解脫)[3] 할 수 있을 것이다. 만약 그렇게 아니하는 사람의 경우는, 승(僧)[4]도 아니요 속(俗)[5]도 아니어서, 무어라 이름 붙일 수가 없다. 진실한 지혜[6]는 노(老)·병(病)·사(死)의 바다를 건너게 하는 견고한 배며, 무명(無明)의 암흑[7]을 비치는 매우 밝은 등불이며, 온갖 병자를 고쳐 주는 좋은 약이며, 번뇌(煩惱)[8]의 나무를 베어 쓰러뜨리는 날카로운 도끼이다. 그러므로 너희들은 항상 문(聞)·사(思)·수(修)로 지혜를 계발하여[9] 자기 지혜를 증대시켜[10] 가야 한다. 만약 사람이 있어서 지혜로 보는 능력[11]을 가졌다면, 표면상으로는 천안(天眼) 아닌 육안(肉眼)이라 할지라도, 진실한 의미에서 밝게 보는 사람[12]임이 틀림없다. 이것이 지혜다." —〈遺敎經〉

〔주〕 1)탐착 : 240의 주. 2)잘 살핌 : 원문은 '省察'. nirikṣaṇā. 3)해탈 : 84의 주. 4)승 : 원문은 '道人'. 160의 주. 5)속 : 원문은 '白衣'. 666의 주. 6)진실한 지혜 : 원문은 '實智慧'. 263의 '실지'와 같다. 7)무명의 암흑 : 원문은 '無明黑暗'. 마음의 지혜 없음을 어둠에 비유한 말. 8)번뇌 : 4의 주. 9)문·사·수로 지혜를 계발함 : 원문은 '聞思修慧'. 가르침을 들어서 얻는 지혜와, 이것을 사유(思惟)해서 얻는 지혜와, 이를 실천·수행해서 얻는 지혜. '聞思修所成妙慧(玄奘譯)'. śruta-cintā-bhāvanā-mayi prajnā. 10)증대시킴 : 원문은 '增益'. 늘이는 것. adhikaṃ karoti. 11)지혜로 보는 능력 : 원문은 '照'. 12)밝게 보는 사람 : 원문은 '明見人'.

〔풀이〕 <유교경> 원문과 약간 다른 데가 있어, 고쳐 가며 번역했다.

696

만약 가장 뛰어난[1] 지혜의 방편(方便)[2]을 갖춘다면, 여래(如來)[3]의 궁극의 깨달음[4]에 안주(安住)하게[5] 되고, 만약 여래의 궁극의 깨달음에 안주한다면, 능히 온갖 마력(魔力)[6]을 꺾어 없앨 수 있다. —〈華嚴經〉

〔주〕 1)가장 뛰어남 : 원문은 '最勝'. 3의 주. 2)지혜의 방편 : 원문은 '智力便'.

진실을 깨달은 지혜에 입각해서, 중생 제도의 방편을 세우는 것. 3)여래 : 원문은 '勇猛'. 용자(勇者)・영웅의 뜻이니, 여래의 동의어(同義語). vira. 4)궁극의 깨달음 : 원문은 '無上道'. 16의 주. 5)안주함 : 원문은 '住'. vyavasthita. 6)마력 : 사람을 미혹게 하는 초인적 힘.

697

만약 지혜가 앞장서서 신(身)・구(口)・의(意)의 행동[1]에 언제나 결함[2]이 없고 보면, 원력(願力)[3]이 뜻대로 실현되므로 널리 육도(六道)[4]를 따라 몸을 나타낼 수 있다. —〈華嚴經〉

〔주〕 1)신・구・의의 행동 : 원문은 '身口意業'. 616의 주. 2)결함 : 원문은 '失'. 과실. vraṇa. 3)원력 : 본원(本願)의 힘. 중생 제도를 바라는 힘. 여기서는, 본원의 작용. āvedha-vaśa. 4)육도 : 원문은 '諸趣'. 51의 주.

698

보살은 지혜를 가지고 먼저 관찰(觀察)[1]한 다음, 다시 지혜를 가지고 온갖 어리석은 중생을 깨닫게[2] 한다. —〈守護國界主經〉

〔주〕 1)관찰 : 53의 주. 2)깨닫다 : 원문은 '覺悟'.

699

보살은 지혜의 밝은 힘[1]으로 온갖 미혹(迷惑)[2]을 남김 없이 청정히 하고, 일체지(一切智)[3]의 심경에 안주(安住)하므로, 비록 오관(五官)의 욕망[4]을 받아 가지고 있을지라도 항상 범천(梵天)의 세계[5]에 태어나게 된다.
—〈善巧方便經〉

〔주〕 1)밝은 힘 : 원문은 '明力'. '明'에는 깨달음의 뜻도 있으므로, '깨달음의 힘'으로도 해석이 가능하다. 2)미혹 : 원문은 '染法'. 544의 주. 3)일체지 : 17의 주. 4)오관의 욕망 : 원문은 '五欲樂'. 오관(眼耳鼻舌身)의 욕망. 또는 오관의 욕망의 대상(色聲香味觸). pañca kāma-guṇāḥ. 5)범천의 세계 : 원문은 '梵天界'.

700

온갖 보살은 맨 처음에 일체지(一切智)[1]의 마음에 안주(安住)하여, 모든 미혹(迷惑)[2]을 다 청정히 한다. 좋은 약이 세상의 온갖 병의 고통을 치료하는 것처럼, 보살의 일체지의 마음도 탐(貪)·진(瞋)·치(癡)[3] 따위 모든 번뇌(煩惱)[4]의 병을 제거하는[5] 것이다.

— 〈善巧方便經〉

〔주〕 1)일체지 : 17의 주. 2)미혹 : 원문은 '染法'. 544의 주. 3)탐·진·치 : 245의 '삼독' 참조. 4)번뇌 : 4의 주. 5)제거함 : 원문은 '斷除'. 번뇌를 제거하는 것. Ⓟchindati.

701

사우(師友)를 가까이 하여, 배움에서 얻는 지혜[1]를 늘여[2] 가야 한다. 저 지혜란 청정한 까닭에, 그릇된 일[3]에서 벗어나고[4] 청정한 진리[5]를 탐구하기에 용맹(勇猛)[6]해서, 수승(殊勝)[7]한 열반(涅槃)의 즐거움[8]을 얻게 한다.

— 〈菩薩藏正法經〉

〔주〕 1)배움에서 얻는 지혜 : 원문은 '聞慧'. 가르침을 듣고 이해하여 얻는 지혜. śrutamayi prajnā. 2)늘임 : 원문은 '增長'. 247의 주. 3)그릇된 일 : 원문은 '非法'. 36의 주. 4)벗어남 : 원문은 '出離'. 440의 주. 5)청정한 진리 : 원문은 '淨法'. 또, 청정한 가르침. vaiyavadānika-dharma. 6)용맹 : 열심히 노력

함. 견고한 의지. utsāha. 7)수승 : 351의 주. 8)열반의 즐거움 : 원문은 '妙樂'. 매우 미묘한 즐거움. 열반 · 정토(淨土)의 즐거움.

702

금강석(金剛石)[1)]은 귀중한 것이어서 온갖 가난의 고통을 끊어 준다. 일체지(一切智)[2)]도 마찬가지여서 온갖 윤회(輪廻)[3)]의 고통을 끊어 준다.

— 〈慈氏解說經〉

〔주〕 1)금강석 : 원문은 '金剛寶'. 2)일체지 : 17의 주. 3)윤회 : 225의 '유전'과 같다.

703

지혜는 날카로운 칼과 같아서 탐애(貪愛)[1)]의 뒤엉킴을 끊는다. 그리하여 생사의 결박[2)]과 과실의 온갖 집결[3)]에서 벗어나게 해준다.

— 〈諸法集要經〉

〔주〕 1)탐애 : 54의 '탐' 참조. 2)결박 : 원문은 '纏縛'. 520의 주. 3)집결 : 원문은 '聚'. 모임. 떼. rāśi.

704

지혜의 힘[1)]을 수행(修行)해 성취하면, 이 지혜의 힘 때문에[2)] 성불(成佛)할 수 있게 된다.

— 〈大乘聖無量壽王經〉

〔주〕 1)지혜의 힘 : 원문은 '智慧力'. 부처님 특유의 지혜의 힘. pratyātmikaṃ jñāna-balaṃ. 2)때문에 : 원문은 '以…故'. 148의 주.

705

지혜 있는 사람은 잘 헤아려 생각하여[1] 궁극의 깨달음[2]을 구하고,[3] 번뇌(煩惱)[4]의 과실을 떠나 열반(涅槃)[5]의 뛰어난 덕을 체득한다.[6]

— 〈尼乾子問無我義經〉

〔주〕 1)헤아려 생각함 : 원문은 '籌量'. 34의 주. 2)궁극의 깨달음 : 원문은 '無上道'. 16의 주. 3)구함 : 원문은 '勤求'. 532의 주. 4)번뇌 : 원문은 '有爲'. 351의 주. 5)열반 : 원문은 '眞常'. 진여상주(眞如常住)의 뜻. 열반의 경지. 깨달음의 경지. 6)체득함 : 원문은 '證'. 640의 주.

706

지혜를 배우는 사람은, 번뇌(煩惱)[1]의 집착을 없앤다.

— 〈持心梵天所問經〉

〔주〕 1)번뇌 : 원문은 '塵勞愛欲'. '진로'는 마음을 지치게 하는 티끌의 뜻이니, 번뇌를 이른다. '애욕'도 번뇌와 같다.

707

선공(船工)[1]은 배를 조정하고, 궁사(弓師)[2]는 뿔을 조정하고, 대목[3]은 나무를 조정하고, 슬기로운 사람은 몸을 조정한다. — 〈法集要頌經〉

〔주〕 1)선공 : 원문은 '水工'. 배를 만드는 기술자. 2)궁사 : 활을 만드는 기술자. 3)대목 : 원문은 '巧匠'. 목수. '巧'는 교묘하다는 글자이나, 여기서는 거의 무시해도 좋다.

708

비유컨대 큰 불이 초목을 송두리째 태워 버리듯, 성자(聖者)[1]의 지혜의 불꽃도 번뇌(煩惱)[2]를 태워 없앤다. — 〈大淨法門經〉

〔주〕 1)성자 : 원문은 '賢聖'. 108의 주. 2)번뇌 : 원문은 '塵勞'. 450의 주.

709

부처님께서 사리불(舍利弗)[1]에게 이르셨다.

"이런 이야기가 있다. 한 번은 사나운 불꽃이 온갖 마른 땔나무와, 7일 동안에 걸쳐 크게 싸우기로 작정한 일이 있었다. 그래서 온갖 마른 나무와 풀들은 갖가지 가지와 잎을 온통 한군데로 집결해 놓았다. 크기가 수미산(須彌山)[2] 같았다.

한편, 그 때 사나운 불꽃에게는 한 친구가 찾아와 걱정을 해주었다.

'당신은 이 마당에 와서도 어찌해 스스로 제 몸을 아리땁게 꾸미고만[3] 있을 뿐, 많은 도움을 청할 생각은 하지 않는 것인가? 저 땔나무들은 엄청나게 많은 데 비해, 당신은 오직 혼자뿐이니, 어떻게 당해 낸단 말인가?'

그러나 불은 태연자약해서,

'그들이 아무리 많다 해도, 나 혼자의 힘으로 넉넉히 대적할 수 있다. 도움이 필요치 않다.'

고, 했다는 것이다.

보살마하살(菩薩摩訶薩)[4]도 마찬가지다. 온갖 번뇌(煩惱)[5]가 모두 결합(結合)해서[6] 그 형세가 아무리 대단하다 할지라도, 보살의 지혜의 힘은 이를 능히 소멸시킨다." — 〈大集經〉

〔주〕 1)사리불 : 41의 '사리자'와 같다. 2)수미산 : 181의 주. 3)아리땁게 꾸밈 : 원문은 '莊嚴'. 239의 '보장엄' 참조. 4)보살마하살 : 1의 '보살'과 같다. 5)번뇌 : 4의 주. 6)결합함 : 원문은 '和合'. 468의 주.

710

아가타(阿伽陀)[1]의 한 알의 약은 능히 큰 독(毒)을 깨뜨린다. 보살의 지혜 또한 마찬가지다. 작은 지혜의 약이, 능히 끝없이 많은 큰 번뇌(煩惱)[2]의 독을 깨뜨린다.

— 〈大集經〉

〔주〕 1)아가타 : agada의 음사(音寫). 약, 특히 해독제. 불사약. 2)번뇌 : 4의 주.

711

지혜를 닦아 의혹(疑惑)[1]을 제거해야만, 자기를 위해 보리(菩提)[2]를 구하는 동시에, 중생을 위해 그 갈애(渴愛)[3]의 강물에서 교량(橋梁) 구실을 해줄 수 있다.

— 〈大乘悲分陀利經〉

〔주〕 1)의혹 : 425의 주. 2)보리 : 5의 주. 3)갈애 : 534의 주.

712

태양[1]이 나타나면 반딧불과 별들은 자취를 감춘다. 지혜[2]의 나타남도 마찬가지여서, 온갖 외도(外道)[3]의 무명(無明)의 등불[4]이 자취를 감춘다.

— 〈菩薩行變化經〉

〔주〕 1)태양 : 원문은 '日宮'. 원래는 일천자(日天子)의 궁전. 여기서는 태양

을 이른다. 2)지혜 : 원문은 '智慧宮'. 태양을 일궁(日宮)이라 했으므로, 지혜를 우화적으로 나타낸 것. 3)외도 : 8의 주. 4)무명의 등불 : 원문은 '無明照'. '照'는 등불. dipa.

713

빨리 지혜를 실현하면,[1] 온갖 괴로움에서 벗어날 것이다.

— 〈虛空孕菩薩經〉

〔주〕 1)실현함 : 원문은 '證'. 640의 주.

714

지혜는 능히 모든 욕착(欲着)[1]을 흩어 버린다. — 〈慧印三昧經〉

〔주〕 1)욕착 : 오욕(五欲)의 집착?

715

지혜는 능히 온갖 중생을 지켜 준다.[1] — 〈如來智印經〉

〔주〕 1)지키다 : 원문은 '覆護'. 곤궁에 빠진 자를 크게 지켜 줌.

716

지혜의 태양은 온갖 어둠을 깨며, 재앙의 풍화(風火)를 멈추며, 널리 밝게 세상[1]을 비친다. — 〈添品妙法蓮華經〉

〔주〕 1)세상 : 원문은 '世間'. 64의 주.

717

지혜는 모든 것[1] 중에서 최고의 것이다. —〈阿毗曇毗婆娑論〉

〔주〕 1)모든 것 : 원문은 '一切法'. 18의 주.

718

배울 것[1]을 배운 지혜 있는 사람은, 생각이 민첩하여 하나를 들으면 만을 알며, 장래의 일을 지레 알며, 그때그때의 행동에 잘못을 저지름이 없이 다 판단해서 막힘이 없다. 마치 혀가 음식을 맛보아, 달고 시고 짜고 심심함을 다 알아 내는 것과 같다. —〈出曜經〉

〔주〕 1)배울 것 : 원문은 '所學'.

719

온갖 수명(壽命) 중에서 지혜의 수명[1]이 제일(第一)[2]이다.

—〈別譯雜阿含經〉

〔주〕 1)지혜의 수명 : 원문은 '慧命'. 지혜를 생명에 비유한 말. 2)제일 : 원문은 '最勝'. 3의 주.

720

지혜는 신(神)과 사람[1]의 인도자(引導者)니, 이를 따르는 사람은 기쁨을 얻으리라. —〈般泥洹經〉

〔주〕 1)신과 사람 : 원문은 '天人'. 253의 주.

721

생(生)·노(老)·사(死)가 큰 바다라면, 지혜는 경쾌한 배다. 무명(無明)[1]이 큰 어두움이라면, 지혜는 밝은 등불이다. 온갖 전결(纏結)[2]이 병이라면, 지혜는 양약(良藥)이다. 번뇌(煩惱)[3]가 가시나무 숲이라면, 지혜는 날카로운 도끼다. 치애(癡愛)[4]가 흐르는 물이라면, 지혜는 교량(橋梁)이다. 그러므로 지혜를 닦아야[5] 한다. — 〈佛本行經〉

〔주〕 1)무명 : 7의 주. 2)전결 : 번뇌를 이른다. 3)번뇌 : 4의 주. 4)치애 : 어리석음과 탐심. 우치(愚癡)와 탐애(貪愛). 삼독(三毒) 중의 치(癡)와 탐(貪). 5)닦음 : 원문은 '勤修'. 689의 주.

722

도지(道智)[1]가 나타낼 때는, 마치 해가 뜨매 어둠이 간 곳 없는 것과 같다(그처럼 번뇌가 없어진다). — 〈阿闍世王經〉

〔주〕 1)도지 : 도제(道諦)의 도리를 깨닫는 지혜. mārga-jñāna.

723

부처님의 청정한 계(戒)[1]를 따르고[2] 지혜를 닦아 익히면, 깨달음[3]을 빨리 얻게 된다. — 〈僧伽吒經〉

〔주〕 1)청정한 계 : 원문은 '淨戒'. 228의 주. 2)따름 : 원문은 '信'. 3)깨달음 : 원문은 '菩提'. 5의 주.

724

총명하고 지혜 있는 사람은, 선정(禪定)[1]을 닦아 해탈(解脫)[2]을 얻어 사전도(四顚倒)[3]를 떠난다. — 〈寶星陀羅尼經〉

〔주〕 1)선정 : 27의 '정'. 2)해탈 : 84의 주. 3)사전도 : 생존에 대한 네 가지 그릇된 견해. ①상전도(常顚倒). 무상한 것을 영원한 듯 생각하는 것. ②낙전도(樂顚倒). 괴로움을 즐거움으로 여기는 것. ③정전도(淨顚倒). 부정(不淨)한 것을 청정한 듯 여기는 것. ④아전도(我顚倒). 무아(無我)의 것을 아(我)가 있는 듯 보는 것. viparyāsa-catuṣka.

우치(愚痴)의 해(害)

725

지혜를 닦지 않는 사람은 반야바라밀(般若婆羅蜜)[1]을 갖출 수 없으며, 마음을 통일하지[2] 못하며, 어리석은 마음[3]을 끊지 못한다. — 〈涅槃經〉

〔주〕 1)반야바라밀 : 41의 주. 2)마음을 통일함 : 원문은 '攝心'. 마음을 집중해 통일함. cittaṃ pragṛhṇāti. 3)어리석은 마음 : 원문은 '癡心'.

726

미혹(迷惑)[1]해 지혜 없는 사람은, 오온(五蘊)의 겉모양[2]에 집착하여[3] 그 본성(本性)[4]을 이해 못한다.[5] 이런 사람은 부처님을 뵙지 못한다.

— 〈華嚴經〉

〔주〕 1)미혹 : 529의 주. 2)오온의 겉모양 : 원문은 '五蘊相'. '오온'에 대해서

는 87의 주. 3)집착함 : 원문은 '妄取'. 집착을 갖고 있는 것. sopā-dāna. 4)본성 : 원문은 '眞性'. 진실의 본성. 진여(眞如). 본체(本體). dharmatā. 5)이해 못함 : 원문은 '不了'. 573의 주.

727

장님이 밝은 해를 볼 수 없는 것처럼, 지혜[1]가 없고 보면 온갖 부처님네를 뵙지 못한다.

— 〈華嚴經〉

〔주〕 1)지혜 : 원문은 '智慧心'. 반야(般若).

728

어리석은 사람들은 행동이 각기 달라서, 서로[1] 남의 단점(短點)을 찾는다.

— 〈無希望經〉

〔주〕 1)서로 : 원문은 '展轉'. 97의 주.

729

세상에 괴로움이 생기는 것은 어리석은 분별(分別)[1] 탓이다.

— 〈月燈三昧經〉

〔주〕 1)분별 : 64의 주.

730

번뇌(煩惱)[1] 중의 번뇌로서는 어리석음[2]만한 것이 없다.

— 〈法句經〉

〔주〕 1)번뇌 : 원문은 '垢'. 번뇌의 이명(異名). 마음을 더럽힘으로 그리 이른다. mala. 2)어리석음 : 원문은 '癡'. 54의 주.

731

그물 치고 어리석음보다 더 빽빽한 그물은 없다. — 〈法句經〉

732

어리석은 사람의 익히는 것[1]을 보건대, 나쁜 짓[2]을 늘 배워서, 자기가 하고 있는 행위가 착한 일[3]인지, 악한 일[4]인지, 좋은 일인지, 추한 일인지를 전혀 깨닫지[5] 못하고 있다. 그러고는 무상(無常)[6]의 변화하는 도리[7]를 생각지 않은[8] 채, 일신을 지탱할 재산 모으기에만 열중하면서, '이만하면 천년이 가도 없어지지 않고, 영구히 줄어들지 않을 것'이라 하니 딱한 일이다. — 〈出曜經〉

〔주〕 1)익히는 것 : 원문은 '所習'. 2)나쁜 짓 : 원문은 '弊行'. 나쁜 행위. 3)착한 일 : 원문은 '善法'. 18의 주. 4)악한 일 : 원문은 '惡法'. 18의 주. 5)깨닫다 : 원문은 '覺知'. 55의 주. 6)무상 : 4의 주. 7)변화하는 도리 : 원문은 '變易法'. 8)생각지 않음 : 원문은 '不計'.

733

잠 안 오는 자에게는 밤이 길고, 지친 몸에는 길이 길고, 어리석은 자에게는 윤회(輪廻)[1]가 길다. — 〈法句經〉

〔주〕 1)윤회 : 원문은 '生死'. 12의 주.

〔풀이〕 대승경전이 이(理)에 치우쳐 설법하는 이의 인격성(人格性)이 몰각되

는 데 대해, 이 인용구는 쉽고 평범하면서도 끝없는 함축이 있어서, 부처님의 금구(金口)에서 나온 말씀임이 틀림없는 것 같다.

734

저 어리석은 사람들은 긴 세월[1]을 허송만 하고 있다. 나무나 돌로 새긴 조각이 아무리 사람과 흡사하다 할지라도 무엇 하나 식별(識別)[2] 못하는 것과 같다. — 〈大寶積經〉

〔주〕 1)긴 세월 : 원문은 '長夜'. 209의 주. 2)식별함 : 원문은 '所識'. 십이인연(十二因緣) 중의 식(識)과 같다. 식별하는 작용.

735

어리석은 자는 일생 동안 지혜 있는 사람[1]을 섬기면서도 진리[2]를 알지 못한다. 숟가락이 온종일 음식을 뜨면서도 끝내 짠지 신지 모르는 것과 같다. — 〈出曜經〉

〔주〕 1)지혜 있는 사람 : 원문은 '明智人'. '明智'만으로도 그 뜻이 된다. budha. 2)진리 : 원문은 '眞法'.

736

장님은 아리따운 장식물(裝飾物)[1]을 얻는대도 기쁨을 못 느낀다. 어리석은 사람도 마찬가지다. 비록 지극히 심원한 가르침[2]을 만난다 해도, 그 어리석음이 매우 심한 까닭에, 그것이 미혹에서 벗어날 진리[3]임을 깨닫지 못해서 배울 생각을 하지 않는다. — 〈大宗地玄文本論〉

〔주〕 1)장식물 : 원문은 '莊嚴具'. 장식을 위한 도구. 장식. bhūṣaṇa. 2)지극히 심원한 가르침 : 원문은 '甚深法'. 3)미혹에서 벗어날 진리 : 원문은 '出世寶'. 삼계(三界)의 번뇌를 떠나 깨달음의 경지로 들어가도록 하는 진리나 가르침. '출세'는 출세간(出世間)과 같고, '보(寶)'는 귀중한 것의 비유.

지우(智愚)의 대조

737

둔한[1] 자는 이 진리를 이해하지 못하고, 지혜의 눈[2]이 맑은 사람은 이에 보게 된다.

— 〈華嚴經〉

〔주〕 1)둔함 : 원문은 '少智'. 지력(智力)이 둔함. manda-buddhi. 2)지혜의 눈 : 원문은 '慧眼'. 사물을 바로 관찰하는 능력. prajñā-cakṣus.

738

비유컨대 땅 속에 온갖 보배의 곳집(倉庫)[1]이 있어서 갖가지 진귀한 것들이 꽉 차 있는데, 지혜가 뛰어나고[2] 통찰력이 탁월한[3] 사나이[4]는 땅에 묻힌 물건[5]을 다 알아서,[6] 생각대로 자유로이 꺼내다가 부모를 봉양하기도 하고, 가난한 친척을 돕기도[7] 하고, 늙은이·병자·빈민을 고루 구제도 하지만, 지혜와 복덕(福德)[8]이 없는 사람의 경우는, 설사 보배의 곳집이 있는 처소에 이른다 할지라도, 그것에 대해서는 알지도 보지도 못하는 까닭에 아무런 이익도 입을 수 없는 것과 같다. 온갖 대보살(大菩薩)은 청정한 지혜의 눈[9]이 있으므로, 능히 여래(如來)[10]의 불가사의(不可思議)[11]하고 심원한[12] 경지[13]에 들어가며, 능히 부처님의 위신력(威神力)[14]을 뵈오며, 능히 온갖 법문(法門)[15]에 들어가며, 능히 삼매(三昧)[16]의 바다에 노닐며, 능히 온갖 부처님을 공양(供養)[17]하며, 능히 바른 가르침[18]으로 중생을 깨닫게 한다.[19] —〈華嚴經〉

〔주〕 1)보배의 곳집 : 원문은 '寶藏'. 1의 주. 2)지혜가 뛰어남 : 원문은 '聰慧'. 뛰어난 지혜. budha. 3)통찰력이 탁월함 : 원문은 '明達'. 지식이 풍부하고 통찰력이 있는 것. 지혜가 있는 것. 총명한 사람. 4)사나이 : 원문은 '丈夫'. 5)땅에 묻힌 물건 : 원문은 '伏藏'. 땅 속에 숨겨진 보배. 지금까지 알려지지 않았던 부처님의 가르침을 비유한 말. nidhi. 6)알다 : 원문은 '分別'. 식별함. 53의 주. 7)돕다 : 원문은 '賑卹'. 재물을 베풀어 불행을 구하는 것. 8)복덕 : 304의 주. 9)청정한 지혜의 눈 : 원문은 '淨智眼'. 446의 주. 10)여래 : 1의 주. 11)불가사의 : 원문은 '不思議'. 10의 '불가사의'의 주. 12)심원함 : 원문은 '甚深'. 매우 깊은 것. Ⓟgambhira. 13)경지 : 원문은 '境界'. 81의 주. 14)위신력 : 원문은 '神力'. 242의 주. 15)법문 : 245의 주. 16)삼매 : 154의 주. 17)공양 : 온갖 물건을 바쳐 회향(回向)하는 것. 18)바른 가르침 : 원문은 '正法'. 252의 주. 19)깨닫게 함 : 원문은 '開悟'. pratìvedayati.

739

바른 지혜가 생겨나지 않으면 속게[1] 마련이다. 오욕(五欲)[2]은 급류와 같아서 한 번 빠지면 벗어나기[3] 어려우니, 마땅히 지혜라는 이름의 배나 뗏목으로 그곳을 건너가야[4] 한다. 어리석은 마음 탓으로 항상 온갖 욕망에 집착(執着)[5]하게 되거니와, 오취(五趣)[6] 중에 윤회(輪廻)[7]하면 어찌 벗어날[8] 수 있으랴? —〈諸法集要經〉

〔주〕 1)속음 : 원문은 '欺誑'. 2)오욕 : 1의 주. 3)벗어남 : 원문은 '出離'. 440의 주. 4)건너감 : 원문은 '超越'. 뛰어넘는 뜻. 문장에 무리가 생기므로 의역했다. 5)집착 : 원문은 '樂着'. 음은 '요착'. 219의 주. 6)오취 : 188의 주. 7)윤회 :

225의 '유전'과 같다. 8)벗어남 : 원문은 '解脫'. 84의 주.

740

부처님께서 비구(比丘)[1]에게 이르셨다.

"십이인연(十二因緣)[2]에서 근본이 되는 것은 어리석음[3]이다. 실로 어리석음은 모든 죄악의 근원이요, 지혜는 모든 수행(修行)[4]의 근본인 것이니, 어리석음을 먼저 끊은 다음에야 마음이 흔들리지 않을[5] 것이다."

— 〈法句譬喩經〉

〔주〕 1)비구 : 84의 주. 2)십이인연 : 118의 주. 3)어리석음 : 원문은 '癡'. 무명(無明)과 같다. 7의 '무명'의 주. 4)모든 수행 : 원문은 '衆行'. 5)흔들리지 않음 : 원문은 '定'. 마음을 한데로 집중함. eka-agra-citta.

741

어리석은 사람이 번뇌(煩惱)[1]의 기운을 끊는다는 것은 있을 수 없고,[2] 지혜를 닦은 사람이 번뇌의 기운을 끊는다는 것은 가능한 일이다.

— 〈大集經〉

〔주〕 1)번뇌 : 4의 주. 2)있을 수 없음 : 원문은 '無有是處'. '처'는 도리의 뜻. 이럴 까닭이 없다. 이럴 이치가 없다. 말이 안 된다. nedaṃ sthānaṃ vidvate.

742

청정한 믿음[1]이 있어도 지혜가 결여(缺如)된다면, 지혜 없는 믿음은 어리석음을 조장해서,[2] 결국 어리석음에 머무르게 할 따름이다. 그러기에 지혜가 최고[3]라고 말하는 것이다.

— 〈大毗婆娑論〉

〔주〕 1)청정한 믿음 : 원문은 '淨信'. 226의 주. 2)조장함 : 원문은 '增長'. 11의 주. 3)최고 : 원문은 '頂'. 머리. 정상(頂上). mūrdhan.

743

악한 지혜에서 나오는 행위와, 어리석음에서 나오는 번뇌(煩惱)[1]는 소나 양의 처지[2]와 같고, 지혜를 닦는 사람은 사자의 처지와 같다.

— 〈文殊師利淨律經〉

〔주〕 1)번뇌 : 원문은 '惑'. 4의 '번뇌'와 같다. 2)처지 : 원문은 '門'. 도리. 견지(見地).

744

백 년을 산대도 지혜가 없고 선정(禪定)[1]이 없고 보면, 하루밖에 못 살면서 지혜 있고 선정이 있는 사람만 못하다. — 〈出曜經〉

〔주〕 1)선정 : 원문은 '定'. 27의 주.

745

지혜 있는 사람은 일 구(一句)[1]를 살펴서 백 가지 뜻을 끌어내고, 어리석은 사람은 천 구(千句)를 외우되 일 구(一句)의 뜻도 이해 못한다.

— 〈出曜經〉

〔주〕 1)일 구 : 진리를 나타낸 한 마디 말.

746

씨가 좋은 땅을 만나면 뿌리와 줄기가 잘 자라지만, 나쁜 밭에 심겨지면 열매를 맺지 못한다. 이 진리도 마찬가지다. 만일 지혜가 있어서 잘 사리를 생각해 헤아리면[1] 온갖 진리[2]가 널리 마음에 생겨나려니와, 그렇지 않고 어리석어 지혜가 적을 경우에는, 비록 이 논(論)을 공부한다 해도 통달할 수 없을 것이니, 이래 가지고는 진리를 터득한 사람[3]이라 못할 것이다. 그러므로 온갖 중생(衆生)[4]들은 실지(實智)[5]를 일으켜 선악을 구별하고, 마땅히 이 바른 가르침[6]을 부지런히 익혀야 한다.

— 〈方便心論〉

〔주〕 1)사리를 생각해 헤아림 : 원문은 '思量'. 사색하고 고찰함. 2)온갖 진리 : 원문은 '諸法'. 3)진리를 터득한 사람 : 원문은 '眞善'. '善'은 Ⓟkusala의 역어(譯語)로서, 진리에 통달한 사람의 뜻으로 쓰이는 경우가 있다. 4)온갖 중생 : 원문은 '諸有'. 이십오유(二十五有)의 경계를 뜻하나, 그 중생의 뜻도 된다. 510의 주 참조. 5)실지 : 263의 주. 6)바른 가르침 : 원문은 '正法'. 252의 주.

747

"내가 모든 중생[1]을 관찰한바, 다 어리석음[2]에 더럽혀지는[3] 까닭에 악취(惡趣)[4]에 떨어져서 윤회(輪廻)[5]를 받고 있다. 그러므로 똑똑히 이 도리를 인식하여,[6] 길이 이 어리석음을 끊어 버리는 사람이 있다면, 이런 사람은 깨달음[7]을 얻어 절대로[8] 생사(生死)[9]를 받지 않게 될 것이다."

— 〈本事經〉

〔주〕 1)중생 : 원문은 '有情'. 306의 주. 2)어리석음 : 원문은 '癡'. 54의 주. 3)더럽혀짐 : 원문은 '所染'. 97의 주. 4)악취 : 78의 주. 5)윤회 : 원문은 '生死輪

廻'. 윤회와 같은 말. 225의 '유전'의 주. 6)똑똑히 도리를 인식함 : 원문은 '了知'. 492의 주. 7)깨달음 : 원문은 '上沙門果'. '상사문'은 불(佛)이나 아라한(阿羅漢)을 이르는 듯. 그 과보(果報)니, 열반 · 깨달음. 8)절대로 : 원문은 '畢竟'. 57의 주. 9)생사 : 원문은 '生滅'. 35의 주.

748

부처님께서 말씀하셨다.

"세상[1]의 어리석은 사람들은 오직 남의 악을 볼 뿐, 자기 악을 알지 못하며, 오직 자기의 선(善)을 볼 뿐, 남의 선을 볼 줄 모른다. 제 지혜를 자랑하는[2] 자는 다 지혜 있는 사람이 아니며, 밝다고 자처하는 자에게는 오류가 많으며, 내가 경(經)을 안다고 장담하는 자는 믿을 것이 못 된다. 부처님의 지혜는 광대해서 헤아릴 수 없는 것인데도, 견문(見聞)이 미미한 주제에 족하다 여겨서 스스로 자랑한다면,[3] 어찌 지혜 있는 사람이라 할 수 있겠는가? 불도(佛道)[4]에 깊이 들어간 사람이 좋은 스승을 가까이 해야, 지혜 있는 사람[5]이 된다." — 〈法律三昧經〉

〔주〕 1)세상 : 원문은 '天下'. 2)자랑함 : 원문은 '稱'. Ⓟvaṇṇeti. 3)자랑함 : 원문은 '貢高'. Ⓟmada. 4)불도 : 원문은 '至學'. 아마 지도(至道)와 같을 것이다. 매우 깊은 가르침. 5)지혜 있는 사람 : 원문은 '明智'. Ⓟpaṇḍita.

749

부처님께서 아난(阿難)[1]에게 이르셨다.

"과거 · 미래 · 현재의 세상 속에서, 어리석은 자에게는 재앙이 있지만 지혜 있는 자에게는 그것이 없으며, 어리석은 자에게는 장애가 있지만 지혜 있는 자에게는 그것이 없으며, 어리석은 자에게는 질병이 있지만 지혜 있는 자에게는 그것이 없으며, 어리석은 자에게는 과실[2]이 있지만 지혜 있는 자에게는 그것이 없게 마련이다. 그러므로 어리석은 자의 하는 일[3]을 떠나[4] 지혜 있는 자의 하는 일을 실천해야 한다. 아난아, 너는 응당 이를 배우라."

— 〈四品法門經〉

〔주〕 1)아난 : 6의 주. 2)과실 : 원문은 '過咎'. 3)하는 일 : 원문은 '法'. 123의 주. 4)떠남 : 원문은 '遠離'. 609의 주.

750

제 어리석음을 아는 어리석은 사람은 마땅히 좋은 지혜[1]를 얻으려니와, 지혜 있다고 스스로 일컫는 어리석은 자에 이르러서는, 어리석은 사람 중에서도 진정 어리석은 사람이라고 해야 한다.

— 〈出曜經〉

〔주〕 1)좋은 지혜 : 원문은 '善慧'. 이 말은 '善慧地'의 준말로서 흔히 쓰이나, 여기서는 그렇지 않다.

제2장 지계(持戒)

제1절 총설

지계(持戒)의 효력

751

계(戒)[1]는 온갖 선법(善法)[2]으로 올라가는 계단[3]이요, 온갖 선법이 생겨나는 근본이니, 땅이 온갖 수목의 생겨나는 원인[4]인 것과 같다.

—〈涅槃經〉

〔주〕 1)계 : 18의 주. 2)선법 : 18의 주. 3)계단 : 원문은 '梯隥'. 나무 계단. 4)원인 : 원문은 '根'. 최초의 원인. mūla.

752

계(戒)[1]는 해탈(解脫)의 가르침을 바르게 따르는[2] 근본이다. 그러므로 바라제목차(波羅提木叉)[3]라고 부르는 것이다. 이 계(戒)에 의지해야만 온갖 선정(禪定)[4]과 고(苦)를 없애는 지혜가 생기는 것이니, 그러기에 비구(比丘)[5]된 자는 마땅히 청정한 계[6]를 지켜[7] 깨는[8] 일이 있어서는 안 된다. 만약 사람이 있어 청정한 계를 지킨다면 선법(善法)[9]을 얻으려니와, 청정한 계를 지켜 가지 못한다면 온갖 좋은 공덕(功德)[10]은 생겨나지 않을 것이다. 그러므로 마땅히 알라, 계야말로 최상의 안온(安穩)[11]한 공덕

이 깃들어 있는 곳[12]임을! — 〈遺敎經〉

〔주〕 1)계 : 18의 주. 2)바르게 따름 : 원문은 '正順'. 3)바라제목차 : 456의 '별해탈계'와 같다. 4)선정 : 27의 '정'과 같다. 5)비구 : 84의 주. 6)청정한 계 : 원문은 '淨戒'. 228의 주. 7)지킴 : 원문은 '持'. 지님. dhṛti. 8)깸 : 원문은 '毁缺'. 9)선법 : 18의 주. 10)공덕 : 20의 주. 11)안온 : 417의 주. 12)깃든 곳 : 원문은 '住處'. 265의 주.

753

계(戒)[1]를 지키는 공덕[2]을 수행(修行)[3]해 성취하면, 계를 지키는 공덕 때문에 성불(成佛)[4]하게 된다. — 〈光明經〉

〔주〕 1)계 : 18의 주. 2)공덕 : 원문은 '力'. 좋은 결과를 가져오는 작용. 공덕과 거의 같다. 3)수행 : 41의 주. 4)성불 : 171의 주.

754

부처님께서 금강수보살(金剛手菩薩)에게 이르셨다.

"무생계(無生戒)[1]는 모든 성자(聖者)[2]를 세우는 땅이며, 온갖 선행(善行)[3]을 생기게 하는 터니, 터(땅)를 만들지 않는다면 어찌 성스러운 선(善)[4]이 설 수 있겠는가? 모래를 쪄서 밥을 만들려 한들 어찌 이루어질 때가 있을 것이며, 똥을 파내어 향을 만든다고 될 리가 없다. 괴로움의 바다[5]를 건너가려면 반드시 자비의 배[6]를 빌려야 하고, 어두운 거리[7]를 밝히려면 모름지기 지혜의 횃불[8]을 켜 들어야 할 것이다. 마찬가지로, 온갖 중생도 이 계(戒)를 지키지 않으면서 깨달음을 이루고자 한다면, 이는 말이 안 된다.[9] 이 계는 온갖 승속(僧俗)[10]이 누구나 수지(受持)해야

한다. — 〈無生戒經〉

〔주〕 1)무생계 : 계는 열반에 이르는 필수조건이므로 이르는 말. 대승계(大乘戒). 무생은 열반. 2)모든 성자 : 원문은 '千聖'. 3)온갖 선행 : 원문은 '萬善'. 불도(佛道)에 도움이 되는 모든 선행. 4)성스러운 선 : 원문은 '聖善'. 5)괴로움의 바다 : 원문은 '苦海'. 435의 주. 6)자비의 배 : 원문은 '慈航'. 7)어두운 거리 : 원문은 '昏衢'. 어두운 마음의 비유. 8)지혜의 횃불 : 원문은 '慧炬'. 9)말이 안 됨 : 원문은 '無有是處'. 741의 주. 10)승속 : 원문은 '有形無形'. 중은 머리를 깎으므로 '무형', 속인은 그대로 유지하므로 '유형'이라 한 것.

755

보살은 정계(淨戒)의 배[1]로 파계자(破戒者)[2]를 건네 준다. 생사(生死)의 바다[3]에서 벗어나[4] 열반(涅槃)의 기슭[5]에 이르게 하는 것이다.

— 〈六波羅蜜經〉

〔주〕 1)정계의 배 : 원문은 '淨戒船'. 청정한 계를 배에 비유한 것. 2)파계자 : 계를 깨뜨린 사람. 3)생사의 바다 : 원문은 '生死海'. 631의 주. 4)벗어남 : 원문은 '出'. 미혹(迷惑)의 세계에서 나가는 것. 벗어나는 것. 넘어가는 것. niryāṇa. 5)열반의 기슭 : 원문은 '涅槃岸'. 열반을 대안(對岸)에 비유한 것.

756

보살은 청정한 계(戒)[1]로 그 몸을 아리땁게 하고,[2] 다시 중생으로 하여금 청정한 계를 굳게 지키도록[3] 한다. — 〈守護國界主經〉

〔주〕 1)청정한 계 : 원문은 '淨戒'. 228의 주. 2)아리땁게 함 : 원문은 '莊嚴'. 239의 '보장엄' 참조. 3)굳게 지킴 : 원문은 '堅持'. 굳게 수지(受持)함.

757

계(戒)[1]는 시원한[2] 물과 같으니, 심광미만(深廣彌滿)[3]해서 지계자(持戒者)[4]의 신심(身心)의 더러움[5]을 씻어 준다. 계는 진기(珍奇)한 보배와 같으니, 착한 사람들은 이를 귀중히 앎으로써 길이 온갖 과실에서 떠난다. 계는 좋은 말과 같으니, 착한 사람들은 이를 타고 진실하게 사유(思惟)[6]해서 즐거운 과보(果報)[7]에 매이지 않는다.[8]

— 〈諸法集要經〉

〔주〕 1)계 : 18의 주. 2)시원함 : 원문은 '淸凉'. 3)심광미만 : 깊고 넓으며 가득함. 4)지계자 : 계를 수지(受持)하고 있는 사람. Ⓟarahant. 5)더러움 : 원문은 '垢穢'. kaluṣa. 6)사유 : 97의 주. 7)즐거운 과보 : 원문은 '樂果'. 591의 주. 8)매이지 않음 : 원문은 '不着'. 집착하지 않는 것. agrahaṇa.

〔풀이〕 '즐거운 과보에 매이지 않는다'는 것은, 미래의 것을 이르는 것이 아니라, 현세에서 받고 있는 행복에 집착하지 않고 늘 진리를 사유한다는 뜻이다.

758

만약 사람이 있어서 부처님의 정계(淨戒)의 향(香)[1]을 수지(受持)한다면, 천신(天神)들[2]이 널리 이 내음을 맡고 다 사랑과 존경을 보낼 것이다. 이같이 청정한 계를 완전히 지켜서 늘 여러 선법(善法)[3]을 실천하는 경우, 이런 사람은 능히 세상의 구속[4]에서 해방되어 온갖[5] 번뇌(煩惱)[6]로부터 떠날[7] 수 있게 된다.

— 〈戒香經〉

〔주〕 1)정계의 향 : 원문은 '淨戒香'. 청정한 계를 지키면, 그 공덕이 사방에 풍기는 것을 향에 비유한 것. 2)천신들 : 원문은 '諸天'. 161의 주. 3)선법 : 18의 주. 4)세상의 구속 : 원문은 '世間縛'. 이 세상에서 우리를 구속하는 번뇌.

5)온갖 : 원문은 '所有'. 119의 주. 6)번뇌 : 원문은 '諸魔'. 성도(成道)를 가로막는 온갖 장애. 여러 번뇌. 7)떠남 : 원문은 '遠離'. 609의 주.

759

계(戒)[1]를 깨고 천신(天身)[2]을 받는다는 것은 그럴 리 만무하지만,[3] 청정한 계를 지킴으로써 천신을 받을 수 있다고 하는 것은 있을 수 있는 일이다.

— 〈大集經〉

〔주〕 1)계 : 원문은 '禁戒'. 455의 주. 2)천신 : 정천(淨天)과 같다. 사람들 속에 태어난 온갖 성인을 이른다. viśuddhi-deve. 3)그럴 리 만무함 : 원문은 '無有是處'. 741의 주.

760

계(戒)를 지키면 항상 우아(優雅)하고,[1] 계를 깨면 항상 추하다.[2]

— 〈天請問經〉

〔주〕 1)우아함 : 원문은 '端嚴'. 단정장엄(端正莊嚴)의 준말. 아리따움. 훌륭하게 보이는 것. prasādika. 2)추함 : 원문은 '醜陋'. 추악누천(醜惡陋賤)의 준말. 천해 보임. durvarṇa.

761

계(戒)는 위대한 뱃사공[1]이니, 능히 생사의 바다[2]를 건네 준다. 계는 시원한[3] 못이니, 온갖 번뇌(煩惱)[4]를 씻어 낸다. 계는 두려움을 없애는 술법[5]이니, 사해(邪害)[6]의 독을 제거한다. 계는 무상(無上)의 반려(伴侶)[7]니, 험악한 길을 통과하게 한다. 계는 감로(甘露)의 문[8]이니, 성자들[9]의 근거처(根據處)[10]다. 그러므로 계를 수지(受持)하여[11] 마음에 동요가 없고, 전념(專念)해[12] 포기하지 않으며,[13] 바른 계상(戒相)[14]을 헐뜯지 않고,[15] 또 사명(邪命)[16]의 마음이 없고 보면, 이를 일러 청정한 계라고 하는 것이다.

— 〈僧祇律〉

〔주〕 1)뱃사공 : 원문은 '船師'. 2)생사의 바다 : 원문은 '生死海'. 631의 주. 3)시원함 : 원문은 '淸凉'. 757의 주. 4)번뇌 : 4의 주. 5)두려움을 없애는 술법 : 원문은 '無畏術'. 6)사해 : 그릇된 마음에서 생기는 재앙. 7)무상의 반려 : 원문은 '究竟伴'. 8)감로의 문 : 원문은 '甘露門'. 686의 주. 9)성자들 : 원문은 '衆聖'. 456의 주. 10)근거처 : 원문은 '所由'. 588의 주. 11)수지함 : 원문은 '持'. 752의 주. 12)전념함 : 원문은 '專精'. 612의 주. 13)포기하지 않음 : 원문은 '不放'. 14)계상 : 계를 수지(受持)하는 모습. 지계(持戒)와 파계(破戒)의 둘을 이른다. 곧 실천에 있어서 계를 지키든가 깨든가, 그 죄가 무겁든가 가볍든가 하는 차별이 생김을 이른다. 15)헐뜯지 않음 : 원문은 '不毁'. 16)사명 : 461의 주.

762

계를 손상하는[1] 사람은 당연히 모든 악도(惡道)의 문[2]으로 가게 되고, 계[3]를 받들어 실천하는[4] 사람은 당연히 온갖 선처(善處)의 문[5]으로 가게 된다.

— 〈文殊師利淨律經〉

〔주〕 1)손상함 : 원문은 '毁犯'. 413의 주. 2)악도의 문 : 원문은 '惡道門'. '악도'는 2의 주. 3)계 : 원문은 '禁戒'. 455의 주. 4)받들어 실천함 : 원문은 '奉修'. 5)선처의 문 : 원문은 '善處門'. '선처'는 78의 '선취'와 같다.

763

"내가 모든 중생[1]을 관찰하니, 계를 깊이 생각하지[2] 않는 탓으로 악취(惡趣)[3]에 도로 떨어져[4] 윤회(輪廻)[5]를 받고 있다. 이와는 달리, 이 도리를 잘 알아서[6] 길이 계를 마음에 새겨 잊지 않는 자가 있다면, 그는 기필코 불환과(不還果)[7]를 얻어서, 이 세상[8]에는 다시 태어나는[9] 일이 없을 것이다."

— 〈本事經〉

〔주〕 1)중생 : 원문은 '有情'. 306의 주. 2)깊이 생각함 : 원문은 '念'. 450의 '전념'과 같다. 3)악취 : 78의 주. 4)도로 떨어짐 : 원문은 '還墮'. 악도(惡道)에 도로 돌아와 태어나는 것. 5)윤회 : 원문은 '生死輪'. 6)잘 알다 : 원문은 '了知'. 492의 주. 7)불환과 : 욕계(欲界)의 온갖 번뇌를 끊어서, 천상(天上)에 태어나고 욕계에는 다시 태어나는 일이 없는 단계. 소승에서 아라한(阿羅漢)에 이르는 단계를 보이는 사과(四果) 중의 하나. anāgāmi-phala. 8)이 세상 : 원문은 '此間'. 사바세계. 9)태어남 : 원문은 '來生'. 이 세상에 와서 태어남.

지계(持戒)의 종별(種別)

764

"사리자(舍利子)[1]야, 보살마하살[2]에는 열 가지 청정한 계행(戒行)[3]이 있나니, 무엇이 열인가? 첫째는 보살이 모든 계행을 견지(堅持)[4]해 깨뜨리지 않음으로써, 무명(無明)[5]의 어지럽힘[6]을 입지 않음이다. 둘째는 계행을 견지함으로써, 온갖 결점[7]을 끊고 모든 괴로움[8]이 나지 않게 함이다. 셋째는 계를 견지함으로써, 번뇌잡염(煩惱雜染)[9] 따위의 것들을 다 떠남[10]이다. 넷째는 계를 지킴이 청정함으로써, 항상 선법(善法)[11]을 떠나지 않음이다. 다섯째는 온갖 계를 지킴으로써, 늘 평등의 도리를 실천해 마음 내키는 대로 자재(自在)할[12] 수 있음이다. 여섯째는 계를 견지함으로써, 온갖 성자(聖者)[13]를 비방함이 없으므로 안온(安穩)[14]한 경지를 얻음이다. 일곱째는 계를 견지함으로써, 온갖 과실을 떠남이다. 여덟째는 계를 견지함으로써, 육근(六根)[15]을 세밀히 수호하여[16] 망령된 작용이 일지 않게 함이다. 아홉째는 계를 견지함으로써, 육근을 지켜서 처음·중간·끝[17]의 어느 때에 있어서나 다 기능이 완성되게[18] 함이다. 열째는 정념(正念)[19] 중에 모든 계를 널리 지켜 남김이 없어서, 다 원만하게 함이다. 보살은 이 열 가지 일을 다 완성하느니라." —〈菩薩藏正法經〉

〔주〕 1)사리자 : 41의 주. 2)보살마하살 : 1의 '보살'과 같다. 3)계행 : 459의 주. 4)견지 : 756의 주. 5)무명 : 7의 주. 6)어지럽힘 : 원문은 '侵嬈'. 침범하여 어지럽게 함. 7)결점 : 원문은 '瑕疵'. 8)괴로움 : 원문은 '險難'. '험한 길'이 원뜻이나, 여기서는 괴로움의 비유로 쓴 것인 듯. 9)번뇌잡염 : 삼잡염(三雜染)의 하나. 견(見)·사(思)의 여러 번뇌가 중생의 심식(心識)을 물들여 더럽히는 것. kleśa-saṃkleśa. 10)떠남 : 원문은 '遠離'. 664의 주. 11)선법 : 원문은 '潔白法'. 158의 '백법'과 같다. 12)마음 내키는 대로 자재함 : 원문은 '隨心自在'. '자재'는 7의 주. 13)성자 : 원문은 '智者'. 깨달음에 이르는 길에 들어가 있는 사람. 성인. ārya. 14)안온 : 417의 주. 15)육근 : 원문은 '諸根'. 오근(五根)으로 볼 수도 있으나, 범위를 넓혀 육근으로 해석했다. 79의 '육근' 참조. 16)세밀히 수호함 : 원문은 '密護'. 17)처음·중간·끝 : 원문은 '初中後'. ādi-madhya-anta. 18)완성함 : 원문은 '成就'. 243의 주. 19)정념 : 145의 주.

765

살생(殺生)[1]을 떠나[2] 해치지[3] 말며, 투도(偸盜)[4]와 사음(邪婬)[5]과 거짓말,[6] 옳지 않은 말,[7] 틀리는 말,[8] 무의미한 말[9]을 떠나야 한다.

—〈華嚴經〉

〔주〕 1)살생 : 386의 주. 2)떠남 : 원문은 '遠離'. 664의 주. 3)해침 : 원문은 '惱害'. 4)투도 : 남의 재물을 훔치는 것. Ⓟadinnādāna. 5)사음 : 부부 아닌 사이의 성교. kāmesu micchācāra. 6)거짓말 : 이 이하의 원문은 '妄惡乖異無義語'로 되어 있으므로, 이 항목의 원문은 '妄語'가 된다. 565의 주. 7)옳지 않은 말 : 원문은 '惡語'. 그릇되게 설해진, 바르지 못한 말. durākhyāta. 8)틀리는 말 : 원문은 '乖異語'. 9)무의미한 말 : 원문은 '無義語'.

766

"저는 지금으로부터 청정한 신심(信心)[1]을 일으켜 여덟 가지 계(戒)를 수지(受持)하오리니,[2] 첫째 생물을 죽이지 않을[3] 것이며, 둘째 남의 재물을 훔치지 않을[4] 것이며, 셋째 음행(婬行)을 하지 않을[5] 것이며, 넷째 거짓말하지 않을[6] 것이며, 다섯째 술을 마시지 않을[7] 것이며, 여섯째 정오 이후에는 먹지 않을[8] 것이며, 일곱째 꽃다발로 몸을 꾸미든가 가무(歌舞)의 놀이를 보든가 하지 않을[9] 것이며, 여덟째 높고 넓찍한 침상에서 자지 않을[10] 것입니다. 저는 이제 이런 일을 떠나겠나이다."[11]

— 〈八種長養功德經〉

〔주〕 1)청정한 신심 : 원문은 '淨信心'. 맑은 신앙심. prasāda. 2)수지함 : 원문은 '奉持'. 458의 주. 3)생물을 죽이지 않음 : 원문은 '不殺生'. 생물을 고의로 죽여서는 안 된다는 계(戒). 특히 사람은 절대로 죽여서는 안 된다. ahiṃsā. 4)남의 재물을 훔치지 않음 : 원문은 '不偸盜'. 5)음행을 하지 않음 : 원문은 '不非梵行'. '범행'은 청정한 수행을 이르는 말이나, 여기서는 특히 음행(성적 관계)을 끊는 것을 뜻한다. 6)거짓말하지 않음 : 원문은 '不妄語'. 7)술을 마시지 않음 : 원문은 '不飮酒'. 8)정오 이후에는 먹지 않음 : 원문은 '不非時食'. 규정된 시간 아닌 때에는 먹지 않음. 불교 교단에서는 정오(正午)에서 다음날 새벽까지는 먹지 못하게 되어 있었다. 9)꽃다발로 몸을 꾸미든가 가무를 보든

가 하지 않음 : 원문은 '不花髮莊嚴歌舞戲等'. '화만'은 꽃다발이니, '화만장엄'이란 꽃다발을 목에 거는 것. 이는 몸치장·화장을 대표시켜서 든 것. 10)높고 널찍한 침상에서 자지 않음 : 원문은 '不臥高廣大牀'. 11)떠남 : 원문은 '捨離'. 온갖 것을 버리고, 번뇌에서 떠나는 것. parityāga.

〔**풀이**〕 이 여덟 가지 계(戒)를 팔계(八戒)·팔계재(八戒齋)·팔재계(八齋戒)라 하고, 남녀의 신자는 누구나 매월 8일·14일·15일·23일·29일·30일에, 지키도록 되어 있었다. 즉 하루만이라도 승려와 똑같은 생활을 하도록 요구한 것이어서, 계의 내용도 오계(五戒)에 의(衣)·식(食)·주(住)의 검소를 추가했음이 주목된다.

767

지계(持戒)[1]는 여덟 가지의 것을 갖추어야 청정해진다. 여덟 가지란 무엇인가? 첫째는 몸으로 행하는 행위[2]가 곧음[3]이다. 둘째는 모든 행위[4]가 청정함이다. 셋째는 마음에 험과 더러움[5]이 없음이다. 넷째는 뜻을 높이 가져 굳고 바름이다.[6] 다섯째는 바른 생활 방법에 의해 스스로 살아감[7]이다. 여섯째는 두타(頭陀)[8]에 만족할 줄 앎이다. 일곱째는 온갖 거짓되고 진실치 않은 모습[9]을 떠남이다. 여덟째는 언제나 보리심(菩提心)[10]을 잃지 않음이다. 이것을 여덟 가지 청정이라 한다.

— 〈文殊佛境界經〉

〔**주**〕 1)지계 : 151의 주. 2)몸으로 행하는 행위 : 원문은 '身行'. 몸으로 행하는 선악의 행동. 3)곧음 : 원문은 '端直'. 4)모든 행위 : 원문은 '諸業'. 558의 주. 5)험과 더러움 : 원문은 '瑕垢'. 6)뜻을 높이 가져 굳고 바르다 : 원문은 '尙志堅貞'. 7)바른 생활 방법에 의해 스스로 살아감 : 원문은 '正命自資'. 8)두타 : dhuta의 음사(音寫). 의·식·주에 대한 탐심을 버리고, 수행에만 전

념하는 것. 특히 걸식수행(乞食修行)을 가리키는 수도 있다. 9)진실치 않은 모습 : 원문은 '不實相'. 우리가 인식하는 온갖 현상은, 미혹(迷惑)한 주관에 비친 거짓된 모습이며, 진실한 모습이 아니라는 뜻에서 하는 말. 10)보리심 : 50의 주.

768

세 가지 것이 있어서 계(戒)를 아리땁게 해준다.[1] 셋이란 무엇인가? 첫째는 몸으로 행하는 행위[2]가 청정해서 더러움[3]이 없음이다. 둘째는 말이 청정해서 언사(言辭)에 거친[4] 데가 없음이다. 셋째는 그 마음이 청정해서 일찍이 어지러워지는[5] 일이 없음이다. — 〈大哀經〉

〔주〕 1)아리땁게 함 : 원문은 '莊嚴'. 239의 '보장엄'의 주. 2)몸으로 행하는 행위 : 원문은 '身行'. 767의 주. 3)더러움 : 원문은 '沾汚'. 4)거칠다 : 원문은 '麤獷'. 5)어지러워짐 : 원문은 '壞亂'. 파괴되어 어지러워지는 것.

769

오계(五戒)란, 첫째 살생(殺生)[1]하지 않는 일, 둘째 주지 않는 것을 취(取)하지[2] 않는 일, 셋째 사음(邪婬)[3]하지 않는 일, 넷째 거짓말[4]을 하지 않는 일, 다섯째 술을 마시지 않는 일이다. 사람이 만약 오계를 항상 지킨다면, 인천과(人天果)[5]를 얻게 될 것이다. — 〈中阿含經〉

〔주〕 1)살생 : 386의 주. 2)주지 않는 것을 취함 : 원문은 '不與取'. 도둑질. 투도(偸盜)와 같다. Ⓟadinnādāna. 3)사음 : 765의 주. 4)거짓말 : 원문은 '妄語'. 565의 주. 5)인천과 : 인간계나 천상에 태어나는 과보.

770

십선계(十善戒)란, 몸으로 살(殺)[1] · 도(盜)[2] · 사음(邪婬)[3]을 하지 않으며, 입으로 망어(妄語)[4] · 양설(兩舌)[5] · 악구(惡口)[6] · 기어(綺語)[7]를 말며, 마음에 탐(貪)[8] · 진에(瞋恚)[9] · 사견(邪見)[10]을 일으키지 않음이다.

— 〈海龍王經〉

〔**주**〕 1)살 : 386의 '살생'과 같다. 2)도 : 765의 '투도'와 같다. 3)사음 : 765의 주. 4)망어 : 565의 주. 5)양설 : 이간시키는 말. 남의 사이를 갈라 놓는 말. Ⓟpisuṇā vācā. 6)악구 : 565의 주. 7)기어 : 무의미하고 쓸데없는 말. 나쁜 뜻의 농담. 외설한 농담. 나오는 대로 지껄이는 말. Ⓟsaṃpha-ppalāpā. 8)탐 : 54의 주. 9)진에 : 408의 주. 10)사견 : 219의 주.

〔**풀이**〕 이 '십선계'는 십선업도(十善業道)의 실천을 계(戒)로 삼은 것이어서, 재속(在俗) 신자에게 수지(受持)할 것이 요구되었다. 십계(十戒)라고도 한다.

계(戒)를 안 지키는 결과

771

부처님께서 악한[1] 육군비구(六群比丘)[2]를 위해 계법(戒法)[3]을 설(說)하셨다.

"불법(佛法)의 바다[4]에 들어가는 데는 믿음이 근본이요, 생사(生死)의 대하(大河)[5]를 건너는 데는 계(戒)가 배나 뗏목의 구실을 한다. 만약 사람이 출가(出家)[6]하여 금계(禁戒)[7]를 지킴이 없이 세상의 쾌락[8]을 탐하여,[9] 정견(正見)[10]을 잃고 사견(邪見)[11]의 숲에 빠져든다면, 무수한 사람을 이끌어 큰 함정[12]에 빠뜨리는 결과가 될 것이다. 이런 사문(沙門)[13]은

출가(出家)라 할 수 없다." — 〈心地觀經〉

〔주〕 1)악하다 : 원문은 '惡性'. 악(惡)과 같다. 삼성(三性)의 하나. 2)육군비구 : 불제자(佛弟子) 중, 늘 한 패거리가 되어 승려답지 않은 짓을 함으로써, 계율 제정의 인연이 된 여섯 명의 비구. Nanda(難陀)·Upananda(跋難陀)·Kālo=dāyin·Udayin(迦留陀夷)·Chanda(闡那)·Aśvaka(阿說迦)·Punarvasu(弗那跋)의 여섯 명. 3)계법 : 411의 주. 4)불법의 바다 : 원문은 '佛法海'. 부처님이 깨달은 진리나, 그 가르침을 바다에 비유한 것. 5)생사의 대하 : 원문은 '生死河'. 대하처럼 끝없는 윤회. 6)출가 : 27의 주. 7)금계 : 455의 주. 8)세상의 쾌락 : 원문은 '世樂'. 503의 주. 9)탐함 : 원문은 '貪着'. 240의 주. 10)정견 : 335의 주. 11)사견 : 219의 주. 12)함정 : 원문은 '深坑'. 깊은 구멍. chidra. 13)사문 : 265의 주.

772

차라리 목숨을 버려 죽음[1)]으로 달려갈지언정, 마음을 방종히 가져서 그 계율(戒律)[2)]을 어기는 일이 있어선 안 된다. 만약 사람이 목숨을 버리는 경우에는 다만 일생[3)]을 파괴하는 데 그치거니와, 계를 깰 때에는 백만생(百萬生)에 걸쳐 악도(惡道)[4)]에 잠길 것이기 때문이다.

— 〈大乘戒經〉

〔주〕 1)죽음 : 원문은 '無常'. 2)계율 : 18의 '계'와 같다. 3)일생 : 한 번의 생(生). 윤회하여 무수한 생을 거치는 중의 한 생. 4)악도 : 2의 주.

〔풀이〕 계율(戒律)이라는 말은 본항(本項)에서처럼 계(戒)와 똑같은 뜻으로 쓰이기도 하나, 때로는 구별되는 수도 있다. 이 경우, 계(śila)란 교단의 규범을 지키려는 자발적·자율적인 마음의 움직임이요, 율(vinaya)이란 타율적

인 규범을 의미한다. 불교 교단이 커짐에 따라 비구답지 않은 행위를 하는 사람이 나타나고, 그것을 하나하나 금지해 간 것이 율이며, 이 율을 자기의 문제로서 실천해 가려는 태도가 율을 계로 끌어올렸다고 할 수 있다.

773

세존(世尊)[1)]께서 존자(尊者)[2)] 대목건련(大目犍連)[3)]에게 이르셨다.

"만약 비구(比丘)[4)]·비구니(比丘尼)[5)]가 미혹(迷惑)해서[6)] 계(戒)를 어기든가,[7)] 무참(無慚)[8)]·무괴(無愧)[9)]해서 율의(律儀)[10)]를 업신여겨 악한 일[11)]을 행하는 경우, 그런 사람은 죽어[12)] 지옥[13)]에 태어나느니라."

— 〈目連所問經〉

〔주〕 1)세존 : 4의 주. 2)존자 : 608의 주. 3)대목건련 : 456의 '목건련'과 같다. 4)비구 : 원문은 '苾芻'. 455의 주. 5)비구니 : 원문은 '苾芻尼'. 455의 주. 6)미혹함 : 원문은 '迷醉'. 7)계를 어김 : 원문은 '犯戒'. pramāda. 8)무참 : 부끄러움이 없는 것. 자기가 자기에게 대해, 죄를 죄로서 부끄러워하지 않는 것. āhrikya. 9)무괴 : 부끄러움이 없는 것. 남에 대해서 부끄러워할 줄 모르는 것. anapatrapā. 10)율의 : 악을 억제하는 것. 몸을 제어(制御)하는 것. 선행. saṃvara. 11)악한 일 : 원문은 '非法'. 36의 주. 12)죽음 : 원문은 '命終'. 죽는 것. 목숨이 끝나는 것. Ⓟmaraṇa. 13)지옥 : 26의 주.

774

옛날에 한 어리석은 사람이 있었다. 그는 몹시 목이 말랐으므로 물을 찾아 헤맨 끝에 큰 강물에 이르렀는데, 멍청하니 물을 대하여 선 채 정작 마시려고는 안 했다. 옆에 있던 사람이 물었다.

"그대는 목이 마르다 해서 물을 찾더니, 이제 물 있는 곳에 왔는데도 안 마시는 것은 무슨 까닭인가?"

그 사람이 대답했다.

"그대가 이 물을 다 마실 수 있다면, 나도 마시겠다. 이 물이 너무 많아, 그대나 나나 다 마실 수는 없게 되어 있다. 그래서 나는 마시지 않는다."

그 때, 이 말을 들은 여러 사람들은 다 크게 비웃었다고 한다.

비유컨대 외도(外道)[1]가 그 그릇된 이론을 편벽되게 취해 지닌 다음, 자기네로서는 불계(佛戒)[2]를 다 지켜 낼[3] 힘이 없다는 이유로 그것 받기를 외면함으로써, 미래에 득도(得道)하리라는 결정[4]이 없는 채 윤회(輪廻)[5]를 계속하고 있는데, 이는 저 어리석은 사람이 물을 보고도 마시지 않아서 일시(一時)의 웃음거리가 된 것과 같다 할 것이다. ―〈百喩經〉

〔주〕 1)외도 : 8의 주. 2)불계 : 부처님이 제정한 계율. 3)다 지킴 : 원문은 '具持'. 4)득도하리라는 결정 : 원문은 '得道分'. '분'은 결정의 뜻. Ⓟvinicchaya. 5)윤회 : 원문은 '生死流轉'. 자꾸 생사를 거듭하는 것. 윤회·유전과 같다.

〔풀이〕 말법시대(末法時代)가 돼서 그런지는 모르나, 불교가 전반적으로 쇠퇴하고 있음은 부정할 길이 없다. 그 중에서도 우심한 것이 계(戒)의 문제요, 생각하기에 따라서는 불교의 전반적 쇠퇴의 원인이 이 계에 걸려 있는 것 같다.

불교는 말할 것도 없이 깨달음의 종교요, 따라서 깨달음의 추구 없는 계 자체의 독자적 가치란 인정될 수 없는 것이 사실이다. 그렇다고 계 없는 깨달음만의 추구가 있을 수 있겠는가? 불교가 어떤 지식의 획득을 과제로 삼고 있다면, 계 같은 것은 그리 문제가 안 될 수도 있을 것이다. 그러나 깨달음이란 전인적(全人的)인 추구로써 얻어지는 대전환이어서, 청정한 몸가짐과 생활이 그 전제가 된다는 것은 여기에 새삼 말할 필요가 없을 것이다. 목적을 위한 수단으로 계를 본대도, 수단 없는 목적 달성이 없다는 견지에서 계는 존중되어야 하려니와, 계란 그 정도에 그치는 것이 아니라, 어느 정도까지는 목적 자체라고도 할 수 있다. 가령 살생을 안 하는 것은 자비의 실천이 되고, 정욕을 억제하는 생활은 바로 번뇌에서 떠나는 수행이 될 것이기 때문이다. 계의 실천은 불도 수행 자체인 것이다. 물론 외면상의 계의 수지(受持)가 무슨 값이 있느냐 하는 반문도 있을 것이나, 깨달음을 향한 열렬한 지향이 없는 곳에 청정한 몸가짐이 있을 수도 없는 것이매, 계의 준수 자체만으로도 지대한 가치가 있다고 보아야 할 것이다.

계야 어떻든 깨달음만 있으면 된다는 생각은, 전투력만 있으면 되는 것으로 군대를 평가하는 태도와 흡사하다. 규율 없는 군대에 전투력이 있을 수 없는 것은 상식에 속한다. 흔히 계를 소홀히 한 유명인들, 이를테면 원효(元曉) 같은 이를 들먹여, 대승(大乘)이 되면 계 따위는 다소 무시해도 좋다는 식으로 자기를 변명하는 이들이 있다. 그러나 원효면 원효의 위대한 면을 본받아야 할 것을, 하필이면 그의 결점을 본뜨려는 심사를 이해 못하겠다. 어떠한 동기에서 나온 것이건, 원효의 파계(破戒)는 파계이어서 변명할 여지가 없는 일이다. 만일 위대한 경지에 가면 안 지켜도 되는 것이 계라면, 부처님께서는 왜 그것을 철저히 지키셨는지 묻고 싶다. 부처님께서는 입회인 없이는 여인(女人)과 만나시는 일조차 없으셨음을 상기해야 한다. 우리 불교의 전망이 흐리면 흐릴수록, 계에 대한 재인식이야말로 가장 긴급한 과제라 할 수 있다.

제2절 절욕(節欲)

욕망의 절제

775

"너희들 비구(比丘)[1]는 계(戒)에 머무를 수 있게 되거든 마땅히 오근

(五根)[2]을 제어함으로써, 방일(放逸)[3]하여 오욕(五欲)[4]에 빠져드는 일이 없도록 해야 할 것이니, 마치 소 치는 사람이 막대기를 쥐고 감시함으로써, 소가 멋대로 날뛰어[5] 남의 곡식을 못 먹게 해야 하는 것과 같다. 만약 오근을 내버려 둔다면, 비단 오욕(五欲)에만 그치는 것이 아니라 결국은 끝없이 번져 가서, 제어하려야 제어할 수 없게 될 것이니, 사나운 말을 고삐로 견제하지 않을 경우, 말 쪽에서 도리어 사람을 끌고 가 구멍[6]에 빠뜨리는 것 같으니라."

— 〈遺敎經〉

〔주〕 1)비구 : 84의 주. 2)오근 : 79의 풀이. 3)방일 : 250의 주. 4)오욕 : 1의 주. 5)멋대로 날뜀 : 원문은 '縱逸'. 6)구멍 : 원문은 '坑陷'. 땅이 파여서 생긴 구멍.

776

보살은 중생을 제도하는 까닭에 탐심(貪心)[1]을 떠난다.[2] — 〈涅槃經〉

〔주〕 1)탐심 : 원문은 '貪嫉'. '嫉'도 rāga의 역어(譯語)로 쓰이는 수가 있다. 2)떠남 : 원문은 '遠離'. 609의 주.

777

보살은 자기 재물에 만족할[1] 줄 알기에, 남을 사랑해서[2] 침해[3]함이 없다. 물건이 남의 것일 경우에는 남의 소유물이라는 생각[4]을 일으켜, 도둑질하려는 마음을 일으키지 않으며, 심지어 그것이 풀잎일 때라도 주지 않으면 취하는 법이 없다. 하물며 다른 생활 필수품[5]이야 이를 것이 있겠는가?

— 〈華嚴經〉

〔주〕 1)만족함 : 원문은 '止足'. 2)사랑함 : 원문은 '慈恕'. 사랑하고 이해해줌. 3)침해 : 원문은 '侵損'. 4)남의 소유물이라는 생각 : 원문은 '他物想'. 5)생활 필수품 : 원문은 '資生具'.

778

불도(佛道)를 닦는 사람은,[1] 소가 무거운 짐을 싣고 깊은 진흙 속을 가면서 매우 지쳐 좌우를 돌아보지조차 못하지만, 일단 진흙에서 벗어나고 보면 편안할 수 있는 것과 같다. 사문(沙門)[2]은 마땅히 정욕(情欲)[3]이야말로 진흙보다 더 헤어나기 어려움을 관찰해야 하리니, 그리하여 직심(直心)[4]으로 도(道)를 염(念)한다면[5] 괴로움을 면할 수 있을 것이다.

— 〈四十二章經〉

〔주〕 1)불도를 닦는 사람 : 원문은 '爲道者'. 2)사문 : 265의 주. 3)정욕 : 653의 주. 4)직심 : 순수하고 청정하며 곧은 마음. 곧 보리심(菩提心). bodhi-citta. 5)도를 염함 : 원문은 '念道'. 불도를 마음에 두어 잊지 않는 것. 이 '염도'는 칠각지(七覺支)의 하나인 염각지(念覺支)를 뜻하기도 하나, 여기서는 전자의 의미인 듯하다.

779

보살은 세속(世俗)에서 살아가는[1] 경우라 할지라도 정욕(情欲)[2]에 집착하지 않고,[3] 온갖 욕망의 대상[4]에 애요(愛樂)[5]의 정을 일으키지 말아야 한다. 설사 여러 욕구를 느끼는 때라 할지라도 늘 두려워할 줄 알아야 한다. 마치 사람이 있어 도둑이 들끓는 위험한 곳[6]을 지나가는 경우, 그곳에 비록 마시고 먹을 것이 있다 해도 항상 두려워해서, 오직 언제면 이 위험한 고장을 벗어날까 하고 생각해야 하는 것과 같다. 보살도 마찬가지여서, 비록 세속에서 살아가기 때문에 여러 욕망을 느껴야 할 처지에 있기는 해도, 늘 이런 욕망들로 하여 저지르는 과실이야말로 온갖 괴로움의 근본임을 깨달아, 애요(愛樂)의 정을 일으키지 말고, 이를 두려워하여 버릴[7] 줄 알아야 한다. — 〈佛母出生經〉

〔주〕 1)세속에서 살아감 : 원문은 '在家'. 출가(出家)의 대(對). 집에 있으면서 세속적 생활을 하는 사람. 또는 그 상태. grhastha-āśraya. 2)정욕 : 653의 주. 3)집착하지 않음 : 원문은 '不着'. 757의 주. 4)욕망의 대상 : 원문은 '欲境'. 136의 '육진' 참조. 5)애요 : 302의 주. 6)위험한 곳 : 원문은 '險難處'. 험하고 위험한 곳. 7)버림 : 원문은 '厭捨'. 425의 주.

780

항상 분소의(糞掃衣)[1]를 걸치고 한 개뿐인 깨어진 바리(鉢)[2]를 지녀서, 나무 열매나 오이 뿌리를 씹으며 살아간다면, 그는 부처님네의 칭찬하는 바가 된다. — 〈諸法集要經〉

〔주〕 1)분소의 : 누더기 옷. 버려진 누더기를 주워 모아 만든 옷. 초기의 승려들은 이것을 입었다. '분소'는 paṃsu의 음사(音寫). 2)바리 : 원문은 '鉢'. pātra의 음사. 승려의 식기.

781

나에게 전곡(錢穀)[1]이나 의피(衣被)[2] · 음식 · 상마(象馬)[3] · 거승(車乘)[4] · 국성(國城)[5] · 처자 · 신체 · 수족 · 하인[6] · 보호자[7]가 있으므로, 남이 얼토당토않게 나타나서[8] 침해함을 기뻐하지 않는 것이다. 모든 사람들도 그런 심정에는 다를 바가 없다. 그러기에 보살은 설사 목숨을 잃는 한이 있어도, 다른 사람의 의복이나 재물·음식에 대해 뺏으려는[9] 마음을 일으키지 않는다. — 〈大方便佛報恩經〉

〔주〕 1)전곡 : 돈과 곡식. 2)의피 : 의복. 또는 의복과 침구. 3)상마 : 코끼리와 말. 귀중한 재산으로 여겨졌다. hasti-ādi. 4)거승 : 수레를 비롯한 승용물. 5)국성 : 도시. '國'은 도시를 뜻하는 nagara의 역어(譯語)로 많이 쓰였고, 도시마다 성이 있었으므로 '國城'이라 한 것. 6)하인 : 원문은 '供養'. 이 말에는 봉사하고 돌보는 뜻이 있으므로, 주위에서 심부름하는 사람의 뜻인 듯하다. 7)보호자 : 원문은 '擁護'. goptā. 이 말은 여래(如來)의 동의어(同義語)로 쓰이나, 여기서는 단순한 보호자의 뜻. 또 rakṣā의 역어일 경우, 보호·수호의 뜻이 있으므로 수호자의 뜻으로 쓴 것인지도 모른다. 8)얼토당토않게 나타남 : 원문은 '橫來'. 혹은, 불시에 나타남. 9)뺏음 : 원문은 '劫奪'.

782

만약 사람이 성불(成佛)[1]코자 할진대 탐욕(貪欲)[2]을 지니지 말아야 한다. — 〈諸法無行經〉

〔주〕 1)성불 : 171의 주. 2)탐욕 : 54의 '탐'과 같다.

783

차라리 큰 불구덩이에 들어갈지언정 탐욕(貪欲)[1]을 즐기지 말아야 한다. — 〈大乘戒經〉

〔주〕 1)탐욕 : 원문은 '欲'. 441의 주.

784

의복과 음식은 목숨을 유지하기[1] 위해 있을 따름이다. 그러므로 선정(禪定)에 들어[2] 반성하여서, 족한 줄을 알아 최소한의 것을 취(取)하도록 해야 한다. —〈法句經〉

〔주〕 1)유지함 : 원문은 '安'. 존속시킴. 2)선정에 들어 : 원문은 '息心'. 좌선하는 것.

〔풀이〕 이 구절은 <법구경>에 안 보인다.

785

가시국(迦尸國)[1]의 왕이 그 신하에게 말했다.

"너희는 이제 들어라. 내가 먹는 것은 한 가지 음식에 지나지 않고, 내가 입는 것도 한 벌의 옷에 지나지 않고, 내가 앉고 눕는 방 또한 내 몸을 들일 수 있으면 될 뿐이다. 이로 미루어 볼 때, 어찌 많은 욕심을 내어 족할 줄을 몰라서 되겠느냐?" —〈辟支佛因緣論〉

〔주〕 1)가시국 : 중인도(中印度)에 있던 Vārānasi라는 나라. 부처님은 이 나라의 녹야원(鹿野苑)에서 첫 설법을 하셨다.

786

지혜 있는 사람[1]은 이익을 탐하지 않는다. —〈無量門微密持經〉

〔주〕 1)지혜 있는 사람 : 원문은 '智士'.

787

사람이 만족할[1)] 줄 모른다면, 오직 더 많은 것을 구해서 죄악만 키우는[2)] 결과가 된다. 보살은 그렇지 않아서, 늘 만족[3)]하고자 염(念)하고, 가난에도 안주(安住)하여 도를 지켜, 오직 지혜 닦는 일에만 정진(精進)해야[4)] 할 것을 안다.[5)]

— 〈八大人覺經〉

〔주〕 1)만족함 : 원문은 '厭足'. 2)키움 : 원문은 '增長'. 11의 주. 3)만족 : 원문은 '知足'. 만족해 있는 것. saṃtuṣṭi. 4)오직 지혜 닦는 일에만 정진함 : 원문은 '惟慧是業'. '業'은 Ⓟvāyāma의 역어(譯語)일 경우, 노력하는 뜻이 된다. 5)안다 : 원문은 '覺知'. 55의 주.

788

부처님께서 말씀하셨다.

"나는 왕후(王侯)의 자리를 보되 틈새를 지나는 티끌쯤으로 여기고, 금옥(金玉)의 보물은 기와나 조약돌, 비단옷은 누더기, 대천계(大千界)[1)]는 한 알의 하리륵(訶梨勒) 열매,[2)] 아뇩지(阿耨池)[3)]의 물은 발에 바르는 기름, 방편(方便)의 가르침[4)]은 신통력으로 만들어 낸 보배 무더기,[5)] 열반(涅槃)[6)]은 대낮이나 저녁때에 깨어 있는 일[7)]같이 여기느니라."

— 〈四十二章經〉

〔주〕 1)대천계 : 9의 '삼천대천세계'와 같다. 2)하리륵 열매 : 원문은 '訶子'. 하리륵은 haritaki의 음사. 인도에 나는 과수 이름. 3)아뇩지 : 설산의 북에 있어서, 염부주 사대하(四大河)의 근원이 된다는 못. 혹은 히말라야에 있다고도 한다. 4)방편의 가르침 : 원문은 '方便門'. 5)신통력으로 만들어 낸 보배 무더기 : 원문은 '化寶聚'. 중생 구제를 위해 보배처럼 보이게 만든 것이니, 실

제로 그런 것이 있음은 아니다. 6)열반 : 21의 주. 7)대낮이나 저녁때에 깨어 있는 일 : 원문은 '晝夕寤'. 대낮이나 저녁때에 깨어 있는 것은 당연하며, 조금도 기특할 것이 없다. 평범한 일, 당연한 일의 비유.

절욕(節欲)의 공능(功能)

789

과욕(寡欲)해 적은 것으로 만족해서,[1] 많은 것을 탐구(貪求)[2]치 않고 많은 것을 축적(蓄積)하지[3] 않는다면, 축적함이 없으므로 온갖 재앙[4]에서 멀어지고,[5] 온갖 재앙에서 멀어지므로 온갖 우뇌(憂惱)[6]에서 멀어지고, 우뇌에서 멀어지므로 여러 괴로움의 모임[7]에서 멀어지고, 여러 괴로움의 모임에서 멀어지므로 애욕(愛欲)[8]이 없어지고, 애욕이 없어지므로 능히 온갖 번뇌(煩惱)[9]를 다 끊게 된다. —〈寶雲經〉

〔주〕 1)만족함 : 원문은 '知足'. 787의 주. 2)탐구 : 548의 주. 3)축적함 : 원문은 '積聚'. 84의 주. 4)재앙 : 원문은 '過患'. 457의 주. 5)멀어짐 : 원문은 '離'. 멀리함. 제거함. virati. 6)우뇌 : 326의 주. 7)여러 괴로움의 모임 : 원문은 '衆苦聚集'. '모임'이란, 여러 괴로움이 한데 모여 들끓고 있는 것을 이른다. Ⓟdukkha-kkhandha. 8)애욕 : 망집(妄執). 맹목적 충동. Ⓟtaṇhā. 9)번뇌 : 원문은 '諸漏'. 277의 주.

790

남의 재물에 탐심(貪心)을 일으키지 않는 자는, 후생(後生)[1]에 사람이 되어 부락(富樂)[2]을 얻는다. —〈太子刷護經〉

〔주〕 1)후생 : 24의 주. 2)부락 : 533의 주.

791

건강[1)]은 최대의 이익, 만족[2)]은 최대의 부(富)다. —〈普曜經〉

〔주〕 1)건강 : 원문은 '無病'. 418의 주. 2)만족 : 원문은 '知足'. 787의 주.

792

소욕(少欲)은 최상의 쾌락,[1)] 만족[2)]은 최상의 부귀(富貴)다.

—〈天請問經〉

〔주〕 1)쾌락 : 원문은 '安樂'. 2)만족 : 원문은 '知足'. 787의 주.

793

온갖 행위 중 공덕(功德)[1)]이 있는 행위는, 오직 세속적 욕망을 버리는 일이 뿌리가 되어 생겨난다. —〈巴利文增一阿含經〉

〔주〕 1)공덕 : 원문은 '功果'. '공덕'의 뜻으로 쓴 듯하다. 12의 주.

794

만일 생각을 오로지하여 안(眼)·이(耳)·비(鼻)·설(舌)·신(身)·의(意)의 육근(六根)[1)]과 색(色)·성(聲)·향(香)·미(味)·촉(觸)·법(法)의 육경(六境)[2)]을 분별(分別)[3)]한다면, 끝내 악도(惡道)[4)]에 떨어지는 일이 없을 것이다. 눈으로 색(色)을 보매 어떤 것은 아리땁고 어떤 것은 추하다 여겨, 아리따운 것을 보면 기뻐하고 그렇지 못한 것을 보면 싫어하는 것이 범부들이다. 이(耳)·비(鼻)·설(舌)·신(身)·의(意)도 마찬가지니, 마치 여섯 가지 짐승이 있어서 성질[5]이 다르고 행동이 제각각인 것과 같다. 사람이 새끼줄로 개와 여우·원숭이·물고기·뱀·새 따위를 묶어서 한 곳에 매어 놓았다 치자. 이 때, 여섯 짐승은 제각기 제나름의 성질이 있는 터이므로 개는 마을에 달려갔으면 하고 생각하고, 여우는 무덤 있는 곳으로 갔으면 하고, 물고기는 물 속으로 갔으면 하고, 원숭이는 숲으로 갔으면 하고, 뱀은 구멍 속으로 들어갔으면 하고, 새는 새대로 하늘을 날아갔으면 할 것이다. 여섯 짐승의 성질 자체가 각기 다르므로 사람이 이들을 잡아 한 곳에 묶어 가지고 동서남북으로 이동시키는[6] 경우라 할지라도, 그들의 마음은 옛 보금자리를 떠나지 않을 것이다. 육정(六情)[7]도 마찬가지여서, 각기 주관하는 것이 있어서 그 작용이 다른데다가, 대상[8] 또한 달라서 아리따운 것도 있고 추한 것도 있으므로 문제가 생기게 마련이다. 비구(比丘)[9]는 이 육정을 한 곳에 매어 두어야 한다. 그러므로 한결같이 정진(精進)하여[10] 마음을 어지럽지 않게만 한다면, 폐마파순(獘魔波旬)[11]도 침범해 들어올 수 없어서, 온갖 선한 공덕(功德)[12]을 남김없이 완성하게 될 것이다. — 〈增一阿含經〉

〔주〕 1)육근 : 79의 주. 2)육경 : 136의 '육진'과 같다. 3)분별 : 53의 주. 4)악도 : 2의 주. 5)성질 : 원문은 '性行'. 성격. 6)이동함 : 원문은 '動轉'. 이동전변(移動轉變). 바뀌고 옮겨짐. 7)육정 : 육근(六根). 8)대상 : 원문은 '所觀'. 고찰되는 대상. udbhāvaka. 9)비구 : 84의 주. 10)한결같이 정진함 : 원문은 '專精'. 11)폐마파순 : '폐마'는 악마. māra. '파순'은 pāpiyas의 주격(主格) pāpiyān의 음사로 악마의 호칭. 12)공덕 : 208의 주.

탐욕의 해

795

"이 온갖 중생이 만족할 줄 몰라서,[1)] 항상 남의 재물을 구해 그릇된 생활을 하고[2)] 있으니, 내가 마땅히 저 중생들로 하여금 청정한 신구의업(身口意業)[3)]의 바른 생활의 도리[4)] 속에서 살게 하리라." — 〈華嚴經〉

〔주〕 1)만족할 줄 모름 : 원문은 '無厭'. 이 '厭'은 '厭足'의 준말인 듯하다. 만족함이 없는 것. 2)그릇된 생활을 함 : 원문은 '邪命自活'. 182의 주. 3)신구의업 : 616의 주. 4)바른 생활의 도리 : 원문은 '正命法'.

796

범부들은 오욕(五欲)[1)]에 결박되어 있기 때문에, 심신(心身)이 마파순(魔波旬)[2)]에 의해 마음대로 잡혀 가는[3)] 바가 된다. 마치 저 사냥꾼이 원숭이를 생포해서 둘러메고 집으로 돌아가듯이. — 〈涅槃經〉

〔주〕 1)오욕 : 1의 주. 2)마파순 : Māra pāpiyas의 음사. 마왕(魔王). 3)잡혀 감 : 원문은 '將去'.

797

애욕(愛欲)[1)]에 빠진 사람이란, 마치 횃불을 들고 바람을 거슬러 가는 경우 반드시 손을 데이는 것 같아서, 꼭 재앙을 겪는다.

— 〈四十二章經〉

〔주〕 1)애욕 : 깊이 처자 따위를 사랑하는 것. kāma.

798

오욕(五欲)[1]에 얽매여 멋대로 사는[2] 중생을 위해서는 부정(不淨)의 상태[3]를 나타내 보여야[4] 한다. 왜냐하면 저 중생들은 어리석어 미혹(迷惑)[5]해 있는 까닭에 온갖 여색(女色)에 취함[6]이, 백의(白衣)가 물들기 쉬운 것과 같기 때문이다. 그들이 애욕[7]에 빠짐은 구더기가 똥을 좋아하는 것 같고, 죄인이 갖가지 구속[8]을 받게 되는 것 같고, 소경이 장님을 이끌어 함께 깊은 구덩이에 떨어지는 것과 같아서, 선근(善根)[9]을 해치며, 온갖 법보(法寶)를[10] 손상하며, 계향(戒香)[11]을 제거[12]하며, 혜명(慧命)[13]을 요절(夭折)[14]케 만든다. 중생들은 어리석은 까닭에 애욕의 맹인(盲人)이 되고, 애욕의 고용인, 애욕의 미인(迷人), 애욕의 종이 되고 있는 것이다.

— 〈華嚴經〉

〔주〕 1)오욕 : 1의 주. 2)멋대로 살아감 : 원문은 '放逸'. 250의 주. 3)상태 : 원문은 '境界'. 84의 주. 4)나타내 보임 : 원문은 '示現'. 104의 주. 5)미혹 : 529의 주. 6)취함 : 원문은 '昏醉'. 어리석어서 그릇된 것에 빠져드는 것. 7)애욕 : 원문은 '欲'. 남녀의 애욕. 음욕(婬欲). riraṃsā. 8)구속 : 원문은 '繫縛'. 443의 주. 9)선근 : 17의 주. 10)법보 : 405의 주. 11)계향 : 계를 지키면, 그 공덕이 사방으로 풍기는 것을 향기에 비유한 말. 12)제거 : 원문은 '離'. 591의 주. 13)혜명 : 719의 주. 14)요절 : 원문은 '夭傷'. 일찍 죽는 것.

799

부처님께서 말씀하셨다.

"세상 사람들은 이 극악극고(極惡極苦)한 속에서, 자신의 가업[1]에 힘써 살아가고[2] 있는 터이므로, 귀천 · 빈부 · 소장(少長)[3]의 남녀들이 한결같이 걱정하고 있는 것은 재물이어서 누구나 이것에 생각을 거듭함[4]으로써, 마음에 사역(使役)당해 잠시도 편히 쉴 때가 없으니, 밭이 있기에 밭 걱정, 집이 있기에 집 걱정, 우마(牛馬) 따위의 육축(六畜)[5]과 노비(奴婢)·전재(錢財)·의식(衣食)·집물(什物)[6]도 걱정거리 아님이 없는 것이다. 귀인이나 부호라 할지라도 이런 근심은 있게 마련이어서, 그것이 마음에 맺혀 뜻대로는 살지 못한다.

또 빈궁하고 못난 사람들은 늘 가난에 쪼들린 나머지, 밭이 없으면 밭이 있었으면 하고 걱정, 집이 없으면 집이 있었으면 하고 걱정, 우마(牛馬) 따위의 육축·노비·전재·의식·집물이 없으면 그것들이 있었으면 하고 걱정하는바, 마침 하나가 있으면 다른 하나가 결여하고, 이것이 있으면 저것이 결여하여, 이같이 아등바등하면서 쉴 때가 없게 마련이다.

이렇게 살아가므로 도(道)[7]에 통달하지 못하고, 진노(瞋怒)[8]에 빠져들어[9] 재(財)·색(色)[10]을 탐하고[11] 있는 것이다. 이 때문에 깨달음을 얻지 못하고 고취(苦趣)[12]에 들어가, 그 속을 휘돌아서[13] 수천억겁(數千億劫)이 지나도 벗어날 때가 없는 것이니, 정말 딱한 일이다. 이제 너희들에게 이르노니, 세상 일 중 좋은 것을 택해 부지런히 이를 실천하도록 하라. 애욕이나 영화는 영구히 지속되는 것이 아니라, 모두가 언젠가는 떠나게 되어 있다. 이 세상에는 정말로 즐길 만한 것이란 없나니, 부처님이 계실 때를 놓치지 말고 마땅히 정진(精進)[14]하여 극락세계[15]에 태어나도록 원해야 할 것이다."

— 〈大阿彌陀經〉

〔주〕 1)가업 : 원문은 '營務'. 세상을 살기 위한 일. 2)살아감 : 원문은 '給濟'. 생계를 세워 살아감. 3)소장 : 어린이와 어른. 4)생각을 거듭함 : 원문은 '累念積慮'. 5)육축 : 소·말·양·개·돼지·닭. 6)집물 : 세간. 가구(家具). 7)도 : 원문은 '道德'. 515의 주. 8)진노 : 54의 '진'과 같다. 9)빠져들다 : 원문은 '迷沒'. 미혹하여 생사의 세계에 몰입(沒入)해 있는 것. saṃmoṣa. 10)색 : 여색

(女色). 색욕(色欲). 11)탐함 : 원문은 '貪狼'. 탐심을 냄이 이리 같다는 뜻. 12) 고취 : 삼계(三界)·육도(六道)의 중생이 괴로움을 받고 있는 것. 고도(苦道). 13)휘돌다 : 원문은 '展轉'. 14)정진 : 26의 주. 15)극락세계 : 390의 주.

800

탐욕(貪欲)은 온갖 괴로움의 근본이요 육바라밀(六波羅蜜)[1]의 큰 장애(障碍)이어서, 능히 보리심(菩提心)[2]을 태워 없앤다. — 〈六波羅蜜經〉

〔주〕 1)육바라밀 : 443의 '제바라밀'의 주. 2)보리심 : 50의 주.

801

탐욕(貪欲)을 끊지 않으면 불에 마른 나무를 지펴 주는 것 같다. 그러므로 응당 이를 제거해야[1] 한다. 목마른 자가 소금물을 마시면 그 목마름이 더욱 심해지리니, 욕망에 집착해[2] 있는 자의 싫증낼 줄 모름[3]도 또한 그러하며, 온갖 물이 바다로 흘러들되 찰 때가 없노니, 욕망에 집착해 있는 자의 싫증낼 줄 모름도 또한 그러하다. 이같이 온갖 욕망을 좋아하면[4] 탐욕의 불꽃[5]은 더욱 치열해질 수밖에 없는 것이니, 마땅히 청정한 지혜의 물로 이를 꺼서 남김이 없어야 할 것이다. — 〈父子合集經〉

〔주〕 1)제거함 : 원문은 '遠離'. 609의 주. 2)욕망에 집착함 : 원문은 '欲着'. 714의 주. 3)싫증낼 줄 모름 : 원문은 '無厭'. 795의 주. 4)좋아함 : 원문은 '樂着'. 219의 주. 5)탐욕의 불꽃 : 원문은 '貪火'. 탐욕에 의해 생기는 괴로움을 불에 비유한 것. rāga-agni.

802

탐욕(貪欲)은 독[1]과 같으니, 그것에 닿으면 치열한 불꽃이 일어나게 마련이다. 그러므로 탐욕에 대한 집착[2]이 생기면 독에 의해 해를 입는 것이어서, 마치 불을 땔나무에 첨가해 주는 것 같아서, 그 불꽃은 영구히 꺼지는 일이 없게 된다. 저 탐욕스러운 사람은 자꾸 열뇌(熱惱)[3]만 더하게 해 가서, 마치 나방이 등불을 보고 날아들어 그 몸 타는 줄을 모르는 것과 같다. 어리석은 중생의 욕망에 집착함이 이러하니라.

— 〈諸法集要經〉

〔주〕 1)독 : 원문은 '毒苗'. 독초(毒草)의 싹이 원뜻이나, 이 글에서는 맞지 않는다. 인용에 혼란이 있는 듯하다. 2)집착 : 원문은 '愛樂'. tṛṣnā. 3)열뇌 : 큰 괴로움.

803

괴로운 일이다, 중생[1]이 탐욕(貪欲)에서 허덕이는 저 꼴[2]은! 금은보화가 아무리 많아도 만족할 줄 모르는 것이 그들이다. 이런 속에 즐거움은 적은 반면 괴로움이 많을 것은 당연하매, 지혜 있는 자라면 능히 깨닫는[3] 바 있어야 할 것이다

— 〈頂生王因緣經〉

〔주〕 1)중생 : 원문은 '世間'. 168의 주. 미혹의 세계로 볼 수도 있다. 380의 주. 2)꼴 : 원문은 '境'. 84의 주. 3)깨닫다 : 원문은 '覺了'. 638의 주.

804

어리석어 욕망에 집착하는 사람이란 말뚝에 매인 원숭이 같거니, 길이 삼계(三界)[1]에서 벗어나지 못하리라.

— 〈大乘日子王所問經〉

〔주〕 1)삼계 : 4의 주.

805

탐욕을 추구하는 행위는 옴이나 부스럼에 비유된다.

— 〈勝軍化世百喩經〉

806

욕망의 그물[1]이 씌워지고, 애욕의 덮개[2]가 덮이고, 어리석음의 마음[3]이 결박한다면, 물고기가 어부의 손에 들어온 것이나 다를 바 없다.

— 〈法集要頌經〉

〔주〕 1)욕망의 그물 : 원문은 '欲網'. 2)애욕의 덮개 : 원문은 '愛蓋'. 개(蓋)는 번뇌(煩惱). 3)어리석음의 마음 : 원문은 '愚情'.

807

부귀(富貴)는 괴로움의 뿌리니, 새가 그물에 떨어지는 것과 같다.

— 〈禪要經〉

808

오욕(五欲)[1]에 물드는[2] 자는 그물에 걸린 새와 같고, 오욕에 처해 있는 자는 칼날을 밟는 것과 같고, 오욕에 집착하는 자는 독 있는 나무를 껴안는 것 같으니, 지혜 있는 사람은 욕망을 똥구덩이같이 보아 버리느니라.

— 〈大莊嚴經〉

〔주〕 1)오욕 : 1의 주. 2)물듦 : 원문은 '染着'. 243의 주.

809

오욕(五欲)[1]이란 실재(實在)함이 아니건만[2] 망견(妄見)[3]에서 생기노니, 물에 비친 달과 같고 산울림[4] 같고 물거품[5] 같으니라. —〈大莊嚴經〉

〔주〕 1)오욕 : 1의 주. 2)실재치 않음 : 원문은 '不實'. 90의 주. 3)망견 : 65의 주. 4)산울림 : 원문은 '谷中響'. 91의 '향성'과 같다. 5)물거품 : 원문은 '水上泡'. 468의 주.

810

삼가 도둑질하지 말 것이니, 도둑질하면 좋은 평판[1]을 듣지 못한다. 탐심(貪心)을 일으켜 남의 물건을 훔치면, 후보(後報)[2]에 축생(畜生)[3]이 된다.

—〈梵天神策經〉

〔주〕 1)좋은 평판 : 원문은 '好名'. yaśasvitā. 2)후보 : 582의 주. 3)축생 : 26의 주.

811

탐욕스러운 사람은 재물을 많이 쌓아 놓고도[1] 만족[2]할 줄 몰라서, 무명(無明)[3]의 전도심(顚倒心)[4]으로 늘 남의 것을 침범할 것만 생각하기 때문에, 현세(現世)[5]에서는 적이 많고 죽어서는[6] 악도(惡道)[7]에 떨어지게 되는 것이다. 그러므로 지혜 있는 사람이라면 응당 만족[8]할 줄을 알아야 한다.

—〈尼乾子經〉

〔주〕 1)쌓아 놓음 : 원문은 '積聚'. 84의 주. 2)만족 : 원문은 '厭足'. 787의 주. 3)무명 : 7의 주. 4)전도심 : 진실에 반대되는 마음. 5)현세 : 원문은 '現在'.

633의 주. 6)죽음 : 원문은 '捨命'. 7)악도 : 2의 주. 8)만족 : 원문은 '知足'. 787의 주.

812

방자(放恣)[1]해서 온갖 욕망에 집착한다면, 그 온갖 욕망을 탐하는[2] 마음 때문에 영구히 열반(涅槃)[3]을 얻지 못하게 된다. — 〈寶星多羅尼經〉

〔주〕 1)방자 : 원문은 '放逸'. 250의 주. 2)탐함 : 원문은 '樂'. 425의 주. 3)열반 : 21의 주.

813

가라지(稊)와 돌피는 벼를 해치고, 다욕(多欲)은 수행(修行)[1]을 방해한다. — 〈法句經〉

〔주〕 1)수행 : 원문은 '學'. 482의 주.

814

탐욕(貪欲)만을 좇으면, 원수[1]를 봉양(奉養)하고 무덤[2]을 이롭게 하는 결과가 된다. — 〈法句經〉

〔주〕 1)원수 : 원문은 '怨'. 414의 주. 2)무덤 : 원문은 '丘塚'.

815

선정(禪定)[1]을 닦는 사람은 마땅히 탐욕[2]이 빚는 재앙[3]을 관찰[4]해야 하고, 또 이를 벗어나는[5] 일의 공덕(功德)[6]에 대하여도 관찰해야 한다.

왜 탐욕이 빚는 재앙에 대해 관찰해야 한다는 것인가? 탐욕은 기색(氣色)[7]이 적으면서 근심과 괴로움을 많이 가져오는 까닭이다.

이런 데서 재앙이 많이 생겨난다. 탐욕은 뼈와 같으니, 기색이 적은 까닭이다. 탐욕은 살과 같으니, 딸린 것이 많은[8] 까닭이다. 탐욕은 바람에 거슬려 불을 잡고 있는 것과 같으니, 그것을 따라 타는 까닭이다. 탐욕은 꿈과 같으니, 홀연히 나타나 홀연히 없어지는 까닭이다. 탐욕은 빌린 물건과 같으니, 형세가 오래 지속되지 못하는 까닭이다. 탐욕은 과수(果樹)와 같으니, 남에 의해 꺾이는 까닭이다. 탐욕은 칼과 같으니, 베고 쪼개는 까닭이다. 탐욕은 독이 있는 모기의 머리와 같으니, 가공(可恐)할 것인 까닭이다. 탐욕은 바람이 솜을 날리는 것과 같으니, 지킬 수 없는 까닭이다. 탐욕은 허깨비와 같으니, 사람을 의혹(疑惑)[9]하게 하는 까닭이다. 탐욕은 어둠과 같으니, 보이는 것이 없는 까닭이다. 탐욕은 장애물이 놓인 길과 같으니, 온갖 선법(善法)[10]을 가로막는 까닭이다. 탐욕은 어리석음과 같으니, 정념(正念)[11]을 잃게 하는 까닭이다. 탐욕은 형구(刑具)[12]와 같으니, 마음을 묶어 매는 까닭이다. 탐욕은 도둑과 같으니, 공덕을 해치는 까닭이다. 탐욕은 원수[13]니, 싸움을 일으키는 까닭이다. 탐욕은 괴로움과 같으니, 여러 재앙을 만드는 까닭이다. 이렇게 탐욕의 재앙을 관찰하고, 거기서 벗어나는 공덕을 관찰하면, 이를 일러 탐욕에서 벗어난 사람이라고 한다.

— 〈解脫道論〉

〔주〕 1)선정 : 원문은 '禪'. 27의 '정'과 같다. 2)탐욕 : 원문은 '欲'. 441의 주. 3)재앙 : 원문은 '過患'. 84의 주. 4)관찰 : 원문은 '觀'. 381의 주. 5)벗어남 : 원문은 '出離'. 440의 주. 6)공덕 : 331의 주. 7)기색 : 원문은 '氣味'. 8)딸린 것이 많음 : 원문은 '多屬'. 권속이 많음. 9)의혹 : 425의 주. 10)선법 : 18의 주. 11)정념 : 145의 주. 12)형구 : 원문은 '械'. 13)원수 : 원문은 '怨家'. 468의 주.

816

늘 온갖 욕망만을 추구하고 착한 일들[1]은 실천치 않는다면, 어떻게 목숨[2]을 보존할 것인가? — 〈無常經〉

〔주〕 1)착한 일들 : 원문은 '善事'. 선(善)의 온갖 성질. 성신(誠信)·효순(孝順)·정진(精進)·염선(念善)·일심(一心)·지혜를 이른다. Ⓟkusalā-dhammā. 2)목숨 : 원문은 '形命'. 육체적 수명.

817

이목(耳目)을 지키지 아니하면 탐욕이 이로부터 생겨나게 마련이니, 이것(탐욕)을 괴로움의 씨[1]라고 한다. — 〈雜阿含經〉

〔주〕 1)괴로움의 씨 : 원문은 '苦種'.

818

욕망은 숯(炭)과 같으니, 애욕[1]의 불꽃이 왕성해지면[2] 크게 괴로운[3] 까닭이다. — 〈瑜伽師地論〉

〔주〕 1)애욕 : 원문은 '欲愛'. 450의 주. 2)왕성해짐 : 원문은 '增長'. 왕성케 함. 증대시킴. 강하게 함. niṣicyate. 3)크게 괴로움 : 원문은 '熱惱'. 802의 주.

819

어리석은 사람[1]은 범부(凡夫)[2]가 되어서 재물 모으기에 열중한다. 그리하여 때로는 정상적인 방법으로, 때로는 비정상적인 방법으로 재물을 모아 쌓아 놓지만, 하루아침에 수명이 다하고 말 때, 재물은 그 몸을 따

라가 주지 않는다. — 〈生經〉

〔주〕 1)어리석은 사람 : 원문은 '愚騃子'. 애(騃)는 어리석다는 뜻의 글자. 2)범부 : 원문은 '下士'.

820

탐욕은 악한 것[1]이니, 사람을 끌어 지옥에 이르게 한다.

— 〈增一阿含經〉

〔주〕 1)악한 것 : 원문은 '惡法'.

821

부귀는 구할 때에 심한 괴로움을 겪어야 하고, 얻고 나서는 지키느라고 또한 괴로움을 겪어야 하고, 뒤에 그것을 상실하면 근심하게 되어 다시 괴로움을 겪어야 한다. 이 세 가지 시기를 통해 전혀 즐거움이란 없는 것이 부귀다. — 〈百緣經〉

822

온갖 번뇌(煩惱)[1] 중 탐욕이 으뜸이다. 탐욕 중에서도 욕탐(欲貪)[2]이 우세(優勢)하여[3] 온갖 괴로움을 낳기 때문이다. — 〈瑜伽經〉

〔주〕 1)번뇌 : 4의 주. 2)욕탐 : 정욕의 쾌락을 구하는 욕망. 탐욕과 같은 뜻으로도 쓰인다. Ⓟcakkhusmiṃ nibbindati. 3)우세함 : 원문은 '勝'. prādhānya.

823

괴로움의 원인이 되는 것은 탐욕인바, 범부(凡夫)는 미혹(迷惑)하여[1)] 그것을 즐거운 줄 그릇 생각하나,[2)] 지혜 있는 사람은 그것이 괴로움인 줄 알므로 탐욕이 눈에 띄는 대로 끊어 버린다. 탐욕을 내어[3)] 끝이 없다면,[4)] 마치 소금물을 마심으로써 그 갈증을 더욱 심하게 하는 것과 같다.

— 〈成實論〉

〔주〕 1)미혹함 : 원문은 '顚倒'. 139의 주. 2)즐거운 줄 여김 : 원문은 '樂想'. 545의 주. 3)탐욕을 냄 : 원문은 '受欲'. 물건에 대한 욕망. 4)끝이 없음 : 원문은 '無厭'. 795의 주.

824

세상 사람들은 미혹(迷惑)해[1)] 있기 때문에, 오욕(五欲)[2)]에 탐착(貪着)[3)] 해서 죽도록 버리지 않음으로써 내세(來世)[4)]에 무량한 괴로움을 받게 된다. 마치 어리석은 자가 맛있는 과일을 탐내어 나무에 올라가 그것을 따 먹고 아래를 살피지 않다가, 남이 그 나무를 베자 나무가 기우는 데 따라 땅에 떨어져서 목이 부러진 끝에 고통하다가 죽는 것과 같다. 또 욕망의 추구는 얻을 때에 즐거움이 적은 반면, 이를 잃을 때에는 고통이 크게 마련이다. 마치 꿀을 발라 놓은 칼을 만나, 핥는 사람이 그 달콤함만 탐하고 혀 상하는 줄 모르고 있다가 뒤에 가서 큰 고통을 겪는 것과 같다.

— 〈大智度論〉

〔주〕 1)미혹함 : 원문은 '愚惑'. saṃmoha. 2)오욕 : 1의 주. 3)탐착 : 240의 주. 4)내세 : 원문은 '後世'. 468의 주.

탐욕과 절욕의 득실

825

부처님께서 말씀하셨다.

"너희 비구(比丘)[1]들은 마땅히 알라, 다욕(多欲)한 사람은 이익을 구함이 많기에 괴로움 또한 많거니와, 소욕(少欲)한 사람은 욕구함이 없기에 이런 재앙[2]이 없음을! 그러므로 괴로움을 제거코자 할진대 먼저 소욕한 사람이 되도록 수행(修行)해야[3] 할 것이다. 더구나 소욕은 온갖 공덕(功德)[4]을 낳나니, 어찌 익히지 않아서 되랴? 소욕한 사람은 아첨[5]하여 남의 비위를 맞추는 일이 없고, 또 오근(五根)[6]에 끌리는 바 되지도 않는다. 그러기에 소욕한 사람은, 그 마음이 언제나 평탄하여 근심·공포가 없으며, 어떤 일을 하건[7] 여유가 있어 항상 모자람이 없게 마련이다. 소욕한 사람에게만 열반(涅槃)[8]은 약속되어 있느니라." — 〈遺教經〉

〔주〕 1)비구 : 84의 주. 2)재앙 : 원문은 '患'. 604의 주. 3)수행함 : 원문은 '修習'. 20의 주. 4)공덕 : 20의 주. 5)아첨 : 원문은 '諂曲'. 아첨. 사악(邪惡). 음모. vañka. 6)오근 : 원문은 '諸根'. 7)일을 함 : 원문은 '觸事'. 촉(觸)은 실제로 몸을 가지고 행하는 것. 8)열반 : 21의 주.

826

"너희들 비구(比丘)[1]가 온갖 번뇌에서 벗어나려 하거든, 마땅히 만족[2]에 대해 명상하여야[3] 한다. 만족이라는 것[4]은 부락(富樂)[5]·안온(安穩)[6]의 처소니, 만족할 줄 아는 사람은 땅 위에 누워 살면서도 편안하고 즐겁지만, 만족할 줄 모르는 사람은 천당(天堂)[7]에 산대도 뜻에 차지 못하고, 만족할 줄 모르는 사람은 부유해도 가난하지만, 만족할 줄 아는 사람은 가난해도 부유하고, 만족할 줄 모르는 사람은 늘 오욕(五欲)[8]에 끌려 다니는 바 되어, 만족할 줄 아는 이의 연민을 사게 된다." — 〈遺敎經〉

〔주〕 1)비구 : 84의 주. 2)만족 : 원문은 '知足'. 787의 주. 3)명상함 : 원문은 '觀'. 381의 주. 4)만족이라는 것 : 원문은 '知足法'. 5)부락 : 533의 주. 6)안온 : 417의 주. 7)천당 : 천상의 세계. 색계(色界)·무색계(無色界)의 천상 세계. 8)오욕 : 1의 주.

827

출가(出家)한 사람[1]에게는 네 종류의 병이 있기 때문에 사문과(沙門果)[2]를 얻지 못하게 된다. 무엇이 네 종류의 병이냐 하면 네 가지 악욕(惡欲)[3]을 이름이니, 첫째는 의복에 대한 욕망이요, 둘째는 음식에 대한 욕망이요, 셋째는 침구(寢具)[4]에 대한 욕망이요, 넷째는 세속에 대한 욕망이다. 이것이 출가한 사람의 병인바, 네 가지 양약(良藥)으로 이를 고쳐야 한다. 소위 분소의(糞掃衣)[5]는 능히 비구(比丘)[6]의 옷에 대한 악욕을 고치고, 걸식(乞食)[7]은 능히 비구의 음식에 대한 악욕을 고치고, 수하(樹下)[8]는 능히 비구의 침구에 대한 악욕을 고치고, 신심적정(身心寂靜)[9]은 능히 세속에 대한 악욕을 고치나니, 이 네 가지 약으로 네 종류의 병을 제거하면, 그것은 성행(聖行)[10]이라는 말을 들을 만하다. 그리고 이런 성행은 소욕(少欲)·지족(知足)[11]의 이름을 얻게 되는바, 소욕하기에 구하지 않고 집착하지 않으며,[12] 지족하기에 적은 것밖에 못 얻었을 때라도 마음에 후회함[13]이 없는 것이다. — 〈涅槃經〉

〔주〕 1)출가한 사람 : 원문은 '出家人'. 집에서 이탈하여 수행승(修行僧)이 된 사람. pravrajita. 2)사문과 : 수행자의 공덕. 도인의 경지. Ⓟsāmañña. 3)악욕 :

그릇된 욕망. 남의 재물 따위를 탐내는 것. viṣama spṛhā. 4)침구 : 원문은 '臥具'. Ⓟseyya. 5)분소의 : 780의 주. 6)비구 : 84의 주. 7)걸식 : 탁발(托鉢). 승려가 남의 집 문전에 서서 먹을 것을 빌어 구하는 것. 오전에 한할 것, 생명을 지탱할 최소한의 것을 받을 것, 피해를 끼치지 않을 것 따위의 규율이 있었다. Ⓟpiṇḍāya carati. 8)수하 : 나무 밑. 인도는 더운 곳이므로 나무 아래서 잘 수 있다. vṛkṣa-mūla. 9)신심적정 : 괴로움이나 번뇌가 없어서, 몸과 마음이 고요하고 편안한 것. 10)성행 : 406의 주. 11)지족 : 787의 주. 12)집착하지 않음 : 원문은 '不取'. agrahaṇa. 13)후회함 : 원문은 '悔恨'. vipratisārin.

828

온갖 괴로움의 원인을 살펴보건대 탐욕이 근본이 된다. 따라서 탐욕을 없앤다면, 괴로움이 의지할 바가 없어진다. — 〈法華經〉

829

부처님께서 사위국정사(舍衛國精舍)[1]에 계실 때의 일이다. 네 명의 새로 출가(出家)한[2] 비구(比丘)가 망고나무[3] 밑에 이르러 좌선(坐禪)하며 수도하고[4] 있었다. 마침 망고나무의 꽃이 활짝 피어서 빛이 아름답고 향기도 좋았으므로, 이에 마음이 들뜬 그들은 '세상 만물 중 무엇이 가장 사랑스러워서 마음에 유쾌할까?' 하는 문제를 놓고 말을 주고받게 되었다. 한 사람은

"중춘가절(仲春佳節)에 온갖 꽃이 피었을 때, 들에 나가 노닐면 가장 즐겁다."

하고, 또 한 사람은

"가족[5]이 모여 술을 마시며, 음악을 연주하고 노래하며 춤추면 가장 즐겁다."

하고, 또 한 사람은

"재물을 많이 모아, 가지고 싶은 것은 무엇이나 손에 넣고, 거마(車馬)·복식(服飾)이 특이해 출입하는 모양이 빛나서, 행인의 눈을 끌면 가장 즐겁다."

하고, 또 한 사람은

"처첩(妻妾)이 미인인[6]데다가 옷도 화려하고 향기도 아리땁게 풍기는 것을, 마음껏 사랑하면 가장 즐겁다."

고 했다.

부처님께서 네 비구의 생각이 육욕(六欲)[7]으로 달리는 것을 아시고, 그들을 불러 "나무 밑에 앉아[8] 무슨 일을 논했느냐"고 물으시니, 그들은 사실대로 말씀드렸다. 이에 부처님께서는 그들에게 이르셨다.

"너희들의 말은 다 근심스럽고 가공한 멸망의 길일 뿐, 결코 길이 편안하고 가장 즐거운 도리라고는 할 수 없다. 봄이 되어 초목에서 피어난 꽃은 가을·겨울이면 시들어 떨어지며, 가족끼리의 연락(宴樂)은 반드시 이별을 수반하며, 재물과 거마(車馬)는 가난의 한 부분[9]일 뿐이며, 미인은 애증(愛憎)을 낳는 주인공일 따름이다. 범부들이 세상을 살아가며 원한을 사서, 일신과 가족을 망치고 근심 공포가 끝없다가, 드디어는 삼도(三道)[10]·팔난(八難)[11]의 갖가지 고통을 받는 것이 다 이 때문이다. 그러기에 비구가 세속을 버리고 불도(佛道)를 구하여 생각을 진실[12]에 두고, 영리를 탐함이 없어서 열반(涅槃)[13]에 이르는 것, 이것이 가장 즐거운 일이니라."

— 〈法句譬喩經〉

〔주〕 1)사위국정사 : 372의 '기원정사'를 이른다. 사위국은 고오사라국의 수도인 사위성(舍衛城)이니, 그 남쪽에 기원정사가 있었다. 2)새로 출가함 : 원문은 '新學'. 3)망고나무 : 원문은 '㮈樹'. āmra. 음사하여 암라(菴羅)·암마라

(菴摩羅)라고도 한다. 4)수도함 : 원문은 '行道'. 5)가족 : 원문은 '宗親'. bhātā vābhañgini. 6)미인임 : 원문은 '端正'. 503의 주. 7)육욕 : 안(眼)·이(耳)·비(鼻)·설(舌)·신(身)·의(意)의 육근(六根)에서 생기는 갖가지 욕망. 8)앉음 : 원문은 '屬坐'. 의지해 앉음. 9)가난의 한 부분 : 원문은 '貧家之分'. 부(富)는 절대적인 것이 아니라, 가난으로 옮아가게 되어 있다는 뜻. 10)삼도 : 166의 '삼악도'와 같다. 11)팔난 : 430의 주. 12)진실 : 원문은 '無爲'. 26의 주. 13)열반 : 21의 주.

830

탐욕을 지니고서는 해탈(解脫)[1]키 어려우니, 탐욕을 떠나는 일이야말로 진정한 출가(出家)[2]라 할 수 있다. 탐욕을 내지 않아야 진정한 즐거움[3]을 누리게 되므로, 지혜 있는 사람은 탐욕을 일으키는 일이 없다.

— 〈法集要頌經〉

〔주〕 1)해탈 : 84의 주. 2)출가 : 27의 주. 3)진정한 즐거움 : 원문은 '快樂'. 417의 주.

831

탐욕이 걱정을 낳고, 탐욕이 두려움을 낳나니, 탐욕 곧 없은들 무엇을 걱정하고 무엇을 두려워할까 보냐?

— 〈法句經〉

832

옛날에 한 국왕(國王)이 나라를 버리고 중[1]이 되었다. 그는 산중에 절[2]을 지어, 띠로 지붕을 잇고 쑥대로 자리를 엮어 살면서, 이제야 소원을 이루었다고 하며 웃고 말하는 품이 자못 즐거운 듯하였다. 이웃이 물었다.

"당신은 즐겁다 하시지만, 이제 산중에 혼자 앉아 수도 생활을 하는 터에, 무엇이 그리 즐겁다는 것입니까?"

그가 대답했다.

"내가 왕 노릇을 할 때에는 걱정이 많았소. 이웃 나라 임금이 우리 나라를 뺏으려 할까 두려웠고, 남이 내 재물을 훔치지나[3] 않을까 두려웠고, 내가 남의 이익 추구의 대상이 되지 않을까 두려웠고, 신하가 내 재물을 탐낸 나머지 반역할까 두려웠거니와, 이제 중이 되매 아무도 나를 이익 추구의 상대로는 여기지 않게 됐으니, 그 즐거움은 말로 다 형용키 어려운 터요. 그래서 즐겁다 한 것이오."

— 〈舊雜譬喩經〉

〔주〕 1)중 : 원문은 '沙門'. 265의 주. 2)절 : 원문은 '精舍'. 473의 주. 3)훔침 : 원문은 '劫取'.

833

"내가 온갖 중생[1]을 관찰하건대, 그들은 모두 탐욕의 오염(汚染)[2] 때문에 악취(惡趣)[3]에 떨어져 윤회(輪廻)를 받고 있는 것이니, 만약 이 도리를 똑똑히 알아서[4] 탐욕(貪欲)을 길이 끊는 사람이 있다면, 이런 사람은 기필코 불환과(不還果)[5]를 얻어서 다시는 이 세상[6]에 태어나지 않게 되리라."

— 〈本事經〉

〔주〕 1)중생 : 원문은 '有情'. 306의 주. 2)오염 : 원문은 '所染'. 97의 주. 3)악취 : 78의 주. 4)똑똑히 앎 : 원문은 '了知'. 492의 주. 5)불환과 : 뒷걸음질치지 않고, 깨달음으로 나아갈 수 있는 경지. 사과(四果)의 하나. 욕계의 온갖 번뇌를 끊어, 천상에 태어나고 욕계에는 돌아오지 않는 단계. anāgāmi-phala. 6)

이 세상 : 원문은 '此間'. 763의 주.

834

만약 해탈(解脫)[1]을 구하고자 한다면, 응당 만족[2]하는 법을 익혀야 할 것이다. 만족할 줄 알면 늘 기쁠 수 있으니, 기쁨이야말로 곧 불법(佛法)의 표시이다. 비록 일상에 쓰는 물건[3]이 보잘것없다 해도 만족할 줄 알면 항상 편안할 수 있지만, 만족할 줄 모르는 사람은 천상(天上)에 태어나는 즐거움을 얻는다 해도 항상 괴로움의 불길이 마음을 태우게 될 것이다. 그러므로 부유해도 만족할 줄 모르는 것은, 이 또한 가난한 사람[4]이라고 해야 한다. — 〈佛本行經〉

〔주〕 1)해탈 : 84의 주. 2)만족 : 원문은 '知足'. 787의 주. 3)일상에 쓰는 물건 : 원문은 '資生具'. 777의 주. 4)가난한 사람 : 원문은 '貧苦'. 167의 주.

835

한 승려[1]가 강변의 나무 밑에서 12년이나 수행(修行)[2]하면서도 탐욕에 대한 생각[3]을 제거하지 못하고 있었다. 그의 마음은 산란해서 오직 육욕(六欲)[4]만을 생각했다. 눈으로는 형태,[5] 귀로는 소리, 코로는 냄새, 입으로는 맛, 몸으로는 촉감, 마음으로는 법(法)[6]을 생각함으로써, 몸과 마음이 늘 바삐 움직여 한 번도 쉴 때가 없었다.

하루는 부처님께서 그 승려를 제도(濟度)코자 그곳에 오셔서, 함께 나무 밑에서 묵으시게 되었다. 그런데 갑자기 물 속으로부터 거북 한 마리가 기어나와 나무 밑으로 오는 것이 보였고, 곧 뒤를 이어 굶주린 끝에 먹이를 찾아 다니던 물개가 나타나 거북을 먹고자 하는 것이 아닌가? 그런데 거북이 머리와 꼬리, 그리고 네 다리를 움츠려 배갑(背甲) 속에 감추어 버렸으므로 물개는 먹을 수가 없었다. 그러다가 물개가 약간 떨어지면 다시 머리와 다리를 내어 전처럼 기어가기 때문에 물개로서는 어쩔 도리가 없어서, 거북은 끝내 위기를 벗어나 어디론가 사라졌다.

보고 있던 승려가 부처님께 아뢰었다.

"이 거북은 목숨을 수호해 주는 배갑이 있기에, 물개로서는 뜻대로 할 수 없었나 보옵니다."

부처님께서 대답하셨다.

"내 생각으로는, 세상 사람들이란 이 거북만도 못한 것 같다. 그들은 무상(無常)[7]을 알지 못해서 육정(六情)[8]을 멋대로 놀리므로 외마(外魔)[9]가 침범해 들어올 기회를 얻는 것이요, 죽고 나서는 생사가 끝없어서 오도(五道)[10]를 윤회(輪迴)[11]해 무한한 고뇌를 받게 되는 것이다. 이는 모두 마음 탓으로 생긴 일이니, 모름지기 힘써서 멸도(滅度)[12]의 편안함을 구해야 한다. 육욕(六欲) 감추기를 거북같이 하고, 마음 방호(防護)하기를 성(城)같이 하라. 그리하여 지혜로 마(魔)와 싸워 이기면 재앙이 없게 될 것이다."

— 〈法句經〉

〔주〕 1)승려 : 원문은 '道人'. 160의 주. 2)수행 : 원문은 '學道'. 불도(佛道)를 수행함. Ⓟpabbajjā. 3)탐욕에 대한 생각 : 원문은 '貪想'. 4)육욕 : 829의 주. 5)형태 : 원문은 '色'. 58의 주. 6)법 : 53의 주. 7)무상 : 4의 주. 8)육정 : 369의 주. 9)외마 : 밖에서 오는 마(魔). 착한 일을 방해하는 천마(天魔). 10)오도 : 지옥·아귀·축생·인(人)·천(天). 11)윤회 : 235의 '유전'과 같다. 12)멸도 : 234의 주.

836

부처님께서 말씀하셨다.

"비구(比丘)[1]야, 다욕(多欲)은 바로 괴로움이니라. 생사피로(生死疲勞)[2]도 탐욕(貪欲)에서 일어나는 것이니, 소욕(少欲)해 담담히 살아가면[3] 몸과 마음이 자재(自在)[4]할 수 있을 것이다." —〈八大人覺經〉

〔주〕 1)비구 : 84의 주. 2)생사피로 : 윤회의 괴로움에 지치는 것. 3)담담히 살아감 : 원문은 '無爲'. 온갖 집착을 버리고, 담담히 불도(佛道)를 따르는 것. 4)자재 : 7의 주.

제3절 조행(操行)

조행필신(操行必愼)

837

조행(操行)[1]이 있는 사람은, 뜻과 행위[2]를 굳게 지녀서 불도(佛道)[3]를 버리는 일이 없다. —〈華嚴經〉

〔주〕 1)조행 : 계율(戒律)에 들어맞는 행위. 2)뜻과 행위 : 원문은 '志行'. 3)불도 : 22의 주.

838

이 때에 무구광(無垢光)이라는 비구(比丘)가 있었다. 한번은 비사리성(毘舍離城)[1]에 가서 차례로 탁발(托鉢)[2]하다가, 저도 모르게 창녀(娼女)[3]의 집에 발을 들여놓게 되었다. 이 때 무구광을 본 창녀는 더러운 생각을 일으켜, 대문을 닫아 걸고 비구에게 동침하자 하면서

"거절하신다면, 저는 꼭 죽겠습니다."

라고 했다.

그러자, 무구광은 말했다.

"그러지 마십시오. 누이여! 나는 그런 짓을 범할 수 없습니다. 왜냐하면, 나는 부처님이 제정하신 계(戒)[4]를 봉행(奉行)[5]하는 몸이기 때문입니다. 차라리 목숨을 버리는 한이 있더라도, 이 계만은 깨지 못하겠습니다."

— 〈離業障經〉

〔주〕 1)비사리성 : Vaiśāli의 음사. 갠지스 강 북쪽에 있던 도시국가. 2)탁발 : 원문은 '乞食'. 827의 주. 3)창녀 : 원문은 '婬女'. 4)부처님이 제정하신 계 : 원문은 '制戒'. 5)봉행 : 663의 주.

839

세존(世尊)[1]께서 여러 필추(苾芻)[2]들에게 이르셨다.

"밝은 달이 이지러짐이 없어서 허공을 옮아 가매 청정(淸淨)하여 장애 없듯이, 너희 필추들도 위의(威儀)[3]를 깨지 말아서 늘 초랍자(初臘者)[4]같이 참괴(慚愧)[5]하는 마음을 갖출 것이며, 몸에 있어서나 마음에 있어서나 조금도 산란(散亂)함이 없이 그 법도[6]대로 하여, 속인의 집[7]에 들어가는 경우라도 청정해 더러움에 물들지 말거라."

— 〈月喩經〉

〔주〕 1)세존 : 4의 주. 2)필추 : 455의 주. 3)위의 : 규율에 맞는 몸가짐. 4)초랍자 : 계(戒)를 받아 비구가 되어 처음으로 삼순(三旬)의 안거(安居)를 끝낸 사람. 5)참괴 : 613의 주. 6)법도 : 원문은 '法儀'. 불법(佛法)의 의식. 7)속인의 집 : 원문은 '白衣舍'. Ⓟghara.

840

애욕에 끌려 사음(邪婬)[1]하는 행위는 버려서 거듭 익히는 일이 있지 말아야 한다. 제 아내만으로 만족하여 남의 여인을 그리워[2] 말고, 부처님이 밝히신 덕행(德行)[3]을 실천하여[4] 더럽히지 말도록 하라.

— 〈漸修一切德經〉

〔주〕 1)사음 : 765의 주. 2)그리워함 : 원문은 '慕樂'. 사모하여 원함. 음은 '모요'. 3)부처님이 밝히신 덕행 : 원문은 '淸白行'. 4)실천함 : 원문은 '奉持'. 458의 주.

841

보살은 계(戒)[1]를 굳게 지녀, 온갖 여인을 멀리한다.

— 〈菩薩藏正法經〉

〔주〕 1)계 : 원문은 '禁戒'. 455의 주.

842

보살은 언제나[1] 온갖 악(惡)과, 출가인(出家人)[2]으로서 가서는 안 될 곳은 모두 멀리해야 한다. 술집, 창녀의 집, 왕가(王家), 바둑이나 도박하는 곳, 취객(醉客)이 있는 곳, 가무(歌舞)나 기악(伎樂)[3]이 있는 곳 따위는 다 출가인의 이를 데가 아니니, 다 가서는 안 된다. 그리고 마을이나 도시[4]에는 조심해[3] 가야 한다.

— 〈寶雲經〉

〔주〕 1)언제나 : 원문은 '行住坐臥'. 걷고, 머무르고, 앉고, 눕는 일. 사위의(四威儀)라 한다. '언제나'의 뜻으로도 쓰인다. 2)출가인 : 가정에서 나와 승려가

된 사람. 승려. 3)기악 : 566의 주. 4)마을이나 도시 : 원문은 '村邑聚落'. '村邑' 만으로 마을과 도시의 뜻. '취락'도 마을의 뜻이어서 말이 겹쳤다. 5)조심함 : 원문은 '攝心'. 473의 주.

843

남이 내 어여쁜 누이동생이나 처첩(妻妾)을 욕보인다면, 내 마음이 기쁘지 않을 것이다. 온갖 다른 사람[1]들도 마찬가지다. 그러므로 보살은 목숨을 잃는 한이 있어도, 남의 미인에 대해 그릇된 생각[2]이나 더럽혀진 마음[3]을 일으키지 않게 마련이니, 항차 어찌 간악한 일을 행하겠는가?

— 〈大方便佛報恩經〉

〔주〕 1)사람 : 원문은 '衆生'. 1의 주. 2)그릇된 생각 : 원문은 '邪念'. 3)더럽혀진 마음 : 원문은 '汚心'.

844

아난(阿難)[1]이 탁발(托鉢)[2]하는 길에 일어난 일이다. 물가를 따라가던 그는, 한 여인이 물가에서 물을 긷는 것을 보고 물을 좀 달라고 청했다. 여자는 물을 주고 나서 아난을 따라와, 그가 묵고 있는 곳을 보고 돌아가 그 어머니 마등(摩鄧)에게 말했다.

"어머니, 저를 시집 보내시려면 다른 사람에게 주지 마세요. 저는 물가에서 아난이라는 중을 만났는데, 저는 그에게라면 시집가지만, 그가 아니면 안 가겠어요."

이 말을 들은 어머니는 아난을 찾아갔다. 그리하여 그가 부처님의 제자임을 알고 돌아오자 딸에게 일렀다.

"아난은 불도(佛道)[3]를 섬기는 사람! 네 남편 되기를 어찌 승락하겠느냐? 단념해라."

그러나 딸은 울면서 곡기를 끊는 것이 아닌가?

이에 어머니는 주술(呪術)[4]을 아는 것을 이용해, 다른 방법을 쓰기로 했다. 그리하여 아난을 초대해 밥을 대접하면서 말했다.

"제 딸이 스님에게 시집가기를 바라는데, 뜻이 어떠신지요?"

아난이 펄쩍 뛰었다.

"나는 부처님의 계(戒)[5]를 수지(受持)하는 몸이라, 아내를 얻을 수는 없소."

어머니가 다시 말했다.

"하지만 제 딸년은, 스님을 남편으로 섬기지 못하면 자살이라도 할 듯하니 생각해 주십시오."

아난은 흔들리지 않았다.

"나는 부처님을 스승으로 모시는 터이므로, 여인과는 관계를 맺을[6] 수 없으니, 그리 아시오."

어머니가 안으로 들어가 아난이 듣지 않는다고 하자, 딸이 어머니에게 졸랐다.

"문을 닫아 걸고 아난을 못 나가게 하세요. 해가 지면 저절로 남편을 삼을 수도 있을 테니……."

어머니는 그 말대로 곧 문을 걸고 주술을 써서 아난을 결박했고, 어느덧 해질 무렵이 되었다. 딸은 좋아라고 몸치장을 하고 수선을 떨었으나, 아난은 끝내 잠자리에 들려고 안했다.

어머니는 뜰 안에 화덕불을 피워 놓고, 아난의 옷을 끌어당기면서 협박했다.

"끝내 당신이 내 딸을 안 받아들인다면, 당신을 저 불 속에 던질 수밖에 없소."

아난은 몹시 괴로워하여, 부처님의 이름을 불러 댈 뿐이었다.

부처님께서는 곧 이를 아시고, 아난을 빼어내 부처님 계신 곳에 이르게 하셨다.

한편, 이를 안 딸은 밤새 울다가, 이튿날이 되자 탁발하는 아난의 뒤를 따라다녔다. 아난은 부끄럽게 여겨 머리를 못 들고 애써 피했지만, 여인은 어디까지나 따라다니기를 마지않았다.

부처님 계신 곳[7]에 돌아온 아난이 부처님께 말씀드렸다.

"마등의 딸이, 오늘 제 뒤를 따라다녔나이다."

부처님께서는 마등의 딸을 부르셨다.

"무슨 일로 아난의 뒤를 쫓느냐?"

"그의 아내가 되고자 함입니다."

그러자 부처님께서 말씀하셨다.

"너도 보았으려니와, 아난은 사문(沙門)[8]이기 때문에 머리가 없다. 너도 머리를 깎는다면, 아난을 남편으로 맞이할 수 있을 것이다."

"머리를 깎겠나이다."

"그래? 그렇다면, 네 어머니에게 돌아가 알리고 나서 머리를 깎고 오너라."

딸이 어머니 있는 곳에 돌아가 일일이 고하자, 어머니가 말했다.

"내가 너를 낳아 지금껏 머리를 기르게 해 왔는데, 어떻게 그것을 깎고 사문(沙門)의 아내가 된단 말이냐? 성중[9]에 큰 부호가 있다. 내가 거기로 시집보내 주마."

그러나 딸은 듣지 않았다.

"저는 죽는 한이 있어도 아난에게 시집가겠어요."

"괘씸한 것 같으니! 너는 우리 종족(種族)[10)]을 욕되게 하는구나."

"어머니!"

딸이 애원했다.

"저를 사랑하신다면, 제 소망을 들어 주세요. 제발……."

하는 수 없어, 어머니는 칼을 들어 딸의 머리를 잘라 버렸다.

딸이 부처님 계신 곳에 돌아가 여쭈었다.

"제가 머리를 잘랐나이다."

부처님께서 말씀하셨다.

"너는 아난의 어디를 사랑하느냐?"

그 여자가 대답했다.

"저는 아난의 눈을 사랑하오며, 코를 사랑하오며, 입을 사랑하오며, 귀를 사랑하오며, 목소리를 사랑하오며, 걸음걸이를 사랑하나이다."

부처님께서 말씀하셨다.

"눈 속에는 눈물이 있고, 코 속에는 콧물이 있고, 입 속에는 침이 있고, 귀 속에는 때가 있고, 몸 속에는 똥과 오줌이 있어서 더러운 감각기관[11)]이 청정(淸淨)치 못하다. 또 부부 관계가 있는 사람에게는 정액(精液)[12)]이 있게 마련이고, 정액 속에서는 자식이 생기고, 자식이 생기면 죽음이 있고, 죽음이 있으면 울음이 있게 되는 것이니, 이 몸에 무슨 이점(利點)이 있단 말이냐?"

여인은 즉시에 몸 속의 정액을 생각하고, 스스로 마음을 바로잡아 아라한도(阿羅漢道)[13)]를 얻었다.

부처님께서는 그 득도(得道)[14)]함을 아시고 여인에게 이르셨다.

"일어나 아난 있는 곳에 가 보아라."

여인이 부끄러워 머리를 숙이고, 부처님 앞에 꿇어 엎드려 아뢰었다.

“참으로 어리석은 탓에 아난을 뒤좇았나이다. 그러나 이제는 제 마음이 열렸사오니, 어둠 속에서 등불을 만난 것 같삽고, 파선(破船)한 뒤에 기슭에 이른 것 같삽고, 소경이 부축하는 이를 만난 것 같삽고, 노인이 지팡이를 지닌 것 같사옵니다. 이제 부처님께서 저에게 깨달음을 일으키게 하시고, 제 마음을 열어 주셨나이다.”

여러 비구(比丘)들이 함께 부처님에게 여쭈었다.

“이 여인의 어머니가 주술을 행하는 터에, 무슨 인연으로 아라한과를 얻게 된 것이옵니까?”

부처님께서 비구들에게 이르셨다.

“마등의 딸은 전생(前生) 오백세(五百世)에 걸쳐 아난과 부부가 되어, 오백세 동안 늘 서로 공경하고 존중하고 탐내고 사랑하더니, 오늘 내 경계(經戒)[15] 속에서 함께 득도하게 됨이니라. 이제 부부가 서로 만나 형제같이 되었으니, 이런 불도(佛道)를 무슨 까닭으로[16] 닦지 않을 것이냐?”

— 〈摩鄧女經〉

〔주〕 1)아난 : 6의 주. 2)탁발 : 원문은 ‘乞食’. 827의 주. 3)불도 : 22의 주. 4)주술 : 원문은 ‘蠱道’. 5)부처님의 계 : 원문은 ‘佛戒’. 774의 주. 6)관계를 맺음 : 원문은 ‘交通’. 남녀의 정사(情事). 7)부처님 계신 곳 : 원문은 ‘佛所’. 516의 주. 8)사문 : 265의 주. 9)성중 : 원문은 ‘國中’. 이 국(國)은 도시를 가리킨다. 10)종족 : 594의 주. 11)더러운 감각기관 : 원문은 ‘臭處’. 더러운 십이처(十二處)의 뜻이나, 여기서는 감각기관을 가리킨다. ‘십이처’는 육근(六根)과 육경(六境)을 이른다. 12)정액 : 원문은 ‘惡露’. 부정(不淨)이라고도 한다. Ⓟsukka-visaṭṭhi. 13)아라한도 : 아라한의 깨달음. Ⓟarahatta. 14)득도 : 505의 주. 15)경계 : 478의 주. 16)무슨 까닭으로 : 원문은 ‘何用’.

845

우타연왕(優陀延王)이 부처님께 여쭈었다.

"제가 여인의 말에 속아 세존(世尊)[1]을 해치려 하였사오니, 여인이 큰 해독임을 믿게 되었습니다. 원컨대 여자의 큰 해독을 제거해 주시옵소서."

부처님께서 왕에게 이르셨다.

"왕이여, 여인의 허물을 묻고자 할진대 먼저 남자[2]의 허물을 물어야 할 것입니다. 남자에게는 네 가지 과실이 있는 탓으로 여인에게 속게 됩니다. 첫째는 애욕(愛欲)에 마음껏 탐닉(耽溺)하기[3] 때문에, 사문(沙門)[4]을 가까이해서 청정계(淸淨戒)[5]를 받아 착한 일[6]을 닦을 줄 모르며, 내 가르침을 받은 사람이라도 믿음이 깊지 못한 경우에는, 사악(邪惡)한 여인의 가무(歌舞)·희소(戱笑)[7]를 좋아하여 끝내 어리석은 자의 하는 일[8]을 익히게 되는 일입니다. 둘째는 부모가 아들을 이롭게 하고 즐겁게 하기 위해 더러움도 견디며, 또 속히 키우기 위해 젖 먹여 양육하기에 피로도 잊으며, 고생해 얻은 재물로 아들에게 필요한 물품을 공급하건만, 아들은 계집 때문에 늙은 부모의 뜻을 거슬러 가며 온갖[9] 재물을 소비하고, 심지어는 부모의 거처하는 집을 팔거나 집에서 내쫓는 일입니다. 셋째는 사견(邪見)[10]을 지녀 몸의 파멸을 돌보지 않고, 스스로 자신을 속여 가며 많은 계집을 탐하는 일입니다. 넷째는 바른 일을 위하여는 재물을 아끼고 계집을 위하여는 재물을 아끼지 않으며, 계집의 조롱[11]·모욕·구타·질책도 달게 받아서, 만약 계집이 수심에라도 싸여 있는 듯할 때에는 어떻게 기쁘게 해줄까 하는 데만 마음을 쓰는 일입니다. 남자가 이럴 경우에는 여인의 말에 속아 건잡을 수 없게 되는 것이지만, 남자 쪽에서 마음을 바르게만 갖는다면 어찌 여인에게 속아[12] 넘어가겠습니까?"

왕은 듣고 크게 기뻐하였다. 그리하여 삼보(三寶)[13]에 귀의(歸依)[14]해 우바색(優婆塞)[15]이 되었다. — 〈大寶積經〉

〔주〕 1)세존 : 4의 주. 2)남자 : 원문은 '丈夫'. 738의 주. 3)애욕에 탐닉함 : 원문은 '貪欲縱逸'. 4)사문 : 265의 주. 5)청정계 : 번뇌를 떠난 마음으로 지키는 청정한 계. 사종지계(四種持戒)의 하나. 6)착한 일 : 원문은 '福業'. 착한 행위. 복을 가져올 선행. puṇya. 7)희소 : 희롱과 정사(情事). 8)어리석은 자의 하는 일 : 원문은 '愚人法'. 9)온갖 : 원문은 '所有'. 119의 주. 10)사견 : 219의 주. 11)조롱 : 원문은 '輕凌'. 우롱함. 조소함. 12)속음 : 원문은 '誑惑'. 거짓말로 남을 속임. ullāpini. 13)삼보 : 20의 주. 14)귀의 : 400의 주. 15)우바색 : upāsaka의 음사. 남성의 재가신자(在家信者).

846

보살마하살(菩薩摩訶薩)[1]은 마땅히 여인의 몸에 욕정(欲情)[2]을 일으키면서 설법(說法)[3]하지 말아야 하며, 또 여인 만나기를 즐기지도 말아야 한다. 또 남의 집에 갔을 경우, 여아(女兒)[4] · 처녀 · 과부와는 함께 말하지 말아야 한다. — 〈法華經〉

〔주〕 1)보살마하살 : 1의 '보살'과 같다. 2)욕정 : 원문은 '欲想相'. 탐욕의 생각. 애욕의 생각. 3)설법 : 가르침을 설(說)함. 부처님의 말씀이나 불교의 진리를 설해서 전하는 것. dhārmi kathā. 4)여아 : 원문은 '小女'. dārikā.

847

어떤 사람이, 음욕(婬欲)이 안 그침을 걱정하여 남근(男根)을 제거하려 했다. 그러자 부처님께서 말씀하셨다.

"그 남근 끊음이 그 마음을 끊음만 못하니라." — 〈四十二章經〉

부조행(不操行)의 해

848

사람이 재물과 여색(女色)[1)]을 버리지 않는 것은, 마치 칼날에 꿀이 묻어 있어서 한 번 먹을 것도 되지 않건만, 어린애가 핥으면 혀가 베어지는 재앙이 따르는 것과 같다. — 〈四十二章經〉

〔주〕 1)재물과 여색 : 원문은 '財色'.

849

명리(名利)의 상태[1)]를 탐하든가 여인과 가까이 지낸다면,[2)] 그런 사람은 승려도 속인도 아니어서[3)] 바로 불법(佛法) 속의 도둑[4)]이라 해야 한다.

— 〈諸法集要經〉

〔주〕 1)상태 : 원문은 '境界'. 84의 주. 2)가까이 지냄 : 원문은 '近習'. 3)승려도 속인도 아님 : 원문은 '非僧非俗'. 4)불법 속의 도둑 : 원문은 '法中賊'. 불법 속에 있으면서 불법을 해치는 자.

850

사나워서 남의 여인[1)]을 침범하면, 죽어서 철자옥(鐵刺獄)[2)]에 떨어진다. — 〈六趣輪廻經〉

〔주〕 1)남의 여인 : 원문은 '他色'. 2)철자옥 : 철자림지옥(鐵刺林地獄)의 준말.

사음(邪婬)한 자가 떨어지는 지옥. 가시나무 위에 미인이 있어서 죄인을 부르는데, 오르려 하면 가시가 모두 아래를 향해 몸을 찌르고, 꼭대기에 올라가면 미인이 독사로 변해 죄인을 문다.

851

음사(婬邪)[1]에는 여섯 가지 변이(變異)가 따르게 마련이다. 여섯 가지란 무엇인가? 제 몸을 못 지키는 일, 처자를 못 지키는 일, 가족[2]을 못 지키는 일, 의혹(疑惑) 때문에 악을 일으키는 일, 원수[3]가 기회를 얻는 일, 온갖 괴로움에 에워싸이는 일이 그것이다. 이 악을 저지르면 사업을 망치며, 손에 넣지 못한 재물은 얻지 못하고 이미 얻은 재물은 없어져서, 과거의 저축[4]이 바닥나게 된다. —〈善生子經〉

〔주〕 1)음사 : 도리에서 벗어난 성행위. 사음(邪婬)과 같다. 2)가족 : 원문은 '家屬'. grha-kaḍatra. 3)원수 : 원문은 '怨家'. 468의 주. 4)과거의 저축 : 원문은 '宿儲'.

852

여인과 같이 앉아 한 그릇에서 밥 먹거나 같은 잔으로 술을 마실 경우, 이런 짓은 다 처벌[1]돼야 한다. —〈根本薩婆多部律〉

〔주〕 1)처벌 : 원문은 '治罰'. daṇḍa-karma-anupradāna.

853

여색(女色)을 좋아하는 사람은, 오염되고 취하고 탐하고 더러워지고 미혹(迷惑)하고 집착하고 얽매이고[1] 속박되어서,[2] 무엇이건 창녀(娼女)[3]

의 말만 따르는 까닭에, 길이 윤회(輪廻)[4]하여 갖은 괴로움을 받게 된다. 눈은 항상 창녀의 모습을 보려 하고, 귀는 항상 그 소리를 들으려 하고, 코는 그 향기를 맡으려 하고, 혀는 그 맛을 맛보려 하고, 피부는 그 매끄러움에 접촉하려 하는 것이니, 그러기에 길이 윤회해 괴로움을 받는 것이다. 그러므로 마땅히 여인의 외모와 소리 · 향기 · 맛, 미끄러운 촉감에 미혹(迷惑)[5]되지 않도록 해야 한다. — 〈法受塵經〉

〔주〕 1)얽매임 : 원문은 '住'. 집착함. 2)속박됨 : 원문은 '受'. upādāna. 3)창녀 : 원문은 '婬女'. 838의 주. 4)윤회 : 원문은 '趨走往來'. 육도(六道)를 바삐 오가며 생사를 반복하는 것. 5)미혹 : 원문은 '染惑'. 번뇌 때문에 미혹하는 것.

854

부처님께서 말씀하셨다.

"음탕한 일[1]에 미혹(迷惑)하면 정도(正道)를 잃게 되며, 혼(魂)[2]이 달아나서 일찍 죽게 되며, 죽은 후에도 악도(惡道)[3]에 떨어지게 된다. 나는 이를 두려워하여 사음(邪婬)[4]의 숲을 버렸느니라." — 〈八師經〉

〔주〕 1)음탕한 일 : 원문은 '淫不淨行'. 남녀의 정사(情事). Ⓟmethuna-dhamma. 2)혼 : 원문은 '精神魂魄'. '정신'만으로도 혼백의 뜻. 윤회의 주체가 되는 아뢰야식(阿賴耶識). 3)악도 : 2의 주. 4)사음 : 765의 주.

855

남의 아내 범하기를 즐기는 자는 그 많은 악을 이루 헤아릴 수 없으매, 이 세상에서는 남의 미움을 사서 국법에 의해 구속되든가, 그 남편에게 잡히든가, 감옥에 갇히든가 하여 무수히 경을 치고,[1] 죽어서는[2] 지옥

에 떨어지게 된다. — 〈出曜經〉

〔주〕 1)무수히 경을 침 : 원문은 '榜笞萬端'. 방태(榜笞)는 사람을 치는 채찍. 2)죽음 : 원문은 '身壞命終'. 512의 주.

856

자기 아내에 만족하지 않고 남의 부녀와 사음(邪婬)하기를 좋아한다면, 이런 사람은 부끄러움[1]이 없음이니, 항상 괴로움을 받고 즐거움은 없어서, 현세(現世)[2]와 미래세(未來世)[3]에 걸쳐 괴로움에 얽히는 바가 될 것이다. — 〈尼乾子經〉

〔주〕 1)부끄러움 : 원문은 '慚愧'. 613의 주. 2)현세 : 이 세상. 현재의 생존. vartmāna. 3)미래세 : 553의 주.

857

부처님께서 말씀하셨다.

"사음(邪婬)[1]에 열 가지 죄가 있다. 열 가지란 무엇인가? 첫째는 제 남편이나 아내를 위태롭게 해치는 일이다. 둘째는 부부가 불화해서 늘 싸우는 일이다. 셋째는 온갖 악(惡)은 날로 늘어가고 선(善)은 날로 줄어드는 일이다. 넷째는 몸을 지켜내지 못해서 처자를 고아·과부가 되게 하는 일이다. 다섯째는 재산이 날로 소모되는 일이다. 여섯째는 온갖 악행(惡行)[2]이 있으므로 늘 남의 의심을 사는 일이다. 일곱째는 친척과 친구[3]가 좋아하지 않는 일이다. 여덟째는 원망을 받고 업인연(業因緣)[4]을 심는 일이다. 아홉째는 죽어서 지옥에 떨어지는 일이다. 열째는 내세에 사람으로 태어날 경우, 여자가 되면 다른 여인과 한 남편을 섬기고, 남자가

되면 아내가 정숙하지 않은 일이다." — 〈大智度論〉

〔주〕 1)사음 : 765의 주. 2)악행 : 원문은 '惡事'. 563의 주. 3)친구 : 원문은 '知識'. 565의 주. 4)업인연 : 고락(苦樂)의 보(報)를 부르는 원인이 되는 선악의 행위.

858

범부(凡夫)는 색(色)의 달콤함을 중히 여겨 그 노예가 됨으로써, 죽도록 이리저리 뛰면서 고생하게 마련이다. — 〈日明菩薩經〉

859

부처님께서 말씀하셨다.

"아무리 생활[1]을 위해서라도 매음(賣婬)해서는 안 된다. 이 같은 일은 바른 생활이 아니기 때문이다." — 〈梵網經〉

〔주〕 1)생활 : 원문은 '利養'. 이익을 얻어 살아가는 것.

조행(操行)의 수과(收果)

860

만약 온갖 탐욕(貪欲)[1]을 떠나 남의 여인[2]에 대해 침범하려는 마음을 일으키지 않는다면, 이런 사람은 불음계(不婬戒)[3]를 지키는 것이라 해도 된다. — 〈正行所集經〉

〔주〕 1)탐욕 : 원문은 '染欲'. '탐욕'에 해당하는 rāga의 어원은, 색에 물드는

뜻이므로 이리 번역된 것. 2)남의 여인 : 원문은 '他色'. 850의 주. 3)불음계 : 성관계를 완전히 끊는 일. 그러나 여기서는 불사음계(不邪婬戒)를 이른다. 도리에 벗어난 성관계를 하지 않는 일.

861

술을 피해 스스로 절제하고 여인과의 성관계를 끊는다면,[1] 이것이 가장 상서로운[2] 일이다. — 〈法句經〉

〔주〕 1)성관계를 끊음 : 원문은 '不婬'. 2)상서로움 : 원문은 '吉祥'. 337의 주.

862

보살은 세세(世世)[1]에 남의 어여쁜 부녀를 보아도 음탕한 마음을 일으키는 일이 없다. 그러므로 부처님의 몸이나 얼굴은 아리땁기 그지없어서 보는 이가 다 기쁨을 느낀다. — 〈菩薩行五十緣身經〉

〔주〕 1)세세 : 548의 주.

863

여색(女色)[1]은 세상의 형구(刑具)[2]니, 범부(凡夫)는 집착[3]해서 스스로 빼지 못한다. 여색은 세상의 중병(重病)이니, 범부는 괴로워하여 죽도록 면치 못한다. 여색은 세상의 재앙[4]이니, 범부는 이를 만나 액(厄)에 이르지 않는 자가 없다. 그러므로 불도(佛道)를 닦는 사람은, 이미 여인을 얻었을 경우에는 이를 버려야 한다. 이 마당에 이르러서도 다시 뒤를 돌아본다면, 이는 옥에서 나와 다시 들어가기를 생각하는 것과 같고, 미쳤다가 정신이 든 사람이 다시 미치고자 하는 것과 같고, 병이 나아 다시 병들고자 생각하는 것과 같다. 불도를 닦는 사람이 여색을 버려 돌보지 않는다면, 이는 칼(項械)을 깨고 쇠사슬에서 벗어나며 미친 것을 미워하고 병을 싫어함으로써, 재앙을 떠나 편안과 행복을 되찾는 것이 되며, 옥[5]에서 나와 길이 재앙을 떠나는 것이 될 것이다. — 〈菩薩呵色欲法經〉

〔주〕 1)여색 : 여자와의 정사(情事). atri-poṣaka. 2)형구 : 원문은 '枷鏁'. 칼(項械)과 쇠사슬. 3)집착 : 원문은 '戀着'. 자기 마음에 드는 것을 그리워하여, 집착해 떠나지 않는 것. 4)재앙 : 원문은 '衰禍'. 5)옥 : 원문은 '牢獄'. 443의 주.

제4절 계언(戒言)

말을 삼가라

864

거친 말을 멀리함으로써 저를 해치고 남을 해쳐서 피차 함께 해입는 일을 면하고, 좋은 말을 익힘으로써 저를 이롭게 하고 남을 이롭게 해서 남과 내가 널리 이롭도록 해야 한다. — 〈大阿彌陀經〉

865

"수보리(須菩提)[1]야, 불퇴전(不退轉)의 보살[2]은 어느 때거나 모든 말이 내용 있고[3] 남을 이롭게 하는 점이 있게 마련이니, 쓸데없는 말은 하지 않으며, 남의 미오(美惡)·장단(長短)도 살피지 않느니라.

또 수보리야, 불퇴전의 보살은 어느 때거나 세속의 갖가지 잡사(雜事)[4]를 말하지 않나니, 군대의 일을 말하지 않으며, 전쟁의 일을 말하지 않으며, 도시[5] · 부락 · 처소(處所)[6]의 일을 말하지 않으며, 부모 · 친척 · 남녀 따위의 일을 말하지 않으며, 유원지[7] · 누대(樓臺) · 소지(沼池)의 온갖 즐거운 일을 말하지 않으며, 용신(龍神)[8] · 야차(夜叉)[9] · 귀매(鬼魅)[10] · 비인(非人)[11] 등의 일을 말하지 않으며, 음식 · 의복 · 향화(香華)[12] · 영락(瓔珞)[13] · 장식(裝飾)[14] 등을 말하지 않으며, 가무(歌舞) · 창기(倡伎)[15] · 유희[16] 등의 일을 말하지 않으며, 대해(大海) · 주저(洲渚)[17] · 강하(江河) 등의 일을 말하지 않으며, 온갖 범부(凡夫)[18]의 일을 말하지 않는다. 이 같은 세속의 갖가지 잡사를 말하지 않고, 오직 온처계(蘊處界)[19] 따위와 반야바라밀다(般若波羅蜜多)[20]의 상응(相應)하는 여러 일[21]에 대해 즐겨 말하느니라."

— 〈佛母出生經〉

〔주〕 1)수보리 : 59의 주. 2)불퇴전의 보살 : 원문은 '不退轉菩薩'. 620의 '불퇴전지보살'과 같다. 3)내용이 있음 : 원문은 '有義'. 4)잡사 : 여러 가지 일. 5)도시 : 원문은 '國城'. 781의 주. 6)처소 : 원문은 '方處'. 방향과 장소. 처소. deśa-athaṃ. 7)유원지 : 원문은 '園林'. ārāma. 8)용신 : 용은 신력(神力)이 있기에 '용신'이라 한다. 용중(龍衆)이라고도 한다. 용왕을 가리키는 수도 있다. 9)야차 : 395의 주. 10)귀매 : 도깨비. 악마. 11)비인 : 사람이 아닌 것. 신(神)이나 반신(半神)을 가리킨다. amanuṣya. 또 천룡팔부(天龍八部) · 야차 · 악귀 등을 이르기도 한다. 12)향화 : 향기 좋은 꽃. 13)영락 : 236의 주. 14)장식 : 원문은 '莊嚴'. 239의 '보장엄' 참조. 15)창기 : 679의 주. 16)유희 : 원문은 '嬉戱'. 장난질하며 노는 것. 17)주저 : 강 속에 있는 섬. Ⓟdipa. 18)범부 : 원문은 '異生'. 522의 주. 19)온처계 : 467의 주. 20)반야바라밀다 : 41의 주. 21)상응하는 여러 일 : 원문은 '相應諸法'. 결합되는 여러 일들. 심(心)과 심소(心所)의 관계.

866

망령된 말[1]을 하지 말며, 거짓말[2]을 즐기지 말아야 한다. 말하는 내용이 지성(至誠)하며, 말이 진실하며, 전하는 바가 도리에 맞으며, 말이 시기에 적합해야 한다. 꿈 속에서라도 도(道)에 벗어나는 일[3]을 말하지 않고, 늘 바른 가르침[4]의 경전을 설(說)해야 한다. 세속의 행위[5]에 관한 쓸데없는 일을 말하지 않으며, 이간하는 말[6]을 떠나 저쪽의 나쁜 말을 이쪽에 전하지 않고, 이쪽의 나쁜 말을 저쪽에 말하지 않음으로써 다툼[7]을 화해시켜 원한을 품는[8] 일이 없도록 해야 한다. — 〈漸修一切智德經〉

1)망령된 말 : 원문은 '妄語'. 565의 주. 2)거짓말 : 원문은 '虛言'. 3)도에 벗어나는 일 : 원문은 '非法'. 36의 주. 4)바른 가르침 : 원문은 '正法'. 252의 주. 5)세속의 행위 : 원문은 '俗業'. 6)이간하는 말 : 원문은 '兩舌'. 770의 주. 7)다툼 : 원문은 '諍訟'. 111의 주. 8)원한을 품음 : 원문은 '怨望'. avyathātva.

867

차라리 날카로운 칼로 그 혀를 스스로 자를지언정, 조금이라도 음탕한 일[1]에 관해 말하는 일이 있어서는 안 된다. — 〈諸法集要經〉

〔주〕 1)음탕한 일 : 원문은 '欲事'. 음욕(婬欲)에 관한 일. maithuna.

868

공론(空論)[1]이나 논쟁(論爭)[2]이 있는 곳에는 온갖 번뇌(煩惱)[3]가 많이 일어나게 마련이니, 슬기로운 사람은 응당 이를 멀리해야[4] 한다.

— 〈大寶積經〉

〔주〕 1)공론 : 원문은 '戲論'. 79의 주. 2)논쟁 : 원문은 '諍論'. vivāda. 3)번뇌 : 4의 주. 4)멀리함 : 원문은 '遠離'. 609의 주.

869

마땅히 착한 말을 배우는 사람은 밤낮으로 착한 말, 좋은 말을 외우고 익혀서[1] 여러 가지로 뛰어난[2] 해탈(解脫)[3]의 요도(要道)를 제 것으로 만들어야 한다.

— 〈出曜經〉

〔주〕 1)외우고 익힘 : 원문은 '誦習'. 소리내어 외우며 배우는 것. ajjhena. 2)여러 가지로 뛰어남 : 원문은 '衆妙'. 3)해탈 : 원문은 '度世'. 516의 주.

870

남에 대해 위증(僞證)[1]하여 형법(刑法)[2]에 걸리게 하지 말며, 나쁜 말을 전하지 말며, 말로 다투어 남의 마음을 상하게[3] 말며, 듣지 않은 것을 들었다 하고, 보지 않은 것을 보았다고 말해서는 안 된다.

— 〈阿含正行經〉

〔주〕 1)위증 : 원문은 '妄證'. 2)형법 : 원문은 '罪法'. 3)상함 : 원문은 '中傷'. 요즘의 뜻과는 다르다.

871

보녀동자(寶女童子)가 부처님께 여쭈었다.

"진실[1]이란 무엇이옵니까?"

부처님께서 이르셨다.

"진실에 세 가지가 있으니, 부처님을 속이지 않고, 자기를 속이지 않고, 사람들을 속이지 않음이다."

"그러면, 진실한 말[2]이란 어떤 것이옵니까?"

"말을 많이 하지 않고, 말을 조심하고,[3] 거친 말을 쓰지 않는 것이 진실한 말이니, 너는 진실한 말을 익히도록 해라." — 〈大集經〉

〔주〕 1)진실 : 원문은 '實'. satya. 2)진실한 말 : 원문은 '實語'. satya-vāda. 3)말을 조심함 : 원문은 '守護語'. 말이 정도(正道)에서 벗어나지 않도록 주의하는 것.

872

차라리 진실한 말[1]을 해서 적[2]을 만들지언정, 비위 맞추는 말[3]을 해서 친우를 만들지 말라. 차라리 바른 가르침[4]을 설(說)하고 지옥에 떨어질지언정, 그릇된 가르침[5]을 설하고 천상(天上)에 태어나지 말라.

— 〈菩薩本緣經〉

〔주〕 1)진실한 말 : 원문은 '實語'. 871의 주. 2)적 : 원문은 '怨憎'. ripu. 3)비위 맞추는 말 : 원문은 '諂言'. 4)바른 가르침 : 원문은 '正法'. 252의 주. 5)그릇된 가르침 : 원문은 '邪諂'.

873

소위 해치는 말[1]이나 거친 말,[2] 남을 괴롭히는 말,[3] 남으로 하여금 원한을 품게 하는 말,[4] 저속하고 나쁜 말,[5] 용렬하고 천한 말,[6] 이런 말들은 다 버리고, 늘 정다운 말,[7] 부드러운 말,[8] 듣기를 원하는 말,[9] 듣는 사람이 기뻐하는 말,[10] 사람의 마음에 잘 받아들여지는 말,[11] 멋지고 도리에 맞는 말[12]들을 하며, 항상 시기에 맞는 말,[13] 분명한 말,[14] 진실한 말,[15] 도리에 맞는 말,[16] 정법(正法)을 설하는 말,[17] 잘 조복(調伏)하는 말,[18] 때에 따라 헤아려 결정한 말[19]을 즐겨 생각해야 한다. 보살은 웃을[20] 때라도 늘 자세히 생각하거니,[21] 하물며 굳이 어지러운 말을 함부로 하겠는가?

— 〈華嚴經〉

〔주〕 1)해치는 말 : 원문은 '毒害語'. 2)거친 말 : 원문은 '麤獷語'. 3)남을 괴롭히는 말 : 원문은 '苦他語'. 4)남으로 하여금 원한을 품게 하는 말 : 원문은 '令他瞋恨語'. 5)저속하고 나쁜 말 : 원문은 '鄙惡語'. 6)용렬하고 천한 말 : 원문은 '庸賤語'. 7)정다운 말 : 원문은 '潤澤語'. 8)부드러운 말 : 원문은 '柔軟語'. 9)듣기를 원하는 말 : 원문은 '可樂聞語'. 10)듣는 사람이 기뻐하는 말 : 원문은 '聞者喜悅語'. 11)사람의 마음에 잘 받아들여지는 말 : 원문은 '善入人心語'. 12)멋지고 도리에 맞는 말 : 원문은 '風雅典則語'. 13)시기에 맞는 말 : 원문은 '時語'. 14)분명한 말 : 원문은 '審語'. 15)진실한 말 : 원문은 '實語'. 871의 주. 16)도리에 맞는 말 : 원문은 '義語'. 17)정법을 설하는 말 : 원문은 '法語'. 18)잘 조복하는 말 : 원문은 '巧調伏語'. 19)때에 따라 헤아려 결정한 말 : 원문은 '隨時籌量決定語'. 20)웃음 : 원문은 '戱笑'. 크게 웃는 것. ujjagghikā. 21)자세히 생각함 : 원문은 '審思'.

874

경(經)을 읽을 때에는 사람과 경전의 잘못을 즐겨 설(說)하지 말며, 다른 법사(法師)[1]들을 경멸하지[2] 말며, 남의 호오(好惡)·장단(長短)을 말하지 말아야 한다.

— 〈法華經〉

〔주〕 1)법사 : 설법자. 포교사. dharma-bhāṇaka. 2)경멸함 : 원문은 '輕慢'. avamanyanā.

875

거짓말[1]을 하지 말며, 심지어 꿈 속에서라도 거짓말할 생각을 아니하는 것이 사문(沙門)의 도리[2]니라. — 〈涅槃經〉

〔주〕 1)거짓말 : 원문은 '妄語'. 565의 주. 2)사문의 도리 : 원문은 '沙門法'. 출가자가 지켜야 할 일.

불계언(不戒言)의 고과(苦果)

876

"아난(阿難)[1]아, 이같이 세계의 육도중생(六道衆生)[2]이 비록 몸과 마음에 살생(殺生)·투도(偸盜)·사음(邪婬)[3]이 없어서 삼행(三行)[4]이 원만하다 할지라도, 만약 크게 거짓말[5]하는 잘못이 있을 경우에는 삼마지(三摩地)[6]의 청정은 얻지 못하고, 애견(愛見)[7]이 장애가 되어 여래(如來)의 씨[8]를 잃고 마느니라." — 〈楞嚴經〉

〔주〕 1)아난 : 6의 주. 2)육도중생 : 육도를 윤회하고 있는 중생. '육도'는 83의 주. 3)살생·투도·사음 : 원문은 '殺盜婬'. '살생'은 386의 주. '투도'와 '사음'은 각기 765의 주. 4)삼행 : 신(身)·구(口)·의(意)의 삼업(三業)을 이른다. 5)거짓말 : 원문은 '妄語'. 565의 주. 6)삼마지 : samādhi의 음사. 154의 '삼매'와 같다. 7)애견 : 애(愛)와 견(見)이라는 두 번뇌. 이익을 구해 탐심을 내어, 한쪽을 버리고 다른 쪽에 붙는 것이 '애', 아(我)·아소(我所)가 있다 하고, 단견(斷見)·상견(常見) 같은 것에 빠지는 것이 '견'이다. 8)여래의 씨 : 원문은 '如來種'. 부처가 될 씨. 깨달음의 종자. tathāgata-kula-vaṃśa.

877

대망어(大妄語)[1]를 끊지 않는 자는, 마치 똥을 조각해 전단(栴檀)[2] 모양을 만들어 향기를 얻고자 하는 것과 같으니, 그런 사람이 깨닫는다는 것은 있을 수가 없다.[3] —〈楞嚴經〉

〔주〕 1)대망어 : 깨닫지 못한 자가 깨달은 듯 말하는 것. 2)전단 : candana의 음사. 향목(香木)의 한 종류. 3)있을 수 없음 : 원문은 '無有是處'. 741의 주.

878

스스로 거짓말하는 것과 남을 거짓말하게 하는 것과 방편(方便)으로 거짓말하는 것은, 보살의 바라이죄(波羅夷罪)[1]에 해당한다. —〈梵網經〉

〔주〕 1)바라이죄 : '바라이'는 pārājika의 음사. 계율 중 가장 무거운 죄. 교단에서 추방되는 죄. 비구는 음행(婬行)·도둑질·살인·대망어(大妄語)의 네 가지. 비구니에게는 다시 넷이 추가된다.

879

만약 비구(比丘)로서 알고 거짓말[1]하는 자와, 갖가지로 비방[2]하는 자, 이간질[3]하는 말을 하는 자, 망령되이 사실과 다른 말[4]을 해서 남을 괴롭히는 자는, 바일제죄(波逸提罪)[5]에 해당한다. —〈四分律〉

〔주〕 1)거짓말 : 원문은 '妄語'. 565의 주. 2)비방 : 원문은 '毁呰'. 666의 주. 3)이간질 : 원문은 '兩舌'. 770의 주. 4)사실과 다른 말 : 원문은 '異語'. 5)바일제죄 : 비구·비구니의 구족계(具足戒)를 분류한 것의 하나로 경죄(輕罪)에 해당한다. 지옥에 떨어질 죄이나 참회하면 용서된다. 의역은 단타(單墮). Ⓟ

pācittiyā dhammā.

880

거짓말은 바로 죄다. — 〈涅槃經〉

881

나쁜 말[1)]을 하는 사람은 입에 향료[2)]를 물고 있는 경우라도 시체와 같으니, 항상 악한 일을 즐겨 말하면, 입에서 나오는 말은 가시 같고 칼·똥·오줌·벌레·고름과 같아진다. 천신(天神)이나 사람[3)]의 향으로는 좋은 말 이상의 것이 없고, 삼계(三界)[4)] 속의 악취로는 나쁜 말 이상의 것이 없다. — 〈十善戒經〉

〔주〕 1)나쁜 말 : 원문은 '惡口'. 565의 주. 2)향료 : 원문은 '香臭'. 후각(嗅覺)의 대상. gandha. 여기서는 향료를 이른 것 같다. 3)천신과 사람 : 원문은 '天人'. 253의 주. 4)삼계 : 4의 주.

882

만약 사람이 있어서 명리(名利)를 구하기 위해, 여래(如來)[1)]의 밀교경전(密敎經典)[2)]에 빌붙어서[3)] 망령된 말을 하는 경우, 이런 사람은 무거운 보(報)[4)]를 받아야 하고, 그것을 들은 사람도 생생(生生)[5)]에 장도(障道)[6)]의 보를 받아야 한다. 그리하여 지옥에 떨어짐으로써 길이 대승(大乘)의 가르침[7)]을 듣지 못하게 된다. 그러므로 사부중(四部衆)[8)]들, 즉 비구·비구니·선남자(善男子)[9)]·선녀인(善女人)[10)]은 응당 여래의 비밀한 가르침[11)]에 대해 망령되이 말하는 일이 없어야 할 것이다. — 〈大敎王經〉

〔주〕 1)여래 : 1의 주. 2)밀교경전 : 원문은 '秘敎法藏'. '비교'란, 그 경지에 이른 자 외에는 알 수 없는 가장 심원한 가르침. '법장'은 경전. 3)빌붙음 : 원문은 '諂諛'. 아첨함. 4)보 : 원문은 '罪'. 605의 주. 5)생생 : 자꾸 태어나는 것. 생을 거듭함. 6)장도 : 361의 주. 7)대승의 가르침 : 원문은 '正敎法'. 8)사부중 : 비구·비구니·우바색·우바이. 즉 출가한 남승·여승과, 남녀의 재가신자(在家信者). 9)선남자 : 1의 주. 10)선녀인 : 360의 주. 11)비밀한 가르침 : 원문은 '秘密敎'.

883

만약 사람이 세상에 태어나 입으로 나쁜 말을 한다면, 이는 항상 날카로운 칼로 제 몸을 베고 있는 격이 된다. 악인을 찬양하고 선인을 헐뜯어서 입으로 온갖 허물을 짓는다면, 능히 낙과(樂果)[1]를 초래하지 못한다. 만약 사람이 악한 마음에서 나온 말로 여러 성자(聖者)를 헐뜯으면, 알부옥(頞部獄)[2] 속에서 백천년(百千年)을 지내야 한다.

— 〈根本有部毘奈耶律〉

〔주〕 1)낙과 : 열반(涅槃)의 경지를 이른다. 2)알부옥 : '알부'는 알부타(頞部陀)의 준말로 arbuda의 음사. 팔한지옥(八寒地獄)의 제1. 너무 추워서 몸이 부스럼 난 것같이 된다고 함.

884

입은 날카로운 도끼와 같아서 그 몸을 스스로 깨나니, 악한 말 때문에 사나운 마음을 일으켜 온갖 죄를 늘임[1]으로써, 모든 재앙[2]을 낳게 되는 것이다.

— 〈諸法集要經〉

〔주〕 1)늘임 : 원문은 '增長'. 247의 주. 2)재앙 : 원문은 '過患'. 84의 주.

885

나쁜 말로 욕해서 남을 업신여기면 원한[1]이 생기고, 겸손하고 순(順)한 말로 남을 존경하면 원한이 없어진다. 사람이 태어나매 도끼가 입 속에 있게 마련이니, 그 몸을 해치는 것이 나쁜 말 때문이니라.

— 〈法句譬喩經〉

〔주〕 1)원한 : 원문은 '疾怨'. Ⓟvera.

886

망어(妄語)[1]의 죄는 중생을 삼악도(三惡道)[2]에 떨어지게 하며, 설사 인간계(人間界)[3]에 태어나는 경우라도 두 가지 과보(果報)[4]를 얻게 만드는바, 첫째는 비방을 많이 받는 일이요, 둘째는 늘 많은 사람에게 속는 일이다. 양설(兩舌)[5]의 죄는 중생을 삼악도에 떨어지게 하며, 설사 인간계에 태어나는 경우라도 두 가지 과보를 얻게 만드는바, 첫째는 악[6]한 권속(眷屬)[7]을 얻는 일이요, 둘째는 불화(不和)한 권속을 얻는 일이다. 악구(惡口)[8]의 죄는 중생을 삼악도에 떨어지게 하며, 설사 인간계에 태어나는 경우라도 두 가지 과보를 얻게 만드는바, 첫째는 악한 소리를 항상 듣는 일이요, 둘째는 다투는 일[9]이 항상 있는 일이다. 기어(綺語)[10]의 죄는 중생을 삼악도에 떨어지게 하며, 설사 인간계에 태어나는 경우라도 두 가지 과보를 얻게 만드는바, 첫째는 어떤 말이건[11] 남이 신용하지[12] 않는 일이요, 둘째는 남의 말을 능히 이해하지[13] 못하는 일이다. — 〈十住經〉

〔주〕 1)망어 : 565의 주. 2)삼악도 : 166의 주. 3)인간계 : 원문은 '人中'. 26의 주. 4)과보 : 78의 '보'와 같다. 5)양설 : 770의 주. 6)악 : 원문은 '弊惡'. 7)권속 : 537의 주. 8)악구 : 565의 주. 9)다투는 일 : 원문은 '諍訟'. 111의 주. 10)기어 :

770의 주. 11)어떤 …이건 : 원문은 '所有'. 427의 주. 12)신용함 : 원문은 '信受'. abhyupagamana. 13)이해함 : 원문은 '分了'.

887

마땅히 찬탄해야 할 사람을 찬탄하지 않고, 찬탄해서는 안 될 사람을 도리어 좋게 말하는 것, 이를 말로 짓는 큰 다툼[1]이라고 이른다.

— 〈起世經〉

〔주〕 1)말로 짓는 큰 다툼 : 원문은 '口中大鬪諍'. 도리에 역행하는 일이므로 '다툼'이라 한 것 같다.

888

부처님께서 나호라(羅怙羅)[1]에게 이르셨다.

"만약 의식적으로 거짓말을 해 놓고도 부끄러워도 안하고 뉘우치지도 않는다면, 이런 어리석은 사람은 사문(沙門)의 의무[2]를 포기하는 것이 되느니라."

세존(世尊)[3]께서는 다시 그릇을 땅에 닿도록 기울이신 다음에 나호라에게 이르셨다.

"네가 이 그릇 기욺을 보느냐? 만약 필추(苾芻)[4]가 의식적으로 거짓말을 하는 경우, 사문의 의무를 기울임이 이 같으니라."

— 〈苾芻尼毗奈耶律〉

〔주〕 1)나호라 : Rāhula의 음사. 나후라(羅喉羅)라고도 쓴다. 부처님의 아들. 출가하여 밀행(密行) 제1의 성자가 되었다. 2)사문의 의무 : 원문은 '沙門法'. 3)세존 : 4의 주. 4)필추 : 455의 주.

889

옛날에 자라가 있었다. 가뭄을 만나 호수가 말라붙어, 제 힘으로는 먹이 있는 곳에 갈 수가 없게 되었다. 마침 큰 고니(鵠)가 호숫가에 와 내려앉았으므로 자라는 자기를 좀 날라다 줄 것을 애걸하였다. 고니는 옮겨 주려 하여 자라를 입에 물고 도시 위를 날아가는데, 자라는 침묵을 못 지키고 여기가 어디냐고 연달아 물어 댔으므로 고니는 저도 모르는 사이에 대답할 수밖에 없었다. 그리하여 대답하기 위해 입을 벌리는 서슬에 자라는 땅에 떨어져서, 사람에게 잡아먹히고 말았다. 사람이 어리석고 생각이 모자라서 입을 조심하지 않는다면, 이같이 될 것이다.

—〈舊雜譬喩經〉

890

혀[1] 속에 독[2]이 생기면 온갖 사람이 믿지 않으리니, 왜 망어(妄語)[3]를 버리지 않는 것인가? —〈正法念處經〉

〔주〕 1)혀 : 원문은 '舌'. 구설(口舌). 말. 2)독 : 원문은 '惡毒'. 악의. 남을 해치려는 마음. drugdha. 3)망어 : 565의 주.

891

망어(妄語)[1]는 먼저 자기를 속인 다음에 남을 속이게 된다. 그러므로 망어를 버리지 아니하면 자타(自他)가 함께 파괴된다. —〈正法念處經〉

〔주〕 1)망어 : 565의 주.

892

옛날에 한 사람이, 여럿이 모인 중에서 제 부친의 덕을 칭찬했다.

"우리 아버지는 인자[1]하신 분이어서 남을 해치거나 도둑질하는 일이 없으며, 언제나 진실을 말하며,[2] 널리 보시(布施)[3]를 행하신답니다."

마침 어리석은 자가 이 말을 듣고 나섰다.

"우리 아버지의 덕행(德行)이 당신의 춘부장보다 월등하십니다."

여러 사람이 물었다.

"어떤 덕행이 있으신가요? 어서 말씀을 해 보시오."

그 사람이 대답했다.

"우리 아버지께서는 젊어서부터 음욕(婬欲)[4]을 끊으셔서, 처음부터 더러움[5]이 없으셨습니다."

여러 사람이 말했다.

"음욕을 끊었다면, 어떻게 당신을 낳으셨단 말씀이오?"

이리하여 어리석은 자는 당시 사람들의 조소를 샀다. 세상의 무지한 사람들이 남의 덕을 칭찬코자 한대도 그 사실을 모르면 도리어 비방[6]을 초래할 것이니, 저 어리석은 자가 제 아비를 칭찬코자 했지만 말이 잘못을 저지른 것과 같다. — 〈百喩經〉

〔주〕 1)인자 : 원문은 '慈仁'. 미물까지도 불쌍히 여기는 것. 2)진실을 말함 : 원문은 '實語'. 871의 주. 3)보시 : 17의 주. 4)음욕 : 473의 주. 5)더러움 : 원문은 '染汚'. 더럽히는 것. 번뇌 따위로 청정한 마음을 더럽히는 것. 번뇌를 이른다. kliṣṭa. 6)비방 : 원문은 '毁呰'. 666의 주.

893

세상의 온갖 사람들은 살아 있는 동안[1] 혓바닥에 저절로 도끼[2]가 생기게 되어 있다. 즉 입으로 여러 가지 악한 말을 함으로써 도리어 그 몸을 스스로 해치고 있는 것이다. — 〈起世因本經〉

〔주〕 1)살아 있는 동안 : 원문은 '在世時'. 2)도끼 : 원문은 '斤鐵'.

894

거짓말[1]은 온갖 사람들[2]을 괴롭힌다.[3] 그런 말을 하는 자는 어둠과 같아서, 목숨이 있다 해도 죽은 것과 다를 바가 없다. — 〈正法念處經〉

〔주〕 1)거짓말 : 원문은 '妄語言說'. 거짓말로 된 이야기. 2)사람들 : 원문은 '衆生'. 1의 주. 3)괴롭힘 : 원문은 '惱'. 546의 주.

895

거짓말[1]에는 열 가지 좋지 않은 과보(果報)[2]가 따른다. 첫째는 호흡에서 고약한 냄새[3]가 남이다. 둘째는 선신(善神)이 멀리하고 악귀(惡鬼)[4]가 날뛸 기회를 얻음이다. 셋째는 진실한 말[5]을 해도 남이 신용[6]치 않음이다. 넷째는 현인(賢人)[7]의 논의(論議)하는 자리에 언제나 낄 수 없음이다. 다섯째는 늘 비방을 입음으로써 추악한 소문이 두루 천하에 들림이다. 여섯째는 남의 존경을 못 받으므로, 어떤 일을 당해 명령[8]을 내린대도 남이 말을 듣지 않음이다. 일곱째는 언제나 근심이 많음이다. 여덟째는 비방을 받을 업(業)의 원인[9]을 심음이다. 아홉째는 죽으면 지옥에 떨어짐이다. 열째는 인간계(人間界)[10]에 태어난다 해도 늘 비방을 받음이다.
— 〈大智度論〉

〔주〕 1)거짓말 : 원문은 '妄語'. 565의 주. 2)좋지 않은 과보 : 원문은 '罪'. 605

의 주. 3)호흡에서 나는 고약한 냄새 : 원문은 '氣臭'. 혹은 '臭氣'의 잘못인가? 4)악귀 : 원문은 '非人'. 865의 주. 5)진실한 말 : 원문은 '實語'. 871의 주. 6)신용 : 원문은 '信受'. 886의 주. 7)현인 : 원문은 '智人'. 지혜 있는 사람. paṇḍita. 8)명령 : 원문은 '教勅'. 명령함. ājñāpyatām. 9)원인 : 원문은 '因緣'. 2의 주. 10)인간계 : 원문은 '人道'. 사람이 사는 이 세상. mānuṣya-gati.

896

부처님께서 아난(阿難)[1]에게 이르셨다.

"사람이 세상[2]에서 일으키는 재앙은 입에서 나온다. 그러므로 마땅히 입 지키기를 사나운 불을 지키는 것보다도 더욱 조심해서 해야 한다. 사나운 불꽃은 세상의 재물을 태우되, 나쁜 말[3]의 불꽃은 일곱 가지 성스러운 재물[4]을 태우는 까닭이다. 이같이 온갖 중생의 재앙은 다 입에서 나오는 터이므로, 입이야말로 몸을 해치는 도끼요, 몸을 죽이는 칼날이니라."

— 〈報恩經〉

〔주〕 1)아난 : 6의 주. 2)세상 : 원문은 '世間'. 64의 주. 3)나쁜 말 : 원문은 '惡口'. 565의 주. 4)일곱 가지 성스러운 재물 : 원문은 '七聖財'. 불도 수행에 필요한 것을 재물에 비유하여 일곱 가지를 든 것. 신재(信財)·계재(戒財)·참재(慚財)·괴재(愧財)·문재(聞財)·사재(捨財)·혜재(慧財). sapta dhanāni.

897

나쁜 말,[1] 이간하는 말[2]을 좋아하여 남의 과실을 들추어 내면, 이런 좋지 않은 사람은 못 짓는 악이 없게 된다.

— 〈華手經〉

〔주〕 1)나쁜 말 : 원문은 '惡口'. 565의 주. 2)이간하는 말 : 원문은 '兩舌'. 770의 주.

계언(戒言)의 익(益)

898

만약 사람이 거짓말[1]을 버리면, 이는 쓴 것을 버리고 단 것을 얻는 것과 같다.

— 〈妙法聖念處經〉

〔주〕 1)거짓말 : 원문은 '妄語'. 565의 주.

899

온갖 맛있는 음식[1] 중에서 진실한 말[2]이 으뜸이다.

— 〈別譯雜阿含經〉

〔주〕 1)맛있는 음식 : 원문은 '滋味'. 2)진실한 말 : 원문은 '實語'. 871의 주.

900

진실한 말[1]을 하는 사람은 보시(布施)[2] · 지계(持戒)[3] · 학문(學問)[4] · 다문(多聞)[5]을 빌리지 않고, 오직 진실한 말을 닦는 것만으로도 끝없는 복을 얻게 된다.

— 〈大智度論〉

〔주〕 1)진실한 말 : 원문은 '實語'. 871의 주. 2)보시 : 17의 주. 3)지계 : 151의 주. 4)학문 : 671의 주. 5)다문 : 455의 주.

901

거짓말[1]을 떠나면, 온갖 세상 사람들이 그 사람의 행동이나 말을 보는 대로 듣는 대로 다 믿게 된다. 그리하여 설사 가난해서 재물이 없다

해도, 온갖 세상 사람들이 왕같이 받들어 물자를 바칠[2] 것이다. 온갖 사람 중에서 진실한 말을 하는 사람의 광명은 마치 뭇별 속의 달의 광명과도 같이 찬란하니, 온갖 보배 중에서 '진실한 말'[3]의 보배가 으뜸이다. 생사[4]의 바다를 건너고자 할 때에는 온갖 배 중에서 '진실한 말'의 배가 으뜸이며, 온갖 악행(惡行)을 떠나고자 할 때에는 거짓말을 떠남이 으뜸이며, 온갖 등불 중에서는 '진실한 말'의 등불이 으뜸이며, 온갖 악도(惡道)[5]에서 벗어나게 하는 좋은 인도자[6] 중에서는 '진실한 말'의 인도자가 으뜸이며, 온갖 세상의 쓰는 물건[7] 중에서는 '진실한 말'의 물건이 으뜸이며, 온갖 병을 고치는 여러 약 중에서는 '진실한 말'의 약이 으뜸이며, 온갖 통어력(統御力)[8] 중에서는 '진실한 말'의 힘이 으뜸이며, 온갖 귀향(歸向)[9] 중에서는 '진실한 말'의 귀향이 으뜸이며, 온갖 친구[10] 중에서는 '진실한 말'의 친구가 으뜸이다. 만약 사람이 '진실한 말'의 재물을 거두어 지닌다면,[11] 세상에서 다시는 악한 일을 행하지 않으며, 가난에 떨어지지 않으며, 천신(天神)[12]에 가까워지게 된다. — 〈正法念處經〉

〔주〕 1)거짓말 : 원문은 '妄語'. 565의 주. 2)물자를 바침 : 원문은 '供養'. 738의 주. 3)진실한 말 : 원문은 '實語'. 871의 주. 4)생사 : 12의 주. 5)악도 : 2의 주. 6)좋은 인도자 : 원문은 '善導'. 7)쓰는 물건 : 원문은 '受用物'. 받아서 쓰는 물건. 8)통어력 : 원문은 '奮迅勢力'. 지배하는 힘. 9)귀향 : 오로지 마음을 기울이는 것. āvarjana. 10)친구 : 원문은 '智識'. 이 경우, '知識'과 같다. 565의 '지식'의 주. 11)거두어 지님 : 원문은 '攝取'. 391의 주. 12)천신 : 원문은 '天'. 384의 주.

계언(戒言)과 불계언(不戒言)의 득실

902

사람이 항상 좋은 말을 말하면 선법(善法)[1]이 늘 나타나[2] 성도(聖道)[3]를 이루지만, 그릇된 말을 말하면 악법(惡法)[4]이 늘 나타나 지옥에 떨어진다.
— 〈八陽經〉

〔주〕 1)선법 : 18의 주. 2)나타남 : 원문은 '轉'. 일어남. 인연에 의해 생김. pravartate. 3)성도 : 618의 주. 4)악법 : 18의 주.

903

만약 사람이 거짓말[1]을 안 하면 감로(甘露)[2]와 같아서, 사람마다 사랑하고 즐기므로[3] 자타(自他)를 널리 이롭게 하는 결과가 된다. 그러나 거짓말을 하면 독약 같아서, 자타를 해치므로 편할[4] 날이 있을 수 없다.
— 〈妙法聖念處經〉

〔주〕 1)거짓말 : 원문은 '妄語'. 565의 주. 2)감로 : 4의 주. 3)사랑하고 즐김 : 원문은 '愛樂'. 517의 주. 4)편함 : 원문은 '安穩'. 417의 주.

904

거친 말[1]을 해서는 안 된다. 말할 때에는 남도 그렇게 하리라는 것을 염두에 두어야 한다. 악이 가면 화가 오게 마련이니, 폭력[2]의 보배를 그 몸에 받아야 하리라.

좋은 말을 하되 종(鐘)이나 경쇠(磬)를 고요히 두들기듯 하라. 몸에 시비가 없으면, 미혹의 세계에서 벗어나[3] 편안할 수 있으리라. — 〈法句經〉

〔주〕 1)거친 말 : 원문은 '麤言'. 577의 주. 2)폭력 : 원문은 '刀杖'. 무기. Ⓟ daṇḍa. 3)미혹의 세계에서 벗어남 : 원문은 '度世'. 516의 주.

905

말 많은 자를 남들이 두려워하거니와, 그 중에서도 가장 두려워하는 것은 이간질하는 말[1]이다. 이간질하는 말을 떠난 사람은 이 세상[2]에서 좋은 과보(果報)[3]를 받는바, 스승[4] · 친구 · 형제 · 처자 · 노비(奴婢) 등의 친목이 다 견고해서 남이 깨지 못할 것이다. — 〈正法念處經〉

〔주〕 1)이간질하는 말 : 원문은 '兩舌'. 770의 주. 2)이 세상 : 원문은 '現在世'. 596의 주. 3)좋은 과보 : 원문은 '善果'. 457의 주. 4)스승 : 원문은 '知識'. 15의 '선지식'과 같다.

906

옛날에 나운(羅云)[1]이 깨달음[2]을 얻지 못했을 때의 일이다. 그의 마음은 거칠고 말에는 진실이 모자랐다. 그래서 부처님께서는 나운에게,

"너는 현제정사(賢提精舍)에 가 머무르면서, 말을 조심하고 마음을 바르게 유지하여[3] 부지런히 구족계(具足戒)[4]를 닦도록 하라."

고 분부하셨다. 나운은 분부를 받자 절하고 물러나 현제정사에 가 머무르면서, 90일 동안 부끄러워하고 뉘우쳐 밤낮을 안 가리고 수행에 열중하였다.

하루는 부처님께서 찾아가셨다. 나운은 기뻐하여 달려와 부처님께 절하고, 승상(繩牀)[5]의 편안한 자리를 드리며 앉으시기를 청했다. 부처님께서는 승상에 걸터앉으사, 나운에게 이르셨다.

"대야에 물을 떠다가 내 발을 씻어 주려무나."

나운은 분부대로 부처님의 발을 씻어 드렸다.

발을 다 씻고 나신 다음에, 부처님께서 나운에게 말씀하셨다.

"발을 씻은 저 대야 속의 물을 보느냐?"

나운이 대답했다.

"네, 보나이다."

"이 물을 가지고 먹고 마시든가 양치질할 수 있겠느냐?"

"그런 일에 다시 쓸 수는 없겠나이다. 왜냐하면, 이 물은 본래 깨끗했사오나 이제 발을 씻음으로 말미암아 더러워졌기 때문입니다. 그러므로 다시 쓸 수 없겠나이다."

부처님께서 나운에게 이르셨다.

"너 역시 마찬가지니라. 내 아들인 너는 국왕의 손자로 태어나, 일단 세속의 부귀를 버리고 사문(沙門)[6]이 되기는 했거니와, 정진(精進)[7] · 섭의(攝意) · 수구(守口)에 마음을 쓰지 않아서 삼독(三毒)[8]의 때가 가슴을 채워 더럽혀 놓았다. 꼭 이 물을 다시 쓸 수 없는 것과 같지 않으냐?"

다시 부처님께서는 대야의 물을 버리도록 분부하시고 나서 나운에게 이르셨다.

"물을 버렸으므로 그릇이 비어 있기는 하다만, 거기에 음식을 담을 수 있겠느냐?"

"못하오리다. 왜냐하면, 그릇이기는 해도 이미 더러움을 받았기 때문입니다."

부처님께서 이르셨다.

"너 또한 그러니라. 비록 사문이 되었다고는 하나, 말이 성실치 못하고 마음이 완강해서 정진에 마음을 쓰지 않으므로 나쁜 평판을 이미 받았으니, 그릇에 음식을 담을 수 없는 것과 마찬가지가 아니냐?"

부처님께서는 발가락으로 대야를 걷어차셨다. 대야는 데굴데굴 몇 번을 구른 끝에야 멈추었다. 부처님께서 나운에게 이르셨다.

"대야가 아까워 깨질까 두렵느냐?"

"대야는 값싼 물건이옵니다. 아까워한대도 대단치는 않나이다."

"너 또한 그러니라. 사문이 되기는 했어도 몸과 입을 조심하지 못하여, 거칠고 나쁜 말로 중상하는 바가 많으므로, 뭇사람이 사랑하지 않고 지혜 있는 이가 아끼지 않으며, 죽고 나면 삼도(三道)[9]에 윤회하여 스스로 나고 스스로 죽어 괴로움이 끝없건만 부처님네와 성자(聖者)들이 아까워도 안하리니, 또한 너의 대야를 아끼지 않음과 같다고 해야 하리라."

이 말씀을 들은 나운은 부끄럽고 두려워 어쩔 줄을 몰라 했다.

"내 다시 비유를 들어 설하리라."

부처님께서는 말씀을 이으셨다.

"옛날 어느 국왕이 큰 코끼리 한 마리를 가지고 있었다. 이 코끼리는 매우 용맹하게 잘 싸웠으므로 그 힘을 따진다면 오백 마리의 작은 코끼리보다도 나은 셈이었다. 그 국왕이 군대를 일으켜 뜻을 거슬리는 나라를 치는데, 이 코끼리에게 쇠로 된 갑옷을 입히고 상사(象士)[10]를 시켜 이를 다루게 했다. 그리고 쌍지창(雙枝槍)을 코끼리의 두 이빨에 매고, 다시 두 칼을 두 귀에 매었으며, 곡도(曲刀)를 네 다리에 매고, 철편(鐵鞭)[11]을 꼬리에 매달았다. 이같이 아홉 개의 무기를 코끼리에게 달아 놓았지만 그 코만은 보호해서 전투에 쓰지 않았으니, 이는 상사(象士)가 코끼리의 목숨을 지키려고 마음을 쓴 까닭이었다. 왜냐하면, 코끼리의 코는 연해서 화살을 맞으면 즉사하기 때문에, 코는 노출시키지 않는 것이었다. 한참 싸우던 코끼리는 코를 내밀어 칼을 찾았으나, 상사는 그 요구를 묵살했다. 이 코끼리가 목숨을 안 아끼고 코를 내밀어 칼을 거기에 매달아

주기를 바랐지만, 왕과 신하들은 이 큰 코끼리를 아끼는 나머지 코로는 싸우지 못하게 함이었다. 사람이 온갖 악을 저지른대도 입만은 잘 지킨다면, 이 큰 코끼리가 코만은 보호하여 그것으로는 안 싸우는 것과 같은 결과가 될 것이다. 상사가 코끼리의 코를 보호하는 것은 화살에 맞아 즉사할 것을 두려워함이거니와, 사람도 마찬가지여서, 입을 지킴은 삼악도(三惡道)[12]를 두려워하는 까닭이다. 십악(十惡)[13]을 다 범하여 입을 지키지 못하는 자는, 이 코끼리가 목숨을 돌봄이 없이 코를 내밀어 싸우려 한 것과 같다. 사람이 십악을 다 범하면 삼악도의 고통을 받아야 할 것이요, 만약 십선(十善)[14]을 실천해 신(身)·구(口)·의(意)[15]를 조심한다면 깨달음을 얻음으로써, 삼악도를 길이 떠나 다시는 생사(生死)[16]의 근심이 없게 되리라."

부처님의 간절하신 가르침을 들은 나운은, 감격해 스스로 힘써서 뼈에 새겨 잊지 않았다. 그리하여 정진(精進)해 부드러워지고 인욕(忍辱)을 지녀[17] 대지(大地) 같아지니, 식상(識想)[18]이 고요하게 되어 나한도(羅漢道)[19]를 얻었다. — 〈法句譬喩經〉

〔주〕 1)나운 : 888의 '나호라'와 같다. 2)깨달음 : 원문은 '道'. 14의 주. 3)마음을 바르게 유지함 : 원문은 '攝意'. 마음을 통일해 안정시킴. Ⓟsata. 4)구족계 : 원문은 '經戒'. Ⓟsikkhāpada. 5)승상 : 노끈을 둘러친 침상. Ⓟmañca. 6)사문 : 265의 주. 7)정진 : 26의 주. 8)삼독 : 245의 주. 9)삼도 : 166의 '삼악도'와 같다. 10)상사 : 코끼리를 다루는 사람. 11)철편 : 원문은 '鐵檛'. 12)삼악도 : 원문은 '三塗地獄'. '삼도'는 '三途'·'三道'와 같다. 166의 '삼악도'의 주. 거기에는 지옥이 포함되나, 어조를 맞추기 위해 지옥이 겹쳐 사용된 것. 13)십악 : 17의 '십선업' 참조. 14)십선 : 17의 '십선업'과 같다. 15)신·구·의 : 624의 주. 16)생사 : 12의 주. 17)인욕을 지님 : 원문은 '懷忍'. 18)식상 : 안(眼)·이

(耳)·비(鼻)·설(舌)·신(身)·의(意)의 작용. 19)나한도 : 소승의 수행자의 궁극의 깨달음. Ⓟarahatta.

제5절 계주(戒酒)

음주의 해

907

술을 가까이하면, 뛰어난 지혜[1]가 생기지 않아서 해탈분(解脫分)[2]이 없게 된다. 그러므로 항상 멀리해야 한다.

음주를 즐기면, 세속 일 말하기를 좋아하여 다언(多言) 탓으로 분쟁을 일으키게 된다. 그러므로 항상 멀리해야 한다.

술을 마시면 재물을 없애고, 혼미하여 게으르게[3] 된다. 이런 과실이 따르므로 항상 멀리해야 한다. 술로 해서 탐(貪)·진(瞋)·에(恚)[4]가 생기고 어리석음이 더욱 늘게 된다. 그러므로 항상 멀리해야 한다. 술은 재앙의 근본이다. 술에 취하면 감각기관들[5]이 어지러워지기[6] 때문에, 높은 소리로 웃는다[7]든가 사나운 말을 해서 선량한 사람을 해치게 된다. 그러므로 항상 멀리해야 한다. 사람이 술 때문에 어지러워지면[8] 죽은 듯이 흠뻑 취함으로써 즐거움이 오래 지속되기를 구하나, 불행을 더하는 것일 뿐 무슨 이익이 있으랴? 이는 온갖 환난(患難)의 근본이요, 재앙의 근원일 따름이다. 그러므로 항상 멀리해야 한다. 술은 독 중의 독이요, 병 중의 고질이다. 그러므로 술을 마시는 것은 괴로운 터에 다시 괴로움을 더하는 것이 된다. 술은 날카로운 도끼 같아서 능히 온갖 선근(善根)[9]을 손상시킨다. 술을 좋아하는 자는 부끄러움조차 모르므로 남의 경멸을 받게 된다. 술은 금파과(金播果)[10]와 같아서, 처음 먹을 때는 맛있지만 뒤에 가서는 독이 된다. 술을 즐기는 사람은 갈대꽃과 같아서, 멀지 않아 스스로 날려 가 버려지게 된다. 음주는 한 가지 잘못이긴 해도 온갖 악을 낳는다. 그러므로 마땅히 억제해야 한다. ― 〈諸法集要經〉

〔주〕 1)뛰어난 지혜 : 원문은 '明慧'. 668의 주. 2)해탈분 : 순해탈분(順解脫分)의 준말. 분(分)은 인(因)의 뜻. 해탈에 순응하며 그 인(因)이 되는 것. 해탈로 나아가게 방향이 지어진 단계. 삼현(三賢)과 같고, 유식(唯識)에서는 자량위(資糧位)를 이른다. nirvāṇa-bhāgtya. 3)게으름 : 원문은 '懈怠'. 565의 '해타'와 같다. 4)탐・진・에 : 탐심과 노여움과 적대심. rāga-dveṣa-pratigha. 5)감각기관들 : 원문은 '諸根'. 825의 주. 6)어지러워짐 : 원문은 '馳散'. 마음의 산란. visāra. 7)높은 소리로 웃다 : 원문은 '高聲戲笑'. 8)술 때문에 어지러워짐 : 원문은 '酒困'. 곤(困)은 난(亂)의 뜻. <論語> 子罕篇 '不爲酒困'. 9)선근 : 17의 주. 10)금파과 : 과일 이름일 것이나, 자세한 것은 모르겠다.

908

부처님께서 비구(比丘)[1]에게 이르셨다.

"만약 원한[2]을 멀리하고자 하면, 모든 술을 마시지 말고 계업(戒業)[3]을 수행해야 할 것이다. 술의 과실은 선법(善法)[4]을 파괴하며, 뛰어난 지혜[5]를 깨며, 마음의 편안함을 깨며, 선우(善友)[6]를 멀리하며, 온갖 병을 낳으며, 해탈을 파괴하며, 원수[7]가 기회를 얻으며, 재물을 없애며, 비법(非法)[8]을 키우며,[9] 진귀한 재보(財寶)를 멀리하며, 시비를 어지러이 말하며, 마음의 어지러움[10]을 더욱 늘이며, 탐심과 분(忿)을 낳으며, 무명(無明)[11]을 키우며, 충실(忠實)을 거짓으로 바꾸며, 숨은 것을 드러내며, 번뇌를 더욱 늘이며, 지옥을 달성하며,[12] 선근(善根)[13]을 태우며, 삼보(三

寶)[14]를 깨며, 나쁜 평판을 퍼뜨리며, 농혈(膿血)[15]을 바꾸며, 향을 고약한 냄새로 바꾸며, 삼도(三塗)[16]를 끌어 낸다.[17] 술은 이런 갖가지 잘못이 있으므로 응당 멀리해야 하느니라."

— 〈妙法聖念處經〉

〔주〕 1)비구 : 84의 주. 2)원한 : 원문은 '冤害'. 3)계업 : 459의 '계행'과 같다. 4)선법 : 18의 주. 5)뛰어난 지혜 : 원문은 '聰慧'. 738의 주. 6)선우 : 311의 주. 7)원수 : 원문은 '冤家'. 8)비법 : 36의 주. 9)키움 : 원문은 '增長'. 11의 주. 10)마음의 어지러움 : 원문은 '散亂'. 571의 주. 11)무명 : 7의 주. 12)달성함 : 원문은 '成就'. samanvaya. 13)선근 : 17의 주. 14)삼보 : 20의 주. 15)농혈 : 고름과 피. 여기서는 고름보다 피에 중점이 놓여 있을 것. 16)삼도 : 166의 '삼악도'와 같다. 17)끌어 냄 : 원문은 '增長'. 247의 주.

909

지혜로운 사람은 응당 술을 많이 마시지 말아야 한다. 왜냐하면, 술은 자제심(自制心)을 잃게 하는[1] 일이 많아서, 바른 의의(意義)[2]를 얻는 데 장애가 되며, 세출세간(世出世間)[3]의 도리[4]를 잃게 하기 때문이다.

— 〈菩薩行變化經〉

〔주〕 1)자제심을 잃음 : 원문은 '失念'. 술에 취하든가 하여 자제력을 잃음. smṛti-nāśa. 2)바른 의의 : 원문은 '正義'. 3)세출세간 : 세간(世間)과 출세간(出世間). 미혹의 세계와 미혹의 세계를 떠난 경지. 또는 재가(在家)와 출가(出家). 4)도리 : 원문은 '義'. 659의 주.

910

술에는 여섯 가지 이변(異變)[1]이 있다. 여섯 가지란 무엇인가? 재물을 소비하는 일, 병이 나는 일, 싸움을 일으키는 일, 성이 많이 나는 일, 명예가 실추(失墜)되는 일, 지혜를 손상하는 일이 그것이다. 이런 악이 있으면 사업을 폐(廢)하게 되며, 못 얻은 재물은 얻지 못하고 얻은 재물은 없애서, 과거에 지녀 오던 것[2]을 탕진하게 된다. —〈養生子經〉

〔주〕 1)이변 : 원문은 '變'. 변해서 다른 모양이 되는 것. vikāra. 2)지녀 오던 것 : 원문은 '宿儲'. 851의 주.

911

술을 마시면 방자한[1] 행동이 많아지므로, 현세(現世)[2]에서는 늘 어리석어 온갖 일을 잊는다든가 항상 현인의 꾸지람을 듣는다든가 하게 되고, 내세(來世)에서도 늘 둔해서 온갖 공덕(功德)[3]을 많이 잃는 결과가 온다. 그러므로 슬기로운 사람[4]은 온갖 음주의 과실을 멀리한다.

—〈尼乾子經〉

〔주〕 1)방자함 : 원문은 '放逸'. 250의 주. 2)현세 : 856의 주. 3)공덕 : 12 · 331의 주. 4)슬기로운 사람 : 원문은 '黠慧人'. 지혜가 풍족한 사람. Ⓟbhūri-medhasa.

912

술은 임금을 불인(不仁)하게 하고 신하를 불충(不忠)케 하며, 어버이를 불의(不義)하게 하고 자식을 불효(不孝)케 하며, 부인을 사음(奢婬)[1]케 하는 등, 그 과실이 서른 여섯 가지나 있어서, 망국파가(亡國破家)가 이 때문이 아님이 없다. 그러므로 차라리 독을 마시고 죽을지언정 술에 정신을 잃으면서 살 일이 못 된다. —〈棺斂葬送經〉

〔주〕 1)사음 : 사치스럽고 음탕한 것.

913

부처님께서 말씀하셨다.

"사람이 세상에서 술 마시기를 즐기면 서른 여섯 가지의 과실을 얻게 되나니, 무엇이 서른 여섯 가지의 과실인가? 첫째는 사람이 술에 취하고 보면 자식은 부모를 존경치 않고, 신하는 임금을 존경치 않아서 군신·부자에 상하(上下)가 없음이다. 둘째는 말에 어지러운 잘못이 많음이다. 셋째는 양설(兩舌)[1] · 다구(多口)[2]가 있음이다. 넷째는 남의 숨기는 일을 드러냄이다. 다섯째는 하늘을 욕하고 신사(神社)에 오줌누어 꺼릴 줄을 모름이다. 여섯째는 길가에 누워 돌아가지 못하든가, 혹은 소지품을 잃어버리든가 함이다. 일곱째는 스스로 몸을 바르게 가누지 못함이다. 여덟째는 상체(上體)를 숙이든가 젖히든가 하며 비틀대고 걸어, 때로는 도랑이나 구멍에 떨어짐이다. 아홉째는 넘어졌다가[3] 겨우 일어나 얼굴을 상함이다. 열째는 매매(賣買)를 그르치고, 공연히 남에게 덤빔[4]이다. 열한째는 생업(生業)을 잃고도[5] 살아가는 것[6]을 걱정치 않음이다. 열두째는 온갖 재물을 소모함이다. 열셋째는 처자의 배고프고 추움을 생각지 않음이다. 열넷째는 시끄럽게 욕설을 퍼부어[7] 왕법(王法)[8]을 꺼리지 않음이다. 열다섯째는 저고리와 바지를 벗어 나체인 채 달림이다. 열여섯째는 남의 집에 함부로 들어가, 타인의 여인을 잡아끌며 말이 도리에 벗어나서[9] 그 허물이 무례함[10]이다. 열일곱째는 남이 그 옆을 지나갈 때, 공연히 싸우고자 함이다. 열여덟째는 발을 구르며 외쳐 대어[11] 이웃을 놀라게 함이다. 열아홉째는 벌레[12]를 함부로 죽임이다. 스무째는 집안식구[13]를 치고[14] 집물을 깸이다. 스물한째는 부모[15]를 죄수같이 다루어 폭언이 입에서 막 튀어나옴이다. 스물두째는 악인과 패거리가 됨이다. 스물셋째는 현명한 사람[16]을 멀리함이다. 스물넷째는 취해서 잠들었다가 깨어나면 몸이 병난 것처럼 아픔이다. 스물다섯째는 토해서 악로(惡露)[17] 같은 것이 나오므로 처자가 그 꼴을 미워함이다. 스물여섯째는 의욕이 들끓어서 코끼리나 이리도 피하지 않음이다. 스물일곱째는 경(經)에 통달한[18] 현자(賢者)[19]를 존경 안 하며, 도사(道士)[20]를 존경 안 하며, 사문(沙門)[21]을 존경 안 함이다. 스물여덟째는 취하면 음욕(婬欲)[22]을 일으켜 꺼림이 없음이다. 스물아홉째는 취하여 미친 사람같이 굴므로 보는 사람이 다 도망침이다. 서른째는 취하여 죽은 사람같이 되고 말아 남을 알아보지 못함이다. 서른한째는 혹은 곰보[23]가 되며, 혹은 술병(酒病)에 걸려 얼굴이 여위고 노오래짐이다. 서른두째는 천룡귀신(天龍鬼神)[24]이 다 술 때문에 미워함이다. 서른셋째는 친한 벗[25]이 날로 멀리함이다. 서른넷째는 취하여 웅크리고 앉아[26] 관리를 오만하게 대하다가 때로 매[27]를 맞음이다. 서른다섯째는 죽은 후에 당연히 태산지옥(太山地獄)[28]에 들어가, 살려 해도 살 수 없고 죽으려 해도 죽지조차 못하게 됨이다. 서른여섯째는 요행히 지옥에서 벗어나 사람이 된대도, 항상 어리석어 사리를 제대로 알지 못함이니, 지금 어리석어 무지한 사람들은 다 전생(前生)[29]으로부터 술을 즐겼기 때문에 그리 된 것이다. 이같이 사리가 분명하니, 마땅히 술은 삼갈 일이다. 술에는 이러한 서른여섯 가지의 과실이 따르는 법이니, 술을 마시면 누구나 이 서른여섯 가지의 과실을 범하는 것이 되느니라."

— 〈分別善惡所起經〉

〔주〕 1)양설 : 770의 주. 2)다구 : 말이 많은 것. 3)넘어짐 : 원문은 '躃頓'. 4)남에게 덤빔 : 원문은 '觸觝'. 5)생업을 잃음 : 원문은 '失事'. 6)살아가는 일 : 원문은 '治生'. 565의 주. 7)시끄럽게 욕함 : 원문은 '嚾罵'. 8)왕법 : 국법(國法). rāja-dharma. 9)도리에 벗어남 : 원문은 '干亂'. 도리를 거슬러 어지러운

것. 10)무례함 : 원문은 '無狀'. 11)발을 구르며 외침 : 원문은 '蹋地喚呼'. 12)벌레 : 원문은 '蟲豸'. 발 있는 벌레가 '蟲', 발 없는 것이 '豸'. 13)집안식구 : 원문은 '舍中'. 가족. 14)침 : 원문은 '檛捶'. 15)부모 : 원문은 '家室'. 양친. Ⓟmātā vā pitā vā. 16)현명한 사람 : 원문은 '賢善'. paṇḍita. 17)악로 : 844의 주. 18)경에 통달함 : 원문은 '明經'. 19)현자 : 676의 주. 20)도사 : 바라문(婆羅門). Ⓟbrāhmaṇa. 21)사문 : 265의 주. 22)음욕 : 원문은 '婬妷'. 473의 '음욕'과 같다. 23)곰보 : 원문은 '疱面'. 24)천룡귀신 : 천룡팔부(天龍八部)와 같다. 신(神)을 비롯한 여덟 가지의 신화적 존재. 천(天 deva) · 용(龍 nāga) · 야차(夜叉 yakṣa) · 건달바(乾闥婆 gandharva) · 아수라(阿修羅 asura) · 가루라(迦樓羅 garuḍa) · 긴나라(緊那羅 kiṃnara) · 마후라가(摩喉羅伽 mahoraga). 이들은 불법을 수호한다. 25)친한 벗 : 원문은 '親厚知識'. 26)웅크리고 앉음 : 원문은 '蹲踞'. 27)매 : 원문은 '鞭榜'. 채찍. 28)태산지옥 : 미상(未詳). 29)전생 : 원문은 '故世宿命'. '고세'나 '숙명'이나 다 전세(前世)의 뜻.

914

음주는 온갖 악의 문(門)이다. — 〈成實論〉

915

술을 마셔서는 안 되며, 술을 즐겨서는 안 되며, 술을 맛보아도 안 된다. 술에는 많은 과실이 따르게 마련이니, 실도(失道)[1] · 파가(破家)[2] · 위신(危身)[3] · 상명(喪命)[4]이 다 이 때문이다. — 〈沙彌尼戒經〉

〔주〕 1)실도 : 불법(佛法)을 잃는 것. 2)파가 : 집안을 망치는 것. 3)위신 : 몸을 위태롭게 함. 4)상명 : 죽는 것.

916

술은 많은 과실을 지니고 있어서 방일(放逸)[1)]의 문을 열어 놓게 마련이니, 두루미냉이[2)]와 같아서 마시는 것만으로도 계(戒)를 깸[3)]이 오랜 셈이 된다. 단, 병의 고통을 없애기 위해 마시는 것은 차한(此限)에 부재(不在)하다.

— 〈舍利弗問經〉

〔주〕 1)방일 : 250의 주. 2)두루미냉이 : 원문은 '葶藶子'. 미나리와 비슷한 식물. 냄새가 있으므로 먹는 것이 계(戒)에서 금지된 듯하다. 3)계를 깸 : 원문은 '犯罪'.

917

부처님께서 말씀하셨다.

"술에 취한 사람은 불효하여 재앙[1)]이 안으로부터 생겨나며, 청고(淸高)한 사람을 미혹(迷惑)[2)]게 하여 덕을 어지럽히고 선량함[3)]을 깨는 까닭에, 나는 술을 안 마시고 자비심[4)]으로 중생[5)]을 구제하며,[6)] 청정한 지혜[7)]로 팔난(八難)[8)]에 처한 자를 제도함[9)]으로써 스스로 깨달음[10)]을 얻어 도(道)를 이루니라."[11)]

— 〈八師經〉

〔주〕 1)재앙 : 원문은 '怨禍'. 473의 주. 2)미혹 : 529의 주. 3)선량함 : 원문은 '淑貞'. 선량하고 바른 것. 4)자비심 : 원문은 '慈心'. 654의 주. 5)중생 : 원문은 '群生'. 1의 '중생'과 같다. 6)구제함 : 원문은 '濟'. 7)청정한 지혜 : 원문은 '淨慧'. prajñā malā. 8)팔난 : 430의 주. 9)제도함 : 원문은 '度'. 미혹의 차안(此岸)에서 깨달음의 피안(彼岸)으로 건네어 줌. nayati. 10)깨달음 : 원문은 '覺'. 망념(妄念)을 떠난 절대적 지혜. buddhi. 11)도를 이룸 : 원문은 '成道'. 부처가 되는 것. saṃbodhi.

918

술에 빠지면[1] 가난하되, 스스로 헤아리지 못해서 재물을 가벼이 여기고 사치를 좋아함으로써 집안을 망쳐 화를 부르며, 남들과 노름하고 술 마셔서 함께 다른 창녀[2]를 엿보게 된다. 이렇게 더러운 행동을 익혀서, 달이 그믐을 향해 이지러져 가듯이 타락해 가게 된다. — 〈長阿含經〉

〔주〕 1)빠짐 : 원문은 '荒迷'. 주색 같은 것에 빠지는 것. 2)창녀 : 원문은 '婬女'. 838의 주.

919

음주는 사람들을 괴롭게 만드는 까닭에 고(苦)[1]의 원인일시 분명하다. 만약 사람이 술을 마시면 악(惡)[2]의 문을 열어 선정(禪定)과 온갖 선법(善法)[3]을 해치게 되는 것이니, 마치 여러 과일 씨를 심은 그 위에 담장을 쌓는 것과 같다. — 〈成實論〉

〔주〕 1)고(苦) : 원문은 '罪'. 고(苦)와 죄는 다른 개념이나, 거의 같은 뜻으로 쓰이는 수가 있었다. 2)악 : 원문은 '不善'. akuśala. 3)선법 : 18의 주.

920

어떤 술이건 사서는 안 된다. 술은 죄악의 원인[1]을 낳는다.

— 〈梵網經〉

〔주〕 1)원인 : 원문은 '因緣'. 2의 주.

921

만약 사람이 술을 마시면, 게으른[1] 습성을 끌어 내고 재물을 낭비하게 된다. 그리하여 쓸 돈[2]이 넉넉지 못한 까닭에 성내는[3] 일이 늘어나서, 서로 때린다든가 욕설을 퍼붓는다든가 하여 온갖 다툼[4]이 잦게 된다. 또 옷을 잃고 벌거숭이로 있으면서도 부끄러움조차 모르며, 나쁜 소문[5]이 퍼져 착한 사람들이 멀어지게 마련이다. 그리고 대승경전(大乘經典)[6]의 독송(讀誦)[7]도 그만두어 지혜를 줄이고 무명(無明)[8]을 늘이며, 삼보(三寶)[9]와 부모·친척[10]도 공경치 않으므로 가문(家門)[11] 안의 존경도 받지 못하게 된다. 이런 허물은 술을 마시기 때문에 생긴다. — 〈正行所集經〉

〔주〕 1)게으름 : 원문은 '放逸'. 250의 주. 2)쓸 돈 : 원문은 '受用'. 185의 주. 그러나 여기서는 '受用物'의 뜻으로 쓴 것인 듯. 3)성냄 : 원문은 '瞋恚'. 408의 주. 4)다툼 : 원문은 '諍訟'. 111의 주. 5)나쁜 소문 : 원문은 '惡名'. 불명예. akirti. 6)대승경전 : 대승의 가르침을 설한 경전. <화엄경>·<법화경>·<열반경> 등이 그 대표적인 것이다. vaipulya-sūtrāni. 7)독송 : 원문은 '習誦'. 8)무명 : 7의 주. 9)삼보 : 20의 주. 10)친척 : 원문은 '宗親'. 829의 주. 11)가문 : 원문은 '族姓'. 세속의 가문. vaṃśa.

922

만약 자기 손으로 술잔을 남에게 주어 마시게 한대도 5백 년 동안 손이 없는 과보(果報)[1]를 받아야 한다. 더구나 스스로 마심에 있어서야 이를 것이 있겠는가? 그러므로 온갖 사람에게 마시게 하며,[2] 온갖 중생에게 술을 마시게 해서는 안 된다. 더구나 스스로 마셔서야 될 법이나 하랴?

— 〈梵網經〉

〔주〕 1)과보 : 원문은 '報'. 78의 주. 2)마시게 함 : 본서 원본에 '飮을 教하며'로 했으나, 이 '教'는 '가르치는' 뜻이 아니라 사역(使役)의 말로 보아야 한다.

923

술은 좋지 않은 온갖 악의 근본이다. 만약 이를 제거한다면[1] 온갖 죄[2]를 멀리하는 결과가 될 것이다. — 〈涅槃經〉

〔주〕 1)제거함 : 원문은 '除斷'. 2)온갖 죄 : 원문은 '衆罪'.

924

술을 마시거나 내지는 그 냄새를 맡는 것까지도 멀리해야 한다. 이것이 사문(沙門)의 도리[1]다. — 〈涅槃經〉

〔주〕 1)사문의 도리 : 원문은 '沙門法'. 875의 주.

925

차라리 독을 먹을지언정 술을 마셔서는 안 된다. — 〈大乘戒經〉

926

부처님께서 말씀하셨다.

"지금부터[1] 나를 스승으로 받드는 자는, 비록 풀잎 끝에서 떨어지는 이슬 방울 정도의 술이라도 입에 대어서는 안 되느니라." — 〈四分律〉

〔주〕 1)지금부터 : 원문은 '自今已去'. 지금으로부터 이후(以後).

제3장 수심(修心)

수심(修心)의 익(益)

927

한 사문(沙門)[1]이 부처님께 여쭈었다.

"무슨 원인[2]으로 전생(前生)의 일[3]을 알며, 진실한 도(道)[4]를 깨닫게 되오리까?"

부처님께서 말씀하셨다. "청정한 마음[5]으로 뜻을 지켜 가면[6] 진실한 도를 깨닫게 되며, 거울을 닦으면 때가 벗겨져 밝아지는 것같이, 탐욕을 끊어 구함이 없으면 마땅히 숙명통(宿命通)[7]을 얻게 되느니라."

— 〈四十二章經〉

〔주〕 1)사문 : 265의 주. 2)원인 : 원문은 '因緣'. 2의 주. 3)전생의 일 : 원문은 '宿命'. 620의 주. 4)진실한 도 : 원문은 '至道'. 진리에 이르는 길. 5)청정한 마음 : 원문은 '淨心'. śuddha-citta. 6)뜻을 지킴 : 원문은 '守志'. 세운 뜻을 잘 지키는 것. 7)숙명통 : 원문은 '宿命'. 166의 주.

928

쇠를 벼려(鍛) 불순물을 제거하고 나서 그릇을 만들면 그릇이 좋아지듯, 불도(佛道)를 수행하는 사람[1]도 마음의 더러움[2]을 제거하면 행동이 청정해진다.

— 〈四十二章經〉

〔주〕 1)불도를 수행하는 사람 : 원문은 '學道人'. 출가해서 도를 수행하는 사람. Ⓟpabbajita. 2)더러움 : 원문은 '垢染'. 더러움에 물듦. 번뇌.

929

"선남자(善男子)[1]야, 이 보살과 말세중생(末世衆生)[2]이 이 마음을 닦아서[3] 불도(佛道)를 완성[4]하느니라." —〈圓覺經〉

〔주〕 1)선남자 : 1의 주. 2)말세중생 : 말세에 태어난 사람들. 3)닦음 : 원문은 '修習'. 20의 주. 4)완성 : 원문은 '成就'. 243의 주.

930

자심(慈心)[1]을 닦는 자는 능히 탐욕(貪欲)[2]을 끊고, 비심(悲心)[3]을 닦는 자는 능히 진에(瞋恚)[4]를 끊고, 희심(喜心)[5]을 닦는 자는 능히 불요(不樂)[6]를 끊고, 사심(捨心)[7]을 닦는 자는 능히 탐욕과 진에를 끊게 된다.

—〈涅槃經〉

〔주〕 1)자심 : 654의 주. 2)탐욕 : 54의 '탐'과 같다. 3)비심 : 215의 주. 4)진에 : 408의 주. 5)희심 : 기뻐하는 마음. mudita. 6)불요 : 444의 주. 7)사심 : 온갖 집착을 버리는 마음. 원친(怨親) 따위의 차별상을 버리고 평등한 마음으로 온갖 중생을 이롭게 하는 것. 사무량심(四無量心)의 하나.

931

번뇌(煩惱)[1]를 제거하면 온갖 범행(梵行)[2]을 얻는다. —〈彌勒成佛經〉

〔주〕 1)번뇌 : 원문은 '心垢'. 2)온갖 범행 : 원문은 '萬梵行'. '범행'은 107의 주.

932

보리(菩提)[1]의 시원한 달[2]은 필경공(畢竟空)[3]에 노닐게 마련이니, 중생의 마음의 물[4]이 맑으면 보리의 그림자가 그 속에 나타나느니라.

— 〈華嚴經〉

〔주〕 1)보리 : 5의 주. 2)시원한 달 : 원문은 '淸凉月'. 깨달음의 경지의 비유. 3)필경공 : 절대적 공(空). 공의 도리에도 머무르지 않는 궁극의 공. atyanta-śūnyatā. '空'이라는 한자에는 '하늘'의 뜻이 있으므로, 여기서는 그런 것도 함축되어 있다. 4)마음의 물 : 원문은 '心水'. 마음을 물에 비유한 것.

933

너희들은 마땅히 생각을 거두어 집중하여야[1] 한다. 만약 생각의 집중을 잃으면[2] 온갖 공덕(功德)[3]을 잃으려니와, 만약 집중의 힘[4]이 강하면 오욕(五欲)의 도둑[5] 가운데에 들어간대도 해를 입지 않으리니, 갑옷을 입고 싸움터에 나가면 두려움이 없는 것과 같다. 이것을 생각의 집중을 잊지 않는 일[6]이라 한다.

— 〈遺敎經〉

〔주〕 1)생각을 거두어 집중함 : 원문은 '攝念在心'. 직역하면, 생각을 거두어 마음에 있게 함. 2)생각의 집중을 잃음 : 원문은 '失念'. 107의 주. 3)공덕 : 208의 주. 4)집중의 힘 : 원문은 '念力'. 생각을 지속시키는 힘. Ⓟsati. 5)오욕의 도둑 : 원문은 '五欲賊'. 오욕을 도둑에 비유한 것. '오욕'은 1의 주. 6)생각의 집중을 잊지 않는 일 : 원문은 '不忘念'. 정념(正念)을 계속함. 진리를 염(念)하여 잊지 않음.

934

출가(出家)한 사문(沙門)[1]이 탐욕을 끊고 애욕을 떠나 제 마음의 근원[2]

을 인식한다면, 부처님의 깊은 진리[3]를 깨닫게 될 것이다.

— 〈四十二章經〉

〔주〕 1)출가한 사문 : 원문은 '出家沙門'. 가정을 떠나 불도를 수행하는 승려. 2)마음의 근원 : 원문은 '心源'. 진여(眞如)의 뜻으로도 쓰인다. 3)깊은 진리 : 원문은 '深理'.

935

선정(禪定)의 힘[1]을 수행(修行)해 완성[2]하면, 이 선정의 힘 때문에 성불(成佛)[3]하게 된다.

— 〈光明經〉

〔주〕 1)선정의 힘 : 원문은 '禪定力'. '선정'에 대하여는 27의 '정' 참조. 2)완성 : 원문은 '成就'. 243의 주. 3)성불 : 171의 주.

936

선정(禪定)[1]은 보살의 정토(淨土)[2]니, 보살이 성불(成佛)[3]할 때에, 마음을 통일해 흐트러뜨리지 않는[4] 중생이 그 국토에 태어난다.[5]

— 〈維摩經〉

〔주〕 1)선정 : 27의 '정'과 같다. 2)정토 : 107의 주. 3)성불 : 171의 주. 4)마음을 통일해 흐트러뜨리지 않음 : 원문은 '攝心不亂'. 5)태어남 : 원문은 '來生'. 763의 주.

937

정토(淨土)[1]를 얻고자 하면 그 마음을 청정(淸淨)히 해야 한다. 그 마

음의 청정함을 따라 불토(佛土)[2]가 청정해지는 까닭이다. — 〈維摩經〉

〔주〕 1)정토 : 107의 주. 2)불토 : 부처님의 세계. 불국토(佛國土). buddha-kṣetra.

〔풀이〕 모든 것을 마음의 처지에서 이해하는 것이 불교의 사고 방식이거니와, 정토(淨土)의 문제도 예외가 아님을 이 대목이 보이고 있다. 흔히 이 세계를 고해(苦海)니 예토(穢土)라 생각하고 극락(極樂) 같은 곳은 정토라 하여, 죽어서 그곳에 태어나기를 바라는 경향이 있다. 그러나 극락이라 해서 무조건의 정토일 수는 없으니, 그곳이 정토라면 마음이 청정한 사람이 모였기 때문이며, 지금이라도 나쁜 무리가 모여 살게 된다면 삽시간에 지옥으로 변할 것이다. 그러므로 죽어서 가는 극락이라면, 살아 있는 동안에 이미 극락을 마음에 실현하고 있었던 것이라고 보아야 하며, 그런 심경에 있는 이라면 사바세계에 있든 지옥에 있든 거기가 바로 정토가 될 것이다. 또 이 세계를 극락정토로 만드는, 소위 불국토건설(佛國土建設)이 우리의 이상이어야 하는 것도 당연하다고 할 것이다.

938

"너희 비구(比丘)[1]가 마음을 조심해 지녀 간다면[2] 마음이 선정(禪定)[3]에 들 것이며, 마음이 선정에 들어 있는 까닭에 능히 세상의 변화하는 현상(現象)의 모습[4]을 이해하게 될 것이다. 그러므로 너희들은 의당 정진(精進)[5]해서 온갖 선정을 닦도록 해야 할 것이니, 만약 선정만 얻는다면 마음은 산란해지는 일이 없을 터이다. 마치 물을 아끼는 집에서 방축을 잘 쌓는 것처럼 행자(行者)[6]도 지혜의 물을 아끼는 까닭에 잘 선정을 닦아 새지 못하게 함이니, 이를 선정이라 하느니라." — 〈遺敎經〉

〔주〕 1)비구 : 84의 주. 2)마음을 조심해 지님 : 원문은 '攝心'. 473의 주. 3)선정 : 원문은 '定'. 27의 주. 4)변화하는 현상의 모습 : 원문은 '生滅法相'. 5)정진 : 26의 주. 6)행자 : 불도를 수행하는 사람. 비구(比丘).

939

행자(行者)[1]는 항상 바른 지혜로 깊이 관찰해서, 이 마음이 그릇된 미혹(迷惑)[2]에 떨어지지 말도록 해야 한다. 부지런히 정념(正念)[3]에 주(住)하여, 외경(外境)에 집착하지만 않는다면[4] 이런 업장(業障)[5]을 제거할[6] 수 있을 것이다.

외도(外道)[7]의 온갖[8] 삼매(三昧)[9]는 견애(見愛)[10]·아만(我慢)[11]의 마음을 떠나지 못하고 있으며, 그것은 세속의 명리(名利)·공경(恭敬) 따위에 얽매여 있는 까닭임을 마땅히 알아야 한다. 이에 비해 진여삼매(眞如三昧)[12]의 경우는 견상(見相)[13]에도 머무르지 않고 득상(得相)[14]에도 머무르지 않는 터이므로, 선정(禪定)에서 나온[15] 다음이라도 해만(懈慢)[16]의 생각이 없게 마련이다. 따라서 온갖 번뇌(煩惱)가 점점 적어져 갈 것은 뻔한 일이다. 그러므로 온갖 범부로서 이 삼매법(三昧法)을 익히지 않고 여래종성(如來種性)[17]에 들어간다는 것은 있을 수 없는[18] 일이다. — 〈起信論〉

〔주〕 1)행자 : 938의 주. 2)그릇된 미혹 : 원문은 '邪網'. 3)정념 : 145의 주. 4)외경에 집착하지 않음 : 원문은 '不取不著'. 집착하지 않는 것. '不取'나 '不著'이나 같은 말. 둘의 원어는 다 agrahaṇa. 5)업장 : 403의 주. 6)제거함 : 원문은 '遠離'. 609의 주. 7)외도 : 8의 주. 8)온갖 : 원문은 '所有'. 119의 주. 9)삼매 : 154의 주. 10)견애 : 온갖 견혹(見惑)과 수혹(修惑). 견혹은 진실한 도리에 미혹하는 지적인 번뇌. 애(愛)는 수혹(修惑)이니, 진실한 도리를 얻고 나서 구체적인 사상(事象)에 미혹하는 정의적(情意的)인 번뇌다. 11)아만 : 244의 주. 12)진여삼매 : 진여무상(眞如無相)의 도리를 관(觀)해서 번뇌를 제거하는 선

정. 13)견싱 : 업상(業相)이 전개하여 주관 작용(能見相)을 하는 단계. 삼세(三細)의 하나. 14)득상 : 무상(無相)의 도리를 얻었다는 생각. 15)선정에서 나옴 : 원문은 '出定'. vyutthāna. 16)해만 : 구도를 태만히 함. 17)여래종성 : 876의 '여래종'과 같다. 18)있을 수 없음 : 원문은 '無有此處'. 741의 '무유시처'와 같다.

〔**풀이**〕 외도삼매(外道三昧)와 진여삼매(眞如三昧)의 차이를 밝힌 부분이다. 단, 이 앞에 선정(禪定) 중 보살이나 부처님이 나타나는 따위의 일이 다 마(魔)의 소치(所致)임이 역설되고 있는데, 만해 선생의 인용이 그곳 끝부분에서부터 시작되고 있음은 온당치 못하다. 그러므로 '온갖 업장'이란 이런 마(魔)의 현상을 가리킨다.

외도의 선은 주객(主客)의 대립을 못 벗어난 경지니, 그러기에 진리를 구하는 자기가 있고, 구해지는 진리가 있게 마련이다. 그러므로 선정이 깊어지면 부처님이 나타나 설법하는 따위의 기적이 나타나고, 이것이 도리어 그에게 장애(障碍)로서 작용하는 것이겠다. 이에 비해 진여삼매는 주객의 대립이 없어진 선정이다. 따라서 거기에는 진리를 터득했다는 생각조차 없으므로, 그 삼매에서 나오는 경우라도 삼매에 있던 때와 차이가 없게 되는 것이다.

940

애써[1] 전심(專心)[2]하여 이 진여삼매(眞如三昧)[3]를 닦는 사람은, 이 세상[4]에서 마땅히 열 가지 이익을 얻을 것이다. 열 가지란 무엇인가? 첫째는 항상 시방(十方)의 제불(諸佛)[5]과 보살들의 호념(護念)[6]하는 바가 되는 일이다. 둘째는 온갖 악마와 악귀(惡鬼) 때문에 두려워하지 않아도 되는 일이다. 셋째는 구십오종외도(九十五種外道)[7]와 귀신에 의해 혹란(惑亂)[8]되지 않음이다. 넷째는 지극히 심원한 가르침[9]에 대해 비방하는 생각을 떠남과 함께 중죄(重罪)의 업장(業障)[10]이 점차 적어지는 일이다. 다섯째는 온갖 의혹(疑惑)[11]과 모든 악한 각관(覺觀)[12]을 없애는 일이다. 여섯째는 여래(如來)의 경계(境界)[13]에 대한 신심(信心)이 커지는 일이다. 일곱째는 근심하고 뉘우치는 마음에서 벗어나, 윤회[14] 속에 있으면서도 용감히 정진(精進)해 겁냄이 없는 일이다. 여덟째는 그 마음이 부드럽고 온순하여 교만을 버렸으므로, 남에 의해 괴로움을 당하지 않는 일이다. 아홉째는 비록 충분한 선정(禪定)[15]에는 도달하지 못한 사람이라 할지라도, 온갖 때와 온갖 경계(境界)[16]·장소에서 능히 번뇌를 줄일 수 있어서, 세속의 명리 따위를 결코 바라지 않는 일이다. 열째는 삼매(三昧)[17]를 성취한 사람의 경우, 외연(外緣)[18]이나 온갖 음성 때문에 놀라는 바가 없는 일이다.

— 〈起信論〉

〔주〕 1)애씀 : 원문은 '精勤'. 노력함. ātāpin. 2)전심 : 마음을 집중하는 것. 3)진여삼매 : 원문은 '三昧'. 여기서는 진여삼매를 가리킨다. 939의 '진여삼매' 참조. 4)이 세상 : 원문은 '現世'. 865의 주. 5)시방의 제불 : 원문은 '十方諸佛'. 온갖 방향에 계신 부처님들. loka-nāyakāḥ. 6)호념 : 208의 주. 7)구십오종외도 : 부처님 당시에 있었던 외도의 총수. 95의 계산법은 일정치 않고, 그 파명(派名)·소설(所說)도 명백지 않다. 8)혹란 : 441의 주. 9)지극히 심원한 가르침 : 원문은 '甚深之法'. 736의 '심심법'과 같다. 10)업장 : 403의 주. 11)의혹 : 원문은 '疑'. saṃdeha. 그러나, 사제(四諦)에 대한 의혹일 수도 있다. 546의 주 참조. 12)각관 : 79의 주. 이것은 선정을 방해한다. 13)여래의 경계 : 원문은 '如來境界'. 부처님의 경지. tathāgata-viṣaya. 14)윤회 : 원문은 '生死'. 12의 주. 15)선정 : 27의 '정'과 같다. 16)경계 : 선악의 과보로서 각자가 받는 환경. 17)삼매 : 154의 주. 18)외연 : 밖에서 돕는 간접적 원인. bahirdhā….

941

온갖 것이 공(空)함[1]을 깨달으면, 사물은 본래 생멸(生滅)함이 없음[2]을 알게 되어, 마음 자체[3]가 스스로 만족해지므로,[4] 몸과 마음을 분별해 보지 않게 되고, 적멸(寂滅)[5]·평등(平等)[6]·구경(究竟)[7]·진실의 경지에 머물러 물러남[8]이 없게 될 것이다. 만약 망령된 마음[9]이 움직일 때는, 이런 도리를 이해하고 따라가지 말아야 하며, 망령된 마음만 그치게 되면 심원(心源)[10]이 고요하여 만덕(萬德)[11]이 갖추어지고 묘용(妙用)[12]이 무궁할 것이다.

— 〈發菩提心論〉

〔주〕 1)온갖 것이 공함 : 원문은 '一切法空'. 2)생멸함이 없음 : 원문은 '無生'. 사물의 본질이 공(空)하므로, 생멸의 변화가 없는 것. 공(空)과 같다. ajāti. 3)마음 자체 : 원문은 '心體'. 혹은, 마음의 본체(本體). 4)스스로 만족함 : 원문은 '自如'. 5)적멸 : 44의 주. 6)평등 : 무차별의 세계. 온갖 현상을 꿰뚫는 절대적 진리. samatā. 7)구경 : 84의 주. 8)물러남 : 원문은 '退失'. 수행으로 얻은 경지를 버리는 것. hāmi. 9)망령된 마음 : 원문은 '妄心'. 116의 주. 10)심원 : 934의 주. 11)만덕 : 부처님의 온갖 미덕. 12)묘용 : 뛰어난 작용.

942

온갖 경계(境界)[1]는 마음이 그릇되게 움직여 일으켜 놓은 것들이다. 그러므로 마음의 그릇되게 움직이는 것을 제거하면 온갖 경계가 없어지고, 오직 하나의 진심(眞心)[2]이 두루 아니 미침이 없게 된다.

— 〈釋摩訶衍論〉

〔주〕 1)경계 : 65의 주. 2)오직 하나의 진심 : 원문은 '惟一眞心'. 순일(純一)한 진리. 망령됨을 떠난 마음은 그대로 진여·깨달음이다.

943

만약 사람이 마음을 잘 제어(制御)하여, 마음이 외물(外物)을 따라 일어나지[1] 않게 하고 모든 번뇌(煩惱)[2]를 버린다면, 해가 어둠을 없애는 것 같으리라. — 〈諸法集要經〉

〔주〕 1)따라 일어남 : 원문은 '隨轉'. 73의 주. 2)번뇌 : 4의 주.

944

마음이 한 대상(對象)[1]에 머물러 모든 의혹(疑惑)[2]을 떠나면, 청정함이 진금(眞金)[3] 같아질 것이다. 이것이 안락(安樂)[4]이다. — 〈諸法集要經〉

〔주〕 1)한 대상 : 원문은 '一境'. 2)의혹 : 425의 주. 3)진금 : 166의 '진금색' 참조. 4)안락 : 792의 주.

945

온갖 선정(禪定)[1]을 즐겨 익혀서, 모든 근심을 제거하고 번뇌(煩惱)[2]를 일으키지 않으며, 금(金) 보기를 기와조각이나 조약돌같이 하며, 고락(苦樂)·안위(安危)·성쇠(盛衰) 따위의 일에 그 마음이 동요되지 아니하면 비구(比丘)[3]라고 할 수 있다. — 〈諸法集要經〉

〔주〕 1)선정 : 27의 '정'과 같다. 2)번뇌 : 4의 주. 3)비구 : 84의 주.

946

마음은 선악(善惡)의 근원이니, 선악의 뿌리를 끊고자 하는 사람은 먼저 그 마음을 제어(制御)해야 한다. 마음이 안정되고 해탈한[1] 다음에라야 깨달음을 얻는다.[2] — 〈法句譬喩經〉

〔주〕 1)마음이 안정되고 해탈함 : 원문은 '心定意解'. '意'도 마음. 2)깨달음을 얻음 : 원문은 '得道'. 505의 주.

947

마음이 청정하여 더러움[1]이 없으면 육도(六道)[2]의 윤회가 없다.

— 〈文殊普超三昧經〉

〔주〕 1)더러움 : 원문은 '垢染'. 928의 주. 2)육도 : 원문은 '諸趣'. 51의 주.

948

마음을 방임(放任)해[1] 어지럽게 하면서 선정(禪定)의 경지[2]를 얻는 사람이란 있을 수 없고,[3] 마음을 거두어[4] 어지러워지지 않도록 하여 선정의 경지를 얻는 사람은 있을 수가 있다.

— 〈大集經〉

〔주〕 1)마음을 방임함 : 원문은 '放心'. 2)선정의 경지 : 원문은 '定地'. 또는 선정을 닦아서 태어나는 곳. dhyāna-bhūmi. 3)있을 수 없음 : 원문은 '無有是處'. 741의 주. 4)마음을 거둠 : 원문은 '攝心'. 473의 주.

949

승려[1]가 있어서 삼매(三昧)[2]를 얻었을 때, 들불이 번져 왔으나 그의 옷은 타지 않았다. 사람들이 보고 귀신이라 말하면서 칼로 찍었더니, 칼도 부러지고 그 몸에 들어가지 못했다. 이는 마음씀이 한결같으므로 불이 태우지 못하고, 몸이 유연(柔軟)한 까닭에 칼도 몸에 들어가지 못한 것이었다.

— 〈三慧經〉

〔주〕 1)승려 : 원문은 '道人'. 160의 주. 2)삼매 : 원문은 '定意'. 부동(不動)의 삼매. 마음을 한 대상에 집중하여 흐트러뜨리지 않는 것. Ⓟsamādhi.

950

미혹(迷惑)에서 벗어나는 깨달음[1]은 정심(正心)[2]이 근본이 된다.

— 〈阿含正行經〉

〔주〕 1)미혹에서 벗어나는 깨달음 : 원문은 '度世道'. 세속을 초월한 깨달음. 2)정심 : 마음을 바로잡는 것. 삼매. 선정.

951

착한 벗[1]이 좋기는 좋아도 바른 생각[2]을 미치지 못한다. 그러기에 바른 생각을 가지고 마음을 지켜 간다면[3] 온갖 악이 침범해 들어오지 못한다.

— 〈佛本行經〉

〔주〕 1)착한 벗 : 원문은 '善友'. 311의 주. 2)바른 생각 : 원문은 '正念'. 145의 주. 3)마음을 지킴 : 원문은 '存心'. 본심을 잃지 않고, 기르고 지키는 것.

952

백 개의 절을 짓는 것이 한 사람을 살리는 것만 못하고, 시방(十方)[1] 천하의 온갖 사람을 살리는 것이 하루 동안 마음을 지키는[2] 것만 못하다.

— 〈罵意經〉

〔주〕 1)시방 : 18의 주. 2)마음을 지킴 : 원문은 '守意'.

953

차라리 스스로 뼈를 깨고 가슴을 꺨지언정, 망령된 마음을 따라 악을 짓지 말아야 한다. 역사(力士)만을 힘이 많다고 이르지 마라. 스스로 마음을 바로하면[1] 역사보다도 더한 힘을 얻을 것이다. 부처님께서는 마음과 다투신 이후로 무수겁(無數劫)에 걸쳐, 마음을 수순(隨順)하지[2] 않고 애써 정진(精進)[3]하사 스스로 부처님이 되셨느니라. —〈涅槃經〉

〔주〕 1)마음을 바로함 : 원문은 '端心'. 2)수순함 : 원문은 '隨轉'. 따라 일어남. 따름. anuvartanā. 3)정진 : 26의 주.

954

뭇사람 속에 앉아 뭇사람을 부끄러워 안 하며, 남의 존경하는 바가 되는 것은, 마음이 청정하고 바른[1] 때문이다. —〈正行經〉

〔주〕 1)청정하고 바름 : 원문은 '淨端'.

955

우리의 감정 중에서 노여움·게으름·의혹의 마음에서 생기는 감정은 모두 영속하지 못하지만, 이욕(離欲)[1]·자애(慈愛)·안온(安穩)[2]의 마음에서 생기는 것과, 부처님의 참된 가르침[3]을 신봉(信奉)[4]하는 정성에서 생기는 것은 영겁(永劫)[5]에 불멸(不滅)한다. —〈巴利文小阿含經〉

〔주〕 1)이욕 : 탐욕을 떠남. Ⓟvirāga. 2)안온 : 417의 주. 3)참된 가르침 : 원문은 '眞敎'. 4)신봉 : 믿어 받드는 것. 5)영겁 : 지극히 긴 시간. 영원.

956

온갖 현상(現象)[1]은 마음이 인도자(引導者) 구실을 하므로, 능히 마음을 알면 모든 현상[2]을 다 알 수 있게 된다. 갖가지 세상의 사물[3]들은 모두 마음 때문에 만들어진다. —〈般若經〉

〔주〕 1)온갖 현상 : 원문은 '一切法'. 18의 주. 2)모든 현상 : 원문은 '衆法'. '諸法'과 같다. 3)세상의 사물 : 원문은 '世法'. 원인과 조건에 의해 생멸하는 것들. utsidana-dharma.

957

보살은 다른 일을 깨닫는 것이 아니라, 오직 제 마음을 깨닫는 것뿐이다. 왜냐하면, 제 마음을 깨닫는 사람은 온갖 중생의 마음을 깨닫게 되는 까닭이다. 만약 제 마음이 청정하면 온갖 중생의 마음도 청정해진다. 제 마음의 체성(體性)[1]은 곧 온갖 중생의 체성이니, 제 마음의 더러움[2]을 제거하면[3] 온갖 중생의 마음의 더러움을 제거함이 되며, 제 마음의 탐욕(貪欲)을 제거하면 온갖 중생의 탐욕을 제거함이 되며, 제 마음의 어리석음을 제거하면 온갖 중생의 어리석음을 제거함이 된다. 이렇게 하는 것을 모두를 깨달은 이[4]라 일컫는다. —〈大莊嚴法門經〉

〔주〕 1)체성 : 39의 주. 2)더러움 : 원문은 '垢'. 730의 주. 3)제거함 : 원문은 '離'. 591의 주. 4)모두를 깨달은 이 : 원문은 '一切智覺者'. '일체지'는 17의 주. '각자'는 buddha의 한역(漢譯)이니, 부처님.

958

"불자(佛子)[1]야, 만약 보살들이 그 마음을 잘 쓴다면, 온갖 뛰어난[2] 공

덕(功德)[3]을 얻게 되리라."　　— 〈華嚴經〉

〔주〕 1)불자 : 78의 주. 2)뛰어난 : 원문은 '勝妙'. 230의 주. 3)공덕 : 20의 주.

수심(修心)의 방법

959

"선남자(善男子)[1]야, 마음의 성(城)[2]을 지킨다 함은 온갖 생사(生死)의 경계(境界)[3]를 탐하지 않음이요, 마음의 성을 장엄(莊嚴)[4]한다 함은 여래(如來)[5]의 십력(十力)[6]을 지성껏[7] 구함[8]이요, 마음의 성을 청정히 다스린다 함은 간질(慳嫉)[9]·첨광(諂誑)[10]을 완전히[11] 끊음이요, 마음의 성을 서늘하게 한다 함은 온갖 사물[12]의 실성(實性)[13]을 사유(思惟)함이요, 마음의 성을 흥성(興盛)하게 한다[14] 함은 온갖 선정(禪定)에 의한 해탈(解脫)[15]의 궁전을 지음이요, 마음의 성을 비춘다[16] 함은 널리 온갖 부처님의 도량(道場)[17]에 들어가 반야바라밀(般若波羅蜜)[18]을 들어서 믿음[19]이요, 마음의 성을 견고히 한다 함은 보현행원(普賢行願)[20]을 늘 부지런히 실천함이요, 마음의 성을 방호(防護)한다 함은 악우(惡友)[21]와 마군(魔軍)[22]을 항상 막는 일이요, 마음의 성을 넓힌다 함은 대비(大悲)[23]로 온갖 중생을 불쌍히 여김이요, 마음의 성을 연다 함은 가진 것을 모두 내던져 상대를 따라 보시(布施)[24]하는 일이요, 마음의 성을 엄숙히 한다 함은 온갖 악한 가르침[25]을 좇지 않음이요, 마음의 성을 속속들이 비춘다 함은 온갖 부처님의 바른 가르침[26]과 수다라(修多羅)[27] 중의 모든 법문(法門)[28]과 갖가지 연기(緣起)[29]를 밝게 통달하는 일이니라."　　— 〈華嚴經〉

〔주〕 1)선남자 : 1의 주. 2)마음의 성 : 원문은 '心城'. 중생의 마음을 성에 비유한 것. 속에 깨달음의 법왕(法王)이 있다고 본 것. 3)경계 : 84의 주. 4)장엄 : 239의 '보장엄' 참조. 5)여래 : 1의 주. 6)십력 : 154의 '역' 참조. 7)지성껏 : 원문은 '專意'. 마음을 집중함. 8)구함 : 원문은 '趣求'. 극락에 왕생하고자 원하는 것. 그러나, 여기서는 구하는 뜻. 9)간질 : 인색함과 시기. 10)첨광 : 556의 주. 11)완전히 : 원문은 '畢竟'. 57의 주. 12)온갖 사물 : 원문은 '一切諸法'. 18의 '일체법'과 같다. 13)실성 : 263의 주. 14)흥성하게 함 : 원문은 '增長'. 818의 주. 15)온갖 선정에 의한 해탈 : 원문은 '諸禪解脫'. 16)비추다 : 원문은 '照耀'. 17)도량 : 93의 주. 18)반야바라밀 : 41의 '반야바라밀다'와 같다. 19)들어서 믿음 : 원문은 '聽受'. 301의 주. 20)보현행원 : 보현보살의 행(行)과 원(願). 행은 실천이어서 대자비를 이르고, 원은 <화엄경> 보현행원품에 나타난 십대원(十大願)을 가리킨다. 21)악우 : 악한 벗. 그릇된 가르침을 설해 남을 악의 길로 이끄는 사람. 22)마군 439의 주. 23)대비 : 169의 주. 24)보시 : 원문은 '給施'. 남에게 재물을 주는 것. 25)악한 가르침 : 원문은 '惡法'. 18의 주. 26)바른 가르침 : 원문은 '正法輪'. 부처님의 가르침을 수레바퀴에 비유한 것. 27)수다라 : sūtra의 음사. 경(經). 28)법문 : 245의 주. 29)연기 : 147의 주.

960

잠깐[1]이라도 쉬든가 그만두는[2] 일이 없어서, 행주좌와(行住坐臥)[3]와 내지는 꿈에서라도 개장(蓋障)[4]과 어울리지[5] 말도록 해야 한다.

— 〈華嚴經〉

〔주〕 1)잠깐 : 원문은 '一念'. 166의 주. 2)그만둠 : 원문은 '廢捨'. 수행을 그만두는 것. 3)행주좌와 : 842의 주. 4)개장 : 장애. 번뇌장(煩惱障)과 소지장(所知障). 5)어울림 : 원문은 '相應'. 결합되어 있는 것. 관계. yukti.

961

보살은 사위의(四威儀)[1] 중에 망상을 끊고 그 마음을 잘 거두어서,[2] 여러 소리를 듣는대도 흔들리지 않는다. — 〈六波羅蜜經〉

〔주〕 1)사위의 : 537의 주. 2)잘 거둠 : 원문은 '善攝'.

962

육근(六根)[1]을 잘 거두어[2] 소홀함[3]이 없어서, 눈으로 어떤 형태[4]를 본대도 그 나타난 외형(外形)[5]에 매이지 않은[6] 채 깊고[7] 고요한 해탈(解脫)[8]에 안주(安住)해야 한다. 이(耳)·비(鼻)·설(舌)·신(身)·의(意)의 경우도 마찬가지다. 그리하여 항상 바른 지혜로 관찰하고 생각하기를, 이 삼업(三業)[9]이 짓는 선근(善根)[10]이 자리(自利)[11]를 위함인가, 이타(利他)[12]를 위함인가, 현세(現世)[13]를 이익게 함인가, 내세(來世)[14]를 이익게 함인가 하여, 이런 이익이 없는 것은 절대로[15] 하지 말아야 한다. 세상에서 세워 놓은 석상(石像) 모양 신(身)·구(口)·의(意)가 흔들리지 말아야 되는 것이니, 설사 욕을 먹는대도 응당 용서하는 마음[16]을 지녀야 하며, 남이 자기의 이익[17]을 침해하는 경우라도 분해 해서는 안 된다. 스스로 고요함을 구해 재앙이 없을 곳에서 결가부좌(結跏趺坐)[18]하고 정념(正念)[19]으로 관찰해서 대비심(大悲心)[20]으로 집을 삼고, 지혜로 북을 삼아 깨달음의 지팡이로 두들기면서 온갖 번뇌(煩惱)에게 이르기를, "너희들은 마땅히 알라. 모든 번뇌의 도둑이 다 망상으로부터 생겨나는 터인데, 내 법신(法身)[21]의 집에 좋은 일[22]이 있으니, 너희들은 모름지기 빨리 나가라. 곧 나가지 않으면 너희 목숨을 끊겠다"고 하면, 번뇌의 도둑들이 스스로 물러나 흩어질 것이다. 제 몸을 잘 지켜 소홀히 말 것이니, 방편의 지혜[23]로 대장을 삼아 사념처(四念處)[24]를 지키게 하고, 본각(本覺)[25]의 심왕(心王)[26]이 최고[27]의 선정(禪定)[28]의 궁궐에 편안히 앉아[29] 움직이지 않아서, 지혜의 칼로 번뇌의 도둑을 베어 생사(生死)의 군대를 깨고 악마[30]를 꺾으며,[31] 온갖 것을 걸머져 모든 중생으로 하여금 다 해탈(解脫)[32]할 수 있게 해야 한다. — 〈六波羅蜜經〉

〔주〕 1)육근 : 79의 주. 2)잘 거둠 : 원문은 '善攝'. 961의 주. 3)소홀함 : 원문은 '放逸'. 250의 주. 4)형태 : 원문은 '色'. 58의 주. 5)외형 : 원문은 '相'. 44의 주. 6)매이지 않음 : 원문은 '不取'. 827의 주. 7)깊다 : 원문은 '甚深'. 738의 주. 8)고요한 해탈 : 원문은 '寂靜解脫'. 9)삼업 : 558의 '신구의'와 같다. 10)선근 : 17의 주. 11)자리 : 28의 주. 12)이타 : 366의 주. 13)현세 : 원문은 '現在'. 633의 주. 14)내세 : 원문은 '未來'. 182의 주. 15)절대로 : 원문은 '決定'. 반드시. 필연적으로. 정해져 있는 것. bhūta-niścaya. 16)용서하는 마음 : 원문은 '慈心'. 참고 견디는 마음. 17)이익 : 원문은 '利養'. 360의 주. 18)결가부좌 : 153의 주. 19)정념 : 145의 주. 20)대비심 : 크게 불쌍히 여기는 마음. mahā-karuṇā. 21)법신 : 114의 주. 22)좋은 일 : 원문은 '善事'. 816의 주. 23)방편의 지혜 : 원문은 '方便慧'. 방편에 숙달하는 지혜. 또는 방편을 행하는 지혜. 중생 제도를 위해 여러 방편을 쓰는 지혜. 24)사념처 : 신역(新譯)에서는 사념주(四念住)라 한다. 깨달음을 얻기 위한 네 가지 관상법(觀想法). 신념처(身念處)·수념처(受念處)·심념처(心念處)·법념처(法念處). 즉 몸은 부정(不淨)하며, 감수(感受)는 고(苦)며, 마음은 무상(無常)하며, 온갖 사물은 무아(無我)라는 도리를 마음으로 명상하는 수행. catvāri smṛty-upasthānāni. 25)본각 : 현상계의 생멸상을 초월한 곳에 있는 궁극적 깨달음. 또 그 깨달음의 보편성에 의해, 사람은 태어나면서 본래부터 깨닫고 있음을 뜻한다. 본래 구비되어 있는 깨달음. 26)심왕 : 마음 자체. 마음의 작용의 근본이 되는 것. 마음의 작용(心所)을 신하로 치고, 왕에 비유한 것. 27)최고 : 원문은 '第一義'. 263의 '제일의제'와 같다. 28)선정 : 27의 '정'과 같다. 29)편안히 앉음 : 원문은 '安處'. 30)악마 : 원

문은 '魔怨'. 악마는 사람의 원수이므로 이렇게 부른 것. 31)꺾음 : 원문은 '摧伏'. 꺾어서 제압함. 32)해탈 : 84의 주.

963

정려(靜慮)[1]를 닦는 사람에게는 다섯 가지 장애[2]가 있으니, 탐욕(貪欲)[3] · 진에(瞋恚)[4] · 도회(掉悔)[5] · 혼면(昏眠)[6] · 의개(疑蓋)[7]가 그것이다. 이 다섯 가지 번뇌를 제거해야만 비로소 선정(禪定)[8]을 얻어 몸과 마음이 흔들리지 않게 된다.

탐욕은 물에 비친 달[9]과 같다. 물이 움직이면 달이 움직이듯, 마음이 생기면 대상(對象)으로서의 사물[10]이 생기게 마련이다. 탐욕의 마음도 이와 마찬가지여서, 순간[11]도 머무르지 않고 빨리 일어나고 빨리 없어져, 생사의 광야(曠野)[12] 중에 망령되이 욕경(欲境)[13]을 인정해 집착하는 마음[14]을 일으키는바, 조금이라도 탐욕의 생각[15]을 일으키면 선정을 잃게 된다. 이것을 탐욕의 장애라고 한다.

진에(瞋恚)는 짐주(鴆酒)[16]를 마시는 것과 같다. 얼굴이 달라져 갖가지 추한 모습이 되고, 몸과 마음을 떨며[17] 남을 비방하여 자타를 괴롭히기[18] 일쑤다. 이같이 노여움의 불이 마음을 태운다면 어떻게 선정을 닦을 수 있겠는가? 정려를 닦는 사람은 응당 이를 멀리해야 할 것이다.

도회(掉悔)는 미친 사람과 같다. 몸과 마음이 혼란해져서, 혹은 친척[19] · 도시[20] · 수명 · 고락(苦樂) 따위의 일을 기연(機緣)으로 하여 망령되이 마음을 일으켜 찾아 구하며,[21] 선악의 생각을 낳아 한 일[22]을 후회[23]하게 마련이다. 이렇게 경솔히 움직이므로 고요해지지 못하는 것이다.

혼면(昏眠)에 빠지는 사람은 지친 끝에 꿈을 꾸며, 기지개를 켜면서[24] 하품을 하고,[25] 졸음[26]을 이기지 못해 경쾌하고 편안한[27] 마음을 가림으로써 관혜(觀慧)[28]에 지장을 주는 것이다.

또 의혹을 지닌 사람은 늘 의심을 품고 있으므로 일을 처리함에 있어서 결단을 못 내리고, 보시(布施)[29]·지계(持戒)[30]·안인(安忍)[31]·정진(精進)[32]·선정(禪定)·지혜를 가로막아, 삼세(三世)의 인과(因果)[33]와 삼보(三寶)[34]의 성상(性相)[35]을 다 나타나지[36] 못하게 하고 있다. 이래서야 어찌 오묘한 선정을 낳을 수 있겠는가?

이 다섯 가지 번뇌[37]로 말미암아 학행(學行)[38]을 이루기 어려워지고, 계(戒)·정(定)·혜(慧)[39]의 도리[40]가 능히 밝아지지[41] 않는 것이다. 그러므로 선정을 닦는 사람은, 마땅히 이것들을 멀리하고 애써 익혀야 한다.

— 〈六波羅蜜經〉

〔주〕 1)정려 : 357의 주. 2)장애 : 원문은 '障'. 불도 수행에 지장을 주는 것. āvaraṇa. 3)탐욕 : 54의 '탐'과 같다. 4)진에 : 408의 주. 5)도회 : 도거(悼擧)와 추회(追悔). 둘 다 마음의 안정을 깨는 번뇌다. 6)혼면 : 마음을 어둡게 가라앉히는 작용. 우울. 혼침(惛沈)과 같다. 7)의개 : 의혹은 마음을 덮어 바른 도를 깨닫지 못하게 하므로 '의개'라 한 것. 8)선정 : 27의 '정'과 같다. 9)물에 비친 달 : 원문은 '水月'. 10)대상으로서의 사물 : 원문은 '法'. 53의 주. 11)순간 : 원문은 '念念'. 56의 주. 12)생사의 광야 : 원문은 '生死曠野'. 생사의 끝없음을 광야에 비유한 것. 13)욕경 : 욕망의 대상. 14)집착하는 마음 : 원문은 '染着心'. 15)탐욕의 생각 : 원문은 '欲想'. 16)짐주 : 짐새(鴆)의 날개를 넣어 빚은 독주(毒酒). 짐새는 독조(毒鳥). 17)떨다 : 원문은 '戰掉'. 몸을 떠는 것. 18)괴롭힘 : 원문은 '損惱'. 19)친척 : 원문은 '親里'. ñāti. 20)도시 : 원문은 '國邑'. 21)찾아 구함 : 원문은 '尋求'. anveṣaṇa. 22)한 일 : 원문은 '所作'. 240의 주. 23)후회 : 원문은 '追悔'. 24)기지개를 켬 : 원문은 '嚬呻'. 25)하품함 : 원문은 '欠呿'. 26)졸음 : 원문은 '昏昧'. 잠에 빠지는 것. 27)경쾌하고 편안함 : 원문은 '輕安'. 마음이 경쾌하고 편안해, 착한 일을 할 수 있게 하는 작용. 혼침(惛沈)의 대(對). prasrabdhi. 28)관혜 : 선정에 입각한 지혜. 29)보시 : 17의

주. 30)지계 : 151의 주. 31)안인 : 330의 주. 32)정진 : 26의 주. 33)삼세의 인과 : 원문은 '三世因果'. 과거 · 현재 · 미래에 걸쳐 인과가 계속되는 도리. 34)삼보 : 20의 주. 35)성상 : 105의 주. 36)나타남 : 원문은 '顯現'. 37)번뇌 : 원문은 '蓋'. 지혜를 가리는 것. 번뇌의 이명(異名). nivaraṇa. 38)학행 : 수행(修行). 39)계 · 정 · 혜 : '계'는 18, '정'은 27, '혜'는 27의 주. 40)도리 : 원문은 '門'. 743의 주. 41)밝아짐 : 원문은 '顯了'. 명백함. vyakta.

964

비구(比丘)[1]는 자심(慈心)[2]을 닦아 진심(瞋心)[3]을 제거[4]하며, 비심(悲心)[5]을 닦아 해심(害心)[6]을 제거하며, 희심(喜心)[7]을 닦아 불희심(不喜心)[8]을 제거하며, 사심(捨心)[9]을 닦아 탐심(貪心)[10]을 제거하며, 무상심(無相心)[11]을 닦아 취상심(取相心)[12]을 제거하며, 결정심(決定心)[13]을 닦아 의혹심(疑惑心)[14]을 제거해야 한다. — 〈大集法門經〉

〔주〕 1)비구 : 원문은 '苾芻'. 455의 주. 2)자심 : 962의 주. 3)진심 : 54의 '진'과 같다. 4)제거 : 원문은 '對治'. 235의 주. 5)비심 : 215의 주. 6)해심 : 남을 해치는 마음. 7)희심 : 930의 주. 8)불희심 : 기뻐하지 않는 마음. 9)사심 : 930의 주. 10)탐심 : 54의 '탐'과 같다. 11)무상심 : 집착을 떠난 마음. 12)취상심 : 사물의 모습에 집착하는 마음. 13)결정심 : 확고히 안주(安住)하여 동요하지 않는 마음. 14)의혹심 : 425의 '의혹'과 같다.

965

어떤 때건 몸과 마음을 청정히 하고 바른 생활 태도[1]를 굳건히 지키며, 마음을 고요한 경지에 머무르게 하여 온갖 어지러움[2]을 떠나야 한다.
— 〈佛母出生經〉

〔주〕 1)바른 생활 태도 : 원문은 '正命'. 바른 생활. 바른 생활 방법. Ⓟsammā-ajiva. 2)어지러움 : 원문은 '散亂'. 571의 주.

966

마음은 담백(淡泊)하고 고요하여, 육근(六根)[1]을 잘 거두어 지켜서[2] 흔들리거나 어지러워지지 말아야 하며, 입은 삼가고 조심하여 아첨하고 속이는[3] 일이 없어야 한다. 시끄럽거나[4] 험악한 곳[5]을 버리고 조용한 곳[6]에 편안히 거처하여[7] 그 육체[8]를 청정하고 조화 있게 유지하며,[9] 몸가짐[10]을 항상 삼가서[11] 설사 비방하는 말을 듣는대도 참으며,[12] 다시 한 걸음 나아가 심심(深心)[13]으로 안좌(晏坐)[14]를 즐겨야 한다. — 〈菩薩藏正法經〉

〔주〕 1)육근 : 원문은 '諸根'. 764의 주. 2)거두어 지킴 : 원문은 '攝護'. 3)아첨하고 속임 : 원문은 '諂詐'. 4)시끄러움 : 원문은 '憒鬧'. 648의 주. 5)험악한 곳 : 원문은 '險難'. 밀림이 있는 거친 땅. kāntāra. 6)조용한 곳 : 원문은 '空閑'. 마을에서 떨어진 조용한 곳. araṇya. 7)편안히 거처함 : 원문은 '樂處'. 8)육체 : 원문은 '身命'. 427의 주. 9)조화를 유지함 : 원문은 '調適'. 음양이 조화함. 10)몸가짐 : 원문은 '威儀道行'. 규율에 맞는 기거동작(起居動作). 위의업행(威儀業行)과 같다. '위의'와 '도행'의 뜻으로도 볼 수 있으나, 문의(文意)가 안 맞는다. 11)삼감 : 원문은 '謹密'. 12)참음 : 원문은 '安忍'. 330의 주. 13)심심 : 176의 '심심소행' 참조. 14)안좌 : 편안히 앉는 것. 단정히 앉는 것. 좌선을 이른다. Ⓟsukha-upaniṣaṇṇa.

967

출가(出家)한 보살[1]은 시끄러운 곳[2]을 떠나 아란야(阿蘭若)[3]에 거처하면서, 그 마음을 닦고 거두어[4] 불도(佛道)[5]를 구해야 한다. 삼세여래(三世如來)[6]께서도 온갖 시끄러운 곳을 떠나 고요한 고장에 계시면서 만행(萬

行)[7]을 점차로 닦으사[8] 깨달음[9]을 얻으셨고, 모든 성자(聖者)[10]들이 성과(聖果)[11]를 얻은 것도 역시 마찬가지였다. — 〈心地觀經〉

〔주〕 1)출가한 보살 : 원문은 '出家菩薩'. 가정을 버리고 승려가 된 보살. 2)시끄러운 곳 : 원문은 '喧鬧'. 3)아란야 : araṇya의 음사. 수행승(修行僧)이 사는 암자나 작은 방. 승려의 수행하는 장소. 4)닦고 거둠 : 원문은 '修攝'. 수행에 의해 마음을 거두어 어지럽지 않게 하는 것. 5)불도 : 22의 주. 6)삼세여래 : 과거·현재·미래의 부처님들. '삼세제불(三世諸佛)'과 같다. 7)만행 : 온갖 착한 행위. 온갖 수행. 8)점차로 닦음 : 원문은 '增修'. 좋은 일을 하나하나 수행해 늘여 가는 것. 9)깨달음 : 원문은 '菩提果'. 깨달음이라는 결과. 지혜로 무명(無明)을 끊은 상태. 10)성자 : 원문은 '賢聖'. 108의 주. 11)성과 : 성도(聖道)의 수행의 결과로서 얻은 깨달음. 아라한과(阿羅漢果).

968

부처님께서 모든 비구(比丘)[1]에게 이르셨다. "너희들은 잘 들어라.[2] 온갖 성문(聲聞)[3] 중 바른 행실[4]을 닦아 집착 없는 마음[5]을 얻고자 하는 사람은, 마땅히 다섯 가지를 끊어야 할 것이다. 다섯 가지란 무엇인가? 첫째는 탐욕(貪欲)[6]이요, 둘째는 진에(瞋恚)[7]요, 셋째는 혼침(昏沈)[8]·수면(睡眠)[9]이요, 넷째는 도회(掉悔)[10]요, 다섯째는 의혹(疑惑)[11]이니, 이 다섯 개장(蓋障)[12]을 응당 제거해야 하느니라." — 〈淸淨心經〉

〔주〕 1)비구 : 원문은 '苾芻'. 455의 주. 2)잘 들어라 : 원문은 '諦聽'. 자세히 들어라. 똑똑히 들어라. suṇātha sādhukaṃ. 3)성문 : 50의 주. 4)바른 행실 : 원문은 '正行'. 바르게 실천해 성도(聖道)에 드는 것. 소승에서는 아라한이 되는 것. samyak-pratipatti. 5)집착 없는 마음 : 원문은 '淸淨心'. 얽매임이 없는 마음. apratiṣṭhita-citta. 6)탐욕 : 54의 '탐'과 같다. 7)진에 : 408의 주. 8)혼침 :

마음을 침울하게 하는 작용. 사람을 게으르게 만든다. styāna. 9)수면 : 335의 주. 10)도회 : 963의 주. 11)의혹 : 원문은 '疑'. 940의 주. 12)개장 : 960의 주.

969

널리 온갖 현상[1]의 존재 양상[2]을 관찰하되, 온갖 것을 대함에 있어서 고요히 침묵하고 망념(妄念)이 없어서,[3] 마음을 담박(澹泊)하게 가져 얽매임[4]이 없어야 한다. — 〈爲母說法經〉

〔주〕 1)온갖 현상 : 원문은 '一切諸法'. 18의 '일체법'과 같다. 2)존재 양상 : 원문은 '所存'. 3)망념이 없음 : 원문은 '無念'. 집착이 없는 바른 생각. 4)얽매임 : 원문은 '所着'. sammuti.

970

"선남자(善男子)[1]야, 보살은 모든 불법(佛法)[2]을 닦아 온갖 불국토(佛國土)[3]를 정화(淨化)하며, 착한 행위[4]를 쌓아[5] 중생을 조복(調伏)[6]하며, 큰 서원(誓願)[7]을 일으켜 일체지(一切智)[8]에 들어가며, 불가사의(不可思議)한 해탈문(解脫門)[9]에 마음대로 노닐어 부처님의 본성(本性)[10]을 깨달으며, 큰 신통(神通)[11]을 나타내어 온갖 시방세계(十方世界)[12]에 두루 머무르며, 극히 작은 지혜로 널리 온갖 겁(劫)[13]에 들어가는바, 이런 모두가 다 제 마음 때문에 이루어지느니라. 그러므로 마땅히 선법(善法)[14]으로 제 마음을 도우며, 법(法)의 물[15]로 제 마음을 윤택하게 하며, 대상(對象)의 세계[16]에서 제 마음을 청정히 다스리며, 정진(精進)[17]으로 제 마음을 견고히 하며, 인욕(忍辱)[18]으로 제 마음을 넓고 편안케 하며, 지혜에 의한 증득(證得)[19]으로 제 마음을 깨끗이 하며, 지혜로 제 마음을 총명케 하며,[20] 자재(自在)의 힘[21]으로 제 마음을 개발하며, 평등의 도리로 제 마음을 넓히

며, 십력(十力)[22]으로 제 마음을 살펴야[23] 할 것이다." — 〈華嚴經〉

〔주〕 1)선남자 : 1의 주. 2)불법 : 4의 주. 3)불국토 : 원문은 '佛刹'. 100의 주. 4)착한 행위 : 원문은 '妙行'. 사람으로서의 바른 행위. sucarita. 지자(智者)가 칭찬하는 행위. 5)쌓음 : 원문은 '積集'. 170의 주. 6)조복 : 21의 주. 7)서원 : 396의 주. 8)일체지 : 17의 주. 9)해탈문 : 해탈의 경지를 문에 비유한 것. 10)부처님의 본성 : 원문은 '佛菩提'. 648의 주. 11)신통 : 159의 '신변'과 같다. 12)시방세계 : 시방에 있는 무수한 세계. 13)온갖 겁(劫) : 원문은 '諸劫'. '겁'이란 세계가 생겨서 없어질 때까지의 시간인바, '온갖 겁에 들어간다'는 것은 그 무한의 시간의 과거와 미래를 다 이해한다는 뜻일 것이다. 14)선법 : 18의 주. 15)법의 물 : 원문은 '法水'. 부처님의 가르침은 중생의 번뇌를 씻어 주므로 이를 물에 비유한 것. guṇa-ambu. 16)대상의 세계 : 원문은 '境界'. 환경으로서 인식되는 대상. 17)정진 : 26의 주. 18)인욕 : 151의 '인'과 같다. 19)지혜에 의한 증득 : 원문은 '智證'. 바른 지혜로 열반을 실현하는 것. 20)총명케 함 : 원문은 '明利'. 총명함. 뛰어남. 21)자재의 힘 : 원문은 '自在'. 부처님·보살에 갖추어진 위대한 힘. 22)십력 : 154의 '역' 참조. 23)살핌 : 원문은 '照察'.

971

선정(禪定)[1]은 여덟 가지 착한 행위[2]에 의해 청정해진다. 여덟 가지란 무엇인가? 첫째는 늘 난야(蘭若)[3]에 살면서 고요히 사유(思惟)함이다. 둘째는 여러 사람과 함께 모여서 이야기하지 않음이다. 셋째는 바깥 대상[4]에 탐심을 내지[5] 않음이다. 넷째는 몸이거나 마음이거나 온갖 화려한 것[6]을 버림이다. 다섯째는 음식에 대해 욕심이 적음이다. 여섯째는 집착하는[7] 곳이 없음이다. 일곱째는 말과 글자의 수식(修飾)을 즐기지 않음이다. 여덟째는 남으로 하여금 대신해 가르치도록[8] 함으로써 성락(聖樂)[9]을 얻게 함이다. — 〈文殊佛境界經〉

〔주〕 1)선정 : 27의 '정'과 같다. 2)착한 행위 : 원문은 '法'. 32의 주. 3)난야 : '아란야'의 준말. 967의 '아란야'의 주. 4)바깥 대상 : 원문은 '外境界'. 외계(外界)의 대상. bāhya-artha. 5)탐심을 냄 : 원문은 '貪着'. 240의 주. 6)화려한 것 : 원문은 '榮好'. 7)집착함 : 원문은 '攀緣'. 대상에 집착함. 탐닉함. 마음이 외부의 세계에 의해 어지러워지는 것. Ⓟajjhosāya tiṭṭhati. 8)대신해 가르침 : 원문은 '轉教'. 원래는 부처님을 대신해 설법하게 하는 것. 부처님이 자신을 대신해서 수보리(須菩提) 등의 성문으로 하여금 <반야경>을 설하게 한 일이 있다. 9)성락 : 성스러운 즐거움. 해탈의 경지.

972

부처님께서 양가(良家)의 아들[1)]에게 이르셨다. "세 가지 일이 있어서 흔들리지 않는 삼매(三昧)[2)]를 이룩하게[3)] 한다. 셋이란 무엇인가? 첫째는 아첨이 없음이요, 둘째는 지성(志性)[4)]이 매우 맑음[5)]이요, 셋째는 거짓이 없음이니라."

— 〈大哀經〉

〔주〕 1)양가의 아들 : 원문은 '族姓子'. 바른 신앙을 가진 재가(在家)의 남자. 선남자(善男子)와 같다. kula-putra. 비구를 일컫는 수도 있다. 2)흔들리지 않는 삼매 : 원문은 '定意'. 949의 주. 3)이룩함 : 원문은 '莊嚴'. 건립(建立)함. 배열(排列)되어 있음. 훌륭한 배치. vyūha. 4)지성 : 부처가 될 뜻과 소질. 5)매우 맑음 : 원문은 '淸和'. 맑아서 투명한 것. prasanna.

973

적정선(寂靜禪)[1)]을 오로지 닦아서[2)] 외계(外界)의 대상[3)]을 따라 좇아가지[4)] 말며, 만약 마음에 머무르지 않은 사람이 있을 때는 권하여 선정(禪定)[5)]에 머무르도록 해야 한다.

— 〈菩薩行變化經〉

〔주〕 1)적정선 : 고요한 선정(禪定). 또는, 열반에 이르는 선정. 2)오로지 닦음 : 원문은 '專修'. 마음을 오로지해 수행함. 다른 짓을 하지 않고, 한 가지에만 전념하는 것. 흔히 염불에 전념하는 뜻으로 쓰인다. 3)외계의 대상 : 원문은 '境界'. 65의 주. 4)따라 좇음 : 원문은 '隨逐'. 555의 주. 5)선정 : 27의 '정'과 같다.

974

마땅히 게으름[1)]을 생각해[2)] 방자한 마음[3)]을 따르지 마라.

— 〈法句經〉

〔주〕 1)게으름 : 원문은 '逸意'. 게으른 마음. 2)생각함 : 원문은 '覺'. 사(思)와 같다. cetanā. 3)방자한 마음 : 원문은 '放心'.

975

깨끗한 물도 더러움이 끼여들면 탁해지거니와, 뒤에 가서 다시 깨끗해지는 것은 그 더러움이 제거되었기 때문이다. 이로써 볼 때, 그 깨끗함은 밖으로부터 온 것이 아니며, 본성(本性)[1)]이 깨끗했던 것임을 알 수 있다. 마음의 방편정(方便淨)[2)]도 또한 마찬가지다. 심성(心性)[3)]은 본래 청정하되 번뇌(煩惱)[4)] 탓으로 더러워지는 것이며, 뒤에 가서 마음이 청정해지는 것은 번뇌를 제거했기 때문이다. 이로써 볼 때, 그 청정함이 밖으로부터 온 것이 아니며, 본성이 청정했기 때문임이 확실하다. 그러므로 마땅히 두려워하지 말 일이다.

— 〈大乘莊嚴經論〉

〔주〕 1)본성 : 96의 주. 2)방편정 : 수행(修行)에 의해 청정해지는 것. 본성(本性)으로서 청정한 것(本來淸淨)에 대립하는 말. 3)심성 : 60의 주. 4)번뇌 : 원

문은 '客塵'. 우연히 밖으로부터 온 더러움. 번뇌를 이른다. 69의 '객진번뇌'와 같다.

976

부처님께서 모든 비구(比丘)[1)]에게 이르셨다. "마음을 지니되, 마땅히 네모진 돌[2)]과 같이 하라. 돌이 뜰 가운데 놓여 있으매, 비가 떨어져도 깨지 못하며, 해가 뜨겁게 비쳐도 녹이지 못하며, 바람이 불어도 움직이지 못하나니, 마음을 지니되 마땅히 돌과 같이 하라." ― 《阿含正行經》

〔주〕 1)비구 : 84의 주. 2)네모진 돌 : 원문은 '四方石'.

977

혼수(惛睡)[1)]가 마음을 구속하되[2)] 알지 못하면서 선정(禪定)[3)]을 닦는 경우, 몸의 모습[4)]은 편안하고 고요해 보이지만 부처님네는 칭찬치 않으신다. 또 도회(掉悔)[5)]가 마음을 구속해 오근(五根)[6)]이 고요하지 못한 경우, 부지런히 선정을 닦는대도 부처님네는 칭찬치 않으신다.

― 《阿毗達磨法蘊足論》

〔주〕 1)혼수 : 968의 '혼침'과 같다. 2)구속함 : 원문은 '蓋纏'. 마음의 본성을 뒤덮어 자유를 잃게 하는 것. 번뇌의 구속. 번뇌의 이명(異名)으로도 쓰인다. 3)선정 : 원문은 '靜慮'. 357의 주. 4)몸의 모습 : 원문은 '身相'. 5)도회 : 963의 주. 6)오근 : 원문은 '諸根'. 825의 주.

978

대상(對象)[1)]에 마음을 잘 안정시키는[2)] 것을 정(定)[3)]이라 한다. 마음이

어지러워지지 않고 흔들리지 않는 까닭이다. — 〈六門教授習定論〉

〔주〕 1)대상 : 원문은 '所緣處'. 79의 '소연'과 같다. 2)잘 안정시킴 : 원문은 '善住'. supratiṣṭhita. 3)정 : 27의 주.

979

지혜 있는 사람은 차츰, 조용히, 차근차근 정진(精進)[1]해서, 마음의 더러움[2]을 씻어 낸다. 장인(匠人)이 쇠를 벼려 그 더러움을 제거하는 것과 같다. 악은 자신의 마음에서 나와, 도리어 그 몸[3]을 파괴한다. 쇠에서 녹이 나와, 도리어 그 몸(쇠)을 좀먹는 것과 같다. — 〈法句經〉

〔주〕 1)정진 : 26의 주. 2)마음의 더러움 : 원문은 '心垢'. 931의 주. 3)몸 : 원문은 '形'. 576의 주.

수심(修心) 안 하는 해(害)

980

눈이 흐려지면 청정하고 미묘한 빛깔[1]을 볼 수 없듯, 마음을 청정히 안 하면 온갖 부처님의 가르침[2]을 볼 수 없게 된다. — 〈華嚴經〉

〔주〕 1)청정하고 미묘한 빛깔 : 원문은 '淨妙色'. 2)부처님의 가르침 : 원문은 '佛法'. 4의 주.

981

"불자(佛子)[1]야, 해가 뜨면 세상[2]을 두루 비쳐서, 온갖 맑은 물이 담긴 그릇에는 그 그림자가 나타나지 않음이 없고, 모든 곳에 두루 미쳐서 따로 오고 감이 없다. 그러나 혹 어느 한 그릇이 깨질 때는 그 그림자가 안 나타나게 마련이다. 불자야, 너는 어떻게 생각하느냐? 저 그림자가 안 나타나는 것이 해의 탓이냐?"

"아닙니다. 그것은 어디까지나 그릇이 깨졌기 때문이요, 해에 잘못이 있는 것은 아닙니다."

"불자야, 여래(如來)[3]의 지혜의 태양[4]도 또한 마찬가지니, 법계(法界)[5]에 널리 나타나 전후(前後)가 없어서 온갖 중생의 청정한 마음의 그릇에 나타나지 않음이 없으시다. 그리하여 마음의 그릇이 늘 청정하면 불신(佛身)[6]을 언제나 뵙게 되고, 마음이 흐리거나 그 그릇이 깨졌을 경우에는 뵐 수 없게 되느니라." — 〈華嚴經〉

〔주〕 1)불자 : 78의 주. 2)세상 : 원문은 '世間'. 64의 주. 3)여래 : 1의 주. 4)지혜의 태양 : 원문은 '智日'. 5)법계 : 39의 주. 6)불신 : 부처님의 육신. buddha-rūpa.

982

중생의 마음[1]은 거울과 같다. 거울에 때가 끼면 물건의 모습이 나타나지 않는다. 그와 마찬가지로, 중생의 마음에도 때가 끼는 경우에는 법신(法身)[2]이 나타나지 않는다. — 〈起信論〉

〔주〕 1)중생의 마음 : 원문은 '衆生心'. 중생이 본래 갖추고 있는 진여심(眞如心). 일심(一心)이라고도 한다. 2)법신 : 114의 주.

983

마음을 닦지 않는 사람은 선바라밀(禪波羅蜜)[1]을 갖추지 못한다. 악업(惡業)[2]을 저지르면서 마음을 거두지[3] 아니한다면, 탐(貪)·진(瞋)·치(癡)[4]의 업(業)[5]을 지어 지옥에 가게[6] 될 것이다. —〈涅槃經〉

〔주〕 1)선바라밀 : 선정(禪定)의 완성. 여섯 바라밀의 하나. dhyāna-pāra=mitā. 2)악업 : 170의 주. 3)마음을 거둠 : 원문은 '攝心'. 좌선을 닦아 마음을 통일하는 것. 4)탐·진·치 : 245의 '삼독' 참조. 5)업 : 61의 주. 6)감 : 원문은 '趣向'. 과보(果報)에 끌려가는 것.

984

제 마음을 깨닫지[1] 못하면, 어떻게 바른 도(道)[2]를 알랴? 저 전도(顚倒)된 지혜[3] 때문에 온갖 악을 끌어 내게[4] 되느니라. —〈華嚴經〉

〔주〕 1)깨닫다 : 원문은 '了'. avaboutha. 2)바른 도 : 원문은 '正道'. yāna. 3)전도된 지혜 : 원문은 '顚倒慧'. 진실에 어긋난 지혜. 무상(無常)·고(苦)·부정(不淨)·무아(無我)의 진리에 어긋나는 주장을 하는 지혜. 4)끌어 냄 : 원문은 '增長'. 247의 주.

985

사람의 집에 악한 자식이 있어서 관리에게 잡혀 가는 자를 보라. 다 마음이 부정(不正)[1]에 주저앉은 때문이니라. —〈阿含正行經〉

〔주〕 1)부정 : 원문은 '不端'. 바르지 않은 것.

986

이 신체의 작용[1]은 다 마음 때문에 생겨난다. 그러므로 먼저 마음을 제어(制御)하여[2] 몸을 괴롭히지 말아야 한다. 몸은 목석(木石) 같아 의식이 없는[3] 존재니, 어찌해 마음을 따름으로써 몸을 괴롭힌단 말인가?

— 〈佛本行經〉

〔주〕 1)작용 : 원문은 '動作'. kriyā. 2)마음을 제어함 : 원문은 '調心'. 3)의식이 없음 : 원문은 '無知'. 464의 주.

987

마음을 멋대로 놓아 두는[1] 사람은 후회하지 않는 일이 없게 마련이니, 방자한 마음[2]이 부르는 재앙은 수미(須彌)[3]보다도 무겁다. — 〈忍辱經〉

〔주〕 1)마음을 멋대로 놓아 둠 : 원문은 '遊心'. 흔히 바라문(婆羅門)을 뜻한다. 그러나 여기서는 마음을 버려 두어 단속 안 하는 의미인 것 같다. 2)방자한 마음 : 원문은 '恣心'. 3)수미 : 181의 '수미산'과 같다.

988

비유하여 한 사람이 네 명의 부인을 두었다 치자. 첫째 부인은 남편의 극진한 사랑을 받아서 좌기(坐起)·행보(行步)·동작(動作)[1]·와식(臥息)에 한 번도 떨어진 적이 없다. 음식과 의복도 언제나 먼저 주며, 한서(寒暑)·기갈(飢渴)에 쓰다듬고[2] 돌보아 욕구대로 해주어 일찍이 다툰 일이 없다. 둘째 부인은 좌기와 담화(談話)에 늘 좌우에 있게 하며, 만나면 기뻐하고 헤어지면 걱정한다. 셋째 부인은 가끔 만나고, 곤궁하거나 몹시 지쳐 있을 때는 어느 정도 생각을 해준다. 넷째 부인은 막 부려[3] 일을 하게 하고, 일이 있으면 가서 머무르지만 전혀 보호하지 않아서 늘 내버려 두는 사이다.

마침 남편이 죽게 되어, 첫째 부인을 불러서 말했다.

"당신이 나를 따라 죽도록 하시오."

그러나 부인은 엉뚱하게 대답했다.

"저는 당신을 따라갈 수 없습니다."

"나는 지극히 사랑해서, 당신의 뜻은 무엇이나 따랐소. 그런데 어찌해 나를 따라 죽지 못하겠다는 거요?"

"당신이 저를 사랑하신 것은 사실이나, 저로서는 당신을 따르지 못하겠습니다."

남편은 둘째 부인을 불러서 말했다.

"당신이 나를 따라 죽도록 하오."

그러나 부인은 말을 듣지 않았다.

"당신이 그토록 사랑하신 첫째 부인도 당신을 따르지 않는데, 제가 어찌 당신을 따라간단 말씀입니까?"

"내가 처음 당신을 맞이할 때에 겪은 고생은 이만저만한 것이 아니었소. 추위에 떨고 더위에 허덕였으며, 주린 것을 참고 목마름을 견뎌야 했으니, 이 마당에 당신이 어찌 나를 안 따른단 말씀이오?"

"당신이 욕심이 많아 억지로 나를 얻으려 한 것이지 내가 당신을 구한 것은 아니니, 어찌 고생하신 것을 들먹이십니까?"

남편은 셋째 부인을 불렀다.

"당신이 나를 따라 죽도록 하오."

"제가 당신의 은혜를 입었으니, 돌아가시면 당신을 전송하여 성 밖까지는 가겠습니다. 그러나 죽어서까지 당신을 따를 수는 없습니다."

하는 수 없어 넷째 부인을 불렀다.

"당신이 나를 따르라."

그 여자가 대답했다.

"저는 부모를 떠나 시집와서 당신의 시중을 들어 왔으니, 당신이 가시는 곳이면 어디든 따라가 생사·고락을 같이하겠습니다."

이리하여 좋아하는 세 아내는 따르지 않는 대신, 못생긴 넷째 부인만 그 뜻을 따르는 결과가 되었다.

부처님께서 말씀하셨다.

"앞의 비유에서, 첫째 부인은 사람의 몸을 가리킨다. 사람마다 제 몸을 사랑함이 이 첫째 부인 이상이건만, 죽을 때에 가면 몸은 땅에 누워 따라나서려 아니한다. 둘째 부인은 사람의 재물이다. 사람마다 이 재물을 얻으면 기뻐하고 못 얻으면 걱정하거니와, 죽을 때가 되면 재물은 세상에 남아 따라나서려 아니한다. 셋째 부인은 부모·처자·형제·우인[4]·노비 따위의 비유다. 살아 있을 때는 은애(恩愛)[5]로 서로 사모하지만, 죽고 나면 곡하고 성 밖 무덤 사이에 이르러 죽은 사람을 버린 채 각자 돌아가 시름에 잠기되, 열흘이 지나지 않아서 제대로 마시고 먹으면서 죽은 자를 잊게 마련이다. 넷째 부인은 사람의 마음이다. 세상에 마음을 스스로 사랑하는 자가 없어서, 다 멋대로 마음을 방자히 하여[6] 탐욕·진에(瞋恚)[7]로 달려서 정도(正道)[8]를 믿지 않다가, 죽게 되어서는 이 마음이 따라나서서 악도(惡道)[9]에 떨어지게 된다. 그러므로 마땅히 마음을 바로 잡아야[10] 할 것이다."

— 《阿含經》

〔주〕 1)동작 : 활동. 2)쓰다듬음 : 원문은 '摩順'. 오자(誤字) 같다. 쓰다듬는 뜻인가? 3)부림 : 원문은 '給使'. 4)우인 : 원문은 '知識'. 901의 주. 5)은애 : 574의 주. 6)마음을 방자히 함 : 원문은 '放心恣意'. 7)진에 : 408의 주. 8)정도 :

984의 주. 9)악도 : 2의 주. 10)마음을 바로잡음 : '端心正意'. 마음을 바로하고 생각을 바로함.

989

오근(五根)[1]의 주인은 마음이다. 그러므로 너희들은 마땅히 마음을 잘 제어(制御)해야[2] 한다. 마음의 두렵기는 독사(毒蛇)·악수(惡獸)·원적(怨賊)·대화(大火)보다 더하니라. — 〈遺敎經〉

〔주〕 1)오근 : 79의 풀이. 2)마음을 제어함 : 원문은 '制心'. 마음을 거두어 뛰어난 선정을 얻으려 하는 것. 사신족(四神足)의 하나. Ⓟcitta-samādhi.

제4장 자신(自信)

부처님의 자신(自信)

990

부처님께서는 태어나시자 곧 동쪽으로 일곱 걸음을 걸으시고, 이같이 이르셨다.[1] "나는 인천(人天)[2]과 아수라(阿修羅)[3] 중에서 가장 존귀(尊貴)하고 가장 뛰어났느니라." — 〈涅槃經〉

〔주〕 1)이르다 : 원문은 '唱言'. 선언함. 세상 사람에게 공표함. ārocayati. 2)인천 : 21의 주. 3)아수라 : 306의 주.

991

"이제 이 삼계(三界)[1]는 다 내 것이요, 그 속의 중생은 실로 내 자식일시 분명하다. 이제 이곳에 온갖 재앙[2]이 많거니, 오직 나 혼자서 이를 구호(救護)[3]하리라." — 〈涅槃經〉

〔주〕 1)삼계 : 4의 주. 2)재앙 : 원문은 '患難'. 근심이나 재난(災難). 3)구호 : 구하고 지켜 주는 것.

992

부처님께서 말씀하셨다. "내가 세상에 나타남은 큰 구름이 온갖 것을 적셔 주는 것과 같아서, 메마른 중생으로 하여금 다 괴로움에서 떠나 편안한 즐거움[1)]을 얻게 하기 위함이다. 중생을 편안케 하는[2)] 데 있어서, 세상에 능히 나를 따를 자가 없느니라." — 〈華嚴經〉

〔주〕 1)편안한 즐거움 : 원문은 '安穩樂'. 2)편안함 : 원문은 '安穩'. 417의 주.

993

이 온갖 중생의 마음이 협소하고 열등(劣等)해서[1)] 대승(大乘)[2)]을 구하지 않고, 그 마음에 무상(無上)의 일체지지(一切智智)[3)]를 멀리하여, 대행(大行)[4)]이 똑같이 있건만[5)] 성문(聲聞)[6)]이나 벽지불(辟支佛)[7)]의 계통[8)]을 즐기고 있다. 나는 마땅히 저 중생들로 하여금 미묘하고 더없는 불법(佛法)[9)]의 광대한 마음속에 안주(安住)[10)]케 하겠다. — 〈華嚴經〉

〔주〕 1)마음이 협소하고 열등함 : 원문은 '小心狹劣'. '소심'만으로도 열등한 마음. 2)대승 : 20의 주. 3)일체지지 : 온갖 것을 남김 없이 아는 지혜. 불지(佛智)의 이명(異名). '일체지지'의 '일체지'는 일체지자(一切智者)의 뜻이요, '지'는 지혜. sarvajña. 4)대행 : 대승(大乘)의 실천. 보살이 깨달음을 얻기 위해, 영원한 시일을 두고 온갖 선행을 해서 공덕을 쌓는 일. mahāyāna-gati. 5)똑같이 있음 : 원문은 '等有'. 582의 주. 6)성문 : 50의 주. 7)벽지불 : 4의 '독각'과 같다. 8)계통 : 원문은 '性'. 종성(種姓). 9)불법 : 4의 주. 10)안주 : 157의 주.

994

부처님이 말씀하셨다. "나는 마땅히 온갖 중생 중에서 우두머리, 우수한 자,[1)] 큰 자, 인도자[2)] · 장수 · 스승, 존귀한 자[3)]가 되며, 내지 일체지지

(一切智智)[4]의 의지(依止)[5]하는 자가 되리라.” — 〈華嚴經〉

〔주〕 1)우수한 자 : 원문은 ‘勝’. vaiśeṣya. 2)인도자 : 원문은 ‘導’. 3)존귀한 자 : 원문은 ‘尊’. 성자. Ⓟmuni. 4)일체지지 : 993의 주. 5)의지 : 55의 주.

995

세존(世尊)[1]께서 문수사리동자(文殊師利童子)[2]에게 이르셨다. “만약 어떤 사람이 말하기를, 부처님[3]말고도 성인이 있어 부처님보다 뛰어났다 한다면 그럴 리 만무하거니와,[4] 만약 말하기를 오직 부처님만이 천인(天人)의 스승[5]이시라 더 넘을 자가 없다고 한다면, 이것은 도리에 맞는 말이니라.” — 〈守護國界主經〉

〔주〕 1)세존 : 4의 주. 2)문수사리동자 : 94의 주. 3)부처님 : 원문은 ‘佛大師’. ‘대사’도 부처님의 존칭. 4)그럴 리 만무함 : 원문은 ‘無有是處’. 741의 주. 5)천인의 스승 : 원문은 ‘天人師’. 천상계의 신(神)들과 인간계의 사람을 인도하는 스승. 부처님의 십호(十號)의 하나. Ⓟsatthā deva-manussānaṃ.

보살의 자신(自信)

996

보살은 이렇게 생각한다. ‘내가 중생을 이끌어 완성시키지[1] 아니하면 누가 이끌어 완성시킬 것인가? 내가 중생을 조복(調伏)[2]지 아니하면 누가 조복할 것인가? 내가 중생을 교화하지 아니하면 누가 교화할 것인가? 내가 중생을 깨닫게[3] 아니하면 누가 깨닫게 할 것인가? 내가 중생을 청정(清淨)히 아니하면 누가 청정히 할 것인가? 이는 내 의무[4]요, 내가 응

당 해야 할 일이다.'라고. — 〈華嚴經〉

〔주〕 1)이끌어 완성시킴 : 원문은 '成熟'. 218의 주. 2)조복 : 21의 주. 3)깨닫다 : 원문은 '覺悟'. 675의 주. 4)의무 : 원문은 '所宜'. 도리에 맞는 일?

997

"불자(佛子)[1]야, 보살은 '내가 마땅히 온갖 천마(天魔)[2]와 그 권속(眷屬)[3]을 항복받겠다'고 생각하는바, 이는 열등한 마음[4]이 없음이요, '내가 마땅히 온갖 외도(外道)[5]와 그 그릇된 가르침[6]을 모두 깨겠다'고 생각하는바, 이는 열등한 마음이 없음이요, 또 '내가 온갖 중생을 좋은 말로 깨우쳐[7] 다 기쁘게[8] 해주겠다고 생각하는바, 이는 열등한 마음이 없음이요, 다시 '내가 마땅히 진리의 세계에 두루 미치는[9] 온갖 바라밀행(波羅蜜行)[10]을 달성하겠다'[11]고 생각하는바, 이는 열등한 마음이 없음이니라."

— 〈華嚴經〉

〔주〕 1)불자 : 78의 주. 2)천마 : 407의 주. 3)권속 : 537의 주. 4)열등한 마음 : 원문은 '下劣心'. 자리(自利)에만 급급한 소승(小乘)의 마음을 가리킨다. 5)외도 : 8의 주. 6)그릇된 가르침 : 원문은 '邪法'. kudṛṣti. 7)좋은 말로 깨우침 : 원문은 '善言開喩'. 도리에 맞는 말로 가르쳐 인도하는 것. 8)기쁘다 : 원문은 '歡喜'. 종교적으로 만족해서 일어나는 기쁨을 이른다. 9)진리의 세계에 두루 미침 : 원문은 '遍法界'. 10)바라밀행 : 육바라밀(六波羅蜜)의 실천. pāramitā-caryā. 11)달성함 : 원문은 '成滿'. 실현함. 성취함. prāpnoti.

998

보살은 아뇩다라삼먁삼보리(阿耨多羅三藐三菩提)[1]에 두 마음이 없으므로,[2] 자신의 노력[3]과 큰 정진력(精進力)[4]에 의해 심심(深心)을 획득하며,[5] 남의 이해[6]와 남의 가르침[7]을 빌리지 않은 채 지극히 큰 힘을 스스로 성취해서[8] 물러섬이 없는 경지[9]에 도달한다. 그리하여 모든 사람의 얻기 어려운 것을 능히 얻고 보시(布施)[10]하기 어려운 것을 능히 보시한다. 지계(持戒)[11]·인욕(忍辱)[12]·정진(精進)[13]·승혜(勝慧)[14]에 있어서도 마찬가지다.

— 〈菩薩藏正法經〉

〔주〕 1)아뇩다라삼먁삼보리 : 17의 주. 2)두 마음이 없음 : 원문은 '獨一無二'. 그것만에 열중하여 딴 생각이 없는 것. 3)노력 : 원문은 '勇猛'. 701의 주. 4)정진력 : 악을 제거하고 선을 닦기 위한 정신적 노력. 5)심심을 획득함 : 원문은 '深心攝受'. '심심'은 176의 '심심소행' 참조. '섭수'는 얻는 것. anugraha. 6)남의 이해 : 원문은 '他緣'. para-pratyaya. 7)가르침 : 원문은 '開示'. 가르침을 설함. 이해시킴. saṃjñapayati. 8)스스로 성취함 : 원문은 '自辦'. 9)물러섬이 없는 경지 : 원문은 '堅固甲冑'. '견고'를 갑옷에 비유한 것. 10)보시 : 17의 주. 11)지계 : 151의 주. 12)인욕 : 151의 '인'의 주. 13)정진 : 26의 주. 14)승혜 : 깨달음의 지혜. 뛰어난 지혜. prajñā.

자심(自心)을 자신(自信)

999

제 마음을 스승으로 삼고, 남을 스승으로 삼지 말 것이다. 저를 스승으로 삼는 사람은 참된 지혜[1]를 얻으며, 이락(利樂)[2]을 획득하며, 온갖 번뇌(煩惱)[3]를 끊으며, 능히 모든 악취(惡趣)[4]를 깨며, 길이 참된 지혜를 지닌 스승[5]이 되며, 빨리 깨달음[6]을 실현하게 된다.

— 〈法集要頌經〉

〔주〕 1)참된 지혜 : 원문은 '眞智法'. 2)이락 : 456의 주. 3)번뇌 : 원문은 '縛'. 666의 주. 4)악취 : 78의 주. 5)참된 지혜를 지닌 스승 : 원문은 '眞智師'. 6)깨달음 : 원문은 '圓寂果'. 온갖 무명을 제거한 깨달음. 수행에 의해 도달한 깨달음이라는 결과.

1000

"내가 삼세제불(三世諸佛)[1]과 같으니, 꼭 여래(如來)[2]가 되리라. 선법(善法)[3]과 율의(律儀)[4]를 거두어들여,[5] 중생을 이롭게 하는[6] 계(戒)[7]를 갖추리라. 만물[8]을 널리 거두어 남김 없어서[9] 온갖 중생을 널리 이롭고 즐겁게 하여,[10] 제도하지[11] 못한 자를 내가 마땅히 제도하며, 해탈[12]하지 못한 자를 해탈케 하며, 안온(安穩)[13]을 얻지 못한 자가 있으면 내가 안온문(安穩門)[14]을 열어 주어, 온갖 중생을 열반(涅槃)의 경지[15]에 안주(安住)[16]케 하리라."

— 〈秘密相經〉

〔주〕 1)삼세제불 : 650의 주. 2)여래 : 원문은 '正覺尊'. 진리를 깨달은 사람. 부처님. 3)선법 : 18의 주. 4)율의 : 773의 주. 5)거두어들임 : 원문은 '攝'. samanupraveśa. 6)이롭게 함 : 원문은 '饒益'. 217의 주. 7)계 : 18의 주. 8)만물 : 원문은 '一切行'. 323의 주. 9)널리 거두어 남김 없음 : 원문은 '普攝周徧'. 10)이롭고 즐겁게 함 : 원문은 '利樂'. 456의 주. 11)제도함 : 원문은 '得度'. 미혹의 세계에서 깨달음의 세계로 건너가는 것. 깨닫는 것. tārayati. 12)해탈 : 84의 주. 13)안온 : 417의 주. 14)안온문 : 편안한 깨달음의 심경에 이르는 방법. 15)열반의 경지 : 원문은 '涅槃地'. 16)안주 : 157의 주.

1001

"나는 자기에게 귀의(歸依)[1]하고 남에게 귀의하지 아니하여, 스스로 귀의하고 스스로 존중할 것이다. 그러므로 부처님은 내 존경의 대상[2]이 아니다. 왜 그런가? 내가 부처님과 떨어져 있지 않고 부처님이 나와 떨어져 있지 않기 때문이다."
— 〈象腋經〉

〔주〕 1)귀의 : 400의 주. 2)존경의 대상 : 원문은 '尊'. 존경하는 상대. 가장 뛰어난 분.

1002

마음은 언제나 독자적인 존재여서,[1] 대립하는 것이 없고[2] 짝이 없다.[3]
— 〈大寶積經〉

〔주〕 1)독자적인 존재임 : 원문은 '獨行'. 불공(不共)과 같다. 다른 것과 공통(共通)이 아닌 것. asādhāraṇa. 2)대립이 없음 : 원문은 '無二'. 51의 주. 3)짝이 없음 : 원문은 '無伴'.

1003

선악의 행위[1]는 제 마음 때문에 하게 되는 것이다. 그리고 화복(禍福)이 사람 탓으로 생김은, 마치 그림자가 형태를 좇고 산울림[2]이 소리에 응하는 것 같아서, 계행(戒行)[3]과 덕(德)[4]은 저절로 응하게 되어 있다.
— 〈阿難分別經〉

〔주〕 1)선악의 행위 : 원문은 '善惡事'. 2)산울림 : 원문은 '響'. 534의 주. 3)계행 : 459의 주. 4)덕 : 공덕(功德). 복덕(福德). puṇya.

1004

옛날에 한 바라문(婆羅門)[1]이 있어서 몸의 고통을 겪어 가며 나무가 우거진 심산(深山)[2] 속에서 화신(火神)[3]을 제사하는 생활을 했다. 때에 맞추어 예배하는 것은 말할 것도 없고, 법[4]을 어기지 않고 깨끗한 땔나무를 채집하며, 좋은 꽃[5]을 따고 갖가지 향을 불살라 공양(供養)[6]함으로써 공덕[7]이 내려지기를 기원했다. 하루는 바라문이 물러나 스스로 이런 생각을 했다.

'내가 이 산에 있으면서, 기술(奇術)을 배우기 위해 이 불을 섬긴 지도 백년이 지났다. 이제 한번 불의 공덕을 시험해 보자. 그리하여 효과가 있으면 증거[8]를 보고, 그렇지 못할 때는 제사를 계속하리라.'

그리하여 두 손을 들어 타오르는 불꽃을 잡았다. 그러자 손과 팔꿈치는 곧 데고 말아, 그 고통은 이를 길이 없었다.

'아, 내가 불을 제사하여 이렇게 많은 세월을 보냈건만, 그 대가(代價)란 헛수고[9]뿐이요 아무 이익도 없구나. 그런 것도 모르고 내 몸을 바쳐 가며 이 재앙을 부르다니!'

바라문은 이렇게 생각하며 한탄했다.

그 때 이 산에는, 그와 멀지 않은 곳에 불도(佛道)를 닦는 비구(比丘)[10]가 살고 있었는데, 바라문에게 일어난 일을 짐작하고 찾아가 말했다.

"바라문이여! 불이란 자체(自體)[11]가 뜨거운 것이어서, 은양(恩養)[12] · 존비(尊卑) · 고하(高下)를 가리지 않는다는 것을 아셔야 하오. 그대가 정 알고자 한다면 삼계(三界)의 성사(聖師)[13]를 몸소 찾아가 뵙고 그 심오한 가르침을 두루 듣도록 하시오."

이 말을 들은 바라문은 깨달은 바 있어서, 그 스님과 함께 부처님 계신 곳[14]을 찾아가, 깊이 깊이 예배를 드리고 한켠에 섰다. 그 때 세존(世尊)[15]께서는 그 바라문을 살펴보신 다음, 대중 속에 계시면서 게(偈)[16]를 설하셨다.

"백년이나 오래오래 세상을 살며
산 속에서 불을 제사한대도
잠시라도 스스로 자신을 믿고
스스로 닦음만 같지 못해라."

그 순간, 바라문은 활짝 깨달았다.[17] 그리하여 온갖 번뇌[18]가 다하고 법안정(法眼淨)[19]을 얻었다. — 〈出曜經〉

〔주〕 1)바라문 : 원문은 '梵志'. 345의 주. 2)나무가 우거진 심산 : 원문은 '曠野深山'. '광야'는 나무가 우거진 황무지. 들판의 뜻이 아니다. 3)화신 : 불을 관장하는 Agni라는 신. 4)법 : 원문은 '方文'. 배화교(拜火敎)의 규칙을 뜻하는 듯? 5)좋은 꽃 : 원문은 '好葩'. 6)공양 : 17의 주. 7)공덕 : 원문은 '恩福'. 선행의 보(報)로 신이 내리는 복덕. 8)증거 : 원문은 '證驗'. 체험함. 체득함. 9)헛수고 : 원문은 '唐勞'. 10)불도를 닦는 비구 : 원문은 '學道比丘'. 11)자체 : 원문은 '體'. 그 자체. ātman. 12)은양 : 은혜를 베풀어 기르는 것. 13)삼계의 성사 : 원문은 '三界聖師'. 삼계의 중생을 가르쳐 인도하는 스승. 부처님. 14)부처님 계신 곳 : 원문은 '佛所'. 516의 주. 15)세존 : 4의 주. 16)게 : 9의 주. 17)깨닫다 : 원문은 '心解'. 마음이 트이는 것. 마음이 구속에서 해방되는 것. 18)번뇌 : 원문은 '塵垢'. 451의 주. 19)법안정 : 진리를 보는 눈이 청정한 것. 진리를 바로 보는 눈. 소승에서는 초과(初果)에서 사제(四諦)의 도리를 보는 것, 대승에서는 초지(初地)에서 무생법인(無生法忍)을 얻는 것을 이른다. dharma-cakṣur-viśuddha.

1005

솜씨 있는 목수는 나뭇결을 알아보고, 지혜 있는 사람은 스스로 제 몸을 닦는다.[1] — 〈鴦崛髻經〉

〔주〕 1)제 몸을 닦음 : 원문은 '修身'. 자기 자신을 수행함. Ⓟbhāvita-kāya.

1006

미혹(迷惑)의 세계[1)]에서 이루어지는 행위[2)]는 인연(因緣)[3)]에 속한다. 그러므로 지혜 있는 사람은 신(神)[4)]에 의지하지 않는다. ― 〈大智度論〉

〔주〕 1)미혹의 세계 : 원문은 '世間'. 380의 주. 2)행위 : 원문은 '行業'. 239의 주. 3)인연 : 2의 주. 4)신 : 원문은 '天'. 384의 주.

1007

온갖 선행(善行)[1)]은 수행(修行)[2)]에 의해 얻어진다. 제사(祭祀)[3)]에 의해 얻어지는 것이 아니다. ― 〈雜寶藏經〉

〔주〕 1)선행 : 원문은 '事'. 좋은 행위의 근거. vastu. 2)수행 : 원문은 '行'. 612의 주. 3)제사 : 외도(外道)의 신을 섬기는 의식.

1008

스스로 지덕(智德)[1)]을 지니고, 남을 의존[2)]치 말라.

― 〈郁迦羅越問經〉

〔주〕 1)지덕 : 272의 주. 2)의존 : 원문은 '待須'.

1009

제 몸을 살펴서[1)] 남의 몸을 살피며, 제 마음을 살펴서 남의 마음을 살피며, 제 특질(特質)[2)]을 살펴서 남의 특질을 살피도록 하라. ― 〈忠心經〉

〔주〕 1)살핌 : 원문은 '觀'. 381의 주. 2)제 특질 : 원문은 '自法'.

1010

"선남자(善男子)[1]야, 비유컨대 여인이 빈천(貧賤)한데다가 얼굴이 추해서 뭇사람의 싫어하는 바가 되어 있으면서, 장차 성왕(聖王)이 될 귀한 아들을 잉태했건만 이 여인은 그것을 모르고 세월을 보내 항상 열등감[2]에 사로잡히고, 제가 낳을 것이 천한 자식이라는 생각[3]을 하는 것과 같다. 온갖 중생이 윤회(輪廻)[4]하면서 갖은 고통[5]을 받고 있는 것을 여래(如來)[6]가 관찰하매, 그 몸에 여래보장(如來寶藏)[7]을 다 지니고 있으면서도, 저 여인이 깨닫지 못하는 것처럼 모르고 있다는 사실을 발견하였다. 그러므로 여래가 널리 그들을 위해 설법하기를 '선남자야, 스스로 가벼이 여기고 스스로 낮추어 보지 말라. 너희들은 제 몸에 다 불성(佛性)[8]을 지니고 있는 터이니, 만약 부지런히 정진(精進)[9]해 여러 잘못[10]을 없애기만 한다면, 누구나 보살[11]과 세존(世尊)[12]의 명호(名號)[13]를 받고 무수한 중생을 교화[14]하여 구제[15]하게 될 것이다'라고 하는 것이니라."

— 〈如來藏經〉

〔주〕 1)선남자 : 1의 주. 2)열등감 : 원문은 '下劣'. 열등한. 하등(下等)의. 여기서는 '作下劣'로 되어 있으므로, 열등감의 뜻. 3)천한 자식이라는 생각 : 원문은 '賤子想'. 4)윤회 : 원문은 '輪轉生死'. 1의 주. 5)고통 : 원문은 '苦毒'. 6)여래 : 1의 주. 7)여래보장 : 1의 '여래장'과 같다. 8)불성 : 58의 주. 9)정진 : 26의 주. 10)잘못 : 원문은 '過惡'. 11)보살 : 1의 주. 12)세존 : 4의 주. 13)명호 : 원문은 '號'. 이름. 존호(尊號). 14)교화 : 원문은 '化導'. 교화해 깨달음으로 인도함. 15)구제 : 원문은 '濟度'. 162의 주.

제5장 진덕(進德)

제1절 수행(修行)

수행의 효과

1011

보살은 그릇됨이 없는 설(說)[1]과 그릇됨이 없는 법(法)[2]에 머물러 말하는 것[3]이 성실하며, 부처님의 가르침에 있는 대로 수행하여[4] 신(身)·구(口)·의(意)[5]를 청정히 하고 온갖 잡염(雜染)[6]을 떠난다.

— 〈華嚴經〉

〔주〕 1)그릇됨이 없는 설 : 원문은 '無倒說'. '설'은 1의 주. 2)그릇됨이 없는 법 : 원문은 '無倒法'. '법'은 진리·가르침. 3)말하는 것 : 원문은 '所言'. 말하는 내용. 4)부처님의 가르침대로 수행함 : 원문은 '如說修行'. 5)신·구·의 : 624의 주. 6)잡염 : 온갖 유루법(有漏法)을 일컫는 말. 선·악·무기(無記)의 성질을 겸하고 있다. 탐(貪) 따위를 이른다. saṃkleśika.

1012

만약 보살이 있어서 굳건히 여러 승행(勝行)[1]을 닦아 게으름이 없을 때는, 마땅히 최고의[2] 무애묘지(無礙妙智)[3]를 얻게 될 것이다.

— 〈華嚴經〉

〔주〕 1)승행 : 221의 주. 2)최고의 : 원문은 '最勝上'. 가장 뛰어난. parama. 3)무애묘지 : 687의 '무애지'와 같다.

1013

질문. "위에서 법계(法界)[1]는 한 모습[2]이요, 부처의 체성(體性)에는 둘이 없다[3]고 했다. 그런데 어째서 진여(眞如)[4]를 염(念)하는[5] 것으로 끝나지 않고, 다시 온갖 선행(善行)을 닦아야 할 필요가 있단 말인가?"

대답. "비유컨대 대마니보(大摩尼寶)[6]의 체성(體性)[7]은 본래 청정하지만[8] 흙에서 막 캐어 낸 광석(鑛石)에는 더러움이[9] 끼어 있으므로, 설사 사람이 그 보배로서의 본성(本性)[10]을 아무리 염(念)한다 해도, 적절한 방법[11]에 의해 갖가지로 갈고 다듬지 않을 때는 끝내 청정해지지는 않는 것과 같다. 이와 마찬가지로 중생의 진여법(眞如法)[12] 또한 그 체성은 공적(空寂)·청정하다[13] 해도, 끝없는 번뇌(煩惱)의 더러움에 뒤덮여 있는 터이므로, 설사 사람이 진여(眞如)를 염(念)한다 해도 그것으로는 족할 수 없고, 적절한 방법에 의해 갖가지로 닦지[14] 않는다면 역시 청정해지지는 않는 것이며, 더러움이 무량무변(無量無邊)하여 온갖 것[15]에 두루 미치고 있는 까닭에, 온갖 선행을 닦아 그것을 제거하지[16] 않을 수 없는 것이다. 만약 온갖 선법(善法)[17]을 수행한다면, 저절로 진여법(眞如法)을 따르게[18] 될 것이기 때문이다." — 〈起信論〉

〔주〕 1)법계 : 진리의 세계. 39의 주. 2)한 모습 : 원문은 '一相'. 93의 주. 3)부처의 체성에는 둘이 없음 : 원문은 '佛體無二'. 부처로서의 본성을 지닌 점에서는, 부처님과 중생이 같다는 말. 4)진여 : 52의 주. 5)염함 : 원문은 '念'. 450의 주. 6)대마니보 : 292의 '마니주'와 같다. 7)체성 : 39의 주. 8)청정함 : 원문은 '明淨'. 9)광석의 더러움 : 원문은 '鑛穢'. 흙에서 캐낸 채인 광석에 불순물

이 끼어 있는 것. 10)보배로서의 본성 : 원문은 '寶性'. 흔히 여래장(如來藏)의 이명(異名)으로도 쓰인다. 11)방법 : 원문은 '方便'. 97의 주. 12)진여법 : 366의 주. 13)공적·청정함 : 원문은 '空淨'. 14)닦음 : 원문은 '熏修'. 습관적으로 수행해, 제 것을 만드는 것. 15)온갖 것 : 원문은 '一切法'. 18의 주. 16)제거함 : 원문은 '對治'. 235의 주. 17)선법 : 18의 주. 18)따름 : 원문은 '歸順'. 의지해 따르는 것.

1014

온갖 것을 수행(修行)하는 사람[1)]은 온갖 악(惡)을 끊고 온갖 선(善)을 닦음으로써, 십지(十地)[2)]를 뛰어넘어 최상(最上)의 경지[3)]에 이른다.

— 〈釋摩訶衍論〉

〔주〕 1)온갖 것을 수행하는 사람 : 원문은 '一切行者'. 빠뜨리는 것 없이 모두를 수행하는 사람. 깨달음에 필요한 모든 것을 닦는 사람. 2)십지 : 257의 '위계' 참조. 3)최상의 경지 : 원문은 '無上地'. 부처님의 경지.

1015

보살은 반야바라밀다(般若波羅蜜多)[1)]를 닦는 까닭에 아뇩다라삼막삼보리(阿耨多羅三藐三菩提)[2)]에 있어서 불퇴전(不退轉)[3)]의 경지를 얻어, 악마의 무리로 하여 엿볼 틈[4)]을 주지 않는다. 설사 삼천대천세계(三千大千世界)[5)]의 온갖[6)] 중생이 하나하나 모두 변해 악마가 된다손 쳐도, 그 수행자(修行者)에게서는 엿볼 틈을 찾아내지 못한다. — 〈佛母出生經〉

〔주〕 1)반야바라밀다 : 41의 주. 2)아뇩다라삼막삼보리 : 17의 주. 3)불퇴전 : 185의 주. 4)엿볼 틈 : 원문은 '伺便'. 엿볼 편의. 5)삼천대천세계 : 9의 주. 6)온갖 : 원문은 '所有'. 119의 주.

1016

만약 사람이 백년을 살면서 산림(山林)의 화신(火神)[1]에 제사 지낸다 해도, 잠시 동안 몸을 관찰하고[2] 수행(修行)을 쌓는 것만 못하다.

— 〈法集要頌經〉

〔주〕 1)화신 : 1004의 주. 2)몸을 관찰함 : 원문은 '觀身'. 제 몸의 본성을 관조함.

1017

만약 보살이 위대한 뜻[1]을 일으켜 최상(最上)의 반야(般若)의 실천[2]을 수행(修行)한다면, 성문(聲聞)[3]·연각(緣覺)[4]의 경지를 뛰어넘어 속히 부처님의 본성(本性)[5]을 깨닫게[6] 되리라.

— 〈佛母般若經〉

〔주〕 1)위대한 뜻 : 원문은 '堅固心'. 열반을 지향하는 위대한 의지. dṛḍha-adhyāśaya. 2)반야의 실천 : 원문은 '般若行'. '반야'에 대하여는 83의 주. 3)성문 : 50의 주. 4)연각 : 4의 '독각'과 같다. 5)부처님의 본성 : 원문은 '佛菩提'. 648의 주. 6)깨닫다 : 원문은 '證得'. 257의 주.

1018

지붕을 허술한 데 없이 잘 이으면 비가 와도 새지 않듯, 마음을 바로 유지해[1] 수행하면 음욕(婬欲)[2]이 생겨나지 않는다

— 〈法句經〉

〔주〕 1)마음을 바로 유지함 : 원문은 '攝意'. 906의 주. 2)음욕 : 원문은 '淫泆'. 473의 '음욕'과 같다.

1019

수행(修行)은 씨를 키우는[1] 것과 같다. — 〈大集譬喩經〉

〔주〕 1)키움 : 원문은 '增長'. 11의 주.

1020

사람[1]에게 수행(修行)이 있으면, 성자(聖者)[2]의 칭찬하는 바가 된다.

— 〈三法度論〉

〔주〕 1)사람 : 원문은 '士'. 이 말은 전도자(傳道者)의 뜻으로도 쓰이나, 여기서는 사부(士夫)의 준말인 듯하다. 214의 '사부' 참조. 2)성자 : 원문은 '聖'. ārya-sattva.

1021

부처님의 가르침[1]은 수행(修行)[2]을 귀히 여기고, 수행하지 않음[3]을 귀히 안 여긴다. 그러므로 오직 능히 애써 수행하면,[4] 비록 아는 것이 적다 하더라도 깨달음[5]에 먼저 들어간다. — 〈大智度論〉

〔주〕 1)부처님의 가르침 : 원문은 '佛法'. 4의 주. 2)수행 : 원문은 '行'. 612의 주. 3)수행하지 않음 : 원문은 '不行'. 수행에 힘쓰지 않는 것. aprayoga. 4)애써 수행함 : 원문은 '勤行'. 정진(精進). ārabdha-virya. 5)깨달음 : 원문은 '道'. 14의 주.

1022

비유하자면 백만의 대중이 명장(名將)을 믿고 적을 물리치는 것과 같다. 출가한 수도승(修道僧)[1]은 마음을 극복하고[2] 뜻을 제어(制御)하며, 가르침을 닦고 불도(佛道)를 받들며, 계율(戒律)[3]을 따라 실천하며, 몸과 마음을 깨끗이 하며,[4] 은혜를 펴고 덕을 베풀며, 분노(忿怒)·교만[5]·분쟁[6]을 버리고 마음을 오로지하여[7] 도(道)에 정진(精進)함[8]으로써, 명장이 대중을 거느리는 것같이 해야 한다. — 〈四自侵經〉

〔주〕 1)출가한 수도승 : 원문은 '道人'. 160의 주. 2)마음을 극복함 : 원문은 '伏心'. 132의 주. 3)계율 : 원문은 '戒禁'. śila(戒)는 경계, vrata(禁)는 맹세하여 제어하는 뜻. 계율. 주로 외도(外道)의 그것을 가르치나, 여기서는 그렇지 않다. 4)깨끗함 : 원문은 '淸白'. 결백함. paryavadāta. 5)교만 : 원문은 '憍奢'. 6)분쟁 : 원문은 '諍訟'. 111의 주. 7)마음을 오로지함 : 원문은 '專精'. 794의 주. 8)도에 정진함 : 원문은 '行道'. 불도를 수행하는 것.

1023

부처님께서 아난(阿難)[1]에게 이르셨다.

"나는 전세(前世)에 자식으로서 효도하고, 임금으로서 백성을 사랑으로 양육하고, 백성으로서는 임금을 존경하는 마음으로 받들었다. 그리하여 스스로 삼계(三界)의 가장 존귀한 어른[2]이 되었느니라."

— 〈睒子經〉

〔주〕 1)아난 : 6의 주. 2)삼계의 가장 존귀한 어른 : 원문은 '三界尊'. 부처님을 이른다.

수행의 종류

1024

부처님께서 모든 비구(比丘)[1]에게 이르셨다.

"무엇이 사무량행(四無量行)[2]인가? 자무량(慈無量) · 비무량(悲無量) · 희무량(喜無量) · 사무량(捨無量)을 이름이다. 만약 모든 비구가 큰 자심(慈心)[3]을 갖추어, 온갖 중생에 적도 제 편도 없어서[4] 평등하게 즐거움을 준다면, 이것이 자무량행(慈無量行)이다. 만약 모든 비구가 큰 비심(悲心)[5]을 갖추어, 온갖 중생에 적도 제 편도 없어서 평등하게 괴로움을 뽑아 준다면, 이것이 비무량행(悲無量行)이다. 만약 모든 비구가 큰 희심(喜心)[6]을 갖추어, 온갖 중생에 적도 제 편도 없어서 평등하게 환희(歡喜)[7]를 베푼다면, 이것이 희무량행(喜無量行)이다. 만약 모든 비구가 큰 사심(捨心)[8]을 갖추어, 온갖 중생에 적도 제 편도 없어서 평등하게 안주(安住)[9]한다면, 이것이 사무량행(捨無量行)이다." — 〈決定義經〉

〔주〕 1)비구 : 원문은 '苾芻'. 455의 주. 2)사무량행 : 사무량심(四無量心)과 같다. 154의 '무량'의 주. 3)자심 : 654의 주. 4)적도 제 편도 없음 : 원문은 '無怨無親'. 적도 제 편도 집착 없이 평등하게 대하는 것. 5)비심 : 215의 주. 6)희심 : 930의 주. 7)환희 : 997의 주. 8)사심 : 930의 주. 9)안주 : 157의 주.

1025

온갖 사물[1]을 지켜 지니되[2] 부처님께서 밝혀 보이신[3] 바와 같이 하고, 마음에 과실이 없으면, 이것을 법행(法行)[4]이라 한다. 집착 없이[5] 법지(法智)[6]를 수지(受持)[7]해야 하는바, 이같이 수지하는 경우, 이것을 법행이라 한다. 마음으로 늘 원해서[8] 가르침을 구해 마지않고, 게으름을 떠

나면, 이것을 법행이라 한다. ―〈不退轉法輪經〉

〔주〕 1)온갖 사물 : 원문은 '諸法'. 62의 주. 2)지켜 지님 : 원문은 '護持'. 424의 주. 3)밝혀 보임 : 원문은 '顯示'. 449의 주. 4)법행 : 651의 주. 5)집착 없음 : 원문은 '無取無住'. 6)법지 : 욕계(欲界)의 번뇌에 대해 작용하는 지혜. 구체적으로는 사제(四諦)의 도리를 바르게 인식하는 청정한 지혜. dharma-jñāna. 7)수지 : 659의 주. 8)원함 : 원문은 '好樂'. 265의 주.

1026

보살의 수행(修行)에는 아홉 가지 구별[1]이 있다. 첫째는 생사(生死)에 대한 수행[2]을 잘 행함이다. 비유컨대 병자가 쓴 약을 먹는 것은 병을 고치고자 함일 뿐, 약에 탐심[3]을 내기 때문이 아닌 것과 같다. 보살도 마찬가지니, 생사를 가까이함은 오직 그것을 잘 분별해[4] 스스로 격려하기 위함일 뿐, 집착한[5] 까닭은 아니다. 둘째는 중생에 대한 수행[6]을 잘 행함이다. 비유컨대 훌륭한 의사가 병자에게 친근한 태도를 취하는 것과 같다. 보살도 마찬가지니, 대비(大悲)[7] 때문에 번뇌(煩惱)[8]와 병으로 고생하는 중생을 버리지 않는다. 셋째는 제 마음에 대한 수행[9]을 잘 행함이다. 비유컨대 슬기로운 주인이 아직 법도에 익숙하지 못한[10] 노복(奴僕)을 잘 길들이는[11] 것과 같다. 보살도 마찬가지니, 제어(制御)되지[12] 않은 마음을 잘 제어한다. 넷째는 욕망에 대한 수행[13]을 잘 행함이다. 비유컨대 상인이 팔기를 잘하는 것과 같다. 보살도 마찬가지니, 보시(布施)[14] 따위 여러 바라밀(波羅蜜)[15]의 재물을 늘려 간다. 다섯째는 삼업(三業)에 대한 수행[16]을 잘 행함이다. 비유컨대 옷을 잘 빠는 사람은 능히 때를 없앨 수 있는 것과 같다. 보살도 마찬가지니, 삼업을 닦아 능히 이를 청정하게 만든다. 여섯째는 중생을 괴롭히지 않는 수행[17]을 잘 행함이다. 비유컨대 인자한 아버지는 어린 자식을 사랑하여, 더러워도 미워하지 않는 것과 같다. 보살도 마찬가지니, 중생이 손해를 입혀도 일찍이 성내는 일이 없다. 일곱째는 수습(修習)하는 수행[18]을 잘 행함이다. 비유컨대 나무에 구멍을 뚫고 마찰하여, 불이 일어나지[19] 않으면 그만두지 않는 것과 같다. 보살도 마찬가지니, 선법(善法)[20]을 수습함에 있어서 일찍이 중단하려는 마음[21]을 지니는 일이 없다. 여덟째는 삼매(三昧)의 수행[22]을 잘 행함이다. 비유컨대 재물을 꾸어 주되[23] 보증만 확보되면,[24] 쓰는 사람[25]이 날로 재물을 늘려 주는 것과 같다. 보살도 마찬가지니, 모든 선정(禪定)[26]을 닦아 마음이 어지럽거나 어둡지 아니하면 공덕(功德)[27]이 늘어난다. 아홉째는 반야(般若)에 대한 수행[28]을 잘 행함이다. 비유컨대 환사(幻師)[29]는 허깨비가 진실 아님을 잘 알고 있는 것과 같다. 보살도 마찬가지니, 알게 되는 대상(對象)[30]에 미혹(迷惑)[31]하지 않는다. 이것을 보살의 수행의 차별이라 한다.

— 〈大乘莊嚴經論〉

〔주〕 1)구별 : 원문은 '差別'. 594의 주. 2)생사의 수행 : 원문은 '生死行'. 3)탐심 : 원문은 '貪染'. 620의 주. 4)잘 분별함 : 원문은 '思惟'. 97의 주. 5)집착함 : 원문은 '染着'. 243의 주. 6)중생에 대한 수행 : 원문은 '衆生行'. 7)대비 : 169의 주. 8)번뇌 : 4의 주. 9)제 마음에 대한 수행 : 원문은 '自心行'. 10)아직 법도에 익숙하지 못함 : 원문은 '未成就'. 완성되지 않은 것. 11)잘 길들임 : 원문은 '調伏'. 길들여서 가르침을 받들게 함. vinaya. 12)제어함 : 원문은 '調伏'. 21의 주. 13)욕망에 대한 수행 : 원문은 '欲塵行'. 14)보시 : 17의 주. 15)여러 바라밀 : 원문은 '諸度'. 443의 '제바라밀'과 같다. 16)삼업에 대한 수행 : 원문은 '三業行'. 삼업에 대하여는 558의 '신 · 구 · 의'의 주. 17)중생을 괴롭히지 않는 수행 : 원문은 '不惱衆生行'. 18)수습하는 수행 : 원문은 '修習行'. '수습'은 20의 주. 19)나무에 구멍을 뚫고 마찰해 불을 냄 : 원문은 '鑽火'. 20)선법 : 18의 주. 21)중단하려는 마음 : 원문은 '間心'. 22)삼매의 수행 : 원문은

'三昧行'. 23)재물을 꾸어 줌 : 원문은 '出財'. 24)보증이 확보됨 : 원문은 '得保'. 25)쓰는 사람 : 원문은 '信人'. '信'에는 용(用)의 뜻이 있으므로, 이렇게 해석했다. 미상(未詳). 26)선정 : 27의 '정'과 같다. 27)공덕 : 20의 주. 28)반야에 대한 수행 : 원문은 '般若行'. 1017의 주. '반야'는 83의 주. 29)환사 : 193의 주. 30)알게 되는 대상 : 원문은 '所觀法'. 고찰(考察)되는 대상. jñeya. 31)미혹됨 : 원문은 '顚倒'. 139의 주.

1027

부처님께서 모든 비구(比丘)[1]에게 이르셨다.

"네 가지 바른 행위[2]가 있다. 첫째는 부모를 효도로 섬기되, 안색을 기쁘게 가져 넉넉히 봉양함이다. 둘째는 인(仁)을 지키고 자애(慈愛)를 실천해 항상 생물을 아니 죽임이다. 셋째는 은혜를 베풀어 가난한 사람을 구제해서 인색지[3] 않음이다. 넷째는 성세(聖世)[4]를 만났으매 영화를 버리고 불도(佛道)를 실천함이다. 이 네 가지 바른 행위는 지자(智者)[5]의 지키는 바며, 장부(丈夫)[6]의 닦는 바며, 달사(達士)[7]의 받드는 바거니와, 지혜 없는 어리석은 자들은 좋아하지[8] 않느니라." — 〈進學經〉

〔주〕 1)비구 : 84의 주. 2)바른 행위 : 원문은 '雅行'. 3)인색함 : 원문은 '慳逆'. 4)성세 : 부처님이 나타나신 시대를 이르는 듯. 5)지자 : 764의 주. 6)장부 : 정도(正道)로 바로 나아가 물러서지 않는 자. 용기 있는 자. 7)달사 : 진리를 통달한 사람. 8)좋아함 : 원문은 '好樂'. 265의 주.

1028

남을 구하기[1] 위해 자신을 안 구하는 것이 최상이요, 남을 구하고 자신을 구하는 것이 제2요, 자신을 구하고 남을 구하지 않는 것이 제3이요,

자신과 남을 구하지 못하는 것이 최하다. 입으로 설(說)하고[2] 몸으로 행하는 사람은 비가 오며 뇌성이 울리는 것 같으니 최상이요, 몸으로 행하되 입으로 설하지 않는 사람은 비는 오나 뇌성이 없는 것 같으니 제2요, 입으로 설하되 몸으로 행하지 않는 사람은 뇌성은 들리나 비가 안 오는 것 같으니 제3이요, 입으로도 설하지 않고 몸으로도 행하지 않는 사람은 뇌성도 안 들리고 비도 안 오는 것 같으니 최하다. — 〈大寶積經〉

〔주〕 1)구함 : 원문은 '護'. 지키는 것. 구하는 것. anurakṣaṇa. 2)설함 : 원문은 '說'. 1의 주.

불수행(不修行)의 해

1029

박학(博學)[1]하더라도 수행(修行)하지 않으면 무식[2]한 것과 같으니, 먹는 이야기를 아무리 해도 배부르게 못하는 것과 비슷하다.

— 〈楞嚴經〉

〔주〕 1)박학 : 원문은 '多聞'. 455의 주. 2)무식 : 원문은 '不聞'. 가르침을 들은 바가 없는 것. 무식함.

1030

만약 온갖 중생들이 행실을 닦지 않는다면, 생사의 허깨비[1] 속에 살면서도 허깨비와 같은 상태[2]를 인식지[3] 못하리니, 미혹(迷惑)된 마음[4]에서 어찌 벗어날[5] 수 있을 것인가? — 〈涅槃經〉

〔주〕 1)허깨비 : 원문은 '幻化'. 50의 주. 2)상태 : 원문은 '境界'. 84의 주. 3)인식함 : 원문은 '了知'. 492의 주. 4)미혹된 마음 : 원문은 '妄想心'. 망심(妄心)과 같다. 5)벗어남 : 원문은 '解脫'. 84의 주.

1031

오직 박학(博學)[1]만으로는 여래(如來)의 가르침[2]에 들어갈 수 없으니, 사람이 진수성찬을 차려 놓고도 스스로는 굶주려 먹지 못하는 것 같으며, 남의 약은 잘 지어 주면서도 제 병은 못 고치는 것 같으며, 남의 보물을 세면서도 자신에게는 반푼(半分)의 소득도 없는 것 같으며, 왕궁에 태어나 굶주림과 추위를 당하는 것 같으며, 귀머거리가 음악을 연주해서 남을 기쁘게 하지만 자신은 못 듣는 것 같으며, 소경이 여러 형상을 그려 남에게 보이지만 자신은 못 보는 것과 같다. 가르침을 닦지 아니하면 박학도 이와 같을 수밖에 없다. — 〈華嚴經〉

〔주〕 1)박학 : 원문은 '多聞'. 455의 주. 2)여래의 가르침 : 원문은 '如來法'.

1032

많이 도리를 배웠어도[1] 방일(放逸)[2]해서 바른 행위를 좇지 않는다면, 목동이 남의 소를 세는 것 같을 뿐이니, 이는 사문(沙門)[3]의 정도(正道)가 아니다. — 〈出曜經〉

〔주〕 1)도리를 배움 : 원문은 '習義'. 교리를 배움. 2)방일 : 250의 주. 3)사문 : 265의 주.

1033

바르게 진리를 보아도[1] 항상 부지런히 수습(修習)[2]하지 않는다면, 탐심(貪心)[3]이 뒤섞이게[4] 마련이다. — 〈成實論〉

〔주〕 1)바르게 진리를 봄 : 원문은 '正觀'. 바른 내관(內觀). yoni-vicaya. 2)수습 : 20의 주. 3)탐심 : 54의 '탐'과 같다. 4)뒤섞임 : 원문은 '間錯'.

수행의 주의(注意)

1034

부처님께서 니구타(尼拘陀)라는 바라문(婆羅門)[1]에게 이르셨다.

"네가 비록 수행(修行)을 했다 해도, 수행한 것을 스스로 믿고 자랑하는 생각[2]을 일으켜 남을 업신여기니, 이것이 네 수행을 따라 늘어나는 번뇌(煩惱)[3]다. 네 수행은 늘 노여움의 회충과 구더기[4]를 일으키고 있으니, 이것이 네 수행을 따라 늘어나는 번뇌다. 네 수행은 어디서나 부끄러움을 모르게[5] 하고 있으니, 이것이 네 수행을 따라 늘어나는 번뇌다. 네 수행은 항상 해태(懈怠)[6]와 열등한 정진(精進)[7]을 일으키고 있으니, 이것이 네 수행을 따라 늘어나는 번뇌다. 네 수행은 그 마음을 산란케 하고 모든 감각기관[8]을 타락시키고[9] 있으니, 이것이 네 수행을 따라 늘어나는 번뇌다. 네 수행은 사견(邪見)[10]이 깊고 두터워 그릇된 도리[11]를 행하고 있으니, 이것이 네 수행을 따라 늘어나는 번뇌다. 네 수행은 탐심(貪心)[12]과 노여움[13]을 늘 일으키고 있으니, 이것이 네 수행을 따라 늘어나는 번뇌다. 네 수행은 온갖 소행(所行)이 어리석고 둔하니, 이것이 네 수행을 따라 늘어나는 번뇌다. 네 수행은 죄[14]를 즐겨 지으며, 죄 짓는 자를 가까이함으로써 악우(惡友)에 종속해[15] 굴복하는[16] 바가 되고 있으니, 이것이 네 수행을 따라 일어나는 번뇌다. 네 수행은 증상만(增上慢)[17]을 일으키고 얻은 것이 있다는 생각을 지녀, 보지 못하고도 보았다 이르며, 하지 못하고도 했다고 이르며, 얻지 못하고도 얻었다고 이르며, 알지 못하고도 안다고 이르며, 깨닫지[18] 못하고도 깨달았다고 이르고 있으니, 이것이 네 수행을 따라 늘어나는 번뇌다."

—〈尼拘陀梵志經〉

〔주〕 1)바라문 : 244의 주. 2)자랑하는 생각 : 원문은 '貢高想'. 3)수행을 따라 늘어나는 번뇌 : 원문은 '修行煩惱隨增'. 4)노여움의 회충과 구더기 : 원문은 '忿恚蚘蛆'. 노여움을 더러운 벌레에 비유한 것. 5)부끄러움을 모름 : 원문은 '無慚無愧'. '무참'과 '무괴'는 약간 다른바, 각기 773의 주. 6)해태 : 565의 '해태'와 같다. 7)열등한 정진 : 원문은 '劣精進'. 정진을 제대로 못하는 것. 8)모든 감각기관 : 원문은 '諸根'. 825의 주. 9)타락함 : 원문은 '減劣'. 기능이 감소되고 열등해지는 것. 10)사견 : 219의 주. 11)그릇된 도리 : 원문은 '顚倒法'. 467의 주. 12)탐심 : 원문은 '貪愛'. 54의 '탐'과 같다. 13)노여움 : 원문은 '瞋恚心'. 14)죄 : 원문은 '罪業'. 452의 주. 15)종속함 : 원문은 '繫屬'. 16)굴복함 : 원문은 '攝伏'. 포섭되어 굴복함. 17)증상만 : 오만. 깨닫지 못한 자가 깨달은 듯 자처하는 것. adhimāna. 18)깨닫다 : 원문은 '證'. 깨닫는 것. 진리를 몸소 체득하는 것.

제2절 인내(忍耐)

인내의 효과

1035

사문(沙門)[1]이 부처님께 여쭈었다.

"무엇이 힘이 많으며, 무엇이 가장 밝습니까?"

부처님께서 말씀하셨다.

"인욕(忍辱)[2]이야말로 힘이 많으니, 악을 품지 않는 까닭에 몸과 마음이 아울러 편안하고 건강할 수 있으며, 참는 사람은 악이 없기 때문에 반드시 부처님[3]이 되느니라." — 〈四十二章經〉

〔주〕 1)사문 : 265의 주. 2)인욕 : 151의 '인'과 같다. 3)부처님 : 원문은 '人尊'. 사람 중에서 가장 존귀한 분. 부처님을 이른다. narendra-rājan.

1036

인내력(忍耐力)[1]을 수행해 성취하면, 인내력 때문에 성불(成佛)[2]하게 된다. — 〈光明經〉

〔주〕 1)인내력 : 원문은 '忍辱力'. 2)성불 : 171의 주.

1037

미륵보살(彌勒菩薩)[1]이 인욕바라밀(忍辱波羅蜜)[2]에 대해 여쭈었던바, 부처님께서 말씀하셨다.

"생사(生死)와 열반(涅槃)[3]에 다 평등하여 분별(分別)이 없는 것, 이것을 인욕바라밀이라고 한다.

만약 어리석고 미친 사람이 욕을 한대도 참고 이를 받을 수 있어야 한다. 비유컨대 사나운 코끼리[4]는 억제하기[5] 어려운 까닭에 쇠갈고리로 제어(制御)하듯,[6] 진심(瞋心)[7]을 지닌 교만한 무리[8]는 인욕의 갈고리로 억제하여 제어시켜야 한다. 이를 인욕바라밀이라 한다.

끝없는 천마(天魔)[9] · 귀신 · 야차(夜叉)[10] · 나찰(羅刹)[11]이 침범해 와도

보살은 인욕바라밀을 가지고 그 군사를 깨며, 내지는 8만 4천[12]의 번뇌(煩惱)의 도둑[13]이라도 인욕으로 꺾고[14] 없애며, 이런 천마의 대군과 번뇌의 도둑뿐 아니라 극하극소(極下極小)의 도둑까지라도 인욕으로 제어한다. 이를 인욕바라밀이라 한다.

비유컨대 농부가 곡식 심을 때가 되어 물을 끌기 위해 먼저 도랑을 내는데, 공사 중 바위를 만나 뚫거나 파낼 수가 없으면 공사를 중단하게 된다. 그러나 보살은 그렇지 않아서, 생사유전(生死流轉)[15]의 큰 광야(曠野) 중에 지혜의 도랑을 뚫어 감로수(甘露水)[16]를 끌고자 하여 수행하다가,[17] 진에(瞋恚)의 돌[18]을 만나 제거할 방법이 없는 경우라도, 오직 인욕하면서 잘 살펴 끝내 뚫어 버리고 만다.

보살은 신념(信念)[19]과 정혜(定慧)[20]로 숲을 삼고 정계(淨戒)[21]로 가지와 잎새를 삼는바, 이 숲 안에 진심(瞋心)의 불꽃이 일어나 정계의 가지와 잎새를 태우면, 인욕의 비[22]로 이를 박멸한다.

보살마하살(菩薩摩訶薩)[23]은 인욕의 힘[24]으로 갑옷을 삼는바, 저 악인이 진에(瞋恚)의 손에 망상(妄想)[25]의 활을 잡고, 추어(麤語)[26]의 화살을 놓아 인욕의 갑옷을 쏜대도, 그 활과 화살이 저절로 꺾이어서 인욕의 갑옷은 조금도 손상을 받지 않고, 그 꺾여진 활과 화살은 연꽃으로 바뀌고 만다.

사다리가 있어서 지극히 고대(高大)하다면, 사람들이 이를 타고 올라가 범천(梵天)[27]에 바로 이를 수 있을 것이다. 인욕의 사다리의 고대함도 또한 이러하니, 보살은 이를 올라가 부처님[28]의 경지에 이른다.

훌륭한 화가는 갖가지 형상을 그려 채색 있는 그림을 완성한다.[29] 인욕의 화가도 마찬가지여서 장엄공덕(莊嚴功德)[30]을 원만히 완성한다.

보살은 인욕의 힘에 안주(安住)하여 확고부동하다. 묘고산(妙高山)[31]을 폭풍(暴風)[32] · 맹풍(猛風)이 움직이지 못하듯, 인욕의 묘고산도 마찬가지여서 진에(瞋恚)의 맹풍이 움직이지 못한다."

— 〈六波羅蜜經〉

〔주〕 1)미륵보살 : 원문은 '慈氏菩薩'. 455의 주. 2)인욕바라밀 : 원문은 '安忍波羅蜜'. 인욕바라밀과 같다. 443의 '제바라밀' 참조. 3)열반 : 21의 주. 4)사나운 코끼리 : 원문은 '醉象'. mada에는 '교만' · '취하게 하는 것'의 뜻이 있으므로 잘못 번역된 것으로 보인다. 교만한 코끼리. 5)억제함 : 원문은 '禁制'. 6)제어함 : 원문은 '調伏'. 21의 주. 7)진심 : 54의 '진'과 같다. 8)교만한 무리 : 원문은 '醉衆'. '醉'를 교만으로 보는 이유는 4)의 '취상' 참조. 9)천마 : 407의 주. 10)야차 : 원문은 '藥叉'. 야차(夜叉)와 같다. 둘 다 yakṣa의 음사. 395의 '야차'의 주. 11)나찰 : 395의 주. 12)8만 4천 : 185의 '8만 4천 지문' 참조. 13)번뇌의 도둑 : 원문은 '煩惱怨賊'. 번뇌를 도둑에 비유한 것. 14)꺾음 : 원문은 '摧伏'. 962의 주. 15)생사유전 : 774의 주. 16)감로수 : 감로같이 귀중한 물. '감로'는 4의 주. 17)수행함 : 원문은 '修習'. 20의 주. 18)진에의 돌 : 원문은 '瞋恚石'. 진에는 도(道)를 방해하므로 돌에 비유한 것. '진에'는 408의 주. 19)신념 : 신심(信心). 신앙. 확신. 20)정혜 : 917의 주. 21)정계 : 228의 주. 22)인욕의 비 : 원문은 '忍辱雨'. 23)보살마하살 : 1의 '보살'과 같다. 24)인욕의 힘 : 원문은 '忍力'. 25)망상 : 140의 주. 26)추어 : 사나운 말. pāruṣya. 27)범천 : 범천이 있는 세계. Brahma-loka. 28)부처님 : 원문은 '天中天'. 신 중에서 가장 뛰어난 신. 부처님의 칭호. 석존(釋尊). devātideva. 29)완성함 : 원문은 '成就'. 243의 주. 30)장엄공덕 : 장엄하는 큰 힘. '장엄'은 239의 '보장엄' 참조. 31)묘고산 : 4의 주. 32)폭풍 : 원문은 '旋嵐'. 겁말(劫末) · 겁초(劫初)에 부는 온갖 것을 파괴하는 대폭풍. vairambhaka. 음사해서 비람(毘嵐) · 비람풍(毘藍風)이라고도 한다.

1038

부처님은 인행(忍行)[1]을 널리 닦으셔서, 남 때문에 손발의 마디[2]가 잘

리어도 원망하는 마음을 일으키지 않음으로써 최상의 지혜[3]를 완성하셨다.[4]

—〈父子合集經〉

〔주〕 1)인행 : 인욕(忍辱)의 수행. 2)손발의 마디 : 원문은 '肢節'. 3)최상의 지혜 : 원문은 '無上慧'. 완전무결한 부처님의 지혜. anuttaraṃ jñānam. 4)완성함 : 원문은 '得成'. 319의 주.

1039

부처님께서 사리자(舍利子)[1]에게 이르셨다.

"나는 옛날에 계율(戒律)[2]을 굳게 지켜 인욕바라밀다(忍辱波羅蜜多)[3]를 수행(修行)했다. 그 때 대마왕(大魔王)[4]은 5백 명의 사나이[5]들을 만들어 냈는바,[6] 그들은 다 열심히[7] 큰 노여움[8]을 나타냈다. 그리하여 행주좌와(行住坐臥)에 밤낮없이 몰려다니면서, 도로·도시[9]·부락과, 또는 인가(人家)[10]라든가 벌판 같은 데서 늘 노여움을 일으켜 거짓된[11] 짓으로 중생[12]들을 미혹(迷惑)했다.[13] 그리고 저들 악마의 무리는 5백 년 동안 내 곁에 언제나 있으면서 큰 노여움을 일으켜 온갖 잘못을 저질렀다. 그러나 나는 이 때에 잘 살피고[14] 생각하여 그들을 가엾이 여겼기 때문에 대자심(大慈心)[15]을 발해서 온갖 악마의 무리를 위해 미묘한 가르침[16]을 자세히 설했고,[17] 저들 악마의 무리는 가르침을 들은 탓으로 모든 악한 행위[18]가 온통 소멸되었다."

—〈菩薩藏正法經〉

〔주〕 1)사리자 : 41의 주. 2)계율 : 원문은 '禁戒'. 455의 주. 3)인욕바라밀다 : 443의 '제바라밀' 참조. 4)대마왕 : 151의 '마왕'과 같다. 5)사나이 : 원문은 '丈夫'. 738의 주. 6)만들어 냄 : 원문은 '化'. 변화시켰다는 뜻. 그런 모습이 되게 했다는 것. 7)열심히 : 원문은 '勇猛'. 701의 주. 8)노여움 : 원문은 '瞋怒'. 54

의 '진'과 같다. 9)도시 : 원문은 '井邑'. 10)인가 : 원문은 '白衣舍'. 839의 주. 11)거짓됨 : 원문은 '虛誑不實'. 거짓되어 진실치 않음. 12)중생 : 원문은 '有情'. 306의 주. 13)미혹함 : 원문은 '幻惑'. 14)잘 살핌 : 원문은 '諦察'. 밝게 관찰함. 15)대자심 : 부처님의 광대무변한 자애(慈愛). mahā-maitri. 16)미묘한 가르침 : 원문은 '妙法'. 443의 주. 17)자세히 설함 : 원문은 '廣說'. 618의 주. 18)행위 : 원문은 '行業'. 239의 주.

1040

보살은 자인(慈忍)[1]의 힘으로 자신을 장엄(莊嚴)[2]하고, 또 중생들로 하여금 이 가르침에 안주(安住)[3]케 한다. —〈守護國界主經〉

〔주〕 1)자인 : 자비와 인욕. 2)장엄 : 239의 '보장엄' 참조. 3)안주 : 157의 주.

1041

인욕(忍辱)[1]에 안주(安住)[2]하는 것, 이것이 최고의 치장[3]이요 가장 뛰어난 보배니, 세속의 보배[4]의 미칠 바가 아니다.

인욕은 뛰어난 양약(良藥)이어서 능히 분독(忿毒)[5]을 치료한다. 저 인욕의 힘[6] 때문에 차차[7] 분독이 일어나지 않게 되는 것이다.

인욕은 공덕(功德)의 곳집(庫)[8]이므로, 착한 사람은 이를 지킴으로써 마음을 조복(調伏)[9]해, 번뇌(煩惱)[10]에 의해 어지럽히는[11] 바가 되지 않는다.

인욕은 천상(天上)에 태어나는[12] 사다리여서, 윤회(輪廻)[13]의 공포로부터 탈출하게[14] 한다. 만약 이를 수행(修行)하면[15] 지옥의 고통에서 벗어날[16] 수 있게 된다.

인욕은 공덕의 물[17]이어서 맑고 그득하여, 능히 아귀(餓鬼)[18]의 목마

름을 구하고[19] 방생(傍生)[20]의 죄악[21]을 씻어 준다. —〈諸法集要經〉

〔주〕 1)인욕 : 원문은 '忍'. 151의 주. 2)안주 : 157의 주. 3)최고의 치장 : 원문은 '第一莊嚴'. 4)세속의 보배 : 원문은 '世寶'. 5)분독 : 노여움. 성내는 것. 그것을 독에 비유한 것. 6)인욕의 힘 : 원문은 '忍力'. 1037의 주. 7)차차 : 원문은 '展轉'. 26의 주. 8)공덕의 곳집 : 원문은 '功德藏'. 선근(善根)을 거두어 보관하고 있으므로 창고에 비유한 것. 9)조복 : 21의 주. 10)번뇌 : 4의 주. 11)어지럽힘 : 원문은 '所嬈'. 12)천상에 태어남 : 원문은 '生天'. 13)윤회 : 225의 '유전'과 같다. 14)탈출함 : 원문은 '出'. 755의 주. 15)수행함 : 원문은 '修習'. 20의 주. 16)벗어남 : 원문은 '解脫'. 도망침. 해방됨. Ⓟparimuccati. 17)공덕의 물 : 원문은 '功德水'. 뛰어난 특질(공덕)을 지닌 물. 팔공덕수(八功德水)를 이른다. 여덟 가지 공덕이란 달고, 차고, 연하고, 가볍고, 맑고, 냄새가 안 나고, 마실 때 목을 안 상하고, 마시고 나서 배를 상하게 안하는 것. aṣṭānag-upeta-ambhaḥ. 18)아귀 : 26의 주. 19)구함 : 원문은 '捄'. 이는 '救'의 고자(古字)다. 20)방생 : 기어다니는 생물의 뜻이니, 축생(畜生)을 이른다. 금수. 26의 '축생'의 주. tiryag-yoni. 21)죄악 : 원문은 '罪垢'. 죄로서의 결함. 과실. doṣa.

1042

만약 원수[1)]를 대면하여 노여움[2)]을 지니지 않는다면, 세세(世世)[3)]에 편안할[4)] 수 있을 것이다. —〈菩提行經〉

〔주〕 1)원수 : 원문은 '寃家'. 908의 주. 2)노여움 : 원문은 '瞋'. 54의 주. 3)세세 : 548의 주. 4)편안함 : 원문은 '安樂'. 마음의 편안함. sukha.

1043

보살로서 참고[1)] 노하지 않는 자는, 후세(後世)[2)]에 태어날 때 사람됨이

아리따우리라.[3] — 〈太子和休經〉

〔주〕 1)참음 : 원문은 '忍辱'. 151의 '인'의 주. 2)후세 : 468의 주. 3)아리따움 : 원문은 '端正'. 503의 주.

1044

원한[1]을 품은 사람으로서 몸이 아리따운[2] 일은 있을 수 없지만,[3] 인욕(忍辱)[4]을 수집(修集)[5]하여 몸이 아리따워지는 일은 있을 수 있다.

— 〈大集經〉

〔주〕 1)원한 : 원문은 '瞋恨'. 원망하는 생각. 적의(敵意). vyāpāda-saṃjñā. 2)아리따움 : 원문은 '端正'. 503의 주. 3)있을 수 없음 : 원문은 '無有是處'. 741의 주. 4)인욕 : 151의 '인'과 같다. 5)수집 : 수행해서 공덕이 몸에 쌓이는 것. upagama.

1045

보살마하살[1]이 자인(慈忍)[2]에 안주(安住)하면 열 가지 이익을 얻게 된다. 무엇이 열 가지인가? 첫째는 불도 능히 태우지 못함이다. 둘째는 칼도 능히 베지 못함이다. 셋째는 독도 능히 해치지 못함이다. 넷째는 물도 능히 떠내려가게 못함이다. 다섯째는 비인(非人)[3]의 호위를 받음이다. 여섯째는 신상(身相)[4]이 훌륭해짐[5]이다. 일곱째는 모든 악도(惡道)[6]에 가지 않게 됨이다. 여덟째는 그 소원[7]을 따라 범천(梵天)[8]에 태어남이다. 아홉째는 밤낮으로 늘 편안함이다. 열째는 그 몸에서 기쁨[9]이 떠나지 않음이다. 이것이 보살의 열 가지 자인(慈忍)에서 오는 이익이다.

— 〈月燈三昧經〉

〔주〕 1)보살마하살 : 1의 '보살'과 같다. 2)자인 : 1040의 주. 3)비인 : 865의 주. 4)신상 : 977의 주. 5)훌륭해짐 : 원문은 '莊嚴'. 239의 '보장엄' 참조. 6)악도 : 2의 주. 7)소원 : 원문은 '所樂'. 503의 주. 8)범천 : 1037의 주. 9)기쁨 : 원문은 '喜樂'. 443의 주.

1046

인욕(忍辱)의 힘[1]은 수미산(須彌山)[2]과 같다. —〈月燈三昧經〉

〔주〕 1)인욕의 힘 : 원문은 '忍力'. 1037의 주. 2)수미산 : 181의 주.

1047

다투기[1] 좋아하는 자는 진리에 이르는 문[2]을 잃는 데 반해, 인욕(忍辱)[3]하는 자는 매우 뛰어난 부처님의 가르침에 이르는 문[4]에 의지하게[5] 된다. —〈文殊師利淨律經〉

〔주〕 1)다툼 : 원문은 '諍訟'. 111의 주. 2)진리에 이르는 문 : 원문은 '法門'. 245의 주. 3)인욕 : 151의 '인'과 같다. 4)매우 뛰어난 부처님의 가르침에 이르는 문 : 원문은 '殊特超異門'. 부처님의 가르침을 이른다. 5)의지함 : 원문은 '歸'. 219의 주.

1048

사문(沙門)[1]으로서 현명한 사람[2]은 인욕(忍辱)[3]을 제일(第一)로 알아, 마땅히 맑은 물의 잡스러움[4]이 없는 것 같아야 한다. 물은 죽은 사람, 죽은 개, 죽은 뱀, 똥오줌을 다 씻어 내거니와, 그러면서도 물의 맑은 성질은 파괴되는 일이 없다. 마땅히 마음을 지니되[5] 비(篲)와 같아야 한다.

비는 땅의 더러움을 쓸어서 죽은 사람, 죽은 개, 죽은 뱀, 똥오줌을 다 쓸어 버리거니와, 그러면서도 비는 파괴되는 일이 없다. 또 마땅히 바람의 힘이나 불의 빛과 같아야 한다. 바람이나 불은 죽은 사람, 죽은 개, 죽은 뱀, 똥오줌을 불기도 하고 태우기도 하거니와, 그러면서도 바람의 힘이나 불의 빛은 파괴되는 일이 없다. 만약 사람이 나타나 자기를 죽이고자 해도 성내지 않으며, 자기를 비방하려 해도 성내지 않으며, 자기를 칭찬하고자 해도 성내지 않으며, 자기를 비웃고자 해도 성내지 않으며, 자기를 무너뜨려 불법(佛法)[6]을 섬기지 못하게 하려 해도 성내지 않고, 오직 자애(慈愛)[7]를 지녀 마음에 사념(邪念)이 없으면,[8] 죄가 없어지고 복이 생겨나며, 부정(不正)[9]이 정(正)을 침벌할 수 없어서 온갖 악이 소멸[10]될 것이다. — 〈堅意經〉

〔주〕 1)사문 : 265의 주. 2)현명한 사람 : 원문은 '賢者'. 676의 주. 3)인욕 : 151의 '인'과 같다. 4)잡스러움 : 원문은 '不精'. 5)마음을 지님 : 원문은 '持心'. 마음을 지킴. 6)불법 : 4의 주. 7)자애 : 원문은 '慈心'. 654의 주. 8)마음에 사념이 없음 : 원문은 '正意'. 9)부정 : 원문은 '邪'. 그릇됨. mithyā. 10)소멸 : 원문은 '消爛'.

1049

보살은 세세(世世)[1]에 늘 비방[2]을 받아 큰 고통이 있다 해도 다 이를 참는다. 그러므로 부처님의 행지(行地)[3]에서는 높은 자가 낮아지고 낮은 자가 높아진다. — 〈菩薩行五十緣身經〉

〔주〕 1)세세 : 548의 주. 2)비방 : 원문은 '毁辱'. 3)행지 : 위계(位階)의 뜻인가?

1050

참지 못할 것을 참음은 만복(萬福)의 근본이다. — 〈六波羅蜜經〉

1051

사람이 제 마음도 이기지[1] 못하면서, 도리어 남의 마음을 이기려 해서야 될 법이나 한 소리인가? 제 마음을 이겨야 남의 마음을 이기게 될 것이다. — 〈三慧經〉

〔주〕 1)이김 : 원문은 '伏'. abhibhava.

1052

다툼[2]으로 다툼을 그치게 하고자 해도 다툼은 그쳐지지 않는다. 오직 참음[2]만이 다툼을 그치게 할 수 있으니, 이것[3](참음)이 참으로 존귀하다. — 〈中阿含經〉

〔주〕 1)다툼 : 원문은 '諍'. 논쟁. 이론(異論). vivāda. 2)참음 : 원문은 '忍'. 151의 주. 3)이것 : 원문은 '是法'.

1053

노(怒)하면 진리[1]를 보지 못하며, 노하면 불도[2]를 알지 못한다. 그러므로 노여움을 제거해야 복을 가져오는 선(善)[3]이 항상 몸을 따르게 된다. — 〈法句經〉

〔주〕 1)진리 : 원문은 '法'. 10의 주. 2)불도 : 원문은 '道'. mārga. 3)복을 가져오는 선 : 원문은 '福善'.

1054

노여움[1]을 스스로 억제하되 달리는 수레를 멈추는 것처럼 해야 하리니, 이런 사람이야말로 좋은 어자(御者)여서, 어둠을 버리고 밝은 데로 들어가게[2] 되리라. — 〈法句經〉

〔주〕 1)노여움 : 원문은 '恚'. 54의 '진'과 같다. 2)어둠을 버리고 밝은 데로 들어감 : 원문은 '棄冥入明'. 미혹에서 나와 깨달음으로 들어가는 것. 단, 이것은 <법구경> 원본(巴利語本)에는 없는 말이다.

1055

때에 마가천자(摩伽天子)[1]가 게(偈)[2]를 설하여 부처님께 여쭈었다.

"그 무엇 죽여야사 안면(安眠) 얻으며,
그 무엇 죽여야사 기쁨[3] 얻으며,
그 누구 죽여야사 님[4]의 칭찬[5] 받자오리까?"

이 때에 세존(世尊)[6]께서도 게를 설하사 대답하셨다.

"노여움 곧 죽이면 안면 얻으며,
노여움 곧 죽이면 기쁨 얻으며,
번뇌의 근본인 저 노여움,
이를 곧 죽여야사 내 칭찬 들으리라.
진정 노여움을 죽인 자에겐
긴 긴[7] 근심이 다신 없으리." — 〈雜阿含經〉

〔주〕 1)마가천자 : '천자'는 111의 '정거천자' 참조. '마가'는 Māgha의 음사(音寫)니, 그 이름. 2)게 : 9의 주. 3)기쁨 : 원문은 '喜樂'. 443의 주. 4)님 : 원문은 '瞿曇'. ⓅGotama의 음사. 석존(釋尊)의 성(姓). 부처님을 이른다. 5)칭찬 :

원문은 '讚嘆'. 미덕을 칭찬하는 것. Ⓟabhivadati. 6)세존 : 4의 주. 7)긴 긴 : 원문은 '長夜'. 209의 주.

1056

부처님께서 대중(大衆)[1]에게 이르셨다.

"인욕(忍辱)[2]은 세상에서 으뜸가는 것이니 안락(安樂)[3]에 이르는 길이며, 인욕은 홀로인 몸을 지켜 주니 성자(聖者)[4]의 기뻐하는 바다. 인욕은 친우가 되어 주며, 인욕은 아리따운 명예를 늘려 주며, 인욕은 뜻대로의 부(富)[5]를 얻게 하며, 인욕은 바른 의용(儀容)[6]을 갖추게 하며, 인욕은 위력(威力)[7]을 얻게 하며, 인욕은 세상을 비추며, 인욕은 기예(技藝)[8]를 이루게 하며, 인욕은 원수[9]·우뇌(憂惱)를 이기게 하며, 인욕은 용모를 좋게 하며, 인욕은 권속(眷屬)[10]을 갖추게 하며, 인욕은 뛰어난 과보(果報)[11]를 가져오게 하며, 인욕은 선도(善道)[12]에 가도록 하며, 인욕은 장수하게 하며, 인욕은 도위(道位)[13]를 얻게 하며, 인욕은 중생을 해치지 않게[14] 하며, 인욕은 도둑질, 도리에서 벗어난 성행위,[15] 거짓말,[16] 이간하는 말,[17] 꾸미는 말,[18] 탐욕, 노여움 따위를 떠나게 하며, 인욕은 보시(布施)[19]·지계(持戒)[20]·정진(精進)[21]·선정(禪定)[22]·지혜(智慧)[23]를 이루게 한다. 이것이 바로 불법(佛法)[24]이다."

— 〈大集經〉

〔주〕 1)대중 : 83의 주. 2)인욕 : 원문은 '忍'. 151의 주. 3)안락 : 1042의 주. 4)성자 : 원문은 '賢聖'. 108의 주. 5)뜻대로의 부(富) : 원문은 '富自在'. 6)바른 의용 : 원문은 '端正'. 몸의 자세가 바른 것. 7)위력 : 182의 주. 8)기예 : 원문은 '工巧'. 기술. śilpa. 9)원수 : 원문은 '怨賊'. 17의 주. 10)권속 : 537의 주. 11)뛰어난 과보 : 원문은 '勝報'. 12)선도 : 78의 '선취'와 같다. 13)도위 : 수도(修道)의 위계(位階). 보살의 십지(十地), 성문의 칠방편위(七方便位) 따위. 14)

해치지 않음 : 원문은 '不害'. 생물을 안 죽이는 것. 비폭력(非暴力). ahiṃsā. 15)도리에서 벗어난 성행위 : 원문은 '邪婬'. 765의 주. 16)거짓말 : 원문은 '妄語'. 565의 주. 17)이간하는 말 : 원문은 '兩舌'. 770의 주. 18)꾸미는 말 : 원문은 '綺語'. 770의 주. 19)보시 : 원문은 '施'. 17의 '보시'와 같다. 20)지계 : 원문은 '戒'. 151의 '持戒'와 같다. 21)정진 : 원문은 '進'. 26의 '정진'과 같다. 22)선정 : 원문은 '禪'. 27의 '정'과 같다. 23)지혜 : 원문은 '智'. 107의 '지혜'와 같다. 24)불법 : 4의 주.

1057

인욕(忍辱)의 복[1]은, 몸이 편안하며 가정[2]이 화목하여 하나도 기쁘지 않음이 없는 일이다. — 〈忍辱經〉

〔주〕 1)인욕의 복 : 원문은 '忍福'. 인욕에서 오는 좋은 과보(果報). 2)가정 : 원문은 '宗家'. 종친(宗親)과 같은 말인 듯? 가족. 형제・자매.

1058

인욕(忍辱)[1]의 광명은 일월(日月)보다도 월등하다. 코끼리[2]의 힘을 대단하다 하지만, 인욕에 비기면 만만(萬萬)의 1에도 미치지 못한다. 칠보(七寶)[3]의 광채는 세속에서 귀히 여기는 것이기는 해도 근심을 부르고 재앙을 가져올 뿐이지만, 인욕의 보배는 시종(始終) 편안을 얻게 한다. 시방(十方)[4]에 보시(布施)[5]하면 큰 복이 있게 마련이지만 인욕에는 못 미쳐서, 인욕을 지니고 자비를 실천하는 경우, 세세(世世)[6]에 적이 없고[7] 마음속이 편안하여[8] 끝내 해독이 없을 것이다. 세상에 믿을 것[9]이란 없거니와 오직 인욕만은 의지할 만하니, 인욕은 편안한 집이어서 재앙이 생겨나지 않으며, 인욕은 신비한 갑옷이어서 여러 무기[10]가 해치지 못하며, 인욕은 큰 배여서 고난을 건너가게 하며, 인욕은 좋은 약이어서 여러 사람의 목숨을 구해 준다. 인욕을 지닌 사람의 뜻하는 것이야 무슨 소원이라 달성되지 않겠는가? — 〈忍辱經〉

〔주〕 1)인욕 : 원문은 '忍'. 151의 주. 2)코끼리 : 원문은 '龍象'. nāga. 3)칠보 : 4의 주. 4)시방 : 970의 '시방세계'와 같다. 5)보시 : 17의 주. 6)세세 : 548의 주. 7)적이 없음 : 원문은 '無怨'. 8)마음속이 편안함 : 원문은 '中心恬然'. 중심(中心)은 심중(心中)과 같다. 9)믿을 것 : 원문은 '所怙'. 믿고 의지할 것. 10)여러 무기 : 원문은 '衆兵'.

1059

인내(忍耐)는 곧 보리(菩提)[1]의 직접적 원인[2]이요, 아뇩다라삼먁삼보리(阿耨多羅三藐三菩提)[3]는 곧 인내의 과보(果報)[4]다. — 〈優婆塞戒經〉

〔주〕 1)보리 : 5의 주. 2)직접적 원인 : 원문은 '正因'. 3)아뇩다라삼먁삼보리 : 17의 주. 4)과보 : 원문은 '果'. 409의 주.

1060

인욕(忍辱)의 힘[1]으로 부지런히 수행(修行)하면,[2] 피안(彼岸)[3]에 이르러 능히 가장 뛰어난[4] 열반(涅槃)의 도리[5]를 확인(確認)하며,[6] 그 마음이 평등하여 흔들리지 않을 수 있으니, 이(인욕)는 무변지(無邊智)[7]를 수행해 가는 길[8]이니라. — 〈華嚴經〉

〔주〕 1)인욕의 힘 : 원문은 '忍力'. 1037의 주. 2)부지런히 수행함 : 원문은 '勤修'. 689의 주. 3)피안 : 84의 주. 4)가장 뛰어남 : 원문은 '最勝'. 3의 주. 5)

열반의 도리 : 원문은 '寂滅法'. 적멸의 가르침. 미혹의 세계를 벗어난 경지, 특히 소승의 열반을 이른다. 해탈. śānta-dharma. 6)확인함 : 원문은 '忍'. 인(認)과 같다. 인정함. kṣānti에는 인내의 뜻 외에, 인가결정(認可決定)의 의미가 있다고 해석되어 왔다. 인정해서 확실히 아는 것. 스스로 체험하는 것. 7)무변지 : 일체지지(一切智智)와 같다. 993의 주. 일설에는 초지(初地)의 과(果)로서의 무량의 지혜. Ⓣdpag med ye śes. 8)수행해 가는 길 : 원문은 '所行道'. 353의 주.

여러 인내

1061

"불자(佛子)[1]야, 보살은 이런 인욕(忍辱)의 가르침[2]을 성취(成就)한다. 설사 백천억 나유타(那由他)[3] 아승기(阿僧祇)[4]의 중생이 그곳에 와서, 그 하나하나의 중생이 제각기 백천억 나유타 아승기의 입을 만들어 내고,[5] 그 하나하나의 입마다 백천억 나유타 아승기의 싫은 말을 해서 보살을 헐뜯는다 해도, 또 이 중생들의 하나하나마다 백천억 나유타 아승기의 손이 있고, 그 하나하나의 손마다 백천억 나유타 아승기의 무기[6]를 잡아 보살을 해친다 해도, 보살은 '내가 이 괴로움 때문에 마음이 어지러워지면 스스로 제 마음을 제어(制御)[7] 못함이다'라 생각하고, 또 '내가 무시겁(無始劫)[8]으로부터 윤회(輪廻)[9] 속에 들어 있으면서 온갖 괴로움을 받아왔다' 생각하고, 거듭 스스로 격려하여 마음을 청정케 함으로써 환희(歡喜)[10]를 얻으며, 스스로 마음을 잘 제어하여[11] 능히 불법(佛法)[12] 중에 안주(安住)함으로써 중생으로 하여금 이 가르침을 한가지로 얻게 한다. 그리고 다시 '이 몸이 공(空)[13]해서 아(我)[14]와 아소(我所)[15]가 없으며, 실체(實體)[16]가 없어서 그 본성(本性)이 공(空)하여[17] 차별이 없으니,[18] 고(苦)

건 낙(樂)이건 다 있음이 없는 터이다. 온갖 사물의 공(空)한 까닭을 내가 마땅히 통달하여[19] 남을 위해 자세히 설(說)하는[20] 것에 의해, 모든 중생으로 하여금 이 그릇된 견해[21]를 없애게 해야 하겠다. 그러기에 내가 지금 고통을 당한대도 응당 참아야[22] 한다'고 생각한다." — 〈華嚴經〉

〔주〕 1)불자 : 78의 주. 2)인욕의 가르침 : 원문은 '忍法'. 혹은 인욕이라는 선행. 3)나유타 : 17의 주. 4)아승기 : asaṃkhya의 음사. 헤아릴 수 없는 수. 무한한 수. 5)만들어 냄 : 원문은 '化作'. 변화해서 만들어 냄. 6)무기 : 원문은 '器仗'. 칼. śastra. 7)제어함 : 원문은 '調伏'. 21의 주. 8)무시겁 : 그 처음도 알 수 없는 먼 옛날. 9)윤회 : 원문은 '生死'. 12의 주. 10)환희 : 997의 주. 11)제어함 : 원문은 '調攝'. 12)불법 : 4의 주. 13)공 : 50의 주. 14)아 : 79의 주. 15)아소 : 79의 주. 16)실체 : 원문은 '眞實'. 626의 주. 17)본성이 공함 : 원문은 '性空'. 온갖 존재는 인연에 의해 이루어졌으므로 그 본성이 공하다는 이치. 유(有)이면서 본성은 공하다는 것. prakṛti-śūnyatā. 18)차별이 없음 : 원문은 '無二'. 51의 주. 19)통달함 : 원문은 '解了'. 이해. prajānāti. 20)자세히 설함 : 원문은 '廣說'. 618의 주. 21)그릇된 견해 : 원문은 '見'. 543의 주. 22)참음 : 원문은 '忍受'. 고통을 참는 것. adhivāsana.

1062

하나하나의 지옥 속에서 무량겁(無量劫)[1]을 지낸대도, 중생을 제도코자 하는[2] 까닭에 이 고통을 참는다. — 〈華嚴經〉

〔주〕 1)무량겁 : 헤아릴 수 없는 긴 시간. 영겁. ākalpāt. 2)제도함 : 원문은 '度'. 917의 주.

1063

온갖 세상[1]의 여러 괴로움[2]이 가도 없이 깊고 넓어서 대해(大海) 같거니와, 저들과 같은 일을 하면서[3] 그 고통을 다 참아 내고, 그들에게 이익을 주어 안락(安樂)[4]을 얻도록 해야 한다. — 〈華嚴經〉

〔주〕 1)온갖 세상 : 원문은 '一切世間'. 2)괴로움 : 원문은 '苦患'. 근심. 3)같은 일을 함 : 원문은 '同事'. 211의 주. 4)안락 : 1042의 주.

1064

온갖 악을 다 능히 참아 내고,[1] 모든 중생을 대함에 있어서 그 마음이 평등해 흔들림이 없어서, 마치 대지가 온갖 것을 받아들이는 것 같아야 할 것이다. 이렇게 하면 능히 정인바라밀(淨忍波羅蜜)[2]이라 할 수 있다.

— 〈華嚴經〉

〔주〕 1)참음 : 원문은 '忍受'. 1061의 주. 2)정인바라밀 : 인욕바라밀을 이른다. 정인은 인욕(忍辱).

1065

만약 어떤 사람이 욕하고 비방하며, 몽둥이로 때리고 살을 도려 내어[1] 그 몸을 괴롭게 하여 목숨이 끊어지기에 이른대도, 이 일 때문에 어지러운 마음[2]이나 노여운 마음[3]을 일으키지 않으며, 또한 뜻이 물러서지[4] 않아 대비홍서(大悲弘誓)[5]를 더욱 강화해서[6] 휴식이 없어야 한다.

— 〈華嚴經〉

〔주〕 1)살을 도려 냄 : 원문은 '屠割'. 원래는 사람을 죽여, 그 몸을 가르는

것. 2)어지러운 마음 : 원문은 '動亂心'. 3)노여운 마음 : 원문은 '瞋害心'. 노해서 해치려는 마음. 4)물러섬 : 원문은 '退捨'. parithāni. 5)대비홍서 : 큰 자비에서 나오는 불·보살의 서원. 6)강화함 : 원문은 '增長'. 818의 주.

1066

사람이 있어서 칼을 들고 노하여[1] 여래(如來)[2]를 해하려 한대도, 여래께서는 기쁜 마음을 잃지 않으사 노하심이 없으시다. — 〈涅槃經〉

〔주〕 1)노함 : 원문은 '瞋恚心'. 1034의 주. 2)여래 : 1의 주.

1067

이 몸이 하나의 자아(自我)[1]로 이루어졌는가, 아니면 많은 자아[2]로 이루어졌는가? 만약 자아가 많다고 한다면, 이는 곧 무상(無常)[3]함을 뜻하는 것이 되고, 무상한 까닭에 자아 자체의 뜻이 성립할 수 없게 된다. 또 만약에 자아가 하나라고 한다면, 응당 영원불변[4]해서 일신(一身)을 항상 지켜 옮겨 가지 말아야 할 것이나, 실제로는 머무르지 않는 까닭에 자아가 하나라는 주장도 성립 안 된다. 이 점에서 살펴보건대, 자아가 많다느니 하나라느니 하는 주장은 뜻 자체가 아울러 성립되지 않음을 알 수 있다. 그러기에 보살은 자아에 집착함이 없어서, 안인(安忍)[5]의 힘으로 자아[6]와 자기 소유(所有)[7]의 악귀(惡鬼) 속으로부터 중생[8]을 구제해 정견(正見)의 고장[9]에 놓고, 온갖 것[10]의 본성(本性)[11]의 공(空)[12]함을 인식게 하는[13] 것이다. 이것을 안인바라밀(安忍波羅蜜)[14]이라 한다.

— 〈六波羅蜜經〉

〔주〕 1)하나의 자아 : 원문은 '一我'. 아트만(自我)이 하나라는 주장. 오직 하

나의 정신적 원리. ekaḥ [ātmā]. 2)많은 자아 : 원문은 '多我'. 아트만이 많이 존재하는 것. puruṣa-bahutva. 3)무상 : 4의 주. 4)영원불변 : 원문은 '常住'. 367의 주. 5)안인 : 330의 주. 6)자아 : 원문은 '我'. 79의 주. 7)자기 소유 : 원문은 '我所'. 79의 주. 8)중생 : 원문은 '有情'. 306의 주. 9)정견의 고장 : 원문은 '正見處'. '정견'을 공간적으로 파악한 말. '정견'은 335의 주. 10)온갖 것 : 원문은 '一切法'. 18의 주. 11)본성 : 96의 주. 12)공 : 원문은 '空寂'. 51의 주. 13)인식함 : 원문은 '見'. 93의 주. 14)안인바라밀 : 1037의 주.

1068

"자씨(慈氏)[1)]야, 어째서 이름이 안인바라밀다(安忍波羅蜜多)[2)]인가? 만약 남이 욕한대도 그 소리를 산울림[3)]같이 관(觀)하며,[4)] 때릴 적에는 이 몸을 거울에 비친 형상[5)]같이 관하며, 노(怒)함을 당할 적에는 이 마음을 환화(幻化)[6)]같이 관하며, 칭찬을 들을 적에는 자신의 본성(本性)[7)]에 아만(我慢)[8)]이 없음을 관하여 들뜨지[9)] 않으며, 혐오(嫌惡)[10)]함을 당할 적에는 자기의 본성(本性)[11)]이 두려움을 떠나 있음을 관하여 걱정을 하지 않기 때문이니라."

— 〈六波羅蜜經〉

〔주〕 1)자씨 : 455의 '자씨보살'과 같다. 2)안인바라밀다 : 1037의 '안인바라밀'과 같다. 3)산울림 : 원문은 '谷響'. 91의 '향성'과 같다. 4)관함 : 원문은 '觀'. 381의 주. 5)거울에 비친 형상 : 원문은 '鏡像'. ādarśa. 6)환화 : 50의 주. 7)자신의 본성 : 원문은 '自身性'. 8)아만 : 244의 주. 9)들뜸 : 원문은 '高擧'. 마음이 들떠 흥분하는 것. auddhatya. 10)혐오 : 원문은 '譏嫌'. jugupsana. 11)자기의 본성 : 원문은 '本心性'.

1069

지행(智行)[1)] 중에서 네 가지 인욕(忍辱)[2)]을 성취해야 한다. 네 가지란 어떤 것인가? 첫째는 악인[3]이 나타나 비방하고 욕한대도 맞서지[4] 않고 좋은 말로 타이름[5]이다. 둘째는 바람·햇빛·추위·더위·주림·목마름 따위를 다 참음이다. 셋째는 화상(和尙)[6]·아사리(阿闍梨)[7]를 따라[8] 모심[9]이다. 넷째는 공(空)·무상(無相)·무원(無願)의 삼해탈문[10]의 큰 법인(法忍)[11]에 안주(安住)함이다. — 〈菩薩藏正法經〉

〔주〕 1)지행 : 지혜와 복덕(福德)의 행(行). 6바라밀(布施·持戒·忍辱·精進·禪定·智慧) 중, 앞의 다섯 바라밀이 행(行)이요, 끝의 것이 지혜다. 2)인욕 : 원문은 '忍'. 151의 주. 3)악인 : 원문은 '弊惡人'. 4)맞섬 : 원문은 '加報'. 보복하는 것. 5)타이름 : 원문은 '誨謝'. 6)화상 : upādhyāya의 속어형(俗語形)의 음사. 제자에게 구족계(具足戒)를 줄 수 있는 스님. 법랍 10세 이상에, 덕과 지혜와 계율을 구비해야 한다. 7)아사리 : ācārya의 음사. 교단에서 스승 노릇을 하는 스님. 8)따름 : 원문은 '隨轉'. 73의 주. 9)모심 : 원문은 '給侍'. 시중을 드는 것. 10)삼해탈문 : 547의 '공·무상' 참조. 11)법인 : 법지(法智)를 얻기 전에 일어나는, 확실히 인정해 알아 내는 의심 없는 마음. dharma-kṣānti.

1070

보살은 제 몸 속의 갖가지 나쁜 병이 매우 무거워 괴롭고, 설사 죽는 고통[1]을 맛보게 된다 해도, 인욕바라밀다(忍辱波羅蜜多)[2]를 갖추어 다 능히 참아 낸다.[3] — 〈菩薩藏正法經〉

〔주〕 1)죽는 고통 : 원문은 '死苦'. 503의 주. 2)인욕바라밀다 : 443의 '제바라밀' 참조. 3)참음 : 원문은 '忍愛'. 1061의 주.

1071

보살은 응당 인욕바라밀(忍辱波羅蜜)[1]에 굳건히 안주(安住)[2]해야 하리니, 성내지 않음이 인욕(忍辱)[3]이요, 상해[4]하지 않음이 인욕이요, 논쟁[5]하지 않음이 인욕이요, 살해하지 않음이 인욕이요, 제 몸[6]을 지킴이 인욕이요, 남의 몸을 지킴이 인욕이요, 신(身)·어(語)·의(意)의 행위[7]를 지킴이 인욕이요, 탐심[8]을 제거함이 인욕이요, 업보(業報)[9]를 수순(隨順)[10]함이 인욕이요, 착한 행위를 쌓아[11] 굳건히 함이 인욕이요, 온갖 세속[12]의 괴로움[13]을 멀리함이 인욕이다. ―〈菩薩藏正法經〉

〔주〕 1)인욕바라밀 : 443의 '제바라밀' 참조. 2)안주 : 157의 주. 3)인욕 : 151의 '인'과 같다. 4)상해 : 원문은 '損害'. 상하게 해서 해치는 것. vyādādhāna. 5)논쟁 : 원문은 '諍語'. 6)몸 : 원문은 '身命'. ātma-bhāva. 7)신·어·의의 행위 : 원문은 '身語意業'. 616의 '신구의업'과 같다. 8)탐심 : 원문은 '貪愛'. 54의 '탐'과 같다. 9)업보 : 148의 주. 10)수순 : 97의 주. 11)쌓음 : 원문은 '積集'. 170의 주. 12)온갖 세속 : 원문은 '一切世間'. 1063의 주. 13)괴로움 : 원문은 '嬈惱'. 괴롭히는 것.

1072

모든 보살은 항상 대비심(大悲心)[1]으로 온갖 중생[2]을 가엾이 여기는 까닭에 윤회[3] 속에 있으면서 정처 없이 떠돌아[4] 빈궁과 고독[5]을 받고, 가난이나 병 따위 여러 괴로움이 들끓어 몸은 천하고[6] 모습이 초라해도[7] 이를 참아[8] 근심하지 않는다. ―〈大乘密嚴經〉

〔주〕 1)대비심 : 1039의 주. 2)중생 : 원문은 '有情'. 306의 주. 3)윤회 : 원문은 '輪廻生死'. 1의 '유전생사'와 같다. 4)정처 없이 떠돎 : 원문은 '跉跰'. 또는, 비척비척 걷는 모양. 5)빈궁과 고독 : 원문은 '窮獨'. 6)몸이 천함 : 원문은 '下賤'. 신분이 천한 것. nica. 7)모습이 초라함 : 원문은 '形殘'. 8)참음 : 원문은 '安受'. adhivāsanā.

1073

비유컨대 태산(泰山)[1]이 바람에 불리어도 움직이지 않는 것과 같다. 보살의 마음은 온갖 좋은 소리,[2] 나쁜 소리[3]에 대해 기쁨도 근심도 느끼지 않는다. —〈阿闍世王經〉

〔주〕 1)태산 : 큰 산. 중국의 '태산'이 아니다. 2)좋은 소리 : 원문은 '好音'. 좋은 말. 3)나쁜 소리 : 원문은 '惡音'. 나쁜 말.

1074

"고행(苦行)하는 사람[1]은 나쁜 소문[2]을 많이 듣는대도 참아야 하는 것이니, 마땅히 스스로 자기를 해치지[3] 말며, 마땅히 불쾌감[4]을 일으키지 말라. 소리만 듣고 겁을 먹는 것은 숲 속의 짐승이거나 경박한 사람의 일일 뿐, 그것이 출가자(出家者)의 취해야 할 태도[5]일 수는 없으니, 그대[6]는 마땅히 하(下)·중(中)·상(上)[7]의 나쁜 소문[8]을 견디어 내야 한다. 마음을 꽉 잡아 움직이지 않는 것[9]이야말로 출가자가 지켜야 할 의무이다. 그러므로 남의 말 때문에 너를 도둑[10]으로 만들지 말며, 남의 말 때문에 너를 나한(羅漢)[11]으로 만들지 말라. 네가 자기를 스스로 아는 것같이, 천신(天神)[12]도 너를 알고 있느니라." —〈比丘避女惡名經〉

〔주〕 1)고행하는 사람 : 원문은 '苦行者'. 2)나쁜 소문 : 원문은 '惡名'. akirti. 3)스스로 자기를 해침 : 원문은 '自害'. 4)불쾌감 : 원문은 '惱'. 546의 주. 5)출가자의 취할 태도 : 원문은 '出家法'. 출가한 승려의 의무. 6)그대 : 원문은 '仁者'. 534의 '제인자' 참조. 7)하·중·상 : 원문은 '下中上'. 소질이 열등한 자와, 중간인 자와, 뛰어난 자의 뜻. hina-madhya-viśiṣta. 8)나쁜 소문 : 원문은 '惡聲'. 9)마음을 꽉 잡아 움직이지 않음 : 원문은 '執心堅住'. 10)도둑 : 원문

은 '劫賊'. 11)나한 : 386의 주. 12)천신 : 원문은 '諸天'. 161의 주.

1075

보살은 네 가지 수행(修行)[1]이 있기 때문에, 인욕(忍辱)의 힘[2]을 얻어 마음에 노여움[3]이 없게 마련이다. 네 가지란 어떤 것인가? 첫째는 온갖 사람을 대함에 있어서 부모가 그 자식을 사랑하는 것같이 하고, 또한 자신과 다름없게 함이다. 둘째는 고통을 받는 경우, 이를테면 치거나[4] 찢기는[5] 일을 당해도, 몸이 본래 무(無)임을 생각해 걱정하지 않음이다. 셋째는 온갖 것이 공(空)이라는 깨달음[6]을 얻어서 온갖 소견(所見)[7]을 떠남이다. 넷째는 자신의 행한 악[8]에 대하여는 항상 스스로 책망해 뉘우치되, 남의 행동[9]에 대하여는 보고도 지각(知覺)하지[10] 않음이다. 이것이 보살이 인욕의 힘을 얻어 마음에 노여움이 없는 네 가지 일이다.

— 〈須眞天子經〉

〔주〕 1)수행 : 원문은 '行'. 612의 주. 2)인욕의 힘 : 원문은 '忍辱力'. 3)노여움 : 원문은 '恚怒'. 4)침 : 원문은 '撾捶'. 913의 주. 5)찢음 : 원문은 '割剝'. 6)온갖 것이 공이라는 깨달음 : 원문은 '解空'. 7)소견 : 생각되는 것. 그릇된 분별로 생각된 것. 8)자신의 행한 악 : 원문은 '身所行惡'. 9)행동 : 원문은 '所作'. 240의 주. 10)지각함 : 원문은 '證'.

1076

바라날국(波羅捺國)[1]에 찬제바리(羼提波梨)[2]라는 큰 성자[3]가 있었다. 5백의 제자와 함께 산림(山林)에 거처하면서 인욕(忍辱)[4]을 수행하였다. 이 때, 그 나라 임금 가리(迦梨)가 여러 신하와 왕비[5]·궁녀[6]를 데리고 이 산에 들어와 유람하게 되었는데, 왕은 피곤해 잠시 누워서 휴식을 취했다. 그러자 궁녀들은 왕의 곁을 떠나 여러 가지 꽃이 핀 숲 속을 구경하다가, 찬제바리가 단정히 앉아 명상에 잠겨[7] 있는 것을 보았다. 존경하는 생각이 난 그녀들은 곧 여러 꽃잎을 그 위에 뿌리고, 그 앞에 앉아 그의 설하는 가르침[8]을 들었다.

한편 잠에서 깬 왕은 둘러보아도 궁녀들의 모습이 눈에 띄지 않았으므로, 네 명의 대신과 함께 찾아 나섰다. 그리하여 궁녀들이 성자 앞에 앉아 있음을 발견하게 되었다.

왕이 성자에게 물었다.

"당신은 사공정(四空定)[9]을 얻었는가?"

"얻지 못했습니다."

"사무량심(四無量心)[10]을 얻었는가?"

"얻지 못했습니다."

"그러면, 사선사(四禪事)[11]는 얻었소?"

"얻지 못했습니다."

왕은 발끈 성을 냈다.

"여러 공덕[12]을 다 못 얻었다 하니 너는 범부(凡夫)임이 틀림없는데, 그럼에도 불구하고 유독 여러 여인과 더불어 이 으슥한 곳[13]에서 히히덕거리고 있으니, 어떻게 믿을 수 있겠느냐?"

그리고 다시 물었다.

"너는 여기 있으면서 무엇을 수행[14]하고 있느냐?"

성자가 대답했다.

"인욕을 수행하고 있습니다."

그러자, 왕은 칼을 빼어 들고 외쳤다.

"그렇다면, 내가 너를 시험하여 정말 참는지 어떤지를 알아보리라."

그러고는 칼을 들어 그 두 손을 잘랐다.

“이래도 참을 만하냐?”

다시 그 두 다리를 잘랐다.

“이래도 참을 만하냐?”

왕은 다시 그 귀와 코를 잘랐다. 그러나 성자의 안색은 바뀌지 않았고, 여전히 참는다는 말을 반복하였다.

이 때, 보고 있던 5백 명의 제자가 그 스승에게 물었다.

“이런 고통을 당하시면서도 인욕하는 마음을 잃지 않으십니까?”

그 스승이 대답했다.

“내 마음에는 조금도 변화가 없느니라.”

왕이 크게 놀라 참회하자, 성자가 말했다.

“여색(女色)의 칼[15]로 당신이 내 몸[16]을 베었거니와, 나의 인욕은 대지와 같습니다. 내가 후일에 성불(成佛)[17]하면, 먼저 지혜의 칼[18]로 당신의 삼독(三毒)[19]을 끊어 드리겠습니다.”

산중의 여러 용신(龍神)[20]과 귀신[21]들은 가리왕이 인욕선인(忍辱仙人)[22]을 억울하게 해침[23]을 보자, 각각 원망[24]을 품어 운무(雲霧)·뇌전(雷電)·벽력(霹靂)을 크게 일으켜, 왕과 그 권속(眷屬)[25]을 해치려 했는데, 성자는 하늘을 우러러 말렸다.

“나를 위한다면 왕을 해하지 말라.”

왕은 더욱 깊이 뉘우쳤다. 그리하여 그 후로는 항상 성자를 궁으로 초청해 공양(供養)[26]하게 되었다.

이 때, 바라문(婆羅門)[27]의 무리 천명은, 왕이 찬제바리를 극진히 대우함을 보고 심히 질투하게 되었다. 그래서 으슥한 곳에 있다가 흙이나 똥 같은 것을 지나가는 성자에게 막 뿌려 댔다. 성자는 이런 꼴을 당하자 곧 맹세했다.

"내가 지금 인욕을 닦아, 중생[28]을 위해 수행을 쌓아[29] 쉬지 않으니, 뒤에 가서 불도(佛道)[30]를 이루면, 먼저 법수(法水)[31]를 가지고 너희들의 번뇌(煩惱)[32]를 씻고 너희들의 탐욕(貪欲)[33]을 제거하여, 길이 청정케 해 주리라."

— 〈賢愚經〉

〔주〕 1)바라날국 : 673의 '바라내국'과 같다. 2)찬제바리 : kṣānti-bala의 음사. 인욕(忍辱)의 원어. 여기서는 성자의 이름. 3)성자 : 원문은 '仙士'. 527의 '선인'과 같다. 4)인욕 : 151의 '인'과 같다. 5)왕비 : 원문은 '夫人'. devi. 6)궁녀 : 원문은 '婇女'. nārt. 7)단정히 앉아 명상함 : 원문은 '端坐思惟'. 8)설하는 가르침 : 원문은 '所說法'. 설해진 가르침. deśanā-dharma. 9)사공정 : 사공처(四空處)에 태어나기 위한 선정. 사공처란 무색계(無色界)의 네 영역. 10)사무량심 : 154의 '무량'과 같다. 11)사선사 : 욕계(欲界)를 벗어나 색계(色界)에 태어나는 네 가지 단계의 선정. 초선(初禪)은 각(覺)·관(觀)·희(喜)·낙(樂)·일심(一心)으로 이루어지고, 제이선(第二禪)은 내정(內淨)·희(喜)·낙(樂)·일심(一心)으로 이루어지고, 제삼선(第三禪)은 사(捨)·념(念)·혜(慧)·낙(樂)·일심(一心)으로 이루어지고, 제사선(第四禪)은 불고불락(不苦不樂)·사(捨)·념(念)·일심(一心)으로 이루어진다는 것. catur-dhyaña. 사선(四禪). 사선정(四禪定). 12)공덕 : 208의 주. 13)으슥한 곳 : 원문은 '屛處'. 비밀의 장소. 남의 눈에 안 띄는 곳. mithas. 14)수행 : 원문은 '修設'. 승려에게 식사를 공양하는 법회를 여는 뜻으로 쓰이는 말. 여기서는 '수행'의 뜻. 15)여색의 칼 : 원문은 '女色刀'. 여색에 대한 질투 때문에 사람을 해치므로 하는 말. 16)몸 : 원문은 '形'. 576의 주. 17)성불 : 171의 주. 18)지혜의 칼 : 원문은 '慧刀'. 지혜는 번뇌를 죽이므로 칼에 비유한 것. 19)삼독 : 245의 주. 20)용신 : 원문은 '龍'. 뱀 모양의 귀신. 천룡팔부중(天龍八部衆)의 하나. nāga. 21)귀신 : 441의 주. 22)인욕선인 : 2)의 주에서 보는 바와 같이 '찬제바리'는 인욕의 뜻이므로, 찬제바리를 가리킨다. 23)억울하게 해침 : 원문은 '枉害'. 24)원망 : 원문은 '懊惱'.

원망하고 괴로워함. 25)권속 : 537의 주. 26)공양 : 738의 주. 27)바라문 : 원문은 '梵志'. 345의 주. 28)중생 : 원문은 '群生'. 29)수행을 쌓음 : 원문은 '積行'. 30)불도 : 22의 주. 31)법수 : 970의 주. 32)번뇌 : 원문은 '塵垢'. 451의 주. 33)탐욕 : 원문은 '欲穢'. 탐욕의 더러움.

1077

포악한 자가 도리에 벗어나는[1] 비방을 가해 와도, 지혜 있는 사람은 진실한 말[2]을 가지고 참음[3]으로써 이 비방을 없앤다.[4] — 〈諸法集要經〉

〔주〕 1)도리에 벗어남 : 원문은 '非理'. 정당치 않음. ayoga-vihita. 2)진실한 말 : 원문은 '誠言'. 3)참음 : 원문은 '安忍'. 330의 주. 4)없앰 : 원문은 '除遣'. 무(無)로 돌림. prāhaṇa.

1078

생문(生聞)이라는 바라문(婆羅門)[1]이 찾아와 부처님께 여쭈었다.

"부처님의 제자에게는 남과 다른 어떤 차별이 있으며, 또 어떤 공덕(功德)[2]이 있습니까?"

부처님께서 그에게 이르셨다.

"내 출가제자(出家弟子)[3]와 재가제자(在家弟子)[4]는 수행[5]하다가 실패하는 경우라도 근심하거나 울거나 발광하지[6] 않는다. 또 내 제자는 기갈(飢渴)·한열(寒熱)·풍우(風雨) 등이 닥친다든가, 때리고[7] 욕하는 일을 당한다든가 해도 이를 참을 줄 안다. 이것은 다른 사람들로서는 못 해내는 일인바, 내 제자에게는 이런 공덕이 있느니라."

그는 가르침을 듣잡고, 곧 삼보(三寶)[8]에 귀의(歸依)[9]해 우바색(優婆塞)[10]이 되었다. — 〈雜阿含經〉

〔주〕 1)바라문 : 원문은 '梵志'. 345의 주. 2)공덕 : 208의 주. 3)출가제자 : 가정을 떠나 불도를 닦는 제자. 4)재가제자 : 가정생활을 하면서 불도를 닦는 제자. 5)수행 : 원문은 '作業'. 깨달음을 위한 수행. 6)발광함 : 원문은 '癡狂'. Ⓟunmattaka. 7)때림 : 원문은 '杖捶'. 몽둥이로 때리는 것. 8)삼보 : 20의 주. 9)귀의 : 1001의 주. 10)우바색 : 845의 주.

1079

보살은 백천 겁(劫)[1] 동안 욕을 먹어도 성내지 않으며, 또 백천 겁 동안 칭찬을 들어도 기뻐하지 않는다. 사람의 말이란 소리의 생멸(生滅)에 지나지 않아서, 꿈 같고 산울림[2] 같음을 알아야 한다. — 〈大智度論〉

〔주〕 1)겁 : 15의 '천겁' 참조. 2)산울림 : 원문은 '響'. 534의 주.

1080

인욕(忍辱)[1]에 열 가지 작용[2]이 있다. 첫째는 아(我)[3]와 아소(我所)[4]의 공(空)[5]함을 관찰함이다. 둘째는 종성(種姓)[6]을 생각지 않음이다. 셋째는 교만을 제거함[7]이다. 넷째는 남이 악한 일을 해 와도 보복하지 않음이다. 다섯째는 무상(無常)한 모습[8]을 관찰함이다. 여섯째는 자비를 닦음이다. 일곱째는 마음이 방일(放逸)[9]하지 않음이다. 여덟째는 기갈(飢渴)·고락(苦樂) 등의 일에 마음이 영향받지 않음[10]이다. 아홉째는 노여움을 끊음이다. 열째는 지혜를 수행함이다. 만약 이 같은 열 가지 작용을 성취하면, 이런 사람은 능히 인욕을 닦는 것이라고 할 수 있다. — 〈大寶積經〉

〔주〕 1)인욕 : 원문은 '忍'. 151의 주. 2)작용 : 원문은 '事'. vṛtti. 3)아 : 79의 주. 4)아소 : 79의 주. 5)공 : 50의 주. 6)종성 : 75의 주. 7)제거함 : 원문은 '破

除'. 8)무상한 모습 : 원문은 '無常相'. 9)방일 : 250의 주. 10)마음이 영향받지 않음 : 원문은 '捨'. 마음의 평정(平靜). 사물에 대한 중성적(中性的)인 마음가짐. 고락(苦樂)을 느끼는 것은 고에서의 해탈이 아니며, 진정 해탈하면 고도 아니요 낙도 아닌 심경이 된다는 것. upekśā.

1081

선순(善順)[1)]이 사위국(舍衛國)[2)]으로부터 여러 사람[3)]과 함께 부처님을 예배하고 가르침을 듣기 위해,[4)] 부처님 계신 곳[5)]을 찾아왔다. 그런데 그 국왕은 이 비구(比丘)[6)]가 왕위와 국토를 뺏을까 의심했으므로, 네 명의 사나이[7)]를 보내 비구의 앞을 막고, 갖가지 욕설을 퍼붓고 무기[8)]로 해치게 했다. 그러나 비구는 조금도 성내는[9)] 빛이 없었다.

그래서 왕은 다시 네 명의 사나이를 비구에게 주면서 권했다.

"너를 해친 네 명에게 복수하라. 내가 도와 주리라."

그러나 비구는 종내 듣지 않았다.

다시 왕은 금・은 따위의 재물을 눈에 띄게 한[10)] 다음 비구에게 말했다.

"저 재물을 적절한 방법[11)]으로 훔쳐 보라. 내가 도와 주리라."

그러나 비구는 머리를 저었다.

"내가 가난해서 살아갈[12)] 수 없다 해도, 결코 주지 않는 것을 취하지는 않을[13)] 것입니다."

왕은 이 말을 듣자, 감동한 나머지 한탄하면서[14)] 돌아갔다.

— 〈大寶積經〉

〔주〕 1)선순 : 겸손의 뜻. Vinita. 여기서는 비구의 이름. 2)사위국 : 473의 주. 3)사람 : 원문은 '衆生'. 1의 주. 4)가르침을 들음 : 원문은 '聞法'. 부처님

의 가르침을 듣는 것. śravaṇam-agrayānasya. 5)부처님 계신 곳 : 원문은 '佛所'. 516의 주. 6)비구 : 84의 주. 7)사나이 : 원문은 '丈夫'. 738의 주. 8)무기 : 원문은 '刀杖'. 904의 주. 9)성냄 : 원문은 '瞋恨'. 1044의 주. 10)눈에 띄게 함 : 원문은 '示'. 11)적절한 방법 : 원문은 '方便'. 97의 주. 12)살아감 : 원문은 '存濟'. 13)주지 않는 것을 취하지 않음 : 원문은 '不與不取'. 십계(十戒)의 하나. 14)한탐함 : 원문은 '悵然'.

1082

여래(如來)[1] 입멸(入滅)[2] 후에 어떤 사람이 불(佛)·법(法)·승(僧)[3]을 헐뜯는다 해도, 너희들은 노하거나[4] 번민하지[5] 말라. 그리고 '우리들이 만약 성낸다면 사문(沙門)[6]이 아니며, 사문의 도리[7]가 아니며, 불도(佛道)[8]를 수순(隨順)[9]함이 아니라'고 생각해야 한다. — 〈華手經〉

〔주〕 1)여래 : 1의 주. 2)입멸 : 원문은 '滅'. 석존(釋尊)의 돌아가시는 일. pari=nirvṛta. 3)불·법·승 : 20의 '삼보'와 같다. 4)노함 : 원문은 '瞋恨'. 1044의 주. 5)번민함 : 원문은 '憂惱'. 326의 주. 6)사문 : 265의 주. 7)사문의 도리 : 원문은 '沙門法'. 875의 주. 8)불도 : 원문은 '道'. 1053의 주. 9)수순 : 97의 주.

1083

부처님께서 가비라위국(迦毗羅衛國)[1]에 계실 때의 일이다. 차마갈(差摩竭)이 부처님께 여쭈었다.

"무엇을 수행해야 더없는 깨달음[2]을 속히 얻으며, 삼십이상(三十二相)[3]을 갖추며, 임종에 이르러 마음이 어지럽지 않아서 팔난처(八難處)[4]에 떨어지지 않으며, 온갖 사물[5]에 무애(無碍)[6]함을 얻사오리까?"

부처님께서 대답하셨다.

"보살행(菩薩行)[7]은 인내(忍耐)가 근본이니라. 인내에 네 종류가 있으니, 첫째는 욕을 먹고도 침묵하여 맞서지 않음이요, 둘째는 매를 맞아도[8] 원한을 품지 않음이요, 셋째는 노여움을 지닌 자를 자애(慈愛)의 마음으로 맞이함이요, 넷째는 경멸하여 욕하는[9] 자가 있어도 그 악을 생각에 두지 않음이다."

— 〈菩薩生地經〉

〔주〕 1)가비라위국 : Kapila-vastu의 음사. 지금의 네팔의 Trai 지방. 석존(釋尊)이 탄생하신 곳. 2)더없는 깨달음 : 원문은 '無上正眞道'. 그 이상이 없는 부처님의 깨달음. 무상정등각(無上正等覺)·아뇩다라삼막삼보리(阿耨多羅三藐三菩提)와 같다. 3)삼십이상 : 253의 주. 4)팔난처 : 430의 '팔난'과 같다. 5)온갖 사물 : 원문은 '一切法'. 18의 주. 6)무애 : 지장이 없는 것. 아무것에도 얽매이지 않아 자유자재한 것. apratihata. 7)보살행 : 9의 주. 8)매를 맞음 : 원문은 '檛捶'. 913의 주. 9)경멸하여 욕함 : 원문은 '輕毁'.

인내 안 하는 해

1084

모욕[1]을 참지 못하는 것을 번뇌(煩惱)[2]의 원인이라 일컫는다. 나에게 집착[3]하는 온갖 번뇌는, 남의 과실 때문이 아니라 내 잘못 때문에 생긴다. 만약 불행[4]한 일이 있을 경우 즐겁게 여길[5] 수는 없는 일이나, 이 때에 참지 않는다면 이는 곧 스스로 업(業)을 짓는[6] 일이 되지 않을 수 없다. 만약 스스로 업을 짓는다면 다시 스스로 그 보(報)를 받을[7] 수밖에 없으니, 몸으로 생사의 고통을 받아야만 할 것이다. 그렇다면 어떻게 참지 않을 수 있겠는가? 저 성문(聲聞)[8]이나 연각(緣覺)[9]은 제 이익[10]을 위해서도 인욕(忍辱)[11]을 닦는 터인데, 더구나 온갖 중생에게 이익을 주려는 처지에서 어찌 모욕을 참지 않아서 되겠는가? 모욕을 못 참는다면, 보살의 금계(禁戒)[12]를 갖추고 팔정도(八正道)[13]를 닦아서 궁극의 깨달음[14]을 얻는 일은 가망이 없음이 분명하다. —〈善戒經〉

〔주〕 1)모욕 : 원문은 '辱'. 2)번뇌 : 원문은 '苦煩惱'. 괴로운 번뇌. 번뇌는 4의 주. 3)집착 : 원문은 '所受'. 자아(自我)에의 집착. 4)불행 : 원문은 '惡事'. 재난. 5)즐겁게 여김 : 원문은 '樂受'. 삼수(三受)의 하나. 쾌적한 대상을 감수(感受)하여, 신심을 유쾌하게 하는 감각. 6)스스로 업을 지음 : 원문은 '自作'. 스스로 만들어 냄. 스스로 악업을 지음. svakṛta. 7)스스로 그 보를 받음 : 원문은 '自受'. 8)성문 : 50의 주. 9)연각 : 4의 '독각'과 같다. 10)제 이익 : 원문은 '自利益'. 제 깨달음만을 추구하는 소승의 태도를 가리킨다. 11)인욕 : 151의 '인'과 같다. 12)보살의 금계 : 원문은 '菩薩禁戒'. 18의 '보살계'와 같다. 13)팔정도 : 357의 풀이. 14)궁극의 깨달음 : 원문은 '無上道'. 16의 주.

1085

몸은 마른 나무 같고 노여움[1]은 불 같거니, 남을 태우기 전에 먼저 제 몸을 태우리라. —〈大莊嚴經論〉

〔주〕 1)노여움 : 원문은 '瞋恚'. 408의 주.

1086

잠깐[1] 동안의 노여움[2]은 능히 무량겁(無量劫)[3]의 선근(善根)[4]을 불사른다. —〈大日經〉

〔주〕 1)잠깐 : 원문은 '一念'. 166의 주. 2)노여움 : 원문은 '瞋恚'. 408의 주. 3)무량겁 : 1062의 주. 4)선근 : 17의 주.

1087

차라리 백·천의 탐심(貪心)[1)]을 일으킬지언정, 하나의 노여움[2)]을 일으키지 말 것이니, 대자(大慈)[3)]를 해침이 이보다 더한 것이 없기 때문이다.

— 〈決定毘尼經〉

〔주〕 1)탐심 : 54의 '탐'과 같다. 2)노여움 : 원문은 '瞋恚'. 408의 주. 3)대자 : 162의 '대자비'와 같다.

제3절 정진(精進)

정진의 효력

1088

용맹정진(勇猛精進)[1)]하여 일체지(一切智)[2)]를 얻기 위한 조도법(助道法)[3)]을 닦으며, 용맹정진하여 악마[4)]를 항복받으며, 용맹정진하여 보리심(菩提心)[5)]을 일으키며, 용맹정진하여 온갖 중생을 구제해 생사의 바다로부터 벗어나게 하며, 용맹정진하여 온갖 악도(惡道)에 떨어뜨리는 여러 번뇌[6)]를 없애며, 용맹정진하여 무지(無智)[7)]의 산을 무너뜨리며, 용맹정진하여 모든 부처님을 공양(供養)[8)]해 싫증을 내지 않으며, 용맹정진하여 온갖 부처님의 가르침[9)]을 받아 지니며, 용맹정진하여 온갖 장애(障礙)의 산을 파괴하며, 용맹정진하여 온갖 중생을 교화해 완성[10)]시키며, 용맹정진하여 온갖 부처님의 국토(國土)를 미화(美化)[11)]한다. 이런 방편(方便)[12)]으로 중생을 완성케 하는 것이다.

— 〈華嚴經〉

〔주〕 1)용맹정진 : 열심히 노력하는 것. '용맹'·'정진'이 다 utsāha의 역어(譯語)이어서, 같은 말을 겹친 것이다. 2)일체지 : 17의 주. 3)조도법 : 깨달음을 얻는 데 도움이 되는 수행 방법. 4)악마 : 원문은 '魔怨'. 악마는 사람들의 적(怨賊)이므로 이리 부른다. 5)보리심 : 50의 주. 6)악도에 떨어뜨리는 여러 번뇌 : 원문은 '惡道諸難'. 이 '난'은 saṃkleśa의 번역이어서 잡염(雜染)과 같다. '악도'는 78의 주. '잡염'은 1011의 주. 7)무지 : 지혜가 없는 것. 무지(無知). ajña. 8)공양 : 17의 주. 9)부처님의 가르침 : 원문은 '佛法輪'. 301의 '대법륜' 참조. 10)완성 : 원문은 '成熟'. 243의 주. 11)미화 : 원문은 '嚴淨'. 치장하고 청정히 하는 것. 12)방편 : 97의 주.

1089

보살은 모든 악(惡)[1]이 아직 생겨나지 않았을 경우에는, 그것이 생겨나지 않게 하기 위하여 부지런히 정진(精進)[2]하는 마음을 일으켜 발심(發心)[3]해 바로 끊으며, 모든 악이 이미 생겼을 경우에는 그것을 끊기 위하여 부지런히 정진하는 마음을 일으켜 발심해 바로 끊는다. 또 모든 선(善)[4]이 아직 생겨나지 않았을 경우에는 그것을 생겨나게 하기 위하여 부지런히 정진하는 마음을 일으켜 발심해 바로 수행하며,[5] 모든 선이 이미 생겨났을 경우에는 그것에 머물러 잃지 않고, 다시 왕성하게 하기 위하여 부지런히 정진하는 마음을 일으켜 발심해 바로 수행한다.

— 〈華嚴經〉

〔주〕 1)모든 악 : 원문은 '諸惡不善法'. 악이나 불선법이나 같은 뜻. 209의 '불선법' 참조. 2)정진 : 26의 주. 3)발심 : 279의 주. 4)모든 선 : 원문은 '諸善法'. 5)바로 수행함 : 원문은 '正行'.

1090

이를테면 어떤 사람이 큰 강물에 자기 몸이 떨어지는[1] 꿈을 꾸었다 하자. 그는 필시 강물을 건너가기 위해 큰 노력[2]과 큰 정진(精進)[3]을 할 것이요, 이런 큰 노력과 큰 정진 때문에 꿈에서 깨어날 것인데, 일단 깨고 나면 지금까지의 행위[4]가 다 그치게 될 것이다. 보살도 마찬가지여서, 본래 부처이어야 할 중생의 몸[5]이 네 개의 큰 강물[6] 속에 있음을 보고, 이를 건너게 해주기 위해 큰 노력을 발(發)하고 큰 정진을 일으키게 되며, 이렇게 큰 노력과 큰 정진을 일으킨 탓으로 이 부동지(不動地)[7]에 이르게 되는바, 일단 이 경지에 이르고 나면, 모든 몸과 말과 마음의 작용[8]이 다 그쳐서, 이행(二行)[9] · 상행(相行)[10]이 온통 나타나지 않게 된다.

— 〈華嚴經〉

〔주〕 1)떨어짐 : 원문은 '墮在'. 2)노력 : 원문은 '勇猛'. 229의 주. 3)정진 : 원문은 '方便'. 노력의 뜻. 정정진(正精進)을 정방편(正方便)으로 번역한 것이 그런 용례다. Ⓟvāyāma. 482의 주. 4)행위 : 원문은 '所作'. 240의 주. 5)본래 부처이어야 할 중생의 몸 : 원문은 '衆生身'. 일체중생이 그대로 불신(佛身)인 것. 화엄에서 이르는 해경십불(解境十佛)의 하나. 6)네 개의 큰 강물 : 원문은 '四流'. 사폭류(四瀑流)의 준말. 폭류는 번뇌의 이명(異名). ①욕폭류(欲瀑流). 욕계(欲界)에 있어서의 견(見)과 무명(無明)을 제외한 번뇌. ②유폭류(有瀑流). 색계(色界) · 무색계(無色界)에 있어서의 견(見)과 무명(無明)을 제외한 번뇌. ③견폭류(見瀑流). 삼계(三界)에 걸친 그릇된 견해. 곧 유신견(有身見) · 변집견(邊執見) · 사견(邪見) · 견취견(見取見) · 계금취견(戒禁取見). ④무명폭류(無明瀑流). 모든 번뇌의 원인이 되는 무명. catur-ogha. 7)부동지 : 보살 십지(十地)의 여덟째의 경지. 노력 없이도 저절로 보살행이 이루어지는 상태. acalā bodhisattva-bhūmiḥ. 8)몸과 말과 마음의 작용 : 원문은 '功用'. 신(身) · 구(口) · 의(意)의 동작. vyāpāra. 9)이행 : 번뇌장(煩惱障)과 소지장(所知障)이 눈앞에 나타나는

것. 10)상행 : 모습이 현재에 나타나는 것.

1091

만약 부지런히 정진(精進)[1]하면 일에 어려움이 없을 것이다. 그러므로 너희들은 마땅히 부지런히 정진하는 바 있어야 할 것이니, 마치 작은 물도 끊임없이 흐르면 능히 돌을 뚫는 것과 같아서, 끝없는 정진 앞에는 못 이룰 일이 없는 것이다. 이와는 달리, 만약 수행하는 사람[2]의 마음이 자주 게으름에 빠져 수행을 중단한다면,[3] 마치 나무를 마찰해 불을 내려다가[4] 열도 생기기 전에 그만두는 경우, 불을 얻고자 해도 불가능한 것과 같아서, 소기의 목적은 이루어질 까닭이 없다. 이같이 끊임없이 노력하는 일을 정진이라고 한다. — 〈遺敎經〉

〔주〕 1)정진 : 26의 주. 2)수행하는 사람 : 원문은 '行者'. 938의 주. 3)게으름에 빠져 수행을 중단함 : 원문은 '懈廢'. 4)나무를 마찰해 불을 냄 : 원문은 '鑽火'. 1026의 주.

1092

비구(比丘)[1]는 항상 정진(精進)[2]하여 온갖 선정(禪定)[3]을 끊임없이 익히도록[4] 해야 한다. 만약 선정을 얻은 사람은, 다시는 마음이 동요하지 않을[5] 것이니, 마치 물을 아끼는 집에서 둑을 잘 쌓아 놓은 것과 같다. 수행하는 사람[6]도 마찬가지여서, 지혜의 물[7]을 간직하기 위하는 까닭에 선정을 잘 닦아 그 누실(漏失)을 막는 것이다. 이것을 선정이라 한다.
— 〈遺敎經〉

〔주〕 1)비구 : 84의 주. 2)정진 : 26의 주. 3)선정 : 원문은 '定'. 27의 주. 4)끊

임없이 익힘 : 원문은 '修習'. 20의 주. 5)동요하지 않음 : 원문은 '不散'. avisāra. 6)수행하는 사람 : 원문은 '行者'. 938의 주. 7)지혜의 물 : 원문은 '智慧水'. 지혜를 물에 비유한 말.

1093

정진(精進)[1]이 보살의 정토(淨土)[2]니, 보살이 성불(成佛)[3]했을 때, 온갖 공덕(功德)[4]을 부지런히 닦은 중생이 그 국토에 태어난다.[5]

— 〈維摩經〉

〔주〕 1)정진 : 26의 주. 2)정토 : 107의 주. 3)성불 : 171의 주. 4)공덕 : 208의 주. 5)태어남 : 원문은 '來生'. 763의 주.

1094

보살은 온갖 수행[1]을 닦아 게으름이 없으므로, 그 용맹(勇猛)[2]의 힘[3]을 꺾을[4] 것이란 아무것도 없다. 그러기에 능히 일체지문(一切智門)[5]을 성취(成就)하게[6] 된다.

— 〈華嚴經〉

〔주〕 1)온갖 수행 : 원문은 '衆行'. 740의 주. 2)용맹 : 701의 주. 3)힘 : 원문은 '勢力'. utsāha. 4)꺾음 : 원문은 '制伏'. 제압함. 5)일체지문 : 온갖 것을 아는 지혜의 방면. 불·보살의 덕에는, 지(智)의 면과 비(悲)의 면이 있으므로 하는 말. 6)성취함 : 원문은 '滿足'. 소원을 채움. 완성함. paripūrṇa.

1095

게으름[1]은 온갖 악의 근본이요, 게으르지 않음[2]은 온갖 선의 근원이다.

— 〈涅槃經〉

〔주〕 1)게으름 : 원문은 '放逸'. 250의 주. 2)게으르지 않음 : 원문은 '不放逸'. 251의 주.

1096

정진행(精進行)[1]을 일으키면, 정진의 힘 탓으로 일념(一念)[2] 사이에 백만삼천대천세계(百萬三千大千世界)를 부순 티끌 수효[3]의 삼매(三昧)[4]를 얻으며, 백만삼천대천세계를 부순 티끌 수효의 부처님을 뵈오며, 백만삼천대천세계를 부순 티끌 수효의 부처님의 세계[5]에 들어가며, 백만삼천대천세계를 부순 티끌 수효의 부처님의 세계의 중생을 교화하며, 백만삼천대천세계를 부순 티끌 수효의 겁(劫)[6]에 머물러 살며[7], 과거세(過去世)·미래세(未來世)의 각기 백만삼천대천세계를 부순 티끌 수효의 겁(劫)의 일을 알며, 몸을 변화하여 백만삼천대천세계를 부순 티끌 수효가 되어, 그 하나하나의 몸에 백만삼천대천세계를 부순 수효의 보살을 나타내 보이게 된다. — 〈華嚴經〉

〔주〕 1)정진행 : 깨달음을 구해 실천 노력하는 것. 2)일념 : 166의 주. 3)백만삼천대천세계를 부순 티끌 수효 : 원문은 '百萬三千大千世界微塵數'. 무수한 세계를 부수어 미진을 만든 수효. 이루 헤아릴 수 없는 수효. 백만삼천대천세계는 9의 주에 보인 '삼천대천세계'를 다시 백만으로 곱한 것. 4)삼매 : 154의 주. 5)부처님의 세계 : 원문은 '佛世界'. 부처님의 나라. 불국(佛國)·불국토(佛國土)·불찰(佛刹)과 같다. 6)겁 : 15의 '천겁'의 주 참조. 7)머물러 삶 : 원문은 '住壽'. 생명이 계속하는 것.

1097

큰 바다도 한 사람이 말로 헤아려,[1] 무한한 시일이 지나도록[2] 그치지 않는다면 그 밑바닥을 보게 될 것이다. 하물며 사람이 지심(至心)[3]으로 구도(求道)[4]하여 정진(精進)[5]해 마지않을 경우, 무슨 구함인들 얻지 못하며, 무슨 소원인들 이루지 못하겠는가? — 〈大阿彌陀經〉

〔주〕 1)말로 헤아림 : 원문은 '斗量'. 2)무한한 시일이 지나도록 : 원문은 '歷劫'. '겁'은 15의 '천겁'의 주 참조. 3)지심 : 진실한 마음. 4)구도 : 가르침을 구하는 것. 깨달음을 구하는 것. 5)정진 : 26의 주.

1098

보살은 하나하나의 중생을 위해서, 무량겁(無量劫)[1]에 걸쳐 근행정진(勤行精進)[2]하여 목숨을 안 아끼면서[3] 온갖 괴로움[4]을 받는다. 그러고 나서야 더없는 깨달음[5]을 이루게 되는 것이다. — 〈六波羅蜜經〉

〔주〕 1)무량겁 : 1062의 주. 2)근행정진 : 387의 주. 3)목숨을 안 아낌 : 원문은 '不惜身命'. 보살이 중생 구제를 위해 목숨을 안 아낌. 또는, <법화경>을 수지하기 위해 목숨을 안 아끼는 것. 4)괴로움 : 원문은 '苦惱'. 165의 주. 5)더없는 깨달음 : 원문은 '無上菩提果'. 수행한 결과로 얻어지는 최고의 깨달음.

1099

위대한 영웅[1]이신 세존(世尊)[2]께서는 생사(生死)의 무거운 짐[3]을 버리시고, 부지런히 수행해[4] 좌절하지[5] 않으심으로써 빨리 보리(菩提)[6]에 이르셨다. — 〈父子合集經〉

〔주〕 1)위대한 영웅 : 원문은 '大雄猛'. 부처님을 이른다. vira. 2)세존 : 4의

주. 3)무거운 짐 : 원문은 '重擔'. 4)부지런히 수행함 : 원문은 '勤修'. 689의 주. 5)좌절함 : 원문은 '退屈'. 구도하는 마음이 꺾이는 것. 수행의 어려움에 굴하는 것. 지쳐서 싫어지는 것. kheda. 6)보리 : 5의 주.

〔풀이〕 만해 선생의 역문(譯文)이 '生死를 捨하시고 重擔勤修하야'로 된 것은, 필시 '捨生死重擔'에서 끊어야 할 것을, '重擔'을 그 아래의 '勤修'와 붙인 데서 오는 오독일 것으로 보인다.

1100

보살은 중생의 몸과 마음이 게을러[1] 정진(精進)[2]에서 멀어져[3] 있음을 본 까닭에, 정진의 갑옷으로 자신을 치장하는[4] 한편, 다시 중생으로 하여금 게으른 마음을 버리고 노력 정진케 하느니라.[5] —〈守護國界主經〉

〔주〕 1)게으름 : 원문은 '懈怠'. 565의 '해타'와 같다. 2)정진 : 26의 주. 3)멀어짐 : 원문은 '遠離'. 609의 주. 4)치장함 : 원문은 '莊嚴'. 239의 '보장엄' 참조. 5)노력 정진함 : 원문은 '勤勇精進'. '근용'은 prayatna, 또는 udyama의 역어(譯語)이어서, 노력의 뜻이다. 따라서 '정진'과 거의 같은 말이다.

1101

정진(精進)하는 힘[1] 때문에, 갖가지 일을 잘 해서 다 이룰 수 있게 된다. —〈諸法集要經〉

〔주〕 1)정진하는 힘 : 원문은 '精進力'. 998의 주.

1102

정진력(精進力)[1]을 수행해 성취해야 한다. 정진력 때문에 부처님이 되

는 것이다.[2]　　　　— 〈大乘聖無量壽王經〉

〔주〕 1)정진력 : 998의 주. 2)됨 : 원문은 '得成'. 319의 주.

1103

온갖 공덕(功德)[1]이 다 정진(精進)[2]을 의지(依止)[3]로 삼으며, 이 정진이 약한 마음[4]을 전환시켜[5] 주기도 한다. 만약 정진을 작용시키면,[6] 조금[7]도 이루기 어려운 것이란 없다.　　　　— 〈福力太子因緣經〉

〔주〕 1)공덕 : 208의 주. 2)정진 : 26의 주. 3)의지 : 55의 주. 4)약한 마음 : 원문은 '怯弱'. 5)전환시킴 : 원문은 '轉'. 반대쪽으로 전환함. parāvṛtti. 6)작용함 : 원문은 '運'. 운용(運用). 7)조금 : 원문은 '少法'. 조금의 것.

1104

확고히 정진(精進)해[1] 마음에 늘 번민[2]하지 않는다면, 온갖 괴로움이 없어지고 구하는 일이 달성될[3] 것이다.　　　　— 〈謗佛經〉

〔주〕 1)확고히 정진함 : 원문은 '決定精進'. 흔들리지 않는 마음으로 수행하는 것. 2)번민 : 원문은 '憂惱'. 326의 주. 3)달성함 : 원문은 '究竟'. 실현함. niṣṭhā.

1105

나후아수라왕(羅睺阿修羅王)[1]이 비록 큰 힘[2]을 가지고는 있어도, 해와 달의 궤도[3]에는 지장을 주지 못한다. 온갖 악마의 대군(大軍)[4]도 마찬가지여서, 비록 큰 힘을 가지고 있기는 해도, 부지런히 정진하는[5] 보살의

깨달음에 이르는 길[6]에는 지장을 주지 못한다. — 〈海意菩薩所問經〉

〔주〕 1)나후아수라왕 : '나후'는 Rāhu의 음사. 일식·월식을 일으키게 하는 악마의 이름. Rāhu는 amṛta라는 불사약을 먹는 중에 Viṣṇu라는 신에 의해 목이 잘렸다. 그런데 불사약을 먹은 머리만이 영생을 얻어, Viṣṇu에게 고자질을 한 태양과 달을 원망해, 일식·월식을 일으키게 한다는 것. 2)큰 힘 : 원문은 '勢力'. 위대한 힘. vibhutva. 3)해와 달의 궤도 : 원문은 '日月道'. 4)악마의 대군 : 원문은 '魔衆'. māra-kāyika. 5)부지런히 정진함 : 원문은 '勤行精進'. 387의 주. 6)깨달음에 이르는 길 : 원문은 '所修菩提道'. 수행되는 깨달음에 이르는 길.

1106

만약 보살이 있어서, 열심히 수행해[1] 그 마음이 고요하면[2] 번뇌마(煩惱魔)[3]를 파괴하고, 열심히 수행해[4] 사물[5]의 무생(無生)[6]함을 살펴보면 사마(死魔)[7]를 파괴하고, 열심히 수행해 중생을 조복(調伏)[8]하여 생사[9]를 전환시키면[10] 천마(天魔)[11]를 파괴하게 된다. — 〈大集經〉

〔주〕 1)열심히 수행함 : 원문은 '勤修精進'. '근수'는 689, '정진'은 26의 주. 둘이 비슷한 말. 2)고요함 : 원문은 '寂靜'. 52의 주. 3)번뇌마 : 신심을 괴롭히는 탐심 따위의 번뇌. 사람을 괴롭히기에 악마라 한 것. 4)열심히 수행함 : 원문은 '勤行精進'. 387의 주. 5)사물 : 원문은 '法'. 122의 주. 6)무생 : 941의 주. 7)사마 : 죽음을 악마로 본 것. 8)조복 : 원문은 '調'. 249의 주. 9)생사 : 574의 주. 10)전환함 : 원문은 '轉'. 1103의 주. 11)천마 : 407의 주.

1107

보살은 언제나[1] 게으름[2]이 없기 때문에, 모든 선근(善根)[3]이 점점 중

대해[4] 가게 마련이다. — 〈說無垢稱經〉

〔주〕 1)언제나 : 원문은 '一切時'. asakṛt. 2)게으름 : 원문은 '放逸'. 250의 주. 3)선근 : 17의 주. 4)증대함 : 원문은 '增進'. 증대하고 발전함. adhyudaya.

1108

어떤 사람이 보석[1]을 지니고 바다를 건너다가 그 보석을 잃은 일이 있었다. 그 사람은 말(斗)[2]을 들고 물을 퍼서 기슭에 버리곤 하였다. 해신(海神)이 말했다.

"어느 날에 이 물을 바닥 낸단 말이냐?"

그 사람이 대답했다.

"생사는 치지도외(置之度外)[3]입니다."

해신은 그 사람의 뜻이 큰 것을 알고, 보석을 내어 돌려 주었다. 정진(精進)[4]이란 이런 것이다. — 〈三慧經〉

〔주〕 1)보석 : 원문은 '珠'. maṇi. 2)말 : 원문은 '木斗'. 나무로 만든 말. 3)치지도외 : 원문은 '棄之不置'. 전혀 염두에 안 두는 것. 4)정진 : 26의 주.

1109

정진력(精進力)[1]이란 어떤 것이냐 하면, 보살이 정진을 일으켜 선법(善法)[2]에 결합[3]되는 경우, 그곳에서 견고한 힘[4]을 얻어 받은바 계(戒)를 따라 실천하게[5] 되는데, 신[6]이건 사람이건 움직이거나 파괴하거나 중지시키지 못한다. 이것을 정진력이라 한다. — 〈菩提資糧論〉

〔주〕 1)정진력 : 998의 주. 2)선법 : 18의 주. 3)결합 : 원문은 '相應'. 960의

주. 4)견고한 힘 : 원문은 '牢固力'. 5)계를 따라 실천함 : 원문은 '隨行'. 받은 계법을 따라 수행하는 것. 6)신 : 원문은 '天'. 384의 주.

1110

모든 집이나 공회당[1]은 마룻대로 으뜸을 삼고, 모든 선법(善法)[2]에서는 불방일(不放逸)[3]이 그 근본이 된다. — 〈雜阿含經〉

〔주〕 1)공회당 : 원문은 '堂閣'. 궁전·공회당의 뜻으로 보인다. 2)선법 : 18의 주. 3)불방일 : 251의 주.

1111

백년을 장수하여도 게을러서[1] 정진(精進)[2]하지 않는다면, 하루 동안 정진하여 약한 마음[3]이 없는 것만 못하다. — 〈出曜經〉

〔주〕 1)게으름 : 원문은 '懈怠'. 565의 '해타'와 같다. 2)정진 : 26의 주. 3)약한 마음 : 원문은 '怯弱'. 1103의 주.

1112

옛날에 한 광대[1]가 갖가지 기악(伎樂)[2]을 연주하면서 살고 있었다. 한번은 부호[3]의 집에 가서 소를 한 마리만 달라고 청했다. 부호는 소를 안 주기 위해 광대에게 말했다.

"네가 기악을 연주하되, 밤낮으로 쉬지 않고 1년을 채운다면 소를 주겠다."

광대가 다짐을 두었다.

"내가 1년 동안 기악을 연주하면, 정말로 주시는 거지요?"

부호가 대답했다.

"물론이다. 소청을 들어 주겠다."

이를 듣고 크게 기뻐한 광대는 마음을 다하여[4] 기악을 연주해, 사흘낮 사흘밤을 조금도 쉬지 않았다. 부호는 그 소리를 듣는 것이 지긋지긋해질 수밖에 없어서, 곧 제자[5]에게 명령하여 소를 끌어다가 광대에게 주게 했다.

비구(比丘)[6]의 불도(佛道) 수행[7]도 마찬가지여서, 깨달음의 과보(果報)[8]를 얻는 데 반드시 몇 겁(劫)[9]을 거쳐야 되는 것은 아니니, 정진(精進)[10]이 아주 열심일 경우에는 그 과보도 아주 빨리 얻을 수 있게 된다.

— 〈雜譬喩經〉

〔주〕 1)광대 : 원문은 '伎兒'. 배우. naṭa. 2)기악 : 566의 주. 3)부호 : 원문은 '長者'. 472의 주. 4)마음을 다함 : 원문은 '一心'. 오직 한 마음으로. eka-agra. 5)제자 : 이 장자는 바라문이나, 다른 종교의 지도자였다고 보아야 한다. 6)비구 : 84의 주. 7)불도 수행 : 원문은 '行道'. 829의 주. 8)과보 : 원문은 '報'. 78의 주. 9)겁 : 15의 '천겁' 참조. 10)정진 : 26의 주.

1113

이같이 항상 수행(修行)[1]해 밤낮으로 지칠[2] 줄 모르면, 선근(善根)[3]이 더욱 청정(淸淨)해져서[4] 불로 순금(純金)[5]을 벼려 낸(鍊) 것같이 될 것이다.

— 〈華嚴經〉

〔주〕 1)수행 : 원문은 '修習'. 20의 주. 2)지침 : 원문은 '懈倦'. klamatha. 3)선근 : 17의 주. 4)청정함 : 원문은 '明淨'. 1013의 주. 5)순금 : 원문은 '眞金'. 166의 '진금색' 참조.

부정진(不精進)의 해

1114

부처님께서 비사리성(毗舍離城)[1]의 이차자(梨車子)에게 이르셨다.

"방일(放逸)[2]하면 열반(涅槃)[3]에 갈 길이 없어진다. 방일에는 열세 가지의 과실이 있으니, 첫째는 세상의 악한 행위[4]를 즐겨함이요, 둘째는 무익한 말을 즐겨 말함이요, 셋째는 잠[5]을 즐김이요, 넷째는 세속 일을 즐겨 말함이요, 다섯째는 나쁜 벗을 가까이함이요, 여섯째는 항상 게으르고 태만함[6]이요, 일곱째는 늘 남을 경멸함이요, 여덟째는 무엇을 들으면 이내 잊음이요, 아홉째는 변두리땅[7]에 즐겨 삶이요, 열째는 제근(諸根)[8]을 제어하지[9] 못함이요, 열한째는 살림[10]의 족한 줄을 모름이요, 열두째는 공적(空寂)[11]을 즐김이요, 열셋째는 소견이 바르지 못함이다. 만약 방일한 사람이 부처님이나 부처님의 제자에게 접근할 수 있다 해도, 멀리 있는 것과 다름이 없다." — 〈涅槃經〉

〔주〕 1)비사리성 : 838의 주. 2)방일 : 250의 주. 3)열반 : 21의 주. 4)악한 행위 : 원문은 '不善業'. akuśalā karmapathāḥ. 5)잠 : 원문은 '睡眠'. 6)게으르고 태만함 : 원문은 '懈怠懶惰'. '해태'나 '나타'나 다 게으름의 뜻. 7)변두리땅 : 원문은 '邊地'. 인적이 드문 시골. 8)제근 : 825의 주. 9)제어함 : 원문은 '調伏'. 21의 주. 10)살림 : 원문은 '食'. 몸을 양육하는 것. 생존을 이어 가기 위한 조건. 11)공적 : 51의 주. 단, 여기서는 나쁜 의미로 쓰고 있으므로, 허무 정도의 뜻.

1115

방일(放逸)[1]하는 과실은, 도(道)[2]와 어긋나 가르침[3]의 다리를 끊으며,

선심(善心)의 씨를 깨뜨리며, 온갖 망념(妄念)[4]을 이끌어 낸다. 악취(惡趣)[5]에 떨어지는 일은 방일에서 생긴다. — 〈諸法集要經〉

〔주〕 1)방일 : 250의 주. 2)도 : 1053의 주. 3)가르침 : 원문은 '法'. 1의 주. 4)망념 : 136의 주. 5)악취 : 78의 주.

1116

게으른[1] 자는 수행[2]을 온통 내던지게 되는데, 이런 사람은 세상[3]에 살아 있어도 죽은 것과 다름이 없다. — 〈諸法集要經〉

〔주〕 1)게으름 : 원문은 '懈怠'. 565의 '해타'와 같다. 2)수행 : 원문은 '修作'. 3)세상 : 원문은 '世間'. 64의 주.

1117

비구(比丘)[1]는 근신하는 마음을 지녀야 한다. 만약 방일(放逸)[2]하면 근심과 허물[3]이 많아서 모든 죄의 티끌[4]이 바람에 날리는 낙엽같이 생겨날 것이다. — 〈法集要頌經〉

〔주〕 1)비구 : 원문은 '苾芻'. 455의 주. 2)방일 : 250의 주. 3)근심과 허물 : 원문은 '憂愆'. 4)죄의 티끌 : 원문은 '罪塵'. 죄를 티끌에 비유한 것.

1118

게으름[1]에는 여섯 가지 이변(異變)이 있다. 여섯 가지란 무엇인가? 배부르면 일하지 않으며,[2] 배고프면 일하지 않으며, 추우면 일하지 않으며, 더우면 일하지 않으며, 새벽이면 일하지 않으며, 저녁이면 일하지 않는 일이다. 이런 악행이 있는 탓으로 사업[3]을 전폐함으로써, 못 번 재물은 얻지 못하고 얻은 재물은 소비하여 과거의 저축[4]을 탕진하고 마는 것이다.

— 〈善生子經〉

〔주〕 1)게으름 : 원문은 '怠惰'. 565의 '해타'와 같다. 2)일하지 않음 : 원문은 '不作'. 실행치 않음. akriyā. 3)사업 : 일. 해야 할 일. kṛtya. 4)과거의 저축 : 원문은 '宿儲'. 851의 주.

1119

일을 행함이 너무 더딘 사람은 하는 행위[1]에 잘못이 많아서, 얻지 못한 것은 못 얻고 얻은 것은 잃고 만다. 그러므로 더디 일을 행하는 태도를 버리고 속히 시기[2]에 미치도록 마음을 써야 한다. 시기가 지나면 이익[3]을 얻을 수 없고, 그러기에 잃는 것이 많게 되는 것이다.

— 〈尼乾子經〉

〔주〕 1)하는 행위 : 원문은 '所作業'. 이미 한 행위. 2)시기 : 원문은 '時節'. 적당한 기회. 시기. kālam. 3)이익 : 221의 주.

1120

방일(放逸)[1]은 죽음에 이르는 길이다. — 〈法句經〉

〔주〕 1)방일 : 250의 주.

1121

방일(放逸)[1]의 과실은, 온갖 과실 중에서 으뜸이 된다. — 〈正法念處經〉

〔주〕 1)방일 : 250의 주.

1122

어리석은 자는 방일(放逸)[1]을 즐기는 탓으로 항상 온갖 고뇌(苦惱)를 받거니와, 만약 방일만 떠난다면 늘 안락(安樂)[2]할 수 있을 것이다. 실로 온갖 고뇌는 방일이 근본이 되어 생기는 것이다. 그러므로 괴로움에서 벗어나고자 한다면 응당 방일을 버려야 한다. —〈正法念處經〉

〔주〕 1)방일 : 250의 주. 2)안락 : 1042의 주.

1123

일어서서 나아가라. 부처님의 군대에 가담하라. 부처님의 군대는 코끼리가 대숲을 부수는 것같이 막강하여, 악마의 군대의 세력을 깬다.

저를 희생하여 활발히 일하라.

게으른[1] 자는 깨달음[2]을 얻지 못한다. —〈巴利文增一阿含經〉

〔주〕 1)게으름 : 원문은 '怠惰'. 565의 '해타'와 같다. 2)깨달음 : 원문은 '智慧果'.

정진과 해태(懈怠)의 득실

1124

지혜 있는 사람은 인욕(忍辱)[1]을 수행하는바, 정진(精進)[2]에 깨달음[3]은 머무르고 해태(懈怠)[4]는 공덕(功德)[5]을 멀리한다. —〈菩提行經〉

〔주〕 1)인욕 : 151의 '인'과 같다. 2)정진 : 26의 주. 3)깨달음 : 원문은 '菩提'. 5의 주. 4)해태 : 565의 '해타'와 같다. 5)공덕 : 원문은 '福'. 155의 주.

1125

게으른[1] 사람이 대신통(大神通)[2]을 얻는 것은 있을 수 없고,[3] 부지런히 정진하여[4] 대신통을 얻는 것은 있을 수 있는 일이다. —〈大集經〉

〔주〕 1)게으름 : 원문은 '懈怠'. 565의 '해타'와 같다. 2)대신통 : 초인적인 위대한 위력. prabhāva. 3)있을 수 없음 : 원문은 '無有是處'. 741의 주. 4)부지런히 정진함 : 원문은 '勤修精進'. 1106의 주.

1126

게으름[1]은 더러움[2]에 이르는 문이요, 정진(精進)[3]은 청정(淸淨)[4]에 이르는 문이다. 방일(放逸)[5]한 일은 어지러운 마음[6]에 이르는 문이요, 일심(一心)[7]의 일은 안정된 마음[8]에 이르는 문이다. —〈文殊師利淨律經〉

〔주〕 1)게으름 : 원문은 '懈怠'. 565의 '해타'와 같다. 2)더러움 : 원문은 '垢穢'. 757의 주. 3)정진 : 26의 주. 4)청정 : 원문은 '無垢'. 407의 주. 5)방일 : 250의 주. 6)어지러운 마음 : 원문은 '亂意'. 7)일심 : 1112의 주. 8)안정된 마음 : 원문은 '定意'. 949의 주.

1127

두 사람이 같은 지방[1]으로 가게 되어, 한 사람은 빠른 말을 타고 다른 한 사람은 걸음이 더딘 말을 탔을 때, 더딘 말을 탔어도 먼저 떠났기 때문에 앞서 도착하는 경우도 있을 수 있다. 해탈(解脫)[2]을 믿는 사람도 일

찍 힘써 수행한다면,[3] 앞서 열반(涅槃)[4]에 이르게 된다. —〈毘婆娑論〉

〔주〕 1)같은 지방 : 원문은 '一方'. 한 지방. 2)해탈 : 84의 주. 3)힘써 수행함 : 원문은 '勤行精進'. 387의 주. 4)열반 : 21의 주.

1128

부처님께서 말씀하셨다.

"게으름[1]은 온갖 활동[2]의 재앙[3]이니, 재가(在家)[4]하여 게으름을 피우면 의식(衣食)을 공급 못하고 생업(生業)[5]을 세우지 못하며, 출가(出家)[6]하여 게으름을 피우면 윤회(輪廻)의 괴로움[7]에서 벗어날[8] 수가 없어진다. 온갖 일은 다 정진(精進)[9]하는 데서 일어나는 것이니, 재가하여 정진하면 의식이 풍족하고 생업도 잘 되어[10] 멀고 가까운 사람들로부터 칭찬을 들으며, 출가하여 정진하면 삼십칠도품(三十七道品)[11]을 성취하여 윤회의 흐름[12]을 끊고 열반(涅槃)[13]의 안락(安樂)한 기슭에 이르게 된다."

—〈菩薩本行經〉

〔주〕 1)게으름 : 원문은 '懈怠'. 565의 '해타'와 같다. 2)온갖 활동 : 원문은 '衆行'. 3)재앙 : 원문은 '累'. 4)재가 : 779의 주. 5)생업 : 원문은 '産業'. 6)출가 : 27의 주. 7)윤회의 괴로움 : 원문은 '生死苦'. 8)벗어남 : 원문은 '出離'. 440의 주. 9)정진 : 26의 주. 10)잘 됨 : 원문은 '廣'. 뛰어남. udāra. 11)삼십칠도품 : 251의 주. 12)윤회의 흐름 : 원문은 '生死流'. 윤회와 같다. saṃsāra. 13)열반 : 21의 주.

1129

근신하여 방일(放逸)[1]이 없는 것을 감로(甘露)[2]라 하고, 방일하여 근신치 않는 것을 사구(死句)[3]라 일컫는다. 만약 방일하지 않는 사람이라면 죽지 않는 처지[4]를 얻으려니와, 방일하는 사람의 경우는 항상 죽음의 길[5]로 나아가게 될 것이다. — 〈涅槃經〉

〔주〕 1)방일 : 250의 주. 2)감로 : 4의 주. 그러나 여기서는 특히 불사(不死)·영생(永生)의 뜻. amṛta는 본래 불사를 이르는 말. 3)사구 : 선종에서 흔히 쓰는 활구(活句)·사구(死句)의 그것이 아니라, 죽음의 경지의 뜻. '句'의 원어인 pada에는 경지의 뜻이 있다. 4)죽지 않는 처지 : 원문은 '不死處'. 죽지 않는 입장. 5)죽음의 길 : 원문은 '死路'.

정진의 종류

1130

보살은 쉬지 않는 정진(精進),[1] 더러움[2]이 없는 정진, 물러섬이 없는[3] 정진, 넓은 정진, 가없는 정진, 광명[4]에 넘치는 정진, 비견할 것이 없는[5] 정진, 파괴되지 않는 정진, 온갖 중생을 교화하는 정진, 옳은 도리[6]와 그른 도리[7]를 잘 분별하는 정진을 성취한다. — 〈華嚴經〉

〔주〕 1)정진 : 26의 주. 2)더러움 : 원문은 '雜染'. 1011의 주. 3)물러섬이 없음 : 원문은 '不退'. 185의 '불퇴전'과 같다. 4)광명 : 빛. 불·보살의 지혜를 상징. āloka. 5)비견할 것이 없음 : 원문은 '無等'. 447의 주. 6)옳은 도리 : 원문은 '是道'. 7)그른 도리 : 원문은 '非道'.

1131

네 가지 종류의 정진(精進)[1]이 있다. 네 가지란 무엇이냐 하면, 다문정진(多聞精進)[2] · 총지정진(摠持精進)[3] · 변설정진(辯說精進)[4] · 정행정진(正行精進)[5]이다.

— 〈菩薩藏正法經〉

〔주〕 1)정진 : 26의 주. 2)다문정진 : 널리 배우기 위한 정진. 3)총지정진 : 부처님의 가르침을 잘 수지(受持)해 잃지 않기 위한 정진. 다라니(陀羅尼)를 지니는 정진. 4)변설정진 : 설법을 잘 하기 위한 정진. 언어적 표현력이 뛰어나고자 하는 정진. 5)정행정진 : 바른 행동을 하기 위한 정진.

1132

다섯 가지 정진이 있다. 첫째는 홍서정진(弘誓精進)[1]이니, 결의하여[2] 행하고자 하는 까닭이다. 둘째는 발행정진(發行精進)[3]이니, 온갖 선(善)을 실현하는[4] 까닭이다. 셋째는 무하정진(無下精進)[5]이니, 위대한 과보(果報)[6]를 얻어 열등(劣等)함[7]이 없는 까닭이다. 넷째는 부동정진(不動精進)[8]이니, 추위나 더위 따위의 괴로움이 능히 움직이지 못하는 까닭이다. 다섯째는 무염정진(無厭精進)[9]이니, 조금 얻은 것을 가지고 족하게 안 여기는 까닭이다.

— 〈大乘莊嚴經論〉

〔주〕 1)홍서정진 : 온갖 중생을 구제하기 위한 정진. 2)결의함 : 원문은 '發起'. 마음을 일으키는 것. 깨달음을 구하고자 결의하는 것. Ⓟukkoṭeti. 3)발행정진 : 소질에 알맞은 활동을 나타내기 위한 정진. 4)실현한 : 원문은 '現行'. 감각 · 지각의 대상으로서 실현하는 것. samudācāra. 5)무하정진 : 열등함이 없는 정진. 6)위대한 과보 : 원문은 '大果'. mahā-phala. 7)열등함 : 원문은 '下劣'. 열등한. 하등(下等)의. 나쁜. hina. 8)부동정진 : 동요함이 없는 정진. 9)무염정진 : 만족 안 하는 정진.

근행정진(勤行精進)

1133

내가 아뇩다라삼먁삼보리(阿耨多羅三藐三菩提)[1]를 위해 몸 부수기를 미진(微塵)[2]과 같이 한대도, 부지런한 수행[3]을 끝내 버리지 않을 것이다. 왜냐하면, 정진(精進)하는 마음이야말로 곧 아뇩다라삼먁삼보리의 원인인 까닭이다. — 〈涅槃經〉

〔주〕 1)아뇩다라삼먁삼보리 : 17의 주. 2)미진 : 105의 주. 3)수행 : 원문은 '精進'. 26의 주.

1134

불도(佛道)를 닦는 사람[1]은, 혼자서 만 명의 적과 싸우는 것 같다. 갑옷을 걸치고 문을 나섰다가 마음에 겁이 나서 도중에 물러서는 수도 있고, 혹은 싸우다가 죽는 수도 있고, 혹은 승리를 거두고 돌아오는 수도 있다. 사문(沙門)[2]은 불도를 수행함[3]에 있어서, 마땅히 그 마음을 굳게 지니고 용감히 정진하여, 눈앞의 대상[4]을 두려워하지 말고 온갖 악마를 깨뜨려 없앰으로써 깨달음[5]을 얻어야 할 것이다. — 〈四十二章經〉

〔주〕 1)불도를 닦는 사람 : 원문은 '爲道者'. 778의 주. 2)사문 : 265의 주. 3)불도를 수행함 : 원문은 '學道'. 835의 주. 4)눈앞의 대상 : 원문은 '前境'. 현재 대상으로 삼고 있는 그것. 마음 앞에 나타나 있는 대상. avabhāsa. 5)깨달음 : 원문은 '道果'. 27의 주.

1135

출가(出家)해 불도(佛道)를 수행함[1)]에 있어서는, 주야로 정진(精進)[2)]해 머리에 붙은 불을 구하는 것같이 해야 한다. — 〈彌勒成佛經〉

〔**주**〕 1)출가해 불도를 수행함 : 원문은 '出家學道'. 2)정진 : 26의 주.

1136

부처님께서 말씀하셨다.

"도(道)를 닦는 사람[1)]은 나무가 물에서 흐름을 따라 흘러가는 것과 같다. 양쪽 기슭에도 걸리지 않으며, 사람에게 잡히지도 않으며, 귀신의 가로막는 바도 되지 않으며, 소용돌이에도 머무르지 않으며, 또한 썩지도 않는다면, 나는 이 나무가 꼭 바다에 들어가고야 말 것임을 보장한다. 도를 닦는 사람도 정욕[2)]에 물드는[3)] 바도 되지 않으며, 여러 사견(邪見)[4)]에 의해 어지러워지지도[5)] 않은 채, 열반(涅槃)[6)]을 향해 힘써 수행한다면[7)] 나는 이 사람이 반드시 깨달음[8)]을 얻게 되리라고 보장한다."

— 〈四十二章經〉

〔**주**〕 1)도를 닦는 사람 : 원문은 '爲道者'. 1134의 주. 2)정욕 : 653의 주. 3)물듦 : 원문은 '感'. 느끼는 것. 4)여러 사견 : 원문은 '衆邪'. 5)어지러워짐 : 원문은 '所嬈'. 6)열반 : 원문은 '無爲'. 26의 주. 7)힘써 수행함 : 원문은 '精進'. 26의 주. 8)깨달음 : 원문은 '道果'. 27의 주.

〔**풀이**〕 인용문의 훈독(訓讀)에 약간의 차질이 있을 뿐 아니라, 비유만을 들고 원래 하고자 하는 말이 생략되어 있기에 전문을 번역했다.

1137

마치 사공[1)]이 늘 큰 배를 저어 강물 속을 가고 있어서, 이 기슭에도 닿지 않고 저쪽 기슭에도 닿지 않고 물 가운데에도 머무르지 않아 휴식이 없는 것 같다. 보살도 마찬가지여서 바라밀(波羅蜜)의 배[2)]를 띄워 윤회(輪廻)의 흐름[3)] 속에 있으면서, 생사도 싫어하지 않고 열반(涅槃)[4)]도 취하지 않고 번뇌(煩惱)[5)]에도 머무르지 않은 채, 중생을 피안(彼岸)[6)]에 도달케 하기 위해 쉼이 없이, 무량겁(無量劫)[7)]에 걸쳐 항상 정진수행(精進修行)[8)]하여 중생을 교화한다. —〈華嚴經〉

〔주〕 1)사공 : 원문은 '船師'. 2)바라밀의 배 : 원문은 '波羅蜜船'. 바라밀을 배에 비유한 것. '바라밀'은 247의 주. 3)윤회의 흐름 : 원문은 '生死流'. 1128의 주. 4)열반 : 21의 주. 5)번뇌 : 원문은 '中流'. 생사의 차안(此岸)과 열반의 피안(彼岸) 사이를 흐르는 물의 뜻이니, 번뇌를 이른다. 6)피안 : 84의 주. 7)무량겁 : 1062의 주. 8)정진수행 : 깨달음을 구해 실천·노력하는 것. '정진'과 '수행'은 비슷한 말.

1138

사람이 있어서 진실행(眞實行)[1)]을 실천하는 경우, 가지가지의 견고한 무기[2)]를 잡고 백 명과 싸운대도 겁이 없어서, 적의 무리를 용감히 막아내어 목숨을 아끼지 않는다. 보살의 정진행(精進行)[3)]도 마찬가지여서, 마땅히 견고한 최상의 정진을 일으켜 보살장(菩薩藏)[4)]의 진실한 도리[5)]를 구하여 버리는 일이 없고, 승해행(勝解行)[6)]에 대한 물러섬이 없는 정진[7)]을 일으켜야 한다. —〈菩薩藏正法經〉

〔주〕 1)진실행 : 진실한 행위. 흔히는 보살의 십행(十行)의 제십위(第十位)를

이르는 뜻으로 쓰이나, 여기서는 그렇지 않다. 2)견고한 무기 : 원문은 '金剛器仗'. 다이아몬드처럼 견고한 무기. 3)정진행 : 1096의 주. 4)보살장 : 대승의 보살을 위한 가르침. 대승의 가르침. bodhisattva-piṭaka. 5)진실한 도리 : 원문은 '正法'. 558의 주. 6)승해행 : 십신(十信)・십주(十住)・십행(十行)・십회향(十回向)을 이른다. 승해행위(勝解行位)・승해행지(勝解行地)라고도 한다. adhimukti-caryā-bhūmi. 7)물러섬이 없는 정진 : 원문은 '不退精進'. 퇴전(退轉)함이 없는 정진.

1139

보살은 온갖 사물[1]이 공(空)[2]하여 집착할 아무것도 없음[3]을 관찰하고는 있으나, 중생을 교화하기 위하여 근행정진(勤行精進)[4]한다.

— 〈文殊佛境界經〉

〔주〕 1)온갖 사물 : 원문은 '諸法'. 68의 주. 2)공 : 50의 주. 3)집착할 것이 없음 : 원문은 '無所得'. 아무것에도 매이지 않는 자유의 경지. 4)근행정진 : 387의 주.

1140

무엇이 보살의 용맹무진(勇猛無盡)[1]인가? 비록[2] 삼천대천세계(三千大千世界)[3] 중에 왕성한 불꽃이 가득하다 할지라도, 부처님을 뵙기 위해서는 이 불 속을 지나가며, 가르침[4]을 들어 중생을 교화하고 중생을 선법(善法)[5]에 안주(安住)[6]시키기 위해서는 이 불 속을 지나가야 한다. 이것을 보살의 용맹무진이라 이른다.

— 〈無盡意菩薩經〉

〔주〕 1)용맹무진 : 용기 있는 노력이 끝없는 것. 끝없는 용감한 수행. 2)비록 : 원문은 '若'. 3)삼천대천세계 : 9의 주. 4)가르침 : 원문은 '法'. 1의 주. 5)선법 :

18의 주. 6)안주 : 157의 주.

1141

보살은 부지런히 가르침을 듣고자 하여,[1] 원근을 가리지 않고 수화(水火)도 피하지 않는다. 왜냐하면 지칠[2] 줄을 모르는 까닭이다.

— 〈阿差末菩薩經〉

〔주〕 1)가르침을 들음 : 원문은 '聞法'. 부처님의 가르침을 듣는 것. śravaṇam agrayānasya. 2)지침 : 원문은 '懈惓'. 1113의 주.

1142

보살은 대비(大悲)[1]로 본질을 삼는다.[2] 그러므로 이타(利他)[3]에 매우 힘써서, 아비지옥(阿鼻地獄)[4]에 들어가도 낙원(樂園)에 노니는 것과 다를 바가 없다. 더구나 그만 못한 다른 괴로움 속에서야 어찌 두려움을 일으켜 물러설 마음[5]이 되겠는가?

— 〈大乘莊嚴經論〉

〔주〕 1)대비 : 169의 주. 2)본질을 삼음 : 원문은 '爲體'. ātmika. 3)이타 : 366의 주. 4)아비지옥 : 165의 주. 5)물러설 마음 : 원문은 '退心'.

1143

부처님의 제자 박구라(薄俱羅)[1]가 말했다. "나는 출가(出家)[2] 이래 80년 중에 한 번도 드러누워 겨드랑이를 침상에 대거나 등을 의지한 일이 없었다."

— 〈薄俱羅經〉

〔주〕 1)박구라 : Vakkula의 음사. 늘 한적한 곳에서 선정을 닦은 불제자.

160세의 장수를 누렸다 한다. 2)출가 : 27의 주.

1144

소위 정진(精進)[1]이란 더디지도 않고 빠르지도 않아야 한다. 빠르면 몸과 마음이 지치고, 더디면 정상(定相)[2]을 취할 수 없기 때문이다. 새를 잡을 때에, 서둘면 지치고 느리면 놓치는 것 같으며, 또 거문고의 줄을 조정하는 경우에, 너무 조이거나 지나치게 늘어지면 다 함께 제 소리를 못 내는 것과 같다. — 〈成實論〉

〔주〕 1)정진 : 26의 주. 2)정상 : 선정(禪定)에 들어간 모습(相). 선정에 들어 일정한 모습을 유지하는 것.

1145

외관(外觀)[1]을 용감히 하며,[2] 행위[3]를 용감히 하는 따위가 곧 정진(精進)[4]이다. — 〈菩提資糧論〉

〔주〕 1)외관 : 원문은 '體相'. 겉으로 나타난 모습. ākāra. 2)용감함 : 원문은 '勇健'. ṛddha. 3)행위 : 원문은 '作業'. 240의 주. 4)정진 : 26의 주.

제4절 정직(正直)

각종의 정직

1146

심견(心見)[1]을 정직히 하여 속이지 말고 아첨하지 말라. —〈華嚴經〉

〔주〕 1)심견 : 마음의 작용. 대상을 향해 움직이는 마음의 의지적 작용.

1147

아첨[1]하는 마음은 도(道)[2]와 어긋난다. 그러므로 그 마음을 정직[3]하게 가져야 한다. 마땅히 아첨은 자타를 속일[4] 뿐이어서, 불도(佛道)에 들어온 사람[5]으로서는 그럴 수가 없음[6]을 알아야 할 것이다. 따라서 너희들은 모름지기 마음을 바르게 가져,[7] 정직 위주(爲主)로 살아가야 한다. —〈遺敎經〉

〔주〕 1)아첨 : 원문은 '諂曲'. 340의 주. 2)도 : 1053의 주. 3)정직 : 원문은 '質直'. 335의 주. 4)속임 : 원문은 '欺誑'. 739의 주. 5)불도에 들어온 사람 : 원문은 '入道之人'. 불도를 닦기 위해 출가한 사람. 6)그럴 수 없음 : 원문은 '無是處'. 741의 '무유시처'와 같다. 7)마음을 바르게 가짐 : 원문은 '端心'. 953의 주.

1148

아첨[1]하는 말을 의지해 행함[2]으로써 얽매이는[3] 결과가 되지 말고, 그 마음을 바르게 하고 지혜를 지녀 살아가라.[4] —〈慧印三昧經〉

〔주〕 1)아첨 : 원문은 '諂諛'. 882의 주. 2)의지해 행함 : 원문은 '依行'. 3)얽매임 : 원문은 '所着'. 4)살아감 : 원문은 '行住'. 가든가, 머무르든가 하는 것. 행동.

1149

"너는 눈을 바르게 하며, 너는 귀를 바르게 하며, 너는 코를 바르게 하며, 너는 입을 바르게 하며, 너는 몸[1]을 바르게 하며, 너는 마음을 바르게 하라."

— 〈正行經〉

〔주〕 1)몸 : 원문은 '身'. 촉각. 몸의 표면에 촉각 작용이 있으므로 하는 말. kāya.

〔풀이〕 이것은 소위 육근(六根)을 바로하라는 말이다.

1150

모름지기 스스로 결단하여 몸을 바르게 지니고 행동을 올바르게 하며,[1] 여러 선(善)을 더욱 많이 짓도록 하여야 한다. 그리고 자신을 닦고 몸을 깨끗이 하여 마음의 때[2]를 씻어 내며, 언행이 진실하여 겉과 속이 어울리도록[3] 해야 할 것이다.

— 〈大阿彌陀經〉

〔주〕 1)몸을 바르게 하고 행동을 바르게 함 : 원문은 '端身正行'. 2)마음의 때 : 원문은 '心垢'. 931의 주. 3)어울림 : 원문은 '相應'. 대응함. 계합(契合).

1151

사견(邪見)[1]을 버리고 바른 도(道)[2]를 따라서 갖가지 점술(占術)[3]을 버리며, 악한 계(戒)에 매이는 견해[4]를 떠나 바른 견해[5]를 닦아서, 속이지[6] 말고 아첨[7]하지 말아야 한다. — 〈華嚴經〉

〔주〕 1)사견 : 219의 주. 2)바른 도 : 원문은 '正道'. 984의 주. 3)점술 : 원문은 '占相吉凶'. 4)악한 계에 매이는 견해 : 원문은 '惡戒見'. 543의 '계도견'과 같다. 5)바른 견해 : 원문은 '正直見'. 686의 주. 6)속임 : 원문은 '奸欺'. 7)아첨 : 원문은 '諂曲'. 340의 주.

1152

보살의 성스러운 길[1] 여덟 가지가 있으니, 첫째는 정견(正見)[2]이요, 둘째는 정분별(正分別)[3]이요, 셋째는 정어(正語)[4]요, 넷째는 정업(正業)[5]이요, 다섯째는 정명(正命)[6]이요, 여섯째는 정근(正勤)[7]이요, 일곱째는 정념(正念)[8]이요, 여덟째는 정정(正定)[9]이다.

어떤 것이 정견(正見)인가? 이 견해가 모든 유루법(有漏法)[10]을 초월하여 아견(我見)[11]·인견(人見)[12]·중생견(衆生見)[13]·수자견(壽者見)[14]의 생겨남을 따르지 않으며, 상견(常見)[15]·단견(斷見)[16]·유견(有見)[17]·무견(無見)[18]·선견(善見)[19]·불선견(不善見)[20]과 내지는 열반견(涅槃見)[21]의 생겨남까지라도 따르지 않으면, 이것을 정견이라 한다. 어떤 것이 정분별(正分別)인가? 탐(貪)·진(瞋)·치(癡)[22] 따위 모든 번뇌를 분별해 일으키지[23] 않으며, 계(戒)·정(定)·혜(慧)[24]와 해탈(解脫)[25]·해탈지견(解脫知見)[26]을 분별해 안주(安住)케 하면, 이를 정분별이라 한다. 어떤 것이 정어(正語)인가? 자타(自他)와 선우[27]·악우[28]를 대함에 있어서 말에 차별이 없고, 원만히 어울려서[29] 평등한 경지에 들어가면, 이를 정어라 한다. 어떤 것이 정업(正業)인가? 나쁜 업보(業報)[30]를 짓지 않아서 그것을 아주 없애 버리고, 좋은 업보[31]는 이를 모아서[32] 잘 성숙(成熟)[33]시키면, 이를 정업이라 한다. 어떤 것이 정명(正命)인가? 부처님의 제자[34]가 되어 무거운 짐[35]을 지고 성도(聖道)를 닦는 터이므로 몸을 원만히 양육[36]할 뿐, 난잡·기만·악구(惡求)[37]·다구(多求)를 떠나며, 남의 이익 얻은 것[38]을 보고 뉘우쳐 번민하지 않으며, 자기가 얻은 것을 따라 기뻐하는 일이 없으면, 이를 정명이라 한다. 어떤 것이 정근(正勤)인가? 탐(貪)·진(瞋)·치(癡) 따위의 번뇌와 그릇된 행위[39]에 노력[40]하지 않고 성도제(聖道諦)[41]에 들어가며, 열반과(涅槃果)[42]로 나아가는 일에 있어서 능히 이를 따라 큰 노력을 일으키면, 이를 정근이라 한다. 어떤 것이 정념(正念)인가? 정도(正道)[43]에 안주(安住)하여 모든 사악[44]한 윤회(輪廻)의 과실을 떠나며, 내지는 열반에 이르는 길[45]을 본대도 이 생각을 또한 떠나서 성도(聖道)에 대한 마음의 어지러움이 없으면, 이를 정념이라 한다. 어떤 것이 정정(正定)인가? 깨달음[46]에 평등하면 온갖 사물[47]이 평등하게 마련이니, 정어(正語)[48]에 안주하여 깨달음을 초월하며, 삼매(三昧)[49]에 안주하여 온갖 중생을 해탈시키되 앞에 있는 깨달음을 또한 초월하면, 이를 정정이라 한다. 과거·현재·미래의 모든 부처님께서 보살을 위해, 팔성도(八聖道) 속에 다함이 없는 성스러운 도를 평등히 설해[50] 놓으셨느니라.

— 〈菩薩藏正法經〉

〔주〕 1)성스러운 길 : 원문은 '聖道'. 팔정도(八正道)를 이른다. 357의 풀이. 2)정견 : 335의 주. 3)정분별 : 바른 사유(思惟). 정사유(正思惟)의 이역(異譯). 628의 '정사유'와 같다. 4)정어 : 바른 말을 하는 것. Ⓟsammā-vācā. 5)정업 : 바른 행위. Ⓟsammā-kammanta. 6)정명 : 바른 생활. Ⓟsammā-ājiva. 7)정근 : 바른 노력. 정정진(正精進)의 이역(異譯). samyag-vyāyāma. 8)정념 : 145의 주. 9)정정 : 246의 주. 10)유루법 : 원문은 '世間'. 유루법의 이명. 번뇌가 있는 존재. 11)아견 : 138의 주. 12)인견 : 인아견(人我見)의 준말. 실체(實體)로

서의 개인이 존재한다는 견해. pudgala-dṛṣtika. 13)중생견 : 중생이 실재(實在)한다는 견해. sattva-dṛṣti. 14)수자견 : 생명 있는 것을 실재한다고 보는 견해. jiva-dṛṣtika. 15)상견 : 543의 주. 16)단견 : 543의 주. 17)유견 : 모든 것이 존재한다고 여기는 견해. 모든 존재에 실체가 있어서, 그것을 영구히 소유할 수 있다고 생각하는 것. Ⓟatthitā. 18)무견 : 이 세상의 모든 존재가 무라고 여기는 생각. Ⓟnatthitā. 19)선견 : 선에 대한 견해. 20)불선견 : 악에 대한 견해. 21)열반견 : 열반을 동경하는 생각. 22)탐 · 진 · 치 : 245의 '삼독'과 같다. 23)일으킴 : 원문은 '發起'. 미혹이 일어남. 24)계 · 정 · 혜 : 645의 '삼학'의 주와 풀이. 25)해탈 : 84의 주. 26)해탈지견 : 251의 주. 27)선우 : 311의 주. 28)악우 : 959의 주. 29)원만히 어울림 : 원문은 '具足相應'. 30)나쁜 업보 : 원문은 '黑業報'. 31)좋은 업보 : 원문은 '白業報'. 32)모음 : 원문은 '和合'. 집합. 여러 원인이 모여 조화해 작용하는 것. sāmagri. 33)성숙 : 원문은 '純熟'. 순수한 방향으로 숙달시킴. 훌륭한 것으로 만드는 것. vaipākika. 34)부처님의 제자 : 원문은 '聖族弟子'. '성족'이란 석가족(釋迦族)을 가리켜서, 부처님의 뜻으로 쓴 것인 듯하다. 35)무거운 짐 : 원문은 '重擔'. 1099의 주. 36)양육 : 원문은 '資養'. 물질적인 것을 공급해 살려 가는 것. 37)악구 : 악한 방법으로 구하는 것. 38)얻은 것 : 원문은 '利養所得'. '이양'은 이익을 얻어 제 몸을 기르는 것. '소득'도 이익을 얻는 것. 39)그릇된 행위 : 원문은 '邪行'. 503의 주. 40)노력 : 원문은 '勤勇'. 1100의 '근용정진'의 주 참조. 41)성도제 : 사제(四諦)의 하나. 팔정도(八正道)만이 고(苦)를 멸하는 길이라는 진리. 도제(道諦)와 같다. mārga-satya. 42)열반과 : 수행으로 얻어지는 열반이라는 결과. 43)정도 : 984의 주. 44)사악 : 원문은 '諂曲'. 45)열반에 이르는 길 : 원문은 '涅槃道'. niṛvāṇa-pura. 46)깨달음 : 원문은 '正達'. 수도에 의해 진실한 도리에 통달하는 것. 47)온갖 사물 : 원문은 '諸法' 68의 주. 48)정어 : 원문은 '等語'. 정어(正語)와 같다. 49)삼매 : 원문은 '等持'. 마음을 집중하는 것. 삼매와 같다. samā=dhi. 50)설함 : 원문은 '開示'. 153의 주.

1153

속마음이 정직하고 겉모양[1)]이 유화(柔和)하며, 모든 사곡(邪曲)[2)]을 떠나고 진실한 행위[3)]를 지키며, 최고의 진리[4)]로 그 마음을 즐겁게 하고 고요하고[5)] 견고해서 평등한 경지에 머문다면, 이를 보살[6)]이라고 부른다.

— 〈未曾有正法經〉

〔주〕 1)겉모양 : 원문은 '外相'. 54의 주. 2)사곡 : 335의 주. 3)진실한 행위 : 원문은 '眞實行'. 1138의 주. 4)최고의 진리 : 원문은 '無上法'. 반야바라밀다(般若波羅蜜多)를 이른다. 5)고요함 : 원문은 '寂然'. 마음이 고요해진 상태. 6)보살 : 원문은 '正士'. '正士'는 보살의 이역(異譯).

1154

아첨하지 않는[1)] 보살의 태도란 무엇을 이름인가? 이득(利得)[2)]을 위해 몸과 입과 마음[3)]을 굽히지 않음이니, 보살은 시주(施主)[4)]를 만나기 위해 위의(威儀)[5)]를 꾸미는 일이 없다. 무엇이 위의를 꾸미는 일인가? 시주를 만날 때, 시선을 떨구고 천천히 걸어서 고양이가 쥐를 엿보듯 함이니, 이를 몸으로 하는 아첨이라 한다. 무엇이 입으로 하는 아첨인가? 보살이 이득을 위해 부드러운 말[6)]과 정다운 말,[7)] 남의 좋아하는 말[8)]을 하는 일이다. 무엇이 마음으로 하는 아첨인가? 입으로는 만족할 줄 알아야 한다고 설하면서도, 마음은 항상 탐욕[9)]을 지녀 속이 늘 타고 있는 일이다. 만약 이렇지 않다면, 아첨하지 않는 태도라 할 수 있다.

— 〈寶雲經〉

〔주〕 1)아첨하지 않음 : 원문은 '不諂曲'. 2)이득 : 원문은 '利養'. 360의 주. 3)몸과 입과 마음 : 원문은 '身口意'. 624의 주. 4)시주 : 원문은 '檀越'. dānapati의 음사. 5)위의 : 동작. 몸가짐. 6)부드러운 말 : 원문은 '柔軟語'. 873의

주. 7)정다운 말 : 원문은 '愛語'. 8)남의 좋아하는 말 : 원문은 '隨他所愛語'. 남의 비위를 맞추는 말. 9)탐욕 : 원문은 '貪着'. 240의 주.

1155

보살[1)]은 평등으로 나아가[2)] 그릇된 생각[3)]을 떠난다. 보살은 그 마음이 진실하고 꾸밈이 없어서 아첨하지[4)] 않는다. 보살은 애쓰고도 공을 자랑하지 않고[5)] 성질이 유순하여, 스승을 높이 알고 성자들을 공경한다. 보살은 바른 사유(思惟)[6)]를 즐기며, 바른 행위[7)]를 확립[8)]한다. 보살은 남이 욕심 내는[9)] 것이 있으면, 세속적 물질[10)]을 버린다. 보살은 고요하고 깨끗하여 선정(禪定)의 가르침[11)]에 다가간다. 보살은 언행이 서로 어울리며 본성(本性)[12)]이 정직[13)]하다. 보살은 결의[14)]가 강하여 진리[15)]를 숭상한다. 보살은 도리에 벗어난 일[16)]을 떠나 바른 경전[17)]을 친한다. 보살은 제 목숨을 가벼이 여겨 중생을 놓지 않는다. 보살은 주장[18)]이 명확하여[19)] 말을 잘 베풀어 남김이 없다.[20)] 보살은 선법(善法)[21)]에 대한 뜻이 순결해서 거짓[22)]을 소멸하여 변화시킨다.[23)]

— 〈文殊普超三昧經〉

〔주〕 1)보살 : 원문은 '正士'. 1153의 주. 2)나아감 : 원문은 '歸趣'. 176의 주. 3)그릇된 생각 : 원문은 '邪見'. 219의 주. 4)아첨함 : 원문은 '諛諂'. 574의 주. 5)애쓰고도 공을 자랑하지 않음 : 원문은 '勞謙'. 6)바른 사유 : 원문은 '正治'. 바른 생각에 입각하는 것. samyak-ṣaṃkalpa-gocara? 7)바른 행위 : 원문은 '正業'. 1152의 주. 8)확립 : 원문은 '建立'. sidhyati. 9)남이 욕심 냄 : 원문은 '所欲'. 욕구당하는 것. adhim-okṣa. 10)세속적 물질 : 원문은 '穢法'. 더러운 것. 세속적 물질인 가축·노비·전재(錢財)·보물·미곡 따위. Ⓟupadhi? 11)선정의 가르침 : 원문은 '定藏'. 12)본성 : 원문은 '情性'. 마음의 본성? 13)정직 : 원문은 '質直'. 335의 주. 14)결의 : 원문은 '所志'. 15)진리 : 원문은 '眞諦法'. 16)도리에 벗어난 일 : 원문은 '非法'. 36의 주. 17)바른 경전 : 원문은 '正

典'. 18)주장 : 원문은 '所立'. 증명되어야 할 주장. sādhya. 19)명확함 : 원문은 '鏗然'. 20)남김이 없음 : 원문은 '無羨'. 21)선법 : 원문은 '淑法'. 18의 '선법'과 같다. 22)거짓 : 원문은 '凶僞'. 흉하고 거짓된 것. 23)소멸하여 변화시킴 : 원문은 '消化'.

1156

이 도(道)는 곧아서 첨곡(諂曲)[1]이 없으니, 번뇌[2]를 끊는 까닭이다.

— 〈華嚴經〉

〔주〕 1)첨곡 : 1152의 주. 2)번뇌 : 4의 주.

1157

귀중한 국토(國土)라도 도리에 맞게 갖는 것이 아니면 뺏지 말며, 초개(草芥) 같은 것이라도 주는[1] 것이 아니면 취하지 말라.

— 〈棺斂葬送經〉

〔주〕 1)줌 : 원문은 '惠'.

1158

길가에 떨어진 물건을 발견해, 금이나 은이나 그 밖의 재물을 주웠을 때는 "이것은 뉘 것이냐?"고 외쳐야 한다. 그리하여 어떤 사람이 제 것이라 할 경우에는, 그 생긴 모양을 물어 사실임이 밝혀지면 돌려 주는 것이다. 그러나 나서는 사람이 없을 때는, 7일 동안 매일 나서서 소리쳐 찾아야 하며, 그래도 주인이 안 나타날 때는 국왕·대신이나 고을의 장관에게 맡겨야 한다. 이를 받은 국왕·대신이나 고을의 장관도 그 주인

을 못 찾았을 경우에는, 마땅히 이것으로 불법(佛法)[1]을 지키는[2] 데 쓸 일이다. —〈正法念處經〉

〔주〕 1)불법 : 4의 주. 2)지킴 : 원문은 '持護'. 424의 '호지'와 같다.

1159

만약 옷이 땅에 떨어져 있는 것을 보았을 때는, 큰 소리로 말해서 사람들이 알도록 해야 하고, 그래도 주인이 안 나설 때에는 높은 곳에 그것을 걸어 놓아 사람들이 볼 수 있게 해야 한다. 그리하여 "이것은 내 것"이라고 말하는 사람이 있거든, 어디에서 잃었는지를 물어 대답이 맞으면 주되, 그렇지 않을 때는 그만두는 것이다. 이렇게 주인을 못 찾은 채 석 달이 지난 뒤에는, 탑에서 주운 것은 탑을 위해 쓰고, 절에서 주운 것은 절을 위해 쓰면 된다. 또 주운 것을 들고 큰 소리로 알릴 때에는, 금・은・영락(瓔珞)[1]같이 비싼 물건은 내용을 드러내지 않은 채 주인을 찾아야 한다. 그리고 주운 것의 수효와 모양을 잘 살핀 다음에 주인을 찾아야 하며, 주인이라는 사람의 대답이 잘 들어맞을 때에도 여러 사람이 보는 앞에서 돌려 줄 일이지, 남이 안 보는 곳에서 돌려 주는 일이 있어선 안 된다. —〈僧祇律〉

〔주〕 1)영락 : 236의 주.

정직의 효력

1160

보살의 묘법(妙法)[1]의 나무는 직심(直心)[2]의 땅에서 난다. 신심(信心)

의 씨앗과 자비의 뿌리에 지혜가 몸이 되며, 방편(方便)이 가지와 줄기가 되어 오도(五度)[3]에 의해 무성해지며, 선정(禪定)[4]이 잎이 되고 신통(神通)[5]이 꽃이 되고 일체지(一切智)[6]가 과일이 되고 최상력(最上力)[7]이 새가 되어, 그 그늘이 삼계(三界)[8]를 뒤덮는다. — 〈華嚴經〉

〔주〕 1)묘법 : 443의 주. 2)직심 : 순수하고 곧은 마음. 보리심(菩提心)과 같다. bodhi-citta. 3)오도 : 보시(布施)·지계(持戒)·인욕(忍辱)·정진(精進)·선정(禪定)의 다섯 바라밀(波羅蜜). 4)선정 : 원문은 '定'. 27의 주. 5)신통 : 159의 '신변'과 같다. 6)일체지 : 17의 주. 7)최상력 : 최상의 힘. 불·보살의 큰 신통력. 8)삼계 : 4의 주.

1161

만약 모든 비구(比丘)[1]가 마음이 곧은 거문고 줄 같기만 하다면, 일체가 진실하여 삼매(三昧)[2]에 들어감으로써 길이 장애[3]가 없게 되리라.

— 〈楞嚴經〉

〔주〕 1)비구 : 84의 주. 2)삼매 : 원문은 '三摩地'. 876의 주. 3)장애 : 원문은 '魔事'. 악마의 짓. 불도의 장애.

1162

직심(直心)[1]은 곧 보살의 정토(淨土)[2]니, 보살이 성불(成佛)[3]할 때에 아첨하지 않는[4] 중생이 그 나라에 와서 태어나게 된다. — 〈維摩經〉

〔주〕 1)직심 : 1160의 주. 2)정토 : 107의 주. 3)성불 : 171의 주. 4)아첨하지 않음 : 원문은 '不諂'.

1163

만약 사람의 마음이 곧으면,[1] 금과 같이 귀중하다. —〈諸法集要經〉

〔주〕 1)곧다 : 원문은 '質直'. 335의 주.

1164

몸을 단속하여[1] 진실[2]을 좇으면, 이것이 가장 좋은 일[3]이다.

—〈法句經〉

〔주〕 1)몸을 단속함 : 원문은 '勅身'. 2)진실 : 원문은 '眞正'. 진실하고 바른 것. 3)좋은 일 : 원문은 '吉祥'. 337의 주.

1165

남의 재물을 훔치지 않으면 큰 부(富)를 이루며, 관리나 수화(水火)·도둑에게 재물을 뺏기지 않으며, 적[1]이 없으며, 나쁜 자식을 두는 일이 없으며, 여러 사람의 사랑과 존경을 받으며, 이르는 곳마다 길이 재앙[2]을 제거하게 될 것이다. —〈海龍王經〉

〔주〕 1)적 : 원문은 '怨家'. 468의 주. 2)재앙 : 원문은 '患難'. 991의 주.

1166

수행(修行)해[1] 먼저 자신을 바로잡은 다음에라야 남을 바로잡을 수 있다. —〈法句經〉

〔주〕 1)수행함 : 원문은 '學'. 482의 주.

1167

늘 지성으로 행동하여 꾸밈이 없으면 그 원이 채워져 결여됨이 없을 것이며, 온갖 바른 덕을 늘려 그릇된 행위[1]가 없고 불법(佛法)[2]을 사랑해 구하는[3] 사람은 빨리 깨달음[4]을 얻을 것이다. — 〈般舟三昧經〉

〔주〕 1)그릇된 행위 : 원문은 '邪行'. 503의 주. 2)불법 : 원문은 '法'. 1의 주. 3)사랑해 구함 : 원문은 '愛樂'. 302의 주. 4)깨달음 : 원문은 '道'. 14의 주.

부정직(不正直)의 해

1168

사견(邪見)[1]의 죄는 중생으로 하여금 삼악도(三惡道)[2]에 떨어지게 한다. 설사 인간계(人間界)[3]에 태어난다 해도 두 가지 나쁜 과보(果報)[4]를 받게 되는바, 첫째는 항상 사견을 지닌 집안에 태어남이요, 둘째는 그 마음이 사악(邪惡)[5]함이다. — 〈十住經〉

〔주〕 1)사견 : 219의 주. 2)삼악도 : 166의 주. 3)인간계 : 원문은 '人中'. 26의 주. 4)과보 : 78의 '보'와 같다. 5)사악 : 원문은 '諂曲'. 1152의 주.

1169

그릇된 사유(思惟)[1]는 도둑을 만든다. — 〈天請問經〉

〔주〕 1)그릇된 사유 : 원문은 '邪思'. 522의 주.

1170

말(斗)과 저울로 남을 속인다든가, 마음은 악하면서 말만 착한 체하여 언행이 성실치 못하면, 죽어서 지옥에 들어간다. ―〈分別業報經〉

1171

중생이 점쟁이가 돼서 많은 사람을 그릇되게 꾀어 재물을 구한다면, 이 죄로 말미암아 지옥 속에서 한없는 고통을 받아야 하고, 지옥 생활이 끝난 다음에는 그 여죄(餘罪)로 인해 악업(惡業)의 몸[1]을 얻고 태어나 계속 고통을 받게 될 것이다. ―〈雜阿含經〉

〔주〕 1)악업의 몸 : 원문은 '罪業身'. 악업의 보(報)로서 받은 몸.

1172

만약 사악(邪惡)하여 청정치 못한[1] 마음을 지녔을 때는, 억겁(億劫)[2]을 찾아다닌대도 여래(如來)[3]를 만나 뵙기 어려울 것이다. ―〈華嚴經〉

〔주〕 1)사악하여 청정치 못함 : 원문은 '諂曲不淨'. 2)억겁 : '겁'에 대해서는 15의 '천겁' 참조. 3)여래 : 1의 주.

1173

역법(曆法)·천문(天文)[1]을 연구한다든가 점치는[2] 일 따위를 설하면, 이는 속물(俗物)인 비구(比丘)[3]다. ―〈諸法集要經〉

〔주〕 1)역법·천문 : 원문은 '曆象星宿'. '曆象'만으로도 역법과 천문의 뜻. 2)점침 : 원문은 '占相'. 3)속물인 비구 : 원문은 '世俗比丘'.

정사(正邪)의 대조

1174

사견(邪見)[1]을 지녀 깨달음[2]을 얻는다는 것은 있을 수 없고,[3] 정견(正見)[4]을 지녀 깨달음을 얻는다는 것은 있을 수 있다. — 〈大集經〉

〔주〕 1)사견 : 219의 주. 2)깨달음 : 원문은 '聖道'. 3)있을 수 없음 : 원문은 '無有是處'. 741의 주. 4)정견 : 335의 주.

1175

수레가 길을 갈 적에, 평탄하고 큰 길을 버려 두고 굽은 오솔길을 갈 때에는, 부서져 속바퀴가 꺾어질 우려가 있다. 부처님의 가르침[1]을 떠나는 것도 이와 같아서, 그릇된 도리[2]를 따르고 늘려 가 어리석게도 죽도록 이를 지킨다면, 수레바퀴처럼 꺾어질 걱정이 또한 없지 않을 것이다. 그러므로 바른 도리[3]를 따라 실천하여 그릇된 행위[4]에 떨어지지 않을 경우에는, 행주좌와(行住坐臥)[5]가 편안하여 세세(世世)[6]에 근심이 없으리라. — 〈法句經〉

〔주〕 1)부처님의 가르침 : 원문은 '法'. 1의 주. 2)그릇된 도리 : 원문은 '非法'. 36의 주. 3)바른 도리 : 원문은 '正道'. 984의 주. 4)그릇된 행위 : 원문은 '邪業'. 바른 도리에서 벗어난 행위. 계에 위배된 행위. akṛtya. 5)행주좌와 : 842의 주. 6)세세 : 548의 주.

1176

온갖 사견(邪見)[1]이라는 것[2]은 괴로움에 이르는 문,[3] 정견(正見)[4]이라는 것[5]은 안온(安穩)에 이르는 문[6]이다.

— 〈文殊師利淨律經〉

〔주〕 1)사견 : 219의 주. 2)…이라는 것 : 원문은 '事'. <잡아함경>에서 Ⓟsangha를 '僧事'. tathagāta를 '如來事'로 나타낸 경우가 그것인데, 각기 '승가(僧伽)라는 것'·'여래라는 것'의 뜻이다. 3)피로움에 이르는 문 : 원문은 '瘉患門'. '瘉'은 '惱'와 같은 자. 4)정견 : 335의 주. 5)…이라는 것 : 원문은 '義'. 대상. 사물. 실체. 자체. <오교장(五教章)>의 '舍義'는 '집이라는 것'의 뜻. artha. 6)안온에 이르는 문 : 원문은 '安穩門'. 1000의 주.

1177

차라리 진실된 신앙[1]으로 나아가 죽을지언정, 끝내 속이면서[2] 목숨을 부지하지 마라.

— 〈鹿母經〉

〔주〕 1)진실된 신앙 : 원문은 '誠信'. Ⓟsaddha. 2)속임 : 원문은 '欺詒'.

1178

차라리 도(道)를 지키다가 빈천 속에서 죽을망정, 도에서 벗어난 짓을 하며 부귀를 누려 사는 일이 없거라.

— 〈六度集經〉

1179

부끄러움도 모르고 안이하게 살아,[1] 긴 부리[2]를 놀려 시끄럽게 울어 대는 까마귀처럼 뻔뻔스러워서[3] 돌아오는 치욕도 치욕으로 안 안다면[4] 이것은 더럽게 사는 일[5]이다.

염치 있게 사느라고 비록 고생을 겪을지언정, 의(義)를 취해 청백하며 부끄러움을 피해 간사스럽지 않으면,[6] 이것은 깨끗하게 사는[7] 일이다.

— 〈法句經〉

〔주〕 1)안이하게 삶 : 원문은 '苟生'. 아무렇게나 사는 것. 2)긴 부리 : 원문은 '長喙'. 쓸데없는 말을 지껄여 대는 비유. 3)뻔뻔스러움 : 원문은 '强顔'. 4)치욕을 치욕으로 안 앎 : 원문은 '耐辱'. 소위 인욕과는 달리, 나쁜 뜻으로 쓴 말. 5)더럽게 사는 일 : 원문은 '穢生'. 6)간사하지 않음 : 원문은 '不佞'. 간사하여 의식적으로 마음을 굽히는 일이 없는 것. 7)깨끗한 삶 : 원문은 '潔生'.

제5절 행선(行善)

행선(行善)의 효과

1180

온갖 선법(善法)[1]을 실천하면 곧 아뇩다라삼먁삼보리(阿耨多羅三藐三菩提)[2]를 얻는다.

— 〈般若經〉

〔주〕 1)선법 : 18의 주. 2)아뇩다라삼먁삼보리 : 17의 주.

1181

능히 뛰어난 선(善)[1]을 닦는다면, 그 사람은 큰 인력(因力)[2]을 성취할 것이다.

— 〈華嚴經〉

〔주〕 1)뛰어난 선 : 원문은 '廣大善'. 2)인력 : 무엇을 발생케 하는 데 있어서,

바른 원인이 되는 힘. 연력(緣力)의 대.

1182

"불자(佛子)[1]야, 어떤 사나이[2]가 작은 금강석[3]을 먹었다 하면, 금강석은 종내 소화되지 않아서 그 몸을 뚫고 나오고야 말 것이다. 왜냐하면, 금강석은 육신(肉身)같이 더러운 것[4]과는 함께 머무를 수 없는 까닭이다. 여래(如來) 계신 곳[5]에 조그마한 선근(善根)[6]을 심는 일도 이와 같아서, 유위제행(有爲諸行)[7]의 번뇌(煩惱)[8]를 뚫고 무위구경(無爲究竟)의 지혜의 경지[9]에 이르고야 말 것이다. 왜냐하면, 이 조그만 선근 또한 유위제행의 번뇌와는 함께 머물러 있을 수 없는 까닭이다." — 〈華嚴經〉

〔주〕 1)불자 : 78의 주. 2)사나이 : 원문은 '丈夫'. 738의 주. 3)금강석 : 원문은 '金剛'. 4)더러운 것 : 원문은 '雜穢'. 123의 주. 5)여래 계신 곳 : 원문은 '如來所'. 319의 주. 6)선근 : 17의 주. 7)유위제행 : '제행'도 '유위'와 같은 말. 인(因)과 연(緣)이 어울려 만들어진 온갖 현상. 무상하여 생멸(生滅)하는 것들. 8)번뇌 : 4의 주. 9)무위구경의 지혜의 경지 : 원문은 '無爲究竟智處'. 생멸을 떠난 궁극의 지혜에 도달한 경지.

1183

"불자(佛子)[1]야, 설사 마른풀을 수미산(須彌山)[2]같이 쌓아 놓았대도, 겨자씨만한 불을 거기에 던진다면 반드시 그 모두가 타고 말 것이다. 왜냐하면, 불에는 태우는 작용이 있기 때문이다. 여래(如來) 계신 곳[3]에 조그마한 선근(善根)[4]을 심는 일도 이와 같아서, 온갖 번뇌(煩惱)[5]를 반드시 태워 없애고 완전무결한 열반(涅槃)[6]을 얻게 할 것이다. 왜냐하면, 이 조그마한 선근의 본성(本性)[7]이 깨달음의 자리[8]인 까닭이다." — 〈華嚴經〉

〔주〕 1)불자 : 78의 주. 2)수미산 : 원문은 '須彌'. 181의 '수미산'과 같다. 3)여래 계신 곳 : 원문은 '如來所'. 319의 주. 4)선근 : 17의 주. 5)번뇌 : 4의 주. 6)완전무결한 열반 : 원문은 '究竟無餘涅槃'. 7)본성 : 원문은 '性'. 40의 주. 8)깨달음의 자리 : 원문은 '究竟'. 구경위(究竟位)의 준말. 깨달아 성불하는 자리. 그 이상이 없는 최고의 경지. 화엄종의 설.

1184

한 가지 선심(善心)을 닦으면 백 가지 악을 깨는 결과가 된다. 마치 작은 금강석[1]이 수미산(須彌山)[2]을 무너뜨리는 것 같고, 작은 불이 온갖 것을 태우는 것 같고, 소량의 독약이 중생을 해치는 것과 같다. 작은 선(善)도 마찬가지여서, 이름은 작은 선이지만 그 실제는 크다는 것을 알아야 한다. 왜냐하면 큰 악도 깨는 까닭이다. — 〈涅槃經〉

〔주〕 1)금강석 : 원문은 '金剛'. 1182의 주. 2)수미산 : 원문은 '須彌'. 181의 '수미산'과 같다.

1185

최상(最上)[1]의 십선(十善)[2]을 수행하여[3] 마음이 끝없이 넓고 커지며, 비민(悲愍)[4]을 갖추어 방편으로 대원(大願)[5]을 일으켜 중생을 버리지 않으며, 온갖 부처님의 큰 지혜를 구하며, 보살의 여러 위계(位階)[6]를 거치면서 온갖 바라밀(波羅蜜)[7]을 닦으면, 보살의 뛰어난 수행[8]을 이루게 된다. — 〈華嚴經〉

〔주〕 1)최상 : 원문은 '上品'. 아주 뛰어난. 최상의. adhimātra. 2)십선 : 17의 '십선업'과 같다. 3)수행함 : 원문은 '淨修'. 청정히 수행함. 4)비민 : 가엾이 여

기는 마음. kāruṇya. 5)대원 : 424의 주. 6)여러 위계 : 원문은 '諸地'. 257의 '위계' 참조. 7)온갖 바라밀 : 원문은 '諸波羅蜜'. 443의 주. 8)뛰어난 수행 : 원문은 '廣大行'. 뛰어난 실천.

1186

중생들이 행위로서의 선행(善行)[1]을 완성하며,[2] 말로서의 선행[3]을 완성하며, 마음으로서의 선행[4]을 완성하면, 성자[5]를 비방하지 않고 정견(正見)[6]과 선행[7]의 인연(因緣)[8]을 완성하는 까닭에, 죽으면 반드시 선도(善道)[9]에 태어난다. ─ 〈華嚴經〉

〔주〕 1)행위로서의 선행 : 원문은 '身善業'. 2)완성함 : 원문은 '成就'. 243의 주. 3)말로서의 선행 : 원문은 '口善業'. 4)마음으로서의 선행 : 원문은 '意善業'. 5)성자 : 원문은 '聖賢'. 수행을 완성한 사람. ārya. 6)정견 : 335의 주. 7)선행 : 원문은 '善業'. 170의 주. 8)인연 : 기연(機緣). 계기. nidāna. 9)선도 : 78의 '선취'와 같다.

1187

보살은 선법(善法)[1]으로 자신을 아리땁게 하며,[2] 또 중생으로 하여금 선법 속에 머무르게 한다. ─ 〈守護國界主經〉

〔주〕 1)선법 : 18의 주. 2)아리땁게 함 : 원문은 '莊嚴'. 239의 '보장엄'의 주 참조.

1188

중생이 신구의(身口意)[1] 삼업(三業)[2]의 선(善)을 갖추어 성자[3]를 비방하지 않고 정견(正見)[4]을 일으키며, 이 정견으로 인해 모든 선행[5]을 짓고 모든 선법(善法)[6]을 행하면, 이 인연[7]으로 말미암아 죽어서 천상세계(天上世界)[8]에 태어나게 된다. — 〈頻婆娑羅王經〉

〔주〕 1)신구의 : 558의 주. 2)삼업 : 558의 '신구의'의 주. 3)성자 : 원문은 '賢聖'. 108의 주. 4)정견 : 335의 주. 5)선행 : 원문은 '善業'. 170의 주. 6)선법 : 18의 주. 7)인연 : 2의 주. 8)천상세계 : 원문은 '天界'. 632의 주.

1189

보살행(菩薩行)[1]을 닦는[2] 사람은 온갖 선법(善法)[3]의 씨를 뿌려 하나 하나 익히게[4] 된다. 그리고 그것들이 익고 나면 거기로부터 온갖 선법이 생겨나고, 선법이 생겨나면 큰 환희(歡喜)[5]가 일어나 불법(佛法)[6]을 구하기에[7] 이른다. 저 선법의 씨앗은 다겁(多劫)[8]이 지난대도 파괴되는 일이 없다. — 〈大集會正法經〉

〔주〕 1)보살행 : 9의 주. 2)닦음 : 원문은 '修習'. 20의 주. 3)선법 : 18의 주. 4)익힘 : 원문은 '成熟'. 218의 주. 5)환희 : 997의 주. 6)불법 : 4의 주. 7)구함 : 원문은 '愛樂'. 302의 주. 8)다겁 : 많은 겁. 극히 긴 시간. '겁'은 15의 '천겁'의 주 참조.

1190

부처님께서 선현(善現)에게 이르셨다. "온갖 선법(善法)[1]이 보살의 보리자량(菩提資糧)[2]이니, 보살이 이런 보리자량을 성취(成就)하면[3] 능히 일체지지(一切智智)[4]를 얻게[5] 된다." — 〈大般若經〉

〔주〕 1)선법 : 18의 주. 2)보리자량 : 깨달음을 얻기 위한 선근(善根)·공덕(功德). 3)성취함 : 원문은 '圓滿'. 291의 주. 4)일체지지 : 993의 주. 5)얻음 : 원문은 '證得'. 257의 주.

1191

작은 선행(善行)[1]은 복보(福報)[2]가 없다 하여 가벼이 알아서는 안 된다. 물방울은 아주 작지만 차츰 큰 그릇까지도 채우는 것처럼, 선행도 점점 늘어 가면 작은 것이 큰 것을 이루게 되는 까닭이다. —〈法集要頌經〉

〔주〕 1)선행 : 원문은 '善業'. 170의 주. 2)복보 : 301의 주.

1192

비유컨대 여의보주(如意寶珠)[1]를 높은 당(幢)[2] 위에 놓으면, 거기로부터 갖가지 최상의 보배[3]가 비오듯 쏟아져서, 온갖 가난한 사람에게 베풀어 줄[4] 수 있게 된다. 보살도 그러해서, 십선(十善)의 수레바퀴[5]를 완성하고[6] 정계(淨戒)의 당(幢)[7]에 거처하여, 큰 법우(法雨)[8]를 내려 온갖 헤아릴 수 없는 중생에게 베풀어 주는 것이다. —〈地藏十輪經〉

〔주〕 1)여의보주 : 295의 '여의보'와 같다. 2)당 : 556의 주. 3)최상의 보배 : 원문은 '上妙眞寶'. 4)베풀어 줌 : 원문은 '給施'. 5)십선의 수레바퀴 : 십선을 전륜왕의 윤보(輪寶)에 비유한 것. '십선'에 대해서는 7의 '십선업'의 주. 6)완성함 : 원문은 '成就'. 243의 주. 7)정계의 당 : 원문은 '淨戒幢'. 청정한 계율을 당번(幢幡)에 비유한 것. 8)법우 : 232의 주.

1193

이 세상[1)]에서 죄[2)]가 없으면, 공덕(功德)[3)]이 날로 깊어져서 자손이 서로 즐기고, 관록(官祿)이 스스로 따라오리라. — 〈梵天神策經〉

〔주〕 1)이 세상 : 원문은 '現在'. 633의 주. 2)죄 : 원문은 '罪垢'. 1041의 주. 3)공덕 : 331의 주.

1194

마음속[1)]으로 늘 선(善)을 염(念)하여, 그대로 말하고 그대로 행한다면, 즐거움[2)]이 스스로 따르기를 그림자가 형태를 따르는 것 같으리라.

— 〈法句經〉

〔주〕 1)마음속 : 원문은 '中心'. 심중(心中)과 같다. 2)즐거움 : 원문은 '福樂'. 선행에서 생기는 온갖 즐거움.

1195

깊이 선인지 악인지를 살펴, 마음에 꺼릴[1)] 줄을 알아야 한다. 그리하여 악을 두려워해 범하지 않는다면, 종내 행복하여 근심이 없으리라.

— 〈法句經〉

〔주〕 1)꺼림 : 원문은 '畏忌'. 두려워해 기피함.

1196

부처님께서 용왕(龍王)[1)]에게 이르셨다.

"보살은 한 가지[2)]가 있어서 능히 온갖 악도(惡道)[3)]의 괴로움을 끊게 된다. 한 가지란 무엇인가? 밤낮으로 늘 선법(善法)[4]을 사유(思惟)[5]하고 관찰[6]함으로써, 모든 선법을 부단히 늘려 가서[7] 조금의 불선(不善)도 섞이지 않게 함이다. 이렇게 하는 태도는 길이 모든 악을 끊고 선법을 성취하여,[8] 온갖 부처님과 보살과 그 밖의 여러 성자[9]를 항상 가까이할[10] 수 있게 해줄 것이다. 선법이란, 인천(人天)[11]과 성문(聲聞)[12]의 깨달음[13]이나 독각(獨覺)[14]의 깨달음이나 부처님의 깨달음[15]이 다 이것에 의해 이루어지는 까닭에 선법이라 하는 것이니라."

— 〈十善業道經〉

〔주〕 1)용왕 : 421의 주. 2)한 가지 : 원문은 '一法'. 104의 주. 3)악도 : 3의 주. 4)선법 : 18의 주. 5)사유 : 97의 주. 6)관찰 : 53의 주. 7)부단히 늘림 : 원문은 '念念增長'. 8)성취함 : 원문은 '圓滿'. 291의 주. 9)여러 성자 : 원문은 '衆聖'. 456의 주. 10)가까이함 : 원문은 '親近'. 444의 주. 11)인천 : 21의 주. 12)성문 : 50의 주. 13)깨달음 : 원문은 '菩提'. 5의 주. 14)독각 : 4의 주. 15)부처님의 깨달음 : 원문은 '無上菩提'. 170의 주.

1197

몸이 쇠약해져서 정신[1]이 그 몸을 떠나면, 이 때가 되어서 가족[2]에 무엇을 믿을 것이 있으랴! 오직 선법(善法)[3]만이 의지가 될 뿐이다.

— 〈十住斷結經〉

〔주〕 1)정신 : 원문은 '神'. 마음. 영혼. 2)가족 : 원문은 '宗親'. 829의 주. 3)선법 : 18의 주.

1198

목수와 그 제자들은 먹줄을 종려나무[1] 같은 데에 써서 줄을 치고, 날카로운 도끼로 찍어 내어 나무를 곧게 만든다. 이같이 비구(比丘)[2]도 악한 생각[3]이 일어날 때면, 선법(善法)에 대한 생각[4]을 가지고 이를 다스려 없애야 한다.

— 〈中阿含經〉

〔주〕 1)종려나무 : 원문은 '栟木'. 2)비구 : 84의 주. 3)악한 생각 : 원문은 '惡不善念'. 4)선법에 대한 생각 : 원문은 '善法念'.

1199

세상의 온갖[1] 청정한[2] 선법(善法)[3]이 생길 때, 모든 선(善)[4]은 다 마음이 앞잡이 구실을 하기 때문에 생긴다. 왜냐하면, 착한 마음이 일어나는 경우에는 청정한 선법이 다 뒤를 따라 발생하게 되어 있는 까닭이다.

— 〈本事經〉

〔주〕 1)온갖 : 원문은 '所有'. 119의 주. 2)청정한 : 원문은 '白淨'. 맑은 것. 3)선법 : 18의 주. 4)모든 선 : 원문은 '善品善類'. 선의 종류.

1200

바라내국(波羅奈國)[1]에 국제(鞠提)라는 거사(居士)[2]가 살고 있었다. 그 아들은 우바국제(優婆鞠提)라 했다. 우바국제가 장성하자, 집안이 하도 가난했기 때문에 아버지는 우바국제에게 밑천을 마련해 주어 점포를 열고 장사를 하도록 했다. 하루는 야세가(耶貰羈)라는 아라한(阿羅漢)[3]이 그 곁에 왔다가, 그를 위해 가르침을 설해 생각을 집중시킬[4] 것을 가르쳐 주었다. 흑백의 돌멩이로 계산해 가되, 착한 생각이 나면 흰 돌을 놓고 악한 생각에는 검은 돌을 놓으라고 했다. 우바국제는 그 가르침을 받아들여, 선악의 생각이 일어날 때마다 돌멩이를 던졌다. 그런데 처음에는 검은 돌 쌓인 것이 압도적으로 많고 흰 것은 아주 적었지만, 점점 수행해 가는 중에 흑백이 같아졌고, 다시 생각을 집중하는 공부를 쉬지 않은 결과로 다시는 검은 돌은 없고 흰 돌만 있게 되었다. 이렇게 착한 생각이 왕성해져서 마침내 초과(初果)[5]를 얻었다. —〈賓愚經〉

〔주〕 1)바라내국 : 673의 주. 2)거사 : 244의 주. 3)아라한 : 151의 '아라하'와 같다. 4)생각을 집중함 : 원문은 '繫念'. 378의 주. 5)초과 : 소승의 사과(四果) 중의 첫단계. 깨달음 중 초보적인 자리.

1201

"무상(無上)의 선법(善法)[1]의 물을 너는 지금 빨리 마셔서, 길이 생사[2]의 목마름을 제거하라." —〈央掘魔羅經〉

〔주〕 1)선법 : 18의 주. 2)생사 : 12의 주.

불행선(不行善)의 해

1202

중생이 있어서 선근(善根)을 심은 데서 오는 힘[1]이 없을 때는, 곧 모든 악마와 외도(外道)[2] · 귀신에 의해 어지럽힘[3]을 당한다. —〈涅槃經〉

〔주〕 1)선근을 심은 데서 오는 힘 : 원문은 '善根力'. '선근'에 대해서는 17의 주. 2)외도 : 8의 주. 3)어지럽힘 : 원문은 '惑亂'. 441의 주.

1203

"불자(佛子)[1]야, 현인(賢人)을 해치는 사람은, 하늘을 향해 침 뱉으매 침이 하늘에 닿지 못하고 도리어 저에게 떨어지며, 바람을 거슬러 티끌을 날리매 티끌이 상대에게 이르지 못하고 도리어 저에게 모이는 것과 같다. 현인을 헐뜯지 못하리니, 재앙이 반드시 제 몸을 멸하리라."

— 〈四十二章經〉

〔주〕 1)불자 : 78의 주.

1204

작은 악을 대단치 않게 알아 재앙이 없다고 생각해서는 안 된다. 물방울은 작지만, 시간이 흐르면 차츰 큰 그릇도 채우고 만다. — 〈涅槃經〉

1205

어떤 사람이 부처님에게 욕설을 퍼부었으나, 부처님께서는 침묵을 지켜 대꾸하지 않으셨다. 그 사람의 욕설이 그치자, 부처님께서 물으셨다.

"그대가 예물을 가지고 남을 따르려 했으나 그 사람이 예물을 안 받는다면, 예물이 그대에게 돌아오는가, 누구에게 돌아가는가?"

"물론 제게 돌아옵니다."

부처님께서 이르셨다.

"이제 그대가 나에게 욕을 해 왔지만 나는 그것을 받아들이지 않았은즉, 그대는 나에게 돌리려던 재앙을 가져다가 자신에게 돌린 것이 되고 말았다. 그것은 메아리가 소리에 응하고 그림자가 형체를 따르는 것 같아 끝내 면하기 어려운 일이니, 삼가서 악을 짓지 말도록 하라."

— 〈四十二章經〉

1206

중생이 모든 죄를 지으면 괴로운 과보(果報)[1]를 받게 된다. 그러므로 이를 멀리하고 늘 열반(涅槃)[2]을 구해야 한다. — 〈諸法集要經〉

〔주〕 1)괴로운 과보 : 원문은 '苦報'. 2)열반 : 원문은 '樂果'. 591의 주.

1207

선량한 사람을 때리거나[1] 죄 없는 자를 거짓으로 모함하면,[2] 그 화가 열 곱이 되어 돌아오고, 재앙을 가져오는 원수[3]가 헤아릴 수 없이 나타날 것이다. — 〈法句經〉

〔주〕 1)때림 : 원문은 '毆杖'. 구타. 2)거짓으로 모함함 : 원문은 '妄讒'. 3)재앙을 가져오는 원수 : 원문은 '災仇'.

〔**풀이**〕 파리어 원문의 직역은 다음과 같다.

"무력으로, 무력이 없고 해도 없는 사람들을 해치면, 빠른 시일 안에 다음 열 가지 중의 한 상황에 직면하게 된다."

그러므로 '열 곱'이라는 한역(漢譯)이 '열 가지 상황'의 오역임을 알 수 있다. 열 가지 상황에 대해서는 이 글에 이어 설명이 나오는데 사나운 고통, 노쇠, 몸의 부상이나 중병, 마음의 광란, 국왕으로부터의 위난(危難), 엄한 소송, 친척의 멸망, 재산의 파괴, 화재, 지옥에 떨어지는 일로 되어 있다.

1208

선법(善法)[1]이 없어지면[2] 악법(惡法)[3]이 나타난다.

— 〈阿毘達磨順正理論〉

〔주〕 1)선법 : 18의 주. 2)없어짐 : 원문은 '隱沒'. 숨기어져 모습이 안 보이는 것. 3)악법 : 악한 생활.

1209

무위(無爲)[1]를 관찰한 결과로, 유위(有爲)의 세계에서 착한 덕[2]을 쌓는 근본을 싫어하게 된다면, 이것은 악마의 꼬임에 떨어진 행위다.[3]

— 〈魔逆經〉

〔주〕 1)무위 : 26의 주. 2)유위의 세계에서의 착한 덕 : 원문은 '有爲善德'. '유위'는 94의 주. 3)악마의 꼬임에 빠진 행위 : 원문은 '魔業'.

〔풀이〕 유위(有爲)가 생멸 변화하는 인연소성(因緣所成)의 현실세계인 데 대해, 무위(無爲)는 그런 것을 초월한 절대계여서 바로 열반(涅槃)을 뜻한다. 그러므로 이 무위야말로 불교의 이상임이 분명하나, 그것에 끌린 나머지 우리가 처한 상대적 세계의 일을 소홀히 해서는 안 된다. 왜냐하면, 상대를 떠난 절대라는 것이 따로 있는 것이 아니기 때문이다. 밥 먹고 차 마시고 하는 우리의 일상적 생활이, 그대로 열반의 실현이어야 하는 것이다. 그러므로 열반의 세계를 약간 엿보았다 해서, 현실적인 수행이 무시되어서는 안 된다고 강조하였다.

1210

상인[1]들이 보배를 찾아 바다에 들어가기로 했다. 그런데 바다에 들어가기 위해서는 인도자[2]가 필요했으므로, 한 사람을 찾아내어 같이 가기로 했다. 그들이 어느 벌판에 이르렀을 때였다. 거기에는 신을 모신 사당[3]이 있었는데, 사람을 죽여 제사한 다음에야 지나가는 풍습이었다. 상인들이 상의했다.

"우리 패거리[4]는 다 친한 사이니, 어떻게 죽인단 말인가?"

그래서 인도자를 죽여 제사를 지냈다. 이렇게 신에 대한 제사는 무사히 마쳤으나, 길을 잃어 갈 곳을 모르고 헤매다가 지친 끝에 모두 죽고 말았다. 모든 세상 사람도 마찬가지다. 불법(佛法)의 바다[5]에 들어가 깨달음이라는 보배를 취하고자 하면, 착한 법행(法行)[6]을 닦아 그것으로 인도자를 삼아야 할 것임에도 불구하고, 선행(善行)을 깨뜨려 버린다면 윤회(輪廻)[7]의 광야의 길에서 영원히 벗어날 시기가 없어, 삼도(三道)[8]를 휘돌면서 길이 고통을 받을 것은 뻔한 일이다. 그러므로 저 상인들이 바다에 들어가려 하면서, 그 인도자를 죽임으로써 나루터[9]가 어디 있는지 모르고 헤매다가 끝내 지쳐서 죽은 것과 같다고 해야 한다.

— 〈百喩經〉

〔주〕 1)상인 : 원문은 '賈客'. 또, 바다를 건너는 상인의 뜻도 있다. pāra-gāmin. 2)인도자 : 원문은 '導師'. 443의 주. 3)신을 모신 사당 : 원문은 '天祠'. deva-kula. 4)패거리 : 원문은 '伴黨'. 5)불법의 바다 : 원문은 '法海'. 진리의 넓음을 비유한 것. 부처님의 가르침의 광대함의 비유. 6)법행 : 651의 주. 7)윤회 : 원문은 '生死'. 12의 주. 8)삼도 : 166의 '삼악도'와 같다. 9)나루터 : 원문은 '津濟'. tirtha.

1211

비유컨대 몸을 땅이라면 선의(善意)는 곡식, 악의(惡意)를 풀이라 할 수 있다. 풀을 제거하지 않으면 곡식이 여물지 못하는 것처럼, 사람도 악의를 제거하지 않는 한 깨달음[1]은 얻지 못한다.

— 〈三慧經〉

〔주〕 1)깨달음 : 원문은 '道'. 14의 주.

1212

세존(世尊)[1]께서 말씀하셨다.

"차라리 날카로운 칼날로 팔을 찌르고 살을 베든가, 불 속에 스스로 몸을 던질지언정 삼가 악을 행하지 말며, 차라리 수미산(須彌山)[2]을 머리에 이어 그 목숨을 잃든가,[3] 대해에 몸을 던져 고기·자라에게 먹힐지언정 삼가 악을 짓지 말도록 하라." — 〈忍辱經〉

〔주〕 1)세존 : 4의 주. 2)수미산 : 원문은 '須彌'. 181의 '수미산'의 주. 3)잃음 : 원문은 '迫毁'. 눌리어서 상하는 것. 죽는 것.

선(善)·불선(不善)의 비교

1213

번뇌(煩惱)[1]의 모든 구속[2]과 함께 있는 것을 무명(無明)[3]이라 하고, 온갖 선법(善法)[4]과 함께 있는 것을 명(明)[5]이라 한다. — 〈涅槃經〉

〔주〕 1)번뇌 : 4의 주. 2)모든 구속 : 원문은 '諸結'. '結'은 속박의 뜻이어서, 바로 번뇌의 이명(異名)으로도 쓰인다. 62의 주. 3)무명 : 7의 주. 4)선법 : 18의 주. 5)명 : 깨달음의 지혜. 깨달음. vidyā.

1214

여러 악을 짓는 자는 긴 밤의 어둠같이 앞날이 암담하고, 선법(善法)[1]에 머물러 있는 자는 아침해가 솟아나는 것 같아 전도가 밝다.

— 〈諸法集要經〉

〔주〕 1)선법 : 18의 주.

1215

신구의(身口意)[1]의 악을 지으면서 마음의 편안함[2]을 얻는다는 것은 있을 수 없고,[3] 신구의의 선을 지어 열반(涅槃)의 경지[4]를 얻는다는 것은 있을 수 있다.

— 〈大集經〉

〔주〕 1)신구의 : 558의 주. 2)마음의 편안함 : 원문은 '安樂'. 1042의 주. 3)있을 수 없음 : 원문은 '無有是處'. 741의 주. 4)열반의 경지 : 원문은 '樂果'. 591의 주.

행선(行善)의 종류

1216

보살은 늘 선법(善法)[1]을 가지고 모든 중생을 가르친다. 무엇이 선법이냐 하면, 신구의(身口意)[2]의 선(善)을 이름이다.

— 〈涅槃經〉

〔주〕 1)선법 : 18의 주. 2)신구의 : 558의 주.

1217

중생들은 열 가지 일로 하여 선을 짓기도 하고, 또 이 열 가지 일로 하여 악을 짓기도 한다. 열 가지 일이란 무엇이냐 하면, 행동[1]에 관한 것 세 가지, 말[2]에 관한 것 네 가지, 마음[3]에 관한 것 세 가지다. 몸에 관한 세 가지란 살(殺)[4] · 도(盜)[5] · 음(婬)[6]이요, 말에 관한 네 가지란 양설(兩舌)[7] · 악구(惡口)[8] · 망어(妄語)[9] · 기어(綺語)[10]요, 마음에 관한 세 가지란 탐(貪)[11]·진(瞋)[12]·치(癡)[13]다. 이런 열 가지 일은 성도(聖道)[14]를 따르지 않는 일이므로 십악(十惡)이라 하고, 이런 악을 범하지 않는 것을 십선행(十善行)[15]이라고 한다. — 〈四十二章經〉

〔주〕 1)2)3)행동·말·마음 : 원문은 '身·口·意'. 558의 주. 4)~13)살·도·음·양설·악구·망어·기어·탐·진·치 : 17의 '십선업'의 주 참조. 14)성도 : 618의 주. 15)십선행 : 17의 '십선업'과 같다.

1218

보살에는 다섯 가지 착한 행위[1]가 있다. 다섯 가지란 무엇이냐 하면, 첫째는 항상 덕의(德義)[2]를 세움이요, 둘째는 남의 장단점을 찾지 않음이요, 셋째는 자신의 행위[3]를 스스로 반성함이요, 넷째는 항상 진리[4]를 즐김이요, 다섯째는 자신을 생각하지 않고 늘 남을 구함이다. 이것을 다섯 가지 착한 행위라 한다. — 〈彌勒本願經〉

〔주〕 1)착한 행위 : 원문은 '法'. 32의 주. 2)덕의 : 덕. 바른 도(道). 3)자신의 행위 : 원문은 '身行'. 767의 주. 4)진리 : 원문은 '法'. 10의 주.

1219

"또 가섭(迦葉)[1]아, 보살마하살[2]에는 네 가지 착한 행위[3]가 있어서 온갖 선법(善法)[4]을 매어 두나니,[5] 네 가지란 무엇인가? 첫째는 늘 산이나 못가에 머물러 마음에 거짓이 없음이요, 둘째는 은혜를 자기에게 베풀든 안 베풀든 마음에 항상 참음[6]이요, 셋째는 사은(四恩)[7]에 보답할 것을 생각하여 목숨까지도 버림이니, 중생을 위하는 까닭이요, 넷째는 불법(佛法)을 구해[8] 싫증 남을 모름이니, 온갖 선근(善根)[9]을 갖추고자 하는 까닭이다. 이것이 보살의 온갖 선근을 받아들이는 네 가지 착한 행위니라."

— 〈摩訶衍寶嚴經〉

〔주〕 1)가섭 : 252의 주. 2)보살마하살 : 1의 '보살'과 같다. 3)착한 행위 : 원문은 '法'. 32의 주. 4)선법 : 18의 주. 5)매어 둠 : 원문은 '攝受'. Ⓟparyādāna. 6)참음 : 원문은 '忍辱'. 151의 '인'과 같다. 7)사은 : 모든 사람이 받는 네 가지 은혜. 부모・중생・국왕・삼보(三寶)의 은혜. 8)불법을 구함 : 원문은 '求法'. 9)선근 : 17의 주.

1220

"선남자(善男子)[1]야, 다섯 가지 선법(善法)[2]이 있어서 이 계(戒)[3]를 에워싸 항상 증장(增長)[4]케 함이 항하(恒河)[5]의 물 같으니, 다섯이란 무엇인가? 첫째는 자(慈)[6]요, 둘째는 비(悲)[7]요, 셋째는 희(喜)[8]요, 넷째는 인(忍)[9]이요, 다섯째는 신(信)[10]이다. 만약 사람이 무거운 사견(邪見)[11]의 마음을 깨어 의심[12]함이 없다면, 정념(正念)[13]을 갖추어 모습[14]이 청정하며 근본(根本)[15]이 청정하여 악한 각관(覺觀)[16]을 떠나게 되느니라."

— 〈優婆塞戒經〉

〔주〕 1)선남자 : 1의 주. 2)선법 : 18의 주. 3)이 계 : 우바색계(優婆塞戒)를 가리킨다. 4)증장 : 11의 주. 5)항하 : 갠지스 강. Gaṅgā-nadi. 6)자 : 자애(慈愛). 남을 생각해 주는 마음과 말과 행위. Ⓟmettā. 7)비 : 가엾이 여기는 마음. 동정. 애처롭게 여김. anukampa. 8)희 : 기쁨. 남의 즐거움을 기뻐하는 것. 사무량심(四無量心)의 하나. 9)인 : 151의 주. 10)신 : 신앙. Ⓟsaddhā. 11)사견 : 219의 주. 12)의심 : 원문은 '疑網'. 313의 주. 13)정념 : 145의 주. 14)모습 : 원문은 '莊嚴'. 치장된 모습. 계행(戒行)을 이른다. 15)근본 : 행위 자체. 근본업도(根本業道). adhiṣṭhāna. 16)각관 : 79의 주.

행선(行善)의 주의(注意)

1221

온갖 선법(善法)[1]은 불방일(不放逸)[2]이 근본이 된다. — 〈涅槃經〉

〔주〕 1)선법 : 18의 주. 2)불방일 : 251의 주.

1222

부처님께서 아일보살(阿逸菩薩) 등에 이르셨다.

"너희들[1]은 마땅히 선을 짓도록 하라. 무엇이 가장 급한가? 마땅히 스스로 몸을 바로하며,[2] 마음을 바로하며, 눈을 바로하며, 귀를 바로하며, 코를 바로하며, 입을 바로하며, 손을 바로하며, 발을 바로하는 일이다. 또 스스로 조심하여[3] 망령되이 움직이지 말며, 몸과 마음을 깨끗이 하여 서로 잘 어울리도록[4] 하며, 안팎[5]을 단속하여[6] 욕심을 따르지 말고 모든 악을 범하지 않으며, 말과 안색[7]이 늘 화평하고 행동[8]이 항상 한결같아야 한다. 그리고 행보좌기(行步坐起)와 어떤 활동[9]을 함에 있어서는 먼저 잘 생각하고 헤아려야 할 것이니, 제 재능을 재고 도리[10]를 잘 고려하면서 고요한 마음으로 서서히 일해야, 이를 진정한 활동이라 할 수 있다. 경솔하여 미리 잘 헤아리지 못하는 것은 밝지 못한[11] 태도라 할 밖에 없으니, 그 모처럼의 노력[12]이 수포로 돌아가 실패한 데서 오는 뉘우침[13]만이 뒤에 따르게 될 것이다." — 〈無量淸淨平等覺經〉

〔주〕 1)너희들 : 원문은 '若曹'. 2)바로함 : 원문은 '端'. 3)조심함 : 원문은 '檢斂'. 단속함. 삼감. 4)어울림 : 원문은 '相應'. 1150의 주. 여기서는 마음먹은 대로 몸이 움직이는 것. 5)안팎 : 원문은 '中外'. 내부와 외부. 제 마음과 외부

의 세계. 6)단속함 : 원문은 '約束'. 7)말과 안색 : 원문은 '言色'. 8)행동 : 원문은 '身行'. 9)활동 : 원문은 '作事所爲'. 10)도리 : 원문은 '圓規'. 규율. 계율. 11)밝지 못함 : 원문은 '不諦'. 12)노력 : 원문은 '功夫'. 실천. vāyāma. 13)실패한 뉘우침 : 원문은 '敗悔'.

1223

모든 색 중에서는 백색(白色)이 제일이요, 온갖 선법(善法)[1]에서는 불방일(不放逸)[2]이 근본이다. — 〈雜阿含經〉

〔주〕 1)선법 : 18의 주. 2)불방일 : 251의 주.

1224

번뇌(煩惱)[1]의 잘못임을 알며, 번뇌를 따르지 않으며, 사나운 고통[2]을 참으며, 공포심을 일으키지 말 것이다. 이 네 가지를 갖춘 사람은 악을 짓지 않게 된다. 즐겨 선법(善法)[3]을 닦으며, 선악을 분별하며, 정법(正法)[4]을 관찰하며, 중생을 연민하며, 숙명(宿命)[5]을 알아야 할 것이다. 이 다섯 가지를 갖춘 사람은 부동지(不動地)[6]를 얻는다. 남의 비난[7]을 들으면 마음으로 참고, 칭찬을 들으면 마음으로 부끄러워하며, 불도(佛道)를 수행하면서[8] 자만(自慢)[9]치 말며, 남의 떨어져 나감을 보면 화합(和合)[10]하며, 남의 선을 드러내고 허물을 숨기며, 남의 치욕을 말하지 않으며, 번뇌에 원망하는 생각[11]을 일으키고 선법(善法)[12]에 친근한 생각[13]을 일으키며, 부모·사장(師長)[14]을 존경하여[15] 악한 일을 하지 말도록 해야 한다. — 〈優婆塞戒經〉

〔주〕 1)번뇌 : 4의 주. 2)사나운 고통 : 원문은 '惡苦'. 3)선법 : 18의 주. 4)정

법 : 252의 주. 5)숙명 : 620의 주. 6)부동지 : 원문은 '不動'. '부동지'의 준말. 보살의 위계(位階)의 하나. 257의 '위계' 참조. 7)비난 : 원문은 '譏'. Ⓟnindā. 8)불도를 수행함 : 원문은 '行道'. 829의 주. 9)자만 : 오만하여 스스로 뽐내는 것. 10)화합 : 교단이 사이좋게 지내는 것. 친목. Ⓟsameti. 11)원망하는 생각 : 원문은 '怨想'. 12)선법 : 18의 주. 13)친근한 생각 : 원문은 '親想'. 14)사장 : 421의 주. 15)존경함 : 원문은 '供養'. 17의 주.

행선(行善)의 성찰

1225

내가 부모와 형제·처자·권속[1]·친구[2]를 버리고 출가(出家)[3]해 도(道)를 닦으니, 바로 이는 온갖 선업(善業)[4]을 익힐 때요, 불선업(不善業)[5]을 익힐 때가 아니로다.

— 〈涅槃經〉

〔주〕 1)권속 : 537의 주. 2)친구 : 원문은 '知識'. 565의 주. 3)출가 : 27의 주. 4)선업 : 원문은 '善覺'. 170의 '선업'과 같다. 5)불선업 : 원문은 '不善覺'. 착하지 않은 행위. 불선업도(不善業道)·불선업과 같다. aku-śalā-Karmapathāḥ.

1226

사문(沙門)[1]이 된 사람이란 선업(善業)에 눈뜬다는[2] 뜻이니, 내가 이제 불선업(不善業)[3]을 일으킨다면, 어떻게 사문 소리를 듣겠는가? 나는 출가(出家)[4]란 이름을 듣고 있는바, 출가한 사람이란 착한 도(道)[5]를 닦음을 이름이다.

— 〈涅槃經〉

〔주〕 1)사문 : 265의 주. 2)선업에 눈뜸 : 원문은 '覺善覺'. '선각'은 1225의 주. 3)불선업 : 원문은 '不善覺'. 1225의 주. 4)출가 : 27의 주. 5)착한 도 : 원문

은 '善道'. 육도(六道) 중 천상계(天上界)와 인간계를 이르는 말이나, 여기서는 착한 도의 뜻.

1227

보살은 길이 탐욕[1]을 끊기는 했어도, 늘 모든 선법(善法)[2]을 행하고자 하는 욕망만은 버리는 일이 없다. 그리하여 몸으로나 마음으로나[3] 항상 선행(善行)을 닦는다.

— 〈文殊佛境界經〉

〔주〕 1)탐욕 : 원문은 '欲貪'. 822의 주. 2)선법 : 18의 주. 3)몸으로나 마음으로나 : 원문은 '若身若心'.

제6절 지치(知恥)

지치(知恥)의 효능

1228

온갖 부처님께서는 늘 이런 말씀을 설(說)하셨다.

"두 착한 법(法)[1]이 있어서 능히 중생을 구해 주는바, 첫째는 참(慚)이요, 둘째는 괴(愧)다. 참(慚)이란 스스로 죄를 짓지 않음이요, 괴(愧)란 남을 가르쳐서 죄를 짓지 않게 함이다. 참(慚)이란 내심으로 제 죄를 스스로 부끄러워함이요, 괴(愧)란 남에게 제 죄를 고백함이다. 그리고 참(慚)이란 사람에 대해 죄를 부끄러워함이요, 괴(愧)란 하늘에 대해 부끄러워함이다. 이런 두 말을 합쳐 참괴(慚愧)라 하거니와, 참괴가 없는 자는 사람이라기보다 축생(畜生)[2]이라고 해야 한다. 참괴가 있는 까닭에 부모·

형제·자매도 있을 수 있는 것이다." — 〈涅槃經〉

〔주〕 1)착한 법 : 원문은 '白法'. 158의 주. 2)축생 : 26의 주.

〔풀이〕 참괴에 대해서는 613의 주에서 약간 언급한 바 있지만, 여기에 그 전통적 해석이 나열되어 있는 셈이다. 세 가지 정의(定義) 사이에는 약간의 모순도 있으나, 이것은 전해 오는 여러 설을 모아 놓은 것으로 보면 된다.

1229

만약 여러 가지 죄를 지었으면 숨기지[1] 말고 감추지 말 일이다. 숨기지 않으면 죄가 가벼워질 것이며, 만약 부끄러움을 느낄 때는 죄가 소멸되고 말 것이다. — 〈涅槃經〉

〔주〕 1)숨김 : 원문은 '覆'. 제 죄를 숨기는 것. mrakṣa.

1230

제가 저지른 불선(不善)에 창피한 마음[1]을 지니며, 모든 부처님께 부끄러운 마음[2]을 일으켜, 참괴(慚愧)[3]를 갖추어 육근(六根)[4]을 지킨다면, 일체지(一切智)의 마음[5]이 빛나게 갈아지리라.[6] — 〈海意菩薩所問經〉

〔주〕 1)창피한 마음 : 원문은 '愧心'. 남을 상대로 제 죄를 부끄러워하는 마음. 2)부끄러운 마음 : 원문은 '慚心'. 제 죄를 반성하여 부끄러워하는 마음. 3)참괴 : 613의 주. 4)육근 : 원문은 '諸根'. 764의 주. 5)일체지의 마음 : 원문은 '一切智心'. 17의 '일체지'와 같다. 6)빛나게 갈아짐 : 원문은 '磨瑩'. 연마되어 빛남.

1231

만약 사람에게 참괴(慚愧)[1)]하는 마음이 있으면, 지혜[2)]를 완성할 가능성이 있다. 그러므로, 이런 사람은 가르쳐 나아가게 하기[3)] 쉬워서 양마(良馬)를 채찍질하는 것과 같다. ― 〈法集要頌經〉

〔주〕 1)참괴 : 613의 주. 2)지혜 : 107의 주. 3)가르쳐 나아가게 함 : 원문은 '誘進'.

1232

불공견보살(不空見菩薩)이 부처님께 아뢰었다.

"어찌하여 보살마하살[1)]이 참괴(慚愧)[2)]에 안주(安住)하여, 저 참괴할 줄 모르는 마음을 떠난 다음에야 이 삼매(三昧)[3)]를 얻게 되나이까?"

그 때에 부처님께서 불공견보살에게 이르셨다.

"불공견아, 만약 보살이 있어서 늘 참괴를 행한다면, 이 보살은 갖가지 악한 일을 저지를 때마다 참괴할 것이다. 바꾸어 말하면 몸으로 악을 행했을 때에도 곧 참괴하는 생각을 일으키며, 입으로 악을 행했을 때에도 곧 참괴하는 생각을 일으키며, 마음으로 악을 행했을 때에도 곧 참괴하는 마음을 일으키며, 게으른 마음이 생겼을 때에도 또한 참괴하는 생각을 일으키며, 질투심이 생겼을 때에도 참괴하는 생각을 일으키며, 온갖 부처님 계신 곳[4)]에 대해서도 참괴하는 생각을 일으키며, 대보살(大菩薩)[5)]이 있는 곳에 대해서도 참괴하는 생각을 일으키며, 보살승(菩薩乘)[6)]에 머무르는 모든 중생이 있는 곳에 대해서도 참괴하는 생각을 일으키며, 성문승(聲聞乘)[7)]의 사람이 있는 곳에 대해서도 참괴하는 생각을 일으키며, 벽지불승(辟支佛乘)[8)]의 사람이 있는 곳에 대해서도 참괴하는 생각을 일으키며, 인천(人天)[9)]이 있는 곳에 대해서도 참괴하는 생각을 일으킬 것이다. 그러면 어떤 것이 참괴인가? 소위 남에 대해 항상 부끄러워하며, 자신에 대해서도 부끄러워하며, 요컨대 온갖 악한 일에 머무르는 까닭에 늘 부끄러워함을 이른다. 이같이 참괴에 머무르면, 모든 무참무괴(無慚無愧)[10]를 떠나 악을 없애고 착한 일을 사유(思惟)[11]하여 불법(佛法)의 완성이라는 무거운 짐[12]을 걸머지게 되며, 체성(體性)[13]이 청정해 계율(戒律)을 손상함[14]이 없기 때문에 아무도 비방하지 못하게 된다. 이런 보살은 손상 없는[15] 신업(身業)[16]을 항상 갖추며, 손상 없는 구업(口業)[17]을 항상 갖추며, 손상 없는 의업(意業)[18]을 항상 갖출 것이다. 그리고 이것들을 갖춘 다음에는 능히 삼매(三昧)에 머무르고, 삼매에 머무르고 나면 온갖 부처님을 뵈어 늘 떠나지 않으며, 부처님네의 설하시는 뛰어난 가르침[19]을 들어 늘 떠나지 않으며, 온갖 신성한 교단[20]을 존경하여[21] 늘 떠나지 않게 될 것이다. 이런 것을 갖춘 그 다음에는 능히 최고의 깨달음[22]을 속히 성취하기에 이르느니라."

— 〈大集經〉

〔주〕 1)보살마하살 : 1의 '보살'과 같다. 2)참괴 : 613의 주. 3)삼매 : 154의 주. 4)부처님 계신 곳 : 원문은 '如來所'. 516의 '불소'와 같다. 5)대보살 : 불퇴(不退)의 단계에 이른 보살. 팔지(八地) 이상의 보살. 6)보살승 : 이타(利他)에 중점을 둔 대승의 가르침. 모든 사람을 성불시키려 하기에 불승(佛乘)이라고도 한다. bodhisattva-yāna. 7)성문승 : 자신의 깨달음을 위해 수행하는 성자를 위해 설해진 가르침. śrāvaka-yāna. 8)벽지불승 : 혼자 수행하는 사람의 깨달음을 위해 설해진 가르침. 연각승(緣覺乘)이라고도 한다. pratyeka-buddha-yāna. 9)인천 : 21의 주. 10)무참무괴 : '무참'과 '무괴'는 각기 773의 주. 11)사유 : 97의 주. 12)무거운 짐 : 원문은 '重擔'. 1099의 주. 13)체성 : 39의 주. 14)계율을 손상함 : 원문은 '毁犯'. 413의 주. 15)손상 없는 : 원문은 '無毁'. 16)신업 : 616의 '신구의업'의 주 참조. 17)구업 : 616의 '신구의업'의 주 참조. 18)의업 : 616의 '신구의업'의 주 참조. 19)뛰어난 가르침 : 원문은 '妙法'. 부처님

의 가르침. udāra-dharma. 20)신성한 교단 : 원문은 '聖僧'. 455의 주. 21)존경함 : 원문은 '恭敬供養'. 존경하여 그 규정을 따르는 것. 22)최고의 깨달음 : 원문은 '阿耨多羅三藐三菩提'. 17의 주.

1233

참괴(慚愧)[1]는 곧 중생이 짓는 선법(善法)[2]의 표시[3]다. — 〈大雲經〉

〔주〕 1)참괴 : 613의 주. 2)선법 : 18의 주. 3)표시 : 원문은 '衣服'. '선법의 의복'이란, 선법의 표시란 뜻일 것이다.

1234

모든 번뇌의 더러움[1]에 대해 부끄러워하는 것은 배나 수레 같으니, 이 부끄러움으로 말미암아 깨달음을 지향하는 마음[2]을 일으키게 된다.

— 〈尊婆須蜜論〉

〔주〕 1)모든 번뇌의 더러움 : 원문은 '諸結穢惡'. 2)깨달음을 지향하는 마음 : 원문은 '道意'. 423의 주.

1235

참괴(慚愧)[1]도 재물이니라. — 〈法句經〉

〔주〕 1)참괴 : 613의 주.

1236

능히 참괴(慚愧)[1]할 줄 알면, 이를 가르쳐 나아가게 할[2] 수 있다고 이

른다. 이런 사람은 좋은 말을 채찍질하는 것과 같아서, 먼 길을 가게 할 수 있다. — 〈法句經〉

〔주〕 1)참괴 : 613의 주. 2)가르쳐 나아가게 함 : 원문은 '誘進'. 1231의 주.

1237

참괴(慚愧)[1]할 줄 아는 비구(比丘)[2]는 극락(極樂)[3]에 가게 된다. 이 세상[4]의 번뇌[5]를 끊는 까닭이다. — 〈善見律〉

〔주〕 1)참괴 : 613의 주. 2)비구 : 84의 주. 3)극락 : 원문은 '安樂'. 극락정토의 이명(異名). 4)이 세상 : 원문은 '今世'. 607의 주. 5)번뇌 : 원문은 '惱漏'. 괴롭히는 번뇌.

1238

세상에서 참(慚)[1]과 괴(愧)[2]의 두 가지를 성취하는 사람이 있다면, 청정한 깨달음을 늘려 가 생사(生死)의 문[3]을 영원히 닫아 버리게 된다.

— 〈雜阿含經〉

〔주〕 1)참 : 1230의 '참심'과 같다. 2)괴 : 1230의 '괴심'과 같다. 3)생사의 문 : 원문은 '生死門'. 생과 사에 들어갔다 나갔다 하는 윤회를 비유한 말.

1239

깊이 참괴[1]하는 생각을 내서 뉘우쳐 고치고자[2] 한다면, 선법(善法)[3]을 짓지 못함이 없을 것이다. — 〈本事經〉

〔주〕 1)참괴 : 613의 주. 2)뉘우쳐서 고침 : 원문은 '改悔'. kaukṛtya. 3)선법 : 18의 주.

1240

참괴(慚愧)[1]의 물로 번뇌의 더러움[2]을 씻어 낸다면, 몸과 마음은 함께 청정한 그릇으로 바뀐다. ―〈心地觀經〉

〔주〕 1)참괴 : 613의 주. 2)번뇌의 더러움 : 원문은 '塵勞'. 450의 주.

1241

외부의 사물을 받아들이는[1] 태도를 버리고, 즐겨 뛰어나고 바른 활동[2]을 닦아 간다면, 그 과보(果報)로서의 이익[3]이 넓고 클 것이다. 그러므로 여러 주색(酒色)과 가무(歌舞)와 창기(倡伎)[4]의 갖가지 재주[5]와 모든 놀이[6]에, 항상 부끄러워하는[7] 생각을 일으켜 속히 그것들을 떠나도록 해야 한다. ―〈地持經〉

〔주〕 1)외부의 사물을 받아들임 : 원문은 '受用'. 185의 주. 여기서는, 외부의 자극에 끌리는 일. 2)뛰어나고 바른 활동 : 원문은 '勝業'. 3)과보로서의 이익 : 원문은 '報利'. 4)창기 : 679의 주. 5)재주 : 원문은 '變現'. 몸을 바꾸어 나타내는 재주. 6)놀이 : 원문은 '戲事'. 7)부끄러워함 : 원문은 '慚愧'. 613의 주.

1242

만약 세상 사람이 있어서 부끄러움[1]을 안다면, 이런 사람은 가르쳐 나아가게 하기[2] 쉬워서 좋은 말을 채찍질하는 것과 같을 것이다. ―〈字經〉

〔주〕 1)부끄러움 : 원문은 '慚愧'. 613의 주. 2)가르쳐 나아가게 함 : 원문은 '誘進'. 1231의 주.

1243

부끄러움[1]이 없어서 죄를 두려워하지 않으면, 뒤에 가서 지옥의 고통을 받아야 할 것이다. — 〈法集要頌經〉

〔주〕 1)부끄러움 : 원문은 '慚'. 1230의 '참심'과 같다.

1244

제 잘못을 부끄러워 안 하면 도리어 부끄러움을 당할 것이며, 스스로 부끄러워하는 사람은 부끄러워하지 않아도 될 것이다. — 〈法集要頌經〉

1245

부끄러움[1]이라는 '의복'은 온갖 치장[2] 중에서 으뜸가는 치장이니, 부끄러움은 칼[3]과 같아서 사람의 그릇된 일[4]을 제지한다.[5] 그러기에 비구(比丘)[6]는 늘 부끄러움을 지녀서 잠시도 이를 버리는[7] 일이 있어서는 안 된다. 만약 부끄러워하는 마음을 떠난다면 모든 공덕(功德)[8]을 잃고 말 것이다. 그러므로 부끄러워할 줄 아는 사람은 선법(善法)[9]을 지니려니와, 부끄러워할 줄 모르는 사람은 모든 금수와 다를 바가 없어져 버린다.

— 〈遺敎經〉

〔주〕 1)부끄러움 : 원문은 '慚恥'. 2)치장 : 원문은 '莊嚴'. 239의 '보장엄' 참조. 3)칼 : 원문은 '鐵鉤'. '鉤'는 칼과 같으나 굽은 것. 끌어당겨서 죽이는 무기. 4)그릇된 일 : 원문은 '非法'. 36의 주. 5)제지함 : 원문은 '制'. 6)비구 : 84

의 주. 7)버림 : 원문은 '替'. 8)공덕 : 208의 주. 9)선법 : 18의 주.

지치(知恥)의 종류

1246

사문(沙門)[1]이 산길을 가는데, 속옷이 풀려 땅에 떨어졌다. 그는 좌우를 돌아보고 나서 천천히 옷을 끌어당겨 입었다. 산신(山神)이 사문에게 말했다.

"이곳에는 사람[2]이라곤 없다. 옷이 떨어졌다고 해서, 왜 기는 듯이 몸을 굽히고 입는가?"

사문이 대답했다.

"산신도 나를 보았고, 나 역시 나를 보았고, 일월과 제천(諸天)[3]도 나를 보았으니, 몸을 드러내서는 안 된다. 부끄러움[4]이 없으면 부처님의 제자가 아니다." — 〈舊雜譬喩經〉

〔주〕 1)사문 : 265의 주. 2)사람 : 원문은 '人民'. 24의 주. 3)제천 : 161의 주. 4)부끄러움 : 원문은 '慚愧'. 613의 주.

1247

"불자(佛子)[1]야, 어떤 것이 보살의 참괴(慚愧)의 근거[2]가 되는가? 보살은 과거에 지은 온갖 죄악[3]을 잊지 않고 생각해 내어,[4] 부끄러워하는 마음을 일으키느니라." — 〈華嚴經〉

〔주〕 1)불자 : 78의 주. 2)참괴의 근거 : 원문은 '慚藏'. 3)죄악 : 원문은 '業'. 악업(惡業)이니, 죄를 이른다. 4)잊지 않고 생각함 : 원문은 '憶念'. 55의 주.

1248

부끄러워하는[1] 것에는 두 가지가 있으니, 하나는 본성[2]에서 나오는 부끄러움이요, 둘째는 남으로 말미암아[3] 생기는 부끄러움이다. 본성에서 나온다 함은, 제가 저지른 그릇된 일[4]을 스스로 인식하고, 거기서 올 악한 과보(果報)[5]를 두려워해서 부끄러워함이며, 남으로 말미암아 생긴다 함은, 제가 지은 악을 남이 알까 두려워하여 부끄러워함이니, 본성에서 나오는 부끄러움은 외부와의 관계 때문에 생기는 것과는 구별되어야 한다. 통틀어 부끄러움에는 네 가지 종류가 있다. 첫째는 제 능력으로는 할 수 없는[6] 일 때문에 부끄러워함이요, 둘째는 할 수 있는[7] 일을 하지 못했기 때문에 부끄러워함이요, 셋째는 마음에 저절로 의혹이 생기기 때문에 부끄러워함이요, 넷째는 죄를 숨기고[8] 남이 알까 겁이 나서 부끄러워함이 이것이다.

— 〈善戒經〉

〔주〕 1)부끄러워함 : 원문은 '慚愧'. 613의 주. 2)본성 : 원문은 '性'. 40의 주. 3)남으로 말미암음 : 원문은 '因緣'. 남이 조건이 되는 것. 남에게 의속하는 관계. Ⓟpaṭicca. 4)그릇된 일 : 원문은 '非法'. 36의 주. 5)악한 과보 : 원문은 '惡報'. 618의 주. 6)제 능력으로는 할 수 없음 : 원문은 '不可作'. 7)할 수 있음 : 원문은 '可作'. 8)숨김 : 원문은 '覆藏'. Ⓟpaṭicchādeti.

지치(知恥)의 권고

1249

부끄러워할 줄 아는 사람[1]을 보았을 때는, 부끄러움을 아는 수행(修行)[2]을 갖춤으로써 침범당하지 않도록 육근(六根)[3]을 깊이 감추어 보호해야[4] 하며, 부끄러워할 줄 모르는 사람을 보았을 때는, 부끄러움을 모

르는 태도를 버리고 대자(大慈)의 불도(佛道)[5]에 마음이 머무르도록 해야 한다. — 〈華嚴經〉

〔주〕 1)부끄러워할 줄 아는 사람 : 원문은 '慚恥心'. 2)부끄러움을 아는 수행 : 원문은 '慚恥行'. 3)육근 : 원문은 '諸根'. 764의 주. 4)깊이 감추어 보호함 : 원문은 '藏護'. 5)대자의 불도 : 원문은 '大慈道'.

1250

사문(沙門)[1]이란 스스로 반성하여 부끄러워할[2] 줄 알고, 남을 대해서도 부끄러워할[3] 줄 아는 사람을 이른다. 그러므로 계(戒)[4]를 수행(修行)하는[5] 사람은 의당 이 부끄러움 속에서 수행해야 한다. — 〈四分律〉

〔주〕 1)사문 : 265의 주. 2)스스로 반성해 부끄러워함 : 원문은 '慚'. 1230의 '참심'과 같다. 3)남을 대해 부끄러워함 : 원문은 '愧'. 1230의 '괴심'과 같다. 4)계 : 18의 주. 5)수행함 : 원문은 '學'. 482의 주.

1251

혹 악한 짓[1]을 했을 때는, 빨리 뉘우치고 늘 부끄러워해야[2] 하며, 그 악한 짓을 기뻐해서는 안 된다. — 〈瑜伽師地論〉

〔주〕 1)악한 짓 : 원문은 '惡業'. 170의 주. 2)부끄러워함 : 원문은 '恥愧'. maṅku-bhāva.

제7절 회개(悔改)

회개의 효력

1252

먼저 악을 저질렀다 해도 뒤에 이를 고백[1]하며, 뉘우치고 나서는 부끄러워하여[2] 다시 그런 악을 저지르지 말도록 할 일이다. 탁한 물에 마니주(摩尼珠)[3]를 놓으면 마니주의 힘[4]으로 인해 물은 곧 맑아지고, 또 안개나 구름이 걷히면 달은 곧 청명해지거니와, 악을 짓고도 능히 회개하는 경우에는 역시 이와 같을 것이다. — 〈涅槃經〉

〔주〕 1)고백 : 원문은 '發露'. 저지른 죄를 숨기지 않고 고백하는 것. vivṛta-pāpa. 2)부끄러워함 : 원문은 '慚愧'. 613의 주. 3)마니주 : 원문은 '明珠'. 292의 '마니주'와 같다. 4)힘 : 원문은 '威力'. 182의 주.

1253

설사 죄를 범한 것[1]이 있더라도 곧 참회해야 할 것이니, 뉘우치고 나면 깨끗해지게 마련이다. — 〈涅槃經〉

〔주〕 1)죄를 범한 것 : 원문은 '所犯'. 불교의 계율을 깨는 행위를 이른다.

1254

만약 선남자(善男子)[1] · 선녀인(善女人)[2]이 부처님께서 제정하신 모든 계율[3]을 범하고 여러 악행[4]을 저질렀다 해도, 보살의 대비(大悲)에 넘치는 이름[5]을 듣고 오체(五體)를 땅에 던져[6] 성심으로 참회하는 경우에는,

이 모든 악행이 빨리 스러져 청정해진다. — 〈彌勒上生經〉

〔주〕 1)선남자 : 1의 주. 2)선녀인 : 360의 주. 3)부처님께서 제정하신 계율 : 원문은 '禁戒'. 455의 주. 4)악행 : 원문은 '惡業'. 170의 주. 5)대비에 넘치는 이름 : 원문은 '大悲名字'. 6)오체를 땅에 던짐 : 원문은 '五體投地'. 두 팔꿈치와 두 무릎과 머리를 땅에 대고 절하는 것. 이것은 최대의 경례. pañca-maṇḍala-namaskāra.

1255

악이 있어도 잘못임을 알아서 과실을 고쳐 선을 행한다면, 죄가 날로 스러져, 후일에 가서는 꼭 깨달음을 얻게[1] 될 것이다. — 〈四十二章經〉

〔주〕 1)깨달음을 얻음 : 원문은 '得道'. 505의 주.

1256

비유컨대 금빛의 꽃 천 근이 진짜 금 한 냥(兩)만 못한 것같이, 죄를 아무리 많이 지었대도 조그만 선(善)의 덕에는 미치지 못한다. 부처님을 비방하는[1] 것은, 소경이 제가 보지 못하므로 남도 제 악한 일을 보지 않는 줄 생각하는 것과 같으니, 부처님 앞에서 대중[2]을 향해 참회해야 한다. 죄는 자성(自性)[3]이 본디 없는 까닭에, 좋은 인연[4]을 따르면 없어지게 마련이다. — 〈涅槃經〉

〔주〕 1)비방함 : 원문은 '譏'. 못 보는 데서 흉을 보는 것. 비난하는 것. 2)대중 : 83의 주. 3)자성 : 51의 주. 4)좋은 인연 : 원문은 '善緣'. 불도의 인연이 되는 좋은 일. 보살의 교화 따위.

1257

"불자(佛子)[1]야, 마땅히 삼세(三世)[2]의 죄악[3]을 뉘우쳐야 하느니라. 과거에 지은 신구의(身口意)[4]의 십악(十惡)[5]을 절대로[6] 일으키지 않으며, 현재에서도 신구의의 십악을 절대로 일으키지 않으며, 미래에 있어서도 신구의의 십악을 절대로 일으키지 않겠다고, 이같이 과실을 뉘우치면,[7] 삼업(三業)[8]이 청정하여 맑은 유리 모양 마음과 몸[9]이 밝게 비칠 것이다."

— 〈菩薩瓔珞本業經〉

〔주〕 1)불자 : 78의 주. 2)삼세 : 39의 주. 3)죄악 : 원문은 '罪過'. 죄와 과실. 4)신구의 : 558의 주. 5)십악 : 원문은 '十惡罪'. 십악과 같다. 17의 '십선업' 참조. 6)절대로 : 원문은 '畢竟'. 57의 주. 7)과실을 뉘우침 : 원문은 '悔過'. Ⓟ paṭideseti. 8)삼업 : 558의 '신구의'와 같다. 9)마음과 몸 : 원문은 '內外'.

1258

전에는 깨닫지[1] 못했기 때문에 악업(惡業)[2]을 일으켰을지라도, 지금은 깨달았기 때문에 부끄럽게 여기는 마음[3]이 있어서 악업을 일으키지 않는다면, 멸상(滅相)[4]의 더러움이 그쳐서 일어나지 않게 될 것이다.

— 〈釋摩訶衍論〉

〔주〕 1)깨닫다 : 원문은 '覺知'. 55의 주. 2)악업 : 170의 주. 3)부끄럽게 여기는 마음 : 원문은 '慚愧心'. 4)멸상 : 유위법(有爲法)이 현재로부터 과거의 것이 되고 마는 원리. 온갖 현상의 소멸하는 모습. 사유위법(四有爲法)의 하나.

〔풀이〕 악을 저지르는 것은 허깨비 같은 욕망을 좇는 일이어서, 무상(滅相의 더러움) 속에 부침(浮沈)하는 결과를 가져올 수밖에 없으나, 이런 행위를 그치기만 한다면 생멸(生滅)을 초월한 진리의 세계에 들어갈 수 있다는 취지이다.

1259

"아난(阿難)[1)]아, 만약 보살승(菩薩乘)[2)]을 닦는 사람이 서로 다투는[3)] 일이라든가 내지는 헐뜯는[4)] 일을 곧 뉘우쳐 그만둔다면,[5)] 나는 그를 위해 죄를 용서받는[6)] 방법을 설해 주리라." — 〈父子合集經〉

〔주〕 1)아난 : 6의 주. 2)보살승 : 1232의 주. 3)다툼 : 원문은 '鬪諍'. 다툼과 논쟁. Ⓟkalaha. 4)헐뜯음 : 원문은 '訶毁'. 5)뉘우쳐 그만둠 : 원문은 '悔捨'. 6)죄를 용서받음 : 원문은 '出罪'. 비구가 죄를 용서받아 교단에 복귀하는 것. 죄를 참회한 비구가 교단에 돌아오는 것. Ⓟabbheti.

1260

사람이 있어서 처음에는 오욕(五欲)[1)]에 집착(執着)해[2)] 악행[3)]을 저질렀다 해도, 뒤에 가서 선지식(善知識)[4)]을 가까이함으로써 부처님의 뛰어난 가르침[5)]을 듣고, 생각에 골몰하여[6)] 욕망[7)]을 버리고 다시는 악행을 저지르지 않는다면, 이 사람은 즐거움 속에 즐거움을 낳고 기쁨 속에 다시 기쁨을 낳는 것이 된다. — 〈人仙經〉

〔주〕 1)오욕 : 1의 주. 2)집착함 : 원문은 '受'. 십이인연(十二因緣)의 아홉째인 취(取)와 같다. upādāna. 3)악행 : 원문은 '不善業'. 착하지 않은 행위. akuśalā karmapathāḥ. 4)선지식 : 원문은 '善友'. 311의 주. 5)부처님의 뛰어난 가르침 : 원문은 '妙法'. 1232의 주. 6)생각에 골몰함 : 원문은 '繫念思惟'. pratismṛta. 7)욕망 : 원문은 '欲樂'. 97의 주.

1261

저지른 악업(惡業)[1)]이 있어도, 마음을 돌려[2)] 고백해서[3)] 앞서의 잘못을 반성해 깨닫고[4] 마음을 집중하여[5] 거듭 참회한다면, 비록 악업을 지었다 해도 그 과보(果報)[6]를 받지 않는다. — 〈分別善惡報應經〉

〔주〕 1)악업 : 170의 주. 2)마음을 돌림 : 원문은 '廻心'. 3)고백함 : 원문은 '發露'. 1252의 주. 4)반성해 깨달음 : 원문은 '省悟'. 5)마음을 집중함 : 원문은 '作意專注'. 마음을 흩어지지 않게 한 곳으로 집중하는 것. 6)과보 : 원문은 '果'. 409의 주.

1262

옛날에 한 외아들이 있었다. 어렸을 적에 그 부모는 몹시나 사랑해서 온갖 정성을 쏟았다. 그래서 그를 훌륭한 사람으로 만들기 위해 선생[1]에게 나아가 공부하도록 했으나, 그 아이는 건방져[2] 영영 공부할 생각은 안 해서 아침에 배운 것을 저녁에는 내어던져 익히려 아니했다. 그러므로 이렇게 몇 년을 지내는 동안, 아는 것이라곤 아무것도 없었다.

공부시키기를 단념한 부모는 아들을 불러 돌아오게 한 다음, 가사를 돌보게 했다. 그러나 그의 마음은 여전히 교만하고 방탕하여,[3] 조금도 힘들여 일할 생각은 하지 않았으므로, 가세는 마침내 궁해지고 모든 일이 형편없이 되고 말았다. 그러나 그의 방종은 여전하여 돌보는 것이 없어서, 심지어는 집안의 살림살이까지 내다가 팔아 제멋대로 놀아났다. 그런 나머지 마침내는 머리를 흐트러뜨리고 맨발인 채 돌아다니기에 이르렀고, 의복도 형편없이 더러운 것을 입고 나다녔다. 거기다가 인색하고[4] 욕심이 많아 부끄러움을 피하지 않고, 어리석은 짓만 저지르며 살았다. 그러므로 그 고장 사람들이 다 미워하여, 출입하고 걸어다닐 때 말을 나누는 자도 없게 되었다.

그러나 제 악행을 스스로 깨닫지 못한 그는 도리어 여러 사람들을 탓했고, 위로는 부모를 원망하고 다음으로는 스승을 책망했다. 그리고 또 생각하기를, '조상의 영혼이 도와 주지 않아서, 나로 하여금 영락하여 이같이 불행하게[5] 하니, 부처님을 섬겨 그 복을 얻는 것이 좋겠다' 하고, 부처님 계신 곳에 이르러 부처님께 인사하고 아뢰었다.

"불도(佛道)[6]는 광대해서 용납하지 않는 것이 없다고 들었습니다. 원컨대 제자가 되고자 하오니 허락해 주시옵소서."

부처님께서 이르셨다.

"불도를 구하고자 할진대 청정한 행위[7]를 해야 하는데, 네가 세속의 더러움을 지닌 채 내 가르침 속에 들어온들 무슨 큰 이익이 있겠느냐? 어서 집에 돌아가 효로 부모를 섬기고, 스승의 가르침을 외우고 익혀 죽도록 잊지 말 것이며, 가업에도 부지런히 힘써서 부유해 걱정이 없도록 해라. 그리고 예의로 스스로를 단속하여 옳지 않은 일을 범하지 말며, 몸과 옷을 깨끗이 하고 언행을 삼가야 할 것이다. 그리하여 마음을 한 곳에 집중해[8] 의무[9]를 민첩하게 행해 노력한다면, 남의 칭송을 듣게 될 것이다. 이렇게 행동해야 도를 배울 수 있느니라."

이렇게 말씀하신 부처님께서는 게(偈)[10]를 설하셨다.

"가르침 안 외움은 말의 더러움,
부지런치 않음은 집의 더러움,
깨끗하지 않음[11]은 몸의 더러움,
방종은 하는 일의 더러움 되고,
인색은 보시(布施)[12]의 더러움 되고,
악은 행동의 더러움 되고,
금세(今世)·후세(後世)에 악한 짓들은
항상 더러움이 되는 줄 알라.

그러나 그 모든 더러움 중에
어리석음 같은 것 다시 없나니,
수행해[13] 마땅히 이를 버리라.
더러움이 없어야 비구(比丘)[14]이니라."

그 사람은 이 게를 듣자, 자기의 교만했던 어리석음[15]을 스스로 깨닫고, 부처님의 가르침을 받들어 기뻐하며 돌아갔다.

그리하여 부처님이 설하신 게의 도리를 생각하고, 뉘우쳐 자기 행동을 고쳐 갔다. 부모를 효로 섬겼으며 스승과 선배[16]를 존경했으며, 부처님의 가르침[17]을 존경했다. 또 가업에 힘썼으며, 계(戒)[18]를 받들어 스스로 수양하여[19] 도(道) 아니면 행하지 않았다. 그래서 친척[20]들은 그를 효자라 일컫고, 그 고장 사람들[21]은 공손하다 일컬어, 착한 소문이 널리 퍼져 온 나라가 다 그를 어질다고 칭송하게 되었다.

이렇게 3년이 지난 뒤에, 그는 다시 부처님 계신 곳[22]에 이르러 오체(五體)를 땅에 던져 예를 드리고[23] 마음 아파하면서[24] 스스로 말했다.

"가르침이 지극히 진실하셨기에 몸을 보존하옵고, 악을 버리고 선을 행해 상하(上下)가 다 기쁨을 입사오니, 원컨대 대자(大慈)[25]를 드리우사 거두어[26] 도를 배우게 하소서."

부처님께서 "좋다"고 허락하셨으므로 수염과 머리를 깎고 사문(沙門)[27]이 되었다. 그리하여 속으로 지관(止觀)[28]을 생각하며, 사제(四諦)[29]와 팔정도(八正道)[30]에 정진해 날로 나아가서 마침내 나한도(羅漢道)[31]를 얻었다.

— 〈法句譬喩經〉

〔주〕 1)선생 : 원문은 '師友'. 스승과 함께 배우는 벗. 그러나 선우(善友)의 예에서처럼, 우(友)에는 스승에 가까운 뜻이 있으므로, 여기서는 주로 스승을 가리킨다고 보는 것이 좋겠다. 2)건방짐 : 원문은 '憍蹇'. 교만. 3)교만하고 방

탕함 : 원문은 '憍誕'. 4)인색함 : 원문은 '慳貪'. 515의 주. 5)불행함 : 원문은 '轗軻'. 6)불도 : 22의 주. 7)청정한 행위 : 원문은 '淸淨行'. brahmaṇya. 8)마음을 한 곳에 집중함 : 원문은 '執心守一'. 9)의무 : 원문은 '所作事辦'. 10)게 : 9의 주. 11)깨끗하지 않음 : 원문은 '不嚴'. 치장하지 않는 것. 겉모양을 예의에 맞게 꾸미지 않는 일. 12)보시 : 원문은 '惠施'. 314의 주. 13)수행함 : 원문은 '學'. 482의 주. 14)비구 : 84의 주. 15)교만한 어리석음 : 원문은 '憍癡'. 16)스승과 선배 : 원문은 '師長'. 421의 주. 17)부처님의 가르침 : 원문은 '經道'. 620의 주. 18)계 : 18의 주. 19)스스로 수양함 : 원문은 '自攝'. 20)친척 : 원문은 '宗族'. 602의 주. 21)고장 사람들 : 원문은 '鄕黨'. 지방. 또 그곳의 사람. 22)부처님 계신 곳 : 원문은 '佛所'. 516의 주. 23)오체를 땅에 던져 예를 드림 : 원문은 '五體作禮'. 1254의 '오체투지'와 같다. 24)마음 아파함 : 원문은 '墾惻'. 측은해 함. 25)대자 : 162의 '대자비' 참조. 26)거둠 : 원문은 '接度'. 거두어 구하는 것. 27)사문 : 265의 주. 28)지관 : 251의 주. 29)사제 : 357의 풀이. 30)팔정도 : 원문은 '正道'. 팔정도를 이른다. 357의 풀이. 그러나 '정도'에는 바른 도란 뜻도 있으므로, '四諦正道'를 '사제의 바른 도리'로 해석해도 통한다. 31)나한도 : 906의 주.

1263

능히 과실을 스스로 고치는 사람은 과실이 없는 것과 같다.

— 〈採花違王經〉

1264

과거의 몸으로 지은 악업(惡業)[1]을 스스로 뉘우쳐 방종에 흐르지 않으면,[2] 지혜가 생겨 죄를 제거해 없앤다. 과거의 입으로 지은 악업을 스스로 참회하여 거짓말하지 않으면, 지혜가 생겨 죄를 제거해 없앤다. 과거의 마음으로 지은 악업을 스스로 참회하여 마음이 항상 청정하면, 지혜가 생겨 죄를 제거해 없앤다.

〔주〕 1)악업 : 170의 주. 2)방종에 흐르지 않음 : 원문은 '不放逸'. 251의 주.

1265

전에는 애욕[1)]에 빠졌다 해도 뒤에 가서 이를 고쳐 다시 범하지 않는다면, 그 광명이 세상을 비치기를 구름이나 안개가 걷힌 달과 같으리라.

— 〈鴦崛髻經〉

〔주〕 1)애욕 : 원문은 '婬逸行'. 애욕에서 나오는 행위.

1266

어찌 부처님의 바른 가르침[1)]을 받들어 귀의(歸依)하고[2)] 제 저지른 죄를 고백지[3)] 않으랴! 잘못을 뉘우쳐 악한 마음을 씻어내면 제도(濟度)[4)]받지 못함이 없느니라.

— 〈梵天神策經〉

〔주〕 1)부처님의 바른 가르침 : 원문은 '正法'. 252의 주. 2)귀의함 : 원문은 '歸命'. 414의 주. 3)고백함 : 원문은 '發露'. 1252의 주. 4)제도 : 162의 주.

1267

뉘우침도 선심(善心)이다.

— 〈尊婆須蜜經〉

〔**풀이**〕 선심이란 착한 마음의 뜻이지만, 아비달마(阿毘達磨)의 주장에 의하면, 참(慚)・괴(愧)의 이법(二法)과, 무탐(無貪)・무진(無瞋)・무치(無癡)의 삼근(三根)에 상응해서 일어나는 마음으로 되어 있다. 그러므로 뉘우침(悔) 또

한 선심에 포함시킬 만하다고 말한 것인 듯하다.

1268

비록 잘못[1]이 있어도 그 과실을 뉘우치면, 넘어진[2] 말을 채찍으로 친 다음에 제어(制御)하는[3] 셈이 된다. — 〈出曜經〉

〔주〕 1)잘못 : 원문은 '愆咎'. 2)넘어짐 : 원문은 '蹶躓'. 헛디뎌서 쓰러지는 것. 3)제어함 : 원문은 '調伏'. 21의 주.

1269

만약 무거운 죄를 지었어도 자책(自責)하고 참회(懺悔)[1]하여 다시는 죄를 짓지 않는다면, 능히 근본업(根本業)[2]을 뽑아 버릴 수 있다. — 〈業報差別經〉

〔주〕 1)참회 : 613의 주. 2)근본업 : 근본죄(根本罪)와 같다. 승려로서의 결정적인 중죄. 살인·투도(偸盜)·음사(婬事)·대망어(大妄語).

1270

백 년이나 지난 때가 묻은 옷이라도 하루의 빨래로 깨끗해지는 것과 같다. 백천겁(百千劫)[1] 동안에 모인 온갖 악행(惡行)[2]이라 할지라도 불법(佛法)의 힘[3]으로 겸손[4]히 사유(思惟)[5]하면, 일일일시(一日一時)에 남김없이 소멸시킬 수 있다. — 〈大集經〉

〔주〕 1)백천겁 : 15의 '천겁' 참조. 2)악행 : 원문은 '不善業'. 1260의 주. 3)불법의 힘 : 원문은 '佛法力'. 4)겸손 : 원문은 '善順'. vinita. 5)사유 : 97의 주.

1271

앞서의 마음이 죄를 지은 것을 구름이 해를 덮은 것 같다면, 뒤의 마음이 선(善)을 일으킴은 횃불이 어둠을 없애는 것과 같다.

— 〈未曾有經〉

1272

온갖 업장(業障)의 바다[1]는 다 망상(妄想)[2]에서 생긴다. 그러므로 참회[3]코자 하면 단정히 앉아[4] 실상(實相)[5]을 염(念)해야[6] 한다. 온갖 죄악은 서리나 이슬과 같으니, 지혜의 태양[7]이 떠오르면 녹아 없어지게 되어 있다.

— 〈觀音賢經〉

〔주〕 1)업장의 바다 : 원문은 '業障海'. '업장'은 403의 주. 업장의 광대함을 바다에 비유한 말. 2)망상 : 140의 주. 3)참회 : 613의 주. 4)단정히 앉음 : 원문은 '端坐'. 자세를 바로하여 좌선하는 것. 5)실상 : 온갖 존재의 진실 그대로의 모습. 진실한 본성. tattvasya lakṣaṇam. 6)염함 : 원문은 '念'. 450의 '전념'과 같다. 7)지혜의 태양 : 원문은 '慧日'. 태양 같은 지혜. 부처님의 지혜의 비유. jñāna-divākara-prabhā.

1273

만약 부처님이 설하신 가르침대로[1] 참회[2]한다면, 모든[3] 번뇌(煩惱)[4]를 온통 제거함이 겁화(劫火)[5]가 세계[6]를 파괴할 적에 수미산(須彌山)[7]과 대해(大海)를 모두 태우는 것 같을 것이다. 참회는 능히 번뇌의 섶나무를 태우며, 참회는 능히 천도(天道)[8]에 가게 하며, 참회는 능히 사선락(四禪樂)[9]을 얻게 하며, 참회는 능히 보마니주(寶摩尼珠)[10]를 비 오게 하며, 참회는 능히 영원한 생명[11]으로 늘려 주며, 참회는 능히 영원한 즐거움의 궁궐[12]에 들어가게 하며, 참회는 능히 삼계(三界)의 감옥[13]에서 벗어나게 하며, 참회는 능히 보리(菩提)의 꽃[14]을 피어나게 하며, 참회는 능히 부처님의 지혜의 거울[15]을 얻게 하며, 참회는 능히 보배 있는 장소[16]에 이르게 한다.

— 〈心地觀經〉

〔주〕 1)부처님이 설하신 가르침대로 : 원문은 '如法'. 455의 주. 2)참회 : 613의 주. 3)모든 : 원문은 '所有'. 119의 주. 4)번뇌 : 4의 주. 5)겁화 : 491의 주. 6)세계 : 원문은 '世間'. 64의 주. 7)수미산 : 원문은 '須彌'. 181의 '수미산'의 주. 8)천도 : 원문은 '天路'. 육도(六道)의 하나. 신(神)들의 세계. 천상계. 9)사선락 : 사선(四禪)을 닦는 데서 오는 즐거움. 또는 사선을 닦아 색계(色界)에 태어나는 즐거움. '사선'에 대하여는 1076의 '四禪事' 참조. 10)보마니주 : 292의 '마니주'와 같다. 11)영원한 생명 : 원문은 '金剛壽'. 12)영원한 즐거움의 궁궐 : 원문은 '常樂宮'. 영원한 즐거움을 대궐에 비유한 것. 13)삼계의 감옥 : 원문은 '三界獄'. 구속에서 못 벗어나고 있는 삼계의 생존을 감옥에 비유한 것. 14)보리의 꽃 : 원문은 '菩提花'. 깨달음을 꽃에 비유한 것. 15)지혜의 거울 : 원문은 '大圓鏡'. 부처님의 지혜를 청정한 큰 거울에 비유한 것. 16)보배 있는 장소 : 원문은 '寶所'. 열반(涅槃)의 비유.

회개 안 하는 해

1274

스스로 이르되 '나는 총명하고 영리하다'[1] 하여, 가볍고 무거운 죄를 다 숨긴다[2] 하자. 이같이 여러 죄를 오래도록[3] 뉘우치지 않는다면, 뉘우치지 않는 그 이유로 해서 죄는 밤낮으로 늘어 갈[4] 것이다.

— 〈涅槃經〉

〔주〕 1)총명하고 영리함 : 원문은 '聰明利智'. '총명'은 현명한 것. '이지'는 지혜가 있어서 분별력이 날카로운 것. 2)숨김 : 원문은 '覆藏'. 1248의 주. 3)오래도록 : 원문은 '長夜'. 긴 시일에 걸쳐서. dirgha-rātram. 4)늘어 감 : 원문은 '增長'. 11의 주.

1275

만약 중생이 있어서 여러 악업(惡業)[1]을 짓고도 숨기어[2] 뉘우침이 없어서, 마음에 부끄러워하지도[3] 않고, 인과업보(因果業報)[4]를 인정하려 안 하고,[5] 슬기 있는 이[6]에게 묻는다든가[7] 선지식(善知識)[8]을 가까이한다든가 하지도 않는다고 하자. 이런 사람은 온갖 훌륭한 의사가 달려들어 그 병을 고치려[9] 한대도 고쳐 내지 못할 것이다. —〈涅槃經〉

〔주〕 1)여러 악업 : 원문은 '諸業'. 여러 악행. 여러 죄. 2)숨김 : 원문은 '覆藏'. 1248의 주. 3)부끄러워함 : 원문은 '慚愧'. 613의 주. 4)인과업보 : 인과의 법칙에 따라, 착한 행위에는 착한 과보(果報)가 따르고, 악한 행위에는 악한 과보가 따르는 것. 5)인정 안 함 : 원문은 '不見'. 6)슬기 있는 이 : 원문은 '有智人'. 생각이 깊은 사람. matimat. 7)물음 : 원문은 '諮啓'. 물어서 상의하는 것. 8)선지식 : 원문은 '善友'. 311의 주. 9)병을 고침 : 원문은 '瞻病'. 병자를 간호하는 것.

1276

어리석음[1]에 상중하(上中下)의 세 종류가 있다. 악을 저지르고도 뉘우치지 않고, 부끄러워하는[2] 생각이 나지 않아서 마음에 싫증 내는 때가 없는 것, 이것이 상(上)에 속하는 어리석음이다. 몸으로 악을 지었을 적에 뉘우치는[3] 생각이 일어나도, 같은 행자(行者)[4]에게 고백[5]·참회[6]하여 제 덕행(德行)을 드러내려 안 하는 것, 이것이 중(中)에 속하는 어리석음이다. 그리고 여래(如來)[7]에 의해 제정된[8] 계(戒)를 의지함으로써, 중죄를 짓지 않고 어기는 것이 조금일 경우, 이것이 하(下)에 속하는 어리석음이다.
— 〈寶雲經〉

〔주〕 1)어리석음 : 원문은 '愚痴'. 107의 주. 2)부끄러워함 : 원문은 '慚愧'. 613의 주. 3)뉘우침 : 원문은 '變悔'. 악한 마음이 바뀌어 뉘우치는 것. 4)같은 행자 : 원문은 '同梵行'. 불도를 같이 수행하는 동료들. 243의 '동행'과 같다. 5)고백 : 원문은 '發露'. 1252의 주. 6)참회 : 613의 주. 7)여래 : 1의 주. 8)제정된 : 원문은 '所制'. abhinigṛhita. 여기서는 계(戒)를 이른다.

1277

여러 사람이 집 안에 모여 앉아 한 타인[1]을 칭찬하기를,

"이 사람이 덕행(德行)[2]은 매우 좋으나 다만 두 가지 결점이 있다. 첫째는 성을 잘 냄이요, 둘째는 행동[3]이 경솔함[4]이다."

라고 했다.

그 때, 이 사람이 문 밖을 지나다가 이 말을 듣고, 곧 성이 나서 그 집으로 쫓아 들어와 말한 사람을 막 때려 댔다.

곁에 있던 사람이 말을 걸었다.

"여보시오. 왜 때리오?"

그 사람이 대답했다.

"내가 언제 성을 잘 내고 경솔히 굴었다는 말이오? 그런데도 이 사람은 나를 두고, 성을 잘 내고 행동이 경솔하다 하였소. 그래서 때린 것이오."

곁에 있는 사람이 말했다.

"당신은 지금, 성 잘 내고 경솔히 행동하는 모양을 즉시 나타내 보이

고[5] 있지 않소? 그러면서도 어찌해 그런 말 듣는 것을 회피한단 말씀이오? 남이 제 잘못을 말한다 하여 원망하고 탓하는 생각을 일으킨다면, 여러 사람들은 그 어리석음을 괴이히 여겨 비웃을 터이오. 이를테면 세상의 술꾼은 술에 깊이 빠져서 온갖 방종[6]을 일삼으면서도, 일단 남의 책망이라도 들을 것 같으면 도리어 원망하고 미워하여, 억지로 증거를 끌어 그렇지 않음을 스스로 밝히려 들기 일쑤이며, 이런 어리석은 사람은 제 과실에 대해 듣기를 꺼려서, 남이 착해지도록 책망이라도 하는[7] 날에는 도리어 때리고자 하지요."　　— 〈百喩經〉

〔주〕 1)타인 : 원문은 '外人'. 친척 아닌 사람. 성 밖의 사람. 외도(外道)의 사람. 2)덕행 : 106의 주. 3)행동 : 원문은 '作事'. pravṛtti. 4)경솔함 : 원문은 '倉卒'. 5)나타내 보임 : 원문은 '現驗'. 표를 나타냄. 그 증거를 나타냄. 6)방종 : 원문은 '放逸'. 250의 주. 7)착해지도록 책망함 : 원문은 '責善'. 착해지기를 요구하는 것.

1278

사문(沙門)[1]이 더러움[2]에 떨어지는 데는 두 가지 구체적인 집착[3]이 있으니, 첫째는 제 허물이 있으면서도 뉘우치려 안 함이요, 둘째는 도리어 남의 악을 생각함이다.　　— 〈遺日尼摩寶經〉

〔주〕 1)사문 : 265의 주. 2)더러움 : 원문은 '垢濁'. 3)구체적인 집착 : 원문은 '事着'.

회개 여부의 득실

1279

사람이 여러 허물이 있으면서도 뉘우칠 줄을 몰라서, 악을 피하고 선을 구하는 생각이 그쳐[1] 버린다 하면, 죄가 그 몸에 몰려옴이 마치 물이 바다로 흘러들어 점차 깊고 넓어지는 것 같으려니와, 만약 허물이 있어도 스스로 그 잘못임을 알아 악을 고쳐 선을 행한다고 하면, 죄가 저절로 소멸함이 마치 병든 사람이 땀을 냄으로써 점점 나아지는[2] 것 같으리라.

— 〈四十二章經〉

〔주〕 1)그침 : 원문은 '頓息'. '頓'도 그치는 뜻의 글자. 2)나음 : 원문은 '痊損'. 병이 나아감. '痊'은 낫는 뜻. '損'은 병이 줄어 가는 뜻.

1280

나쁜 짓[1]을 많이 한 사람이라면 선정(禪定)[2]과 지혜(智慧)[3]를 수행(修行)해 내지 못할 것이니, 먼저 참회의 가르침[4]을 닦아야 할 것이다. 왜냐하면, 이런 사람은 전생으로부터 버릇[5]이 되어 버린 악한 마음이 강하기[6] 때문에, 현세(現世)[7]에서도 반드시 악을 많이 짓게 마련이어서 중금(重禁)[8]을 범할 것이 뻔하기 때문이다. 이같이 중금을 범하는 까닭에, 만약 참회하여 마음을 정화(淨化)하지 않은 채 선정과 지혜를 수행하는 사람은, 장애[9]가 많이 나타나는 것을 이겨 내지[10] 못해서 마음이 혼란[11]에 빠진다든가, 또는 외도(外道)의 가르침[12]을 즐겨 받아들임으로써 악견(惡見)[13]을 증대시키든가[14] 하는 결과가 되고 만다. 그러기에 이런 사람은 먼저 참회를 수행해야 하는 것이다. 만약 계법(戒法)[15]이 청정하고 숙세(宿世)[16]의 중죄가 작아진다면, 그 때에는 모든 장애를 떠날 수 있게

된다. — 〈占察善惡業報經〉

〔주〕 1)나쁜 짓 : 원문은 '惡業'. 170의 주. 2)선정 : 27의 '정'과 같다. 3)지혜 : 107의 주. 4)참회의 가르침 : 원문은 '懺悔法'. 5)전생으로부터의 버릇 : 원문은 '宿習'. 전생으로부터 훈습되어 온 번뇌의 잠재력. pūr-va-abhyāsa. 6)강함 : 원문은 '猛利'. 억셈. 7)현세 : 원문은 '現在'. 633의 주. 8)중금 : 십중금계(十重禁戒)와 같다. 대승의 계율에서 정한 열 가지의 계율. 이것을 어기면 교단에서 추방된다. 1.생물을 죽이는 것 2.훔치는 것 3.간음 4.거짓말을 하는 것 5.술을 마심 6.보살과 비구·비구니의 죄과(罪過)를 설함 7.자기를 칭찬하고 남을 비방함 8.보시(布施)하기에 인색함 9.노하여 남의 죄를 용서치 않음 10.삼보(三寶)를 비방함 9)장애 : 107의 주. 10)이김 : 원문은 '剋獲'. 11)마음이 혼란함 : 원문은 '失心錯亂'. 12)외도의 가르침 : 원문은 '邪法'. 997의 주. 13)악견 : 그릇된 생각. 진리 아닌 것을 진리인 듯 생각하는 것. durdṛṣti. 14)증대시킴 : 원문은 '增長'. 11의 주. 15)계법 : 411의 주. 16)숙세 : 전세(前世).

1281

보살이 몸으로 지은 악행이 있다 해도[1] 선지식(善知識)[2]을 가까이하여 지성껏 참회[3]한다면, 비록 오랫동안 윤회(輪廻)[4]는 할지 모르나 뒤에 가서는 마땅히 더없는 깨달음[5]을 얻을 때가 오려니와, 만약 몸으로 지은 악행이 있으면서도 선지식을 만나 지성껏 참회하지 않는다면, 그런 사람은 반드시 윤회하여 수없이 생사를 되풀이하면서 그릇된 생각[6]에 빠질 것이며, 뒤에 가서 비록 정진[7]하여 모든 선업(善業)[8]을 닦는다 해도 기껏 성문(聲聞)[9]이나 독각(獨覺)[10]의 경지[11]에 떨어질 것이다. — 〈大般若經〉

〔주〕 1)몸으로 지은 악행이 있음 : 원문은 '或有此身'. '有身'으로만 되어 있다면 자아에 대한 집착인 유신견(有身見)의 뜻으로도 해석할 수 있겠으나,

'此身'으로 되어 있으므로 이 전문(前文)에 죄악을 범한 몸에 관한 서술이 있었음이 짐작된다. 다만 <대반야경>이 너무 크므로 원문을 찾아보지 않고 의역했음을 유감으로 알 뿐이다. 2)선지식 : 원문은 '善友'. 311의 주. 3)참회 : 613의 주. 4)윤회 : 원문은 '流轉生死'. 1의 '윤전생사'와 같다. 5)더없는 깨달음 : 원문은 '無上菩提'. 170의 주. 6)그릇된 생각 : 원문은 '愚癡顚倒'. 범부에게 지혜가 결핍되어 있어서, 사물의 도리를 거꾸로 생각하는 것. 7)정진 : 26의 주. 8)선업 : 170의 주. 9)성문 : 50의 주. 10)독각 : 4의 주. 11)경지 : 원문은 '地'. 수행의 위계(位階).

1282

뉘우치는 마음[1]을 일으키는 것을 계(戒)를 지킨다[2] 하고, 마음에 뉘우치지 않는 것을 계를 깬다고[3] 한다.

— 〈善戒經〉

〔주〕 1)뉘우치는 마음 : 원문은 '悔心'. 참회하는 마음. 2)계를 지킴 : 원문은 '持戒'. 151의 주. 3)계를 깸 : 원문은 '破戒'. 643의 '파계심' 참조.

1283

나면서부터 저절로 선을 행해 온[1] 사람이라도 임종(臨終)을 당하여 악을 염(念)하면 악도(惡道)[2]에 떨어지고, 나면서부터 저절로 악만을 행해 온[3] 경우라도 임종을 당하여 선을 염하면 천상(天上)[4]에 태어난다.

— 〈大智度論〉

〔주〕 1)나면서부터 저절로 선을 행해 옴 : 원문은 '生而爲善'. 아무 노력이 없는데도, 천성적으로 선을 행하게 되는 것. 2)악도 : 2의 주. 3)나면서부터 저절로 악을 행해 옴 : 원문은 '生而爲惡'. 4)천상 : 하늘의 세계. 육도(六道)의 하나. dyaus.

회개의 권고

1284

스스로 계(戒)를 범(犯)한[1] 줄 알았을 때는, 곧 스스로 참회(懺悔)[2]해야 한다. — 〈四分律〉

〔주〕 1)계를 범함 : 원문은 '犯'. 773의 '범계'와 같다. 2)참회 : 613의 주.

1285

만약 뒷날의 말세(末世)[1]에 태어난 중생으로서, 마음으로 깨달음[2]을 구하고자 하면서도 목적을 달성[3] 못하는 경우가 생기는 것은 전세(前世)[4]의 업장(業障)[5] 때문이다. 그러므로 마땅히 참회[6]에 힘쓰고 늘 희망[7]을 일으켜서, 먼저 증애(憎愛)·질투(嫉妬)·첨곡(諂曲)[8]을 끊고 나서 가장 뛰어난 진심(眞心)[9]을 구해야 한다. — 〈圓覺經〉

〔주〕 1)말세 : 25의 '말법'과 같다. 2)깨달음 : 원문은 '道'. 14의 주. 3)목적을 달성함 : 원문은 '成就'. 908의 주. 4)전세 : 원문은 '昔'. 5)업장 : 403의 주. 6)참회 : 613의 주. 7)희망 : 바라는 것. 열망함. abhilāṣa. 8)첨곡 : 340의 주. 9)가장 뛰어난 진심 : 원문은 '勝上心'. 깨달음을 가리키는 것 같다.

1286

"다시 선남자(善男子)[1]야, 업장(業障)[2]을 참회해 제거한다[3] 하는 것은, 보살이 스스로 생각하되, '나는 과거 무시겁(無始劫)[4] 동안 탐(貪)·진(瞋)·치(癡)[5]로 말미암아 신(身)·구(口)·의(意)[6]에 나타내 온갖 악행[7]을 끝없이 지어 왔으니, 만약 이 악에 모양[8]이 있다면 저 허공[9]으로서도 다 수용할[10] 수는 없을 것이다. 나는 이제 온통 청정한 삼업(三業)[11]을 지녀, 우주[12]의 극히 작은 티끌의 수효같이 많은 국토[13]의 온갖 부처님과 보살들 앞에 두루 성심으로 참회하겠고, 이후로 다시는 악을 짓지 않아서 청정한 계율[14]의 모든 공덕(功德)[15]에 항상 머물러 있겠다'고 하는 일이니라."

— 〈華嚴經〉

〔주〕 1)선남자 : 1의 주. 2)업장 : 403의 주. 3)참회해 제거함 : 원문은 '懺除'. 4)무시겁 : 1061의 주. 5)탐·진·치 : 245의 '삼독'과 같다. 6)신·구·의 : 558의 주. 7)악행 : 원문은 '惡業'. 170의 주. 8)모양 : 원문은 '體相'. 1145의 주. 9)허공 : 원문은 '虛空界'. 허공의 영역. 10)수용함 : 원문은 '容受'. 11)삼업 : 558의 '신·구·의'와 같다. 12)우주 : 원문은 '法界'. 543의 주. 13)극히 작은 티끌의 수효같이 많은 국토 : 원문은 '極微塵刹'. 14)청정한 계율 : 원문은 '淨戒'. 228의 주. 15)공덕 : 208의 주.

1287

죄과(罪過)[1]를 알았으면 능히 이를 멀리해야[2] 한다. 마치 의사가 먼저 병자의 맥을 보아 병이 있는 곳을 안 다음에 약을 주는 것과 같다.

— 〈涅槃經〉

〔주〕 1)죄과 : 1257의 주. 2)멀리함 : 원문은 '遠離'. 609의 주.

1288

모든 보살로서 인색[1]이라는 과실의 대상(對象)[2]을 깨려는[3] 사람은 제 소유를 버리는 마음을 곧 일으켜야 하며, 파계(破戒)[4]라는 과실의 대상을 깨려는 사람은 계(戒)를 지키려는[5] 마음을 곧 일으켜야 하며, 노여움[6]이라는 과실의 대상을 깨려는 사람은 견고한 인내심[7]을 곧 일으켜야 하며, 게으름[8]이라는 과실의 대상을 깨려는 사람은 열심히 노력해[9] 성취하려는[10] 마음을 곧 일으켜야 하며, 정신의 어지러움[11]이라는 과실의 대상을 깨려는 사람은 선정(禪定)[12]의 마음을 곧 일으켜야 하며, 더럽혀진 지혜[13]라는 과실의 대상을 깨려는 사람은 원만한 무애지(無礙智)[14]의 마음을 곧 일으켜야 한다. —〈不思議秘密大乘經〉

〔주〕 1)인색 : 원문은 '慳恪'. Ⓟmala-mecchera. 2)대상 : 원문은 '所緣'. 79의 주. 3)깸 : 원문은 '對治'. 235의 주. 4)파계 : 643의 '파계심' 참조. 5)계를 지킴 : 원문은 '持戒'. 151의 주. 6)노여움 : 원문은 '瞋恚'. 408의 주. 7)인내심 : 원문은 '忍辱心'. 8)게으름 : 원문은 '懈怠'. 565의 '해타'와 같다. 9)열심히 노력함 : 원문은 '精進'. 26의 주. 10)성취함 : 원문은 '成辦'. 이루는 것. 완성하는 것. 주로 현장(玄奘)이 쓴 용어. abhiniṣpādana. 11)정신의 어지러움 : 원문은 '散亂'. 571의 주. 12)선정 : 27의 '정'과 같다. 13)더럽혀진 지혜 : 원문은 '染慧'. 번뇌에 물든 불순한 지혜. 번뇌가 섞인 불완전한 지혜. 14)무애지 : 687의 주.

1289

신(身)·구(口)·의(意)[1]가 행한[2] 십악(十惡)[3]을 온통 참회[4]하여, 십악을 떠나고[5] 십선(十善)[6]을 수행(修行)해야 한다. —〈合部金光明經〉

〔주〕 1)신·구·의 : 558의 주. 2)행한 : 원문은 '所作'. 240의 주. 3)십악 : 17의 '십선업' 참조. 4)참회 : 613의 주. 5)떠남 : 원문은 '遠離'. 609의 주. 6)십선 : 17의 '십선업'과 같다.

1290

만약 악[1]을 지었을 때는, 항상 근심[2]하여 뉘우치고[3] 자책(自責)해야

한다. — 〈未曾有正法經〉

〔주〕 1)악 : 원문은 '不善業'. 1260의 주. 2)근심 : 원문은 '憂懼'. āvega. 3)뉘우침 : 원문은 '追悔'. 지난날의 잘못을 후회하는 것.

1291

부처님의 가르침을 듣고도[1] 방자한[2] 짓을 했을 때는, 뒤에 의당 참회[3]하되 상인이 재물을 잃은 것 같아야 할 것이다. — 〈八無暇有暇經〉

〔주〕 1)부처님의 가르침을 들음 : 원문은 '聞法'. 1081의 주. 2)방자함 : 원문은 '放逸'. 250의 주. 3)참회 : 613의 주.

1292

죄가 있거든, 마음을 다해[1] 뉘우쳐서 다시는 범하는 일이 없도록 해야 한다. — 〈十誦律〉

〔주〕 1)마음을 다해 : 원문은 '一心'. 6의 주.

1293

"내가 예전에 지은 모든 악업(惡業)[1]은 다 무시(無始)[2] 이래의 탐(貪)·진(瞋)·치(癡)[3] 때문인바, 신(身)·구(口)·의(意)[4]를 따라 생겨난 그 모두를 나는 이제 다 참회[5]한다." — 〈華嚴經〉

〔주〕 1)악업 : 170의 주. 2)무시 : 67의 주. 3)탐·진·치 : 245의 '삼독'과 같다. 4)신·구·의 : 558의 주. 5)참회 : 613의 주.

제6장 위생(衛生)

위생의 방법

1294

몸을 절제(節制)하여[1] 때에 맞추어 먹음[2]으로써 깨끗하게 살아가야 한다. — 〈遺敎經〉

〔주〕 1)몸을 절제함 : 원문은 '節身'. 2)때에 맞추어 먹음 : 원문은 '時食'. 비구가 규정된 시간에 밥을 먹는 일. 비시식(非時食)의 대(對).

1295

비구(比丘)[1]는 비시식(非時食)[2]이나 잔숙식(殘宿食)[3]을 먹지 않는다. — 〈四分律〉

〔주〕 1)비구 : 84의 주. 2)비시식 : 규정된 시간 외의 식사. 오전 중이 식사 시간인바, 정오 이후에 식사하는 죄. 3)잔숙식 : 묵은 음식. 얻은 음식을 하루 묵혀서 먹는 것.

1296

비구[1]는 반월(半月)마다 목욕[2]해야 하는바, 병 없는 비구는 응당 이를 받아들여 그냥 지내는 일이 없어야 된다. — 〈四分律〉

〔주〕 1)비구 : 84의 주. 2)목욕 : 원문은 '洗浴'.

1297

음식이 맛있어도 양(量)을 초과해서 먹어서는 안 되며, 오직 기력(氣力)을 도와 이롭게 하는[1] 데 그쳐야 한다. ―〈大阿彌陀經〉

〔주〕 1)도와 이롭게 함 : 원문은 '資益'.

1298

계절[1]을 따라 오근(五根)[2]의 사대(四大)[3]가 뒤바뀌어[4] 늘거나 줄거나 함으로써 몸에 병이 나게 한다. 그러므로 병들었을 때는, 좋은 의사에게 보여 적절한 시기[5]에 잘 다스려[6] 제대(諸大)[7]를 조화시키고, 병을 따라 음식을 조정하며 약을 먹도록 해야 한다. ―〈金光明經〉

〔주〕 1)계절 : 원문은 '時節'. ṛtu. 2)오근 : 원문은 '諸根'. 246의 주. 3)사대 : 139의 주. 4)뒤바뀜 : 원문은 '代謝'. 5)적절한 시기 : 원문은 '隨時'. 644의 주. 6)잘 다스림 : 원문은 '將養'. '將'도 양(養)의 뜻. 7)제대 : 사대(四大)를 이른다.

1299

먹는 욕심이 많은 사람은 몸 모양[1]이 여위어 약하고, 조금 먹는 사람은 몸 모양이 충실(充實)하다. ―〈二婆羅門緣起經〉

〔주〕 1)몸 모양 : 원문은 '色相'. 271의 주.

1300

밥을 다 먹고 나면, 치목(齒木)[1]을 깨물고 맑은 물로 양치질을 해야 한다.

— 〈根本有部毘奈律經〉

〔주〕 1)치목 : 이를 닦는 버들 가지. 깨물어서 이를 깨끗이 하게 되어 있다. 양지(楊枝)라고도 한다. 요즘 이쑤시개를 '요지'라고 하는 것은, 이 양지의 일본음이다.

1301

부처님께서 수보리(須菩提)[1]에게 이르셨다. "보살마하살[2]은 입는 옷과 모든 침구(寢具)[3]를 더럽게 안 하고 깨끗하기를 즐기므로 병이 적으니라."

— 〈摩訶般若經〉

〔주〕 1)수보리 : 59의 주. 2)보살마하살 : 1의 '보살'과 같다. 3)침구 : 원문은 '臥具'. 827의 주.

1302

보살은 깨끗함을 좋아하여 번뇌(煩惱)[1]가 없으며, 의복이나 침대도 역시 깨끗하기에 병이 적다.

— 〈放光般若經〉

〔주〕 1)번뇌 : 원문은 '塵垢'. 451의 주.

1303

부처님께서 비구(比丘)[1]에게 이르셨다.

"걷는 일[2]에는 다섯 가지 미덕이 있다. 다섯 가지란 무엇이냐 하면,

첫째는 능히 달릴 수 있음이요, 둘째는 몸에 활력(活力)이 있음[3]이요, 셋째는 졸음을 쫓음[4]이요, 넷째는 음식의 소화가 잘 됨이요, 다섯째는 선정(禪定)의 마음[5]을 얻기 쉬움이다." — 〈七處三觀經〉

〔주〕 1)비구 : 84의 주. 2)걷는 일 : 원문은 '行步'. 보행(步行). 3)몸에 활력이 있음 : 원문은 '有力'. 4)졸음을 쫓음 : 원문은 '除睡'. 5)선정의 마음 : 원문은 '定意'. 949의 주.

1304

밥을 지나치게 먹는 사람은 몸이 무겁고 게으름[1]이 많아서, 현세(現世)[2]에서나 내세(來世)[3]에서나 몸에 대리(大利)[4]를 잃게 마련이며, 졸음[5]이 많아 스스로 고생할 뿐 아니라 남까지 괴롭혀서, 미혹하고 번민하여[6] 깨닫기 어렵다. 그러므로 이런 사람은 곧 먹는 양을 잘 헤아리도록 해야 할 일이다. — 〈尼乾子經〉

〔주〕 1)게으름 : 원문은 '懈怠'. 565의 '해타'와 같다. 2)현세 : 원문은 '現在'. 633의 주. 3)내세 : 원문은 '未來世'. 553의 주. 4)대리 : 큰 이익. 열반을 이른다. 5)졸음 : 원문은 '睡眠'. 1114의 주. 6)미혹하고 번민함 : 원문은 '迷悶'.

1305

깨끗한 채소 위에 대소변을 하든가, 눈물이나 침을 떨구어서는 안 된다. — 〈鼻奈耶經〉

1306

먹는 물 속에 대소변을 하든가, 눈물이나 침을 떨구어서는 안 된다.

— 〈鼻奈耶經〉

1307

무릇 옷을 빨면, 나쁜 냄새를 제거하고 서캐나 이도 생기지 않아서, 몸에 가려움이 없게 된다.

— 〈根本薩婆多部律〉

1308

더러운 손으로 물그릇을 잡아서는 안 되는 것을, 응당 배워야 한다.

— 〈解脫戒經〉

1309

만약 절 경내(境內)의 부정(不淨)한 땅에 과수가 있을 때는 그 과일을 먹지 말아야 한다. 깨끗한 땅에 과수가 나 있을 때라도 부정한 땅에 과일이 떨어졌다든가, 또는 떨어져 날이 묵었다든가[1] 한 것도 먹어서는 안 된다.

— 〈根本薩婆多部律〉

〔주〕 1)날이 묵음 : 원문은 '經宿'.

1310

비구는 깔개[1]와, 내지는 발 씻는 그릇, 발 닦는 수건, 물 담는 그릇에 이르기까지, 모두 깨끗이 해야 한다.

— 〈四分律〉

〔주〕 1)깔개 : 원문은 '敷坐具'. 앉거나 누울 때에 쓰는 장방형의 베(布).

1311

마땅히 식당(食堂)을 청소하여 썩은 흙[1])을 제거해야 한다.

— 〈四分律〉

〔주〕 1)썩은 흙 : 원문은 '糞土'. <論語>에 '糞土之牆'이라는 말이 보인다.

1312

사람들이 횡사(橫死)[1])하는 데는 아홉 가지 원인[2])이 있다. 첫째는 먹어서는 안 될 음식[3])을 먹음이다. 둘째는 먹는 분량을 헤아리지 않음이니, 절제할 줄 몰라서 많은 밥을 지나치게 먹는 일이다. 셋째는 겨울·여름을 가리지 않고 다른 고장[4])에 가서, 그곳 풍습이 자기에게 맞는지[5]) 어떤지를 모르고 낯선 것을 먹었기 때문에 음식을 소화하지 못함이다. 넷째는 앞서 먹은 것이 소화되기 전에 거듭 먹고도, 약을 써서 토하거나 설사하거나[6]) 하지 않음이다. 다섯째는 대소변의 때를 어김이다. 여섯째는 살인·도둑질·거짓말[7])·이간하는 말[8])·음주 따위의 계(戒)[9])를 어겨 국법의 처형[10])을 당함이다. 일곱째는 악인을 가까이하여 나쁜 짓을 해서 남을 해치려다가 도리어 자신이 벌을 받음[11])이다. 여덟째는 싸우는 곳이나 관리가 죄인을 체포하는 곳에 함부로 들어가 망령되이 행동함이다. 아홉째는 사나운 짐승이나 물이나 불 따위의 위험한 곳을 피하지 않음이다. 이 아홉 가지 원인을 회피하면 두 복을 얻게 되는데, 첫째는 장수함이요, 둘째는 장수하는 까닭에 불도(佛道)[12])를 들어 능히 수행(修行)함이다.

— 〈九橫經〉

〔주〕 1)횡사 : 비명(非命)에 죽는 것. akāla-maraṇa. 2)원인 : 원문은 '因緣'. 2의 주. 3)먹어서는 안 될 음식 : 원문은 '不應食'. 파·달래·부추·마늘 따위.

4)다른 고장 : 원문은 '他國'. '國'은 반드시 국가를 뜻하지는 않는다. 한 지방의 뜻. 5)풍습의 알맞음 : 원문은 '俗宜'. 6)토하거나 설사함 : 원문은 '吐下'. 7)거짓말 : 원문은 '奸'. 망어(妄語). 8)이간하는 말 : 원문은 '兩舌'. 770의 주. 9)계 : 18의 주. 10)국법의 처형 : 원문은 '官律'. 11)도리어 자신이 벌을 받음 : 원문은 '反坐'. 남을 무고하다가 자신이 법에 걸리는 것. 12)불도 : 원문은 '道'. 1053의 주.

1313

절의 하인[1]을 감독하여[2] 자주 변소를 살펴볼 것이며, 더러움이 있음을 보았을 때는 곧 쓸거나 바르거나 하고, 혹은 물로 씻어서 깨끗이 해야 한다. 또 소변하는 곳[3]에 더러움이 있을 때는 수세미[4]나 해진 수건[5] 같은 것으로 닦고 물로 씻어 내되, 진흙 따위 때문에 막혔을 경우에는 뚫어서 냄새가 안 나도록 해야 한다. 만약 병자로서 제대로 기동 못하는 사람이 있을 때는 응당 침대[6]를 뚫어 구멍을 내서 공기를 통하게 하며, 해진 옷으로 몸을 번갈아 덮으면[7] 부스럼[8]이 날 염려가 있으므로 더러움을 제거하고, 마땅히 두 대야의 물을 떠 두었다가 다시 깨끗하게 씻으며, 혹은 기름 묻힌 수건으로 닦아야 한다. —〈根本薩婆多部律〉

〔주〕 1)절의 하인 : 원문은 '寺人'. 절에서 막일을 하는 사람. 2)감독함 : 원문은 '檢校'. 3)소변하는 곳 : 원문은 '小行處'. 4)수세미 : 원문은 '草揩'. 풀을 뜯어 수세미 모양을 만든 것. 더러운 데를 문지르는 데 쓴다. 5)해진 수건 : 원문은 '破巾'. 6)침대 : 원문은 '牀席'. paryanka. 7)번갈아 덮음 : 원문은 '替覆'. 8)부스럼 : 원문은 '瘡損'.

1314

변소[1] 안과 상좌(上坐)[2] 앞과 음식을 놓는 곳[3]과 음식을 대하고 앉은 사람[4] 앞에서는, 다 코를 푼다든지 침을 뱉는다든지 해서는 안 된다. 무릇 코를 풀거나 침을 뱉을 때에는 큰 소리가 나지 않도록 해야 하며, 또 자주 하지 말도록 해야 한다. 만약 가래침이 많이 나오는 사람은 사람 없는 곳[5]을 향해 뱉어야 하며, 병 있는 사람은 타기(唾器)를 사용하되, 모래나 돌・풀・흙 따위를 그릇 속에 넣어 넘치지 않게 하고, 자주 씻어서 냄새가 없도록 해야 한다. — 〈根本薩婆多部律〉

〔주〕 1)변소 : 원문은 '廁室'. 2)상좌 : 보통은 수행을 쌓은 지도적인 스님에 대한 경칭으로 쓰이나, 여기서는 문자 그대로인 상좌의 뜻. 3)음식을 놓는 곳 : 원문은 '淨地'. 4)음식을 대하고 앉은 사람 : 원문은 '對食者'. 5)사람 없는 곳 : 원문은 '屛處'. 1076의 주.

1315

부처님께서 기역(耆域)에게 이르셨다.

"목욕하는 데[1]에 일곱 가지 물건을 쓰면, 일곱 가지 병을 없애고 일곱 가지 복을 얻게 된다. 일곱 가지 물건이란, 첫째는 타는 불이요, 둘째는 깨끗한 물이요, 셋째는 조두(澡豆)[2]요, 넷째는 소고(蘇膏)[3]요, 다섯째는 순회(淳灰)[4]요, 여섯째는 양지(楊枝)[5]요, 일곱째는 내의(內衣)[6]니, 이는 다 목욕하는 데 쓰는 물건들이다.

일곱 병을 없앤다 함은, 첫째는 몸[7]이 편안함이요, 둘째는 감기[8]를 제거함이요, 셋째는 습비(濕痺)[9]를 제거함이요, 넷째는 한병(寒病)[10]을 제거함이요, 다섯째는 열기(熱氣)를 제거함이요, 여섯째는 더러움을 제거함이요, 일곱째는 몸이 가볍고 눈이 밝아짐이니, 이것이 승려들의 일곱 가지 병을 제거하는 일이다.

일곱 가지 복이란, 몸에 병이 없어서 용감하고 튼튼함[11]이요, 둘째는 용모[12]가 청정하고 단정함이요, 셋째는 신체에서 늘 좋은 냄새가 나고 의복이 깨끗함이요, 넷째는 살이 찌고 윤택이 있음이요, 다섯째는 따르는 사람들까지 때를 씻어 버려 저절로 복을 받음이요, 여섯째는 이에서 좋은 향기가 나며 가지런하고 흼[13]이요, 일곱째는 옷이 늘 빛남이다."

— 〈溫室洗浴衆僧經〉

〔주〕 1)목욕하는 일 : 원문은 '澡浴法'. 2)조두 : 몸을 씻을 때에 쓰는, 팥의 찌꺼기 같은 것으로 만든 가루. 요즘의 비누 구실을 하던 것. 3)소고 : 갖가지 향초(香草)의 즙을 끓여서 고(膏)를 만든 것. 소향(燒香)·약용(藥用)으로 썼다. 소합(蘇合). turuṣka. 4)순회 : 잡것이 안 섞인 순수한 재. 5)양지 : 1300의 '치목'과 같다. 6)내의 : 삼의(三衣)의 하나. 몸에 닿는 속옷으로 일할 때에 입는다. antarvāsa. 7)몸 : 원문은 '四大'. 몸이 사대로 이루어진다 하여, 이런 뜻이 생긴 것. 8)감기 : 원문은 '風病'. 9)습비 : 습기로 인해 팔·다리의 뼈마디가 쑤시는 병. 10)한병 : 습기로 인해 몸 아래가 찬 병? 11)튼튼함 : 원문은 '丁健'. 장건(壯健)과 같다. 12)용모 : 원문은 '面目'. 13)가지런하고 흼 : 원문은 '方白'.

1316

으슥한 곳[1]에 땅을 파서 변소[2]를 만들어 위를 덮고, 상하도(上下道)와 울타리[3]를 만들 것이며, 변소가 차면 마땅히 치워야 한다. — 〈五分律〉

〔주〕 1)으슥한 곳 : 원문은 '屛處'. 1076의 주. 2)변소 : 원문은 '厠屋'. 3)울타리 : 원문은 '欄格'.

1317

모든 비구는 마땅히 양지(楊枝)[1]를 깨물어 이를 깨끗이 해야 한다. 양지를 깨무는 일에는 다섯 가지 이익[2]이 있으니, 첫째는 먹은 것을 소화시킴이요, 둘째는 차갑고 뜨거운 침을 제거함이요, 셋째는 맛을 잘 식별함이요, 넷째는 입에서 냄새가 안 남이요, 다섯째는 눈이 밝아짐이다. 나무를 깨물어도 다섯 종류의 나무는 깨물지 말아야 한다. 옻나무·독 있는 나무·사이수(舍夷樹)[3]·마두수(摩頭樹)[4]·보리수(菩提樹)[5]를 깨물면 안 된다.

— 〈五分律〉

〔주〕 1)양지 : 1300의 '치목'과 같다. 2)이익 : 원문은 '功德'. 56의 주. 3)사이수 : 미상(未詳). 4)마두수 : 미상(未詳). 5)보리수 : 260의 '길상수'와 같다.

1318

비구(比丘)[1]는 마땅히 방사(房舍)[2]를 치장하며,[3] 침대[4]를 털며,[5] 침구[6]를 볕에 쬐며, 방 안의 거울을 치우며, 방을 청소할 때는 깨끗한 물을 길어다가 닦으며,[7] 일정한 곳에 수건[8]과 각건(脚巾)[9]을 갖추어 두어야 한다.

— 〈五分律〉

〔주〕 1)비구 : 84의 주. 2)방사 : 스님이 거처하는 집. āvasatha. 3)치장함 : 원문은 '修飾'. 꾸밈. 미화(美化). 4)침대 : 원문은 '牀席'. 1313의 주. 5)털다 : 원문은 '抖擻'. 6)침구 : 원문은 '臥具'. 827의 주. 7)닦음 : 원문은 '灑着'. 물을 뿌려 닦는 것. 8)수건 : 원문은 '手拭'. snāna-śāṭaka. 9)각건 : 발을 닦는 헝겊. 혹은, 목욕할 때에 허리나 다리를 싸는 헝겊이 있어서 '脚布'라 하는데, 이것을 가리키는가?

1319

"모든 비구들아, 늘 방 안을 청소[1]하고, 방 안에서 냄새가 날 경우에는 향수(香水)[2]를 바를 것이며, 그래도 냄새가 나면 방의 네 귀퉁이에 향을 걸어 두도록 해라." —〈四分律〉

〔주〕 1)청소 : 원문은 '洒掃'. 물을 뿌리고 쓰는 것. '灑掃'로도 쓴다. 2)향수 : 원문은 '香泥'.

1320

묵은[1] 물을 자세히 관찰하면 작은 벌레가 생겨 있음을 보게 된다. 그러므로 이런 물은 거르지[2] 않고는 마시지 말아야 한다.

—〈正法念處經〉

〔주〕 1)묵음 : 원문은 '經宿'. 1309의 주. 2)거름 : 원문은 '漉治'. 비구는 반드시 pariśrāvaṇa(漉水囊)라는 자루를 소지하여, 묵은 물을 마실 때는 이것으로 걸러야 하게 되어 있었다. 거기에 있는 벌레를 죽이지 않으려 한 것이다.

1321

모든 도속칠중(道俗七衆)[1]은 물을 사용하는 데 있어서 모름지기 걸러서 마셔야 한다. 물을 거르고 나서 자세히 보아, 손바닥의 가는 금[2]이 비쳐 보인 뒤에 써야 한다. —〈僧祇律〉

〔주〕 1)도속칠중 : 불교의 교단을 구성하는 출가(出家)·재가(在家)의 일곱 가지 사람들. 비구(比丘)·비구니(比丘尼)·우바색(優婆塞)·우바이(優婆夷)를 사중(四衆)이라 하는데, 앞의 둘은 구족계(具足戒)를 받은 남녀의 스님이요, 뒤의 둘은 가정 생활을 하는 남녀의 신자로서 오계(五戒)를 지키는 사람이다. 또 출가한 미성년자는, 남자를 사미(沙彌), 여자를 사미니(沙彌尼)라 하는데, 여자의 경우에는 비구니와 사미니 사이에 식차마나(式叉摩那)라는 것이

있다. 이것은 비구니가 될 대계(大戒)를 받기 위한 수행을 하고 있는 준비 단계의 사미니다. 이상을 합쳐 칠중이라 한다. 2)가는 금 : 원문은 '細文'. 가는 무늬. 여기서는 손바닥의 가는 금.

1322

세존(世尊)[1]께서 모든 비구에게 이르셨다.

"비구야, 병자는 음식을 가리며, 때에 맞추어 먹으며, 의약(醫藥)을 가까이하며, 근심과 기뻐하고 성내는 마음을 품지 말며, 간호하는 사람[2]에게 순종해야 하느니라." —〈增一阿含經〉

〔주〕 1)세존 : 4의 주. 2)간호하는 사람 : 원문은 '看病人'.

1323

온갖 질병은 묵은 밥[1] 먹는 것이 근본이 된다. —〈涅槃經〉

〔주〕 1)묵은 밥 : 원문은 '宿食'. 하룻밤이 지난 밥.

병액(病厄)의 원인

1324

어떤 사람이 먹는 것에 일정한 양[1]이 없어서 많이 먹다가 적게 먹다가 하면, 안색이 달라지게 된다. —〈起信論〉

〔주〕 1)일정한 양 : 원문은 '分齊'. 범위. 정도.

1325

모든 병[1]은 어찌해 생기는가? 사람이 봄에는 더위를 거치며,[2] 여름에는 술을 마시며, 겨울에는 추위를 거치기[3] 때문에, 그 몸을 상하여 저절로 병이 생기는 것이다. — 〈大般泥洹經〉

〔주〕 1)병 : 원문은 '侵患'. '侵'에도 재앙의 뜻이 있다. 2)더위를 거침 : 원문은 '涉熱'. 3)추위를 거침 : 원문은 '涉寒'.

1326

사람이 병들게 되는 데는 열 가지 원인[1]이 있다. 첫째는 오래 앉아 눕지 않는 일이요, 둘째는 먹는 데 절제가 없는 일이요, 셋째는 근심하는 일이요, 넷째는 몹시 지치는 일이요, 다섯째는 애욕[2]에 빠지는 일이요, 여섯째는 성내는[3] 일이요, 일곱째는 대변을 참는 일이요, 여덟째는 소변을 참는 일이요, 아홉째는 상풍(上風)[4]을 억제하는 일이요, 열째는 하풍(下風)[5]을 억제하는 일이다. — 〈醫經〉

〔주〕 1)원인 : 원문은 '因緣'. 2의 주. 2)애욕 : 원문은 '婬泆'. 473의 '음욕'과 같다. 3)성냄 : 원문은 '瞋恚'. 408의 주. 4)상풍 : 몸 안의 위쪽을 향해 올라가는 바람. 바람은 바로 호흡이니, 열(熱)·담(痰)과 함께 신체의 세 액질(液質)을 이루는 것으로 여겼다. Ⓟuddhaṃgamā. 5)하풍 : 몸 속을 아래로 향해 내려오는 호흡. Ⓟadho-gamā vātā.

1327

지나치게 먹으면 숨[1]이 급해 몸에 가득 차고, 모든 맥이 고르지 못해서 심장[2]의 활동을 가로막으며,[3] 앉으나 누우나 편안치 못하다. 그렇다고 먹는 것을 정상적 분량 이하로 줄이면, 몸은 여위고 정신은 나가고[4] 말아서, 생각[5]이 견고하지 못한 결과가 온다. — 〈增一阿含經〉

〔주〕 1)숨 : 원문은 '氣'. vāta. 2)심장 : 원문은 '心'. 618의 주. 3)가로막음 : 원문은 '壅塞'. 4)정신이 나감 : 원문은 '心懸'. '懸'에는 '멀다'의 뜻이 있다. 정신이 몸을 떠나 멀리 가는 것. 5)생각 : 원문은 '意慮'. 생각하고 분별하는 작용.

1328

사람의 몸은 네 가지 원소[1]가 모여서[2] 이루어진 것이다. 네 가지 원소란 지(地)・수(水)・화(火)・풍(風)을 이르는바, 이 중의 어느 한 원소가 조화를 잃으면 백한 가지의 병이 생기므로, 네 가지 원소가 함께 조화를 잃을 때에는 사백네 가지의 병[3]이 동시에 생겨난다. — 〈五王經〉

〔주〕 1)네 가지 원소 : 원문은 '四大'. 139의 주. 2)모임 : 원문은 '和合'. 468의 주. 3)사백네 가지 병 : 원문은 '四百四病'. 470의 주.

1329

사람[1]이 병들어 약[2]을 못 먹고 간호인[3]도 없는 채 죽는 것을 횡사(橫死)[4]라 하며, 국법[5]에 의해 죽음을 당하는 것을 횡사라 하며, 사냥[6]・방종[7]・음탕[8]・음주 따위에 빠져 절도가 없어서 해를 입음을 횡사라 하며, 물에 빠져 죽는 것을 횡사라 하며, 불에 타서 죽는 것을 횡사라 하며, 사자・호랑이・표범 따위 사나운 짐승 있는 곳에 갔다가 해를 입는 것을 횡사라 하며, 기갈(飢渴)에 시달려 고생하다 죽는 것을 횡사라 하며, 무너지는 담[9]이나 독약 같은 것에 의해 해를 입음을 횡사라 하며, 바위에 몸을 던져 죽는 것을 횡사라 한다.

— 〈醫師如來本願經〉

〔주〕 1)사람 : 원문은 '衆生'. 1의 주. 2)약 : 원문은 '醫藥'. 3)간호인 : 원문은 '看病人'. 1322의 주. 4)횡사 : 1312의 주. 5)국법 : 원문은 '王法'. 913의 주. 6)사냥 : 원문은 '遊獵'. 노닐면서 사냥하는 것. 7)방종 : 원문은 '放逸'. 250의 주. 8)음탕 : 원문은 '婬事'. 음탕한 일. 9)무너지는 담 : 원문은 '壓牆'.

7
대치품
對治品

제1장 가정(家庭)

제1절 총설

가정의 평화

1330

세속[1]에 사는 사람[2]들은, 부자·형제·부부·가족,[3] 안팎의 친척[4] 사이에 서로 경애(敬愛)하여 미워하지 않으며, 유무상통(有無相通)하여 아끼는[5] 일이 없으며, 말과 안색[6]이 늘 화평하여 서로 뜻이 어긋나지[7] 말도록 해야 한다.

— 〈無量壽經〉

〔주〕 1)세속 : 원문은 '世間'. 548의 주. 2)사람 : 원문은 '人民'. 24의 주. 3)가족 : 원문은 '家室'. 913의 주. 4)안팎의 친척 : 원문은 '中外親屬'. 부친 쪽의 친척과 모친 쪽의 친척. 5)아낌 : 원문은 '貪惜'. 탐내고 아까워함. 6)말과 안색 : 원문은 '言色'. 7)뜻이 어긋남 : 원문은 '違戾'. 거스르고 배반함. 상대의 뜻에 어긋남. 반대함.

1331

사람은 마땅히 다섯 가지 일을 가지고 친척[1]을 경애(敬愛)[2]해야 한다. 다섯 가지란 무엇이냐 하면, 첫째는 물질을 급여함[3]이요, 둘째는 좋은 말이요, 셋째는 서로 이롭게 함이요, 넷째는 협력[4]이요, 다섯째는 속이지

않음이다. —〈長阿含經〉

〔주〕 1)친척 : 원문은 '親族'. kaḍatra. 2)경애 : 원문은 '親敬'. 친하고 공경함. 3)물질을 급여함 : 원문은 '給施'. 1192의 주. 4)협력 : 원문은 '同利'. 동사(同事)와 같다. Ⓟsamānattatā.

1332

능히 신앙을 지켜 가정[1]이 화평하고 편안하면, 현세(現世)[2]에 경사가 있어서 복이 저절로 좇아오게 마련이다. 복이란 행위에서 오는 과보(果報)[3]일 뿐, 결코 신(神)이 내려 주는 것이 아니다. —〈阿難問事佛吉凶經〉

〔주〕 1)가정 : 원문은 '室內'. 2)현세 : 856의 주. 3)과보 : 원문은 '報'. 78의 주.

가정상의(家庭相依)

1333

친척[1]이야말로 으뜸가는 벗임을 알아야 한다. 사람들이 다 친척을 알고는 있지만, 지극한 애정[2]으로 근본을 삼으며, 정성[3]을 앞세우고 의(義)는 뒤로 미루는 태도를 취해야 비로소 같이 살 수가 있다. 옛날에 한 사람이 있었는데, 그는 오직 친구와만 상종할[4] 뿐, 제 형제와는 말조차 하려 안 했다. 한번은 관청에서 사령(使令)[5]을 보내 이 사람을 불렀는바, 술에 취한 그는 관청의 심부름꾼을 죽여 버렸다. 그러고는 도망쳐서 친구들을 찾아가 사실[6]을 자세히 말하고 청했다.

"내가 지금 위태로워[7] 발붙일 곳이 없으니, 부디 받아들여 이 곤경을 면하게 하여 주오."

이 말을 들은 친구들은 다 깜짝 놀라면서 말했다.

"당신의 큰 사건은 감추어 주기 어려우니, 곧 돌아가고 여기에는 머무르지 마시오. 이 일이 드러나면 우리도 적잖이 죄를 받게 될 것이오. 당신에게는 형제가 있고 친척이 많은 터인데, 왜 우리를 찾아오고 골육(骨肉)에는 등을 돌린단 말인가?"

이를 들은 그 사람은 하는 수 없이 집으로 돌아왔다. 그러고는 형제에게 자기가 저지른 잘못[8]을 사실대로 털어놓았다. 그랬더니 이를 들은 친척들은 다 위로하기를,

"두려워 말라. 적당한 계략(計略)[9]을 써서 이 어려움을 면해야 한다."
고 하면서, 오친(五親)[10]이 모여들어 마차의 준비를 서두르고[11] 행장을 정비하여[12] 각기 길을 잡아 타국 땅[13]으로 갔다. 그러고는 다시 집을 짓고 서로 존경으로 대하면서 살았는데, 재물도 날로 늘어 가서 하인[14]도 무수하게 되었다. 그러므로 친척이야말로 으뜸가는 친구라고 설하는 것이다.

— 〈出曜經〉

〔주〕 1)친척 : 원문은 '親'. 2)지극한 애정 : 원문은 '款到'. 3)정성 : 원문은 '信'. 4)상종함 : 원문은 '從事'. 5)사령 : 원문은 '禁吏'. 관청에서 사법 관계의 일에 종사하는 하급 관리. 6)사실 : 원문은 '情實'. 7)위태로움 : 원문은 '危厄'. 위험과 재앙. 8)잘못 : 원문은 '愆咎'. 1268의 주. 9)적당한 계략 : 원문은 '權計'. 방편으로서의 계략. 10)오친 : 일등친(一等親)에서 오등친(五等親)까지의 친척. 모든 친척. 11)마차의 준비를 서두름 : 원문은 '嚴駕'. 12)행장을 정비함 : 원문은 '調行'. 13)타국 땅 : 원문은 '他國界'. 14)하인 : 원문은 '僕從'. 노복(奴僕).

제2절 친자(親子)

부모에의 효양(孝養)

1334

늘 부모를 존중하며, 공경하는 마음으로 섬겨야[1] 한다. 이렇게 해서 쉬는[2] 일 없거라.

— 〈華嚴經〉

〔주〕 1)공경하는 마음으로 섬김 : 원문은 '恭敬供養'. 존경심을 가지고 섬김. 공경공양·찬탄공양·예배공양 등의 말에서도 알 수 있듯, 이것은 공경 자체를 공양으로 본 것. pūjayati. 2)쉼 : 원문은 '休懈'. 쉬고 게으름을 피우는 것.

1335

만약 총명한 지혜[1]를 지닌 지자(智者)[2]가 있어서 생사(生死)의 피안(彼岸)[3]에 도달하려 한다면, 응당 부모를 존경해야 할 것이다.

— 〈金剛髻珠修行經〉

〔주〕 1)총명한 지혜 : 원문은 '聰慧'. 738의 주. 2)지자 : 도리를 알고 있는 사람. 슬기로운 사람. Ⓟjānat. 3)생사의 피안 : 원문은 '生死彼岸'. 윤회에서 벗어난 이상적 경지. 곧 열반(涅槃)을 이른다. 생사는 윤회.

1336

부모에게 효도하여,[1] 밤낮[2]으로 섬겨[3] 곁에서 떨어지지 않음으로써, 항상 길러 준 은혜[4]에 보답할[5] 것을 잊지 말아야 한다. — 〈阿差末菩薩經〉

〔주〕 1)효도함 : 원문은 '孝順'. 565의 주. 2)밤낮 : 원문은 '夙夜'. 이른 아침이나 늦은 밤이나. 3)섬김 : 원문은 '供養'. 565의 주. 4)길러 준 은혜 : 원문은 '乳哺恩'. '哺'는 밥을 씹어서 먹이는 뜻. 5)보답함 : 원문은 '反報'. 은혜를 갚는 것.

1337

마땅히 부모를 지극히 사랑하여 존중해 섬겨서,[1)] 신(神)인 듯 받드는 생각[2)]을 지녀야 하며, 부모의 생각대로[3)] 기쁨과 즐거움을 얻게 하면서도 아첨하는 마음[4)]을 떠나야 한다. — 〈菩提資糧論〉

〔주〕 1)섬김 : 원문은 '供養'. 565의 주. 2)신인 듯 받드는 생각 : 원문은 '天想'. 3)생각대로 : 원문은 '隨意'. 4)아첨하는 마음 : 원문은 '諂心'. 남의 비위를 맞추어 제 생각을 굽히는 것.

1338

정반왕(淨飯王)[1)]이 갑자기 돌아가시자[2)] 모든 석가족(釋迦族)의 추장[3)]들은 왕의 시신(屍身)을 관(棺)에 넣어 사자좌(獅子座)[4)] 위에 안치(安置)한 다음, 꽃을 뿌리고[5)] 향을 살랐다.[6)] 부처님께서는 난타(難陀)[7)]와 함께 관 앞[8)]에 공손히 서시고, 아난(阿難)[9)]과 나운(羅云)[10)]은 관의 끝[11)]께에 머물러 있었는데, 난타가 무릎을 꿇고[12)] 부처님께 아뢰었다.

"부왕(父王)께서는 저를 길러 주셨습니다. 원컨대 저로 하여금 부왕의 관을 메게 하여 주옵소서."

아난이 또 말했다.

"원컨대 저도 백부님의 관을 메게 하여 주옵소서."

나운도 말했다.

"저도 조왕(祖王)의 관을 메게 하여 주옵소서."

세존(世尊)[13]께서 말씀하셨다.

"후세 사람[14]들이 포악해서 부모의 길러 주신 은혜에 보답치 못하면, 이것이 불효자(不孝子)다. 이런 후세의 중생들을 위해 방편의 가르침[15]을 만들 필요가 있으므로, 나 자신이 부왕의 관을 몸소 멜 것이다."

그 때에 사천왕(四天王)[16]이 함께 무릎을 꿇고, 동시에 소리를 내어 부처님께 아뢰었다.

"세존이시여! 원컨대 저희들께도 부왕의 관을 메게 하옵소서. 저희들은 부처님의 제자입니다. 그러므로 저희들도 의당 부왕의 관을 메겠나이다."

세존께서는 그 청을 허락하셨다. 이에 부처님께서는 향로를 손수 드시고, 관 앞에 걸으사 장지(葬地)[17]로 나아가셨다.[18] — 〈淨飯王般涅槃經〉

〔주〕 1)정반왕 : 385의 주. 2)돌아감 : 원문은 '就後世'. 내세(來世)로 나아간다 함이니, 죽는다는 뜻. 3)석가족의 추장 : 원문은 '釋王'. 왕(王)의 원어인 rājan은 부족의 추장을 뜻했고, 촌락(村落)의 지배자도 왕으로 호칭되는 경우가 있었다. 여기서는 석가족의 각 지파(支派)나 촌락의 대표자 정도의 뜻일 것이다. 4)사자좌 : 253의 주. 5)꽃을 뿌림 : 원문은 '散華'. 원래는 꽃을 뿌려 부처님께 공양하는 뜻. 6)향을 사름 : 원문은 '燒香'. 7)난타 : Nanda의 음사. 부처님의 이복 아우. 8)관 앞 : 원문은 '喪前'. '喪'에는 관의 뜻도 있다(<禮記> '送喪不踰境'). 9)아난 : 6의 주. 10)나운 : 888의 '나호라'와 같다. 11)관의 끝 : 원문은 '棺足'. 12)무릎을 꿇음 : 원문은 '長跪'. 무릎을 땅에 대고, 발가락으로 땅을 버티는 듯이 하면서 절하는 것. 13)세존 : 4의 주. 14)후세 사람 : 원문은 '當來世人'. 15)방편의 가르침 : 원문은 '化法'. 부처님이 중생을 제도하기 위해 설한 가르침. 또는 그 내용. 16)사천왕 : 17의 주. 17)장지 : 원문은 '葬所'. 18)나아감 : 원문은 '出詣'. '出'과 '詣'에 다 '進'의 뜻이 있다.

부모의 은혜

1339

"예사 아니셨어라![1] 부모께서 큰 고통을 받으사 열 달이 차도록 내 태(胎)를 품으시며, 태어난 다음에도 마른 자리로 옮겨[2] 눕히사 습기를 제거하시며, 더러운 똥·오줌[3]을 치우시며, 젖 먹이고 씹어 먹여[4] 길이 기르사 내 몸을 보호하시도다.[5] 이런 도리[6] 때문에 나는 항상 그 은혜에 보답해야 하리니, 부모를 봉양하고[7] 모셔서 지켜 드리며, 그 뜻을 받들어 섬겨야[8] 하리라."

— 〈涅槃經〉

〔주〕 1)예사 아님 : 원문은 '奇哉'. 2)옮김 : 원문은 '推'. 3)똥·오줌 : 원문은 '大小便利'. 479의 주. 4)젖 먹이고 씹어 먹임 : 원문은 '乳餔'. 양육(養育)의 뜻. '乳哺'와 같다. 5)보호함 : 원문은 '將護'. 6)도리 : 원문은 '義'. 659의 주. 7)봉양함 : 원문은 '色養'. 신체를 먹여 살리는 것. 8)뜻을 받들어 섬김 : 원문은 '隨順供養'.

1340

부모가 병들었을 때에는, 자식들은 각기 방편을 구하여 다방면으로 치료해서, 갖가지 병고(病苦)를 빨리 제거하도록[1] 해야 한다. 그리하여 오근(五根)[2]이 경쾌하고 편안하게[3] 조화되며[4] 음식이 늘어나[5] 체력이 견고해져서, 온갖 고통을 떠나고 큰 쾌락을 얻어, 수명이 길어지도록 해 드려야 한다. 왜냐하면, 지금의 내 이 몸이 세상[6]에 있는 것은 부모의 생육(生育)을 받았기 때문이요, 이런 이유[7]로 부모의 은혜란 무거운 까닭이다.

— 〈佛母出生經〉

〔주〕 1)제거함 : 원문은 '遠離'. 607의 주. 2)오근 : 원문은 '諸根'. 246의 주. 3)경쾌하고 편안함 : 원문은 '輕安'. 963의 주. 4)조화됨 : 원문은 '調適'. 966의 주. 5)늘어남 : 원문은 '增進'. 1107의 주. 6)세상 : 원문은 '世間'. 64의 주. 7)이유 : 원문은 '因緣'. 252의 주.

1341

자비스러운 부모가 오래 길러 주셨기 때문에 모든 남녀가 다 편안할[1] 수 있는 것이니, 아버지의 은혜는 높아서 산왕(山王)[2]과 같고, 어머니의 은혜는 깊어서 대해(大海)와 같다. —〈心地觀經〉

〔주〕 1)편안함 : 원문은 '安樂'. prasvastha. 2)산왕 : 수미산(須彌山)을 이른다. 181의 '수미산' 참조.

1342

만약 모든 중생이 그 부모를 충심[1]으로 존중하며, 예배하여 섬겨서[2] 경애(敬愛)하는 마음을 가지고 가까이하여 살아간다면, 이런 사람은 무량한 복을 낳으며, 온갖 지혜 있는 이[3]들이 다 칭찬하여 명예가 널리 들리며, 여러 사람 속에 있어도 두려움이 없고, 죽은 뒤에는 선취(善趣)[4]에 태어날 것이다. 무슨 이유로 해서, 중생이 부모를 충심으로 존중하며, 예배해 섬겨서 경애하는 마음을 가지고 가까이하여 살아가야 한다는 것인가? 부모는 자식에게 깊은 은혜가 있는 까닭이다. 부모는 자식을 낳아 자애의 정으로 젖 먹이고 씹어 먹였으며,[5] 씻고 닦고 하여 길러 내어 키웠다. 또 갖가지 몸의 필수품[6]을 주며, 세상의 온갖[7] 법칙[8]을 가르쳐, 마음에 늘 괴로움을 제거하고 즐거움을 얻게 하고자 하여 잠시도 생각을 중단함이 없어서, 마치 그림자가 형태를 따르는 것과도 같다. 그리고 무익한 것을 제거하고 유익한 것을 주려 애쓰며, 온갖 악을 제지하고 온갖 선을 닦으라고 권하며, 정숙한 아내를 택해 장가들이며, 때로는 귀중한 보배나 재물·곡식 따위를 내리기도 한다. 그러므로 중생들은 그 부모를 충심으로 존중하며, 예배해 섬겨서 경애하는 마음을 가지고 가까이하여 살아가야 하는 것이다. — 〈本事經〉

〔주〕 1)충심 : 원문은 '深心'. 2)예배해 섬김 : 원문은 '禮拜供養'. 존경하는 것. paryupāsanā. 3)지혜 있는 이 : 원문은 '有智人'. 1275의 주. 4)선취 : 78의 주. 5)젖 먹이고 씹어 먹임 : 원문은 '乳哺'. 1339의 '乳餔'와 같다. 6)몸의 필수품 : 원문은 '資身衆具'. 몸을 꾸미는 여러 물건. 의복이나 보석 따위. 7)온갖 : 원문은 '所有'. 119의 주. 8)법칙 : 원문은 '儀式'.

1343

부모는 좋은 복전(福田)[1]이다. — 〈聖善天子所問經〉

〔주〕 1)복전 : 21의 주.

효의 방법

1344

자식은 마땅히 다섯 가지 것으로 부모를 바로 공경하고 바로 봉양해야 한다. 다섯 가지란 무엇인가? 은혜를 잊지 않아[1] 오직 보답하며, 가사(家事)를 오직 닦으며, 부채[2]는 오직 갚으며,[3] 분부[4]는 오직 따르며, 섬기되[5] 오직 기쁘게 해 드리고자 함이 그것이다. — 〈善生子經〉

〔주〕 1)은혜를 잊지 않음 : 원문은 '念恩'. 본문에 '念思'라 되어 있으나, '思'는 '恩'의 오자일 것이다. 2)부채 : 원문은 '責負'. 責의 음은 '채'니, 債와 통용한다. 3)갚음 : 원문은 '解'. '풀다'가 원뜻이나, 부채 관계를 푸는 것은, 갚는 것을 뜻한다. 4)분부 : 원문은 '勅戒'. 윗분의 명령. 5)섬김 : 원문은 '供養'. 565의 주.

1345

부처님께서 사위국(舍衛國)[1]에 계실 때에 모든 비구에게 이르셨다.

"부모는 자식을 낳아 젖 먹이고 씹어 먹여[2] 이를 기르고, 장성하고 나서는 천하 만물을 자식에게 보여 선악(善惡)을 알게 한다. 그러므로 자식이 한 어깨에 아버지를 업고 다른 어깨에 어머니를 업어 목숨이 다하고서야[3] 그친다든가, 다시 진보(珍寶)·주옥·유리[4]·산호를 부모의 몸에 달아 드리든가 한대도, 부모의 은혜는 갚을 수 없을 것이다.

부모가 살생(殺生)[5]을 좋아하면 자식된 자는 간해서 그치게 하며,[6] 부모가 악한 마음이 있으면 늘 간해서 선(善)을 염(念)하게 하며, 부모가 어리석고 지력(智力)이 둔해서[7] 불법(佛法)[8]을 모르면 진리[9]를 일러 주며, 부모가 탐욕이 많고[10] 질투심이 있으면 유순하게 간하며,[11] 부모가 선악을 모르면 차례로 유순하게 일러 줄 것이니, 비구들아, 자식된 자는 마땅히 이 같아야 하느니라. 그러나 남의 자식이 되어 의복을 부모보다 더 좋은 것을 입고자 한다든가, 음식을 부모보다 맛있는 것을 먹고자 한다든가, 말을 부모보다 높이고자 한다면, 이런 자는 죽어서 지옥에 들어갈 것이다. 이와는 달리 남의 자식으로서 부모를 효도로 섬기는 경우, 죽어서 천상(天上)[12]에 태어날 것은 말할 나위도 없는 일이다."

— 〈阿遬達經〉

〔주〕 1)사위국 : 473의 주. 2)젖 먹이고 씹어 먹임 : 원문은 '哺乳'. 1342의 '유포'와 같다. 3)목숨이 다함 : 원문은 '壽竟'. 죽는 것. 4)유리 : 468의 '유리주'와 같다. 5)살생 : 386의 주. 6)간해서 그치게 함 : 원문은 '諫止'. 7)지력이 둔함 : 원문은 '少智'. 737의 주. 8)불법 : 원문은 '經道'. 620의 주. 9)진리 : 원문은 '佛經'. 법(法). dharma. 10)탐욕이 많음 : 원문은 '貪狼'. 799의 주. 11)유순하게 간함 : 원문은 '順諫'. 12)천상 : 1283의 주.

1346

음식이나 진보(珍寶)[1]만으로는 부모의 은혜를 갚지 못한다. 부모를 인도[2]하여 바른 가르침[3]으로 향하게 해야, 부모[4]를 섬기는[5] 것이 된다.

— 〈不思議光經〉

〔주〕 1)진보 : 보배. 진기한 재보(財寶). ratna. 2)인도 : 사람들을 이끌어 바른 길로 들어가게 하는 것. parikarṣaṇa. 3)바른 가르침 : 원문은 '正法'. 252의 주. 4)부모 : 원문은 '二親'. 5)섬김 : 원문은 '供'. 565의 '공양'과 같다.

1347

부처님께서 사문(沙門)[1]에게 물으셨다.

"어버이가 자식을 낳는 것은, 열 달이나 뱃속에 품어 중병이나 걸린 듯하고, 낳는 날에도 어머니는 위태롭고 아버지는 두려워하여, 그 실정을 이루 말하기 어려운 바가 있다. 그리고 낳고 나서는 자식은 마른 자리에 옮기고[2] 어머니는 축축한 곳에 누워 있으며, 정성이 지극하기에 피가 변해 젖이 되며, 쓰다듬고 닦고 목욕시키며, 옷 입고 밥 먹는 것을 가르친다.[3] 좀 커지면, 자식을 위해 그 스승[4]에게 예물을 보내고,[5] 군주에게는 공물(貢物)을 바친다.[6] 자식의 얼굴이 즐거우면[7] 어버이도 기뻐하고,[8] 자식이 혹시 근심[9]에 싸이면 어버이의 마음도 애탄다.[10] 외출하면 사랑해 생각하고, 돌아오면 잘 키우고자 애써서[11] 마음에 걱정하여[12] 행여 악해질까 두려워하게 마련이다. 부모의 은혜가 이 같거니, 무엇으로 보답해야 되겠느냐?"

모든 사문이 대답했다.

"오직 예(禮)를 다하고 사랑으로 섬겨서[13] 어버이의 은혜를 갚으오리다."

세존(世尊)[14]께서 다시 말씀하셨다.

"자식이 어버이를 봉양하는 데 있어서, 감로(甘露)같이 맛있는 온갖 음식[15]을 그 입에 공급하며,[16] 천악(天樂)[17]의 여러 소리로 그 귀를 즐겁게 하며, 최상의 아리따운 의복[18]으로 그 몸을 빛내고, 다시 두 어깨에 부모를 업고 두루 사해(四海)에 노닐어, 자식의 목숨[19]이 마칠 때까지 그렇게 함으로써 양육해 준 은혜에 보답한다면,[20] 가히 효도라고 할 수 있겠느냐?"

모든 사문이 대답했다.

"효도의 큼이 이보다 더한 것이 없겠나이다."[21]

세존께서 이르셨다.

"그것으로는 효도가 되지 못한다. 만약 어버이가 완고하여 진리에 어두워서[22] 삼보(三寶)[23]를 받들지 않는다든가, 흉악하고[24] 폭려(暴戾)[25]해 도리 아닌 재물[26]을 함부로 훔친다든가,[27] 술을 즐겨[28] 마음이 어지러워 진실하고 바른 도리[29]를 어긴다든가 하면, 자식된 자는 마땅히 정성을 다해 간함으로써 깨닫게 해야[30] 한다. 그래서 어버이가 뜻을 바꾸어[31] 따를 때는, 부처님의 오계(五戒)[32]를 받들어 생물에 대해 인자한 마음을 지녀 죽이지 않으며, 청렴한[33] 태도를 지녀 훔치지 않으며, 마음을 깨끗이 가져[34] 사음(邪婬)하지 않으며[35] 신의를 지켜 속이지 않으며, 계(戒)를 지켜[36] 술에 취하는 일이 없어야 한다. 그리하여 가정[37] 안에서 어버이는 인자하고 자식은 효도하며, 남편은 바르고 아내는 정숙하며, 구족(九族)[38]이 화목하고 하인[39]들이 순종한다면, 덕[40]이 멀리 미쳐서 모든 중생[41]이 은혜를 입을 것이다. 그렇게 되는 경우, 시방제불(十方諸佛)[42]과 천룡귀신(天龍鬼神)[43]과 군신만성(君臣萬姓)[44]이 다 경애하여 도와서 편안케 해줄 것이니, 어떤 악마[45]라도 어쩌지 못할 터이다. 이렇게 되면, 부모는 세상을 언제나 편히 살 수 있고, 죽은 뒤에는 영혼이 천상(天上)에 태어나,[46] 모든 부처님네와 만나서 그 가르치시는 말씀[47]을 듣게 된다. 그리하여 깨달음을 얻고[48] 해탈[49]하여 길이 괴로움에서 벗어날 수 있게 되느니라."

— 〈孝子經〉

〔주〕 1)사문 : 265의 주. 2)옮김 : 원문은 '推'. 1339의 주. 3)가르친다 : 원문은 '教詔'. 4)스승 : 원문은 '師友'. 1262의 주. 5)예물을 보냄 : 원문은 '禮賂'. 6)공물을 바침 : 원문은 '奉貢'. 7)즐거움 : 원문은 '和悅'. 화기(和氣)가 있고 기뻐함. 8)기뻐함 : 원문은 '欣豫'. 기뻐하고 즐거워함. 9)근심함 : 원문은 '慘慼'. 10)애탐 : 원문은 '焦枯'. 11)잘 키우고자 함 : 원문은 '存養'. 그 본심을 잃지 않게 하여 성품을 키우는 것(<孟子> '存其心, 養其性'). 12)걱정함 : 원문은 '惕惕'. 두려워하는 것. 13)사랑으로 섬김 : 원문은 '慈心供養'. 인자한 마음으로 봉사하는 것. 14)세존 : 4의 주. 15)감로같이 맛있는 온갖 음식 : 원문은 '甘露百味'. 16)공급함 : 원문은 '資'. 17)천악 : 601의 주. 18)최상의 아리따운 의복 : 원문은 '名衣上服'. 의복이라고 이름붙여지는 것(<法華經>). 그러나 여기서는, 좋은 옷을 이른다. 19)목숨 : 원문은 '年命'. 수명. 20)보답함 : 원문은 '賽'. 갚음. 21)더함이 없음 : 원문은 '莫尙'. 22)완고하여 진리에 어둠 : 원문은 '頑闇'. 515의 주. 23)삼보 : 20의 주. 24)흉악함 : 원문은 '凶虐'. 25)폭려 : 원문은 '殘戾'. 사납고 도리에 어긋남. 26)도리 아닌 재물 : 원문은 '非理'. 1077의

주. 여기서는, 그 재물을 가리킨다. 27)함부로 훔침 : 원문은 '濫竊'. 28)술을 즐김 : 원문은 '耽酒'. 29)진실하고 바른 도리 : 원문은 '眞正'. 1164의 주. 30) 깨닫게 함 : 원문은 '啓悟'. 몽매함을 열어서 깨닫게 함. 31)뜻을 바꿈 : 원문은 '遷志'. 32)오계 : 769의 주. 33)청렴함 : 원문은 '淸讓'. 마음이 깨끗하여 이익을 양보하는 것. 34)깨끗함 : 원문은 '貞潔'. '貞'도 깨끗한 뜻. 35)사음하지 않음 : 원문은 '不婬'. 861의 주. 36)계를 지킴 : 원문은 '孝順'. 37)가정 : 원문은 '宗門'. 가문(家門). 38)구족 : 고조 · 증조 · 조부 · 부 · 자기 · 아들 · 손자 · 증손 · 현손. 39)하인 : 원문은 '僕使'. vaktavya. 40)덕 : 원문은 '潤澤'. 덕택(德澤) 41)중생 : 원문은 '含血'. 생물. 온갖 생명체. 주로 사람을 가리킨다. 42) 시방제불 : 940의 주. 43)천룡귀신 : 913의 주. 44)군신만성 : 군신을 포함한 모든 사람. 45)어떤 악마 : 원문은 '千邪萬怪'. 모든 사신(邪神)이나 괴물. 46) 태어남 : 원문은 '往生'. 374의 주. 47)가르치시는 말씀 : 원문은 '法言'. 873의 '법어'와 같다. 48)깨달음을 얻음 : 원문은 '獲道'. 49)해탈 : 원문은 '度世'. 516의 주.

1348

자식은 부모를 섬김에 있어서, 마땅히 다섯 가지 일을 행해야 한다. 첫째는 경제적 활동[1]을 생각함이다. 둘째는 일찍 일어나 종에게 명령하여[2] 때에 맞추어 밥을 지음이다. 셋째는 부모의 근심을 더하게 아니함이다. 넷째는 부모의 은혜를 마땅히 생각함이다. 다섯째는 부모가 병들었을 경우, 두려워하여 의사를 구해 치료함이다. — 〈六方禮經〉

〔주〕 1)경제적 활동 : 원문은 '治生'. 565의 주. 2)명령함 : 원문은 '勅'.

1349

남의 자식된 사람은, 마땅히 다섯 가지 일을 가지고 부모를 존경하여 모셔야[1] 한다. 다섯 가지란 무엇인가? 첫째는 의식을 받드는[2] 데 있어서 부족이 없음이다. 둘째는 모든 하는 일[3]을 먼저 부모에게 고(告)함이다. 셋째는 부모의 하는 일에 공손히 따라 거스르지 않음이다. 넷째는 부모의 바른 생활 방법[4]을 감히 어기지 않음이다. 다섯째는 부모가 하는 바른 행위[5]를 끊지 않음이다.

— 〈長阿含經〉

〔주〕 1)존경해 모심 : 원문은 '敬順'. 존경하여 상대의 의사를 따르는 것. 2)의식을 받듦 : 원문은 '供養'. 물건을 바치는 것. 3)하는 일 : 원문은 '所爲'. 4)바른 생활 방법 : 원문은 '正命'. 965의 주. 5)바른 행위 : 원문은 '正業'. 1152의 주.

1350

만약 부모가 신심(信心)이 없거든 신심[1]을 일으키게 해야 한다. 만약 계(戒)[2]를 안 지키거든 계[3]에 머무르게 해야 한다. 만약 성질이 인색하거든[4] 보시(布施)[5]를 행하게 해야 한다. 만약 지혜[6]가 없거든 지혜를 일으키게 해야 한다. 자식이 이렇게 하면, 비로소 보은(報恩)이라 할 수 있다.

— 〈毘那耶律〉

〔주〕 1)신심 : 8의 주. 2)계 : 18의 주. 3)계 : 원문은 '禁戒'. 455의 주. 4)인색함 : 원문은 '慳'. 546의 주. 5)보시 : 원문은 '惠施'. 314의 주. 6)지혜 : 107의 주.

1351

아난(阿難)[1]이 아침 일찍[2] 왕사성(王舍城)[3]에 들어가 차례로 밥을 빌[4] 때의 일이다. 그 때, 성중에 한 바라문(婆羅門)[5]의 아들이 살고 있었다.

그는 효성을 다해 부모를 봉양했었는데, 집안이 망해서[6] 생계가 간데온데 없게 되었다. 하는 수 없어서, 그는 늙은 어머니를 업고 집집마다 걸식하며[7] 다니는 신세가 되었다. 그런데 좋은 음식을 얻었을 때는, 이를테면 그 향그러운[8] 과일[9] 같은 것을 어머니에게 드렸고, 나쁜 음식을 얻었을 경우에는, 이를테면 그 시든 채소나 말라빠진 과일 같은 것은 자기가 먹곤 하였다. 마침 이것을 보게 된 아난은, 마음에 기쁨이 북받쳐올라 게(偈)[10]를 불러 이 사람을 칭찬했다.[11]

훌륭하여라,[12]
덕 있는 이[13]여.
부모 섬기는[14] 정성
기특하거니[15] 누구 미치리.

— 〈大方便佛報恩經〉

〔주〕 1)아난 : 6의 주. 2)아침 일찍 : 원문은 '晨朝時'. 아침 먹기 전에. pūrva-bhakte. 3)왕사성 : Rāja-gṛha. 인도의 마갈타국의 수도. 4)밥을 빌다 : 원문은 '乞食'. 827의 주. 5)바라문 : 244의 주. 6)망함 : 원문은 '衰喪'. 쇠하여 망함. 7)걸식함 : 원문은 '行乞'. 걸식을 행함. 또는 탁발. piṇḍa-bhakṣa-parāyaṇa. 8)향그러움 : 원문은 '香美'. 9)과일 : 원문은 '菓蓏'. 나무 열매와 풀 열매. 10)게 : 9의 주. 11)칭찬함 : 원문은 '歎'. anuśaṃsā. 12)훌륭하여라 : 원문은 '善哉'. 17의 주. 13)덕 있는 이 : 원문은 '善男子'. 1의 주. 14)섬김 : 원문은 '供養'. 565의 주. 15)기특함 : 원문은 '奇特'. 있기 어려운 것. 불가사의. 기적. aviśiṣṭa.

효친(孝親)의 미과(美果)

1352

무릇 사람이 천지의 귀신을 섬긴다 해도 그 부모에 효도함만 못하다. 부모야말로 최고의 신이기 때문이다. —〈四十二章經〉

1353

늙은 부모를 잘 섬기면[1] 의당 내세에는 제석천(帝釋天)의 궁전[2]에 살게 된다. 그리하여 무수한 환희원(歡喜園)[3]이 늘 사면을 에워싼다.

—〈大乘日子王所問經〉

〔주〕 1)섬김 : 원문은 '供養'. 565의 주. 2)제석천의 궁전 : 원문은 '天宮'. 107의 주. 3)환희원 : 도리천(忉利天)에 있는 제석천의 사원(四園)의 하나. 원(園)은 유원(遊園).

1354

옛날에 섬(睒)이라는 이름의 보살이 있었다. 그는 부모를 받들어 산택(山澤)에 살고 있었는데, 부모가 늙어 실명(失明)하고 말았다. 섬은 슬퍼해 울면서, 밤이면 늘 세 번이나 일어나 부모 계신 방의 차고 더움을 알아보곤[1] 하였다. 그의 지극한 효성은 사람과 신들[2]을 감동시켰다. 또 그는 부처님의 십선(十善)의 계(戒)[3]를 받들어 삼업(三業)[4]이 청정했으므로, 그 인자함이 멀리까지 비쳐서 금수마저 따라와 의지하였다.

한번은 부모가 목말라 했으므로 섬이 나가 물을 긷고 있었는데, 마침 가이국(迦夷國) 임금이 산에 들어와 사냥하다가[5] 활을 당겨 사슴을 쏜다고 쏜 것이, 빗나가 섬의 가슴을 맞히고 말았다. 섬은 그 자리에 쓰러졌고, 화살의 독은 몸 속을 번져 가서 그 고통은 말할 수 없었다. 섬은 좌우를 돌아보고 울면서 외쳤다.

"한 화살로 세 도사(道士)[6]를 죽이는 것은 누구냐? 우리 부모는 나이 많으신데다가 시력까지 잃으셨으니, 하루아침에 내가 없어진다면 다 돌아가셔야 할 것이다."

그리고 다시 소리를 높여 슬픈 어조로 말했다.

"코끼리는 그 어금니 탓으로, 물소는 그 뿔 탓으로, 물총새는 그 털 탓으로 죽음을 당한다지만, 나는 그런 어금니나 뿔이나 광채가 나는 털도 없는 터에 무엇 때문에 죽어야 하는 것인가?"

왕이 그 슬퍼하는 소리를 들었다. 그래 말에서 내려 물었다.

"어찌해 심산에서 살고 있느냐?"

섬이 대답했다.

"저는 양친을 모시고 이 산중에 살면서, 세속의 온갖 더러움을 배제하고 불도(佛道)를 수행하고 있는 중입니다."

섬의 말을 들은 왕은, 목이 메고 눈물을 흘리면서 매우 슬퍼했다.

"내가 어질지 못한 탓으로 생물[7]을 해쳤고,[8] 이제는 지극한 효자를 또 죽였으니, 이를 장차 어쩐단 말인가?"

대소의 군신(群臣)이 다 목메어 했다. 왕이 다시 말했다.

"나는 한 나라를 가지고 그대의 목숨을 구하겠다. 그대의 부모가 계신 곳을 밝혀 달라."

섬이 말했다.

"이 작은 길로 나아가면 멀잖은 곳에 조그만 초가가 있는데, 우리 양친께서는 거기에 계십니다. 가시거든 우리 부모님에게 '이제 길이 곁을 떠나오니, 부디 행복하게 여년(餘年)을 마치시고, 아예 소자의 생각은 하지 마시옵소서.'라고 전해 주십시오."

이렇게 말을 마친 그는, 문득 숨이 끊어지고 말았다.

왕과 군신들은 거듭 애통해 한 다음, 섬이 가르쳐 준 길을 따라 그 부모가 사는 집에 도착했다. 그런데 왕을 따르는 자가 몹시 많아서 엔간히 큰 소리가 났으므로 섬의 부모도 그것을 들을 수 있었다. 그래서 의아한 생각이 들어 물었다.

"거기 가는 사람은 뉘시오?"

왕이 대답했다.

"나는 가이국의 임금이오."

그러자 그 부모가 기뻐했다.

"대왕께서 여기에 오시다니, 이런 경사가 어디 또 있사오리까? 여기에 멍석이 있사오니 땀을 식히시고, 맛있는 과일이 있사오니 드시옵소서. 제 자식놈이 물을 길러 갔사온바, 곧 돌아오리이다."

왕은 그 부모가 사랑하는 마음으로 아들을 기다림을 보고, 더욱 목이 메었다. 이윽고 왕이 말했다.

"나는 두 도사(道士)께서 사랑하는 마음으로 아드님 기다림을 목격하고, 마음이 슬퍼서 고통이 한없습니다. 도사의 아들 섬은 내가 쏘아 죽였소이다."

그 부모는 크게 놀라서 말했다.

"내 자식을 무슨 죄로 해서 죽이셨습니까? 그 애는 자애하는 마음을 지니고 있어서, 땅을 밟을 때도 늘 땅이 아파할까 두려워할 지경인데, 무슨 죄가 있기에 죽이셨습니까?"

"효성이 지극했던 댁 아드님은 더없는 현인이었습니다. 내가 사슴을 쏘다가 잘못 맞혔을 뿐, 어떤 죄가 있은 것은 아닙니다."

부모가 말했다.

"아들이 이미 죽었거니, 장차 누구를 의지하오리까? 우리에게는 이제 죽음이 있을 따름이니, 원컨대 대왕께서는 우리 두 늙은이를 이끄사 자식놈의 시체 있는 곳에 이르게 하옵소서. 반드시 그 죽은 것을 보고 나서, 원컨대 그 애와 함께 흙이 되고자[9] 하나이다."

왕은 부모의 그 말을 듣고 더욱 애통해 하면서, 그들을 이끌고 시체 있는 곳으로 왔다.

거기에 이르자, 아버지는 아들의 머리를 무릎 위에 올려놓고, 어머니는 그 다리를 껴안고 입으로 발을 빨아 댔고, 각기 한 손으로는 그 화살 맞은 상처를 어루만졌다. 그러고는 가슴을 치고 볼을 두드리면서 하늘을 우러러 외쳤다.

"천신(天神)·지신(地神)·수신(樹神)·수신(水神)이시여! 내 아들 섬으로 말하자면 부처님을 받들어 그 가르침을 믿었사오며, 현인을 존경하고 어버이에게 효행이 지극했사오며, 순수한[10] 넓은 자비심[11]을 지녀 그 덕[12]이 초목에까지 미쳤다고 여겨지나이다. 만약 제 자식의 부처님을 받들고 어버이에게 효도하는 정성이 하늘에까지 들릴 만하다면, 화살이 뽑아지고 무거운 독이 소멸하여 다시 살아나서 그 효행을 마치게 하옵소서. 그러나 제 자식의 행실이 그렇지 못하고, 제 말씀이 정성스럽지 못하여 이 소망이 이루어질 수 없다면, 저희 또한 죽어서 자식과 함께 흙으로 돌아가겠나이다."

이 말에는 천지의 신들[13]도 모두 감동하지 않을 수 없었다. 그래서 제석천(帝釋天)[14]이 하늘로부터 몸소 내려와 그 부모에게 말했다.

"이 지극한 효자는 내가 살려 주겠습니다."

그리고 천신(天神)의 약을 섬의 입에 흘려 넣었다. 그러자, 아닌게아니라 섬은 홀연히 되살아나는 것이 아닌가! 이에 그 부모는 말할 것도 없고, 섬과 왕과 신하들은 다 슬픔과 즐거움이 뒤섞여 모두 다시금 울음을 터뜨렸다.[15)]

왕은 "부처님의 가르침을 받들어 지극히 효도하는 덕이 여기까지 이르렀구나!"라고 말하고, 마침내 모든 신하에게 명령하여, 온 나라 백성으로 하여금 다 부처님의 십선(十善)의 계를 받들고, 섬의 지극한 효성을 실천케 했으므로, 전국 사람이 이를 본받게 되었다. 그리하여 나라는 유족하고 백성은 편안하여, 마침내 태평한 세상이 이루어졌다.

— 〈六度集經〉

〔주〕 1)알아봄 : 원문은 '消息'. 2)사람과 신들 : 원문은 '人天'. 21의 주. 3)십선의 계 : 원문은 '十善'. 십선계(十善戒)를 이른다. 770의 '십선계'의 주. 4)삼업 : 558의 '신구의'와 같다. 5)사냥함 : 원문은 '田獵'. '田'에도 사냥의 뜻이 있다. 6)도사 : 불도를 닦는 사람. 7)생물 : 원문은 '物命'. 생물의 목숨. 8)해침 : 원문은 '殘夭'. 해쳐서 죽임. 9)흙이 됨 : 원문은 '灰土'. 재와 흙. 인도에서는 화장하는 습관이므로 '재와 흙이 된다'는 것은 죽는 뜻. 10)순수함 : 원문은 '無外'. 딴 것이 섞이지 않은 것. 11)넓은 자비심 : 원문은 '弘仁'. 12)덕 : 원문은 '潤'. 13)천지의 신들 : 원문은 '天地神祇'. '天神地祇'라고도 쓴다. 14)제석천 : 원문은 '帝釋'. 301의 '제석천'과 같다. 15)울음을 터뜨림 : 원문은 '擧哀'. 소리를 내어 곡하는 것.

1355

부처님께서 모든 비구에게 이르셨다.

"나는 세세(世世)[1)]에 온갖 부처님네의 지극한 효행(孝行)을 본받아 행했으므로 덕이 높아지고 복이 왕성해져, 마침내는 부처[2]가 되어 삼계(三界)[3]에 독보(獨步)[4]하게 되었느니라." — 〈六度集經〉

〔주〕 1)세세 : 548의 주. 2)부처 : 원문은 '天中天'. 1037의 주. 3)삼계 : 4의 주. 4)독보 : 홀로 걷는 것. 비길 것이 없는 것.

1356

부모를 효도로 섬기는[1] 데서 오는 과보(果報)[2]는, 일생보처(一生補處)[3]의 보살이 받는 과보[4]와 동등하다. — 〈增一阿含經〉

〔주〕 1)효도로 섬김 : 원문은 '孝順供養'. 2)과보 : 원문은 '功德果報'. 이 '功德'도 과보의 뜻. 선행의 결과로써 얻어지는 과보. 3)일생보처 : 한 생애만 지나면 부처님의 자리를 채울 수 있는 위계(位階). 한 생애만을 미혹의 세계에 매어 있을 뿐, 다음 생애에서는 반드시 부처가 될 것이 확정되어 있는 지위. 부처님 다음이요, 보살로서의 최고의 자리. eka-jāti-pratibaddha. 4)과보 : 원문은 '功德'. 12의 주.

1357

부처님께서 말씀하셨다.

"오직 오늘만 효도[1]를 찬탄하는 것이 아니라, 무량겁(無量劫)[2]에 걸쳐 항상 찬탄할 것이다." — 〈雜寶藏經〉

〔주〕 1)효도 : 원문은 '慈孝'. 인자한 마음에서 나오는 효성. 효도와 같다. 2)무량겁 : 1062의 주.

1358

땅에 진기한 보배를 쌓아올려 이십팔천(二十八天)[1]에 이르는 그것을, 남김없이 사람들에게 보시(布施)한다[2] 해도, 부모를 잘 섬기는[3] 것만은 못하다. — 〈末羅末經〉

〔주〕 1)이십팔천 : 욕계(欲界)의 육천(六天), 색계(色界)의 십팔천(十八天), 무색계(無色界)의 사천(四天)을 합한 것. 2)보시함 : 원문은 '施'. 1056의 주. 3)잘 섬김 : 원문은 '供養'. 565의 주.

불효의 악과(惡果)

1359

만약 부모를 해하는 자가 있다면, 그는 무량아승기겁(無量阿僧祇劫)[1]에 걸쳐 재앙[2]을 받아야 한다. — 〈涅槃經〉

〔주〕 1)무량아승기겁 : 1062의 '무량겁'과 같다. '아승기겁'은 208의 주. 2)재앙 : 원문은 '大苦惱'. 재액(災厄). vyasana.

1360

부모를 해치고자 하면, 악한 마음이 일어날 때에 몸도 따라 움직이게 마련이며, 몸과 마음이 움직이는 것은 곧 오역(五逆)[1]의 원인이 된다. 이렇게 오역의 원인인 까닭에, 부모를 해치고자 하는 자는 반드시 지옥에 떨어진다. — 〈涅槃經〉

〔주〕 1)오역 : 61의 '역죄'와 같다.

1361

부처님께서 아난(阿難)[1]에게 이르셨다. "불효자(不孝子)는 죽고[2] 나서 아비지옥(阿鼻地獄)[3]에 떨어진다." — 〈恩重經〉

〔주〕 1)아난 : 6의 주. 2)죽음 : 원문은 '身壞命殄'. 몸이 파괴되고 목숨이 다함. 3)아비지옥 : 165의 주.

1362

만약 중생이 있어서 부모에게 불효하여, 혹 부모를 죽이는[1] 데까지 이른다면, 무간지옥(無間地獄)[2]에 떨어져 천만억겁(千萬億劫)[3]이 지나도록 나오려 해도 나올 때가 없을 것이다. — 〈地藏經〉

〔주〕 1)죽임 : 원문은 '殺生'. 386의 주. 2)무간지옥 : 419의 주. 3)천만억겁 : 천만억의 겁. 헤아릴 수 없이 긴 시간. '겁'에 대하여는 15의 '천겁' 참조.

1363

출가(出家)[1]하고자 하는 사람은, 응당 먼저 부모에게 물어 허락을 받은 다음이라야 비로소 출가가 허락된다.[2] 만약 먼저 물어 보지 않고 출가한 자가 있다면, 이는 계율을 어긴 죄[3]를 지은 것이 된다.

— 〈根本有部毘奈耶〉

〔주〕 1)출가 : 27의 주. 2)비로소 출가가 허락됨 : 원문은 '有與出家'. '與'에는 허락의 뜻이 있다. 3)계율을 어긴 죄 : 원문은 '越法罪'. 계율을 어긴 죄. 월비니죄(越毘尼罪)와 같다.

1364

부모에 대해 살해할 생각[1)]을 일으켜 마음에 결정하면, 이 죄는 지극히 무거우니, 날카로운 칼로 삼계(三界)[2)]의 온갖 중생을 해친대도 이보다는 죄가 가벼울 것이다. 왜냐하면, 부모의 은덕(恩德)에 거꾸로 해칠[3)] 마음을 일으켰으므로 죄를 얻음이 매우 무겁지 않을 수 없는 까닭이다.

— 〈妙法聖念處經〉

〔주〕 1)살해할 생각 : 원문은 '殺害想'. 2)삼계 : 4의 주. 3)해침 : 원문은 '寃害'. 908의 주.

1365

엄치왕(嚴熾王)이 니건자(尼乾子)[1)]에게 물었다.

"대사(大師)[2)]여, 도리에 맞는 행위[3)]를 하는 임금의 나라 안에, 만약 불효하는 중생이 있다고 합시다. 그리하여 낳고 길러 준 은혜를 생각함이 없어서, 부모를 돌보지 않고[4)] 처자와 동거한다든가, 가지고 있는 의식(衣食)과 병 고치는 약품을 처자에게만 주고[5)] 부모에게는 주지 않는다든가, 부모가 늙어서 출입할 기력조차 없는데도 가까이에서 도와 주지 않고, 그 처자에게만 붙어 있으면서, 한 가지 맛있는 음식이 생겨도 저는 안 먹고 처자에게 준다든가, 부모가 가지고 있는 재물을 훔쳐 내다가 가만히 처자와 즐기고 먹는다든가, 부모의 좋은 말은 따르지 않는 대신 처자의 악한 말은 홀딱 믿어 하나도 버리지 않는다든가, 심지어는 처자 때문에 부모를 욕한다든가, 또는 친척인 자매(姉妹)나 높고 낮은 항렬 사이에 음탕한 짓[6)]을 한다든가 해서 부끄러워하는 마음[7)]이 없으면, 이런 사람은 어떤 사람의 부류[8)] 속에 포함시켜야[9)] 하겠습니까?"

니건자가 대답했다.

"대왕이시여, 이런 사람은 도둑놈[10] 속에서도 최상의 처벌[11]을 받아야 할 부류에 포함시켜야[12] 할 것입니다. 왜냐하면, 부모는 그 은혜가 매우 무거운 터이므로 정성을 다해 효도로써 봉양한대도 다 보답 못하는 터이온데, 하물며 부모를 버린다든가, 그 분부를 어긴다든가 해서야 말이나 되겠습니까? 이런 사람은 세상의 최대의 도둑[13]이라고 해야 할 것입니다."

— 〈尼乾子經〉

〔주〕 1)니건자 : 자이나교의 교조(敎祖). Mahāvira(위대한 영웅)로 경칭된다. ⓅNigaṇtha Nātaputta. 또 자이나교의 나체인 탁발승. nigranthi-putra. 여기서는 전자의 뜻. 2)대사 : 위대한 스승. 자이나교의 교사에 대한 존칭. Ⓟ satthar. 3)도리에 맞는 행위 : 원문은 '法行'. 651의 주. 4)돌보지 않음 : 원문은 '捨背'. upekṣaṇa. 5)줌 : 원문은 '念給'. 생각해서 주는 것. 6)음탕한 짓 : 원문은 '婬欲'. 성교(性交). maithuna. 7)부끄러워하는 마음 : 원문은 '慚愧心'. 1258의 주. 8)부류 : 원문은 '數'. 9)포함됨 : 원문은 '攝入'. antarbhāva. 10)도둑놈 : 원문은 '劫奪衆生'. 도둑질하는 사람. 11)최상의 처벌 : 원문은 '上品治罪'. 12)포함됨 : 원문은 '攝在'. antar-bhūta. 13)도둑 : 원문은 '劫賊'. 1074의 주.

1366

선의 최상은 효도보다 큰 것이 없고, 악의 최상은 불효보다 큰 것이 없다.

— 〈忍辱經〉

부모의 사랑

1367

부모는 자식을 돌보는 데 있어서 다섯 가지를 행해야 한다. 첫째는 악을 떠나 선에 나아가도록 함이요, 둘째는 글[1]을 가르침이요, 셋째는 가르침과 계율[2]을 받들게 함이요, 넷째는 일찍 아내를 얻게 함이요, 다섯째는 집안에 있는 재물을 급여(給與)함이다. — 〈六方禮經〉

〔주〕 1)글 : 원문은 '書疏'. 글자 쓰는 일과 뜻을 이해하는 일? 2)가르침과 계율 : 원문은 '經戒'. 478의 주.

제3절 부부

남편의 도리

1368

남편은 다섯 가지 일로 그 아내를 존경하여 부양해야 한다. 다섯 가지란 바른 마음으로 존경하며, 그(아내의) 뜻에 대해 원한을 품지 않으며, 딴 여인에 대한 애정[1]을 지니지 말며, 때에 맞추어 의식을 주며, 때로 보배의 장신구[2]를 주는 일이다. — 〈善生子經〉

〔주〕 1)딴 여인에 대한 애정 : 원문은 '他情'. 딴 이성에 대한 애정. 2)보배의 장신구 : 원문은 '寶飾'.

1369

지혜로운 사람[1]은 알기 어려운 것을 알며, 도리[2]에 의해 처자를 부양한다. — 〈雜阿含經〉

〔주〕 1)지혜로운 사람 : 원문은 '慧者'. 진리를 아는 사람. Ⓟtattva-jña. 2)도리 : 원문은 '法'. 46의 주.

아내의 도리

1370

아내는 마땅히 열네 가지 일로 남편을 섬겨야 한다. 열네 가지란 무엇인가? 행동[1]을 착하게 하며, 선을 실천해 이루며, 지출(支出) 아끼기를[2] 세밀히 하며, 새벽에 일어나며, 밤 늦게 자며,[3] 반드시 일을 배우며, 남편을 대접하며, 남편에게 인사하며,[4] 말과 어세[5]를 부드럽게 하며, 말이 순하며, 안석(案席)[6]을 바로하며, 음식을 깨끗이 하며, 보시(布施)[7]를 잊지 않으며, 남편에게 봉사하는[8] 일이다. — 〈善生子經〉

〔주〕 1)행동 : 원문은 '作爲'. 2)지출을 아낌 : 원문은 '愛付'. 3)밤늦게 잠 : 원문은 '夜息'. '夙興夜寐'의 경우와 같이 '夜'에는 '밤늦게'의 뜻이 있다. 4)인사함 : 원문은 '問訊'. 문안해 인사함. Ⓟsaṃmodaniyam kathaṃ sārāṇiyaṃ vitisāretvā. 5)말과 어세 : 원문은 '辭氣'. 6)안석 : 원문은 '几席'. 7)보시 : 17의 주. 8)봉사함 : 원문은 '供養'. 565의 주.

1371

부처님께서 사위국(舍衛國)[1]의 기수급고독원(祇樹給孤獨園)[2]에 계시면서 사부대중(四部大衆)[3]을 위해 설법하실 때의 일이다. 급고독(給孤獨)[4]의 집에서는 그 아들을 장가들였는데, 여자의 이름을 옥야(玉耶)라 했다. 그녀는 아주 아름다웠으나 교만한 것이 탈이었다. 그리하여 시부모[5]와 남편[6]을 며느리와 아내로서의 예법으로 섬기지 않았다. 장자(長者)[7] 부부가 의논했다. 며느리가 무례해서 예법을 무시하는데, 때리는 것은 좋은 일이 될 수 없고, 그렇다고 꾸짖지 않는다면 그 허물이 더욱 늘어날 것이니, 이를 어찌해야 할 것인가 하는 것이 문제로 대두했다. 이윽고 장자가 말했다.

"오직 부처님만이 위대한 성자이시기 때문에 사람들을 잘 교화하시며,[8] 그러기에 완강(頑强)[9]한 자도 어루만져 복종케 하시어,[10] 감히 따르지 않는 자가 없다고 하오. 부처님을 청해 와서 교화해 주시도록 청해 봅시다."

그리하여 이튿날 아침이 되자, 옷을 잘 차려 입고[11] 부처님 계신 곳[12]으로 갔다. 그리고 부처님께 아뢰었다.

"저희 집 며느리가 매우 교만하와, 제 아들놈을 예절로써 섬기지[13] 않나이다. 원하옵건대 세존(世尊)[14]께서 내일 저희 집까지 와 주셨으면 합니다. 그리하여 옥야를 위해 설법하사, 그녀의 마음이 크게 깨달아[15] 허물을 고치고 선을 행하게 하여 주시옵소서."

이튿날, 부처님께서는 제자들을 이끄시고 장자의 집에 이르셨다. 장자가 기뻐하여 부처님을 맞이했을 것은 말할 나위도 없거니와, 그 집안의 크고 작은 식구가 다 영접하기 위해 밖으로 나왔다. 그러나 옥야만은 안에 숨어서 부처님께 인사드리려 아니했다.

이에 부처님께서는 큰 광명을 내시어 옥야의 방을 환히 비추시니,[16] 옥야도 두렵고 놀라운 마음을 누를 길 없어 곧 뛰쳐나와 부처님을 예배했다. 부처님께서 옥야에게 이르셨다.

"여자가 스스로 어여쁨[17]을 믿어 남편을 업신여기는[18] 일이 있어서는 안 된다. 너는 어여쁨이란 어떤 것이라 생각하느냐? 그릇된 태도를 버리고 마음이 동요하지 않는[19] 것이야말로 진정한 어여쁨이니, 얼굴이나 머리털이 좀 잘생겼다 해서, 그것이 어여쁨인 것은 아니다.

옥야야, 여인이 시부모와 남편을 섬기는 데는 다섯 가지 선과 세 가지 악이 있느니라. 다섯 가지 선이란 무엇인가? 첫째는 밤 늦게 자고 아침이면 일찍 일어나, 머리를 빗고 옷매무시를 단정히 하며, 낯을 씻어 때를 없애며, 일을 행하는 데 있어서는 먼저 어른에게 품하여 늘 공손히 따르며, 맛있는 음식이 있을 때에는 먼저 먹지 않음이다. 둘째는 남편으로부터 꾸지람을 들어도 원망하지 않음이다. 셋째는 마음으로 남편에 대한 애정을 지켜, 도리에 벗어난 음행(婬行)[20]을 생각지 않음이다. 넷째는 늘 남편의 장수를 원하며, 남편이 외출하면 집안을 정돈함이다. 다섯째는 늘 남편의 선한 점을 생각에 두고, 그 악을 생각에 두지 않음이다. 그러면 세 가지 악이란 무엇인가? 첫째는 시부모와 남편을 며느리나 아내의 예법으로 섬기지 않으며, 맛있는 음식을 먼저 먹으며, 어둡기도 전에 일찍 자고 해가 떴는데도 일어나지 않으며, 남편이 꾸짖으면 성난 눈초리로 남편을 쏘아보고 거역해 오히려 욕함이다. 둘째는 한 마음으로 남편을 위하지 않고 다른 남자를 생각함이다. 셋째는 남편을 죽게 하여 빨리 다른 데로 시집가고자 함이다. 이것을 세 가지 악이라 하느니라."

옥야는 입을 다문 채 아무 말도 없었다. 부처님께서 다시 말씀하셨다.

"세상에는 일곱 종류[21]의 아내가 있으니, 첫째 종류의 아내는 어머니와 같고, 둘째 종류의 아내는 누이동생과 같고, 셋째 종류의 아내는 선지식(善知識)[22]과 같고, 넷째 종류의 아내는 아내와 같고, 다섯째 종류의 아내는 여종(女婢)과 같고, 여섯째 종류의 아내는 적[23]과 같고, 일곱째 종류의 아내는 목숨을 뺏는 것과 같으니, 이것을 일곱 종류의 아내라고 한다.

어떤 것이 어머니 같은 아내인가? 남편을 사랑해 생각하기를 자애로운 어머니같이 해서, 아침저녁으로 남편을 모셔 곁에서 떠나지 않고, 마음을 다해 봉사하여[24] 적절한 시기를 놓치지 않으며, 생각하는 마음이 지칠 줄을 몰라서 남편 사랑하기를[25] 자식같이 함이니, 이것을 어머니 같은 아내라고 한다. 어떤 것이 누이동생 같은 아내인가? 남편을 섬기되 그 존경과 정성을 다하여, 마치 한가지 부모의 기운을 나누어 가지고 골육의 지친(至親)인 형제처럼 대하며, 딴마음[26]을 지니지 않고 받들어 공경해서 누이동생이 오라비를 섬기듯 함이니, 이를 누이동생 같은 아내라고 한다. 무엇이 선지식 같은 아내인가? 그 남편을 섬기되 사랑해 생각함이 간절하여 버릴 마음은 꿈에조차 못해서, 사사로운 은밀한 일까지도 늘 알려, 그 지시대로 행해[27] 어김이 없으며, 착한 일 하는 것을 존경해 줌으로써 더욱 밝은 지혜로 세상의 괴로움에서 벗어나도록[28] 하는 것이 선지식과 같음이니, 이를 선지식 같은 아내라고 한다. 어떤 것이 아내 같은 아내인가? 시부모에게 봉사하되 성의와 존경을 다하며, 남편을 섬기는 데 있어서도 겸손으로써 명령에 따르며, 아침이면 일찍 일어나고 저녁에는 늦게 자며,[29] 입에 잘못된 말[30]이 없고 몸에 잘못된 행위[31]가 없으며, 착한 일에는 제 탓이 아니라고 양보하고 과실이 있을 때는 제 탓이라고 책임을 지며, 깨우치고 가르쳐 어진 덕을 베풀고, 권하여 불도(佛道)를 배우게 하며,[32] 마음이 바르고 한결같아[33] 조그만 잘못[34]도 없으며, 아내로서의 절조를 잘 닦아서[35] 끝내 결(缺)함이 없으며, 나아가면 법도를 범하지 않고 물러나면 예(禮)를 잃지 않아서 오직 화평(和平)을 귀히 여김이니,[36] 이것을 아내 같은 아내라고 한다. 무엇이 여종 같은 아내인가? 항상 두려워하는 마음을 지녀 감히 오만한 태도를 취하지 못하고, 조심조심 일에 나아가[37] 마음으로 늘 공경하고 삼가며, 충효에 있어서 절개를 다하며, 말이 부드럽고 성품이 항상 화목하며, 바르고 어질어 한결같고 질박(質朴)하여 곧고 신실(信實)하며, 항상 엄하게 몸을 가져 예

(禮)로써 스스로 단속하며,[38] 남편이 사랑해 주어도[39] 교만치 않고 설사 돌보지 않는대도 원망하지 않으며, 좋아하는 대로 할 것을 권하고 여색(女色)[40]을 가까이해도 투기하지 않으며, 자기를 억울하게 박대해도[41] 곧음을 호소하지 않으며, 아내로서의 절개를 힘써 닦아서 의식(衣食)을 가리지 않으며, 마음을 오로지하여[42] 공경하고 삼가서,[43] 행여 못 미칠까 두려워하여 여종이 주인을 섬기듯 함이니, 이것을 여종 같은 아내라고 한다. 어떤 것이 적과 같은 아내인가? 남편을 보고도 기뻐하지 않고, 늘 노여움을 품어서 밤낮 헤어질[44] 궁리만 하며, 부부로서의 마음가짐이 전혀 되어 있지 않아서 늘 나그네 같으며, 아옹다옹[45] 다투어 꺼림이 없으며, 머리를 흐트러뜨린 채 드러누워 있으므로 일을 시킬 수 없으며, 집안을 다스려 살림할 것을 생각하지 않으며, 혹 음탕한 짓을 하면서도 부끄러움을 몰라 모양이 개 같으며, 친척[46]을 헐뜯고 욕하여 원수같이 함이니, 이것을 적 같은 아내라 한다. 어떤 것이 목숨을 뺏는 아내인가? 밤낮 성난 마음으로 대하여 독약을 먹이고자 하며, 혹은 사잇서방[47]을 시켜 남편의 목숨을 엿보아 죽이게 함이니, 이를 목숨을 뺏는 아내라고 한다. 이상에 든 것이 일곱 종류의 아내이거니와, 착한 아내는 여러 사람이 사랑해 공경하고 천룡귀신(天龍鬼神)[48]이 지켜 주며, 죽은 뒤에는 천상(天上)에 태어나 칠보(七寶)[49]로 된 궁전에서 장수하며 쾌락을 누리지만, 악한 아내는 항상 나쁜 소문을 들어 현세[50]에서도 몸이 편안치 않을 뿐 아니라, 죽은 뒤에도 삼도(三道)[51]에 떨어져 겁(劫)을 거듭해도 악보(惡報)가 끝나지 않게[52] 마련이다. 옥야야, 이 일곱 종류의 아내 중, 너는 어느 것을 행하고자 하느냐?"

옥야는 눈물을 흘리면서 부처님께 아뢰었다.

"제가 어리석은 탓으로 지혜가 없어서 그릇된 일만 행했나이다. 이제

부터는 지난날의 허물을 고치고 미래에는 행실을 닦음[53]으로써, 마땅히 여종 같은 아내가 되어 시부모와 남편을 섬겨, 제 목숨이 다하도록 잘난 체하지 않겠나이다."

그리하여 옥야는 십계(十戒)[54]를 받아 우바이(優婆夷)[55]가 되었다.

— 〈玉耶經〉

〔주〕 1)사위국 : 473의 주. 2)기수급고독원 : 372의 '기원정사'와 같다. 3)사부대중 : 원문은 '四輩弟子'. 비구·비구니와 우바새·우바이. 출가·재가의 불교 신자. 4)급고독 : 기원정사를 부처님께 기증한 Sudatta(須達多)를 이른다. 그는 가난한 사람, 고독한 사람에게 늘 밥을 주었으므로 '급고독'이라는 이름이 붙었다. Anāthapiṇḍada. 5)시부모 : 원문은 '姑嫜'. 6)남편 : 원문은 '夫主'. 7)장자 : 472의 주. 여기서는 급고독을 이른다. 8)사람을 교화함 : 원문은 '化物'. 物은 중생. 9)완강함 : 원문은 '剛強'. khaṭuṃka. 10)어루만져 복종케 함 : 원문은 '弭伏'. 11)옷을 잘 차려 입음 : 원문은 '嚴服'. 12)부처님 계신 곳 : 원문은 '佛所'. 516의 주. 13)섬김 : 원문은 '承事'. 곁에서 섬기는 것. bhajana. 14)세존 : 4의 주. 15)깨달음 : 원문은 '開解'. 진리를 이해하는 것. 마음이 열려 진리가 이해되는 것. 선종에서는 개오(開悟)라 하고, 교종에서는 개해라 한다. 16)환히 비춤 : 원문은 '洞照'. 샅샅이 비춤. 17)어여쁨 : 원문은 '端正'. 503의 주. 18)업신여김 : 원문은 '輕慢'. 874의 주. 19)마음이 동요하지 않음 : 원문은 '定意一心'. 20)도리에 벗어난 음행 : 원문은 '邪婬'. 765의 주. 21)종류 : 원문은 '輩'. 부류. 22)선지식 : 15의 주. 23)적 : 원문은 '怨家'. 468의 주. 24)봉사함 : 원문은 '供養'. 565의 주. 25)사랑함 : 원문은 '憐'. 26)딴마음 : 원문은 '二情'. 27)지시대로 행함 : 원문은 '依行'. 가르침대로 실천함. pratipadyate. 28)세상의 괴로움에서 벗어남 : 원문은 '度世'. 515의 주. 29)아침이면 일찍 일어나고 저녁에는 늦게 잠 : 원문은 '夙興夜寐'. 30)잘못된 말 : 원문은 '逸言'. 31)잘못된 행위 : 원문은 '逸行'. 32)권하여 불도를 배우게 함 : 원문은 '勸進爲道'. 33)마음이 바르고 한결같음 : 원문은 '心端專一'. 34)조그만 잘못 :

원문은 '分邪'. 35)잘 닦음 : 원문은 '精修'. 663의 주. 36)오직 화평을 귀히 여김 : 원문은 '惟和爲貴'. 37)조심조심 일에 나아감 : 원문은 '兢兢趣事'. 38)예로써 스스로 단속함 : 원문은 '以禮自將'. 39)사랑해 줌 : 원문은 '納幸'. 40)여색 : 원문은 '聲色'. 음악과 여색. 여기서는 주로 여색을 가리킨 것. 41)억울하게 박대함 : 원문은 '曲薄'. 오해하여 박하게 구는 것. 42)마음을 오로지함 : 원문은 '專精'. 794의 주. 43)공경하고 삼감 : 원문은 '恭恪'. 44)헤어짐 : 원문은 '解離'. 관계를 풀고 헤어지는 것. 45)아웅다웅 : 원문은 '狺狺'. 다투는 모양. 46)친척 : 원문은 '親里'. 963의 주. 47)사잇서방 : 원문은 '傍夫'. 48)천룡귀신 : 신과 용・야차・건달바・아수라・가루라・긴나라・마후라가. 이 영적인 존재들은 다 불교를 수호한다. 천룡귀신팔부대왕(天龍鬼神八部大王), 또는 천룡팔부(天龍八部)라고도 한다. 49)칠보 : 4의 주. 50)현세 : 원문은 '現在'. 633의 주. 51)삼도 : 166의 '삼악도'와 같다. 52)끝나지 않음 : 원문은 '不竟'. 53)지난날의 허물을 고치고 미래에는 행실을 닦음 : 원문은 '改往修來'. 54)십계 : 770의 '십선계'와 같다. 55)우바이 : upāsikā의 음사. 여성의 재속신자(在俗信者).

1372

구류국(拘留國)[1] 안에 마하밀(摩訶蜜)이라는 바라문(婆羅門)[2]이 살고 있었다. 인색해서[3] 불법(佛法)[4]은 믿지 않았지만, 아주 부자여서 진기한 보배와 우마(牛馬)・밭・집 같은 것은 대단히 많았다. 거기다가 지혜가 비길 데 없이 뛰어나 그 나라 안의 스승이 되니, 따르는 제자가 5백이나 되었고, 국왕과 대신까지도 존경으로 대했다.

그런데, 이 바라문에게는 딸 일곱이 있었다. 모두 엄청나게 예쁜[5]데다가 영리하여[6] 말로는 당할 사람이 없었다. 그녀들은 머리에서 발에 이르기까지 금・은・영락(瓔珞)[7]을 달고 수시로 옷을 갈아입었다. 그리고 그녀들은 항상 5백 명의 시녀와 함께 있으면서, 히히덕거려 스스로 뽐내고[8]

예쁨을 믿어 교만히 굴었다.

그 때에 분유달(分儒達)[9] 사람이 이 처녀들의 매우 아리따움을 듣고, 바라문의 집에 이르러 말했다.

"당신의 집안에서는 따님들의 어여쁨을 스스로 자랑하고 계시다는 말을 들었습니다. 어떻습니까, 온 나라 사람에게 널리 따님들을 보여, 만약 한 사람이라도 따님들을 비난하는[10] 자가 있을 때에는 당신이 나에게 5백 냥의 돈을 주시고, 비난하는 자가 없을 때에는 내가 당신에게 5백 냥을 드리도록 하면……."

바라문은 이 제의를 받아들였다. 그래서 두 사람은 그녀들을 데리고 90일 동안이나 두루 국내를 돌아다녔다. 그러나 아무도 이 처녀들을 추하다고 말하는 사람이 없었으므로, 약속대로 바라문은 5백 냥을 받았다.

분유달이 다시 말했다.

"지금 부처님께서 기수원(祇樹園)[11]에 계시다는 말을 들었습니다. 부처님께서는 미래[12]·과거·현재의 일을 아시는데다가 지극히 성실하셔서 끝내 거짓말[13]은 안 하시는 터이니, 따님들을 부처님께 데리고 가서 보이는 것이 어떻겠습니까?"

바라문은 크게 기뻐하여, 그 권속[14]인 5백 명의 바라문과 5백 명의 시녀와 함께 딸들을 데리고 부처님의 처소[15]에 이르렀다. 부처님께서는 그 때에 몇천 명을 위해 설법하고 계셨는데, 그들은 각기 부처님 앞에 나아가 예배하고 한쪽에 물러나 자리를 잡고 앉았다.

이윽고 바라문이 말했다.

"구담(瞿曇)[16]께서는 항상 여러 나라를 돌고 계신데, 미인의 어여쁨이 제 딸년들과 같음을 보신 적이 있나이까?"

부처님께서는 곧 거꾸로 꾸짖으셨다.

"이 처녀들은 다 추할 뿐, 한 군데도 예쁜 곳이 없느니라."

바라문이 물었다.

"온 나라 사람 중, 이 애들이 밉다고 말하는 자는 아무도 없사온대, 어찌해 구담께서만 이 애들을 밉다고 하시나이까?"

부처님께서 말씀하셨다.

"세상 사람이 눈으로 색(色)[17]을 탐하지 않고 귀로는 악한 소리를 탐하지 않으면 이것이 아리따움이요, 몸으로 부드럽고 매끈함[18]을 탐하지 않고 마음으로는 악을 생각지 않으면 이것이 아리따움이요, 손으로 남의 재물을 훔치지 않고 입으로는 남의 악을 말하지 않으면 이것이 아리따움이다. 얼굴의 아리따움은 아리따움이 아니며, 몸의 아리따움은 아리따움이 아니며, 의복의 아리따움은 아리따움이 아니며, 이간하는 말[19]이나 꾸민 말[20]의 아리따움은 아리따움이 아니니, 마음이 정당하고 생각이 정당해야만[21] 아리땁다 할 수 있느니라."

분유달은 도리어 5백 냥의 돈을 버는 결과가 되었다. —〈七女經〉

〔주〕 1)구류국 : '구류'는 Koli의 음사. '拘利'로도 쓴다. 석가족과 같은 조상에서 내려온 종족. 그 '나라'라 하나, 도성(都城) 같은 것을 가리킨다. 2)바라문 : 244의 주. 3)인색함 : 원문은 '慳貪'. 515의 주. 4)불법 : 4의 주. 5)예쁨 : 원문은 '端正'. 503의 주. 6)영리함 : 원문은 '黠慧'. 약음. 7)영락 : 236의 주. 8)뽐냄 : 원문은 '貢高'. 748의 주. 9)분유달 : 어느 종족의 이름인 듯하다. 10)비난함 : 원문은 '呵'. 꾸짖음. gārayha. 11)기수원 : 372의 '기원정사'와 같다. 12)미래 : 원문은 '當來'. 내세. abhisamparāya. 13)거짓말 : 원문은 '妄言'. 565의 '망어'와 같다. 14)권속 : 537의 주. 15)부처님의 처소 : 원문은 '佛所'. 516의 주. 16)구담 : 1055의 주. 17)색 : 53의 주. 18)부드럽고 매끈함 : 원문은 '細滑'. 19)이간하는 말 : 원문은 '二言'. 770의 '양설'과 같다. 20)꾸민 말 : 원문은 '綺語'. 770의 주. 21)마음이 정당하고 생각이 정당함 : 원문은 '心端意正'.

1373

아내는 남편을 섬김에 있어서 다섯 가지 일을 행해야 한다. 첫째는 남편이 밖으로부터 돌아오거든 일어나서 맞이함이요, 둘째는 남편이 외출해 집에 없거든 밥을 짓고[1] 집을 치워서 기다림이요, 셋째는 남의 남편[2]에게 음탕한 마음을 지니지 않음이요, 넷째는 남편의 가르침대로 행하여 집에 있는 가재도구[3]를 숨기지 않음이요, 다섯째는 남편이 잠들고[4] 나서 눕는 일이다. — 〈六方禮經〉

〔주〕 1)밥을 지음 : 원문은 '炊蒸'. 2)남의 남편 : 원문은 '外夫'. 남편 아닌 사나이. 3)가재도구 : 원문은 '什物'. 799의 주. 4)잠듦 : 원문은 '休息'.

1374

부처님께서 사위국(舍衛國)[1]에 계실 때의 일이다. 사위국 서쪽 20리 남짓한 곳에 장제촌(長堤村)이라는 마을이 있었다. 여기에는 학문이 넓은 바사니가(婆私膩迦)가 살고 있었는데, 깊이 부처님의 가르침을 믿는 사람이었다. 그의 큰딸 암제차(庵提遮)는 시집을 간 몸으로 잠시 친정에 돌아와 있었는데, 마침 부처님께서 바사니가의 청을 받아들여 그 집에 오시었다. 그 때, 온 집안이 다 부처님을 영접하였으나, 암제차만은 영접하러 나오지 않고 그 남편 오기를 기다리고 있었다. 그리하여 그 남편이 나타나자, 그녀는 크게 기뻐하여 부부가 동반하여 부처님 앞에 나타나 예배를 드렸다. 부처님께서는 사리불(舍利弗)[2]에게 이르셨다.

"이 여인은 방에 있으면서, 그 남편이 부재중이므로 남편을 기다린 끝에 이렇게 같이 나타났으니, 이 여인이야말로 도리[3]를 알고 있다고 해야 할 것이다." — 〈獅子吼了義經〉

〔주〕 1)사위국 : 473의 주. 2)사리불 : 41의 '사리자'와 같다. 3)도리 : 원문은 '法義'. 가르침을 이르는 것은 아니다.

1375

대수긴라왕(大樹緊羅王)의 왕비[1]들이 부처님께 여쭈었다.

"세존[2]이시여, 저희들은 최고의 깨달음을 구하는 마음[3]을 일으키고자 하나이다. 어떻게 해야 큰 깨달음[4]을 완성할 수 있을지 가르쳐 주옵소서."

부처님께서 그 왕비들에게 이르셨다.

"왕비들이시여, 삼계(三界)[5]에서 가장 뛰어난 보리심(菩提心)[6]을 일으켜 능히 번뇌(煩惱)[7]를 제거하면 깨달음[8]을 곧 완성할 수 있고, 다음으로는 첫째로 부처님에게 가까이하며,[9] 둘째로는 그릇된 견해[10]를 떠나면 반드시 깨달음을 완성할 수 있고, 다음으로는 첫째로 신계(身戒)[11]와 둘째로 구계(口戒)[12]와 셋째로 의계(意戒)[13]를 지키면 반드시 깨달음을 완성할 수 있고, 다음으로는 첫째로 집착을 떠난 마음[14]으로 보시(布施)[15]하며, 둘째로 거짓을 쓰지 않고 계(戒)[16]를 수지(受持)[17]하며, 셋째로 공경하는 마음으로 현성(賢聖)[18]에 나아가며,[19] 넷째로 바른 가르침[20]을 들으면 깨달음을 완성하고, 또 그 다음으로는 첫째로 음식을 탐하지 않으며, 둘째로 음주(飮酒)[21]를 탐하지 않으며, 셋째로 남성[22]을 탐하지 않으며, 넷째로 모양내기를 탐하지 않으며, 다섯째로 놀기[23]를 탐하지 않으며, 여섯째로 희롱[24]을 탐하지 않으며, 일곱째로 노래와 음악[25]을 탐하지 않으며, 여덟째로 춤[26]과 남녀의 교제[27]와 술자리의 음악 따위를 탐하지 않는 사람은 깨달음을 완성할 수 있습니다."

이 때, 대수긴라왕의 왕비와 창녀 등은 뛸 듯이 기뻐하여[28] 부처님께 예배를 드렸다.

— 〈大樹緊羅王所問經〉

〔주〕 1)왕비 : 원문은 '夫人'. 1076의 주. 2)세존 : 4의 주. 3)최고의 깨달음을 구하는 마음 : 원문은 '無上道心'. 4)큰 깨달음 : 원문은 '大道'. bodhi. 5)삼계 : 4의 주. 6)보리심 : 50의 주. 7)번뇌 : 4의 주. 8)깨달음 : 원문은 '菩提'. 5의 주. 9)가까이함 : 원문은 '親近'. 444의 주. 10)그릇된 견해 : 원문은 '邪見'. 219의 주. 11)신계 : 행동에 관한 계(戒). 12)구계 : 말에 관한 계. 13)의계 : 마음가짐에 관한 계. 14)집착을 떠난 마음 : 원문은 '無爲心'. 집착과 구하는 것이 없는 마음. 15)보시 : 17의 주. 16)계 : 18의 주. 17)수지 : 659의 주. 18)현성 : 108의 주. 19)나아감 : 원문은 '趣向'. 983의 주. 20)바른 가르침 : 원문은 '正法'. 252의 주. 21)음주 : 원문은 '飮醺'. 술을 마셔 취하는 것. 22)남성 : 원문은 '丈夫'. 738의 주. 23)놀기 : 원문은 '遊觀'. 돌아다니며 노니는 것. 구경을 다니는 것. 24)희롱 : 원문은 '戲笑'. 845의 주. 25)음악 : 원문은 '伎樂'. 566의 주. 26)춤 : 원문은 '舞戲'. 춤추는 놀이. gita-nṛtya-lāśya. 27)남녀의 교제 : 원문은 '交會'. 28)뛸 듯이 기뻐함 : 원문은 '歡喜踊躍'. 9의 주.

1376

선량한 아내는 제 목숨이 위태로움에 직면하는 경우라도, 결코 그 남편의 뜻에 어긋나는 행위를 하지 않는다. — 〈巴利文增一阿含經〉

1377

구전미국(拘睒彌國)의 우타근왕(優陀近王)에게는 두 왕비가 있었는데, 첫째 왕비 사마(舍摩)는 부처님의 성스러운 가르침[1]을 깊이 믿는 여인이었으나, 둘째 왕비 제녀(帝女)는 아첨과 투기가 심했다. 그래서 제녀는 항상 왕이 있는 곳[2]에 나타나 첫째 왕비를 헐뜯었고, 한번은 첫째 왕비가 부처님과 도리 아닌 짓[3]을 저질렀다고 고해 바쳤다.

이를 들은 왕은 크게 노해서, 화살로 첫째 왕비를 쏘았다. 그 때 사마 왕비는 왕을 가엾이 여겨 자애삼매(慈愛三昧)[4]에 들어가 있었으므로, 그 화살이 왕비에게 맞을 턱이 없었다. 왕은 다시 세 번이나 화살을 날려 보았지만 하나도 맞지 않자, 크게 놀라 첫째 왕비에게 물었다.

"당신은 신(神)[5]인가, 용[6]인가? 어떻게 화살에 안 맞는단 말이오?"

왕비가 대답했다.

"대왕이시여, 저는 신도 아니요 용도 아닙니다. 다만 부처님을 믿어 바른 가르침을 듣고, 오계(五戒)[7]를 간직하고 있는 사람일 뿐입니다. 이제 왕을 가엾이 여겨 자애삼매에 들어가 있었기 때문에, 대왕께서 악한 마음을 일으키셨어도 제 자비에 넘치는 얼굴은 손상하지 못하신 것입니다."

이 말을 들은 왕은 그제야 둘째 왕비의 말을 믿지 않게 되었다. 그리하여 후회한 끝에 부처님 계신 곳[8]에 달려가 사건의 전말을 말씀드리고 부처님께 귀의(歸依)[9]해 우바새(優婆塞)[10]이 되었다. — 〈大寶積經〉

〔주〕 1)성스러운 가르침 : 원문은 '聖法'. 637의 주. 2)왕이 있는 곳 : 원문은 '王所'. 3)도리 아닌 짓 : 원문은 '非法'. 36의 주. 4)자애삼매 : 일체 중생에 대해 자애의 생각을 지니는 선정(禪定). 5)신 : 원문은 '天'. 384의 주. 6)용 : 1076의 주. 7)오계 : 769의 주. 8)부처님 계신 곳 : 원문은 '佛所'. 516의 주. 9)귀의 : 1001의 주. 10)우바새 : 845의 주.

부덕(婦德)을 닦는 선과(善果)

1378

천녀(天女)[1]가 게(偈)[2]를 설해 말했다.

"전생(前生) 시절 생각하니
남의 집 자부(子婦) 되어

시부모[3] 사나워서
사나운 욕 항상 듣되
절개 지켜 부례(婦禮) 닦아
겸손히[4] 받들었네.[5]
이제 궁전[6] 사는 몸이
허공 타고 노닐으며
천신(天身)[7]이 금취(金聚)[8] 같아
천녀 중에 뛰어나니
이 복덕(福德)[9] 살피건대
으뜸가는 공양(供養)[10]일세." — 〈雜阿含經〉

〔주〕 1)천녀 : 욕계육천(欲界六天)의 여성. 색계(色界) 이상의 세계에서는 남녀의 구별이 없다. 여신(女神). 2)게 : 9의 주. 3)시부모 : 원문은 '姑嫜'. 1371의 주. 4)겸손함 : 원문은 '卑遜'. 5)받들다 : 원문은 '奉順'. 받들어 따름. 순종함. 6)궁전 : 천상에 태어나면 제 과보에 따라 크고 작은 궁전에 살게 된다. vimāna. 7)천신 : 천인(天人)의 몸. 8)금취 : 금으로 구성된 것. 금의 결집체(結集體). 9)복덕 : 304의 주. 10)공양 : 738의 주.

1379

절개가 굳은 영리한 아내는, 어머니가 되면 자식을 훌륭히 키우기에 족하다. 그러므로 그 아들은 큰 인물이 된다. — 〈巴利文雜阿含經〉

부덕(婦德)을 안 닦는 악과(惡果)

1380

옛적, 바라날성(波羅捺城)[1]의 자재왕(自在王)의 첫째 왕비가 왕과 함께 자다가 성이 나서, 타고 있는 등잔 기름을 왕의 몸에 끼얹은 적이 있었다. 왕비는 이 죄로 말미암아 지옥 속에서 끝없는 괴로움을 받고, 지옥에서도 다하지 못한 여죄(餘罪) 때문에 악업(惡業)의 몸[2]을 받아 계속 온갖 고통을 받아야 했다.

— 〈雜阿含經〉

〔주〕 1)바라날성 : 673의 '바라내국'과 같다. 2)악업의 몸 : 원문은 '罪業身'. 악업의 보(報)로 받는 몸.

1381

여자가 스스로 제 몸을 지키지 못해서 남편을 버리고 다른 남자를 따라 가거나, 남자가 마음이 방탕해서 아내를 버리고 다른 여인을 따르는 경우, 이렇게 가도(家道)를 다스리는 사람은 다 악도(惡道)[1]에 떨어진다. 또 늙은 여인이 젊은 남편을 얻거나, 늙은 사나이가 젊은 아내를 얻은 끝에 마음에 늘 질투를 품어 불안해 하는 경우, 이런 사람도 악도에 떨어진다.

— 〈雜阿含經〉

〔주〕 1)악도 : 원문은 '負門'. '負'는 부채니, 악도는 죄의 대가를 치르는 곳이므로 하는 말.

1382

예전에 한 부인이 있었는데, 그 집에는 금·은이 많았다. 그녀는 다른 사내와 사귄[1] 끝에, 집안의 금·은·의복 따위를 훔쳐 내 그 남자와 함께 도망쳤다. 급류가 흐르는 물가에 이르렀을 때의 일이다. 남자가 말했다.

"당신은 재물을 가지고 왔으니, 내가 먼저 재물을 옮긴 다음에 당신을 건네 주겠소."

여인은 아무 의심 없이 재물을 남자에게 주었는데, 물을 건너간 남자는 어디론가 가 버리고 말았다.

하는 수 없이 여인은 물가를 서성거리고 있는데, 마침 여우가 눈에 띄었다. 여우는 매를 잡기 위해, 지금까지 잡았던 고기를 버리고 매에게 접근해 갔으나 매는 날아가 버리고 말아 결국 고기와 매를 다 놓치는 결과가 되었다. 여인이 여우에게 말했다.

"넌 참 어리석구나! 둘을 잡으려다가 하나도 못 잡다니……."

그러자 여우가 말했다.

"내 어리석은 것은 그래도 낫다. 네 어리석음이야말로 나보다 더 심하지 않으냐?"

— 〈舊雜譬喩經〉

〔주〕 1)사귐 : 원문은 '交通'. 844의 주.

제4절 주종(主從)

주인의 도리

1383

장자(長者)[1]는 다섯 가지 일을 가지고 하인[2]과 집사(執事)[3]를 존경해 부양해야 한다. 다섯 가지란, 힘에 알맞게 부리며, 때에 맞추어 의식(衣食)을 주며, 때때로 맛있는 음식을 나누어 주며, 때때로 재계(齋戒)하게 하며[4] 병이 나면 쉬게 함이다. — 〈善生子經〉

〔주〕 1)장자 : 472의 주. 2)하인 : 원문은 '奴客'. 3)집사 : 주인을 대신해 집안 살림을 관리하는 사람. 4)재계하게 함 : 원문은 '敎齋'.

1384

주인[1]은 남종과 여종[2]을 돌보는 데 있어서 다섯 가지 일을 행해야 한다. 첫째는 음식과 옷[3]을 줌이요, 둘째는 병이 나면 의사를 불러 치료함이요, 셋째는 함부로 때리지[4] 않음이요, 넷째는 그 사유물을 뺏지 않음이요, 다섯째는 나누어 주는[5] 물건을 평등하게 함이다. — 〈六方禮經〉

〔주〕 1)주인 : 원문은 '大夫'. 하인의 대(對)로서 쓴다. 2)남종과 여종 : 원문은 '奴客婢使'. 3)옷 : 원문은 '衣被'. 781의 주. 4)때림 : 원문은 '撾捶'. 913의 주. 5)나누어 줌 : 원문은 '分付'.

종자(從者)의 책임

1385

집사(執事)[1]는 마땅히 열 가지 일로 장자(長者)[2]를 섬겨야[3] 한다. 열 가지란 무엇인가? 행위[4]를 착하게 하며, 착한 일을 해서 이루며, 재물의 출납(出納)[5]을 자세히 하며, 밤 늦게 자며, 아침 일찍 일어나며, 반드시 모든 일을 배우며, 일하는[6] 데 있어서는 부지런히 힘쓰며, 집안이 가난해도 업신여기지 않으며, 공핍(空乏)해도 떠나지 않으며, 밖에서 장자의 뛰어난 지혜[7]를 칭송함이다. 이것은 집사의 의무이니, 이렇게 하면 선법(善法)[8]이 쇠하지 않을 것이다. — 〈善生子經〉

〔주〕 1)집사 : 1383의 주. 2)장자 : 472의 주. 3)섬김 : 원문은 '供養'. 565의 주. 4)행위 : 원문은 '作爲'. 1370의 주. 5)출납 : 원문은 '受付'. 받는 것과 주는 것. 6)일함 : 원문은 '作務'. 노동. 7)뛰어난 지혜 : 원문은 '聰慧'. 738의 주. 8)선법 : 18의 주. 미덕(美德).

1386

남종과 여종[1]이 주인[2]을 섬기는 데 있어서는 다섯 가지 일을 행해야 한다. 첫째는 일찍 일어나 주인의 부림[3]을 그르치지 않음이요, 둘째는 해야 할 일[4]을 마음을 써서 함이요, 셋째는 주인의 재물을 아껴서 구걸하는 사람[5]에게 함부로 주지[6] 않음이요, 넷째는 주인이 출입할 때에 전송하고 영접함이요, 다섯째는 주인의 선한 점을 칭찬하고 그 악을 말하지 않음이다. — 〈六方禮經〉

〔주〕 1)남종과 여종 : 원문은 '奴客婢使'. 1384의 주. 2)주인 : 원문은 '大夫'. 1384의 주. 3)부림 : 원문은 '使喚'. 4)해야 할 일 : 원문은 '所作'. 247의 주. 5)구걸하는 사람 : 원문은 '乞丐人'. 걸인. 거지. 6)줌 : 원문은 '棄損'. 버리는 것. 던져 주는 것.

주도(主道)를 잃은 죄

1387

엄치왕(嚴熾王)이 니건자(尼乾子)[1]에게 물었다.

"대사(大師)[2]여, 도리에 맞는 행위[3]를 실천하는 왕이 있다 할 때, 그 국내에서 어떤 사람이 불도(佛道)를 배반하여[4] 자비심이라곤 없어서, 그 처자와 노비(奴婢)·권속(眷屬)[5]에게 참기 어려운 일을 행하며, 부당하게[6] 부리며, 적당치 않은 때[7]에 부리며, 해서는 안 될 일[8]을 억지로 하게 하여 때리고 욕하기에 이르며, 의식(衣食)을 충분히 안 주고 잠잘 데가 없게 하며, 부르는 데 대답이 늦었다 트집하여 늘 욕설을 일삼아 원수[9] 대하듯 한다면, 이런 사람은 어떤 중생의 부류[10] 속에 포함되어야[11] 하겠습니까?"

니건자가 대답했다.

"이는 그릇된 행위[12]를 하는 중생의 부류에 포함될 것입니다. 왜냐하면, 주인은 세속의 생활을 하는 데 필요한 물건[13]을 종들에게도 주어 그 반만을 제가 차지해야 함에도 불구하고, 의식을 저만 차지해 멋대로 입고 먹고 하여[14] 종의 몫은 아껴서[15] 주지 않으며, 설사 준다 해도 시기에 맞지 않게 주며, 많이 주어야 할 것을 조금 주어 늘 부족하게 한다면, 이는 세상의 가장 큰 그릇된 행위라고 불러야 할 것입니다."

— 〈尼乾子經〉

〔주〕 1)니건자 : 1365의 주. 2)대사 : 1365의 주. 3)도리에 맞는 행위 : 원문은 '法行'. 651의 주. 4)불도를 배반함 : 원문은 '放逸'. 불도를 어겨 멋대로 구는 것. 5)권속 : 537의 주. 6)부당함 : 원문은 '非法'. 36의 주. 7)적당치 않은 때 : 원문은 '非時'. akālena. 8)해서는 안 될 일 : 원문은 '不應作者'. ayogavihita. 9)원수 : 원문은 '怨家'. 468의 주. 10)부류 : 원문은 '分'. 분수(分數). 11)포함됨 : 원문은 '攝在'. 1365의 주. 12)그릇된 행위 : 원문은 '邪行'. 503의 주. 13)세속의 생활을 하는 데 필요한 물건 : 원문은 '居家資生'. '居家'는 재가(在家). 14)입고 먹고 함 : 원문은 '着噉'. 15)아낌 : 원문은 '護惜'. 555의 주.

제2장 사제(師弟)

제자의 책임

1388

보살은 자신을 낮추고[1] 남에게 은혜를 베풀되 겸양하여[2] 스승[3]을 따르며,[4] 또 사람들[5]로 하여금 겸손[6]을 터득게 한다.[7] —〈守護國界主經〉

〔주〕 1)자신을 낮춤 : 원문은 '謙卑'. 2)남에게 은혜를 베풀되 겸양함 : 원문은 '仁讓'. 3)스승 : 원문은 '師長'. 421의 주. 4)따름 : 원문은 '承順'. 555의 주. 5)사람들 : 원문은 '衆生'. 1의 주. 6)겸손 : 원문은 '謙敬'. 저를 낮추고 남을 존경함. 7)터득함 : 원문은 '安住'. 보존함.

1389

비구(比丘)[1]가 남으로부터 수법(受法)[2]할 경우, 비구들은 그 스승에게 응당 존경심을 일으켜야 할 것이다. 그러므로 수법할 때에는 경솔히 웃어 이를 드러내서는 안 되며, 발을 바꾸거나[3] 외발로 우뚝 서서는[4] 안 되며, 시키는 일이 있을 때에 명령을 어겨서는 안 된다.

제자는 스승 있는 곳[5]에서 거친 말을 하지 못하며, 스승의 꾸짖음에 대꾸해서는[6] 안 되며, 스승의 상석(牀席)[7]을 먼저 닦아서 먼지나 개미 따위가 없게 해야 하며, 스승에게 자주 가서 필요한 것[8]을 물어야 한다.

제자는 스승 앞에서 눈물을 흘리거나 침을 뱉지 못하며, 스승의 경행

(經行)[9]하는 곳은 늘 쓸어야 하며, 스승의 하는 일[10]을 힘껏 도와야 하며, 남 있는 곳에서 스승의 과실을 말하지 않아야 한다. — 〈善恭敬經〉

〔주〕 1)비구 : 84의 주. 2)수법 : 법을 받는 것. 스승을 따라 관정단(灌頂壇)에 들어가, 일인(一印)·일명(一明) 내지 삼부(三部)·오부(五部)의 법을 받는 것. 3)발을 바꿈 : 원문은 '交足'. 4)외발로 우뚝 섬 : 원문은 '踔脚'. 5)스승 있는 곳 : 원문은 '師所'. 6)대꾸함 : 원문은 '反報'. 되갚음. 7)상석 : 원문은 '牀具'. 1313의 '상석'과 같음. 8)필요한 것 : 원문은 '所須'. 9)경행 : 673의 주. 10)하는 일 : 원문은 '所營事'. 경영하는 일. 추진하는 일.

1390

제자는 마땅히 다섯 가지 일로 스승을 바르게 존경하고 바르게 봉양해야[1] 한다. 다섯 가지란, 모르는 점은 반드시 밝혀서 질문하며,[2] 배움을 반드시 사랑하며, 일을 반드시 민첩히 처리하며, 그릇된 행위[3]가 반드시 없게 하며, 스승을 반드시 공양(供養)[4]함이다. — 〈善生子經〉

〔주〕 1)바르게 존경하고 바르게 봉양함 : 원문은 '正敬正養'. 2)모르는 점을 밝혀서 질문함 : 원문은 '審問'. 십팔문(十八問)의 하나. 3)그릇된 행위 : 원문은 '過行'. 4)공양 : 1349의 주.

1391

스승 공경하기를 부처님[1] 공경하듯 해야 한다. — 〈無盡意菩薩經〉

〔주〕 1)부처님 : 원문은 '佛世尊'. 존귀한 부처님. 십호(十號)의 하나. buddho bhagavān.

1392

제자가 스승을 모시고 갈 때에는 발로 스승의 그림자를 밟지 않는다.

— 〈沙彌威儀經〉

1393

제자는 모두를 스승에게 의지함으로써 업신여기는[1] 마음을 내서는 안 된다. 마치 막 시집간 새댁이 시부모[2]를 섬기듯, 응당 부끄러움[3]을 지녀 그 가르침[4]을 청수(聽受)[5]해야 한다. — 〈解脫道論〉

〔주〕 1)업신여김 : 원문은 '輕易'. 경멸함. Ⓟanādariya. 2)시부모 : 원문은 '舅姑'. 3)부끄러움 : 원문은 '慚愧'. 613의 주. 4)가르침 : 원문은 '教誡'. 가르쳐 경계함. Ⓟovadati. 5)청수 : 301의 주.

1394

제자가 스승[1]을 공경해 받드는 데는 다섯 가지 일이 있어야 한다. 다섯 가지란 무엇이냐 하면, 첫째는 필요한 물건[2]을 공급함이요, 둘째는 존경해 봉사함[3]이요, 셋째는 존중해 기대함[4]이요, 넷째는 가르침을 따라서 어기지 않음이요, 다섯째는 스승으로부터 들은 가르침을 잘 수지(受持)해[5] 잊지 않음이다. — 〈長阿含經〉

〔주〕 1)스승 : 원문은 '師長'. 421의 주. 2)필요한 물건 : 원문은 '所須'. 1389의 주. 3)봉사함 : 원문은 '供養'. 565의 주. 4)기대함 : 원문은 '載仰'. 좋은 가르침이 있을 것을 기대한다는 것. 5)잘 수지함 : 원문은 '善持'.

1395

부처님께서 말씀하셨다.

"스승의 은혜를 아는 사람은, 스승을 보았을 때는 곁에서 섬기고[1] 보지 못할 때는 가르침[2]을 생각하여, 효자가 부모를 생각하는 것같이 하며, 사람들이 음식을 생각하는 것같이 해야 하느니라." — 〈中心經〉

〔주〕 1)곁에서 섬김 : 원문은 '承事'. 1371의 주. 2)가르침 : 원문은 '敎誡'. 1393의 주.

1396

제자가 스승을 섬김에는 마땅히 다섯 가지 일을 행해야 한다. 첫째는 공경해 존중함이요, 둘째는 은혜를 생각해 잊지 않음이요, 셋째는 가르침 받은 것을 따름이요, 넷째는 자꾸 생각해[1] 싫증 내지 않음이요, 다섯째는 그 덕을 찬탄함[2]이다. — 〈六方禮經〉

〔주〕 1)자꾸 생각함 : 원문은 '思念'. 423의 주. 2)찬탄함 : 원문은 '稱譽'. pra=saṃsa.

1397

스승을 보았을 때, 제자는 곧 일어나야 한다. — 〈根本毘那律經〉

1398

제자가 스승을 뵈올[1] 때는, 마땅히 여섯 곳을 피해야 한다. 바로 앞[2]은 안 되며, 바로 뒤[3]는 안 되며, 너무 멀면 안 되며, 너무 가까우면 안 되며, 스승보다 높은 곳은 안 되며, 바람이 불어오는 쪽[4]에 서면 안 된다.

— 〈善見律〉

〔주〕 1)뵈옴 : 원문은 '參'. 제자가 스승을 뵙는 것. 2)바로 앞 : 원문은 '當前'. 3)바로 뒤 : 원문은 '當後'. 4)바람이 불어오는 쪽 : 원문은 '風上'.

1399

온갖 만물로 공양(供養)[1]한대도 스승의 은혜는 못 다 갚는다.

— 〈郁迦羅越經〉

〔주〕 1)공양 : 1349의 주.

사도(師道)

1400

스승은 다섯 가지 일로 제자를 측은히 여기며 가르쳐야[1] 한다. 다섯 가지란 학문을 배우게 하며, 지극한 기예(技藝)[2]를 가르치며, 배움에 민첩케 하며, 선도(善道)[3]를 가지고 인도하며, 현명한 친구[4]를 따르게 함이다.

— 〈善生子經〉

〔주〕 1)측은히 여기며 가르침 : 원문은 '哀敎'. 그 무지를 가엾이 여기어 가르침. 2)지극한 기예 : 원문은 '極藝'. 極은 技의 오자인가도 생각된다. 藝는 기적을 뜻하기도 하므로, '고도의 기적'을 말하는 것인지도 모른다. 3)선도 : 78의 '선취'와 같다. 4)현명한 친구 : 원문은 '賢友'. 15의 '선지식'과 거의 같은 뜻.

1401

아난(阿難)[1]이 부처님께 여쭈었다.

"스승이 제자를 꾸짖어, 작은 죄를 가지고 크게 문제가 번지도록 해도 죄가 안 되겠습니까?"

부처님께서 말씀하셨다.

"그것은 안 된다. 사제(師弟)의 의(義)는 자연스러운 가운데 감응(感應)해야[2] 한다. 그러므로 서로 깊이 믿어, 상대를 자기처럼 여겨서 제가 못하는 일을 상대에게 요구치 말며, 예의[3]를 숭상하여 진리를 가지고 가르치며, 온화하고[4] 성실하여[5] 서로 원망해 다투지[6] 말아야 한다. 제자와 스승 사이는, 양쪽[7]이 다 참되고 성실해서 스승은 스승답고 제자는 제자다워, 서로 비난한다든가 미워한다든가[8] 하지를 말아야 한다. 만약 작은 원한이 크게 번진다면, 도리어 제 몸을 태우는 결과가 되리라."

— 〈阿難問事佛吉凶經〉

〔주〕 1)아난 : 6의 주. 2)감응함 : 원문은 '感'. 263의 '감응' 참조. 3)예의 : 원문은 '禮律'. 4)온화함 : 원문은 '和順'. 온화한 태도로 대하는 것. sāmici. 5)성실함 : 원문은 '忠節'. 진실함. 6)원망해 다툼 : 원문은 '怨訟'. 7)양쪽 : 원문은 '二義'. 두 개의 것. dharma-dvaya. 8)미워함 : 원문은 '含毒'.

1402

스승[1]은 다섯 가지 일로 제자를 돌보아야 한다. 첫째는 불법(佛法)에 의지해[2] 조어(調御)[3]함이요, 둘째는 그 배우지 못한 것[4]을 가르침[5]이요, 셋째는 그 질문하는 바를 따라 망념(妄念)[6]을 잘 풀어 줌이요, 넷째는 그 선지식(善知識)[7]임을 보여 줌이요, 다섯째는 자기의 아는 것을 다 가르쳐 아끼지 않음이다.

— 〈長阿含經〉

〔주〕 1)스승 : 원문은 '師長'. 421의 주. 2)불법에 의지함 : 원문은 '順法'. 법을 따름. dharma-śaraṇa. 3)조어 : 마부가 말을 잘 다루듯, 부처님이 중생의 행동을 제어하여, 악을 짓지 못하도록 하는 것. 4)배우지 못한 것 : 원문은 '未聞'. 청문(聽聞)하지 못한 것. 5)가르침 : 원문은 '誨'. 깨우쳐 인도하는 것. 6)망념 : 원문은 '意'. 마음에 근거하면서도, 마음에 미혹하여 생기는 망념. 7)선지식 : 원문은 '善友'. 311의 주.

1403

스승이 제자를 가르치는 데는 다섯 가지 일을 행해야 한다. 첫째는 속히 알게 함이요, 둘째는 남의 제자보다 낫게 함이요, 셋째는 알아서 잊지 않게 함이요, 넷째는 온갖 의문을 다 풀어서 들려줌[1]이요, 다섯째는 제자의 지혜를 스승보다 낫게 함이다. —〈六方禮經〉

〔주〕 1)풀어서 들려줌 : 원문은 '解說'. 503의 주.

1404

제자에게 다음 같은 다섯 가지 일이 있을 때는 꾸짖어 가르쳐[1] 주어야 한다. 첫째는 신심(信心)이 없음이요, 둘째는 게으름[2]이요, 셋째는 거친 말[3]이요, 넷째는 부끄러움이 없음이요, 다섯째는 악지식(惡知識)[4]과 가까이 지냄이다. 다만 다섯 가지 일[5] 중의 하나가 있는 경우라도, 다 꾸짖어 가르쳐야 한다. —〈有部根本毘奈耶律〉

〔주〕 1)꾸짖어 가르침 : 원문은 '敎訶'. 2)게으름 : 원문은 '懈怠'. 565의 '해타'와 같다. 3)거친 말 : 원문은 '惡口'. 565의 주. 4)악지식 : 335의 주. 5)일 : 원문은 '法'. 122의 주.

제자의 직분을 지키는 이익

1405

스승의 가르침[1]을 늘 기꺼이 받아들여 그 손익(損益)을 잘 헤아리면, 선교지(善巧智)[2]를 갖추게 된다. — 〈六趣輪廻經〉

〔주〕 1)가르침 : 원문은 '敎勅'. 가르쳐 경계하는 것. 2)선교지 : 교묘한 방편의 지혜. 중생의 기근에 응해 구제하는 지혜.

제자가 직분을 잃는 해

1406

그 법사(法師)[1]를 비방하는 사람은 부처님을 비방하는[2] 것과 다름이 없다. — 〈大乘方廣總持經〉

〔주〕 1)법사 : 874의 주. 2)부처님을 비방함 : 원문은 '謗佛'.

1407

만약 진심(瞋心)[1]을 가지고 법사(法師)[2]를 보는 자가 있다 하면, 그가 지닌 악업(惡業)[3]은 온갖 중생의 눈을 뽑아 낸 죄보다 더 크다.

— 〈謗佛經〉

〔주〕 1)진심 : 54의 '진'과 같다. 2)법사 : 874의 주. 3)악업 : 170의 주.

1408

아난(阿難)[1]이 부처님께 아뢰었다.

"세상 사람과 불제자(佛弟子)가 악한 마음을 가지고 스승과 덕행(德行) 있는 사람[2]을 대한다면,[3] 그 죄가 어떠하옵니까?"

부처님께서 아난에게 말씀하셨다.

"사람된 자는 마땅히 남의 선[4]을 사랑하여,[5] 그 선을 벗해야 하는 것이니, 질투해서는 안 된다. 사람으로서 악한 마음을 가지고 덕 있는 사람과 훌륭한 스승을 대하는 자는, 악한 마음을 가지고 부처님을 대함과 다름이 없으니, 차라리 만석(萬石)의 쇠뇌(弩)로 제 몸을 쏘는 것이 낫다. 아난아, 저를 쏘면 그 몸이 아프겠느냐, 안 아프겠느냐?"

"몹시 아플 것입니다."

"사람으로서 악한 마음을 가지고 덕행 있는 이와 그 스승을 대하는 자는, 그 받는 아픔이 쇠뇌로 제 몸을 쏘는 것보다 더할 것이다. 그러므로 남의 제자인 몸으로 그 스승을 업수이 여긴다든가[6] 악한 마음을 가지고 덕행 있는 이를 대해서는 안 되는 것이며, 마땅히 스승이나 덕 있는 이 대하기를 부처님 대하듯 하여, 그 선(善)을 질투하지 말아야 한다. 덕행(德行)[7]이 있는 사람은 신(神)들[8]을 감동케 하기 때문에 천룡귀신(天龍鬼神)[9]이 다 존경하게 마련이니, 차라리 몸을 불 속에 던지든가, 날카로운 칼로 살을 베어 낼망정, 아예 남의 선함을 시샘하지 말 것이다. 그런 죄는 적지 않으니, 부디 삼가도록 해라."

— 〈阿難分別經〉

〔주〕 1)아난 : 6의 주. 2)덕행 있는 사람 : 원문은 '道德人'. 3)대함 : 원문은 '向'. 나아감. gama. 4)남의 선 : 원문은 '人善'. 5)사랑함 : 원문은 '愛樂'. 517의 주. 6)업수이 여김 : 원문은 '輕慢'. 874의 주. 7)덕행 : 원문은 '戒德'. '戒'나 '德'이나 다 vṛtta의 역어(譯語)로 쓰이는데, 덕행의 뜻. 8)신들 : 원문은 '諸

天'. 161의 주. 9)천룡귀신 : 1371의 주.

1409

부처님께서 말씀하셨다.

"만약 사람 중에 내 제자로부터 계(戒)[1]를 받고 나서 도리어 그 스승을 질투하는 자가 있다면, 이 사람은 기필코 악도(惡道)[2]에 떨어질 것이다."

— 〈猘狗經〉

〔주〕 1)계 : 18의 주. 2)악도 : 2의 주.

1410

사람이 스승으로부터 계(戒)[1]를 받고 나서 도리어 비방하여 스승의 악을 말한다면, 미친개[2]가 도리어 그 주인을 무는 격이 될 것이다.

— 〈猘狗經〉

〔주〕 1)계 : 18의 주. 2)미친개 : 원문은 '猘狗'.

제3장 타인(他人)

제1절 교제(交際)

교제는 반드시 가려라

1411

"선남자(善男子)[1]야, 말세(末世)[2]의 중생으로서 깨달음을 구하는 마음[3]을 일으켜 선지식(善知識)[4]을 구해 수행(修行)[5]코자 하는 사람은, 마땅히 온갖 바른 지견(知見)을 지닌 이[6]를 찾아야 하느니라." — 〈圓覺經〉

〔주〕 1)선남자 : 1의 주. 2)말세 : 25의 '말법'과 같다. 3)깨달음을 구하는 마음 : 원문은 '大心'. 보리심(菩提心). 4)선지식 : 15의 주. 5)수행 : 41의 주. 6)바른 지견을 지닌 이 : 원문은 '正知見人'. 바른 견해를 가진 사람. 정견(正見)을 지닌 사람.

1412

"선남자(善男子)[1]야, 말세(末世)[2]의 중생으로서 수행(修行)[3]코자 하는 사람은, 응당 목숨이 다하도록 선우(善友)[4]를 모시고[5] 선지식(善知識)[6]을 섬겨야 할 것이다. 그리하여 선지식이 제게로 와서 가까이하려 하면 마땅히 교만을 끊으며, 반대로 떠나려[7] 할 때에는 노여움[8]을 끊어야 하느

니라." — 〈圓覺經〉

〔주〕 1)선남자 : 1의 주. 2)말세 : 25의 '말법'과 같다. 3)수행 : 41의 주. 4)선우 : 311의 주. 5)모심 : 원문은 '供養'. 565의 주. 6)선지식 : 15의 주. 7)떠남 : 원문은 '遠離'. 609의 주. 8)노여움 : 원문은 '瞋恨'. 1044의 주.

1413

불법(佛法) 강의 듣는 일[1]에[2] 열심히 노력하여[3] 모든 법사(法師)[4]를 구하되, 비록 백 유순(由旬)[5]의 먼 거리일지라도 마땅히 일부러 찾아가 바른 가르침[6] 듣기를 원하여,[7] 싫증 냄[8]이 없어야 한다. 그리고 설법(說法)하는 사람을 항상 가까이하여, 공경해 섬기기를[9] 부모 대하듯 해서 지칠 줄을 몰라야 한다. — 〈菩薩藏正法經〉

〔주〕 1)불법 강의 듣는 일 : 원문은 '講法'. 불경의 강의. 여기서는 그것을 듣는 일. 2)…에 : 원문은 '處'. 어격(於格)을 나타낸다. 3)열심히 노력함 : 원문은 '精進勇猛'. 1088의 '용맹정진'과 같다. 4)법사 : 874의 주. 5)유순 : 254의 주. 6)바른 가르침 : 원문은 '正法'. 252의 주. 7)듣기를 원함 : 원문은 '樂聞'. 8)싫증 냄 : 원문은 '厭足'. 787의 주. 9)공경해 섬김 : 원문은 '恭敬供養'. 1334의 주.

1414

모든 출가(出家)한 보살(菩薩)[1]은 수명이 다해 죽는 기연(機緣)[2]을 만났을 때라도, 반드시 선지식(善知識)[3]를 버리는 일이 없다.

— 〈大乘四法經〉

〔주〕 1)출가한 보살 : 원문은 '苾芻菩薩'. 보살에는 재가자(在家者)·출가자(出家者)가 있는바, 출가한 보살. '苾芻'는 비구(比丘). 2)기연 : 원문은 '因緣'. 1186의 주. 3)선지식 : 15의 주.

1415

"선남자(善男子)[1]야, 보살에게는 열 가지의 악지식(惡知識)[2]을 멀리하는 일[3]이 있느니라. 열 가지란 무엇인가? 파계(破戒)[4]한 악지식을 멀리하며, 정견(正見)[5]을 깨뜨린 자를 멀리하며, 위의(威儀)[6]를 파괴한 자를 멀리하며, 그릇된 방법으로 살아가는[7] 자를 멀리하며, 게으른 자를 멀리하며, 생사(生死)[8]에 집착하는[9] 자를 멀리하며, 깨달음[10]에 등돌리는 자를 멀리하며, 속인들[11]을 멀리하며, 온갖 번뇌[12]를 멀리한다. 보살은 이런 일들을 멀리하기는 해도, 그들을 협박한다거나[13] 경멸해 욕한다거나[14] 하는 마음은 먹지 않고,

'내가 일찍이 부처님의 가르침을 들으니, 중생들은 습성과 욕망[15]에 의해 더럽혀져[16] 가까운 연(緣)[17] 때문에 잘못[18]이 많다고 하거니와, 나는 응당 이 모두를 멀리하리라'

고 생각한다. 이 열 가지 일을 갖추어야 보살의 악지식을 멀리하는 행위라고 부를 수 있다."

— 〈寶雲經〉

〔주〕 1)선남자 : 1의 주. 2)악지식 : 335의 주. 3)일 : 원문은 '法'. 122의 주. 4)파계 : 643의 '파계심' 참조. 5)정견 : 335의 주. 6)위의 : 계율(戒律)의 다른 이름. 7)그릇된 방법으로 살아감 : 원문은 '邪命'. 461의 주. 8)생사 : 12의 주. 9)집착함 : 원문은 '樂着'. 219의 주. 10)깨달음 : 원문은 '菩提'. 5의 주. 11)속인들 : 원문은 '在家衆'. 세속적 가정생활을 하는 사람들. 12)번뇌 : 원문은 '結使'. 98의 주. 13)협박함 : 원문은 '惱害'. āghāta. 14)경멸해 욕함 : 원문은 '輕

毁'. 1083의 주. 15)습성과 욕망 : 원문은 '性欲'. 과거로부터의 습성과 현재의 욕망. 16)더럽힘 : 원문은 '染'. upakleśa. 17)가까운 연 : 원문은 '近習'. '習'에는 연(緣)·원인의 뜻이 있다. 18)잘못 : 원문은 '所壞'. 파괴되는 것. 여기서는 종교적 파탄.

1416

도리에 맞지 않는 모임[1]에 참여하지 않고, 항상 바른 가르침의 모임[2]에 참여해야 한다. ―〈法集要頌經〉

〔주〕 1)도리에 맞지 않는 모임 : 원문은 '非法會'. 2)바른 가르침의 모임 : 원문은 '正法會'.

1417

보살마하살(菩薩摩訶薩)[1]은 국왕·왕자·대신·관장(官長)[2]에 가까이하지 않으며, 모든 외도(外道),[3] 즉 바라문(婆羅門)[4]이나 니건자(尼乾子)[5] 등을 가까이하지 않는다. ―〈添品妙法蓮華經〉

〔주〕 1)보살마하살 : 1의 '보살'과 같다. 2)관장 : 관리. 장관. rāja-puruṣa. 3)외도 : 8의 주. 4)바라문 : 원문은 '梵志'. 345의 주. 5)니건자 : 1365의 주. 여기서는 자이나교의 탁발승.

1418

항상 무익(無益)한 사람[1]을 피하고, 어리석은 자와 가까이 말라. 어진 벗을 생각해 따르고, 뛰어난 사람[2]과 가까이 지내라. ―〈法句經〉

〔주〕 1)무익한 사람 : 원문은 '無義'. 2)뛰어난 사람 : 원문은 '上士'. 원래는 보살을 가리키는 말.

〔풀이〕 이것은 <법구경> 78의 인용인바, 그 파리어 원본의 직역은 다음과 같다.

"악한 벗과 사귀어서는 안 된다. 최저(最低)인 자와 사귀어서는 안 된다. 착한 벗과 사귀어라. 최상(最上)의 사람들과 사귀어라."

1419

사람이 세상을 살아감에 있어서는 마땅히 지혜 많은 사람[1]과 함께 사는 것이 좋다. 그리하여 나가서는 부드러운 안색이 되고 들어와서는 기쁨을 함께하여, 서로 존경해 아버지인 듯 형인 듯 대하며, 상대를 제 몸과 다름 없이 여겨 마음으로 늘 친밀하게 지내야[2] 한다. 이렇게 서로 존경하면, 다 열반(涅槃)[3]에 이르게 될 것이다. — 〈出曜經〉

〔주〕 1)지혜 있는 사람 : 원문은 '黠慧人'. 911의 주. 2)친밀하게 지냄 : 원문은 '款至'. 3)열반 : 원문은 '無爲'. 26의 주.

1420

보살은 사마외도(邪魔外道)[1]의 집에 가지 않는다. — 〈菩薩內戒經〉

〔주〕 1)사마외도 : '사마'는 그릇된 견해로 불도를 방해하는 악마. '외도'는 8의 주.

1421

부처님께서 뇌차화라(賴吒和羅)에게 이르셨다.

"보살에게는 가까이하면[1] 안 될 네 가지 일[2]이 있다. 첫째는 모든 그릇된 견해[3]를 지닌 사람을 가까이하지 않음이다. 둘째는 바른 가르침[4]을 비방하는 자를 가까이하지 않음이다. 셋째는 악지식(惡知識)[5]을 가까이하지 않음이다. 넷째는 의식(衣食)을 탐하는 자를 가까이하지 않음이다. 이것이 가까이해서는 안 될 네 가지 일이다." —〈德光太子經〉

〔주〕 1)가까이함 : 원문은 '習'. 습근(習近)의 뜻인 듯? saṃsarga. 2)네 가지 일 : 원문은 '四事法'. 3)그릇된 견해 : 원문은 '邪見'. 219의 주. 4)바른 가르침 : 원문은 '正法'. 252의 주. 5)악지식 : 335의 주.

1422

친구를 남의 말[1]로 인해 버려서는 안 된다. 남의 말을 들었을 때는, 사실 여부를 잘 살펴보아야 한다. —〈根本毘奈耶律〉

〔주〕 1)남의 말 : 원문은 '他語'.

1423

여기저기[1] 널리 벗[2]을 구해도 제 뜻에 맞는 자가 없을 때는, 홀로 제 마음을 굳건히 지녀 어리석은 자와 어울리지 말라. 여기저기 벗을 구해도 저와 같은 자를 구하지 못했을 때는, 차라리 홀로 선(善)을 닦을지언정[3] 어리석고 악한 자를 짝함이 없도록 하라. —〈四分律〉

〔주〕 1)여기저기 : 원문은 '處處'. 2)벗 : 원문은 '伴'. 반려(伴侶). 수행을 같이 할 사람. 3)선을 닦음 : 원문은 '行善'.

1424

차라리 적[1]이나 백정[2]과 친구가 될지언정 그릇된 말[3]을 하는 악한 견해를 지닌 사람[4]과는 잠시도 동거하지 말라. — 〈大法炬陀羅尼經〉

〔주〕 1)적 : 원문은 '怨家'. 468의 주. 2)백정 : 원문은 '屠膾人'. 짐승을 잡아 회치는 사람. 3)그릇된 말 : 원문은 '邪辯'. 4)악한 견해를 지닌 사람 : 원문은 '惡見人'.

선우(善友)의 익(益)

1425

선지식(善知識)[1]을 구하면 사견(邪見)[2]에 안 떨어진다. — 〈圓覺經〉

〔주〕 1)선지식 : 15의 주. 2)사견 : 219의 주.

1426

"선남자(善男子)[1]야, 공중의 달은 초하루에서 보름에 이르는 동안 점점 커 간다. 선지식(善知識)[2]도 이와 같아서, 모든 학인(學人)[3]으로 하여금 악법(惡法)[4]에서 멀어져 선법(善法)[5]을 키우게[6] 하는 것이다. 그러므로 선지식을 가까이하는 자는 본래 계(戒)[7] · 정(定)[8] · 혜(慧)[9]와 해탈(解脫)[10] · 해탈지견(解脫知見)[11]을 가진 것이 없다면 곧 가지게 될 것이며, 다 갖추지 못한 자는 곧 왕성해질[12] 것이다." — 〈涅槃經〉

〔주〕 1)선남자 : 1의 주. 2)선지식 : 15의 주. 3)학인 : 658의 주. 4)악법 : 820의 주. 5)선법 : 18의 주. 6)키움 : 원문은 '增長'. 11의 주. 7)계 : 18의 주. 8)정 :

27의 주. 9)혜 : 27의 주. 10)해탈 : 84의 주. 11)해탈지견 : 251의 주. 12)왕성해짐 : 원문은 '增廣'. bhūyobhāva.

1427

만약 사람이 선지식(善知識)[1]를 구하여 가까이하면,[2] 이 선지식이 그 사람의 탐욕과 노여움[3]과 어리석음[4]과 정신작용[5] 중, 무엇이 많은가를 살펴서, 탐욕이 많은 자에게는 부정관법(不淨觀法)[6]을 설하고, 노여움이 많은 자에게는 자비를 설하고, 정신작용이 많은 자에게는 수식(數息)[7]을 설하고, 자아(自我)에 대한 집착[8]이 많은 자에게는 십팔계(十八界)[9] 등을 분석(分析)해 줄 것이다. — 〈涅槃經〉

〔주〕 1)선지식 : 15의 주. 2)구하여 가까이함 : 원문은 '求近'. 3)노여움 : 원문은 '瞋恚'. 408의 주. 4)어리석음 : 원문은 '愚癡'. 107의 주. 5)정신작용 : 원문은 '思覺'. cetana. 6)부정관법 : 육체의 부정(不淨)함을 관상(觀想)하여 번뇌를 제거하는 방법. 특히 시체가 차츰 썩어서 백골이 되는 과정을 관상하는 일. 이것은 이성의 아리따움에 끌리는 욕망을 제어하는 데 도움이 된다. aśubha-bhāvanā. 7)수식 : 호흡의 수를 세어 마음을 통일하는 방법. 수식관(數息觀). āna. 8)자아에 대한 집착 : 원문은 '着我'. 자아가 실재한다고 믿는 집착. ātma-grāha. 9)십팔계 : 인간 존재의 18개의 구성 요소. 육근(六根)·육경(六境)·육식(六識)을 이른다. '육근'은 79의 주. '육경'은 136의 '육진'의 주. '육식'은 72의 풀이.

1428

"선지식(善知識)[1]을 구하기에 몸과 마음에 지칠 줄을 모르며, 선지식을 만나고는 싫증 냄[2]이 없으며, 선지식에게 묻는 데 있어서는 노고(勞苦)를 꺼리지 않으며, 선지식을 가까이한 뒤로는 퇴전(退轉)[3]치 말며, 선지식을 섬김[4]에 있어서는 끊어짐이 없으며, 선지식의 깨우침[5]을 따라서 어기지 않으며, 선지식의 지닌 공덕(功德)[6]을 의심치 않으며, 선지식의 설법[7]을 들을 때는 출리문(出離門)[8]을 열어 확정(確定)[9]하며, 선지식의 번뇌를 따르는[10] 것을 보고는 괴상하게 여기지 말며, 선지식 있는 곳에 신심(信心)[11]을 깊이 일으켜 변함이 없어야 한다. 왜냐하면, 보살은 선지식으로 말미암아 온갖 보살행(菩薩行)[12]을 들으며, 온갖 보살의 공덕[13]을 완성하며, 보살의 대원(大願)[14]을 낳으며, 보살의 지혜의 광명을 나타내며, 보살의 선근(善根)[15]을 끌어 내며,[16] 여래(如來)[17]의 보리과(菩提果)[18]를 획득하며, 보살의 묘행(妙行)[19]을 거두어들이며, 보살의 대자력(大慈力)과 대비력(大悲力)을 낳으며, 보살의 자재력(自在力)[20]을 거두어들이기[21] 때문이다. 선남자[22]야, 보살은 선지식의 보살핌[23]에 인해 악취(惡趣)[24]에 안 떨어지며, 선지식의 성취한 것에 인해 마음대로 태어나며,[25] 선지식의 힘에 인해 업감(業感)[26]을 깨며, 선지식의 인욕(忍辱)의 갑옷[27] 때문에 한 마디의 악한 말도 받지 않으며, 선지식이 키워 줌[28]으로 인해 능히 온갖 교만을 멸할 수 있기 때문이다."

— 〈華嚴經〉

〔주〕 1)선지식 : 15의 주. 2)싫증 냄 : 원문은 '厭足'. 787의 주. 3)퇴전 : 20의 주. 4)섬김 : 원문은 '供養'. 565의 주. 5)깨우침 : 원문은 '誨'. 1402의 주. 6)공덕 : 20의 주. 7)설법 : 원문은 '演說'. 202의 주. 8)출리문 : 미혹에서 벗어나게 하는 가르침을 문에 비유한 것. 9)확정함 : 원문은 '決定'. 326의 주. 10)번뇌를 따름 : 원문은 '煩惱隨順'. 중생 제도를 위해, 자기도 번뇌가 있는 듯 행동하는 것. 11)신심 : 8의 주. 12)보살행 : 9의 주. 13)공덕 : 20의 주. 14)대원 : 424의 주. 15)선근 : 17의 주. 16)끌어 냄 : 원문은 '引發'. abhinirhāra. 17)여래 : 1의 주. 18)보리과 : 967의 주. 19)묘행 : 970의 주. 20)자재력 : 마음대로 구사하는 초자연적인 힘. 21)거두어들임 : 원문은 '攝取'. 391의 주. 22)선남자 :

1의 주. 23)보살핌 : 원문은 '任持'. 보전하는 것. ādhāna. 24)악취 : 78의 주. 25)마음대로 태어남 : 원문은 '自在受生'. 26)업감 : 618의 주. 27)인욕의 갑옷 : 원문은 '忍辱甲'. 인욕을 갑옷에 비유한 것. '인욕'에 대하여는 151의 '인'의 주 참조. 28)키워 줌 : 원문은 '生長'. 태어나 자라는 것. 여기서는 그 피동형(被動形). prabhavana.

1429

현자(賢者)가 사람들을 감화함[1]은 향을 가까이하는 것과 같다. 지혜에 머무르면서 선(善)을 익혀 행동이 깨끗하고 향기롭게[2] 해준다.

— 〈法句經〉

〔주〕 1)감화함 : 원문은 '染'. 2)깨끗하고 향기로움 : 원문은 '潔芳'.

1430

선지식(善知識)[1]에는 네 가지 부류[2]가 있으니, 첫째는 관원(官員)에게 잡힐 친구를 숨겨서 해결해 줌이요, 둘째는 병든 친구를 부양해 돌봄이요, 셋째는 친구가 죽었을 때에 관에 염(斂)해[3] 줌이요, 넷째는 친구가 죽은 후에 그 집을 다시 생각함이다. 또 선지식에 네 가지 부류가 있으니, 첫째는 싸우려는 친구를 만류함이요, 둘째는 악지식(惡知識)[4]을 따르려 하는 것을 간해 그치게 함이요, 셋째는 일하지[5] 않으려는 것을 권해서 일하게 함이요, 넷째는 경도(經道)[6]를 기뻐하지 않는 것을 가르쳐서 믿게 함이다.

— 〈六方禮經〉

〔주〕 1)선지식 : 15의 주. 2)부류 : 원문은 '輩'. 1371의 주. 3)관에 염함 : 원문은 '棺斂'. 시체를 관에 넣는 것. 4)악지식 : 335의 주. 5)일함 : 원문은 '治生'.

565의 주. 6)경도 : 620의 주.

1431

벗이 된 자는 마땅히 다섯 가지 일로 그 벗들을 존경으로 대해야[1] 한다. 다섯 가지란, 바른 마음으로 공경하며, 그 마음을 한하지 않으며, 딴 마음[2]을 먹지 않으며, 때때로 음식을 나누어 먹으며, 은혜의 두터움을 잊지 않음이다. 또 벗들 쪽에서도 다섯 가지 일로 그 벗을 거두어들여야 한다. 두려운 일이 있으면 자기네에게 돌아오도록 하며, 방일(放逸)[3]을 자주 책망하며, 개인적인 비밀[4]을 숨겨 주며, 공양(供養)[5]을 더욱 낫게 하며, 말이 성실함이다. 이것이 벗의 사귐이니, 이렇게 하면 선법(善法)[6]은 쇠하지 않을 것이다. — 〈善生子經〉

〔주〕 1)존경으로 대함 : 원문은 '敬養'. '養'에는 治의 뜻도 있다. 2)딴마음 : 원문은 '他情'. 1386의 주. 3)방일 : 원문은 '遊逸'. 게으름. 4)개인적인 비밀 : 원문은 '私事'. 5)공양 : 17의 주. 6)선법 : 18의 주.

1432

사람이 친척[1]이나 친구를 대하는 데 있어서는 다섯 가지 일을 행해야 한다. 첫째는 죄악 짓는 것을 보면, 으슥한 곳[2]으로 혼자 찾아가 간해 깨우치고[3] 꾸짖어 그치게 함[4]이요, 둘째는 다급한 일이 있을 때는 달려가 구함이요, 셋째는 개인적인 이야기가 있었을 때 남에게 말하지 않음이요, 넷째는 서로 경애(敬愛)함이요, 다섯째는 지니고 있는 좋은 물건은 다소간에 나누어 줌이다. — 〈六方禮經〉

〔주〕 1)친척 : 원문은 '親屬'. kaḍatra. 2)으슥한 곳 : 원문은 '屛處'. 1076의

주. 3)간해 깨우침 : 원문은 '諫曉'. 4)꾸짖어 그치게 함 : 원문은 '呵止'.

1433

세존(世尊)[1]께서 장로(長老)[2]인 난타(難陀)[3]와 함께 향을 파는 가게에 가셨다가 난타에게 이르셨다.

"저 향이 든 주머니를 집어 보아라."

난타가 부처님의 분부에 따라 가게에 있는 향을 집자, 부처님께서는 다시 난타에게 이르셨다.

"한 시각만 그 향을 잡고 있다가 도로 놓아라."

난타는 분부하신 대로, 한 시각이 지난 뒤에 향을 놓았다.

부처님께서 난타에게 말씀하셨다.

"이제 네 손을 맡아 보아라. 그 손에서 어떤 냄새가 나느냐?"

난타가 부처님께 아뢰었다.

"세존이시여, 손의 향기가 끝없이 미묘하옵니다."

부처님께서 난타에게 이르셨다.

"정녕 그럴 것이다. 사람이 모든 선지식(善知識)[4]을 가까이하여 항상 따르는[5] 경우에도, 그 덕에 감화[6]되어 반드시 뛰어난 명예[7]를 얻게 될 것이니라."

— 〈佛本行經〉

〔주〕 1)세존 : 4의 주. 2)장로 : 덕행이 높고, 나이가 든 비구의 총칭. āyuṣmat. 1338의 주. 3)난타 : 1338의 주. 4)선지식 : 15의 주. 5)따름 : 원문은 '隨順'. 97의 주. 6)감화 : 원문은 '染習'. 나쁜 것에 물드는 뜻으로 쓰이는 말이나, 여기서는 좋은 영향을 주는 의미. 7)뛰어난 명예 : 원문은 '大名'. 뛰어난 명예를 지닌 자. 모든 보살에게 통하는 칭호의 하나. mahā-yaśas.

1434

만약 지혜 있는 선우(善友)[1]를 가까이한다면, 몸과 마음의 안팎이 함께 청정해질 것이다. 이렇게 되어야 참다운[2] 장부(丈夫)[3]라고 할 수 있다. — 〈大莊嚴經論〉

〔주〕 1)선우 : 311의 주. 2)참다운 : 원문은 '眞善'. 3)장부 : 정도(正道)로 나아가 물러서지 않는 자. 용기 있는 자.

1435

현명한 사람은 만복의 기초여서, 현세에서는 국왕의 감옥을 면하게 하고, 죽어서는 삼도(三道)[1]의 문을 닫아 천상계(天上界)에 올라 깨달음을 얻게[2] 해준다. 이 모두가 현명한 벗의 도움 아님이 없다.

— 〈歡豫經〉

〔주〕 1)삼도 : 166의 '삼악도'와 같다. 2)깨달음을 얻음 : 원문은 '得道'. 505의 주.

1436

벗 사이에는 세 가지 긴요한 일[1]이 있다. 첫째는 과실을 보면 서로 깨우쳐 충고함[2]이요, 둘째는 공덕이 되는 일[3]을 보면 깊이 따라서 기뻐함[4]이요, 셋째는 불행[5]에 있을 때에 서로 버리지 않음이다. — 〈因果經〉

〔주〕 1)긴요한 일 : 원문은 '要法'. 2)깨우쳐 충고함 : 원문은 '曉諫'. 3)공덕이 되는 일 : 원문은 '好事'. 4)따라서 기뻐함 : 원문은 '隨喜'. 620의 주. 5)불행 : 원문은 '苦厄'.

교제를 안 가리는 해

1437

온갖 중생은 선지식(善知識)[1)]을 가까이하지 않는 까닭에, 불성(佛性)[2)]이 있으면서도 보지 못하고 탐음(貪婬)[3)]·진에(瞋恚)[4)]·우치(愚癡)[5)]의 가리는 바가 되고 만다. — 〈涅槃經〉

〔주〕 1)선지식 : 15의 주. 2)불성 : 58의 주. 3)탐음 : 565의 주. 4)진에 : 408의 주. 5)우치 : 107의 주.

1438

만약 선지식(善知識)[1)]의 보호를 떠나면, 외도(外道)의 견해[2)]를 일으키게 된다. — 〈起信論〉

〔주〕 1)선지식 : 15의 주. 2)외도의 견해 : 원문은 '外道見'. '외도'에 대하여는 8의 주.

1439

나무 속의 화성(火性)은 불의 직접적인 원인[1)]이지만, 만약 사람이 이것을 몰라서 적절한 수단[2)]을 강구하지 않을 경우에는 나무를 스스로 태울 수가 없다. 중생도 마찬가지여서 직접적 원인으로서의 훈습(熏習)[3)]의 힘이 있다 해도, 만약에 모든 부처님과 보살과 선지식(善知識)[4)]들을 만나 이를 간접적 원인[5)]으로 삼지 않을 때는, 스스로 번뇌[6)]를 끊고 열반(涅槃)[7)]에 들어가기는 불가능하다. — 〈起信論〉

〔주〕 1)직접적인 원인 : 원문은 '正因'. 1059의 주. 2)수단 : 원문은 '方便'. 97의 주. 3)훈습 : 573의 주. 4)선지식 : 15의 주. 5)간접적 원인 : 원문은 '緣'. 어떤 과(果)를 낳는 인(因)을 간접적으로 돕는 사정이나 조건. 6)번뇌 : 4의 주. 7)열반 : 21의 주.

〔풀이〕 훈습(熏習)이란 573의 주에서 설명한 바와 같이 영향을 주는 일이어서, 습관성·여습(餘習)에 해당하는 말이다. 그러나 <대승기신론>에서는 진여(眞如)와 무명(無明)과의 관계로 파악하여, 절대(絶對)의 뜻인 진여가 근본적 무지(無知)인 무명에게 영향을 주고, 무명이 또 진여에게 영향을 주는 일로 쓰고 있다. 그러므로 여기서 말하는 '훈습의 힘'이란 진여에서 오는 그것임을 알아야 한다.

1440

보살마하살(菩薩摩訶薩)[1]은 악지식(惡知識)[2] 보기를 성난 코끼리[3] 보듯 한다. 왜냐하면 몸을 파괴하는 까닭이다. 보살은 성난 코끼리는 두려워하지 않아도 악지식은 두려워한다. 왜냐하면 성난 코끼리는 기껏 몸을 파괴할 뿐 마음은 파괴하지 못하지만 악지식은 몸과 마음의 둘을 다 파괴하며, 성난 코끼리는 오직 한 개의 몸을 파괴하지만 악지식은 끝없는 좋은 몸과 끝없는 좋은 마음을 파괴하며, 성난 코끼리는 더러운 몸을 파괴하지만 악지식은 청정한 몸과 청정한 마음을 파괴하며, 성난 코끼리는 육신을 파괴하지만 악지식은 법신(法身)[4]을 파괴하며, 성난 코끼리 때문에 죽으면 삼악(三惡)[5]에 이르지 않지만 악지식 때문에 죽으면 반드시 삼악에 가게 되기 때문이다. 이같이 성난 코끼리는 다만 몸의 적[6]이 되는 데 그치나, 악지식은 선법(善法)[7]의 적임이 명백하다. 그러므로 보살은 늘 모든 악지식을 멀리하는 것이다. — 〈涅槃經〉

〔주〕 1)보살마하살 : 1의 '보살'과 같다. 2)악지식 : 335의 주. 3)성난 코끼리 : 원문은 '惡象'. 매우 성난 코끼리. caṇḍa-hastin. 4)법신 : 114의 주. 5)삼악 : 166의 '삼악도'와 같다. 6)적 : 원문은 '怨'. 414의 주. 7)선법 : 18의 주.

1441

설법사(說法師)[1]를 멀리하면, 진실한 도리[2]와 도리에 벗어나는 일[3]을 통달하지 못한다.

— 〈諸法集要經〉

〔주〕 1)설법사 : 가르침을 설하는 사람. dharma-bhāṇaka. 2)진실한 도리 : 원문은 '法'. 10의 주. 3)도리에 벗어나는 일 : 원문은 '非法'. 36의 주.

1442

덕엄화보살(德嚴華菩薩)이 부처님께 여쭈었다.

"어떤 것이 보살의 악우(惡友)[1]가 되나이까?"

부처님께서 말씀하셨다.

"내가 세상을 살피건대, 천마(天魔)[2]와 범석(梵釋)[3]과 사문(沙門)[4]과 바라문(婆羅門)[5]이 간혹 더없는 깨달음[6]을 구하는 데 있어서 악지식(惡知識)[7]이 되는 수도 있으나, 성문승(聲聞乘)[8] · 독각승(獨覺乘)[9]을 즐기는 사람처럼 악지식이 되는 것은 다시 없는 것 같다. 왜냐하면, 보살이 온갖 중생[10]을 이롭게 하고 즐겁게 하기[11] 위해 무상(無上)의 깨달음[12]을 애써 구하는 데 대해, 이승(二乘)[13]을 구하는 사람은 마음씨가 열등해서 오직 열반(涅槃)의 즐거움[14]에 스스로 도달키만을[15] 구하기 때문이다. 이런 까닭으로 신학(新學)[16]의 보살은, 응당 그런 사람들과는 한 절에 같이 머무르지 말아야 하며, 한 방에 같이 살지 말아야 하며, 같은 장소를 경행(經行)[17]하지도 말아야 하며, 같은 길을 가는[18] 일이 있어서도 안 될 것이다.

그러나 보살이 이미 대승(大乘)[19]의 가르침을 완전하리만큼 많이 듣고 있어서[20] 파괴되지 않는 신심(信心)을 얻었을 경우는, 별도로 그들과 동거하는 것을 허락해도 좋으니, 그들을 위해 참다운 마음을 끌어 내[21] 깨달음[22]으로 나아가게 할 수 있기 때문이다."

— 〈稱讚大乘功德經〉

〔주〕 1)악우 : 959의 주. 2)천마 : 407의 주. 3)범석 : 범천(梵天)과 제석천(帝釋天). 4)사문 : 265의 주. 5)바라문 : 244의 주. 6)더없는 깨달음 : 원문은 '無上菩提'. 170의 주. 7)악지식 : 335의 주. 8)성문승 : 1232의 주. 9)독각승 : 독각의 실천법. pratyeka-buddha-mārga. 10)중생 : 원문은 '有情'. 306의 주. 11)이롭게 하고 즐겁게 함 : 원문은 '利樂'. 456의 주. 12)무상의 깨달음 : 원문은 '無上正等菩提'. 640의 주. 13)이승 : 218의 주. 14)열반의 즐거움 : 원문은 '般涅槃樂'. '반열반'은 384의 주. 15)도달함 : 원문은 '證'. 640의 주. 16)신학 : 829의 주. 17)경행 : 673의 주. 18)감 : 원문은 '遊適'. 19)대승 : 20의 주. 20)완전하리만큼 많이 듣고 있음 : 원문은 '具足多聞'. 21)끌어 냄 : 원문은 '引發'. 1428의 주. 22)깨달음 : 원문은 '菩提'. 5의 주.

1443

악한 행위를 하는 자와 동거(同居)하면 무간죄(無間罪)[1]를 많이 지어서, 바른 가르침[2]을 비방하고 성자를 헐뜯어[3] 악견(惡見)[4]을 일으키며, 단상론(斷常論)[5]을 망령되이 설하고 십악업(十惡業)[6]을 고루 지어 후세(後世)에 받을 고통을 두려워 안 하게 된다.

— 〈地藏十輪經〉

〔주〕 1)무간죄 : 오역죄(五逆罪)를 이른다. 61의 '역죄'와 같다. 2)바른 가르침 : 원문은 '正法'. 252의 주. 3)성자를 헐뜯음 : 원문은 '毁聖'. 4)악견 : 1280의 주. 5)단상론 : 단견(斷見)과 상견(常見). '단견'과 '상견'은 각기 543의 주. 6)십악업 : 17의 '십선업' 참조.

1444

썩어서 냄새 나는[1] 시체에 몸을 댄다든가, 혹은 그런 시체와 몸을 비비고 장난한다면,[2] 더러운 냄새의 훈염(熏染)[3]을 입지 않을 수 없을 것이다. 진실하고 착한 남녀가 파계악행(破戒惡行)[4]의 법기(法器)[5] 아닌 승려를 가까이하여, 혹은 그와 사귄다든가, 혹은 같이 머문다든가, 혹은 함께 일하는 경우에도, 악견(惡見)[6]의 더러운 냄새의 훈염을 입는 것은 마찬가지다.

— 〈地藏十輪經〉

〔주〕 1)썩어서 냄새 남 : 원문은 '爛臭'. 2)몸을 비비고 장난함 : 원문은 '交翫'. 어떤 희롱을 연상시키는 말이나, 확실치 않다. 3)훈염 : 냄새에 물드는 것. 4)파계악행 : 계를 깨고 나쁜 짓을 하는 것. 5)법기 : 불법(佛法)을 받아들일 만한 능력이 있는 사람. 6)악견 : 1280의 주.

1445

악한 벗은 여섯 가지 변화를 가져다 준다. 여섯 가지란 무엇인가? 취미(醉迷)[1]를 익히게 하며, 혼란(惛亂)[2]을 익히게 하며, 방종[3]을 익히게 하며, 술집을 익히게 하며, 소인을 익히게 하며, 저속한 말을 익히게 함이다. 이런 악이 있고 보면 일은 전폐(全廢)하게 되어서, 벌지 못한 재물을 새로 얻기는 고사하고 지니고 있던 것까지 소비하여 가진 것[4]을 탕진하기에[5] 이른다.

— 〈善生子經〉

〔주〕 1)취미 : 취해서 잘못을 저지르는 것. 2)혼란 : 마음이 어둡고 어지러운 것. 3)방종 : 원문은 '縱恣'. 4)가진 것 : 원문은 '宿儲'. 851의 주. 5)탕진함 : 원문은 '耗盡'.

1446

소인이 사람을 더럽힘[1)]은 썩은 물건을 가까이하는 것과 같다. 점차 미혹(迷惑)에 빠져들어 그릇된 것을 익힘으로써 악을 이루는 것마저 자각하지 못하게 된다. —〈法句經〉

〔주〕 1)더럽힘 : 원문은 '染'. 1415의 주.

1447

살생(殺生)[1)]하는 자를 의지하면 살생을 배우고, 도둑질하는 자를 의지하면 도둑질을 배우고, 사음(邪婬)[2)]하는 자를 의지하면 사음을 배우고, 망어(妄語)[3)]하는 자를 의지하면 망어를 배우고, 술을 마셔 방종[4)]하는 자를 의지하면 술을 마셔 방종하는 일을 배우게 되는바, 이를 악행을 취한다고 이른다. 그러기에 그 벗을 가려야 한다. —〈舍利弗阿毗曇論〉

〔주〕 1)살생 : 386의 주. 2)사음 : 765의 주. 3)망어 : 565의 주. 4)방종 : 원문은 '放逸'. 250의 주.

1448

악한 벗을 따르는 일은 악[1)]에 이르는 문이다. —〈文殊師利淨律經〉

〔주〕 1)악 : 원문은 '惡罪'. 악을 이른다. pāpa.

1449

보살법사(菩薩法師)[1)]를 따라 가르침을 받지 않고, 도리어 성문(聲聞)[2)]·연각(緣覺)[3)]과 가까이해 즐기며[4)] 이야기한다든가, 뜻대로 굴어[5)] 방종[6)]하고 당돌(搪揬)[7]한 무리와 노닌다면, 이것이야말로 마업(魔業)[8]이라 해야 한다.

— 〈魔逆經〉

〔주〕 1)보살법사 : 247의 주. 2)성문 : 50의 주. 3)연각 : 4의 '독각'의 주. 4)가까이해 즐김 : 원문은 '習樂'. 5)뜻대로 굴다 : 원문은 '自恣'. 안거(安居)의 끝날에, 행자(行者)들이 서로 죄를 고백해 용서를 청하는 의식의 뜻으로 쓰이나, 여기서는 멋대로 구는 일. 6)방종 : 원문은 '放逸'. 250의 주. 7)당돌 : 법을 범하는 것. 8)마업 : 1209의 주.

1450

악인을 가까이하는 것은 길상모(吉祥茅)[1]에 썩은 고기를 싸는 것과 같으며, 친해서는 안 될 사람과 친하고 친근히 해서는 안 될 사람과 친근히 지내는 것은, 깨끗한 물건을 가져다가 깊은 똥구덩이 속에 던지는 것과 같다. 그러므로 슬기로운 사람은 악한 벗을 몹시 두려워하게 마련이다.

— 〈本事經〉

〔주〕 1)길상모 : 습지에 나는 풀. 원래 인도에서는 제장(祭場)에 까는 풀로서 신성시해 왔으며, 부처님께서 성도하실 때에도 보리수 밑에서 이 풀을 깔고 앉아 계셨다고 한다. 길상초라고도 한다. kuśa.

1451

부처님께서 장자(長者)[1]의 아들에게 이르셨다.

"악한 벗을 얻으면 여섯 가지 과실이 있게 된다. 첫째는 서로 속임이요, 둘째는 으슥한 곳[2]을 좋아함이요, 셋째는 남을 유혹함이요, 넷째는 남의 재물[3]을 도모함이요, 다섯째는 재리(財利)[4]를 추구함[5]이요, 여섯째는 남의 잘못을 즐겨 들추어 냄이니, 이것이 악한 벗으로 하여 생기는 여섯 가지 과실이다. 장자의 아들아, 악한 벗을 가까이해[6] 마지않는다면, 그 집의 재산은 날로 줄어드느니라." —〈長阿含經〉

〔주〕 1)장자 : 472의 주. 2)으슥한 곳 : 원문은 '屛處'. 1076의 주. 3)남의 재물 : 원문은 '他物'. anyasva. 4)재리 : 금전적 이득. anugraha. 5)추구함 : 원문은 '向'. 1408의 주. 6)가까이함 : 원문은 '習'. 1421의 주.

1452

세존(世尊)[1]께서 장로(長老)[2] 난타(難陀)[3]와 함께 가비라(迦毗羅)[4]의 바소도(婆蘇都)[5]에 들어가셨을 때의 일이다. 한 생선가게에 이르신 세존께서는 난타에게 이르셨다.

"이 가게에 들어가, 저 썩은 생선 위에 펴 놓은 갈대풀 한 움큼을 집어 들어라."

난타가 세존께서 시키시는 대로 하자, 다시 말씀하셨다.

"잠시 쥐고 있다가 땅에 놓아라."

난타는 그 풀을 쥐고 잠시[6] 있다가 땅에 놓았다.

그 때에 난타에게 이르셨다.

"손을 맡아 보아라. 어떤 냄새가 나느냐?"

난타가 대답했다.

"세존이시여, 오직 부정(不淨)한 비린내가 날 뿐입니다."

그러자 부처님께서는 난타에게 이르셨다.

"정녕 그럴 것이다. 만약 온갖 악지식(惡知識)[7]을 가까이하여 같이 사귀어 벗이 되는 경우에도, 이 생선을 덮은 풀 모양으로 잠깐 사이에 악업(惡業)[8]이 물들어, 끝내는 악명(惡名)이 멀리까지 들리기에 이르느

니라." —〈佛本行經〉

〔주〕 1)세존 : 4의 주. 2)장로 : 1433의 주. 3)난타 : Nanda의 음사. 부처님의 이복 아우인 난타와, 소 먹이다가 제자가 된 난타가 있다. 그 어느 쪽인지, 원전을 상고하지 못했다. 4)가비라 : 1083의 '가비라위국'과 같다. 5)바소도 : 미상(未詳). 성읍의 이름인가? 6)잠시 : 원문은 '時間'. 시간의 간격. 7)악지식 : 558의 주. 8)악업 : 170의 주.

선우(善友)와 악우(惡友)의 득실

1453

땅에 낡은 종이[1)]가 떨어져 있었다. 이를 보신 부처님께서는 비구(比丘)[2)]에게 이르셨다.

"이것을 집어라."

비구는 시키시는 대로 종이를 집었다. 부처님께서 비구에게 이르셨다.

"무엇에 쓰던 종이 같으냐?"

비구가 부처님께 아뢰었다.

"이것은 향을 쌌던 종이 같습니다. 지금은 버려져 있지만 향기가 여전히 나나이다."

부처님께서는 다시 길을 가시다가, 이번에는 땅에 버려져 있는 새끼(索)를 보셨다. 그러자 비구에게 이르셨다.

"이것을 집어라."

비구는 시키시는 대로 새끼를 집었다.

부처님께서 다시 물으셨다.

"이것은 무엇에 쓰던 새끼 같으냐?"

비구가 부처님께 아뢰었다.

"이 새끼에서는 비린내가 납니다. 물고기를 묶었던 것인 듯하옵니다."

부처님께서 비구에게 이르셨다.

"무릇 중생[3]은 본래 청정(淸淨)한 터이나 다 인연(因緣)[4] 때문에 죄악과 복덕(福德)[5]을 일으키는 것이어서, 현명한 벗을 가까이하면 도의(道義)[6]가 융성해지고, 어리석은 자를 벗하면 재앙[7]이 이르게 마련이니, 마치 저 종이와 새끼가 향을 가까이하면 향기로워지고, 고기를 묶으면 비려지는 것과 같아, 점차 물들고 익숙해져[8] 각기 스스로는 깨닫지 못하게 되느니라."

— 〈法句譬喩經〉

〔주〕 1)낡은 종이 : 원문은 '故紙'. 무엇을 쌌다가 버려진 종이. 2)비구 : 84의 주. 3)중생 : 원문은 '物'. 217의 주. 4)인연 : 2의 주. 5)죄악과 복덕 : 원문은 '罪福'. 503의 주. 6)도의 : 바른 도(道). 사람이 마땅히 행해야 할 도리. 7)재앙 : 원문은 '殃罪'. 재앙은 스스로 부른 것이므로 죄와 동일시한 어법. 8)익숙해짐 : 원문은 '翫習'.

1454

선(善)을 행하는 사람은 좋은 벗과 친하고, 죄를 짓는 사람은 악한 벗을 가까이하게 마련이다. 현명하고 착한 사람[1]을 미워하면 악도(惡道)[2]에 떨어진다.

— 〈諸法集要經〉

〔주〕 1)현명하고 착한 사람 : 원문은 '賢善人'. 2)악도 : 2의 주.

1455

교만한 생각을 일으켜서 선우(善友)[1]를 가까이하지 않고 현명하고 뛰어난 사람을 존경치 않는다면, 태만(怠慢) 때문에 오래도록 인천(人天)[2]의 악보(惡報)[3]에 머물러 대지옥(大地獄)에 떨어질 업(業)[4]을 일으켜 성숙(成熟)[5]시키게 된다. 만약 한결같이 바른 가르침을 믿어 교만치 않아서 뛰어난 벗[6]을 항상 구한다면, 이런 과실이 없을 것이다.

— 〈華嚴經〉

〔주〕 1)선우 : 311의 주. 2)인천 : 21의 주. 3)악보 : 618의 주. 4)대지옥에 떨어질 업 : 원문은 '大地獄業'. 대지옥에 떨어질 악행. 5)성숙 : 243의 주. 6)뛰어난 벗 : 원문은 '勝友'.

1456

보살이 정려바라밀(靜慮波羅蜜)[1]을 닦고자 할 경우에는, 큰 선지식(善知識)[2]을 가까이하고 악지식(惡知識)[3]을 멀리하도록 힘써야 한다. 세상의 악한 평판[4]은 나쁜 벗 때문에 생기고, 온갖 이로운 평판은 착한 벗[5]으로 하여 생기게 된다. 그러므로 착한 벗을 의지하여 청정한 계(戒)[6]를 수지(受持)[7]하면 법신(法身)[8]을 빛내려니와,[9] 파계(破戒)[10]하는 자를 가까이할 때에는 곡식 씨를 불에 그슬리는 것과 같아서 온갖 선법(善法)[11]이 생겨나지 못하게 되고 만다. 하물며 더러움 없는[12] 깊은 선정(禪定)[13]을 어떻게 키울[14] 수 있겠는가?

— 〈六波羅蜜經〉

〔주〕 1)정려바라밀 : 963의 '선바라밀'과 같다. 2)선지식 : 15의 주. 3)악지식 : 335의 주. 4)평판 : 원문은 '名聞'. 명성. kirti. 5)착한 벗 : 원문은 '善友'. 311의 주. 6)청정한 계 : 원문은 '淨戒'. 228의 주. 7)수지 : 659의 주. 8)법신 : 114의 주. 9)빛냄 : 원문은 '莊嚴'. 10)파계 : 643의 '파계심' 참조. 11)선법 : 18의 주. 12)더러움 없는 : 원문은 '無漏'. 98의 주. 13)깊은 선정 : 원문은 '深定'. 14)키

움 : 원문은 '滋長'.

1457

자타(自他)가 서로[1] 권면(勸勉)해야 모든 악에서 떠날 수 있게 된다. 그러므로 재앙으로부터 구호하는 사람이야말로 친구[2]이며, 늘 이욕(利慾)에 관계되는 말만을 역설해서, 자타가 안일(安逸)[3]에 빠지고 온갖 악을 즐겨 행하도록 하는 것은 진정한 벗이라 할 수 없다. 만약 악한 친구를 가까이한다면 고뇌(苦惱)밖에 생길 것이 없거니와, 현명하고 착한 사람[4]을 의지하는 경우에는 길이 모든 우환(憂患)에서 떠나게 될 것이다. 요컨대 저 두 부류의 사람이 습관적으로 행하는 행동[5]이 하나는 더럽고 하나는 청정한 터인데, 슬기로운 이는 이 두 벗 중에서 잘 가림으로써, 온갖 악을 멀리하고 모든 선만을 한 마음으로 닦아 가는[6] 것이다.

— 〈諸法集要經〉

〔주〕 1)서로 : 원문은 '待對'. 두 가지 것이 상대적으로 작용하는 것. 2)친구 : 원문은 '知識'. 565의 주. 3)안일 : 방일(放逸). 게으름을 피우는 것. 4)현명하고 착한 사람 : 원문은 '賢善人'. 1454의 주. 5)습관적으로 행하는 행동 : 원문은 '所習行'. 6)한 마음으로 닦음 : 원문은 '專修'. 973의 주.

1458

어리석은 자와 같이 종사(從事)하지 말고, 의당 선지식(善知識)[1]이나 지자(智者)[2]와 사귀어야 한다. 사람에게는 본래 악이 없는 터이나, 악인을 가까이하면 뒤에 가서 반드시 악인이 되어 악명(惡名)이 세상에 두루 퍼지게 된다. 그러나 선지식의 경우에는 이와 반대인 것이니, 그러기에 응당 이를 가까이해야 하는 것이다.

— 〈增一阿含經〉

〔주〕 1)선지식 : 15의 주. 2)지자 : 1335의 주.

선우(善友)의 종류

1459

선지식(善知識)[1]이란 법(法)에 맞게 설(說)하고,[2] 도리에 맞게 수행(修行)하는[3] 사람을 이른다. 그러면 무엇을 법에 맞게 설하고, 도리에 맞게 수행한다 이르는가? 제가 살생(殺生)[4]하지 않으면서 남도 살생하지 않게 하며, 제가 정견(正見)[5]을 행하면서 남도 정견을 행하게 한다고 하자. 만약 이렇게 할 수 있다면, 이를 선지식이라 한다. 제가 보리(菩提)[6]를 닦으면서 남도 보리를 닦게 한다고 할 때, 이런 연유로 선지식이라 한다. 제가 신계(信戒)[7]·보시(布施)[8]·다문(多聞)[9]·지혜를 수행(修行)하면서, 또한 남도 신계·보시·다문·지혜를 수행하게 할 때, 이런 연유로 선지식이라 한다. 선지식은 선법(善法)[10]을 지녔기에 선지식인 것이니, 어떤 것이 선법인가? 해야 할 일[11]에 있어서 자기의 즐거움을 구하지 않고 언제나 중생을 위해 즐거움을 구하며, 남의 허물을 보고도 그 단점을 드러내지 않으며[12] 입으로 항상 좋은 점만을 이야기하면, 이런 연유로 해서 선지식이라 하는 것이다. — 〈涅槃經〉

〔주〕 1)선지식 : 15의 주. 2)법에 맞게 설함 : 원문은 '如法說'. 도리에 맞게 설함. 부처님의 가르침대로 설함. 3)도리에 맞게 수행함 : 원문은 '如說行'. 1011의 '여설수행'과 같다. 4)살생 : 386의 주. 5)정견 : 335의 주. 6)보리 : 5의 주. 7)신계 : 진실한 계. 부처님이 제정하신 계. 8)보시 : 17의 주. 9)다문 : 455의 주. 10)선법 : 18의 주. 11)해야 할 일 : 원문은 '所作事'. kṛtya. 12)드러내지 않음 : 원문은 '不訟'.(<史記> 呂后記의 註 '訟은 公이니, 明言과 같다')

1460

“거사(居士)[1]의 아들아, 네 종류의 벗이 있어서 인자하고 총명하여 사람을 이롭게 하나니, 넷이란 무엇인가? 첫째는 고락(苦樂)을 같이함이요, 둘째는 위하여 이(利)로써 거두어 줌[2]이요, 셋째는 위하여 과거의 행위[3]에 대한 책임을 함께 짐이요, 넷째는 위하여 인자한 마음으로 가엾이 여김[4]이니라.” —〈善生子經〉

〔주〕 1)거사 : 244의 주. 2)거두어 줌 : 원문은 ‘相攝’. 3)과거의 행위 : 원문은 ‘本業’. 이전에 행한 행위. 4)가엾이 여김 : 원문은 ‘愍傷’.

1461

보살이 만나는 선우(善友)[1]는, 천성(天性)이 우둔하지 않고 총명하며 슬기로워서, 악견(惡見)[2]에 떨어지는 일이 없다. 이를 첫째 가는 선우라고 한다. —〈瑜伽師地論〉

〔주〕 1)선우 : 311의 주. 2)악견 : 1280의 주.

1462

비구(比丘)[1]는 음식을 놓고 서로 부르고 쫓고 하여 친하지 않고, 오직 경에 설해진 가르침[2]을 가지고 서로 보답하고 경계하는 것에 의해 친해 간다. —〈舊雜譬喩經〉

〔주〕 1)비구 : 84의 주. 2)경에 설해진 가르침 : 원문은 ‘經法’. 649의 주.

1463

벗은 일곱 가지 일[1]을 갖추어야만 친우가 될 수 있다. 첫째는 하기 어려운 일을 능히 함이요, 둘째는 주기 어려운 것을 능히 줌이요, 셋째는 참기 어려운 것을 능히 참음이요, 넷째는 비밀스러운 일을 서로 이름이요, 다섯째는 서로 잘못을 숨겨 줌[2]이요, 여섯째는 괴로움을 만나도 버리지 않음이요, 일곱째는 가난하고 천해도 경멸하지 않음이다.

— 〈四分律〉

〔주〕 1)일 : 원문은 '法'. 122의 주. 2)잘못을 숨겨 줌 : 원문은 '覆藏'. 1248의 주.

1464

발(孛)[1]이 말했다.

"벗에는 네 종류가 있으니, 꽃과 같은 것, 저울[2]과 같은 것, 산과 같은 것, 땅과 같은 것이 그것이다. 어떤 것을 꽃 같다고 하는가? 꽃이 어여쁠 때는 머리에 꽂고 시들 때는 버리는 것처럼 부귀한 것을 보면 붙고 빈천해지면 버리는 것, 이를 꽃 같은 벗이라 한다. 어떤 것을 저울 같다고 하는가? 물건이 무거우면 낮아지고 가벼우면 올라가는 저울 모양으로, 상대의 권세가 무거우면 비굴하게 굴고 가벼우면 업신여기는 것, 이를 저울 같은 벗이라 한다. 어떤 것을 산 같다고 하는가? 새나 짐승이 금산(金山)[3]에 모이면 그 털과 깃까지도 금빛이 되는 것과 같이, 자기가 귀(貴)하므로 능히 남을 영화롭게 만들어서 부귀를 함께 누리며 즐기는 것, 이를 산 같은 벗이라 한다. 어떤 것을 땅 같은 벗이라 하는가? 온갖 곡식과 재물을 벗에게 나누어 주어 부양하고 보호하여 은혜가 두터워 박함이 없는 것, 이를 땅 같은 벗이라 한다."

— 〈孛經〉

〔주〕 1)발 : 인명(人名). 원명은 미상. 2)저울 : 원문은 '稱'. 3)금산 : 274의 주.

악우(惡友)의 종류

1465

"거사(居士)[1]의 아들아, 네 가지 그릇된 벗[2]이 있으니, 네 가지란 무엇인가? 첫째는 남의 물건[3]을 취하는 사람, 둘째는 구변이 좋은 사람, 셋째는 마주 대해서는 마음에 드는 말을 하는 사람,[4] 넷째는 그릇된 것을 가르치는 사람[5]이니라." — 〈善生子經〉

〔주〕 1)거사 : 244의 주. 2)그릇된 벗 : 원문은 '非友'. 3)남의 물건 : 원문은 '異物'. Ⓟaññad-atthu. 4)마주 대해서는 마음에 드는 말을 하는 사람 : 원문은 '面愛'. Ⓟanuppiya-bhāṇin. 5)그릇된 것을 가르치는 사람 : 원문은 '邪敎'. (邪敎之友 Ⓟapāya-sahāya.)

1466

악한 벗[1]에는 네 부류가 있다. 첫째는 속에 원망하는 마음을 품고도 겉으로는 억지로 벗[2]인 체하는 사람이다. 둘째는 그 앞[3]에서는 좋게 말하지만 배후에서는 나쁘게 말하는 사람이다. 셋째는 다급한 일이 있을 때, 그 앞에서는 걱정하고 괴로워하는 듯 가장하지만 배후에서는 기뻐하는 사람이다. 넷째는 겉으로 친한 체하지만 속으로는 해칠 음모[4]를 일으키는 사람이다. — 〈六方禮經〉

〔주〕 1)악한 벗 : 원문은 '惡知識'. 335의 주. 2)벗 : 원문은 '知識'. 565의 주. 3)그 앞 : 원문은 '人前'. 그 사람 앞. 4)해칠 음모 : 원문은 '怨謀'.

1467

악우(惡友)를 가까이하는 네 가지 일이 있다. 첫째는 술 마실 때에 벗이 됨이요, 둘째는 노름[1]할 때에 벗이 됨이요, 셋째는 노닐[2] 때에 벗이 됨이요, 넷째는 노래하고 춤출 때에 벗이 됨이니, 이것이 악우를 가까이 하는 네 가지 일이다. — 〈長阿含經〉

〔주〕 1)노름 : 원문은 '博戱'. 2)노님 : 원문은 '婬逸'. 장난하고 노는 것.

제2절 보은(報恩)

보은의 이익

1468

능히 은혜를 갚는 자는 선업(善業)[1]을 짓는다. — 〈大集經〉

〔주〕 1)선업 : 170의 주.

1469

은혜를 아는 사람은 마땅히 아뇩다라삼먁삼보리심(阿耨多羅三藐三菩提心)[1]을 일으킬 것이고, 은혜를 갚는 사람은 마땅히 일체 중생으로 하여금 아뇩다라삼먁삼보리심을 일으키게 할 것이다. — 〈大方便佛報恩經〉

〔주〕 1)아뇩다라삼먁삼보리심 : 최고의 깨달음을 구하는 마음.

1470

옛날에 한 앵무가 다른 산에 날아가 머무른[1] 적이 있었다. 그런데 그 산 속에 사는 온갖 새와 짐승들은 이 앵무를 몹시 사랑하여 조금도 해치지 않았다. 뒤에 앵무는 자기가 살던 산으로 돌아왔는바, 몇 달이 지나자 그 산에 불이 나서 온통 타고 말았다. 멀리서 이를 바라본 앵무는, 물에 들어가 날개에 물을 묻혀 가지고 공중에 날아올라 날개털에 묻은 물을 가지고 그 큰 불을 끄고자 하여 수없이 그 산을 왕래했다. 이를 본 천신(天神)[2]이 말했다.

"한심하구나, 앵무새야. 너는 왜 그리도 어리석단 말이냐? 천리의 불을 어떻게 두 날개에 묻은 물로 끌 수 있다는 것이냐?"

앵무가 대답했다.

"저도 불을 끌 수 없다는 것을 알고 있습니다. 그러나 예전에 제가 이 산중에 와서 얼마 동안 지낼 때, 온갖 새와 짐승들이 다 어질고 착해서 형제처럼 대해 주었습니다. 제가 어떻게 가만히 앉아서 보고만 있겠습니까?"

천신도 그 은혜에 보답코자 하는 지성에 감동하지 않을 수 없었다. 그래서 곧 비를 내려 불을 꺼 주었다. — 〈舊雜譬喩經〉

〔주〕 1)날아가 머무름 : 원문은 '飛集'. 集에는 '止'의 뜻이 있다. 2)천신 : 신(神)들. devatā.

보은 않는 손해

1471

지신(地神)[1]이 말했다.

"나는 대지를 업어, 온갖 것과 수미산(須彌山)[2]의 무거움마저도 마다하지 않으나, 세 가지 사람에 대하여는 싫어하는 마음을 늘 지니고 있다. 첫째는 반역하는 마음을 품어 임금[3]을 해치려고 꾀하는 자요, 둘째는 어버이의 은혜를 저버리고 부모에게 불효하는 자요, 셋째는 인과(因果)[4]를 부정한[5] 나머지 삼존(三尊)[6]을 비방하며, 법륜승(法輪僧)[7]을 깨뜨리며, 선(善)을 행하는[8] 사람을 방해하는 자가 그것이다. 이런 사람에 대하여는 잠깐[9] 사이라도 보존해[10] 주고 싶은 생각이 안 든다." —〈華嚴經〉

〔주〕 1)지신 : 대지(大地)의 신. 견뢰지신(堅牢地神)·지천(地天)이라고도 한다. Pṛthivi. 2)수미산 : 181의 주. 3)임금 : 원문은 '人王'. 인간계의 왕. manu=ṣyendra. 4)인과 : 115의 주. 5)부정함 : 원문은 '撥無'. 존재를 부정함. 없다고 생각함. apavāda. 6)삼존 : 부처님과 연각(緣覺)·아라한(阿羅漢). 또는 불(佛)·법(法)·승(僧)의 삼보(三寶). 여기서는 전자의 뜻. 7)법륜승 : 부처님의 권위와 교화가 미치고 있는 범위에서의 교단(敎團). 8)선을 행함 : 원문은 '修善'. 9)잠깐 : 원문은 '一念'. 166의 주. 10)보존함 : 원문은 '任持'. 1428의 주.

보은(報恩)과 불보은(不報恩)의 득실

1472

은혜를 아는 사람은 비록 윤회(輪廻)[1] 속에 있다 해도 선근(善根)[2]이 깨어지지 않거니와, 은혜를 모르는 사람은 선근이 끊어져 없어지고 만다. 그러므로 온갖 부처님께서는 은혜를 알아 이에 보답하는 사람을 칭찬하신다. —〈不思議境界經〉

〔주〕 1)윤회 : 원문은 '生死'. 12의 주. 2)선근 : 17의 주.

1473

그 때에 세존(世尊)[1]께서 모든 비구[2]에게 이르셨다.

"만약 중생이 있어서 은혜 갚을[3] 줄을 안다면 존경받을 만하다. 이 사람은 작은 은혜도 잊지 않으려니, 하물며 큰 은혜에 대해서야 이를 것이 있겠느냐? 이런 사람이라면, 설사 백천 유순(由旬)[4]이나 여기와 떨어져 있다 해도 나와 아주 가까이 있음이니, 나는 항상 그를 칭찬해 마지않으리라. 이와는 달리, 만약 중생이 있어서 은혜 갚을 줄을 모른다면 큰 은혜도 기억 안 하려니, 하물며 작은 은혜야 이를 것이나 있겠느냐? 이런 사람이라면, 설사 내 가까이에 있다 해도 나는 그에게서 가깝지 않음이니, 바로 승의(僧衣)[5]를 걸치고 내 좌우에 있는 경우라도 이 사람은 내게서 먼 것이 되리라."

— 〈增一阿含經〉

〔주〕 1)세존 : 4의 주. 2)비구 : 84의 주. 3)은혜를 갚음 : 원문은 '反復'. 復에는 '報'의 뜻이 있다. 4)유순 : 254의 주. 5)승의 : 승려의 옷.

1474

은혜를 앎은 대비(大悲)[1]의 근본이며, 선업(善業)[2]을 여는 첫 문(門)이다. 이런 사람은 남의 사랑과 존경을 받아 멀리까지 명예가 들리며, 죽은 뒤에는 천상(天上)에 태어나 마침내 불도(佛道)[3]를 성취하기에 이를 것이다. 은혜를 모르는 사람이란 축생(畜生)[4]보다 못하다.

— 〈大智度論〉

〔주〕 1)대비 : 169의 주. 2)선업 : 170의 주. 3)불도 : 22의 주. 4)축생 : 26의 주.

보은의 종류

1475

여래(如來)[1]께서 무수한 겁(劫)[2]에 걸쳐 애쓰사[3] 중생을 위하셨으니, 모든 사람들[4]이 어떻게 부처님[5]의 은혜를 갚을 것인가? — 〈華嚴經〉

〔주〕 1)여래 : 1의 주. 2)겁 : 15의 '천겁'의 주 참조. 3)애씀 : 원문은 '勤苦'. Ⓣmdzad pa. 4)사람들 : 원문은 '世間'. 세상 사람들. loka. 5)부처님 : 원문은 '大師'. Ⓟsatthar.

1476

그 때에 대중(大衆)[1]이 아뢰었다.

"오직 원하옵건대 세존(世尊)[2]께서는 저희들을 가엾이 여기사[3] 구제해[4] 주옵소서. 어떻게 부모의 깊은 은혜를 갚으오리까?"

여래[5]께서 대중에게 이르셨다.

"설사 사람이 있어서 왼 어깨에 아버지를 메고 오른 어깨에 어머니를 메어, 피부가 닳아 뼈에 닿고 뼈가 뚫어져 골수(骨髓)에 이르도록 백천 바퀴나 수미산(須彌山)[6]을 휘돈다 해도, 능히 부모의 깊은 은혜는 갚지 못할 것이며, 설사 사람이 있어서 기근(飢饉)을 만나, 부모를 위해 제 몸이 다하도록 살을 잘게 썰고[7] 뼈를 바수어 미진(微塵)[8]과 같이 해서, 백천 겁(劫)[9]을 지낸대도 부모의 깊은 은혜는 갚지 못하며, 설사 사람이 있어서 손에 날카로운 칼을 잡고, 부모[10]를 위해 그 눈동자를 도려내 여래(如來)에게 바쳐서 백천 겁을 지낸대도, 부모의 깊은 은혜는 갚지 못하며, 설사 사람이 있어서 부모를 위해 날카로운 칼로 그 심장과 간[11]을 베어내, 피가 흘러 온 땅을 적시건만 고통을 마다 않고 백천 겁을 지낸대도,

부모의 깊은 은혜는 갚지 못하며, 설사 사람이 있어서 부모를 위해 몸에 신등(身燈)[12]을 걸어, 여래를 공양(供養)[13]해 백천 겁을 지낸대도 부모의 깊은 은혜는 갚지 못하리라."

그 때에 대중은 부처님께서 설하시는 부모의 은덕(恩德)을 듣고, 눈물을 흘려 슬피 울면서 부처님께 아뢰었다.

"세존이시여, 저희들은 이제 무거운 죄인임을 알았나이다. 어떻게 해야 부모의 깊은 은혜에 보답함이 되오리까?"

부처님께서 제자들에게 이르셨다.

"은혜를 갚고자 할진대 부모를 위해 이 경을 베껴 쓰며,[14] 부모를 위해 이 경을 독송(讀誦)[15]하며, 부모를 위해 죄[16]를 참회하며, 부모를 위해 삼보(三寶)[17]를 공양[18]하며, 부모를 위해 재계(齋戒)[19]를 수지(受持)[20]하며, 부모를 위해 보시(布施)[21]해 복을 닦으라.[22] 이렇게 하면 효자[23]라 하려니와, 이를 못할 때는 지옥에 갈 사람[24]이라 불리우리라."

— 〈恩重經〉

〔주〕 1)대중 : 83의 주. 2)세존 : 4의 주. 3)가엾이 여김 : 원문은 '哀愍'. 4)구제함 : 원문은 '救拔'. 5)여래 : 1의 주. 6)수미산 : 181의 주. 7)잘게 썰다 : 원문은 '臠割'. 칼로 잘게 써는 것. 8)미진 : 105의 주. 9)겁 : 15의 '천겁'의 주 참조. 10)부모 : 원문은 '爺孃'. 11)심장과 간 : 원문은 '心肝'. 12)신등 : 몸을 등불 삼아 태워서 부처님에게 공양하는 것. 13)공양 : 738의 주. 14)베껴 씀 : 원문은 '書寫'. 경전을 베껴 쓰는 것. lekhanā. 15)독송 : 소리 내어 경을 읽는 것. vācyamāna. 16)죄 : 원문은 '罪愆'. 17)삼보 : 20의 주. 18)공양 : 17의 주. 19)재계 : 620의 주. 20)수지 : 659의 주. 21)보시 : 17의 주. 22)복을 닦음 : 원문은 '修福'. 421의 '광조수복'의 주 참조. 23)효자 : 원문은 '孝順子'. 24)지옥에 갈 사람 : 원문은 '地獄人'.

1477

은혜를 아는 마음을 성취한 사람은 보은행(報恩行)[1]을 실천해야[2] 한다. 보은행이란 부처님[3]을 의지하는 터이매 보은(報恩)하는 마음을 일으키며, 동법자(同法者)[4]를 의지하는 터이매 돕고 지켜[5] 주려는 마음을 일으키며, 시주(施主)[6]를 의지하여 받아서 쓰는[7] 터이매 제 과실을 숨기지 않으며, 제 덕을 망령되이 설(說)하지 않는 따위다. — 〈十地論〉

〔주〕 1)보은행 : 은혜를 갚는 수행. 2)실천함 : 원문은 '隨順'. 따르는 뜻이나, 여기서는 '隨順建立'의 경우같이 실천하는 뜻. 3)부처님 : 원문은 '尊'. loka-nāyaka(세계의 導師). 4)동법자 : 불도를 같이 닦고 있는 사람. saha-dhārmika. 5)돕고 지킴 : 원문은 '將護'. 6)시주 : 167의 주. 7)받아서 씀 : 원문은 '受用'. 185의 주.

1478

부처님께서 5백 명의 장자(長者)[1]에게 이르셨다.

"내 이제 너희들을 위해 재가(在家)와 출가(出家)[2]의 은혜 있는 곳을 분별(分別)해 설(說)하리라.[3] 재가·출가에 다 해당하는 은혜에 네 가지가 있으니, 첫째는 부모의 은혜, 둘째는 중생의 은혜, 셋째는 국왕(國王)의 은혜, 넷째는 삼보(三寶)[4]의 은혜이다. 이런 네 가지 은혜는 온갖 중생이 다 같이[5] 지니고[6] 있는 터이니라." — 〈心地觀經〉

〔주〕 1)장자 : 472의 주. 2)재가와 출가 : 원문은 '世出世間'. '世'는 세간(世間)이니, 미혹의 세계. '出世間'은 미혹을 초월한 세계. 그러나, 여기서는 재가와 출가의 뜻. 3)설함 : 원문은 '演說'. 202의 주. 4)삼보 : 20의 주. 5)다 같이 : 원문은 '平等'. 공통인 것. 941의 주. 6)지님 : 원문은 '荷負'. 걸머짐.

1479

가르침[1]을 받은 화상아사리(和尙阿闍梨)[2]의 은혜는, 세간(世間)[3]에 있는 공양구(供養具)[4]로는 갚지 못한다. 왜냐하면, 이 가르침은 세간을 초월한 것이기에 세간의 재물로는 갚아지지 않으며, 이 가르침은 더러움이 없는[5] 것이기에 더러움 있는 물건으로는 갚아지지 않는 까닭이다. 세간의 생활에 도움이 되는 음식이나 와구(臥具)[6]로는 은혜가 갚아지지 않고, 오직 한 가지 일이 있어서 은혜를 갚을 수 있을 뿐이니, 그것은 부처님의 설하신 대로 수행(修行)함[7]이다. 만약 이 가르침을 설하신 대로 수행하는 사람이라면, 능히 부처님의 은혜에 보답함이 되고, 능히 스승을 공경하여 은혜 갚기를 깨끗이 마침이 될 것이다. — 〈勝思惟梵天所問經〉

〔주〕 1)가르침 : 원문은 '法'. 1의 주. 2)화상아사리 : '화상'이나 '아사리'나 다 스승의 뜻. '화상'은 1069의 주, '아사리'는 1069의 주. 3)세간 : 380의 주. 4)공양구 : 공양하기 위한 기구(器具). 5)더러움이 없음 : 원문은 '無染'. 52의 주. 6)생활에 도움이 되는 물건 : 원문은 '資生'. 필수품. upakaraṇa. 7)부처님의 설하신 대로 수행함 : 원문은 '如說修行'. 1011의 주.

1480

부처님께서 아난(阿難)[1]에게 이르셨다.

"부모와 선지식(善知識)[2]의 은혜를 마땅히 생각해 잊지 말아야 한다. 그렇게 해야 은혜를 알고 은혜에 보답하는 것이 된다."

— 〈大方便佛報恩經〉

〔주〕 1)아난 : 6의 주. 2)선지식 : 15의 주.

1481

만약 보시(布施)[1]를 얻었을 때는, 마땅히 그 은혜에 보답할 것을 생각해 잊지 말아야 한다. — 〈般舟三昧經〉

〔주〕 1)보시 : 원문은 '所施'. 보시받음.

1482

아차말(阿差末)[1]이 말했다.

"사리불(舍利弗)[2]이여, 보살[3]은 남에게 베푸는 네 가지 은혜가 있어서, 아무리 실천해도 다함이 없습니다. 네 가지란 무엇이냐 하면, 첫째는 보시(布施)[4]요, 둘째는 인애(仁愛)[5]요, 셋째는 이익(利益)[6]이요, 넷째는 등여(等與)[7]입니다." — 〈阿差末菩薩經〉

〔주〕 1)아차말 : 보살 이름. 2)사리불 : 41의 '사리자'와 같다. 3)보살 : 원문은 '菩薩大士'. '大士'도 보살의 호칭. 4)보시 : 17의 주. 5)인애 : 인자(仁慈). 6)이익 : 437의 주. 7)등여 : 평등하게 주는 것.

1483

보살은 은혜를 알며, 은혜 갚을 줄을 안다. — 〈華嚴經〉

1484

만약 묻는 이가 있어서 "누가 은혜를 알고, 은혜를 갚는 자냐"고 한다면, 응당 대답하기를 "부처님이야말로 은혜를 알고, 은혜를 갚는 분이다"라고 해야 할 것이다. 왜냐하면 온 세상에서 은혜를 알고, 은혜를 갚는 점으로 볼 때, 부처님을 넘어서는 자란 없기 때문이다. — 〈般若經〉

제3절 보시(布施)

보살의 보시

1485

"불자(佛子)[1]여, 보살은 큰 시주(施主)[2]가 되어 온갖 가진 것을 다 보시(布施)[3]하되, 그 마음은 평등해 뉘우치거나 인색함이 없으며, 과보(果報)[4]를 바라지 않으며, 명성[5]을 구하지 않으며, 이득(利得)[6]을 탐하지 않는다. 그는 오직 온갖 중생을 구호하고, 온갖 중생을 이롭게 하기만을[7] 위할 뿐이다."

— 〈華嚴經〉

〔주〕 1)불자 : 78의 주. 2)시주 : 167의 주. 3)보시 : 17의 주. 4)과보 : 78의 '보'와 같다. 5)명성 : 원문은 '名稱'. yatas. 6)이득 : 원문은 '利養'. 360의 주. 7)이롭게 함 : 원문은 '饒益'. 217의 주.

1486

중생이 보살의 처소[1]에 와서 말하기를, "인자(仁者)[2]여, 우리는 가난해 의식을 이어 가지도[3] 못할 형편입니다. 그래서 굶주리는 곤경에 빠져 목숨조차도 위태로울 지경이니, 원컨대 자비심을 일으켜 저에게 당신의 살을 보시(布施)해 주시지 않겠습니까? 그리하여 나로 하여금 그것을 먹고 목숨을 이어 가게 하십시오"라고 하면, 그 때에 보살은 곧 제 살을 베어 주어, 그 사람이 기뻐하고 만족하도록 해준다.

이 같은 백천(百千) 중생이 와서 보살에 구걸한대도 겁냄[4]이 없이 도리어 자비심을 더욱 일으키며,[5] 이런 중생이 모두 와서 구걸한대도 보살은 이를 보고 몇 곱절이나 더 기뻐하여, 이런 생각을 한다.

'내가 이 중생들을 잘 이롭게 한다면, 이 중생들은 바로 내 복전(福田),[6] 내 선우(善友)[7]임이 분명하다. 내가 구하지도 청하지도 않았건만, 스스로 찾아와 나로 하여금 불법(佛法)[8] 속으로 들어가게 하니, 나는 이제 마땅히 이같이 수행(修行)[9]해서 온갖 중생의 마음을 어기지 않으리라.'

— 〈華嚴經〉

〔주〕 1)보살의 처소 : 원문은 '菩薩所'. 보살이 있는 곳. 2)인자 : 534의 '제인자'의 주 참조. 3)의식을 이어 감 : 원문은 '資贍'. 생활필수품을 공급함. 4)겁냄 : 원문은 '退怯'. 물러서고 겁냄. 5)더욱 일으킴 : 원문은 '增長'. 247의 주. 6)복전 : 21의 주. 7)선우 : 311의 주. 8)불법 : 4의 주. 9)수행 : 원문은 '修學'. 불도를 닦아 배우는 것. 소위 학문을 닦는 뜻이 아니라, 거의 '수행'에 가까운 말이다. brahmacaryaṃ carati.

1487

보살이 가난한 중생을 만나지 못한다면 자비심이 생겨날 기회[1]가 없을 것이요, 자비심이 생겨나지 않는다면 보시(布施)[2]할 마음도 일어나지 못할 것이다. 따라서 가난한 사람을 볼 때마다 보시하는 인연(因緣)[3]을 지어 모든 중생으로 하여금 편안한 즐거움을 얻게 해주어야 할 것이니, 소위 식음(食飮)·거승(車乘)[4]·의복·침대·집·등불[5]을 보시할 때에는 마음에 얽매임[6]이 없어서 탐욕[7]을 내지 않을 것이며, 반드시 아뇩다라삼먁삼보리(阿耨多羅三藐三菩提)[8]를 회향(廻向)[9]해야 할 것이다.

— 〈涅槃經〉

〔주〕 1)기회 : 원문은 '緣'. 기연(機緣). 2)보시 : 원문은 '惠施'. 314의 주. 3)인연 : 2의 주. 4)거승 : 781의 주. 5)등불 : 원문은 '燈明'. dipa. 6)얽매임 : 원문

은 '繫縛'. 443의 주. 7)탐욕 : 원문은 '貪着'. 240의 주. 8)아뇩다라삼먁삼보리 : 17의 주. 9)회향 : 공덕을 남에게 돌리는 것. 제 공덕을 온갖 중생의 깨달음을 위해 돌리는 것. pariṇāmana.

1488

보살은 보시(布施)[1]를 행할 때, 모든 사람에 대해 자비심을 평등히 지녀서 마치 자식같이 생각한다. 또 보시를 행할 때, 모든 사람에 대해 가엾이 여기는[2] 마음을 일으켜 부모가 병든 자식을 돌보는 것같이 한다. 또 보시할 때, 그 마음에 기뻐하여 부모가 그 자식의 병이 완쾌한 모양을 보는 것같이 한다. 그리고 보시를 끝낸 뒤에는, 그 마음을 너그럽고 고요하게 해서[3] 부모가 그 자식이 커서 자유롭게 살아감을 보는 것같이 한다.

— 〈涅槃經〉

〔주〕 1)보시 : 17의 주. 2)가엾이 여김 : 원문은 '悲愍'. 1185의 주. 3)너그럽고 고요하게 함 : 원문은 '放捨'. 마음을 너그럽게 하여 가라앉히는 것. praśaṭha-vāhitā.

1489

보살은 세상[1]의 뛰어난 물건[2]에 대해 탐심[3]을 내지 않아서, 늘 모든 중생[4]에게 이를 보시(布施)[5]한다. 왜냐하면, 대비(大悲)의 마음[6]으로 중생들 하나하나를 외아들인 양 평등히 보아서, 온갖 중생으로 하여금 길이 가난에서 벗어나게 하고자 하기 때문이다.

— 〈六波羅蜜經〉

〔주〕 1)세상 : 원문은 '世間'. 64의 주. 2)뛰어난 물건 : 원문은 '妙好物'. 3)탐심 : 원문은 '貪着'. 240의 주. 4)중생 : 원문은 '有情'. 306의 주. 5)보시 : 원문

은 '惠施'. 314의 주. 6)대비의 마음 : 원문은 '大悲心'. 962의 주.

1490

"수보리(須菩提)[1]야, 보살은 응당 이같이 보시(布施)[2]하여 상(相)[3]에 집착함[4]이 없도록 해야 한다. 왜냐하면, 보살이 상에 집착함이 없이 보시한다면, 그 복덕(福德)[5]은 헤아릴 수 없는 까닭이다." — 〈般若經〉

〔주〕 1)수보리 : 59의 주. 2)보시 : 17의 주. 3)상 : 자취를 남기려는 생각. 구체적으로는 내가, 누구에게, 무엇을 해주었다는 생각. nimitta-saṃjña. 4)집착함 : 원문은 '住'. 853의 주. 5)복덕 : 304의 주.

보시의 이익

1491

제어(制御)하기[1] 어려운 인색한 마음[2]을 제어하여, 재물을 풀되[3] 꿈과 같이 하고 뜬구름같이 해야 한다. 보시(布施)[4]하는 집착 없는 마음[5]을 키우는[6] 경우, 이로 인해 지혜[7]가 완성된다. — 〈華嚴經〉

〔주〕 1)제어함 : 원문은 '調'. 조복(調伏). dama. 2)인색한 마음 : 원문은 '慳心'. 3)재물을 풂 : 원문은 '解財'. 제 재물을 풀어헤쳐 남에게 주는 것. 4)보시 : 원문은 '惠施'. 314의 주. 5)집착 없는 마음 : 원문은 '淸淨心'. 968의 주. 6)키움 : 원문은 '增長'. 11의 주. 7)지혜 : 원문은 '光明'. 1130의 주.

1492

보시(布施)하는 힘[1]을 수행(修行)해 완성하면,[2] 이 보시하는 힘으로 인

하여 성불(成佛)[3]할 수 있게 된다. ―〈光明經〉

〔주〕 1)보시하는 힘 : 원문은 '布施力'. 2)완성함 : 원문은 '成就'. 243의 주. 3)성불 : 171의 주.

1493

부처님께서 지장보살(地藏菩薩)[1]에게 이르셨다.

"남염부제(南閻浮提)[2]에 있는 모든 국왕(國王)·재상·대신과 큰 부호,[3] 큰 찰리(刹利),[4] 큰 바라문(婆羅門)[5] 등으로서, 극도로 가난한 사람이나 내지는 곱추[6]·벙어리[7]·귀머거리[8]·소경[9] 따위의 갖가지 병신[10]을 만나 보시(布施)[11]하려 할 때에, 능히 대자비(大慈悲)[12]를 갖추어 겸손한 마음[13]으로 웃음을 띠면서 손수 두루 나누어 주거나, 혹은 남을 시켜 보시하되 부드러운 말로 위로한다면,[14] 이런 국왕 등이 얻는 복리(福利)[15]는 백항하사(百恒河沙)[16]의 부처님께 보시한 공덕(功德)[17]과 다를 바 없을 것이다. 왜냐하면, 이 국왕 등이 가장 빈천한 무리와 불구자에 대해 큰 자비심을 일으켰기에 이런 복리의 보(報)[18]가 있는 것이기 때문이다. 이 같은 사람은 백천생(百千生)[19] 중에 항상 칠보(七寶)[20]가 구족(具足)할 것이니, 하물며 의식(衣食)이나 수용구(受用具)[21]야 이를 것이 있겠느냐?"

―〈地藏經〉

〔주〕 1)지장보살 : 55의 주. 2)남염부제 : 17의 '섬부제'의 주. 3)부호 : 원문은 '長者'. 472의 주. 4)찰리 : 244의 주. 5)바라문 : 244의 주. 6)곱추 : 원문은 '癃殘'. 7)벙어리 : 원문은 '暗啞'. 8)귀머거리 : 원문은 '聾癡'. 9)소경 : 원문은 '無目'. 10)병신 : 원문은 '不完具者'. 불구자. 11)보시 : 17의 주. 12)대자비 : 162의 주. 13)겸손한 마음 : 원문은 '下心'. 14)위로함 : 원문은 '慰喩'. 위로하고

깨우침. 여기서는 위로의 뜻. 15)복리 : 복덕과 이익. 16)백항하사 : 갠지스 강의 모래의 수효의 백 곱. 무수한 수효. 17)공덕 : 12의 주. 18)보 : 78의 주. 19)백천생 : 백・천의 생(生). 20)칠보 : 4의 주. 21)수용구 : 원문은 '受用'. 일상에 받아쓸 물건. bhoga.

1494

보시(布施)[1]가 보살의 정토(淨土)[2]다. 보살이 성불(成佛)[3]할 때, 온갖 것을 능히 베푼[4] 중생이 그 나라에 태어난다.[5] — 〈維摩經〉

〔주〕 1)보시 : 17의 주. 2)정토 : 107의 주. 3)성불 : 171의 주. 4)베풀다 : 원문은 '捨'. 재물을 주는 것. Ⓟnissajjati. 5)태어남 : 원문은 '來生'. 763의 주.

1495

온갖[1] 줄 수 있는 물건을 다 주는[2] 것은, 부처님의 무상(無上)의 큰 묘지(妙智)[3]를 구하는 까닭이다. — 〈十地論〉

〔주〕 1)온갖 : 원문은 '所有'. 119의 주. 2)주다 : 원문은 '捨'. 1494의 주. 3)묘지 : 부처님의 불가사의한 지혜. 섬세한 지혜.

1496

한 장자(長者)[1]가 있었는데, 그 집은 매우 부유해서 재물이 헤아릴 수 없을 지경이었다. 다겁(多劫)[2] 중에 부자(父子)가 서로 의지해 재산을 상속해 끊어짐이 없었고, 거기다가 모든 선행(善行)을 따랐으므로 명성[3]이 멀리까지 전파되었다. 이 장자는 지닌 재산을 넷으로 나누어, 그 한 부분의 재산으로는 항상 이자(利子)[4]를 늘려 가업(家業)을 유족하게 했고, 한 부분의 재산으로는 일용(日用)에 필요한 물건[5]을 공급했고, 한 부분의 재산으로는 고아와 의지할 데 없는 노인[6]에게 주어 내세의 복[7]을 닦았고, 한 부분의 재산으로는 친척[8]과 오가는 나그네[9]를 구제하였다. 이같이 넷으로 나누어 벌이는 일이 끊어짐이 없었으니, 부자가 이어 가면서 대대로 그것이 가업(家業)이 되었다.

— 〈心地觀經〉

〔주〕 1)장자 : 472의 주. 2)다겁 : 많은 겁(劫). 영원히 긴 시간. bahu-kalpa. 3)명성 : 원문은 '名稱'. 1485의 주. 4)이자 : 원문은 '息利'. 5)필요한 물건 : 원문은 '所須'. 1389의 주. 6)고아와 의지할 데 없는 노인 : 원문은 '孤獨'. 어려서 아버지 없는 것이 孤, 늙어서 아들 없는 것이 獨이다. 7)내세의 복 : 원문은 '當福'. 8)친척 : 원문은 '宗親'. 829의 주. 9)나그네 : 원문은 '賓旅'. 손님.

1497

만약 경전(經典)의 가르침[1]과 세속의 문전(文典)[2]을 보시(布施)하면[3] 박학한 큰 지혜를 과보(果報)로 받게[4] 되며, 의약(醫藥)을 보시하면 편안하여 공포를 떠나게 되며, 밝은 등(燈)을 보시하면 그 눈이 항상 맑아지며, 음악을 보시하면 그 목소리가 아리따워지며, 침구[5]를 보시하면 편안하고 즐겁게 자게 되며, 하인[6]을 보시하면 시종(侍從)[7]이 항상 주위를 에워싸게 되며, 좋은 밭을 보시하면 창고가 가득 차게 된다.

— 〈六趣輪廻經〉

〔주〕 1)경전의 가르침 : 원문은 '經敎'. 불경의 가르침. Ⓟdhamma. 2)문전 : 문장의 법칙. 문법(文法). 3)보시함 : 원문은 '施'. 1056의 주. 4)과보로 받음 : 원문은 '感'. 591의 주. 5)침구 : 원문은 '臥具'. 827의 주. 6)하인 : 원문은 '僮僕'. 종. 7)시종 : 원문은 '營從'. 호위(護衛). 營에는 '衛'의 뜻이 있다.

1498

질투를 떠나, 마음으로 늘 보시(布施)[1]를 좋아하는 사람은 최상의 상태[2]를 지녀 가다가, 죽어서는[3] 곧 부호의 집에 태어난다.

— 〈月燈三昧經〉

〔주〕 1)보시 : 17의 주. 2)최상의 상태 : 원문은 '上妙'. 최상의. 상등(上等)의. agra. 3)죽다 : 원문은 '終亡'.

1499

보살로서 단바라밀(檀波羅蜜)[1]을 믿고 바라는[2] 사람에게는 열 가지의 이익이 있다. 열 가지란 어떤 것인가? 첫째는 인색하고 탐욕스러운[3] 번뇌(煩惱)[4]를 항복받음이다. 둘째는 사심(捨心)[5]을 익혀서 이어 감[6]이다. 셋째는 모든 중생과 그 재산을 다 같이 구하여[7] 견고히 함이다. 넷째는 부호의 집에 태어남이다. 다섯째는 태어나는 곳에 보시하려는 마음[8]이 나타남[9]이다. 여섯째는 늘 사부대중(四部大衆)[10]의 애호(愛好)하는 바가 됨[11]이다. 일곱째는 사부대중에 섞여 있되 겁나거나 두려워하는 일이 없음이다. 여덟째는 훌륭한 명성[12]이 퍼져서 온갖 곳에 두루 들림이다. 아홉째는 손발이 부드럽고 편안함[13]이다. 열째는 언제나 선지식(善知識)[14]과 떨어지지 않아서 온갖 부처님과 보살의 제자가 됨이다. 이것이 보살이 보시를 믿고 바라는 데서 오는 열 가지 이익이다. — 〈月燈三昧經〉

〔주〕 1)단바라밀 : 단나바라밀(檀那波羅蜜)·보시바라밀(布施波羅蜜)과 같다. 보시를 완성하는 것. dāna-pāramitā. 2)믿고 바람 : 원문은 '信樂'. 337의 주. 3)인색하고 탐욕스러움 : 원문은 '慳貪'. 515의 주. 4)번뇌 : 4의 주. 5)사심 : 930의 주. 6)익혀서 이어 감 : 원문은 '修習相續'. 7)구함 : 원문은 '攝取'. 거두어

들임. 그러나, 여기서 '거두어들인다' 하면 오해가 생기겠기에 '구하는' 뜻으로 역했다. 371의 주. 8)보시하려는 마음 : 원문은 '施心'. 9)나타남 : 원문은 '現前'. 10)사부대중 : 원문은 '四衆'. 253의 주. 11)애호함 : 원문은 '愛樂'. 음은 '애요'. 남으로부터 사랑을 받는 것. 12)훌륭한 명성 : 원문은 '勝名'. 13)편안함 : 원문은 '安平'. 편안하고 평평함. 고생한 사람의 수족이 아니라는 뜻. 14)선지식 : 15의 주.

1500

굶주린 자에게 밥을 주고 목마른 자에게 마실 것[1]을 주면 무슨 잘못[2]이 있으며, 헐벗은 자를 옷 주어 감싸고 재앙[3]에 빠진 자를 구해 주면 무슨 잘못이 있겠는가?

— 〈鴦掘摩經〉

〔주〕 1)마실 것 : 원문은 '水漿'. 2)잘못 : 원문은 '非法'. 36의 주. 3)재앙 : 원문은 '危厄'. 1333의 주.

1501

보살의 비심(悲心)[1]의 활은 갖가지 보시(布施)[2]로 화살을 삼아 가난이라는 적[3]을 깨뜨려, 길이 살 곳이 없게 만든다.

— 〈大丈夫論〉

〔주〕 1)비심 : 215의 주. 2)보시 : 원문은 '施'. 1056의 주. 3)적 : 원문은 '怨賊'. 17의 주.

1502

지혜로운 사람이 모든 것을 보시(布施)하는[1] 것은 보은(報恩)을 위함도 아니며, 일을 구하기 위함도 아니며, 인색하고 탐욕스러운[2] 사람을 지켜 줌도 아니며, 천인(天人)[3] 속에 태어나 즐거움을 받기 위함도 아니며, 착한 명성[4]의 유포(流布)를 위함도 아니며, 삼악도(三惡道)[5]의 괴로움을 두려워함도 아니며, 남의 요구를 들어 주기 위함도 아니며, 남보다 낫기를 위함도 아니며, 재물을 잃기 위함도 아니며, 많이 있기 때문도 아니며, 가법(家法) 때문도 아니며, 친근하기 때문도 아니다. 지혜로운 사람의 보시는 연민(憐愍) 때문이며, 남을 안락하게 해주고자 하기 때문이며, 남으로 하여금 보시하는 마음[6]을 내게 하고자 하기 때문이며, 모든 성인[7]의 도(道)를 실천하기 위해서며, 온갖 번뇌(煩惱)[8]를 깨고자 해서며, 열반(涅槃)[9]에 들어 생존을 끊고자[10] 하기 때문이다. — 〈優婆塞經〉

〔주〕 1)모든 것을 보시함 : 원문은 '行施'. 모든 소유물을 다 보시하는 것. sarvasva-dānāni parityajantah…. 2)인색하고 탐욕스러움 : 원문은 '慳貪'. 515의 주. 3)천인 : 4의 주. 4)착한 명성 : 원문은 '善名'. 5)삼악도 : 166의 주. 6)보시하는 마음 : 원문은 '施心'. 1499의 주. 7)성인 : 320의 주. 8)번뇌 : 4의 주. 9)열반 : 21의 주. 10)생존을 끊음 : 원문은 '斷有'. 미혹 때문에 생기는 윤회의 생존을 끊는 것.

1503

만약 가난한 사람이 있어서 보시(布施)[1]할 재물이 없을 경우에는, 남이 보시를 행할[2] 때에 수희심(隨喜心)[3]을 일으켜야 한다. 수희하는 복보(福報)[4]는 보시와 매한가지여서 다를 것이 없는 까닭이다. 이는 아주 행하기 쉬운[5] 일이니, 누구라 불가능하랴? — 〈因果經〉

〔주〕 1)보시 : 17의 주. 2)보시를 행함 : 원문은 '修施'. 3)수희심 : 남의 선행을 기뻐하는 마음. 4)복보 : 301의 주. 5)행하기 쉬움 : 원문은 '易行'. 보통은

타력에 의해 정토에 왕생하는 뜻으로 쓰이나, 여기서는 행하기 쉽다는 뜻.

1504

비심(悲心)[1]을 가지고 한 사람에게 보시(布施)한[2] 공덕(功德)[3]은 크기가 땅과 같으나, 저를 위해 온갖 것을 보시했을 경우에는 득보(得報)[4]가 겨자씨[5]밖에는 안 된다. 그리고 한 재앙[6]에 빠진 사람을 구했을 때는, 다른 온갖 보시보다 공덕이 뛰어나니, 뭇별이 빛나기는 해도 한 개의 명월(明月)만 못한 것과 같다.

— 〈大丈夫論〉

〔주〕 1)비심 : 215의 주. 2)보시함 : 원문은 '施'. 1056의 주. 3)공덕 : 12의 주. 4)득보 : 과보(果報)를 얻는 것. 5)겨자씨 : 원문은 '芥子'. 극히 작은 것의 비유. sarṣapa. 6)재앙 : 원문은 '厄難'.

1505

부처님께서 문에 이르사 밥을 비시니,[1] 그 집의 아내가 밥을 부처님의 바리에 넣고 예배를 드렸다.[2] 부처님께서 말씀하셨다.

"하나를 심어 열을 낳고, 열을 심어 백을 낳고, 백을 심어 천을 낳고, 천을 심어 만을 낳고, 만을 심어 억을 낳나니, 오늘의 선행으로 인해 진리의 도(道)[3]를 보게 되리라."

그 남편이 믿기지 않아서 말했다.

"한 바리의 밥을 보시(布施)한[4] 것뿐이온데, 어떻게 이런 복을 얻을 수 있사오리까?"

부처님께서 말씀하셨다.

"니구타수(尼拘陀樹)[5]를 보라. 높이가 4~5리(里)나 되고, 해마다 몇만 석(石)의 열매를 떨구어 주지만, 그 씨는 겨자씨[6]처럼 아주 작지 아니하냐? 땅은 아무 의식도 없는 존재[7]이건만 그 보력(報力)[8]이 이와 같거든, 하물며 생명을 지닌 사람[9]일까 보냐? 기뻐하며 한 바리의 밥을 부처님께 바치는 경우, 그 복은 매우 커서 헤아릴 수 없느니라."

이에 그들 부부 두 사람은 크게 깨달아[10] 수다원과(須陀洹果)[11]를 얻었다.

— 〈雜譬喩經〉

〔주〕 1)밥을 빌다 : 원문은 '乞食'. 827의 주. 2)예배함 : 원문은 '作禮'. 절함. 3)진리의 도 : 원문은 '諦道'. satya-mārga. 4)보시함 : 원문은 '施'. 1056의 주. 5)니구타수 : 520의 '니구수'와 같다. 6)겨자씨 : 원문은 '芥子'. 1504의 주. 7)의식 없는 존재 : 원문은 '無知'. scetana. 8)보력 : 과보(果報)의 힘. 9)생명을 지닌 사람 : 원문은 '有情人'. 10)깨닫다 : 원문은 '心開意解'. 마음으로 깨닫는 것. 11)수다원과 : 455의 주.

1506

만약 천상(天上)에 태어나기[1] 위해 보시(布施)를 행한다든가,[8] 명성(名聲)[3]을 구하거나 돌아오는 과보(果報)[4]를 바라거나 두렵거나 하기 때문에 보시를 행할 때는, 얻어지는 과보(果報)[5]가 청정치 못하다.

— 〈分別業相經〉

〔주〕 1)천상에 태어남 : 원문은 '生天'. 1041의 주. 2)보시를 행함 : 원문은 '作施'. 3)명성 : 원문은 '名聞'. 1456의 주. 4)돌아오는 과보 : 원문은 '返報'. 5)얻어지는 과보 : 원문은 '得果'.

1507

사위국(舍衛國)[1]에 가난한 여인이 살고 있었다. 이름을 난타(難陀)라 했는데, 혈혈단신인 그녀는 밥을 빌어 살아가는 처지였다. 한번은 모든 임금과 대신 · 장자(長者)[2] 등이 부처님과 스님네[3]를 공양(供養)[4]하는 것을 보았다.

'나는 무슨 죄를 지었기에 이렇게나 빈천한 집안에 태어나, 이 복전(福田)[5]을 능히 공양할 수 없단 말인가?'

이같이 생각한 그녀는, 제 잘못을 뉘우쳐 마지않았다.

그녀는 공양하기 위해 돈을 벌려 애썼으나, 온 하루 동안에 겨우 1전(錢)을 얻었을 뿐이었다. 난타는 그 돈을 가지고 기름집에 가서 기름을 사려 했다. 그러자 기름집 사람이 물었다.

"1전어치 기름이라야 얼마 안 돼서 쓸모가 없다. 무엇에 쓰려느냐?"

난타가 소원을 자세히 말하자, 기름집 주인은 측은하게 여겨 기름을 곱이나 주었다.

난타는 아주 기뻐하여, 그것을 가지고 기원정사(祇園精舍)[6]로 갔다. 그리고 세존(世尊)[7]께 바쳤다.

"제가 이 조그만 등불을 가지고 부처님을 공양하오니, 원하옵건대 이 공덕(功德)[8]으로 말미암아 내세(來世)에서는 지혜를 얻어, 온갖 중생의 무명(無明)[9]을 없애게 되옵기를……."

이같이 서원(誓願)한 그녀는, 부처님께 예배하고 돌아갔다.

그런데, 밤중이 지나자 모든 등불이 다 꺼졌건만, 그녀가 바친 등불만은 꺼지지 않는 것이었다. 이를 본 목건련(目犍連)[10]이 세 번이나 끄려 들었으나, 불은 끝내 꺼지지 않았다. 부처님께서 그 광경을 보시고 말씀하셨다.

"목건련아, 그 여인은 큰 보리심(菩提心)[11]을 가지고 공양한 터이므로, 사해(四海)[12]의 물로 끄려 든대도 끝내 못 끌 것이다. 그 가난한 여인은,

후일에 반드시 소원을 이루게 되리라." — 〈賢愚經〉

〔주〕 1)사위국 : 473의 주. 2)장자 : 472의 주. 3)스님네 : 원문은 '衆僧'. 많은 수행승(修行僧). 4)공양 : 738의 주. 5)복전 : 21의 주. 6)기원정사 : 372의 '기원정사'의 주. '원'을 洹·園으로 쓴 차이는 있으나 뜻은 같다. 7)세존 : 4의 주. 8)공덕 : 12의 주. 9)무명 : 원문은 '闇'. 어둠. 10)목건련 : 456의 주. 11)보리심 : 50의 주. 12)사해 : 원문은 '四大海'. 수미산 사방에 있는 네 바다.

1508

마음이 좁고 열등(劣等)한[1] 사람은 설사 보시(布施)[2]를 많이 행한다 할지라도, 과보(果報)를 받는 사람[3]이 청정치 못한 까닭에 과보[4]가 적게 마련이다. 그러나 보시[5]를 행할 때, 복전(福田)[6]이 비록 청정치 못해도 뛰어난 마음[7]을 일으키는 경우라면, 그 과보는 끝이 없을 것이다.

— 〈菩薩本緣經〉

〔주〕 1)좁고 열등함 : 원문은 '狹劣'. kārpaṇya. 2)보시 : 17의 주. 3)과보를 받는 사람 : 원문은 '受者'. 이 말에는 '받는 사람'의 뜻도 있으나, 그렇게 되면 글 뜻이 안 통한다. bhoktṛtva. 4)과보 : 78의 '보'와 같다. 5)보시 : 원문은 '惠施'. 314의 주. 6)복전 : 21의 주. 7)뛰어난 마음 : 원문은 '廣大心'. 350의 주.

1509

세존(世尊)[1]께서 대존자(大尊者)[2] 존나(尊那)[3]에게 이르셨다.

"만약 사람이 있어서 위대한 과보(果報)[4]를 얻고자 하면, 이 공덕(功德)[5]에 다섯 가지가 있음을 알아야 한다. 그리고 명성[6]은 널리 미쳐 있고, 뜻은 자못 깊고 넓은[7] 바가 있다. 만일 선남자(善男子)[8]·선녀인(善女人)[9]이 진실한 마음[10]을 일으켜 능히 이것[11]을 갖추어 지닌다면, 이 사람은 사위의(四威儀)[12] 중에 끝없는 공덕을 항상 발전시켜[13] 가는 것이 될 것이다. 다섯 가지란 무엇인가? 만약 큰 신심(信心)[14]을 일으켜 원림(園林)[15]과 못[16]을 보시(布施)[17]하여 사방의 스님들[18]의 거니는[19] 곳에 충당한다면, 이는 첫째의 끝없는 공덕이어서 위대한 과보가 있을 것이며, 만약 큰 신심을 일으켜 저 숲 속에 정사(精舍)[20]를 세워 많은 스님네로 하여금 편안히 머무르게[21] 한다면, 이는 둘째의 끝없는 공덕이어서 위대한 과보가 있을 것이며, 만약 큰 신심을 일으켜, 저 많은 스님네의 정사 안에 의자[22]·담요[23]·옷과 이불[24] 등의 갖가지 쓸 물건[25]을 보시한다면, 이는 셋째의 끝없는 공덕이어서 위대한 과보가 있을 것이며, 만약 큰 신심을 일으켜, 저 정사 안에 재물과 곡식을 보시하여 많은 스님네를 공양한다면, 이는 넷째의 끝없는 공덕이어서 위대한 과보가 있을 것이며, 만약 큰 신심을 일으켜, 오고 가는 많은 스님네에게 필요한 물건[26]을 항상 보시한다면, 이는 다섯째의 끝없는 공덕이어서 위대한 과보가 있게 될 것이다."

— 〈尊那經〉

〔주〕 1)세존 : 4의 주. 2)대존자 : 매우 뛰어난 수행승. 3)존나 : 부처님의 제자일 것이다. '존나'는 '소오나'의 음사로 보이니, 원시경전의 '輸屢那'·'守籠那'와 동일인으로 보인다? 4)위대한 과보 : 원문은 '大果報'. 대과(大果)라고도 한다. mahā-phala. 5)공덕 : 20의 주. 6)명성 : 원문은 '名聞'. 1456의 주. 7)자못 깊고 넓다 : 원문은 '甚深廣大'. 8)선남자 : 1의 주. 9)선녀인 : 360의 주. 10)진실한 마음 : 원문은 '至誠心'. '至'는 진(眞), '誠'은 실(實). 11)이것 : 원문은 '此法'. 이 물건. ('依此法生此'. asmin sati idaṃ bhavati.) 12)사위의 : 537의 주. 13)발전시킴 : 원문은 '增長'. 11의 주. 14)신심 : 555의 주. 15)원림 :

865의 주. 16)못 : 원문은 '沼池'. 늪이나 못. 17)보시 : 17의 주. 18)스님들 : 원문은 '衆僧'. 1507의 주. 19)거닐다 : 원문은 '經行遊止'. 고요히 걷는 것. 어정대는 것. 20)정사 : 473의 주. 21)편안히 머무르다 : 원문은 '安止'. 22)의자 : 원문은 '牀椅'. 23)담요 : 원문은 '氈褥'. 24)옷과 이불 : 원문은 '衣被'. 단순한 '옷'의 뜻으로도 쓰인다. 781의 주. 25)쓸 물건 : 원문은 '受用物'. 901의 주. 26)필요한 물건 : 원문은 '所須物'.

1510

세속 사람[1]으로서 마음에 인색함[2]이 없어서, 늘 음식과 의복·침구·약품·집[3]·의자라든가, 내지는 도향(塗香)[4]·말향(末香)[5]을 모든 사문(沙門)[6]에게 보시(布施)하는[7] 경우, 이 인연[8]으로 말미암아 죽은[9] 뒤에는 선취(善趣)[10]에 태어나 천인(天人)의 몸[11]을 받게[12] 되며, 천중(天中)에서의 과보(果報)[13]가 다해 인간계(人間界)[14]에 태어난대도, 태어나는 곳마다[15] 부귀를 마음껏 누리게 될 것이다. —〈優婆塞所問經〉

〔주〕 1)세속 사람 : 원문은 '世間人'. laukika. 2)인색함 : 원문은 '慳悋'. 1288의 주. 3)집 : 원문은 '住舍'. 4)도향 : 손이나 몸에 바르는 분말로 된 향. vilepana. 5)말향 : 말향(抹香)이라고도 쓴다. 침향(沈香)·전단(栴檀) 따위를 분말로 만든 것. cūrṇa. 6)사문 : 265의 주. 7)보시함 : 원문은 '施'. 1056의 주. 8)인연 : 252의 주. 9)죽다 : 원문은 '身壞命終'. 572의 주. 10)선취 : 78의 주. 11)천인의 몸 : 원문은 '天人身'. 신(神)으로서의 몸. 12)받음 : 원문은 '受'. 78의 주. 13)천중에서의 과보 : 원문은 '天中報'. 신(神)들 사이에서의 과보. 14)인간계 : 원문은 '人間'. 15)태어나는 곳마다 : 원문은 '在在所生'. '所生'은 태어나는 것의 피동형. 그러나 '在在'의 뜻이 분명치 않다. 혹 오자(誤字)인가?

1511

"만수실리(曼殊室利)[1]야, 만약 중생이 있어서 선악을 식별하지 못하고, 오직 탐심(貪心)[2]만을 품어서 은혜를 베푸는 일[3]과 보시[4]하는 일의 과보(果報)[5]를 모르며, 어리석고 지혜가 적어서 신심(信心)[6]이 없으며, 진기한 재보(財寶)를 많이 쌓아 놓고 애써 지키면서, 막상 구걸하는 사람[7]이 오는 것을 보고는 마음에 기뻐하지 않으며, 설사 부득이하여 보시를 행한다 해도 살이나 도려내는 듯 깊이 아까워하는[8] 생각을 일으킨다면, 이런 사람은 죽어서 아귀(餓鬼)[9]나 방생취(傍生趣)[10]에 태어나느니라."

— 〈七佛本願功德經〉

〔주〕 1)만수실리 : Mañjuśri의 음사. 문수보살. 78의 '문수사리보살' 참조. 2)탐심 : 원문은 '貪惜'. 1330의 주. 3)은혜를 베푸는 일 : 원문은 '惠施'. 보시(布施)의 뜻. 다음에 같은 뜻의 '施'가 나오므로 구별해 번역했다. 4)보시 : 원문은 '施'. 1056의 주. 5)과보 : 78의 '보'와 같다. 6)신심 : 555의 주. 7)구걸하는 사람 : 원문은 '乞者'. arthijana. 8)아까워함 : 원문은 '悋惜'. 인색. mātsarya. 9)아귀 : 26의 주. 10)방생취 : 축생계(畜生界). tiryag-yoni.

1512

인색과 탐욕[1]에 집착하면, 사람들과 신들[2]의 천히 여기는 바가 안 될 수 없다. 그러므로 지혜 있는 사람은 응당 보시(布施)[3]해야 하는 것이다.

— 〈盧至長者因緣經〉

〔주〕 1)인색과 탐욕 : 원문은 '慳貪'. 515의 주. 2)사람들과 신들 : 원문은 '人天'. 21의 주. 3)보시 : 17의 주.

1513

세상에는 어리석은 사람이 많아서, 인색하게 재물을 지켜[1] 보시(布施)하지 않고 억만금을 모아, 이는 내 것이라고 일컫는다. 그러나 죽을 때를 당하여 눈으로 악귀(惡鬼)를 보게 되고, 도풍(刀風)[2]이 그 몸을 갈라 놓아 호흡[3]이 끊어지면, 탐욕의 경중(輕重)을 따라 고생스러운 과보(果報)[4]를 받게 된다. 악보(惡報)를 받는 곳[5]에 이르러 스스로 뉘우치겠으나, 뉘우친다 해서 어찌 미치랴! — 〈菩薩處胎經〉

〔주〕 1)인색하게 재물을 지킴 : 원문은 '慳守'. 2)도풍 : 날카로운 칼날 같은 바람. 사람이 죽으려 할 때, 도풍이 일어나 천 개의 날카로운 칼끝처럼 몸을 찌른다 함. 3)호흡 : 원문은 '出入息'. 4)과보 : 원문은 '報'. 78의 주. 5)악보를 받는 곳 : 원문은 '受罪處'.

1514

구걸하는 사람을 보고 얼굴을 찡그리는 자는, 아귀계(餓鬼界)의 문[1]을 여는 것이 된다. — 〈菩薩本行經〉

〔주〕 1)아귀계의 문 : 원문은 '餓鬼門'.

1515

옛날에 어리석은 사람이 있었다. 장차 손님들을 초대하고, 우유를 모아 두었다가 대접할 예정이었는데, 문득 이런 생각이 머리에 떠올랐다.

'지금부터 미리 우유를 짠다면 날로 분량이 늘어나 담아 둘 데가 없어질 것이며, 또 부패할 우려가 있다. 차라리 소의 뱃속에 저장해 두었다가, 손님을 초대할 때를 당하여 한꺼번에 짜는 것이 좋겠다.'

그리하여 암소[1] 어미와 새끼를 붙잡아 각기 다른 곳에 매어 두었다. 그러고는 한 달 뒤에 연회를 베풀어 손님들을 맞이하고, 소를 끌어다가 젖을 짜려 했으나, 오래 안 짠 탓으로 젖이 말라붙고 말아서 한 방울도 나오지 않았다. 그러자 손님들은 성내기도 하고 비웃기도 했다.

지혜 없는 사람도 이와 같아서, 보시(布施)[2]를 행하고자 하는 경우에 흔히 이같이 말한다.

"재물을 크게 모아 놓고, 그 다음 한꺼번에 보시해야 하겠다."

그러나 크게 모으기도 전에 임금[3]이나 수화(水火)나 도둑에게 뺏긴다든가, 또는 그런 화를 면한대도 문득 죽게 되어서 보시할 겨를이 없어지든가 하고 만다. 이런 사람이란 우유를 한꺼번에 짜려 한 사람과 다를 것이 없다.

— 〈百喩經〉

〔주〕 1)암소 : 원문은 '牸牛'. 2)보시 : 17의 주. 3)임금 : 원문은 '縣官'. 불경에 나오는 '王'의 원어 Ⓟrājan은 원래 부족의 추장의 뜻이어서, 한 취락의 어른도 이 호칭으로 부르는 수가 있었다. 그러므로 '王'과 '縣官'이라는 역어의 어느 것도 오역은 아니다.

보시와 간탐(慳貪)의 득실

1516

간탐(慳貪)[1]의 마음 때문에 항상 온갖 부정(不淨)한 것을 탐하게 됨이니, 보시(布施)[2]를 즐겨 행해야 청정(淸淨)한 과보(果報)[3]를 얻는다.

— 〈諸法集要經〉

〔주〕 1)간탐 : 515의 주. 2)보시 : 17의 주. 3)청정한 과보 : 원문은 '淸淨果'.

1517

간탐(慳貪)[1]을 실행해서[2] 큰 부(富)를 얻는다는 것은 있을 수 없고,[3] 보시(布施)[4]를 실천해서 부를 얻는 것은 있을 수 있다. — 〈大集經〉

〔주〕 1)간탐 : 515의 주. 2)실행함 : 원문은 '習'. sevya. 3)있을 수 없음 : 원문은 '無有是處'. 741의 주. 4)보시 : 17의 주.

1518

간탐(慳貪)[1]이란 것[2]은 가난의 문(門)이 되고, 보시(布施)[3]란 것은 큰 부(富)의 문이 된다. — 〈文殊師利淨律經〉

〔주〕 1)간탐 : 515의 주. 2)…란 것 : 원문은 '事'. 1176의 주. 3)보시 : 17의 주.

1519

온갖 중생[1]을 관찰하건대, 보시(布施)[2]를 염두에 두지 않는 까닭에 도로 악도(惡道)[3]에 떨어져 윤회(輪廻)[4]를 받게 된다. 만약 익히 깨달아[5] 길이 보시를 생각하는 사람이 있다면, 기필코 불환과(不還果)[6]를 얻어, 이 세상[7]에 다시 와 태어나는 일은 없을 것이다. — 〈本事經〉

〔주〕 1)중생 : 원문은 '有情'. 306의 주. 2)보시 : 원문은 '施'. 1056의 주. 3)악도 : 78의 '악취'와 같다. 4)윤회 : 원문은 '生死輪廻'. 747의 주. 5)익히 깨달음 : 원문은 '了知'. 492의 주. 6)불환과 : 833의 주. 7)이 세상 : 원문은 '此間'. 763의 주.

1520

인색한 마음[1]이 많은 사람은 진흙까지도 금옥(金玉)보다 중히 여겨 남에게 안 주려 하지만, 연민(憐愍)하는 마음[2]이 많은 사람은 금옥을 보시(布施)하면서도[3] 초목 이상으로 가볍게 안다. 인색한 마음이 많은 사람은 재물을 잃기라도 하면 크게 걱정하고 괴로워하지만, 보시를 즐기는 사람은 받는 자를 기쁘게 할 뿐만 아니라 자기 자신도 기뻐한다. 그리하여 설사 맛있는 음식이 있어도 남에게 보시하지 않고 먹으면 맛있는 음식으로 여기지 않고, 맛없는 음식의 경우라도 보시한 다음에 먹을 때는 마음에 기뻐하여 매우 맛있다고 생각하며, 보시하고 남은 것을 먹게라도 되면 선장부(善丈夫)[4]는 기뻐하여 열반(涅槃)[5]이라도 얻은 듯 여긴다. 그러나 신심(信心)[6]이 없는 사람이야 누가 이 말을 믿으랴!

신심 없는 사람은 주린 자가 앞에 서 있다 해도 나쁜 음식조차 주려 안 하는 터에, 더구나 뛰어난 물건[7]을 남에게 주려 하겠는가? 이런 사람은 큰 물가에 서 있으면서도 타인에게는 조금의 물도 주려 안 할 것이다. 하물며 그것 아닌 좋은 재물을 어찌 주려 하겠는가? 이런 사람은 세상의 썩은 흙물[8]보다도 얻기 쉬운 것조차 아까워하여,[9] 이를 구걸하는 소리를 듣고는 인색한 마음을 품을 것이다. 하물며 그것 아닌 좋은 재물을 어찌 주려 하겠는가?

두 사람이 있어서 하나는 크게 부유하고 하나는 매우 가난하다 할 때, 구걸하는 사람이 오면 두 사람이 다 괴로워하는 경우도 있을 수 있다. 재물이 있는 자는 상대가 달랄 것을 두려워하고, 재물 없는 자는 어떻게 재물을 만들어 그 사람을 도와 줄까 고민하는 것이 그것이다. 이런 두 사람은 각기 괴로워하고 있는 점은 같을지 몰라도 그 과보(果報)[10]는 각각 다르게 마련이니, 가난하면서도 연민하는 생각을 일으킨 자는 천인

(天人)[11] 속에 태어나 무량한 부락(富樂)[12]을 받을 것이지만, 인색하게 군자는 아귀(餓鬼)[13] 중에 태어나 무량한 괴로움을 받아야 할 것이다.

— 〈大丈夫論〉

〔주〕 1)인색한 마음 : 원문은 '慳心'. 1491의 주. 2)연민하는 마음 : 원문은 '悲心'. 215의 주. 3)보시함 : 원문은 '施'. 1056의 주. 4)선장부 : 바른 길을 용기 있게 나아가는 사람. 5)열반 : 21의 주. 6)신심 : 8의 주. 7)뛰어난 물건 : 원문은 '勝妙物'. 훌륭한 물건. 8)썩은 흙물 : 원문은 '糞土水'. 9)아까워함 : 원문은 '悋惜'. 인색. mātsarya. 10)과보 : 78의 '보'와 같다. 11)천인 : 4의 주. 12)부락 : 533의 주. 13)아귀 : 26의 주.

1521

육바라밀(六波羅蜜)[1]을 완성코자[2] 할진대 보시(布施)[3]에 정진(精進)[4]하되, 마음에 인색[5]함이 없어서 상마(象馬)[6] · 칠진(七珍)[7] · 국성(國城)[8] · 처자 · 노비(奴婢) · 복종(僕從)[9] · 두목(頭目)[10] · 수뇌(髓腦)[11] · 신육(身肉) · 수족(手足) · 구명(軀命)[12]을 아까워하지 말아야 한다.

— 〈法華經〉

〔주〕 1)육바라밀 : 443의 '제바라밀'과 같다. 2)완성함 : 원문은 '滿足'. 1094의 주. 3)보시 : 17의 주. 4)정진 : 원문은 '勤行'. 1021의 주. 5)인색 : 원문은 '悋惜'. 1520의 주. 6)상마 : 781의 주. 7)칠진 : 4의 '칠보'와 같다. 8)국성 : 781의 주. 9)복종 : 하인. 1333의 주. 10)두목 : 머리와 눈. 11)수뇌 : '腦髓'의 잘못일 것. 12)구명 : 생명. jivita.

보시의 종류

1522

보시(布施)[1]에 세 가지가 있으니, 첫째는 스스로 발심(發心)[2]해서 하는 보시요, 둘째는 남이 구걸하기 때문에 하는 보시요, 셋째는 교도(敎導)[3]하기 위해 하는 보시다. 스스로 발심해서 하는 보시란 진여(眞如)[4]의 자성(自性)[5]이 본래 무(無)임을 관찰하여 스스로 보시함이어서 상(相) 없는[6] 보시요, 남이 구걸하기 때문에 하는 보시란 온갖 중생의 구걸 탓으로 하는 보시여서 상(相) 있는[7] 보시요, 교도하기 위해 하는 보시란 보살이 보리심(菩提心)을 일으켜[8] 중생을 맹세코 구제하되, 온갖 사람들을 공양(供養)[9]하고 보시하여 쉼이 없어서, 온갖 중생으로 하여금 최고의 깨달음[10]을 원하고 구하게 함이어서 절대적[11]이며 청정(淸淨)하기 그지없는[12] 보시다.

— 〈大敎王經〉

〔주〕 1)보시 : 17의 주. 2)발심 : 279의 주. 3)교도 : 가르치는 것. 4)진여 : 52의 주. 5)자성 : 51의 주. 6)상이 없음 : 원문은 '無相'. 95의 주. 7)상이 있음 : 원문은 '有相'. 96의 주. 8)보리심을 일으킴 : 원문은 '發心'. 279의 주. 9)공양 : 738의 주. 10)최고의 깨달음 : 원문은 '無上正等菩提'. 640의 주. 11)절대적 : 원문은 '無爲'. 26의 주. 12)청정하기 그지없음 : 원문은 '無漏'. 98의 주.

1523

세존(世尊)[1]께서 보수보살(寶授菩薩)에게 이르셨다.

"다섯 가지 보물이 있어서 보살의 보시(布施)를 청정하게 만들어 주는 바, 다섯 가지란 무엇인가? 첫째는 보시를 행하면서도 바람이 없음이요, 둘째는 보시하는 마음에 집착함이 없음이요, 셋째는 보시받는 사람에게

상(相)[2]을 일으키지 않음이요, 넷째는 보시에 대한 과보(果報)[3]를 염두에 두지 않음이요, 다섯째는 받는 자로 하여금 보답[4]함이 없게 함이니라."

— 〈寶授菩薩菩提行經〉

〔주〕 1)세존 : 4의 주. 2)상 : 1490의 주. 3)과보 : 78의 '보'의 주. 4)보답 : 원문은 '還報'.

1524

다섯 가지의 보시(布施)[1]가 있다. 첫째는 때에 맞추어 보시함[2]이다. 둘째는 행인(行人)[3]에게 보시함이다. 셋째는 병자와 간호하는 사람[4]에게 보시함이다. 넷째는 법기(法器)[5]에게 보시함이다. 다섯째는 다른 나라에 가고자 하는 사람에게 보시함이다.

— 〈毘耶婆問經〉

〔주〕 1)보시 : 17의 주. 2)때에 맞추어 보시함 : 원문은 '時施'. 응시시(應時施)의 준말. 적당한 때에 주는 것. 3)행인 : 불도를 닦는 사람. 행자(行者). 4)간호하는 사람 : 원문은 '膽病者'. 5)법기 : 1444의 주.

1525

세존(世尊)[1]께서 모든 비구(比丘)[2]에게 이르셨다.

"때에 맞추어 하는 보시[3]에 다섯 가지가 있으니, 다섯 가지란 무엇인가? 첫째는 멀리서 온 사람에게 보시함이요, 둘째는 멀리 가는 사람에게 보시함이요, 셋째는 병자에게 보시함이요, 넷째는 괴로울 때[4]에 보시함이요, 다섯째는 처음으로 거둔 과일이나 열매[5]라든가 곡식 같은 것을, 먼저 계(戒)를 지키며 불도(佛道)에 정진하는 사람[6]에게 드리고 나서 제가 먹음이니라."

— 〈增一阿含經〉

〔**주**〕 1)세존 : 4의 주. 2)비구 : 84의 주. 3)때에 맞추어 하는 보시 : 원문은 '應時施'. 1524의 '시시'와 같다. 4)괴로울 때 : 원문은 '凶時'. 5)과일과 열매 : 원문은 '果蓏'. 1351의 주. 6)계를 지키며 불도에 정진하는 사람 : 원문은 '持戒精進人'.

1526

보시(布施)하지 못할 다섯 가지가 있다. 첫째, 도리에 벗어나는[1] 방법으로 구한 재물은 남에게 보시하지 못한다. 물건이 부정(不淨)한 까닭이다. 둘째, 술과 독약(毒藥)은 남에게 보시하지 못한다. 중생을 어지럽게 하는 까닭이다. 셋째, 짐승을 잡는 덫이나 그물은 남에게 보시하지 못한다. 중생을 괴롭히는[2] 까닭이다. 넷째, 칼이나 화살은 남에게 보시하지 못한다. 중생을 해치는 까닭이다. 다섯째, 음악과 여색(女色)[3]은 남에게 보시하지 못한다. 깨끗한 마음[4]을 깨는 까닭이다. — 〈大寶積經〉

〔**주**〕 1)도리에 벗어남 : 원문은 '非理'. 1077의 주. 2)괴롭힘 : 원문은 '惱'. 546의 주. 3)여색 : 성교의 대상으로서의 여인. 4)깨끗한 마음 : 원문은 '淨心'. 927의 주.

〔**풀이**〕 만해 선생의 인용에는 세 번째 항목이 빠져 있다. 이 다섯 가지를 오종응불시(五種應不施)라 한다.

1527

만약 찾아와 구하는[1] 사람이 있을 때는, 그 모두에게 소유한 재물을 힘 자라는 데까지 베풀어 주고, 자기는 아까워하고 탐하는[2] 마음을 버림으로써 받는 자로 하여금 기쁘게 해주어야 한다. 또 만약에 재앙·공포·

위급한 사태[3]에 빠져 있는 사람을 보았을 때는 제가 감당할 범위 안에서 힘을 다해 구해 줌으로써 두려움에서 벗어나도록 해주어야 한다. 그리고 만약에 중생이 찾아와 가르침[4]을 구하는 자가 있을 때는, 자기가 깨닫고 있는 범위 안에서 방편(方便)[5]을 세워 불도(佛道)를 설(說)하되, 명리(名利)[6]나 존경이 저에게 돌아올 것을 탐할 것이 아니라, 그것에 의해 저도 이익을 받고 남도 이익을 받도록[7] 그것만을 생각해야 한다. 이렇게 해야 보리(菩提)[8]에 회향(廻向)[9]하는 것이 되기 때문이다. — 〈起信論〉

〔주〕 1)구함 : 원문은 '求索'. āyācati. 2)아까워하고 탐함 : 원문은 '慳貪'. 515의 주. 3)위급한 사태 : 원문은 '危逼'. 4)가르침 : 원문은 '法'. 1의 주. 5)방편 : 97의 주. 6)명리 : 명예와 이익. 7)저도 이익을 받고 남도 이익을 받음 : 원문은 '自利利他'. 제가 깨달음을 구하면서 남도 구제하는 일. 8)보리 : 5의 주. 9)회향 : 32의 주.

1528

"가난한[1] 사람이 스스로, 나는 재물이 없으니까……라고 내세우는 것은 진실과 다르다. 왜냐하면, 사람으로서 물 한 그릇, 풀 한 포기도 가진 것이 없다고 말할 수 있는 자는 없을 것이기 때문이다. 설사 극빈한 사람이 밥 한 끼를 얻어먹은 뒤에, 그 그릇 씻은 물[2]을 보시(布施)[3]한대도 복을 얻게 되며, 비록 보리 가루[4]를 개미[5]에게 뿌려 주었다 해도 끝없는 복을 얻게 될 것이다. 세상에서 제아무리 가난하기로 누가 티끌만큼의[6] 옷이야 가지고 있지 않으랴! 매우 가난한 사람이라도 알몸을 드러내고[7] 사는 자란 없으니, 만약 옷이 있다면 실 한 오리[8]를 풀어 남의 상처[9]를 매어 주는 것으로라도 보시는 행해야 하는 것이다. 선남자(善男子)[10]야, 세상 사람으로서 가난하다 해도 그 몸이 없는 자란 없으니, 보시할 재물이 없을 때는 남의 보시함[11]이 눈에 띄거든 몸소 달려가 그것을 돕도록[12] 하면 된다. 요컨대 그 사람의 성의 여하에 달린 것이어서, 보시할 마음[13]이 없고 보면 한 나라의 임금이라 할지라도 보시는 못하고 마느니라."

— 〈優婆塞戒經〉

〔주〕 1)가난함 : 원문은 '無財'. adhana. 2)그릇 씻은 물 : 원문은 '滌汴'. 3)보시 : 원문은 '施'. 1056의 주. 4)보리 가루 : 원문은 '麨塵'. Ⓟmantha. 5)개미 : 원문은 '蛾'. 蛾는 蟻와 통용. 음(音)은 '의'. 6)티끌만큼의 : 원문은 '塵許'. 7)알몸을 드러냄 : 원문은 '赤露'. 8)실 한 오리 : 원문은 '一線'. 9)상처 : 원문은 '瘡'. 헌 데의 뜻도 있으나, 여기서는 상처. 10)선남자 : 1의 주. 11)보시함 : 원문은 '作施'. 1506의 주. 12)도움 : 원문은 '資助'. 재물로 돕는 것. 그러나 여기서는 그대로 '돕는 뜻'으로 쓰이었다. 13)보시할 마음 : 원문은 '施意'.

1529

가난한 사람에게 보시(布施)[1]할 때는 가엾이 여기는[2] 마음을 일으키며, 복전(福田)[3]에 보시할 때는 기뻐하고 공경하는 마음을 일으키며, 친우(親友)에게 보시할 때는 정진(精進)[4]하는 마음을 일으켜야 한다.

— 〈優婆塞戒經〉

〔주〕 1)보시 : 원문은 '施'. 1056의 주. 2)가엾이 여김 : 원문은 '悲愍'. 1185의 주. 3)복전 : 21의 주. 4)정진 : 26의 주.

1530

"부처님께서는 옛날에 신명(身命)[1]과 국토(國土)와 처자를 버리사, 보시(布施)의 수행(修行)[2]을 성취하셨다.[3] 그러므로 내가 예배(禮拜)를 드

린다."[4] — 〈父子合集經〉

〔주〕 1)신명 : 427의 주. 2)보시의 수행 : 원문은 '布施行'. 3)성취함 : 원문은 '圓滿'. 291의 주. 4)예배를 드림 : 원문은 '稽首禮'. 공손히 인사함. 찬탄함. vandati.

제4절 구병(救病)

불(佛) · 보살(菩薩)의 구병(救病)

1531

부처님께서 말씀하셨다.

"선남자(善男子)[1]야, 나는 온갖 중생의 모든 병을 다 알고 있어서, 풍황(風黃)[2] · 담열(痰熱)[3] · 귀매(鬼魅)[4] · 충독(蟲毒)과 내지는 수화(水火)의 상해(傷害)……, 이런 모든 병을 내가 다 고쳐 준다. 온갖 병자가 나 있는 곳[5]에 오면, 나는 다 그들을 치료해 낫게[6] 하고, 깨끗한 더운 물[7]로 그 몸을 목욕시킨다. 그리고 향화(香華)[8] · 영락(瓔珞)[9] · 명의상복(名衣上服)[10] 등 갖가지 치장하는 물건[11]을 보시(布施)하며, 온갖 음식과 재물을 다 충족시켜 주어서 모자람[12]이 없게 하느니라." — 〈華嚴經〉

〔주〕 1)선남자 : 1의 주. 2)풍황 : 풍병(風病)과 화병(火病). 3)담열 : 점액질(粘液質)의 병과 담즙(膽汁)의 병. 4)귀매 : 865의 주. 5)나 있는 곳 : 원문은 '我所'. 6)(병이) 나음 : 원문은 '差'. 7)깨끗한 더운 물 : 원문은 '香湯'. 8)향화 : 향기 있는 꽃. 9)영락 : 236의 주. 10)명의상복 : 1347의 주. 11)치장하는 물건 :

원문은 '莊嚴'. 736의 '장엄구'와 같다. 12)모자람 : 원문은 '乏短'. 결핍.

1532

마가타국(摩伽陀國)[1]의 아사세왕(阿闍世王)[2]이 부왕(父王)을 해한 뒤, 깊이 뉘우치고 한해서 몸에 악성의 부스럼이 생겼다가, 부처님의 월애삼매(月愛三昧)의 광명[3]을 쐰 끝에 점차 부스럼이 나아 갈 무렵의 일이다. 왕이 부처님 계신 곳[4]에 이르러 슬퍼하며 참회[5]하자, 부처님께서는 대비(大悲)[6]를 베푸사 감로(甘露)같이 미묘한 가르침의 약[7]으로 부스럼을 깨끗이 씻어 내어[8] 주셨다. — 〈涅槃經〉

〔주〕 1)마가타국 : 500의 '마갈국'의 주. 2)아사세왕 : ⓟAjātasattu의 음사. 마가타국의 왕. 아버지 빈바사라왕을 죽이고 왕이 되어, 어머니를 유폐하고 제바달다에 가담하여 부처님의 뜻을 어기는 등 악행이 많았으나, 뒤에 뉘우치고 불교의 수호자가 되었다. 3)월애삼매의 광명 : 원문은 '月愛光'. 월애삼매는 부처님께서 아사세왕의 신심(身心)의 고뇌를 없애 주기 위해 들었던 삼매. 달빛이 보는 사람의 열뇌(熱惱)를 제거하듯, 중생의 괴로움을 제거하므로 월애삼매라 한 것. 4)부처님 계신 곳 : 원문은 '佛所'. 516의 주. 5)참회 : 613의 주. 6)대비 : 169의 주. 7)감로같이 미묘한 가르침의 약 : 원문은 '甘露微妙法藥'. 부처님의 가르침을 약에 비유한 것. 8)깨끗이 씻어 냄 : 원문은 '洗蕩'.

1533

옛날에 현제(賢提)라는 나라가 있었다. 그 때에 장로(長老)[1]인 비구(比丘)[2] 한 사람이 있었는데, 장병(長病)으로 쇠약해져[3] 여위고 더러운 몰골이 되어 현제정사(賢提精舍)[4] 속에 누워 있었는바, 아무도 간호하는[5] 사람이 없었다. 부처님께서는 5백 명의 비구를 이끄시고 그곳에 가셔서, 여러 비구를 시켜 서로 간호하고 죽[6]도 만들게 하셨는데, 비구들은 그 고약한 냄새를 맡고 다 천히 여겼다. 부처님께서는 제석천(帝釋天)[7]에 분부하여 더운 물을 가져오게 하사, 친히 금강수(金剛手)[8]로 병든 비구의 몸을 씻어 주셨다.

그러자 왕과 신하들이 부처님 계신 곳[9]에 이르러, 머리를 조아려 예배하고[10] 아뢰었다.

"부처님께서는 세상의 존귀한 어른이시라 삼계(三界)[11]에 비길 바 없으시며, 도(道)와 덕(德)[12]이 이미 구비하신 터이온데, 어찌해 뜻을 굽히사 이 병들어 더러워진 비구의 몸을 손수 씻으시나이까?"

부처님께서 왕과 모인 여러 사람들에게 이르셨다.

"여래[13]가 세상에 나타난 까닭은 바로 이런 불행에 빠져 보호받지 못하는 사람을 구하기 위함이니, 누구건 사문도사(沙門道士)[14]와 모든 가난한 자, 고독(孤獨)[15]한 자, 노인 등을 공양(供養)[16]하면, 그 복이 무한해서 소원이 뜻대로 이루어지고, 점차 공덕(功德)[17]이 차면 마땅히 깨달음을 얻게[18] 되리라."

— 〈法句譬喩經〉

〔주〕 1)장로 : 1433의 주. 2)비구 : 84의 주. 3)쇠약함 : 원문은 '萎頓'. 4)현제정사 : 현제국에 있던 절. '정사'는 473의 주. 5)간호함 : 원문은 '視病'. 6)죽 : 원문은 '糜粥'. 7)제석천 : 원문은 '天帝釋'. 301의 '제석천'과 같다. 8)금강수 : 부처님의 손. 9)부처님 계신 곳 : 원문은 '佛所'. 516의 주. 10)머리를 조아려 예배함 : 원문은 '稽首作禮'. '계수'는 435의 주. 11)삼계 : 4의 주. 12)도와 덕 : 원문은 '道德'. 도(道)와 그것에 의해 실현되는 덕. 13)여래 : 1의 주. 14)사문도사 : '사문'과 '도사'가 다 스님의 뜻. 15)고독 : 1496의 주. 16)공양 : 565의 주. 17)공덕 : 12의 주. 18)깨달음을 얻음 : 원문은 '得道'. 505의 주.

1534

부처님께서 말씀하셨다.

"지금부터는 마땅히 병자를 돌보아 주어라. 만약 나를 위할[1] 생각이 있거든 먼저 병자를 위하는 것이 좋다." — 〈四分律〉

〔주〕 1)위함 : 원문은 '供養'. 565의 주.

1535

보살은 의약(醫藥)[1]을 잘 알고 있어서 온갖 병을 고쳐, 전광(顚狂)[2]·간소(乾消)[3]·귀매(鬼魅)[4]·충독(蟲毒)을 다 없애 준다. — 〈華嚴經〉

〔주〕 1)의약 : 원문은 '方藥'. 682의 주. 2)전광 : 마음이 미친 것. unmatta. 3)간소 : 소갈병. 당뇨병. '消'는 '痟'와 통용한다. 4)귀매 : 865의 주.

1536

보살은 보리(菩提)[1]를 수행(修行)할 때, 모든 병자에게 의약(醫藥)을 베풀고, 마땅히 이런 원을 세워야 한다.

'중생들로 하여금 길이 온갖 병을 끊어 버리고, 여래(如來)[2]의 금강신(金剛身)[3]을 완성케 하여지이다.' — 〈涅槃經〉

〔주〕 1)보리 : 5의 주. 2)여래 : 1의 주. 3)금강신 : 256의 주.

구병(救病)의 방법

1537

병의 일어난 곳을 알아서, 그를 따라 약을 써야 한다. 병은 풍(風)[1]으로 생기기도 하며, 황(黃)[2]으로 생기기도 하며, 담(痰)[3]으로 생기기도 하며, 음(癊)[4]으로 생기기도 하며, 또는 골절에서 생기기도 하며, 모여서[5] 생기기도 한다. 이런 병의 일어난 곳을 알아, 거기 따라 약을 써 고쳐서 안락(安樂)을 얻게 해주어야 한다. —〈醫喩經〉

〔주〕 1)풍 : 호흡. 몸의 세 액질(液質)의 하나. vāta. 2)황 : 화병(火病). 열(熱). 세 액질의 하나. pitta. 3)담 : 점액질(粘液質). 세 액질의 하나. śleṣma. 4)음 : 신경병. 5)모임 : 원문은 '積集'. 557의 주.

1538

비구(比丘)[1]는 마땅히 다섯 가지로 병자를 간호해야[2] 한다. 다섯 가지란 무엇인가? 첫째는 양약(良藥)을 분별함이요, 둘째는 게으름을 피우지 않아서 먼저 일어나고 뒤에 잠이요, 셋째는 항상 말을 기쁘게 하여 잠이 적게 함이요, 넷째는 도리[3]에 맞게 주어서[4] 음식을 탐하지 않게 함이요, 다섯째는 병자를 위해 설법(說法)[5]함이니, 이 다섯 가지로만 병자를 간호하면 낫지[6] 않는 사람이 없을 것이다. —〈分別功德論〉

〔주〕 1)비구 : 84의 주. 2)간호함 : 원문은 '瞻救'. 3)도리 : 원문은 '法'. 46의 주. 4)줌 : 원문은 '供養'. 1349의 주. 5)설법 : 846의 주. 6)나음 : 원문은 '差'. 1531의 주.

1539

기원정사(祇園精舍)[1] 북쪽에 한 비구(比丘)[2]가 살았는데, 병이 들어 6년이 지났건만 낫지 않았다. 한번은 우바리(優婆離)[3]가 그를 찾아가서 물었다.

"무엇 때문에 고생하고 있는가? 만약 필요한 것[4]이 있으면 말하라."

비구가 대답했다.

"필요한 것이 있지만 말할 수가 없다."

"그 필요한 것이 무엇이기에 그러는가? 이곳에 없으면 사방으로 구해서라도 가져다 주겠다."

"내게 필요한 것은 이 사위국(舍衛國)[5] 안에 있다. 그러나 부처님의 가르침에 어긋나는 것이 되므로 말할 수가 없다."

"상관없으니 어서 말하라."

우바리가 자꾸 재촉하자, 그제서야 비구가 말했다.

"그것은 술이다. 닷 되의 술만 있으면 내 병이 나을 것이다."

우바리가 말했다.

"잠시 기다리라. 내가 부처님께 여쭈어 보겠다."

그리하여 거기서 돌아오자마자, 우바리는 부처님께 여쭈었다.

"비구가 병들어 술을 약으로 쓰려 하는 경우, 그것을 마셔도 되겠습니까?"

세존(世尊)[6]께서 말씀하셨다.

"내가 제정한 계법(戒法)[7]에서 병자는 제외되느니라."

우바리는 곧 술을 구해다가 비구에게 주었고, 그것을 마신 비구는 병이 나았다. 우바리는 그에게 거듭 불법(佛法)을 설(說)하여[8] 나한(羅漢)의 깨달음[9]을 얻게 했다.

— 〈分別功德論〉

〔주〕 1)기원정사 : 372의 '기원정사(祇洹精舍)'와 같다. 2)비구 : 84의 주. 3)우바리 : 부처님의 십대제자(十大弟子)의 하나. 지계(持戒)의 제1의 인자. Upāli. 4)필요한 것 : 원문은 '所須'. 1389의 주. 5)사위국 : 473의 주. 6)세존 : 4의 주. 7)제정한 계법 : 원문은 '所制法'. 8)불법을 설함 : 원문은 '說法'. 846의 주. 9)나한의 깨달음 : 원문은 '羅漢道'. 906의 주.

1540

병을 간호하는 사람에게는 다섯 가지 지켜야 할 도리[1)]가 있다. 첫째는 먹어도 좋은 음식과 먹어서는 안 될 음식을 알아서, 먹어도 좋은 음식을 주는 일이다. 둘째는 병자의 대소변과 침이나 토한 오물을 싫어하지 않는 일이다. 셋째는 가엾이 여기는 마음[2)]을 지녀서 의식(衣食)을 요구하지 않는 일이다. 넷째는 탕약(湯藥)을 잘 다스리는[3)] 일이다. 다섯째는 병자를 위해 설법(說法)[4)]함으로써 기쁘게 해주는 일이다.

— 〈四分律〉

〔주〕 1)지켜야 할 도리 : 원문은 '法'. 46의 주. 2)가엾이 여기는 마음 : 원문은 '慈愍心'. 3)잘 다스림 : 원문은 '經理'. 도리에 맞게 다스리는 것. 4)설법 : 846의 주.

1541

비구(比丘)[1)]가 병들었을 경우에는 변소[2)]에 가까운 방을 배정해 주며, 목욕시킬 필요가 있을 경우에는 그를 위해 욕구(浴具)를 갖추어[3)] 주며, 비시(非時)[4)]에도 미음[5)]이 먹고 싶다고 할 경우에는 이를 주며, 밤중[6)]이라도 모여서 가르침을 설하며, 새벽[7)]에는 병자가 먹을 전식(前食)[8)] · 후식(後食)[9)]과 죽을 만들어 놓아야 한다. — 〈五分律〉

〔주〕 1)비구 : 84의 주. 2)변소 : 원문은 '厠'. 3)갖춤 : 원문은 '辦'. 4)비시 : 1387의 주. 5)미음 : 원문은 '漿'. 6)밤중 : 원문은 '竟夜'. 7)새벽 : 원문은 '明早'. 8)전식 : 오전 중에 먹는 식사. 9)후식 : 정오가 지난 후에 먹는 식사. 원칙적으로 오후의 식사는 금지돼 있었다.

1542

비구(比丘)[1]에게 새로 부스럼[2]이 나서 터지지 않는 것은, 그것을 터뜨릴 약을 바르고 나서 갖가지 부스럼 고치는 약을 붙여 낫도록 해야 한다.

— 〈毘尼母經〉

〔주〕 1)비구 : 84의 주. 2)부스럼 : 원문은 '瘡'.

1543

병자가 가난해 가진 것이 없을 때는, 병을 고치는[1] 갖가지 주문(呪文)[2]을 외워 정성껏 간호하여 보양(保養)해[3] 고치고, 재산이 있는 병자에게는 권하여 갖가지 탕약을 화합(和合)해서 쓰도록 하는 것이 좋다. 병자를 돌볼 때는 의술에 입각해 잘 살펴보아[4] 병의 소재(所在)를 안 다음에, 그 병든 곳을 따라 치료를 가해야 한다. 또 병을 치료할 때에는 방편(方便)을 잘 알아서 더러운 곳에서도 싫어하는 마음을 내서는 안 되며, 병이 도질 때에는 도지는 것을 알고 덜해 갈 때에는 덜해 감을 알며, 이렇게 약을 먹이면 병세가 악화되고 이렇게 약을 먹이면 병이 제거됨을 알아야 한다. 그리하여 만약에 병자가 병을 악화시킬 약을 찾을 때에는, 마땅히 방편을 써서 적절히[5] 깨우쳐 말할 일이지, 결코 그 약이 없다고 해서는 안 된다. 없다고 하면, 간혹 고통을 더해 주는 결과가 되는 수도 있기 때문이다.

— 〈善生經〉

〔주〕 1)병을 고침 : 원문은 '醫方'. 의술. 2)주문 : 원문은 '呪術'. 679의 주. 여기서는 주문의 뜻. 3)보양함 : 원문은 '將養'. '將'도 '養'의 뜻. 1298의 주. 4)의술에 입각해 잘 살펴봄 : 원문은 '案方診視'. 5)적절히 : 원문은 '隨宜'. 좋도록. yathāvat.

1544

병을 간호하는 사람[1]은 병자가 꼭 죽을 것을 안다 해도 죽음을 입 밖에 내서는 안 되며, 마땅히 타일러 삼보(三寶)[2]에 귀의(歸依)[3]하여 불(佛)·법(法)·승(僧)을 마음에 새겨 잊지 않고 공양(供養)[4]에 힘쓰도록 해주어야 한다. 그리고 병의 괴로움은 다 왕세(往世)[5]의 좋지 않은 인연(因緣)[6]으로 해 이 고보(苦報)[7]를 얻는 때문이니 지금 마땅히 참회[8]하라고 설해야 하며, 병자가 이 말을 듣고 성내든가[9] 사나운 말[10]을 하든가 욕하든가[11] 한대도 대꾸하지 말며, 또 그를 버리는 일이 없어야 한다.

— 〈善生經〉

〔주〕 1)병을 간호하는 사람 : 1322의 주. 2)삼보 : 20의 주. 3)귀의 : 400의 주. 4)공양 : 17의 주. 5)왕세 : 과거의 세상. 전생. 6)인연 : 2의 주. 7)고보 : 1206의 주. 8)참회 : 613의 주. 9)성냄 : 원문은 '瞋恚'. 408의 주. 10)사나운 말 : 원문은 '惡口'. 565의 주. 11)욕함 : 원문은 '罵詈'. 565의 주.

1545

병을 간호하는 사람[1]은, 마땅히 병자의 과거의 행동[2]을 따라 칭찬해 주어야 한다. 잘못을 비난함[3]으로써 이전에 지녔던 선심(善心)[4]에서 퇴전(退轉)함[5]이 없도록 할 것이다.

— 〈十誦律〉

〔주〕 1)병을 간호하는 사람 : 원문은 '看病人'. 1322의 주. 2)과거의 행동 : 원문은 '先習'. 3)잘못을 비난함 : 원문은 '毁呰'. 666의 주. 4)이전에 지녔던 선심 : 원문은 '本善心'. 5)퇴전함 : 원문은 '退'. 652의 주.

1546

병자를 위해 인연[1]과 비유로 미묘한 경전의 가르침[2]을 설해서, 마음의 소원을 따라 과(果)[3]를 얻게 된다고 하여야 한다. —〈隨順往生經〉

〔주〕 1)인연 : 인과(因果)의 도리. 인과관계. 2)경전의 가르침 : 원문은 '經法'. 649의 주. 3)과 : 409의 주.

1547

한 비구[1]가 중병에 걸렸다. 이를 진찰한 용하다는 의사가 말했다.

"육약(肉藥)[2]을 써야 한다. 고기를 얻으면 병이 나으려니와, 고기를 못 얻으면 목숨이 위태롭다."

의사의 이 말을 들은 한 우바이(優婆夷)[3]가 황금을 들고 널리 시장을 찾아다니며 외쳤다.

"고기를 팔 사람은 없는가? 내가 금을 주고 고기를 사겠다. 만약 고기가 있으면, 고기와 똑같은 분량의 금을 주겠다."

이렇게 외치며 온 성안을 두루 돌았으나 고기는 구할 수가 없었다.

이에 우바이는 칼을 들어 제 정강이 살을 베어 내 썰어서 곰국[4]을 만들고, 갖은 양념을 넣어 병든 비구에게 보냈다. 이를 먹은 비구는 곧 쾌유했다. —〈涅槃經〉

〔주〕 1)비구 : 84의 주. 2)육약 : 고기를 약으로 쓰는 것. 약으로서의 고기. 3)

우바이 : 1371의 주. 4)곰국 : 원문은 '臑'.

1548

병든 사람을 보면 약을 주어 치료해야 하다. — 〈不思議秘密大乘經〉

1549

옛날에 한 병자가 있었는데, 여러 의사들이 고쳐 내지를 못했다. 병자는 임금인 살화단(薩和檀)을 찾아가 말했다.

"이 몸을 들어 대왕께 의탁하오니,[1] 원컨대 제 병을 고쳐 주십시오."

왕은 곧 모든 의사에게 분부해 치료하게 했더니, 의사들이 왕에게 아뢰었다.

"이 병을 고칠 약을 얻을 수 없나이다."

왕이 물었다.

"대체 무슨 약인가?"

"오독(五毒)[2]이 없는 사람의 살로 탕을 만들어 먹어야 고칠 수 있습니다. 오독이 없는 사람이란, 첫째는 탐음심(貪婬心)[3]이 없음이요, 둘째는 진에심(瞋恚心)[4]이 없음이요, 셋째는 우치심(愚癡心)[5]이 없음이요, 넷째는 질투심이 없음이요, 다섯째는 극학심(剋虐心)[6]이 없음을 이릅니다. 이런 사람이 있으면 그 병이 곧 나을 수 있습니다."

왕이 의사들에게 일렀다.

"이 사람이 내게 의지해 왔으니, 내가 바로 이런 독이 없는 모양이다."

이렇게 말한 왕은 곧 제 몸의 살을 도려내, 이를 끓여 탕을 만들게 했다. 병자는 이를 먹고 쾌유해 대승(大乘)[7]을 구하는 마음을 일으켰다.

— 〈雜譬喩經〉

〔주〕 1)의탁함 : 원문은 來投. 와서 의탁함. 2)오독 : 탐심, 성내는 것, 어리석음, 질투, 남을 꺾고 해치는 마음. 3)탐음심 : 565의 '탐음' 참조. 4)진에심 : 408의 '진에' 참조. 5)우치심 : 107의 '우치' 참조. 6)극학심 : 남을 꺾고 해치려는 마음. 7)대승 : 원문은 '摩訶衍'. 666의 주.

구병(救病)의 이익

1550

불자(佛子)[1]로서 온갖 병자를 보았을 때는, 언제나 이를 공양(供養)[2]하되 부처님을 대하는 듯해야 한다. 여덟 복전(福田)[3] 중에서 간병(看病)[4]의 복전[5]이 으뜸이니, 부모·사승(師僧)[6]·제자의 병과 몸[7]의 불구자와 갖가지 병고(病苦)를 다 보양(保養)해서 낫게 해야 된다. 만약 도시·벌판·산림(山林)[8]·도로에서 병자를 보고도 구하지 않는 자는 경구죄(輕垢罪)[9]를 범하는 것이 된다. — 〈梵網經〉

〔주〕 1)불자 : 78의 주. 2)공양 : 위하는 것. 565의 주. 3)여덟 복전 : 원문은 '八福田'. 복전이 되는 여덟 가지. 그것을 공경하고 위하는 것에 의해 복이 되는 여덟 가지. 부처님·성인·스님네·화상(和尙)·아사리(阿闍梨)·부(父)·모(母)·병자. 4)간병 : 간호. 5)복전 : 21의 주. 6)사승 : 스승인 스님. 7)몸 : 원문은 '諸根'. 246의 주. 8)산림 : 1016의 주. 9)경구죄 : 청정행(淸淨行)을 더럽히는 극히 가벼운 죄.

1551

말세(末世)[1] 중에 모든 국왕이나 바라문(婆羅門)[2]이 늙고 병든 사람이나 애를 낳은[3] 여자를 보고, 만약 일념(一念)[4] 사이에 대비심(大悲心)[5]

을 갖추어 의약품 · 음식 · 침구[6] 등을 보시(布施)[7]해 안락하게 해준다면, 이런 데서 오는 복리(福利)[8]는 도저히 헤아리기 어렵다.[9] — 〈地藏經〉

〔주〕 1)말세 : 25의 '말법'과 같다. 2)바라문 : 244의 주. 3)애를 낳음 : 원문은 '生産'. 4)일념 : 166의 주. 5)대비심 : 962의 주. 6)침구 : 원문은 '臥具'. 827의 주. 7)보시 : 17의 주. 8)복리 : 1493의 주. 9)헤아리기 어려움 : 원문은 '不思議'. 738의 주.

1552

병자를 간호해도[1] 은혜를 내세우지 않으며, 낫고 나서도[2] 돌보아 병 뒤의 피로[3]가 도질까 두려워해야 한다. 만약 회복[4]해서 본래의 건강하던 때[5]와 같음을 보면, 마음에 기뻐하여 은혜 끼친 과보(果報)[6]를 구하지 않으며, 불행히도 병자가 사망했을 때는 장사지내면서[7] 설법해, 친지(親知)[8]와 권속(眷屬)[9]을 위로해 깨우쳐야[10] 한다. 그리고 병이 나았다 해서 기쁜 마음으로 물건을 보시(布施)[11]해 올 때에는, 받아서 다른 빈민에게 주어야 한다. 만약 이렇게 간호해 병을 다스린다면, 이 사람은 큰 시주(施主)[12]여서 참으로 무상(無上)의 보리(菩提)[13]를 구하는 사람일시 분명하다. — 〈善生經〉

〔주〕 1)간호함 : 원문은 '瞻養'. 2)낫고 나서 : 원문은 '愈已'. 3)병 뒤의 피로 : 원문은 '後勞'. 4)회복 : 원문은 '平復'. 5)본래의 건강하던 때 : 원문은 '本健時'. 6)은혜 끼친 과보 : 원문은 '恩報'. 7)장사지냄 : 원문은 '殯葬'. 시체를 염(殮)하여 장사하는 것. 8)친지 : 원문은 '知識'. 565의 주. 9)권속 : 537의 주. 10)위로해 깨우침 : 원문은 '慰喻'. 1493의 주. 11)보시 : 17의 주. 12)시주 : 167의 주. 13)무상의 보리 : 원문은 '無上菩提'. 170의 주.

병을 안 구하는 보(報)

1553

부처님께서 병든 비구(比丘)[1]에게 이르러[2] 물으셨다.

"병이 들었는데, 약이나 잠자리[3]를 돌보아[4] 주는 사람이 있느냐?"

비구가 아뢰었다.

"고독하와 돌보아 주는 사람이 없사옵고, 약도 없사옵니다. 또 집도 워낙 멀리 떠나 있는 처지옵기에 부모·형제·친척[5]·동반자(同伴者) 따위 시중드는 사람[6]이 없사옵니다."

세존(世尊)[7]께서 다시 물으셨다.

"네가 건강하던 시절, 병자를 돌보든가 병세를 묻든가[8] 한 일이 있느냐?"

비구가 대답했다.

"없나이다."

세존께서 말씀하셨다.

"네가 건강할 때에, 남의 질병을 돌보지도 않았고 병세를 묻지도 않았거니, 누가 너를 돌보아 주랴? 선악은 대립함이 있고[9] 죄복(罪福)[10]에는 보(報)[11]가 있게 마련이니, 은혜는 왕반(往返)[12]에서 생기고 의(義)는 희소(稀疎)[13]에서 끊어지느니라."

— 〈生經〉

〔주〕 1)비구 : 84의 주. 2)이르다 : 원문은 '往詣'. gacchati. 3)잠자리 : 원문은 '臥具'. 침구. 827의 주. 4)돌봄 : 원문은 '瞻視'. 보는 것. Ⓟulloketi. 5)친척 : 원문은 '親里'. 963의 주. 6)시중드는 사람 : 원문은 '供侍者'. 7)세존 : 4의 주. 8)병세를 물음 : 원문은 '問訊'. 안부를 물어 인사하는 것. Ⓟsaṃmodaniyaṃ kathaṃ sārāṇiyaṃ vitisāretvā. 9)대립함이 있음 : 원문은 '有對'. 상대적임.

10)죄복 : 503의 주. 11)보 : 78의 주. 12)왕반 : 갔다가 다시 돌아오는 것. gata-pratyāgatikā. 13)희소 : 인간관계가 먼 것. 소원.

1554

병자가 간호인의 말을 듣지 않거나 간호인이 병자의 뜻을 어긴다면, 어느 쪽이나 죄를 짓는 것이 된다. — 〈毘尼母經〉

제5절 박애(博愛)

박애의 보급(普及)

1555

비심(悲心)[1]을 내어 중생을 양육(養育)해야[2] 한다. 그리하여 한낱 개미[3]까지라도 공포에서 건져[4] 주는 것, 이것이 사문(沙門)의 의무[5]이다.

— 〈涅槃經〉

〔주〕 1)비심 : 215의 주. 2)양육함 : 원문은 '覆育'. 천지가 만물을 덮어 길러 주듯, 살려 가는 것. 음은 '부육'. 3)개미 : 원문은 '蟻子'. 子는 조자(助字). 4)공포에서 건짐 : 원문은 '施無畏'. 두려워 안 하는 힘을 주는 것. 공포를 제거해 구하는 것. 안심시키는 것. abhaya-dāna. 5)사문의 의무 : 원문은 '沙門法'. 승려의 의무. śramaṇa-kārya.

1556

항상 방생(放生)[1]을 행하고, 남도 방생하도록 해야 한다. 만약 세상 사람이 축생(畜生) 죽이는 것을 보았을 때는, 마땅히 방편(方便)을 써서 구호해 그 괴로움을 풀어 주어야 할 것이다. — 〈梵網經〉

〔주〕 1)방생 : 고기와 새 따위를 산이나 물에 놓아 주는 것. 26의 주.

1557

청정한 비구(比丘)[1]나 모든 보살은 길[2]을 가면서도 생초(生草)를 밟지 않는다. 더구나 손으로 그것을 뽑을 리 만무하다. 이런 터에 어찌 대비(大悲)[3]의 마음을 지닌 이가 생물들[4]의 피와 살을 취해 식료(食料)로 삼을까 보냐? — 〈楞嚴經〉

〔주〕 1)청정한 비구 : 원문은 '淸淨比丘'. 계행(戒行)이 깨끗한 스님. 2)길 : 원문은 '岐路'. 갈림길. 그러나 여기서는 맞지 않는다. 작은 길 정도의 뜻. 3)대비 : 169의 주. 4)생물들 : 원문은 '衆生'. 1의 주.

1558

온갖 중생[1]의 생명 있는 것에 대해서는 언제나 도움을 주려는 자애(慈愛)의 생각[2]을 일으켜야 한다. 이 보살은 악한 생각으로 모든 중생을 괴롭히는 일이란 없는 터인데, 하물며 남에게 중생상(衆生想)[3]을 일으켜 차별함으로써 고의로 살해할 줄이 있겠느냐? — 〈華嚴經〉

〔주〕 1)중생 : 1의 주. 2)도움을 주려는 자애의 생각 : 원문은 '利益慈念心'. 3)중생상 : 실체로서의 중생이 있다고 집착하는 망상.

1559

깨끗지 못한 세상 사람들[1)]을 보아도 증오함이 없어야 한다.

— 〈華嚴經〉

〔주〕 1)세상 사람들 : 원문은 '世界'. 여기서는 세간(世間)과 같은 말이어서, 세인(世人)의 뜻.

1560

보살이 이구지(離垢地)[1)]에 머무르게 되면, 자연히 모든 살생(殺生)[2)]을 떠나[3)] 무기[4)]를 버리게 되며, 원한의 마음[5)]이 없어지고 부끄러움[6)]과 창피함[7)]을 알게 된다. 그리고 온갖 중생에 대해 자비심[8)]을 일으켜, 늘 참된 즐거운 일[9)]을 구하는 것이다. 이 보살은 악한 마음으로 중생을 괴롭히지도 않는 터인데, 하물며 해(害)를 가(加)하겠는가? — 〈華嚴經〉

〔주〕 1)이구지 : 257의 '위계'의 주. 2)살생 : 386의 주. 3)떠남 : 원문은 '遠離'. 609의 주. 4)무기 : 원문은 '刀杖'. 904의 주. 5)원한의 마음 : 원문은 '瞋恨心'. 적의(敵意). 6)부끄러움 : 원문은 '慚'. 613의 '참괴' 참조. 7)창피함 : 원문은 '愧'. 613의 '참괴' 참조. 8)자비심 : 201의 '자비'의 풀이 참조. 9)즐거운 일 : 원문은 '樂事'.

〔**풀이**〕 이 대목은 <60화엄> 십지품(十地品)에서 딴 것인데, 인용에 약간의 혼란이 있으므로 원문을 적어 둔다.

"菩薩住離垢地, 自然遠離一切殺生, 捨棄刀杖, 無瞋恨心, 有慚有愧, 於一切衆生起慈悲心, 常求樂事, 尙不惡心惱於衆生, 何況加害."

1561

불성(佛性)[1]이 평등한 까닭에, 중생을 보는 데 있어서 차별이 없다.

— 〈涅槃經〉

〔주〕 1)불성 : 58의 주.

1562

세상의 자애로운 어머니는 갓난애를 젖 먹여[1] 기르면서 병에 걸리지 않도록 조심하다가, 만약 병들면 양약(良藥)을 가려 먹여 병을 고쳐서 편안케 해준다. 여래대사(如來大師)[2]도 마찬가지다. 온갖 중생[3]의 아버지로서 모든 사람 보기를 그 자식인 것같이 해서 그들에게 괴로움이 없도록 마음을 쓰시지만, 중생이 악업(惡業)을 지어 보(報)를 받을[4] 때는 교묘한 방편(方便)[5]으로 구제하사 해탈(解脫)[6]케 하신다. — 〈善巧方便經〉

〔주〕 1)젖 먹임 : 원문은 '乳哺'. 1342의 주. 2)여래대사 : '여래'와 '대사'는 다 부처님의 존칭. '여래'는 1의 주, '대사'는 1475의 주. 3)중생 : 원문은 '世間'. 168의 주. 4)악업을 지어 보를 받음 : 원문은 '造業得報'. 5)교묘한 방편 : 원문은 '善巧方便'. 430의 '선방편'과 같다. 6)해탈 : 84의 주.

1563

온갖 선품(善品)[1]을 닦고 배워서, 살생(殺生)[2]을 버리고 무기[3]에 손대는 일이 없어야 한다. 모든 생물[4]에게 다 자비심을 일으켜, 모기나 개미라 할지라도 해하는 마음을 내서는 안 된다. — 〈根本有部毘奈耶律〉

〔주〕 1)선품 : 선(善)의 종류. 2)살생 : 386의 주. 3)무기 : 원문은 '刀杖'. 904

의 주. 4)생물 : 원문은 '有情'. 306의 주.

1564

보살은 한 중생에게도 친우라는 생각[1]을 갖지 않음이 없어서, 누구에게나 똑같이 차별 없는 자비심[2]을 일으킨다. 그러므로 시방(十方)[3]의 온갖 중생을 두루 살펴본 끝에 한 중생이라도 괴로움을 지닌 자를 보았을 때는, 자식같이 사랑하여 대신해 괴로움을 받음[4]으로써 그 중생이 괴로움을 받지 않아도 되도록 해준다. 이런 비심(悲心)[5]이 작용하는[6] 까닭에 온갖 중생의 괴로움을 없애고, 대비(大悲)의 뛰어난 보살행(菩薩行)[7]을 성취하게 되는 것이다. — 〈廣釋菩提心論〉

〔주〕 1)친우라는 생각 : 원문은 '親友想'. 2)차별 없는 자비심 : 원문은 '平等心'. 654의 주. 3)시방 : 18의 주. 4)대신해 괴로움을 받음 : 원문은 '代受'. 606의 주. 5)비심 : 215의 주. 6)작용함 : 원문은 '轉'. 일어남. 활동함. 전개함. pravartate. 7)대비의 뛰어난 보살행 : 원문은 '大悲勝行'.

1565

내가 죽음을 싫어하는 것같이, 온갖 삼계이십오유(三界二十五有)[1]의 유형(有形)[2] · 무형(無形)[3] · 사족(四足)[4] · 다족(多足)[5]과, 내지는 저 개미라 할지라도 생명을 지닌 것들[6]은 다 죽음을 싫어한다. 그러므로 보살은 목숨을 잃게 된대도 남의 생명을 부당하게 뺏지[7] 아니한다.

— 〈大方便佛報恩經〉

〔주〕 1)삼계이십오유 : 삼계를 25의 영역으로 나눈 것. 83의 '제유'와 같다. 2)유형 : 형태 있는 생명체. 3)무형 : 눈에 안 보이는 것. 754의 '유형무형' 참

조. 4)사족 : 네 발 달린 짐승. 5)다족 : 437의 '다족자'와 같다. 6)생명을 지닌 것들 : 원문은 '有命之屬'. '屬'은 부류(部類). 7)부당하게 뺏음 : 원문은 '枉奪'.

1566

보살은 정진바라밀다(精進波羅蜜多)[1]에 안주(安住)[2]하여, 초발심(初發心)[3]으로부터 묘보리좌(妙菩提座)[4]에 앉게 될 때까지 스스로 생명을 해치지 않으며, 남에게도 권해서 생명을 해치지 않게 하며, 생명 해치는 일을 칭찬하지[5] 아니한다. — 〈大般若經〉

〔주〕 1)정진바라밀다 : 정진에 의해 뛰어난 공덕을 획득하는 것. 정진의 완성. virya-pāramitā. 2)안주 : 157의 주. 3)초발심 : 294의 주. 4)묘보리좌 : 석가모니불이 깨달으신 자리. 여기서는, 깨달아 성불하는 자리. bodhi-maṇḍa. 5)칭찬함 : 원문은 '稱揚'. 424의 주.

1567

부처님께서 대혜(大慧)[1]에게 이르셨다.

"죽이는 사람은 재물의 이득을 얻고자 하기에 살생(殺生)[2]해서 파는[3] 것이며, 저 어리석은 육식하는 중생들은 이를 사는 터이매 돈으로 그물을 삼아 온갖 종류의 고기를 잡는 셈이 된다. 저 살생하는 자는 재물 때문에 하늘을 날거나[4] 수륙(水陸)에 사는 생물들을 붙잡아 죽여서 이를 팔아 이익을 추구하고 있거니와, 구하는 자가 없으면 어떻게 그런 물고기나 짐승의 고기가 세상에 나타날 수 있으랴? 이런 이유 때문에[5] 고기를 먹지 말아야 한다고 하는 것이니라." — 〈楞伽阿跋多羅寶經〉

〔주〕 1)대혜 : <능가경>을 설할 때에 상수(上首)이던 보살. Mahāmati. 2)살

생 : 386의 주. 3)팔다 : 원문은 '屠販'. 도살해서 파는 것. '殺生屠販'이라 해서 죽이는 뜻이 중복되어 있다. 4)하늘을 날다 : 원문은 '空行'. 5)이런 이유 때문에 : 원문은 '以是義故'.

1568

보살은 자심(慈心)[1]을 지녀서, 시방(十方)[2]의 사람들[3]과 심지어 벌레[4]의 부류까지도 가엾이 여기되[5] 갓난애같이 보아, 다 해탈[6]케 해야 한다.

— 〈太子刷護經〉

〔주〕 1)자심 : 654의 주. 2)시방 : 18의 주. 3)사람들 : 원문은 '人民'. 24의 주. 4)벌레 : 원문은 '蜎飛蠕動'. 565의 주. 5)가엾이 여김 : 원문은 '哀念'. 6)해탈 : 원문은 '度脫'. 164의 주.

1569

부처님께서 대혜(大慧)[1]에게 이르셨다.

"모든 고기에는 무량한 인연이 얽혀 있으니, 보살은 그 중에 가엾이 여기는[2] 생각을 일으켜 응당 먹지 말아야 한다. 내가 이제 너를 위해 그 일부분[3]만을 설하리라. 대혜야, 온갖 중생은 무시(無始)[4] 이래 생사 속에 있으면서 윤회(輪廻)[5]를 계속해 온 터이므로, 일찍이 부모 · 형제 · 부부[6] · 권속[7] · 친구 · 애인[8] · 하인[9] 따위의 관계가 안 맺어졌던 중생이란 존재치 않는다. 그런 중생들이 생(生)을 바꾸어[10] 새나 짐승의 몸을 받고 있는 것인데, 어떻게 이 중에서 취(取)하여 먹을 수 있단 말이냐?"

— 〈入楞伽經〉

〔주〕 1)대혜 : 1567의 주. 2)가엾이 여김 : 원문은 '悲愍'. 1185의 주. 3)일부

분 : 원문은 '少分'. eka-deśa. 4)무시 : 67의 주. 5)윤회 : 225의 '유전'과 같다. 6)부부 : 원문은 '男女'. 7)권속 : 537의 주. 8)애인 : 원문은 '親愛'. 애정으로 얽힌 사이를 이르는 말. 요즘의 '애인'과는 달리 범위가 더 넓다. 9)하인 : 원문은 '侍使'. 심부름하는 사람. 10)생을 바꿈 : 원문은 '易生'. 죽어서 다른 것으로 태어나는 것.

1570

슬기로운 사람이라면 응당 중생을 해치지 않으며, 중생을 애호(愛護)하되 제 몸과 같이 해야 한다. — 〈菩薩行變化經〉

1571

거른 물이 아니면 먹지 않아서 작은 벌레조차 죽이지 말아야 하는 것인데, 더구나 커다란 새나 짐승 따위를 잡는[1]대서야 말이 되는가?

— 〈鼻奈耶律〉

〔주〕 1)잡음 : 원문은 '攻伐'. 공격해 치는 것.

1572

길을 가다가 개미나 지렁이 · 누에나방 · 개구리 따위 작은 벌레를 보았을 때는, 벌레를 피해 먼 길로 돌아가도록 하라. — 〈正法念處經〉

1573

나를 죽이려는 자가 있으면 내 마음이 기쁠 리 없다. 누구나 마찬가지일 것인데, 어떻게 남을 죽이랴? 이것을 깨달았거든 불살계(不殺戒)[1]를 받아 살생(殺生)[2]하기를 원치 말라.[3] — 〈五苦章句經〉

〔주〕 1)불살계 : 생물을 죽이지 말라는 계(戒). 오계(五戒)의 하나. 2)살생 : 386의 주. 3)원치 않음 : 원문은 '不樂'. 444의 주.

1574

옛날에 보살이 위대한 국왕 노릇을 한 적이 있었는데, 이름을 장수(長壽)라 했다. 나라를 다스리면서 관리나 백성에게 도장(刀杖)의 형벌[1]을 가하지 않으니, 풍우가 고르고 오곡이 잘 익었다. 그런데 바로 이웃 나라는 시책이 포학해서 정당한 정치[2]를 외면했으므로 백성들은 빈곤에 허덕여야 했다. 이 나라에서는 장수왕의 나라가 매우 유족해 태평을 즐기고 있기 때문에 군비(軍備)가 없다는 말을 듣고, 군대를 일으켜 쳐서 뺏기로 했다. 그리하여 그 병사들이 장수왕의 국경[3]에 이르자, 국경에 사는 관리와 백성들은 달려가 왕에게 아뢰었다.

"저 탐심 많은 이웃 나라 임금이 군대를 일으켜 대왕의 나라를 치려 하고 있습니다. 어서 이에 대비하시옵소서."

장수왕은 신하들을 불러 놓고 말했다.

"그가 쳐 오는 것은 우리 나라의 백성과 창고와 보배가 탐나선데, 만약 그와 싸운다면 반드시 우리 백성들이 상할 것이오. 나라를 다툰 끝에 백성을 죽이는 이런 일을 나는 결단코 할 수 없소."

신하들이 말했다.

"저희들은 다 병법에 통달했사오니, 반드시 승리해 대왕의 병사는 그들에 의해 상하지 않도록 하겠나이다."

왕이 말했다.

"우리가 저들에게 이긴대도 죽거나 살거나 하는[4] 일은 있을 것이오. 그리고 저들의 군사나 우리 백성이나 다 목숨은 아까워할 것인데, 나를 사랑하여 남을 해치는 그런 일은 현자(賢者)의 할 일이 아니라 생각하오."

그러나 신하들은 듣지 않았다. 그들은 왕을 궁중에 머물러 있게 한 채, 밖으로부터 군대를 일으키고 국경에 나가 적병을 맞아 항거했다.[5)]

이를 안 장수왕이 태자에게 일렀다.

"저들 이웃 나라는 우리 나라를 탐낸 나머지 나를 치고 있고, 우리 신하들은 나를 위해 그들을 맞아 항거하고 있으니, 두 적이 서로 맞서면 반드시 사상자[6)]가 날 것이다. 나라를 버리고 도망가자."

이리하여 그들 부자는 성을 넘어 산골에 숨어 버렸다. — 〈長壽王經〉

〔주〕 1)도장의 형벌 : 원문은 '刀杖之惱'. 무기로 벌하는 괴로움. 2)정당한 정치 : 원문은 '正治'. 3)국경 : 원문은 '國界'. 407의 주. 4)죽거나 살거나 함 : 원문은 '死生'. 죽거나 태어나거나 한다는 뜻으로도 쓰인다. cyuta-uddhava. 5)적병을 맞아 항거함 : 원문은 '逆拒'. 6)사상자 : 원문은 '缺傷'.

박애의 선과(善果)

1575

부처님께서 가섭보살(迦葉菩薩)에게 이르셨다.

"선남자(善男子)[1)]야, 이제 너를 위해 여래(如來)[2)]의 장수(長壽)를 얻는 업(業)[3)]에 대해 설해 주리라. 보살이 장수를 얻고 싶거든 온갖 중생을 호념(護念)[4)]해야 하리니, 대자대비(大慈大悲)[5)]·대희대사(大喜大捨)[6)]의 마음을 일으켜 중생들에게 불살계(不殺戒)[7)]를 주며, 또 지옥·아귀[8)]·축생(畜生)[9)]·아수라[10)] 따위의 온갖 악취(惡趣)[11)]에 들어가 중생의 괴로움을 제거하고,[12)] 해탈하지 못한 자를 해탈케 하며, 구제되지 못한 자를 구제하며, 열반(涅槃)[13)]에 들지 못한 자를 열반에 들게 하며, 온갖 공포에 떠는 자를 편안하게 하고, 위로하는[14] 따위, 정업(正業)[15]의 인연이 수명을 길게 하며 지혜를 자재(自在)[16]롭게 해주느니라." — 〈涅槃經〉

〔주〕 1)선남자 : 1의 주. 2)여래 : 1의 주. 3)업 : 61의 주. 4)호념 : 208의 주. 5)대자대비 : 223의 주. 6)대희대사 : 사무량심(四無量心)의 희무량(喜無量)과 사무량(捨無量). 154의 '무량'의 주 참조. 7)불살계 : 1573의 주. 8)아귀 : 26의 주. 9)축생 : 26의 주. 10)아수라 : 306의 주. 11)온갖 악취 : 원문은 '一切趣'. '악취'는 78의 주. 12)제거함 : 원문은 '拔'. 괴로움 따위를 제거하는 것. 13)열반 : 21의 주. 14)편안하게 하고 위로함 : 원문은 '安慰'. āśvāsana. 15)정업 : 원문은 '等業'. 1152의 '정업'과 같다. 16)자재 : 17의 주.

1576

한 비구(比丘)[1]가 먼 길을 가다가 도둑을 만나 옷을 온통 빼기고 풀로 묶였다. 비구는 부처님의 계율[2] 중에, 모든 풀잎을 잡아당겨 끊지 못한다는 것이 있음을 골똘히 생각하고[3] 길 옆에 엎드려 옴찍도 않고 있었다. 마침 그 때에 임금이 사냥을 하다가 멀리서 이를 보고, 나형외도(裸形外道)[4]가 오만해서[5] 자기 앞에서도 일어나지 않는 것이라 의심했다. 그리하여 곧 거기로 가서 힐책했다. 그러나 곧 이 비구가 청정한 계(戒)[6]를 지키느라고 풀잎을 상할 수 없어서 그러고 있음을 알자, 임금은 놀라운 일[7]이라 탄식하고, 곧 풀어 주도록 명령했다. 그리고 음식을 차려 주고 의복을 보시(布施)[8]했다. 이런 것을 청정한 지계(持戒)[9]라 한다.

또 여래[10]의 사리(舍利)[11]를 공양(供養)[12]키 위해 멀리서 찾아오는 두 비구가 있었다. 길을 걷느라고 고생을 많이 한 그들은 목이 말랐으므로 물을 찾아 마시려 했는데, 한 비구는 갈증이 심한 나머지 살펴볼 틈도 없이 그 물을 마셔 버렸다. 그러나 둘째 비구는 갈증이 심하기는 해도 물에 벌레가 있음을 똑똑히 알고,[13] 그 짝에게 "내가 목말라 죽을지언정 남의 목숨을 상할 수 없다"고 말한 다음, 나무 밑에 단정히 앉아[14] 갈증을 참다가 숨을 거두었다. 이 인연[15]으로 말미암아, 그 비구는 도리천(忉利天)[16]에 태어나 부처님을 뵙고 가르침을 들은[17] 끝에 예류과(豫流果)[18]를 얻었다.[19]

— 〈正行所集經〉

〔주〕 1)비구 : 84의 주. 2)부처님의 계율 : 원문은 '佛戒'. 774의 주. 3)골똘히 생각함 : 원문은 '專念'. 450의 주. 4)나형외도 : 주로 자이나교도를 이른다. 자이나교가 공의파(空衣派 Digambara)와 백의파(白衣派 Śvetāmbara)로 분열된 중, 공의파의 수행자는 완전한 나체로 생활했으므로 이렇게 부른다. 5)오만함 : 원문은 '我慢'. 244의 주. 6)청정한 계 : 원문은 '淨戒'. 228의 주. 7)놀라운 일 : 원문은 '希有'. 43의 주. 8)보시 : 원문은 '施'. 1056의 주. 9)지계 : 151의 주. 10)여래 : 1의 주. 11)사리 : śarira의 음사. 유골. 특히 부처님이나 고승의 유골을 이른다. 12)공양 : 예배하는 것. 13)똑똑히 알다 : 원문은 '驗知'. 14)단정히 앉음 : 원문은 '端坐'. 1272의 주. 15)인연 : 2의 주. 16)도리천 : '도리'는 Trāyastriṃśa의 음사. 삼십삼천(三十三天)이라 의역한다. 욕계(欲界)의 육천(六天) 중의 둘째. 수미산 정상에 있다. 사방에 봉우리가 있고, 봉우리마다 여덟 신(天)이 살므로, 중앙에 있는 제석천(帝釋天)과 합쳐서 33의 천(天)이 된다. 17)부처님을 뵙고 가르침을 들음 : 원문은 '見佛聞法'. 18)예류과 : 아라한(阿羅漢)에 이르는 위계를 보이는 성문사과(聲聞四果)의 첫째 단계. 초과(初果)라고도 한다. 삼계(三界)의 견혹(見惑)을 끊어, 처음으로 성자의 흐름에 끼인 자리. 성자의 입구에 들어선 깨달음. srota āpatti-phala. 19)얻다 : 원문은 '證'. 수행하여 깨달음을 얻는 것.

1577

걸을 때에 늘 2주(二肘)[1]의 거리의 지면(地面)을 보아서 생물[2]을 해치

지 않는다면, 지계바라밀(持戒波羅蜜)[3]이라 부를 만하다. — 〈心地觀經〉

〔주〕 1) 2주 : 주(肘)는 길이의 단위. 사람의 팔의 길이. 1척 4촌. '주'의 원어는 hastaka. '2주'는 2척 8촌이 된다. 2)생물 : 원문은 '衆生'. 1의 주. 3)지계바라밀 : 443의 '제바라밀' 참조.

1578

삼유(三有)[1]는 큰 바다 같고, 삼독(三毒)[2]은 급류(急流)[3] 같다. 비심(悲心)[4]만이 배와 떼 구실을 해서 이를 건널 수 있는데, 자비로운 사람[5]이 이를 타게 된다. — 〈諸法集要經〉

〔주〕 1)삼유 : 삼계(三界). 2)삼독 : 245의 주. 3)급류 : 원문은 '駛流'. 4)비심 : 215의 주. 5)자비로운 사람 : 원문은 '仁者'. 인자한 사람.

1579

부처님께서 왕사성(王舍城)[1]에 계실 때의 일이다. 성에서 500리쯤 떨어진 곳에 산이 있고, 산 속에는 한 집이 있었는데, 122명이나 되는 그 집 식구들은 다 산골[2]에서 나고 자라 사냥을 직업으로 삼고 있었다. 그리하여 동물의 가죽으로 옷을 지어 입고 그 고기를 먹으면서 살아갔다. 물론 농사는 지을 줄 몰랐으며, 귀신을 받들어 섬기고[3] 삼보(三寶)[4]를 알지 못했다.

어느 날, 부처님께서는 성지(聖智)[5]로써 응현(應現)해 구제코자[6] 생각하시고, 그 집에 이르러 한 나무 밑에 좌정하셨다. 이 때, 그 집에서는 남자들은 다 사냥을 나가고 여인들만 남아서 귀신을 예배하며 제사하는[7] 중이었다. 부처님께서 여인들을 위해 살생(殺生)[8]의 죄와 행자(行慈)[9]의

복(福)을 설하셨더니, 여인들은 가르침을 듣고 기뻐하여 부처님께 아뢰었다.

"산골 사람들이 살생을 즐겨하여[10] 고기를 먹고 살아가고 있습니다. 조그만 공양(供養)[11]을 베풀고자 하오니 받아 주시기 바랍니다."

부처님께서 이르셨다.

"부처님네는 고기를 들지 않는 터요, 또 나는 먹고 왔으니 차릴 필요가 없다. 사람이 세상을 살아감에 있어서 먹을 것이 무수하거늘, 어찌해 이로운 것은 먹지 않고 생명 있는 것들[12]을 죽여서 살아간단 말이냐? 이렇게 하면 죽어서 악도(惡道)[13]에 떨어질 것이 분명하여 무익(無益)할 뿐이니, 사람이라면 오곡을 먹음으로써 마땅히 생명 있는 것들을 가엾이 여길 줄 알아야 한다. 저 벌레[14]까지도 삶을 탐하지 않음이 없거니, 남을 죽여 저를 살린다면 재앙이 끝없을 것이고, 자비로워[15] 죽이지 않을 때는 세세(世世)[16]에 근심이 없으리라."

그 때에 마침 남자들이 사냥에서 돌아왔다. 부처님께서 그들에게 불살(不殺)의 복과 살생(殺生)[17]의 죄에 대해 거듭 설하시자, 남녀 대소(大小)의 122명은 기뻐하며 신봉(信奉)하여[18] 오계(五戒)[19]를 받았다. 후일, 부처님께서는 병사왕(甁沙王)[20]에게 말씀하사 그들에게 전지(田地)를 공급하고 곡식을 내리도록 주선하셨고, 이렇게 되자 어진 교화가 널리 미쳐 국토(國土)[21]가 편안해졌다. — 〈法句譬喩經〉

〔주〕 1)왕사성 : 원문은 '羅閱祇國'. '나열기'는 왕사성의 원어인 Rāja-gṛha의 음사. '국'은 국가가 아니라 성읍의 뜻. 1351의 '왕사성'의 주. 2)산골 : 원문은 '山藪'. 산림(山林). 3)받들어 섬김 : 원문은 '奉事'. 섬김. 소중히 함. upacāra. 4)삼보 : 원문은 '三尊'. 1471의 주. 5)성지 : 성(聖)은 정(正)의 뜻. 바르게 진리를 아는 지혜. 불지(佛智). samyag-jnāna.. 6)응현해 구제함 : 원문

은 '應度'. 불・보살이 중생의 소질에 따라 몸을 나타내어 제도하는 것. 7)제사함 : 원문은 '供施'. yaṣṭṛ(제사하는 사람)의 역어로서 쓰인 예가 있어서, 귀신을 제사하는 뜻으로 보았다. 8)살생 : 386의 주. 9)행자 : 자비를 실천하는 것. 10)살생을 즐김 : 원문은 '貪害'. 생명 있는 것을 해치는 일에 집착하는 것. 11)조그만 공양 : 원문은 '微供'. 12)생명 있는 것들 : 원문은 '群生'. 917의 주. 13)악도 : 2의 주. 14)벌레 : 원문은 '蠕動之類'. 기어다니는 작은 벌레. 15)자비로움 : 원문은 '慈仁'. 892의 주. 16)세세 : 548의 주. 17)살생 : 원문은 '殘害'. 죽임. 해침. atipāta. 18)신봉함 : 원문은 '信受'. 가르침을 믿어 받아들임. pratiyati. 19)오계 : 769의 주. 20)병사왕 : 500의 주. 21)국토 : 원문은 '國界'. 407의 주.

1580

부처님께서 아난(阿難)[1]에게 이르셨다.

"옛날에 한 사미(沙彌)[2]가 개미를 구해 줌으로써 착한 일을 닦은[3] 까닭에, 그 수명이 다하도록 괴로움[4]이 없고 몸이 편안했으니, 복덕(福德)의 힘[5]이 강했기 때문이니라."

— 〈生死得度經〉

〔주〕 1)아난 : 6의 주. 2)사미 : 674의 주. 3)착한 일을 닦음 : 원문은 '修福'. 421의 '광조수복'의 주 참조. 4)괴로움 : 원문은 '苦患'. 1063의 주. 5)복덕의 힘 : 원문은 '福德力'. 244의 '복력'과 같다.

1581

세속 사람들은 모두 자신을 사랑하기는[1] 하지만, 막상 자신을 편안하게, 이롭게는[2] 못한다. 하물며 이런 사람들이 남을 편안하게 하고,[3] 남을 이롭게 하기를[4] 사랑할 리 있겠는가? 보살은 그렇지 않아서, 자신에 대한 사랑을 버리고 오직 남만을 사랑한다. 그러기에 중생을 성숙(成熟)[5]

시킴이 저들 세속 사람보다 뛰어난[6] 것이다. —〈大乘莊嚴經論〉

〔주〕 1)자신을 사랑함 : 원문은 '自愛'. 2)편안하고 이로움 : 원문은 '安利'. 3)남을 편안하게 함 : 원문은 '他安'. 4)남을 이롭게 함 : 원문은 '他利'. 남의 이익. para-vṛtti. 5)성숙 : 익게 함. 완성시킴. paripāka. 6)뛰어남 : 원문은 '勝過'. visada.

1582

불살(不殺)[1]은 불종(佛種)[2]이요, 대자심(大慈心)[3]은 양약(良藥)이요, 대비(大悲)[4]는 편안한 경지[5]여서, 거기에는 끝내 노사(老死)의 변화[6]가 없다. —〈千佛因緣經〉

〔주〕 1)불살 : 766의 '불살생'과 같다. 2)불종 : 부처님의 씨. 불성(佛性). tathāgatva. 또, 부처님의 종족, 부처가 될 가능성을 지닌 것의 뜻으로도 쓰인다. buddha vaṃśa. 3)대자심 : 1039의 주. 4)대비 : 169의 주. 5)편안한 경지 : 원문은 '安穩'. 417의 주. 6)변화 : 원문은 '異'. 487의 주.

1583

세존(世尊)[1]께서 아난(阿難)[2]에게 이르셨다.

"마땅히 자애의 마음[3]으로 어린애들을 양육하며, 금수·벌레·천인(賤人)[4] 중 살려 주기를 바라는 자[5]를 보았을 때에는, 언제나 가엾이 여겨 뜻대로 먹어[6] 편안함[7]을 얻게 해야 한다. 결코 무기[8]를 가해 그 목숨을 끊지 말며, 측은히 여기는[9] 자애로운 마음으로 어머니같이 대할 일이다. 만약 천룡귀신(天龍鬼神)[10]이나 제왕이나 일반 사람들 중 이 자비를 실천하는 자가 있다면, 반드시 큰 복을 얻어 불신(佛身)을 친히 모신 공덕(功德)[11]과 똑같아질 것이다. 그러므로 세상에 재앙[12]이 있고 일기가 고르지 못해 흉년이 들어서, 사람들이 굶주린 나머지 고향에 안주(安住)하지 못하고 등을 돌려 도망치고자 할 때는, 마땅히 비심(悲心)[13]을 일으켜 곡식 창고[14]를 열어서 가난한 사람들을 일시적으로 도와[15] 줌으로써 그 목숨을 건져 본토(本土)에 안정해 살도록 해야 한다."

— 〈阿難四事經〉

〔주〕 1)세존 : 4의 주. 2)아난 : 6의 주. 3)자애의 마음 : 원문은 '慈心'. 654의 주. 4)천인 : 원문은 '下賤人'. 5)살려 주기를 바라는 자 : 원문은 '仰活者'. 6)뜻대로 먹음 : 원문은 '隨其所食'. '그 먹는 바를 따라'가 원뜻. 7)편안함 : 원문은 '蘇息'. śānti. 8)무기 : 원문은 '刀杖'. 904의 주. 9)측은히 여김 : 원문은 '惻愴'. 슬퍼함. 슬퍼하고 애처로워함. 10)천룡귀신 : 913의 주. 11)공덕 : 12의 주. 12)재앙 : 원문은 '災異'. 재변. 13)비심 : 215의 주. 14)곡식 창고 : 원문은 '穀稟'. 15)일시적으로 도움 : 원문은 '假賙'.

1584

자애로운 마음[1]은 온갖 안락(安樂)의 원인[2]이다. — 〈優婆塞戒經〉

〔주〕 1)자애로운 마음 : 원문은 '慈心'. 654의 주. 2)원인 : 원문은 '因緣'. 2의 주.

1585

자비[1]를 떠나 선법(善法)[2]을 얻는다는 것은 있을 수 없다.[3]

— 〈優婆塞戒經〉

〔주〕 1)자비 : 201의 풀이. 2)선법 : 18의 주. 3)있을 수 없음 : 원문은 '無有是處'. 741의 주.

1586

모두가 죽음을 두려워하며, 매 맞는 아픔을 무서워 안 하는 자도 없다. 자기를 측은히 알아[1] 견줌으로써, 남을 죽이거나 매질하거나[2] 하지 말 것이다. — 〈法句經〉

〔주〕 1)자기를 측은히 앎 : 원문은 '恕己'. 자기가 죽거나 매질당하는 경우를 생각하여 동정한다는 말. 2)매질함 : 원문은 '行杖'. 몽둥이로 치는 것.

〔풀이〕 이 대목의 인용은 정확지 않은데다가 첨부된 것이 많으므로, 한역 <법구경>대로 번역했다. 파리어 원본은 다음같이 되어 있어서, 번역의 과정에서 얼마나 원의가 왜곡되는가를 생각게 한다.

"모든 자는 폭력에 겁먹는다. 모든 자는 죽음을 두려워한다. 자기에 견주어 죽여서는 안 된다. 사람을 시켜 죽이게 해서는 안 된다."

1587

살생(殺生)[1]하지 않을 때라야 온갖 적멸법(寂滅法)[2]을 얻을 수 있다. 그러기에 모든 생명 있는 것들[3]에 늘 편안함[4]을 주며, 늘 자비롭기를 원해[5] 노여움[6]을 일으키지 않는다면, 이 사람은 언제나 무병할 것이며, 언제나 장수하고 편히 잠자며, 또 악몽을 꾸지 않으며, 악취(惡趣)[7]를 두려워 안 하게 될 것이다. — 〈海龍王經〉

〔주〕 1)살생 : 386의 주. 2)적멸법 : 원문은 '寂法'. 1060의 '적멸법'과 같다. 3)생명 있는 것들 : 원문은 '有情'. 306의 주. 4)편안함 : 원문은 '安穩'. 417의

주. 5)원함 : 원문은 '樂'. 425의 주. 6)노여움 : 원문은 '瞋恨心'. 1560의 주. 7)악취 : 78의 주.

잔인(殘忍)의 악과(惡果)

1588

모든 생명 있는 것[1)]들을 일부러 죽여서는 안 된다. 보살은 마땅히 자비심과 효순심(孝順心)[2)]을 일으켜 변치 않아서 방편(方便)[3)]으로 온갖 생명 있는 것들을 구호해야 하며, 도리어 멋대로 굴어서[4)] 살아 있는 것을 죽이는 자는 보살의 바라이죄(波羅夷罪)[5)]를 범하는 것이 된다.

— 〈梵網經〉

〔주〕 1)생명 있는 것 : 원문은 '有命者'. jantu-prāṇi-bhūta. 2)효순심 : 계(戒)를 지키고 선을 행하려는 마음. 3)방편 : 97의 주. 4)멋대로 굴다 : 원문은 '咨心快意'. 5)바라이죄 : 878의 주.

1589

과거세(過去世)[1)]의 왕사성(王舍城)[2)]에 소백정[3)]이 있었는데, 소를 잡은 이유[4)]로 하여 백천 년 동안이나 지옥에 떨어져 있더니, 지옥에서 나온 뒤에도 그 여죄(餘罪) 때문에 늘 괴로움[5)]을 맛보아야 했다.

— 〈雜阿含經〉

〔주〕 1)과거세 : 원문은 '過去'. 586의 주. 2)왕사성 : 1351의 주. 3)소백정 : 원문은 '屠牛兒'. 4)이유 : 원문은 '因緣'. 252의 주. 5)괴로움 : 원문은 '憂苦'. 근심하는 괴로움. (사람의) 괴로움. daurmanasya.

1590

부처님께서 왕사성(王舍城)[1]에 계실 때의 일이다. 길에서 한 생물[2]이 눈에 띄었는데, 동철나망(銅鐵羅網)[3]으로 그 몸을 스스로 결박하고, 불이 활활 타올라 몸을 태우매, 고통이 골수에 사무치는 모양이었다.

부처님께서 비구들에게 이르셨다.

"이 중생은 과거세(過去世) 때,[4] 이 왕사성에서 어부 노릇을 했었다. 이 죄 때문에 지옥에서 헤아릴 수 없는 괴로움을 받았거니와, 지옥의 여죄(餘罪)로 말미암아 이제 이런 몸으로 태어나서 이 고통을 계속 받고 있음이다. 새나 토끼를 잡는[5] 죄보(罪報)도 마찬가지니라." —〈雜阿含經〉

〔주〕 1)왕사성 : 1351의 주. 2)생물 : 원문은 '衆生'. 1의 주. 3)동철나망 : 동철로 엮은 그물. 4)과거세 때 : 원문은 '過去時'. 전생(前生) 때. 5)새나 토끼를 잡음 : 원문은 '捕鳥網兎'. 손이나 올가미로 새를 잡고, 그물을 쳐서 토끼를 잡는 것.

1591

수족(水族)과 여러 생물의 목숨[1]을 죽이기를 좋아하는 사람은, 죽어서 용동하(鎔銅河)[2]에 떨어져 업화(業火)[3]에 의해 태워진다. —〈六趣輪廻經〉

〔주〕 1)생물의 목숨 : 원문은 '物命'. 중생의 생명. 2)용동하 : 지옥에 있는, 구리가 녹아서 강물을 이룬 곳. 3)업화 : 악업의 보(報)로 지옥에 떨어진 죄인을 태우는 불.

제6절 예양(禮讓)

보살의 예양

1592

보살은 길을 가면서 두 가지 해야 할 일[1)]이 있다. 매우 더울 때와 비가 오는 때에 나무 그늘이나 집이 있으면 남에게 먼저 앉으라고 양보하며, 우물이나 샘물이 있거나 타인의 물 가진 것을 보았을 경우면 남에게 먼저 마시라고 양보하는 것이 그것이다. — 〈菩薩內戒經〉

〔주〕 1)해야 할 일 : 원문은 '事'. 해야 할 의무. kārya.

1593

보살은 남으로부터 음식을 공양받을 때에 세 가지 해야 할 일[1)]이 있다. 상하의 좌석을 둘러보아 음식의 분량을 균등하게 하고, 만약 균등치 않으면 마땅히 나누어 균등하게 하며, 밥을 먹고 나서 물을 마실 때에는 상좌(上座)[2)]에게 먼저 마시라고 양보하며, 물을 마신 다음 먼저 일어나지 말고, 여러 사람들과 같이 일어남이다. — 〈菩薩內戒經〉

〔주〕 1)해야 할 일 : 원문은 '事'. 1592의 주. 2)상좌 : 윗자리에 앉은 사람. 장로(長老). 스님에 대한 경칭으로도 쓰인다. athavira.

1594

문수(文殊)[1)]와 보래(寶來)[2)]를 비롯한 여러 보살들이 왕사성(王舍城)[3)]의 왕궁에 같이 갔는데, 보래보살이 문수보살과 여러 보살에게 양보하여 말했다.

"여러 상인(上人)[4]께서 먼저 드십시오."

그러나 여러 보살들이 다시 보래에게 양보하자, 보래보살이 말했다.

"여러 상인들께서는 나이 많으시고 덕이 높으십니다. 그러므로 존귀하시니, 의당 먼저 들어가셔야 합니다."

여러 보살들이 말했다.

"우리가 나이 많은 것은 고목(枯木)이 뿌리[5]는 죽고 꽃이나 잎도 없어서, 세상 사람들[6]을 가려[7] 주지도 못하는 것과 같거니와, 인자(仁者)[8]는 나이가 어리다 해도 지혜[9]를 깨달음이 매우 깊으셔서 보수(寶樹)[10]가 세상을 이롭게 함이 지극히 많은 것과 같습니다. 그러므로 인자야말로 존귀하심이 분명하니, 의당 먼저 드셔야 합니다." —〈無極寶三昧經〉

〔주〕 1)문수 : 78의 '문수사리보살'과 같다. 2)보래 : 1393의 주. 3)왕사성 : 원문은 '羅閱祇'. 673의 '나열기국'과 같다. 4)상인 : 1594의 주. 5)뿌리 : 원문은 '根本'. mūla. 6)세상 사람들 : 원문은 '世'. 486의 주. 7)가림 : 원문은 '蔭覆'. 그늘로 햇볕을 가려 주는 것. 8)인자 : 534의 주. 9)지혜 : 원문은 '入慧'. 지혜를 깨달음. 진리를 깨달은 데서 오는 지혜. 10)보수 : 진귀한 보배로 이루어진 나무니, 정토(淨土)의 초목을 이른다.

가족의 예양

1595

옛날에 한 스님[1]이 밥을 빌기 위해 산에서 나왔는데, 마을에 당도하기 전에 사나운 비바람을 만났다. 마침 길에서 멀지 않은 곳에 국유(國有)의 과수원이 있고, 그 속에는 과수원지기가 있었다. 스님은 거기로 가서 주인에게 말했다.

"길을 가다가 비를 만났습니다. 집에 들어가 옷을 불에 말리게 해주십시오."

과수원지기는 곧 스님을 청해 들였다. 그리고 나무를 가져다 불을 피워, 옷을 말리게 했다. 얼마 지나자 스님의 옷은 마르고 몸도 따뜻해졌는데, 비도 뜸해 갔다. 스님이 옷을 입고 나가려 하는 것을 보고 과수원지기가 물었다.

"스님은 어디로 가십니까?"

"현자(賢者)[2]여, 육체를 지닌 자[3]라면 누구나 의식(衣食)이 있어야 살아가는 것 아닙니까? 나는 출가해 불도(佛道)를 닦는[4] 몸이라 밥을 빌어 목숨을 유지해 갈 수밖에 없습니다. 만약 밥을 못 얻으면 목숨을 건질 수 없을 뿐 아니라, 육근(六根)[5]이 안정되지 못해서 능히 도(道)를 생각할 힘도 없어진답니다."

그러자 과수원지기가 말했다.

"가난한 제 집의 음식은 보잘것이 없습니다만,[6] 그것이라도 괜찮으시다면 여기 계셔 주십시오."

스님이 대답했다.

"도를 닦는 사람은 먹을 것을 구하는 데 있어서 빛깔과 맛에 집착하지 않습니다. 배를 채우면 될 뿐이니, 허락하신다면 안 가고 머무르겠습니다."

이에 과수원지기는 밥을 가져오기 위해 집으로 돌아갔다. 집에 당도하자 아내에게 물었다.

"밥이 다 됐소?"

"네, 다 됐어요."

그런데 그 나라의 식사법은 식구마다 따로 먹게 되어 있었으므로, 남편이 말했다.

"내 몫을 가져오시오. 마침 소중한 손님이 오셨으니 대접해야 되겠소."

아내가 생각하면서 말했다.[7)]

"남편은 사나이라, 노역에 종사해 추위와 더위도 무릅쓰고 일하는 터니, 밥을 자시지 않는다면 일을 못 해낼 것입니다. 저는 여자라 집에서 한가히 있는 처지니, 제 몫을 가져다가 손님에게 드리도록 하십시오."

그러자, 그 아들이 말했다.

"아버지 어머니는 늙으셨으니 잡수셔야 합니다. 제 몫을 드리도록 하십시오."

그 며느리가 말했다.

"시부모님과 제 남편이 각기 밥을 손님에게 주겠다 하시지만, 저야말로 나이 어리고 기운이 많아 기갈을 견딜 만합니다. 제 몫을 손님에게 드리도록 하십시오."

가장이 말했다.

"우리 식구 모두가 선심(善心)을 내어 보시(布施)[8)]하려 하니, 각자의 몫을 다 같이 조금씩 덜면 손님을 대접하기에 족할 것이다."

이리하여 각기 제 밥의 몫을 줄여서 스님을 대접했다.

— 《除恐災患經》

〔주〕 1)스님 : 원문은 '道人'. 160의 주. 2)현자 : 상대를 부르는 말. 존칭이 아니라, 단순한 호칭이다. āyasmat. 3)육체를 지닌 자 : 원문은 '有形'. 4)출가해 불도를 닦음 : 원문은 '捨家學道'. 5)육근 : 원문은 '諸根'. 764의 주. 6)보잘것이 없음 : 원문은 '色麤味酸'. 음식의 빛깔이 거칠고 맛이 시다는 뜻. 7)생

각하면서 말함 : 원문은 '念言'. 생각에 잠겨 중얼거리는 뜻이나, 여기서는 생각하며 말하는 것. 8)보시 : 원문은 '施'. 1056의 주.

제4장 사회(社會)

제1절 공덕(公德)

공덕의 종류

1596

도로[1)]의 큰 물 있는 곳에는 교량(橋樑)·선벌(船筏)[2)]을 만들어야[3)] 한다.

— 〈華嚴經〉

〔주〕 1)도로 : 원문은 '行路'. vartman. 2)선벌 : 배와 뗏목. 3)만듦 : 원문은 '造立'. 다리나 등 같은 것을 만드는 것.

1597

승방(僧房)[1)]·산림(山林)·전원(田園)을 세우며,[2)] 불탑(佛塔)[3)]을 만들며,[4)] 겨울·여름에 안거(安居)[5)]해 좌선할 곳과 온갖 수도(修道)할[6)] 곳을 다 이루어 놓아야 한다. 보살은 마땅히 온갖 중생을 위해 대승의 경률(經律)[7)]을 강설(講說)[8)]하며, 질병·국난(國難)·적난(賊難)이 있을 때나 부모·형제·화상(和尙)[9)]·아사리(阿闍梨)[10)]의 죽은 날과 삼칠일(日)과 칠칠일에도 대승의 경률을 강설해야 한다. 모든 재회(齋會)[11)]에 복을 구하여 치생(治生)[12)]을 행하며, 큰 불이 태울 때와 큰 물에 떠내려갈 때와 폭풍에 불리울 때와, 배나 강물·바다·나찰(羅刹)[13)]의 환난(患難)에도 마

땅히 이 경률을 독송(讀誦)[14]하고 강설해야 한다. — 〈梵網經〉

〔주〕 1)승방 : 교단의 건물. Ⓟsaṃghiko vihāro. 2)세움 : 원문은 '建立'. 3)불탑 : 부처님의 유골·유발·유품을 묻고, 그 위에 벽돌을 쌓아 만든 탑. stūpa. 4)만듦 : 원문은 '立作'. 세움. 5)안거 : 인도의 불교도는 우계(雨季)에 해당하는 4월 15일부터 3개월 동안 외출을 안 하고, 사원이나 동굴에 들어앉아 수도에 전념했다. 이것을 안거라 한다. 그러나 중국·한국·일본에서는 겨울에도 안거하여, 하안거(夏安居)·동안거(冬安居)라 구별했다. vārṣika. 6)수도함 : 원문은 '行道'. 829의 주. 7)경률 : 경(經)과 율(律). 8)강설 : 가르침을 설함. 강의함. 9)화상 : 1069의 주. 10)아사리 : 1069의 주. 11)재회 : 스님을 모아 식사를 보시하는 법회. 12)치생 : 565의 주. 13)나찰 : 395의 주. 14)독송 : 1476의 주.

〔풀이〕 '一切齋會에 福을 求하야 來治生을 行하며'라는 대목은, 원문에서 옮길 때에 착오가 생긴 것으로 보여 문의(文意)가 순탄치 못하다. 원전과 대조하지 못해 유감이다.

1598

보살은 보리도(菩提道)[1]를 수행(修行)할 때, 길을 잃은 중생에게 바른 길을 가르쳐 주며, 길의 와석(瓦石)과 가시덤불[2]을 제거하며, 건너야 할 물[3]이나 험한 곳에 다리를 놓으며, 어두운 곳을 위해 등불[4]을 단다.

— 〈大集經〉

〔주〕 1)보리도 : 깨달음에 이르는 길. ('修行菩提道' bodhāya ghaṭan··· bodhi=sattva-caryāyām <中論>). 2)가시덤불 : 원문은 '惡刺'. 사나운 가시. 가시나무. 刺는 '刺'와 같다. 3)건너야 할 물 : 원문은 '津途'. 물을 건너서 가야 할

길. 4)등불 : 원문은 '燈月'. 1487의 주.

1599

산림(山林) · 광야(曠野) · 타가(他家) · 성읍(城邑)[1] · 승방(僧房)[2] · 전목(田木)[3]과, 귀신이나 국유의 물건과, 그 밖의 온갖 주인 있는 물건을 고의로 불태우는 일이 있어서는 안 된다. — 〈梵網經〉

〔주〕 1)성읍 : 도시. grāma. 2)승방 : 1597의 주. 3)전목 : 밭머리에 서 있는 나무?

1600

수용존자(隨勇尊者)가 승방(僧房)[1] 중을 경행(經行)[2]하다가 갑자기 독사에 물렸다. 그 뱀은 몸이 가늘고 빛나서 매우 사나운 놈이었다. 수용존자는 곧 비구[3]를 불러 말했다.

"내가 독사에 물려 몸이 망가져 가고 있다. 어서 나를 승방 밖으로 옮겨서 만연(蔓延)하는 독[4]이 흘러나와 남을 해침이 없도록 해 달라." — 〈隨勇尊者經〉

〔주〕 1)승방 : 1597의 주. 2)경행 : 673의 주. 3)비구 : 원문은 '苾芻'. 455의 주. 4)만연하는 독 : 원문은 '延毒'. 번지는 독.

공덕의 과보(果報)

1601

황막(荒漠)한 길[1]에 좋은 우물을 파거나 과수(果樹)를 심어 숲을 만듦

으로써, 늘 구걸하는 사람에게 보시(布施)[2]하면 부동국(不動國)[3]에 태어난다. — 〈涅槃經〉

〔주〕 1)황막한 길 : 원문은 '曠路'. 나무도 없이 황폐한 길. 2)보시 : 원문은 '施'. 1056의 주. 3)부동국 : 색계(色界)의 제사선천(第四禪天).

1602

만약 다리를 놓거나 탈 것[1]을 널리 제공하거나 하면, 이 사람은 최상의 복[2]을 얻을 것이다. — 〈六趣輪廻經〉

〔주〕 1)탈 것 : 원문은 '車乘'. 781의 주. 2)최상의 복 : 원문은 '最上安隱'. paramabhava.

1603

길이나 골목에 나무를 심어 행인이 앉아서 쉬게 하며, 못이나 우물이라든가 도랑·물통 따위를 만들어 모든 사람에게 제공하면, 온갖 신분(身分)[1]에 고뇌(苦惱)를 받지 않게 될 터이다. — 〈毘耶婆問經〉

〔주〕 1)신분 : 신체의 부분. Ⓟaṅga.

1604

부처님께서 천제(天帝)[1]에게 이르셨다.

"일곱 가지 넓은 보시(布施)[2]가 있어서 복전(福田)[3]이라 일컫는바, 이를 행하는 자는 복을 얻어 범천(梵天)[4]에 태어난다. 일곱 가지란 무엇인가? 첫째는 불도(佛圖)[5]·승방(僧房)[6]·당각(堂閣)을 일으킴이요, 둘째는 과수원과 목욕하는 못[7]에 나무를 심어 그늘이 서늘케 하여 여러 사람에게 보시(布施)함이요, 셋째는 약을 주어 여러 병을 치료함이요, 넷째는 견고한 배를 만들어 사람들을 건너게 함이요, 다섯째는 다리를 잘 놓아 나그네들을 지나가게 함이요, 여섯째는 길 가까운 곳에 우물을 파서 목마른 사람이 먹을 수 있게 함이요, 일곱째는 화장실[8]을 만들어 대소변 볼 곳[9]을 제공함이다. 이것이 일곱 가지니, 이를 닦는 자는 범천에 태어나는 복을 누리느니라." — 〈諸德福田經〉

〔주〕 1)천제 : 제석천(帝釋天)을 이른다. 301의 '제석천'의 주. 2)넓은 보시 : 원문은 '廣施'. 광대한 보시. 3)복전 : 21의 주. 4)범천 : 699의 '범천계'와 같다. 5)불도 : thūpa의 오사(誤寫). 부도(浮圖). 탑(塔). 6)승방 : 1597의 주. 7)목욕하는 못 : 원문은 '浴池'. 8)화장실 : 원문은 '圊厠'. 변소. 9)대소변 볼 곳 : 원문은 '便利處'.

1605

여러 천신(天神)[1]이 게(偈)[2]로써 부처님께 여쭈었다.

"선(善)에 나아감은 누구이오며
천계(天界)에 태어남은 누구이오며
착한 공덕[3] 기름은 누구이니까?"

그 때에 세존(世尊)[4]께서 게를 설해 답하셨다.

"쓸쓸한 길[5]에 우물을 파며
과수(果樹) 심어 서늘한 숲을 이루며
다리 놓고 배 만들어 사람[6] 건네며
보시(布施)[7]를 행하고 계(戒)를 닦으며[8]
지혜 있어 탐심[9] 곧 버리는 이는

공덕이 밤낮으로 증장(增長)[10]하여서
언제나 천계(天界)에 태어나리라." — 〈僧祇律〉

〔주〕 1)천신 : 원문은 '天子'. 111의 '정거천자'의 주에서 밝힌 대로, 이 말은 천신(天神)의 뜻도 되고, 천신의 아들의 뜻도 된다. 2)게 : 9의 주. 3)공덕 : 208의 주. 4)세존 : 4의 주. 5)쓸쓸한 길 : 원문은 '曠路'. 1601의 주. 6)사람 : 원문은 '人民'. 24의 주. 7)보시 : 17의 주. 8)계를 닦음 : 원문은 '修戒'. 온갖 계를 실천해 버리지 않는 것. śila-bhāvanā. 9)탐심 : 원문은 '慳貪'. 515의 주. 10)증장 : 11의 주.

1606

세속의 어리석은 자들은 늘 자신의 즐거움을 추구하고 있으나, 도리어 심한 괴로움[1]을 얻는 결과가 되고 만다. 보살은 그렇지 않아서 언제나 남을 즐겁게 하기 위해 노력하는[2]바, 이리(二利)[3]를 성취하는 것은 말할 것도 없고, 다시 최고의 열반(涅槃)의 즐거움[4]마저도 얻는다.

— 〈大乘莊嚴經論〉

〔주〕 1)심한 괴로움 : 원문은 '極苦'. 2)노력함 : 원문은 '勤'. abhiyoga. 3)이리 : 상구보리(上求菩提)와 하화중생(下化衆生). 깨달음을 구하는 일과 중생을 제도하는 일. 자리(自利)와 이타(利他). 4)최고의 열반의 즐거움 : 원문은 '第一大涅槃樂'.

제2절 평화

불 · 보살의 평화

1607

세존(世尊)[1]께서 말씀하셨다.

"범부는 진실[2]을 모르기 때문에 세상에서 다툼[3]을 일으켜, 진실하다느니[4] 진실하지 않다느니[5] 하는 대립 관념(對立觀念)[6]에 빠져 있기 일쑤다. 그러나 나는 세상에서 다툼을 일으키는 일이 없으니, 현상 세계(現象世界)의 실상(實相)[7]을 샅샅이 알고 있기 때문이다. 부처님네의 설하신 가르침[8]에는 다 다툼이 없느니라." — 〈勝思惟梵天所問經〉

〔주〕 1)세존 : 4의 주. 2)진실 : 원문은 '法'. 46의 주. 3)다툼 : 원문은 '諍訟'. 111의 주. 4)진실함 : 원문은 '實'. 871의 주. 5)진실하지 않음 : 원문은 '不實'. 90의 주. 6)대립 관념 : 원문은 '二相'. 42의 주. 7)현상 세계의 실상 : 원문은 '世間實相'. 현상계의 참모습. 8)설하신 가르침 : 원문은 '所說法'. 1076의 주.

1608

보살마하살[1]은 온갖 중생[2]에 대해 부모 · 형제 · 처자 · 제 몸 같은 생각[3]을 갖는다. — 〈大般若經〉

〔주〕 1)보살마하살 : 1의 '보살'과 같다. 2)중생 : 원문은 '有情'. 306의 주. 3)생각 : 원문은 '想'.

1609

내가 맞대 놓고 하는 비난[1]이나 거친 말,[2] 이간질하는 말[3] 당하기를 좋아하지 않는 것처럼, 모든 사람들[4]도 그것들을 좋아하지 않는다. 그러므로 보살은 목숨을 잃는 한이 있더라도 거짓말[5]이나 이간질하는 말을 해서 서로 다투는[6] 일이 없다. — 〈大方便佛報恩經〉

〔주〕 1)맞대 놓고 하는 비난 : 원문은 '面毁'. 2)거친 말 : 원문은 '惡口'. 565의 주. 3)이간질하는 말 : 원문은 '兩舌'. 770의 주. 4)사람들 : 원문은 '衆生'. 1의 주. 5)거짓말 : 원문은 '妄言'. 565의 '망어'와 같다. 6)다툼 : 원문은 '鬪亂'. 다투어 어지러워짐.

1610

보살은 평형(平衡)이 깨지는[1] 것을 좋아하지 않아서 다툼[2]을 잘 화합(和合)시킨다. — 〈大般若經〉

〔주〕 1)평형이 깨짐 : 원문은 '乖違'. 신체를 구성하는 세 요소(風·熱·痰)의 평형이 깨지는 것. 여기서는 조화가 깨지는 뜻. 2)다툼 : 원문은 '諍訟'. 111의 주.

평화의 방법

1611

곧은 것을 남에게 양보하고[1] 잘못을 이끌어 자기에게 향하게 하면, 다툴[2] 것이 없어진다. — 〈涅槃經〉

〔주〕 1)양보함 : 원문은 '推'. 2)다툼 : 원문은 '諍訟'. 111의 주.

1612

무기[1)]를 드러내 사람들을 위협해 서로 해칠 경우에는, 교화해서 화합케 하여 정법(正法)[2)]으로 인도해야 한다. —〈大般涅槃經〉

〔주〕 1)무기 : 원문은 '刀兵'. śastra. 2)정법 : 252의 주.

1613

이기면 원망을 낳고, 지면 스스로 열등감에 빠진다. 승부를 다투려는 마음만 버린다면, 다툼이 없어져서 편안해질 것이다. —〈法句經〉

1614

인내(忍耐)[1)]는 자타(自他)의 평화를 낳는다. 자신이 노여움[2)]의 과실에 의해 더럽혀지지 않으면 자기를 평화롭게 함이요, 이미 분해하고 원망하지만 않는다면 남을 괴롭히지 않는 것이 될 것이니, 이는 바로 남을 평화롭게 함이다. —〈攝大乘論〉

〔주〕 1)인내 : 원문은 '忍'. adhivāsana. 2)노여움 : 원문은 '瞋恚'. 408의 주.

1615

교단(教團)[1)]이 파괴[2)]되는 것을 보았을 때는 능히 화합(和合)[3)]하며, 남의 착한 일은 들어올리되 타인의 잘못[4)]은 숨기며, 남의 부끄러운 일에[5)] 대하여는 종내 말하지 않으며, 남의 비밀[6)]을 들었을 경우에는 다른 사람을 향해 말하지 않으며, 세상의 갖가지 일[7)]을 하되 주서(呪誓)[8)]는 하지 않으며, 조금의 은혜를 자기에게 베푼 자가 있을 때에는 크게 갚을 것을 생각하며, 자기를 원망하는 사람에게 항상 선심(善心)을 일으키며, 저를 해치는 자와 사랑하는 자[9]가 같은 고통에 빠져 있을 때는 해치는 자를 먼저 구하며, 욕하는 자를 만나면 도리어 가엾이 여기는 마음을 일으키며, 때리는 자를 보았을 때는 비심(悲心)[10]을 일으키며, 온갖 중생을 보되 부모와 같이 해야 한다. — 〈優婆塞戒經〉

〔주〕 1)교단 : 원문은 '衆'. 승가(僧伽). saṃgha. 2)파괴 : 원문은 '離壞'. 분열되고 깨어짐. 3)화합 : 1224의 주. 4)잘못 : 원문은 '過咎'. 749의 주. 5)부끄러운 일에 : 원문은 '慚恥處'. '處'는 어격(於格)을 나타낸다. '처'에 대하여는 1413의 주. 6)비밀 : 원문은 '秘事'. 비밀에 속하는 일. 7)세상의 갖가지 일 : 원문은 '世事'. loka-saṃvyavahāra. 8)주서 : 부처님의 이름을 들어 제 말이 진실함을 맹세하는 것. 9)저를 해치는 자와 사랑하는 자 : 원문은 '怨親'. 497의 주. 10)비심 : 215의 주.

1616

세상을 수호하는 사람[1]은 여덟 가지 도리를 가지고 세상을 수호한다. 첫째는 언행(言行)이 들어맞아[2] 어긋나지 않음이다. 둘째는 집안 어른[3]을 존경해 가벼이 여기지 않음이다. 셋째는 말이 부드러워 거친[4] 데가 없음이다. 넷째는 저를 낮추고[5] 공손해서 늘 겸손의 뜻을 지님이다. 다섯째는 늘 질박(質朴)하여 아첨이 없음이다. 여섯째는 인화(仁和)[6]를 닦아 비위를 맞추는[7] 일이 없음이다. 일곱째는 온갖 악이 없음이다. 여덟째는 선근(善根)[8]으로써 세상에 적응함[9]이다. — 〈大寶積經〉

〔주〕 1)세상을 수호하는 사람 : 원문은 '護世者'. '護世'는 구세주의 뜻이어서

부처님을 가리키는 말로 쓰이나, 여기서는 문자 그대로의 뜻인 듯하다. 2)들어맞음 : 원문은 '相應'. 1150의 주. 3)집안 어른 : 원문은 '尊長'. 제 집의 연장자. 4)거칠다 : 원문은 '麤獷'. 768의 주. 5)저를 낮춤 : 원문은 '謙下'. 겸손. 6)인화 : 인자함. 어진 덕과 화평한 덕. 7)비위를 맞춤 : 원문은 '佞飾'. 비위를 맞추어 말을 꾸미는 것. 8)선근 : 원문은 '德本'. 372의 주. 9)적응함 : 원문은 '隨順'. 97의 주.

평화의 이익

1617

다른 나라 군대가 침범해[1] 왔을 때, 그 강약(强弱)[2]을 잘 판단한 다음에 방편으로서의 지혜[3]를 써서 평화리(平和裏)에 문제를 해결한다면, 이런 사람은 의당 천주(天主)[4]가 될 것이다. — 〈諸法集要經〉

〔주〕 1)침범함 : 원문은 '侵暴'. 2)강약 : 원문은 '勇悍怯弱'. '용한'은 용맹하고 사나운 것. '겁약'은 겁이 많아 약한 것. 3)방편으로서의 지혜 : 원문은 '權智'. 임기응변의 지혜. 4)천주 : 410의 주.

1618

보살은 남이 싸우는[1] 것을 보면, 즐겨 풀어 주어[2] 화목하게[3] 만든다. 그러므로 후세(後世)[4]에도 인간계(人間界)[5]에 태어나 떠남[6]이 없게 마련이다. — 〈太子和休經〉

〔주〕 1)싸움 : 원문은 '鬪變'. 싸우는 변사(變事). 2)풀어 줌 : 원문은 '救解'. 구해서 풀어 줌. 3)화목함 : 원문은 '和合'. 1224의 주. 4)후세 : 468의 주. 5)인간계 : 원문은 '人道'. 895의 주. 6)떠남 : 원문은 '別離'. 인간 관계의 '이별'이

아니라, 인간계를 떠난다는 뜻으로 쓰인 말.

1619

늘 가엾이 여기는[1] 마음을 일으켜 교단[2]의 분쟁을 화합시키면, 반드시 해탈문(解脫門)[3]을 여는 것이 되리라. ―〈普曜經〉

〔주〕 1)가엾이 여김 : 원문은 '愍哀'. 2)교단 : 원문은 '衆'. 1615의 주. 그러나 이 말에는 '대중'·'단체' 등의 뜻도 있는바, 원본을 검토 안 했으므로 그 어느 의미로 쓴 것인지 확실치 않다. 3)해탈문 : 970의 주.

1620

보살은 세세(世世)[1]에 무기[2]를 만드는 일이 없다. 사람들로 하여금 서로 해치지 않게 하기 위함이다. 그러므로 부처님께서 길을 가실 때에는 가시·기와 조각이나 돌멩이·언덕[3] 따위는 다 저절로 제거된다.

―〈菩薩行五十緣身經〉

〔주〕 1)세세 : 548의 주. 2)무기 : 원문은 '弓弩刀兵'. 활과 쇠뇌와 칼 따위의 무기. 3)언덕 : 원문은 '丘墟'. '墟'는 큰 언덕.

평화 아닌 것의 해

1621

아난(阿難)[1]이 존나(尊那)[2]라는 사문(沙門)[3]에게 말했다.

"외도(外道)[4]가 분쟁을 일으키려 한대도 같이 싸우지 말라. 분쟁을 일으키면 많은 사람을 이롭게 하지 못할 뿐 아니라, 많은 사람으로 하여금 온갖 고뇌를 맛보게 할 것이며, 심지어 모든 천인(天人)들[5]에게까지도 이로움이 없을 뿐 아니라 고뇌를 주는 결과가 될 것이다."

— 〈息諍因緣經〉

〔주〕 1)아난 : 6의 주. 2)존나 : 1509의 주. 3)사문 : 265의 주. 4)외도 : 8의 주. 5)천인들 : 원문은 '天人衆'. 천계(天界)에 사는 신(神)들. 신들과 사람들의 뜻도 있으나, 여기서는 전자의 의미.

1622

교단(敎團)[1]을 파괴하면, 이 사람은 무간지옥(無間地獄)에 떨어질 죄[2]를 낳은 것이 되고, 무간지옥에 떨어질 업(業)[3]을 이룬 것이 된다.

— 〈根本有部毘奈耶律〉

〔주〕 1)교단 : 원문은 '和合衆'. 575의 '화합승'과 같다. 2)무간지옥에 떨어질 죄 : 원문은 '無間獄罪'. 3)무간지옥에 떨어질 업 : 원문은 '無間獄業'. 오역죄(五逆罪)를 이른다. 61의 '역죄' 참조.

1623

적[1]과 싸워서 무기로 해치면 동조옥(銅爪獄)[2]에 떨어진다.

— 〈六趣輪廻經〉

〔주〕 1)적 : 원문은 '寃敵'. 2)동조옥 : 악귀가 구리로 된 손톱으로 할퀴는 지옥인 듯.

1624

부처님께서 말씀하셨다.

"나는 속인(俗人)[1]이 남을 헐뜯는[2] 소리를 들어도 믿지[3] 않노니, 갖가지 도리에 벗어난[4] 비방을 일삼는 자는 대죄(大罪)를 지음이 되리라. 만약 교단(敎團)[5]이 화합(和合)[6]치 못해서 국왕 앞에 나아가 헐뜯는 자는 비법(非法)[7]이라 해야 하며, 만약 교단이 화합치 못해서 바라문(婆羅門)[8]들 있는 곳에 나아가 헐뜯는 자는 비법이라 해야 하며, 만약 교단이 화합치 못해서 왕의 권속[9]과 대신들 앞에 나아가 헐뜯는 자는 비법이라 해야 하며, 만약 교단이 화합치 못해서 세속 사람[10]들 있는 곳에 나아가 헐뜯는 자는 비법이라 해야 하며, 만약 교단이 화합치 못해서 부인이나 어린이 앞에 나아가 헐뜯는 자는 비법이라 해야 하며, 만약 교단이 화합치 못해서 정인(淨人)[11] 앞에 나아가 헐뜯는 자는 비법이라 해야 하며, 만약 교단이 화합치 못해서 비구니(比丘尼)[12]들 앞에 나아가 헐뜯는 자는 비법이라 해야 하며, 만약 교단이 화합치 못해서 원망하고 싫어하는 사람 앞에 나아가 헐뜯는 자는 비법이라 해야 하며, 만약 교단이 화합치 못해서 노여움[13]을 품어 서로 헐뜯는 자는 비법이라 해야 한다."

— 〈大方廣十輪經〉

〔주〕 1)속인 : 세속 사람. 가정생활을 하는 사람. gihin. 2)헐뜯음 : 원문은 '譏訶'. Ⓟnindā. 3)들어서 믿음 : 원문은 '聽受'. 301의 주. 원래는 부처님의 가르침을 들어서 믿는 뜻. 4)도리에 벗어남 : 원문은 '非法'. 36의 주. 5)교단 : 원문은 '僧'. 20의 '삼보'의 주 참조. 6)화합 : 1224의 주. 7)비법 : 36의 주. 8)바라문 : 244의 주. 9)권속 : 537의 주. 10)세속 사람 : 원문은 '白衣'. 666의 주. 11)정인 : 비구에게 어울리지 않는 물건을 보관하든가, 어울리게 해서 그 편의를 보아 주는 급시자(給侍者). Ⓟkappiya-kārākā. 또는 절에서 일하는 사

람. ārāmika. 12)비구니 : 455의 '필추니'와 같다. 13)노여움 : 원문은 '瞋恚心'. 1034의 주.

1625

옛날에 한 비구(比丘)[1]가 분쟁[2] 일으키기를 좋아하여 여러 스님들과 다투고, 온갖 쓸데없는 말[3]을 해서 화합[4]할 줄을 몰랐다. 그래서 먼저 있던 비구들은 싫어하여 떠나갔고, 새 사람들은 오지 않았다. 이 죄로 말미암아 비구는 지옥 속에서 헤아릴 길 없는 괴로움을 받고, 그것이 끝난 뒤에도 지옥의 여죄(餘罪) 때문에 죄업신(罪業身)[5]을 받고 태어나 온갖 괴로움을 계속 겪어야 했다. —〈雜阿含經〉

〔주〕 1)비구 : 84의 주. 2)분쟁 : 원문은 '諍訟'. 111의 주. 3)쓸데없는 말 : 원문은 '口舌'. 4)화합 : 1224의 주. 5)죄업신 : 1380의 주.

1626

옛날에 낡은 집이 있었는데, 거기에는 악귀(惡鬼)가 있다는 소문이 나돌아 누구나 무서워해서, 감히 그 집에 들어가 자려는 엄두를 못 냈다. 어느 날, 대담함을 자처하는 사람이 나타나 하룻밤 자고 가겠다고 큰소리치면서 그 집으로 들어갔다. 그런데 이 사람보다도 더 대담하다고 자처하는 사람이 있었는바, 남으로부터 이 집에 귀신이 있다는 말을 들었다. 그리하여 그 집에 들어가고자 하여 문을 밀치고 나아가려 했으나[1] 먼저 들어가 있던 자는 귀신이 들어오는 줄만 알고, 자기도 문을 밀고 길을 막아 못 들어오게 했다. 뒤에 들어오던 자도 먼저 와 있던 사람을 귀신으로 착각했을 것은 말할 것도 없다. 두 사람은 정신없이 엎치락뒤치락 싸웠고, 날이 밝아서야 서로 바라보고 상대가 귀신이 아니라는 것을 알았다고 한다. 온갖 세속 사람들도 마찬가지다. 인연(因緣)[2]이 잠시 모인 것뿐 실체(實體)[3]란 어디에도 없거니, 하나하나 잘 고찰해 볼 때 무엇이 나(我)[4]란 말인가? 모든 중생들이 시비를 그릇되이 헤아리고[5] 분쟁[6]을 억지로 일으킴이 저 두 사람과 다를 것이 없다. — 〈百喩經〉

〔주〕 1)나아가려 함 : 원문은 '將前'. 前은 進의 뜻. 2)인연 : 2의 주. 3)실체 : 원문은 '主宰'. 주인. 4)나 : 원문은 '我'. 79의 주. 5)그릇되이 헤아림 : 원문은 '橫計'. 6)분쟁 : 원문은 '諍訟'. 111의 주.

1627

논쟁[1]하는 일에는 과실이 많이 따르지만, 논쟁하지 않는[2] 일에는 공덕(功德)[3]이 구비돼 있다. 만약 불도(佛道)를 닦는 사람[4]이 있다면 항상 인욕(忍辱)[5]에 머물러야 할 것이다. — 〈大寶積經〉

〔주〕 1)논쟁 : 원문은 '諍論'. 868의 주. 2)논쟁하지 않음 : 원문은 '無諍'. Ⓟ avivadamāno… 3)공덕 : 20의 주. 4)불도를 닦는 사람 : 원문은 '修行者'. yogin. 5)인욕 : 151의 '인'과 같다.

제3절 계급

계급의 융화

1628

사하(四河)[1)]가 각기 다르되 바다에 들어가면 강으로서의 이름이 없어지고 말듯, 사성(四姓)[2)]의 차이가 있다 해도 사문(沙門)[3)]이 되고 나면 다 부처님의 제자[4)]라 일컬어질 뿐이다. — 〈增一阿含經〉

〔주〕 1)사하 : 남섬부주의 중앙에 있는 못(Anavatapta)에서 흘러나오는 네 개의 큰 강. 항하(恒河 : Gaṅgā)·신도하(信度河 : Sindhu)·박추하(縛芻河 : Vakṣu)·사타하(私陀河 : Sitā). 2)사성 : 네 가지 사회계급. 바라문(婆羅門 : brāhmaṇa)은 바라문교의 사제자(司祭者). 찰제리(刹帝利, kṣatriya)는 백성을 지배하는 왕족. 폐사(吠舍 : vaiśya)는 농(農)·공(工)·상(商)의 서민. 수타라(首陀羅 : śūdra)는 천민. cātur-varṇa. 3)사문 : 265의 주. 4)부처님의 제자 : 원문은 '釋種'. 석가족(釋迦族). 불제자(佛弟子)의 뜻으로 전용된다.

1629

우바리(優婆離)[1)]는 천한[2)] 계급[3)]이었으나 출가(出家)[4)]한 후로는 남의 천대를 받지 않았다. 한번은 아난(阿難)[5)]이 부처님께 여쭈었다.

"세존(世尊)[6)]이시여, 우바리는 천민이옵니다. 그럼에도 불구하고 출가를 허용하셨으니, 모든 왕족을 욕되게 함이 아니오리까? 그는 출가한 이래로, 중생들로 하여금 불경심(不敬心)이 늘어나 신심(信心)[7)]을 더럽힘으로써 길이 큰 복전(福田)[8)]을 잃게 하는 구실을 해 왔습니다."

그 때, 부처님께서 아난에게 이르셨다.

"아난아, 나에게 평등한 대비(大悲)[9]가 없다고 말할지언정 우바리를 천하다고는 말하지 말라. 그가 비록 천민 계급에서 나오기는 했어도 호법(護法)[10]·지율(持律)[11]에는 제일인자(第一人者)니, 그는 중생으로 하여금 삼종묘과(三種妙果)[12]를 얻게 하는 사람임이 분명하다. 그러므로 천히 여길 것이 아니라 존경[13]해야 하느니라." — 〈大方便佛報恩經〉

〔주〕 1)우바리 : 1539의 주. 2)천함 : 원문은 '下賤'. 1072의 주. 3)계급 : 원문은 '姓'. 신분의 계급. jāti. 4)출가 : 27의 주. 5)아난 : 6의 주. 6)세존 : 4의 주. 7)신심 : 555의 주. 8)복전 : 21의 주. 9)평등한 대비 : 원문은 '平等大悲'. 중생들을 평등히 대하는 불·보살의 자비. 10)호법 : 불법(佛法)을 지키는 것. śāsanasya rakṣakāḥ. 11)지율 : 계율을 지니는 것. 12)삼종묘과 : 바른 깨달음. 바른 깨달음의 뜻인 saṃbodhi를 '三菩提'로 음사해 왔는데, 이것을 다시 '三種菩提'라고 쓴 경전도 있다. '三'은 단순한 음사(音寫)여서 '세 가지'나 '세 가지 종류'의 뜻은 아니건만 '三'이라는 문자에 얽매여 빗나간 번역이다. 묘과(妙果)도 깨달음의 역어(譯語)이므로 '三菩提'의 전례를 따라 '三妙果'·'三種妙果'라는 말이 쓰인 것이니, 묘과(妙果)에 세 가지 종류가 있는 듯 오해해서는 안 된다. 13)존경 : 원문은 '供養'. 17의 주.

1630

부처님께서 이 경을 설하실 때, 걸식(乞食)하는 사람[1]이 자리에서 일어나 공경하는 마음을 나타내고 부처님께 여쭈었다.

"세존(世尊)[2]이시여, 저는 이제 지옥[3]에 떨어지지 않고자 하오며, 또 부처님과 더불어 논쟁[4]할 생각도 없나이다. 저는 예전에, 나는 최고의 깨달음[5]을 얻고 싶어도 집이 워낙 가난하므로 바랄 수 없다고 생각했삽거니와, 지금 보살의 초심(初心)[6]을 찬탄하시는 것을 듣잡건대 빈부·귀천을 구별하심이 없으셨습니다. 세존이시여, 저도 최고의 깨달음 구하는 마음을 일으켜, 스스로 제 몸을 가벼이 함이 없으려 하나이다."

부처님께서 그에게 이르셨다.

"걸식하는 사람이여, 그대의 말이 참으로 좋도다. 이제부터 나를 따라 최고의 깨달음 구하는 마음[7]을 일으키라."

사리불(舍利弗)[8]이 말했다.

"놀라운 일입니다.[9] 이렇게 천한 사람이라도 최상의 귀중한 가르침[10]을 성취할 수 있다니! 더구나 지혜 있는 사람이야 어떻게 천시할[11] 수 있사오리까?"

부처님께서 사리불에게 이르셨다.

"사리불아, 남을 천시하는 자는 저를 해치는 사람이니라."

— 〈華手經〉

〔주〕 1)걸식하는 사람 : 원문은 '乞食人'. 인도의 비구는 탁발에 의존해 생활했으므로 이 말은 '탁발하는 비구'의 뜻이 된다. 그러나 여기서는 집이 가난해서 밥을 빌어먹는 사람의 뜻. 거지. 2)세존 : 4의 주. 3)지옥 : 원문은 '深坑'. 깊은 구멍. chidra. 그러나 여기서는 딴 뜻으로 쓰이었는데, 원전을 보지 못해서 지옥의 뜻인지 죄악의 뜻인지 불확실하다. 4)논쟁 : 원문은 '諍'. vivāda. 5)최고의 깨달음 : 원문은 '阿耨多羅三藐三菩提'. 17의 주. 6)초심 : 처음으로 깨달음 구하는 마음을 일으키는 것. 초발심(初發心). 7)최고의 깨달음 구하는 마음 : 원문은 '無上道心'. 1375의 주. 8)사리불 : 41의 '사리자'와 같다. 9)놀라운 일임 : 원문은 '希有'. 43의 주. 10)최상의 귀중한 가르침 : 원문은 '上妙貴法'. 11)천시함 : 원문은 '輕賤'.

1631

부처님께서 기원정사(祇園精舍)[1]에 계실 때, 하루는 모든 제자에게 이

같이 이르셨다.

"고귀한 가문[2]에서 출가(出家)했다 해서 저를 귀히 여기고 남을 천시하는 자는 훌륭한 사람[3]이 아니요, 가르침을 실천하되 법대로[4] 진리[5]로 나아가서 저를 귀히 여기지 않고 남을 천시하지 않는 자가 훌륭한 사람이다. 용모가 아리땁다는[6] 이유로 해서 저를 귀히 여기고 남을 천시하는 자는 훌륭한 사람이 아니요, 음(婬)·노(怒)·치(癡)[7]를 끊어서 저를 귀히 여기지 않고 남을 천시하지 않는 자가 훌륭한 사람이다. 재담(才談)이나 교묘한 화술[8]이 있다 해서 저를 귀히 여기고 남을 천시하는 자는 훌륭한 사람이 아니며, 독경(讀經)을 할 줄 안다거나 계율을 지키고[9] 있다거나 학문을 논할 수 있다 해서 저를 귀히 여기고 남을 천시하는 자도 훌륭한 사람이 아니며, 분의(糞衣)[10]를 입고 있다 해서 저를 귀히 여기고 남을 천시하는 자도 훌륭한 사람이 아니며, 산림(山林)의 나무 밑에 앉아 수도하고 있다 해서 저를 귀히 여기고 남을 천시하는 자도 훌륭한 사람이 아니며, 초선(初禪)[11]의 경지를 얻었다 해서 저를 귀히 여기고 남을 천시하는 자도 훌륭한 사람이 아니며, 사선(四禪)[12] 이상의 과(果)[13]를 얻었다 해서 저를 귀히 여기고 남을 천시하는 자도 훌륭한 사람이 아니다. 그러므로 훌륭하지 못한 사람의 행위를 버리고 훌륭한 사람의 선행(善行)[14]을 취해야 할 것이다."

— 〈中阿含經〉

〔주〕 1)기원정사 : 372의 주. 2)고귀한 가문 : 원문은 '豪貴族種'. Ⓟuccakula. 3)훌륭한 사람 : 원문은 '眞人'. Ⓟsappurisa. 4)법대로 : 원문은 '如法'. 455의 주. 5)진리 : 원문은 '眞諦法'. 1155의 주. 6)용모가 아리따움 : 원문은 '端正'. 503의 주. 7)음·노·치 : 탐(貪)·진(瞋)·치(癡)와 같다. 245의 '삼독'의 주. 원문의 '邪婬怒癡'에서 '邪'는 연문(衍文)이다. 8)교묘한 화술 : 원문은 '談工'. 9)계율을 지킴 : 원문은 '持戒'. 151의 주. 10)분의 : 780의 '분소의'와 같다.

11)초선 : 욕계(欲界)의 미혹에서 벗어나 색계(色界)에 태어나는 네 단계의 명상법(禪定)을 사선(四禪)이라 하는바, 그 첫 단계. 각(覺)·관(觀)·희(喜)·낙(樂)·일심(一心)의 다섯 가지. 12)사선 : 제사선(第四禪)의 준말. 사선(四禪)의 넷째 단계. 불고불락(不苦不樂)·사(捨)·념(念)·일심(一心)의 네 가지로 이루어진다. 13)과 : 409의 주. 14)선행 : 원문은 '法'. 32의 주.

1632

처음으로 출가(出家)[1]해서 이해한 것[2]이 없는데도 현명해 지혜가 있는 것을 믿는다든가, 고귀한 신분이나 나이 많은[3] 것을 믿는다든가, 혹은 큰 가문,[4] 고귀한 집안,[5] 큰 이해력,[6] 큰 공덕(功德),[7] 많은 재산[8] 따위를 믿는다든가 해서, 이것 때문에 교만해진 나머지 선배[9]인 법사(法師)[10]에게 경률(經律)[11]을 묻지[12] 않는 자는 경구죄(輕垢罪)[13]를 범하는 것이 된다.

— 〈梵網經〉

〔주〕 1)출가 : 27의 주. 2)이해한 것 : 원문은 '所解'. 자기가 이해한 내용. 수행한 결과로 제가 얻은 경지. 3)나이 많음 : 원문은 '年宿'. 4)큰 가문 : 원문은 '大姓'. 고귀한 가문. Ⓟucca-kula. 5)고귀한 집안 : 원문은 '高門'. 6)큰 이해력 : 원문은 '大解'. 지식상의 큰 이해력. 7)큰 공덕 : 원문은 '大福'. 8)많은 재산 : 원문은 '饒財'. 9)선배 : 원문은 '先學'. 불도를 먼저 배운 사람. 10)법사 : 874의 주. 11)경률 : 1597의 주. 12)물음 : 원문은 '諮受'. 13)경구죄 : 1550의 주.

불문(佛門)의 계급

1633

"불자(佛子)[1]야, 마땅히 법과 같이[2] 순서대로 앉아야 한다. 먼저 계(戒)를 받은[3] 사람은 앞자리에 있고 뒤에 계를 받은 사람은 뒷자리에 있어야 하는 것이니, 노소(老少)의 비구・비구니거나 귀인・국왕・왕자거나 내지는 고자[4]・노비(奴婢)거나간에, 먼저 계를 받은 사람은 앞자리에 앉고 뒤에 계를 받은 사람은 차례에 따라 앉아야 하느니라."

— 〈梵網經〉

〔주〕 1)불자 : 78의 주. 2)법과 같이 : 원문은 '如法'. 455의 주. 3)계를 받음 : 원문은 '受戒'. 1605의 주. 4)고자 : 원문은 '黃門'. 황문은 궁문인바, 고자가 지켰기 때문에 내시를 황문이라 한다. ṣaṇḍhapaṇḍa.

1634

비구는 상하(上下)를 분별해서 남의 자리를 침범하지 말아야 한다.

— 〈出曜經〉

1635

만약 불법(佛法)을 구하는[1] 사람이라면, 마땅히 가문(家門)[2] 따위는 따지지 말아야 한다. 비록 고귀한 가문[3]에 태어났다 해도 극악한 행위를 한다면 사람들이 다 욕할[4] 것이니, 이는 천하다고[5] 불러야 할 것이며, 가문은 낮다 해도 실제로 도행(道行)[6]이 있을 때는 사람마다 존경해 받들 것이어서, 이는 존귀하다고 해야 할 것이다. 덕행(德行)[7]이 충만하다면 어떻게 존경치 않으랴? 요컨대 마음이 악하면 몸이 천해지고,[8] 마음이 착하면 몸이 귀해지는 것뿐이다.

— 〈大莊嚴經論〉

〔주〕 1)불법을 구함 : 원문은 '求法'. 1219의 주. 2)가문 : 원문은 '種姓'. 75의 주. 3)고귀한 가문 : 원문은 '上族'. 4)욕함 : 원문은 '訶責'. 꾸짖음. 비난함. avasādayati. 5)천함 : 원문은 '下賤'. 1072의 주. 6)도행 : 불도의 수행. 7)덕행 :

106의 주. 8)몸이 천함 : 원문은 '形賤'.

1636

부모와 형제를 때리고 욕하여 존비(尊卑)의 질서가 없으면, 부문(負門)[1]에 떨어진다.

— 〈雜阿含經〉

〔주〕 1)부문 : 1381의 주.

제5장 국가(國家)

국왕의 선정(善政)

1637

엄치왕(嚴熾王)이 니건자(尼乾子)[1)]에게 물었다. "대사(大師)[2)]여, 모든 왕들은 어째서 왕이라 부르는 것입니까?" 니건자가 대답했다.

"대왕이시여, 왕이란 백성의 부모여서, 도리[3)]에 의거해 사람들을 거두어 보호하여[4)] 편안케 해주는 까닭에 왕이라 부르는 터입니다. 대왕이시여, 왕은 백성 기르기를 갓난애 기르듯이 해야 합니다. 왜냐하면, 대왕이시여, 왕자(王者)가 설 수 있는 것은 백성을 위주로 하여 나라를 이루기 때문이어서, 민심이 안정되지 못할 경우에는 나라 또한 위태로워질 수밖에 없는 까닭입니다. 그러므로 왕이 된 사람은 늘 백성을 걱정하되, 갓난애라도 생각하는 듯 마음에서 떠나지 말아야 합니다. 따라서 왕은 의당 제 나라 백성들의 괴로워하고 즐거워하는 실정을 정확히 파악하고 있어야 하는 것이니, 계절에 맞추어 국내를 순시(巡視)[5)]함으로써 수해와 가뭄과 풍우의 피해가 있는지를 살펴서 알고 있어야 하며, 곡식의 익고 안 익음을 알고 있어야 하며, 흉풍(凶豊)[6)]과 유무(有無)와 우희(憂喜)와 노소(老少)를 알고 있어야 하며, 병들어 있는지 건강한지를 알고 있어야 하며, 모든 감옥의 소송[7)] 사건에 대해 알고 있어야 하며, 유죄·무죄의 판결이 가벼운지 무거운지를 알고 있어야 하며, 모든 왕자와 대신과 관리들의 유공(有功)·무공(無功)을 알고 있어야 합니다. 이렇게 알고 있어야만 백성을 걱정하는 생각이 마음에서 떠나지 않는다고 할 수 있습니다. 대왕이시여, 국내의 실정을 이렇게 알고 나서 왕의 권력으로 보호해서, 도와주어야 할 사람에게는 때에 맞추어 주도록 하고, 거두어들여야 할 사람에 대하여는 잘 헤아려서 시행하며, 백성을 노역(勞役)에 쓸 경우에는 시기를 적절히 함으로써 백성의 이익을 침해하지 않으며, 탐람한 횡포[8]를 금지하여 백성이 안락하게 살도록 해준다면, 이것을 거두어 보호한다 하고, 이것을 왕이라 하는 것입니다."

— 〈尼乾子經〉

〔주〕 1)니건자 : 1365의 주. 2)대사 : 1365의 주. 3)도리 : 원문은 '法'. 46의 주. 4)거두어 보호함 : 원문은 '攝護'. 966의 주. 5)순시 : 원문은 '按行'. 6)흉풍 : 원문은 '豊儉'. '儉'은 흉년. 7)감옥의 소송 : 원문은 '獄訟'. 형사적 소송. 8)탐람한 횡포 : 원문은 '貪暴'.

1638

엄치왕(嚴熾王)이 니건자(尼乾子)[1]에게 물었다.

"대사(大師)[2]여, 어떤 도리[3]를 왕도(王道)[4]라 불러서, 그 도리[5]에 의거해 모든 소왕(小王)[6]으로 하여금 나라와 백성을 다스려서 백성들을 보호하게 할 수 있겠습니까?"

니건자가 대답했다.

"대왕이시여, 모든 그릇된[7] 탐욕[8]의 마음을 떠나며, 그릇된 진에(瞋恚)[9]의 마음을 떠나며, 그릇된 우치(愚癡)[10]의 마음을 떠나서, 대치(對治)[11]에 의지하며, 실체(實體)[12]에 의지하며, 차별에 의지하며, 이익에 의지해야 합니다. 대치에 의지하고 차별에 의지한다 함은 제거되어야 할 일[13]에 대립하는 개념이니, 소위 탐욕을 안 내는 선근(善根),[14] 진에를 안

내는 선근, 우치를 안 내는 선근입니다. 어떻게 해서 제거되어야 할 일과 제거하는 자[15]가 생겨나는 것이겠습니까? 제거되어야 할 일이란 방일심(放逸心)[16]과 무자심(無慈心)[17]을 이름이요, 제거하는 자란 도리에 맞는 행위[18]를 실천하는 왕의 불방일심(不放逸心)과 대자비심을 이름입니다. 몸의 무상(無常)[19]함과 자생(資生)[20]의 무상함을 알며, 몸을 스스로 잘 관찰하여 모든 과실을 보고, 있는 그대로[21] 알아서, 수용(受用)[22]하고 있는 자생을 멀리하면서 도리에 맞는 행위를 실천하는 왕이라면, 무엇이건 자유로이 할 수 있는 경우라도 그릇된 일[23]은 행하지 않을 것이니, 이것을 불방일심이라고 합니다. 대왕이시여, 마땅히 아시기 바랍니다. 왕도에 입각해서 얻어서는 안 될 물건은 취하지 아니하며, 얻어도 될 것이라 해도 시기가 적절치 않으면 취하지 않으며, 시기에 맞추어 얻어도 되는 물건이라도 빈민을 괴롭히면서는[24] 취하지 않으며, 세상이 험악한 고난, 도둑 때문의 고난, 빈약자로 인한 고난, 서로 해치는 고난에 직면했다면, 이런 곤란한 때에는 마땅히 자비심을 일으켜서 위험을 피하지 않고 모든 사람들을 보호하여, 가난한 자에게는 의식을 주고 악을 행하는 자는 선법(善法)[25]으로 가르쳐야 할 것이니, 이것을 자심(慈心)[26]이라 합니다. 대왕이시여, 마땅히 아시옵소서. 이 두 가지 도리에 의지하는 일, 그것을 도리에 맞는 행위를 실천하는 왕의, 백성을 바로 지켜 가는 불방일심과 대자비심이라 하는 것입니다."

— 〈尼乾子經〉

〔주〕 1)니건자 : 1365의 주. 2)대사 : 1365의 주. 3)도리 : 원문은 '法'. 46의 주. 4)왕도 : 원문은 '王論'. 왕이 지켜야 할 도리. '論'은 '倫'과 통용되어서 조리(條理)의 뜻. 5)도리 : 원문은 '論法'. 6)소왕 : 왕 밑에 있는 지배자들. uparāja. 7)그릇됨 : 원문은 '顚倒'. 139의 주. 8)탐욕 : 54의 '탐'과 같다. 9)진에 : 408의 주. 10)우치 : 107의 주. 11)대치 : 235의 주. 12)실체 : 사물. 그 자

체. dravya. 13)제거되어야 할 일 : 원문은 '所治法'. vipakṣa. 14)선근 : 17의 주. 15)제거하는 자 : 원문은 '能治法'. 수행에 의해 제거하는 자. 번뇌나 악을 고치는 자. pratipakṣa. 16)방일심 : 250의 '방일'과 같다. 17)무자심 : 자애의 마음이 없는 것. 18)도리에 맞는 행위 : 원문은 '法行'. 651의 주. 19)무상 : 4의 주. 20)자생 : 1479의 주. 21)있는 그대로 : 원문은 '如實'. 97의 주. 22)수용 : 185의 주. 23)그릇된 일 : 원문은 '非法'. 36의 주. 24)괴롭힘 : 원문은 '逼惱'. piḍana. 25)선법 : 18의 주. 26)자심 : 654의 주.

1639

엄치왕(嚴熾王)이 니건자(尼乾子)[1]에게 물었다.

"대사(大師)[2]여, 도리에 맞는 행위[3]를 실천하는 왕은 어떻게 자연계(自然界)[4]를 지켜 가야 합니까?"

니건자가 대답했다.

"대왕이시여, 도리에 맞는 행위를 실천하는 왕은 태우거나 파괴하거나 물을 대거나[5] 하는 일이 없으니, 이것을 자연계를 지켜 가는 행위라 부릅니다. 그러므로 도리에 맞는 행위를 실천하는 왕이라면, 성읍(城邑)[6] · 부락 · 산림(山林) · 천택(川澤)[7] · 원관(園觀)[8] · 궁전과, 잘 꾸며진[9] 누각(樓閣)과 온갖 길과 모든 다리와 자연의 굴과, 모든 곡식 — 콩 · 삼 · 보리나 꽃과 과일 · 초목 · 숲 따위를 응당 태우지 말며, 응당 파괴치 말며, 응당 그것에 물을 대지 말며, 응당 베지 말아야 합니다. 왜냐하면, 그 여러 가지 물건들은 어느 하나도 사람이나 축생(畜生)[10]에게 있어서 유용(有用)하지 않은 것이 없기 때문입니다. 그러므로 저 중생들에게 아무런 죄도 없는 바에는, 그 사용할 물건[11]들을 태워 괴롭히는 일이 있어선 안 되는 것입니다. 이것이 도리에 맞는 행위를 실천하는 왕이, 자연계를 지켜서 중생을 안락하게 하는 일입니다." — 〈尼乾子經〉

〔주〕 1)니건자 : 1365의 주. 2)대사 : 1365의 주. 3)도리에 맞는 행위 : 원문은 '法行'. 651의 주. 4)자연계 : 원문은 '器世間'. 중생의 환경으로서의 자연세계. 세계를 생물의 세계(有情世界)와 그 환경의 세계(器世界)로 나눈 것. '기세간'은 '기세계'라고도 하며, 생명 있는 것들이 들어가 사는 그릇이라고 생각한 것. bhājana-loka. 5)물을 댐 : 원문은 '澆灌'. 6)성읍 : 1599의 주. 7)천택 : 개울이나 못. 8)원관 : 유원(遊園)의 숲과 누대(樓臺). 9)잘 꾸며짐 : 원문은 '莊嚴'. 239의 '보장엄'의 주 참조. 10)축생 : 26의 주. 11)사용할 물건 : 원문은 '受用物'. 901의 주.

1640

임금은 부모 모양 백성을 차별 없이 사랑하고, 국민은 자식같이 충효의 생각을 아울러 품어야 한다. —〈佛爲勝光天子說王法經〉

선정(善政)이 거두는 과(果)

1641

국왕은 마땅히 다섯 가지 일을 행해야 한다. 다섯 가지란 무엇인가? 첫째는 백성을 잘 다스려서[1] 억울함[2]이 없게 함이다. 둘째는 장병(將兵)을 기르고 때에 맞추어 상을 줌이다. 셋째는 선법(善法)[3]을 생각해 잊지 않아서 복덕(福德)[4]이 끊어지지 않게 함이다. 넷째는 충신의 곧은 간언(諫言)을 믿고 소인의 참소하는 말을 받아들이지 않음으로써 정직한 관리가 해를 입지 않게 함이다. 다섯째는 욕탐(欲貪)[5]의 쾌락을 절제하여 마음이 방일(放逸)[6]에 흐르지 않도록 함이다. 이 다섯 가지만 행한다면 이름이 사해(四海)에 떨치고 복이 스스로 모여들려니와, 이것을 버리고 돌보지 않을 때는 모든 기강이 잡히지 않아서, 백성은 궁한 나머지 난

(亂)을 일으키려 하며, 관리는 지치고 형세는 쇠퇴의 길을 달릴 것이다. 공덕(功德)[7]이 없을 때는 신(神)도 돕지 않을 것이며, 임금이 복리(福利)를 독차지할[8] 때는 불도(佛道)[9]를 잃을 것이며, 충신이 간하지 않을 때는 마음이 방일해질 것이며, 임금이 정사(政事)를 다스리지 않을 때는 백성의 원망이 많게 될 것이다.

— 〈法句譬喩經〉

〔주〕 1)다스림 : 원문은 '領理'. 2)억울함 : 원문은 '枉濫'. 3)선법 : 18의 주. 4)복덕 : 304의 주. 5)욕탐 : 822의 주. 6)방일 : 250의 주. 7)공덕 : 원문은 '福'. 155의 주. 8)복리를 독차지함 : 원문은 '自用'. 자수용(自受用)의 준말. 565의 주. 9)불도 : 원문은 '大理'. 진리.

1642

동인도(東印度)[1]의 좌조리국(佐祖哩國)에 지륜(志輪)이라는 임금이 있었다. 착하게 세상을 다스려 불법(佛法)[2]을 널리 선양했으며, 공정하고 덕이 있어서 백성[3]을 사랑했다. 그는 항상 자기 생각을 말해 신하들에게 이같이 일렀다.

"이 국토에 사는 온갖[4] 백성들은 언제나 밝은 법률에 의해 잘 다스려져야 한다. 굶주린 자는 구제되고 가난한 자는 동정을 받으며, 국민이 죄를 지었을 때는 공평히 판결받아 억울함[5]이 없게 하라."

이 모양으로 통치하는 방식이 정당했으므로, 그 나라도 부유해서 도둑이 없어지고 백성들은 안락을 누렸으며, 기후도 조화를 유지해 해마다 풍년이 들곤[6] 했다. 그러므로 국민들은 제 부모처럼 임금을 사모했고, 모두 좋아라 날뛰며 평등왕(平等王)이라 불렀다. 왕은 만조백관을 모아 국사(國事)를 함께 의논하는 한편, 대전(大殿) 앞에 누각을 짓고 큰 종을 주조(鑄造)해 걸어서, 소송할 것이 있는 자로 하여금 누각에 올라가 그

종을 치게 했다. 그리하여 이 종소리가 나면 왕은 곧 대전에 나아가 백성의 소송을 들었는데, 그 죄의 경중을 살피고 나서 도리를 따라 판결을 내렸다. 이같이 사랑으로 다스렸으므로 그 나라는 편안할 수밖에 없었다.

— 〈無生戒經〉

〔주〕 1)동인도 : 원문은 '東印土'. 2)불법 : 4의 주. 3)백성 : 원문은 '群生'. 1076의 주. 4)온갖 : 원문은 '所有'. 119의 주. 5)억울함 : 원문은 '屈負'. 억울하게 지는 것. 6)풍년이 듦 : 원문은 '歲稔'.

1643

만약 임금이 부처님의 가르침[1]을 실천한다면, 신하들도 다 청정해질 것이다.

임금이 늘 안인행(安忍行)[2]을 실천하여 희노(喜怒)가 없다면, 세상 사람 모두가 존경해 받들 것이다.

임금이 계절에 맞게 세(稅)를 징수해서[3] 부처님의 가르침을 따라 사용한다면,[4] 그 임금은 탐심(貪心)이 없음이니, 죽어서 야마천(夜摩天)[5]의 왕이 될 것이다. 임금이 청정(淸淨)하여 편파함[6]이 없어서 친불친(親不親)을 가리는 생각[7]이 없으면, 그 임금은 평등심(平等心)[8]을 지님이니, 죽어서 천주(天主)[9]가 될 것이다.

임금이 늘 현명한 사람[10]을 원하고 악한 측근[11]을 물리쳐서 부처님의 가르침을 수호하면, 죽어서 천주가 될 것이다.

임금이 아첨하는 말을 듣지 않고 바른 사람의 주장을 감로(甘露)[12]같이 즐긴다면, 죽어서 천주가 될 것이다.

임금이 부처님의 가르침을 이해하여 백성을 사랑으로 양육한다면, 그 왕은 복덕과 지혜가 구족(具足)해서 항상 천룡(天龍)[13]의 수호하는 바가 될 것이다.

임금이 부처님의 가르침으로 나라를 다스려 관리[14]와 백성을 수호한다면, 그 임금은 신(神)들[15]과 다를 것이 없을 것이다. 그리하여 임금의 청정한 덕으로 인해 신하들도 바른 행위를 하게 되며, 백성들도 모두 가을 하늘에 걸린 달처럼 청정해져서, 인과(因果)의 모습[16]을 잘 알기에 싸우는 일이 없을 것이며, 어디나 다 복되고[17] 누구나 편안함[18]을 누리게 될 것이다.

— 〈諸法集要經〉

〔주〕 1)부처님의 가르침 : 원문은 '正法'. 445의 주. 2)안인행 : 인욕(忍辱)의 수행. 3)세를 징수함 : 원문은 '輸賦'. 4)사용함 : 원문은 '受用'. 185의 주. 5)야마천 : 육욕천(六欲天)의 셋째. 시분(時分)을 알고 오욕(五欲)의 쾌락을 받는다. 그 1주야는 인간계의 이백 년에 해당하며, 이천 년의 수명을 누린다. Yāmāḥ. 6)편파함 : 원문은 '偏黨'. 불공평. 7)친불친을 가리는 생각 : 원문은 '冤親想'. 8)평등심 : 654의 주. 9)천주 : 410의 주. 10)현명한 사람 : 원문은 '賢善人'. 913의 '현선'과 같다. 11)측근 : 원문은 '營從'. 측근의 뜻인가? 12)감로 : 4의 주. 13)천룡 : 팔부중(八部衆)에 들어가는 천(天)과 용(龍). 초인적인 귀신(Deva)과 용신(Nāga). 14)관리 : 원문은 '大臣'. 왕의 관리. 국왕의 정무를 맡아 보는 사람. mahāmātra. 15)신들 : 원문은 '諸天'. 161의 주. 16)인과의 모습 : 원문은 '因果相'. 17)복됨 : 원문은 '吉祥'. 337의 주. 18)편안함 : 원문은 '安穩'. 417의 주.

1644

복력왕(福力王)이 염부제(閻浮提)[1]의 영역[2]에 왕정을 펴서 다스리니,[3] 나라의 부유함이 뜻대로였고 위엄[4]이 매우 대단해서, 온갖 사람에게 진귀한 보배와 재물을 두루 급여(給與)하고 십선법(十善法)[5]으로 널리 교화하여 깨달음으로 인도했다.[6] 그러기에 염부제에서는 백성들이 창성하여 편하고 즐겁게 살아가 모든 싸움이 자취를 감추었으며, 외적[7]을 물리치는 한편 도둑과 기근과 질병이 없었으며, 가난에 쪼들려 지친[8] 사람이 없어서 누구나 재물로 창고가 충만하고 권속(眷屬)[9]이 많아 만사가 뜻대로 되었으며, 시절[10]이 어긋남이 없고 비가 널리 적셔 주어서 꽃과 과일이 무성하고 농사[11]가 풍년이 들어 백성들이 안락을 누렸다.

— 〈福力太子因緣經〉

〔주〕 1)염부제 : 17의 '섬부주' 참조. 그러나 여기서는 인도(印度)의 뜻. 2)영역 : 원문은 '界'. 3)다스림 : 원문은 '都統'. 거느려서 다스림. 4)위엄 : 원문은 '威德'. 153의 주. 5)십선법 : 17의 '십선업'과 같다. 6)교화해 깨달음으로 인도함 : 원문은 '化導'. 1010의 주. 7)외적 : 원문은 '他敵'. 8)지침 : 원문은 '癃殘'. 노쇠하거나 피로한 상태. 9)권속 : 537의 주. 10)시절 : 원문은 '時令'. 이 한자어는 본래 계절의 행사의 뜻이었으나, 시절의 의미로 전용되었다. 11)농사 : 원문은 '稼穡'. 곡식을 심고 거두는 뜻. 그러나 농사의 뜻으로 전용된다.

1645

백성의 주인이 된 바에는 항상 바른 도리[1]로 다스려 교화할 것이며, 모든 도리에 어긋나는 일[2]은 이를 버려 행하지 말도록 해야 할 것이다. 왜 그런가? 왕과 신하가 바른 도리를 버리고 도리 아닌 짓을 행할 때는, 이 세상에서 남의 비난을 살 뿐 아니라 죽고 나서도 좋은 곳[3]에 태어나지 못하지만, 왕과 신하가 도리 아닌 짓을 버리고 바른 도리를 행할 때는, 이 세상에서 남의 칭찬을 듣는 것은 말할 것도 없고 죽은 뒤에도 천계(天界)[4]에 태어나서, 훌륭한 과보(果報)[5]를 받아 부유하고 행복할 것이며, 천인(天人)[6]의 사랑과 존경을 받게 될 것이기 때문이다.

— 〈勝軍王所問經〉

〔주〕 1)바른 도리 : 원문은 '正法'. 558의 주. 2)도리에 어긋나는 일 : 원문은 '非法'. 36의 주. 3)좋은 곳 : 원문은 '勝處'. 인간계·천상계·정토(淨土) 같은 곳. 선행의 과보로 태어나는 곳. 선취(善趣). 선처(善處). 4)천계 : 632의 주. 5)과보 : 78의 '보'와 같다. 6)천인 : 4의 주.

1646

임금이 열 가지 일을 성취하면 장수(長壽)[1]하게 된다. 열 가지란 어떤 것인가? 재물에 집착하지 않고 성을 내지[2] 않으며, 작은 일로 해치려는 마음[3]을 일으키지 않는 것, 이것이 첫째 장수법[4]이다. 신하들의 간하는 말을 받아들여 거역하지 않는 것, 이것이 둘째 장수법이다. 늘 보시(布施)[5]하기를 좋아하여 백성들과 동락(同樂)하는 것, 이것이 셋째 장수법이다. 도리[6]에 맞게 물질을 취(取)하고 도리 아닌 방법[7]을 쓰지 않는 것, 이것이 넷째 장수법이다. 남의 여인[8]을 탐하지 않고 제 아내를 스스로 보호하는 것, 이것이 다섯째 장수법이다. 술을 안 마심으로써 마음이 거칠어지지[9] 않는 것, 이것이 여섯째 장수법이다. 외부로부터 침입해 오는 적을 항복받는 것, 이것이 일곱째 장수법이다. 법에 의거해 다스려서 끝내 굽힘[10]이 없는 것, 이것이 여덟째 장수법이다. 신하들과 화목해서 다툼이 없는 것, 이것이 아홉째 장수법이다. 병이 없어서 기력(氣力)이 강한 것, 이것이 열째 장수법이다. 임금이 이 열 가지 일만 성취한다면 장수하게 된다.

— 〈增一阿含經〉

〔주〕 1)장수 : 원문은 '久住'. 2)성을 냄 : 원문은 '瞋恚'. 408의 주. 3)해치려는 마음 : 원문은 '怒害心'. 노하여 해치고자 하는 마음. 4)장수법 : 원문은 '久存法'. 5)보시 : 원문은 '惠施'. 314의 주. 6)도리 : 원문은 '法'. 46의 주. 7)도리 아닌 방법 : 원문은 '非法'. 36의 주. 8)남의 여인 : 원문은 '他色'. 850의 주. 9)

거칠어짐 : 원문은 '荒亂'. upāyāsa-āyāsa. 10)굽힘 : 원문은 '阿曲'.

1647

부처님께서 천왕(天王)[1]의 태자 벽라(辟羅)에게 이르셨다.

"선을 행하면 복이 있고 악을 행하면 재앙이 있어서, 화복(禍福)의 사람을 좇음이 그림자가 형상을 따르는 것 같으니라."

벽라가 말했다.

"그러하옵니다.[2] 참으로 부처님의 가르치심과 같사옵니다. 저의 전세(前世)에서의 일입니다. 세속에 살면서 왕이 되었사온데, 목숨의 무상함이 생각을 떠나지 않기에 보시(布施)[3]코자 마음먹고 널리 신하들을 모아 말했습니다.

"내가 큰 북을 만들어, 그 소리가 백 리까지 들리도록 하려 하오. 이 일을 해낼 자가 있겠는가?"

신하들이 다 같이 말했습니다.

"소신들 중에는 해낼 자가 없나이다. 그러나 광상(匡上)이라는 신하가 있사온바, 늘 상감을 충성으로 섬기고 국민을 자비로 구제해[4] 온 사람이오니, 그를 시키심이 옳을까 하옵니다."

그래서 광상을 불러들여 제 뜻을 전했더니, 그가 대답했습니다.

"소신이 분부대로 거행하겠사오니, 거기에 드는 비용[5]을 내리시오소서."

그래서 저는 크게 기뻐하여 창고를 열어, 거기에 있는 재물을 주었나이다. 그런데 광상은 재물을 왕궁 앞에 운반해[6] 놓고 나서, 북을 치면서 영(令)을 내렸습니다.

"이제 어지신[7] 우리 대왕께서 광대한 자비[8]를 베푸사, 백성[9]의 궁핍함을 건지고 도사(道士)[10]의 의식을 공양(供養)[11]코자 하시나니, 가난한 자 있거든 모두 궁문으로 오라."

이 말이 퍼지자 사방의 나라나라로부터 가난한 사람들이 어린 것을 업고[12] 서로 부축하면서 나라를 메우고 길을 막으면서 몰려들었사온데, 모두 하늘을 우러러 궁한 사람들이 이제야 살아났다고 탄식하는 것이었습니다.

1년 후 저는 광상을 불러들였습니다.

"그래, 북은 다 되었느냐?"

"진작 완성되었습니다."

"허, 그렇다면 어째서 그 소리가 아니 들렸단 말이냐?"

그러자 광상이 대답하는 것이었습니다.

"원컨대 대왕께서는 성체(聖體)를 굽혀 국내를 순행하사, 불법(佛法)[13]의 북소리가 시방(十方)[14]에 진동함을 들으시옵소서."

저는 곧 어가(御駕)를 재촉하여[15] 국내 순시의 길을 떠났사온데, 어디를 가나 백성들은 어깨를 맞대고[16] 있을 정도로 많았습니다.

제가 물었습니다.

"우리 백성이 어떻게 이리나 많아졌느냐?"

광상이 대답했습니다.

"대왕께서는 앞서 소신에게 분부하사, 큰 북을 만들되 백 리에 들려서 그 덕(德)의 소리가 사방의 먼 곳까지 떨치게 하련다고 하셨습니다. 하오나 소신이 생각하옵건대, 마른 나무와 죽은 가죽으로는 대왕의 후덕한 명예를 멀리까지 떨치기에 먼 듯하옵기에, 소신이 받자온 재물로 사문(沙門)[17]·바라문(婆羅門)[18]의 의식을 공양하고 백성의 궁핍을 구제했삽더니, 사방의 이웃 나라 백성들이 덕화(德化)를 사모해 모여듦이 주린 자식이 어미를 찾아드는 것같이 되었나이다."

저는 백성들에게 물어 보았습니다.

"너는 어디서 왔느냐?"

백성들은 머리를 조아리며 대답했습니다.

"저희들은 백 리, 혹은 이백 리, 내지는 만 리 밖에 사옵더니, 대왕께서 크게 덕을 베푸사 사방의 이웃 나라까지 기뻐함을 듣자옵고, 태어난 고향을 떠나 대왕의 덕을 사모하옵는 나머지 이곳으로 와서 스스로 저를 구제한 것이옵니다."

저는 감탄해 말했습니다.

"훌륭하도다! 나라의 불안은 몸에 병이 있는 것과 다를 바 없거니, 나는 자비로운 신하[19]를 시켜 구하고 죽[20]을 주어 기르리라."

그리고 광상에게 말했습니다.

"백성의 요구에 따라 구제 사업을 뜻대로 행하되, 내게 보고할 것은 없다."

그 후, 저는 죽어서 천상(天上)에 태어나 천묘왕(天妙王)[21]이 되었삽더니, 이제 다시 천왕의 아들이 될 수 있었습니다. 그렇게 된 까닭이 제 몸으로 계(戒)를 지키고[22] 사람들[23]을 구제한 데 있음은 말할 것도 없습니다. 부처님의 가르쳐 경계하심[24]을 받들어 신심(身心)의 행위를 바로한다면, 어떤 복이건 얻지 못할 것이 없음은 자명할 일이옵니다."

부처님께서 벽라에게 이르셨다.

"무릇 사람의 행위[25]란, 그림자가 몸을 따르듯, 산울림[26]이 소리에 응하듯, 보답이 안 따름이 없느니라."

벽라가 기뻐하여 절하고 돌아갔다. — 〈天王太子辟羅經〉

〔주〕 1)천왕 : 천인(天人)의 왕. yakṣādhipa. 사천왕(四天王)·우두천왕(牛頭天王)의 뜻으로도 쓰인다. 2)그러합니다 : 원문은 '善哉善哉'. 17의 주. 3)보시 : 17의 주. 4)자비로 구제함 : 원문은 '慈濟'. 5)드는 비용 : 원문은 '資費'. 6)운반함 : 원문은 '輦輸'. 많은 수레로 운반함. 7)어질다 : 원문은 '天仁'. 천성이 인자한 것. 8)광대한 자비 : 원문은 '無蓋慈'. 무엇에나 덮임이 없는 대자비. 최상의 자비심. 9)백성 : 원문은 '黎民'. 10)도사 : 1354의 주. 이 말은 바라문도 가리킨다. 11)공양 : 원문은 '供'. 1349의 '공양'과 같다. 12)어린 것을 업음 : 원문은 '襁負'. 포대기에 싼 애를 업는 것. 13)불법 : 4의 주. 14)시방 : 18의 주. 15)어가를 재촉함 : 원문은 '嚴駕'. 마차 준비를 서두르게 하는 것. 16)어깨를 맞댐 : 원문은 '比肩'. 많은 비유. 17)사문 : 265의 주. 18)바라문 : 244의 주. 19)자비로운 신하 : 원문은 '藥臣'. 자비심을 약에 비유한 어법. 20)죽 : 원문은 '糜粥'. 1533의 주. 21)천묘왕 : 미상(未詳). 어느 천상계의 왕일 것이나 확실치 않다. 22)계를 지킴 : 원문은 '持戒'. 151의 주. 23)사람들 : 원문은 '衆生'. 1의 주. 24)가르쳐 경계함 : 원문은 '敎誡'. 1393의 주. 25)행위 : 원문은 '作行'. 이것을 원본에서 '行을 함'으로 한 것은 잘못이다. saṃskāra의 역어이어서 행동의 뜻. 26)산울림 : 원문은 '響'. 534의 주.

1648

임금이 자애(慈愛)[1]를 지녀 온 백성을 자식같이 본다면, 저 모든 백성들 쪽에서도 임금을 그 부모같이 여길 것이다. —〈勝軍王所問經〉

〔주〕 1)자애 : 원문은 '慈心'. 654의 주.

1649

임금은 신하와 백성이 받드는 어른이니, 늘 자심(慈心)을 품어 아랫사람들을 사랑해야 한다. 그리고 몸소 법계(法戒)[1]를 따름으로써 길흉(吉

凶)[2]으로 갈리는 길을 보이며, 편안함 속에 있으면서도 위태로움을 잊지 않으면, 생각이 밝아지고 복이 더욱 두터워질 것이다. —〈法句經〉

〔주〕 1)법계 : 부처님이 제정하신 계. 2)길흉 : 원문은 '休咎'. 화복(禍福).

옥정(獄政)의 득의(得宜)

1650

왕이 말했다.

"대사(大師)[1]여, 도리에 맞는 행위[2]를 실천하는 왕이라면 자비심을 지니고 있을 것인바, 어떻게 저 악을 저지르는 모든 사람들을 다스리는 것이겠습니까?"

니건자(尼乾子)[3]가 대답했다.

"대왕이시여, 저 도리에 맞는 행위를 실천하는 왕이 악을 저지른 사람들을 다스리고자 할 때에는, 먼저 자심(慈心)[4]을 일으키고 혜지(慧智)[5]로 관찰해 다섯 가지 일을 생각해 본 뒤에 다스려야 합니다. 다섯 가지란 첫째로 사실에 의지하고 사실 아닌 것에 의지하지 않음이요, 둘째로 때에 의지하고 때 아닌 것에 의지하지 않음이요, 셋째로 도리[6]에 의지하고 도리 아닌 것에 의지하지 않음이요, 넷째로 부드러운 말[7]에 의지하고 거친 말[8]에 의지하지 않음이요, 다섯째로 자심(慈心)을 의지하고 진심(瞋心)[9]을 의지하지 않는 일입니다."

왕이 말했다.

"어떤 것이 사실에 의지하고 사실 아닌 것에 의지하지 않음입니까?"

"백성이 죄를 범했을 때, 법대로 물어서 그 사람 자신의 말을 채택해,

실제의 과실에 의지해 다스리고 사실 아닌 것에 의지해 치죄하지 않음이니, 이것이 사실에 의지하고 사실 아닌 것에 의지하지 않는 일입니다."

왕이 말했다.

"어떤 것이 때에 의지하고 때 아닌 것에 의지하지 않음입니까?"

"왕의 명령을 어긴 자가 있다 해도, 왕이 건강[10)]할 때면 그 죄를 다스리고 그렇지 않을 때면 다스리지 않음이니, 이것이 때에 의지하고 때 아닌 것에 의지하지 않는 일입니다."

왕이 말했다.

"어떤 것이 도리에 의지하고 도리 아닌 것에 의지하지 않음입니까?"

"죄인이 무슨 동기로 죄를 지었는지를 물어서, 만약 악한 동기에서 나왔을 때는 법대로 다스리고, 악한 마음에서 나온 것이 아닐 경우에는 치죄하지 않음이니, 이것이 도리에 의지하고 도리 아닌 것에 의지 않는 일입니다."

왕이 물었다.

"어떤 것이 부드러운 말에 의지하고 거친 말에 의지하지 않음입니까?"

"사람의 범죄를 판단하여, 죄질(罪質)이 꾸짖어야 할 정도에 그치고 더 이상의 벌을 가할 필요가 없을 경우에는, 그 과실에 따라 온당치 못함을 바로 타이르고 잘 충고해 줌이니, 이것이 부드러운 말에 의지하고 거친 말에 의지하지 않는 일입니다."

왕이 말했다.

"어떤 것이 자심(慈心)을 의지하고 진심(瞋心)을 의지하지 않음입니까?"

"아무리 죄가 크다 해도 죽이지 않으며, 손·발·눈·귀·코·혀를 자르지도 않으며, 대자대비(大慈大悲)한 마음에 의거해 다만 감옥에 가두어 칼(項械)을 씌우고 쇠사슬로 매어 놓고[11] 갖가지로 꾸짖는다든가, 재산[12]을 몰수한 끝에 딴 곳[13]으로 추방[14]한다든가 해서 회개해 악을 버리게 함이니, 이것이 자심을 의지하고 진심에 의지하지 않는 일입니다."

왕이 말했다.

"도리에 맞는 일을 실천하는 왕이, 다른 사람을 괴롭혀서 옥에 가두어[15] 묶어 놓는다든가 다른 지방으로 추방한다든가 하면서 자비심이 있다고 하는 것은 모순[16]이니, 어떻게 도리에 맞는 일을 실천하는 왕이라 할 수 있단 말입니까?"

"대왕이시여, 이 같은 도리에 관해 이제 말씀드리겠습니다. 비유컨대 나쁜 짓을 하는 자식을 걱정하는 부모가, 회개시키고자 하여 방편(方便)[17]으로 괴로움을 주어 그 죄를 다스리는[18] 것과 같습니다. 이 경우, 괴로움을 준다 해도 목숨은 끊지 않고 제근(諸根)[19]도 파괴하지 않으면서 때리거나 꾸짖는 따위 기타의 방법을 마음에 따라 씀으로써 괴로움을 주어 치죄하는 것이어서, 결코 악한 마음이나 괴롭히려는 마음[20]의 발로라고는 볼 수 없습니다. 오직 자식을 생각함이 무거우므로 회개해 다시는 악을 저지르지 않게 하기 위한 것뿐입니다. 그러기에 도리 아닌 짓[21]이라 못하고 자식을 생각하는 행위라 해야 할 것이어서, 결코 사랑하는 마음을 상실함이 없는 터입니다. 도리에 맞는 행위를 실천하는 왕의, 온갖 악을 저지르는 사람들을 다스리는 태도 또한 이와 같습니다. 자비의 마음이 무거워 회개시키고자 하는 것뿐이므로 죽이지 않고 제근(諸根)도 파괴하지 않으면서, 대자심(大慈心)과 대비심(大悲心)을 일으켜 옥에 가두어 결박해 놓고 입이 아프도록 꾸짖는다든가,[22] 그 재산을 몰수하여 딴 곳으로 추방한다든가 해서 회개해 악을 버리고 선을 좇게 하는 것이며, 또 그렇게 함으로써 악을 저지르려는 생각을 품고 있는 다른 사람들도 도리 아닌 짓을 못하고 악한 마음을 일으키지 못하게 하는 터입니다. 그러므로 죄 지은 사람들을 다스림이 일부러 남을 괴롭게 하는 것과는 전혀 다릅니다. 이런 것이 도리에 맞는 행위를 실천하는 왕의, 자비심으로 꾸짖는 따위의 죄인을 다스리는 태도이니, 결코 도리 아닌 행위도 아니요 자심(慈心)을 잃어버린 상태인 것도 아닙니다. 그러므로 두 행위(도리에 맞는 행위와 처벌)가 반대인 듯도 하나 사실은 조금도 모순함이 없다고 해야 하겠습니다."

— 〈尼乾子經〉

〔주〕 1)대사 : 1365의 주. 2)도리에 맞는 행위 : 원문은 '法行'. 651의 주. 3)니건자 : 1365의 주. 4)자심 : 654의 주. 5)혜지 : 슬기로운 지혜. 6)도리 : 원문은 '義'. 659의 주. 7)부드러운 말 : 원문은 '柔軟語'. 873의 주. 8)거친 말 : 원문은 '麤獷語'. 873의 주. 9)진심 : 54의 '진'과 같다. 10)건강 : 원문은 '有力'. 1303의 주. 11)칼을 씌우고 쇠사슬로 매어 놓음 : 원문은 '枷鏁打縛'. 칼과 쇠사슬로 매는 것. '打'는 조자(助字)일 것. 12)재산 : 원문은 '資生'. 1479의 주. 13)딴 곳 : 원문은 '他方'. 다른 지역. 14)추방 : 원문은 '驅擯'. 쫓아냄. 배척. pravāsana. 15)옥에 가둠 : 원문은 '繫閉'. 16)모순 : 원문은 '相違'. paraspara-viruddha. 17)방편 : 97의 주. 18)괴로움을 주어 그 죄를 다스림 : 원문은 '苦治'. 19)제근 : 764의 주. 20)괴롭히려는 마음 : 원문은 '惱心'. 21)도리 아닌 짓 : 원문은 '非法'. 36의 주. 22)입이 아프도록 꾸짖음 : 원문은 '痛口呵罵'.

1651

엄치왕(嚴熾王)이 니건자(尼乾子)[1]에게 물었다.

"대사(大師)[2]여, 도리에 맞는 행위[3]를 실천하는 왕은 어떻게 저 악을 행하는 사람들을 다스려 가는 것입니까?"

니건자가 대답했다.

"대왕이시여, 도리에 맞는 행위를 실천하는 왕은 먼저 좋은 말로 이치에 합당하게[4] 가르쳐[5] 줍니다. 그래서 왕명을 듣고 곧 역심(逆心)[6]을 버린 끝에 왕 있는 곳[7]을 찾아와 죄를 청하는 자에 대해서는, 큰 은혜를 베풀어 그 중죄를 용서해 국내에 살게 하여 재산을 줄이거나 뺏지 않으며, 또한 쫓아내는[8] 일이 없습니다. 왜냐하면, 왕에게는 세 가지 복종해야 할 일이 있음을 알게 할 필요가 있는 까닭입니다. 세 가지란 첫째는 신의가 있음이요, 둘째는 은혜가 있음이요, 셋째는 위대한 힘[9]이 있다는 점입니다. 이리하여 복종[10]하지 않는 자는 복종케 하며, 복종한 자는 악을 다시 행하지 않게 하며, 왕명을 거역하려는[11] 자는 감히 그런 마음을 일으키지 못하도록 해야 합니다. 대왕이시여, 마땅히 아시옵소서. 저 죄인들이 그 죄를 사면받고 왕의 위엄에 복종하여 백성들이 편안하면, 그 도리대로 다스리는 왕은 한없는 복을 받아 착한 이름이 널리 퍼질 것이나, 만약 죄인들이 죄를 자인하고 복종하려[12] 안 할 때는 무거운 형벌을 내려 다스리되, 목숨을 끊거나 제근(諸根)[13]을 상하게 하거나 해서는 안되고, 재산[14]을 몽땅 몰수하여 다른 지방으로 추방해야[15] 합니다. 왜냐하면, 다른 사람들로 하여금 왕명을 거역하지 못하도록 하고자 하기 때문입니다. 대왕이시여, 이것이 도리에 맞는 행위를 실천하는 왕의, 왕명을 거역하는 사람들의 죄를 다스리는 방법입니다." — 〈尼乾子經〉

〔주〕 1)니건자 : 1365의 주. 2)대사 : 1365의 주. 3)도리에 맞는 행위 : 원문은 '法行'. 651의 주. 4)이치에 합당하게 : 원문은 '如法'. 598의 주. 5)가르침 : 원문은 '開示'. 998의 주. 6)역심 : 거역하는 마음. 7)왕 있는 곳 : '王所'. 1377의 주. 8)쫓아냄 : 원문은 '驅出'. 9)위대한 힘 : 원문은 '大力'. 10)복종 : 원문은 '降服'. 11)왕명을 거역함 : 원문은 '叛逆'. 소위 왕위의 찬탈을 기도하는 반역은 아니다. 12)죄를 자인하고 복종함 : 원문은 '伏罪'. 13)제근 : 764의 주. 14)

재산 : 원문은 '資生'. 1479의 주. 15)추방함 : 원문은 '驅擯'. 1650의 주.

1652

엄치왕(嚴熾王)이 니건자(尼乾子)[1]에게 말했다.

"대사(大師)[2]여, 도리에 맞는 행위[3]를 실천하는 왕에 속하는[4] 신하, 즉 재관(宰官)[5]이나 금사(禁司)[6]가 나라의 계책(計策)을 걱정하지 않고 오직 제 몸만의 이익을 꾀한다든가, 사사로운 노여움을 따라 공적(公的)인 정사(政事)를 해친다든가, 재물을 받고 치도(治道)[7]를 굽힌다든가, 백성의 서로 속여서 어지럽게 구는 일을 조장한다든가,[8] 강자라 하여 약자를 침해한다든가, 귀하다 해서 천한 사람을 경멸한다든가, 부자라 해서 가난한 사람을 기만한다든가, 잘못으로 곧은 것을 눌러서 부자는 뜻을 펴고 가난한 자는 억울한 꼴을 당해야 한다든가,[9] 정치 관장하기를 아첨[10]하는 무리 위주로 하여 충성된 현인이 물러가고 설사 조정에 남아 있다 해도 위태로움을 두려워하여 침묵을 지키게 한다든가, 가는 곳마다 재물을 긁어모으매 백성이 가난하여 그 요구를 충당해 줄 힘이 없어서 고통에 지친 나머지 난(亂)을 일으키고자 생각해 왕명을 듣지 않기에 이른다고 합시다. 이는 신하가 충성을 다하는 대신 윗사람을 기만하고 아랫사람을 어지럽히면서 왕록(王祿)만 받아먹기에 생기는 일인데, 이런 사람이란 어떤 중생의 부류[11] 속에 포함되어야[12] 하겠습니까?"

니건자가 대답했다.

"이 같은 악인은 겁탈(劫奪)[13]하는 중생의 부류 중에서도 상급(上級)으로 다스려야 할 죄[14]에 포함시켜야 할 것입니다. 왜냐하면 관청의 무거운 녹(祿)을 먹으면서도 공적인 의무는 버리고 사사로운 이익만 생각하여 공정한 정치를 하지 않는다면, 재앙의 발생이 이것에 말미암지 않음이 없을 것인바, 이는 국가 최대의 악한 도둑입니다. 대왕께서는 도리에 따라 통치하시는 임금[15]이시매 목숨을 끊을 수는 없으시므로, 겁탈하는 부류 중에서도 상급으로 다스리는 죄에 포함시켜야 하는 것입니다."

— 〈尼乾子經〉

〔주〕 1)니건자 : 1365의 주. 2)대사 : 1365의 주. 3)도리에 맞는 행위 : 원문은 '法行'. 651의 주. 4)속하는 : 원문은 '所有'. …에 속하는. paryāpanna. 5)재관 : 권한을 가지고 정사를 보필하는 자. 백성을 지배하는 공직자. 6)금사 : 궁중의 소임을 맡은 관리. 7)치도 : 통치하는 도리·방법. 8)조장함 : 원문은 '增長'. 11의 주. 9)억울한 꼴을 당함 : 원문은 '受屈'. 10)아첨 : 원문은 '諂佞'. 11)부류 : 원문은 '數'. 1365의 주. 12)포함됨 : 원문은 '攝在'. 1365의 주. 13)겁탈 : 781의 주. 14)상급으로 다스려야 할 죄 : 원문은 '上品治罪'. 1365의 주. 15)도리에 따라 다스리는 임금 : 원문은 '法王'. 바른 법에 의해 통치하는 왕.

1653

엄치왕(嚴熾王)이 니건자(尼乾子)[1]에게 물었다.

"만약 사람이 있어서 왕에게 조세(租稅)[2]로 바쳐야 할 물자를 내지 않는다면,[3] 그 백성은 왕의 물건을 도둑질함[4]이 됩니까, 안 됩니까?"

니건자가 대답했다.

"대왕이시여, 왕의 물건을 도둑질하는 것은 되지 않습니다만, 그 백성이 탐심이 많아 아까워한 탓으로 왕을 속이고 내지 않는다면, 이는 무량한 죄를 짓는 것이 됩니다. 왜냐하면, 응당 내야 할 조세를 왕에게 내지 않는 까닭입니다."

왕이 말했다.

"대사여, 조세로 내야 할 것을 내려 안 하는 자를 왕이 채찍이나 몽둥

이로 때리고 책망한 끝에 그 물건을 취할 때, 이것이 강탈[5)]함이 됩니까, 안 됩니까?"

니건자가 대답했다.

"대왕이시여, 이것은 강탈이 아닙니다. 왜냐하면, 왕이 자기의 힘으로써 그 어려움을 지켜 주어서, 백성들은 그 보호 때문에 제 생업에 종사해 편히 살 수 있는 터입니다. 그러므로 조세는 왕에게 응당 바쳐야 할 물자이므로 강탈이 안 됩니다."

왕이 말했다.

"만약 가난한 사람이 왕에게 낼 조세를 내려 해도 가진 것이 없어서 못 낼 때, 억지로 채찍질하고 때려서 그 조세를 내도록 한다면, 이것은 강탈함이 됩니까, 안 됩니까?"

니건자가 대답했다.

"어떤 사람에게는 강탈이 되지만, 다른 어떤 사람에게는 강탈이 안 됩니다. 어떤 사람에게는 강탈이 아니라 함은 무엇입니까? 가령 그 사람이 게을러[6)] 가업에 힘쓰지 않고 도리 아닌 사음(邪婬)[7)]을 일삼는다든가 도박[8)]이나 바둑·장기에 미쳐서, 이런 놀이에 재물을 소비한 끝에 가난해진 자가 있다면, 이런 사람에게는 도리에 맞는 행위를 실천하는 왕이 때려서 징수하든가, 내지는 다른 사람에게[9)] 꾸어서 내게 한다 해도 강탈은 아닙니다. 왜냐하면, 이 때의 왕의 생각은 그 사람으로 하여금 도리 아닌 짓을 해서 재물을 손실케 하지 못하도록 하려는 데 있기 때문이며, 좀더 구체적으로 말한다면 이런 조치는 왕과 백성에게 다 유익해서, 왕에게는 국고(國庫)의 충실을 가져오고 백성에게는 가산(家產)을 성취하는 동시에 죄를 짓지 않게 하기 때문입니다."

왕이 물었다.

"그러면, 어떤 사람에게 강탈이 됩니까?"

니건자가 대답했다.

"왕이 응당 받을 수 있는 조세라 할지라도, 만약 그 사람의 온갖 가업(家業)이 도둑에게 강탈되거나 도리에 어긋난 사람에게 뺏기거나 했다든가, 또는 불이 나서 타거나 폭풍·폭우·비사(飛沙)[10]·우박 등으로 인해 그 가업이 파괴되었다든가, 혹은 사는 고장이 평온치 못해 사람들이 흩어지고 가업[11]이 결딴났다든가, 혹은 벌레·메뚜기·참새·쥐 따위가 오곡을 해쳤다든가, 혹은 가물어서 곡식이 익지 않고 홍수[12] 때문에 추수를 못 했다든가, 이런 이유로 인해 가업이 서지 않고 재산이 탕진되었다고 합시다. 이런 사람에 대하여는 응당 묵과해서 조세를 징수치 말아야 합니다. 만약 이런 경우에도 강제로 징수한다면, 그것이야말로 강탈이라 해야 할 것입니다. 왜냐하면, 이런 빈민을 가엾이 여기지[13] 못한다면, 백성들을 충분히 보호한다고는 말할 수 없는 까닭입니다.

대왕이시여, 제가 비유를 들어 말씀드리겠으니, 잘 이해하시기 바랍니다. 어떤 사람이 음식으로 사문(沙門)[14]이나 바라문(婆羅門)[15]들을 공양코자 해서, 갖가지 맛있는 음식을 차렸다고 합시다. 그런데 갑자기 그 집에 불이 나서 탔다거나, 폭풍이 불어 날아가고 물이 넘쳐 떠내려갔다거나, 도둑에게 강탈당하거나 해서 음식이 몽땅 없어지든지, 또는 부정한 물건에 더럽혀져서 먹을 수 없게 되었다고 할 때, 사문 등이 식사 시간[16]에 그 집에 왔다 해도 그 손실을 보고는 같이 괴로워하면서 도리어 도와 주어야 할 것인바, 무슨 마음으로 감히 시주(施主)[17]에게 음식을 요구할 수 있겠습니까? 또 그 시주의 처지에서는, 사문들에게 음식을 주지 않는대도 아무런 죄도 되지 않습니다. 대왕이시여, 도리에 맞는 행위를 실천하는 법왕(法王)[18]도 이와 마찬가지입니다. 비록 왕으로서는 마땅히 거두어야 할 조세라 할지라도, 그런 사람이 내지 않는 것은 왕의 법을 범하는 것이 되지 않으며, 따라서 때리면서 내라고 요구하는 것은 합당치 않습니다. 도리에 맞는 행위를 실천하는 왕은, 살아 있는 동안[19] 바르게 다스려 교화하기 때문에 백성들이 늘 그 밑에 살기를 원하는[20] 것입니다."

— 〈尼乾子經〉

〔주〕 1)니건자 : 1365의 주. 2)조세 : 원문은 '輸物'. 바쳐야 할 물자. 고대에는 물자로 조세를 삼았다. 3)내지 않음 : 원문은 '不輸'. 조세를 안 내는 것. 4)도둑질함 : 원문은 '偸盜'. 765의 주. 5)강탈 : 원문은 '劫奪'. 781의 주. 6)게으르다 : 원문은 '窳惰懈怠'. 7)사음 : 765의 주. 8)도박 : 원문은 '樗蒲'. 9)다른 사람에게 : 원문은 '他邊'. '邊'은 …에게. 가령 '누구에게 출가했는가?'의 뜻인 '誰邊出家'의 원문은 kamuddiśya pravrajitaḥ다. 앞에서 '어떤 사람에게는'이라 번역한 것의 원문 '或人邊'의 '邊'도 같은 용례다. 10)비사 : 폭풍에 모래가 날리는 현상. 11)가업 : 원문은 '家生'. 12)홍수 : 원문은 '水澇'. 홍수로 인해 논밭에 물이 드는 것. 13)가엾이 여김 : 원문은 '慈愍'. Ⓟkāruñña. 14)사문 : 265의 주. 15)바라문 : 원문은 '淨行人'. Ⓟbrāhmaṇa의 의역(義譯). 16)식사 시간 : 원문은 '食時'. 비구는 오전에만 식사하도록 되어 있었다. 17)시주 : 167의 주. 18)법왕 : 1652의 주. 19)살아 있는 동안 : 원문은 '在世'. 657의 주. 20)원함 : 원문은 '願樂'.

국왕의 자치(自治)

1654

만약 제왕이 탐욕스럽고[1] 사치스러우면[2] 국정을 제대로 다스리지 못하며, 탐욕이 없고 간소해야[3] 국정을 제대로 다스린다. 단상견(斷常見)[4]에 집착하면 국정을 제대로 다스리지 못하며, 인과(因果)[5]의 도리를 확실히 믿어야 국정을 제대로 다스린다. 마음이 고르지 못하면 국정을 제대로 다스리지 못하며, 무사평등(無私平等)해야 국정을 제대로 다스린다.

— 〈守護國界主經〉

〔주〕 1)탐욕스러움 : 원문은 '貪猥'. 2)사치스러움 : 원문은 '驕奢'. 1022의 주. 3)간소함 : 원문은 '簡易'. 4)단상견 : 1443의 '단상론'과 같다. 5)인과 : 115의 주.

1655

엄치왕(嚴熾王)이 니건자(尼乾子)[1]에게 물었다.

"만약 국왕이 둔하고 슬기가 없어서 왕도(王道)[2]를 모르고 정법(正法)[3]을 행하지 않은 채 멋대로[4] 악을 짓는다면, 이런 국왕의 죄는 누가 다스려야 합니까?"

니건자가 대답했다.

"대왕이시여, 그 왕은 제 죄를 스스로 다스려야 할 것입니다."

왕이 물었다.

"대사[5]여, 제 죄를 스스로 다스린다 함은 무슨 뜻입니까?"

니건자가 대답했다.

"그 왕은 마땅히 두 가지로 제 죄를 다스려야 합니다. 두 가지란 첫째는 제 힘에 의지함이요, 둘째는 남의 힘에 의지함입니다. 제 힘에 의지한다는 것은, 그 왕이 생각하기를 내 지금의 소행이 방일(放逸)[6]을 행함인가 아닌가, 자심(慈心)[7]이 있음인가 아닌가, 마땅히 해야 할 일[8]을 함인가 아닌가, 선업(善業)[9]을 행함인가 악업[10]을 행함인가 해서, 만약 행동이 마땅히 할 일이 아니요 악업임을 알았을 때는, 곧 중지하고 참괴심(慚愧心)[11]을 일으켜 과오를 뉘우쳐 자책(自責)하며, 나쁜 평판[12]을 두려워하고 악도(惡道)[13]에 떨어짐을 두려워하여 자신을 소중히 하면,[14] 이는 제 지혜의 힘에 의지해 자기 죄를 스스로 다스림이 될 것입니다. 만약 왕이 지혜가 없어서 능히 이렇게 스스로 생각해 내지 못하는 사람은, 마땅히 국내 곳곳에 큰 지혜가 있어서 왕도를 잘 알며 정법을 늘 실천해서 진실 그대로 말할 수 있는 모든 사문(沙門)[15]들을 찾아야 합니다. 그리하여 왕이 몸소 그 사문 있는 곳[16]을 찾아가든가, 스스로 갈 수 없을 때는 대신·왕자·귀인 등을 보내 그 사문 있는 곳에 이르게 해서, 왕의 사모하고[17] 존경하는 뜻을 말하게 할 것입니다. 그래서 사문이 왕 있는 곳[18]에 이르렀을 때는, 왕이 친히 영송(迎送)해서 배례문신(拜禮問訊)[19]하고 공경심(恭敬心)과 존중심(尊重心)을 다해 물어야 됩니다.

"무엇이 선행 무엇이 악행이며, 어떤 가르침을 행하면 이익이 있고 어떤 법을 행하면 이익이 없습니까? 제 마음이 둔한 탓으로 지혜가 없사오니, 원컨대 저를 위해 가르침을 설하소서."

그러면 그 사문이 과거의 법행(法行)[20]을 실천한 임금의 가르침과 여러 왕의 왕도(王道)를 자세히 설하여 부드러운 말로 그 왕에게 말할 것입니다.

"이러이러한 일을 응당 받들어 행해야 할 것입니다. 그렇게 하면 큰 이익이 있을 것이니, 십선법(十善法)[21]이 그것입니다. 또 이러이러한 일은 응당 행하지 말아야 합니다. 그렇게 하면 이익이 없을 것이니, 십악법(十惡法)[22]이 그것입니다. 이러이러한 것은 법행을 실천하는 왕의 행해야 할 일임에도 불구하고 왕께서는 이제 모르고 계시니, 십악(十惡)[23] 따위 악행의 일을 버리고 십선(十善)[24] 따위 선행의 일을 행하소서."

이리하여 가르침을 듣고 나면 그것을 지켜서[25] 도리대로 고쳐 뉘우친다면, 이는 남의 힘에 의지해 자기 죄를 스스로 다스리는 것이 될 것입

니다." — 〈尼乾子經〉

〔주〕 1)니건자 : 1365의 주. 2)왕도 : 원문은 '王論'. 1638의 주. 3)정법 : 558의 주. 4)멋대로 : 원문은 '自在'. 17의 주. 5)대사 : 1365의 주. 6)방일 : 250의 주. 7)자심 : 654의 주. 8)마땅히 해야 할 일 : 원문은 '應作'. 9)선업 : 170의 주. 10)악업 : 170의 주. 11)참괴심 : 613의 '참괴' 참조. 12)평판 : 원문은 '名稱'. 1485의 주. 13)악도 : 2의 주. 14)소중히 함 : 원문은 '護惜'. 555의 주. 15)사문 : 265의 주. 16)사문 있는 곳 : 원문은 '沙門所'. 17)사모함 : 매우 사모하는 것. 18)왕 있는 곳 : 원문은 '王所'. 1377의 주. 19)배례문신 : 절하고 안부를 묻는 것. 절하고 인사말을 하는 것. 20)법행 : 651의 주. 21)십선법 : 1의 '십선업'과 같다. 22)십악법 : 십선법의 반대. 17의 '십선업'의 주 참조. 23)십악 : 십악법과 같다. 17의 '십선법' 참조. 24)십선 : 십선법. 17의 '십선업'과 같다. 25)지킴 : 원문은 '受持'. 659의 주.

1656

엄치왕(嚴熾王)이 니건자(尼乾子)[1]에게 물었다.

"방일(放逸)[2]하지 않아서 법행(法行)[3]을 실천하는 왕은, 몇 가지의 법[4]을 완성[5]해야 법행을 실천하는 왕이라 불리울 수 있습니까?"

니건자가 대답했다.

"대왕이시여, 열 가지 법을 완성해야만 법행을 실천하는 왕이라고 불리우게 됩니다. 열 가지란 첫째는 자성(自性)[6]을 완성함이요, 둘째는 권속(眷屬)[7]에게 예절이 있음이요, 셋째는 지혜를 완성함이요, 넷째는 항상 부지런히 정진[8]함이요, 다섯째는 진리[9]를 존중함이요, 여섯째는 굳셈[10]이요, 일곱째는 은혜가 두터움이요, 여덟째는 세상 사람[11]의 행동하는 방법[12]을 잘 이해함이요, 아홉째는 온갖 괴로움을 참음이요, 열째는 도착(倒錯)된 도리[13]를 취(取)하지 않음입니다." — 〈尼乾子經〉

〔주〕 1)니건자 : 1365의 주. 2)방일 : 250의 주. 3)법행 : 651의 주. 4)법 : 46의 주. 5)완성 : 원문은 '成就'. 243의 주. 6)자성 : 51의 주. 7)권속 : 537의 주. 8)정진 : 26의 주. 9)진리 : 원문은 '法'. 10의 주. 10)굳셈 : 원문은 '猛利'. 1280의 주. 11)세상 사람 : 원문은 '世間'. 168의 주. 12)행동하는 방법 : 원문은 '所行法'. 실천의 방법. pratipatti-dharma. 13)도착된 도리 : 원문은 '顚倒法'. 467의 주.

1657

현명한 왕이 있어서 닭 울 때에 일어나 먼저 불당(佛堂)[1]에 들어가 성자(聖者)[2]에게 경례하여 복의 도움이 있을 것을 빌고, 조종(祖宗)[3]에 제사드려 은덕 갚을 것을 생각하며, 사람들로 하여금 효도하도록 온 세상에 남 모르는 이익을 내리십시사[4] 빈 다음, 조정에 나아가 모든 대신들과 정사를 다스린다고 하자. 이 두 가지 일을 마친 다음에야 수라를 들며,[5] 그 다음에 목욕하고 원림(園林)에 나가 놀며, 해가 질 무렵에는 전각(殿閣)에 논좌(論座)[6]를 만들고 국내의 큰 지혜가 있는 사문(沙門)[7]·바라문(婆羅門)[8]을 청해다가 바른 가르침[9]을 설법하게[10] 하되, 무엇이 선이요 악임과, 무엇이 바른 일이요 잘못임과, 무엇이 발전하고 전개하는 작용이요 멈추고 멸하는 작용[11]인가를 물으며, 때로는 오래된 슬기로운 신하의 덕 높은 은자(隱者)를 모아 국정(國政)을 물어 그 득실을 평하게 한다면, 이렇게 하는 까닭에 스스로 반성하고 스스로 경계하는 것이 되어 왕의 덕은 날로 증대해[12] 갈 것이며, 이웃의 강국은 모두 굴복하고 온갖 신하들은 다 엄숙해져서 안팎이 한 마음이 될 것이다. —〈華嚴經〉

〔주〕 1)불당 : 원문은 '道場'. 수행하는 장소의 뜻이나, 여기서는 궁중의 불당을 가리킨 것. 2)성자 : 원문은 '賢聖'. 108의 주. 불·보살을 가리킨 말. 3)

조종 : 왕조의 시조를 조(祖), 역대의 선왕(先王)을 종(宗)이라 한다. 4)남 모르는 이익을 내림 : 원문은 '冥益'. 불 · 보살이 남 모르게 내리는 이익. 명가(冥加). 5)수라를 듦 : 원문은 '進膳'. 6)논좌 : 설법하는 자리. 법석(法席). 7)사문 : 265의 주. 8)바라문 : 244의 주. 9)바른 가르침 : 원문은 '正法'. 252의 주. 10)설법함 : 원문은 '演說'. 202의 주. 11)발전하고 전개하는 작용과 멈추고 멸하는 작용 : 원문은 '行止'. 12)증대함 : 원문은 '增長'. 247의 주.

1658

부처님께서 사위국(舍衛國)[1)]의 기수급고독원(祇樹給孤獨園)[2)]에 계실 때, 비구들에게 이르셨다.

"국왕으로서 다음의 열 가지 일을 이루는 자는 장구하지[3)] 못하고, 국내에 도둑들이 많이 생기리라. 열 가지란 어떤 것인가? 첫째는 인색한[4)] 나머지 작은 일에도 노해서 도리를 살피려 아니함이요, 둘째는 재물에 집착함[5)]이요, 셋째는 남의 간하는 말을 받아들이지 않고 포학무자(暴虐無慈)함이요, 넷째는 백성들을 불법으로 제압하여[6)] 함부로 재물을 뺏고[7)] 옥에 가둠이요, 다섯째는 그릇된 일을 서로 도와 바른 행위를 생각지 않음[8)]이요, 여섯째는 남의 여인[9)]에게 집착해 자기 처를 멀리함이요, 일곱째는 술에 맛들여 정사(政事)를 다스리지 않음이요, 여덟째는 가무(歌舞) 즐기기[10)]를 좋아하여 정사를 다스리지 않음이요, 아홉째는 늘 긴 병을 지니고 있어서 건강치 못함이요, 열째는 충효의 신하를 신임하지 않음으로써 도움이 되는 신하[11)]가 적고 강한 보좌자(輔佐者)가 없음이다. 국왕이 이 열 가지 일을 이루고 보면 장구할 수 없느니라."

— 〈增一阿含經〉

〔주〕 1)사위국 : 473의 주. 2)기수급고독원 : 372의 '기원정사'와 같다. 3)장

구함 : 원문은 '久存'. 오래 존속함. 4)인색함 : 원문은 '慳貪'. 515의 주. 5)집착함 : 원문은 '貪着'. 240의 주. 6)불법으로 제압함 : 원문은 '枉制'. 7)함부로 재물을 뺏음 : 원문은 '橫取'. 8)생각지 않음 : 원문은 '不案'. 9)남의 여인 : 원문은 '他色'. 850의 주. 10)즐김 : 원문은 '戲樂'. 쾌락을 즐기는 것. 향락. ramate. 11)도움이 되는 신하 : 원문은 '羽翼'.

1659

부처님께서 말씀하셨다.

"옛날 가시국(迦尸國)에 악한 임금이 있어서, 갖은 잘못[1]을 저질러 백성을 괴롭혔다. 때에 한 성선(聖仙)[2]이 있었는데, 그는 왕을 간하기 위해 앵무새를 시켜 말하게 했다.

'대왕에게는 일곱 가지 잘못이 있어서 대왕의 몸을 위태롭게 하고 있습니다. 첫째는 여색(女色)에 빠져들어 진실하고 바른 것을 공경치 않음이요, 둘째는 술을 즐겨 백성을 가엾이 여기지 않음[3]이요, 셋째는 바둑·장기를 탐하여 예경(禮敬)[4]을 닦지 않음이요, 넷째는 사냥에 나가 살생(殺生)[5]하여 자애의 마음이 없음이요, 다섯째는 악한 말 하기를 좋아하고 착한 말을 하지 않음이요, 여섯째는 부역(賦役)을 무겁게 하고 벌이 과도함이요, 일곱째는 도리[6]에 어긋나게 백성의 재물을 강탈[7]함입니다. 또 대왕에게는 나라를 위태롭게 하는 세 가지 잘못이 있으십니다. 첫째는 간사하여 아첨 잘 하는 사람을 가까이함이요, 둘째는 훌륭한 사람[8]의 말을 믿지 않음으로써 착한 말을 받아들이지 않음이요, 셋째는 남의 나라 치기를 좋아하여 백성들을 잘 살려 가려 하지 않음입니다. 대왕께서 이런 잘못을 고치지 않으신다면, 파탄[9]이 불원간에 밀어닥칠 것입니다. 무릇 임금이란 온 천하[10]가 우러러 받드는 자리시니, 다리와 같이 백성들을 건네 주시며, 저울과 같이 먼 자나 가까운 자나 똑같이 공평히 대하시며, 해와 같이 세상의 어둠을 잘 비추시며, 달과 같이 만물을 서늘케 하시며, 부모와 같이 은혜로 길러 사랑하고 가엾이 여기시며, 하늘과 같이 온갖 것을 덮어 주시며, 땅과 같이 만물을 실어서 기르시며, 불과 같이 악한 재앙을 태워 없애시며, 물과 같이 백성을 고루 적셔 주시며, 과거의 전륜왕(轉輪王)[11]과 같이 십선(十善)[12]으로써 백성을 가르치시옵소서.'

왕은 크게 부끄러워해서 그 뒤부터는 바른 행실을 닦았으므로, 국내에 왕성히 교화[13]가 이루어져 악한 평판[14]이 없어지고, 왕비[15]와 신하가 충성으로 공경하며 백성들이 다 기뻐하게 되었느니라." —〈雜寶藏經〉

〔주〕 1)잘못 : 원문은 '非法'. 36의 주. 2)성선 : 원문은 '賢者'. 세간오통(世間五通)의 선인(仙人). Ṛsi-patana. 3)가엾이 여기지 않음 : 원문은 '不恤'. 4)예경 : 공경하여 예배함. 경례(敬禮)와 같다. namas. 5)살생 : 386의 주. 6)도리 : 원문은 '義理'. 292의 주. 7)강탈 : 원문은 '劫奪'. 781의 주. 8)훌륭한 사람 : 원문은 '賢勝人'. 현명한 사람. 9)파탄 : 원문은 '傾敗'. 10)천하 : 원문은 '率土'. 11)전륜왕 : 4의 '전륜성왕'과 같다. 12)십선 : 17의 '십선업'과 같다. 13)교화 : 원문은 '風敎'. 14)악한 평판 : 원문은 '惡名'. 921의 주. 15)왕비 : 원문은 '夫人'. 1076의 주.

1660

부처님께서 사위국(舍衛國)[1] 임금에게 이르셨다.

"왕께서는 마땅히 바른 도리[2]로 나라를 다스려 절도를 잃지 않으며, 언제나 자애의 마음[3]으로 백성을 양육해야 합니다." —〈諫王經〉

〔주〕 1)사위국 : 473의 주. 2)바른 도리 : 원문은 '正法'. 558의 주. 3)자애의 마음 : 원문은 '慈心'. 654의 주.

8
포교품
布教品

포교의 부촉(付囑)

1661

"이제 너희들에게 부촉(付囑)[1]하노니, 너희들은 마땅히 마음을 다해서[2] 이 가르침[3]을 전파해[4] 널리 증익(增益)[5]되도록 하라." — 〈法華經〉

〔주〕 1)부촉 : 부처님의 가르침을 전파하도록 부탁하는 것. 위촉. 2)마음을 다함 : 원문은 '一心'. 6의 주. 3)가르침 : 원문은 '法'. 1의 주. 4)전파함 : 원문은 '流布'. 5)증익 : 695의 주.

1662

승방(僧坊)[1] · 공한지(空閑地)[2] · 성읍(城邑)[3] · 항맥(巷陌)[4] · 부락 · 마을 중의 어디에 있거나, 그 들은 바와 같이 부모 · 친척[5] · 선우(善友)[6] · 우인(友人)[7] 등을 위해 힘 자라는 데까지 가르침을 설해야[8] 한다. 그러면 그 사람들은 듣고 나서 기뻐하여[9] 다시 부처님을 대신해 가르침을 설할[10] 것이며, 그것을 들은 사람 역시 기뻐하여 부처님을 대신해 가르침을 설해서 차례차례로 영향을 미쳐 갈[11] 것이다. — 〈法華經〉

〔주〕 1)승방 : 1597의 '승방(僧房)'과 같다. 2)공한지 : 966의 '공한'과 같다. 3)성읍 : 1599의 주. 4)항맥 : 거리. 도시의 거리. 5)친척 : 원문은 '宗親'. 829의 주. 6)선우 : 311의 주. 7)우인 : 원문은 '知識'. 565의 주. 8)가르침을 설함 : 원문은 '演說'. 202의 주. 9)기뻐함 : 원문은 '隨喜'. 620의 주. 10)부처님을 대신해 가르침을 설함 : 원문은 '轉教'. 11)차례차례로 영향을 미침 : 원문은 '展轉'. '輾轉'과 같다. 구르는 뜻. 차례차례 연쇄적으로 영향이 미치는 것.

1663

깨달음 구하는 마음[1]을 일으킨 다음에는, 악세(惡世)[2] 중에서도 이 가르침[3]을 비방하지 말고 수지(受持)[4]해 독송(讀誦)[5]할 것이며, 경전[6]을 베껴 남을 위해 자세히 설해[7] 주어야 한다. —〈涅槃經〉

〔주〕 1)깨달음을 구하는 마음 : 원문은 '菩提心'. 50의 주. 2)악세 : 악한 세상. kalin. 3)가르침 : 원문은 '法'. 1의 주. 4)수지 : 659의 주. 5)독송 : 1476의 주. 6)경전 : 원문은 '經卷'. 경의 사본. pustaka. 7)자세히 설함 : 원문은 '廣說'. 618의 주.

1664

십이부경(十二部經)[1]을 수지(受持)[2] · 독송[3] · 해설[4]함으로써 중생들을 위해 널리 펴 전파하도록[5] 하라. —〈涅槃經〉

〔주〕 1)십이부경 : 15의 주. 2)수지 : 659의 주. 3)독송 : 1476의 주. 4)해설 : 503의 주. 5)전파함 : 원문은 '流布'. 1661의 주.

1665

"아난(阿難)[1]아, 내가 반야바라밀다(般若波羅蜜多)[2]의 심오한 바른 가르침[3]을 너에게 부촉(付囑)[4]하노니, 너는 마땅히 수지(受持)[5]하여 망각(妄却)[6]지 말고 널리 전파해[7] 끊어지지 말도록 하라." —〈佛母出生經〉

〔주〕 1)아난 : 6의 주. 2)반야바라밀다 : 41의 주. 3)바른 가르침 : 원문은 '正法'. 252의 주. 4)부촉 : 1661의 주. 5)수지 : 659의 주. 6)망각 : 원문은 '忘失'. 678의 주. 7)전파함 : 원문은 '宣通流布'. 경전을 세상에 펴는 것.

1666

보살은 정진바라밀다(精進波羅蜜多)[1]의 상응행(相應行)[2]을 닦을 때, 먼저 악마[3]가 모습을 감추어 나타나지 못하게 하고,[4] 다음으로 마음을 일으켜[5] 물러서지 않아서 용맹정진(勇猛精進)[6]을 갖추어야 한다. 그리하여 목숨을 아끼지 않고,[7] 굳세며 용감하게 불경(佛經)의 명문(明文)[8]대로 수행하며,[9] 또 베껴서 수지(受持)[10]하고 청문독송(聽聞讀誦)[11]해야 하며, 그 뜻을 이해하여 남을 위해 설법해 들려주어야[12] 한다.

— 〈菩薩藏正法經〉

〔주〕 1)정진바라밀다 : 1566의 주. 2)상응행 : 결부된 수행. 관계되는 수행. 3)악마 : 원문은 '魔事'. 악마의 짓. 불도(佛道)의 장애. 4)모습을 감추어 나타나지 않음 : 원문은 '隱沒不現'. 5)마음을 일으킴 : 원문은 '發起'. 1132의 주. 6)용맹정진 : 1088의 주. 7)목숨을 아끼지 않음 : 원문은 '不惜身命'. 1098의 주. 8)불경의 명문 : 원문은 '正法明文'. 부처님의 가르침인 불경의 글. 9)수행함 : 원문은 '修習'. 20의 주. 10)수지 : 659의 주. 11)청문독송 : '청문'은 부처님의 가르침이나 남이 외우는 불경을 듣는 것. śravaṇa. '독송'은 1476의 주. 12)설법해 들려줌 : 원문은 '解說'. 503의 주.

1667

부처님께서 돌아가신[1] 후에 불법(佛法)이 없어지려 할 때에는, 마음을 굳게 먹어[2] 부처님의 가르침[3]을 지키도록[4] 해야 하며, 선지식(善知識)[5]을 가까이하고 생사에서 벗어날[6] 것을 원해서, 깨달음을 구하는 견고한 의지[7]를 지니고 큰 정진력(精進力)[8]을 일으켜 마군(魔軍)[9]의 무리를 깨야 한다. 그리고 법보(法寶)[10] 중에서 잘 생각해 비록 하나의 사구게(四句偈)[11]라도 좋으니 남을 위해 밝혀 설(說)함[12]으로써, 그들로 하여 수희(隨

喜)[13]해 의심[14]을 내지 않도록 하고, 또 일러 주어서 많은 중생[15]이 수희하고 찬탄해서 삼세제불(三世諸佛)[16]의 더없이 뛰어난 가르침[17]에 안주(安住)토록 해야 한다. — 〈菩薩藏正法經〉

〔주〕 1)돌아가심 : 원문은 '滅度'. 234의 주. 2)마음을 굳게 먹음 : 원문은 '內心堅固'. 3)부처님의 가르침 : 원문은 '正法'. 445의 주. 4)지킴 : 원문은 '護持'. 424의 주. 5)선지식 : 원문은 '善友'. 311의 주. 6)생사에서 벗어남 : 원문은 '出離'. 440의 주. 7)깨달음을 구하는 견고한 의지 : 원문은 '堅固鎧'. 갑옷에 비유한 어법. 8)정진력 : 998의 주. 9)마군 : 439의 주. 10)법보 : 405의 주. 11)사구게 : 사구(四句)로 된 짧은 게. '게'는 9의 주. 12)밝혀 설함 : 원문은 '演說'. 202의 주. 13)수희 : 620의 주. 14)의심 : 원문은 '疑謗'. 의심과 비방. 15)중생 : 원문은 '有情'. 306의 주. 16)삼세제불 : 650의 주. 17)더없이 뛰어난 가르침 : 원문은 '無上妙法'.

1668

부처님의 가르침을 알았으면, 사람들[1]을 위해 설(說)해[2] 주어야 한다.

— 〈諸法集要法〉

〔주〕 1)사람들 : 원문은 '衆生'. 1의 주. 2)설함 : 원문은 '演說'. 202의 주.

1669

보살은 온갖 중생 중 구호를 못 받는 자나, 갈 곳[1]이 없는 자나, 의지할 데가 없는 자나, 지견(知見)[2]이 없는 자를 보았을 때는, 곧 가엾이 여기는 생각을 해서 보리심(菩提心)[3]을 일으킨다. 만약 남을 위해 인도해 가르치려[4] 안 한다면, 이는 보리심을 일으키지 않은 것이 된다.

— 〈十地經〉

〔주〕 1)갈 곳 : 원문은 '歸趣'. 176의 주. 2)지견 : 154의 주. 3)보리심 : 50의 주. 4)인도해 가르침 : 원문은 '開導敎示'.

1670

부처님의 뛰어난 가르침[1] 속에 깊이 들어가, 잘 이해하는 마음[2]을 가지고 미묘한 도리를 널리 펴되,[3] 설법에 있어서는 차례를 따르며, 지침이 없이 자세히 설(說)해야[4] 한다. — 〈阿羅漢具德經〉

〔주〕 1)부처님의 뛰어난 가르침 : 원문은 '妙法門'. 2)이해하는 마음 : 원문은 '慧解心'. 지혜를 가지고 이해하는 마음. 3)널리 폄 : 원문은 '廣宣'. 4)설함 : 원문은 '敷宣'. 부연해서 설함.

1671

부처님께서 사리불(舍利弗)[1]에게 이르셨다.

"너는 마땅히 이 같은 바른 가르침[2]을 가지고 널리 비구[3] · 비구니[4] · 우바색[5] · 우바이[6]와 모든 사문(沙門)[7] · 바라문(婆羅門)[8]을 위해 전파하고 설(說)할[9] 것이며, 심지어 모든 악마 · 외도(外道)[10] · 니건자(尼乾子)[11] 따위의 그릇된 견해를 지녀 부처님을 믿지 않는 자라 할지라도, 이 바른 가르침을 듣고 깊은 신심(信心)을 일으켜 부처님께 귀의(歸依)[12]하고, 바른 견해를 낳아 바른 가르침을 똑똑히 이해하도록 하라."

— 〈信佛功德經〉

〔주〕 1)사리불 : 41의 '사리자'와 같다. 2)바른 가르침 : 원문은 '正法'. 252의 주. 3)비구 : 원문은 '苾芻'. 455의 주. 4)비구니 : 원문은 '苾芻尼'. 455의 주. 5)우바색 : 845의 주. 6)우바이 : 1371의 주. 7)사문 : 265의 주. 8)바라문 : 244의

주. 9)전파하고 설함 : 원문은 '流布宣說'. 10)외도 : 8의 주. 11)니건자 : 1365의 주. 12)귀의 : 원문은 '歸向'. 618의 주.

1672

부처님께서 말씀하셨다.

"비구[1]들아, 내가 설한 바른 가르침[2]을 너희들은 애써[3] 행하고[4] 기억해[5] 닦아서 모든 범행(梵行)[6]을 성취하고, 천상계(天上界)와 인간계(人間界)에 펴고[7] 교화하여,[8] 널리 중생을 위해 큰 이익을 끼치도록 하라."

— 〈舊城喩經〉

〔주〕 1)비구 : 원문은 '苾芻'. 455의 주. 2)바른 가르침 : 원문은 '正法'. 252의 주. 3)애씀 : 원문은 '精勤'. 940의 주. 4)행함 : 원문은 '學行'. 963의 주. 5)기억함 : 원문은 '記念'. 기억해 늘 생각하는 것. 6)범행 : 107의 주. 7)펴다 : 원문은 '宣布'. 가르침을 설해 펴는 것. 8)교화함 : 원문은 '法化'. 부처님의 가르침에 의한 교화.

1673

"너희들은 말세(末世)[1]에서, 마땅히 무량겁(無量劫)에 걸쳐 모아진 이 가르침의 곳집[2]을 잘 열어 사람들에게 주며, 널리 사부대중(四部大衆)[3]을 분별해 해설[4]함으로써, 이 바른 가르침의 씨가 끊어지는 일이 없도록 해야 하느니라."

— 〈持世經〉

〔주〕 1)말세 : 25의 '말법'과 같다. 2)가르침의 곳집 : 원문은 '法藏'. 324의 주. 3)사부대중 : 원문은 '四衆'. 253의 주. 4)해설 : 503의 주.

1674

만약 깨달음[1]을 구하고자 하거든, 반야바라밀다(般若波羅蜜多)[2]에 대해 신해심(信解心)[3]을 일으켜 스스로 수지(受持)[4]하여 읽고 기억할[5] 것이며, 남을 위해 자세히 설해[6] 전파함으로써 널리 중생들로 하여금 큰 이익[7]을 얻게 하라. 그 바른 가르침이 세상에 영속된다면, 이 이유로 해서 부처님의 식견(識見)[8]이 끊어지지 않으며, 진리[9]가 없어지지 않게 될 것이다. 그러므로 모든 보살들은 각기 수지(受持)하여 널리 펴서 설(說)해야 한다.

— 〈三法藏般若經〉

〔주〕 1)깨달음 : 원문은 '菩提'. 5의 주. 2)반야바라밀다 : 41의 주. 3)신해심 : 믿고 이해하는 마음. 4)수지 : 659의 주. 5)기억함 : 원문은 '記念'. 1672의 주. 6)자세히 설함 : 원문은 '廣說'. 618의 주. 7)큰 이익 : 원문은 '大利益'. 1304의 '대리'와 같다. 8)부처님의 식견 : 원문은 '佛眼'. 부처님의 눈. 깨달은 이의 식견. 모든 것을 보아 이해하는 눈. buddha-cakṣus. 9)진리 : 원문은 '正法'. 558의 주.

1675

보살이 수지(受持)하여 독송(讀誦)하는[1] 것이 있을 때는 남을 위해서도 설해 주어야 하며, 이 불경[2]을 모든 보살에게 권해 배워 읽고 다시 펴도록 할 것이다. 왜냐하면, 이렇게 경전을 우러러 사모하여[3] 세상에 오래 펴는 경우, 바른 도(道)가 길이 나타날 것이기 때문이다.

— 〈持人菩薩經〉

〔주〕 1)수지해 독송함 : 원문은 '持誦'. 2)불경 : 원문은 '佛典'. 3)우러러 사모함 : 원문은 '景慕'. '景'에는 우러러보는 뜻이 있다.

1676

어둠 속에 보물이 있다 해도 등불 없이는 못 보는 것처럼, 부처님의 가르침을 설하는 사람이 없으면 슬기로워도 깨닫지[1] 못한다.

— 〈華嚴經〉

〔주〕 1)깨닫다 : 원문은 '了'. 984의 주.

포교의 득과(得果)

1677

만약 또 사람이 있어서 이 경(經) 중에서 사구게(四句偈)[1]라도 수지(受持)[2]하여 남을 위해 설한다면, 그 공덕[3]이 매우 많을 것이다.

— 〈般若經〉

〔주〕 1)사구게 : 1667의 주. 2)수지 : 659의 주. 3)공덕 : 원문은 '福'. 155의 주.

1678

"사리자(舍利子)[1]야, 이 반야바라밀다(般若波羅蜜多)[2]에 관계되는 가르침[3]을 여래(如來)[4]의 위신력(威神力)[5]으로 가지(加持)[6]하고 호념(護念)[7]하여, 말세(末世)[8] 중에 먼저 남쪽에 널리 펴고, 그 남쪽으로부터 서쪽에 다시 펴고, 그 서쪽으로부터 북쪽에 다시 펴고, 그 북쪽으로부터 동쪽에 다시 펴서, 이같이 온갖 방향에 차츰[9] 펴 갈 것이다. 부처님이 돌아가신[10] 후에 가르침이 없어지려 할 때, 선남자·선녀인들이 반야바라밀다의 가르침을 수지(受持)[11]해 독송(讀誦)[12]하며, 기억해[13] 생각하여 남을 위해 그 도리를 풀어 주며, 내지는 이를 베껴서 존경한다면[14] 큰 이익[15]을 얻게 될 것이니, 그러기에 여래가 가지하고 호념하여 펴지게 하심이니라."

—〈佛母出生經〉

〔주〕 1)사리자 : 41의 주. 2)반야바라밀다 : 41의 주. 3)관계되는 가르침 : 원문은 '相應法門'. 결부된 가르침. 4)여래 : 1의 주. 5)위신력 : 182의 '위력'과 같다. 6)가지 : 417의 주. 7)호념 : 208의 주. 8)말세 : 25의 '말법'과 같다. 9)차츰 : 원문은 '轉轉'. 10)돌아가심 : 원문은 '涅槃'. 360의 주. 11)수지 : 659의 주. 12)독송 : 1476의 주. 13)기억함 : 원문은 '記念'. 1672의 주. 14)베껴서 존경함 : 원문은 '書寫供養'. 경을 베껴서 숭배의 뜻을 표하는 것. 15)큰 이익 : 원문은 '大利益'. 1304의 '대리'와 같다.

1679

남을 위해 경전의 가르침[1]을 설하여[2] 가르치면, 이런 사람은 응당 부처님을 가까이하여 존중하고 공경한 것이 될 것이다. —〈發菩提心經〉

〔주〕 1)경전의 가르침 : 원문은 '經法'. 649의 주. 2)설함 : 원문은 '宣說'. 84의 주.

1680

부처님께서 비구(比丘)에게 이르셨다.

"현자(賢者)[1]가 부처님의 가르침을 설하면 다섯 가지 복덕(福德)[2]이 있으니, 다섯이란 무엇인가? 첫째는 장수함이요, 둘째는 크게 부유함이요, 셋째는 아리따움[3]이요, 넷째는 명예가 멀리까지 들림이요, 다섯째는 현명하여 큰 지혜를 얻음이다. 무슨 이유로 가르침을 설하는 사람에게 이런 복덕이 있음인가? 전세에서 설법할 때에 살생을 좋아하는 사람이 그 가르침을 듣고, 곧 악행을 그쳐 죽이지 않게 되었으므로 장수하게 되는 것이다. 전세에서 설법할 때에 도둑질하는 사람이 그 가르침을 듣고, 곧 악행을 그쳐 훔치지 않을 뿐 아니라 제 재물을 남에게 주게 되었으므로 크게 부유할 수 있는 것이다. 전세에서 설법할 때에 가르침을 들은 사람이 화평한 기운이 안색을 기쁘게 해 저절로 광택(光澤)이 났으므로 아리따워지는 것이다. 전세에서 설법할 때에 가르침을 듣는 사람으로 하여금 불(佛)·법(法)·승(僧)[4]을 공경케 했으므로 명예를 얻게 되는 것이다. 그리고 전세에서 설법할 때에 가르침을 듣는 사람으로 하여금 뛰어난 지혜[5]를 깨닫게 했으므로 현명하여 큰 지혜를 지니게 되는 것이다. 이것이 다섯 가지니, 경전의 가르침을 설하는 자의 복 얻음이 이 같으니라."

— 〈賢者五福德經〉

〔주〕 1)현자 : 훌륭한 사람. Ⓟsappurisa. 2)복덕 : 304의 주. 3)아리따움 : 원문은 '端正'. 503의 주. 4)불·법·승 : 20의 '삼보'와 같다. 5)뛰어난 지혜 : 원문은 '妙慧'. prajñā.

1681

재시(財施)[1]는 중생의 사랑하는 바가 되고, 법시(法施)[2]는 중생[3]의 공경·존중하는 바가 된다. 재시는 어리석은 사람의 사랑하는 바가 되고, 법시는 슬기로운 사람의 사랑하는 바가 된다. 재시는 재물의 빈궁함을 깨고, 법시는 공덕(功德)[4]의 빈궁함을 깬다. 그러므로 이 두 가지 보시(布施)[5]를 누가 공경하고 존중하지 않겠는가? 재시는 현실적인 즐거움[6]을 주고 법시는 천도(天道)[7]와 열반(涅槃)[8]의 즐거움을 주는 것인바, 자비롭기를[9] 원하는 자는 능히 온갖 중생을 사랑할 것이며, 온갖 중생을 사랑

하는 자는 곧 자기를 사랑하는 것이 된다. —〈大丈夫論〉

〔주〕 1)재시 : 물질적인 보시. āmiṣa-dāna. 2)법시 : 369의 주. 3)중생 : 원문은 '世間'. 168의 주. 4)공덕 : 12의 주. 5)보시 : 원문은 '施'. 1056의 주. 6)현실적인 즐거움 : 원문은 '現樂'. 현재의 즐거움. pratyutpanna-sukha. 7)천도 : 육도(六道)의 하나인 천상계(天上界). 천인(天人)들의 생존 상태. svarga. 8)열반 : 21의 주. 9)자비 : 원문은 '愛悲'.

1682

상인(商人)이 조그마한 재물로라도 이를 팔아 이익을 얻기에 힘쓰면, 이 사람의 재산이 해와 달을 따라 점차 늘어나 창고가 충만하고 많은 사람을 구제도 할 수 있게[1] 되지만, 만약 장사를 안 할 때에는 재물이 늘지 않는 것은 고사하고 뒤에 흉년[2]이라도 만나고 보면 살아갈 방도마저 잃게 될 것이다. 설법하는 사람[3]도 마찬가지니, 언제나 가르침을 설해 게으름[4]을 피우지 말도록 해야 한다. 왜냐하면, 늘 가르침을 설하는 경우에는 법성(法性)[5]을 끌어내어[6] 인천(人天)[7]에게 이익을 줌으로써 선근(善根)[8]을 성취하고 온갖 악을 없애게 할 수 있으려니와, 만약 설해서 펴지[9] 않는다면 불법(佛法)은 쇠하여 끊어지고[10] 말아서 악도(惡道)[11]를 왕성하게 하고 인천(人天)을 줄이는 결과가 될 것이다. —〈大法炬陀羅尼經〉

〔주〕 1)구제함 : 원문은 '拯濟'. 2)흉년 : 원문은 '飢荒'. durbhikṣa. 3)설법하는 사람 : 원문은 '說法師'. dharma-bhāṇaka. 4)게으름 : 원문은 '休懈'. 휴식과 해태. 5)법성 : 원문은 '法住'. 법성의 별명. 변함 없이 존속하는 도리. 불변의 이법(理法)은 온갖 현상 속에 머물러 있으므로 하는 말. 6)끌어냄 : 원문은 '增長'. 247의 주. 7)인천 : 21의 주. 8)선근 : 17의 주. 9)설해서 폄 : 원문은 '宣弘'. 10)쇠해 끊어짐 : 원문은 '衰殄'. 11)악도 : 2의 주.

포교의 주의(注意)

1683

설법할 때에는 표현[1)]이 끊어짐 없이 이어지면서 내용[2)]에 잘못이 없어야 하며, 도리의 앞뒤를 살펴보고 지혜로써 시비를 분별하고 결정함[3)]으로써 법인(法印)[4)]을 안 어기고 끝없는 행문(行門)[5)]을 차례대로 세워서, 모든 중생으로 하여금 온갖 의혹을 끊게 해야 한다. ― 〈華嚴經〉

〔주〕 1)표현 : 원문은 '文'. 2)내용 : 원문은 '義'. 3)결정함 : 원문은 '審定'. 4)법인 : 진리의 표지. 불교의 표지. 불교의 기본적 성격. dharma-uddāna. 5)행문 : 수행의 방편. 신(身)·구(口)·의(意)의 계행(戒行)을 닦는 일.

1684

성스러운 지혜를 깨달아 네 가지 분별변(分別辯)[1)]으로 포교(布敎)[2)]를 행해야[3)] 한다. 무엇이 네 가지 분별변인가? 첫째는 사물[4)]을 분별함이요, 둘째는 도리[5)]를 깨달음[6)]이요, 셋째는 차례를 따름이요, 넷째는 화술(話術)[7)]을 이해함이다. 사물을 분별한다 함은, 온갖 사물의 스스로 갖추고 있는 모습[8)]을 이해해 말함이요, 도리를 깨닫는다 함은 능히 사물의 돌아가는 바[9)]를 이해해 밝힘이요, 차례를 따른다 함은 말에 파탄[10)]이 없어서 온갖 사물의 깊은 지혜를 구별함[11)]이요, 화술을 이해한다 함은 매임[12)]이 없어서 설법이 끊이지 않음이다. ― 〈漸修一切智德經〉

〔주〕 1)분별변 : 구별하여 설하는 변설(辯舌). 2)포교 : 원문은 '宣布'. 1672의 주. 3)행함 : 원문은 '奉行'. 663의 주. 4)사물 : 원문은 '法'. 122의 주. 5)도리 : 원문은 '義'. 659의 주. 6)깨닫다 : 원문은 '曉了'. 7)화술 : 원문은 '辯才'. 351의

주. 8)스스로 갖추고 있는 모습 : 원문은 '自然相'. 9)돌아가는 바 : 원문은 '歸趣'. 176의 주. 10)파탄 : 원문은 '所壞'. 11)구별함 : 원문은 '剖判'. 분석해서 구별함. 12)매임 : 원문은 '結縛'. 번뇌를 가리킨다.

1685

지혜 있는 사람은 먼저 온갖 중생의 마음을 살피고 나서 가르침을 설한다.

— 〈地藏十輪經〉

1686

부처님께서 문수사리(文殊師利)[1]에게 이르셨다.

"이 중생이 하급(下級)의 신심(信心)[2]이 있으면 성문(聲聞)의 가르침[3]을 설하고, 이 중생이 중급(中級)의 신심이 있으면 벽지불(辟支佛)의 가르침[4]을 설하고, 이 중생이 상급(上級)의 신심이 있으면 대승(大乘)의 가르침[5]을 설하느니라."

— 〈佛境界經〉

〔주〕 1)문수사리 : 78의 '문수사리보살'의 주. 2)신심 : 555의 주. 3)성문의 가르침 : 원문은 '聲聞法'. 1232의 '성문승'과 같다. 4)벽지불의 가르침 : 원문은 '辟支佛法'. 1232의 '벽지불승'과 같다. 5)대승의 가르침 : 원문은 '大乘法'.

1687

부처님께서 가섭(迦葉)[1]에게 이르셨다.

"선남자(善男子)[2]야, 비유컨대 장자(長者)[3]는 그 사랑하는 아들을 가르침에 있어서 먼저 반자(半字)[4]를 배우게 하고, 반자가 바르게 된 다음에 차례를 따라 뜻이 깊은 이론[5]을 가르쳐 아들의 학문을 성취시킨다. 나도 마찬가지여서, 오직 제자를 위하여 먼저 구부경(九部經)[6]을 알게 한 다음에야 대승(大乘)[7]의 이론을 설하느니라." — 〈大般泥洹經〉

〔주〕 1)가섭 : 252의 주. 2)선남자 : 1의 주. 3)장자 : 472의 주. 4)반자 : 산스크리트에 있어서 모음(母音)의 글자를 반자라 한다. 한 뜻을 나타내는 글자가 되기 위해서는 자음(子音)의 글자와 합쳐져야 하기 때문이다. 이 반자가 자음의 글자와 합쳐져 뜻을 나타내게 된 것을 만자(滿字)라 한다. 반자는 구부경(九部經)의 비유로 쓰이고, 또 천태(天台)의 교판(敎判)에서는 반만이교(半滿二敎)라 하여, 반자는 소승, 만자는 대승의 뜻으로 쓰이었다. 5)이론 : 원문은 '記論'. 바라문에서 닦는 다섯 가지의 학문. 6)구부경 : 부처님의 가르침의 형태를 아홉 가지 유형으로 나눈 것. 계경(契經)·중송(重頌)·수기(授記)·게송(偈頌)·감흥어(感興語)·여시어(如是語)·본생담(本生譚)·미증유법(未曾有法)·방광(方廣). <법화경>의 분류는 약간 다르다. 구부법(九部法)·구분교(九分敎)라고도 한다. Ⓟnava-aṅga-buddha-sāsana. 7)대승 : 20의 주.

1688

보살은 열 가지 일을 가지고 불도(佛道)[1]를 편다. 열 가지란 무엇인가? 무엇이 행해야 할 바른 길[2]인지를 깨달으며, 모든 중생을 구제하겠다는 원[3]을 결심해 맹세하며, 죄악과 복덕의 돌아가는 바를 분별하며, 항상 바른 깨달음에 머무르며, 제가 잘났다는 생각[4]을 품지 않으며, 법계(法界)[5]에 통달하며, 마음의 안정[6]을 알아보며,[7] 마음의 근본을 똑똑히 이해하며, 본성(本性)이 청정함[8]을 깨달으며, 근본을 따라 깨달음으로써 불도를 이룸이다. 이것이 보살의 불도를 펴는 열 가지 일이다.

— 〈度世品經〉

〔주〕 1)불도 : 22의 주. 2)행해야 할 바른 길 : 원문은 '道誼'. 도의(道義)와 같

다. 3)모든 중생을 구제하겠다는 원 : 원문은 '大願'. 424의 주. 4)제가 잘났다는 생각 : 원문은 '自大'. 5)법계 : 진여(眞如). 39의 주. 6)마음의 안정 : 원문은 '定意'. 949의 주. 7)알아봄 : 원문은 '識知'. nāyati. 8)본성이 청정함 : 원문은 '本淨'. 본래청정(本來淸淨)의 준말. 본성으로서 깨끗한 것. visuddhaṃ prakṛtyā.

1689

보살은 세세(世世)[1]에 남을 위해 경전의 가르침[2]을 설하지만, 자신을 위해서는 아무것도 바라는 바가 없고, 오직 남을 편안케 해주고자 하는 것뿐이다. 그러므로 부처님께서 경을 설하실 때에는, 누구나 들으면서 싫증 냄이 없는 것이다. —〈菩薩行五十緣身經〉

〔주〕 1)세세 : 548의 주. 2)경전의 가르침 : 원문은 '經法'. 649의 주.

1690

가르침을 펴면서[1] 듣는 자를 위해 대비(大悲)[2]의 마음을 일으키지 않는다면, 악마의 소행[3]이다. —〈魔逆經〉

〔주〕 1)펴다 : 원문은 '頒宣'. 가르침을 나누어 펴는 것. 2)대비 : 원문은 '大哀'. '대비'와 같다. 3)악마의 소행 : 원문은 '魔事'. 1666의 주.

1691

어리석은 사람은 대승 경전의 도리[1]를 이해하지 못하고 교만한 마음을 내어, 그 제 마음을 따라 그릇 생각하고, 이것을 남에게 자세히 설함[2]으로써 대죄(大罪)를 얻고 있다. —〈善戒經〉

〔주〕 1)경전의 도리 : 원문은 '經義'. 2)자세히 설함 : 원문은 '廣說'. 618의 주.

1692

제가 가르침의 본의(本意)[1]를 알고 있어야 남을 가르치기가 쉬워진다. 그러므로 남을 가르치려 하면 먼저 저를 가르쳐야 한다.

— 〈佛治身經〉

〔주〕 1)가르침의 본의 : 원문은 '敎意'. 부처님이 설하신 가르침의 본뜻. 조의(祖意)의 대(對).

1693

가르침을 설하는 사람은 응당 네 가지 일을 행해야 한다. 첫째는 널리 많이 배워 온갖 음절(音節)[1]과 어구(語句)[2]를 지님이요, 둘째는 세간(世間)[3]·출세간(出世間)[4]의 온갖 사물[5]의 생멸(生滅)하는 모양[6]을 정당하게[7] 잘 이해함이요, 셋째는 선정(禪定)[8]의 지혜를 얻음으로써 모든 경전의 가르침[9]을 따라 번뇌가 없음[10]이요, 넷째는 파괴됨이 없어서[11] 부처님의 설하신 대로 실천함이다.

— 〈十住毘婆娑論〉

〔주〕 1)음절 : 원문은 '言辭'. vyañjana. 2)어구 : 원문은 '章句'. nirukti. 3)세간 : 380의 주. 4)출세간 : 263의 주. 5)온갖 사물 : 원문은 '諸法'. 68의 주. 6)생멸하는 모양 : 원문은 '生滅相'. 7)정당하게 : 원문은 '決定'. sthira. 8)선정 : 27의 '정'과 같다. 9)경전의 가르침 : 원문은 '經法'. 649의 주. 10)번뇌가 없음 : 원문은 '無諍'. 일반적으로 논쟁 안 하는 뜻으로 쓰이나, 여기서는 번뇌가 없는 것. 쟁(諍)은 번뇌의 딴 이름. 11)파괴됨이 없음 : 원문은 '不增不減'. 늘지도 줄지도 않는 뜻으로 흔히 쓰이나, 여기서는 다르다. abhangin.

1694

먼저 자기가 악을 제거한 다음에 남을 가르쳐 악을 제거하도록 해야 한다. 자신의 악을 제거하지 못한 주제에 남을 가르쳐 악을 제거케 한다는 것은 있을 수 없는 일이다. 그러므로 보살은 먼저 자신이 보시(布施)[1] 하며, 자신이 계(戒)를 지키며,[2] 자신이 만족할 줄 알며, 자신이 근행정진(勤行精進)[3]해야 하며, 그러고 나서 남을 교화하는 것이다.

— 〈優婆塞戒經〉

〔주〕 1)보시 : 원문은 '施'. 1056의 주. 2)계를 지킴 : 원문은 '持戒'. 151의 주. 3)근행정진 : 387의 주.

1695

만약 비구(比丘)[1]가 있어서 남을 위해 설법하면서, 내가 저 사람을 위해 설법하는 터이므로, 저는 나를 믿고 공경하여 나에게 음식이나 의복 따위를 많이 줄 것이라 생각하고 설한다면, 이는 청정하지 못한 설법[2]이다. 만약 비구가 있어서 남을 위해 설법하면서, 듣는 자로 하여금 부처님의 가르침[3]을 깨닫고 이해하여[4] 현재의 괴로움을 제거하고 온갖 번뇌를 떠나게 하리라 마음 먹음으로써, 능히 듣는 자로 하여금 그 설하는 바를 듣고 설하는 대로 수행해 진리[5]를 얻고 도리[6]를 얻고 이익을 얻고 안심[7]을 얻게 한다면, 이렇게 설하는 것은 청정한 자비의 설법이라고 해야 한다.

— 〈長阿含經〉

〔주〕 1)비구 : 84의 주. 2)청정하지 못한 설법 : 원문은 '不淨說法'. 제 명성이나 이익을 위한 설법. 3)부처님의 가르침 : 원문은 '佛法'. 4의 주. 4)깨닫고 이해함 : 원문은 '證解'. 5)진리 : 원문은 '法'. 10의 주. 6)도리 : 원문은 '義'.

659의 주. 7)안심 : 불법에 의해 마음의 편안함을 얻어 흔들리지 않는 경지.

1696

부루나(富樓那)[1]가 부처님께 아뢰었다.

"세존(世尊)[2]이시여, 제가 이미 세존의 가르침을 받았사오매, 이제 서쪽 수로나(輸盧那) 지방을 유행(遊行)[3]코자 하나이다."

부처님께서 부루나에게 이르셨다.

"서쪽 수로나 사람들은 흉악하고 경망하며, 사납고 욕을 잘한다고 들었다. 그들이 너에게 그런 욕을 가해 온다면, 너는 어떻게 하려느냐?"

부루나가 아뢰었다.

"그 사람들이 면전에서 저를 흉악하게 꾸짖어 모욕한다면, 이들은 현명하고 지혜가 많은 탓으로, 나에게 흉악하고 사납게 굴어 나를 모욕은 하면서도 손이나 돌로는 때리지 않는다고 생각하겠습니다."

부처님께서 부루나에게 이르셨다.

"그들이 흉악하고 경망하며 사나워서 너를 욕하기만 한다면 그것으로 족하려니와, 손이나 돌로 때리기까지 한다면 어떻게 하려느냐?"

부루나가 부처님께 아뢰었다.

"세존이시여, 그들이 손이나 돌로 저를 때린다면, 그들은 현명하고 지혜가 있는 탓으로, 손이나 돌로 때리기는 하면서도 무기[4]로 해치지는 않는다고 생각하겠습니다."

부처님께서 부루나에게 이르셨다.

"만약 그들이 무기로 너를 해치면 어떻게 하려느냐?"

부루나가 부처님께 아뢰었다.

"만약 무기로 저를 해친다면, 그들은 현명하고 지혜가 있는 탓으로,

무기로 나를 해치기는 하면서도 죽이지는 않는 것이라고 생각하겠습니다.”

부처님께서 부루나에게 이르셨다.

“만약 그들이 너를 죽인다면 어떻게 하려느냐?”

부루나가 부처님께 아뢰었다.

“만약 저를 죽인다면, 그들은 현명하고 지혜가 있는 탓으로, 내 썩은 몸으로 하여금 해탈하게 한다고 생각하겠습니다.”

부처님께서 말씀하셨다.

“훌륭한 일이다![5] 능히 인욕(忍辱)[6]을 배웠으매, 너는 수로나 사람들 사이에 머무를 만하다. 너는 거기에 가서 제도 못 받은 자를 제도하며, 안심(安心)[7] 못 얻은 자를 안심케 하며, 열반(涅槃)[8] 못 얻은 자를 열반에 들게 하라.”

— 〈雜阿含經〉

〔주〕 1)부루나 : 부처님의 십대제자 중의 하나. 설법 제1. Pūrṇa. 2)세존 : 4의 주. 3)유행 : 돌아다니는 것. 스님이 중생 제도와 자기 수양을 위해 여행하는 것. anvāhiṇḍati. 4)무기 : 원문은 ‘刀杖’. 904의 주. 5)훌륭한 일이다! : 원문은 ‘善哉善哉’. 17의 주. 6)인욕 : 151의 ‘인’과 같다. 7)안심 : 1695의 주. 8)열반 : 21의 주.

1697

중생의 감각기관[1]이 지닌 습성과 욕구[2]를 살펴보건대, 습성과 욕구의 기능[3]이 갖가지여서 무한함을 알게 된다. 그러므로 설법도 무한할 수밖에 없고, 설법이 무한한 까닭에 도리[4] 또한 무한하게 되는 것이다.

— 〈無量義經〉

〔주〕 1)감각기관 : 원문은 '諸根'. 825의 주. 2)습성과 욕구 : 원문은 '性欲'. 1415의 주. 3)기능 : 원문은 '根'. indriya. 4)도리 : 원문은 '義'. 659의 주.

1698

"선남자(善男子)[1)]야, 보살은 끝없는 중생의 윤회(輪廻)[2)]를 끊기 위해 남에게 설법하지만, 성문(聲聞)[3)] · 독각(獨覺)[4)]은 오직 제 윤회를 스스로 끊기 위해 남에게 설법한다. 보살은 끝없는 중생의 온갖 번뇌를 제거하기 위해 남에게 설법하지만, 성문 · 독각은 오직 자기의 온갖 번뇌를 스스로 제거하기 위해 남에게 설법한다. 보살은 대비(大悲)의 과보(果報)[5)]를 성취하고자 하는 까닭에 대비가 인(因)[6)]이 되어 남에게 설법하지만, 성문 · 독각은 대비의 과보를 위하지 않는 까닭에 대비의 인(因)이 없이 남에게 설법한다. 보살은 온갖 중생의 괴로움을 그치게 하기 위해 남에게 설법하지만, 성문 · 독각은 오직 제 몸에 있는 괴로움을 스스로 그치게 하기 위해 남에게 설법한다. 보살은 온갖 중생의 법미(法味)[7)]를 채워주기 위해 남에게 설법하지만, 성문 · 독각은 오직 제 몸의 법미를 스스로 채우기 위해 남에게 설법한다. 단적으로 말한다면, 보살은 끝없는 율의(律儀)[8)]로 널리 온갖 중생의 큰 무명(無明)[9)]의 어둠과 크게 공포스러운 일과 온갖 쇠손(衰損)[10)]을 제거해 없애고 큰 광명과 큰 명성[11)]을 얻으며, 일체지지(一切智智)[12)]를 있는 그대로[13)] 깨닫게 하기 위해 남에게 설법하지만, 성문 · 독각은 조금밖에 안 되는[14)] 율의로 오직 제 무명의 어둠을 제거하여 없애서 작은 광명과 작은 명성을 얻고, 조그마한 법지(法智)[15)]를 있는 그대로 깨닫기 위해 남에게 설법하는 것이다. 그러므로 성문 · 독각은 실로 남을 돌보고[16)] 가엾이 여겨[17)] 돕고 구하고자 함이 아니라 할 수 있다."

— 〈地藏十輪經〉

〔주〕 1)선남자 : 1의 주. 2)윤회 : 원문은 '生死流轉'. 225의 '유전'과 같다. 3)성문 : 50의 주. 4)독각 : 4의 주. 5)대비의 과보 : 원문은 '大悲果'. 대비로 중생을 구제하는 일. 6)인 : 586의 주. 7)법미 : 미묘한 불법의 재미. śāsanasya arthaḥ. 8)율의 : 773의 주. 9)무명 : 7의 주. 10)쇠손 : 쇠하여 없어지는 것. 11)명성 : 원문은 '名稱'. 1485의 주. 12)일체지지 : 993의 주. 13)있는 그대로 : 원문은 '如實'. 97의 주. 14)조금의 : 원문은 '少分'. 1569의 주. 15)법지 : 1025의 주. 16)돌봄 : 원문은 '顧念'. Ⓟapekkhā. 17)가엾이 여김 : 원문은 '悲惻'.

9
구경품
究竟品

제1장 해탈(解脫)

해탈의 뜻

1699

해탈[1)]을 궁극의 경지[2)]라 부르는바, 투옥(投獄)[3)]된 자가 놓여 나와 목욕해 깨끗해진 뒤에 집으로 돌아온 것과 같다. 해탈도 그러해서 절대적[4)]으로 청정해짐을 이르는 것이니, 절대적 청정이 곧 진정한 해탈이라 할 수 있다. 또 해탈을 자연스러운 즐거움[5)]이라고도 하는데, 탐욕(貪欲)[6)]과 진에(瞋恚)[7)]와 우치(愚癡)[8)]를 다 토해 버렸기 때문이다. 잘못해 뱀의 독을 마신 사람이 약을 먹고 토하고 나면 독이 없어지고 몸이 편안해지는 것을 자연스러운 즐거움이라 하는 것과 같으니, 자연스러운 즐거움이야말로 곧 진정한 해탈이라 할 수 있다. — 〈涅槃經〉

〔주〕 1)해탈 : 84의 주. 2)궁극의 경지 : 원문은 '究竟'. 84의 주. 3)투옥 : 원문은 '繫縛'. 감옥에 들어가는 것. bandha. 4)절대적 : 원문은 '畢竟'. 57의 주. 5)자연스러운 즐거움 : 원문은 '無作樂'. 6)탐욕 : 54의 '탐'과 같다. 7)진에 : 408의 주. 8)우치 : 107의 주.

1700

진정한 해탈[1)]은 곧 여래(如來)[2)] 자체이어서 그 본성(本性)[3)]이 청정하니, 여래와 해탈을 다른 것으로 보면 안 된다. 진정한 해탈은 허공(虛空)

그것이다. 진정한 해탈은 무위(無爲)[4] 그것이다. 진정한 해탈은 무병(無病) 그것이다. 진정한 해탈은 안정(安靜) 그것이다. 진정한 해탈은 짝[5]이 없다. 진정한 해탈은 근심과 두려움이 없다. 진정한 해탈은 파탄이 없다. 진정한 해탈은 핍박[6]받음이 없다. 진정한 해탈은 생사유전(生死流轉)[7]이 없다. 진정한 해탈은 불가사의하다.[8] 진정한 해탈은 무한 그것이다. 진정한 해탈은 최상의 것이다. 진정한 해탈은 영원[9] 그것이다. 진정한 해탈은 견고하다. 진정한 해탈은 가가 없다. 진정한 해탈은 매우 오묘하다. 진정한 해탈은 보이지 않는다. 진정한 해탈은 집착이 없다.[10] 진정한 해탈은 청정하다. 진정한 해탈은 한 맛[11]이다. 진정한 해탈은 고요하다.[12] 진정한 해탈은 평등하다. 진정한 해탈은 부족함이 없다.[13] 진정한 해탈은 말이 없다.[14]

— 〈涅槃經〉

〔주〕 1)진정한 해탈 : 원문은 '眞解脫'. 진실한 해탈. mokṣa. 여래의 별명. 2)여래 : 1의 주. 3)본성 : 원문은 '性'. 40의 주. 4)무위 : 26의 주. 5)짝 : 원문은 '等侶'. 같은 반려(伴侶). 6)핍박 : 원문은 '迫切'. 7)생사유전 : 원문은 '動法'. 윤회하는 존재. 8)불가사의함 : 원문은 '希有'. 43의 주. 9)영원 : 원문은 '恒常'. 10)집착이 없음 : 원문은 '不取'. 827의 주. 11)한 맛 : 원문은 '一味'. 196의 주. 12)고요함 : 원문은 '寂靜'. 52의 주. 13)부족이 없음 : 원문은 '知足'. 만족하는 것. 787의 주. 14)말이 없음 : 원문은 '默然'. 침묵해 있는 것. tūṣṇiṃbhāva.

1701

지등(智燈)이 문수사리보살(文殊師利菩薩)[1]에게 물었다.

"어떻게 해야 해탈[2]을 얻습니까?"

"두려워하지 않고 싫증 내지 않아야 해탈을 얻는다."

"무슨 뜻입니까?"

"보살은 백천만억의 마군(魔軍)[3]의 무리도 두려워하지 않고 온갖 윤회하는 중생[4]에 대해서도 싫증 내지 않으며, 선근(善根)[5] 모으기를 두려워하지 않고 지혜를 모아 치장하는[6] 일을 싫증 내는 법이 없다. 이런 이유로 해서, 두려워하지 않고 싫증 내지 않아야 해탈을 얻는다 한 것이니라." —〈寶篋經〉

〔주〕 1)문수사리보살 : 78의 주. 2)해탈 : 84의 주. 3)마군 : 439의 주. 4)윤회하는 중생 : 원문은 '生死衆生'. 5)선근 : 17의 주. 6)치장함 : 원문은 '莊嚴'. 239의 '보장엄' 참조.

1702

번뇌[1]의 얽매임을 떠나는 것, 이를 해탈[2]이라 한다. —〈涅槃經〉

〔주〕 1)번뇌 : 4의 주. 2)해탈 : 84의 주.

1703

자아(自我)에 대한 집착이 없고[1] 탐욕이 없어서[2] 마음이 아무것에도 매이지 않게 되면,[3] 저절로 청정해져서 해탈을 얻게 된다.

—〈聖法印經〉

〔주〕 1)자아에 대한 집착이 없음 : 원문은 '無我'. 85의 주. 2)탐욕이 없음 : 원문은 '無欲'. virāga. 3)아무것에도 매이지 않음 : 원문은 '休息'. 집착을 그치는 것.

1704

가섭보살(迦葉菩薩)이 부처님께 아뢰었다.

"원하옵건대 세존[1)]이시여, 여래(如來)[2)]의 뛰어나고 완전한 깨달음[3)]에 이르는 해탈의 도리에 대해 거듭 설하여 주시옵소서."

부처님께서 가섭에게 이르셨다.

"그 해탈이란 온갖 번뇌[4)]의 결합(結合)[5)]을 모두 떠나는 일인바, 이렇게 번뇌의 결합을 떠나는 일이기에 해탈은 낳는 작용이 없으면서 낳아진[6)] 것이라고나 해야 할 것이다. 부모에 의해 자식이 태어나는 것은 낳는다고 할 수 있으나, 그 해탈은 이와 다른 까닭에, 해탈이란 낳는 작용 없이 낳아진 것이라고 말함이다.

그 해탈의 진실한 작자(作者)[7)]란 존재하지 않는다. 성이나 다락은 사람이 만들지만, 그 진실한 해탈은 이와 같지 않은 까닭에 해탈은 작자가 존재하지 않는다고 함이다.

비유컨대 도공(陶公)[8)]의 옹기 만드는 기구[9)]는 만들어진 것이고 언젠가는 파괴될 성질의 것이지만, 그 진실한 해탈은 이와 달라서 만들어진 바도 없고 파괴되는 바도 없으므로, 해탈은 만들어진 바가 없고 파괴되는 바가 없다고 말해야 한다.

몸이 시들고 마르며 머리가 희어지고 이가 빠지면, 이를 노쇠의 모습[10)]이라고 하지만, 그 진실한 해탈은 이와 달라서 모든 노쇠의 변화를 길이 떠났으므로 해탈이라고 하는 것이다.

병에는 사백사병(四百四病)[11)]이 있고, 그 밖의 불시에 일어나는 병[12)]도 수를 헤아릴 수 없을 정도지만, 이런 온갖 재앙을 떠난 까닭에 해탈이라 하는 것이다.

중생은 해탈하지 못한 탓으로 수명이 다함이 있고 죽음이 있게 마련이지만, 이런 죽음을 길이 떠난 까닭에 해탈이라 하는 것이다.

비유컨대 신선하고 아리따운[13] 백첩(白疊)[14]도 소유(蘇油)[15]가 묻으면 더럽혀지지만, 그 진실한 해탈은 이와 달라서 백련화(白蓮華)의 청정무구함과 같이, 애욕의 모든 번뇌[16]의 더러움을 길이 떠난다.

지배[17]하는 것이 있음을 제한하는 장애[18]라 하는데, 그 진실한 해탈에는 어떤 제한하는 장애도 없다.

비유컨대 길에 도둑들이 없는 것을 안온(安穩)[19]이라 하지만, 진실한 해탈은 이와는 달리 그 본성(本性)이 두려움을 모르므로[20] 안온이라고 한다.

비유컨대 봄바람은 온갖 티끌[21]을 일으키지만, 진실한 해탈은 온갖 티끌을 떠나서 마치 전륜왕(轉輪王)[22]의 상투 속의 명주(明珠)[23]에 모든 티끌과 때가 전혀 없는 것과 같다.

자유롭지[24] 못한 자는, 가난한 사람이 남의 재물을 지고 가면서 부자[25]의 제재를 받아 자유로울 수 없는 것 같지만, 진실한 해탈은 이와는 달리 자유로워 장애되는 것이 없다.

허공에는 모든 혼탁(混濁)[26]이 없듯, 진실한 해탈에는 그런 것이 없다.

달라붙어서[27] 떼기 어려운 것은 친구와 권속(眷屬)[28]이지만, 진실한 해탈에는 이런 것이 없어서 전륜왕이 홀로 선(善)을 즐겨 짝이 없는 것과 같다.

새가 공중을 날 때에는 발자취가 나타나지 않는바, 해탈의 자취 없는 모양도 꼭 이와 같다.

방일(放逸)[29]한 자는 오욕(五欲)[30]에 빠져들지만, 진실한 해탈은 이와는 달리 그 본성이 청정해서 음(婬)·노(怒)·치(癡)[31]를 떠난다."

— 〈大般泥洹經〉

〔주〕 1)세존 : 4의 주. 2)여래 : 1의 주. 3)뛰어나고 완전한 깨달음 : 원문은 '大般泥洹' mahā-parinirvāṇa. 대반열반(大般涅槃). 4)번뇌 : 원문은 '縛'. 666의 주. 5)결합 : 원문은 '和合'. 468의 주. 6)낳는 작용이 없으면서 낳음 : 원문은 '不生生'. 7)작자 : 만드는 자. 8)도공 : 원문은 '陶家'. kumbha-kāra. 9)만드는 기구 : 원문은 '埏埴作器'. 인용에서 埴이 填으로 된 것은 잘못. 10)노쇠의 모습 : 원문은 '老相'. 11)사백사병 : 470의 주. 12)불시에 일어나는 병 : 원문은 '橫疾'. 13)신선하고 아리따움 : 원문은 '鮮好'. 14)백첩 : 흰 빛깔의 가는 모직(毛織). <당서(唐書)>에도 그 이름이 보인다. 15)소유 : 우락(牛酪)에서 만든 기름. ghṛta. 16)번뇌 : 원문은 '塵'. upakleśa. 17)지배 : 원문은 '主制'. 지배의 뜻인 듯하다. 18)제한하는 장애 : 원문은 '限碍'. 19)안온 : 417의 주. 20)두려움을 모름 : 원문은 '無畏'. 두려워하지 않는 것. 안온한 마음의 상태. abhaya. 21)티끌 : 원문은 '塵坌'. 분(坌)도 티끌. 22)전륜왕 : 4의 '전륜성왕'과 같다. 23)명주 : 292의 '마니주'와 같다. 24)자유로움 : 원문은 '自在'. 17의 주. 25)부자 : 원문은 '財主'. 부상(富商). 상공조합의 지도자. śreṣṭhin. 26)혼탁 : 원문은 '墋濁'. 참(墋)은 흐린 뜻. 27)달라붙음 : 원문은 '纏綿'. 28)권속 : 537의 주. 29)방일 : 250의 주. 30)오욕 : 1의 주. 31)음・노・치 : 탐・진・치와 같으니, 245의 '삼독'의 주.

1705

여래(如來)의 가르침[1] 속에서 출가(出家)[2]해 청정계(淸淨戒)[3]를 받고 깨끗한 행위를 닦아 지님[4]으로써 윤회(輪廻)[5]를 멀리하면, 열반(涅槃)으로 가는 길[6]을 얻어 고륜(苦輪)[7]에서 벗어날 수 있을 것이다.

— 〈文殊師利問法經〉

〔주〕 1)여래의 가르침 : 원문은 '如來法'. 2)출가 : 27의 주. 3)청정계 : 845의 주. 4)닦아 지님 : 원문은 '修持'. 5)윤회 : 225의 '유전'과 같다. 6)열반으로 가는 길 : 원문은 '涅槃道'. 1152의 주. 7)고륜 : 괴로움이 수레바퀴의 회전처럼

계속되는 일. 윤회.

1706

방편을 가지고 모든 사물[1]을 따르되, 온갖 장애되는 것에 집착하지 말 것이다. 집착하는 것이 없으면, 곧 해탈하게 된다. — 〈如幻三昧經〉

〔주〕 1)모든 사물 : 원문은 '諸法'. 68의 주.

1707

탐욕의 그물[1]로 저를 가리고 애집(愛執)의 덮개[2]로 저를 씌워 감옥에 스스로 묶어 놓으면, 고기가 통발 속에 들어간 것과 같아 노사(老死)의 엿보는 바가 된다. 송아지가 어미소의 젖을 찾는 것같이 탐욕을 떠나고 애집의 발자취를 없앤다면 그물에서 벗어나 가리운 것이 없어질 것이며, 수도(修道)[3]를 다하여 감옥의 결박을 제거한다면 모든 것들[4]이 풀릴 것이다. — 〈法句經〉

〔주〕 1)탐욕의 그물 : 원문은 '欲網'. 806의 주. 2)애집의 덮개 : 원문은 '愛蓋'. 806의 주. 3)수도 : 원문은 '道'. Ⓟmagga. 4)모든 것들 : 원문은 '一切此彼'. 모든 이것 저것.

1708

절대적 진실[1]을 즐기면 온갖 매임[2](번뇌)이 풀린다. — 〈三法度論〉

〔주〕 1)절대적 진실 : 원문은 '無爲'. 26의 주. 2)매임 : 원문은 '縛'. 666의 주.

1709

한 움큼의 먹을 것을 보시(布施)[1)]한 것으로 해탈분(解脫分)[2)]의 선근(善根)[3)]을 심는 사람이 있는가 하면, 5년에 한 번씩 큰 보시의 모임[4)]을 열고도 해탈분의 선근을 못 심는 사람도 있다. 또 하루 재계(齋戒)[5)]한 것으로 해탈분의 선근을 심는 사람이 있는가 하면, 일생 동안 계(戒)를 지키고도[6)] 해탈분의 선근을 못 심는 사람도 있다. 그리고 한 게(偈)[7)]를 외우는 것으로 해탈분의 선근을 심는 사람이 있는가 하면, 삼장(三藏)[8)]의 문의(文義)[9)]에 통달하고도 해탈분의 선근을 못 심는 사람도 있다. 그 이유는 무엇인가? 만약 이런 일을 가지고 애써 해탈·열반의 즐거움을 향해 나아가면[10)] 생사(生死)[11)]를 떠나게 되지만, 이렇게 나아가지 않을 때는 죽도록 계를 지켜 수행한대도[12)] 해탈할 수는 없기 때문이다. —〈婆娑論〉

〔주〕 1)보시 : 원문은 '施'. 1056의 주. 2)해탈분 : 907의 주. 3)선근 : 17의 주. 4)보시의 모임 : 원문은 '施會'. 5)재계 : 620의 주. 6)계를 지킴 : 원문은 '持戒'. 151의 주. 7)게 : 9의 주. 8)삼장 : 경(經)·율(律)·논(論). 장(藏)은 간직하고 있는 뜻. 불교 성전 전체를 이른다. tri-piṭaka. 9)문의 : 657의 주. 10)나아감 : 원문은 '廻向'. 32의 주. 11)생사 : 12의 주. 12)수행함 : 원문은 '修學'. 1486의 주.

1710

계(戒)[1)]·정(定)[2)]·혜(慧)[3)]를 해탈에 이르는 길[4)]이라고 한다. 계는 위의(威儀)[5)]를 깨끗이 하는 뜻이요, 정은 마음을 산란하게 안 하는 뜻이요, 혜는 잘 분별하는[6)] 뜻이요, 해탈은 속박을 떠나는 뜻이다. 또 계는 악업(惡業)[7)]의 더러움을 제거함이요, 정은 번뇌[8)]의 더러움을 제거함이요, 혜는 견사(見使)[9]의 더러움을 제거함이다. 또 삼종선(三種善)[10]으로 구별하면 계는 초선(初善)이요, 정은 중선(中善)이요, 혜는 후선(後善)에 해당한다. 왜 계를 초선이라 하느냐 하면, 정진(精進)해 계(戒)를 지키는[11] 사람은 지칠 줄 모르는[12]바, 지칠 줄 모르기에 기뻐하고, 기뻐하기에 즐거워하고, 즐거워하기에 마음이 안정되는 까닭이다. 왜 정(定)을 중선(中善)이라 하느냐 하면, 정 때문에 온갖 것을 있는 그대로[13] 보는 까닭이다. 왜 혜(慧)를 후선(後善)이라 하느냐 하면, 이미 있는 그대로 보았기에 미혹(迷惑)하지 않고, 미혹하지 않기에 탐욕을 떠나고,[14] 탐욕을 떠나기에 해탈하는 까닭이다.

— 〈解脫道論〉

〔주〕 1)계 : 18의 주. 2)정 : 27의 주. 3)혜 : 27의 주. 4)해탈에 이르는 길 : 원문은 '解脫道'. 171의 주. 5)위의 : 839의 주. 6)잘 분별함 : 원문은 '知覺'. 여지염각(慮知念覺)의 준말. 분별하는 것. 사고(思考). tarka. 7)악업 : 170의 주. 8)번뇌 : 원문은 '纏縛'. 520의 주. 9)견사 : 사상적·관념적 미혹. 도리에 대한 미혹. 진리를 오인(誤認)하는 데서 생기는 미혹. 견혹(見惑)과 같은 말. 10)삼종선 : 처음이 좋고, 중간이 좋고, 끝이 좋은 것. 흔히 부처님의 설법에 대해서 이른다. 삼선(三善)이라고도 한다. 11)계를 지킴 : 원문은 '持戒'. 151의 주. 12)지칠 줄 모름 : 원문은 '不退'. 458의 주. 13)있는 그대로 : 원문은 '如實'. 97의 주. 14)탐욕을 떠남 : 원문은 '離欲'. 955의 주.

1711

친교바라문(親交婆羅門)이 교시가(憍尸迦)[1]에게 말했다.

"부처님께서 온갖 존재에 대해 설하신 바에 의하면, 무엇이나 다 자아(自我)가 없는[2] 것으로 되어 있는가?"

교시가가 대답했다.

"내가 부처님의 가르침[3]을 보건대, 생사가 끝없는 중에 일체(一切)가 자아 없는 것으로 되어 있다. 그러므로 만약 자아가 있다고 생각한다면[4] 끝내 해탈하지 못할 것이며, 이와는 달리 자아 없는 도리를 안다면 탐욕이 없어져 해탈하게 될 것이다."

친교바라문이 말했다.

"속박이 있어야 해탈이 있을 것이다. 당신 말대로 자아가 없다면 속박도 없어야 하는데, 속박이 없고 보면 누가 해탈한단 말인가?"

교시가가 대답했다.

"자아가 없지만 속박에서 해탈하는 일은 있을 수 있다. 번뇌가 가리운 까닭에, 속박하는 번뇌를 끊으면 해탈하게 되는 것이다."

— 〈大莊嚴經〉

〔주〕 1)교시가 : 633의 주. 2)자아가 없음 : 원문은 '無我'. 85의 주. 3)부처님의 가르침 : 원문은 '佛法'. 4의 주. 4)자아가 있다고 생각함 : 원문은 '計我'. 501의 주.

1712

마땅히 부지런히 정진해 빨리 해탈을 구함으로써, 지혜의 광명으로 온갖 우치(愚癡)의 어둠[1]을 없애도록 하라. — 〈遺敎經〉

〔주〕 1)우치의 어둠 : 원문은 '癡闇'. 어리석음을 어둠에 비유한 말. 무명(無明). moha-tamas.

1713

윤회(輪廻)[1]에서 벗어나기[2] 위해 온갖 마군(魔軍)[3]을 깨며, 외도(外

道)[4]를 꺾으며,[5] 큰 법라(法螺)[6]를 불며, 큰 법고(法鼓)[7]를 두들기며, 큰 법당(法幢)[8]을 세운다면, 여러 괴로움에서 벗어나 큰 열반(涅槃)[9]을 얻게 될 것이다.

만약 사제(四諦)[10]를 잘 관찰한다면, 모든 윤회에서 벗어나 열반[11]의 피안(彼岸)[12]에 건너가게 될 것이다. —〈不思議神通境界經〉

〔주〕 1)윤회 : 225의 '유전'과 같다. 2)벗어남 : 원문은 '出度'. 윤회에서 벗어나 열반에 이르는 것. 3)마군 : 원문은 '魔衆'. 1105의 주. 4)외도 : 8의 주. 5)꺾음 : 원문은 '摧伏'. 962의 주. 6)법라 : 인도에서는 사람을 모을 때 소라를 불었는데, 부처님의 설법의 홍성한 모양을 이에 비유한 것. dharma-śaṅkha. 7)법고 : 불법을 북에 비유한 것. 8)법당 : 불법을 당기(幢旗)에 비유한 것. 9)큰 열반 : 원문은 '大涅槃'. 대반열반(大般涅槃)의 준말. 1704의 '대반열반'의 주. 10)사제 : 357의 풀이. 11)열반 : 원문은 '無爲'. 26의 주. 12)피안 : 84의 주.

1714

그 마음이 고요히 삼매(三昧)[1]에 머무르는 것에 의해, 더없이 시원해[2] 열뇌(熱惱)[3]가 없어서, 일체지(一切智)[4]의 바다에 들어갈 원인을 이미 닦는 것은 깨달은[5] 사람의 해탈이다. 온갖 진실한 모습을 잘 알고, 가없는 법계(法界)[6]의 문에 깊이 들어가 널리 중생을 제도해 남김이 없는 것은 지혜의 등불[7]을 지닌 사람의 해탈이다. 중생의 진실한 본성(本性)[8]을 깨달아[9] 온갖 제유(諸有)[10]의 바다에 집착하지 않고, 그림자같이 널리 심수(心水)[11] 중에 나타나는 것은 바른 도(道)를 지닌 사람의 해탈이다.

—〈華嚴經〉

〔주〕 1)삼매 : 154의 주. 2)더없이 시원함 : 원문은 '究竟淸凉'. 열반의 형용. 온갖 번뇌가 끊어졌기에 하는 말. 3)열뇌 : 802의 주. 4)일체지 : 17의 주. 5)깨닫다 : 원문은 '證悟'. 6)법계 : 39의 주. 7)지혜의 등불 : 원문은 '慧燈'. 지혜는 무명의 어둠을 없애 주므로 등에 비유함이다. 8)진실한 본성 : 원문은 '眞實性'. 온갖 것의 진실한 본성. 원성실상(圓成實相)과 같다. pariniṣpannaḥ avabhāvaḥ. 9)깨닫다 : 원문은 '了達'. 81의 주. 10)제유 : 510의 주. 11)심수 : 932의 주.

1715

"불자(佛子)[1]여, 보살마하살[2]에는 열 가지 무착(無着)[3]이 있느니라. 열 가지란 무엇인가? 소위 온갖 세계에 집착이 없으며, 온갖 중생에 집착이 없으며, 온갖 사물[4]에 집착이 없으며, 온갖 행동에 집착이 없으며, 온갖 선근(善根)[5]에 집착이 없으며, 온갖 생(生)을 받는 곳[6]에 집착이 없으며, 온갖 원(願)에 집착이 없으며, 온갖 수행에 집착이 없으며, 온갖 보살에 집착이 없으며, 온갖 부처님에 집착이 없음이다. 만약 보살들이 이 도리에 안주(安住)한다면, 속히 온갖 중생상(衆生想)[7]을 전환하여 최고의 청정한 지혜를 얻게 될 것이다." — 〈華嚴經〉

〔주〕 1)불자 : 78의 주. 2)보살마하살 : 1의 '보살'과 같다. 3)무착 : 집착이 없는 것. niḥsaṅgatā. 4)온갖 사물 : 원문은 '一切法'. 18의 주. 5)선근 : 17의 주. 6)생을 받는 곳 : 원문은 '受生處'. upapatti-sthāna. 7)중생상 : 1558의 주.

1716

보살은 이미 무량아승기겁(無量阿僧祇劫)[1] 전에 온갖 사물의 진실한 모습[2]을 본[3]바 있으니, 보았기에 그 도리를 알며, 온갖 사물의 진실한 모습을 보고 도리를 아는 까닭에 색(色)이나 내지는 식(識)[4]에 집착하지 않는다. 집착하지 않으므로 보살은 색에도 탐심을 내지 않고 내지는 식에도 탐심을 내는 일이 없다. 탐심이 없기 때문에 색에도 매이지 않고 내지는 식에도 매이지 않으며, 매이지 않기에 생(生)·노(老)·병(病)·사(死)·우(憂)·비(悲) 따위의 큰 괴로움과 온갖 번뇌를 벗어나게 되는 것이다. — 〈涅槃經〉

〔주〕 1)무량아승기겁 : 1359의 주. 2)온갖 사물의 진실한 모습 : 원문은 '法相'. dharmatā. 3)보다 : 원문은 '知見'. 154의 주. 4)색이나 내지는 식 : 오온(五蘊)을 가리킨 것. 87의 '오온'의 주.

해탈의 승과(勝果)

1717

"불자(佛子)[1]여, 보살에는 열 가지 해탈이 있으니, 열 가지란 무엇인가? 번뇌로부터의 해탈, 사견(邪見)[2]으로부터의 해탈, 모든 집착[3]으로부터의 해탈, 온처계(蘊處界)[4]로부터의 해탈, 이승(二乘)[5]을 넘어서는 해탈, 무생법인(無生法忍)[6]의 해탈, 온갖 세상과 온갖 중생과 온갖 사물에 대한 집착을 떠나는 해탈, 끝없이 어디에나 머무르는[7] 해탈, 온갖 보살행(菩薩行)[8]을 일으켜[9] 여래[10]의 무분별지(無分別智)[11]를 깨닫는[12] 해탈, 일념(一念)[13] 중에 온갖 삼세(三世)[14]의 일을 다 환히 이해하는[15] 해탈이 그것이다. 보살이 이 도리에 안주(安住)한다면, 더없는 불사(佛事)[16]를 행하여[17] 온갖 중생을 교화해 완성시키게[18] 될 것이다." — 〈華嚴經〉

〔주〕 1)불자 : 78의 주. 2)사견 : 219의 주. 3)집착 : 원문은 '取'. uggahaṇa. 4)

온처계 : 467의 주. 5)이승 : 218의 주. 6)무생법인 : 모든 것이 불생불멸(不生不滅)임을 깨닫는 것. 인(忍)은 인(認)이니, 인정의 뜻. 불생불멸임을 깨달아 확인하는 것. 무생인(無生忍). anutpattika-dharma-kṣānti. 7)끝없이 어디에나 머무름 : 원문은 '無邊住'. 공간적으로 제한받지 않는 일. 8)보살행 : 9의 주. 9)일으킴 : 원문은 '發起'. 1132의 주. 10)여래 : 1의 주. 11)무분별지 : 주객의 대립을 떠나 평등히 작용하는 진실한 지혜. 개념적 사유를 초월한 예지. nirvikalpa-jñāna. 12)깨닫다 : 원문은 '入'. 183의 주. 13)일념 : 166의 주. 14)삼세 : 39의 주. 15)환히 이해함 : 원문은 '了知'. 492의 주. 16)불사 : 242의 주. 17)행함 : 원문은 '施作'. 18)완성시킴 : 원문은 '成熟'. 218의 주.

1718

부처님네와 보살에는 불가사의(不可思議)[1]라는 이름의 해탈이 있다. 만약 보살로서 이 해탈에 안주(安住)하는 자라면, 저 높고 큰[2] 수미산(須彌山)[3]까지도 겨자씨 속에 넣을 수 있다. 그렇다고 겨자씨가 커지는 것도 아니고 수미산이 작아지는 것도 아니어서, 수미산왕(須彌山王)[4]의 원래의 모습은 예전 그대로이다. 그리고 수미산 속에 사는 사천왕(四天王)[5]이나 도리천왕(忉利天王)[6]으로도 자기가 어디에 넣어졌는지 깨닫지 못하며, 오직 신통에 의해 가르침을 받기에 적합한 사람[7]들만이, 수미산이 겨자씨 속에 들어감을 볼 수 있을 뿐이다. 이것을 불가사의한 해탈의 법문(法門)[8]이라 한다.

— 〈維摩經〉

〔주〕 1)불가사의 : 10의 주. 2)높고 큼 : 원문은 '高廣'. 3)수미산 : 181의 주. 4)수미산왕 : 수미산을 이른다. 5)사천왕 : 17의 주. 6)도리천왕 : 620의 주. 7)신통에 의해 가르침을 받기에 적합한 자 : 원문은 '應度者'. '응도자'는 구제받을 자의 뜻이어서, 이것으로는 문맥에 무리가 생긴다. 티베트의 번역본을 취했다. 8)법문 : 245의 주.

1719

부처님들께서 세상에 나타나사 적정해탈(寂靜解脫)[1]의 가르침을 설하시니, 지혜로운 자가 깨달아[2] 의혹이 없다면 윤회생사(輪廻生死)[3]의 문에서 길이 벗어날 수 있다.

— 〈父子合集經〉

〔주〕 1)적정해탈 : 962의 주. 2)깨닫다 : 원문은 '了達'. 81의 주. 3)윤회생사 : 생사도 윤회의 뜻. 1의 '유전생사'와 같다.

1720

아견(我見)[1]을 떠나면, 보는 것도 없어지고 듣는 것도 없어지고 깨닫는 것도 없어지고 아는 것도 없어진다. 왜냐하면, 인연[2] 때문에 여러 식(識)[3]이 생기는 까닭이다. 저 인연과 생겨진 식은 다 영원성이 없으며,[4] 영원성이 없는 까닭에 식의 존재는 인정되지 않는다.[5] 그러므로 식온(識蘊)[6]이 다 공(空)[7]으로 돌아가 작용[8]이 없고 보면, 이를 일러 무작해탈문(無作解脫門)[9]이라 하는바, 이 해탈문에 들어가 진리의 궁극을 알고 진리에 대한 집착도 없어진다면, 진리가 고요해 온갖 상(相)을 떠났음을[10] 깨닫게 될 것이다.

— 〈法印經〉

〔주〕 1)아견 : 138의 주. 2)인연 : 2의 주. 3)여러 식 : 원문은 '諸識'. 육식(六識)을 이른다. 72의 풀이. 4)영원성이 없음 : 원문은 '無常'. 4의 주. 5)인정되지 않음 : 원문은 '不可得'. 인식 안 됨. 그 자체의 존재가 지각되지 않음. nāvadhāryate. 6)식온 : 오온(五蘊)의 하나. 식별작용(識別作用)이라는 존재요소의 모임. 육식(六識)의 작용을 이른다. vijñāna-skandha. 7)공 : 50의 주. 8)작용 : 원문은 '所作'. 281의 주. 9)무작해탈문 : 바라는 생각을 버린 무루(無漏)의 삼매. 무원해탈문(無願解脫門)과 같다. 삼해탈문(三解脫門)의 하나. 10)고

요해 온갖 상을 떠남 : 원문은 '寂滅'. 44의 주.

1721

사람이 백 년을 산대도 번뇌[1)]를 떠나지 못한다면, 하루 동안 살면서 번뇌를 떠나는 것만 못하다. — 〈法集要頌經〉

〔주〕 1)번뇌 : 원문은 '垢'. 730의 주.

1722

곡식 알맹이가 껍질[1)] 속에 있는 채로는 누구도 이를 활용[2)] 못하며, 때로 이것을 활용하려는 자가 있을 때에는 방편을 써서 껍질을 제거하게 마련이다. 부처님께서는 온갖 중생의 몸에 불성(佛性)[3)]이 있으면서도 번뇌의 껍질이 얽혀 있는 탓으로 불사(佛事)[4)]를 짓지 못함을 보시고, 좋은 방편의 힘으로 삼계[5)]에 있는 중생의 번뇌의 껍질을 제거하사 뜻대로 불사를 짓게 하시는 것이다. — 〈究竟一乘寶性論〉

〔주〕 1)껍질 : 원문은 '穭'. 겨. 곡식의 껍질. 2)활용 : 원문은 '受用'. 185의 주 3)불성 : 원문은 '如來性'. 58의 '불성'과 같다. 4)불사 : 242의 주. 5)삼계 : 4의 주.

1723

해탈하고자 열심히 수행하는[1)] 앞에는 장애[2)]의 문이 없어진다. — 〈文殊師利淨律經〉

〔주〕 1)열심히 수행함 : 원문은 '勤修'. 689의 주. 2)장애 : 원문은 '罣礙'. 덮는 것. 마음을 덮는 장애. 지장. āvaraṇa.

제2장 열반(涅槃)

열반의 인(因)

1724

네 가지 선행(善行)[1]이 있어서 열반(涅槃)[2]에 이르는 가까운 원인이 되는바, 첫째는 선지식[3]을 가까이함이요, 둘째는 부처님의 가르침에 마음을 집중함[4]이요, 셋째는 가르침에 생각을 골똘히 함[5]이요, 넷째는 가르침대로 수행함이다. 가르침을 듣는 것에 의해 대열반(大涅槃)[6]을 얻는 것이 아니라 수행하는 까닭에 대열반을 얻게 되는 것이니, 비유컨대 의사의 가르침이나 약 이름을 듣고 병이 낫는 것이 아니라 약을 먹기 때문에 병이 낫는 것과 같다. — 〈涅槃經〉

〔주〕 1)선행 : 원문은 '法'. 32의 주. 2)열반 : 21의 주. 3)선지식 : 원문은 '善友'. 311의 주. 4)마음을 집중함 : 원문은 '專心'. 940의 주. 5)생각을 골똘히 함 : 원문은 '繫念思惟'. 1260의 주. 6)대열반 : 1704의 '대반열반'과 같다.

1725

열반(涅槃)[1]은 무상(無常)[2]의 것이 아닌 영원불변[3]의 세계이다. 왜 그런가? 먼저 이와 대립되는 이 미혹(迷惑)의 세계[4]를 살펴볼 때, 거기에는 다섯 가지 원인이 작용하고 있음을 알게 된다. 첫째는 어떤 결과를 발생케 하는 원인[5]이니, 업번뇌(業煩惱)[6]와 초목 따위를 낳는 씨를 이른다.

둘째는 결합되는 원인[7]이니, 선(善)과 선심(善心)이 결합하며, 불선(不善)과 불선심(不善心)이 결합하며, 무기(無記)[8]와 무기심(無記心)이 결합하는 것 같음을 이름이다. 셋째는 안주(安住)하게 하는 원인[9]이니, 밑에서 기둥이 받쳐 주기 때문에 집이 내려앉지 않는 것 같음을 이름이다. 넷째는 커지게 하는 원인[10]이니, 의복·음식 따위의 인연에 의존하는 까닭에 사람들의 몸이 커지는 것 같고, 씨가 불에 타거나 새에 먹히지 않아 자라나는 것과 같음을 이름이다. 다섯째는 간접적 원인[11]이니, 국왕에 의지하는 까닭에 도둑이 없다든가, 싹이 지수화풍(地水火風)[12]을 원인으로 하여 돋아나는 것 같음을 이름이다. 그러나 열반의 본체(本體)[13]는 이런 다섯 가지 원인에 의해 이루어진 것이 아니므로 무상이 아닌 것이다.

또 두 가지 원인이 있다. 첫째는 이해하는 원인[14]이니, 등불이나 촛불이 어둠을 비추는 것 같음을 이름이다. 둘째는 만드는 원인[15]이니, 옹기장이가 만드는 먹줄 같은 것을 이름이다. 이제 열반은 만드는 원인에 의해 존재하는 것이 아니라, 어디까지나 이해하는 원인에 의해 나타나는[16] 것뿐이다. 그러므로 이해하는 원인은 바로 삼십칠도품(三十七度品)[17]과 육도(六度)[18]를 가리킨다고 볼 수 있다. — 〈涅槃經〉

〔주〕 1)열반 : 21의 주. 2)무상 : 4의 주. 3)영원불변 : 원문은 '常住'. 367의 주. 4)미혹의 세계 : 원문은 '世間'. 380의 주. 5)결과를 발생케 하는 원인 : 원문은 '生因'. 사물을 생기게 하는 원인. 실재의 근거. A가 원인이 되어 B가 생기면, A는 B의 생인이다. kāraka-hetu. 6)업번뇌 : 행동이 남기는 잠재적 여력(餘力)과 마음의 미혹. karma-kleśa. 7)결합되는 원인 : 원문은 '和合因'. 8)무기 : 선도 악도 아닌 것. 이것은 과보를 초래하지 않는다. avyākṛta. 9)안주하게 하는 원인 : 원문은 '住因'. 10)커지게 하는 원인 : 원문은 '增長因'. 왕성하게 하는 원인. 11)간접적 원인 : 원문은 '遠因'. 12)지수화풍 : 139의 '사

대'와 같다. 13)본체 : 원문은 '體'. 116의 주. 14)이해하는 원인 : 원문은 '了因'. 인식의 원인. 인식의 근거. jñāpaka-hetu. 15)만드는 원인 : 원문은 '作因'. 실재의 근거가 되어 무엇을 만들어 내는 원인. 생인(生因)과 같다. 16)나타남 : 원문은 '顯現'. 963의 주. 17)삼십칠도품 : 251의 주. 18)육도 : 육바라밀(六波羅蜜)과 같다. 443의 '제바라밀'의 주.

1726

보시(布施)[1]하는 자는 공덕(功德)[2]을 얻고, 자심(慈心)[3]을 지니는 자는 적[4]이 없고, 선을 행하는 자는 악이 소멸하고, 탐욕을 떠나는[5] 자는 고뇌(苦惱)가 없다. 만약 이런 수행을 실천한다면, 오래잖아 열반[6]을 얻게 될 것이다.

— 〈大般涅槃經〉

〔주〕 1)보시 : 17의 주. 2)공덕 : 원문은 '福'. 155의 주. 3)자심 : 654의 주. 4)적 : 원문은 '怨'. 414의 주. 5)탐욕을 떠남 : 원문은 '離欲'. 1014의 주. 6)열반 : 21의 주.

1727

온갖 무지(無知)·무명(無明)[1]의 매임[2]을 다 벗어난 다음에야 열반[3]에 들어가게 된다.

— 〈涅槃經〉

〔주〕 1)무명 : 7의 주. 2)매임 : 원문은 '繫閉'. 매이는 일과 갇히는 일. 3)열반 : 21의 주.

열반의 뜻

1728

세존(世尊)[1]께서 대중[2]에게 이르셨다.

"내가 마하반야(摩訶般若)[3]로 삼계(三界)[4]의 유정(有情)[5]·무정(無情)[6]과 온갖 인법(人法)[7]을 두루 살펴보건대, 다 궁극의 경지에 도달해[8] 있어서 매임[9]도 없고 해탈도 없으며, 머무름도 없고 의지함도 없어서, 거두어 지닐[10] 수 없으며, 삼계에서 벗어나지 않되 미혹의 세계에 들어가지도 않으며, 본래 청정하여 더러움도 없고 번뇌도 없으며, 허공과 동등하며, 불평(不平)[11]과도 동등하며, 불평 아닌 것과도 동등하며, 온갖 동요하는 생각[12]이 다하고 표상(表想)하는 마음[13]이 종식되었으니, 이런 진실한 모습[14]을 위대한 열반이라 이르느니라." — 〈涅槃經〉

〔주〕 1)세존 : 4의 주. 2)대중 : 83의 주. 3)마하반야 : 위대한 지혜. mahā-prajñā. 4)삼계 : 4의 주. 5)유정 : 306의 주. 6)무정 : 정신 작용이 없는 것들. 온갖 생물을 '유정'이라 하는 데 대해, 감각 없는 초목·산하 따위를 이른다. 7)인법 : 앞의 '有情無情'과 같다. 또 개인 존재와, 그것을 구성하는 온갖 요소를 이르는 뜻도 있다. 여기서는 전자의 뜻. 8)궁극의 경지에 도달함 : 원문은 '究竟'. 152의 주. 9)매임 : 원문은 '繫縛'. 443의 주. 10)거두어 지님 : 원문은 '攝持'. parigraha. 11)불평 : 균형이 깨지는 것. guṇa-vaiṣamya-vimardāt. 12)동요하는 생각 : 원문은 '動念'. 13)표상하는 마음 : 원문은 '思想心'. '사상'은 생각의 상(想)의 뜻이니, 표상작용(表象作用). 14)진실한 모습 : 원문은 '法相'. 1716의 주.

1729

바른 생각[1]에 입각해 정진하는 힘을 갖춤으로써 첨곡(諂曲)[2]·해태

(懈怠)[3]의 생각을 떠나고 생사를 똑똑히 인식하면,[4] 그것이 바로 열반[5]이어서 미혹의 세계의 모든 모습[6]을 떠나게 된다. —〈父子合集經〉

〔주〕 1)바른 생각 : 원문은 '正念'. 145의 주. 2)첨곡 : 340의 주. 3)해태 : 565의 '해타'와 같다. 4)똑똑히 인식함 : 원문은 '了知'. 492의 주. 5)열반 : 21의 주. 6)미혹의 세계의 모든 모습 : 원문은 '世間諸相'. 생(生)·주(住)·이(異)·멸(滅)의 사상(四相)을 가리킨다. 517의 '사상'의 주.

1730

물질적 존재[1]는 세 가지 도리[2]를 지니고 있어서 그대로 미혹(迷惑)을 떠난 절대적 존재[3]임을, 보살은 응당 명백히 이해해야[4] 한다. 세 가지란 무엇인가? 첫째, 물질적 존재[5]는 본성(本性)이 없기에[6] 절대적으로 미혹을 떠나 있다는 도리이다. 둘째, 불성(佛性)이 있는[7] 것이든 불성이 없는[8] 것이든 다 미혹을 떠나 있다는 도리이다. 셋째, 모두가 청정해 미혹을 떠나 있다는 도리이다. 감각[9]·표상(表想)[10]·의지적 형성력(意志的形成力)[11]·인식 작용[12]도 이와 같다. —〈開覺自性般若經〉

〔주〕 1)물질적 존재 : 원문은 '色法'. 온갖 존재를 심법(心法)과 색법으로 나누어, 공간을 차지하는 성질의 것을 색법이라 한다. 2)도리 : 원문은 '義'. 659의 주. 3)미혹을 떠난 절대적 존재 : 원문은 '涅槃寂靜'. '열반'은 21의 주. '적정'은 52의 주. 4)명백히 이해함 : 원문은 '了知'. 492의 주. 5)물질적 존재 : 원문은 '色'. 87의 '오온'의 주 참조. 6)본성이 없음 : 원문은 '無性'. 84의 주. 7)불성이 있음 : 원문은 '有性'. 107의 주. 8)불성이 없음 : 원문은 '無性'. 107의 주. 9)~12)감각·표상·의지적 형성력·인식 작용 : 원문은 '受想行識'. 87의 '오온'의 주 참조.

1731

온갖 번뇌를 없애고 최상의 열반을 얻는다면, 이것을 깨달음[1]이라고 한다.

— 〈諸法集要經〉

〔주〕 1)깨달음 : 원문은 '寂靜道'.

1732

생사[1] 열반이라는, 대립하고 있는 두 가지가 존재한다고는 볼 수 없다.[2] 생사를 똑똑히 이해하면,[3] 이것이 곧 열반이다.

— 〈六十頌如理論〉

〔주〕 1)생사 : 12의 주. 2)대립하는 두 가지가 존재치 않음 : 원문은 '二俱無有'. dvaya-abhāva. 3)똑똑히 이해함 : 원문은 '了知'. 492의 주.

1733

보시(布施)[1]가 곧 열반[2]이니 온갖 사물의 진실한 모습[3]을 얻는 때문이며, 지계(持戒)[4]가 곧 열반이니 만들어진 것이 아니요[5] 생긴 것이 아닌[6] 때문이며, 인욕(忍辱)[7]이 곧 열반이니 하나하나의 생각[8]이 소멸되는 까닭이요, 정진(精進)[9]이 곧 열반이니 취사(取捨)가 없는 까닭이며, 선정(禪定)[10]이 곧 열반이니 탐닉(耽溺)하지[11] 않는 까닭이며, 반야(般若)[12]가 곧 열반이니 유위상(有爲相)[13]을 찾을 수 없는 까닭이다.

— 〈勝思惟梵天所問經〉

〔주〕 1)보시 : 17의 주. 2)열반 : 21의 주. 3)온갖 사물의 진실한 모습 : 원문은 '諸法實相'. sarva-dharmāṇāṃ dharmatā. 4)지계 : 151의 주. 5)만들어진 것이 아님 : 원문은 '不作'. akṛtaka. 6)생긴 것이 아님 : 원문은 '不起'. ajanmatva.

7)인욕 : 151의 '인'과 같다. 8)하나하나의 생각 : 원문은 '念念'. 이 말은 56의 주에서 밝힌 대로 '순간'의 뜻으로 쓰이나, 그것이 '생각'의 뜻도 되는 것은 마음을 떠난 시간을 인정하지 않는 까닭이다. 9)정진 : 26의 주. 10)선정 : 27의 '정'과 같다. 11)탐닉함 : 원문은 '貪味'. 물질적인 것의 맛을 탐하는 것. 탐닉하는 뜻으로 전용(轉用)된다. rasa-rāga. 따라서 본문의 '不貪味故'를 <불교대전>에서 '味를 不貪하는 故며'로 옮긴 것은 적절치 못하다. 12)반야 : 83의 주. 13)유위상 : 원문은 '相'. 생(生)·주(住)·이(異)·멸(滅)의 사상(四相)을 이른다. lakṣaṇāni.

1734

부처님께서 대혜(大慧)에게 이르셨다.

"열반이란 취(取)할 수도 없고 버릴 수도 없어서 형상을 초월했으며, 이곳에 있는 것도 아니요 저곳에 있는 것도 아니어서 공간을 초월했으며, 아주 없어지는 것도 아니요[1] 영원히 존속하는 것도 아니어서[2] 시간을 초월했으며, 한 가지 것[3]도 아니요 갖가지의 것[4]도 아니어서 분별을 초월한 존재다. 그러기에 열반이라 하는 것이다. 그런데 성문(聲聞)[5]의 열반은 개별성(個別性)[6]과 동일성(同一性)[7]을 관찰하여 온갖 사물의 도리를 깨달았음을 이름이요, 벽지불(辟支佛)[8]의 열반은 시끄러움을 싫어하고 온갖 대상[9]의 무상(無常)·무락(無樂)·무아(無我)[10]·무정(無淨)함을 보아 그릇된 생각[11]을 일으키지 않음을 이른다. 그러므로 성문과 벽지불은 궁극의 경지[12]가 아닌 것에 열반이라는 생각을 일으킨다고 해야 하느니라."

— 〈入楞迦經〉

〔주〕 1)아주 없어지는 것이 아님 : 원문은 '非斷'. 단절하는 것이 아님. anu=ccheda. 2)영원히 존속하는 것이 아님 : 원문은 '非常'. 무상(無常). anitya. 3)한 가지 것 : 원문은 '一義'. eka-artha. 4)갖가지의 것 : 원문은 '種種義'. citraartha. 5)성문 : 50의 주. 6)개별성 : 원문은 '自相'. svalakṣaṇa. 7)동일성 : 원문은 '同相'. 8)벽지불 : 4의 '독각'과 같다. 9)대상 : 원문은 '境界'. 65의 주. 10)무아 : 85의 주. 11)그릇된 생각 : 원문은 '顚倒想'. 그릇된 표상(表想). viparyastā saṃjñā. 12)궁극의 경지 : 원문은 '究竟處'. para-sthāna.

1735

망집(妄執)[1]은 곧 번뇌[2]요 다한다 함은 곧 멸(滅)이니, 망집 멸하는[3] 것이 바로 열반이다.

— 〈善見律〉

〔주〕 1)망집 : 원문은 '愛'. 갈애(渴愛). Ⓟtaṇhupādiṇṇa. 2)번뇌 : 원문은 '纏縛'. 520의 주. 3)망집이 멸함 : 원문은 '愛盡'. upadhi-saṅkhaya.

1736

부처님께서 문수사리(文殊師利)[1]에게 이르셨다.

"항상 열반에 머무르게 되면, 거기에는 일월성수(日月星宿)와 지수화풍(地水火風)[2]도 없고 주야(晝夜)와 겁수(劫數)[3]도 없게 마련이다. 그것은 형태가 없고[4] 보이지 않으며,[5] 노(老)도 없고 사(死)도 없으며, 수행(修行)해야 할 아무것도 없고[6] 오직 영원 그것일 뿐이어서, 중고(衆苦)의 업(業)[7]을 떠나 있다. 이런 열반은 선인(善人)의 기뻐하는 일[8]이니라."

— 〈文殊師利問經〉

〔주〕 1)문수사리 : 78의 '문수사리보살'의 주. 2)지수화풍 : 139의 '사대'와 같다. 3)겁수 : 겁(劫)의 수효. '백겁'이니 '무량겁'이니 하는 따위. 4)형태가 없음 : 원문은 '無色'. 물질적인 것이 아님. arūpin. 5)보이지 않음 : 원문은 '無形'. 볼 수 없음. Ⓟanidassana. 6)수행해야 할 아무것도 없음 : 원문은 '無所作'. 평등한 도리를 깨닫고 보면 해야 할 수행은 아무것도 없다는 것. anabhisaṃskāra. 7)

중고의 업 : 원문은 '衆苦業'. '중고'는 많은 괴로움이니, 사고(四苦)·팔고(八苦) 따위를 이른다. 많은 괴로움을 가져올 행동이나, 잠재적 여력(餘力). 8)기뻐하는 일 : 원문은 '所悅'. <불교대전>에는 '所說'로 되어 있으나 '所悅'의 잘못으로 보인다. '說'은 '悅'과 통용되는 글자이나, 불교 경전에서는 구분하여 쓰는 것이 관례다.

1737

중생의 마음[1]은 열반 그것이니, 그 본성(本性)이 항상 청정해 다를 것이 없어서 허공과 같으니라. — 〈新譯入楞伽經〉

〔주〕 1)중생의 마음 : 원문은 '衆生心'. 982의 주.

1738

부처님께서 사라림(沙羅林)[1] 밖의 범지(梵志)[2] 수발타라(須跋陀羅)에게 이르셨다.

"비상비비상(非想非非想)[3]에는 아직도 상(想)[4]이라는 이름이 붙어 있지만, 열반에 이르러서는 완전히 상(想) 자체가 없어져 있다. 그대의 스승인 울두람(鬱頭藍)은 매우 총명한[5] 사람이었으나 비상비비상마저도 배격되어야[6] 할 경지임을 모른 까닭에 죽어서 악한 몸을 받았거니, 그 나머지 사람들이야 말해 무엇 하랴? 그러기에 온갖 제유(諸有)[7]를 끊어 버리지 않는 한, 누구라도 실상(實相)[8]을 바로 보지는 못할 것이다. 실상은 상(相)[9] 없는 상(相)이니, 온갖 사물에는 자체의 상(相)이니 타자(他者)의 상이니 자타(自他)에 공통되는 상이니 하는 것이 없으며, 그릇된[10] 상이라는 것도 없으며, 유(有)의 상도 없고 무(無)의 상도 없으며, 인(因)의 상도 없고 과(果)[11]의 상도 없다. 이것을 진실의 상이라 하며, 이것을 법계

(法界)[12]라 하며, 이것을 필경지(畢竟智)[13]라 하며, 이것을 제일의제(第一義諦)[14]라 하며, 이것을 제일의공(第一義空)[15]이라 하느니라."

— 〈涅槃經〉

〔주〕 1)사라림 : śāra라는 나무의 숲. 네팔과의 국경에 가까운 쿠시나가라에 있으며, 부처님이 돌아가신 곳이다. 2)범지 : 345의 주. 3)비상비비상 : 표상(表象)이 있지도 않고 없지도 않은 삼매의 경지. 거친 표상이 없으나(非想), 작은 표상은 완전히 없어진 것도 아닌(非非想) 경지. 무색계(無色界)의 제사천(第四天)에 해당하니, 유정천(有頂天)이라고도 한다. 비상(非想)인 까닭에 외도(外道)들은 이것을 열반으로 알고, 비비상(非非想)인 까닭에 불교에서는 아직도 생사의 경계로 여긴다. 비상비비상처(—— 處) · 비상비비상천(—— 天) · 비상비비상정(—— 定)이라고도 한다. naiva-saṃjñā-nāsaṃjñā-āyatana. 4)상 : 55의 주. 5)총명함 : 원문은 '利根聰明'. '이근'은 소질 · 능력이 뛰어난 것. 따라서 '이근'과 '총명'은 비슷한 말. 이것을 <불교대전>에서 '利根이 聰明하여'로 뗀 것은 잘못이다. 6)배격함 : 원문은 '呵責'. 비난해 물리치는 것. 7)제유 : 83의 주. 8)실상 : 1272의 주. 9)상 : 44의 주. 10)그릇됨 : 원문은 '非法'. 36의 주. 11)과 : 409의 주. 12)법계 : 진여. 39의 주. 13)필경지 : 궁극의 지혜. 절대적 지혜. 14)제일의제 : 263의 주. 15)제일의공 : 십팔공(十八空)의 하나. 가장 진실한 공. 온갖 미혹이 없어진 절대적 경지. 진여. 곧 열반이 공이라는 뜻이다. param ārtha-śūnyatā.

1739

부처님께서 가섭(迦葉)[1]에게 이르셨다.

"가섭아, 모든 성문(聲聞)[2]과 범부들은 삼승(三乘)[3]의 차별이 없다고 설하는 것을 듣고 의혹에 빠지리라. 그러나 삼승은 동일한 불성(佛性)[4]을 성취하게 되는 까닭에 차별이 없음이니, 모든 중생도 오랜 시일이 지난 뒤에는 온갖 삼승이 동일한 불성임을 알게 될 것이다. 모든 금광(金鑛)에서 불순물을 제거해야 금이 이루어지는 것처럼, 중생의 번뇌가 없어짐에 이르러서야 삼승이 동일한 불성임을 알게 될 것이다. 그러므로 성문은 작은 열반을 얻고, 연각(緣覺)[5]은 중간의 열반을 얻고, 보살은 궁극의 열반을 얻게 된다고 말한다면 잘못이니, 비록 삼승을 설해 보이기는[6] 했어도 여래[7]의 비밀장(秘密藏)[8]을 이해하기만 하면, 모든 아라한(阿羅漢)[9]도 다 궁극의 열반을 얻을 것임이 명백하다. 그러므로 궁극의 열반은 절대적인 즐거움[10]이라 해야 하리니, 거기에 어찌 차별이 있을 수 있겠느냐?"

— 〈涅槃經〉

〔주〕 1)가섭 : 252의 주. 2)성문 : 50의 주. 3)삼승 : 239의 주. 4)불성 : 58의 주. 5)연각 : 4의 '독각'과 같다. 6)설해 보임 : 원문은 '開示'. 153의 주. 7)여래 : 1의 주. 8)비밀장 : 882의 '비밀법장'과 같다. 9)아라한 : 151의 '아라하'와 같다. 10)절대적인 즐거움 : 원문은 '畢竟樂'.

1740

생사[1]와 열반에는 대립이 없으며,[2] 내지는 조그만 다름도 없다. 왜냐하면, 실체(實體)가 없어서[3] 평등한 까닭이다. 만약 사람이 실체 없는 도리에 잘 머물러 선업(善業)[4]을 닦는다면, 생사가 곧 없어지고 열반을 얻게 될 것이다.

— 〈大乘莊嚴經論〉

〔주〕 1)생사 : 12의 주. 2)대립이 없음 : 원문은 '無二'. 51의 주. 3)실체가 없음 : 원문은 '無我'. 85의 주. 4)선업 : 170의 주.

1741

부처님께서 사익(思益)[1]에게 이르셨다.

"내가 보건대 생사[2]도 있을 수 없고,[3] 열반도 있을 수 없느니라."

이 때, 5백 명의 비구들이 자리에서 일어나 말했다.

"저희들은 범행(梵行)[4]을 닦지 않겠습니다. 열반이 없는 것이라면, 무엇 때문에 불도(佛道)를 닦아 지혜를 구하오리까?"

사익이 비구들에게 말했다.

"그대들이 열반이 따로 없다는 말씀을 듣고 수도를 포기하는 것은, 마치 어리석은 자가 허공을 두려워하여 이를 버리고 도망친대도 어디나 허공 아님이 없는 것과 같다. 그렇다고 다른 사람이 있어서 허공을 구해 동서로 달리면서 나는 허공을 구한다고 말한다 가정하면, 이는 허공의 이름은 알지만 허공이 무엇인지는 모르는 소행임이 확실하다. 열반을 구하는 사람도 이와 마찬가지여서, 자신이 열반 속을 왕래하는 주제에 열반이 무엇인지를 모르고 번뇌를 일으켜 이를 본다면, 열반의 이름[5]은 알되 열반 자체[6]는 모르는 소행이라고 해야 할 것이다."

— 〈思益梵天所問經〉

〔주〕 1)사익 : 범천(梵天)의 이름. 승사유범천(勝思惟梵天). 2)생사 : 12의 주. 3)있을 수 없음 : 원문은 '不得'. na upapadyate. 4)범행 : 107의 주. 5)이름 : 원문은 '名字'. nāman. 6)자체 : 원문은 '體'. 1004의 주.

부록

인용경전 목록

여래장경(如來藏經)
무상경(無常經)
관찰제법행경(觀察諸法行經)
견의경(堅意經)
무소유보살경(無所有菩薩經)
화엄경(華嚴經)
대집경(大集經)
정법염처경(正法念處經)
불본행경(佛本行經)
출생보리심경(出生菩提心經)
관무량수경(觀無量壽經)
금광명최승왕경(金光明最勝王經)
열반경(涅槃經)
무상의경(無上依經)
소실지갈라경(蘇悉地羯囉經)
제법용왕경(諸法勇王經)
적지과경(寂志果經)
아난분별경(阿難分別經)
대교왕경(大教王經)
수행도지경(修行道地經)
대장엄경(大莊嚴經)
파리문잡아함경(巴利文雜阿含經)
법구경(法句經)
수마제장자경(須摩提長者經)
전여신경(轉女身經)
출요경(出曜經)
반야경(般若經)
해의보살소문경(海意菩薩所問經)
보협경(寶篋經)
보장경(寶藏經)
유마경(維摩經)
수호국계주경(守護國界主經)
심지관경(心地觀經)
점찰선악업보경(占察善惡業報經)
불모출생경(佛母出生經)
승사유범천소문경(勝思惟梵天所問經)
대보적경(大寶積經)
제법집요경(諸法集要經)
지세경(持世經)
능가경(楞伽經)
입능가경(入楞伽經)
밀엄경(密嚴經)
이업장경(離業障經)
성불모반야경(聖佛母般若經)
보살장정법경(菩薩藏正法經)

비밀대교왕경(秘密大敎王經)
무량인법문경(無量印法問經)
입법계체성경(入法界體性經)
제법무행경(諸法無行經)
월등삼매경(月燈三昧經)
대승대교왕경(大乘大敎王經)
해심밀경(解深密經)
집일체복덕삼매경(集一切福德三昧經)
원각경(圓覺經)
문수불경계경(文殊佛境界經)
청정비니방광경(淸淨毘尼方廣經)
능엄경(楞嚴經)
비밀상경(秘密相經)
여환삼매경(如幻三昧經)
현양성교경(顯揚聖敎經)
아함정행경(阿含正行經)
오고장구경(五苦章句經)
대법거다라니경(大法炬陀羅尼經)
연기경(緣起經)
무자법문경(無字法門經)
대일경(大日經)
잡아함경(雜阿含經)
법화경(法華經)
육보살송지경(六菩薩誦持經)
무량수경(無量壽經)
문수사리발원경(文殊師利發願經)
보살영락본업경(菩薩瓔珞本業經)
미증유정법경(未曾有正法經)
유일마니보경(遺日摩尼寶經)
부자합집경(父子合集經)
무진의보살경(無盡意菩薩經)
신력법문경(信力法門經)
사익범천소문경(思益梵天所問經)
성법집경(聖法集經)
상두경(象頭經)
미륵성불경(彌勒成佛經)
자씨다라니경(慈氏陀羅尼經)
대반니원경(大般泥洹經)
장아함경(長阿含經)
대승백복장엄경(大乘百福莊嚴經)
득도인연경(得度因緣經)
법집경(法集經)
대비경(大悲經)
법구비유경(法句譬喩經)
대아미타경(大阿彌陀經)
법신경(法身經)
보우경(寶雨經)
승만경(勝鬘經)
불경계경(佛境界經)
내장백보경(內藏百寶經)
대승밀엄경(大乘密嚴經)
대방등다라니경(大方等陀羅尼經)
발보리심경(發菩提心經)
사자왕소문경(獅子王所問經)
여래지인승상경(如來智印勝上經)

무외무문경(無畏撫問經)
존나경(尊那經)
칭찬대승공덕경(稱讚大乘功德經)
대집비유왕경(大集譬喩王經)
우바색계경(優婆塞戒經)
대승사법경(大乘四法經)
범망경(梵網經)
이바라문연기경(二婆羅門緣起經)
십법경(十法經)
삼혜경(三慧經)
별역잡아함경(別譯雜阿含經)
중아함경(中阿含經)
무희망경(無希望經)
보살서경(菩薩逝經)
보살영락경(菩薩瓔珞經)
문수사리정률경(文殊師利淨律經)
광박엄정경(廣博嚴淨經)
반주삼매경(般舟三昧經)
관불삼매경(觀佛三昧經)
무량문미밀지경(無量門微密持經)
본사경(本事經)
관불경(觀佛經)
십이불명경(十二佛名經)
나선비구경(那先比丘經)
범문무량수경(梵文無量壽經)
광명경(光明經)
미륵상생경(彌勒上生經)
고왕관세음경(高王觀世音經)
몽수경(夢授經)
지장경(地藏經)
지장십륜경(地藏十輪經)
대방광십륜경(大方廣十輪經)
부사의신통경계경(不思議神通境界經)
육바라밀경(六波羅蜜經)
최무비경(最無比經)
범천신책경(梵天神策經)
십이인연경(十二因緣經)
인연승호경(因緣僧護經)
제석소문경(帝釋所問經)
대반야경(大般若經)
법경경(法鏡經)
대방광불관경(大方廣佛冠經)
존나성취의궤경(尊那成就儀軌經)
무량수장엄경(無量壽莊嚴經)
해우경(解憂經)
제불공양경(諸佛供養經)
제개장소문경(除蓋障所問經)
수호대천국토경(守護大千國土經)
증일아함경(增一阿含經)
무량의경(無量義經)
칠녀경(七女經)
잡비유경(雜譬喩經)
내신관장구경(內身觀章句經)
아육왕식괴목인연경(阿育王息壞目因緣經)

무외수소문경(無畏授所問經)
병사왕오원경(洴沙王五願經)
유교경(遺教經)
초분설경(初分說經)
정행소집경(正行所集經)
살발다경(薩鉢多經)
대반열반경(大般涅槃經)
개각자성반야경(開覺自性般若經)
승군왕소문경(勝軍王所問經)
보운경(寶雲經)
묘법성념처경(妙法聖念處經)
인왕호국반야경(仁王護國般若經)
역사이산경(力士移山經)
보요경(普曜經)
오왕경(五王經)
죄업보응경(罪業報應經)
사십이장경(四十二章經)
비바시불경(毘婆尸佛經)
선요경(禪要經)
비유경(譬喩經)
마하마야경(摩訶摩耶經)
사부득경(四不得經)
장자자오뇌삼처경(長者子懊惱三處經)
아육왕비유경(阿育王譬喩經)
목련소문경(目連所問經)
바라문연기경(婆羅門緣起經)
무량청정평등각경(無量淸淨平等覺經)
선생자경(善生子經)
수십선계경(受十善戒經)
팔대인각경(八大人覺經)
점수일체지덕경(漸修一切智德經)
천청문경(天請問經)
파리문법구경(巴利文法句經)
우바색소문경(優婆塞所問經)
광명동자인연경(光明童子因緣經)
분별선악보응경(分別善惡報應經)
뇌타화라경(賴吒和羅經)
앵무경(鸚鵡經)
니건자경(尼乾子經)
사불가득경(四不可得經)
니원경(泥洹經)
인과경(因果經)
현겁경(賢劫經)
보살처태경(菩薩處胎經)
니건자문무아의경(尼乾子問無我義經)
문수사리문법경(文殊師利問法經)
능가아발다라보경(楞伽阿跋多羅寶經)
미륵보살소문경(彌勒菩薩所問經)
성불신변경(成佛神變經)
방광반야경(放光般若經)
문수보초삼매경(文殊普超三昧經)
매의경(罵意經)

보살수행사법경(菩薩修行四法經)
사품학법경(四品學法經)
불장경(佛藏經)
정법화경(正法華經)
마하연보엄경(摩訶衍寶嚴經)
법률삼매경(法律三昧經)
처처경(處處經)
대방편불보은경(大方便佛報恩經)
비화경(悲華經)
분신왕문경(奮迅王問經)
선교방편경(善巧方便經)
자씨해탈경(慈氏解脫經)
대승성무량수왕경(大乘聖無量壽王經)
지심범천소문경(持心梵天所問經)
대정법문경(大淨法問經)
대승비분다리경(大乘悲分陀利經)
보살행변화경(菩薩行變化經)
허공잉보살경(虛空孕菩薩經)
혜인삼매경(慧印三昧經)
여래지인경(如來智印經)
첨품묘법연화경(添品妙法蓮華經)
아사세왕경(阿闍世王經)
승가타경(僧伽吒經)
보성다라니경(寶星陀羅尼經)
사품법문경(四品法門經)
무생계경(無生戒經)
계향경(戒香經)
팔종장양공덕경(八種長養功德經)
대애경(大哀經)
해룡왕경(海龍王經)
대승계경(大乘戒經)
백유경(百喩經)
벽지불인연경(辟支佛因緣經)
태자쇄호경(太子刷護經)
파리문증일아함경(巴利文增一阿含經)
정생왕인연경(頂生王因緣經)
대승일자왕소문경(大乘日子王所問經)
승군화세백유경(勝軍化世百喩經)
법집요송경(法集要頌經)
생경(生經)
백연경(百緣經)
구잡비유경(舊雜譬喩經)
월유경(月喩經)
마등녀경(摩鄧女經)
육취윤회경(六趣輪廻經)
법수진경(法受塵經)
팔사경(八師經)
일명보살경(日明菩薩經)
보살행오십연신경(菩薩行五十緣身經)
보살가색욕법경(菩薩訶色欲法經)
보살본연경(菩薩本緣經)
십선계경(十善戒經)

십주경(十住經)
기세경(起世經)
기세인본경(起世因本經)
보은경(報恩經)
화수경(華手經)
팔양경(八陽經)
관렴장송경(棺斂葬送經)
분별선악소기경(分別善惡所起經)
사미니계경(沙彌尼戒經)
사리불문경(舍利弗問經)
정행경(正行經)
파리문소아함경(巴利文小阿含經)
대장엄법문경(大莊嚴法門經)
대집법문경(大集法門經)
청정심경(淸淨心經)
위모설법경(爲母說法經)
인욕경(忍辱經)
아함경(阿含經)
상액경(象腋經)
앙굴계경(鴦崛髻經)
잡보장경(雜寶藏經)
욱가라월문경(郁迦羅越問經)
충심경(忠心經)
불모반야경(佛母般若經)
사자침경(四自浸經)
섬자경(睒子經)
결정의경(決定義經)
불퇴전법륜경(不退轉法輪經)
진학경(進學經)
니구타범지경(尼拘陀梵志經)
보리행경(菩提行經)
태자휴화경(太子休和經)
육도집경(六度集經)
비구피녀악명경(比丘避女惡名經)
수진천자경(須眞天子經)
현우경(賢愚經)
보살생지경(菩薩生地經)
선계경(善戒經)
복력태자인연경(福力太子因緣經)
방불경(謗佛經)
설무구칭경(說無垢稱經)
보살본행경(菩薩本行經)
아차말보살경(阿差末菩薩經)
박구라경(薄俱羅經)
녹모경(鹿母經)
빈바사라왕경(頻婆娑羅王經)
대집회정법경(大集會正法經)
십선업도경(十善業道經)
십주단결경(十住斷結經)
앙굴마라경(央掘魔羅經)
마역경(魔逆經)
미륵본원경(彌勒本願經)
대운경(大雲經)
패경(孛經)
인선경(人仙經)
채화위왕경(採花違王經)

업보차별경(業報差別經)
미증유경(未曾有經)
관보현경(觀普賢經)
부사의비밀대승경(不思議秘密大乘經)
합부금광명경(合部金光明經)
팔무가유가경(八無暇有暇經)
금광명경(金光明經)
마하반야경(摩訶般若經)
칠처삼관경(七處三觀經)
해탈계경(解脫戒經)
구횡경(九橫經)
온실세욕중승경(溫室洗浴衆僧經)
의경(醫經)
의사여래본원경(醫師如來本願經)
아난문사불길흉경(阿難問事佛吉凶經)
금강계주수행경(金剛髻珠修行經)
정반왕반열반경(淨飯王般涅槃經)
성선천자소문경(聖善天子所問經)
아속달경(阿遬達經)
부사의광경(不思議光經)
효자경(孝子經)
육방예경(六方禮經)
말라말경(末羅末經)
은중경(恩重經)
옥야경(玉耶經)
사자후요의경(獅子吼了義經)
대수긴라왕소문경(大樹緊羅王所問經)
선공경경(善恭敬經)
사미위의경(沙彌威儀經)
중심경(中心經)
대승방광총지경(大乘方廣總持經)
제구경(猘狗經)
보살내계경(菩薩內戒經)
덕광태자경(德光太子經)
환예경(歡豫經)
허공장소문경(虛空藏所問經)
우바색오계위의경(優婆塞五戒威儀經)
부사의경계경(不思議境界經)
앙굴마경(鴦掘摩經)
칠불본원공덕경(七佛本願功德經)
노지장자인연경(盧至長者因緣經)
보수보살보리행경(寶授菩薩菩提行經)
비야바문경(毘耶婆問經)
의유경(醫喩經)
비니모경(毘尼母經)
선생경(善生經)
수원왕생경(隨願往生經)
장수왕경(長壽王經)
생사득도경(生死得度經)
천불인연경(千佛因緣經)
아난사사경(阿難四事經)

무극보삼매경(無極寶三昧經)
제공재환경(除恐災患經)
수용존자경(隨勇尊者經)
제덕복전경(諸德福田經)
식쟁인연경(息諍因緣經)
불위승광천자설왕법경(佛爲勝光天子說王法經)
천왕태자벽라경(天王太子辟羅經)
간왕경(諫王經)
십지경(十地經)
아라한구덕경(阿羅漢具德經)
신불공덕경(信佛功德經)
구성유경(舊城喩經)
삼법장반야경(三法藏般若經)
지인보살경(持人菩薩經)
현자오복덕경(賢者五福德經)
도세품경(度世品經)
불치신경(佛治身經)
성법인경(聖法印經)
법인경(法印經)
신역입능가경(新譯入楞伽經)
선견율(善見律)
승기율(僧祇律)
사분율(四分律)
근본살바다부율(根本薩婆多部律)
근본유부비내야율(根本有部毘奈耶律)
필추니비내야율(苾芻尼毘奈耶律)
십송률(十誦律)
비내야율(鼻奈耶律)
오분율(五分律)
사제론(四諦論)
입대승론(入大乘論)
유가론(瑜伽論)
대비바사론(大毘婆娑論)
오사비바사론(五事毘婆娑論)
아비담비바사론(阿毘曇毘婆娑論)
대승장엄경론(大乘莊嚴經論)
대승이십송론(大乘二十頌論)
기신론(起信論)
대승파유론(大乘破有論)
석마하연론(釋摩訶衍論)
대승중관석론(大乘中觀釋論)
십지론(十地論)
섭대승론(攝大乘論)
법계무차별론(法界無差別論)
보리심이상론(菩提心離相論)
유식론(唯識論)
최상의론(最上義論)
대지도론(大智度論)
정토론(淨土論)
대장부론(大丈夫論)
발보리심론(發菩提心論)
발보리심경론(發菩提心經論)
대승집보살학론(大乘集菩薩學論)
십주비바사론(十住毘婆娑論)

아비달마법온족론(阿毘達摩法蘊足論)
성실론(誠實論)
대종지현문본론(大宗地玄文本論)
현양성교론(顯揚聖教論)
광백석론(廣百釋論)
육십송여리론(六十頌如理論)
대장엄경론(大莊嚴經論)
중론(中論)
시설론(施設論)
구경일승보성론(究竟一乘寶性論)
방편심론(方便心論)
벽지불인연론(辟支佛因緣論)
해탈도론(解脫道論)
유가사지론(瑜伽師地論)
육문교수습정론(六門教授習定論)
삼법도론(三法度論)
보리자량론(菩提資糧論)
비바사론(毘婆娑論)
아비달마순정이론(阿毘達摩順正理論)
존바수밀론(尊婆須蜜論)
사리불아비담론(舍利弗阿毘曇論)
분별공덕론(分別功德論)
비니모론(毘尼母論)
광석보리심론(廣釋菩提心論)
바사론(婆娑論)

찾아보기

* 숫자는 항목 번호임.

* 괄호 안은 독음 또는 뜻임.

개

거

게

견

계

고

과

괘

괴

교

구

궈

궤

귀

그

기

나

내

노

뇌

누

능

니

다

대

더

도

두

드

마

매

며

미

바

배

번

벽

보

부

비

사

새

서

세

소

쇄

쇠

수

스

시

아

애

야

어

에

여

예

오

와

외

요

우

워

위

유

으

의

이

자

재

저

제

조

죄

주

즈

지

차

채

처

체

초

촤

최

추

취

측

치

쾌

타

태

토

퇴

투

파

패

펴

폐

포

푸

피

하

해

햐

허

혀

혜

호

화

휴

흐

희

히